여러분의 합격을 응원하는
해커스공  특별 혜택

KB093652

FREE 공무원 헌법 **동영상강의**

해커스공무원(gosi.Hackers.com) 접속 후 로그인 ▶ 상단의 [무료강좌] 클릭 ▶ [교재 무료특강] 클릭

 해커스공무원 온라인 단과강의 **20% 할인쿠폰**

B9B8BBB6C44CFYVJ

해커스공무원(gosi.Hackers.com) 접속 후 로그인 ▶ 상단의 [나의 강의실] 클릭 ▶
좌측의 [쿠폰등록] 클릭 ▶ 위 쿠폰번호 입력 후 이용

* 등록 후 7일간 사용 가능(ID당 1회에 한해 등록 가능)

해커스 회독증강 콘텐츠 **5만원 할인쿠폰**

FFD72E44BBAF938C

해커스공무원(gosi.Hackers.com) 접속 후 로그인 ▶ 상단의 [나의 강의실] 클릭 ▶
좌측의 [쿠폰등록] 클릭 ▶ 위 쿠폰번호 입력 후 이용

* 등록 후 7일간 사용 가능(ID당 1회에 한해 등록 가능)
* 특별 할인상품 적용 불가
* 월간 학습지 회독증강 행정학/행정법총론 개별상품은 할인쿠폰 대상에서 제외

합격예측 **모의고사 응시권 + 해설강의 수강권**

87A2EF3862779F47

해커스공무원(gosi.Hackers.com) 접속 후 로그인 ▶ 상단의 [나의 강의실] 클릭 ▶
좌측의 [쿠폰등록] 클릭 ▶ 위 쿠폰번호 입력 후 이용

* ID당 1회에 한해 등록 가능

쿠폰 이용 관련 문의 **1588-4055**

단기 합격을 위한
해커스 커리큘럼

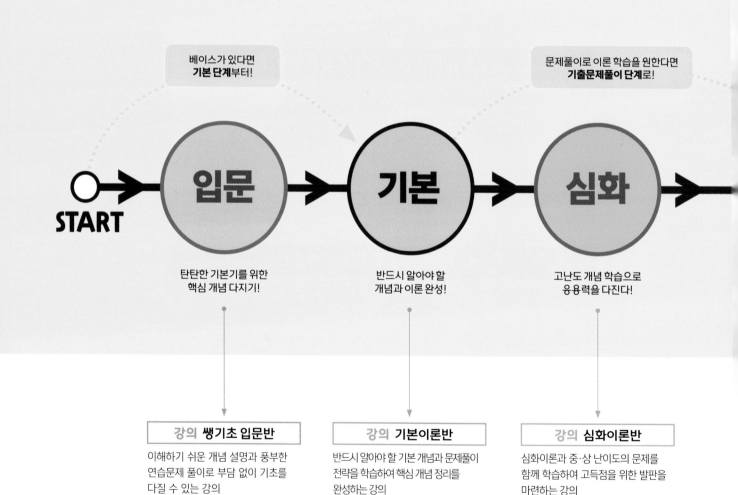

베이스가 있다면 **기본 단계**부터!

문제풀이로 이론 학습을 원한다면 **기출문제풀이 단계**로!

START

입문
탄탄한 기본기를 위한 핵심 개념 다지기!

기본
반드시 알아야 할 개념과 이론 완성!

심화
고난도 개념 학습으로 응용력을 다진다!

강의 **쌩기초 입문반**

이해하기 쉬운 개념 설명과 풍부한 연습문제 풀이로 부담 없이 기초를 다질 수 있는 강의

강의 **기본이론반**

반드시 알아야 할 기본 개념과 문제풀이 전략을 학습하여 핵심 개념 정리를 완성하는 강의

강의 **심화이론반**

심화이론과 중·상 난이도의 문제를 함께 학습하여 고득점을 위한 발판을 마련하는 강의

* 커리큘럼은 과목별·선생님별로 상이할 수 있으며, 자세한 내용은 해커스공무원 사이트에서 확인하세요.

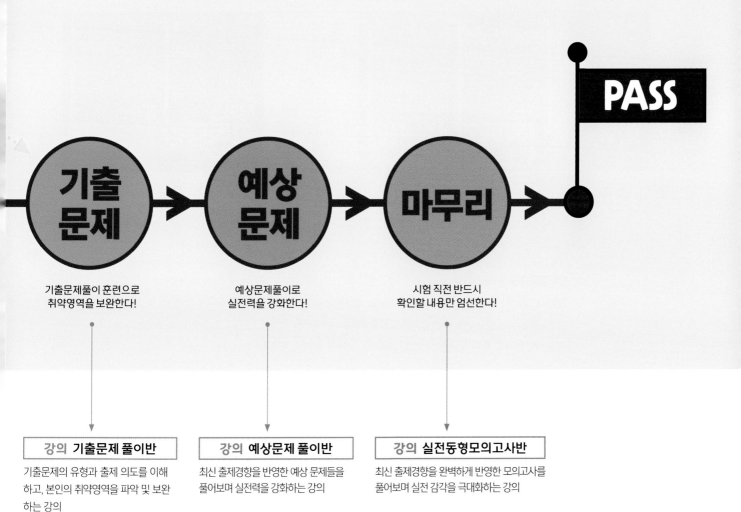

강의 기출문제 풀이반

기출문제의 유형과 출제 의도를 이해
하고, 본인의 취약영역을 파악 및 보완
하는 강의

강의 예상문제 풀이반

최신 출제경향을 반영한 예상 문제들을
풀어보며 실전력을 강화하는 강의

강의 실전동형모의고사반

최신 출제경향을 완벽하게 반영한 모의고사를
풀어보며 실전 감각을 극대화하는 강의

강의 봉투모의고사반

시험 직전에 실제 시험과 동일한 형태의
모의고사를 풀어보며 실전력을 완성하는 강의

해커스공무원

황남기
헌법

기본서 | 1권

황남기

약력

현 | 해커스경찰 헌법 강의
해커스공무원 행정법, 헌법 강의
해커스 황남기 스파르타 학원 대표교수

전 | 동국대 법대 겸임교수
외교부 사무관
윌비스 헌법, 행정법 대표교수
제27회 외무 고등고시 수석합격
2012년 5급 승진시험 출제위원
연세대, 성균관대, 한양대, 이화여대, 중앙대, 전남대,
전북대 사법시험 특강

저서

해커스공무원 황남기 헌법 기본서 1권
해커스공무원 황남기 헌법 기본서 2권
해커수공무원 황남기 헌법 진도별 모의고사 기본권편
해커스공무원 황남기 헌법 진도별 모의고사 통치구조론편
해커스공무원 황남기 헌법족보
해커스공무원 황남기 헌법 최신 판례집
해커스공무원 황남기 행정법총론 기본서
해커스공무원 황남기 행정법각론 기본서
해커스공무원 황남기 행정법총론 문제족보를 밝히다
해커스공무원 황남기 행정법 모의고사 Season 1
해커스공무원 황남기 행정법 모의고사 Season 2
해커스공무원 황남기 행정법총론 최신 판례집
해커스경찰 황남기 경찰헌법 기본서
해커스경찰 황남기 경찰헌법 핵심요약집
해커스경찰 황남기 경찰헌법 Season 1 쟁점별 기출모의고사
해커스경찰 황남기 경찰헌법 Season 2 진도별 모의고사
해커스경찰 황남기 경찰헌법 Season 2 진도별 모의고사 플러스
해커스경찰 황남기 경찰헌법 Season 3 전범위 모의고사 Vol.1 : 1차 대비
해커스경찰 황남기 경찰헌법 Season 3 전범위 모의고사 Vol.2 : 2차 대비
해커스경찰 황남기 경찰헌법 최신 판례집 (2022 하반기)
해커스경찰 황남기 경찰헌법 최신 판례집 (2023 상반기)
황남기 행정법총론 기출문제집, 멘토링
황남기 행정법각론 기출문제집, 멘토링
황남기 경찰헌법 기출총정리, 멘토링

머리말

헌법을 공부하는 이유는 점수를 잘 받기 위해서입니다.
그러면 어떤 조건을 갖추어야 할까요?

첫째, 헌법을 잘 이해하면 됩니다. 그러나 헌법을 잘 이해하는 것은 거의 불가능에 가깝습니다. 사법시험 수험생을 비롯해 수많은 수험생을 봐왔지만 헌법을 잘 이해해서 점수를 잘 받은 수험생은 본 적이 없습니다. 그건 저도 마찬가지입니다. 헌법을 강의하면서도 3년이 지나도록 헌법을 거의 이해하지 못했습니다. 그러면 우리가 할 수 있는 건 무엇일까요? 문제를 풀기 위한 어느 수준의 이해입니다. 문제를 풀려면 이해가 필요한 문제가 있긴 합니다. 역으로 문제를 통해 이해 수준을 결정해야 합니다. 이해 수준을 헌법을 기준으로 하면 학문으로서 헌법 이해를 요구하게 됩니다. 이것은 누구도 도달해 보지 못한 목표가 될 수밖에 없고 결국 수많은 절망과 트라우마로 수험생의 정신을 짓누르게 될 겁니다. 이를 피하려면 문제를 통한 이해 수준 결정하기입니다. 이는 물론 좋은 문제가 많이 있어야 가능할 겁니다.

둘째, 문제를 많이 풀어야 합니다. 점수를 잘 받으려면 문제를 많이 풀어야 합니다. 적을 알고 나를 알면 위태롭지 않다는 손자의 말처럼 문제를 많이 풀어야 시험에서 위태롭지 않게 됩니다. 수능이든 어떤 시험이든 마찬가지입니다. 영원한 수험 역사의 진리입니다. 문제는 기출문제와 모의고사가 있습니다. 기출이야 누구나 쉽게 구할 수 있고 기본이 되는 문제이지만 수준이 높은 시험일수록 합격이 결정되지 않습니다. 합격선에 가 있는 수험생들은 모의고사가 결정적 작용을 합니다. 그러나 좋은 모의고사는 구하기 어렵습니다. 고민 없이 대충 만드는 모의고사는 기출에 비해서 오히려 수험에 독이 됩니다. 그동안 좋은 문제에 대한 수요가 없어서 공급도 없었습니다. 경쟁이 치열하지 않았을 때에는 기출문제로 충분했습니다. 그러나 경쟁이 치열해질수록 좋은 무기가 필요합니다. 제가 시간과 노력을 들여 좋은 모의고사를 만드는 이유입니다. 수험생을 시험장에서 위태롭게 만들지 않도록 하려면 어려운 문제에 적응시켜야 합니다.

셋째, 암기입니다. 구슬이 서 말이라도 꿰어야 보물이 됩니다. 기출이나 모의고사 공부한 것을 꿰는 게 암기입니다. 구슬을 꿰지 못하면 가치가 떨어지듯이 공부한 내용을 암기하지 못하면 점수가 떨어집니다. 이해하는 데 많은 시간을 쓰더라도 막상 암기가 덜된 상태로 시험장에 가면 당황하여 실수할 수밖에 없습니다.
암기하려고 해도 암기가 안 된다느니 암기해도 얼마 지나지 않아 잊어버린다고들 합니다. 그렇기 때문에 암기는 가치가 있습니다. 얻기 힘드니 가치가 있는 겁니다. 당연히 어렵습니다. 그러나 피할 수 없습니다. 경쟁에서 이기려면 힘든 것을 해야 합니다. 밥 먹으면서도 암기하고, 화장실에서도 암기하고, 걸으면서도 암기하고, 책상에서도 암기하고, 지하철에서도 암기하고, 샤워실에서도 암기하고, 침대에서도 자면서 천장을 보면서도 암기해야 합니다.

넷째, 실전 모의고사입니다. 시간이 부족해서 혹은 너무 긴장해서 망한 점수에 망연자실한 경험은 누구나 한 번쯤 있었을 겁니다. 시험장에서의 점수가 진짜 자기 점수입니다. 시험장은 화룡정점하는 시간입니다. 하지만 '열심히만 하면 합격하겠지'라는 생각으로 시험장에 갔다간 용을 다 그리고는 용 눈에 점을 찍지 않는 우를 범할 수 있습니다. 시간 재면서 모의고사 보는 훈련을 생활화해야 합니다.

다섯째, 제일 중요한 정신 모으기입니다. 생활과 시간을 합격에 온전히 바쳐야 합니다. "아하 진인사대천명, 쌍팔년도 아니고 무슨"이라는 반응도 있을 법합니다. 고려 광종 때 과거시험이 도입된 이래 변치 않은 합격생의 덕목은 '생활의 단순화'입니다. 하지만 실천하기가 갈수록 어려워지고 있습니다. 게임, 핸드폰, 술뿐 아니라 4년마다 찾아오는 수험생들의 최대의 적 '월드컵' 그리고 코로나 19 등 우리의 주의를 끌고 집중력을 떨어뜨리는 요소가 많이 있습니다. 그러나 경쟁이 치열해지고 있는 수험 환경에서 빨리, 좋은 점수로 합격하려면 단순한 합격의 공리에 충실할 수밖에 없습니다. 여러분의 건투를 빕니다.

헌법 교재니 헌법 공부방법에 대해서도 말을 해야겠습니다.

문제 난도는 꾸준히 높아질 수밖에 없습니다. 널뛰기도 있겠지만은 추세는 난도 상향입니다. 굳이 이유를 설명하는 것조차도 민망한 일입니다. 저도 시험 끝나고 기출 문제를 확인하는 게 두렵습니다. 이 지문은 책에 없고 이 지문은 있지만 이런 식으로 문제를 출제한 적이 없고 이를 확인하는 게 괴롭습니다. 그날은 밥도 잘 안 들어가고 술만 잘 들어갑니다.

시험 보는 날이면 어디 숨어버리고 싶은 심정, 시험날이라는 것을 뻔히 알지만 잊어버리고 싶은 심정을 여러분은 이해하기 힘들 겁니다. 사법시험이 그랬습니다. 그러나 이제는 변호사 시험, 7급 국가직, 소방 간부시험, 최근에 와서는 비상 기획관 시험마저도 그렇게 되어버렸습니다. 안심할 수 있는 시험은 5급 시험과 법원 서기보 시험뿐입니다.

여러분에게 헌법이 쉽다는 과거의 관념이 있다면 빨리 버리시기 바랍니다.

헌법이 왜 어렵게 되었을까요?

그 밑바닥에는 변별력 확보라는 시험기관의 의도와 출제자의 문제 내는 능력이 있습니다. 경쟁이 치열해지면 변별력으로 합격과 불합격을 나눌 수밖에 없습니다. 변별력을 높이려면 기출에 없는 지문을 출제할 수밖에 없고 시험장에서는 처음 보는 지문이라면 구구단조차도 어렵습니다. 낯선 선지가 20% 정도에 이르면 체감 난도는 급격히 높아집니다. 이 정도면 한 문제에 낯선 선지가 2~3개씩 들어가는 문제가 20문제 중 5개 정도는 되어 소거가 어렵게 되기 때문입니다.

그러면 왜 헌법일까요? 출제자들의 머릿속에서 꺼내서 지문을 만들지 않습니다. 판례, 법령에서 지문을 선별해서 끌어냅니다.

형법이나 민법 대법원 판례야 그 양이 많지 않으나, 헌법재판소 판례는 중요 판례라면 판례 하나가 50페이지를 넘기기 일쑤입니다. 그러니 판례 요지뿐 아니라 판례 전문에서 출제한다면 고를 수 있는 선지는 너무 많습니다. 변별력을 높여야 하는 필연적 이유를 고려하면 판례 전문에서 선지를 찾으면 됩니다. 그래서 최근 경향은 판례 요지를 넘어 판례의 논리적 구조를 물어보는 문제가 많아지고 있습니다. 그러다 보니 시험장에서 자신 있게 답을 찾기 힘듭니다. 어중간하게 기출만으로 해결하려면 시험장에서 정신줄을 놓을 수 있습니다.

헌법은 또한 법령이 폭탄입니다. 헌법 조문도 출제되면 만만치 않고 부속 법령은 다양한 만큼 예측하기 힘들어 변별력을 높이려면 법령을 출제하면 간단합니다.

하여간 변별력을 높이기 위한 헌법 문제 출제는 그리 어렵지 않습니다.

그러면 수험생은 어떻게 준비하고 예측할 수 있을까요? 원론적인 문제로 수험생이 문제를 예측할 수 있을까요? 답은 없습니다. "그러면 너는 가능하냐?"라고 묻는다면 답은 동일합니다. 그러면 "사법시험 시대에는 가능했는가?"라고 묻는다면 "그랬다"가 답입니다. "아니 그때 가능했던 게 지금은 왜 안 되는가?" 그때 가능했던 이유는 아이러니하게도 1997년 외환 위기였습니다. 학원 강사의 수준은 수험생이 결정합니다. 1997년 외환 위기시 일자리가 정말 신기루처럼 사라졌습니다. 그래서 가장 역사적으로 뛰어났던 수험생들이 신림동에 모여 들어 그들의 위기감과 올바른 압력으로 강사들을 몰아쳐 예측 가능했습니다. 그러나 지금 수험 시장은 김빠진 맥주처럼 맹숭맹숭합니다. 시장도 축소되었고 열기는 식어 강사를 달리게 할 채찍은 사라졌습니다. 그래서 문제 예측이 더 어렵게 되어 수험생은 시험장에서 멘붕할 위험성이 높아졌습니다.

이런 상황에서 수험생은 무엇을 해야 하고, 무엇을 할 수 있을까요?

기본서 읽기가 과거보다 더 중요해진 것은 사실입니다. 역설적이지만 중요해진 만큼 기본서의 양도 늘어나 기본서 읽기가 어려워지고 있습니다. 기본서를 읽을 때 기출문제와 같이 진행하는 것이 문제 포인트를 잡는 데 확실히 도움을 줍니다. 다 이해가 다 안 되더라도 반드시 기출문제와 함께 공부해야 합니다. 기출문제 화독을 통해 기본서에 접근한다는 마인드를 가지시기 바랍니다.

변별력의 핵심은 기출에 없는 지문이나 기출을 많이 변형한 지문을 출제하는 것입니다. 이를 대비하는 것은 수험생의 몫은 아닙니다.

그래서 '문제수준은 기출이지만 기출에 없는 문제로 구성된 모의고사' 공부가 매우 중요합니다. 수험가가 무너진 상황이라 전 과목 이런 모의고사가 나오기는 힘듭니다. 헌법이나 행정법도 마찬가지입니다. 부족하겠지만 사법시험의 전통을 되살려 정말 퀄리티 있는 문제를 꾸준히 만들어 제공할 예정입니다. 황남기 진도별 모의고사와 전범위 모의고사로 기출을 보완하는 것이 현재로서는 차악의 선택입니다. 오로지 모의고사 문제 만드는 데에만 전력을 다 기울일 예정입니다. 모의고사는 반드시 시간을 재서 시험장 상황에 가장 가까운 조건하에 반복적으로 꾸준히 풀어야 합니다.

판례 공부와 법조항 모두 중요합니다. 그러나 이를 문제를 통해서 공부해야 문제인식이 되어 시험장에서 문제에 적응할 수 있습니다. 좋은 문제를 많이 여러 번 반복해서 풀어보는 것은 수험생이 해야 하고 할 수 있는 가장 확실한 공부법입니다. 물론 문제를 풀고 피드백도 필요합니다. 기본서나 법령집으로 다시 체계화할 필요가 있고 이를 다시 암기해야 합니다.

더불어 공무원 시험 전문 **해커스공무원**(gosi.Hackers.com)에서 학원 강의나 인터넷 동영상 강의를 함께 이용하여 꾸준히 수강한다면 학습효과를 극대화할 수 있습니다.

이제 정해진 일을 담담하고 일관성 있게 행동으로 보여주면 점수로 보답받을 겁니다.

함께 고생합시다.

2023년 8월
황남기

목차

제3편 기본권론

제1편

헌법총론

제1장 / 헌법의 의의와 기능

제1절 헌법의 의의

01 헌법의 개념

사회구성원들은 정치적 공동체인 국가를 구성하면서 정치적 공동체의 형태를 결정하고 공동체의 기본가치와 이념을 반영한 기본규범을 정립하는데, 이를 헌법이라 한다.

02 역사적 발전과정에서 본 헌법개념

1. 고유한 의미의 헌법

(1) 개념

고유한 의미의 헌법이란 국가의 통치조직과 작용, 국가와 국민의 관계를 규정한 기본법이다.

(2) 특징 ★

① 국가는 국가기관이 있어야 하므로 **국가가 있다면** 국가를 조직하는 규범인 **헌법이 반드시 있어야 한다.** 따라서 고유한 의미의 헌법은 국가가 존재하는 한 항상 존재한다.
② 북한헌법·경국대전도 고유한 의미의 헌법이다.

2. 근대 입헌주의 헌법

(1) 의의 ★

① 개념: 근대 입헌주의 헌법은 개인의 자유와 권리보장을 목적으로 하고 국가권력의 분립을 수단으로 하는 헌법이다. 시민혁명 후 시민들이 주도한 헌법으로 민정(民定)헌법에 해당한다.
② 1789년 프랑스의 인간과 시민의 권리에 관한 선언: "자유와 권리, 권력분립이 보장되어 있지 않는 사회는 헌법을 가졌다고 할 수 없다." 이때 헌법이 근대 입헌주의 헌법이다.

(2) 외견적 입헌주의 헌법

① 배경: **19세기 독일은** 시민혁명이 성공하지 못해 시민이 주도한 근대 입헌주의 헌법이 성립하지 못했다. 1871년 비스마르크헌법은 군주가 권력을 유지한 채 시민들의 이익을 부분으로 반영한 외견적 입헌주의 헌법이다.
② 목적: 독일의 경우 프랑스혁명 이후 유럽에 확산된 자유주의 이념에 근거한 새로운 국가창설을 억제하면서도 군주의 국가권력을 유지한 채 위로부터의 근대화를 추진하려는 목적이었다.

☑ 진정한 입헌주의 헌법과 외견적 입헌주의 헌법의 비교 *

구분	진정한 입헌주의 헌법	외견적 입헌주의 헌법
누가 주도했나	시민	군주
목적	자유와 권리 보장	군주의 권력 유지
기본권 본질	자연법적 권리	실정법적 권리

3. 현대 사회국가 헌법

(1) 배경

현대 사회국가 헌법은 사회국가원리나 사회적 기본권이 반영된 헌법이다.

(2) 실질적 법치주의

근대 입헌주의는 법률에 의한 통치만 강조하여 정당하지 못한 법에 의한 통치가 만연해 이에 대한 반성으로 제2차 세계대전 후 실질적 법치주의가 확립되었다. 현대의 입헌주의는 헌법재판제도를 핵심요소 중의 하나로 하고 있는바, 이는 실질적 법치주의의 확립과 헌법의 규범력 제고에 기여하며 사법국가적 경향을 보여주고 있다.

☑ 근대 입헌주의 헌법과 현대 사회국가 헌법의 비교 **

구분	근대 입헌주의 헌법	현대 사회국가 헌법
주권론	형식적 국민주권	실질적 국민주권
법치주의	형식적 법치주의	실질적 법치주의(위헌법률심판)
권력분립	기관중심의 권력분립	기능중심의 권력분립
주된 기본권	자유권 중심	사회적 기본권, 생존권적 기본권의 보장
재산권	자연권, 불가침의 절대적 권리	실정권, 제한 가능한 상대적 권리
정당에 태도	적대시 또는 무시	합법화 또는 헌법 수용
특징	자유권의 보장	① 사회적 기본권의 수용 ② 사회적 정의의 실현을 위한 국민경제의 규제, 조정 ③ 의회주의의 위기 ④ 실질적 평등의 보장을 위한 국가작용의 강화, 확대 ⑤ 국제평화주의

제2절 헌법의 분류

01 실질적 의미의 헌법과 형식적 의미의 헌법

1. 실질적 의미의 헌법

(1) 개념

실질적 의미의 헌법이란 법에 규정되어 있는 **내용에 따라 정의한 개념으로서** 법형식에 구애됨이 없이 통치관계에 관한 기본적인 법규범의 전부를 지칭한다. 국가기관의 조직과 작용, 국가와 국민의 관계에 대한 사항을 규율하고 있다면, **법의 존재형식에 관계없이** 실질적 의미의 헌법에 해당하므로 헌법뿐만 아니라 정부조직법, 국회법, 헌법재판소법, 공직선거법 등도 실질적 의미의 헌법에 해당한다.

(2) 존재형식

실질적 의미의 헌법은 다양한 형식으로 존재한다. 형식에 구애됨이 없이 헌법사항을 규율하면 실질적 의미의 헌법에 해당한다. 실질적 의미의 헌법은 영국에서와 같이 불문헌법으로 존재할 수도 있다. 따라서 실질적 의미의 헌법에 따르면 헌법의 법원(法源)은 확장된다.

2. 형식적 의미의 헌법

형식적 의미의 헌법이란 **법의 내용과 관계없이 헌법전의 형식**으로 존재하는 법규범을 말한다. 형식적 의미의 헌법이면 내용과 관계없이 실질적 의미의 헌법인가와는 무관하게 헌법개정의 대상이 될 수 있다.

3. 형식적 의미의 헌법과 실질적 의미의 헌법 간의 관계 ★★

구분	형식적 의미의 헌법	실질적 의미의 헌법	비고
영국헌법	×	○	영국에는 형식적 의미의 헌법이 없다.
불문헌법	×	○	
정부조직법, 공직선거법, 국회법	×	○	모든 실질적 의미의 헌법이 형식적 의미의 헌법이라고 할 수 없다. 형식적 의미의 헌법에는 실질적 의미의 헌법이 모두 포함되어 있는 것은 아니다.
미국헌법의 금주조항	○	×	모든 형식적 의미의 헌법이 실질적 의미의 헌법이라고 할 수 없다.
헌법개정의 대상	○	×(학설) ○(판례)	판례는 헌법개정의 대상을 형식적 의미의 헌법＋관습헌법이라고 한다.

02 존재형식에 따른 분류 – 성문헌법과 불문헌법

1. 성문헌법

(1) 개념

헌법이 조문형태로 문서화되어 있는 헌법이다.

(2) 관습헌법 인정

성문헌법국가에서도 관습헌법은 인정되나, 성문헌법을 보충하고 실효성을 증대시키는 범위 내에서 인정된다. 그러나 관습헌법은 성문헌법을 보충할 수 있을 뿐 성문헌법을 개폐할 수는 없다.

> **⚖ 판례 | 관습법 인정**
>
> 성문헌법이라고 하여도 그 속에 모든 헌법사항을 빠짐없이 완전히 규율하는 것은 불가능하고 또한 헌법은 국가의 기본법으로서 간결성과 함축성을 추구하기 때문에 형식적 헌법전에는 기재되지 아니한 사항이라도 이를 불문헌법 내지 관습헌법으로 인정할 소지가 있다(헌재 2004.10.21. 2004헌마554·566).

2. 불문헌법

(1) 개념

불문헌법이란 성문화된 형식적 헌법전이 없는 헌법을 말한다.

(2) 불문헌법국가

영국은 헌법전은 없으나 불문헌법에 의해 국가가 만들어진 국가이다. 불문헌법국가에서도 헌법변천은 인정된다.

03 개정방법에 의한 분류 - 연성헌법과 경성헌법

1. 연성헌법

연성헌법은 일반법률의 개정절차와 동일하게 개정을 하는 헌법이다. 즉, 개정 난도에 있어서 법률개정과 별 차이가 없는 헌법이다.

2. 경성헌법 ★

(1) 개념

경성헌법은 일반법률보다 더 어려운 개정절차와 방법으로 헌법을 개정하는 유형이다.

(2) 절차

경성헌법은 개정절차에서 국회 의결정족수는 가중된다. 제헌헌법부터 제4차 개정헌법은 국민투표를 거치도록 규정하지 않았기 때문에 **경성헌법이라고 해서 국민투표절차가 필수적인 것은 아니다.**

(3) 경성헌법의 목적

헌법의 경성은 **헌법개정에 의한 헌법침해를 방지하여 헌법의 최고규범성 유지**를 목적으로 한다. 다만, 사회현실변화에 신축적으로 대응하는 점에선 연성헌법이 더 낫다.

(4) 성문헌법은 반드시 경성헌법인 것은 아니다

성문헌법은 대부분 경성헌법이지만 성문헌법이면서도 연성헌법인 1848년 이탈리아 샤르디니아왕국헌법이 있으므로, 성문헌법이 개념필수적으로 경성헌법이라고 할 수는 없다.

제3절 헌법의 특성과 기능

01 헌법의 특성

헌법의 특성이란 헌법이 민법, 형법 등 다른 법률과 달리 가지고 있는 성질을 말한다.

1. 헌법의 사실적 특성 – 정치성

(1) 대립하는 정치세력이 공존을 위해 합의한 최소한의 정치적 질서에 관한 합의를 규범화한 것이 헌법이다. 헌법은 대립하는 정치세력 간에 최소한의 합의규범이므로, 일반법률과 달리 입법과정에 있어서 완결성을 추구하지 아니한다.

(2) 결국 헌법은 유동성, 추상성, 개방성, 미완성성 등의 특징을 갖게 된다.
   ① **개방성**: 민법, 형법 등과 달리 최소한의 기본적인 사항만 기술하고 세부적인 내용은 향후 정치세력 간에 합의토록 한다. 그러나 헌법의 기본원리, 권력구조, 문제해결절차는 개방되어서는 안 된다.
   ② **미완성성**: 외교정책과 국제경제정책 등 미래에 결정될 사항은 헌법규정의 대상에서 제외한다.

2. 헌법의 규범적 특성

(1) 최고규범성 ★

   ① **최고법 조항의 의의**: 최고규범성을 확보하기 위해서 미국이나 일본처럼 "헌법은 법률보다 상위의 효력을 가진다."라는 최고법 조항을 헌법에 직접 규정하는 경우도 있으나, 우리나라 헌법은 최고법 조항이 없다. 다만, 헌법부칙 제5조에 "이 헌법시행 당시의 법령과 조약은 이 헌법에 위배되지 않는 한 그 효력을 지속한다."라는 규정 등에서 간접적으로 헌법의 최고규범성이 인정되고 있다. 우리나라 헌법에 최고법 조항이 없어도 헌법은 최고규범이다. 따라서 최고법 조항은 확인적·선언적 조항이다.

   ② **헌법의 최고규범성을 확보하는 방법**: 헌법개정을 어렵게 하는 헌법개정방법의 경성화, 위헌법률심판, 헌법소원심판, 명령·규칙 위헌심사, 헌법존중 및 수호의무 부과, 국민의 헌법에의 의지 등이 있다. 그러나 **일반적 법률유보는** 모든 기본권 제한을 입법자에게 유보하는 형식인데, 입법자가 법률에 의해 과도하게 기본권을 제한하여 헌법을 침해할 수 있다는 점에서 **헌법의 최고규범성 확보수단은 아니다.**

(2) 자기보장규범성

   민법, 형법 등은 국가권력이라는 강제수단이 그 효력을 보장해 주나, 헌법은 국가권력을 구속하는 규정이므로 민법, 형법에 비해 강제력이 약하다. 다만, 헌법은 스스로를 보장하기 위해 헌법재판제도와 같은 규정을 두고 있으나 헌법재판제도는 강제적 성격은 약하다.

제2장 / 헌법의 본질과 해석

제1절 헌법조항 간 위계질서

01 등가이론

법실증주의는 헌법조항 간 위계질서를 부정하고, 헌법조항은 동일한 가치를 가진다는 등가이론을 주장하였다. 헌법조항이 모두 동일한 효력을 가진다면 개정할 수 없는 헌법조항이란 있을 수 없으므로 헌법개정의 무한계설로 이어진다.

02 칼 슈미트의 헌법과 헌법률

칼 슈미트는 헌법조항을 헌법과 헌법률로 구별한다. 헌법은 헌법제정권자의 정치적 통일체에 대한 근본결단인 헌법(절대적 헌법)과 근본적 결단을 실현하기 위한 구체적 조항인 헌법률(상대적 헌법)로 구성된다. 따라서 헌법조항 간 서로 가치와 효력에 차등이 인정되어 헌법조항 간의 위계질서를 인정한다. 이런 논리에 따르면 헌법개정권력은 헌법률을 개정할 수는 있으나 절대적 헌법을 개정할 수 없으므로 절대적 헌법은 헌법개정의 한계로 인정된다.

> **⚖️ 판례 | 헌법 제29조 제2항의 위헌심사의 대상 여부 ★★★** (헌재 1996.6.13. 94헌바20)
>
> ---
> **<심판대상>**
> **헌법 제29조** ② 군인·군무원·경찰공무원 기타 법률이 정하는 자가 전투·훈련 등 직무집행과 관련하여 받은 손해에 대하여는 법률이 정하는 보상 외에 국가 또는 공공단체에 공무원의 직무상 불법행위로 인한 배상은 청구할 수 없다.
> ---
>
> **1. 헌법조항이 위헌법률심판의 대상이 되는지 여부(소극)**
> 헌법 제111조 제1항 제1호·제5호 및 헌법재판소법 제41조 제1항, 제68조 제2항은 위헌심사의 대상이 되는 규범을 '법률'로 명시하고 있으므로 헌법의 개별규정 자체가 위헌심사의 대상이 될 수 없음은 위 각 규정의 문언에 의하여 명백하다.
>
> **2. 헌법규범 상호간의 효력상 차등 인정 여부**
> 헌법은 전문과 단순한 개별조항의 상호관련성이 없는 집합에 지나지 않는 것이 아니고 하나의 통일된 가치체계를 이루고 있으며 헌법의 제 규정 가운데는 헌법의 근본가치를 보다 추상적으로 선언한 것도 있고 이를 보다 구체적으로 표현한 것도 있으므로, **이념적·논리적으로는 헌법규범 상호간의 가치의 우열을 인정할 수 있을 것이다.** 그러나 이때 인정되는 헌법규범 상호간의 우열은 추상적 가치규범의 구체화에 따른 것으로서 헌법의 통일적 해석을 위하여 유용한 정도를 넘어 헌법의 어느 특정규정이 **다른 규정의 효력을 전면 부인할 수 있는 정도의 효력상의 차등을 의미하는 것이라고는 볼 수 없다.** 더욱이 헌법개정의 한계에 관한 규정을 두지 아니하고 헌법의 개정을 법률의 개정과는 달리 국민투표에 의하여 이를 확정하도록 규정하고 있는(헌법 제130조 제2항) 현행의 우리 헌법상으로는 과연 어떤 규정이 헌법핵 내지는 헌법제정규범으로서 상위규범이고 어떤 규정이 단순한 헌법개정규범으로서 하위규범인지를 구별하

는 것이 가능하지 아니하며(칼 슈미트의 헌법과 헌법률 구별을 수용하지 않았다), 달리 헌법의 각 개별규정 사이에 그 효력상의 차이를 인정하여야 할 아무런 근거도 찾을 수 없다.

3. 헌법조항이 헌법소원의 대상이 되는지 여부(소극)
헌법제정권과 헌법개정권의 구별론이나 헌법개정한계론은 그 자체로서의 이론적 타당성 여부와 상관없이 우리 헌법재판소가 헌법의 개별규정에 대하여 위헌심사를 할 수 있다는 논거로 **원용될 수 있는 것이 아니며**, 나아가 헌법은 그 전체로서 주권자인 국민의 결단 내지 국민적 합의의 결과라고 보아야 할 것으로, 헌법의 개별규정을 헌법재판소법 제68조 제1항 소정의 공권력 행사의 결과라고 볼 수도 없다.

참고 헌법재판소는 헌법조항은 위헌심사의 대상이 되지 않는다는 기존 입장을 유지하면서도 헌법 제29조 제2항의 개정을 권고한 바 있다.

제2절 헌법의 해석

01 헌법해석의 의의

1. 의의
헌법의 해석이란 헌법규범의 진정한 의미와 내용을 밝힘으로써 구체적인 헌법문제를 해결하려는 헌법인식작용이다.

2. 특성
헌법은 기본적 합의만 규정된 규범이라는 구조적 특성으로 인하여 하위의 법규범에 비해 해석에 의한 보충의 필요성이 큰 편이다. 또한 헌법의 사실적 특징으로서 이념성과 정치성을 들 수 있는바, 헌법해석에 있어서도 정치적·사회적 사실을 고려하여 해석하여야 한다.

02 헌법해석의 방법

헌법해석을 위해서는 무엇보다도 헌법문언이 갖는 언어적·어학적 의미를 명확히 하는 문리적 해석이 우선되어야 하며, 문언의 의미내용이 다의적인 경우에 다른 해석방법이 요청된다.

> ⚖️ **판례 | 헌법해석의 방법**
>
> 1. 헌법의 해석과 헌법의 적용이 우리 헌법이 지향하고 추구하는 방향에 부합하는 것이 아닐 때에는, 헌법적용의 방향제시와 헌법적 지도로써 정치적 불안과 사회적 혼란을 막는 가치관을 설정하여야 한다(헌재 1989.9.8. 88헌가6).
>
> 2. 헌법의 개별요소들은 상호관련되고 의존하고 있기 때문에 개별 헌법규범만을 고찰해서는 아니 되고 그 규범이 놓여 있는 전체적 관련을 함께 고찰해야 하며(**통일성의 원칙**), 헌법상 보호되는 법익들은 헌법해석을 통하여 모두 실현될 수 있도록 상호조정되어야 한다(**실제적 조화의 원칙**)(헌재 2010.2.25. 2008헌가23).
>
> 3. 우리는 헌법규정 사이의 우열관계, 헌법규정에 대한 위헌성 판단을 인정하지 아니하고 있으므로, 그에 따라 **헌법 제106조 법관의 신분보장 규정은 헌법 제105조 제4항 법관정년제 규정**과 병렬적 관계에 있는 것으로 보아 조화롭게 해석하여야 할 것이다(헌재 2002.10.31. 2001헌마557).

4. **헌법의 기본원리는** 헌법의 이념적 기초인 동시에 헌법을 지배하는 지도원리로서 입법이나 정책결정의 방향을 제시하며 공무원을 비롯한 모든 국민·국가기관이 헌법을 존중하고 수호하도록 하는 지침이 되며, **구체적 기본권을 도출하는 근거로 될 수는 없으나** 기본권의 해석 및 기본권 제한입법의 합헌성 심사에 있어 해석기준의 하나로서 작용한다(헌재 1996.4.25. 92헌바47).

⚖️판례 | 헌법재판규범

유신헌법 일부 조항과 긴급조치 등이 기본권을 지나치게 침해하고 자유민주적 기본질서를 훼손하였다는 반성에 따른 헌법개정사, 국민의 기본권의 강화·확대라는 헌법의 역사성, 헌법재판소의 헌법해석은 헌법이 내포하고 있는 특정한 가치를 탐색·확인하고 이를 규범적으로 관철하는 작업인 점에 비추어, 헌법재판소가 행하는 구체적 규범통제의 심사기준은 원칙적으로 헌법재판을 할 당시에 규범적 효력을 가지는 현행헌법이다(헌재 2013.3.21. 2010헌바132).

제3절 합헌적 법률해석(헌법합치적 법률해석)

01 합헌적 법률해석의 의의 ★★★

1. 개념

합헌적 법률해석(법률의 합헌적 해석, 헌법합치적 법률해석)이란 법률의 개념이 다의적이고 그 어의의 테두리 안에서 **여러 가지 해석이 가능할 때** 통일적인 법질서의 형성을 위하여 가급적 헌법에 합치하는 해석을 하여야 한다는 법률해석기술을 뜻한다. 법률이 다의적일 경우 합헌적 법률해석은 가능하므로 법률이 일의적인 경우 합헌적 법률해석은 금지된다.

2. 합헌적 법률해석은 법률해석의 지침이다.

합헌적 법률해석은 헌법해석을 수반하기는 한다. 그러나 헌법해석이 아니라 법률해석의 지침이다.

3. 합헌적 법률해석의 연혁

미연방대법원은 합헌성 추정의 원칙을 확립하여 합헌적 법률해석을 해왔다. 이러한 영향 아래 **독일 헌법재판소도** 합헌적 법률해석을 확립했다. **우리나라 헌법재판소와 대법원도** 합헌적 법률해석을 재판에 원용하고 있다.

4. 합헌적 법률해석과 사법소극주의

합헌적 법률해석이란 어떤 법률이 한 가지 해석방법에 의하면 헌법에 위배되는 것처럼 보이더라도 다른 해석방법에 의하면 헌법에 합치되는 것으로 볼 수 있다면 합헌으로 해석하여야 한다는 **사법소극주의적인** 법률해석기술이다.

5. 합헌적 법률해석과 규범통제의 관계

합헌적 법률해석은 위헌법률심사와 같은 규범통제 과정에서뿐 아니라 법원이 법을 적용하는 과정에서도 발생한다. 따라서 합헌적 법률해석이 **규범통제 과정에만 이루어지는 것은 아니다.** 그러나 법률이 명백히 위헌임에도 불구하고 법률의 효력을 지속시키기 위해 합헌적으로 법률을 해석하는 것은 규범통제를 약화시킬 우려가 있다.

구분	합헌적 법률해석	규범통제
제도의 목적	법률의 효력을 지속시키려는 제도적 표현	헌법의 효력을 지키려는 제도적 표현
헌법의 기능	해석규칙(해석기준)	저촉규칙(심사기준)
헌법적 근거 필요성	헌법의 최고규범성에 의해 법이론적으로 인정됨.	헌법의 최고규범성 + 명시적인 법적 근거가 필요(헌법 제111조 제1항)

참고 독일, 우리나라는 규범통제의 근거를 헌법에 규정하고 있으나, 미국은 헌법에 규정이 없이 판례를 통해 규범통제를 확립했다.

02 합헌적 법률해석의 이론적 근거

1. 헌법의 최고규범성에서 나오는 법질서의 통일성

어떤 법률의 개념이 다의적이고 그 어의의 테두리 안에서 여러 가지 해석이 가능할 때, 헌법을 최고법규로 하는 통일적인 법질서의 형성을 위하여 헌법에 합치되는 해석, 즉 합헌적인 해석을 택하여야 하며, 이에 의하여 위헌적인 결과가 될 해석은 배제하면서 합헌적이고 긍정적인 면은 살려야 한다는 것이 헌법의 일반법리이다(헌재 1990.4.2. 89헌가113).

2. 민주적 정당성을 갖는 입법권의 존중(권력분립의 정신)

입법부가 제정한 법률의 효력을 유지시켜 최대한 권력분립의 정신과 민주주의적 입법기능을 최대한 존중해야 할 필요가 있다.

3. 법적 안정성의 요청에 의한 규범 유지의 필요성 및 법률의 추정적 효력

법률의 합헌성 추정의 원칙이란 법률이 일단 제정·공포된 이상 법률의 효력은 추정된다는 원칙으로 권력분립의 정신, 입법의 재량권 인정, 합리성의 원칙, 법적 안정성에 근거하고 있다.

4. 국제사회에서의 신의 존중과 국가 간의 긴장 회피 및 신뢰보호

국가 간의 신뢰보호를 위하여 국가 간에 체결된 조약 또는 그 동의법을 합헌적으로 해석할 필요가 있다. 따라서 조약이나 일반적으로 승인된 국제법규도 합헌적 법률해석의 대상이 된다.

03 합헌적 법률해석의 한계

1. 합헌적 법률해석의 한계의 의미

법률에 대한 합헌적 해석은 입법권이 가지는 형성적 재량권을 지나치게 제한하거나 박탈하지 않는 범위 내에서 이루어져야 한다. 따라서 합헌적 법률해석은 문의적 한계, 법목적적 한계 등을 준수해야 한다.

2. 구체적인 합헌적 법률해석의 한계 ★★

(1) 문의적 한계를 벗어난 합헌적 법률해석은 허용되지 않는다. 법률의 조항은 원칙적으로 가능한 범위 안에서 <u>합헌적으로 해석함이 마땅하나 그 해석은 법의 문구와 목적에 따른 한계</u>가 있다(헌재 1989.7.14. 88헌가5).

① **필요적 보호감호**: 필요적 보호감호제도하에서는 법관이 재범의 위험성이 없다고 판단해도 보호감호 요건이 충족된 이상 보호감호를 부과해야 한다. 필요적 보호감호의 법문언상, 법관이 재범의 위험성이 있는 경우에 한해 보호감호를 부과할 수 있다고 해석해서 한정합헌결정을 하는 것은 문의적 한계를 벗어난 법률해석이다.

> 법률 또는 법률의 위 조항은 원칙적으로 가능한 범위 안에서 합헌적으로 해석함이 마땅하나 그 해석은 법의 문구와 목적에 따른 한계가 있다. 즉, 법률의 조항의 문구가 간직하고 있는 말의 뜻을 넘어서 말의 뜻이 완전히 다른 의미로 변질되지 아니하는 범위 내이어야 한다는 문의적 한계와 입법권자가 그 법률의 제정으로써 추구하고자 하는 입법자의 명백한 의지와 입법의 목적을 헛되게 하는 내용으로 해석할 수 없다는 법목적에 따른 한계가 바로 그것이다. 왜냐하면, 그러한 범위를 벗어난 합헌적 해석은 그것이 바로 실질적 의미에서의 입법작용을 뜻하게 되어 결과적으로 입법권자의 입법권을 침해하는 것이 되기 때문이다. … 따라서 법 제5조 제1항의 요건에 해당되는 경우에는 법원으로 하여금 감호청구의 이유 유무, 즉 재범의 위험성의 유무를 불문하고 반드시 감호의 선고를 하도록 강제한 것임이 위 법률의 조항의 문의임은 물론 입법권자의 의지임을 알 수 있으므로 위 조항에 대한 합헌적 해석은 문의의 한계를 벗어난 것이라 할 것이다(헌재 1989.7.14. 88헌가5 등).

② 공소기각의 사유가 없었다면 무죄가 명백한 경우 군인사법의 무죄의 선고를 받은 때에 포함하여 봉급을 소급하여 지급하여야 한다(대판 2004.8.20. 2004다22377).

> 군인사법 제48조 제4항 후단의 '무죄의 선고를 받은 때'의 의미와 관련하여, 형식상 무죄판결뿐 아니라 공소기각재판을 받았다 하더라도 그와 같은 공소기각의 사유가 없었더라면 무죄가 선고될 현저한 사유가 있는 이른바 내용상 무죄재판의 경우도 이에 포함된다고 확대해석함이 법률의 문의적 한계 내의 합헌적 법률해석에 부합한다.

③ **양벌규정**: 법은 종업원이 처벌되면 영업주는 고의·과실 유무와 무관하게 처벌한다는 의미로 규정된 것이므로 영업주의 선임·감독상 과실이 있는 경우에 한해 영업주를 처벌하도록 법률을 해석하는 것은 문의적 한계를 벗어난 것이다(헌재 2007.11.29. 2005헌가10).

> 합헌적 법률해석은 어디까지나 법률조항의 문언과 목적에 비추어 가능한 범위 안에서의 해석을 전제로 하는 것이고, 법률조항의 문구 및 그로부터 추단되는 입법자의 명백한 의사에도 불구하고 문언상 가능한 해석의 범위를 넘어 다른 의미로 해석할 수는 없다. 따라서 이 사건 법률조항을 그 문언상 명백한 의미와 달리 '종업원의 범죄행위에 대해 영업주의 선임·감독상의 과실(기타 영업주의 귀책사유)이 인정되는 경우'라는 요건을 추가하여 해석하는 것은 문언상 가능한 범위를 넘어서는 해석으로서 허용되지 않는다고 보아야 한다.

(2) 법목적적 한계를 벗어난 합헌적 법률해석은 허용되지 않는다. 입법자가 의도한 입법목적을 합헌적 법률해석을 통해 변경 또는 왜곡하는 것은 입법권을 침해하는 것이다. 따라서 합헌적 법률해석을 함에 있어 법목적적 한계를 준수하여야 한다.

(3) 헌법수용적 한계를 벗어난 합헌적 법률해석은 허용되지 않는다. 합헌적 법률해석은 헌법규범의 내용을 지나치게 확대해석하여 헌법규범이 가지는 정상적인 수용한도를 넘어서는 안 된다. 법률의 합헌적 해석이 헌법의 합법률적 해석으로 주객이 전도되어서는 안 된다.

> ⚖ **판례 | 법률이 전문개정된 경우 개정 전 법률 부칙의 경과규정은 실효된다.** (헌재 2012.5.31. 2009헌바123)
>
> 1. 합헌적 법률해석의 한계
>   헌법정신에 맞도록 **법률의 내용**을 해석·보충하거나 정정하는 '헌법합치적 법률해석' 역시 '유효한' 법률조항의 의미나 문구를 대상으로 하는 것이지, 이를 넘어 **이미 실효된 법률조항을 대상으로 하여 헌법합치적인 법률해석을 할 수는 없는 것이어서,** 유효하지 않은 법률조항을 유효한 것으로 해석하는 결과에 이르는 것은 '헌법합치적 법률해석'을 이유로도 정당화될 수 없다 할 것이다.
>
> 2. 전부개정된 경우 구법 부칙의 효력 상실
>   이 사건 부칙조항은 과세근거조항이자 주식상장기한을 대통령령에 위임하는 근거조항이므로 이 사건 전문개정법의 시행에도 불구하고 존속하려면 반드시 위 전문개정법에 그 적용이나 시행의 유예에 관한 명문의 근거가 있었어야 할 것이나, 입법자의 실수 기타의 이유로 이 사건 부칙조항이 이 사건 전문개정법에 반영되지 못한 이상, 위 전문개정법 시행 이후에는 전문개정법률의 일반적 효력에 의하여 더 이상 유효하지 않게 된 것으로 보아야 한다.
>
> 3. 과세요건법정주의 및 과세요건명확주의를 포함하는 조세법률주의가 지배하는 조세법의 영역에서는 경과규정의 미비라는 명백한 입법의 공백을 방지하고 형평성의 왜곡을 시정하는 것은 원칙적으로 **입법자의 권한이고** 책임이지 법문의 한계 안에서 법률을 해석·적용하는 **법원이나 과세관청의 몫은 아니다.** 뿐만 아니라 구체적 타당성을 이유로 법률에 대한 유추해석 내지 보충적 해석을 하는 것도 어디까지나 '유효한' 법률조항을 대상으로 할 수 있는 것이지 이미 '실효된' 법률조항은 그러한 해석의 대상이 될 수 없다. 따라서 관련 당사자가 공평에 반하는 이익을 얻을 가능성이 있다 하여 이미 실효된 법률조항을 유효한 것으로 해석하여 과세의 근거로 삼는 것은 과세근거의 창설을 국회가 제정하는 법률에 맡기고 있는 헌법상 권력분립원칙과 조세법률주의의 원칙에 반한다. 따라서, 이 사건 **전부개정법의 시행에도 불구하고 이 사건 부칙조항이 실효되지 않은 것으로 해석하는 것은 헌법상의 권력분립원칙과 조세법률주의의 원칙에 위배되어 헌법에 위반된다.**

04 합헌적 법률해석의 관련 논점

1. 한정위헌, 한정합헌

법률이 그 자체로는 합헌이라 할 수 없지만, 그 내용을 일부 제한하면 위헌이라 볼 수 없는 경우에 내리는 결정유형이다. 한정위헌결정은 법률이 여러 가지 의미로 해석될 수 있고 특정한 법률해석은 헌법에 위반되는 경우 위헌적인 부분에 대해서 위헌결정을 하는 결정형태이다. 헌법재판소는 한정위헌결정의 기속력을 인정하나, 대법원은 이를 부정하고 있다.

> ⚖ **판례 | 한정위헌결정의 기속력 부정(대법원 판례)**
>
> 법률 또는 법률조항 자체의 효력을 상실시키는 위헌결정은 기속력이 있지만, 한정위헌결정과 같은 해석기준을 제시하는 형태의 헌법재판소 결정은 기속력을 인정할 근거가 없다(대판 2001.4.27. 95재다14).

> ⚖ **판례 | 한정위헌결정의 기속력 인정(헌법재판소 판례)**
>
> 헌법재판소의 법률에 대한 위헌결정에는 단순위헌결정은 물론, 한정합헌, 한정위헌결정과 헌법불합치결정도 포함되고 이들은 모두 당연히 기속력을 가진다(헌재 1997.12.24. 96헌마172).

> **⚖ 판례 | 헌법재판소의 법률해석 권한**
>
> 헌법재판소가 법률이 재판의 전제가 되는 요건을 갖추고 있는지의 여부를 심판함에 있어서 제청법원의 견해가 명백하게 불합리하여 유지될 수 없는 경우가 아닌 한 그것을 존중하는 이유는 사실관계의 인정, 그에 대한 일반법률의 해석·적용은 헌법재판소보다 당해 사건을 직접 재판하고 있는 제청법원이 보다 정확하게 할 수 있다는 고려뿐만 아니라 **일반법률의 해석·적용과 그를 토대로 한 위헌 여부 심사의 기능을 나누어 전자는 법원이 후자는 헌법재판소가 각각 중심적으로 담당한다**는 우리 헌법의 권력분립적 기능분담까지 고려한 것이다. 따라서 **헌법재판소는 법원이 일반법률의 해석·적용을 충실히 수행한다는 것을 전제하고, 합헌적 법률해석의 요청에 의하여 위헌심사의 관점이 법률해석에 바로 투입되는 경우가 아닌 한 먼저 나서서 일반법률의 해석·적용을 확정하는 일을 가급적 삼가는 것이 바람직하다**(헌재 2007.4.26. 2004헌가29).

2. 합헌적 법률해석의 남용문제 ★

정신적 자유는 우월한 자유이므로 합헌적 법률해석으로 법률의 효력을 존속시키는 것이 정신적 자유보장 차원에서 바람직하지는 않다. 따라서 합헌적 법률해석은 정신적 자유규제입법에서는 가급적 자제되어야 하고 경제정책입법에서 주로 허용된다.

3. 대법원의 합헌적 해석이 있는 경우 헌법재판소의 결정유형

심판대상 법률조항에 관한 대법원의 합헌적 해석이 헌법재판소의 견해와 일치할 경우, 헌법재판소는 합헌결정한 경우도 있고 한정위헌결정한 경우도 있어 **한정위헌결정을 내리는 태도를 견지하고 있지는 않다.**

4. 합헌적 법률해석의 종류

한정합헌결정, 한정위헌결정은 법률이 여러 가지로 해석될 경우 합헌적으로 법률을 해석하는 결정유형이므로 합헌적 법률해석의 방법이다. 그러나 **합헌결정, 위헌결정, 헌법불합치결정은 합헌적 법률해석으로 보기 힘들다.**

제3장 헌법의 제정·개정과 헌법의 보호

제1절 헌법의 제정

01 헌법제정권력의 의의

1. 개념

헌법제정권력이란 국가의 근본법인 헌법을 만드는 힘이다.

2. 특성

헌법제정권력 그 자체는 위임할 수 없다. 다만, 헌법제정권력행사를 제헌의회에 대행시킬 수는 있다.

02 헌법제정권력이론

1. 쉬에스의 헌법제정권력론

쉬에스는 『3신분이란 무엇인가』를 통해 3신분이 헌법제정권력을 가진다고 보고, 제3신분에 의해 구체제 질서 파괴와 새로운 질서 수립을 강조하여 프랑스혁명을 정당화시키려 했다.

2. 칼 슈미트의 헌법제정권력이론

(1) 헌법과 헌법률의 구별

칼 슈미트의 이론에 따르면 헌법제정권자가 비상시 결단으로 헌법을 제정하고, 헌법개정절차조항에 근거하여 헌법개정권력이 도출되며, 헌법개정권력에 의하여 헌법제정권자의 근본적 의지를 뒷받침해 주는 헌법률이 성립한다.

(2) 헌법개정의 한계 인정

헌법제정권력과 개정권력은 상하관계에 있고 헌법개정권력은 헌법률만을 개정할 수 있을 뿐 헌법제정 권자의 근본적 결단의 소산인 절대적 헌법은 개정할 수 없으므로 헌법개정의 한계가 인정된다.

03 헌법제정절차

1. 헌법조항상 헌법제정절차

헌법개정은 헌법 제128조~제130조가 정한 절차에 따라 이루어져야 하나, 헌법제정에는 일정한 법규범절차 가 존재하지 않는다.

2. 쉬에스 방식과 루소 방식

루소는 직접 민주주의 논리에 따라 헌법은 국민투표를 통하여 제정되어야 한다고 주장하는 데 반해, 쉬에스에 따르면 부르주아들로 구성되는 제헌의회에 의하여 제정되어야 한다.

3. 우리나라 제헌헌법제정

제헌헌법은 국민투표 없이 제헌의회에서 확정되었다. 따라서 쉬에스 방식을 따랐다.

04 헌법제정권력의 한계

헌법제정권력행사로 실정법인 헌법이 제정되므로 헌법제정권력행사에는 실정법상 한계는 없다. 또한 헌법제정권력행사에는 일정한 법규범절차는 없다. 그러나 국민이 헌법제정권자이므로 국민의 기본적 합의가 반영될 수 있도록 하기 위하여 헌법제정안에 대한 공고, 여론 수렴절차 등이 요구된다.

제2절 헌법의 개정

01 헌법개정의 의의

1. 개념

헌법개정이란 헌법의 규범력을 높이기 위해 헌법개정절차에 따라 헌법의 기본적 동일성을 유지하면서 의식적으로 헌법조항을 수정·삭제·추가하는 것을 뜻한다.

2. 헌법변천과의 관계

(1) 개정과 변천의 개념 비교
① **공통점**: 헌법규범과 헌법현실 간에 괴리가 생긴 경우, 헌법개정은 물론 헌법변천도 그 괴리를 좁혀 궁극적으로 헌법의 규범력을 높이는 기능을 한다는 점에서는 공통점을 가진다.
② **양자의 차이**: 헌법개정은 헌법조문을 수정·삭제·추가하나, 헌법변천은 헌법조문의 변화 없이 헌법이 새로운 의미를 가지는 것을 뜻한다. 또한 헌법개정은 의식적인 헌법변경행위라는 점에서 암묵적인 헌법변천과 구별된다는 견해가 있다.

(2) 양자의 관계
헌법개정은 헌법변천이 끝나는 곳에서 시작된다. 따라서 헌법의 개정과 변천은 함수관계가 있고, 헌법개정은 헌법변천의 제동적·한계적 기능을 한다.

02 헌법개정 방법과 절차 ***

> 헌법 제128조【개정제안과 효력】① 헌법개정은 국회재적의원 과반수 또는 대통령의 발의로 제안된다.
> ② 대통령의 임기연장 또는 중임변경을 위한 헌법개정은 제안 당시의 대통령에 대하여는 효력이 없다.
>
> 제129조【개정안공고기간】제안된 헌법개정안은 대통령이 **20일** 이상의 기간 이를 공고하여야 한다.
>
> 제130조【개정안의 의결과 확정·공포】① 국회는 헌법개정안이 **공고된 날로부터 60일 이내**에 의결하여야
> 하며, 국회의 의결은 재적의원 3분의 2 이상의 찬성을 얻어야 한다.
> ② 헌법개정안은 국회가 의결한 후 **30일 이내**에 국민투표에 붙여 국회의원선거권자 과반수의 투표와 투
> 표자 과반수의 찬성을 얻어야 한다.
> ③ **헌법개정안이 제2항의 찬성을 얻은 때에는 헌법개정은 확정되며**, 대통령은 즉시 이를 공포하여야 한다.
>
> 부칙 제1조 이 헌법은 1988년 2월 25일부터 시행한다. 다만, 이 헌법을 시행하기 위하여 필요한 법률의 제
> 정·개정과 이 헌법에 의한 대통령 및 국회의원의 선거 기타 이 헌법시행에 관한 준비는 이 헌법 시행
> 전에 할 수 있다.
>
> 제70조 대통령의 임기는 5년으로 하며, 중임할 수 없다.
>
> 제72조 대통령은 필요하다고 인정할 때에는 외교·국방·통일 기타 국가안위에 관한 중요정책을 국민투표
> 에 붙일 수 있다.

헌법개정은 제안, 공고, 국회의결, 국민투표를 거쳐야 하는데 어떤 절차도 생략해서는 안 된다.

1. 제안

① **국민발안**: 제2차 개정헌법부터 제6차 개정헌법까지는 선거권자 50만 명 이상의 찬성으로 헌법개정
안을 발의할 수 있었으나, 현행헌법에서는 국민의 헌법개정안 발의권을 규정하고 있지 않다.
② **대통령 제안**: 대통령은 국무회의 심의를 거치고 국무총리와 국무위원의 부서를 받아 헌법개정안을
제출할 수 있다.
③ **국회의원 제안**: 국회재적의원 과반수의 발의로 제안하도록 하고 있다.

2. 헌법 제128조 제2항의 의미

① **의의**: 헌법 제128조 제2항은 헌법 제70조를 개정할 수 없다는 개정금지조항이 아니다. 다만, 제안 당
시 대통령에 한해 개정된 조문이 적용되지 않는다는 헌법개정효력의 한계조항 또는 적용대상 제한
조항이다.
② **제안 당시 대통령**: 헌법 제70조가 중임 허용으로 개정되었다 하더라도 제안 당시의 대통령에게는 개
정된 조문이 적용되지 않으므로 제안 당시 대통령은 다음 대통령 선거에서 입후보할 수 없다.
③ **연혁**: 제8차 개정헌법에서 대통령 임기연장을 막기 위해 도입되었다.

3. 공고

공고절차는 국민적 합의를 도출하기 위한 것이므로 생략할 수 없다.

4. 국회의결

① 국회는 공고된 날을 기준으로 60일 이내에 의결해야 한다.
② 헌법개정안은 기명투표로 표결한다(국회법 제112조 제4항).
③ 공고를 통해 국민에게 알린 바 있으므로 수정의결할 수 없다.
④ 헌법 제130조 제1항의 헌법개정안 의결정족수인 재적의원 3분의 2는 소수자보호정신에 부합된다.

5. 국민투표

대통령은 국회에서 가결된 헌법개정안을 가결된 날로부터 30일 이내에 국민투표에 부의해야 한다. 이는 헌법상 대통령의 의무이다. 헌법개정은 국민투표로 확정되므로 국민투표를 생략할 수 없다.

> **⚖ 판례 | 헌법개정 국민투표**
>
> 1. 헌법 제72조의 국민투표의 대상은 중요정책이므로 헌법개정은 헌법 제72조의 국민투표가 아니라 헌법 제130조의 국민투표에서 확정된다. <u>대통령이 헌법 제128조 이하의 헌법개정절차를 무시하고</u> **제72조에 의한 국민투표형식을 빌어 헌법개정을 시도한다면** <u>이는 대의제원리를 원칙적인 통치형태로 채택하고 있는 헌법질서에 위배되며,</u> 개헌안에 대한 공고절차의 생략으로 인하여 국민의 알 권리가 침해되고, 헌법개정을 위한 별도의 가중절차를 잠탈하게 되며, 국회의 심의·표결권이 침해되어 권한분쟁을 초래할 우려가 있다는 점에서 위헌성이 높다. **관습헌법을 성문헌법과 동일한 효력을 가진다고 전제하여, 그 법규범은 최소한 헌법 제130조에 의거한 헌법개정의 방법에 의하여만 개정될 수 있다**(헌재 2004.10.21. 2004헌마554).
> 2. 성문헌법의 개정은 헌법의 조문이나 문구의 명시적이고 직접적인 변경을 내용으로 하는 헌법개정안의 제출에 의하여야 하고, 하위규범인 법률의 형식으로, 일반적인 입법절차에 의하여 개정될 수는 없다. **한미무역협정의 경우, 국회의 동의를 필요로 하는 조약의 하나로서 법률적 효력이 인정되므로, 그에 의하여 성문헌법이 개정될 수는 없으며, 따라서 한미무역협정으로 인하여 청구인의 헌법 제130조 제2항에 따른 헌법개정절차에서의 국민투표권이 침해될 가능성은 인정되지 아니한다**(헌재 2013.11.28. 2012헌마166).
> 3. **긴급조치 제1호**, 제2호는 국민의 유신헌법 반대운동을 통제하고 정치적 표현의 자유를 과도하게 침해하는 내용이어서 국가긴급권이 갖는 내재적 한계를 일탈한 것으로서, 이 점에서도 **목적의 정당성이나 방법의 적절성을 갖추지 못하였다**(헌재 2013.3.21. 2010헌바32).

6. 헌법개정의 확정

국회의원선거권자 과반수 투표와 투표자 과반수의 찬성을 얻으면 헌법개정은 확정된다.

> **국민투표법 제92조【국민투표무효의 소송】** 국민투표의 효력에 관하여 이의가 있는 투표인은 투표인 10만인 이상의 찬성을 얻어 중앙선거관리위원회위원장을 피고로 하여 투표일로부터 20일 이내에 대법원에 제소할 수 있다.

7. 공포

① 국민투표에 의해서 헌법개정이 확정되면 대통령은 거부권을 행사할 수 없다.
② 대통령은 국민투표로 헌법개정이 확정되면 즉시 공포해야 한다.

8. 발효

헌법개정의 발효시기에는 공포시설과 20일 경과시설이 있다. 전자가 관례이나 현행헌법은 부칙에 직접 발효시기를 규정하고 있다.

판례 | 신행정수도의 건설을 위한 특별조치법 사건 (헌재 2004.10.21. 2004헌마554) *위헌결정

1. 헌법소원 청구의 적법성

우리 헌법은 선거권(헌법 제24조)과 같은 간접적인 참정권과 함께 직접적인 참정권으로서 국민투표권(헌법 제72조, 제130조)을 규정하고 있으므로 **국민투표권은 헌법상 보장되는 기본권의 하나이다.** 이 사건 법률의 위헌성이 대통령의 의사결정과 관련하여 문제되는 경우라도 헌법소원의 대상이 될 수 있다.

2. 관습헌법 인정의 헌법적 근거

헌법 제1조 제2항은 "대한민국의 주권은 국민에게 있고, 모든 권력은 국민으로부터 나온다."라고 규정한다. 이와 같이 **국민이** 대한민국의 주권자이며, 국민은 최고의 헌법제정권력이기 때문에 성문헌법의 제·개정에 참여할 뿐만 아니라 헌법전에 포함되지 아니한 **헌법사항을 필요에 따라 관습의 형태로 직접 형성할 수 있다.**

3. 관습헌법의 성립요건으로서의 기본적 헌법사항

관습헌법이 성립하기 위하여서는 관습이 성립하는 사항이 단지 법률로 정할 사항이 아니라 반드시 헌법에 의하여 규율되어 법률에 대하여 효력상 우위를 가져야 할 만큼 헌법적으로 중요한 기본적 사항이 되어야 한다. 일반적으로 실질적인 헌법사항이라고 함은 널리 국가의 조직에 관한 사항이나 국가기관의 권한 구성에 관한 사항 혹은 개인의 국가권력에 대한 지위를 포함하여 말하는 것이지만, 관습헌법은 이와 같은 일반적인 헌법사항에 해당하는 내용 중에서도 특히 국가의 기본적이고 핵심적인 사항으로서 법률에 의하여 규율하는 것이 적합하지 아니한 사항을 대상으로 한다. 일반적인 헌법사항 중 과연 어디까지가 이러한 기본적이고 핵심적인 헌법사항에 해당하는지 여부는 일반추상적인 기준을 설정하여 재단할 수는 없고, 개별적 문제사항에서 헌법적 원칙성과 중요성 및 헌법원리를 통하여 평가하는 구체적 판단에 의하여 확정하여야 한다.

4. 관습헌법의 일반적 성립요건

관습헌법이 성립하기 위하여서는 관습법의 성립에서 요구되는 일반적 성립요건이 충족되어야 한다. ① 기본적 헌법사항에 관하여 어떠한 관행 내지 관례가 존재하고, ② 그 관행은 국민이 그 존재를 인식하고 사라지지 않을 관행이라고 인정할 만큼 충분한 기간 동안 반복 내지 계속되어야 하며(반복·계속성), ③ 관행은 지속성을 가져야 하는 것으로서 그 중간에 반대되는 관행이 이루어져서는 아니 되고(항상성), ④ 관행은 여러 가지 해석이 가능할 정도로 모호한 것이 아닌 명확한 내용을 가진 것이어야 한다(명료성). 또한 ⑤ 이러한 관행이 헌법관습으로서 국민들의 승인 내지 확신 또는 폭넓은 컨센서스를 얻어 국민이 강제력을 가진다고 믿고 있어야 한다(국민적 합의).

5. 관습헌법의 폐지와 사멸

어느 법규범이 관습헌법으로 인정된다면 그 개정가능성을 가지게 된다. **관습헌법도 헌법의 일부로서 성문헌법의 경우와 동일한 효력을 가지기 때문에 그 법규범은 최소한 헌법 제130조에 의거한 헌법개정의 방법에 의하여만 개정될 수 있다.** 따라서 재적의원 3분의 2 이상의 찬성에 의한 국회의 의결을 얻은 다음(헌법 제130조 제1항) 국민투표에 붙여 국회의원선거권자 과반수의 투표와 투표자 과반수의 찬성을 얻어야 한다(헌법 제130조 제3항). 다만, 이 경우 관습헌법규범은 헌법전에 그에 상반하는 법규범을 첨가함에 의하여 폐지하게 되는 점에서, 헌법전으로부터 관계되는 헌법조항을 삭제함으로써 폐지되는 성문헌법규범과는 구분된다. 한편, 이러한 형식적인 헌법개정 외에도, 관습헌법은 그것을 지탱하고 있는 국민적 합의성을 상실함에 의하여 법적 효력을 상실할 수 있다. 관습헌법은 주권자인 국민에 의하여 유효한 헌법규범으로 인정되는 동안에만 존속하는 것이며, 관습법의 존속요건의 하나인 국민적 합의성이 소멸되면 관습헌법으로서의 법적 효력도 상실하게 된다. **관습헌법의 요건들은 그 성립의 요건일 뿐만 아니라 효력 유지의 요건이다.**

6. 관습헌법을 하위법률의 형식으로 의식적으로 개정할 수 있는지 여부(소극)

우리나라와 같은 성문의 경성헌법 체제에서 인정되는 관습헌법사항은 하위규범형식인 법률에 의하여 개정될 수 없다. 영국과 같이 불문의 연성헌법 체제에서는 법률에 대하여 우위를 가지는 헌법전이라는 규범형식이 존재하지 아니하므로 헌법사항의 개정은 일반적으로 법률개정의 방법에 의할 수밖에 없을 것이다. 법체제하에서도 관습헌법을 인정하는 대전제와 논리적으로 모순된 것이므로 우리 헌법체제상 수용될 수 없다.

7. '우리나라의 수도가 서울인 점'에 대한 관습헌법을 폐지하기 위해서는 헌법개정이 필요한지 여부(적극)

우리나라의 수도가 서울인 것은 우리 헌법상 관습헌법으로 정립된 사항이며 여기에는 아무런 사정의 변화도 없다고 할 것이므로, 이를 폐지하기 위해서는 반드시 헌법개정의 절차에 의하여야 한다.

8. 이 사건 법률이 헌법 제130조에 따라 헌법개정절차에 있어 국민이 가지는 국민투표권을 침해하여 위헌인지 여부(적극)

서울이 우리나라의 수도인 점은 불문의 관습헌법이므로 헌법개정절차에 의하여 새로운 수도 설정의 헌법조항을 신설함으로써 실효되지 아니하는 한 헌법으로서의 효력을 가진다. 따라서 헌법개정의 절차를 거치지 아니한 채 수도를 충청권의 일부지역으로 이전하는 것을 내용으로 한 이 사건 법률을 제정하는 것은 헌법개정사항을 헌법보다 하위의 일반 법률에 의하여 개정하는 것이 된다. 한편, 헌법 제130조에 의하면 헌법의 개정은 반드시 국민투표를 거쳐야만 하므로 국민은 헌법개정에 관하여 찬반투표를 통하여 그 의견을 표명할 권리를 가진다. 그런데 이 사건 법률은 헌법개정사항인 수도의 이전을 헌법개정의 절차를 밟지 아니하고 단지 단순법률의 형태로 실현시킨 것으로서 결국 **헌법 제130조에 따라 헌법개정에 있어서 국민이 가지는 참정권적 기본권인 국민투표권의 행사를 배제한 것이므로 동 권리를 침해하여 헌법에 위반된다.**

참고 헌법재판소 입장은 아니다.
　① **별개의견**: 수도이전에 관한 의사결정은 헌법 제72조 국민투표의 대상이고 대통령이 수도이전에 관한 의사결정을 국민투표에 붙이지 아니한 것은 재량권의 일탈·남용으로써 헌법 제72조의 국민투표권 침해이다.
　② **반대의견**: 서울이 수도라는 관습헌법은 인정될 수 없고 관습헌법을 성문헌법과 동일한 혹은 성문헌법 조항을 무력화시킬 수 있는 효력을 가지는 것으로 볼 수 없고 헌법개정은 형식적 의미의 헌법과 관련되는 개념이므로 관습헌법의 변경은 헌법개정에 속하지 않으며 법률 제·개정을 통하여 다루어질 수 있다고 하면서 이 사건 법률은 헌법의 국민투표권을 침해할 가능성은 없다.

🏛️ **판례 | 신행정수도 후속대책을 위한 연기·공주지역 행정중심복합도시 건설을 위한 특별법** (헌재 2005. 11.24. 2005헌마579) *각하결정

1. 수도의 개념

입헌국가에서 수도 여부의 판단을 위해 당해 도시에 소재하여야 할 주요기관들과 기능에 대하여 다음과 같이 설명하였다. ① 수도는 **국민의 대의기관인 의회를 통한 입법기능이 수행되는 곳**으로서 입법기관의 소재지라는 점은 수도의 중요한 요소의 하나이며, ② 국가의 대표기능 내지 통합기능을 담당하는 **국가원수인 대통령의 활동이 수행되는 장소**는 국민정서상의 상징가치를 가지고 심리적으로 국가통합의 계기를 이루는 것으로 수도성 판단의 본질적인 중요성을 가진다. 나아가 ③ 수도는 정부(좁은 의미의 정부로서 행정부)기능을 수행하는 국가기관들의 활동 장소로서 이러한 정부의 기능은 그것이 행사되고 현실화되는 장소에 대하여 수도적인 것의 하나의 계기를 부여한다. 다만, 정부조직의 분산배치는 정책적 고려가 가능하다. 그 밖에 ④ **사법권이 행사되는 장소와 도시의 경제적 능력** 등은 수도의 필수적인 요소에 해당하지 않는다.

2. 신행정수도 후속대책을 위해 신행정수도 후속대책을 위한 연기·공주지역 행정중심복합도시 건설을 위한 특별법에 의하여 연기·공주지역에 건설되는 행정중심복합도시가 수도로서의 지위를 획득하는지 여부(소극)

행정중심복합도시에 소재하는 기관들이 국가정책에 대한 통제력을 의미하는 정치·행정의 중추기능을 담당하는 것으로 볼 수 없다. 이와 같이 이 사건 법률에 의하여 건설되는 행정중심복합도시는 수도로서의 지위를 획득하는 것으로 평가할 수는 없고, 이 사건 법률에 의하여 수도가 행정중심복합도시로 이전한다거나 수도가 서울과 행정중심복합도시로 분할되는 것으로 볼 수 없다.

3. 행정중심복합도시의 건설로 서울의 수도로서의 지위가 해체되는지 여부(소극)

서울은 이 사건 법률에 의한 행정중심복합도시의 건설에도 불구하고 계속하여 정치·행정의 중추기능과 국가의 상징기능을 수행하는 장소로 인정할 수 있으므로 이 사건 법률에 의하여 수도로서의 기능이 해체된다고 볼 수 없다.

4. 행정중심복합도시의 건설로 권력구조 및 국무총리의 지위가 변경되는지 여부(소극)

이 사건 법률은 행정중심복합도시의 건설과 중앙행정기관의 이전 및 그 절차를 규정한 것으로서 이로 인하여 대통령을 중심으로 국무총리와 국무위원 그리고 각부 장관 등으로 구성되는 행정부의 기본적인 구조에 어떠한 변화가 발생하지 않는다. 또한 국무총리의 권한과 위상은 기본적으로 지리적인 소재지와는 직접적으로 관련이 있다고 할 수 없다. 나아가 청구인들은 **대통령과 국무총리가 서울이라는 하나의 도시에 소재하고 있어야 한다** 관습헌법의 존재를 주장하나 이러한 관습헌법의 존재를 인정할 수 없다.

5. 행정중심복합도시의 건설이 헌법 제130조의 국민투표권을 침해할 가능성이 있는지 여부(소극)

이와 같이 이 사건 법률에도 불구하고 행정중심복합도시가 수도로서의 지위를 획득하지 않고 서울의 수도로서의 기능 역시 해체되지 아니하므로 이 사건 법률은 수도가 서울이라는 관습헌법에 위반되지 않으며 그 개정을 시도하는 것으로 볼 수 없다. 또한 이 사건 법률에 의하여 헌법상의 대통령제 권력구조에 어떠한 변화가 있는 것도 아니며 국무총리의 소재지에 대한 관습헌법이 존재하는 것으로 볼 수도 없다. 따라서 이 사건 법률에 의하여 관습헌법개정의 문제는 발생하지 아니하며 그 결과 국민들에게는 헌법개정에 관여할 국민투표권 자체가 발생할 여지가 없으므로 헌법 제130조 제2항이 규정한 청구인들의 국민투표권의 침해가능성은 인정되지 않는다.

6. 행정중심복합도시의 건설이 헌법 제72조의 국민투표권을 침해할 가능성이 있는지 여부(소극)

헌법 제72조는 국민투표에 부쳐질 중요정책인지 여부를 대통령이 재량에 의하여 결정하도록 명문으로 규정하고 있고 헌법재판소 역시 위 규정은 대통령에게 국민투표의 실시 여부, 시기, 구체적 부의사항, 설문내용 등을 결정할 수 있는 임의적인 국민투표발의권을 독점적으로 부여하였다고 하여 이를 확인하고 있다. 따라서 특정의 국가정책에 대하여 다수의 국민들이 국민투표를 원하고 있음에도 불구하고 대통령이 이러한 희망과는 달리 국민투표에 회부하지 아니한다고 하여도 이를 헌법에 위반된다고 할 수 없고 국민에게 특정의 국가정책에 관하여 국민투표에 회부할 것을 요구할 권리가 인정된다고 할 수도 없다.

7. 청구인이 주장하는 재정사용의 합법성과 타당성을 감시하는 납세자의 권리를 헌법에 열거되지 않은 기본권으로 볼 수 없다.

03 헌법개정의 한계

1. 학설 ★★

(1) 한계부정설(법실증주의)

① 사회변화에 따라 헌법 적응력을 제고하기 위해 헌법개정이 무한히 인정된다.

② 켈젠은 헌법변천을 인정하지 않으므로 헌법규범과 현실 간의 괴리를 극복하기 위해서는 헌법개정을 무제한적으로 허용할 수밖에 없었다.

③ 헌법제정권력과 헌법개정권력은 본질상 구별될 수 없고 상하관계가 존재하지 않는다.

④ 옐리네크는 헌법조항의 등가이론에 따라 칼 슈미트와 같이 헌법(핵)이 헌법개정의 한계라는 주장을 할 수가 없으므로 헌법개정의 한계를 부정한다.

⑤ 옐리네크는 완성된 사실과 사실의 규범적 효력을 근거로 헌법개정의 한계를 부인한다.

⑥ 헌법개정의 한계를 넘은 헌법개정을 하였을 경우 유효 여부를 판단할 법적 기관이 없다.

⑦ 모든 가치는 주관적이며 상대적이므로, 현재의 규범이나 가치에 의해 장래의 세대를 구속하는 것은 부당하다.

⑧ 주권자인 국민은 정치적 운명을 결정할 절대적 권한을 가진다.

(2) 한계긍정설

① **칼 슈미트의 인정근거**: 헌법제정권력과 개정권력은 구별되고 양자는 상하관계에 있으며 헌법제정권자의 근본적 결단으로서의 헌법을, 조직된 국가권력인 헌법개정권력이 개정할 수는 없다. 다만, 헌법제정권력의 근본적 결단에 근거하여 규범화된 헌법률은 개정될 수 있다. 따라서 헌법개정은 정확한 의미로는 헌법률의 개정이다.

② **통합론의 인정근거**: 역사발전과정의 계속성 유지와 헌법의 동일성과 공동체의 법적 기본질서의 계속성을 헌법개정의 한계로 인정한다. 따라서 헌법개정의 절차를 통하여 기존 헌법의 기본적 동일성과 연속성을 침해하는 것은 허용할 수 없다.

③ **자연법 사상**: 자연법에 반하는 헌법개정은 허용되어서는 안 된다.

2. 헌법개정의 한계

(1) 실정법상의 한계(개정한계조항) ★

① **실정법상 한계의 의의**: 실정법상 한계는 헌법조문으로 개정할 수 없도록 규정한 헌법개정의 한계이다. 이 조항을 개정금지조항, 개정한계조항이라 한다.

② **독일과 미국헌법**: 독일기본법은 인간의 존엄과 가치, 연방제도 등을, 미국도 연방제를 개정한계조항으로 규정하고 있다.

③ **우리 헌법**: 우리나라는 제2차 개정헌법(1954년 헌법)에 민주공화국, 국민주권, 국가안위에 관한 국민투표를 개정의 한계로 규정하였다가, 제5차 개정헌법에서 삭제된 이후 개정금지조항을 두고 있지 않다.

(2) 이론적 헌법개정의 한계

다수설에 의하면 명문의 규정은 없으나 헌법개정에 대해서는 그 한계가 인정된다. 그러나 인간의 존엄과 가치, 자유민주적 기본질서에 반하는 헌법개정을 해서는 안 된다.

(3) 개정이 가능한 조항

대통령제와 단원제, 헌법재판소 폐지 등은 헌법개정으로 가능하다.

☑ 헌법개정이 필요한 사항

1. 대통령 중임 허용(헌법 제70조 개정 필요)

2. 대법원장 중임 허용(헌법 제105조 제2항 개정 필요)

3. 감사원장, 감사위원 3차에 한하여 연임 허용(헌법 제98조 제2항·제3항 개정 필요)

4. 대법관, 재판관, 중앙선관위원, 감사위원 임기를 10년으로 연장(헌법 제105조 제1항 등 개정 필요)

5. 법관의 임기를 10년에서 20년으로 연장하는 것(헌법 제105조 제3항 개정 필요)

6. 행정안전부장관을 국무위원 아닌 자 중에서 임명할 수 있도록 하는 것(헌법 제94조 개정 필요)

7. 대통령 피선거권 연령을 30세로 낮추는 것(헌법 제67조 제4항 개정 필요)

8. 국회의원 정수를 199인으로 하는 것(헌법 제41조 제2항 개정 필요)

9. 감사위원 수를 12인으로 하는 것(감사원은 원장을 포함한 5인 이상 11인 이하의 감사위원으로 구성한다고 규정한 헌법을 개정해야 함)

10. 헌법재판소 재판관 또는 중앙선거관리위원의 수를 12인으로 하는 것(헌법 제111조 제3항 개정 필요)

11. 지방의회 폐지(헌법 제118조 제1항 개정 필요)

12. 법률에 대한 위헌심사에 있어서 재판의 전제성을 요건으로 하지 않고 추상적 규범통제를 인정하는 것(헌법 제107조 제1항의 재판전제성을 삭제하는 헌법개정 필요)

13. 헌법재판소의 법률에 대한 위헌결정을 재판관 과반수의 찬성으로 하는 것(헌법 제113조 제1항 개정 필요)

☑ 헌법개정이 필요 없는 사항

1. **대법관 연임 허용**
   헌법 제105조 제2항에 연임을 허용하고 있다.

2. **대법관의 수를 15인으로 하는 것**
   헌법에 대법관 수 규정이 없고 법원조직법에 14인으로 규정하고 있어 법원조직법만 개정하면 된다.

3. **중앙선거관리위원회위원 연임 허용**
   헌법에 연임이나 중임을 금지하고 있지 않아 법률개정으로도 가능하다.

4. **헌법재판소 재판관과 헌법재판소장의 연임 허용**
   헌법 제112조 제1항은 법률이 정하는 바에 따른 연임을 허용하고 있다.

5. **대법원장, 대법관, 중앙선거관리위원, 헌법재판소 재판소장과 재판관, 감사원장과 감사위원의 정년을 75세로 연장하는 것**
   정년 연령은 헌법에 규정이 없고 법률에 규정하고 있다.

6. **선거권 연령을 17세로 낮추는 것**
   헌법에 규정이 없고 공직선거법에 규정하고 있다.

7. **국회의원 피선거권 연령을 17세로 낮추는 것**
   헌법에 규정이 없고 공직선거법에 규정하고 있다.

8. **대통령 피선거권 자격 중 국내거주 5년 이상을 3년 이상으로 낮추는 것**
   헌법에 규정이 없고 공직선거법에 규정하고 있다.

9. **국회의장 임기를 4년으로 하는 것**
   헌법에 규정이 없고 국회법에 규정하고 있다.

10. **법원의 재판을 헌법소원심판의 대상으로 하는 것**
    헌법에 규정이 없고 헌법재판소법에 법원의 재판을 헌법재판소에서 제외하고 있다.

11. **위헌결정된 법률을 소급적으로 효력을 상실시키는 것**
    헌법에 규정이 없고 헌법재판소법에 장래효를 규정하고 있다.

☑ 우리 헌정사에 있어 헌법개정절차 ★★★

구분 헌법	제안자			공고기간	국회의결 정족수	국민투표	기타
	대통령	국회	국민				
제헌헌법 (1948년)	대통령	국회 재적 1/3	×	30일	재적 2/3	×	
제1차 개정헌법 (1952년)	대통령	민의원 또는 참의원 재적 1/3	×	30일	양원 각각 재적 2/3	×	
제2차 개정헌법 (1954년)	대통령	민의원 또는 참의원 재적 1/3	민의원 선거권자 50만 명	30일	양원 각각 재적 2/3	×	헌법개정금지조항: 민주공화국, 국민주권, 국가안위에 관한 국민투표(제2~4차)
제3·4차 개정헌법 (1960년) 제2공화국 헌법	대통령	민의원 또는 참의원 재적 1/3	민의원 선거권자 50만 명	30일	양원 각각 재적 2/3	×	헌법개정금지조항: 민주공화국, 국민주권, 국가안위에 관한 국민투표(제2~4차)
제5·6차 개정헌법 (1962·69년) 제3공화국 헌법	×	국회 재적 1/3	국회의원 선거권자 50만 명	30일	재적 2/3	○	
제7차 개정헌법 (1972년) 제4공화국 헌법	대통령 ⬇ 국민 투표	국회 재적 과반수	×	20일	국회의원이 제안한 개정안 ⬇ 국회재적 2/3 ⬇ 통일주체국민회의	○	헌법개정의 이원화
제8차 개정헌법 (1980년) 제5공화국 헌법	대통령	국회 재적 과반수	×	20일	재적 2/3	○	대통령 중임 개정시 효력제한규정
제9차 개정헌법 (1987년) 현행헌법	대통령	국회 재적 과반수	×	20일	재적 2/3	○	대통령 중임 개정시 효력제한규정

☑ 국민투표

1. 국민투표 연혁

헌법개정절차의 국민투표는 제5차 개정헌법에서 최초로, 중요사항국민투표는 제2차 개정헌법에서 최초로 도입되었다.

2. 제1·2차 헌법개정에서 국민투표를 거치지 아니한 것은 헌법위반이 아니었다.

3. 제5차 헌법개정시 국민투표를 거쳤는데 이는 제4차 개정헌법(제2공화국 헌법)에 근거한 것이 아니라 국가재건비상조치법에 근거한 것이었다.

4. 국민발안과 헌법개정의 국민투표가 헌법에 같이 규정된 것은 제5·6차 개정헌법(제3공화국 헌법)이었다.

5. 제7차 개정헌법은 대통령이 헌법개정을 제안한 경우 국민투표를 거치지만, 국회의원이 제안한 경우 통일 주체국민회의에서 확정되므로 국민투표가 필수적 절차는 아니었다.
6. 국회의결과 국민투표를 모두 거쳐 개정된 헌법은 제6·9차 개정헌법이다.
7. 여야합의로 개정된 헌법은 제3차와 제9차 개정헌법이다.

제3절 헌법의 변천(변질)

01 헌법변천의 의의

1. 개념

헌법변천이란 헌법조항이 외형상으로 수정되지 아니한 채 헌법제정 당시와는 상이한 내용의 현실규범으로 기능하는 것을 뜻한다. 즉, 헌법변천이란 헌법이 예정한 헌법개정절차와 방법에 의하지 아니하고 헌법규범을 달리 적용함으로써 헌법의 의미와 내용에 실질적인 변화를 초래하게 되는 것을 말한다.

2. 헌법변천과 헌법규범력

헌법변천은 사회현실과 헌법 간의 괴리를 좁혀 헌법규범의 현실적응력을 높이기 위해 헌법현실을 헌법의 범주로 포섭하는 것이며, 헌법변천이 인정되더라도 헌법조항의 효력은 유지된다.

02 헌법변천의 한계와 헌법변천의 예

1. 헌법변천의 한계

헌법의 기본이념을 실현하기 위한 것이나, 헌법흠결을 보완하는 변천은 허용될 수 있다. 그러나 헌법변천을 한계 없이 인정할 경우 사실상 관철된 헌법현실 또는 심지어 위헌적인 헌법현실이 정당화되는 결과가 발생된다. 따라서 경성헌법하에서는 헌법개정절차가 까다롭기 때문에 헌법변천이 발생할 여지가 크지만, 이 경우에도 헌법변천은 제한적으로 인정될 수 있을 뿐 헌법의 해석과 헌법개정의 한계를 초월할 수는 없다.

2. 헌법변천의 예

① 미국에서 대통령선거가 간선제이지만 직선제처럼 운용되는 것은 헌법변천의 예에 해당한다.
② 일본의 자위대를 통한 전력 보유도 헌법변천의 예에 해당한다.
③ 우리나라 제1차 개정헌법 규정상 국회는 양원제였으나 단원제로 운용되었고, 군법회의는 제2차 개정헌법에서 처음 규정되었으나 그 전에 군사재판은 행해졌는데, 이를 변천으로 보는 견해가 있다.

구분	미국	독일	우리나라
위헌법률심판	• 헌법규정이 없음. • 미연방대법원 판례를 통해 헌법변천으로 성립했음.	• 헌법명문규정(○) • 헌법변천(×)	헌법명문규정(○)
기본권 실효제도	×	• 헌법명문규정(○) • 헌법변천(×)	×

제4절 헌법의 보호(수호 · 보장)

01 헌법보호의 의의

1. 개념

헌법의 보호란 헌법이 침해되는 위기에서 헌법 또는 불문헌법을 보장하는 것을 뜻한다.

2. 헌법보호의 범위

성문헌법전인 형식적 의미의 헌법은 물론 실질적 의미의 헌법도 보호대상이다. 그러나 헌법조항이 보호의 대상이 되는 것은 아니다.

02 헌법보장(수호)의 방법과 유형

1. 평상시적 헌법수호제도 [권영성, 헌법학원론]

(1) 사전예방적 헌법수호

① 헌법의 최고법규성 선언
② 국가권력분립
③ **헌법개정의 경성**: 헌법개정에 의해 헌법침해가 발생할 수 있으므로, 헌법을 어려운 절차에 의해 개정하도록 할 필요가 있다.
④ 공무원의 정치적 중립성
⑤ 방어적 민주주의 채택

(2) 사후교정적 헌법수호

① 위헌법률심사제
② 탄핵제도
③ 위헌정당의 강제해산제
④ 각료해임건의 및 의결제

2. 비상시적 헌법수호제도

비상시적 헌법수호제도로는 대통령이 행사하는 국가긴급권이 있고 현행헌법에는 긴급명령, 긴급재정경제처분, 긴급재정경제명령, 계엄권이 규정되어 있다. 저항권도 비상시적 헌법수호수단인데 헌법에 규정된 것은 아니다.

03 헌법보호수단으로서의 국가긴급권

1. 의의

국가긴급권이란 전쟁, 내란, 경제공황 등의 국가비상사태 발생으로 정상적인 헌법보호수단으로 헌법질서를 보호하기 어려울 경우, 국가의 존립과 헌법질서를 유지하기 위해 동원되는 비상적 권한을 뜻한다.

2. 초헌법적 국가긴급권

> ### ⚖ 판례 | 초헌법적 국가긴급권 *위헌결정
>
> 특별조치법 제2조는 "국가안전보장에 대한 중대한 위협에 효율적으로 대처하고 사회의 안녕질서를 유지하여 국가를 보위하기 위하여 신속한 사태 대비조치를 취할 필요가 있을 경우 대통령은 국가안전보장회의의 자문과 국무회의의 심의를 거쳐 국가비상사태를 선포할 수 있다."라고 규정하고 있다. 그러나 이러한 국가비상사태 선포권은 헌법 제76조 및 제77조에 한정적으로 규정된 국가긴급권(긴급재정경제처분·명령권, 긴급명령권, 계엄선포권)의 실체적 발동요건 중 어느 하나에도 해당하지 않는 것이므로, 헌법이 예정하지 아니한 '초헌법적인 국가긴급권'의 창설에 해당한다. 그러나 특별조치법 제정 당시의 국내외 상황이 이러한 초헌법적 국가긴급권 창설을 예외적으로 정당화할 수 있을 정도의 극단적 위기상황이 존재하였다고 볼 수 없으므로, 특별조치법상의 대통령의 국가비상사태 선포권은 헌법이 요구하는 국가긴급권의 실체적 발동요건을 갖추지 못한 것이다(헌재 2015.3.26. 2014헌가5).

3. 국가긴급권의 발동요건

> 헌법 제76조 ① 대통령은 내우·외환·천재·지변 또는 중대한 재정·경제상의 위기에 있어서 국가의 안전보장 또는 공공의 안녕질서를 유지하기 위하여 긴급한 조치가 필요하고 국회의 집회를 기다릴 여유가 없을 때에 한하여 최소한으로 필요한 재정·경제상의 처분을 하거나 이에 관하여 법률의 효력을 가지는 명령을 발할 수 있다.
> ② 대통령은 국가의 안위에 관계되는 중대한 교전상태에 있어서 국가를 보위하기 위하여 긴급한 조치가 필요하고 국회의 집회가 불가능한 때에 한하여 법률의 효력을 가지는 명령을 발할 수 있다.
> ③ 대통령은 제1항과 제2항의 처분 또는 명령을 한 때에는 지체 없이 국회에 보고하여 그 승인을 얻어야 한다.

(1) 소극적 목적

헌법이 예정하고 있는 수단으로 제거될 수 없는 국가적 비상사태가 발생해야 하고, 목적은 국가의 존립과 안전의 신속한 회복이다. 따라서 적극적 목적, 공공복리, 새로운 사회질서 확립을 위해 국가긴급권을 행사해서는 안 된다.

(2) 상황적 요건

국가긴급권은 비상사태가 예상될 때 사전적으로 행사할 수 없고, 비상사태가 발생한 후 사후적으로 행사해야 한다.

> ### ⚖ 판례 | 긴급재정경제명령 (헌재 1996.2.29. 93헌마186)
>
> 1. 고도의 정치적 결단에 의한 행위로서 통치행위가 기본권과 관련성이 있으면 헌법소원의 대상이 된다.
> 2. 긴급재정경제명령은 **재정경제상의 위기가 현실적으로 발생한 후 이를 사후적으로** 수습하여 헌법질서를 유지하기 위하여 헌법이 정한 절차에 따라 행사되어야 한다.

4. 국가긴급권의 한계

(1) 소극성의 원칙

국가긴급권은 기존 국가질서를 유지하는 것을 목적으로 해야지 적극적 목적, 새로운 사회질서 확립을 위해서 발동되어서는 안 된다.

(2) 잠정성의 원칙

국가긴급권은 시간상으로 일시적·잠정적으로 행사되어야 한다.

(3) 보충성의 원칙(최후수단성의 원칙)

긴급권 발동은 최후수단이어야 한다.

(4) 최소성의 원칙

국가긴급권 발동으로 인한 기본권 제한은 최소한에 그쳐야 하고, 과잉금지원칙 등 기본권 제한의 일반원칙은 준수되어야 한다.

📖판례 | 국가긴급권의 한계 *위헌결정

헌법은 대통령이 긴급재정경제처분·명령권 또는 긴급명령권을 발동한 경우에는 지체 없이 국회에 보고하여 그 승인을 얻어야 하되 만약 그 승인을 얻지 못하면 그 처분 또는 명령이 그때부터 효력을 상실한다고 규정하고, 대통령이 계엄을 선포한 경우에도 지체 없이 국회에 통고하되 만약 국회가 재적의원 과반수의 찬성으로 계엄의 해제를 요구하면 계엄을 해제하여야 한다고 규정함으로써, 엄격한 민주적 사후통제 절차를 거치도록 하고 있다. 그리고 국가긴급권의 행사는 헌법질서에 대한 중대한 위기상황의 극복을 위한 것이기 때문에, 본질적으로 위기상황의 직접적인 원인을 제거하는 데 필수불가결한 최소한도 내에서만 행사되어야 한다는 목적상 한계가 있다. 또한 국가긴급권은 비상적인 위기상황을 극복하고 헌법질서를 수호하기 위해 헌법질서에 대한 예외를 허용하는 것이기 때문에 그 본질상 일시적·잠정적으로만 행사되어야 한다는 시간적 한계가 있다. 그런데 특별조치법은 "국가안보에 대한 중대한 위협이 제거 또는 소멸되었을 때에는 대통령은 지체 없이 비상사태선포를 해제하여야 한다."라고 규정함으로써(제3조 제1항), 대통령의 판단에 의하여 자신이 선포한 국가비상사태가 소멸되었다고 인정될 경우에만 비상사태선포가 해제될 수 있음을 정하고 있을 뿐, <u>다른 민주적 사후통제 절차를 두고 있지 않다.</u> 즉, 특별조치법은 대통령이 국가비상사태를 선포하고 나서도 국회에 통고하거나 국회의 승인을 받아야 할 의무를 부과하지 않고 있으며, 다만 국회가 대통령에게 비상사태선포의 해제를 건의할 수는 있으나 이 경우에도 대통령은 특별한 사유가 있음을 이유로 이를 해제하지 아니할 수 있도록 규정하고 있을 뿐이다(제3조 제2항). 나아가 국가긴급권의 일시적·잠정적 성격을 고려할 때, <u>국가비상사태 해소 이후에는 바로 헌법이 예정하는 통상적인 절차로의 복귀가 요구됨에도 특별조치법에 따른 국가비상사태 선포는 약 10년에 이를 정도로 장기간 유지되었는데, 이는 특별조치법상 대통령의 국가비상사태 선포에 구속력 있는 사후통제 장치가 전무함으로 인하여 국가긴급권에 내재하는 시간적 한계마저 유명무실해진 상황을 방증한다. 그러므로 국가비상사태 선포의 해제를 규정한 특별조치법 제3조는 헌법이 정하고 있는 국회에 의한 사후통제 절차 및 국가긴급권에 내재하는 시간적 한계에 위반된다</u>(헌재 2015.3.26. 2014헌가5).

---

5. 국가긴급권에 대한 통제

(1) 사전적 통제

대통령이 긴급명령 등의 국가긴급권을 발동하려면 사전적으로는 국무회의 심의절차를 거치고(제89조), 국무총리와 관계 국무위원의 부서를 받아야 한다(제82조).

(2) 국회 통제절차

긴급명령과 긴급재정경제명령은 사후에 국회의 승인을 받아야 하고, 승인을 받지 못하면 그때부터 그 효력을 상실한다(제76조 제4항). 계엄의 경우 국회의 승인은 요하지 않으나, 국회가 해제를 요구하면 대통령은 해제하여야 한다(제77조 제5항).

헌법 제76조 ④ 제3항의 승인을 얻지 못한 때에는 그 처분 또는 명령은 그때부터 효력을 상실한다. 이 경우 그 명령에 의하여 개정 또는 폐지되었던 법률은 그 명령이 승인을 얻지 못한 때부터 당연히 효력을 회복한다.

제77조 ⑤ 국회가 재적의원 과반수의 찬성으로 계엄의 해제를 요구한 때에는 대통령은 이를 해제하여야 한다.

(3) 대법원과 헌법재판소에 의한 통제

① 긴급조치: 헌법재판소와 대법원은 긴급조치에 대한 사법심사를 인정하고 있다.

⚖ 판례 | 긴급조치(대법원 판례) (대판 2010.12.16. 2010도5986)

1. 긴급조치가 사법심사의 대상이 되는지 여부(적극)

유신헌법 제53조 제4항이 "제1항과 제2항의 긴급조치는 사법적 심사의 대상이 되지 아니한다."라고 규정하고 있어, 대법원은 유신헌법 아래서, 긴급조치는 유신헌법에 근거한 것으로서 사법적 심사의 대상이 되지 아니하므로 그 위헌 여부를 다툴 수 없다는 취지의 판시를 한 바 있다(대판 전합체 1977.3.22. 74도3510 ; 대결 전합체 1977.5.13. 77모19 등 참조). 그러나 재심소송에서 적용될 절차에 관한 법령은 재심판결 당시의 법령이므로, 사법적 심사의 대상이 되는지 여부는 <u>현재 시행 중인 대한민국헌법(이하 '현행헌법'이라 한다)에 기하여 판단하여야 한다.</u>

2. '대통령 긴급조치' 위헌 여부의 최종적 심사기관(＝대법원)

구 대한민국헌법(1980.10.27. 헌법 제9호로 전부 개정되기 전의 것. 이하 '유신헌법'이라 함) 제53조 제3항은 대통령이 긴급조치를 한 때에는 지체 없이 국회에 통고하여야 한다고 규정하고 있을 뿐, 사전적으로는 물론이거니와 사후적으로도 긴급조치가 그 효력을 발생 또는 유지하는 데 국회의 동의 내지 승인 등을 얻도록 하는 규정을 두고 있지 아니하고, 실제로 국회에서 긴급조치를 승인하는 등의 조치가 취하여진 바도 없다. 따라서 유신헌법에 근거한 긴급조치는 국회의 입법권 행사라는 실질을 전혀 가지지 못한 것으로서, 헌법재판소의 위헌심판대상이 되는 '법률'에 해당한다고 할 수 없고, <u>긴급조치의 위헌 여부에 대한 심사권은 최종적으로 대법원에 속한다.</u>

⚖ 판례 | 긴급조치(헌법재판소 판례) *위헌결정

이 사건 긴급조치들은 유신헌법 제53조에 근거한 것으로서 그에 정해진 요건과 한계를 준수해야 한다는 점에서 헌법과 동일한 효력을 갖는 것으로 보기는 어렵지만, 표현의 자유 등 기본권을 제한하고, 형벌로 처벌하는 규정을 두고 있으며, 영장주의나 법원의 권한에 대한 특별한 규정 등을 두고 있는 점에 비추어 보면, 이 사건 긴급조치들은 **최소한 법률과 동일한 효력을 가지는 것으로 보아야 하므로, 그 위헌 여부 심사권한은 헌법재판소에 전속한다**(헌재 2013.3.21. 2010헌바70).

---

② 계엄: 대법원 판례는 통치행위를 인정, 통치행위에 대한 사법심사를 부정해 왔다. 대통령의 비상계엄선포요건의 존부는 사법심사의 대상이 아니다(대판 1982.9.14. 82도1847). 대법원 판례(대판 전합체 1997.4.17. 96도3376)는 계엄선포의 요건 구비 여부나 선포의 당·부당을 판단할 권한은 사법부에는 없다고 할 것이나, 비상계엄의 선포나 확대가 국헌문란의 목적을 달성하기 위하여 행하여진 경우에는 법원도 그 자체가 범죄행위에 해당하는지의 여부에 관하여 심사할 수 있다고 하였다.

③ 긴급재정경제명령: 헌법재판소는 긴급재정경제명령이 고도의 정치행위로서 통치행위에 해당하더라도 기본권 침해와 관련성이 있다면 헌법소원의 대상이 된다고 한다(헌재 1996.2.29. 93헌마186).

(4) 국민에 의한 통제

헌법에서 국가긴급권의 발동기준과 내용 그리고 그 한계에 관해서 상세히 규정함으로써 그 남용 또는 악용의 소지를 줄이고 심지어는 국가긴급권의 과잉행사 때에는 저항권을 인정하는 등 필요한 제동장치도 함께 마련해 두는 것이 현대의 민주적인 헌법국가의 일반적인 태도이다(헌재 1994.6.30. 92헌가18).

제5절 저항권

01 저항권의 의의

1. 개념

저항권이란 주권자로서의 국민이 공권력에 의해 침해된 헌법기본질서를 회복하기 위해 취할 수 있는 비상적인 헌법보호수단이자 기본권 보장을 위한 기본권이기도 하다.

2. 법적 성격

저항권의 본질을 초실정법적 자연권이라고 보는 학설은 저항권에 관한 헌법상의 명문규정의 유무를 불문하고 저항권을 당연히 보장되어야 할 권리라고 본다.

3. 타개념과 비교

(1) 저항권과 시민불복종의 비교 ★
① **개념**: 시민불복종은 양심상 부정의하다고 확신하는 법이나 정책을 개선할 목적으로 법을 위반하여 비폭력적인 방법으로 행하는 공적이고 정치적인 집단적 정치행위이다.
② **발동요건**: 저항권은 헌법의 기본질서와 가치의 위협에 대해서만 행사될 수 있으나, 시민불복종은 개별 법령에 위반된 경우에도 행사될 수 있다.
③ **행사방법**: 저항권은 폭력적 수단도 배제하지 않으나, 시민불복종은 폭력적인 수단은 배제한다.
④ **보충성**: 저항권은 헌법이나 법률에 규정된 일체의 법적 구제수단이 이미 유효한 수단이 될 수 없는 경우에 행사될 수 있다. 그러나 시민불복종은 다른 구제수단이 있는지와 관계없이 행사될 수 있으므로 보충성을 요건으로 하지 않는다.

(2) 저항권과 혁명의 비교
저항권은 국민적 정당성에 기초해 있다는 점에서 혁명과 동일하지만, 혁명의 목적이 새로운 헌법질서의 창출에 있다면, 저항권의 목적은 기존 헌법질서의 수호에 있다. 그러나 소수의 특수집단을 중심으로 헌정체제의 변화를 유발하는 쿠데타는 혁명이나 저항권과 다르게 국민적 정당성을 확보한다고 볼 수 없다.

02 저항권에 관한 사상과 입법례

1. 사상의 전개 ★

(1) 저항권 긍정사상

① **폭군방벌론**: 플라톤, 아리스토텔레스, 아퀴나스의 카톨릭 사상과 맹자의 역성혁명론은 저항권을 인정하였다고 볼 수 있다.

② **로크**: 위임계약론에 기초하여 국가를 통한 보호뿐 아니라 국가에 대한 보호를 주장하면서 시민의 자유와 권리를 침해하는 국가권력에 대한 저항권을 인정하였다.

(2) 저항권 부정사상

① **루터와 칼뱅**: 국가에 대한 저항은 신에 대한 저항이므로 저항권을 인정하지 않았다.

② **보댕**: 절대군주론에 기초하여 저항권을 부정하였다.

③ **칸트**: 국가는 이성국가이고 법치국가이므로 저항권은 무용하다. 성선설을 주장하는 칸트는 저항권을 부정하였으므로, 인간관과 저항권 긍정 여부는 필연적 관계는 없다.

④ **홉스**: 복종계약론과 **국가를 통한 보호**를 강조하면서 군주에게 절대 복종해야 한다고 주장했다.

⑤ **법실증주의(켈젠, 옐리네크)**: 실정법상의 권리만을 권리로 인정하므로 초실정법인 저항권을 부인했다.

2. 입법례와 판례

(1) 외국

① **영국**: 저항권을 최초로 성문화한 것은 1215년의 대헌장(마그나 카르타)이다.

② **미국**: **1776년** 버지니아 권리장전 등에서 저항권을 인정했다.

③ **프랑스**: 프랑스의 1793년 헌법 제35조에서는 "정부가 국민의 권리를 침해할 때에 저항하는 것은 국민의 신성한 권리인 동시에 피할 수 없는 의무이다."라고 규정하여 저항할 의무까지 규정하고 있다.

④ **독일**: 1949년 독일기본법에는 저항권 규정이 없었고, 1968년 제17차 개헌으로 저항권 규정을 추가하였다.

(2) 우리나라

명문으로 저항권을 규정하고 있지 않다. 헌법전문의 '불의에 항거한 4·19민주이념을 계승하고'라고 한 것을 저항권에 관한 근거규정으로 보는 견해가 있다.

⚖️판례 | 저항권 인정 여부

1. 저항권이 비록 존재한다고 인정하더라도 그 저항권이 실정법에 근거를 두지 못하고 <u>자연법에만 근거하고 있는 한, 법관은 이를 재판규범으로 원용할 수 없다</u>(대판 1980.5.20. 80도306 - 김재규 사건).

2. 피고인들이 확성장치 사용, 연설회 개최, 불법행령, 서명날인운동, 선거운동기간 전 집회 개최 등의 방법으로 특정 후보자에 대한 **낙선운동을 함으로써** 공직선거및선거부정방지법에 의한 선거운동제한 규정을 위반한 피고인들의 같은 법 위반의 각 행위는 위법한 행위로서 허용될 수 없는 것이고, 피고인들의 위각 행위가 <u>시민불복종운동으로서 헌법상의 기본권 행사 범위 내에 속하는 정당행위이거나 형법상 사회상규에 위반되지 아니하는 정당행위 또는 긴급피난의 요건을 갖춘 행위로 볼 수는 없다</u>(대판 2004.4.27. 2002도315).

3. 1996.12.26. 날치기 통과된 노동관계조정법 등이 위헌이라는 이유로 저항권의 수단으로서 불법적인 쟁의행위를 하였다고 주장하는 사건에서 헌법재판소는 저항권이 헌법이나 실정법에 규정이 있는지 여부를 가려볼 필요도 없이 제청법원이 주장하는 국회법 소정의 협의 없는 **개의시간의 변경과 회의일시를 통지하지**

아니한 입법과정의 하자는 저항권 행사의 대상이 되지 아니한다. 저항권은 국가권력에 의하여 헌법의 기본원리에 대한 중대한 침해가 행하여지고, 그 침해가 헌법의 존재 자체를 부인하는 것으로서 다른 합법적인 구제수단으로서는 목적을 달성할 수 없을 때에, 국민이 자기의 권리와 자유를 지키기 위하여 실력으로 저항하는 권리이기 때문이다(헌재 1997.9.25. 97헌가4 - 노동조합 및 노동관계조정법 등 위헌심판)라고 하여 헌법보호수단으로서 저항권을 간접적으로 인정하지만, 입법과정의 하자는 저항권 행사의 대상이 아니라고 본다.

03 저항권 행사의 요건과 효과

1. 주체

국민, 법인, 정당 그리고 예외적으로 외국인도 저항권의 주체가 될 수 있으나, 국가기관과 지방자치단체 등 공법인은 될 수 없다.

2. 저항권 행사의 목적

저항권은 인간의 존엄성의 유지와 민주주의적 헌법질서유지를 위해서 행사될 수 있으나 사회·경제적 개혁수단을 위해 행사될 수 없다.

⚖ 판례 | 저항권 행사의 목적

피청구인 주도세력의 주장을 살펴보면, 우선적으로 그들은 저항권에 '의한' 집권을 주장하고 있다. 그러나 앞서 본 바와 같이 **저항권은 민주적 기본질서의 유지, 회복에 있는 것이지 집권이라는 적극적인 목적을 위해서는 사용될 수 없으므로**, 이 부분은 저항권 행사가 폭력수단에 의한 집권을 의미하는 것은 아닌지 의심된다. 물론 이러한 주장을 헌법상 인정될 수 있는 이른바 저항권적 상황에서 저항권의 행사에 의하여 **기존의 위헌적인 정권을 물러나게 함으로써** 민주적 기본질서를 회복하고 그 이후에 민주적인 방법에 의한 집권을 하겠다는 취지로 해석할 여지가 없지는 않다. 그러나 저항권에 의한 집권을 선거에 의한 집권과 함께 지속적으로 주장하는 것은 민주적 기본질서에 대한 전반적인 침해 내지 파괴에 이르지 못하는 경우에도 저항권의 행사를 염두에 둔 것으로 보인다(헌재 2014.12.19. 2013헌다1).

---

3. 저항권 행사요건

저항권의 행사에는 개별 헌법조항에 대한 단순한 위반이 아닌 민주적 기본질서라는 전체적 질서에 대한 중대한 침해가 있거나 이를 파괴하려는 시도가 있어야 하고, 이미 유효한 구제수단이 남아 있지 않아야 한다는 **보충성의 요건**이 적용된다.

⚖ 판례 | 저항권 행사요건

저항권은 공권력의 행사자가 민주적 기본질서를 침해하거나 파괴하려는 경우 이를 회복하기 위하여 국민이 공권력에 대하여 폭력·비폭력, 적극적·소극적으로 저항할 수 있다는 국민의 권리이자 헌법수호제도를 의미한다. 하지만 저항권은 공권력의 행사에 대한 '실력적' 저항이어서 그 본질상 질서교란의 위험이 수반되므로, 저항권의 행사에는 개별 헌법조항에 대한 단순한 위반이 아닌 민주적 기본질서라는 전체적 질서에 대한 중대한 침해가 있거나 이를 파괴하려는 시도가 있어야 하고, 이미 유효한 구제수단이 남아 있지 않아야 한다는 **보충성의 요건**이 적용된다. 또한 그 행사는 민주적 기본질서의 유지, 회복이라는 소극적인 목적에 그쳐야 하고 **정치적·사회적·경제적 체제를 개혁하기 위한 수단으로 이용될 수 없다**(헌재 2014.12.19. 2013헌다1).

---

4. 저항권 행사방법

폭력적 수단은 비례원칙에 따라 평화적 방법에 의하여 달성할 수 없는 예외적 경우에만 허용된다.

5. 저항권의 효과

저항권 행사는 외형상 공무집행방해죄 등을 구성하나 부당한 권력에 대한 정당한 저항권의 행사는 위법성이 조각된다. 저항권 행사가 성공하여 법치국가질서가 회복된다면 저항권 행사는 소급하여 유효하게 된다.

제6절 방어적 민주주의(투쟁적 민주주의)

01 방어적 민주주의의 의의

1. 개념

방어적 민주주의란 민주적·법치국가적 헌법질서를 침해하는 적으로부터 민주주의를 방어하기 위한 자기방어적, 자기수호적 민주주의를 뜻한다.

2. 배경과 입법

(1) 역사적 배경

한스 켈젠의 가치중립주의에 근거한 상대적 민주주의는 '민주주의는 어떤 내용이 없는 국민의 다수의 지배'를 뜻하였다. 상대적 민주주의 관점에서 나치의 지배는 다수의 지지를 받았으므로 정당화될 수 있었다는 점에서 문제가 있었다.

(2) 입법례

1949년 독일기본법은 방어적 민주주의의 수단으로 기본권 실효제도와 위헌정당강제해산제도를 도입하였다.

02 방어적 민주주의의 성격과 기능

1. 방어적 민주주의의 이론적 근거

<u>자유의 적에게는 자유가 없다.</u> 민주적 헌법질서의 전복을 기도하는 민주주의의 적은 **관용할 수 없다**<u>는 철학에 기초한다.</u>

2. 방어적 민주주의의 성격 ★

구분	방어적 민주주의	상대적 민주주의
가치와의 관련성	가치지향적 민주주의	가치중립적 민주주의
이념과 가치 전제 여부	민주주의 이념과 가치를 전제로 함.	전제로 하지 않음.
다수결에 의한 민주주의 이념배제 가능 여부	×	○

03 방어적 민주주의의 수단

민주적 기본질서를 부정하는 정당을 해산시키고, 기본권을 실효시킴으로써 헌법을 수호할 수 있다.

1. 위헌정당해산제도

> **헌법 제8조** ④ 정당의 목적이나 활동이 민주적 기본질서에 위배될 때에는 정부는 헌법재판소에 그 해산을 제소할 수 있고, 정당은 헌법재판소의 심판에 의하여 해산된다.

2. 기본권 실효제도

> **독일헌법 제18조** 의사발표의 자유, 특히 출판의 자유, 교수의 자유, 집회의 자유, 결사의 자유, 신서, 우편 및 전신·전화의 비밀, 재산권을 자유민주적 기본질서를 공격하기 위해 남용하는 자는 이 기본권들을 상실한다. 상실과 그 정도는 연방헌법재판소에 의하여 선고된다.

04 방어적 민주주의의 한계

방어적 민주주의를 적극적으로 적용하면 표현의 자유와 정당의 자유를 침해할 가능성이 크므로 방어적 민주주의는 소극적·방어적으로 행사되어야 하지 적극적 또는 확대하여 적용해서는 안 된다. 방어적 민주주의를 위한 국가의 개입과 제한도 과잉금지의 원칙에 따라 필요최소한으로 한정되어야 한다.

05 한국헌법과 방어적 민주주의

1. 한국헌법에 있어서의 방어적 민주주의

현행헌법의 자유민주적 기본질서는 방어적 민주주의로서의 성격을 갖는다. 헌법 제8조 제4항에서 방어적 민주주의 수단으로 위헌정당강제해산제도를 두고 있다. 헌법 제37조 제2항은 민주주의를 부정하는 개인, 단체에 대한 기본권 제한을 정당화하는 근거이다.

2. 방어적 민주주의의 헌법적 수용과 적용

(1) 제3차 개정헌법

1949년 독일기본법은 1948년 우리 제헌헌법에는 영향을 미치지 않았고, **1960년 제3차 개정헌법부터** 영향을 미치기 시작하였다. 기본권 실효제도는 도입되지 않았고, 위헌정당해산제도만 제3차 개정헌법에서 처음 도입되었다.

(2) 제1공화국에서 진보당 해산

제1공화국 헌법에서는 위헌정당강제해산제도가 없었으므로 진보당은 사법기관의 재판에 의한 위헌정당해산이 아니라 **공보실장의 해산명령**으로 해산되었다.

(3) 통합진보당 해산

2014년 헌법재판소는 통합진보당을 위헌정당으로 보아 해산결정한 바 있다.

제2편

대한민국 헌법총론

제1장 / 대한민국 헌정사

제1절 제헌헌법

01 제정과정

(1) 1948년 5·10총선거로 제헌의회가 선출되고, 제헌의회의 의결로 확정되었다.

(2) 제헌의회에서 1948년 7월 12일 의결했고, 국회의장이 1948년 7월 17일 공포함으로써 효력을 가지게 되었다.

(3) 1948년 제헌헌법은 기본권, 정부형태, 경제조항 등에서 1919년의 독일 바이마르헌법의 영향을 많이 받은 것으로 평가되고 있다. 다만, 1949년의 독일 본기본법의 영향을 받은 것은 아니다.

(4) 제헌의회의 헌법기초위원회는 헌법초안을 작성함에 있어 '유진오안' 등을 기초로 하였다.

02 구성 및 주요내용

1. 통치구조

(1) 대통령 및 행정부

① **대통령**
ㄱ 대통령과 부통령의 임기는 4년으로 하되, 국회에서 무기명투표로써 각각 선거하며, 재선에 의하여 1차 중임할 수 있다.
ㄴ 부통령도 국회에 간선되었고, 부통령제도는 제3차 개정헌법에서 폐지되었다.
ㄷ 대통령은 법률안 제출권과 거부권을 가졌다.

② **국무총리제**: 국회의 승인을 얻어 대통령이 임명하였다. 국무총리와 부통령이 같이 헌법에 규정되었고, 국무총리제는 제2차 개정헌법에서 폐지되었다. 제헌헌법은 대통령, 부통령, 국무총리를 모두 두고 있었다.

③ **국무원**
ㄱ **의결기관**: 대통령과 국무총리 기타의 국무위원으로 조직되는 합의체인 국무원으로 하여금 대통령의 권한에 속한 중요 국책을 의결하도록 하였다.
ㄴ **국무회의 의장**: 대통령

(2) 국회

① 단원제였고, 제1차 개정헌법에서 양원제로 개정되었다.

② 국정감사는 규정되었으나, 국정조사는 규정이 없었다.

③ 국회의원의 임기는 4년이었으나(제33조), 제헌헌법을 제정한 국회는 이 헌법에 의한 국회로서의 권한을 행하며 그 의원의 임기는 국회개회일로부터 2년으로 하였다(제102조).

④ 이 헌법을 제정한 국회는 단기 4278년 8월 15일 이전의 악질적인 반민족행위를 처벌하는 특별법을 제정할 수 있도록 하였다(제101조).

(3) 법원

대법원은 법률의 정하는 바에 의하여 명령, 규칙과 처분이 헌법과 법률에 위반되는 여부를 최종적으로 심사할 권한이 있다.

(4) 헌법위원회와 탄핵재판소

① 헌법위원회가 위헌법률심사권을 행사하였다.
② 탄핵심판은 탄핵재판소를 따로 두어 관장하게 하였다.

☑ **위헌법률심판 기관**

헌법위원회(1948) ➡ 헌법재판소(1960) ➡ 법원(1962) ➡ 헌법위원회(1972) ➡ 헌법위원회(1980) ➡ 헌법재판소(1987) 순이다.

☑ **탄핵심판(탄핵재판) 기관**

탄핵재판소(1948) ➡ 헌법재판소(1960) ➡ 탄핵심판위원회(1962) ➡ 헌법위원회(1972) ➡ 헌법위원회(1980) ➡ 헌법재판소(1987) 순이다.

---

③ **헌법위원회**
  ㉠ **위원장**: 부통령
  ㉡ **위원**: 대법관 5인과 국회의원 5인으로 구성되고 법관자격을 요하지 않는다.

(5) 심계원

국가의 수입·지출의 결산은 매년 심계원에서 검사한다. 감사원은 제5차 개정헌법에서 도입되었다.

2. 기본권조항

(1) 이익분배균점권

근로자의 이익분배균점권이 규정되었고, 이 규정은 제5차 개정헌법에서 삭제되었다.

(2) 법률유보

일반적 법률유보조항을 두었고, 자유권에 대한 개별적 법률유보조항을 두었다.

(3) 형사보상청구권

형사피고인의 구금에 대한 형사보상청구권을 규정하였다. 형사피의자의 구금에 대한 형사보상청구권은 제9차 개정헌법에서 도입된다.

(4) 근로자의 단결, 단체교섭과 단체행동의 자유를 법률의 범위 내에서 보장하도록 하였으며, 노령, 질병 기타 근로능력의 상실로 인하여 생활유지의 능력이 없는 자는 법률의 정하는 바에 의하여 국가의 보호를 받도록 하였다.

3. 제도적 보장

① 지방자치에 관한 규정을 두었다.
② 정당제도와 위헌정당해산제도는 없었다.

제2절 제1차 헌법개정(1952.7.4. 발췌개헌)

01 과정

(1) 1950년 5월 총선에서 야당이 국회다수의석을 차지하자 이승만은 재집권을 위해 제헌헌법의 대통령간선규정을 직선제로 개정하고자 했다.

(2) 정부개헌안(대통령 직선 + 양원제)과 국회개헌안(의원내각제)은 모두 부결되었으나, 여·야당 개헌안을 절충한 발췌개헌안이 통과(1952.7.4.)되어 발췌개헌이라고 한다.

02 주요 개정내용

(1) 대통령 직선

야당이 다수당이 되어 국회간선으로 당선될 가능성이 희박하자 대통령과 부통령 직선제를 도입하였다.

(2) 국회 구성

양원제 국회를 규정하였으나, 양원이 구성되지는 않았다.

(3) 국무원에 대한 연대적 불신임결의 최초 규정

03 문제점(발췌개헌의 위헌적 요소)

(1) 국회 공고와 독회절차가 생략되었고, 군대가 포위한 상태에서 자유토론과 자유로운 의사결정을 할 수 없었다.

(2) 폭력적인 수단으로 인해 자유로운 의사결정을 저해(기립투표)하였다.

(3) 헌법개정절차에 국민투표가 규정되어 있지 않아 국민투표를 거치지 않았고, 국민투표를 거치지 않았다고 하여 위헌도 아니었다.

제3절 제2차 헌법개정(1954.11.27. 사사오입개헌)

01 과정

이승만정권은 장기집권을 위해 대통령 중임제한규정을 수정한 것인데, 제2차 헌법개정안은 정족수 미달로 당초 부결되었으나 사사오입의 수학적 계산방법을 동원하여 통과시킨 것이었다.

02 주요 개정내용

1. 통치구조

① 초대대통령에 한해 중임까지만 허용하는 중임제한조항의 적용을 배제한다.

② 대통령 궐위시 부통령이 대통령 지위를 승계한다.

③ 국무총리제 폐지

④ 국무원 연대책임제 폐지, 개별적 불신임

⑤ 군법회의를 규정하여 군사재판의 헌법상 근거를 둔다.

2. 국민투표

① 주권제약 또는 영토변경시 국민투표제를 최초로 규정하였다. 다만, 헌법개정 국민투표는 제5차 개정헌법에서 최초로 규정되었다.

② 국회에서 가결되고, 그 후 3분의 2 이상 투표, 유효투표 3분의 2 이상 찬성으로 국민투표로 확정된다.

3. 헌법개정절차

① **헌법개정 국민발안제**: 민의원 선거권자 50만 명 찬성으로 발의

② **헌법개정 한계 명시**: 민주공화국, 국민주권, 주권제한 및 영토변경의 국민투표 개정금지

4. 원리

자유시장경제질서가 최초로 규정되었다.

03 문제점

부결선언사항을 번복하여, 정족수가 미달이었는데 가결이라 한 것은 위헌이었고, 초대대통령에 한해서 3선금지조항을 적용하지 않도록 한 것은 평등원칙에 위반되는 것이었다.

제4절 제3차 헌법개정(1960.6.15. 제2공화국)

01 과정

4·19혁명 이후 의회에서 여야 합의로 헌법을 개정하였다.

02 주요 개정내용

1. 기본권

① 일반적 법률유보조항에 기본권의 본질적 내용의 침해금지조항 신설: 3신설 ➡ 7폐지 ➡ 8부활

② 언론·출판·집회·결사에 대한 허가·검열금지: 3신설 ➡ 7폐지 ➡ 9부활

③ 자유권의 개별적 법률유보 삭제

2. 통치구조

① 선거의 공정을 기하기 위하여 헌법기관으로서 중앙선거위원회를 신설하고, 경찰의 중립을 위하여 필요한 기구의 설치를 헌법에 규정하였다. 각급선관위 근거는 제5차 개정헌법에 처음으로 규정되었다.

② 의원내각제를 채택하여 대통령의 지위를 원칙적으로 의례적·형식적 지위에 한정하였다. 대통령은 국회간선

③ 국무원은 의결기관이고 총리가 국무원의장이며 민의원 해산권을 가진다.

④ 사법의 독립과 민주화를 위하여 대법원장과 대법관은 법관의 자격을 가진 선거인단이 선출케 하고, 그 외의 법관은 대법원장이 대법관회의 결의에 따라 임명하도록 한다.

⑤ 헌법재판소를 최초 규정하였고 위헌법률심판권, 헌법에 대한 최종적 해석권한과 권한쟁의심판권을 헌법재판소에 부여하였다. 종래의 헌법위원회 및 탄핵재판소를 폐기하였다.

3. 제도적 보장

① 공무원의 신분과 정치적 중립성 보장(제7조 제2항)

② 지방자치단체의 장을 원칙적으로 직선케 하였다(지방자치단체의 장의 선임방법은 법률로써 정하되 적어도 시, 읍, 면의 장은 그 주민이 직접 이를 선거한다).

③ 정당조항의 신설과 위헌정당해산조항

☑ **위헌정당해산심판 기관**

헌법재판소(1960) ➡ 대법원(1962) ➡ 헌법위원회(1972) ➡ 헌법위원회(1980) ➡ 헌법재판소(1987) 순이다.

제5절 제4차 헌법개정(1960.11.29.)

01 과정

부칙에 형법률소급원칙의 예외를 두어 반민주행위자를 처벌하는 특별법을 제정할 헌법상 근거를 두기 위해 헌법을 개정하였다.

02 주요 개정내용

(1) 1960년의 3·15선거에 관련하여 부정행위를 한 자와 그 부정행위에 항의하는 국민에 대하여 살상 기타의 불법행위를 한 자를 처벌하기 위하여 특별법을 제정할 수 있도록 하였다.

(2) 1960년 4월 26일 이전에 특정지위에 있음을 이용하여 현저한 반민주행위를 한 자의 공민권을 제한하기 위한 특별법을 제정할 수 있도록 하였다.

제6절 제5차 헌법개정(1962.12.17. 제3공화국)

01 과정

민의원 및 참의원에서의 의결을 거치지 않은 채 국가재건비상조치법상의 국민투표만으로 개정하였다는 점에서 모두 위헌적인 요소를 가지고 있다.

02 주요 개정내용

1. 기본권

① 인간의 존엄성 조항 신설
② 양심의 자유와 종교의 자유 분리규정
③ 인간다운 생활을 할 권리
④ 직업의 자유 규정
⑤ 고문금지 및 자백의 증거능력 제한

2. 통치구조

(1) 국회

제헌헌법은 단원제였으나 제1차 개정헌법에서 양원제로 변경되었다가 제5차 개정헌법에서 다시 단원제로 변경하였다.

(2) 정부

① 대통령은 국민에 의해 직선되었고 1차에 한해 중임할 수 있었다. 잔임기간 2년 미만의 궐위시에는 국회에서 후임대통령을 선출하고 잔임기간만 재임하도록 하였다. 부통령은 두지 않았다.
② **심의기관인 국무회의**: 제헌~제4차까지는 의결기관이었다.
③ 국회의원과 국무위원 겸직 금지규정
④ 심계원과 감찰위원회를 통폐합하여 감사원 신설

(3) 법원

① 대법원장과 대법원 판사의 임명에 법관추천회의의 제청 또는 동의를 요구하였다.
② 헌법재판소를 폐지하고 위헌법률심사권은 대법원에, 탄핵심판권은 탄핵심판위원회에 부여하였다.

3. 헌법개정에 대한 국민투표제 신설

4. 제도적 보장

① **강력한 정당국가적 조항 규정**: 국회의원이 당적을 이탈하거나 변경한 때 또는 소속 정당이 해산된 때 의원직을 상실하도록 하였다. 다만, 합당과 제명으로 소속이 달라지는 경우에는 의원직을 유지하였다. 국회의원과 대통령선거에서 정당추천을 받아야 입후보할 수 있도록 하여 정당국가적 경향을 강하게 수용하였다.
② 국민전체 봉사자로서의 공무원(제7조 제1항)

제7절 제6차 헌법개정(1969.10.21. 3선개헌)

01 과정

1969.8.7. 민주공화당 의원 122명은 대통령의 3기 연임을 위한 개헌안을 제출하고 국회의결과 국민투표를 거쳐 개정되었다.

02 주요 개정내용

(1) 대통령의 연임을 3기로 한정

(2) 대통령의 탄핵소추 발의와 의결정족수 가중

제8절 제7차 헌법개정(1972.12.27. 유신헌법, 제4공화국)

01 과정

(1) 1971년 국가보위에 관한 특별조치법 제정 + 1972.10.17. 국회해산, 정치활동금지

(2) 비상국무회의에서 헌법개정안 마련 ➡ 공고 ➡ 국민투표(1972.11.21.)로 확정 ➡ 12.27. 공포, 시행

02 주요 개정내용

1. 통치구조

(1) 대통령(권한강화)
  ① **선출과 임기**: 대통령은 통일주체국민회의에서 토론 없이 무기명으로 선출하고 임기는 6년, 대통령 연임제한규정 폐지
  ② **권한**: 국회해산권과 **국회의원 정수 1/3 추천권**을 가지고, 모든 법관임명권을 가진다.
  ③ **국민투표부의권**: 대통령은 필요하다고 인정할 때에는 국가의 중요정책을 국민투표에 붙일 수 있다.
  ④ **긴급조치권**: 국민의 자유와 권리 정지 가능

(2) **통일주체국민회의**
  ① 조국의 평화적 통일을 추진하기 위한 온 국민의 총의에 의한 국민적 조직체로서 통일주체국민회의를 신설하여 이것을 국민의 주권적 수임기관으로 하였다.
  ② 통일주체국민회의는 국민의 직접선거에 의하여 선출된 대의원으로 구성하고 대의원은 6년의 임기를 가지며, 정당에 가입할 수 없고, 국회의원과 법률이 정하는 공직을 가질 수 없도록 하였다.
  ③ 통일주체국민회의는 통일정책을 심의결정하고, 대통령을 선출하며, 대통령이 추천한 국회의원 정수 3분의 1에 해당하는 수의 국회의원을 선거하고, 국회에서 의결된 헌법개정안을 최종적으로 확정하는 권한을 가지도록 하였다.

(3) 국회(권한축소)

국정감사권은 폐지하면서 종전에 실시되어 오던 국회의 국정감사권을 삭제하고, 국회회기를 단축하여 정기국회의 회기를 90일, 임시회의 회기를 30일로 하고 정기회·임시회를 합하여 150일을 초과할 수 없게 하였다.

(4) 법원(권한축소)

대통령이 법관임명권을 가졌으며 징계처분으로도 법관을 파면시킬 근거를 규정하였다.

(5) 헌법위원회

위헌법률심사권을 법원에 부여하였던 제3공화국 헌법상의 제도를 폐지하고, 제1공화국에서 채택하였던 헌법위원회제도를 부활시켜 위헌법률심사권과 아울러 탄핵 및 정당의 해산에 관한 심판권도 부여하였다.

2. 기본권 약화

① 구속적부심사제도 폐지
② 군인·군무원 등의 이중배상청구 금지 신설(제29조 제2항)
③ 기본권의 본질적 내용침해금지조항 삭제
④ 기본권 제한사유로 국가안전보장 추가(제37조 제2항)

3. 헌법개정의 이원화

대통령이 제안한 경우 국민투표로 확정되고, 국회가 제안한 경우 통일주체국민회의에서 확정하도록 하였다.

> **⚖ 판례 | 유신헌법**
>
> 유신헌법도 그 시행 당시에는 헌법으로서 규범적 효력을 갖고 있었음을 부정할 수 없다. 그러나 유신헌법에는 권력분립의 원리에 어긋나고 기본권을 과도하게 제한하는 등 제헌헌법으로부터 현행헌법까지 일관하여 유지되고 있는 헌법의 핵심 가치인 '자유민주적 기본질서'를 훼손하는 일부 규정이 포함되어 있었고, 주권자인 국민은 이러한 규정들을 제8차 및 제9차 개헌을 통하여 모두 폐지하였다(헌재 2013.3.21. 2010헌바70).

4. 기타

① 평화통일원칙 최초
② 대통령이나 국회의원의 입후보요건으로 소속 정당의 추천을 필수조건으로 한다는 종래의 헌법규정을 폐기하여 정당국가적 경향을 지양하였다.
③ 지방의회는 조국통일이 이루어질 때까지 구성하지 않음을 명시하였다.

제9절 제8차 헌법개정(1980.10.27. 제5공화국)

01 과정

(1) 1979.10.26. 사태 ➡ 12.12. 쿠데타 ➡ 1980.5.17. 계엄 전국확대 ➡ 국가보위비상대책위원회 설치, 국회활동 정지

(2) 헌법개정심의위원회 개헌안 작성 ➡ 공고 ➡ 국민투표 ➡ 1980.10.27. 공포, 발효

02 주요 개정내용

1. 헌법질서

전통문화의 계승과 발전(제9조), 독과점의 폐단규제, 중소기업의 보호·육성, 국토의 균형 있는 이용, 소비자보호 등 경제질서에 관한 새로운 조항을 대폭 신설하여 산업의 발전과 부의 균배에 기여하도록 하였다.

2. 기본권

(1) 신설

① 행복추구권(제10조)
② 연좌제 금지(제13조 제3항)
③ 사생활 비밀과 자유의 불가침(제17조)
④ 환경권(제35조)
⑤ 적정임금조항(제32조)
⑥ 무죄추정의 원칙(제27조 제5항)
⑦ 국가의 사회보장·사회복지증진 노력의무, 중소기업의 사업활동 보호·육성, 소비자보호운동의 보장 등

(2) 재외국민은 국가의 보호를 받는다. ➡ 재외국민보호조항 신설

  cf 제9차 개정헌법: 국가는 재외국민을 보호할 의무를 진다. ➡ 국가의 재외국민보호의무 신설

(3) 기본권 부활(구속적부심사제)

제헌헌법 ➡ 7폐지 ➡ 8부활

3. 통치구조

(1) 국회

국정조사권 신설, 정당에 대한 국고보조금 지급(제8조 제3항)

(2) 대통령

① 대통령선거는 간선제를 채택하되 대통령선거시마다 국민에 의하여 새로이 선거인단을 선출하고, 선거인단에는 정당원도 포함될 수 있게 하며, 그 수는 최소한 5,000인 이상이 되도록 하였다.
② **대통령 임기**: 임기는 7년으로 하고 중임이 불가능하도록 하였으며, 임기 또는 중임금지에 관한 헌법개정은 개정 당시의 대통령에게는 효력이 없게 하여 장기집권을 배제하였다.
③ 대통령이 국회해산권을 갖는 대신 국회는 국무총리와 국무위원에 대한 개별적인 해임의결권을 가지되 국무총리에 대한 해임의결이 있으면 전체 국무위원은 연대책임을 진다.

제10절 제9차 헌법개정(1987.10.27.)

01 과정

여야로 구성된 국회개헌특별위원회가 개정안을 마련하였고, 국회의결과 국민투표를 거쳐 확정되었다.

02 주요 개정내용

1. 전문개정

① 대한민국임시정부의 법통계승, 최초 규정
② 4·19와 5·16: 제5차 개정헌법 때 처음 규정(4·19의거와 5·16혁명의 이념)되었고, 제8차 헌법개정 때 삭제되었으며, 현행헌법에서 다시 규정(불의에 항거한 4·19민주이념)되었다.

2. 통치구조

(1) 대통령, 행정부

① 5년 단임 직선제
② 국회해산권 삭제
③ 비상조치권 삭제
④ 국회의 총리와 국무위원에 대한 해임의결권이 법적 구속력이 없는 해임건의권으로 변경되었다.
⑤ 대통령입후보의 요건으로서 5년 이상 국내거주조항이 헌법에서 삭제되고 공직선거법에 규정되었다.

(2) 국회

국정감사권이 부활하였고, 정기회기 일수제한을 90일에서 100일로 연장하고 연간회기 일수제한규정은 삭제되었다.

(3) 헌법재판소

① 헌법재판소는 제2공화국 헌법에 규정되었다가 제3공화국 헌법에서 폐지된 후 다시 규정되었다.
② 헌법소원심판이 최초로 규정되었다.

3. 기본권 신설

① 적법절차(제12조 제1항·제3항), 구속이유 등 고지제도(제12조 제6항)
② 범죄피해자 국가구조청구권(제30조)
③ 최저임금제(제32조 제1항)
④ 대학의 자율성(제31조 제4항)
⑤ 형사피해자의 재판절차 진술권(제27조 제5항)
⑥ 비상계엄하 군사재판 단심제는 1962년 제5차 개정헌법에서 신설되었고, 사형일 경우에는 단심제 적용배제는 1987년 제9차 개정헌법에서 추가되었다(제110조 제4항 단서).
⑦ 군사시설에 관한 죄를 범한 민간인에 대하여는 군사법원의 재판관할에서 제외한다(제27조 제2항).
⑧ 제헌헌법부터 있었던 형사피고인의 형사보상청구권에 형사피의자를 형사보상청구권의 주체로 추가하였다(제28조).
⑨ 국가가 여자의 복지와 권익의 향상을 위하여 노력하고, 재해를 예방하고 그 위험으로부터 국민을 보호하기 위하여 노력하도록 규정하였다.

4. 기타

국군의 정치적 중립성 준수를 최초로 명시하였다(제5조 제2항).

제2장 / 대한민국의 국가형태와 구성요소

제1절 대한민국의 국가형태

> 헌법 제1조 【국호·정체·국체·주권】 ① 대한민국은 민주공화국이다.

01 헌법 제1조 제1항 민주공화국의 성격

민주공화국은 우리나라의 국가형태에 관한 규정이다.

02 민주공화국의 법적 성격

1. 군주제 배제

공화국이란 세습적 국가권력의 담당자인 군주가 통치하는 군주제에 반대되는 국가형태이다. 따라서 의례적 권한만을 갖는 입헌군주제의 도입도 우리 헌법상 허용되지 아니한다.

2. 민주공화국의 성격

헌법 제1조의 민주공화국은 국가형태에 관한 국민의 기본적인 결단이므로 개정할 수 없는 헌법개정의 한계이다.

제2절 국가

01 사회계약론

구분	홉스(Hobbes)	로크(Locke)
인간관	성악설	성선설
자연상태	만인의 만인에 대한 투쟁	평화상태
통치계약	권력의 절대적 양도, 복종계약	권력의 신탁·위임, 최고권력은 양도되지 않음.
계약취소 여부	불가	가능
권리양도	자연법적 권리 인정, 복종계약을 통해 국가에 양도	권리의 양도 불가
권리의 보호	국가를 통한 보호	국가를 통한 보호 + 국가에 대한 보호
저항권 인정 여부	×	○

02 루소

1. 국민주권론

인간은 절대적으로 평등하고, 평등한 계약주체가 평등한 의사표시에 의해 일반의사를 형성하게 된다. 절대군주에 의한 지배가 아니라, 일반의사에 따라 통치는 이루어져야 한다. 따라서 군주주권론은 배제되고 국민주권이 성립하게 된다.

2. 동일성 민주주의

국민의 일반의사에 따라 법률이 제정되므로 국민은 다스리는 자인 치자이자 다스림을 받는 피치자가 된다. 치자와 피치자가 일치하는 민주주의를 동일성 민주주의라고 한다. 따라서 국가기관은 국민의 명령에 따라 국가정책을 결정하는 대리인이다. 루소에 따르면 독자적 의사를 가지는 대표기관으로서의 국가기관은 인정되지 않는다.

03 연방국가

1. 개념

연방국가란 여러 국가가 서로 헌법적으로 결합해서 하나의 전체국가를 형성하면서, 지방국이 대외적으로는 국가가 아니지만 대내적으로는 국가적 성격을 어느 정도 유지하여 광범위한 자치권을 행사하게 되는 성격을 띠는 국가를 의미한다.

2. 연방국가와 국가연합의 비교

구분	연방국가	국가연합
국가성	연방국가가 국가이고, 지방국은 대외적으로 주권국가가 아님.	국가연합은 국가가 아니고, 구성국이 국가임.
국제법의 주체와 국제법적 책임의 주체	연방국	구성국

3. 단일국가와 연방국가의 비교

구분	단일국가	연방국가
사법권	지방자치단체는 입법권과 행정권을 가지나, 사법권을 가지지 못함.	지방국은 사법권을 가짐.

제3절 국가의 구성요소

> 헌법 제1조【주권】② 대한민국의 주권은 국민에게 있고, 모든 권력은 국민으로부터 나온다.
>
> 제2조【국민의 요건, 재외국민의 보호】① 대한민국의 국민이 되는 요건은 법률로 정한다.
>   ② 국가는 법률이 정하는 바에 의하여 재외국민을 보호할 의무를 진다.
>
> 제3조【영토】대한민국의 영토는 한반도와 그 부속도서로 한다.

01 국가구성요소

옐리네크는 국가 3요소설을 주장하였다. 3요소란 국가권력(주권과 통치권), 국민, 영토이다.

02 주권

1. 주권의 의의

(1) 개념

주권이란 국내의 최고권력, 국외에 대해서는 독립의 권력을 뜻한다.

(2) 주권의 한계

① 주권도 보편적 가치와 국제법의 일반원칙 등에 구속당한다는 것이 통설이다.
② 현행헌법 제60조에 의하면 주권을 제약하는 조약을 긍정하여 주권도 제한이 가능하다고 해석된다.

2. 주권이론의 발전

(1) 군주주권론

장 보댕(J. Bodin)은 군주가 대내적으로 지방영주를 구속하는 최고권력을, 대외적으로는 교황으로부터 독립적 권력을 가진다고 하였다.

(2) 국민주권론

루소는 사회계약론에서 주권자는 사회계약의 당사자이고, 주권의 표현인 일반의사에 군주도 복종해야 한다고 주장하여 국민주권론을 확립하였다.

3. 형식적 국민주권과 실질적 국민주권

> ☑ 형식적 국민주권과 실질적 국민주권의 특징
>
> **1. 형식적 국민주권**
> ① 국민을 전체국민으로서 추상적·형식적 국민으로 본다.
> ② 주권자인 국민이 국가의 최고의사결정권을 행사할 수 있는지 의문이다.
> ③ 선거라는 절차를 거쳐 선임된 국민대표의 어떤 의사결정이 바로 전체국민의 의사결정인 양 법적으로 의제된다.
> ④ 대표자의 의사결정이 국민의 뜻에 반하더라도 법적 항변을 할 수 있는 실질적인 수단이 없다.

⑤ 대혁명 후의 의회를 지배한 시민대표들이 실질적 국민주권론이 자기들의 기득권에 위협을 줄 것을 두려워하여 형식적 국민주권론을 내세웠다.

⑥ 재산소유정도에 따른 제한선거, 차등선거

⑦ 시민의 대표가 전권을 가지고 독점하는 순수대표제

2. 실질적 국민주권

① 장 쟈크 루소가 창시자

② 프랑스혁명을 성공시킨 가장 큰 계기 ↔ 다만, 프랑스혁명 후는 형식적 국민주권

③ 국민이 실제에 있어서 현실적으로 국가의 최고의사를 결정함으로써 실질적으로 주인역할을 해야 된다는 실질적 생활용 국민주권이론이다.

④ 보통선거, 자유선거제도

⑤ 반(半)대표제, 반(半)직접민주주의(직접민주주의 영향)

⑥ 과다한 기탁금액 ➡ 실질적 국민주권 침해

03 국민

1. 국민의 의의

(1) 개념

> **⚖ 판례 | 국적의 발생과 소멸**
>
> 국적은 국가와 그의 구성원 간의 법적 유대(法的紐帶)이고 보호와 복종관계를 뜻하므로 이를 분리하여 생각할 수 없다. 즉, **국적은 국가의 생성과 더불어 발생하고, 국가의 소멸은 바로 국적의 상실사유인 것이다.** 국적은 성문의 법령을 통해서가 아니라 국가의 생성과 더불어 존재하는 것이므로, 헌법의 위임에 따라 국적법이 제정되나 그 내용은 국가의 구성요소인 국민의 범위를 구체화·현실화하는 헌법사항을 규율하고 있는 것이다(헌재 2000.8.31. 97헌가12).

(2) 헌법 제2조의 의미

헌법은 국적취득요건을 정하는 것을 입법자에게 위임하고 있으므로 입법자는 누가, 어떠한 요건하에서 대한민국 국민이 될 수 있는지를 정할 수 있다.

> **⚖ 판례 | 헌법 제2조의 법률위임**
>
> 헌법 제2조 제1항은 "대한민국의 국민이 되는 요건은 법률로 정한다."라고 하여 기본권의 주체인 국민에 관한 내용을 입법자가 형성하도록 하고 있다. 이는 대한민국 국적의 '취득'뿐만 아니라 국적의 유지, 상실을 둘러싼 전반적인 법률관계를 법률에 규정하도록 위임하고 있는 것으로 풀이할 수 있다(헌재 2014.6.26. 2011헌마502).

2. 우리나라 국적주의

① 국적단행법주의

② 속인주의 원칙, 속지주의 보충

③ 부모양계혈통주의

④ 단일국적의 원칙, 예외적으로 복수국적 인정

3. 국적취득

국적취득 방식에는 선천적 취득인 출생에 의한 취득과 후천적 국적취득인 인지, 귀화, 수반취득, 국적회복에 의한 국적취득이 있다.

(1) 출생에 의한 국적취득

> **국적법 제2조 【출생에 의한 국적취득】** ① 다음 각 호의 어느 하나에 해당하는 자는 출생과 동시에 대한민국 국적을 취득한다.
> 1. 출생한 당시에 **부 또는 모**가 대한민국의 국민인 자
> 2. 출생하기 전에 부가 사망한 경우에는 그 사망 당시에 부가 대한민국의 국민이었던 자
> 3. 부모가 모두 분명하지 아니한 경우나 국적이 없는 경우에는 대한민국에서 **출생한 자**
> ② 대한민국에서 발견된 **기아는 대한민국에서 출생한 것으로 추정한다.**

> **⚖ 판례 | 부계혈통주의** (헌재 2000.8.31. 97헌가12)
>
> > **<심판대상>**
> > **국적법 제2조 【국민의 요건】** 다음 각 호의 1에 해당하는 자는 대한민국의 국민이다.
> > 1. 출생한 당시에 부가 대한민국의 국민인 자 ➡ 부계혈통주의
>
> #### 1. 부계혈통주의 평등원칙 위반 여부 심사기준
> **법무부장관**은, 헌법 제2조에 의하여 입법자는 국민의 요건을 결정함에 있어서 광범한 재량권이 있으므로 출생지주의를 택할 것인지 혈통주의에 의할 것인지는 입법재량 영역이고, <u>혈통주의를 택하는 경우에도 출생의 장소나 부모 쌍방이 대한민국 국민인지, 출생에 의하여 이중국적자가 될 것인지의 여부 또한 입법재량 문제라고 주장</u>한다. 그러나 헌법의 위임에 따라 국민되는 요건을 법률로 정할 때에는 인간의 존엄과 가치, 평등원칙 등 헌법의 요청인 기본권 보장원칙을 준수하여야 하는 입법상의 제한을 받기 때문에, 국적에 관한 모든 규정은 정책의 당부, 즉 <u>입법자가 합리적인 재량의 범위를 벗어난 것인지 여부가 심사기준이 된다는 법무부장관의 주장은 받아들이지 아니한다.</u> 부계혈통주의 조항은 성별에 대한 차별이고 헌법 제11조는 성별에 의한 차별을 금지하고 있으므로 이 사건 심사에는 **비례원칙**을 적용하여야 한다.
>
> #### 2. 부계혈통주의 조항의 위헌 여부
> 만약 이러한 연관관계를 부와 자녀 관계에서만 인정하고 모와 자녀 관계에서는 인정하지 않는다면, 이는 가족 내에서의 여성의 지위를 폄하하고 모의 지위를 침해하는 것이다. 그러므로 구법조항은 헌법 제36조 제1항이 규정한 '가족생활에 있어서의 양성의 평등원칙'에 위배된다.

> **⚖ 판례 | 부계양계혈통주의 조항 적용**
>
> 1. 구법상 부가 외국인이기 때문에 대한민국 국적을 취득할 수 없었던 한국인 모의 자녀 중에서 **신법(부모양계혈통주의 조항)** 시행 전 10년 동안에 태어난 자에게만 대한민국 국적을 취득하도록 하는 경과규정은 구법조항의 위헌적인 차별로 인하여 불이익을 받은 자를 구제하는 데 신법 시행 당시의 연령이 10세가 되는지 여부는 헌법상 적정한 기준이 아닌 또 다른 차별취급이므로, 부칙조항은 헌법 제11조 제1항의 평등원칙에 위배된다(헌재 2000.8.31. 97헌가12 전원재판부).

2. <u>1978.6.14.부터 1998.6.13.</u> 사이에 태어난 모계출생자가 대한민국 국적을 취득할 수 있도록 특례를 두면서 **2004.12.31.까지 국적취득신고를 한 경우에만 대한민국 국적을 취득하도록 한** 국적법 조항은 모계출생자의 국적관계를 조기에 확정하여 법적 불확실성을 조기에 제거하고, 불필요한 행정 낭비를 줄이면서도, 위 모계출생자가 대한민국 국적을 취득할 의사가 있는지 여부를 확인하기 위한 것으로서 합리적인 이유가 있으므로 평등원칙에 위배된다고 볼 수 없다(헌재 2015.11.26. 2014헌바211).

(2) 인지

혼인 외 자로서 외국인이 미성년인 경우 신고한 때 국적을 취득한다.

> **국적법 제3조【인지에 의한 국적취득】** ① 대한민국의 국민이 아닌 자(이하 '외국인'이라 한다)로서 대한민국의 국민인 부 또는 모에 의하여 인지된 자가 다음 각 호의 요건을 모두 갖추면 법무부장관에게 신고함으로써 대한민국 국적을 취득할 수 있다.
> 1. 대한민국의 민법상 미성년일 것
> 2. 출생 당시에 부 또는 모가 대한민국의 국민이었을 것
> ② 제1항에 따라 신고한 자는 그 신고를 한 때에 대한민국 국적을 취득한다.

(3) 귀화

① **대상자**: 대한민국의 국적을 취득한 사실이 없는 외국인을 그 대상으로 한다.

> **국적법 제4조【귀화에 의한 국적취득】** ① 대한민국 국적을 취득한 사실이 없는 외국인은 법무부장관의 귀화허가를 받아 대한민국 국적을 취득할 수 있다.
> ② 법무부장관은 귀화허가 신청을 받으면 제5조부터 제7조까지의 귀화요건을 갖추었는지를 심사한 후 그 요건을 갖춘 사람에게만 귀화를 허가한다.
> ③ 제1항에 따라 귀화허가를 받은 사람은 법무부장관 앞에서 국민선서를 하고 귀화증서를 수여받은 때에 대한민국 국적을 취득한다. 다만, 법무부장관은 연령, 신체적·정신적 장애 등으로 국민선서의 의미를 이해할 수 없거나 이해한 것을 표현할 수 없다고 인정되는 사람에게는 국민선서를 면제할 수 있다.

② **일반귀화**

> **국적법 제5조【일반귀화 요건】** 외국인이 귀화허가를 받기 위해서는 제6조나 제7조에 해당하는 경우 외에는 다음 각 호의 요건을 갖추어야 한다.
> 1. 5년 이상 계속하여 대한민국에 주소가 있을 것
> 1의2. 대한민국에서 영주할 수 있는 체류자격을 가지고 있을 것
> 2. 대한민국의 민법상 성년일 것
> 3. 법령을 준수하는 등 법무부령으로 정하는 **품행 단정의 요건을 갖출 것**
> 4. 자신의 자산이나 기능에 의하거나 생계를 같이하는 가족에 의존하여 생계를 유지할 능력이 있을 것
> 5. 국어능력과 대한민국의 풍습에 대한 이해 등 대한민국 국민으로서의 기본 소양을 갖추고 있을 것
> 6. 귀화를 허가하는 것이 국가안전보장·질서유지 또는 공공복리를 해치지 아니한다고 법무부장관이 인정할 것

⚖️ **판례 | 귀화**

1. 법무부장관은 귀화신청인이 귀화요건을 갖추었다 하더라도 귀화를 허가할 것인지 여부에 관하여 **재량권을 가진다**고 보는 것이 타당하다(대판 2010.10.28. 2010두6496).

2. '품행이 단정할 것'은 '귀화신청자를 대한민국의 새로운 구성원으로서 받아들이는 데 지장이 없을 만한 품성과 행실을 갖춘 것'을 의미한다고 예측할 수 있으므로 **명확성원칙에 위배된다고 볼 수 없다**(헌재 2016.7.28. 2014헌바421).

3. 귀화신청인이 국적법 제5조 각 호에서 정한 귀화요건을 갖추지 못한 경우 법무부장관은 귀화 허부에 관한 재량권을 행사할 여지 없이 귀화불허처분을 하여야 한다(대판 2018.12.13. 2016두31616).

③ **간이귀화**

국적법 제6조【간이귀화 요건】 ① 다음 각 호의 어느 하나에 해당하는 외국인으로서 대한민국에 3년 이상 계속하여 주소가 있는 사람은 제5조 제1호 및 제1호의2의 요건을 갖추지 아니하여도 귀화허가를 받을 수 있다.
1. **부 또는 모가 대한민국의 국민이었던 사람**
2. 대한민국에서 출생한 사람으로서 부 또는 모가 대한민국에서 출생한 사람
3. 대한민국 국민의 양자(養子)로서 입양 당시 대한민국의 민법상 성년이었던 사람
② 배우자가 대한민국의 국민인 외국인으로서 다음 각 호의 어느 하나에 해당하는 사람은 제5조 제1호 및 제1호의2의 요건을 갖추지 아니하여도 귀화허가를 받을 수 있다.
1. 그 배우자와 혼인한 상태로 대한민국에 **2년** 이상 계속하여 주소가 있는 사람
2. 그 배우자와 혼인한 후 **3년**이 지나고 혼인한 상태로 대한민국에 **1년** 이상 계속하여 **주소가 있는 사람**
3. 제1호나 제2호의 기간을 채우지 못하였으나, 그 배우자와 혼인한 상태로 대한민국에 주소를 두고 있던 중 그 배우자의 사망이나 실종 또는 그 밖에 자신에게 책임이 없는 사유로 정상적인 혼인 생활을 할 수 없었던 사람으로서 제1호나 제2호의 잔여기간을 채웠고 법무부장관이 상당하다고 인정하는 사람
4. 제1호나 제2호의 요건을 충족하지 못하였으나, 그 배우자와의 혼인에 따라 출생한 **미성년의 자(子)를 양육**하고 있거나 양육하여야 할 사람으로서 제1호나 제2호의 기간을 채웠고 법무부장관이 상당하다고 인정하는 사람

④ **특별귀화**: 특별귀화 대상자도 국내에 주소가 있어야 하고 품행 단정해야 하나 성년을 요건으로 하지는 않는다.

국적법 제7조【특별귀화 요건】 ① 다음 각 호의 어느 하나에 해당하는 외국인으로서 대한민국에 **주소가 있는 사람**은 제5조 제1호·제1호의2·제2호 또는 제4호의 요건을 갖추지 아니하여도 귀화허가를 받을 수 있다.
1. **부 또는 모가 대한민국의 국민인 사람**. 다만, 양자로서 대한민국의 민법상 성년이 된 후에 입양된 사람은 제외한다.
2. 대한민국에 특별한 공로가 있는 사람
3. 과학·경제·문화·체육 등 특정 분야에서 매우 우수한 능력을 보유한 사람으로서 대한민국의 국익에 기여할 것으로 인정되는 사람

(4) 수반취득

미성년자인 자는 일정한 요건하에서 별도의 귀화절차 없이 부모의 국적취득에 수반하여 국적을 취득할 수 있다. 개정 전에는 부인은 남편(夫)과 함께 수반취득만 할 수 있었는데 현재는 독립적으로 귀화할 수 있다. 따라서 부(婦)만 국적을 취득하고 부(夫)는 귀화요건을 충족하지 못해 국적을 취득하지 못할 수도 있으므로 부부국적 동일주의는 폐지되었다.

> **국적법 제8조【수반취득】** ① 외국인의 자(子)로서 대한민국의 민법상 미성년인 사람은 부 또는 모가 귀화허가를 신청할 때 함께 국적취득을 신청할 수 있다.
> ② 제1항에 따라 국적취득을 신청한 사람은 부 또는 모가 대한민국 국적을 취득한 때에 함께 대한민국 국적을 취득한다.

(5) 국적회복에 의한 국적취득

국적회복절차는 국내에 주소를 둘 것을 요건으로 하는 것은 아니다.

> **국적법 제9조【국적회복에 의한 국적취득】** ① 대한민국의 국민이었던 외국인은 법무부장관의 국적회복허가를 받아 대한민국 국적을 취득할 수 있다.
> ② 법무부장관은 국적회복허가 신청을 받으면 심사한 후 다음 각 호의 어느 하나에 해당하는 사람에게는 국적회복을 허가하지 아니한다.
> 1. 국가나 사회에 위해를 끼친 사실이 있는 사람
> 2. 품행이 단정하지 못한 사람
> 3. 병역을 기피할 목적으로 대한민국의 국적을 상실하였거나 이탈하였던 사람
> 4. 국가안전보장·질서유지 또는 공공복리를 위하여 법무부장관이 국적회복을 허가하는 것이 적당하지 아니하다고 인정하는 사람

⚖ 판례 | 국적회복과 귀화의 비교

국적회복이란 한때 대한민국 국민이었던 외국인이 법무부장관의 국적회복허가를 받아 대한민국의 국적을 취득하는 것을 말한다(국적법 제9조 제1항). 국적회복과 귀화는 모두 외국인이 후천적으로 법무부장관의 허가라는 주권적 행정절차를 통하여 대한민국 국적을 취득하는 제도라는 점에서 동일하나, 귀화는 대한민국 국적을 취득한 사실이 없는 순수한 외국인이 법무부장관의 허가를 받아 대한민국 국적을 취득할 수 있도록 하는 절차인 데 비해(국적법 제4조 내지 제7조), 국적회복허가는 한때 대한민국 국민이었던 자를 대상으로 한다는 점, 귀화는 일정한 요건을 갖춘 사람에게만 허가할 수 있는 반면(국적법 제5조 내지 제7조), 국적회복허가는 일정한 사유에 해당하는 사람에 대해서만 국적회복을 허가하지 아니한다는 점(국적법 제9조 제2항)에서 차이가 있다. 국적법이 이처럼 귀화제도와 국적회복제도를 구분하고 있는 것은 과거 대한민국 국민이었던 자의 국적취득절차를 간소화함으로써 국적취득상의 편의를 증진시키고자 하는 것이다. 국적회복허가를 받고 대한민국 국적을 취득한 외국인으로서 외국 국적을 가지고 있는 사람은 법률이 정하고 있는 예외사유에 해당하는 경우를 제외하고는 대한민국 국적을 취득한 날부터 1년 이내에 그 외국 국적을 포기하여야 하고(국적법 제10조 제1항·제2항), 그러하지 아니한 때에는 위 기간이 지난 때에 대한민국 국적을 상실한다(국적법 제10조 제3항)(헌재 2020.2.27. 2017헌바434).

4. 귀화허가 등 취소

> 국적법 제21조【허가 등의 취소】 ① 법무부장관은 거짓이나 그 밖의 부정한 방법으로 귀화허가나 국적회복
> 허가 또는 국적보유판정을 받은 자에 대하여 그 허가 또는 판정을 취소할 수 있다.

⚖ 판례 | 법무부장관이 귀화허가나 국적회복허가를 취소할 수 있도록 한 국적법 제21조 *합헌결정

국적취득 과정에서 발생한 위법상태를 해소하여 국가, 사회질서에 위해가 되는 요소들을 차단하는 것은 국가공동체의 유지와 운영에 있어 매우 중요한 문제이므로 국적회복허가에 애초 허가가 불가능한 불법적 요소가 개입되어 있었다면 상당기간이 경과한 후에 불법적 요소가 발견되었다고 할지라도 그 허가를 취소함으로써 국법질서를 회복할 필요성이 매우 크다. <u>귀화허가취소권의 행사기간을 따로 정하고 있지 않더라도 심판대상조항은 과잉금지원칙에 위배하여 거주·이전의 자유 및 행복추구권을 침해하지 아니한다</u>(헌재 2020. 2.27. 2017헌바434).

---

5. 국적취득자의 외국국적포기의무와 재취득

귀화허가나 국적회복허가로 국적을 취득한 자 중 외국국적을 가지고 있는 자는 1년 내 외국국적을 포기하거나 일정한 경우 외국국적을 행사하지 않겠다는 선서를 해야 한다. 그렇지 않은 경우 대한민국 국적을 상실한다. 대한민국 국적 상실 후 1년 내 외국국적을 포기하고 국적 재취득 신고를 통해 국적을 취득할 수 있다.

> 국적법 제10조【국적취득자의 외국국적포기의무】 ① 대한민국 국적을 취득한 외국인으로서 외국국적을 가지고 있는 자는 대한민국 국적을 취득한 날부터 **1년 내**에 그 외국국적을 포기하여야 한다.
> ② 제1항에도 불구하고 다음 각 호의 어느 하나에 해당하는 자는 대한민국 국적을 취득한 날부터 **1년 내**에 외국국적을 포기하거나 법무부장관이 정하는 바에 따라 대한민국에서 외국국적을 행사하지 아니하겠다는 뜻을 법무부장관에게 서약하여야 한다.
> 1. 귀화허가를 받은 때에 제6조 제2항 제1호·제2호 또는 제7조 제1항 제2호·제3호의 어느 하나에 해당하는 사유가 있는 자
> 2. 제9조에 따라 국적회복허가를 받은 자로서 제7조 제1항 제2호 또는 제3호에 해당한다고 법무부장관이 인정하는 자
> 3. 대한민국의 민법상 성년이 되기 전에 외국인에게 입양된 후 외국국적을 취득하고 외국에서 계속 거주하다가 제9조에 따라 국적회복허가를 받은 자
> ③ 제1항 또는 제2항을 이행하지 아니한 자는 그 기간이 지난 때에 대한민국 국적을 상실한다.
> 제11조【국적의 재취득】 ① 제10조 제3항에 따라 대한민국 국적을 상실한 자가 그 후 **1년 내**에 그 **외국국적을 포기하면 법무부장관에게 신고함으로써 대한민국 국적을 재취득할 수 있다.**

⚖ 판례 | 복수국적을 누릴 자유가 인정되는지 여부(소극)

외국인이 복수국적을 누릴 자유가 우리 헌법상 행복추구권에 의하여 보호되는 기본권이라고 보기 어려우므로, 국적법 제10조 제1항에 의하여 청구인의 재산권, 행복추구권이 침해될 가능성은 없다(헌재 2014.6.26. 2011헌마502).

6. 복수국적자의 국적선택

> ⚖️ **판례 | 국적을 선택할 권리가 기본권인지 여부(소극)**
>
> '이중국적자의 국적선택권'이라는 개념은 별론으로 하더라도, 일반적으로 외국인인 개인이 특정한 국가의 국적을 선택할 권리가 자연권으로서 또는 우리 헌법상 당연히 인정된다고는 할 수 없다고 할 것이다(헌재 2006.3.30. 2003헌마806).

(1) 복수국적자의 법적 지위

> **국적법 제11조의2【복수국적자의 법적 지위 등】** ① 출생이나 그 밖에 이 법에 따라 대한민국 국적과 외국국적을 함께 가지게 된 사람으로서 대통령령으로 정하는 사람(이하 '복수국적자'라 한다)은 **대한민국의 법령 적용에서 대한민국 국민으로만 처우한다.**
> ② 복수국적자가 관계 법령에 따라 외국국적을 보유한 상태에서 직무를 수행할 수 없는 분야에 종사하려는 경우에는 외국국적을 포기하여야 한다.
> ③ 중앙행정기관의 장이 복수국적자를 외국인과 동일하게 처우하는 내용으로 법령을 제정 또는 개정하려는 경우에는 미리 법무부장관과 **협의**하여야 한다.
>
> **제14조의5【복수국적자에 관한 통보의무 등】** ① 공무원이 그 직무상 복수국적자를 발견하면 지체 없이 법무부장관에게 그 사실을 통보하여야 한다.

(2) 복수국적자의 국적선택기간

> **국적법 제12조【복수국적자의 국적선택의무】** ① 만 20세가 되기 전에 복수국적자가 된 자는 **만 22세가 되기 전까지**, 만 20세가 된 후에 복수국적자가 된 자는 그때부터 **2년 내**에 제13조와 제14조에 따라 하나의 국적을 선택하여야 한다. 다만, 제10조 제2항에 따라 법무부장관에게 대한민국에서 외국국적을 행사하지 아니하겠다는 뜻을 서약한 복수국적자는 제외한다.
> ② 제1항 본문에도 불구하고 병역법 제8조에 따라 **병역준비역에 편입된 자는 편입된 때부터 3개월 이내에 하나의 국적을 선택하거나** 제3항 각 호의 어느 하나에 해당하는 때부터 **2년 이내에** 하나의 국적을 선택하여야 한다. 다만, 제13조에 따라 대한민국 국적을 선택하려는 경우에는 제3항 각 호의 어느 하나에 해당하기 전에도 할 수 있다.
> ③ 직계존속이 외국에서 영주할 목적 없이 체류한 상태에서 출생한 자는 병역의무의 이행과 관련하여 다음 각 호의 어느 하나에 해당하는 경우에만 제14조에 따른 국적이탈신고를 할 수 있다.
> 1. 현역·상근예비역·보충역 또는 대체역으로 복무를 마치거나 마친 것으로 보게 되는 경우
> 2. 전시근로역에 편입된 경우
> 3. 병역면제처분을 받은 경우

> ⚖️ **판례**
>
> **1. 병역법 제8조에 따라 병역준비역에 편입된 자의 경우에는 편입된 때부터 3개월 이내 국적 선택**
> *헌법불합치결정*
>
> 병역준비역에 편입된 복수국적자의 국적선택 기간이 지났다고 하더라도, 그 기간 내에 국적이탈신고를 하지 못한 데 대하여 사회통념상 그에게 책임을 묻기 어려운 사정, 즉 정당한 사유가 존재하고, 병역의무 이행의 공평성 확보라는 입법목적을 훼손하지 않음이 객관적으로 인정되는 경우라면, 병역준비역에 편입된 복수국적자에게 국적선택기간이 경과하였다고 하여 일률적으로 국적이탈을 할 수 없다고 할 것이

아니라, 예외적으로 국적이탈을 허가하는 방안을 마련할 여지가 있다. 심판대상 법률조항의 존재로 인하여 복수국적을 유지하게 됨으로써 대상자가 겪어야 하는 실질적 불이익은 구체적 사정에 따라 상당히 클 수 있다. 국가에 따라서는 복수국적자가 공직 또는 국가안보와 직결되는 업무나 다른 국적국과 이익충돌 여지가 있는 업무를 담당하는 것이 제한될 가능성이 있다. 현실적으로 이러한 제한이 존재하는 경우, 특정 직업의 선택이나 업무 담당이 제한되는 데 따르는 사익 침해를 가볍게 볼 수 없다. 심판대상 법률조항은 과잉금지원칙에 위배되어 청구인의 국적이탈의 자유를 침해한다(헌재 2020.9.24. 2016헌마889).

2. **직계존속이 외국에서 영주할 목적 없이 체류한 상태에서 출생한 자는 병역의무를 해소한 경우에만 국적이탈을 신고할 수 있도록 하는 구 국적법 제12조 제3항** (헌재 2023.2.23. 2019헌바462)

① **명확성원칙에 위배되는지 여부(소극):** '외국에서 영주할 목적'이 없다고 함은 다른 나라에서 오랫동안 살고자 하는 목적이 없다는 것이므로, 일반인도 일시적인 유학이나 파견, 출장 등의 목적으로 외국에 머무르는 경우에는 영주할 목적이 인정되지 않는다는 것을 쉽게 이해할 수 있다. 따라서 명확성원칙에 위배되지 아니한다.

② **직계존속이 외국에서 영주할 목적 없이 체류한 상태에서 출생한 자는 병역의무를 해소한 경우에만 국적이탈을 신고할 수 있도록 하는 구 국적법이 국적이탈의 자유를 침해하는지 여부(소극):** 심판대상조항은 공평한 병역의무 분담에 관한 국민적 신뢰를 확보하려는 것으로, 장차 대한민국과 유대관계가 형성되기 어려울 것으로 예상되는 사람에 대해서는 병역의무 해소 없는 국적이탈을 허용함으로써 국적이탈의 자유에 대한 제한을 조화롭게 최소화하고 있는 점, 병역기피 목적의 국적이탈에 대하여 사후적 제재를 가하거나 생활근거에 따라 국적이탈을 제한하는 방법으로는 입법목적을 충분히 달성할 수 있다고 보기 어려운 점, 심판대상조항으로 제한받는 사익은 그에 해당하는 사람이 국적이탈을 하려는 경우 모든 대한민국 남성에게 두루 부여된 병역의무를 해소하도록 요구받는 것에 지나지 않는 반면 심판대상조항으로 달성하려는 공익은 대한민국이 국가 공동체로서 존립하기 위해 공평한 병역분담에 대한 국민적 신뢰를 보호하여 국방역량이 훼손되지 않도록 하려는 것으로 매우 중요한 국익인 점 등을 감안할 때 심판대상조항은 과잉금지원칙에 위배되어 국적이탈의 자유를 침해하지 아니한다.

(3) 국적선택 절차

국적법 제13조 【대한민국 국적의 선택절차】 ① 복수국적자로서 제12조 제1항 본문에 규정된 기간 내에 대한민국 국적을 선택하려는 자는 외국국적을 포기하거나 법무부장관이 정하는 바에 따라 대한민국에서 외국국적을 행사하지 아니하겠다는 뜻을 서약하고 법무부장관에게 대한민국 국적을 선택한다는 뜻을 신고할 수 있다.

② 복수국적자로서 제12조 제1항 본문에 규정된 기간 후에 대한민국 국적을 선택하려는 자는 외국국적을 포기한 경우에만 법무부장관에게 대한민국 국적을 선택한다는 뜻을 신고할 수 있다. 다만, 제12조 제3항 제1호의 경우에 해당하는 자는 그 경우에 해당하는 때부터 2년 이내에는 제1항에서 정한 방식으로 대한민국 국적을 선택한다는 뜻을 신고할 수 있다.

③ 제1항 및 제2항 단서에도 불구하고 출생 당시에 모가 자녀에게 외국국적을 취득하게 할 목적으로 외국에서 체류 중이었던 사실이 인정되는 자는 외국국적을 포기한 경우에만 대한민국 국적을 선택한다는 뜻을 신고할 수 있다.

(4) 국적이탈요건과 절차

> **국적법 제14조【대한민국 국적의 이탈요건 및 절차】** ① 외국국적을 선택하려는 자는 **외국에 주소가 있는 경우에만** 주소지 관할 재외공관의 장을 거쳐 법무부장관에게 **대한민국 국적을 이탈한다는 뜻을 신고할 수 있다.** 다만, 제12조 제2항 본문 또는 같은 조 제3항에 해당하는 자는 그 기간 이내에 또는 해당 사유가 발생한 때부터만 신고할 수 있다.
> ② 제1항에 따라 국적이탈의 신고를 한 자는 **법무부장관이 신고를 수리한 때**에 대한민국 국적을 상실한다.
>
> **제14조의2【대한민국 국적의 이탈에 관한 특례】** ① 제12조 제2항 본문 및 제14조 제1항 단서에도 불구하고 다음 각 호의 요건을 모두 충족하는 복수국적자는 병역법 제8조에 따라 병역준비역에 편입된 때부터 3개월 이내에 대한민국 국적을 이탈한다는 뜻을 신고하지 못한 경우 법무부장관에게 대한민국 국적의 이탈 허가를 신청할 수 있다.
> 1. 다음 각 목의 어느 하나에 해당하는 사람일 것
>   가. 외국에서 출생한 사람(직계존속이 외국에서 영주할 목적 없이 체류한 상태에서 출생한 사람은 제외한다)으로서 출생 이후 계속하여 외국에 주된 생활의 근거를 두고 있는 사람
>   나. 6세 미만의 아동일 때 외국으로 이주한 이후 계속하여 외국에 주된 생활의 근거를 두고 있는 사람
> 2. 제12조 제2항 본문 및 제14조 제1항 단서에 따라 병역준비역에 편입된 때부터 3개월 이내에 국적 이탈을 신고하지 못한 정당한 사유가 있을 것
> ② 법무부장관은 제1항에 따른 허가를 할 때 다음 각 호의 사항을 고려하여야 한다.
> 1. 복수국적자의 출생지 및 복수국적 취득경위
> 2. 복수국적자의 주소지 및 주된 거주지가 외국인지 여부
> 3. 대한민국 입국 횟수 및 체류 목적·기간
> 4. 대한민국 국민만이 누릴 수 있는 권리를 행사하였는지 여부
> 5. 복수국적으로 인하여 외국에서의 직업 선택에 상당한 제한이 있거나 이에 준하는 불이익이 있는지 여부
> 6. 병역의무 이행의 공평성과 조화되는지 여부
> ③ 제1항에 따른 허가 신청은 외국에 주소가 있는 복수국적자가 해당 주소지 관할 재외공관의 장을 거쳐 법무부장관에게 하여야 한다.
> ④ 제1항 및 제3항에 따라 국적의 이탈 허가를 신청한 사람은 법무부장관이 허가한 때에 대한민국 국적을 상실한다.

> ⚖ **판례 | 복수국적자가 외국에 주소가 있는 경우에만 국적이탈을 신고할 수 있도록 하는 국적법 제14조 제1항 본문** (헌재 2023.2.23. 2020헌바603)
>
> **1. 명확성원칙에 위배되는지 여부(소극)**
> 국적법 제14조 제1항 본문의 '외국에 주소가 있는 경우'라는 표현은 입법취지 및 그에 사용된 단어의 사전적 의미 등을 고려할 때 다른 나라에 생활근거가 있는 경우를 뜻함이 명확하므로 명확성원칙에 위배되지 아니한다.
>
> **2. 복수국적자가 외국에 주소가 있는 경우에만 국적이탈을 신고할 수 있도록 하는 국적법이 국적이탈의 자유를 침해하는지 여부(소극)**
> 심판대상조항은 국가 공동체의 운영원리를 보호하고자 복수국적자의 기회주의적 국적이탈을 방지하기 위한 것으로, 더 완화된 대안을 찾아보기 어려운 점, 외국에 생활근거 없이 주로 국내에서 생활하며 대한민국과 유대관계를 형성한 자가 단지 법률상 외국 국적을 지니고 있다는 사정을 빌미로 국적을 이탈하려는 행위를 제한한다고 하여 과도한 불이익이 발생한다고 보기도 어려운 점 등을 고려할 때 심판대상조항은 과잉금지원칙에 위배되어 국적이탈의 자유를 침해하지 아니한다.

(5) 국적선택명령

> **국적법 제14조의3【복수국적자에 대한 국적선택명령】** ① 법무부장관은 복수국적자로서 제12조 제1항 또는 제2항에서 정한 기간 내에 국적을 선택하지 아니한 자에게 **1년 내**에 하나의 국적을 선택할 것을 명하여야 한다.
> ② 법무부장관은 복수국적자로서 제10조 제2항, 제13조 제1항 또는 같은 조 제2항 단서에 따라 대한민국에서 외국국적을 행사하지 아니하겠다는 뜻을 서약한 자가 그 뜻에 현저히 반하는 행위를 한 경우에는 6개월 내에 하나의 국적을 선택할 것을 명할 수 있다.
> ③ 제1항 또는 제2항에 따라 국적선택의 명령을 받은 자가 대한민국 국적을 선택하려면 외국국적을 포기하여야 한다.
> ④ 제1항 또는 제2항에 따라 국적선택의 명령을 받고도 이를 따르지 아니한 자는 그 기간이 지난 때에 대한민국 국적을 상실한다.

7. 국적상실

(1) 국적선택을 하지 아니한 경우

대상	선택시기	절차
만 20세 되기 전 복수국적자	만 22세까지 국적선택	➔ if 기간 내 선택 ×
만 20세 이후 복수국적자	2년 내 선택	⬇ 법무부장관 선택명령
직계존속이 외국에서 영주할 목적 없이 체류한 상태에서 출생한 자	병역의무이행 ⬇ 2년 내 국적선택	⬇ if 선택 ×
제1국민역에 편입된 자	3개월 내 선택	⬇ 기간 경과 후 대한민국 국적상실

(2) 국적이탈의 신고제

① 거주·이전의 자유에서 국적이탈의 자유는 보호된다.
② 국적이탈은 허가제(×), 신고제(○)

(3) 외국국적취득에 따른 국적

대한민국 국민이 자진하여 외국국적을 취득한 때에는 그 외국국적을 취득한 때에 대한민국 국적을 상실한다. 그러나 **국적법 제15조 제2항의 경우 6개월 내 국적보유를 신고하면 복수국적자가 되고, 그렇지 않으면** 그 외국국적을 취득한 때로 소급하여 대한민국 국적을 상실한다.

① 국적상실사유

> **국적법 제15조【외국국적취득에 따른 국적상실】** ① 대한민국의 국민으로서 **자진하여** 외국국적을 취득한 자는 **그 외국국적을 취득한 때에** 대한민국 국적을 상실한다.
> ② 대한민국의 국민으로서 다음 각 호의 어느 하나에 해당하는 자는 그 외국국적을 취득한 때부터 6개월 내에 법무부장관에게 대한민국 국적을 보유할 의사가 있다는 뜻을 신고하지 아니하면 그 외국국적을 취득한 때로 소급하여 대한민국 국적을 상실한 것으로 본다.
> 1. 외국인과의 혼인으로 그 배우자의 국적을 취득하게 된 자
> 2. 외국인에게 입양되어 그 양부 또는 양모의 국적을 취득하게 된 자
> 3. 외국인인 부 또는 모에게 인지되어 그 부 또는 모의 국적을 취득하게 된 자
> 4. 외국국적을 취득하여 대한민국 국적을 상실하게 된 자의 배우자나 미성년의 자(子)로서 그 외국의 법률에 따라 함께 그 외국국적을 취득하게 된 자

> ⚖️ **판례 | 외국국적취득에 따른 국적상실** *기각결정
>
> **행복추구권과 거주·이전의 자유 침해 여부(소극)**
>
> 자발적으로 외국국적을 취득한 자에게 대한민국 국적도 함께 보유할 수 있게 허용한다면, 출입국·체류관리가 어려워질 수 있고, 각 나라에서 권리만 행사하고 병역·납세와 같은 의무는 기피하는 등 복수국적을 악용할 우려가 있으며, 복수국적자로 인하여 외교적 보호권이 중첩되는 등의 문제가 발생할 여지도 있다. 따라서 국적법 제15조 제1항이 대한민국 국민인 청구인의 거주·이전의 자유 및 행복추구권을 침해한다고 볼 수 없다(헌재 2014.6.26. 2011헌마502).

② 대한민국 국적상실결정에 따른 국적상실

> **국적법 제14조의4 【대한민국 국적의 상실결정】** ① 법무부장관은 복수국적자가 다음 각 호의 어느 하나의 사유에 해당하여 대한민국의 국적을 보유함이 현저히 부적합하다고 인정하는 경우에는 청문을 거쳐 대한민국 국적의 상실을 결정할 수 있다. 다만, **출생에 의하여 대한민국 국적을 취득한 자는 제외한다.**
> 1. 국가안보, 외교관계 및 국민경제 등에 있어서 대한민국의 국익에 반하는 행위를 하는 경우
> 2. 대한민국의 사회질서 유지에 상당한 지장을 초래하는 행위로서 대통령령으로 정하는 경우
> ② 제1항에 따른 결정을 받은 자는 그 결정을 받은 때에 대한민국 국적을 상실한다.

③ 국적상실자의 처리

> **국적법 제16조 【국적상실자의 처리】** ① 대한민국 국적을 상실한 자(제14조에 따른 국적이탈의 신고를 한 자는 제외한다)는 법무부장관에게 국적상실신고를 하여야 한다.
> ② 공무원이 그 직무상 대한민국 국적을 상실한 자를 발견하면 지체 없이 법무부장관에게 그 사실을 통보하여야 한다.

> ⚖️ **판례 | 국적상실하지 않는 경우**
>
> 1. 일본인 여자가 한국인 남자와의 혼인으로 인하여 한국의 국적을 취득하는 동시에 일본의 국적을 상실한 뒤 **이혼하였다 하여** 한국국적을 상실하고 일본국적을 다시 취득하는 것은 아니고, 동녀가 일본국에 복적할 때까지는 여전히 한국국적을 그대로 유지한다(대결 1976.4.23. 73마1051).
> 2. 대한민국 국민이 **일본국에서 영주권을 취득하였다 하여** 우리 국적을 상실하지 아니하며, 영주권을 가진 재일교포를 준외국인으로 보아 외국인토지법을 준용해야 하는 것은 아니다(대판 1981.10.13. 80다235).
> 3. **북한공민증을 발급받았다고 하더라도** <u>대한민국 국적을 상실하는 것은 아니다.</u> 헌법 제3조상 북한은 국가가 아니기 때문이다(대판 1996.11.12. 96누1221).

④ 국적상실자의 권리변동

> **국적법 제18조 【국적상실자의 권리변동】** ① 대한민국 국적을 상실한 자는 국적을 상실한 때부터 대한민국의 국민만이 누릴 수 있는 권리를 누릴 수 없다.
> ② 제1항에 해당하는 권리 중 대한민국의 국민이었을 때 취득한 것으로서 양도할 수 있는 것은 그 권리와 관련된 법령에서 따로 정한 바가 없으면 **3년 내에 대한민국의 국민에게 양도하여야 한다.**

8. 기타

국적법 제19조【법정대리인이 하는 신고 등】이 법에 규정된 신청이나 신고와 관련하여 그 신청이나 신고를 하려는 자가 15세 미만이면 법정대리인이 대신하여 이를 행한다.

제20조【국적 판정】① 법무부장관은 대한민국 국적의 취득이나 보유 여부가 분명하지 아니한 자에 대하여 이를 심사한 후 판정할 수 있다.

② 제1항에 따른 심사 및 판정의 절차와 그 밖에 필요한 사항은 대통령령으로 정한다.

제22조【국적심의위원회】① 국적에 관한 다음 각 호의 사항을 심의하기 위하여 법무부장관 소속으로 국적 심의위원회(이하 '위원회'라 한다)를 둔다.

1. 제7조 제1항 제3호에 해당하는 특별귀화 허가에 관한 사항
2. 제14조의2에 따른 대한민국 국적의 이탈 허가에 관한 사항
3. 제14조의4에 따른 대한민국 국적의 상실 결정에 관한 사항
4. 그 밖에 국적업무와 관련하여 법무부장관이 심의를 요청하는 사항

② 법무부장관은 제1항 제1호부터 제3호까지의 허가 또는 결정 전에 위원회의 심의를 거쳐야 한다. 다만, 요건을 충족하지 못하는 것이 명백한 경우 등 대통령령으로 정하는 사항은 그러하지 아니하다.

③ 위원회는 제1항 각 호의 사항을 효과적으로 심의하기 위하여 필요하다고 인정하는 경우 관계 행정기관의 장에게 자료의 제출 또는 의견의 제시를 요청하거나 관계인을 출석시켜 의견을 들을 수 있다.

제23조【위원회의 구성 및 운영】① 위원회는 위원장 1명을 포함하여 30명 이내의 위원으로 구성한다.

② 위원장은 법무부차관으로 하고, 위원은 다음 각 호의 사람으로 한다.

1. 법무부 소속 고위공무원단에 속하는 공무원으로서 법무부장관이 지명하는 사람 1명
2. 대통령령으로 정하는 관계 행정기관의 국장급 또는 이에 상당하는 공무원 중에서 법무부장관이 지명하는 사람
3. 국적 업무와 관련하여 학식과 경험이 풍부한 사람으로서 법무부장관이 위촉하는 사람

③ 제2항 제3호에 따른 위촉위원의 임기는 2년으로 하며, 한 번만 연임할 수 있다. 다만, 위원의 임기 중 결원이 생겨 새로 위촉하는 위원의 임기는 전임위원 임기의 남은 기간으로 한다.

④ 위원회의 회의는 제22조 제1항의 안건별로 위원장이 지명하는 10명 이상 15명 이내의 위원이 참석하되, 제2항 제3호에 따른 위촉위원이 과반수가 되도록 하여야 한다.

⑤ 위원회의 회의는 위원장 및 제4항에 따라 지명된 위원의 과반수의 출석으로 개의하고 출석위원 과반수의 찬성으로 의결한다.

9. 재외국민 보호

헌법 제2조【국민의 요건, 재외국민의 보호】② 국가는 법률이 정하는 바에 의하여 재외국민을 보호할 의무를 진다.

재외국민등록법 제2조【등록대상】외국의 일정한 지역에 계속하여 90일을 초과하여 거주하거나 체류할 의사를 가지고 그 지역에 체류하는 대한민국 국민은 이 법에 따라 등록하여야 한다.

(1) 재외국민 보호

① **연혁**: 재외국민은 국가의 보호를 받는다는 소극적 규정은 제8차 개정헌법에도 처음 규정되었으나, 국가의 적극적 보호의무는 현행헌법에서 처음으로 규정되었다.

② **재외국민등록대상자**: 재외국민이란 외국에 장기체류하거나 영주하는 한국국적소지자를 말한다. 재외국민등록법상 90일을 초과하여 외국거주·체류하는 국민은 등록해야 한다.

판례 ㅣ 재외국민 보호

1. 이민자의 경우에는 국적법에 의하여 국적을 상실하지 않는 한, 대한민국의 재외국민으로서의 기본권을 의연 향유한다(헌재 1993.12.23. 89헌마189).

2. 헌법 제2조 재외국민의 보호조항이 국가로 하여금 특정한 협약(미성년자보호 협약)에 가입하거나 조약을 체결하여야 하는 입법위임을 한 취지라고 할 수 없다. 따라서 동협약에 가입하지 아니한 부작위는 헌법 소원의 대상이 되는 공권력 불행사로 볼 수 없다(헌재 1998.5.28. 97헌마282).

3. '재외국민 보호의무' 규정이 중국동포와 같이 특수한 국적상황에 처해 있는 자들의 이중국적 해소 또는 국적선택을 위한 특별법 제정의무를 명시적으로 위임한 것이라고 볼 수 없다(헌재 2006.3.30. 2003헌마806).

판례 ㅣ 재외국민 보호의무 위반 여부

헌법 위반인 것

1. **주민등록을 요건으로 하여 재외국민의 국정선거권, 피선거권, 국민투표권, 주민투표권을 제한하는 것**은 재외국민의 평등권을 침해한다(헌재 2007.6.28. 2004헌마644).

2. **국내거주자에 대하여만 부재자투표를 인정하고** 재외국민과 단기해외체류자 등 **국외거주자에 대해서는 부재자투표를 인정하지 않은** 공직선거법 조항은 헌법에 위반된다(헌재 2007.6.28. 2004헌마644).

3. 대한민국 국적을 가지고 있는 영유아 중에서 **재외국민인 영유아를 보육료·양육수당의 지원대상에서 제외한 것**은 재외국민도 '국민인 주민'이라는 점에서는 다른 일반국민과 실질적으로 동일하므로, 청구인들의 평등권을 침해한다(헌재 2018.1.25. 2015헌마1047).

헌법 위반이 아닌 것

1. 외국국적동포에 대해서는 부동산실명법 적용을 배제하면서 **재외국민에게는 부동산실명법을 적용하는 것**은 평등원칙에 반하지 않는다(헌재 2001.5.31. 99헌가18).

2. 국내에 주소를 두고 있는 피상속인의 경우에만 상속세 인적 공제의 적용대상에 포함시키고, **국내비거주자에 대한 상속세 인적 공제를 배제하는 것**은 재외국민보호의무에 반하지 않는다(헌재 2001.12.20. 2001헌바25).

3. 개발도상국 등에 파견된 **국제협력요원이 사망한 경우 국가유공자예우법의 적용을 배제**한 것은 재외국민보호의무 위반이 아니다(헌재 2010.7.29. 2009헌가13).

4. 1980년 해직된 공무원 중 **이민 간 이후 보상 배제**는 재외국민보호의무 위반이 아니다(헌재 1993.12.23. 89헌마189).

5. 대일항쟁기 강제동원 피해조사 및 국외강제동원 희생자 등 지원에 관한 특별법이 **대한민국 국적을 가지지 아니한 사람을 위로금 지급대상에서 제외한** 국외강제동원자지원법 제7조 제4호는 헌법전문과 재외국민보호의무에 위반되지 않는다(헌재 2015.12.23. 2013헌바11).

(2) 재외동포

① 재외동포는 외국국적동포와 대한민국 국적을 보유한 자로서 외국영주권을 가지고 있는 자이다.
② 외국국적동포는 국가유공자 등 예우 및 지원에 관한 법률 또는 독립유공자예우에 관한 법률에 따른 보훈급여금을 받을 수 있다(재외동포의 출입국과 법적 지위에 관한 법률 제16조).

판례

재외동포법이 대한민국 수립 이후의 재외동포에 한하여 그 보호대상으로 한 것은 대한민국 수립 이전의 재외동포를 차별한 것으로 합리적 이유가 없다(헌재 2001.11.29. 99헌마494).

04 국가의 영역

헌법 제3조 대한민국의 영토는 한반도와 그 부속도서로 한다.

1. 영역의 의의

국가의 영역이란 한 나라의 국가법이 미치는 공간적 범위이다.

2. 우리나라의 영역범위

(1) 영토

① **연혁**: 헌법 제3조는 영토조항을 명시적으로 규정하고 있다.

② **개정가능성**: 제헌헌법에 따르면 영토의 변경을 위해서는 헌법개정이 필요하다. 1954년 헌법은 국민투표에 의해 영토 변경이 가능하도록 규정하였다.

(2) 영해, 접속수역, 배타적 경제수역

① **영해**: 영해에 대한 헌법규정은 없다. 영해 및 접속수역법은 기선으로부터 12해리까지의 수역을 영해로 함이 원칙이지만, 시행령인 대통령령은 대한해협의 영해를 특별히 3해리로 정하고 있다. 외국선박은 대한민국의 평화·공공질서 또는 안전보장을 해치지 아니하는 범위에서 대한민국의 영해를 무해통항(無害通航)할 수 있다. 외국의 군함 또는 비상업용 정부선박이 영해를 통항하려는 경우에는 대통령령으로 정하는 바에 따라 관계 당국에 미리 알려야 한다(영해 및 접속수역법 제5조).

② **접속수역**: 접속수역은 기선으로부터 24해리까지의 수역 중에서 영해를 제외한 수역이다.

③ **배타적 경제수역**: 배타적 경제수역은 200해리이다.

⚖ 판례 | 영토 관련 판례

1. 주한일본대사관을 대상으로 항의집회하는 것은 영토권에 해당하지 않는다(헌재 2010.10.28. 2010헌마111).

2. 우리 헌법에 피청구인 또는 대한민국 정부가 현재 중국의 영토인 간도 지역을 회복하여야 할 작위의무가 특별히 규정되어 있다거나 헌법 해석상 그러한 작위의무가 도출된다고 보기 어려울 뿐만 아니라, **중국에 대해 간도협약이 무효임을 주장하여야 하는 어떠한 법적인 의무가 있다고도 볼 수 없다**. 간도협약의 무효를 주장하지 않은 외교부장관의 부작위에 대한 헌법소원은 허용될 수 없는 공권력의 불행사를 대상으로 한 것이어서 부적법하다(헌재 2009.9.22. 2009헌마516).

⚖ 판례 | 신고를 하지 아니한 외국환거래 금지 (헌재 2005.6.30. 2003헌바114) ***합헌결정**

1. 허가 또는 신고받지 아니한 외국환 거래를 처벌하는 것은 **명확성원칙**에 위배되지 않는다.

2. 북한은 영토조항에 따라 대한민국의 영토이고 북한주민은 국민이나, 개별 법률의 적용 내지 준용에 있어서는 남북한의 특수관계적 성격을 고려하여 북한지역을 외국에 준하는 지역으로, <u>북한주민 등을 외국인에 준하는 지위에 있는 자로 규정할 수 있다고 할 것이다.</u>

3. **외국환거래의 일방 당사자가 북한의 주민일 경우** <u>그는 이 사건 법률조항의 '거주자' 또는 '비거주자'가 아니라 남북교류법의 '북한의 주민'에 해당하는 것이다.</u> 그러므로 당해 사건에서 아태위원회가 법 제15조 제3항에서 말하는 '거주자'나 '비거주자'에 해당하는지 또는 남북교류법상 '북한의 주민'에 해당하는지 여부는 법률해석의 문제에 불과한 것이고, <u>헌법 제3조의 영토조항과는 관련이 없다.</u>

≋ 판례 ㅣ 대한민국과 일본국 간의 어업에 관한 협정 (헌재 2001.3.21. 99헌마139) ***기각결정**

1. **대한민국과 일본국 간의 어업에 관한 협정이 '공권력의 행사'에 해당하는지 여부(적극)**

   대한민국과 일본과의 어업에 관한 조약은 국내법과 같은 효력을 가지므로 그 체결행위는 헌법소원심판의 대상이 되는 공권력 행사에 해당한다.

2. **'헌법전문에 기재된 3·1정신'이 헌법소원의 대상인 '헌법상 보장된 기본권'에 해당하는지 여부(소극)**

   '헌법전문에 기재된 3·1정신'은 우리나라 헌법의 연혁적·이념적 기초로서 헌법이나 법률해석에서의 해석기준으로 작용한다고 할 수 있지만, 그에 기하여 곧바로 국민의 개별적 기본권성을 도출해낼 수는 없다고 할 것이므로, 헌법소원의 대상인 '헌법상 보장된 기본권'에 해당하지 아니한다.

3. **영토권이 헌법소원의 대상인 기본권에 해당하는지 여부(적극)**

   영토조항이 국민의 주관적 권리를 보장하는 것으로 해석하는 견해는 거의 존재하지 않는다. 영토조항만을 근거로 하여 헌법소원을 청구할 수 없으나 국민의 기본권 침해에 대한 권리구제를 위하여 그 전제조건으로서 **영토권을 하나의 기본권**으로 간주할 수 있다.

4. **합의의사록을 국회에 상정하지 아니한 것이 국회의 의결권과 국민의 정치적 평등권을 침해하였는지 여부(소극)**

   이 사건 협정의 합의의사록은 한일 양국 정부의 어업질서에 관한 양국의 협력과 협의 의향을 선언한 것으로서, 이러한 것들이 곧바로 구체적인 법률관계의 발생을 목적으로 한 것으로는 보기 어렵다 할 것이므로, 합의의사록은 조약에 해당하지 아니하고, 이를 국회에 상정하지 아니한 것이 국회의 의결권과 국민의 정치적 평등권을 침해하였다고 볼 수 없다.

5. **독도 등을 중간수역으로 정한 것이 영해 및 배타적 경제수역에 대한 국민의 주권 및 영토권을 침해하였는지 여부(소극)**

   독도 등을 중간수역으로 정한 대한민국과 일본국 간의 어업에 관한 협정은 배타적 경제수역을 직접 규정한 것이 아니고, 독도의 영유권 문제나 영해 문제와는 직접적인 관련을 가지지 아니하므로 헌법상 영토조항에 위반되지 않는다.

6. **65년협정에 비하여 조업수역이 극히 제한됨으로써 어획량감소로 인해 우리 어민들에게 엄청난 불이익을 초래하여 행복추구권, 직업선택의 자유, 재산권, 평등권, 보건권 등을 침해하였는지 여부(소극)**

   이 사건 조약으로 국민의 행복추구권, 직업의 자유 등이 침해되었다고 볼 수 없다.

제3장 현행헌법의 기본이념

제1절 헌법전문의 의의와 내용

유구한 역사와 전통에 빛나는 우리 대한국민은 3·1 운동(제헌헌법)으로 건립된 **대한민국임시정부의 법통(현행헌법)**과 불의에 항거한 **4·19(제5차 개정헌법 ➡ 제8차 개정헌법 삭제 ➡ 제9차 개정헌법) 민주이념을 계승하고(제9차 개정헌법 최초)** 조국의 민주개혁과 **평화적 통일(제7차 개정헌법)**의 사명에 입각하여 정의·인도와 동포애로써 민족의 단결을 공고히 하고, 모든 사회적 폐습과 불의를 타파하며, 자율과 조화를 바탕으로 **자유민주적 기본질서(제7차 개정헌법)**를 더욱 확고히 하여 정치·경제·사회·문화의 모든 영역에 있어서 각인의 기회를 균등히 하고, 능력을 최고도로 발휘하게 하며, 자유와 권리에 따르는 책임과 의무를 완수하게 하여, 안으로는 국민생활의 균등한 향상을 기하고 밖으로는 항구적인 세계평화와 인류공영에 이바지함으로써 우리들과 우리들의 **자손의 안전과 자유와 행복**을 영원히 확보할 것을 다짐하면서 **1948년 7월 12일 제정되고 8차에 걸쳐 개정된 헌법**을 이제 국회의 의결을 거쳐 국민투표에 의하여 개정한다.

현행헌법전문에 명문규정 × ★
① 권력분립
② 민주공화국, 국가형태(제1조)
③ 5·16혁명(제4공화국 헌법)
④ 침략전쟁부인(제5조 제1항)
⑤ 자유민주적 기본질서에 입각한 평화적 통일정책(제4조) ➡ 현행헌법
⑥ 국가의 전통문화 계승·발전과 민족문화 창달의무(제9조)
⑦ 대한민국 영토(제3조)
⑧ 개인의 자유와 창의(제119조 제1항)
⑨ 인간의 존엄과 가치(제10조)
⑩ 법치주의
⑪ 균형 있는 국민경제의 성장 및 안정
⑫ 개인의 존엄과 양성평등
⑬ 복수정당제도
⑭ 6·10항쟁

제헌헌법	기미 삼일운동으로 대한민국을 건립하여
1962년 제5차 개정헌법	3·1운동의 숭고한 독립정신을 계승하고 4·19의거와 5·16혁명의 이념에 입각하여
1972년 제7차 개정헌법(유신헌법)	3·1운동의 숭고한 독립정신과 4·19의거 및 5·16혁명의 이념을 계승하고
1980년 제8차 개정헌법	3·1운동의 숭고한 독립정신을 계승하고
제9차 개정헌법	3·1운동으로 건립된 대한민국임시정부의 법통과 불의에 항거한 4·19민주이념을 계승하고

01 헌법전문의 의의

1. 개념

헌법전문은 헌법의 본문 앞에 위치한 문장으로 헌법전의 일부를 구성하는 헌법서문이다.

2. 헌법의 전문과 일반법령의 공포문의 비교

구분	헌법의 전문	법령의 공포문
본문과의 관계	헌법의 일부	법령의 일부가 아님.
규범적 효력	○	×

3. 헌법전문이 필수적인 것은 아니다.

소련헌법(스탈린 헌법), 이스라엘 헌법 등은 헌법전문을 두고 있지 않았다. 따라서 헌법전문이 헌법의 필수적 요소는 아니다.

02 헌법전문의 법적 성격

1. 헌법전문의 효력

헌법재판소는 헌법전문을 위헌심사의 기준으로 한 바 있어 헌법전문의 법적 효력을 긍정하고 있다.

2. 헌법전문의 법적 효력 ★★

(1) 최고규범성

헌법전문은 본문을 비롯한 모든 법규범의 내용을 한정하고 그 타당성의 근거가 된다. 따라서 국가의 법체계에서 최상위의 근본규범이다. 그러나 전문과 본문 간의 효력상 차이가 있는 것은 아니다.

(2) 법령해석기준

헌법전문은 헌법본문과 법령의 해석기준이 된다.

(3) 재판규범성

① **학설**: 헌법전문의 법적 효력을 인정하는 입장에서도 헌법전문이 직접적인 재판규범이냐에 대해 긍정설과 부정설로 나뉜다. 긍정설이 다수설이다.
② **판례**: 헌법재판소 결정에 의하면 헌법전문은 헌법규범의 일부로서 헌법으로서의 규범적 효력을 나타내기 때문에 구체적으로는 헌법소송에서의 재판규범이 된다.

⚖ 판례 | 헌법전문 재판규범성 인정

사할린 지역 강제동원 희생자의 범위를 1990.9.30.까지 사망 또는 행방불명된 사람으로 제한하고, **대한민국 국적을 갖고 있지 않은 유족을 위로금 지급대상에서 제외한** 것은 합리적 이유가 있어 입법재량의 범위를 벗어난 것으로 볼 수 없으므로, 심판대상조항이 '정의·인도와 동포애로써 민족의 단결을 공고히' 할 것을 규정한 헌법전문의 정신에 위반된다고 볼 수 없다(헌재 2015.12.23. 2013헌바11).

---

(4) 헌법개정의 한계

헌법전문의 자구수정은 가능하나 핵심적인 내용은 헌법개정의 한계이다. **제5차 개정헌법**에서 헌법전문은 최초로 개정되었고 제7·8·9차 개정헌법에서 헌법전문은 개정되었다.

(5) 국민의 권리와 의무 도출 불가

현행헌법의 전문에는 헌법의 성립유래만이 아니라, 헌법의 기본이념과 가치도 제시되어 있으나 헌법전문이나 헌법원리로부터 국민의 권리와 의무를 도출할 수 없다.

⚖ 판례 | 헌법전문과 기본권 관련성 유무

1. **헌법의 기본원리**는 헌법의 이념적 기초인 동시에 헌법을 지배하는 지도원리로서, 입법이나 정책결정의 방향을 제시하며, 공무원을 비롯한 모든 국민·국가기관이 헌법을 존중하고 수호하도록 하는 지침이 되며, 구체적 기본권을 도출하는 근거로 될 수는 없으나 기본권의 해석 및 기본권 제한입법의 합헌성 심사에 있어 해석기준의 하나로서 작용한다(헌재 2001.3.21. 99헌마139·142).

2. 청구인들이 침해받았다고 주장하는 기본권 가운데 '**헌법전문에 기재된 3·1정신**'은 우리나라 헌법의 연혁적·이념적 기초로서 헌법이나 법률해석에서의 해석기준으로 작용한다고 할 수 있지만, 그에 기하여 곧바로 국민의 개별적 기본권성을 도출해낼 수는 없다고 할 것이다(헌재 2001.3.21. 99헌마139·142).

3. 통일정신, 국민주권원리 등은 우리나라 헌법의 연혁적·이념적 기초로서 헌법이나 법률해석에서의 해석기준으로 작용한다고 할 수 있지만 그에 기하여 곧바로 국민의 개별적 기본권성을 도출해내기는 어려우며, **헌법전문에 기재된 대한민국임시정부의 법통을 계승하는 부분**에 위배된다는 점이 청구인들의 법적 지위에 현실적이고 구체적인 영향을 미친다고 볼 수도 없다. 건국60년 기념사업 추진행위에 의해 청구인들이 내심의 동요와 혼란을 겪었을지라도 이로써 헌법상 보호되는 명예권이나 행복추구권의 침해가능성 및 법적 관련성이 인정되지 아니한다(헌재 2011.8.30. 2006헌마788).

4. 공권력의 행사 또는 불행사로 **헌법의 기본원리 혹은 헌법상 보장된 제도**의 본질이 훼손되었다고 하여 그 점만으로 바로 국민의 기본권이 현실적으로 침해된 것이라고 할 수는 없다(헌재 1995.2.23. 90헌마125).

---

(6) 국가의 의무는 도출된다.

헌법전문에서 국가의 의무는 도출될 수 있다.

⚖ 판례 | 헌법원리와 국가의 의무

1. 헌법은 국가유공자 인정에 관하여 명문 규정을 두고 있지 않으나 전문(前文)에서 '3·1운동으로 건립된 대한민국임시정부의 법통을 계승'한다고 선언하고 있다. 국가에게 **독립유공자와 그 유족에 대한 예우를 해 줄 헌법상 의무**는 인정된다. 다만, 국가보훈처장이 **서훈추천 신청자에 대한 서훈추천을 하여 주어야 할 헌법적 작위의무**가 있다고 할 수는 없으므로, 서훈추천을 거부한 것에 대하여 행정권력의 부작위에 대한 헌법소원으로서 다툴 수 없다(헌재 2005.6.30. 2004헌마859).

2. 헌법제정 전의 일이라도 **일본군 위안부**로 강제동원되어 인간의 존엄과 가치가 말살된 상태에서 장기간 비극적 삶을 영위했던 피해자들의 훼손된 인간의 존엄과 가치를 회복시켜야 할 의무는 대한민국임시정부의 법통을 계승한 지금의 정부가 부담해야 하는 가장 근본적인 의무이다(헌재 2011.8.30. 2006헌마788).

참고 원폭 피해자를 위한 외교협상의무도 인정(헌재 2011.8.30. 2008헌마648)

---

3. 일제에 의한 강제징용 등으로 사할린에 동원되었다가 그 후 대한민국에 영주귀국한 자 및 그 가족으로서 대한민국의 국적을 가진 자들의 대일청구권이 '대한민국과 일본국 간의 재산 및 청구권에 관한 문제의 해결과 경제협력에 관한 협정'에 의하여 소멸하였는지 여부에 관한 한 · 일 양국 간 해석상 분쟁을 위 협정이 정한 절차에 의하여 해결할 피청구인(외교부장관)의 작위의무

우리 정부가 직접 청구인들의 기본권을 침해하는 행위를 한 것은 아니지만, 일본에 대한 청구권의 실현 및 인간으로서의 존엄과 가치의 회복에 대한 장애상태가 초래된 것은 우리 정부가 청구권의 내용을 명확히 하지 않고 '모든 청구권'이라는 포괄적인 개념을 사용하여 이 사건 협정을 체결한 것에도 책임이 있다는 점에 주목한다면, 그 장애상태를 제거하는 행위로 나아가야 할 구체적 의무가 있음을 부인하기 어렵다(헌재 2019.12.27. 2012헌마939).

> **참고** 사할린 지역 강제동원 피해자를 1990.9.30.까지 사망 또는 행방불명된 사람으로 정의하고, 대한민국 국적을 가지지 아니한 사람을 위로금 지급대상에서 제외한 '대일항쟁기 강제동원 피해조사 및 국외강제동원 희생자 등 지원에 관한 특별법' 조항들: 위 조항들은 합리적 이유가 있어 입법재량의 범위를 벗어난 것으로 볼 수 없으므로, 위 조항들이 '정의 · 인도와 동포애로써 민족의 단결을 공고히' 할 것을 규정한 헌법 전문의 정신에 위반된다고 볼 수 없다(헌재 2015.12.23. 2013헌바11).

4. 국가가 독립유공자의 후손인 청구인에게 일본제국주의의 각종 통치기구 등으로부터 **수탈당한 청구인 조상들의 강릉 일대의 특정 토지에 관하여 보상을 해주어야 할 작위의무가 있는지** 살펴본다. 헌법전문에서 '대한민국은 3 · 1운동으로 건립된 대한민국임시정부의 법통을 계승하(였다)'라고 규정되어 있지만, 위 내용만으로 위와 같은 작위의무가 헌법에서 유래하는 작위의무로 특별히 구체적으로 규정되어 있다거나 해석상 도출된다고 볼 수 없다. 또한 관련법령인 '독립유공자예우에 관한 법률'을 보면 독립유공자의 유족 또는 가족에게 보상금, 사망일시금 등을 지급한다고 규정되어 있지만(제12조, 제13조 등) 위 조항 자체로부터 **일제에 의해 수탈된 특정 토지에 관한 보상과 관련된 구체적인 작위의무가 곧바로 도출된다고 보기는 어렵다**(헌재 2019.7.2. 2019헌마647).

5. 국제전범재판에 관한 국제법적 원칙, 우리 헌법전문, 제5조 제1항, 제6조의 문언 등을 종합하면, 국내의 모든 국가기관은 헌법과 법률에 근거하여 국제전범재판소의 국제법적 지위와 판결의 효력을 존중하여야 한다. 따라서 **한국인 BC급 전범들이 국제전범재판에 따른 처벌로 입은 피해와 관련하여 피청구인에게 이 사건 협정 제3조에 따른 분쟁해결절차에 나아가야 할 구체적 작위의무가 인정된다고 보기 어렵다**(헌재 2021.8.31. 2014헌마888).

6. 국가유공자나 그 가족에 대한 보상은 국가유공자의 희생과 공헌의 정도에 따른다. 4 · 19혁명공로자와 건국포장을 받은 애국지사는 활동기간의 장단(長短), 활동 당시의 시대적 상황, 국권이 침탈되었는지 여부, 인신의 자유 제약 정도, 입은 피해의 정도, 기회비용 면에서 차이가 있다.

이와 같은 점을 고려하면, 입법자가 4 · 19혁명공로자의 희생과 공헌의 정도를 건국포장을 받은 애국지사와 달리 평가하여 이 사건 법률조항에서 4 · 19혁명공로자에 대한 보훈급여의 종류를 수당으로 정하고, 이 사건 시행령조항에서 보훈급여의 지급금액을 **애국지사보다 적게 규정한 것이 합리적인 이유 없는 차별이라 할 수 없다**(헌재 2022.2.24. 2019헌마883).

제2절 국민주권의 원리

01 국민주권원리의 의의

국민주권의 원리란 국가의 최고의사를 결정할 수 있는 원동력인 주권을 국민이 가진다는 것과 모든 국가권력의 정당성 근거가 국민에게 있다는 원리이다.

02 현행헌법에서의 국민주권

> 헌법 제1조 【국호 · 정체 · 국체 · 주권】 ② 대한민국의 **주권은 국민에게 있고, 모든 권력은 국민으로부터 나온다.**

1. 의의

(1) 개념

국민주권은 국가최고의사결정을 할 권한인 주권이 국민에게 있다는 원리이다.

(2) 주권의 의의

① **주권과 국민의 개념**: 제1조 제2항의 주권은 국가의 최고의사를 결정하는 힘(원동력)이며, '국민에게 있고'에서 말하는 국민은 주권의 보유자로서의 전체국민을 의미한다.

② **국가권력과 구별**: 제1조 제2항에서 말하는 모든 권력은 국가기관의 통치권을 의미한다. 입법권, 집행권, 사법권과 같은 국가권력은 국민이 아니라 국가기관이 가진다. 주권은 불가분이나 통치권은 가분적 권력이다.

2. 국민주권과 참정권

국민이 실질적으로 주권을 행사하는 계기가 선거권 행사이다.

> **⚖️ 판례 | 국민주권과 참정권**
>
> 1. 헌법상의 국민주권론을 추상적으로는 전체국민이 이념적으로 주권의 근원이라는 전제 아래 형식적인 이론으로 볼 수 있으나, 현실적으로는 **구체적인 주권의 행사**는 투표권 행사인 선거를 통하여 이루어지는 것이다(헌재 1989.9.8. 88헌가6).
>
> 2. **자유선거의 원칙**은 비록 우리 헌법에 명시되지는 않았지만 민주국가의 선거제도에 내재하는 법 원리인 것으로서 국민주권의 원리, 의회민주주의의 원리 및 참정권에 관한 규정에서 그 근거를 찾을 수 있다(헌재 1994.7.29. 93헌가4).
>
> 3. 역사적으로 직접선거의 원칙은 중간선거인의 부정을 의미하였고, 다수대표제하에서는 이러한 의미만으로도 충분하다고 할 수 있다. 그러나 비례대표제하에서 선거결과의 결정에는 정당의 의석배분이 필수적인 요소를 이룬다. 그러므로 비례대표제를 채택하는 한 **직접선거의 원칙**은 의원의 선출뿐만 아니라 **정당의 비례적인 의석확보도** 선거권자의 투표에 의하여 직접 결정될 것을 요구하는 것이다(헌재 2001.7.19. 2000헌마91 등).

4. **지역농협 임원 선거**는, 헌법에 규정된 국민주권 내지 대의민주주의 원리의 구현 및 지방자치제도의 실현이라는 이념과 직접적인 관계를 맺고 있는 공직선거법상 선거와 달리, 자율적인 단체 내부의 조직구성에 관한 것으로서 공익을 위하여 그 선거과정에서 표현의 자유를 상대적으로 <u>폭넓게 제한하는 것이 허용된다</u>(헌재 2013.7.25. 2012헌바112).

3. 국민주권과 민주주의

민주주의는 국민주권을 실현하는 정치원리이다. 민주주의에는 국민이 직접 국가정책을 결정하는 직접민주주의와, 국민이 대표자를 선출하고 대표자가 국가정책을 결정하는 대의제 민주주의가 있다.

> ⚖️**판례 | 국민주권과 민주주의**
>
> 1. 근대국가가 대부분 대의제를 채택하고도 후에 이르러 직접민주제적인 요소를 일부 도입한 역사적인 사정에 비추어 볼 때, 직접민주제는 대의제가 안고 있는 문제점과 한계를 극복하기 위하여 예외적으로 도입된 제도라 할 것이므로, 헌법적인 차원에서 직접민주제를 직접 헌법에 규정하는 것은 별론으로 하더라도 **법률에 의하여 직접민주제를 도입하는 경우**에는 기본적으로 대의제와 조화를 이루어야 하고, 대의제의 본질적인 요소나 근본적인 취지를 부정하여서는 아니 된다는 내재적인 한계를 지닌다 할 것이다(헌재 2009.3.26. 2007헌마843).
> 2. 국민이 직접 국민투표를 제안할 권리는 인정하고 있지 않음을 고려할 때 **주민발안권의 인정 여부**나 구체적 범위가 국민주권의 원리의 한 내용을 이루고 있다고는 볼 수 없다(헌재 2009.7.30. 2007헌바75).

4. 국민주권과 기본권

헌법재판소는 국민주권은 직접적인 기본권 도출의 근거는 아니라고 하나, 알 권리는 국민주권과 관련이 있다고 한다.

> ⚖️**판례 | 국민주권과 기본권**
>
> **통일정신, 국민주권원리** 등은 우리나라 헌법의 연혁적·이념적 기초로서 헌법이나 법률해석에서의 해석기준으로 작용한다고 할 수 있지만 그에 기하여 곧바로 국민의 개별적 기본권성을 도출해내기는 어려우며, 헌법전문에 기재된 대한민국임시정부의 법통을 계승하는 부분에 위배된다는 점이 청구인들의 법적 지위에 현실적이고 구체적인 영향을 미친다고 볼 수도 없다(헌재 2008.11.27. 2008헌마517).

5. 직접민주주의와 대의제 민주주의

(1) 의의

직접민주주의와 대의제 민주주의는 국민주권 실현을 위한 통치구조의 원리이다. 직접민주주의는 국민이 국가기관 구성뿐 아니라 직접 국가의사를 결정하는 원리이다. 대의제 민주주의는 국민이 국가의사나 국가정책 등을 직접 결정하지 않고 대표자를 선출하여 그 대표를 통하여 간접적으로 국가의사나 정책결정에 참여하는 통치구조의 구성원리이다.

(2) 루소의 직접민주주의

루소는 경험적인 국민의사는 언제나 추정적·잠재적 의사와 동일하다고 보고, 국민의 의사는 대표될 수 없으므로 국민의 의사에 따라 국가의사결정이 이루어져야 한다고 주장하였다. 따라서 국가기관의 국민대표성을 부정하고, 국가기관은 대리인에 불과하다고 보았다.

(3) 아베 쉬에스의 대의제 민주주의

쉬에스는 국민의 의사는 대표될 수 있다고 보고, 국민의 경험적 의사와 추정적·잠재적 의사는 일치하지 않을 수 있다고 한다. 그는 국가의사결정에는 추정적·잠재적 의사가 우선되어야 한다고 주장하였다.

(4) 현행헌법과 대의제

현행헌법은 대의제를 원칙으로 하여 국민에 의해 선출된 대통령과 의회를 주요 대의기관으로 하고 있다. 헌법 제46조 제2항은 국회의원은 국가이익을 우선하며 양심에 따라 직무를 행한다고 규정하여 국회의원의 자유위임 관계를 명백히 하고 있다. 다만, 헌법 제72조와 제130조의 국민투표권을 규정하여 직접민주주의 요소를 부분적으로 도입하고 있다.

⚖ 판례 | 직접민주제 도입의 한계

직접민주제는 대의제가 안고 있는 문제점과 한계를 극복하기 위하여 예외적으로 도입된 제도라 할 것이므로 헌법적인 차원에서 직접민주제를 직접 헌법에 규정하는 것은 별론으로 하더라도 법률에 의하여 직접민주제를 도입하는 경우에는 기본적으로 대의제와 조화를 이루어야 하고, 대의제의 본질적인 요소나 근본적인 취지를 부정하여서는 아니 된다는 내재적인 한계를 지닌다 할 것이다(헌재 2009.3.26. 2007헌마843).

제3절 민주주의

01 민주주의의 의의

1. 개념

민주주의란 국가권력의 창설과 국가공권력의 행사의 정당성이 국민의 정치적 합의인 자유, 평등, 정의의 원리에 귀착될 수 있는 정치원리이다.

2. 민주주의의 역사적 전개

구분	동일성 민주주의	상대적 민주주의	방어적 민주주의
민주주의 이념 강조	×	×	○
국민의사 강조	○	○	×
국민의 의사	통일적 의사	다양한 정치의사	–
학자	루소, 슈미트	켈젠	라드브르흐, 칼 만하임

02 민주주의 사상적 전제

민주주의 원리는 개인의 자율적 판단능력을 존중하고 사회의 자율적인 의사결정이 궁극적으로 올바른 방향으로 전개될 것이라는 신뢰를 바탕으로 하고 있다. 이 신뢰는 국민들이 공동체의 최종적인 정치적 의사를 책임질 수 있다는 것이다. 따라서 민주주의 원리는 하나의 초월적 원리가 만물의 이치를 지배하는 절대적 세계관을 거부하고, 다양하고 복수적인 진리관을 인정하는 상대적 세계관(가치상대주의)을 받아들인다 (헌재 2014.12.19. 2013헌다1).

03 다수결 원칙

1. 민주주의와 다수결 원리의 관계

다수결 원칙은 민주주의 실현의 수단으로서 원리이다. 따라서 민주주의에서 다수결은 필연적 의사결정방식은 아니다.

2. 다수결 원칙의 한계 [허영. 헌법이론과 헌법]

다수결 원칙은 다수의 횡포, 다수의 독재를 합리화할 수 있으므로 한계가 도출된다. 다수결 원칙으로는 국민의 합의인 국민주권, 자유, 평등, 정의 등 민주주의의 실질적 내용을 배제할 수 없다. 또한 소수자의 존립과 수학적·과학적·객관적 진리는 다수결의 대상이 되지 아니한다.

☑ **소수자 보호제도 ★**

소수자 보호 ○	① 헌법개정 의결정족수: 재적 2/3(경성헌법) ② 비례대표제 ③ 기본권조항(집회·결사의 자유, 종교·양심의 자유, 청원권 등)
소수자 보호 ×	① 다수대표제, 소선거구제 ② 헌법개정안 국회의결 정족수를 재적 2/3에서 재적 과반수로 완화하는 것

제4절 민주적 기본질서

01 자유민주적 기본질서의 의의

1. 개념

국가의 존립·안전을 위태롭게 한다 함은 대한민국의 독립을 위협·침해하고 영토를 침략하여 헌법과 법률의 기능 및 헌법기관을 파괴·마비시키는 것으로 외형적인 적화공작 등일 것이며, **자유민주적 기본질서에 위해를 준다 함은** 모든 폭력적 지배와 자의적 지배, 즉 반국가단체의 일인독재 내지 일당독재를 배제하고 다수의 의사에 의한 국민의 자치, 자유·평등의 기본원칙에 의한 법치주의적 통치질서의 유지를 어렵게 만드는 것이다(헌재 1990.4.2. 89헌가113).

2. 이론적 근거

자유민주적 기본질서는 방어적 민주주의가 보호하려는 민주주의의 이념과 가치가 구체화된 질서형태이므로 가치지향적·가치구속적 민주주의에 근거하고 있다.

02. 자유민주적 기본질서의 기본내용

> **⚖️ 판례 | 1차 판례(국가보안법 판례)**
>
> 헌법재판소는 <u>기본적 인권존중, 권력분립, 의회제도, 복수정당제도, 선거제도, 사유재산과 시장경제를 골간으로 하는 경제질서, 사법권의 독립</u>을 자유민주적 기본질서의 내용이라고 한 바 있다(헌재 1990.4.2. 89헌마113).

> **⚖️ 판례 | 2차 판례(통합진보당 해산)**
>
> 우리 헌법 제8조 제4항이 의미하는 민주적 기본질서는, 개인의 자율적 이성을 신뢰하고 모든 정치적 견해들이 각각 상대적 진리성과 합리성을 지닌다고 전제하는 다원적 세계관에 입각한 것으로서, 모든 폭력적·자의적 지배를 배제하고, **다수를 존중하면서도 소수를 배려**하는 민주적 의사결정과 자유·평등을 기본원리로 하여 구성되고 운영되는 정치적 질서를 말하며, 구체적으로는 **국민주권의 원리**, 기본적 인권의 존중, 권력분립제도, 복수정당제도 등이 현행헌법상 주요한 요소라고 볼 수 있다(헌재 2014.12.19. 2013헌다1).

제5절 법치주의원리

01 법치주의원리의 의의

1. 연혁

시민혁명 후 근대 입헌주의 시대에 **인간이 아니라 법에 의해 국가권력이 행사되어야 한다는 법치주의를 성립시키기에 이른다.**

2. 우리 헌법조항

우리나라 **헌법상 법치국가원리라는 명시적인 규정은 없다.**

3. 개념

국가는 정당한 법에 근거하여 통치를 해야 한다는 원리이다.

02 법치주의 사상의 전개

1. 영미에서의 법의 지배

보통법에 반하는 실정법의 적용을 거부하는 **영국의 법의 지배에 영향을 받아 미국에서 법률에 대한 위헌심사**가 확립되게 된다.

2. 독일의 법치국가원리

제2차 세계대전 당시 정당성과 관계없는 법률에 의한 지배를 인정하는 형식적 법치주의로 인해 악법에 의한 통치가 행해졌다. 제2차 세계대전 후에는 올바른 법, 정당한 법에 의해 통치해야 한다는 실질적 법치주의 사상이 확립되었다.

03 법치주의의 목적과 기능

인간의 존엄성, 국민의 자유, 평등, 정의의 보장, 권력분립은 국민의 자유와 권리보장을 위해 국가권력을 제한하는 법치국가의 목적이다.

04 법치주의의 내용

법치주의는 법률유보원칙과 법률우위원칙을 그 내용으로 한다.

1. 법률우위원칙

모든 행정작용은 법률에 위반해서는 안 된다는 원칙이다. 행정작용이 법률에 위반되는 경우 위법이 된다.

2. 법률유보원칙

(1) 의의

법률유보원칙이란 행정권의 행사를 위해서는 법률에 그 근거를 두어야 할 것을 요구하는 원칙을 의미한다. 법률유보원칙은 '법률에 의한' 규율만을 뜻하는 것이 아니라 '법률에 근거한' 규율을 요청하는 것이므로, 법률에 근거를 두면서 헌법 제75조가 요구하는 위임의 구체성과 명확성을 구비하기만 하면 위임입법에 의해서도 기본권을 제한할 수 있다(헌재 2005.2.24. 2003헌마289).

(2) 법률유보원칙의 적용범위에 대한 종래의 학설대립

① **침해유보설**: 국민의 자유와 권리를 제한하거나 새로운 의무를 부과하는 행정작용에 있어서는 법률의 수권을 요한다는 견해이다.

② **급부유보설**: 침해적 행정작용뿐 아니라 급부행정의 영역에서도 법률의 수권을 요한다는 견해이다.

③ **전부유보설**: 국가의 모든 행정작용에는 법률의 수권을 요한다는 견해이다.

④ **본질성이론(중요사항유보설)**: 본질성설이란 본질적 사항, 즉 국민의 기본권 실현에 관련된 영역에 대해서는 국회 스스로 직접 규정을 해야 하고 행정부 등에 위임해서는 안 된다는 이론이다. 법률유보사항을 행정권에 위임해서는 안 되므로, 법률이 스스로 정해야 할 사항을 행정입법에 위임하는 것은 법률유보원칙에 위반된다.

📖 **판례정리**

본질적 사항 여부

본질적 사항에 해당하는 것

본질적 사항을 법률 또는 의회가 직접 정하지 않으면 법률유보원칙에 위배된다.

1. 수신료의 금액

TV 수신료 관련 판례 내용 중에서 … "오늘날 **법률유보원칙**은 단순히 행정작용이 법률에 근거를 두기만 하면 충분한 것이 아니라, 국가공동체와 그 구성원에게 기본적이고도 중요한 의미를 갖는 영역, 특히 국민의 기본권 실현에 관련된 영역에 있어서는 행정에 맡길 것이 아니라 국민의 대표자인 입법자 스스로 그 본질적 사항에 대하여 결정하여야 한다는 요구까지 내포하는 것으로 이해하여야 한다."라고 그 의의를 밝혔으며 계속해서 "TV 수신료 금액은 이사회가 심의·결정하고, 공사가 공보처 장관의 승인을 얻어 이를 부과·징수한다."라고 규정한 한국방송공사법 제36조 제1항은 국민의 재산권 보장 측면에서 기본권 실현에 관련된 영역임에도 불구하고 그 **수신료 금액결정**에 국회의 관여와 결정을 배제한 채 공사로 하여금 수신료 금액을 결정하기로 하고 있으므로 **"법률유보원칙에 반한다."**라고 하여 헌법재판소는 헌법불합치결정을 내렸다(헌재 1999.5.29. 98헌바70).

2. 사업시행인가 신청에 필요한 토지소유자 등의 동의정족수

토지등소유자가 도시환경정비사업을 시행하는 경우 사업시행인가 신청시 필요한 토지등소유자의 동의는, 개발사업의 주체 및 정비구역 내 토지등소유자를 상대로 수용권을 행사하고 각종 행정처분을 발할 수 있는 행정주체로서의 지위를 가지는 사업시행자를 지정하는 문제로서, 그 동의요건을 정하는 것은 국민의 권리와 의무의 형성에 관한 기본적이고 본질적인 사항이므로 국회가 스스로 행하여야 하는 사항에 속하는 것이다. 따라서 **사업시행인가 신청에 필요한 동의정족수를 토지등소유자가 자치적으로 정하여 운영하는 규약에 정하도록 한 도시 및 주거환경정비법** 제28조는 법률유보원칙에 반한다(헌재 2012.4.24. 2010헌바1).

3. 유급보좌관

지방의회의원에 대하여 유급보좌인력을 두는 것은 본질적 사항이다. 지방의회의원에 대하여 **유급보좌인력을 두는 것**은 지방의회의원의 신분·지위 및 처우에 관한 현행법령상의 제도에 중대한 변경을 초래하는 것으로서, 이는 개별 지방의회의 조례로써 규정할 사항이 아니라 국회의 법률로써 규정하여야 할 입법사항이다(대판 2013.1.16. 2012추84).

4. 최루액 혼합살수 (헌재 2018.5.31. 2015헌마476)

> **〈참고조항〉**
> 경찰관 직무집행법 제10조【경찰장비의 사용 등】② 제1항 본문에서 '경찰장비'란 무기, 경찰장구, 최루제와 그 발사장치, 살수차, 감식기구, 해안 감시기구, 통신기기, 차량·선박·항공기 등 경찰이 직무를 수행할 때 필요한 장치와 기구를 말한다.

① **법률유보**: 법률유보원칙은 국가의 행정작용이 단순히 법률에 근거를 두기만 하면 충분하다는 원칙이 아니다. 입법자가 법률로 스스로 규율하여야 하는 사항이 어떤 것인지 일률적으로 정할 수는 없지만, 적어도 헌법상 보장된 국민의 자유나 권리를 제한할 때에는 그 제한의 본질적 사항에 관한 한 입법자가 법률로 규율하여야 한다. 살수차는 사용방법에 따라서는 경찰장구나 무기 등 다른 위해성 경찰장비 못지않게 국민의 생명이나 신체에 중대한 위해를 가할 수 있는 장비에 해당한다. 집회·시위 현장에서는 무기나 최루탄 등보다 살수차가 집회 등 해산용으로 더 빈번하게 사용되고 있다. 한편, 신체의 자유는 다른 기본권 행사의 전제가 되는 핵심적 기본권이고, 집회의 자유는 인격 발현에 기여하는 기본권이자 표현의 자유와 함께 대의 민주주의 실현의 기본 요소이다. 집회나 시위 해산을 위한 살수차 사용은 이처럼 중요한 기본권에 대한 중대한 제한이므로, <u>살수차 사용요건이나 기준은 법률에 근거를 두어야 한다.</u>

② **법률유보 위반 여부**: 집회나 시위 해산을 위한 살수차 사용은 집회의 자유 및 신체의 자유에 대한 중대한 제한을 초래하므로 살수차 사용요건이나 기준은 법률에 근거를 두어야 하고, 살수차와 같은 위해성 경찰장비는 본래의 사용방법에 따라 지정된 용도로 사용되어야 하며, 다른 용도나 방법으로 사용하기 위해서는 반드시 법령에 근거가 있어야 한다. <u>혼합살수방법은 법령에 열거되지 않은 새로운 위해성 경찰장비에 해당하고 이 사건 지침에 혼합살수의 근거 규정을 둘 수 있도록 위임하고 있는 법령이 없으므로, 이 사건 지침은 법률유보원칙에 위배되고 이 사건 지침만을 근거로 한 이 사건 혼합살수행위 역시 법률유보원칙에 위배된다. 따라서 이 사건 혼합살수행위는 청구인들의 신체의 자유와 집회의 자유를 침해한다.</u>

☑ 본질적 사항 여부

본질적 내용	① 수신료 금액, 부과절차 ② 중학교의무교육의 실시 여부와 연한 ③ 살수차 사용요건과 그 기준, 최루액과 물을 섞는 혼합살수행위 ④ 중과세대상이 되는 고급주택, 고급오락장 ⑤ 지방의회의원에 유급보좌인력을 두는 것

비본질적 내용	① 수신료징수업무를 한국방송공사가 할 것인지, 제3자에게 위탁할 것인지 여부 ② 중학교의무교육의 실시시기와 범위 ③ 법학전문대학원 총입학정원의 구체적인 수 ④ 국가유공자단체의 대의원선출에 대한 관련 사항 ⑤ 인구주택총조사의 조사항목 ⑥ 입주자대표회의는 공법상의 단체가 아닌 사법상의 단체로서, 이러한 특정 단체의 구성원이 될 수 있는 자격을 제한하는 것이 국가적 차원에서 형식적 법률로 규율되어야 할 본질적 사항이라고 보기 어렵다. **입주자대표회의 구성원인 동별 대표자**가 될 수 있는 자격이 반드시 법률로 규율하여야 하는 사항이라고 볼 수 없다. 따라서 대표자 자격을 정관에 위임한 주택법은 법률유보원칙을 위반하지 아니한다(헌재 2016.7.28. 2014헌바158). ⑦ **전기요금**의 산정이나 부과에 필요한 세부적인 기준을 정하는 것은 전문적이고 정책적인 판단을 요할 뿐 아니라 기술의 발전이나 환경의 변화에 즉각적으로 대응할 필요가 있다. 전기요금의 결정에 관한 내용을 반드시 입법자가 스스로 규율해야 하는 부분이라고 보기 어려우므로, 전기판매사업자로 하여금 전기요금에 관한 약관을 작성하여 산업통상자원부장관의 인가를 받도록 한 전기사업법은 의회유보원칙에 위반되지 아니한다(헌재 2021.4.29. 2017헌가25). ⑧ 청원경찰 징계의 절차나 그 밖에 징계에 필요한 사항들에 관하여 이를 대통령령에 위임하고 있고, 징계의 사유와 종류는 청원경찰법에서 직접 정하고 있다. 그런데 징계의 절차 등은 징계기관이나 징계권자가 누구인지에 따라 그 내용이 얼마든지 달라질 수 있는 사항으로서 이를 반드시 법률에서 정해야 할 **본질적인 사항이라고 보기는 어려우므로** 심판대상조항은 법률유보원칙에 위배된다고 볼 수 없다(헌재 2022.5.26. 2019헌바530).

📖 판례정리

법률유보원칙 위반 여부

법률유보원칙 위반인 것

1. 배상금 등을 지급받으려는 신청인으로 하여금 "4·16세월호참사에 관하여 어떠한 방법으로도 **일체의 이의를 제기하지 않을 것임을 서약합니다.**"라는 내용이 기재된 배상금 등 동의 및 청구서를 제출하도록 규정한 **세월호피해지원법 시행령** 제15조 중 별지 제15호 서식 가운데 일체의 이의제기를 금지한 부분은 세월호피해지원법 제16조에 전혀 근거가 없으므로 법률유보원칙을 위반하여 일반적 행동의 자유를 침해한다(헌재 2017.6.29. 2015헌마654).

2. 행정사법 제4조에서 행정사 자격시험에 합격한 자에게 행정사의 자격을 인정하는 것은 행정사 자격시험이 합리적인 방법으로 반드시 실시되어야 함을 전제로 하는 것이고, 따라서 행정사법 제5조 제2항이 대통령령으로 정하도록 위임한 이른바 '행정사의 자격시험의 과목·방법 기타 시험에 관하여 필요한 사항'이란 시험과목·합격기준·시험실시방법·시험실시시기·실시횟수 등 시험실시에 관한 구체적인 방법과 절차를 말하는 것이지 시험의 실시 여부까지도 대통령령으로 정하라는 뜻은 아니다. 행정사법 시행령 제4조 제3항 중 '**행정사의 수급상황을 조사하여 행정사 자격시험의 실시가 필요하다고 인정하는 때 시험실시계획을 수립하도록 한 부분**'은 모법으로부터 위임받지 아니한 사항을 하위법규에서 기본권 제한사유로 설정하고 있는 것이므로 위임입법의 한계를 일탈하고, 법률상 근거 없이 기본권을 제한하여 법률유보원칙에 위반하여 청구인의 직업선택의 자유를 침해한다(헌재 2010.4.29. 2007헌마910).

3. 남대문 경찰서장이 청구인 ○○합섬HK지회와 ○○생명인사지원실이 제출한 옥외집회신고서를 폭력사태 발생이 우려된다는 이유로 동시에 접수하였고, 이후 상호 충돌을 피한다는 이유로 **두 개의 집회신고를 모두 반려하였는바**, 이는 집시법에 전혀 근거가 없어 청구인들의 집회의 자유를 침해한 것으로서 헌법상 법률유보원칙에 위반된다고 할 것이다(헌재 2008.5.29. 2007헌마712).

4. 안마사 자격인정에 있어서 비맹제외기준은 기본권의 제한과 관련된 중요하고도 본질적인 사항임에도 불구하고, **안마사 자격인정에 있어서 비맹제외기준을 규정한 안마사에관한규칙**은 모법으로부터 구체적으로 범위를

정하여 위임받지 아니한 사항을 기본권 제한사유로 설정하고 있으므로, 위임입법의 한계를 명백히 일탈한 것으로서 법률유보원칙에 위배된다(헌재 2006.5.25. 2003헌마715).

참고 과잉금지원칙에 위배된다는 재판관 5인의 의견이 있었으나 재판관 6인에 이르지 않았다고 하여 과잉금지 위반이라는 의견은 기속력이 인정되지 않아 동일 내용의 의료법은 기속력에 반하지 않는다고 하였다. 2003 헌마715 등 사건의 경우(헌재 2006.5.25. 2003헌마715 등) 그 결정이유에서 비맹제외기준이 과잉금지원칙에 위반 한다는 점과 관련하여서는 재판관 5인만이 찬성하였을 뿐이므로 위 과잉금지원칙 위반의 점에 대하여 기속 력이 인정될 여지가 없다(헌재 2008.10.30. 2006헌마1098).

5. **방송위원회**가 2004.3.9. 문화방송의 피디수첩 '친일파는 살아있다 2' 방송에 대하여 청구인 주식회사 문화방 송과 당시 피디수첩 제작책임자인 청구인 최○용에게 한 **'경고 및 관계자 경고'**는 방송법에 근거가 없는바, 법률유보원칙에 위배된다(헌재 2007.11.29. 2004헌마290).

6. 행형법상 징벌의 일종인 금치처분을 받은 자에 대하여 **금치기간 중 집필을 전면 금지한** 행형법 시행령은 행 형법에 근거가 없는바, 법률유보원칙에 위배된다(헌재 2005.2.24. 2003헌마289).

7. 대전광역시 교육감이 가산점 항목에 관하여 한 '2002학년도 **대전광역시 공립중등학교 교사임용후보자 선정경 쟁시험 시행요강**'의 공고는 교육공무원법에 근거가 없어 법률유보원칙에 위배된다(헌재 2004.3.25. 2001헌마882).

8. 군형행법 시행령 규정이 **미결수용자의 면회횟수를 매주 2회**로 제한하고 있는 것은 법률의 위임 없이 접견교 통권을 제한하는 것으로서, 헌법 제37조 제2항 및 제75조에 위반된다(헌재 2003.11.27. 2002헌마193).

9. 고졸검정고시 또는 고등학교 입학자격 검정고시에 합격했던 자는 해당 검정고시에 다시 응시할 수 없도록 응시 자격을 제한한 전라남도 교육청 공고 (헌재 2012.5.31. 2010헌마139)
   ① 일반적으로 기본권 침해 관련 영역에서는 급부행정 영역에서보다 위임의 구체성의 요구가 강화된다는 점, 이 사건 응시제한이 검정고시 응시자에게 미치는 영향은 응시자격의 영구적인 박탈인 만큼 중대하다 고 할 수 있는 점 등에 비추어 보다 **엄격한 기준으로 법률유보원칙의 준수 여부를 심사하여야 할 것인 바**, 고졸검정고시규칙과 고입검정고시규칙이 '검정고시에 합격한 자'에 대하여만 응시자격 제한을 공고에 위임했다고 볼 근거도 없으므로, 이 사건 응시제한은 위임받은 바 없는 응시자격의 제한을 새로이 설정한 것으로서 **기본권 제한의 법률유보원칙에 위배하여** 청구인의 교육을 받을 권리 등을 침해한다.
   ② 이 검정고시제도 도입 이후 허용되어 온 합격자의 재응시를 아무런 경과조치 없이 무조건적으로 금지함 으로써 응시자격을 단번에 영구히 박탈한 것이어서 최소침해성의 원칙에 위배되고 법익의 균형성도 상실 하고 있다 할 것이므로 과잉금지원칙에 위배된다.

10. 전교조 법외노조 통보 (대판 2020.9.3. 2016두32992)
    ① **법률의 시행령이 법률에 의한 위임 없이 법률이 규정한 개인의 권리·의무에 관한 내용을 변경·보충하거 나 법률에 규정되지 아니한 새로운 내용을 규정할 수 있는지 여부(소극)**: 헌법 제75조는 "대통령은 법률에 서 구체적으로 범위를 정하여 위임받은 사항과 법률을 집행하기 위하여 필요한 사항에 관하여 대통령령 을 발할 수 있다."라고 규정하고 있다. 따라서 대통령은 법률에서 구체적으로 범위를 정하여 위임받은 사항과 법률을 집행하기 위하여 필요한 사항에 관하여만 대통령령을 발할 수 있으므로, 법률의 시행령 은 모법인 법률에 의하여 위임받은 사항이나 법률이 규정한 범위 내에서 법률을 현실적으로 집행하는 데 필요한 세부적인 사항만을 규정할 수 있을 뿐, 법률에 의한 위임이 없는 한 법률이 규정한 개인의 권 리·의무에 관한 내용을 변경·보충하거나 법률에 규정되지 아니한 새로운 내용을 규정할 수는 없다.
    ② **노동조합 및 노동관계조정법 시행령 제9조 제2항이 법률의 위임 없이 법률이 정하지 아니한 법외노조 통 보에 관하여 규정함으로써 헌법상 노동3권을 본질적으로 제한하여 그 자체로 무효인지 여부(적극)**: 법외노 조 통보는 적법하게 설립된 노동조합의 법적 지위를 박탈하는 중대한 침익적 처분으로서 원칙적으로 국 민의 대표자인 입법자가 스스로 형식적 법률로써 규정하여야 할 사항이고, 행정입법으로 이를 규정하기 위하여는 반드시 법률의 명시적이고 구체적인 위임이 있어야 한다. 그런데 노동조합 및 노동관계조정법 시행령 제9조 제2항은 법률의 위임 없이 법률이 정하지 아니한 법외노조 통보에 관하여 규정함으로써 헌법상 노동3권을 본질적으로 제한하고 있으므로 그 자체로 무효이다.

11. 협회의 유권해석에 반하는 내용의 광고를 금지하는 변호사 광고에 관한 규정, 협회의 회규, 유권해석에 위반되는 행위를 목적 또는 수단으로 하여 행하는 법률상담 광고를 금지하는 변호사 광고에 관한 규정이 법률유보원칙 위반 여부(적극)

법률이 행정부에 속하지 않는 기관의 자치규범에 특정 규율 내용을 정하도록 위임하더라도 그 사항이 국민의 권리 의무에 관련되는 것일 경우에는 적어도 국민의 권리와 의무의 형성에 관한 사항을 비롯하여 국가의 통치조직과 작용에 관한 기본적이고 본질적인 사항은 반드시 국회가 정하여야 한다는 법률유보 내지 의회유보의 원칙이 지켜져야 한다.

수범자들은 유권해석이 내려지기 전까지는 금지되는 내용이 무엇인지 도저히 알 수 없다. 특히 이 사건 규정은 그 수범자가 특정 광고 행위를 하고자 할 때 참조할 수 있는 마지막 단계의 규율임에도, 스스로 그 내용을 파악하여 광고 행위 여부를 정하지 못하고 변협의 유권해석을 통해 확인받아야 한다는 점에서 규율의 예측가능성이 현저히 떨어진다. 그뿐만 아니라, 설령 어떤 특정 사안이나 관련 법령에 대한 변협의 유권해석이 있다고 하더라도, 그것이 과연 수범자가 하고자 하는 광고 행위에까지 적용되는 것인지 미리 판단하기 어렵고, 이는 결국 법집행기관의 자의적인 해석을 배제할 수 없는 문제가 있다.

따라서 이 사건 유권해석위반 광고금지규정은 수권법률로부터 위임된 범위를 벗어나는 규율 내용까지 포함할 가능성이 있으므로, 위임 범위 내에서 명확하게 규율 범위를 정하고 있다고 보기 어렵다. 그러므로 이 사건 유권해석위반 광고금지규정은 법률유보원칙을 위반하여 청구인들의 표현의 자유, 직업의 자유를 침해한다(헌재 2022.5.26. 2021헌마619).

비교 1. '변호사의 공공성이나 공정한 수임질서를 해치거나 소비자에게 피해를 줄 우려가 있는 광고에 참여 또는 협조하여서는 아니 된다는 변호사 광고에 관한 규정이 법률유보원칙에 위배되는지 여부(소극)

제5조 제2항 각 호에서 금지하는 광고에 참여하거나 협조하는 행위 또한 그 수권조항인 변호사법 제23조에서 위임하고 있는 '변호사의 공공성이나 공정한 수임질서를 해치거나 소비자에게 피해를 줄 우려가 있는' 경우로서 수권조항의 위임 범위 내에 있는 것으로 볼 수 있다. 따라서 위 조항 부분은 법률유보원칙에 위배되지 아니한다(헌재 2022.5.26. 2021헌마619).

2. '공정한 수임질서를 저해할 우려가 있는 무료 또는 부당한 염가' 법률상담 방식에 의한 광고를 금지하는 변호사 광고에 관한 규정이 법률유보원칙에 위배되는지 여부(소극)

변호사법 및 이 사건 규정의 입법취지와 위와 같은 관련 조항들의 내용 등에 비추어 보면, 위 규정들은 앞서 본 위임 범위 내에서 그 내용의 대강을 알 수 있도록 정하고 있으므로 이것이 위임 범위 밖에 있다고 보기 어렵다. 그러므로 이 사건 규정 제4조 제12호의 '공정한 수임질서를 저해할 우려가 있는 무료 또는 부당한 염가' 부분 및 제8조 제1항의 '무료 또는 부당한 염가' 부분은 법률유보원칙에 위배되지 아니한다(헌재 2022.5.26. 2021헌마619).

과잉금지원칙 위반

1. 운전면허를 받은 사람이 자동차 등을 이용하여 살인 또는 강간 등 행정안전부령이 정하는 범죄행위를 한 때 운전면허를 취소하도록 하는 구 도로교통법은 자동차 등을 이용한 범죄행위의 모든 유형이 기본권 제한의 본질적인 사항으로서 입법자가 반드시 법률로써 규율하여야 하는 사항이라고 볼 수 없고, 법률에서 운전면허의 필요적 취소사유인 살인, 강간 등 자동차 등을 이용한 범죄행위에 대한 예측가능한 기준을 제시한 이상, 법률유보원칙에 위배되지 아니한다(헌재 2015.5.28. 2013헌가6).

참고 다만, 과잉금지원칙에 위배되어 직업의 자유와 일반적 행동의 자유를 침해하였다.

2. 경찰청장이 2009.6.3. 경찰버스들로 서울특별시 서울광장을 둘러싸 통행을 제지한 행위

> **<참고조항>**
> 경찰관 직무집행법 제2조 【직무의 범위】 경찰관은 다음 각 호의 직무를 행한다.
>   7. 기타 공공의 안녕과 질서유지

① **헌법재판소의 법정의견**: 과잉금지원칙에 위배되어 일반행동의 자유를 침해했다고 보았다.

② **보충의견**: 경찰관 직무집행법 제2조 제7호의 일반 수권조항(기타 공공의 안녕과 질서유지)은 국민의 기본권을 구체적으로 제한 또는 박탈하는 행위의 근거조항으로 삼을 수는 없으므로 위 조항 역시 이 사건 통행제지행위 발동의 법률적 근거가 된다고 할 수 없다. 법률에 근거가 없으므로 법률유보원칙에도 위배된다.

③ **반대의견**: 경찰 임무의 하나로서 '기타 공공의 안녕과 질서유지'를 규정한 경찰법 제3조 및 경찰관 직무집행법 제2조는 일반적 수권조항으로서 경찰권 발동의 법적 근거가 될 수 있다고 할 것이므로, 위 조항들에 근거한 이 사건 통행제지행위는 법률유보원칙에 위배된 것이라고 할 수 없다(헌재 2011.6.30. 2009헌마406).

법률유보원칙 위반이 아닌 것

1. 이 사건 CCTV 설치행위는 교도관의 육안에 의한 시선계호를 CCTV 장비에 의한 시선계호로 대체한 것에 불과하므로, 이 사건 CCTV 설치행위에 대한 **특별한 법적 근거가 없더라도 일반적인 계호활동을 허용하는 법률규정에 의하여 허용된다**고 보아야 한다. CCTV는 교도관의 시선에 의한 감시를 대신하는 기술적 장비에 불과하므로, 교도관의 시선에 의한 감시가 허용되는 이상 CCTV에 의한 감시 역시 가능하다고 할 것이다(헌재 2008.5.29. 2005헌마137 등).

2. 청원경찰의 징계에 관하여 대통령령으로 정하도록 하고 있는 청원경찰법이 법치주의의 한 내용인 법률유보원칙에 위반되는지 여부(소극)

   헌법상 법치주의의 한 내용인 법률유보의 원칙은 국민의 기본권 실현에 관련된 영역에 있어서 국가 행정권의 행사에 관하여 적용되는 것이지, 기본권규범과 관련 없는 경우에까지 준수되도록 요청되는 것은 아니라 할 것인데, 청원경찰은 근무의 공공성 때문에 일정한 경우에 공무원과 유사한 대우를 받고 있는 등으로 일반 근로자와 공무원의 복합적 성질을 가지고 있지만, 그 임면주체는 국가 행정권이 아니라 청원경찰법상의 청원주로서 그 근로관계의 창설과 존속 등이 본질적으로 사법상 고용계약의 성질을 가지는바, 기본권의 보호가 문제되는 것이 아니어서 여기에 법률유보의 원칙이 적용될 여지가 없으므로, 그 징계에 관한 사항을 법률에 정하지 않았다고 하여 법률유보의 원칙에 위반된다 할 수 없다(헌재 2010.2.25. 2008헌바160).

3. 의료기관의 장으로 하여금 보건복지부장관에게 비급여 진료비용에 관한 사항을 보고하도록 한 의료법은 '비급여 진료비용의 항목, 기준, 금액, 진료내역'을 보고하도록 함으로써 보고의무에 관한 기본적이고 본질적인 사항을 법률에서 직접 정하고 있으므로, 법률유보원칙에 반하여 청구인들의 기본권을 침해하지 아니한다(헌재 2023.2.23. 2021헌마93).

---

3. 행정입법과 포괄적 위임금지원칙

> **헌법 제75조 【대통령령】** 대통령은 법률에서 구체적으로 범위를 정하여 위임받은 사항과 법률을 집행하기 위하여 필요한 사항에 관하여 대통령령을 발할 수 있다.

(1) 행정입법의 의의

행정입법이란 대통령·국무총리·행정각부의 장 등 중앙행정기관이 제정하는 법규명령과 행정명령을 뜻한다.

(2) 법규명령의 의의

법규명령이란 행정기관이 국민의 권리·의무에 관한 사항을 규정하는 것으로, 대국민적 구속력을 가지는 법규적 명령을 말한다.

(3) 법률에서 국민의 권리와 의무사항을 고시에 위임할 수 있는지 여부

법규명령의 발동권한은 헌법에 규정되어야 하는데 헌법은 긴급명령, 긴급재정경제명령, 대통령령, 총리령, 부령, 국회규칙, 대법원규칙, 헌법재판소규칙, 중앙선거관리위원회규칙을 규정하고 있다. 법률에서 헌법에 근거가 없는 고시 등 행정규칙에 바로 위임할 수 있는지가 문제가 된다.

★ 판례 | 법률에서 법규사항 고시에 위임

1. 법규사항을 행정규칙에 위임할 수 있는지 여부(한정적극)

오늘날 의회의 입법독점주의에서 입법중심주의로 전환하여 일정한 범위 내에서 행정입법을 허용하게 된 동기가 사회적 변화에 대응한 입법수요의 급증과 종래의 형식적 권력분립주의로는 현대사회에 대응할 수 없다는 기능적 권력분립론에 있다는 점 등을 감안하여 헌법 제40조와 헌법 제75조, 제95조의 의미를 살펴보면, 국회입법에 의한 수권이 입법기관이 아닌 행정기관에게 법률 등으로 구체적인 범위를 정하여 위임한 사항에 관하여는 당해 행정기관에게 법정립의 권한을 갖게 되고 입법자가 <u>규율의 형식도 선택할 수 있다</u> 할 것이므로, 헌법이 인정하고 있는 위임입법의 형식은 **예시적인** 것으로 보아야 할 것이다(헌재 2004.10.28. 99헌바91). 따라서 의회가 구체적으로 범위를 정하여 위임한 사항에 관하여는 당해 행정기관이 법정립의 권한을 갖게 되고, 이 경우 입법자는 규율의 형식도 선택할 수 있다 할 것이므로, 헌법이 명시하고 있는 법규명령의 형식이 아닌 행정규칙에 위임하더라도 이는 국회입법의 원칙과 상치되지 않는다(헌재 2016.2.25. 2015헌바191).

2. 기초연금 수급대상자 기준을 소득인정액이 보건복지부장관이 정하여 고시하는 금액 이하인 사람으로 정한 기초연금법 제3조는 고도의 전문성이 필요한 분야이므로 이러한 내용을 법규명령이 아닌 보건복지부 고시에 위임하는 것은 허용된다(헌재 2016.2.25. 2015헌바191).

3. 조세의 감면 또는 중과 등 특례에 관한 사항은 국민의 권리·의무에 직접적으로 영향을 미치는 입법사항이므로, 업종의 분류에 관한 사항은 대통령령이나 총리령, 부령 등 법규명령에 위임하는 것이 바람직하다. 그러나 한 국가 내의 모든 업종을 분류하는 작업에는 고도의 전문적·기술적 지식이 요구되고, **조세감면 또는 중과의 대상이 되는 업종의 분류를 통계청장이 고시하는** 한국표준산업분류에 위임할 필요성이 인정된다. 조세감면 또는 중과의 대상이 되는 업종의 분류를 통계청장이 고시하는 한국표준산업분류에 <u>위임한 **조세특례제한법**</u>은 업종의 분류에 관한 사전적 의미와 관련 학문의 학문적 성과, 유엔 작성의 국제표준산업분류, 관련 법규정들을 유기적·체계적으로 살펴보면, 한국표준산업분류에 규정될 내용과 범위의 대강을 충분히 예측할 수 있으므로, 심판대상조항은 조세법률주의 또는 포괄위임금지원칙에 위배되지 아니한다(헌재 2014.7.24. 2013헌바183·202).

(4) 포괄위임금지원칙

헌법 제75조는 법률이 대통령령에 위임할 경우에 구체적으로 위임하도록 하고 있어 포괄적 위임은 금지된다. 헌법 제75조의 '법률에서 구체적으로 범위를 정하여 위임받은 사항'이라 함은 **법률에 이미 대통령령으로 규정될 내용 및 범위의 기본사항이 구체적으로 규정되어 있어서 누구라도 당해 법률로부터 대통령령에 규정될 내용의 대강을 예측할 수 있어야 함**을 의미하며, 예측가능성의 유무는 <u>당해 특정조항 하나만을 가지고 판단할 것은 아니고 관련 법조항 전체를 유기적·체계적으로 종합·판단하여야 하고 대상법률의 성질에 따라 구체적·개별적으로 검토하여야 한다</u>(헌재 1994.7.29. 93헌가12).

반드시 구체적 위임을 요하는 것	기관위임사무를 조례에 위임하는 경우, 형벌을 조례에 위임하는 경우, 대법원규칙에 위임하는 경우, 대통령령에 위임하는 경우, 총리령이나 부령에 위임하는 경우, 고시에 권리·의무사항을 위임하는 경우
반드시 구체적 위임을 요하지는 않는 것(포괄위임 허용)	조례에 위임할 때, 자치법적 사항을 행정기관이 아닌 정관에 위임하는 경우

> **⚖️ 판례 | 거래소에서 상장규정을 제정할 때 '증권의 상장폐지기준 및 상장폐지에 관한 내용을 포함'하도록 한 '자본시장과 금융투자업에 관한 법률'**
>
> 상장규정이 자치규정이라는 점에서는 정관과 차이가 없으므로, 법률이 자치적인 사항을 정관으로 정하도록 한 경우에 포괄위임금지원칙은 원칙적으로 적용되지 않는다고 본 판단은 상장규정에도 동일하게 적용된다고 봄이 타당하다. 즉, 심판대상조항이 상장규정에 증권의 상장폐지기준 및 상장폐지에 관한 사항을 포함하도록 한 것은 거래소가 자치법적 규정에 포함시켜야 하는 '내용을 제시'한 것으로서 이는 헌법상의 위임규정에서 말하는 '위임'이 될 수는 없으며, 헌법상의 위임규정으로부터 나오는 위헌심사기준인 포괄위임금지원칙이 심판대상조항의 위헌심사기준이 될 수 없다. 따라서 심판대상조항은 헌법 제75조, 제95조가 정하는 포괄위임금지원칙이 원칙적으로 적용되지 않는다(헌재 2021.5.27. 2019헌바332).

05 법치주의에서 파생되는 원리

1. 명확성원칙 *죄형법정주의 명확성원칙 참조할 것

법률은 그 내용을 수범자가 예측할 수 있도록 명확해야 하며, 그렇지 않은 경우 법집행기관이 자의적으로 법을 집행하여 권리를 침해할 가능성이 커진다. 따라서 명확성원칙은 법치주의에서 도출된다.

> **⚖️ 판례 | 명확성원칙**
>
> 1. **명확성의 원칙에서 명확성의 정도는 모든 법률에 있어서 동일한 정도로 요구되는 것은 아니고** 개개의 법률이나 법조항의 성격에 따라 요구되는 정도에 차이가 있을 수 있으며 각각의 구성요건의 특수성과 그러한 법률이 제정되게 된 배경이나 상황에 따라 달라질 수 있다고 할 것이다(헌재 2000.2.24. 98헌바37).
> 2. **규정될 사항이 다양한 사실관계일 때는 명확성 요건은 완화**된다(헌재 2000.2.24. 98헌바37).
> 3. 법규범의 문언은 어느 정도 일반적·규범적 개념을 사용하지 않을 수 없기 때문에 기본적으로 **최대한이 아닌 최소한의 명확성**을 요구하는 것으로서, 법문언이 법관의 보충적인 가치판단을 통해서 그 의미내용을 확인할 수 있고, 그러한 보충적 해석이 해석자의 개인적인 **취향에 따라 좌우될 가능성이 없다면** 명확성원칙에 반한다고 할 수 없다(헌재 2011.9.29. 2010헌마68).
> 4. 이 사건 법률조항은 비록 법문상으로는 '정당한 이유'라는 일반추상적 용어를 사용하고 있으나 **일반인이라도 법률전문가의 도움을 받아 무엇이 금지되는 것인지 여부에 관하여 예측하는 것이 가능**한 정도라고 할 것이어서 수범자인 사용자가 해고에 관하여 자신의 행위를 결정해 나가기에 충분한 기준이 될 정도의 의미내용을 가지고 있다(헌재 2005.3.31. 2003헌바12).
> 5. 죄형법정주의에서 요구되는 명확성원칙을 인정한다고 하더라도 오늘날 복잡한 현대사회에서 법규범의 문언을 순수하게 기술적 개념만으로 구성하는 것은 불가능하다(헌재 2016.2.25. 2013헌바111).
> 6. 법률의 명확성원칙은 입법자가 법률을 제정함에 있어서 **개괄조항이나 불확정 법개념의 사용을 금지하는 것이 아니다.** 법률이 불확정 개념을 사용하는 경우라도 법률해석을 통하여 행정청과 법원의 자의적인 적용을 배제하는 객관적인 기준을 얻는 것이 가능하다면 법률의 명확성원칙에 부합하는 것이다(헌재 2004.7.15. 2003헌바35).

2. 신뢰보호원칙

(1) 근거

신뢰보호의 원칙은 헌법에 명문규정은 없으나 법치국가원리에 근거를 두고 있는 헌법상의 원칙이다. 헌법재판소는 법치주의로부터 신뢰보호원칙, 법적 안정성, 예측가능성 등을 도출하고 있다.

(2) 법적 안정성과의 관계

법적 안정성은 객관적 요소로서 법질서의 항구성 · 법적 투명성과 법적 평화를 의미하고, 이와 내적인 상호연관관계에 있는 **법적 안정성의 주관적 측면**은 한 번 제정된 법규범은 원칙적으로 존속력을 갖고 자신의 행위기준으로 작용하리라는 개인의 신뢰보호원칙이다.

(3) 합목적성을 상실한 구법을 존속시킬 의무는 없다.

이 사건의 경우 국가가 장기간에 걸쳐 추진된 주정배정제도, 1도1사원칙에 의한 통폐합정책 및 자도소주구입명령제도를 통하여 신뢰의 근거를 제공하고 국가가 의도하는 일정한 방향으로 소주제조업자의 의사결정을 유도하려고 계획하였으므로, 자도소주구입명령제도에 대한 소주제조업자의 강한 신뢰보호이익이 인정된다. 그러나 **이러한 신뢰보호도 법률개정을 통한 '능력경쟁의 실현'이라는 보다 우월한 공익에 직면하여 종래의 법적 상태의 존속을 요구할 수는 없다 할 것이고, 다만 개인의 신뢰는 적절한 경과규정을 통하여 고려되기를 요구할 수 있는 데 지나지 않는다 할 것이다.** 따라서 지방소주제조업자는 신뢰보호를 근거로 하여 결코 자도소주구입명령제도의 합헌성을 주장하는 근거로 삼을 수는 없다 할 것이고, 주어진 경과기간이 장기간 경쟁을 억제하는 국가정책으로 인하여 약화된 지방소주제조업자의 경쟁력을 회복하기에 너무 짧다거나 아니면 지방소주업체에 대한 경쟁력회복을 위하여 위헌적인 것이 아닌 다른 적절한 조치를 주장할 수 있을 뿐이다(헌재 1996.12.26. 96헌가18).

(4) 위헌인 법률에 대한 신뢰

헌법재판소는 1990년 10월 8일 국공립대학교 사범대를 졸업한 자를 교육공무원으로 우선 임용하도록 한 교육공무원법에 대해 사립대 사범대 졸업자의 평등권을 침해한다 하여 위헌결정하였다(다음 판례 1.). 국공립 사범대 졸업자들의 반발이 심하자 입법자는 위헌결정 전에 국공립대학교를 졸업하고 국공립교원 채용명단에 등록한 자에 한해서는 교원으로 특채해주는 특별법을 제정하였다. 이에 국공립대학교 재학 중이었던 자들이 헌법소원을 청구하였다.

🔨 판례 | 국공립 사범대학 졸업자 우선 채용 교육공무원법

1. 국공립의 사범대학과 사립의 사범대학 사이에는 설립주체가 다르다는 점 이외에는 입학에서부터 졸업에 이르기까지의 교육과정 등 교육에 필요한 제반사항에 있어서 아무런 차이점을 발견할 수 없으므로 이 국공립 사범대 졸업자를 우선 채용하도록 한 교육공무원법은 평등권 침해이다(헌재 1990.10.8. 89헌마89).

2. 국공립 사범대학 졸업자 우선 채용 교육공무원법에 대한 신뢰이익은 **위헌적 법률의 존속에 관한 신뢰이익**에 불과하여 위헌적인 상태를 제거해야 할 법치국가적 공익과 비교형량해 보면 공익이 신뢰이익에 대하여 원칙적인 우위를 차지하기 때문에 합헌적인 법률에 기초한 신뢰이익과 동일한 정도의 보호, 즉 '헌법에서 유래하는 국가의 보호의무'까지는 요청할 수는 없다(헌재 2006.3.30. 2005헌마598).

3. 교원으로 우선임용받을 권리는 **헌법상 인정되는 권리가 아니고** 단지 구 교육공무원법 제11조 제1항에 의하여 비로소 인정되었던 권리일 뿐이다. 따라서 청구인들의 국회의 입법부작위 및 교육부장관의 경과조치부작위에 대한 헌법소원심판부분은 **국회 및 교육부장관에게 청구인들을 중등교사로 우선임용하여야 할 작위의무**가 있다고 볼 근거가 없으므로 부적법하다(헌재 1995.5.25. 90헌마196).

4. 1953년부터 시행된 "교사의 신규채용에 있어서는 국립 또는 공립 교육대학 사범대학의 졸업자를 우선하여 채용하여야 한다."라는 교육공무원법 조항에 대한 헌법재판소의 위헌결정된 경우 헌법재판소의 **위헌결정 당시의 국공립 사범대학 등의 재학생과 졸업자의 신뢰는 보호되지 않으므로**, 입법자가 위헌법률에 기초한 이들의 신뢰이익을 보호하기 위한 <u>법률을 제정하지 않은 부작위는 헌법에 위배된다고 할 수 없다</u> (헌재 2006.3.30. 2005헌마598).

📖 판례정리

신뢰보호원칙

1. 국민이 종전의 법률관계나 제도가 장래에도 지속될 것이라는 합리적인 신뢰를 바탕으로 이에 적응하여 일정한 법적 지위를 형성한 경우, 국가는 법적 안정성을 위하여 권리·의무에 관련된 **법규·제도의 개폐에 있어서 국민의 기대와 신뢰**를 최대한 보호하여야 한다. 물론 이러한 신뢰의 보호는 새로운 입법을 통하여 실현하고자 하는 공익적 목적에 의하여 제한될 수는 있다. 그러나 이 경우에도 기본권 제한의 한계인 과잉금지의 원칙이 준수되어야 하므로 결국 신뢰이익과 공공복리의 중요성을 비교형량하여 그 위헌 여부를 결정할 것이다(헌재 2001.9.27. 2000헌마152).

2. 국민이 어떤 **법률이나 제도가 장래에도 그대로 존속될 것이라는 합리적인 신뢰**를 바탕으로 하여 일정한 법적 지위를 형성한 경우, 국가는 그와 같은 법적 지위와 관련된 법규나 제도의 개폐에 있어서 법치국가의 원칙에 따라 국민의 신뢰를 최대한 보호하여 법적 안정성을 도모하여야 한다. 법률의 제정이나 개정시 구법질서에 대한 당사자의 신뢰가 합리적이고 정당하며, 법률의 제정이나 개정으로 야기되는 당사자의 손해가 극심하여 새로운 입법으로 달성하고자 하는 공익적 목적이 그러한 당사자의 신뢰의 파괴를 정당화할 수 없다면, 그러한 새로운 입법은 신뢰보호의 원칙을 위배한다(헌재 2004.12.16. 2003헌마226).

3. 개인의 신뢰이익에 대한 보호가치는 법령에 따른 개인의 행위가 <u>국가에 의하여 일정 방향으로 유인된 신뢰의 행사인지</u>, 아니면 **단지 법률이 부여한 기회를 활용한 것**으로서 원칙적으로 사적 위험부담의 범위에 속하는 것인지 여부에 따라 달라진다. 만일 법률에 따른 개인의 행위가 단지 **법률이 반사적으로 부여하는 기회의 활용을 넘어서 국가에 의하여 일정 방향으로 유인된 것**이라면 특별히 보호가치가 있는 신뢰이익이 인정될 수 있고, 원칙적으로 개인의 신뢰보호가 국가의 법률개정이익에 우선된다고 볼 여지가 있다(헌재 2002.11.28. 2002헌바45).

4. 일반적으로 법률은 현실상황의 변화나 입법정책의 변경 등으로 언제라도 개정될 수 있는 것이기 때문에 원칙적으로 **법률의 개정은 예측할 수 있었다고 보아야 한다**(헌재 2002.11.28. 2002헌바45).

5. 원칙적으로 현재의 **세법이 변함없이 유지되리라고 기대**하거나 신뢰할 수는 없다(헌재 2003.4.24. 2002헌바9).

6. 사회환경이나 경제여건의 변화에 따른 정책적인 필요에 의하여 공권력 행사의 내용은 신축적으로 바뀔 수밖에 없고, 그 바뀐 공권력 행사에 의하여 발생된 새로운 법질서와 기존의 법질서와의 사이에는 어느 정도 이해관계의 상충이 불가피하므로 <u>국민들의 국가의 공권력 행사에 관하여 가지는 모든 기대 내지 신뢰가 절대적인 권리로서 보호되는 것은 아니라고 할 것이다</u>(헌재 1996.4.25. 94헌마119).

7. 신뢰보호원칙은 법률이나 하위법규뿐만 아니라 **국가관리의 입시제도**와 같이 국공립대학의 입시전형을 구속하여 국민의 권리에 직접 영향을 미치는 제도운영지침의 개폐에도 적용된다(헌재 1997.7.16. 97헌마38).

8. 수형자가 형법에 규정된 형 집행경과기간 요건을 갖춘 것만으로 **가석방을 요구할 권리**를 취득하는 것은 아니므로, 10년간 수용되어 있으면 **가석방 적격심사 대상자로 선정될 수 있었던 구 형법 제72조 제1항**에 대한 **청구인의 신뢰**를 헌법상 권리로 보호할 필요성이 있다고 할 수 없다(헌재 2013.8.29. 2011헌마408).

3. 체계정당성의 원리

체계정당성의 원리란 '규범 상호간의 구조와 내용 등이 모순됨이 없이 체계와 균형을 유지하도록 입법자를 기속하는 헌법적 원리'로 풀이될 수 있다. 공권력 행사가 체계정당성 원리에 반한다 하여 곧바로 위헌인 것은 아니며 체계정당성의 위반을 정당화할 합리적인 사유의 존재에 대하여는 입법의 재량이 인정되어야 한다.

> **판례 | 체계정당성**
>
> 1. 체계정당성의 원리라는 것은 동일 규범 내에서 또는 상이한 규범 간에 (수평적 관계이건 수직적 관계이건) 그 규범의 구조나 내용 또는 규범의 근거가 되는 원칙 면에서 상호 배치되거나 모순되어서는 안 된다는 하나의 헌법적 요청이다. 즉, 이는 규범 상호간의 구조와 내용 등이 모순됨이 없이 체계와 균형을 유지하도록 **입법자를 기속하는 헌법적 원리라고 볼 수 있다**. 이처럼 규범 상호간의 체계정당성을 요구하는 이유는 입법자의 자의를 금지하여 규범의 명확성, 예측가능성 및 규범에 대한 신뢰와 법적 안정성을 확보하기 위한 것이고 이는 국가공권력에 대한 통제와 이를 통한 국민의 자유와 권리의 보장을 이념으로 하는 법치주의 원리로부터 도출되는 것이라고 할 수 있다. 그러나 일반적으로 일정한 공권력작용이 체계정당성에 위반한다고 해서 곧 **위헌이 되는 것은 아니다**. 즉, 체계정당성 위반 자체가 바로 위헌이 되는 것은 아니고 이는 비례의 원칙이나 평등원칙 위반 내지 입법의 자의금지 위반 등의 위헌성을 시사하는 하나의 징후일 뿐이다. 그러므로 체계정당성 위반은 비례의 원칙이나 평등원칙 위반 내지 입법자의 자의금지 위반 등 일정한 위헌성을 시사하기는 하지만 아직 위헌은 아니고, 그것이 위헌이 되기 위해서는 결과적으로 비례의 원칙이나 평등의 원칙 등 일정한 헌법의 규정이나 원칙을 위반하여야 한다(헌재 2004.11.25. 2002헌바66).
>
> 2. 체계정당성의 원리는 동일 규범 내에서 또는 상이한 규범 간에 그 규범의 구조나 내용 또는 규범의 근거가 되는 원칙 면에서 상호 배치되거나 모순되어서는 안 된다는 하나의 헌법적 요청이며, 국가공권력에 대한 통제와 이를 통한 국민의 자유와 권리의 보장을 이념으로 하는 법치주의 원리로부터 도출되는데, 이러한 체계정당성 위반은 비례의 원칙이나 평등의 원칙 등 일정한 헌법의 규정이나 원칙을 위반하여야만 비로소 위헌이 되며, 체계정당성의 위반을 정당화할 합리적인 사유의 존재에 대하여는 입법재량이 인정된다(헌재 2004.11.25. 2002헌바66).
>
> 3. 청구인들은 심판대상조항이 체계정당성에 위배된다고 주장한다. 체계정당성 위반은 그 자체 헌법 위반으로 귀결되는 것이 아니라 비례원칙이나 평등원칙 위반을 시사하는 징후에 불과한데 청구인들의 주장은 심판대상조항이 과잉금지원칙에 위배된다는 주장과 실질적으로 동일하므로, 과잉금지원칙 위배 여부를 판단하는 이상 체계정당성 위반에 대해서는 별도로 살피지 않는다(헌재 2017.5.25. 2014헌바459).

쟁점정리

소급입법금지원칙

1. 소급효의 개념

법률의 공포일보다 시행일이 과거로 소급하거나, 공포·시행일 전 과거의 사실관계, 법적 관계에 적용되어 기존의 법적 관계를 변경하는 경우 법률이 소급효를 가진다고 한다.

2. 근거

(1) 헌법 규정
① **형벌불소급(절대금지)**: 모든 국민은 행위시의 법률에 의하여 범죄를 구성하지 아니하는 행위로 소추되지 아니하며, 동일한 범죄에 대하여 거듭 처벌받지 아니한다(제13조 제1항).
② **소급입법에 의한 참정권 제한과 재산권 박탈금지(원칙 금지, 예외적 허용)**: 모든 국민은 소급입법에 의하여 참정권의 제한을 받거나 재산권을 박탈당하지 아니한다(제13조 제2항). 과거의 사실관계 또는

법률관계를 규율하기 위한 소급입법의 태양에는 이미 과거에 완성된 사실·법률관계를 규율의 대상으로 하는 이른바 **진정소급효의 입법**과 이미 과거에 시작하였으나 아직 완성되지 아니하고 진행과정에 있는 사실·법률관계를 규율의 대상으로 하는 이른바 **부진정소급효의 입법**이 있다. 헌법 제13조 제2항이 금하고 있는 소급입법은 전자, 즉 **진정소급효를 가지는 법률만**을 의미하는 것으로서, 이에 반하여 후자, 즉 부진정소급효의 입법은 원칙적으로 허용되는 것이다. 다만, 부진정소급효를 가지는 입법에 있어서도 소급효를 요구하는 공익상의 사유와 신뢰보호의 요청 사이의 비교형량 과정에서, 신뢰보호의 관점이 입법자의 형성권에 제한을 가하게 된다(헌재 1999.4.29. 94헌바37).

③ **일반적인 근거**: 소급입법으로 제한되는 것은 법치국가원리로부터 도출되는 신뢰보호와 법적 안정성이므로 소급입법금지원칙은 법치국가원리로부터 도출된다.

(2) 형벌불소급원칙 적용 여부

우리 헌법이 규정한 형벌불소급의 원칙은 형사소추가 '언제부터 어떠한 조건하에서' 가능한가의 문제에 관한 것이고, '**얼마 동안**' 가능한가의 문제에 관한 것은 아니다. 다시 말하면 헌법의 규정은 '행위의 가벌성'에 관한 것이기 때문에 소추가능성에만 연관될 뿐, 가벌성에는 영향을 미치지 않는 **공소시효에 관한 규정은** 원칙적으로 그 효력범위에 포함되지 않는다. 행위의 가벌성은 행위에 대한 소추가능성의 전제조건이지만 소추가능성은 가벌성의 조건이 아니므로 공소시효의 정지규정을 과거에 이미 행한 범죄에 대하여 적용하도록 하는 법률이라 하더라도 그 사유만으로 헌법 제12조 제1항 및 제13조 제1항에 규정한 죄형법정주의의 파생원칙인 형벌불소급의 원칙에 언제나 위배되는 것으로 단정할 수는 없다(헌재 1996.2.16. 96헌가2).

3. 진정소급입법

(1) 개념

과거에 이미 완성된 사실관계나 법률관계를 규율하는 입법형식을 말한다.

(2) 허용 여부

① **원칙적으로 금지**: 진정소급입법은 원칙적으로 금지된다. 헌법 제13조 제2항은 진정소급입법만을 금지한다.

② **예외적으로 허용**: 기존의 법에 의하여 형성되어 이미 굳어진 개인의 법적 지위를 사후입법을 통하여 박탈하는 것 등을 내용으로 하는 진정소급입법은 개인의 신뢰보호와 법적 안정성을 내용으로 하는 법치주의 원리에 의하여 특단의 사정이 없는 한 헌법적으로 허용되지 아니하는 것이 원칙이고, 다만 일반적으로 국민이 소급입법을 예상할 수 있었거나 법적 상태가 불확실하고 혼란스러워 보호할 만한 신뢰이익이 적은 경우와 소급입법에 의한 당사자의 손실이 없거나 아주 경미한 경우 그리고 신뢰보호의 요청에 우선하는 심히 중대한 공익상의 사유가 소급입법을 정당화하는 경우 등에는 예외적으로 진정소급입법이 허용된다(헌재 1999.7.22. 97헌바76).

> **관련판례** **진정소급입법 허용사유**
>
> 소급입법이 예외적으로 허용되기 위해서는 '그럼에도 불구하고 소급입법을 허용할 수밖에 없는 공익상의 이유'가 인정되어야 한다. 이러한 필요성도 없이 단지 소급입법을 예상할 수 있었다는 사유만으로 소급입법을 허용하는 것은 헌법 제13조 제2항의 소급입법금지원칙을 형해화시킬 수 있으므로 예외사유에 해당하는지 여부는 **매우 엄격하게** 판단하여야 한다(헌재 2013.9.26. 2013헌바170).

(3) 진정소급입법인 경우(위헌 판례)

① **언론중재법 시행 전의 언론보도로 인한 정정보도청구에 대하여도** 언론중재법을 적용하도록 규정한 언론중재법 부칙 제2조는 이미 종결된 과거의 법률관계를 소급하여 새로이 규율하는 것이기 때문에 소위 진정소급입법에 해당한다(헌재 2006.6.29. 2005헌마165 등).

② **부당환급받은 세액을 징수**하는 근거규정인 개정조항을 개정된 법 시행 후 최초로 환급세액을 징수하는 분부터 적용하도록 규정한 법인세법 부칙 제9조는 진정소급입법으로서 재산권을 침해한다(헌재 2014.7.24. 2012헌바105).

③ **소급입법에 의한 중과세**: 헌법 제39조의 납세의무와 조세법률주의는 <u>이는 납세의무가 존재하지 않았던 과거에 소급하여 과세하는 입법을 금지하는 원칙을 포함하는 것</u>이다. 이러한 소급입법 과세금지원칙은 조세법률관계에 있어서 법적 안정성을 보장하고 납세자의 신뢰이익의 보호에 기여한다. 따라서 새로운 입법으로 과거에 소급하여 과세하거나 또는 이미 납세의무가 존재하는 경우에도 **소급하여 중과세하는 것**은 소급입법 과세금지원칙에 위반된다(헌재 2004.7.15. 2002헌바63).

④ **공무원 퇴직금 제한 조항 소급적용**: 청구인들이 2009.1.1.부터 2009.12.31.까지 퇴직연금을 전부 지급받았는데 이는 <u>전적으로 또는 상당 부분 국회가 개선입법을 하지 않은 것에 기인한 것</u>이다. 국회가 법 개정시한인 2008.12.31.을 넘겨 2009.12.31. 개정하고도 2009.1.1.로 소급적용하여 이미 받은 퇴직연금 등을 환수하는 것은 국가기관의 잘못으로 인한 법집행의 책임을 퇴직공무원들에게 전가시키는 것이며, 퇴직급여를 소급적으로 환수당하지 않을 것에 대한 청구인들의 신뢰이익이 적다고 할 수도 없다. 이 사건 부칙조항은 헌법 제13조 제2항에서 금지하는 소급입법에 해당하며 예외적으로 소급입법이 허용되는 경우에도 해당하지 아니하므로, <u>소급입법금지원칙에 위반하여 청구인들의 재산권을 침해한다</u>(헌재 2013.8.29. 2011헌바391).

* 2010년 1월 1일부터 적용하는 것은 합헌임.

(4) 진정소급입법이나 헌법상 허용되는 것

진정소급입법에 해당하는 경우 대부분 헌법에 위반되나 친일관련법과 5·18민주화운동등에관한특별법 그리고 재조선미국육군사령부군정청 법령 제33호 제2조는 진정소급입법에 해당하더라도 예외적으로 헌법에 위반되지 않는다.

관련판례 **친일반민족행위자 재산의 국가귀속**

1. 진정소급입법이라 할지라도 예외적으로 국민이 소급입법을 예상할 수 있었던 경우와 같이 소급입법이 정당화되는 경우에는 허용될 수 있다. 이 사건 귀속조항은 **진정소급입법에 해당하나** 헌법에 반하지 않는다 (헌재 2011.3.31. 2008헌바141).

2. 1945.8.9. 이후 성립된 거래를 전부 무효로 한 재조선미국육군사령부군정청 법령 제2호 제4조 본문과 1945.8.9. 이후 일본 국민이 소유하거나 관리하는 재산을 1945.9.25.자로 전부 미군정청이 취득하도록 정한 재조선미국육군사령부군정청 법령 제33호 제2조 전단 중 '일본 국민'에 관한 부분이 진정소급입법으로서 헌법 제13조 제2항에 반하는지 여부(소극)

이 사건 법령들은 1945.9.25. 1945.12.6. 각 공포되었음에도 이 사건 무효조항은 1945.8.9.을 기준으로 하여 일본인 소유의 재산에 대한 거래를 전부 무효로 하고 있고, 이 사건 귀속조항은 이 사건 무효조항의 적용대상이 되는 <u>일본인 재산을 1945.9.25.로 소급하여 전부 미군정청의 소유가 되도록 정하고 있어서, **진정소급입법**으로서의 성격을 갖는다.</u>

헌법 제13조 제2항은 "모든 국민은 소급입법에 의하여 … 재산권을 박탈당하지 아니한다."라고 하여 소급입법을 금지하고 있다. 이 사건 법령들이 제정·공포될 당시에는 <u>위 조항과 같은 헌법 규정이 존재하지 아니하였으나</u>, 앞서 살펴본 바와 같이 이 사건 법령들은 제헌헌법 제100조에 의하여 대한민국 법질서 내로 편입되었고, '구법령 정리에 관한 특별조치법' 제1조 내지 제3조에 따라 1962.1.20. 폐지되었음에도 귀속재산의 처리와 관련하여 여전히 유효한 재판규범으로서 실질적 규범력을 갖추고 있으므로, <u>현행헌법에 따라 소급입법금지원칙에 위반되는지 여부를 살펴볼 필요가 있다.</u>

심판대상조항은 진정소급입법에 해당하지만 진정소급입법이라 할지라도 예외적으로 법적 상태가 불확실하고 혼란스러웠거나 하여 보호할 만한 신뢰의 이익이 적은 경우나 신뢰보호의 요청에 우선하는 심히 중대한 공익상의 사유가 소급입법을 정당화하는 경우에는 허용될 수 있다.

1945.8.9.은 일본의 패망이 기정사실화된 시점으로, 그 이후 남한 내에 미군정이 수립되고 일본인의 사유재산에 대한 동결 및 귀속조치가 이루어지기까지 법적 상태는 매우 불확실하고 혼란스러웠으므로 1945.8.9. 이후 조선에 남아 있던 일본인들이 일본의 패망과 미군정의 수립에도 불구하고 그들이 한반도 내에서 소유하거나 관리하던 재산을 자유롭게 거래하거나 처분할 수 있다고 신뢰하였다 하더라도 **그러한 신뢰가 헌법적으로 보호할 만한 가치가 있는 신뢰라고 보기 어렵다.**

일본인들이 불법적인 한일병합조약을 통하여 조선 내에서 축적한 재산을 1945.8.9. 상태 그대로 일괄 동결시키고 그 산일과 훼손을 방지하여 향후 수립될 대한민국에 이양한다는 공익은, 한반도 내의 사유재산을 자유롭게 처분하고 일본 본토로 철수하고자 하였던 일본인이나, 일본의 패망 직후 일본인으로부터 재산을 매수한 한국인들에 대한 신뢰보호의 요청보다 훨씬 더 중대하다. **심판대상조항은 소급입법금지원칙에 대한 예외로서 헌법 제13조 제2항에 위반되지 아니한다**(헌재 2021.1.28. 2018헌바88).

(5) 진정소급입법이 아닌 경우

> `관련판례` **진정소급입법이 아닌 경우**
>
> 1. 이 사건 감액조항에 따라 퇴직연금의 일부가 감액하여 지급되지만, 이는 이 사건 부칙조항의 시행일인 2010.1.1. 이후에 지급받는 퇴직연금부터 적용된다. 즉, 이 사건 부칙조항은 이미 발생하여 이행기에 도달한 퇴직연금수급권의 내용을 변경함이 없이 이 사건 부칙조항의 시행 이후의 법률관계, 다시 말해 **장래에 이행기가 도래하는 퇴직연금수급권의 내용을 변경함**에 불과하므로, 이미 종료된 과거의 사실관계 또는 법률관계에 새로이 법률이 소급적으로 적용되어 과거를 법적으로 새로이 평가하는 <u>진정소급입법에는 해당하지 아니한다.</u> 위와 같이 보호해야 할 퇴직연금수급자의 신뢰는 합리적이고 정당한 것이라고 보기 어려운 반면, 이 사건 부칙조항에 의하여 보호되는 공익은 매우 중대하다고 할 것이므로, 이 사건 부칙조항이 헌법상 신뢰보호의 원칙에 위반된다고 볼 수도 없다(헌재 2016.6.30. 2014헌바365).
>
> 2. **보조금 지원을 받아 배출가스저감장치를 부착한 자동차소유자가 자동차등록을 말소하려면 배출가스저감장치 등을 서울특별시장 등에게 반납하여야 한다고 규정한 '구 수도권 대기환경개선에 관한 특별법'**은 부진정소급입법에 해당한다. 심판대상조항의 신설 또는 개정 이후에 '폐차나 수출 등을 위한 자동차등록의 말소'라는 별도의 요건사실이 충족되는 경우에 배출가스저감장치를 반납하도록 한 것으로서 부진정소급입법에 해당하며, 이 조항이 신설되기 전에 이미 배출가스저감장치를 부착하였던 소유자들이 자동차등록 말소 후 경제적 잔존가치가 있는 장치의 사용 및 처분에 관한 신뢰를 가졌다고 하더라도, 위와 같은 공익의 중요성이 더 크다고 할 것이므로, 이 조항이 신뢰보호원칙을 위반하여 재산권을 침해한다고 보기도 어렵다(헌재 2019.12.27. 2015헌바45).

4. 부진정소급입법

(1) 개념

과거에 시작되었지만 아직 완성되지 아니한 사실관계나 법률관계를 규율하는 입법형식을 말한다.

(2) 허용 여부

부진정소급입법은 헌법 제13조 제2항이 금지하는 것은 아니다. 그러나 이익형량을 통해 소급입법이 실현하려는 공익보다 제한되는 신뢰보호의 가치가 더 큰 경우에는 신뢰보호원칙에 위반되어 허용되지 않는다.

> `관련판례` **부진정소급입법 허용 여부**
>
> **1. 부진정소급효의 경우**
>
> "구법질서에 대하여 기대했던 당사자의 신뢰보호보다는 광범위한 입법권자의 입법형성권을 경시해서는 안 될 일이므로 특단의 사정이 없는 한 새 입법을 하면서 <u>구법관계 내지 구법상의 기대이익을 존중하여야 할 의무가 발생하지는 않는다.</u>"라고 하여 부진정소급효의 경우에 신뢰보호의 이익이 존중될 수 없다는 일반원칙을 세우고 있었으나 부진정소급입법의 경우에도 새로운 입법을 통해 달성하고자 하는 공익적 목적이 신뢰보호의 가치보다 크지 않다면 정당화될 수 없다. 부진정소급효의 경우에 신뢰보호의 이익과 공익을 비교형량하여 판단하여야 할 것이다(헌재 1995.10.26. 94헌바12).
>
> **2. 이른바 부진정소급입법의 예로 볼 여지가 있다. 그러나 여기서 발생하는 문제는 종래의 법적 상태에서 새로운 법적 상태로 이행하는 과정에서 불가피하게 발생하는 법치국가적 문제**, 구체적으로 신뢰보호의

문제이므로 이러한 청구인의 주장은 **위 신뢰보호원칙 위반 여부의 판단에 포섭된다** 할 것이다(헌재 2009.9.24. 2007헌마872). 소급입법은 새로운 입법으로 이미 종료된 사실관계 또는 법률관계에 작용케 하는 진정소급입법과 현재 진행 중인 사실관계 또는 법률관계에 작용케 하는 부진정소급입법으로 나눌 수 있는바, **부진정소급입법**은 원칙적으로 허용되지만 소급효를 요구하는 공익상의 사유와 **신뢰보호의 요청** 사이의 교량과정에서 신뢰보호의 관점이 입법자의 형성권에 제한을 가하게 된다(헌재 1999.7.22. 97헌바76).

3. 20년 이상 군인으로 복무하면서 퇴역연금에 대한 기여금을 납입해온 사람이 퇴직하는 경우 **장차 받게 될 퇴역연금에 대한** 기대는 재산권의 성질을 가지고 있으나 **확정되지 아니한 형성 중에 있는 권리이므로**, 퇴역연금급여액의 산정기초를 종전의 '퇴직 당시의 보수월액'에서 '최종 3년간 평균보수월액'으로 변경한 것은 **부진정소급입법**에 해당되는 것이어서 원칙적으로 허용된다. 연금수급권의 내용이 처음부터 불가변적으로 확정된 재산권임을 전제로 한 <u>소급입법금지의 원칙에 위배된다는 청구인들의 위 주장은 받아들일 수 없고, 다만 그 내용의 변경이 신뢰보호의 원칙에 위배되는 것인지 여부가 문제될 뿐이다</u>(헌재 2003.9.25. 2001헌마194).

(3) 장래효를 가지는 입법과 비교한 심사강도

> **[관련판례] 부진정소급입법에 대한 위헌심사**
>
> **부진정소급입법의 경우**, 일반적으로 과거에 시작된 구성요건사항에 대한 신뢰는 더 보호될 가치가 있는 것이므로, 신뢰보호의 원칙에 대한 심사는 **장래 입법의 경우**보다 일반적으로 더 강화되어야 한다(헌재 1995.10.26. 94헌바12).

5. 시혜적 소급입법

(1) 개념
혜택을 주는 법을 소급적용하는 것을 시혜적 소급입법이라 한다.

(2) 시혜적 법을 소급적용할 의무가 있는지 여부
신법이 피적용자에게 유리한 경우에는 이른바 시혜적인 소급입법이 가능하지만, 그러한 소급입법의 여부는 그 일차적인 판단이 입법기관에 맡겨져 있다. 시혜적 조치를 할 것인가를 결정함에 있어서는 <u>국민의 권리를 제한하거나 새로운 의무를 부과하는 경우와는 달리 입법자에게 보다 광범위한 입법형성의 자유가 인정된다</u>(헌재 1998.11.26. 97헌바67).

(3) 시혜적 법에 대한 심사기준
침익적 법을 소급적용한 경우 엄격하게 위헌심사를 하나, 시혜적 법의 소급입법에 대해서는 <u>다른 심사기준이 적용된다. 즉, 합리적 재량의 범위를 벗어나 현저하게 불합리하고 불공정한 것이 아닌 한 헌법에 위반된다고 할 수는 없다.</u>

(4) 시혜적 입법의 위헌가능성
합리적 재량의 범위를 벗어나 현저하게 불합리하고 불공정한 법이라면 시혜적 소급입법도 평등원칙에 위반된다.

> **[관련판례]**
>
> **1. 순직 소방공무원 적용범위 확대조항 소급적용금지**
> **순직공무원의 적용범위를 확대한 개정 공무원연금법을 소급하여 적용하지 아니하도록 한 개정 법률 부칙:** 소방공무원이 재난·재해현장에서 화재진압이나 인명구조작업 중 입은 위해뿐만 아니라 그 업무수행을 위한 긴급한 출동·복귀 및 부수활동 중 위해에 의하여 사망한 경우까지 그 유족에게 순직공무원보상을 하여 주는 제도를 도입하면서 이 사건 부칙조항이 신법을 소급하는 경과규정을 두지 않았다고 하더라도 소급적용에 따른 국가의 재정부담, 법적 안정성 측면 등을 종합적으로 고려하여 입법정책적으로 정한 것이므로 **입법재량의 범위를 벗어나 불합리한 차별이라고 할 수 없다**(헌재 2012.8.23. 2011헌바169).

2. 병역의무 수행 및 둘 이상의 자녀 출산에 따른 국민연금 가입기간 추가 산입제를 시행하면서 그 적용대상을 개정법 시행일 이후 병역의무를 최초로 수행하거나 자녀를 얻은 가입자로 한정한 국민연금법 부칙 제19조가 2008.1.1. 전에 병역의무를 최초로 수행하고 두 자녀를 얻은 가입자인 청구인의 평등권을 침해하는지 여부(소극)

병역의무 크레딧의 경우, 한정된 재원을 통하여 병역의무를 수행한 사람에게 적절한 사회적 보상이 이루어지도록 하면서도 후속세대의 가입을 촉진하여 연금제도의 지속 가능성을 추구하고자 병역 크레딧 시행 이후 병역의무를 최초로 수행한 사람에게만 적용하도록 한정한 것이고, 자녀 크레딧의 경우, 둘 이상 자녀 출산에 대한 유인을 제공함으로써 출산율을 제고하기 위하여 자녀 크레딧 시행 이후 자녀를 얻은 사람에게만 적용하도록 한정한 것으로, 이를 불합리한 차별이라고 보기 어렵다. 따라서 심판대상조항은 청구인의 평등권을 침해하지 않는다(헌재 2023.2.23. 2020헌마1271).

6. 경과규정과 신뢰보호

경과규정을 두는 이유는 구법에 대한 신뢰를 보호하기 위함이다. 구법에 대한 신뢰가 정당하다면 법을 개정하거나 신법을 도입함에 있어 경과규정을 두는 것이 신뢰보호원칙상 바람직하다. 경과조치를 두지 않고 그대로 신법을 시행하면 신뢰보호원칙이라는 헌법원칙에 반하는 결과를 초래하는 경우에는 이를 방지하기 위하여 필수적으로 경과조치를 규정하여야 할 것이다. 반대로 신법을 그대로 적용하더라도 신뢰보호원칙에 반하지 않는 경우, 즉 개정법령의 공익이 개인의 신뢰이익보다 우위에 있는 경우에는 경과조치를 두지 않고 신법을 즉시 시행할 수도 있다. 공익이 신뢰보호가치보다 크다면 신뢰보호원칙에 반하지 않으므로 경과규정을 두지 않아도 된다. 따라서 반드시 경과규정을 두어야 하는 것은 아니다.

📖 판례정리

구법에 대한 신뢰를 보호하는 경과규정을 두지 않아 신뢰보호 위반인 것

1. 택지소유상한제

법 시행 이전부터 소유하고 있는 택지까지 법의 적용대상으로 포함시킨 것은 입법목적을 실현하기 위하여 불가피한 조치였다고 보여지지만, 택지는 단순히 부동산투기의 대상이 되는 경우와는 헌법적으로 달리 평가되어야 하고, 신뢰보호의 기능을 수행하는 재산권 보장의 원칙에 의하여 보다 더 강한 보호를 필요로 하는 것이므로, 택지를 소유하게 된 경위나 그 목적 여하에 관계없이 <u>법 시행 이전부터 택지를 소유하고 있는 개인에 대하여 일률적으로 소유상한을 적용하도록 한</u> 것은, 입법목적을 달성하기 위하여 필요한 정도를 넘는 과도한 침해이자 신뢰보호의 원칙 및 평등원칙에 위반된다(헌재 1994.4.29. 94헌바37).

2. 2013.1.1.부터 판사임용자격에 일정기간 법조경력을 요구하는 법원조직법(사법연수원에 입소한 자에게 적용하는) 부칙 제1조 단서 (헌재 2012.11.29. 2011헌마786)

① 판사임용자격에 관한 법원조직법 규정이 지난 40여 년 동안 유지되어 오면서, 국가는 입법행위를 통하여 사법시험에 합격한 후 사법연수원을 수료한 즉시 판사임용자격을 취득할 수 있다는 신뢰의 근거를 제공하였다고 보아야 하며, 수년간 상당한 노력과 시간을 들인 끝에 사법시험에 합격한 후 사법연수원에 입소하여 사법연수생의 지위까지 획득한 청구인들의 경우 <u>사법연수원 수료로써 판사임용자격을 취득할 수 있으리라는 신뢰이익은 보호가치가 있다</u>고 할 것이다.

② 이 사건에서 청구인들의 신뢰이익에 대비되는 공익이 중대하고 장기적 관점에서 필요한 것이라 하더라도, 이 사건 심판대상조항을 이 사건 법원조직법 개정 당시 이미 사법연수원에 입소한 사람들에게도 반드시 시급히 적용해야 할 정도로 긴요하다고는 보기 어렵고, 종전 규정의 적용을 받게 된 사법연수원 2년차들과 개정 규정의 적용을 받게 된 사법연수원 1년차들인 청구인들 사이에 위 공익의 실현 관점에서 이들을 달리 볼 만한 합리적인 이유를 찾기도 어려우므로, 이 사건 심판대상조항이 **개정법 제42조 제2항을 법 개정 당시 이미 사법연수원에 입소한 사람들에게 적용되도록 한 것**은 신뢰보호원칙에 반한다고 할 것이다.

비교 2013.1.1.부터 판사임용자격에 일정기간 법조경력을 요구하는 법원조직법 부칙이 신뢰보호원칙에 반하여 2011.7.18. 법원조직법 개정 당시 사법시험에 합격하였으나 아직 사법연수원에 입소하지 않은 청구인들의 공무담임권을 침해하는지 여부(소극): 청구인들이 신뢰한 개정 이전의 구 법원조직법 제42조 제2항에 의하더라도 판사임용자격을 가지는 자는 '사법시험에 합격하여 사법연수원의 소정 과정을 마친 자'로 되어 있었고, 청구인들이 사법시험에 합격하여 사법연수원에 입소하기 이전인 2011.7.18. 이미 법원조직법이 개정되어 판사임용자격에 일정기간의 법조경력을 요구함에 따라 구 법원조직법이 제공한 신뢰가 변경 또는 소멸되었다. 그렇다면, 청구인들의 신뢰에 대한 보호가치가 크다고 볼 수 없고, 반면 충분한 사회적 경험과 연륜을 갖춘 판사로부터 재판을 받도록 하여 국가가 기본권을 보장하고 사법에 대한 국민의 신뢰를 보호하려는 공익은 매우 중대하다. 따라서 이 사건 심판대상조항이 신뢰보호원칙에 위반하여 청구인들의 공무담임권을 침해한다고 볼 수 없다(헌재 2014.5.29. 2013헌마127).

3. 토양오염정화책임

토양오염을 야기한 원인자에게 정화책임을 지우면서 2002.1.1. 이전에 이루어진 토양오염관리대상시설의 양수에 대해서 무제한적으로 적용되는 경우에는 이 사건 오염원인자조항이 추구하는 공익만으로는 신뢰이익에 대한 침해를 정당화하기 어렵다. 그러나 2002.1.1. 이후 토양오염관리대상시설을 양수한 자는 자신이 관여하지 않은 양수 이전의 토양오염에 대해서도 책임을 부담할 수 있다는 사실을 충분히 인식할 수 있고, 토양오염사실에 대한 선의·무과실을 입증하여 면책될 수 있으므로, 보호가치 있는 신뢰를 인정하기 어렵다(헌재 2012.8.23. 2010헌바28).

📖 판례정리

경과규정을 두었으나 신뢰보호 위반인 것

입법자는 법령을 개정하면서 구법에 대한 신뢰보호를 위해 경과규정을 두어 구법에 대해 신뢰를 형성한 자에 한해 구법을 일정기간 적용을 할 수 있다. 경과규정은 구법에 대한 신뢰를 보호하는 기능을 한다. 다만, 경과규정을 반드시 두어야 하는 것은 아니다.

1. 세무사자격부여제도 (헌재 2001.9.27. 2000헌마152)

① 세무사시험 합격을 한 자에 한해 자격부여를 규정한 세무사법 제3조의 직업의 자유 침해 여부(소극): 국세 관련 경력공무원에 대하여 세무사자격을 부여하지 않도록 개정된 세무사법 제3조는 그 목적의 정당성이 인정되고, 그 내용이나 방법에 있어서 합리성을 결여한 것도 아니다. 따라서 위 법률조항이 청구인들의 직업선택의 자유를 침해하는 것은 아니다.

② 국세 관련 경력공무원 중 일부에게만 구법 규정을 적용하여 세무사자격이 부여되도록 규정한 위 세무사법 부칙 제3항: 청구인들의 세무사자격 부여에 대한 신뢰는 보호할 필요성이 있는 합리적이고도 정당한 신뢰라 할 것이고, 개정법 제3조 등의 개정으로 말미암아 청구인들이 입게 된 불이익의 정도, 즉 신뢰이익의 침해정도는 중대하다고 아니할 수 없는 반면, 청구인들의 신뢰이익을 침해함으로써 일반응시자와의 형평을 제고한다는 공익은 위와 같은 신뢰이익 제한을 헌법적으로 정당화할 만한 사유라고 보기 어렵다. 그러므로 기존 국세 관련 경력공무원 중 일부에게만 구법 규정을 적용하여 세무사자격이 부여되도록 규정한 위 세무사법 부칙 제3항은 충분한 공익적 목적이 인정되지 아니함에도 청구인들의 기대가치 내지 **신뢰이익을 과도하게 침해한 것으로서 헌법에 위반된다**. 또한 2000.12.31. 현재 자격부여요건을 충족한 자와 그렇지 못한 청구인들 사이에는 단지 근무기간에 있어서의 양적인 차이만 존재할 뿐, 본질적인 차이는 없고, 세무사자격 부여제도의 폐지와 관련된 조항의 시행일만을 2001.1.1.로 늦추어 1년의 유예기간을 두고 있는 것 자체가 합리적 근거 없는 자의적 조치이므로, 위 부칙조항은 합리적인 이유 없이, 자의적으로 설정된 기준을 토대로 위 부칙조항의 적용대상자와 청구인들을 차별취급하는 것으로서 **평등의 원칙에도 위반된다**.

참고 변리사자격제도에서도 동일한 판례가 있었다(헌재 2001.9.27. 2000헌마208·501).

2. 산업재해보상보험법상 최고보상제도

2000.7.1.부터 시행되는 최고보상제도를 2000.7.1. 전에 장해사유가 발생하여 장해보상연금을 수령하고 있던 수급권자에게도 **2년 6월의 유예기간** 후 2003.1.1.부터 적용하는 산업재해보상보험법 부칙 제7조 중 '2002.12.31. 까지는' 부분은 신뢰보호원칙에 위배하여 재산권을 침해한다(헌재 2009.5.28. 2005헌바20).

📖 판례정리

신뢰보호조치를 위한 경과규정을 두지 않았으나 신뢰보호 위반이 아닌 것

1. 무기징역의 집행 중에 있는 자의 가석방 요건을 종전의 '10년 이상'에서 '20년 이상' 형 집행 경과로 강화한 개정 형법 제72조 제1항을 형법 개정 당시에 이미 수용 중인 사람에게도 적용하는 형법 부칙 제2항

수형자가 형법에 규정된 형 집행 경과기간 요건을 갖춘 것만으로 가석방을 요구할 권리를 취득하는 것은 아니므로, 10년간 수용되어 있으면 가석방 적격심사 대상자로 선정될 수 있었던 구 형법 제72조 제1항에 대한 청구인의 신뢰를 헌법상 권리로 보호할 필요성이 있다고 할 수 없다. 죄질이 더 무거운 무기징역형을 선고받은 수형자를 가석방할 수 있는 형 집행 경과기간이 개정 형법 시행 후에 유기징역형을 선고받은 수형자의 경우와 같거나 오히려 더 짧게 되는 불합리한 결과를 방지하고, 사회를 방위하기 위한 이 사건 부칙조항이 신뢰보호원칙에 위배되어 청구인의 신체의 자유를 침해한다고 볼 수 없다(헌재 2013.8.29. 2011헌마408).

2. 안기부공무원 계급정년제 (헌재 1994.4.28. 91헌바15)

① 공무원이 임용 당시의 공무원법상의 정년규정까지 근무할 수 있다는 기대 내지 신뢰는 절대적인 권리로서 보호되는 것은 아니다. 이러한 기대와 신뢰는 행정조직, 직제변경, 예산감소 등 강한 공익상의 근거에 의하여 좌우될 수 있는 상대적이고 가변적인 것이다.

② 임용 당시에 없었던 계급정년제도를 도입한 국가안전기획부직원법 제22조는 업무수행의 능률성, 신속성, 기동성이라는 공익이 구법질서에 대한 공무원들의 기대 내지 신뢰보호보다 중하므로 신뢰보호 위반이 아니다.

3. 계모자 사이 상속 부정 (헌재 2020.2.27. 2017헌바249)

① **1990.1.13. 법률 제4199호로 개정된 민법의 시행일 이전에 발생한 전처의 출생자와 계모 사이의 친족관계를 1990년 개정 민법 시행일부터 소멸하도록 규정한 민법 부칙이 소급입법금지원칙에 위배되어 재산권을 침해하는지 여부(소극)**: 이 사건 법률조항은 1990년 개정 민법 시행일 이후에 비로소 완성되는 법률관계를 규율대상으로 하는 것일 뿐 1990년 개정 민법 시행 이전에 이미 완성된 법률관계인 계모의 사망에 따른 상속관계를 규율하여 이전의 지위를 박탈하는 것이 아니므로, 헌법 제13조 제2항이 금하는 소급입법에 해당하지 아니한다. 따라서 이 사건 법률조항은 소급입법금지원칙에 위배되어 재산권을 침해하지 아니한다.

② **이 사건 법률조항이 신뢰보호원칙에 위배되어 재산권을 침해하는지 여부(소극)**: 이 사건 법률조항은 인간존엄과 양성평등의 헌법정신에 부합하는 새로운 가족제도를 만들면서도 재산상속에 있어 혈족상속의 원칙을 관철시키고자 하는 공익을 달성하기 위한 것이다. 또한 이 사건 법률조항의 시행에도 불구하고 상호 간의 재산 상속에 대한 기대가 실현되기를 원하는 계모자들은 입양이나 증여, 유증 등을 통해 자신들의 재산적 권리를 보호받을 수 있으므로 이 사건 법률조항으로 인하여 침해받는 계모자 사이의 상속에 대한 신뢰이익이 위와 같은 공익보다 크다고 보기 어렵다. 따라서 이 사건 법률조항은 신뢰보호원칙에 위배되어 재산권을 침해하지 아니한다.

경과규정을 두었기 때문에 신뢰보호 위반이 아닌 것

1. 의료기관 내 약국개설금지

의료기관의 시설 또는 부지의 일부를 분할·변경 또는 개수하여 약국을 개설하는 것을 금지한 약사법 제16조 제5항 제3호에 해당하는 기존의 약국개설등록자는 개정 약사법 시행일로부터 **1년까지만** 영업을 할 수 있도록 규정한 약사법 부칙 제2조 제1항이 청구인들의 직업행사의 자유를 침해한다고 볼 수 없다(헌재 2003.10.30. 2001 헌마700).

2. 자동차매매사업조합

자동차매매사업조합을 중고자동차 성능점검 및 성능점검부의 발행주체에서 배제하고 있으나 개정규칙의 부칙 제1항에 의하여 청구인들의 성능점검부 발행업무는 즉시 배제되는 것이 아니라 **6개월간의 유예기간**을 두고 있으므로 직업선택의 자유를 침해하지 아니한다(헌재 2006.1.26. 2005헌마424).

3. 폐기물 재생처리업 허가제

폐기물 재생처리업을 허가제로 개정하면서 종전 규정에 의하여 폐기물 재생처리 신고를 한 자는 이 법 시행 일로부터 **1년 이내**의 허가를 받도록 한 폐기물관리법 부칙 제5조는 기존 폐기물업자의 신뢰보호를 위한 경과 조치를 규정하고 있고 그 유예기간이 지나치게 짧은 것이라 할 수 없으므로 폐기물 재생처리업자의 신뢰이익을 침해하는 것은 아니다(헌재 2000.7.20. 99헌마452).

4. 저작인접권 기간연장

저작인접권을 50년간으로 하는 저작권법은 저작인접권이 소멸한 음원을 무상으로 사용하는 것은 저작인접권자의 권리가 소멸함으로 인하여 얻을 수 있는 반사적 이익에 불과할 뿐이므로, 심판대상조항은 헌법 제13조 제2항이 금지하는 소급입법에 의한 재산권 박탈에 해당하지 아니한다. 또는 **2년간** 자유로이 음반을 판매할 수 있도록 유예기간을 두고 있으므로 직업의 자유를 침해했다고 할 수 없다(헌재 2013.11.28. 2012헌마770).

5. 인터넷게임시설 등록제

청소년게임제공업 또는 인터넷컴퓨터게임시설제공업 등록제을 시행함에 있어 청구인들에게 주어진 2007.4.20. 부터 2008.5.17.까지 **1년 이상의** 유예기간은 법개정으로 인한 상황변화에 적절히 대처하기에 지나치게 짧은 것이라고 할 수 없으므로 신뢰보호의 원칙에 위배된다고 할 수 없다(헌재 2009.9.24. 2009헌바28).

6. PC방 금연구역

다수인이 이용하는 PC방과 같은 공중이용시설 전체를 금연구역으로 지정하고 이 사건 금연구역조항의 시행을 **유예한 2년의** 기간은 법개정으로 인해 변화된 상황에 적절히 대처하는 데 있어 지나치게 짧은 기간이라 볼 수 없으므로, 이 사건 금연구역조항과 부칙조항은 신뢰보호원칙에 위배되지 않는다(헌재 2013.6.27. 2011헌마 315·509, 2012헌마386).

7. 학교환경위생정화구역 안 노래연습장 영업금지

청소년 학생의 보호라는 공익상 필요에 의하여 학교환경위생정화구역 안에서의 노래연습장의 시설·영업을 금지하고서 이미 설치된 노래연습장시설을 폐쇄 또는 이전하도록 하면서 경제적 손실을 최소화할 수 있도록 1998.12.31.까지 약 **5년간의 유예기간**을 주는 한편 … 신뢰보호의 원칙에 어긋난다고 할 수 없다(헌재 1999.7.22. 98헌마480).

8. 3개월의 유예기간을 두고 담배자동판매기를 철거하도록 한 경우

기존의 담배자동판매기를 조례 시행일로부터 3개월 이내에 철거하도록 한 부천시담배자동판매기설치금지조례 제4조(설치의 제한), 부칙 제2항(경과조치) 등은 조례 시행일 전까지 계속되었던 자판기의 설치·사용에 대하여는 규율하는 바가 없고, 장래에 향하여 자판기의 존치·사용을 규제할 뿐이므로 그 규정의 법적 효과가 시행일 이전의 시점에까지 미친다고 할 수가 없어 헌법 제13조 제2항에서 금지하고 있는 소급입법이라고 할 수 없다(헌재 1995.4.20. 92헌마264).

9. **나무의사만이 수목진료를 할 수 있도록 규정한 산림보호법을 도입하면서 기존에 수목진료를 해오던 식물보호기사·산업기사에게 일정기간 나무의사 자격을 인정하는 산림보호법**

나무의사조항이 신설되기 전에 식물보호기사·산업기사에 대하여 독점적으로 수목진료를 할 수 있는 구체적인 권리가 인정되었던 것은 아닌 점, 식물보호기사·산업기사 자격을 보유한 청구인들은 나무의사조항의 시행일 전까지 구 산림사업법인 나무병원에서의 종사 요건을 갖추면 시행일로부터 **5년간** 나무의사 자격을 인정받을 수 있는 점 등을 고려하면, 청구인들이 식물보호기사·산업기사로서 앞으로도 수목진료 업무를 수행할 수 있으리라고 기대했던 신뢰에 대한 침해의 정도가 크다고 보기 어렵다. 반면, 부칙조항이 추구하는 공익은 수목을 체계적으로 보호하여 궁극적으로 국민의 건강 증진 및 삶의 질 향상에 이바지하기 위한 것으로서 중대하다. 따라서 부칙조항은 신뢰보호원칙을 위배하여 청구인들의 직업선택의 자유를 침해하지 않는다(헌재 2020.6.25. 2018헌마974).

10. **유골 500구 이상을 안치할 수 있는 사설봉안시설을 설치·관리하려는 자는 민법에 따라 봉안시설의 설치·관리를 목적으로 하는 재단법인을 설립하도록 하는 구 '장사 등에 관한 법률'**

구 '매장 및 묘지 등에 관한 법률'이 '장사 등에 관한 법률'로 전부개정되면서 그 부칙에서 종전의 법령에 따라 설치된 봉안시설을 신법에 의하여 설치된 봉안시설로 보도록 함으로써 종전의 법령에 따라 설치된 봉안시설을 장사법에 의하여 설치된 봉안시설로 보도록 함으로써 구 매장법에 따라 설치허가를 받은 봉안시설의 설치·관리인의 기존의 법상태에 대한 신뢰는 이미 한 번 보호되었다고 할 것이다. 심판대상조항은 기존에 설치가 완료된 이 사건 봉안시설을 규율하려는 것이 아니라 장래에 추가로 확대되는 부분에 대하여 적용되는 것이므로 위 경과규정에 더하여 별도의 경과조치가 필요하다고 보기 어렵다(헌재 2021.8.31. 2019헌바453).

📖 **판례정리**

신뢰보호의 원칙

위반인 것

1. 지방고시 최종시험일 공고

최종시험시행일을 예년과 달리 연도 말인 1999.12.14.로 정함으로써 청구인의 연령이 응시상한연령을 5일 초과하게 하여 청구인이 제2차 시험에 응시할 수 있는 자격을 박탈한 것은 청구인의 정당한 신뢰를 해한 것일 뿐 아니라, 법치주의의 한 요청인 예측가능성의 보장을 위반하여 청구인의 공무담임권을 침해한 것에 해당한다(헌재 2000.1.27. 99헌마123).

2. 국가보위입법회의법

"이 법 시행 당시의 국회사무처와 국회도서관은 이 법에 의한 사무처 및 도서관으로 보며, 그 소속 공무원은 이 법에 의한 **후임자가 임명될 때까지 그 직을 가진다.**"라는 국가보위입법회의법 부칙 제4항은 국가보위입법회의법이 제정되기 이전부터 국회사무처와 국회도서관에 근무하여 왔던 공무원들의 신뢰이익을 침해하여 신뢰보호의 원칙에 위배된다(헌재 1989.12.18. 89헌마32 등).

위반이 아닌 것

1. 위법건축물, 이행강제금

위법건축물에 대하여 종전처럼 과태료만이 부과될 것이라고 기대한 신뢰는 제도상의 공백에 따른 반사적인 이익에 불과하여 그 보호가치가 그리 크지 않은데다가, 이행강제금제도 도입 전의 위법건축물이라 하더라도 이행강제금을 부과함으로써 위법상태를 치유하여 건축물의 안전, 기능, 미관을 증진하여야 한다는 공익적 필요는 중대하다 할 것이다. 따라서 이 사건 부칙조항은 신뢰보호원칙에 위배된다고 볼 수 없다(헌재 2015.10.21. 2013헌바248).

2. 개발부담금 부과

개발이익 환수에 관한 법률 시행 전에 개발에 착수하였지만 아직 개발을 완료하지 아니한 사업, 즉 개발이 진행 중인 사업에 부담금을 부과하는 개발이익환수에관한법률 부칙 제2조는 부진정소급입법에 해당하는 것으로써 이 사건 법률이 추구하는 토지효율적 이용의 공익적 가치는 매우 중요하므로 신뢰보호 위반이 아니다 (헌재 2001.2.22. 98헌바19).

3. 변호사의 자격이 있는 자에게 더 이상 세무사 자격을 부여하지 않는 구 세무사법 제3조의 시행일과 시행일 당시 종전 규정에 따라 세무사의 자격이 있던 변호사는 개정 규정에도 불구하고 세무사 자격이 있는 것으로 변호사의 세무사 자격에 관한 경과조치를 정하고 있는 세무사법 부칙

이 사건 부칙조항은 이 사건 법률조항의 공익적 목적을 달성하기 위하여 그 시행일을 2018.1.1.로 정하고 변호사의 세무사 자격에 관한 경과조치를 규정한 것이다. 청구인들의 신뢰는 입법자에 의하여 꾸준히 축소되어 온 세무사 자격 자동부여제도에 관한 것으로서 그 보호의 필요성이 크다고 보기 어렵다. 나아가 설령 그것이 보호가치가 있는 신뢰라고 하더라도 변호사인 청구인들은 변호사법 제3조에 따라 변호사의 직무로서 세무대리를 할 수 있으므로 신뢰이익을 침해받는 정도가 이 사건 부칙조항이 달성하고자 하는 공익에 비하여 크다고 보기 어렵다. 따라서 이 사건 부칙조항은 신뢰보호원칙을 위배하여 청구인들의 직업선택의 자유를 침해하지 않는다(헌재 2021.7.15. 2018헌마279).

4. 의무·법무·군종사관후보생의 징집면제 연령 31세에서 36세로 변경

이 사건 법률조항이 실현하려는 공익인 전투력 유지라는 공익이 법률개정으로 받을 청구인의 불이익에 비하여 훨씬 크므로 신뢰보호 위반이 아니다(헌재 2002.11.28. 2002헌바45). 또한 해외체재를 이유로 병역을 연기한 사람은 36세가 되어야 병역의무가 면제되도록 한 것은 평등권 등 침해도 아니다(헌재 2004.11.25. 2004헌바15).

5. 초·중·고 교원 정년 62세

초·중등 교원 정년을 65세에서 62세로 변경한 교육공무원법 제47조는 젊고 활기찬 교육분위기 조성, 인건비 절감이라는 공익적 가치가 신뢰이익에 우선하므로 신뢰보호원칙에 위배되는 것은 아니다(헌재 2000.12.14. 99헌마112).

6. 보수연동제에 의하여 연금액의 조정을 받아오던 기존의 연금수급자에게 법률개정을 통해 물가연동제에 의한 연금액조정 방식으로 변경

공무원보수 인상률 방식에 의하여 공무원연금액을 조정하던 것을 전국소비자물가변동률을 기준으로 하여 연금액을 조정한 공무원연금법 제43조는 연금재정의 파탄을 막고 공무원연금제도를 유지하려는 공익의 가치는 매우 큰 반면 구법에 대한 퇴직연금수급자의 신뢰의 가치는 크지 아니하므로 신뢰보호원칙에 위반되지 아니한다. 또한 전국소비자물가변동률에 따라 연금액을 조정하도록 한 군인연금법 제17조의2도 신뢰보호원칙에 위반되지 아니한다(헌재 2003.9.25. 2001헌마194).

유사 공무원의 퇴직연금 지급개시연령을 제한한 구 공무원연금법은 현재 공무원으로 재직 중인 자가 퇴직하는 경우 장차 받게 될 **퇴직연금의 지급시기를 변경한 것(만 55세에서 60세 이상으로 변경)**으로, 아직 완성되지 아니한 사실 또는 법률관계를 규율대상으로 하는 부진정소급입법에 해당되는 것이어서 원칙적으로 허용되고, 입법목적으로 달성하고자 하는 연금재정 안정 등의 공익이 손상되는 신뢰에 비하여 우월하다고 할 것이어서 신뢰보호원칙에 위배된다고 볼 수 없다(헌재 2015.12.23. 2013헌바259).

7. 무등록학원 운전교습 금지

세무당국에 사업자등록을 하고 운전교습에 종사하였다 하더라도 자동차운전학원으로 등록한 경우에만 자동차운전교습업을 영위할 수 있도록 법률을 개정하는 것은 관련자들의 정당한 신뢰를 침해하는 것은 아니다(헌재 2003.9.25. 2001헌마447).

8. 5·18민주화운동등에관한특별법

공소시효가 완성된 이후 공소시효를 소급적으로 정지하는 이 사건 법률은 신뢰보호 위반이 아니다(헌재 1996. 2.16. 96헌가2).

9. 외국의대 졸업자 예비시험제도

외국 의과대학을 졸업한 우리 국민이 국내 의사면허시험을 치기 위해서는 기존의 응시요건에 추가하여 새로이 예비시험을 치도록 한 의료법 제5조 본문 중 '예비시험 조항' 및 새로운 예비시험의 실시를 일률적으로 3년 후로 한 부칙 제1조의 '경과규정'은 신뢰보호에 위반되지 않는다(헌재 2003.4.24. 2002헌마611).

10. 한의사전문의제도

한의사전문의제도 도입 이후 종전 수련과정 이수자에 대하여 기존 수련경력을 인정하여 줄 것이라는 법적 신뢰가 부여된 적은 없고, 입법자가 한의사전문의제도를 새로 도입하면서, 종전 수련과정 이수자에 대하여 기존 수련경력을 인정하지 아니하였다고 하여 이를 두고 신뢰보호원칙에 위반된다고 볼 수 없다(헌재 2001. 3.15. 2000헌마96).

비교 **치과전문의 자격요건**: 국내에서 치과의사면허를 취득하고 외국의 의료기관에서 치과전문의 과정을 이수한 사람들에게 다시 국내에서 전문의 과정을 다시 이수할 것을 요구하는 것은 지나친 부담을 지우는 것이므로, 치과전문의 자격 인정 요건으로 '외국의 의료기관에서 치과의사 전문의 과정을 이수한 사람'을 포함하지 아니한 '치과의사전문의의 수련 및 자격 인정 등에 관한 규정' 제18조 제1항이 청구인들의 직업수행의 자유를 침해한다(헌재 2015.9.24. 2013헌마197).

관련 **치과전문의 진료과목**: 청구인들은 2014.1.1.부터 치과의원에서 전문과목을 표시할 수 있게 되면 모든 전문과목의 진료를 할 수 있을 것이라고 신뢰하였다고 주장하나, 이와 같은 신뢰는 장래의 법적 상황을 청구인들이 미리 일정한 방향으로 예측 내지 기대한 것에 불과하므로 치과전문의는 전문과목만 진료할 수 있도록 한 의료법은 신뢰보호원칙에 위배되어 직업수행의 자유를 침해한다고 볼 수 없다(헌재 2015.5.28. 2013헌마799). ➡ 다만, 과잉금지원칙에 위배되어 직업의 자유를 침해한다(직업의 자유에서 학습할 것).

11. 고등학교 평준화

지역의 고교평준화 여부는 그 지역의 실정과 주민의 의사에 따라 탄력적으로 운용할 필요성이 있어 광명시가 비평준화 지역으로 남아 있을 것이라는 청구인들의 신뢰는 헌법상 보호하여야 할 가치나 필요성이 있다고 보기 어렵고, 고등학교 지원을 시·도 단위로 하도록 하고 광명시 등 일부 도시를 비평준화 지역으로 유지시킬 경우 경기도 내에서 중학교 교육의 정상화나 학교 간 격차 해소 등 고교평준화 정책의 목적을 실질적으로 달성하기가 어려운 점을 감안하면 청구인들의 신뢰가 공익보다 크다고 볼 수도 없으므로, 이 사건 조례조항은 신뢰보호의 원칙에 위반되지 아니하며 청구인들의 학교선택권을 침해한다고 할 수 없다(헌재 2012.11.29. 2011헌마827).

12. 어촌계 등에 어업면허를 하는 경우 우선순위규정의 적용대상에서 제외하도록 규정한 수산업법

심판대상조항으로 인해 침해되는 신뢰는 어업면허의 존속기간에 대한 신뢰가 아니라, 어업면허를 부여받음에 있어서 우선순위를 가질 것이라는 기대에 불과한 점, 어업면허는 공적 성격이 강하여 여러 가지 제약을 받는 것이 불가피하고 심판대상조항은 그 내재된 공적 제약이 구체화·현실화된 것이라고 볼 수 있는 점, 수산업법이 1995.12.30. 개정되면서 이미 우선순위제외조항이 신설되었던 점, 어업면허에 관한 사항은 입법정책의 문제로서 입법자에게 넓은 재량이 부여되는 점을 종합하여 보면 어업면허의 우선순위에 관하여 청구인에게 헌법상 보호가치 있는 신뢰이익이 존재한다고 보기 어렵고, 존재하더라도 그 보호가치가 크다고 볼 수 없다. 반면, 심판대상조항은 어업인의 공동이익과 일정한 지역의 어업개발을 위하여 어촌계 등에 어업면허를 함으로써 어민들의 소득향상과 어촌사회의 발전을 도모하기 위한 규정으로서 공익적인 가치를 지닌다. 따라서 심판대상조항은 신뢰보호원칙에 반하지 아니한다(헌재 2019.7.25. 2017헌바133).

13. 기존에 총포의 소지허가를 받은 자는 총포·도검·화약류 등의 안전관리에 관한 법률 제14조의2의 개정규정에 따라 이 법 시행일부터 1개월 이내에 허가관청이 지정하는 곳에 총포와 그 실탄 또는 공포탄을 보관하여야 하도록 한 부칙조항 (헌재 2019.6.28. 2018헌바400)

① **소급입법에 의한 재산권 박탈 여부**: 이 사건 부칙조항은 개정된 법률이 시행되기 전에 있었던 총포보관행위를 규율하는 것이 아니라 그 시행 이후의 총포보관행위를 규율하는 규정에 해당한다 할 것이므로, 이를 가지고서 과거에 이미 확정된 법률관계에 소급하여 적용하는 것이라 할 수는 없다. 따라서 이 사건 부칙조항은 헌법 제13조 제2항이 금하는 소급입법에 해당하지 아니하고, 다만 총포소지허가를 받은 자가

해당 공기총을 직접 보관할 수 있을 것이라고 종래의 법적 상태의 존속을 신뢰한 청구인에 대한 신뢰보호가 문제될 뿐이다.

② **신뢰보호원칙 위반 여부**: 이 사건 부칙조항과 같은 내용으로 법이 개정된 것이 전혀 예상치 않은 변화라고 볼 수 없고, 총포소지허가를 받은 사람이 해당 공기총을 직접 보관할 수 있을 것이라는 데에 대한 신뢰가 헌법상 보호가치 있는 신뢰라고 보기는 어렵다. 나아가 설령 헌법상 보호가치 있는 신뢰라고 하더라도 다음과 같은 이유로 신뢰보호원칙을 위반하였다고 볼 수 없다. 보호해야 할 청구인의 신뢰의 가치는 그다지 크지 않은 반면 총포의 직접보관을 제한하여 공공의 안전을 보호해야 할 공익적 가치는 중대하다 할 것이므로 이 사건 부칙조항은 신뢰보호원칙에 반하지 않는다.

14. **종합생활기록부에 의하여 절대평가와 상대평가를 병행, 활용하도록 한 교육부장관 지침**은 종전 종합생활기록부제도의 문제점을 보완하기 위하여 과목별 석차의 기록방법 등 세부적인 사항을 개선, 변경한 데 불과하므로 교육개혁위원회의 교육개혁방안에 따라 절대평가가 이루어질 것으로 믿고 특수목적고등학교에 입학한 학생들의 신뢰이익을 침해하였다고 볼 수 없다(헌재 1997.7.16. 97헌마38).

15. **임차인의 계약갱신요구권 행사 기간을 10년으로 규정한 '상가건물 임대차보호법'을 개정법 시행 후 갱신되는 임대차에 대하여도 적용하도록 규정한 '상가건물 임대차보호법' 부칙**

개정법조항은 상가건물 임차인의 계약갱신요구권 행사기간을 연장함으로써 상가건물에 대한 임차인의 시설투자비, 권리금 등 비용을 회수할 수 있는 기간을 충실히 보장하기 위한 것인데, 개정법조항을 개정법 시행 후 새로이 체결되는 임대차에만 적용할 경우 임대인들이 새로운 임대차계약에 이를 미리 반영하여 임대료가 한꺼번에 급등할 수 있고 이는 결과적으로 개정법조항의 입법취지에도 반하는 것이다. 이에 이 사건 부칙조항은 이러한 부작용을 막고 개정법조항의 실효성을 확보하기 위해서 개정법조항 시행 이전에 체결되었더라도 개정법 시행 이후 갱신되는 임대차인 경우 개정법조항의 연장된 기간을 적용하도록 정한 것이므로, 이와 같은 공익은 긴급하고도 중대하다. 따라서 이 사건 부칙조항은 신뢰보호원칙에 위배되어 임대인의 재산권을 침해한다고 볼 수 없다(헌재 2021.10.28. 2019헌마106).

16. **'성폭력범죄의 처벌 등에 관한 특례법' 부칙을 '성폭력범죄의 처벌 등에 관한 특례법' 시행 전 행하여진 성폭력범죄로 아직 공소시효가 완성되지 아니한 사건에도 적용하도록 한 '성폭력범죄의 처벌 등에 관한 특례법'**

형사소송법의 공소시효에 관한 조항의 적용을 배제하고 새롭게 규정된 조항을 적용하도록 하였다고 하더라도, 이로 인하여 제한되는 성폭력 가해자의 신뢰이익이 공익에 우선하여 특별히 헌법적으로 보호해야 할 가치나 필요성이 있다고 보기 어렵다. 따라서 심판대상조항은 신뢰보호원칙에 반한다고 할 수 없다(헌재 2021.6.24. 2018헌바457).

17. **'개성공단의 정상화를 위한 합의서'**에는 국내법과 동일한 법적 구속력을 인정하기 어렵고, 과거 사례 등에 비추어 개성공단의 중단 가능성은 충분히 예상할 수 있었으므로, 개성공단 전면중단 조치는 신뢰보호원칙을 위반하여 개성공단 투자기업인 청구인들의 영업의 자유와 재산권을 침해하지 아니한다(헌재 2022.1.27. 2016헌마364).

제6절 사회국가(복지국가)의 원리

01 사회국가원리의 의의

1. 개념

사회국가란 사회정의의 이념을 헌법에 수용한 국가, 사회현상에 대하여 방관적인 국가가 아니라 경제·사회·문화의 모든 영역에서 정의로운 사회질서의 형성을 위하여 사회현상에 관여하고 간섭하고 분배하고 조정하는 국가이며, 궁극적으로는 국민 각자가 실제로 자유를 행사할 수 있는 그 실질적 조건을 마련해 줄 의무가 있는 국가를 의미한다(헌재 2002.12.18. 2002헌마52).

2. 사회국가원리의 헌법수용방법

구분	사회적 기본권 규정	사회국가원리 규정
바이마르헌법, 대한민국헌법	○	×
독일헌법	×	○

02 사회국가원리의 법적 성격

국가는 헌법상 사회국가원리를 실현할 법적 의무를 지는데, **사회국가를 구체화시키는 일차적인 책임은 입법자에게 있다.** 사회국가를 실현하는 방법에 대하여 입법자에게 위임하고 있으므로 사회국가의 목적을 실현하는 방법에 대하여는 입법자에게 광범위한 형성의 자유가 주어져 있다.

03 사회국가원리와 급부청구권

사회국가원리는 주관적 권리가 아니므로 사회국가원리 침해를 이유로 소를 제기할 수 없다. 사회국가원리는 헌법상 국가권력을 구속하는 규범이므로 재판규범으로서는 원용할 수 있다. 다만, 사회적 기본권 침해를 이유로 헌법소원심판을 청구할 수 있다.

04 사회국가원리의 한계

사회적 문제를 해결하는 데 인격의 자유로운 발전과 사회의 자율을 우선하여, 개인과 사회의 노력이 기능하지 않을 때에만 국가는 부차적으로 도움을 주고 배려한다는 보충성원칙은 사회국가원리의 한계이다.

> **⚖ 판례**
> 1. 사회국가원리는 소득의 재분배의 관점에서 경제적 약자에 대한 보험료의 지원을 허용할 뿐만 아니라, 한 걸음 더 나아가 정의로운 사회질서의 실현을 위하여 이를 요청하는 것이다. 따라서 국가가 저소득층 지역가입자를 대상으로 **소득수준에 따라 보험료를 차등지원하는 것**은 사회국가원리에 의하여 정당화되는 것이다(헌재 2000.6.29. 99헌마289).

2. 승객이 사망하거나 부상한 경우에 과실유무와 상관없이 자동차운행자가 배상책임을 져야 한다는 자동차손해배상보장법 제3조는 사회국가의 원리에 근거하여 위험원을 지배하는 자로 하여금 그 위험이 현실화된 경우 손해를 부담케해야 한다는 위험책임의 원리에 따른 것이므로 헌법 제119조 제1항의 자유시장 경제질서와 이로부터 도출되는 과실책임의 원칙에 위반된다고 할 수 없다(헌재 1998.5.28. 96헌가4).

3. 헌법 제15조의 직업의 자유 또는 헌법 제32조의 근로의 권리, 사회국가원리 등에 근거하여 실업방지 및 부당한 해고로부터 근로자를 보호하여야 할 국가의 의무를 도출할 수는 있을 것이나, **국가에 대한 직접적인 직장존속보장청구권을 근로자에게 인정할 헌법상의 근거는 없다**(헌재 2002.11.28. 2001헌바50).

4. 사회국가의 원리는 자유민주적 기본질서의 범위내에서 이루어져야 하고, 국민 개인의 자유와 창의를 보완하는 범위 내에서 이루어지는 내재적 한계를 지니고 있다 할 것이다(헌재 2001.9.27. 2000헌마238).

5. 헌법의 기본원리나 특정조항에 비추어 능력주의원칙에 대한 예외를 인정할 수 있는 경우가 있다. 그러한 헌법원리로는 우리 헌법의 기본원리인 사회국가원리를 들 수 있고, 헌법조항으로는 여자·연소자근로의 보호, 국가유공자·상이군경 및 전몰군경의 유가족에 대한 우선적 근로기회의 보장을 규정하고 있는 헌법 제32조 제4항 내지 제6항, 여자·노인·신체장애자 등에 대한 사회보장의무를 규정하고 있는 헌법 제34조 제2항 내지 제5항 등을 들 수 있다. 이와 같은 헌법적 요청이 있는 경우에는 합리적 범위 안에서 능력주의가 제한될 수 있다(헌재 1999.12.23. 98헌바33).

제7절 현행헌법의 경제적 기본질서

01 경제조항의 의의

1. 연혁

현대국가에서 경제조항은 헌법의 본질적인 내용에 해당하지만 19세기까지는 자유방임주의가 지배했기 때문에 경제문제가 헌법상 논의의 대상이 되지 못했다. 헌법에 경제조항을 처음으로 규정한 것은 1919년 바이마르헌법이다.

2. 경제 관련 헌법규정의 법적 성격

> ⚖ **판례 | 경제조항과 기본권**
>
> 1. 각 최저임금 고시 부분이 헌법상 경제질서에 위배된다는 주장에 관한 판단(소극)
>   헌법 제119조 제1항은 대한민국의 경제질서에 관하여, 제123조 제3항은 국가의 중소기업 보호·육성의무에 관하여 규정한 조항이고, 제126조는 사영기업의 국·공유화에 대한 제한을 규정한 조항으로서 경제질서에 관한 헌법상의 원리나 제도를 규정한 조항들이다. 헌법재판소법 제68조 제1항에 의한 헌법소원에 있어서 헌법상의 원리나 헌법상 보장된 제도의 내용이 침해되었다는 사정만으로 바로 청구인들의 기본권이 직접 현실적으로 침해된 것이라고 할 수 없다(헌재 2019.12.27. 2017헌마366).
>
> 2. **헌법 제119조**는 헌법상 경제질서에 관한 일반조항으로서 국가의 경제정책에 대한 하나의 헌법적 지침일 뿐 그 자체가 기본권의 성질을 가진다거나 독자적인 위헌심사의 기준이 된다고 할 수 없으므로, 청구인들의 이러한 주장에 대하여는 더 나아가 살펴보지 않는다. 그렇다면 이 사건의 쟁점은 심판대상조항들이 과잉금지원칙에 위배되어 청구인들의 직업수행의 자유를 침해하는지 여부이다(헌재 2017.7.27. 2015헌바278).

3. 개별 학교법인이 그 자체로 교원노조의 상대방이 되어 단체교섭에 나서지 못하고 전국단위 또는 시·도 단위의 교섭단의 구성원으로서만 단체교섭에 참여할 수 있도록 한 이 사건 법률조항의 위헌 여부를 심사함에 있어서, 헌법 제119조 소정의 경제질서는 독자적인 위헌심사의 기준이 된다기보다는 결사의 자유에 대한 법치국가적 위헌심사기준, 즉 <u>과잉금지원칙 내지는 비례의 원칙에 흡수되는 것이라고 할 것이다</u> (헌재 2006.12.28. 2004헌바67 전원재판부).

4. **전통시장 등의 보호라는 명분으로 대형마트 등의 영업 자체를 규제하는 유통산업발전법 규정**
   소비자의 자기결정권이 제한되는 것은 대형마트 등의 영업을 제한함에 따라 발생하는 효과이므로, 대형마트 등 운영자의 직업수행의 자유 침해 여부 및 평등원칙 위배 여부를 판단하는 과정에서 함께 고려하는 것으로 충분하므로 **별도로 판단하지 않는다**. 심판대상조항은 과잉금지원칙을 위반하여 청구인들의 직업수행의 자유를 침해하지 않는다(헌재 2018.6.28. 2016헌바77).

02 한국헌법상 경제질서 변천

제헌헌법(1948)	국유화와 사회화를 광범위하게 규정하여 통제경제질서를 표방하였다. 바이마르헌법의 영향을 받아 경제를 독립된 장으로 규정하였다.
제2차 개정헌법(1954)	자유시장경제질서를 최초로 규정하였다.
제3공화국 헌법(1962)	개인의 자유와 창의조항을 처음으로 규정하였다. 또한 사회국가실현을 위한 경제에 대한 규제와 조정을 규정하였다.
제4공화국 헌법(1972)	관주도형 경제체제, 정부의 개입확대를 규정하였다.
제5공화국 헌법(1980)	독과점규제, 중소기업육성, 소비자보호, 국가표준제도 등을 규정하였다.
현행헌법	독과점규제를 삭제하였다.

03 현행헌법의 경제적 기초

1. 우리나라 경제질서

우리 헌법의 경제질서는 사유재산제를 바탕으로 하고 자유경쟁을 존중하는 자유시장경제질서를 기본으로 하면서도 이에 수반되는 갖가지 모순을 제거하고 사회복지·사회정의를 실현하기 위하여 국가적 규제와 조정을 용인하는 **사회적 시장경제질서**로서의 성격을 띠고 있다(헌재 1996.4.25. 92헌바47).

2. 시장경제질서

> **헌법 제119조** ① 대한민국의 경제질서는 개인과 기업의 경제상의 자유와 창의를 존중함을 기본으로 한다.

헌법 제119조 제1항은 우리나라의 경제질서가 개인과 기업의 경제상의 자유, 사유재산제도 및 사적 자치에 기초한 자유시장경제질서를 기본으로 하고 있음을 선언하고 있다(헌재 1998.5.28. 96헌가4). 헌법재판소는 헌법 제119조 제1항의 개인과 기업의 자유와 창의존중정신을 자유시장경제질서로 이해하고 이로부터 사적 자치의 원칙, 과실책임의 원칙을 도출한 바 있다.

⚖ 판례 | 시장경제질서

1. 계약의 자유

'계약자유의 원칙'은 헌법 제10조 소정의 행복추구권 중 일반적 행동자유권으로부터 파생되는 것이지만, 헌법 제119조 제1항의 개인의 경제상의 자유의 일종이다(헌재 1991.6.3. 89헌마204).

2. 기업활동의 자유

헌법 제119조 제1항에서 대한민국의 경제질서는 개인과 기업의 경제상의 자유와 창의를 존중함을 기본으로 한다고 하여 시장경제의 원리에 입각한 경제체제임을 천명한 것은 기업의 생성·발전·소멸은 어디까지나 기업의 자율에 맡긴다는 기업자유의 표현이다(헌재 1993.7.29. 89헌마31).

3. 고의나 과실로 타인에게 손해를 가한 경우에만 그 손해에 대한 배상책임을 가해자가 부담한다는 **과실책임원칙**은 헌법 제119조 제1항의 자유시장경제질서에서 파생된 것으로 오늘날 민사책임의 기본원리이다(헌재 2016.4.28. 2015헌바230 전원재판부).

📖 판례정리

시장경제질서 위반으로 본 것

1. **임대한 토지를 유휴토지로 규정하고 토초세의 대상으로 규율한** 토지초과이득세법 제8조는 토지이용능력이 미흡한 토지소유자와 토지구매력이 없는 임차인 사이의 자본의 자유로운 결합을 통하여 토지를 효율적으로 이용하는 것을 방해함으로써, 개인과 기업의 경제상의 자유와 창의를 존중함을 기본으로 하는 우리 헌법상 경제질서에도 합치하지 아니하는 것으로 보아야 한다(헌재 1994.7.29. 92헌바49).

2. **의료광고의 금지**는 새로운 의료인들에게 자신의 기능이나 기술 혹은 진단 및 치료방법에 관한 광고와 선전을 할 기회를 배제함으로써, 이는 자유롭고 공정한 경쟁을 추구하는 헌법상의 시장경제질서에 부합되지 않는다(헌재 2005.10.27. 2003헌가3).

3. 시장지배적 사업자로 추정되는 신문사업자에 대해서는 **신문발전기금지원을 배제**하는 것은 시장경제질서에 반한다(헌재 2006.6.29. 2005헌마165).

📖 판례정리

시장경제질서 위반이 아닌 것

1. **농지개량사업**에 따른 권리·의무를 승계인에게 이전하도록 한 것은 시장경제원칙에 반하지 않는다(헌재 2005.12.22. 2003헌바88).

2. **이자제한**

   ① 이자제한을 완화 또는 폐지하는 법률은 헌법에 반하지 않는다(헌재 2001.1.18. 2000헌바7).
   ② 이자제한 완화·폐지는 입법자의 폭넓은 재량에 속한다(헌재 2001.1.18. 2000헌바7).
   ③ 이자제한법에서 정한 최고이자율을 초과하여 이자를 받은 자를 1년 이하의 징역 또는 1천만원 이하의 벌금에 처하도록 한 이자제한법이 달성하고자 하는 공익은 이자의 적정한 최고한도를 정함으로써 국민경제생활의 안정과 경제정의의 실현에 이바지하기 위한 것으로, 이를 위반하는 경우 처벌을 받음으로써 입는 불이익보다 훨씬 중대하므로, 심판대상조항은 과잉금지원칙에 위반되지 않는다(헌재 2023.2.23. 2022헌바22).

3. **무과실운행자에 대한 손해배상책임** (헌재 1998.5.28. 96헌가4)

   ① **무과실운행자에 대한 손해배상책임을 인정**하는 자동차손해배상보장법 제3조는 시장경제질서에 위반되지 않는다.
   ② 특수한 불법행위책임에 관하여 위험책임의 원리를 수용하는 것은 입법자의 재량에 속한다고 할 것이다.

4. 신문판매업자가 독자에게 1년 동안 제공하는 무가지와 경품류를 합한 가액이 같은 기간에 당해 독자로부터 받는 **유료신문대금의 20%를 초과하는 경우 무가지와 경품류의 제공행위를 불공정거래행위로서 금지**하는 것은 자유시장경제질서에 반하지 않는다(헌재 2002.7.18. 2001헌마605).

5. 도시개발구역에 있는 국가나 지방자치단체 소유의 재산으로서 도시개발사업에 필요한 재산에 대한 **우선 매각 대상자를 도시개발사업의 시행자로** 한정하고 국공유지의 점유자에게 우선 매수 자격을 부여하지 않는 도시개발법 관련 규정은 사적 자치의 원칙을 기초로 한 자본주의 시장경제질서를 규정한 헌법 제119조 제1항에도 위반되지 아니한다(헌재 2009.11.26. 2008헌바711).

6. 공무원연금법이 제정될 당시부터 공무원의 보수수준은 일반사업의 급료에 비하여 상대적으로 낮은 편이고, **공무원연금법상의 각종 급여수급권 전액에 대하여 압류를 금지한 것**이 기본권 제한의 입법적 한계를 넘어서 재산권의 본질적 내용을 침해한 것이거나 헌법상의 경제질서에 위반된다고 볼 수는 없다(헌재 2000.3.30. 99헌바53).

7. 청구인은 영업의 자유와 일반적 행동의 자유도 침해되고 헌법상 경제질서에도 위배된다고 주장하지만, **허가받은 지역 밖에서의 이송업의 영업을 금지하고 처벌하는 '응급의료에 관한 법률'**과 가장 밀접한 관계에 있는 직업수행의 자유 침해 여부를 판단하는 이상 이 부분 주장에 대해서는 별도로 판단하지 아니한다. 국민의 생명과 건강에 직결되는 응급이송체계를 적정하게 확립한다는 공익의 중요성에 비추어 영업지역의 제한에 따라 침해되는 이송업자의 사익이 크다고 보기는 어려우므로 법익의 균형성도 인정된다. 따라서 직업수행의 자유를 침해한다고 볼 수 없다(헌재 2018.2.22. 2016헌바100).

8. **국민연금제도**는 상호부조의 원리에 입각한 사회연대성에 기초하여 소득재분배의 기능을 함으로써 사회적 시장경제질서에 부합하는 제도이므로, 국민연금에 가입을 강제하는 법률 조항은 헌법의 시장경제질서에 위배되지 않는다(헌재 2001.2.22. 99헌마365).

3. 사회적 시장경제질서

> **헌법 제119조** ② 국가는 균형 있는 국민경제의 성장 및 안정과 적정한 소득의 분배를 유지하고, 시장의 지배와 경제력의 남용을 방지하며, 경제주체 간의 조화를 통한 경제의 민주화를 위하여 경제에 관한 규제와 조정을 할 수 있다.

(1) 의의

제119조 제2항은 헌법이 이미 많은 문제점과 모순을 노정한 자유방임적 **시장경제를 지향하지 않고** 아울러 전체주의 국가의 계획통제경제도 지양(止揚)하면서 국민 모두가 호혜공영하는 실질적인 사회정의가 보장되는 국가, 환언하면 자본주의적 생산양식이라든가 시장메커니즘의 자동조절기능이라는 골격은 유지하면서 근로대중의 최소한의 인간다운 생활을 보장하기 위하여 소득의 재분배, 투자의 유도·조정, 실업자 구제 내지 완전고용, 광범한 사회보장을 책임 있게 시행하는 국가, 즉 민주복지국가의 이상을 추구하고 있음을 의미하는 것이다(헌재 1989.12.22. 88헌가13).

(2) 헌법상 경제목표

헌법은 제119조 이하의 경제에 관한 장에서 '균형 있는 국민경제의 성장과 안정, 적정한 소득의 분배, 시장의 지배와 경제력 남용의 방지, 경제주체 간의 조화를 통한 경제의 민주화, 균형 있는 지역경제의 육성, 중소기업의 보호육성, 소비자 보호 등'의 경제영역에서의 국가목표를 명시적으로 규정함으로써 국가가 경제정책을 통하여 달성하여야 할 '공익'을 구체화하고, 동시에 헌법 제37조 제2항의 기본권 제한을 위한 일반법률유보에서의 '**공공복리**'를 구체화하고 있다(헌재 1996.12.26. 96헌가18).

⚖ 판례 | 헌법 제119조 제2항의 규범적 의미

1. 헌법 제119조 제2항의 '경제의 민주화'의 헌법적 의미

헌법 제119조 제2항에 규정된 '경제주체 간의 조화를 통한 경제민주화'의 이념도 경제영역에서 정의로운 사회질서를 형성하기 위하여 추구할 수 있는 국가목표로서 개인의 기본권을 제한하는 국가행위를 정당화하는 헌법규범이다(헌재 2003.11.27. 2001헌바35).

2. 경제적 기본권의 제한에 대한 심사기준

경제적 기본권의 제한을 정당화하는 공익이 헌법에 명시적으로 규정된 목표에만 제한되는 것은 아니고, 헌법은 단지 국가가 실현하려고 의도하는 전형적인 경제목표를 예시적으로 구체화하고 있을 뿐이므로 기본권의 침해를 정당화할 수 있는 모든 공익을 아울러 고려하여 법률의 합헌성 여부를 심사하여야 한다(헌재 1996.12.26. 96헌가18).

3. 독과점규제

독과점규제의 목적이 경쟁의 회복에 있다면 이 목적을 실현하는 수단 또한 자유롭고 공정한 경쟁을 가능하게 하는 방법이어야 한다(헌재 1996.12.26. 96헌가18).

4. 자영업자가 많은 우리의 현실에서 대다수가 중소상인인 가맹점사업자들의 생존을 위협하여 국민생활의 균등한 향상 등 경제영역에서의 사회정의가 훼손될 수 있다. 이는 우리 헌법이 지향하는 사회적 시장경제질서에 부합하지 않으므로, 국가는 헌법 제119조 제2항에 따라 가맹본부가 우월적 지위를 남용하는 것을 방지하고, 가맹본부와 가맹점사업자 간의 부조화를 시정하거나 공존과 상생을 도모하기 위해 규제와 조정을 할 수 있다(헌재 2021.10.28. 2019헌마288).

헌법 위반인 것

소주판매업자가 매월 소주류 총구입액의 **100분의 50 이상을 자도소주로 구입하도록 하는 구입명령제도**는 지방소주업체들이 각 도마다 최소한 50%의 지역시장 점유율을 보유하게 하여 지역 독과점적 현상의 고착화를 초래하게 한다. 오히려 경쟁을 저해하는 것이기 때문에 공정하고 자유로운 경쟁을 유지하고 촉진하려는 목적인 '독과점규제'라는 공익을 달성하기 위한 적정한 조치로 보기 어렵다(헌재 1996.12.26. 96헌가18).

헌법 위반이 아닌 것

1. **탁주의 공급구역제한**은 소비자의 자기결정권 또는 탁주제조업자의 직업의 자유를 침해한다고 할 수 없다(헌재 1999.7.22. 98헌가5).

2. **중계유선방송사업자가 방송의 중계송신업무만 할 수 있고, 보도, 논평, 광고는 할 수 없도록** 제한하고 이를 위반한 경우 과징금 등의 제재를 가하도록 한 것은 '시장의 지배와 경제력의 남용을 방지하며, 경제주체 간의 조화를' 도모하기 위한 것으로서 헌법 제119조 제2항의 경제질서를 위반한다고 볼 수 없다(헌재 2001.5.31. 2000헌바43).

3. **부도수표 발행인을 형사처벌하는** 부정수표단속법 제2조 제2항은 과잉금지원칙이나 채무불이행을 이유로 한 처벌을 금지한 국제조약에 위배되지 않는다(헌재 2011.7.28. 2009헌바267).

4. **무가지 경품류의 제공을 제한하는 신문고시** 제3조는 독점규제와 공정한 거래유지라는 정당한 공익을 실현하려는 것으로써 그 공익이 사익적 가치보다 크므로 자유시장경제질서와 과잉금지원칙에 위반되지 않는다(헌재 2002.7.18. 2001헌마605).

5. 장래의 경제적 손실을 금전 또는 유가증권으로 보전해 줄 것을 약정하고 **회비 등의 명목으로 금전을 수입하는 행위를 인가·허가 없이 하는 유사수신행위를 금지한** 유사수신행위의규제에관한법률은 경제주체 간의 부조화를 방지하고 금융시장의 공정성을 확보하기 위하여 마련된 이 사건 법률조항은 그 정당성이 헌법 제119조 제2항에 의하여 뒷받침될 수 있으므로 시장경제질서에 위반되지 않는다(헌재 2003.2.27. 2002헌바4).

(3) 보충성원칙

헌법 제119조 제1항에 따라 개인과 기업의 자유와 창의 정신에 따라 형성되는 것을 원칙으로 하면서 이에 따른 문제점을 제거하기 위하여 국가가 **보충적으로** 경제에 대한 규제와 조정을 하는 경제질서를 사회적 시장경제질서라 한다.

> **⚖판례 | 보충성원칙**
>
> 1. 우리 헌법 제23조 제1항, 제119조 제1항에서 추구하고 있는 경제질서는 개인과 기업의 경제상의 자유와 창의를 최대한도로 존중·보장하는 자본주의에 바탕을 둔 시장경제질서이므로 국가적인 규제와 통제를 가하는 것도 **보충의 원칙에 입각하여** 어디까지나 자본주의 내지 시장경제질서의 기초라고 할 수 있는 사유재산제도와 아울러 경제행위에 대한 사적 자치의 원칙이 존중되는 범위 내에서만 허용될 뿐이라 할 것이다(헌재 1989.12.22. 88헌가13).
> 2. 토지투기 방지를 통한 토지의 효율적 이용을 위한 **토지거래허가제**를 규정하고 있는 국토이용관리법 제21조의3 제1항은 사적 자치원칙이나 보충의 원리에 위반되지 않는다(헌재 1989.12.22. 88헌가13).
> 3. 허가를 받지 아니하고 체결한 **토지거래계약**의 **사법적 효력**을 부인하는 법은 **토지거래허가제**의 입법목적을 달성하기 위하여 필요하고도 적절한 것이라 인정된다(헌재 1997.6.26. 92헌바5).

> **⚖판례 | 조세와 헌법 제119조 제2항**
>
> 1. 국가에 대하여 경제에 관한 규제와 조정을 할 수 있도록 규정한 헌법 제119조 제2항이 보유세 부과 그 자체를 금지하는 취지로 보이지 아니하므로 주택 등에 보유세인 **종합부동산세를 부과하는** 그 자체를 헌법 제119조에 위반된다고 보기 어렵다(헌재 2008.11.13. 2006헌바112).
> 2. 헌법 제119조 제2항은 국가가 경제영역에서 실현하여야 할 목표의 하나로서 '적정한 소득의 분배'를 들고 있지만, 이로부터 반드시 소득에 대하여 **누진세율에 따른 종합과세를 시행하여야 할 구체적인 헌법적 의무**가 조세입법자에게 부과되는 것이라고 할 수 없다(헌재 1999.11.25. 98헌마55).

4. 구체적 경제조항

(1) 천연자원의 채취·개발·특허 및 보호

> 헌법 제120조 【천연자원의 채취·개발·특허 및 보호】 ① 광물 기타 중요한 지하자원·수산자원·수력과 경제상 이용할 수 있는 자연력은 법률이 정하는 바에 의하여 일정한 기간 그 채취·개발 또는 이용을 특허할 수 있다.
> ② 국토와 자원은 국가의 보호를 받으며, 국가는 그 균형 있는 개발과 이용을 위하여 필요한 계획을 수립한다.

(2) 농지의 소작제도는 절대적 금지, 농지의 임대차·위탁경영 부분적 허용

> 헌법 제121조 【농지의 소작제도금지, 농지의 임대차·위탁경영】 ① 국가는 농지에 관하여 경자유전의 원칙이 달성될 수 있도록 노력하여야 하며, 농지의 소작제도는 금지된다.
> ② 농업생산성의 제고와 농지의 합리적인 이용을 위하거나 불가피한 사정으로 발생하는 농지의 임대차와 위탁경영은 법률이 정하는 바에 의하여 인정된다.
>
> 제헌헌법 제86조 농지는 농민에게 분배하며 그 분배의 방법, 소유의 한도, 소유권의 내용과 한계는 법률로써 정한다.

농지법 제6조【농지 소유 제한】① 농지는 자기의 농업경영에 이용하거나 이용할 자가 아니면 소유하지 못한다.
② 제1항에도 불구하고 다음 각 호의 어느 하나에 해당하는 경우에는 농지를 소유할 수 있다. 다만, 소유 농지는 농업경영에 이용되도록 하여야 한다.
4. 상속(상속인에게 한 유증을 포함한다. 이하 같다)으로 농지를 취득하여 소유하는 경우

⚖ 판례 | 농지 관련 판례

1. 종중 농지소유금지
　헌법 제121조는 전근대적인 법률관계인 소작제도의 청산을 의미하며, 부재지주로 인하여 야기되는 농지 이용의 비효율성을 제거하기 위하여 경자유전의 원칙을 국가의 의무로서 천명한 것이다. 농업 경영에 이용하지 않는 경우에 농지소유를 원칙적으로 금지하고 있는 농지법 제6조 제1항에도 불구하고, 예외적인 경우에는 농지소유를 허용하면서, 그러한 예외에 종중은 포함하지 않고 있는 구 농지법 제6조는 종중의 재산권 침해가 아니다(헌재 2013.6.27. 2011헌바278).

2. 8년 이상 **자경업자에 한해** 양도소득세 면제는 평등권 침해가 아니다(헌재 2003.11.27. 2003헌바2).

3. 농지를 직접 경작했는가를 기준으로 농지양도소득세 감면을 결정하는 것은 조세평등주의 원칙에 부합된다(헌재 2015.5.28. 2014헌바261·262).

4. 소유자가 농지 소재지에 거주하지 아니하거나 **경작하지 아니하는 농지**를 비사업용 토지로 보아 60%의 중과세율을 적용하는 구 소득세법 제104조는 과잉금지에 반하지 않는다(헌재 2012.7.26. 2011헌바357).

(3) 효율적 이용·개발

헌법 제122조【국토의 이용·개발제한과 의무부과】국가는 국민 모두의 생산 및 생활의 기반이 되는 국토의 효율적이고 균형 있는 이용·개발과 보전을 위하여 법률이 정하는 바에 의하여 그에 관한 필요한 제한과 의무를 과할 수 있다.

(4) 농·어촌종합개발, 농·어민 및 중소기업의 보호·육성

헌법 제123조【농·어촌종합개발, 농·어민 및 중소기업의 보호·육성】① 국가는 농업 및 어업을 보호·육성하기 위하여 농·어촌종합개발과 그 지원 등 필요한 계획을 수립·시행하여야 한다.
② 국가는 지역 간의 균형 있는 발전을 위하여 지역경제를 육성할 의무를 진다.
③ 국가는 중소기업을 보호·육성하여야 한다.
④ 국가는 농수산물의 수급균형과 유통구조의 개선에 노력하여 가격안정을 도모함으로써 농·어민의 이익을 보호한다.
⑤ 국가는 농·어민과 중소기업의 자조조직을 육성하여야 하며, 그 자율적 활동과 발전을 보장한다.

⚖ 판례 | 헌법 제123조 제5항 농·어민 자조조직 육성의무와 자율적 활동보장

헌법 제123조 제5항은 국가에게 '농·어민의 자조조직을 육성할 의무'와 '자조조직의 자율적 활동과 발전을 보장할 의무'를 아울러 규정하고 있는데, 이러한 국가의 의무는 **자조조직이 제대로 활동하고 기능하는 시기에는** 그 조직의 자율성을 침해하지 않도록 하는 소극적 의무를 다하면 된다고 할 수 있지만, **그 조직이 제대로 기능하지 못하고** 향후의 전망도 불확실한 경우라면 단순히 그 조직의 자율성을 보장하는 것에 그쳐서는 아니 되고, 적극적으로 이를 육성하여야 할 의무까지도 수행하여야 한다고 할 것이다(헌재 2000.6.1. 99헌마553).

⚖ 판례 | 주세법의 자도소주 구입강제제도는 직업의 자유를 침해한다. (헌재 1996.12.26. 96헌가18)

1. 독과점규제

헌법 제119조 제2항은 독과점규제라는 경제정책적 목표를 개인의 경제적 자유를 제한할 수 있는 정당한 공익의 하나로 명문화하고 있다. 독과점규제의 목적이 경쟁의 회복에 있다면 이 목적을 실현하는 수단 또한 자유롭고 공정한 경쟁을 가능하게 하는 방법이어야 한다. 그러나 주세법의 구입명령제도는 전국적으로 자유경쟁을 배제한 채 지역할거주의로 자리잡게 되고 그로써 지역 독과점현상의 고착화를 초래하므로, 독과점규제란 공익을 달성하기에 적정한 조치로 보기 어렵다.

2. 지역경제육성

전국 각 도에 균등하게 하나씩의 소주제조기업을 존속케 하려는 주세법에서는 수정되어야 할 구체적인 지역 간의 차이를 확인할 수 없고, 따라서 1도1소주제조업체의 존속유지와 지역경제의 육성 간에 상관관계를 찾아볼 수 없으므로 '지역경제의 육성'은 기본권의 침해를 정당화할 수 있는 공익으로 고려하기 어렵다.

⚖ 판례 | 중소기업보호의무와 지역경제육성의무 *합헌결정

1. **의약품 도매상 허가를 받기 위해 필요한 창고면적의 최소기준**을 규정하고 있는 약사법 조항들은 중소기업을 특정하여 이에 대해 제한을 가하는 규정이 아니므로 위 조항들이 헌법 제123조 제3항에 규정된 국가의 중소기업 보호·육성의무를 위반하였다고 보기 어렵다(헌재 2014.4.24. 2012헌마811).

2. 제주특별자치도 안에서 생산되는 **감귤의 출하조정·품질검사** 등에 관하여 필요한 조치를 위반한 자에게 과태료를 부과하도록 하는 '제주특별자치도 설치 및 국제자유도시 조성을 위한 특별법'은 감귤의 가격안정과 품질향상을 통한 지역경제의 육성과 감귤농가의 보호라는 공익보다 크다고 할 수 없으므로, 법익의 균형성도 인정된다. 따라서 이 사건 법률조항은 과잉금지원칙에 위배하여 청구인의 재산권과 직업수행의 자유를 침해한다고 할 수 없다(헌재 2011.10.25. 2010헌바126).

---

(5) 소비자보호

> **헌법 제124조【소비자보호】** 국가는 건전한 소비행위를 계도하고 생산품의 품질향상을 촉구하기 위한 소비자보호운동을 법률이 정하는 바에 의하여 보장한다.

① 헌법상 소비자권리를 명시적으로 규정한 조문은 없다.

② 소비자보호운동은 제8차 개정헌법부터 규정되어 왔다.

③ 학설은 소비자보호운동 조항으로부터 소비자의 권리를 도출하고 있으나, 헌법재판소 판례는 소비자의 자기결정권을 행복추구권으로부터 도출하고 있다.

④ **소비자의 권리가 재판제도의 이용에 적용되는지 여부:** 청구인은 재판제도는 국가가 국민에게 제공하는 법률서비스인데 이 사건 법률조항이 배당이의의 소에 있어서 법률서비스에 대한 소비자로서의 국민의 권리를 부당하게 제한한다고 주장한다. 살피건대, 헌법 제124조는 "국가는 건전한 소비행위를 계도하고 생산품의 품질향상을 촉구하기 위한 소비자보호운동을 법률이 정하는 바에 의하여 보장한다."라고 규정하고 있는바, 위 조항에 의하여 보호되는 것은 사적 경제영역에서 영리를 추구하는 기업이 제공하는 물품 또는 서비스를 이용하는 소비자가 기업에 대하여 갖는 권리에 관한 것인 반면, **헌법 제27조에 규정된 재판청구권은 국가에 대하여 재판을 청구할 수 있는 주관적 공권에 관한 것이므로 사적 영역에 적용되는 소비자의 권리를 국가가 제공하는 재판제도의 이용의 문제에 적용할 수 없다고 할 것이다**(헌재 2005.3.31. 2003헌바92).

⚖️ 판례 | 소비자보호운동과 형법상 업무방해죄 (헌재 2011.12.29. 2010헌바54) ***합헌결정**

1. 헌법이 보장하는 소비자보호운동의 일환으로 행해지는 소비자불매운동이 헌법적 허용한계를 가지는지 여부 (적극)
   ① **소비자불매행동의 보호범위:** 소비자불매운동이란, '하나 또는 그 이상의 운동주도세력이 소비자의 권익을 향상시킬 목적으로 개별 소비자들로 하여금 시장에서 특정 상품의 구매를 억지하거나 제3자로 하여금 그렇게 하도록 설득하는 조직화된 행위'를 의미한다. 우선, 개별 소비자나 소비자단체가 '운동의 주체'인데, 2인 이상이 의사를 합치하여 조직적 활동을 벌인 것이라면 소비자보호법상 등록된 소비자단체에 한정되지 않으며, 잠재적으로 소비자가 될 가능성이 있다면 누구나 운동의 주체가 될 수 있다. 불매운동의 목표로서의 '소비자의 권익'이란 원칙적으로 사업자가 제공하는 물품이나 용역의 소비생활과 관련된 것으로서 상품의 질이나 가격, 유통구조, 안전성 등 시장적 이익에 국한된다. 또한 '소비자불매운동의 대상'은 물품 등을 공급하는 사업자나 공급자를 직접 상대방으로 하는 경우가 대부분이지만, 해당 물품 등의 사업자를 고립시키기 위하여 그 사업자의 거래상대방인 제3자에 대하여 사업자와의 거래를 단절하도록 요구하고 이를 관철하기 위하여 사업자의 거래상대방을 대상으로 불매운동을 실행하는 경우도 예상할 수 있다. 한편, 불매운동이 예정하고 있는 '불매행위'에는, 단순히 불매운동을 검토하고 있다는 취지의 의견을 표현하는 행위뿐만 아니라, 다른 소비자들에게 **불매운동을 촉구하는 행위, 불매운동 실행을 위한 조직행위, 직접적으로 불매를 실행하는 행위** 등이 모두 포괄될 수 있다.
   ② 일간신문을 구매하는 소비자의 입장에서 볼 때, 해당 신문의 정치적 입장이나 보도논조는 신문에 실리는 정보 또는 지식의 품질이나 구매력과 밀접한 연관성이 있어서 신문의 구매 여부를 결정하는 중요한 요소로서 신문이라는 상품의 품질이나 가격의 핵심적 부분을 차지하고 있다는 점에 비추어 볼 때, 청구인들이 문제삼고 있는 조중동 일간신문의 정치적 입장이나 보도논조의 편향성은 '소비자의 권익'과 관련되는 문제로서 불매운동의 목표가 될 수 있다 할 것이다.
   ③ **소비자불매운동의 헌법적 허용한계:** 소비자보호운동의 일환으로서, 구매력을 무기로 소비자가 자신의 선호를 시장에 실질적으로 반영하려는 시도인 소비자불매운동은 모든 경우에 있어서 그 정당성이 인정될 수는 없고, **헌법이나 법률의 규정에 비추어 정당하다고 평가되는 범위에 해당하는 경우에만** 형사책임이나 민사책임이 면제된다고 할 수 있다. … 광고주들에 대한 소비자불매운동의 정당성 여부를 판단함에 있어 이 사건 청구인들이 불매운동의 수단으로 선택한 **'무차별적 전화걸기'** 자체가 가지는 위력도 충분히 고려해야 할 것이다. 항의전화 횟수, 그와 더불어 행해진 홈페이지 글 남기기 등과 어울려 조직적으로 계획된 비정상적인 전화공세는, 그 내용의 정당성 여부를 떠나서 계속해서 걸려오는 전화 그 자체만으로도 심리적 압박과 두려움을 느낄 정도의 물리력 행사로서 사회통념의 허용한도를 벗어나 피해자의 자유의사를 제압하기에 족한 '위력'이 될 수도 있기 때문이다.

2. 소비자들이 집단적으로 벌이는 소비자불매운동에 위 법률조항들을 적용하는 것이 헌법이 소비자보호운동을 보장하는 취지에 반하는지 여부(소극)
   헌법이 보장하는 소비자보호운동에도 위에서 본 바와 같은 헌법적 허용한계가 분명히 존재하는 이상, 헌법이 보장하는 근로3권의 내재적 한계를 넘어선 쟁의행위가 형사책임 및 민사책임을 면할 수 없는 것과 마찬가지로, **헌법과 법률이 보장하고 있는 한계를 넘어선 소비자불매운동 역시 정당성을 결여한 것으로서 정당행위 기타 다른 이유로 위법성이 조각되지 않는 한 업무방해죄로 형사처벌할 수 있다고 할 것이다.** 따라서 집단적으로 이루어진 소비자불매운동 중 정당한 헌법적 허용한계를 벗어나 타인의 업무를 방해하는 결과를 가져오기에 충분한 집단적 행위를 처벌하는 형법 제314조 제1항 중 '제313조의 방법 중 기타 위계 또는 위력으로써 사람의 업무를 방해한 자' 부분, 형법 제30조 자체는 소비자보호운동을 보장하는 헌법의 취지에 반하지 않는다.

⚖ 판례 | 사회·경제적 또는 정치적 대의나 가치를 위한 불매운동

일반 시민들이 특정한 사회·경제적 또는 정치적 대의나 가치를 주장·옹호하거나 이를 진작시키기 위한 수단으로 소비자불매운동을 선택하는 경우도 있을 수 있고, 이러한 소비자불매운동 역시 반드시 헌법 제124조는 아니더라도 헌법 제21조에 따라 보장되는 정치적 표현의 자유나 헌법 제10조에 내재된 일반적 행동의 자유의 관점 등에서 보호받을 가능성이 있으므로, 단순히 소비자불매운동이 헌법 제124조에 따라 보장되는 소비자보호운동의 요건을 갖추지 못하였다는 이유만으로 이에 대하여 아무런 헌법적 보호도 주어지지 아니한다고 단정하여서는 아니 된다(대판 2013.4.11. 2010도13774).

(6) 대외무역의 육성과 규제·조정

헌법 제125조【대외무역의 육성과 규제·조정】국가는 대외무역을 육성하며, 이를 규제·조정할 수 있다.

(7) 사기업의 국·공유화 또는 통제·관리의 원칙적 금지 ★

헌법 제126조【사영기업의 국·공유화 또는 통제·관리의 금지】국방상 또는 국민경제상 긴절한 필요로 인하여 **법률이 정하는 경우를 제외하고는**, 사영기업을 국유 또는 공유로 이전하거나 그 경영을 통제 또는 관리할 수 없다.

① **사영기업 경영권의 불간섭원칙**: 헌법 제119조 제1항은 기업의 생성·발전·소멸은 어디까지나 기업의 자율에 맡긴다는 기업자유의 표현이며, 국가의 공권력은 특단의 사정이 없는 한 이에 대한 불개입을 원칙으로 한다는 뜻이다. 나아가 헌법 제126조는 사영기업의 경영권에 대한 불간섭의 원칙을 보다 구체적으로 밝히고 있다(헌재 1993.7.29. 89헌마3).
② **예외적으로 국·공유화할 수 있다**: 국방상·국민경제상 긴절한 필요가 있는 경우에 한하여 법률에 근거하여 사기업을 국·공유하거나 통제·관리하는 것은 예외적으로 허용될 수 있다.

⚖ 판례 | 경영에 대한 통제 또는 관리

'사영기업의 국유 또는 공유로의 이전'은 일반적으로 공법적 수단에 의하여 사기업에 대한 소유권을 국가나 기타 공법인에 귀속시키고 사회정책적·국민경제적 목표를 실현할 수 있도록 그 재산권의 내용을 변형하는 것을 말하며, 또 **사기업의 '경영에 대한 통제 또는 관리'**라 함은 비록 기업에 대한 소유권의 보유주체에 대한 변경은 이루어지지 않지만 사기업 경영에 대한 국가의 광범위하고 강력한 감독과 통제 또는 관리의 체계를 의미한다고 할 것이다(헌재 1998.10.29. 97헌마345).

③ **국·공유하려면 법률에 근거해야 한다**: 헌법재판소는 사기업을 관리·통제하기 위해서는 법률 또는 긴급명령에 근거하고 있어야 한다고 하면서 국제그룹해체 관련 재무부장관의 제일은행장에 대한 지시는 법률 또는 긴급명령에 근거 없이 이루어졌다고 하여 헌법 제126조에 위반된다고 하였다.

⚖ 판례 | 사납금제를 금지하기 위하여 택시운송사업자의 운송수입금 전액 수납의무와 운수종사자의 운송 수입금 전액 납부의무를 규정한 자동차운수사업법 ★합헌결정

운송수입금 전액관리제로 인하여 청구인들이 기업경영에 있어서 영리추구라고 하는 사기업 본연의 목적을 포기할 것을 강요받거나 전적으로 사회·경제정책적 목표를 달성하는 방향으로 기업활동의 목표를 전환해야 하는 것도 아니고, 그 기업경영과 관련하여 국가의 광범위한 감독과 통제 또는 관리를 받게 되는 것도 아니며, 더구나 청구인들 소유의 기업에 대한 재산권이 박탈되거나 통제를 받게 되어 그 기업이 사회의 공동 재산의 형태로 변형된 것도 아니므로, 이 사건에서 헌법 제126조의 사기업의 국·공유화 내지 그 경영의 통제·관리조항이 적용될 여지는 없다고 할 것이다. 그렇다면 이 사건 법률조항들이 헌법 제126조에 위반된다고 볼 수 없다(헌재 1998.10.29. 97헌마345).

⚖ 판례 | 국제그룹해체 위헌확인결정 (헌재 1993.7.29. 89헌마31)

1. **헌소대상 여부**
   재무부장관의 제일은행장에 대하여 한 해체지시는 조언권고에 그치는 것은 아니고 권력적 사실행위이므로 헌법소원대상이 된다.

2. **본안판단의 기준**
   ① 헌법 제126조에 위반 국가가 사영기업을 국유화하거나 관리·통제하려면 법률 또는 긴급명령에 근거하여야 한다. 공권력에 의한 국제그룹의 전격적인 전면해체조치는 법률적 근거 없이 사영기업의 경영권에 개입하여 그 힘으로 이를 제3자에게 이전시키기 위한 공권력의 행사였다는 점에서 헌법 제119조 제1항, 제126조 소정의 개인기업의 자유와 경영권 불간섭의 원칙을 직접적으로 위반한 것이다.
   ② 법률에 근거 없는 **재무부장관의 제일은행장에 대하여 한 해체지시는 법치국가원리에 위반된다.**

(8) 과학기술의 혁신·개발과 국가표준제도 확립

헌법 제127조【과학기술의 혁신·개발과 국가표준제도 확립】 ① 국가는 과학기술의 혁신과 정보 및 인력의 개발을 통하여 국민경제의 발전에 노력하여야 한다.
② 국가는 국가표준제도를 확립한다.
③ 대통령은 제1항의 목적을 달성하기 위하여 필요한 자문기구를 둘 수 있다.

☑ 헌법 경제장에 규정되지 않은 것

1. 농지는 원칙적으로 농민에게 분배되어야 한다.
2. 한국은행 독립성
3. 토지생산성 제고
4. 독과점의 규제와 조정
5. 환경보호운동보장
6. 국토의 효율적이고 지속가능한 개발과 보전
7. 농지를 농민에게 분배
8. 기간산업보호
9. 풍력의 개발과 이용의 특허
10. 지속가능한 국민경제의 성장
11. 소비자의 권리

제8절 문화국가의 원리

01 문화국가원리의 의의

문화국가의 원리란 소극적으로는 국가로부터 문화의 자율성을 보장받으면서, 적극적으로는 국가가 문화를 형성하고 보호하여야 한다는 헌법원리이다.

02 우리 헌법상의 문화국가원리

> 헌법 제9조【전통문화의 계승·발전, 민족문화의 창달】국가는 전통문화의 계승·발전과 민족문화의 창달에 노력하여야 한다.

(1) 전통문화 계승

우리나라는 제헌헌법 이래 문화국가원리를 헌법의 기본원리로 채택하고 있고, 1980년 헌법에서 국가의 문화진흥의무를 규정하였다.

⚖ 판례 | 문화국가원리

1. 호주제

헌법전문과 헌법 제9조에서 말하는 '전통', '전통문화'란 역사성과 시대성을 띤 개념으로 이해하여야 한다. 과거의 어느 일정 시점에서 역사적으로 존재하였다는 사실만으로 모두 헌법의 보호를 받는 전통이 되는 것은 아니다. 역사적 전승으로서 오늘의 헌법이념에 반하는 것은 헌법전문에서 타파의 대상으로 선언한 '사회적 폐습'이 될 수 있을지언정 헌법 제9조가 '계승·발전'시키라고 한 전통문화에는 해당하지 않는다고 보는 것이 우리 헌법의 자유민주주의 원리, 전문, 제9조, 제36조 제1항을 아우르는 조화적 헌법해석이라 할 것이다. 결론적으로 전래의 어떤 가족제도(호주제)가 헌법 제36조 제1항이 요구하는 개인의 존엄과 양성평등에 반한다면 헌법 제9조를 근거로 그 **헌법적 정당성을 주장할 수는 없다**(헌재 2005.2.3. 2001헌가9).

2. 문화재에 관한 사회적 의무

국가의 전통문화 계승·발전과 민족문화 창달에 노력할 의무를 규정한 우리 헌법 제9조의 정신에 비추어 문화재에 관한 재산권 행사에 일반적인 재산권 행사보다 강한 사회적 의무성이 인정된다(헌재 2007.7.26. 2003헌마377).

3. 전통문화의 계승·발전 규정으로부터 문화재처분을 제한한 것에 대한 보상을 해야 할 의무는 도출되지 않는다.

헌법 제9조의 규정취지와 민족문화유산의 본질에 비추어 볼 때, 국가가 민족문화유산을 보호하고자 하는 경우 이에 관한 헌법적 보호법익은 '민족문화유산의 존속' 그 자체를 보장하는 것이고, 원칙적으로 민족문화유산의 훼손 등에 관한 가치보상이 있는지 여부는 이러한 헌법적 보호법익과 직접적인 관련이 없다(헌재 2003.1.30. 2001헌바64).

---

(2) 문화국가원리와 국가

국가는 문화조성을 위해 문화에 개입할 수는 있으나 문화의 가치와 방향을 1차적으로 정해서는 안 된다. 국가가 1차적으로 문화를 결정한다면 문화의 자율성과 문화국가원리와 관련되는 기본권을 실현할 수 없을 것이기 때문이다.

⚖️ 판례 | 문화영역에서 국가의 역할

1. 문화와 국가

우리나라는 건국헌법 이래 문화국가의 원리를 헌법의 기본원리로 채택하고 있다. 문화국가원리는 국가의 문화국가실현에 관한 과제 또는 책임을 통하여 실현되는바, 국가의 문화정책과 밀접 불가분의 관계를 맺고 있다. 과거 국가절대주의 사상의 국가관이 지배하던 시대에는 국가의 적극적인 문화간섭정책이 당연한 것으로 여겨졌다. 그러나 오늘날에 와서는 국가가 어떤 문화현상에 대하여도 이를 선호하거나 우대하는 경향을 보이지 않는 **불편부당의 원칙**이 가장 바람직한 정책으로 평가받고 있다. 오늘날 문화국가에서의 문화정책은 그 초점이 문화 그 자체에 있는 것이 아니라 문화가 생겨날 수 있는 문화풍토를 조성하는 데 두어야 한다. 문화국가원리의 이러한 특성은 문화의 개방성 내지 다원성의 표지와 연결되는데, 국가의 문화육성의 대상에는 원칙적으로 모든 사람에게 문화창조의 기회를 부여한다는 의미에서 **모든 문화가 포함된다**. 따라서 엘리트문화뿐만 아니라 서민문화, 대중문화도 그 가치를 인정하고 정책적인 배려의 대상으로 하여야 한다(헌재 2004.5.27. 2003헌가1 등).

2. 지역어

국가 및 지방자치단체에게 '초·중등교육 과정에 지역어 보전 및 지역의 실정에 적합한 기준과 내용의 교과를 편성할 구체적인 의무'는 작위의무가 있다고 명시한 바 없고, 헌법 제10조(행복추구권), 제31조(교육을 받을 권리), 제9조(전통문화의 계승·발전과 민족문화의 창달에 노력할 국가의무)로부터도 위와 같은 작위의무가 도출된다고 할 수 없다(헌재 2009.5.28. 2006헌마618).

⚖️ 판례 | 헌법 위반 여부

헌법 위반인 것

1. **호주제**는 남계혈통을 중시하여 혼인과 가족생활에서 여성을 부당하게 차별하므로 헌법 제36조에 위반된다(헌재 2005.2.3. 2001헌가9).

2. **과외를 원칙적으로 금지하는 것**은 문화국가원리에 위반된다(헌재 2000.4.27. 98헌가16, 98헌마429).

3. **문화예술진흥기금을 위한 부담금 부과**는 공연관람자 등이 예술감상에 의한 정신적 풍요를 느낀다면 그것은 헌법상의 문화국가원리에 따라 국가가 적극 장려할 일이지, 이것을 일정한 집단에 의한 수익으로 인정하여 그들에게 경제적 부담을 지우는 것은 헌법의 문화국가이념(제9조)에 역행하는 것이다(헌재 2003.12.18. 2002헌가2).

4. 피청구인 대통령의 지시로 피청구인 대통령 비서실장, 정무수석비서관, 교육문화수석비서관, 문화체육관광부장관이 야당 소속 후보를 지지하였거나 정부에 비판적 활동을 한 문화예술인이나 단체를 정부의 문화예술 지원사업에서 배제할 목적으로, 한국문화예술위원회, 영화진흥위원회, 한국출판문화산업진흥원 소속 직원들로 하여금 특정 개인이나 단체를 문화예술인 지원사업에서 배제하도록 한 일련의 지시 행위가 청구인들의 평등권을 침해하는지 여부(적극)

우리 헌법상 문화국가원리는 견해와 사상의 다양성을 그 본질로 하며, 이를 실현하는 국가의 문화정책은 불편부당의 원칙에 따라야 하는바, 모든 국민은 정치적 견해 등에 관계없이 문화 표현과 활동에서 차별을 받지 않아야 한다. 그럼에도 불구하고 피청구인들이 이러한 중립성을 보장하기 위하여 법률에서 정하고 있는 제도적 장치를 무시하고 정치적 견해를 기준으로 청구인들을 문화예술계 정부지원사업에서 배제되도록 차별취급한 것은 헌법상 문화국가원리와 법률유보원칙에 반하는 자의적인 것으로 정당화될 수 없다. 정치적 견해만을 기준으로 하여 그들의 공정한 심사 기회를 박탈하고 심의에서 일절 배제되도록 한 것은 정당화될 수 없는 자의적인 차별행위이다. 따라서 이 사건 지원배제 지시는 청구인들의 평등권을 침해한다(헌재 2020.12.23. 2017헌마416).

헌법 위반이 아닌 것

1. **영화발전기금을 위한 부담금 부과**는 영화산업의 소비자인 관람객에게 돌아가게 되어 그 집단적 책임성 및 효용성도 인정되므로 영화관 관람객의 재산권 및 영화관 경영자의 직업수행의 자유를 침해하지 아니한다. 그리고 영화관 관람객은 영화의 본래적·전형적 소비자라는 점에서 이들의 평등권도 침해하지 않는다(헌재 2008.11.27. 2007헌마860).

2. 오늘날 종교적인 의식 또는 행사가 하나의 사회공동체의 문화적인 현상으로 자리잡고 있으므로, 어떤 의식, 행사, 유형물 등이 비록 종교적인 의식, 행사 또는 상징에서 유래되었다고 하더라도 그것이 이미 우리 사회공동체 구성원들 사이에서 **관습화된 문화요소로 인식되고 받아들여질 정도에 이르렀다면**, 일정 범위 내에서 전통문화의 계승·발전이라는 문화국가원리에 부합하며 정교분리원칙에 위배되지 않는다(대판 2009.5.28. 2008두16933).

3. **사업시행자에게 문화재 발굴비용부담**
   건설공사 과정에서 매장문화재의 발굴로 인하여 문화재 훼손 위험을 야기한 **사업시행자에게 원칙적으로 발굴경비를 부담시킴으로써**, 대통령령으로 정하는 경우에는 예외적으로 국가 등이 발굴비용을 부담할 수 있는 완화규정을 두고 있어 침해최소성 원칙, 법익균형성 원칙에도 반하지 아니하므로, 과잉금지원칙에 위배되지 아니한다(헌재 2011.7.28. 2009헌바244).

4. 청소년의 건강 보호 및 건전한 성장을 위하여 심야시간대에 한하여 16세 미만 청소년에 대한 제공을 제한하는 것일 뿐이므로 **인터넷게임** 관련 산업이나 문화에 대한 국가의 부당한 제한이라고 볼 수는 없다. 따라서 **16세 미만 자의 22시 이후 게임금지**는 헌법상 문화국가의 원리에 반한다는 청구인들의 주장은 이유 없다(헌재 2014.4.24. 2011헌마659).

제9절 국제평화주의

01 국제평화주의의 의의

1. 연혁

제2차 세계대전 이후에 각국의 헌법에서 국제평화주의는 일반적으로 수용되었다.

2. 현행헌법과 국제평화주의

[헌법전문] "항구적인 세계평화와 인류공영에 이바지함으로써 …"

헌법 제5조 【침략적 전쟁의 부인, 국군의 사명과 정치적 중립성】 ① 대한민국은 국제평화의 유지에 노력하고 침략적 전쟁을 부인한다.

02 현행헌법의 국제법 질서 존중 ★★

헌법 제6조 【조약과 국제법규의 효력, 외국인의 법적 지위】 ① 헌법에 의하여 체결·공포된 조약과 일반적으로 승인된 국제법규는 국내법과 같은 효력을 가진다.

1. 조약의 개념

조약은 '국가·국제기구 등 국제법 주체 사이에 권리·의무관계를 창출하기 위하여 서면 형식으로 체결되고 국제법에 의하여 규율되는 합의'이다. 최근 판례는 구두에 의한 합의도 조약이 될 수 있다고 한다.

📖 **판례정리**

헌법재판소가 조약으로 보지 않는 것

1. **마늘합의서**
   중국과의 합의로 그 연장 여부가 최종적으로 결정된 것으로 볼 수 없는 점에 비추어 헌법적으로 정부가 반드시 공포하여 국내법과 같은 효력을 부여해야 한다고 단정할 수 없다. 따라서 공포에 대한 헌법규정의 위반 여부와는 별도로 청구인들의 정보공개청구가 없었던 이 사건의 경우 이 사건 조항을 사전에 마늘재배농가들에게 공개할 정부의 의무가 존재한다고 볼 특별한 사정이 있다고 보기는 어려우므로 이 사건 부작위에 대한 심판청구는 부적법한 것으로 판단된다(헌재 2004.12.16. 2002헌마579).

2. **미국산 쇠고기 수입위생조건고시**는 조약이 아니라 행정규칙이므로 국회의 동의를 받아야 하는 것은 아니다(헌재 2008.12.26. 2008헌마419).

3. **남북합의서**는 남북관계를 '나라와 나라 사이의 관계가 아닌 통일을 지향하는 과정에서 잠정적으로 형성되는 특수관계'임을 전제로 하여 이루어진 합의문서인바, 이는 한민족공동체 내부의 특수관계를 바탕으로 한 당국 간의 합의로서 남북당국의 성의 있는 이행을 상호 약속하는 일종의 공동성명 또는 신사협정에 준하는 성격을 가짐에 불과하다(헌재 1997.1.16. 92헌바6·26).

4. **한일어업협정의 합의의사록**은 한일 양국 정부의 어업질서에 관한 양국의 협력과 협의 의향을 선언한 것으로서, 이러한 것들이 곧바로 구체적인 법률관계의 발생을 목적으로 한 것으로는 보기 어렵다 할 것이므로, 합의의사록은 조약에 해당하지 아니한다(헌재 2001.3.21. 99헌마139). ➡ 한일어업협정은 조약이다.

5. **한미동맹 동반자관계를 위한 전략대화 출범에 관한 공동성명**은 국회의 동의를 받아야 할 조약이 아니다(헌재 2008.3.27. 2006헌라4).

6. **일본군 위안부 문제 합의 발표** (헌재 2019.12.27. 2016헌마253) *각하결정
   ① **조약의 개념에 관하여 우리 헌법상 명문의 규정은 없다**: 국제법적으로, 조약은 국제법 주체들이 일정한 법률효과를 발생시키기 위하여 체결한 국제법의 규율을 받는 국제적 합의를 말하며 서면에 의한 경우가 대부분이지만 예외적으로 **구두합의도** 조약의 성격을 가질 수 있다. 조약과 비구속적 합의를 구분함에 있어서는 합의의 명칭, 합의가 서면으로 이루어졌는지 여부, 국내법상 요구되는 절차를 거쳤는지 여부와 같은 형식적 측면 외에도 합의의 과정과 내용·표현에 비추어 법적 구속력을 부여하려는 당사자의 의도가 인정되는지 여부, 법적 효력을 부여할 수 있는 구체적인 권리·의무를 창설하는지 여부 등 실체적 측면을 종합적으로 고려하여야 한다. 이에 따라 비구속적 합의로 인정되는 때에는 그로 인하여 국민의 법적 지위가 영향을 받지 않는다고 할 것이므로, 이를 대상으로 한 헌법소원심판청구는 허용되지 않는다.
   ② **대한민국 외교부장관과 일본국 외무부대신이 2015.12.28. 공동발표한 일본군 위안부 피해자 문제 관련 합의가 헌법소원심판청구의 대상이 되는지 여부(소극)**: 이 사건 합의는 양국 외교장관의 공동발표와 정상의 추인을 거친 공식적인 약속이지만, 서면으로 이루어지지 않았고, 통상적으로 조약에 부여되는 명칭이나 주로 쓰이는 조문 형식을 사용하지 않았으며, 헌법이 규정한 조약체결 절차를 거치지 않았다. 또한 합의 내용상 합의의 효력에 관한 양 당사자의 의사가 표시되어 있지 않을 뿐만 아니라, 구체적인 법적 권리·의무를 창설하는 내용을 포함하고 있지도 않다. 이 사건 합의를 통해 일본군 '위안부' 피해자들의 권리가 처분되었다거나 대한민국 정부의 외교적 보호권한이 소멸하였다고 볼 수 없는 이상 이 사건 합의가 일본군 '위안부' 피해자들의 법적 지위에 영향을 미친다고 볼 수 없으므로 위 피해자들의 배상청구권 등 기본권을 침해할 가능성이 있다고 보기 어렵고, 따라서 이 사건 합의를 대상으로 한 헌법소원심판청구는 허용되지 않는다.

2. 헌법에 의하여 체결·공포된 조약 ★★

> **헌법 제60조【조약·선전포고 등에 관한 동의권】** ① 국회는 상호원조 또는 안전보장에 관한 조약, 중요한 국제조직에 관한 조약, 우호통상항해조약, **주권의 제약에 관한 조약, 강화조약, 국가나 국민에게 중대한 재정적 부담을 지우는 조약 또는 입법사항에 관한 조약**의 체결·비준에 대한 **동의권을 가진다.**
>
> **참고** 국회의 동의권 규정은 있으나 국회의원의 동의권 규정은 없다.
>
> **제73조** 대통령은 조약을 체결·비준하고, 외교사절을 신임·접수 또는 파견하며, 선전포고와 강화를 한다.

(1) 조약의 성립절차

① **서명:** 일반적으로 전권대사가 조약에 대한 합의 성립을 최종적으로 확인하는 행위를 서명이라 한다.

② **국회동의:** 국회의 동의는 전권대사의 서명 후 대통령의 비준 전에 받아야 한다.

③ **국무회의 심의:** 모든 조약은 반드시 국무회의의 심의를 받아야 한다.

④ **대통령의 비준:** 전권대사가 서명한 조약을 조약체결권자인 국가원수가 최종적으로 확인하는 행위를 비준이라고 한다.

⑤ **효력발생:** 대통령이 공포한 후 특별한 규정이 없는 한 20일이 지나면 효력을 가진다.

(2) 국회동의

① 헌법 제60조 제1항에 열거된 조약은 국회의 동의가 필요하나 문화협정, 비자협정과 같이 **행정 협조적·기술적 조약은 국회의 동의가 필요 없다.** 제60조 제1항을 제한적 열거로 보는 견해가 다수설이다. **남북합의서**는 국회의 동의를 받지 않았다.

⚖ 판례 ㅣ 국회동의가 필요한 조약

1. **한미무역협정**은 우호통상항해조약의 하나로서 <u>국회동의가 필요한 조약</u>으로서 법률의 효력을 가진다. 그러나 성문헌법의 효력을 개정하는 효력이 없으므로 국민투표권 침해가능성은 없다(헌재 2013.11.29. 2012헌마166).

2. **한미행정협정(SOFA)으로 불리는 '대한민국과 아메리카합중국 간의 상호방위조약 제4조에 의한 시설과 구역 및 대한민국에서의 합중국 군대의 지위에 관한 협정'**은 그 명칭이 '협정'으로 되어 있어 국회의 관여 없이 체결되는 행정협정처럼 보이기도 하나 우리나라의 입장에서 볼 때에는 외국군대의 지위에 관한 것이고, 국가에게 재정적 부담을 지우는 내용과 입법사항을 포함하고 있으므로 국회의 동의를 요하는 조약으로 취급되어야 한다(헌재 1999.4.29. 97헌가14).

---

② **국회의 동의를 받지 않고 대통령이 조약을 비준한 경우:** 국회의원은 국회의 비준동의권을 침해받았다는 이유로 대통령을 피청구인으로 하여 권한쟁의심판을 청구할 수 없다.

⚖ 판례 ㅣ 국회의원의 권한쟁의심판청구

1. 국회가 헌법 제60조 제1항에 따라서 조약의 체결·비준에 대한 동의권한을 행사하는 경우에, 국회의원은 헌법 제40조 및 제41조 제1항과 국회법 제93조 및 제109조 내지 제112조에 따라서 조약의 체결·비준 동의안에 대하여 **심의·표결할 권한**을 가진다(헌재 2007.7.26. 2005헌라8).

---

2. 국가기관의 부분 기관이 자신의 이름으로 소속기관의 권한을 주장할 수 있는 '제3자 소송담당'을 명시적으로 허용하는 법률의 규정이 없는 현행법 체계하에서는 국회의 구성원인 **국회의원이 국회의 조약에 대한 체결·비준 동의권의 침해를 주장하는** 권한쟁의심판을 청구할 수 없다(헌재 2007.7.26. 2005헌라8).

3. 국회의원의 심의·표결권은 국회의 대내적인 관계에서 행사되고 침해될 수 있을 뿐 다른 국가기관과의 대외적인 관계에서는 침해될 수 없는 것이므로, 국회의원들 상호간 또는 국회의원과 국회의장 사이와 같이 국회 내부적으로만 직접적인 법적 연관성을 발생시킬 수 있을 뿐이고 대통령 등 국회 이외의 국가기관과 사이에서는 권한침해의 직접적인 법적 효과를 발생시키지 아니한다. 따라서 피청구인인 **대통령이 국회의 동의 없이 조약을 체결·비준하였다** 하더라도 국회의 조약 체결·비준에 대한 동의권이 침해될 수는 있어도 **국회의원인 청구인들의 심의·표결권이 침해될 가능성은 없다**(헌재 2007.7.26. 2005헌라8).

4. 국회 상임위원회 위원장이 회의장 출입문을 폐쇄하여 소수당 소속 상임위원회 위원들의 출입을 봉쇄한 상태에서 상임위원회 전체회의를 개의하여 안건을 상정한 행위 및 소위원회로 안건심사를 회부한 행위는 그 회의에 참석하지 못한 **소수당 소속 상임위원회 위원들의 조약비준동의안에 대한 심의권**을 침해한다 (헌재 2010.12.28. 2008헌라7).

③ **국회의 동의거부 효과**: 국회동의는 조약의 효력발생요건이므로 국회의 동의 없이 체결·비준된 조약은 국내법적 효력이 없지만, 국제법질서의 안정성과 상대국가의 신뢰보호차원에서 국제법적 효력은 유지된다.

(3) 헌법에 의하여 체결·공포된 조약의 효력

① **국회동의를 요하는 조약**: 국회의 동의를 요하는 조약은 내용이 법률로 제정되어야 할 사항이고 절차가 입법절차와 같으므로 법률의 효력을 가진다. 조약이 법률과 저촉되는 경우 신법우선원칙과 특별법우선의 원칙이 적용된다.

⚖️ 판례 | 법률의 효력을 가지는 조약

1. **마라케쉬 협정**은 국회의 동의를 받아 법률적 효력을 가지는 조약이므로 관세법이나 특정범죄가중처벌법의 개정 없이 마라케쉬 협정에 의하여 관세법 위반자의 처벌이 가중된다 하더라도 이를 들어 법률에 의하지 아니한 형사처벌이라거나 행위시의 법률에 의하지 아니한 형사처벌이라고 할 수 없다(헌재 1998.11.26. 97헌바65).

2. **국제통화기금**은 법률의 효력을 가지는 조약으로서 위헌법률심판의 대상이 된다(헌재 2001.9.27. 2000헌바20).

3. **GATT조약에 위반된 조례안**
'1994년 관세 및 무역에 관한 일반협정(GATT)'은 1994.12.16. **국회의 동의를 얻어** 1997.1.3. 공포·시행된 조약으로서 각 헌법 제6조 제1항에 의하여 국내법령과 동일한 효력을 가지므로 지방자치단체가 제정한 조례가 GATT에 위반되는 경우에는 그 효력이 없다. 특정 지방자치단체의 초·중·고등학교에서 실시하는 학교급식을 위해 위 지방자치단체에서 생산되는 우수 농수축산물과 이를 재료로 사용하는 가공식품을 우선적으로 사용하도록 하고 그러한 우수농산물을 사용하는 자를 선별하여 식재료나 식재료 구입비의 일부를 지원하며 지원을 받은 학교는 지원금을 반드시 당해 지방자치단체의 우수농산물을 구입하는 데 사용하도록 하는 것을 내용으로 하는 위 지방자치단체의 조례안이 내국민대우원칙을 규정한 '1994년 관세 및 무역에 관한 일반협정(General Agreement on Tariffs and Trade 1994)'에 위반되어 그 효력이 없다(대판 2005.9.9. 2004추10).

---

② **국회의 동의를 요하지 않는 조약**: 국회의 동의를 요하지 않는 조약은 국내법률의 입법절차와 동일하지 않으므로 명령의 효력을 가진다.

③ **헌법의 효력을 가지는 조약**: 헌법의 효력을 가지는 조약을 헌법재판소는 인정한 바 없어 조약은 위헌심사의 척도로 삼을 수 없다.

⚖️ 판례 | 헌법적 효력을 가지는 조약은 없다.

1. 우리 헌법 제6조 제1항은 "헌법에 의하여 체결·공포된 조약과 일반적으로 승인된 국제법규는 국내법과 같은 효력을 가진다."라고 규정하고, 헌법 부칙 제5조는 "이 헌법 시행 당시의 법령과 조약은 이 헌법에 위배되지 않는 한 그 효력을 지속한다."라고 규정하는바, 우리 헌법은 조약에 대한 헌법의 우위를 전제하고 있으며, 헌법과 동일한 효력을 가지는 이른바 **헌법적 조약**을 인정하지 아니한다고 볼 것이다(헌재 2013.11.28. 2012헌마166).

2. 가입 당시 단결권의 보장에 관한 협약인 제87호 협약, 제98호 협약과 제151호 협약을 비준하지 않았기 때문에 해당 조항은 헌법에 의해서 체결·공포된 조약이 아니며, 헌법 제6조 제1항에서 말하는 일반적으로 승인된 국제법규로서 헌법적 효력을 갖는 것이라고 볼 만한 근거도 없으므로, 공무원의 노동조합결성을 제한하는 규정의 **위헌성 심사의 척도가 될 수 없다**(헌재 1998.7.16. 97헌바23 ; 헌재 2005.10.27. 2003헌바50).

(4) 조약의 규범통제

헌법재판소는 조약이 규범통제의 대상이 된다고 한다.

구분	국회동의를 요하는 조약	국회동의를 요하지 않는 조약
위헌법률심판	○	×
헌법재판소법 제68조 제2항 헌소	○	×
헌법재판소법 제68조 제1항 헌소	○	○
법원의 명령규칙·심사 (헌법 제107조 제2항)	×	○

3. 일반적으로 승인된 국제법규 ★★

(1) 국제법규의 개념

① 일반적으로 승인된 국제법규란 세계 대부분의 국가가 인정하는 국제관습법과 일반적으로 국제사회에서 인정된 조약이다.
② 우리나라가 인정했는지 여부를 기준으로 하지는 않는다.

(2) 국제법규의 종류

① 국제인권규약 등 성문의 국제법규가 있다.
② 1948년 국제연합인권선언, 포츠담선언, 신사협정, 공동성명 등은 국제법규에 해당하지 않으므로 국내법적 효력이 없다.

⚖️ 판례 | 일반적으로 승인된 국제법규가 아닌 것

1. **국제노동기구 산하 '결사의 자유위원회'의 권고**
국제노동기구 산하 '결사의 자유위원회'의 권고는 국내법과 같은 효력이 있거나 일반적으로 승인된 국제법규라고 볼 수 없고, 이 사건 노동조합 및 노동관계조정법 조항들이 국제노동기구의 관련 협약 및 권고와 충돌하지 않는 이유와 마찬가지로 개정 노동조합 및 노동관계조정법에서 노조전임자가 사용자로부터 급여를 지급받는 것을 금지함과 동시에 그 절충안으로 근로시간 면제제도를 도입한 이상 이 사건 노동조합 및 노동관계조정법 조항들이 결사의 자유위원회의 권고 내용과 배치된다고 보기도 어렵다(헌재 2014.5.29. 2010헌마606).

2. **남북합의서**는 신사협정, 공동성명이므로 국내법과 같은 효력이 없다(헌재 1997.1.16. 92헌바6).

3. **양심적 병역거부를 인정하는 국제관습법 성립 여부**

   전 세계적으로 **양심적 병역거부권의 보장에 관한 국제관습법이 형성되었다고 할 수 없어** 양심적 병역거부가 일반적으로 승인된 국제법규로서 우리나라에 수용될 수는 없으므로, 이 사건 법률조항에 의하여 양심적 병역거부자를 형사처벌한다고 하더라도 국제법 존중의 원칙을 선언하고 있는 헌법 제6조 제1항에 위반된다고 할 수 없다(헌재 2011.8.30. 2008헌가22).

4. **국제연합의 인권선언**은 선언적 의미만 가지고 있을 뿐 보편적인 법적 구속력을 갖지 못한다(헌재 1991.7.22. 89헌가106).

(3) 국제법규의 국내법 수용절차

일반적으로 승인된 국제법규는 국회의 동의, 대통령 비준과 같은 절차 없이 헌법 제6조 제1항에 근거하여 직접 국내법으로 편입된다.

(4) 일반적으로 승인된 국제법규의 효력

① **독일**: 독일헌법은 국제법의 일반원칙은 법률보다 우선한다고 규정하고 있다(제25조). 국제법의 일반원칙에 조약이 포함되는지 문제가 되나 독일 헌법재판소는 조약이 제25조에 포함되지 않는다고 한다.

② **우리나라**: 조약이 법률보다 우선하는 것은 아니다. 헌법 제6조 제1항의 국제법 존중주의는 우리나라가 가입한 조약과 일반적으로 승인된 국제법규가 국내법과 같은 효력을 가진다는 것으로서 조약이나 국제법규가 국내법에 우선한다는 것은 아니다(헌재 2001.4.26. 99헌가13).

⚖️ **판례 | 일반적으로 승인된 국제법규의 위헌성심사척도가 될 수 없다.**

우리나라가 국제노동기구의 정식회원이 아니기 때문에 **ILO 제87호와 제98호 조약**은 국내법적 효력이 없다. 이 재판 후에 우리나라는 ILO에 가입하였다. 그러나 우리나라는 가입 당시 단결권의 보장에 관한 협약인 제87호 협약, 제98호 협약과 제151호 협약을 비준하지 않았기 때문에 해당 조항은 헌법에 의해서 체결·공포된 조약이 아니며, 헌법 제6조 제1항에서 말하는 일반적으로 승인된 국제법규로서 헌법적 효력을 갖는 것이라고 볼 만한 근거도 없으므로, 공무원의 노동조합결성을 제한하는 규정의 **위헌성 심사의 척도가 될 수 없다**(헌재 1998.7.16. 97헌바23 ; 헌재 2005.10.27. 2003헌바50).

---

03 외국인의 법적 지위 보장

> **헌법 제6조 【조약과 국제법규의 효력, 외국인의 법적 지위】** ② 외국인은 **국제법과 조약**이 정하는 바에 의하여 그 지위가 보장된다.

외국인 보호에 관한 입법례는 내·외국인 평등주의와 상호주의가 있다. 우리나라 헌법 제6조 제2항은 외국인의 법적 지위에 관해 상호주의를 취하고 있다. 따라서 외국인을 모두 동등하게 대우해야 되는 것은 아니다.

제10절 통일의 원칙

01 영토조항과 통일조항

> 헌법 제3조 【영토】 대한민국의 영토는 한반도와 그 부속도서로 한다.
>
> 제4조 【평화통일정책】 대한민국은 통일을 지향하며, 자유민주적 기본질서에 입각한 평화적 통일정책을 수립하고 이를 추진한다.

영토조항을 처음 규정한 헌법	제헌헌법
평화적 통일원칙을 처음 규정한 헌법	제7차 개정헌법(유신헌법)
자유민주적 기본질서에 입각한 평화적 통일을 처음 규정한 헌법	현행헌법

1. 영토조항

(1) 의의

제헌헌법 이래 헌법에 명문화된 영토조항은 유일한 합법정부가 대한민국임을 명시하여 이북지역을 사실상 지배하고 있는 북한당국을 반국가단체로 보게 하는 헌법상 근거이다. 따라서 영토조항은 국가보안법의 헌법근거조항으로 볼 수 있다.

> **판례 | 대사관 100m 이내 옥외집회금지**
>
> 주한일본대사관을 대상으로 항의집회하는 것은 영토권 행사가 아니므로 외교기관 100m 이내 옥외집회금지 자체가 영토권을 침해한다고 할 수 없다(헌재 2010.2.25. 2008헌바160).

(2) 북한의 법적 지위

대법원 판례에 따르면 영토조항에 근거하여 북한지역에도 대한민국의 주권이 미칠 뿐이므로 대한민국 주권과 부딪히는 어떠한 국가단체의 주권을 법리상 인정할 수 없다고 하여 북한의 국가성을 부정하고 북한을 반국가단체로 보고 있다.

(3) 국가보안법의 근거

헌법 제3조와 제37조 제2항은 국가보안법의 근거가 된다.

(4) 북한주민의 국적

북한은 국가가 아니므로 북한주민이 북한국적·공민증을 발급받았다고 하여 대한민국 국적을 상실하는 것은 아니다. 북한주민은 별도의 절차 없이 헌법과 국적법에 따라 대한민국 국적을 취득한다.

> **판례 | 북한주민의 법적 지위**
>
> 1. 조선인을 부친으로 하여 출생한 자는 남조선과도정부법률 제11호 국적에 관한 임시조례의 규정에 따라 조선국적을 취득하였다가 제헌헌법의 공포와 동시에 대한민국의 국적을 취득하였다 할 것이고, 설사 그가 북한법의 규정에 따라 **북한국적을 취득하여** 중국 주재 북한대사관으로부터 북한의 해외공민증을 발급받은 자라 하더라도 북한지역 역시 대한민국의 영토에 속하는 한반도의 일부를 이루는 것이어서 대한민국의 주권이 미칠 뿐이고 대한민국의 주권과 부딪치는 어떠한 국가단체의 주권을 법리상 인정할 수

없는 점에 비추어 볼 때 그러한 사정은 그가 대한민국 국적을 취득하고 이를 유지함에 있어 아무런 영향을 끼칠 수 없다(대판 1996.11.12. 96누1221).

2. 우리 헌법이 "대한민국의 영토는 한반도와 그 부속도서로 한다."라는 영토조항(제3조)을 두고 있는 이상 대한민국의 헌법은 북한지역을 포함한 한반도 전체에 그 효력이 미치고 따라서 북한지역은 당연히 대한민국의 영토가 되므로, 북한을 법 소정의 '외국'으로, 북한의 주민 또는 법인 등을 '비거주자'로 바로 인정하기는 어렵지만, **개별 법률의 적용 내지 준용에 있어서는** 남북한의 특수관계적 성격을 고려하여 **북한지역**을 외국에 준하는 지역으로, **북한주민** 등을 외국인에 준하는 지위에 있는 자로 규정할 수 있다고 할 것이다(헌재 2005.6.30. 2003헌바114).

3. 북한주민 역시 일반적으로 대한민국 국민에 포함되는 점을 고려하면 **북한주민**은 대일항쟁기 강제동원 피해조사 및 국외강제동원 희생자 등 지원에 관한 특별법상 위로금 지급 제외대상인 '대한민국 국적을 갖지 아니한 사람'에 해당하지 않는다(대판 2016.1.28. 2011두24675).

(5) 북한주민의 입국의 자유

북한주민은 대한민국 국민이고 대한민국 국민은 거주·이전의 자유 주체이므로 북한주민은 입국의 자유를 누린다.

(6) 북한이탈주민보호(북한이탈주민의 보호 및 정착지원에 관한 법률)

① '북한이탈주민'이란 군사분계선 이북지역에 주소, 직계가족, 배우자, 직장 등을 두고 있는 사람으로서 북한을 벗어난 후 **외국국적을 취득하지 아니한 사람**을 말한다(법 제2조 제1호).

② 보호대상자는 대통령령으로 정하는 바에 따라 북한이나 외국에서 이수한 학교 교육의 과정에 상응하는 학력을 인정받을 수 있다(법 제13조).

③ 보호대상자는 관계 법령에서 정하는 바에 따라 북한이나 외국에서 취득한 자격에 상응하는 자격 또는 그 자격의 일부를 인정받을 수 있다(법 제14조 제1항).

④ 북한에서의 자격이나 경력이 있는 사람 등 북한이탈주민으로서 공무원으로 채용하는 것이 필요하다고 인정되는 사람에 대하여는 국가공무원법 제28조 제2항 및 지방공무원법 제27조 제2항에도 불구하고 북한을 벗어나기 전의 자격·경력 등을 고려하여 국가공무원 또는 지방공무원으로 특별임용할 수 있다(법 제18조 제1항).

⚖ 판례 | 북한이탈주민

1. 청구인과 같은 탈북의료인에게 국내 의료면허를 부여할 것인지 여부는 북한의 의학교육 실태와 탈북의료인의 의료수준, 탈북의료인의 자격증명방법 등을 고려하여 입법자가 그의 입법형성권의 범위 내에서 규율할 사항이지, 헌법조문이나 헌법해석에 의하여 바로 입법자에게 국내 의료면허를 부여할 입법의무가 발생한다고 볼 수는 없다(헌재 2006.11.30. 2006헌마679).

2. 마약거래범죄자라는 이유로 보호대상자로 결정되지 못한 북한이탈주민도 북한이탈주민의 보호 및 정착지원에 관한 법률에 따른 정착지원시설 보호, 거주지 보호, 학력 및 자격 인정, 국민연금 특례 등의 보호 및 지원을 받을 수 있고, 일정한 요건 아래 국민기초생활 보장법에 따른 급여 등을 받을 수 있는 등으로 인간다운 생활을 위한 객관적인 최소한의 보장을 받고 있으므로, 마약거래범죄자인 북한이탈주민을 보호대상자로 결정하지 않을 수 있도록 한 북한이탈주민보호법이 마약거래범죄자인 북한이탈주민의 인간다운 생활을 할 권리를 침해한다고 볼 수 없다(헌재 2014.3.27. 2012헌바192).

2. 통일조항

제4공화국 헌법에서 최초로 통일원칙을 둔 이래 현행헌법은 평화적 통일조항(제4조)을 두고 있는데, 이 조항은 분단현실을 인정하는 바탕 위에 남북한이 법적으로 대등한 주체로서 평화적인 방법으로 한민족의 통일을 이루어 나가도록 촉구하고 있다. 통일조항에 따르면 북한은 대화와 협력의 동반자이다. 통일조항을 시행하기 위해 남북교류협력에 관한 법률이 있다.

02 남북관계

1. 북한의 법적 지위 ★

> **⚖ 판례 | 국가보안법과 남북교류협력에 관한 법률** (헌재 1993.7.29. 92헌바48)
>
> **1. 북한의 이중적 성격**
>
> 현 단계에 있어서의 북한은 조국의 평화적 통일을 위한 대화와 협력의 동반자임과 동시에 대남적화노선을 고수하면서 우리 자유민주체제의 전복을 획책하고 있는 반국가단체라는 성격도 함께 갖고 있음이 엄연한 현실인 점에 비추어, 전자를 위하여는 남북교류협력에관한법률 등의 시행으로써 이에 대처하고 후자를 위하여는 국가보안법의 시행으로써 이에 대처하고 있는 것이다.
>
> **2. 남북교류에 관한 법률과 국가보안법**은 적용영역이 다르므로 양자는 특별법과 일반법의 관계가 성립하지 않는다. 또한 전자의 시행으로 국가보안법의 효력이 상실되는 것은 아니다.
>
> **3. 국가보안법과 남북교류협력에 관한 법률**은 상호 그 입법목적과 규제대상을 달리하고 있으며 따라서 구 국가보안법 제6조 제1항 소정의 잠입·탈출죄와 남북교류협력에 관한 법률 제27조 제2항 제1호 소정의 죄는 각기 그 구성요건을 달리하고 있는 것이므로 위 **두 법률조항에 관하여 형법 제1조 제2항이 적용될 수 없고**, 청구인에 대한 공소장 기재의 공소사실을 보면 청구인의 행위에 관하여는 남북교류협력에 관한 법률은 적용될 여지가 없다고 할 것이므로 그 법률 제3조의 위헌 여부가 당해 형사사건에 관한 재판의 전제가 된 경우라고 할 수 없다.

2. 남북합의서의 법적 성격

남북합의서는 국가 간의 합의문서는 아닌, 법적 구속력이 없는 신사협정, 공동성명이다. 따라서 남북합의서로 북한의 국가성이 인정될 수도 없고, 국가보안법이 위헌인 것도 아니다.

> **⚖ 판례 | 남북합의서**
>
> 소위 남북합의서는 남북관계를 '나라와 나라 사이의 관계가 아닌 통일을 지향하는 과정에서 잠정적으로 형성되는 특수관계'임을 전제로 하여 이루어진 합의문서인바, 이는 한민족공동체 내부의 특수관계를 바탕으로 한 당국 간의 합의로서 남북당국의 성의 있는 이행을 상호 약속하는 일종의 공동성명 또는 신사협정에 준하는 성격을 가짐에 불과하다. 따라서 남북합의서의 채택·발효 후에도 북한이 여전히 적화통일의 목표를 버리지 않고 각종 도발을 자행하고 있으며 남·북한의 정치, 군사적 대결이나 긴장관계가 조금도 해소되지 않고 있음이 엄연한 현실인 이상, 북한의 반국가단체성이나 국가보안법의 필요성에 관하여는 아무런 상황변화가 있었다고 할 수 없다(헌재 1997.1.16. 92헌바6·26).

3. 남북교류협력에 관한 법률

> **남북교류협력에 관한 법률 제9조【남북한 방문】** ① 남한의 주민이 북한을 방문하거나 북한의 주민이 남한을 방문하려면 대통령령으로 정하는 바에 따라 통일부장관의 방문승인을 받아야 하며, 통일부장관이 발급한 증명서(이하 '방문증명서'라 한다)를 소지하여야 한다.
>
> **제9조의2【남북한 주민 접촉】** ① 남한의 주민이 북한의 주민과 회합·통신, 그 밖의 방법으로 접촉하려면 통일부장관에게 미리 신고하여야 한다. 다만, 대통령령으로 정하는 부득이한 사유에 해당하는 경우에는 접촉한 후에 신고할 수 있다.
>
> **제12조【남북한 거래의 원칙】** 남한과 북한 간의 거래는 국가 간의 거래가 아닌 민족내부의 거래로 본다.

4. 남북관계 발전에 관한 법률

> **남북관계 발전에 관한 법률 제3조【남한과 북한의 관계】** ① 남한과 북한의 관계는 국가 간의 관계가 아닌 통일을 지향하는 과정에서 잠정적으로 형성되는 특수관계이다.
> ② 남한과 북한 간의 거래는 국가 간의 거래가 아닌 민족내부의 거래로 본다.
>
> **제21조【남북합의서의 체결·비준】** ① 대통령은 남북합의서를 체결·비준하며, 통일부장관은 이와 관련된 대통령의 업무를 보좌한다.
> ② 대통령은 남북합의서를 비준하기에 앞서 국무회의의 심의를 거쳐야 한다.
> ③ 국회는 국가나 국민에게 중대한 재정적 부담을 지우는 남북합의서 또는 입법사항에 관한 남북합의서의 체결·비준에 대한 동의권을 가진다.
> ④ 대통령이 이미 체결·비준한 남북합의서의 이행에 관하여 단순한 기술적·절차적 사항만을 정하는 남북합의서는 남북회담대표 또는 대북특별사절의 서명만으로 발효시킬 수 있다.
>
> **제22조【남북합의서의 공포】** 제21조의 규정에 의하여 국회의 동의 또는 국무회의의 심의를 거친 남북합의서는 법령 등 공포에 관한 법률의 규정에 따라 대통령이 공포한다.

📖 판례정리

국가보안법과 남북교류협력법

1. 반국가단체에 대한 찬양·고무 (헌재 1990.4.2. 89헌가113) ***한정합헌결정**

　① **국가보안법 제7조 제1항**: 반국가단체나 그 구성원 또는 그 지령을 받은 자의 활동을 찬양·고무 또는 이에 동조하거나 기타의 방법으로 반국가단체를 이롭게 한 자는 7년 이하의 징역에 처한다.

　② 국가보안법 제7조 제1항은 각 그 소정행위가 국가의 존립·안전을 위태롭게 하거나 자유민주적 기본질서에 위해를 줄 경우에 적용된다고 할 것이므로 이러한 해석하에 헌법에 위반되지 아니한다.

2. 회합·통신죄

　국가보안법 제8조 제1항은 반국가단체 구성원과 회합·통신 기타의 방법으로 연락한 자를 처벌하는 규정이다. 우리 재판소는 이 조항에 대하여 합헌결정을 한 바 있는데, 그 이유의 요지는 <u>'국가의 존립·안전이나 자유민주적 기본질서를 위태롭게 한다는</u> 정을 알면서'라는 주관적 구성요건을 요구하도록 개정되었으므로, 구 국가보안법 조항의 위헌적 요소를 제거하였다는 것이다. 이를 변경해야 할 사정변경이 있다고 볼 수 없으므로 기존의 견해를 그대로 유지하기로 한다(헌재 2014.9.25. 2011헌바358).

3. 피의자 구속기간 연장

　① 피의자 구속기간을 최장 50일로 하는 국가보안법 제19조를 찬양고무죄·불고지죄에 적용하는 경우 국가보안법 제7조의 찬양·고무죄와 제10조의 불고지죄는 범죄구성요건이 복잡한 것도 아니고 증거수집이 어

려운 것도 아니므로 일반 형사사건의 피의자 최장구속기간인 30일보다 20일이나 많은 50일을 피의자 구속기간으로 하는 국가보안법 제19조는 <u>과잉금지원칙에 위반된다</u>(헌재 1992.4.14. 90헌마82). **한정위헌결정**

② 국가보안법 제19조를 통신회합죄 등에 적용하는 경우 통신회합죄 등은 성질상 우리나라 수사권이 미치지 않는 북한 등에 걸쳐 이루어지는 범죄이므로 일반 형사사건에 비하여 증거자료를 확보함에 있어 많은 시간이 필요하므로 피의자 구속기간을 일반 형사사건보다 연장할 이유가 있다. 따라서 <u>국가보안법 제19조를 통신회합죄 등에 적용하면 헌법에 위반되지 않는다</u>(헌재 1997.8.21. 96헌마48). **기각결정**

4. 국가보위입법회의 사건 (헌재 1997.1.16. 92헌바6)

① 국가보위입법회의에 의한 입법은 국가보위입법회의는 국회의 최초의 집회일 전일까지 국회의 권한을 대행한다고 규정한 제8차 개정헌법 부칙 제6조 제1항에 근거하였으므로 <u>국가보위입법회의에서 제정된 법률의 내용을 다투는 것은 별론으로 하고 그 제정절차에 하자가 있음을 이유로 다툴 수 없다.</u>

② 남한과 북한의 유엔가입으로 유엔이라는 국제기구에 의하여 국가로 승인받는 효과가 발생하는 것은 별론하고 그것만으로 가맹국 간의 국가승인이 있었다고 볼 수 없다. 따라서 <u>남한과 북한의 유엔가입으로 북한의 반국가단체성이 소멸되는 것은 아니다.</u>

5. 북한주민과 회합·통신방법으로 접촉할 때 통일부장관의 승인 (헌재 2000.7.20. 98헌바63) **합헌결정**

① 남한의 주민이 북한주민 등과 회합·통신방법으로 접촉하고자 할 때 통일부장관의 승인을 얻도록 한 남북교류법 제9조 제3항은 당사자의 안전, 자유민주적 기본질서 보장을 위한 것으로 <u>통일 관련조항에 위반된다고 볼 수 없다.</u>

② <u>통일조항들로부터 국민 개개인의 통일에 관한 기본권이 도출된다고 볼 수 없다.</u>

③ 이 사건 법률조항은 통일부장관의 승인에 관한 기준이나 구체적 내용을 대통령령에 위임하지 않고 있으므로 포괄위임금지원칙이 적용될 여지가 없다.

제11절 현행헌법상의 지방자치제도

01 지방자치제의 연혁과 현행헌법의 지방자치 관련 규정

1. 지방자치제의 연혁

제1공화국	제헌헌법 ➡ 지방자치 규정: 1949년 지방자치법 제정 ➡ 1952년 지방의회 구성
제2공화국	지방자치제도 시행, 지자체장 선거 규정
제3공화국	지방자치에 관한 임시조치법 제정 ➡ 지방자치법 효력정지
제4공화국	지방의회 구성을 조국의 통일시까지 유예한다.
제5공화국	지방의회의 구성을 지방자치단체의 재정자립도를 감안하여 순차적으로 하되, 그 구성시기는 법률로 정한다.
현행헌법	지방의회 유예규정을 폐지하고 1988년 지방자치법 전면개정, 지방의회선거를 실시하였다.

2. 현행헌법의 지방자치규정 ★★★

헌법 제117조【자치권, 자치단체의 종류】 ① 지방자치단체는 주민의 복리에 관한 사무를 처리하고 재산을 관리하며, 법령의 범위 안에서 자치에 관한 규정을 제정할 수 있다.
② 지방자치단체의 종류는 법률로 정한다.

제118조【자치단체의 조직·운영】① 지방자치단체에 의회를 둔다.

② 지방의회의 조직·권한·의원선거와 지방자치단체의 장의 선임방법 기타 지방자치단체의 조직과 운영에 관한 사항은 법률로 정한다.

지방자치법 제13조【지방자치단체의 사무범위】 ① 지방자치단체는 관할구역의 자치사무와 **법령에 따라 지방자치단체에 속하는 사무**를 처리한다.

헌법이 직접 규정한 것	법률로 규정하도록 한 것
① 자치단체의 자치사무, 재산관리권 보유	① 지방자치단체 종류
② 자치단체의 자치에 관한 규칙(조례와 규칙) 제정권 보유	② 지방의회 조직·권한·의원선거의 구체적인 사항
③ 지방의회 설치	③ 지방자치단체장의 선임방법의 구체적인 사항
④ 지방의원 선거	

(1) 헌법상 보장되는 지방자치권의 내용

① 지방자치단체의 자치권은 자치입법권, 자치행정권, 자치재정권으로 나눌 수 있다.

② 헌법은 제117조와 제118조에서 '지방자치단체의 자치'를 제도적으로 보장하고 있는바, 그 보장의 본질적 내용은 자치단체의 보장, 자치기능의 보장 및 자치사무의 보장이다. 이와 같이 헌법상 제도적으로 보장된 자치권 가운데에는 **자치사무의 수행에 있어** 다른 행정주체(특히, 중앙행정기관)로부터 **합목적성에 관하여 명령·지시를 받지 않는 권한**도 포함된다고 볼 수 있다(헌재 2009.5.28. 2006헌라6).

③ 자치권 가운데에는 **자치입법권**은 물론이고 공무원에 대한 인사와 처우를 스스로 결정하고 이에 관련된 **예산을 스스로 편성하여 집행하는 권한**이 성질상 당연히 포함된다(헌재 2002.10.31. 2001헌라1).

📖판례 ┃ 자치권

1. 헌법상 지방자치단체의 자치권의 범위는 법령에 의하여 형성되고 제한되나, **지방자치단체의 자치권**은 헌법상 보장되고 있으므로 비록 법령에 의하여 이를 제한하는 것이 가능하다고 하더라도 그 제한이 불합리하여 자치권의 본질을 훼손하는 정도에 이른다면 이는 헌법에 위반된다(헌재 2021.3.25. 2018헌바348).

2. 지방자치제도의 헌법적 보장은 국민주권의 기본원리에서 출발하여 주권의 지역적 주체인 주민에 의한 자기통치의 실현으로 요약할 수 있으므로, **지방자치의 본질적 내용인 핵심영역**은 어떠한 경우라도 입법 기타 중앙정부의 침해로부터 보호되어야 한다는 것을 의미한다 중앙정부와 지방자치단체 간에 권력을 수직적으로 분배하는 문제는 서로 조화가 이루어져야 하고, 이 조화를 도모하는 과정에서 입법 또는 중앙정부에 의한 지방자치의 본질의 훼손은 어떠한 경우라도 허용되어서는 안 되는 것이다(헌재 1998.4.30. 96헌바62).

---

(2) 지방자치단체의 사무

① **자치사무: 헌법 제117조의 주민의 복리에 관한 사무가** 자치사무이다. 자치사무는 헌법에 근거를 두고 있다.

② **단체위임사무:** 법령에서 지방자치단체에 위임한 사무이다.

③ **기관위임사무:** 국가나 다른 지방자치단체의 사무이나 해당 지방자치단체의 장에게 위임된 사무이다. 해당 지방자치단체의 사무가 아니므로 조례를 제정할 수 없는 것이 원칙이다.

판례 | 자치사무와 기관위임사무

1. 법령상 지방자치단체의 장이 처리하도록 규정하고 있는 사무가 **자치사무인지 기관위임사무에 해당하는 지 여부를 판단함에 있어서는** 그에 관한 법령의 규정 형식과 취지를 우선 고려하여야 할 것이지만 그 외에도 그 사무의 성질이 전국적으로 통일적인 처리가 요구되는 사무인지 여부나 그에 관한 경비부담과 최종적인 책임귀속의 주체 등도 아울러 고려하여 판단하여야 한다(대판 2001.11.27. 2001추57 등).

2. 지방의회의원과 지방자치단체장을 선출하는 지방선거는 지방자치단체의 기관을 구성하고 그 기관의 각종 행위에 정당성을 부여하는 행위라 할 것이므로 **지방선거사무는 지방자치단체의 존립을 위한 자치사무에 해당하고,** 따라서 법률을 통하여 예외적으로 다른 행정주체에게 위임되지 않는 한, 원칙적으로 지방자치단체가 처리하고 그에 따른 비용도 지방자치단체가 부담하여야 한다(헌재 2008.6.26. 2005헌라7).

3. 지방자치단체가 권한쟁의심판을 청구하기 위해서는 헌법 또는 법률에 의하여 부여받은 권한, 즉 지방자치단체의 사무에 관한 권한이 침해되거나 침해될 우려가 있어야 한다. 그런데 지방자치단체의 사무 중 국가가 지방자치단체의 장 등에게 위임한 **기관위임사무**는 그 처리의 효과가 국가에 귀속되는 국가의 사무로서 지방자치단체의 사무라 할 수 없고, 지방자치단체의 장 등은 기관위임사무의 집행권한과 관련된 범위에서는 그 사무를 위임한 국가기관의 지위에 서게 될 뿐 지방자치단체의 기관이 아니므로, 지방자치단체는 기관위임사무의 집행에 관한 권한의 존부 및 범위에 관한 권한분쟁을 이유로 기관위임사무를 집행하는 국가기관 또는 다른 지방자치단체의 장을 상대로 권한쟁의심판을 청구할 수 없다 할 것이다. 결국 국가사무로서의 성격을 가지고 있는 기관위임사무의 집행권한의 존부 및 범위에 관하여 지방자치단체가 청구한 권한쟁의심판청구는 지방자치단체의 권한에 속하지 아니하는 사무에 관한 심판청구로서 그 청구가 부적법하다고 할 것이다(헌재 2004.9.23. 2000헌라2).

(3) 헌법 제117조 제1항 법령의 범위

헌법 제117조 제1항이 규정하고 있는 법령에는 법률 이외에 대통령령, 총리령 및 부령과 같은 법규명령이 포함되는 것은 물론이지만, 제정형식은 행정규칙이더라도 상위법령의 위임한계를 벗어나지 않는 한 상위법령과 결합하여 대외적 구속력을 갖는 법규명령으로서 기능하는 행정규칙도 포함된다. 문제조항에서 말하는 '행정안전부장관이 정하는 범위'라는 것은 '법규명령으로 기능하는 행정규칙에 의하여 정하여지는 범위'를 가리키는 것이고 법규명령이 아닌 단순한 행정규칙에 의하여 정하여지는 것은 이에 포함되지 않는다고 해석되므로 문제조항은 헌법 제117조 제1항에 위반되는 것이 아니다(헌재 2002.10.31. 2001헌라1).

(4) 지방자치단체의 관할구역

① 지방자치단체의 관할구역은 인적 요건으로서의 주민 및 자치를 위한 권능으로서 자치권한과 더불어 지방자치의 3요소를 이루는 것으로, '지방자치단체가 자치권한을 행사할 수 있는 장소적 범위'를 뜻한다. **헌법 제118조 제2항은 '지방자치단체의 조직과 운영에 관한 사항'을 법률로 정하도록 하고 있는바, 이에는 지방자치단체의 관할구역이 포함된다**(헌재 2020.7.16. 2015헌라3).

② 지방자치단체의 자치권이 미치는 관할구역의 범위는 육지는 물론 바다, 공유수면, 제방을 포함한다.

판례 | 영토고권

지방자치단체에게 자신의 관할구역 내에 속하는 영토·영해·영공을 자유로이 관리하고 관할구역 내의 사람과 물건을 독점적·배타적으로 지배할 수 있는 권리가 부여되어 있다고 할 수는 없다. 청구인이 주장하는 지방자치단체의 **영토고권**은 우리나라 헌법과 법률상 인정되지 아니한다. 따라서 이 사건 결정이 청구인의 영토고권을 침해한다는 주장은 가지고 있지도 않은 권한을 침해받았다는 것에 불과하여 본안에 들어가 따져볼 필요가 없다(헌재 2006.3.30. 2003헌라2).

(5) 자치에 관한 규정을 제정할 수 있다.

자치에 관한 규정제정권은 조례와 규칙제정권을 의미한다. 따라서 이것은 헌법상 부여된 것이므로 법률로 폐지할 수 없다. 조례제정권을 규정하고 있는 지방자치법 제28조는 조례제정권의 확인적 의미에 불과하다.

(6) 헌법 제117조 제2항의 지방자치단체의 종류는 법률로 정한다.

지방자치법은 특별시, 광역시, 특별자치시, 도, 특별자치도와 시, 군, 자치구를 지방자치단체의 종류로 규정하고 있다(지방자치법 제2조). 특별시, 광역시, 특별자치시, 도, 특별자치도는 정부의 직할로 두고, 시는 도의 관할구역 안에, 군은 광역시, 특별자치시나 도의 관할구역 안에 두며, 자치구는 특별시와 광역시, 특별자치시의 관할구역 안에 둔다(지방자치법 제3조).

> **⚖ 판례 | 시·군을 폐지한 제주특별자치도 특별법 *기각결정**
>
> 헌법 제117조 제2항은 지방자치단체의 종류를 법률로 정하도록 규정하고 있을 뿐 지방자치단체의 종류 및 구조를 명시하고 있지 않으므로 이에 관한 사항은 기본적으로 입법자에게 위임된 것으로 볼 수 있다. 헌법상 지방자치제도보장의 핵심영역 내지 본질적 부분이 특정 지방자치단체의 존속을 보장하는 것이 아니며 지방자치단체에 의한 자치행정을 일반적으로 보장하는 것이므로, 현행법에 따른 지방자치단체의 중층구조 또는 지방자치단체로서 특별시·광역시 및 도와 함께 시·군 및 구를 계속하여 존속하도록 할지 여부는 결국 입법자의 입법형성권의 범위에 들어가는 것으로 보아야 한다. 같은 이유로 일정구역에 한하여 당해 지역 내의 지방자치단체인 시·군을 모두 폐지하여 중층구조를 단층화하는 것 역시 입법자의 선택범위에 들어가는 것이다(헌재 2006.4.27. 2005헌마190).

(7) 헌법 제118조 제1항의 지방자치단체에 의회를 둔다.

반드시 지방의회를 두어야 하고, 국회가 법률로써 지방의회를 폐지할 수 없다.

(8) 헌법 제118조 제2항의 의원선거와 지방자치단체의 장의 선임방법은 법률로 정한다.

① 지방의회의원은 선거해야 하며, 구체적인 방법은 법률로 정하도록 위임하고 있다. 따라서 지방의회의 구성에 관한 주민의 권리는 헌법상 권리이다.

② 지방자치단체장 선거권은 헌법에 규정되어 있지 않으나 헌법상 기본권이다.

> **⚖ 판례 | 지방자치단체장 선거권**
>
> 지방의회의원에 대해서는 헌법 제118조 제2항에서 "지방의회의 … 의원 '선거' …에 관한 사항은 법률로 정한다."라고 하여 지방의회의원의 선출은 선거를 통해야 함을 천명하고 그 구체적인 방법이나 내용은 법률에 유보하여, 이러한 선거권이 헌법 제24조가 보장하는 기본권임을 분명히 하고 있다. 반면에 지방자치단체의 장에 대해서는 헌법 제118조 제2항에서 " … 지방자치단체의 장의 '선임방법' …에 관한 사항은 법률로 정한다."라고만 규정하여 지방의회의원의 '선거'와는 문언상 구별하고 있으므로, 지방자치단체의 장 선거권이 헌법상 보장되는 기본권인지 여부가 문제된다. 지방자치단체의 장 선거권을 지방의회의원 선거권, 나아가 국회의원 선거권 및 대통령 선거권과 구별하여 하나는 법률상의 권리로, 나머지는 헌법상의 권리로 이원화하는 것은 허용될 수 없다. 그러므로 지방자치단체의 장 선거권 역시 다른 선거권과 마찬가지로 헌법 제24조에 의해 보호되는 기본권으로 인정하여야 한다(헌재 2016.10.27. 2014헌마797).

3. 지방자치단체

(1) 지방자치단체의 종류

> **지방자치법 제3조【지방자치단체의 법인격과 관할】** ① 지방자치단체는 법인으로 한다.
> ② 특별시, 광역시, 특별자치시, 도, 특별자치도(이하 '시·도'라 한다)는 정부의 직할(直轄)로 두고, 시는 도의 관할구역 안에, 군은 광역시나 도의 관할구역 안에 두며, 자치구는 특별시와 광역시의 관할구역 안에 둔다.
> ③ 특별시·광역시 또는 특별자치시가 아닌 인구 50만 이상의 시에는 자치구가 아닌 구를 둘 수 있고, 군에는 읍·면을 두며, 시와 구(자치구를 포함한다)에는 동을, 읍·면에는 리를 둔다.

> **📚판례 | 자치구가 아닌 구청장은 시장이 임명** (헌재 2019.8.29. 2018헌마129) *기각결정
>
> 인구 50만 이상의 일반 시에는 자치구가 아닌 구를 두고 그 구청장은 시장이 임명하도록 한 지방자치법으로 인해, 행정구의 구청장이나 구의원을 주민의 선거로 선출할 수 없는 행정구 주민의 평등권이 침해되는지 여부(소극)
> 헌법은 지방자치단체의 종류와 단계를 입법자의 광범위한 형성에 맡기고 있고, … 지방자치단체가 구, 시, 도라는 3단계 구조가 됨에 따라, 시 및 이웃 구와의 협력 관계 약화, 시와 구의 중복 행정, 구 사이 재정자립도 차이에 따른 행정서비스 불균형 등의 비효율성도 나타날 수 있다. 행정구의 경우 기초자치단체인 시 관할구역 안에 있는 것을 감안하여 지방자치단체의 지위를 부여하지 않고, 현행 지방자치의 일반적인 모습인 2단계 지방자치단체의 구조를 형성한 입법자의 선택이 현저히 자의적이라고 보기 어렵다.
> 행정구 주민이 지방자치단체로서의 행정구 대표자를 선출할 수 없다고 하더라도, 여전히 기초자치단체인 시와 광역자치단체인 도의 대표자 선출에 참여할 수 있어, 행정구에서도 지방자치행정에 대한 주민참여가 제도적으로 동일하게 유지되고 있다. 따라서 임명조항이 주민들의 민주적 요구를 수용하는 지방자치제와 민주주의의 본질과 정당성을 훼손할 위험이 있다고 단정할 수 없다. 인구가 적거나 비슷한 다른 기초자치단체 주민에 비하여, 행정구에 거주하는 청구인이 행정구의 구청장이나 구의원을 선출하지 못하는 차이가 있지만, 이러한 차별취급이 자의적이거나 불합리하다고 보기 어려우므로, 임명조항은 행정구 주민의 평등권을 침해하지 아니한다.

(2) 지방자치단체 폐치·분합 ★★

> **지방자치법 제5조【지방자치단체의 명칭과 구역】** ① 지방자치단체의 명칭과 구역은 종전과 같이 하고, 명칭과 구역을 바꾸거나 지방자치단체를 폐지하거나 설치하거나 나누거나 합칠 때에는 법률로 정한다.
> ② 제1항에도 불구하고 지방자치단체의 구역변경 중 관할구역 경계변경과 지방자치단체의 한자 명칭의 변경은 대통령령으로 정한다. 이 경우 경계변경의 절차는 제6조에서 정한 절차에 따른다.
> ③ 다음 각 호의 어느 하나에 해당할 때에는 관계 지방의회의 의견을 들어야 한다. 다만, 주민투표법 제8조에 따라 주민투표를 한 경우에는 그러하지 아니하다.
> 1. 지방자치단체를 폐지하거나 설치하거나 나누거나 합칠 때
> 2. 지방자치단체의 구역을 변경할 때(경계변경을 할 때는 제외한다)
> 3. 지방자치단체의 명칭을 변경할 때(한자 명칭을 변경할 때를 포함한다)

> **📚판례 | 지방자치단체 폐치·분합법률에 대한 헌소** (헌재 1994.12.29. 94헌마201) *기각결정
>
> 1. **지방자치단체를 폐치·분합하는 법률은** 헌법 제10조의 인간의 존엄과 가치 및 행복추구권에서 파생되는 인간다운 생활공간에서 살 권리, 헌법 제11조의 평등권, 헌법 제12조의 적법절차 보장에서 파생되는 정당한 청문권, 헌법 제24조, 제25조의 선거권, 공무담임권을 침해할 수 있으므로 기본권 관련성이 인정된다.

2. **주민투표절차는 임의적 절차이므로** 주민투표를 거치지 아니하였다 하여 적법절차원칙에 위반되는 것은 아니다.

3. 지방자치단체를 폐치·분합할 때 **지방자치단체의회의 의견은** <u>국회를 법적으로 구속하는 것은 아니다.</u>

(3) 지방자치단체의 기관구성 형태의 특례

지방자치법 제4조【지방자치단체의 기관구성 형태의 특례】 ① 지방자치단체의 의회(이하 '지방의회'라 한다)와 집행기관에 관한 이 법의 규정에도 불구하고 따로 법률로 정하는 바에 따라 지방자치단체의 장의 선임방법을 포함한 지방자치단체의 기관구성 형태를 달리할 수 있다.
② 제1항에 따라 지방의회와 집행기관의 구성을 달리하려는 경우에는 주민투표법에 따른 주민투표를 거쳐야 한다.

(4) 해상경계선 결정

해상경계선은 실정법, 불문법, 형평의 원리 순으로 결정한다. 구 판례는 국립지리원이 발간한 국가기본도상의 해상경계선을 불문법으로 인정해왔는데 판례변경으로 불문법이 될 수 없다고 한다.

4. 주민의 권리

(1) 주민투표권

① **주민투표권의 법적 성격:** 헌법재판소는 국민투표권과 달리 주민투표권은 헌법상의 권리가 아닌 법률적 차원의 권리라고 한다.

⚖️**판례 | 주민투표권은 기본권이 아니다.** (헌재 2001.6.28. 2000헌마735) *각하결정

1. 지방자치법 제13조의2 제1항에서 규정한 주민투표권이 헌법이 보장하는 지방자치제도에 포함되는지 여부 (소극)

지방자치법 제13조의2가 주민투표의 법률적 근거를 마련하면서, 주민투표에 관련된 구체적 절차와 사항에 관하여는 따로 법률로 정하도록 하였다고 하더라도 <u>주민투표에 관련된 구체적인 절차와 사항에 대하여 입법하여야 할 헌법상 의무가 국회에게 발생하였다고 할 수는 없다.</u>

2. 위 주민투표권이 헌법이 보장하는 참정권에 포함되는지 여부(소극)

우리 헌법은 법률이 정하는 바에 따른 '선거권'과 '공무담임권' 및 국가안위에 관한 중요정책과 헌법개정에 대한 '국민투표권'만을 헌법상의 참정권으로 보장하고 있으므로, 지방자치법 제13조의2에서 규정한 <u>주민투표권은 그 성질상 선거권, 공무담임권, 국민투표권과 전혀 다른 것이어서 이를 법률이 보장하는 참정권이라고 할 수 있을지언정 **헌법이 보장하는 참정권이라고 할 수는 없다.**</u>

관련 제도적 보장으로서 **주민의 자치권**은 원칙적으로 개별 주민들에게 인정된 권리라 볼 수 없으며, <u>청구인들의 주장을 주민들의 지역에 관한 의사결정에 참여 내지 주민투표에 관한 권리 침해로 이해하더라도 이러한 권리를 헌법이 보장하는 기본권인 참정권이라고 할 수 없는 것이다.</u> 고속철도의 건설이나 그 역의 명칭 결정과 같은 일은 국가의 사무임이 명백하고, 국가의 사무에 대하여는 지방자치단체의 주민들이 자치권 또는 민권을 내세워 다툴 수 없다고 할 것이다. 즉, 청구인들이 주장하는 지방자치단체 **주민으로서의 자치권 또는 주민권은 '헌법에 의하여 직접 보장된 개인의 주관적 공권'이 아니어서, 그 침해를 이유로 헌법소원심판을 청구할 수 없다**(헌재 2006.3.30. 2003헌마837).

---

② **주민투표부의 여부**: 지방자치법 제18조는 지방자치단체의 장은 주민에게 과도한 부담을 주거나 중대한 영향을 미치는 지방자치단체의 주요 결정사항 등에 대하여 **주민투표에 부칠 수 있다**고 규정하여 지방자치단체의 장의 재량으로서 투표실시 여부를 결정할 수 있다. 따라서 지방의회가 조례로 정한 특정한 사항에 관하여는 일정한 기간 내에 **반드시 투표를 실시하도록 규정한 조례안**은 지방자치단체의 장의 고유권한을 침해하는 규정이다(대판 2002.4.26. 2002추23).

③ **주민투표법**: 주민투표의 대상·발의자·발의요건·기타 투표절차 등은 **주민투표법**이 규율하고 있다.

④ **주민투표권**: 18세 이상의 주민 중, 투표인명부 작성기준일 현재 다음 어느 하나에 해당하는 사람에게는 주민투표권이 있다.
  ㉠ 그 지방자치단체의 관할구역에 주민등록이 되어 있는 사람
  ㉡ 출입국관리 관계 법령에 따라 대한민국에 계속 거주할 수 있는 자격(체류자격변경허가 또는 체류기간연장허가를 통하여 계속 거주할 수 있는 경우를 포함한다)을 갖춘 외국인으로서 지방자치단체의 조례로 정한 사람

⚖️판례 | 재외국민에 대한 주민투표권 제한 *헌법불합치결정

주민투표권이 헌법상 기본권이 아닌 법률상의 권리에 해당한다 하더라도 비교집단 상호간에 차별이 존재할 경우에 헌법상의 평등권 심사까지 배제되는 것은 아니다. 이 사건 법률조항 부분은 주민등록만을 요건으로 주민투표권의 행사 여부가 결정되도록 함으로써 '주민등록을 할 수 없는 국내거주 재외국민'을 '주민등록이 된 국민인 주민'에 비해 차별하고 있고, 나아가 '주민투표권이 인정되는 외국인'과의 관계에서도 차별을 행하고 있는바, 그와 같은 차별에 아무런 합리적 근거도 인정될 수 없으므로 <u>국내거주 재외국민의 헌법상 기본권인 평등권을 침해하는 것으로 위헌이다</u>(헌재 2007.6.28. 2004헌마643).

---

⑤ **주민투표의 실시청구**

국가정책에 관한 주민투표		중앙행정기관의 장은 지방자치단체의 폐치·분합 등에 관해 주민의 의견을 듣기 위해 지방자치단체의 장에게 실시를 요구할 수 있다(주민투표법 제8조).
지방자치단체 결정사항 주민투표	주민투표 청구권자의 청구 (주민투표법 제9조 제2항)	총수의 20분의 1 이상 5분의 1 이하의 범위에서 지방자치단체의 조례로 정하는 수 이상의 서명으로 그 지방자치단체의 장에게 주민투표의 실시를 청구할 수 있다.
	지방의회의 청구(제5항)	재적의원 과반수의 출석과 출석의원 3분의 2 이상의 찬성으로 그 지방자치단체의 장에게 주민투표의 실시를 청구할 수 있다.
	지방자치단체의 장의 직권으로(제6항)	주민투표를 실시하고자 하는 때에는 그 지방의회 재적의원 과반수의 출석과 출석의원 과반수의 동의를 얻어야 한다.

⑥ **주민투표결과의 확정과 효력**

확정요건	주민투표에 부쳐진 사항은 주민투표권자 총수의 4분의 1 이상의 투표와 유효투표수 과반수의 득표로 확정된다.
주민투표의 법적 효력	㉠ 지방자치단체의 장 및 지방의회는 주민투표결과 확정된 내용대로 행정·재정상의 필요한 조치를 하여야 한다. ㉡ 지방자치단체의 장 및 지방의회는 주민투표결과 확정된 사항에 대하여 2년 이내에는 이를 변경하거나 새로운 결정을 할 수 없다(주민투표법 제24조).

판례 | 주민투표의 효력 (헌재 2007.6.28. 2004헌마643)

1. 지방자치단체의 결정사항에 대한 주민투표의 경우

지방자치단체의 결정사항에 대한 주민투표의 경우, 지방자치단체의 장 및 지방의회는 주민투표결과에 구속되고, 주민투표결과에 의하여 확정된 내용대로 행정·재정상의 필요한 조치를 하여야 할 법적인 의무를 부담하며(주민투표법 제24조 제5항), 우리나라의 경우 지방자치단체의 장 및 지방의회에 대하여 주민투표의 결과에 의해 확정된 내용에 따른 후속조치를 취해야 할 법적 의무를 부여한다는 점이 특징이다. 따라서 현행의 주민투표는 단순한 주민질의나 주민청문과 같은 자문적인 주민의견 수렴절차에 그치지 않고 주민투표를 통한 주민결정권을 인정하는 입장에 서 있다.

2. 국가정책에 관한 주민투표의 경우

국가정책에 관한 주민투표의 경우에 중앙행정기관의 장은 주민투표의 결과에 구속되지 않는다(주민투표법 제8조 제4항). 따라서 국가정책에 관한 주민투표는 지방자치단체의 결정사항에 대한 주민투표와는 달리 투표결과의 법적 구속력이 인정되지 않는 단순한 자문적인 주민의견 수렴절차에 해당한다.

(2) 조례 제정 및 개폐청구권

지방자치법 제19조【조례의 제정과 개정·폐지 청구】 ① 주민은 지방자치단체의 조례를 제정하거나 개정하거나 폐지할 것을 청구할 수 있다.
② 조례의 제정·개정 또는 폐지 청구의 청구권자·청구대상·청구요건 및 절차 등에 관한 사항은 따로 법률로 정한다.

제20조【규칙의 제정과 개정·폐지 의견 제출】 ① 주민은 제29조에 따른 규칙(권리·의무와 직접 관련되는 사항으로 한정한다)의 제정, 개정 또는 폐지와 관련된 의견을 해당 지방자치단체의 장에게 제출할 수 있다.
② 법령이나 조례를 위반하거나 법령이나 조례에서 위임한 범위를 벗어나는 사항은 제1항에 따른 의견 제출 대상에서 제외한다.

주민조례발안에 관한 법률 제2조【주민조례청구권자】 18세 이상의 주민으로서 다음 각 호의 어느 하나에 해당하는 사람(공직선거법 제18조에 따른 선거권이 없는 사람은 제외한다. 이하 '청구권자'라 한다)은 **해당 지방자치단체의 의회(이하 '지방의회'라 한다)**에 조례를 제정하거나 개정 또는 폐지할 것을 청구할 수 있다.
1. 해당 지방자치단체의 관할구역에 주민등록이 되어 있는 사람
2. 출입국관리법 제10조에 따른 영주(永住)할 수 있는 체류자격 취득일 후 3년이 지난 외국인으로서 같은 법 제34조에 따라 해당 지방자치단체의 외국인등록대장에 올라 있는 사람

제4조【주민조례청구 제외 대상】 다음 각 호의 사항은 주민조례청구 대상에서 제외한다.
1. 법령을 위반하는 사항
2. 지방세·사용료·수수료·부담금을 부과·징수 또는 감면하는 사항
3. 행정기구를 설치하거나 변경하는 사항
4. 공공시설의 설치를 반대하는 사항

제12조【청구의 수리 및 각하】 ③ 지방의회의 의장은 지방자치법 제76조 제1항에도 불구하고 이 조 제1항에 따라 주민조례청구를 수리한 날부터 30일 이내에 지방의회의 의장 명의로 주민청구조례안을 발의하여야 한다.

제13조【주민청구조례안의 심사 절차】 ① 지방의회는 제12조 제1항에 따라 주민청구조례안이 수리된 날부터 1년 이내에 주민청구조례안을 의결하여야 한다. 다만, 필요한 경우에는 본회의 의결로 1년 이내의 범위에서 한 차례만 그 기간을 연장할 수 있다.

③ 지방자치법 제79조 단서에도 불구하고 주민청구조례안은 제12조 제1항에 따라 주민청구조례안을 수리한 당시의 지방의회의원의 임기가 끝나더라도 다음 지방의회의원의 임기까지는 의결되지 못한 것 때문에 폐기되지 아니한다.

⚖️판례 | 주민의 조례 제정·개폐청구권은 헌법상 참정권이 아니다.

우리 헌법은 지역 주민들이 자신들이 선출한 자치단체의 장과 지방의회를 통하여 자치사무를 처리할 수 있는 대의제 또는 대표제 지방자치를 보장하고 있을 뿐이지 주민발안에 대하여는 어떠한 규정도 두고 있지 않다. 조례 제정·개폐청구권을 주민들의 지역에 관한 의사결정에 참여에 관한 권리 내지 주민발안권으로 이해하더라도 이러한 권리를 헌법이 보장하는 기본권인 참정권이라고 할 수는 없으며, 입법자에게는 지방자치제도의 본질적 내용을 침해하지 않는 한도에서 제도의 구체적인 내용과 형태의 형성권이 폭넓게 인정된다 (헌재 2009.7.30. 2007헌바75).

(3) 감사청구권

지방자치법 제21조【주민의 감사 청구】① 지방자치단체의 18세 이상의 주민으로서 다음 각 호의 어느 하나에 해당하는 사람(공직선거법 제18조에 따른 선거권이 없는 사람은 제외한다)은 시·도는 300명, 제198조에 따른 인구 50만 이상 대도시는 200명, 그 밖의 시·군 및 자치구는 150명 이내에서 그 지방자치단체의 조례로 정하는 수 이상의 18세 이상의 주민이 연대 서명하여 그 지방자치단체와 그 장의 권한에 속하는 사무의 처리가 법령에 위반되거나 공익을 현저히 해친다고 인정되면 시·도의 경우에는 주무부장관에게, 시·군 및 자치구의 경우에는 시·도지사에게 감사를 청구할 수 있다.

(4) 주민소송(민중소송)

지방자치법 제22조【주민소송】① 제21조 제1항에 따라 공금의 지출에 관한 사항, 재산의 취득·관리·처분에 관한 사항, 해당 지방자치단체를 당사자로 하는 매매·임차·도급 계약이나 그 밖의 계약의 체결·이행에 관한 사항 또는 지방세·사용료·수수료·과태료 등 공금의 부과·징수를 게을리한 사항을 **감사 청구한 주민은 다음 각 호의 어느 하나에 해당하는 경우에 그 감사 청구한 사항과 관련이 있는 위법한 행위나 업무를 게을리한 사실에 대하여 해당 지방자치단체의 장(해당 사항의 사무처리에 관한 권한을 소속 기관의 장에게 위임한 경우에는 그 소속 기관의 장을 말한다. 이하 이 조에서 같다)을 상대방으로 하여 소송을 제기할 수 있다.**
⑤ 제2항 각 호의 소송이 진행 중이면 다른 주민은 같은 사항에 대하여 **별도의 소송을 제기할 수 없다.**
⑥ 소송의 계속(繫屬) 중에 소송을 제기한 주민이 사망하거나 제16조에 따른 주민의 자격을 잃으면 소송절차는 중단된다. 소송대리인이 있는 경우에도 또한 같다.
⑦ 감사 청구에 연서한 다른 주민은 제6항에 따른 사유가 발생한 사실을 안 날부터 6개월 이내에 소송절차를 수계(受繼)할 수 있다. 이 기간에 수계절차가 이루어지지 아니할 경우 그 소송절차는 종료된다.
⑨ 제2항에 따른 소송은 해당 지방자치단체의 사무소 소재지를 관할하는 **행정법원**(행정법원이 설치되지 아니한 지역에서는 행정법원의 권한에 속하는 사건을 관할하는 지방법원본원을 말한다)의 관할로 한다.

구분	주민의 감사청구권	주민소송
청구(제소)권자	다수의 주민	감사 청구한 주민인 이상 1인도 제기할 수 있음.
심사 또는 심판기관	감독청(시·도에서는 주무부장관에게, 시·군 및 자치구에서는 시·도지사)	행정법원
대상	지방자치단체와 그 장의 권한에 속하는 사무의 처리가 법령에 위반되거나 공익을 현저히 해친다고 인정되는 경우	감사 청구한 사항과 관련이 있는 위법한 행위나 업무를 게을리한 사실

(5) 주민소환권

① **주민소환의 성격** (헌재 2009.3.26. 2007헌마843)

    ㉠ 주민소환은 주민의 의사에 의하여 공직자를 공직에서 해임시키는 것으로서 직접민주제 원리에 충실한 제도이다. **주민소환법에 주민소환의 청구사유를 두지 않은 것**은 입법자가 주민소환을 기본적으로 **정치적인** 절차로 설정한 것으로 볼 수 있고, 외국의 입법례도 청구사유에 제한을 두지 않는 경우가 많다는 점을 고려할 때 우리의 주민소환제는 기본적으로 **정치적인 절차**로서의 성격이 강한 것으로 평가될 수 있다 할 것이다.

    ㉡ **지방자치와 주민소환제**: 주민소환제 자체는 지방자치의 본질적인 내용이라고 할 수 없으므로 이를 보장하지 않는 것이 위헌이라거나 어떤 특정한 내용의 주민소환제를 반드시 보장해야 한다는 헌법적인 요구가 있다고 볼 수는 없다.

    ㉢ 입법자는 주민소환제의 형성에 있어 광범위한 입법재량을 갖고 있다고 볼 수 있으므로, 과잉금지원칙을 심사하면서 피해의 최소성을 판단함에 있어서는 입법재량의 허용 범위를 고려하여 구체적으로는 '입법자의 판단이 현저하게 잘못되었는가' 하는 명백성의 통제에 그치는 것이 타당하다 할 것이다.

    ㉣ 주민소환에 관한 법률 제7조 제1항 제2호 중 시장에 대한 부분이 **주민소환의 청구사유에 제한을 두지 않은 것**은 주민들이 공직자를 통제하고 직접참여를 고양시킬 수 있는 공익을 비교하여 볼 때, 법익의 형량에 있어서도 균형을 이루었으므로, 위 조항이 과잉금지의 원칙을 위반하여 청구인의 공무담임권을 침해하는 것으로 볼 수 없다.

② **소환투표권자**

    ㉠ 19세 이상의 주민으로서 당해 지방자치단체 관할구역에 주민등록이 되어 있는 자

    ㉡ 19세 이상의 외국인으로서 출입국관리법 제10조의 규정에 따른 영주의 체류자격 취득일 후 3년이 경과한 자 중 같은 법 제34조의 규정에 따라 당해 지방자치단체 관할구역의 외국인등록대장에 등재된 자

③ **주민소환청구대상자**: 지방자치단체장과 지역구 지방의회의원이 그 대상자이고 비례대표 지방의원은 주민소환의 대상자가 아니다.

④ **주민소환투표청구를 위한 서명요청활동방법 제한**: 이 사건 법률조항은 대의제의 본질적인 부분을 침해하지 않도록 극히 예외적이고 엄격한 요건을 갖춘 경우에 한하여 주민소환을 인정하려는 제도적 고려에서, 서명요청이라는 표현의 방법을 '소환청구인서명부를 제시'하거나 '구두로 주민소환투표의 취지나 이유를 설명'하는 방법, 두 가지로만 엄격히 제한함으로써 제한되는 개인의 표현의 자유 등 사익에 비하여 주민소환투표제도의 부작용 억제를 통한 대의제 원리의 보장과 소환대상자의 공무담임권 보장, 지방행정의 안정성 보장이라는 공익이 훨씬 크므로, 법익균형성 요건도 충족한다. 따라서 이 사건 법률조항은 표현의 자유를 제한함에 있어 과잉금지원칙을 위반하지 않는다(헌재 2011.12.29. 2010헌바368).

⑤ **권한행사정지**: 주민소환투표대상자는 관할 선거관리위원회가 제12조 제2항의 규정에 의하여 주민소환투표안을 공고한 때부터 제22조 제3항의 규정에 의하여 주민소환투표결과를 공표할 때까지 그 권한행사가 정지된다. ➡ 합헌(헌재 2009.3.26. 2007헌마843)

⑥ **투표결과 확정**: 주민소환은 제3조의 규정에 의한 주민소환투표권자 총수의 3분의 1 이상의 투표와 유효투표 총수 과반수의 찬성으로 확정된다. ➡ 합헌(헌재 2009.3.26. 2007헌마843)

⑦ **주민소환 효력**: 주민소환이 확정된 때에는 주민소환투표대상자는 그 결과가 공표된 시점부터 그 직을 상실한다.

⑧ **보궐선거**: 주민소환투표에 의해 그 직을 상실한 자는 그로 인하여 실시하는 이 법 또는 공직선거법에 의한 해당 보궐선거에 후보자로 등록할 수 없다(주민소환에 관한 법률 제23조 제2항).

> **참고** 주민소환법 모두 합헌

02 지방자치단체의 기관

1. 지방의회

(1) 지방의회의원

① **구성**: 지방자치단체 주민의 선거로 선출하며, 지역구의원과 비례대표의원이 있다. 임기 4년이다.

② **월정수당**: 종래 지방의회의원은 명예직이었으나 지방자치법 개정으로 명예직은 삭제되었고, 광역의회의원뿐 아니라 시·군·구의원도 의정활동비, 여비, 월정수당을 지급받는다.

③ **자격심사와 제명**: 지방의회의원은 재적의원 4분의 1 이상의 연서로 의장에게 자격심사를 청구할 수 있고, 재적의원 3분의 2의 찬성이 있으면 자격이 상실된다. 재적의원 3분의 2 이상의 찬성이 있으면 제명된다.

⚖ 판례

1. 지방의회의 의원징계의결은 그로 인해 의원의 권리에 직접적 법률효과를 미치는 행정처분의 일종으로 행정소송의 대상이 된다(대판 1993.11.26. 93누7346).

2. **지방의회의원이 지방공사 직원의 직을 겸할 수 없도록 규정하고 있는 지방자치법 제35조 제1항**
지방공사는 지방직영기업처럼 지방의회의 직접적 통제를 받지는 않지만, 지방자치단체의 영향력하에 있는 지방공사의 직원이 지방의회에 진출할 수 있도록 하는 것은 권력분립 내지는 정치적 중립성 보장의 원칙에 위배되고, 결과적으로 주민의 이익과 지역의 균형된 발전을 목적으로 하는 지방자치의 제도적 취지에도 어긋난다. 이러한 위험성을 배제하기 위해서 입법자가 지방공사의 직원직과 지방의회의원직의 겸직을 금지하는 규정을 마련하여 청구인들과 같은 지방공사 직원의 공무담임권을 제한한 것은 공공복리를 위하여 필요한 불가피한 것으로서 헌법적으로 정당화될 수 있다고 할 것이다(헌재 2004.12.16. 2002헌마333).

---

(2) 지방의회 회의

지방의회는 조례로 정하는 수 이상의 지방의회의원 또는 지방자치단체장의 요구로 임시회를 가지고, 재적 3분의 1 이상 출석이 있어야 의사절차는 진행되며, 연 2회 정례회를 가진다.

(3) 지방의회 의장

지방자치법 제57조【의장·부의장의 선거】 ① 지방의회는 지방의회의원 중에서 시·도의 경우 의장 1명과 부의장 2명을, 시·군 및 자치구의 경우 의장과 부의장 각 1명을 무기명투표로 선출하여야 한다.

제62조【의장·부의장 불신임의 의결】① 지방의회의 의장이나 부의장이 법령을 위반하거나 정당한 사유 없이 직무를 수행하지 아니하면 지방의회는 불신임을 의결할 수 있다.

② 제1항의 불신임 의결은 재적의원 4분의 1 이상의 발의와 재적의원 과반수의 찬성으로 한다.

제103조【사무직원의 정원과 임면 등】② 지방의회의 의장은 지방의회 사무직원을 지휘·감독하고 법령과 조례·의회규칙으로 정하는 바에 따라 그 임면·교육·훈련·복무·징계 등에 관한 사항을 처리한다.

⚖️판례

1. 지방자치단체의 의결기관인 지방의회를 구성하는 **지방의회의원과 그 지방의회의 대표자인 지방의회 의장 간의 권한쟁의심판**은 헌법 및 헌법재판소법에 의하여 헌법재판소가 관장하는 지방자치단체 상호간의 권한쟁의심판의 범위에 속한다고 볼 수 없으므로 부적법하다(헌재 2010.4.29. 2009헌라11).

2. **지방의회 사무직원을 그 지방자치단체의 장이 임명하도록 한 지방자치법** (헌재 2014.1.28. 2012헌바216)
   ① 헌법상 권력분립의 원리는 지방의회와 지방자치단체의 장 사이에서도 상호견제와 균형의 원리로서 실현되고 있다. 다만, 지방자치단체의 장과 지방의회는 정치적 권력기관이긴 하지만 지방자치제도가 본질적으로 훼손되지 않는다면, 중앙·지방 간 권력의 수직적 분배라고 하는 지방자치제의 권력분립적 속성상 중앙정부와 국회 사이의 구성 및 관여와는 다른 방법으로 국민주권·민주주의 원리가 구현될 수 있다. 따라서 지방의회와 지방자치단체의 장 사이에서의 권력분립제도에 따른 상호견제와 균형은 현재 우리 사회 내 지방자치의 수준과 특성을 감안하여 국민주권·민주주의 원리가 최대한 구현될 수 있도록 하는 효율적이고도 발전적인 방식이 되어야 한다.
   ② 지방의회는 지방의회의원 개인을 중심으로 한 구조이며, 사무직원은 지방의회의원을 보조하는 지위를 가진다. 이러한 인적 구조 아래서 지방의회 사무직원의 임용권의 귀속 및 운영 문제를 지방자치제도의 본질적인 내용이라고 볼 수는 없다.
   ③ 심판대상조항에 따른 지방의회 의장의 추천권이 적극적이고 실질적으로 발휘된다면 지방의회 사무직원의 임용권이 지방자치단체의 장에게 있다고 하더라도 그것이 곧바로 지방의회와 집행기관 사이의 상호견제와 균형의 원리를 침해할 우려로 확대된다거나 또는 지방자치제도의 본질적 내용을 침해한다고 볼 수는 없다.

2. 지방자치단체장

(1) 지방자치단체장 선출

지방자치단체 주민의 선거로 선출하고 임기는 4년이며 계속 재임은 3기에 한한다(지방자치법 제108조).

⚖️판례 | 지방자치단체장의 3기 제한

지방자치단체장의 계속 재임을 3기로 제한한 규정의 입법취지는 장기집권으로 인한 지역발전저해 방지와 유능한 인사의 자치단체장 진출확대로 대별할 수 있는바, 그 목적의 정당성, 방법의 적절성, 피해의 최소성, 법익의 균형성이 충족되므로 헌법에 위반되지 아니한다(헌재 2006.2.23. 2005헌마403).

---

(2) 지방자치단체장 권한대행(지방자치법 제124조)

지방자치단체의 장이 다음의 어느 하나에 해당되면 부지사·부시장·부군수·부구청장이 그 권한을 대행한다.

① 궐위된 경우
② **공소제기된 후 구금상태에 있는 경우** ➜ 공소제기된 후 구금상태에 있는 경우 부단체장 권한대행을 규정한 지방자치법은 공무담임권 침해가 아니다(헌재 2011.4.28. 2010헌마474).
③ 의료법에 따른 의료기관에 60일 이상 계속하여 입원한 경우
④ 지방자치단체의 장이 그 직을 가지고 그 지방자치단체의 장 선거에 입후보하면 예비후보자 또는 후보자로 등록한 날부터 선거일까지 부단체장이 그 지방자치단체의 장의 권한을 대행한다.

⚖️판례 | 지방자치단체장이 금고 이상의 형의 선고를 받고 판결이 확정될 때까지 부단체장이 권한대행을 하도록 한 지방자치법 *헌법불합치결정

금고 이상의 형을 선고받았더라도 불구속상태에 있는 이상 자치단체장이 직무를 수행하는 데는 아무런 지장이 없으므로 직무를 정지시키고 부단체장에게 그 권한을 대행시킬 필요가 없으므로 이 사건 법률조항은 공무담임권을 침해한다(헌재 2010.9.2. 2010헌마418).

---

(3) 지방의회 의결에 대한 지방자치단체장의 재의요구권(지방자치법 제120조, 제121조)
① **사유**: 지방의회 의결이 월권 또는 법령 위반, 공익에 해가 되거나 예산상 집행이 불가능하다고 인정될 때
② **시기**: 지방자치단체장은 의결사항을 이송받은 날로부터 20일 이내
③ **재의결**: 재적의원 과반수 출석에 출석의원 2/3 이상의 찬성
④ **재의결에 대한 제소**: 지방자치단체장은 재의결된 사항이 법령에 위반된다고 인정될 경우 대법원에 제소할 수 있다.

(4) 지방의회 재의결에 대한 통제 - 재의요구와 제소요구, 제소

지방자치법 제192조【지방의회 의결의 재의와 제소】 ① 지방의회의 의결이 법령에 위반되거나 공익을 현저히 해친다고 판단되면 시·도에 대해서는 주무부장관이, 시·군 및 자치구에 대해서는 시·도지사가 해당 지방자치단체의 장에게 재의를 요구하게 할 수 있고, 재의 요구 지시를 받은 지방자치단체의 장은 의결사항을 이송받은 날부터 20일 이내에 지방의회에 이유를 붙여 재의를 요구하여야 한다.
② 시·군 및 자치구의회의 의결이 법령에 위반된다고 판단됨에도 불구하고 시·도지사가 제1항에 따라 재의를 요구하게 하지 아니한 경우 주무부장관이 직접 시장·군수 및 자치구의 구청장에게 재의를 요구하게 할 수 있고, 재의 요구 지시를 받은 시장·군수 및 자치구의 구청장은 의결사항을 이송받은 날부터 20일 이내에 지방의회에 이유를 붙여 재의를 요구하여야 한다.
③ 제1항 또는 제2항의 요구에 대하여 재의한 결과 재적의원 과반수의 출석과 출석의원 3분의 2 이상의 찬성으로 전과 같은 의결을 하면 그 의결사항은 확정된다.
④ 지방자치단체의 장은 제3항에 따라 재의결된 사항이 법령에 위반된다고 판단되면 재의결된 날부터 20일 이내에 대법원에 소를 제기할 수 있다. 이 경우 필요하다고 인정되면 그 의결의 집행을 정지하게 하는 집행정지결정을 신청할 수 있다.
⑤ 주무부장관이나 시·도지사는 재의결된 사항이 법령에 위반된다고 판단됨에도 불구하고 해당 지방자치단체의 장이 소를 제기하지 아니하면 시·도에 대해서는 주무부장관이, 시·군 및 자치구에 대해서는 시·도지사(제2항에 따라 주무부장관이 직접 재의 요구 지시를 한 경우에는 주무부장관을 말한다. 이하 이 조에서 같다)가 그 지방자치단체의 장에게 제소를 지시하거나 직접 제소 및 집행정지결정을 신청할 수 있다.

⑧ 제1항 또는 제2항에 따라 지방의회의 의결이 법령에 위반된다고 판단되어 주무부장관이나 시·도지사로부터 재의 요구 지시를 받은 해당 지방자치단체의 장이 재의를 요구하지 아니하는 경우(법령에 위반되는 지방의회의 의결사항이 조례안인 경우로서 재의 요구 지시를 받기 전에 그 조례안을 공포한 경우를 포함한다)에는 주무부장관이나 시·도지사는 제1항 또는 제2항에 따른 기간이 지난 날부터 7일 이내에 대법원에 직접 제소 및 집행정지결정을 신청할 수 있다.

⑨ 제1항 또는 제2항에 따른 지방의회의 의결이나 제3항에 따라 재의결된 사항이 둘 이상의 부처와 관련되거나 주무부장관이 불분명하면 행정안전부장관이 재의 요구 또는 제소를 지시하거나 직접 제소 및 집행정지결정을 신청할 수 있다.

📖 판례 │ 조례안 재의결에 대한 제소

1. 조례안 재의결 무효확인소송에서의 심리대상은 지방의회에 재의를 요구할 당시 이의사항으로 지적되어 재의결에서 심의의 대상이 된 것에 국한된다(대판 2007.12.13. 2006추52).

2. 재의결의 내용 전부가 아니라 그 일부만이 위법한 경우에도 대법원은 의결 전부의 효력을 부인할 수밖에 없다(대판 1992.7.28. 92추31).

---

03 지방자치단체의 권한

1. 조례제정권 ★★★

(1) 조례제정권의 법적 근거

헌법 제117조 제1항이고, 지방자치법 제28조는 확인규정이다.

> **헌법 제117조** ① 지방자치단체는 주민의 복리에 관한 사무를 처리하고 재산을 관리하며, 법령의 범위 안에서 자치에 관한 규정을 제정할 수 있다.
>
> **지방자치법 제28조【조례】** ① 지방자치단체는 **법령의 범위에서 그 사무에 관하여 조례를 제정할 수 있다.** 다만, 주민의 권리제한 또는 의무부과에 관한 사항이나 벌칙을 정할 때는 법률의 위임이 있어야 한다.
>
> **제30조【조례와 규칙의 입법한계】** 시·군 및 자치구의 조례나 규칙은 시·도의 조례나 규칙에 위반해서는 아니 된다.

(2) 조례의 법적 성격

지방의회는 법령의 범위에서 법령에 저촉되지 않는 한 지방자치단체의 사무에 관한 조례를 정할 수 있으므로, 조례는 자치입법의 하나로서 자주법의 성격을 갖는다.

(3) 조례의 규율범위

자치사무와 단체위임사무	법령의 위임이 없어도 조례를 제정할 수 있다.
기관위임사무	법령의 위임이 없으면 조례를 제정할 수 없으나, 위임이 있으면 제정 가능하다.

지방자치법 제28조, 제13조에 의하면, 지방자치단체가 자치조례를 제정할 수 있는 사항은 지방자치단체의 **고유사무인 자치사무와 개별 법령에 의하여 지방자치단체에 위임된 단체위임사무**에 한하는 것이고, 국가사무나 지방자치단체의 장에게 위임된 기관위임사무는 원칙적으로 자치조례의 제정범위에 속하지 않는다 할 것이나, 다만 **기관위임사무에** 있어서도 그에 관한 개별 법령에서 일정한 사항을 조례로 정하도록 위임하고 있는 경우에는 위임받은 사항에 관하여 개별 법령의 취지에 부합하는 범위 내에서 이른바 위임조례를 정할 수 있다(대판 2000.5.30. 99추85).

(4) 주민의 권리제한과 의무부과

> **지방자치법 제28조【조례】** ① 지방자치단체는 **법령의 범위에서** 그 사무에 관하여 조례를 제정할 수 있다. 다만, **주민의 권리제한 또는 의무부과에 관한 사항이나 벌칙을 정할 때는 법률의 위임이 있어야 한다.**

① **법률의 위임:** 주민의 **권리제한 또는 의무부과에 관한 사항이나 벌칙**에 해당하는 조례를 제정할 경우에는 그 조례의 성질을 묻지 아니하고 법률의 위임이 있어야 하고, 그러한 위임 없이 제정된 조례는 효력이 없다(대판 2007.12.13. 2006추52). 그러나 **권리를 부여하거나 급부를 제공하는 경우**에는 법률의 위임이 필요 없다.

1. 청주시행정정보공개조례안

지방자치단체는 그 내용이 주민의 권리의 제한 또는 의무의 부과에 관한 사항이거나 벌칙에 관한 사항이 아닌 한, 법률의 위임이 없더라도 조례를 제정할 수 있다 할 것인데, 청주시의회에서 의결한 청주시행정정보공개조례안은 행정에 대한 **주민의 알 권리의 실현을 그 근본내용으로 하면서도 이로 인한 개인의 권익침해 가능성을 배제하고 있으므로** 이를 들어 주민의 권리를 제한하거나 의무를 부과하는 조례라고는 단정할 수 없고, 따라서 그 **제정에 있어서 반드시 법률의 개별적 위임이 따로 필요한 것은 아니다.** 행정정보공개조례안이 국가위임사무가 아닌 자치사무 등에 관한 정보만을 공개대상으로 하고 있다고 풀이되는 이상 반드시 전국적으로 통일된 기준에 따르게 할 것이 아니라 지방자치단체가 각 지역의 특성을 고려하여 자기 고유사무와 관련된 행정정보의 공개사무에 관하여 독자적으로 규율할 수 있다(대판 1992.6.23. 92추17).

2. 서울시 학생인권조례안

> **<심판대상>**
> 성별, 종교, 나이, 사회적 신분, 출신지역, 출신국가, 출신민족, 언어, 장애, 용모 등 신체조건, 임신 또는 출산, 가족형태 또는 가족상황, 인종, 경제적 지위, 피부색, 사상 또는 정치적 의견, 성적 지향, 성별 정체성, 병력, 징계, 성적 등의 사유를 이유로 한 차별적 언사나 행동, 혐오적 표현 등을 통해 다른 사람의 인권을 침해하지 못하도록 한 규정

이 사건 조례 제5조 제3항은 학교구성원인 청구인들의 표현의 자유를 제한하는 것으로 지방자치법 제28조 단서 소정의 **주민의 권리제한 또는 의무부과에 관한 사항을 규율하는 조례에 해당한다고** 볼 여지가 있다. 그런데 조례의 제정권자인 지방의회는 지역적인 민주적 정당성을 지니고 있으며, 헌법이 지방자치단체에 대해 포괄적인 자치권을 보장하고 있는 취지에 비추어, **조례에 대한 법률의 위임은 반드시 구체적으로 범위를 정하여 할 필요가 없으며 포괄적인 것으로 족하다**(헌재 2019.11.28. 2017헌마1356).

② **형벌을 부과하는 조례**: 구법에는 조례위반행위에 대해 벌금·징역형을 부과할 수 있었다. 그러나 죄형법정주의에 반한다는 비판이 제기되어 조례위반행위에 대하여 1천만원 이하의 과태료를 부과할 수 있도록 개정되었다(지방자치법 제34조).

> **⚖ 판례 | 법률의 위임 없이 형벌을 규정한 조례**
>
> 조례 위반에 형벌을 가할 수 있도록 규정한 조례안 규정들은 적법한 법률의 위임 없이 제정된 것이 되어 지방자치법 제28조 단서에 위반되고, 나아가 죄형법정주의를 선언한 헌법 제12조 제1항에도 위반된다(대판 1995. 6.30. 93추83).

③ **포괄위임 허용**: 국민의 권리제한이나 의무부과에 대하여 법률이 명령에 위임하는 경우에는 반드시 구체적으로 범위를 정하여 위임하여야 하는 것과 중요한 차이점이다. 그러나 법률이 형벌법규를 위임하는 경우에는 구체적으로 조례에 위임하여야 한다.

> **⚖ 판례 | 포괄위임 여부**
>
> 1. 조례의 제정권자인 지방의회는 선거를 통해서 그 지역적인 민주적 정당성을 지니고 있는 주민의 대표기관이고 헌법이 지방자치단체에 포괄적인 자치권을 보장하고 있는 취지로 볼 때, **조례에 대한 법률의 위임은 법규명령에 대한 법률의 위임과 같이 반드시 구체적으로 범위를 정하여 할 필요가 없으며 포괄적인 것으로 족하다**(헌재 1995.4.20. 92헌마264).
> 2. 기관위임사무를 조례에 위임할 때는 구체적 위임을 요한다. 조례가 규정하고 있는 사항이 그 근거법령 등에 비추어 볼 때 **자치사무나 단체위임사무에 관한 것이라면** 이는 자치조례로서 지방자치법 제28조가 규정하고 있는 '법령의 범위 안'이라는 사항적 한계가 적용될 뿐, **위임조례와 같이 국가법에 적용되는 일반적인 위임입법의 한계가 적용될** 여지는 없다(대판 2000.11.24. 2000추29).

(5) 조례제정권의 한계

① **법령우위원칙**: 법률이 일정한 기준과 유형을 제시하고 있는 경우, 법률보다 가중된 기준을 추가하여 기본권을 제한하는 조례는 위법하다. 지방자치법 제28조에 말하는 '법령'은 헌법재판소에 따르면 법률과 법규명령 그리고 법규명령으로 기능하는 행정규칙을 말한다(헌재 2002.10.31. 2001헌라1).

② **수익적 조례**: 법령보다 생활보호의 대상을 확대하는 수익적 조례는 생활보호법에 반하지 않는다(대판 1997.4.25. 96추244). 또한 군민의 출산을 적극 장려하기 위하여 세 자녀 이상의 세대 중 세 번째 이후 자녀에게 양육비 등을 지원할 수 있도록 하는 내용의 '정선군세자녀이상세대양육비등지원에관한조례안'은 수익적 조례이므로 법령에 위반되지 않는다(대판 2006.10.12. 2006추38).

③ **침익적 조례**: 상위법령보다 더 높은 수준의 자동차등록기준을 정하는 차고지확보제도에 관한 침익적 조례안은 상위법령에 반한다(대판 1997.4.25. 96추251).

④ **광역단체조례 우선**: 기초자치단체의 조례는 광역자치단체의 조례를 위반해서는 아니 된다.

> **⚖ 판례**
>
> 1. 지방자치단체의 조례는 그것이 자치조례에 해당하는 것이라도 법령에 위반되지 않는 범위 안에서만 제정할 수 있어서 법령에 위반되는 조례는 그 효력이 없지만(지방자치법 제28조), 조례가 규율하는 특정사항에 관하여 그것을 규율하는 **국가의 법령이 이미 존재하는 경우**에도 조례가 법령과 별도의 목적에 기하여 규율함을 의도하는 것으로서 그 적용에 의하여 법령의 규정이 의도하는 목적과 효과를 전혀 저해하는 바가 없는 때 또는 양자가 동일한 목적에서 출발한 것이라고 할지라도 국가의 법령이 반드시 그 규정에

의하여 전국에 걸쳐 일률적으로 동일한 내용을 규율하려는 취지가 아니고 각 지방자치단체가 그 지방의 실정에 맞게 별도로 규율하는 것을 용인하는 취지라고 해석되는 때에는 그 조례가 국가의 법령에 위배되는 것은 아니라고 보아야 한다(대판 2007.12.13. 2006추52).

2. **지방세를 면제하는 조례를 제정하려면 행전안전부장관의 동의를 받도록 한** 지방세법 제9조는 지방자치단체의 합리성 없는 과세면제의 남용을 억제하고 지방자치단체 상호간의 균형을 맞추게 함으로써 조세평등주의를 실천함과 아울러 건전한 지방세제를 확립하고 안정된 지방재정 운영에 기여하게 하는 데 그 목적이 있는 것으로서 지방자치단체의 조례제정권의 본질적 내용을 침해한다고 볼 수 없으므로 헌법에 위반되지 아니한다(헌재 1998.4.30. 96헌바62).

(6) 조례제정절차와 통제(지방자치법 제32조 제1항)

① 조례안의 제안

지방자치단체의 장	–
지방의회의원	–
위원회의 의결	소관사항에 대한 조례안
주민	주민이 조례 개폐를 청구하면 지방의회 의장이 조례개폐안을 지방의회에 부의
교육감	지방자치단체의 교육·학예에 관한 사항에 대해 교육감이 조례안을 작성하고, 지방의회에 부의

② **의결**: 지방의회는 일반 의결정족수에 의하여 조례안을 의결한다.

③ **조례안의 이송**: 조례안이 의결되면 의장은 의결된 날부터 5일 이내에 지방자치단체의 장에게 이를 이송하여야 한다.

④ **공포와 재의요구**: 지방자치단체장은 이송받은 날부터 20일 이내에 공포하거나 이의가 있으면 이유를 붙여 지방의회에 환부하고 재의를 요구할 수 있다. 이 경우 일부거부와 수정거부는 할 수 없다.

⑤ **주무부장관 등의 재의 요구 지시**: 주무부장관 또는 시·도지사는 지방자치단체장에게 재의 요구를 지시할 수 있고, 이 경우 지방자치단체장은 재의를 요구하여야 한다. 재의 요구 지시를 받은 지방자치단체장이 재의를 요구하지 아니한 경우 주무부장관 또는 시·도지사는 지방의회 의결에 대하여 대법원에 직접 제소할 수 있다.

⑥ **지방의회의 재의결**: 재의의 요구가 있을 때에는 지방의회는 재의에 붙여 재적의원 과반수의 출석과 출석의원 3분의 2 이상의 찬성으로 전과 같은 의결을 하면 그 조례안은 조례로서 확정된다.

⑦ **공포와 제소**: 지방자치단체의 장은 재의결된 조례가 이송된 날부터 5일 이내에 공포하여야 하고, 지방자치단체의 장이 그 기간 내에 공포하지 아니한 경우 지방의회의 의장이 조례를 공포하여야 한다.

(7) 조례에 대한 사법적 통제 ★★

① **헌법 제107조 제2항의 명령·규칙심사**: 조례가 헌법과 법률에 위반되는지 여부가 재판의 전제가 된 경우 법원이 조례의 위헌·위법 여부를 심사할 수 있다. 위헌·위법이라고 결정한 경우 당해 사건에 한해 효력이 상실된다.

② **행정소송**: 두밀분교폐지조례와 같이 행정처분에 해당하는 조례는 행정소송의 대상이 된다. 처분적 조례에 대한 항고소송에서의 피고는 지방의회가 아니라 **지방자치단체장 또는 교육감**이다.

⚖ 판례 | 처분적 조례

조례는 통상 그 규정내용이 일반적이고 추상적이기 때문에 그 조례 자체의 유·무효는 법률상의 쟁송에 해당하지 아니하므로 무효확인을 구하는 소의 대상이 될 수 없는 것이 원칙이지만, 예외적으로 조례가 구체적 집행행위의 개입이 없이도 그 자체로서 직접 국민에 대하여 구체적 효과를 발생하여 특정한 권리·의무를 형성케 하는 경우에는 행정처분이 된다. 이 경우 그 조례는 항고소송의 대상이 되는 행정처분에 해당하고, 이러한 조례에 대한 무효확인소송을 제기할 수 있다(대판 1996.9.20. 95누8003).

③ **조례에 대한 헌법재판소의 통제**: 헌법재판소는 위헌법률심판과 헌법재판소법 제68조 제2항의 헌법소원심판에서는 조례를 대상으로 할 수 없으나, 헌법재판소법 제68조 제1항의 헌법소원심판대상으로는 할 수 있다. 헌법재판소가 위헌결정한 경우 조례는 일반적 효력이 상실된다.

⚖ 판례 | 담배자동판매기 설치금지 (헌재 1995.4.20. 92헌마264)

1. **조례는 헌법소원의 대상이 된다.**

   조례는 지방자치단체가 그 자치입법권에 근거하여 자주적으로 지방의회의 의결을 거쳐 제정한 법규이기 때문에 조례 자체로 인하여 기본권을 침해받은 자는 그 권리구제의 수단으로서 조례에 대한 헌법소원을 제기할 수 있다고 할 것이다. 다만, 이 경우에 그 적법요건으로서 조례가 별도의 구체적인 집행행위를 기다리지 아니하고 직접 그리고 현재 자기의 기본권을 침해하는 것이어야 함을 요한다.

2. 조례에 의한 규제가 지역의 여건이나 환경 등 그 특성에 따라 다르게 나타나는 것은 헌법이 지방자치단체의 자치입법권을 인정한 이상 당연히 예상되는 불가피한 결과이므로, 이 사건 심판대상규정으로 인하여 청구인들이 다른 지역의 주민들에 비하여 더한 규제를 받게 되었다 하더라도 이를 두고 헌법 제11조 제1항의 평등권이 침해되었다고 볼 수는 없다.

3. 담배자동판매기 설치를 금지하고 기존의 설치된 담배자동판매기를 3월 내 철거하도록 한 부천시 조례는 청소년의 흡연에 의한 질병발생예방이라는 공익의 가치가 담배판매인의 직업수행의 가치보다 크므로 직업선택의 자유 침해가 아니다.

2. 교육자치권

⚖ 판례 | 교육자치권

1. 지방교육자치도 지방자치권 행사의 일환으로서 보장되는 것이므로, 중앙권력에 대한 지방적 자치로서의 속성을 지니고 있지만, 동시에 그것은 헌법 제31조 제4항이 보장하고 있는 교육의 자주성·전문성·정치적 중립성을 구현하기 위한 것이므로, 정치권력에 대한 문화적 자치로서의 속성도 아울러 지니고 있다. 이러한 **'이중의 자치'의 요청으로 말미암아 지방교육자치의 민주적 정당성 요청은 어느 정도 제한이 불가피하게 된다.** 지방교육자치는 '민주주의·지방자치·교육자주'라고 하는 세 가지의 헌법적 가치를 골고루 만족시킬 수 있어야만 하는 것이다(헌재 2000.3.30. 99헌바113).

2. 학기당 2시간 정도의 인권교육의 편성·실시는 지방자치법 제13조 제2항 제5호가 지방자치단체의 사무로 예시한 교육에 관한 사무로서 초등학교·중학교·고등학교 등의 운영·지도에 관한 사무에 속한다(대판 2015.5.14. 2013추98).

04 지방자치단체에 대한 국가적 통제

지방자치의 본질상 자치행정에 대한 국가의 관여는 가능한 한 배제하는 것이 바람직하지만, 지방자치도 국가적 법질서의 테두리 안에서만 인정되는 것이고, 지방행정도 중앙행정과 마찬가지로 국가행정의 일부 이므로 지방자치단체가 어느 정도 국가적 감독·통제를 받는 것은 불가피하다. 즉, 지방자치단체의 존재 자체를 부인하거나 각종 권한을 말살하는 것과 같이 그 본질적 내용을 침해하지 않는 한 법률에 의한 통제는 가능하다(헌재 2001.11.29. 2000헌바78).

1. 입법적 통제

국회가 지방자치단체의 종류, 조직, 운영에 관한 사항을 법률로 정하여 지방자치단체를 통제할 수 있다. 또한 대통령과 행정각부의 장은 행정입법을 통해 지방자치단체를 통제할 수 있다.

2. 행정적 통제

(1) 중앙기관의 장 또는 시·도지사의 지도 및 감독 ★

> **지방자치법 제188조 【위법·부당한 명령이나 처분의 시정】** ① 지방자치단체의 사무에 관한 지방자치단체의 장 (제103조 제2항에 따른 사무의 경우에는 지방의회의 의장을 말한다. 이하 이 조에서 같다)의 명령이나 처분이 법령에 위반되거나 현저히 부당하여 공익을 해친다고 인정되면 시·도에 대해서는 주무부장관이, 시·군 및 자치구에 대해서는 시·도지사가 기간을 정하여 서면으로 시정할 것을 명하고, 그 기간에 이행하지 아니하면 이를 취소하거나 정지할 수 있다.
> ② 주무부장관은 지방자치단체의 사무에 관한 시장·군수 및 자치구의 구청장의 명령이나 처분이 법령에 위반되거나 현저히 부당하여 공익을 해침에도 불구하고 시·도지사가 제1항에 따른 시정명령을 하지 아니하면 시·도지사에게 기간을 정하여 시정명령을 하도록 명할 수 있다.
> ③ 주무부장관은 시·도지사가 제2항에 따른 기간에 시정명령을 하지 아니하면 제2항에 따른 기간이 지난 날부터 7일 이내에 직접 시장·군수 및 자치구의 구청장에게 기간을 정하여 서면으로 시정할 것을 명하고, 그 기간에 이행하지 아니하면 주무부장관이 시장·군수 및 자치구의 구청장의 명령이나 처분을 취소하거나 정지할 수 있다.
> ④ 주무부장관은 시·도지사가 시장·군수 및 자치구의 구청장에게 제1항에 따라 시정명령을 하였으나 이를 이행하지 아니한 데 따른 취소·정지를 하지 아니하는 경우에는 시·도지사에게 기간을 정하여 시장·군수 및 자치구의 구청장의 명령이나 처분을 취소하거나 정지할 것을 명하고, 그 기간에 이행하지 아니하면 주무부장관이 이를 직접 취소하거나 정지할 수 있다.
> ⑤ 제1항부터 제4항까지의 규정에 따른 자치사무에 관한 명령이나 처분에 대한 주무부장관 또는 시·도지사의 시정명령, 취소 또는 정지는 법령을 위반한 것에 한정한다.
> ⑥ 지방자치단체의 장은 제1항, 제3항 또는 제4항에 따른 자치사무에 관한 명령이나 처분의 취소 또는 정지에 대하여 이의가 있으면 그 취소처분 또는 정지처분을 통보받은 날부터 15일 이내에 대법원에 소를 제기할 수 있다.
> **판례** '법령위반'이란 시·군·구의 장의 사무의 집행이 명시적인 법령의 규정을 구체적으로 위반한 경우뿐 만 아니라, 그러한 사무의 집행이 재량권을 일탈·남용하여 위법하게 되는 경우를 포함한다고 할 것 이다(대판 2007.3.22. 2005추62).
>
> **제190조 【지방자치단체의 자치사무에 대한 감사】** ① 행정안전부장관이나 시·도지사는 지방자치단체의 자치 사무에 관하여 보고를 받거나 서류·장부 또는 회계를 감사할 수 있다. **이 경우 감사는 법령위반사항에 대하여만 실시한다.**
> ② 행정안전부장관 또는 시·도지사는 제1항에 따라 감사를 실시하기 전에 해당 사무의 처리가 법령에 위반되는지 여부 등을 확인하여야 한다.

⚖ **판례 | 중앙행정기관의 지방자치단체 자치사무 감사 사건 ★★** (헌재 2009.5.28. 2006헌라6)

1. 지방자치단체의 자치사무에 관한 감사권의 범위

지방자치법 개정을 통하여 자치사무에 대한 감사를 축소한 경위 등을 살펴보면, 자치사무에 관한 한 중앙행정기관과 지방자치단체의 관계가 상하의 감독관계에서 상호보완적 지도·지원의 관계로 변화되었다. 중앙행정기관의 지방자치단체의 자치사무에 대한 이 사건 관련규정의 감사권은 사전적·일반적인 포괄감사권이 아니라 그 대상과 범위가 한정적인 제한된 감사권이라 해석함이 마땅하다.

2. 이 사건 합동감사가 지방자치권을 침해하는지 여부

지방자치단체에 대하여 중앙행정기관은 합목적성 감독보다는 합법성 감독을 지향하여야 하고 중앙행정기관의 무분별한 감사권의 행사는 헌법상 보장된 지방자치단체의 자율권을 저해할 가능성이 크므로, 이 사건 관련규정상의 감사에 착수하기 위해서는 자치사무에 관하여 특정한 법령위반행위가 확인되었거나 위법행위가 있었으리라는 합리적 의심이 가능한 경우이어야 하고, 또한 그 감사대상을 특정해야 한다고 봄이 상당하다. 따라서 전반기 또는 후반기 감사와 같은 **포괄적·사전적 일반감사나 위법사항을 특정하지 않고 개시하는 감사 또는 법령위반사항을 적발하기 위한 감사는** 모두 허용될 수 없다.

⚖ **판례 | 감사원의 자치사무 감사 ★★** (헌재 2008.5.29. 2005헌라3)

<참고조항>

감사원법 제24조 【감찰사항】 ① 감사원은 다음 각 호의 사항을 감찰한다.
　2. 지방자치단체의 사무와 그에 소속한 지방공무원의 직무

1. 감사원이 지방자치단체에 대하여 자치사무의 합법성뿐만 아니라 합목적성에 대하여도 감사한 행위가 법률상 권한 없이 이루어진 것인지 여부(소극)

감사원법 규정들의 구체적 내용을 살펴보면 감사원의 직무감찰권의 범위에 인사권자에 대하여 징계 등을 요구할 권한이 포함되고, 위법성뿐 아니라 부당성도 감사의 기준이 되는 것은 명백하며, 지방자치단체의 사무의 성격이나 종류에 따른 어떠한 제한이나 감사기준의 구별도 찾아볼 수 없다. 감사원법은 지방자치단체의 위임사무나 자치사무의 구별 없이 합법성 감사뿐만 아니라 합목적성 감사도 허용하고 있는 것으로 보이므로, 감사원의 지방자치단체에 대한 이 사건 감사는 법률상 권한 없이 이루어진 것은 아니다.

2. 지방자치단체의 자치사무에 대한 합목적성 감사의 근거가 되는 감사원법 제24조 제1항 제2호 등 관련규정 자체가 청구인들의 지방자치권의 본질을 침해하여 위헌인지 여부(소극)

감사원법에서 지방자치단체의 자치권을 존중할 수 있는 장치를 마련해두고 있는 점, 국가재정지원에 상당부분 의존하고 있는 우리 지방재정의 현실, 독립성이나 전문성이 보장되지 않은 지방자치단체 자체감사의 한계 등으로 인한 외부감사의 필요성까지 감안하면, 이 사건 관련규정이 지방자치단체의 고유한 권한을 유명무실하게 할 정도로 지나친 제한을 함으로써 **지방자치권의 본질적 내용을 침해하였다고는 볼 수 없다.**

☑ 지방자치사무에 대한 감사

구분	합법성 감사	합목적성 감사
중앙행정기관장	○	×
감사원	○	○

(2) 직무이행명령권 ★

지방자치법 제189조【지방자치단체의 장에 대한 직무이행명령】① 지방자치단체의 장이 법령에 따라 그 의무에 속하는 국가위임사무나 시·도위임사무의 관리와 집행을 명백히 게을리하고 있다고 인정되면 시·도에 대해서는 주무부장관이, 시·군 및 자치구에 대해서는 시·도지사가 기간을 정하여 서면으로 이행할 사항을 명령할 수 있다.
③ 주무부장관은 시장·군수 및 자치구의 구청장이 법령에 따라 그 의무에 속하는 국가위임사무의 관리와 집행을 명백히 게을리하고 있다고 인정됨에도 불구하고 시·도지사가 제1항에 따른 이행명령을 하지 아니하는 경우 시·도지사에게 기간을 정하여 이행명령을 하도록 명할 수 있다.
⑥ 지방자치단체의 장은 제1항 또는 제4항에 따른 이행명령에 이의가 있으면 이행명령서를 접수한 날부터 15일 이내에 대법원에 소를 제기할 수 있다. 이 경우 지방자치단체의 장은 이행명령의 집행을 정지하게 하는 집행정지결정을 신청할 수 있다.

⚖ 판례 | 직무이행명령 대상사무

지방교육자치에 관한 법률 제3조, 지방자치법 제170조 제1항에 따르면, 교육부장관이 교육감에 대하여 할 수 있는 직무이행명령의 대상사무는 '국가위임사무의 관리와 집행'이다. 여기서 국가위임사무란 교육감 등에 위임된 국가사무, 즉 기관위임 국가사무를 뜻한다고 보는 것이 타당하다(대판 2013.6.27. 2009추206).

제12절 군사제도

01 현행헌법상 군사제도

1. 문민우위의 원칙과 정치적 중립성

국무위원과 국무총리 모두 현역군인은 임용될 수 없는(제86조, 제87조) 문민원칙이 채택되고 있다.

2. 병정통합의 원칙

군정작용이란 국군을 편성·조직, 병력을 취득·관리하는 작용이고, 군령작용(용병작용)이란 군을 현실적으로 지휘·통제하는 작용이다. 병정분리주의란 군정은 일반행정기관이, 군령은 대통령 직속의 별도 행정기관이 담당하는 군정·군령이원주의이다. 병정통합주의란 군정·군령을 일반행정기관이 모두 관장하는 군정·군령일원주의로서 정부가 군부를 완전히 지배함으로서 문민우위를 실현할 수 있는 제도이다. 현행헌법은 병정통합주의를 채택하고 있어 군정과 군령 모두 대통령과 국방부장관이 관장하고 있다.

MEMO

제3편

기본권론

제1장 / 기본권총론

제1절 기본권의 역사와 헌정사

01 영국 헌정사

1. 1215년 마그나 카르타

마그나 카르타는 오늘날의 기본권의 발달에 영향을 주었다는 점에서 모든 기본권의 모태가 되는 문서이다. 그러나 마그나 카르타는 봉건귀족의 신분적 특권을 보장하는 문서였지 일반국민의 권리를 보호하는 문서는 아니었다.

2. 1628년 권리청원(Petition of Right)

과세에 대한 의회의 동의, 신체의 자유

3. 1647년 국민합의서

종교의 자유와 양심의 자유 등 기본권이 규정되었다.

4. 1679년 인신보호법(Habeas Corpus Act)

신체자유의 절차적 보장, 인신보호영장에 의한 구속적부심사제

5. 1688년 명예혁명

6. 1689년 권리장전(Bill of Rights)

청원권을 국민의 권리로 규정하였고, 의회주권 성립의 계기가 되었다.

마그나 카르타
↓
권리청원
↓
국민합의서
↓
인신보호법
↓
명예혁명
↓
권리장전
↓
미국버지니아헌법
↓
미국독립선언서
↓
미국헌법

7. 영국 인권선언의 특징

영국 인권선언의 특징은 주요 사건시마다 국민의 자유와 권리를 **재확인**하고 **절차적 보장에 중점을 둔 데 비해 미국, 프랑스의 인권선언은 천부적 인권선언에 중점을 두었다.**

02 미국 헌정사

1776년 6월 버지니아 권리장전 (Virginia Bill of Rights)	생명권, 행복추구권, 자유권, 재산권, 저항권을 규정하였고, 국민주권원리와 인권의 천부적 권리성을 규정하였다.
1776년 7월 독립선언 (Declaration of Independence)	저항권, 행복추구권, 국민주권을 규정하고 개별적 인권목록은 생략하였다. 로크의 사회계약론의 영향을 받았다.
1787년 미연방헌법	기본권 규정은 없었고, 몽테스키외의 영향을 받아 대통령중심제와 엄격한 권력분립을 채택했다.
1791년 미연방헌법 ★	1787년 헌법에 인권규정이 없어 종교·언론·출판·집회의 자유와 청원권, 적법절차조항 등 10개조의 인권조항을 추가하였다.

03 프랑스 헌정사

인권보장과 권력분립을 헌법의 본질적 요소로 규정하였고, 저항권은 규정되었으나 행복추구권, 생명권, 사회적 기본권은 규정되지 않았다.

04 독일 헌정사

1. 1849년 프랑크푸르트헌법

60여 개의 기본권 조항을 규정했으나 효력이 발생하지 못했다.

2. 1919년 바이마르헌법

인간다운 생활을 할 권리를 최초로 규정해 현대 사회국가 헌법의 효시로 평가된다.

3. 1949년 본기본법

사회적 법치국가를 규정했다.

제2절 기본권의 본질

01 기본권의 의의

1. 기본권의 개념

기본권이란 헌법상 권리를 의미한다.

2. 제도적 보장

자유권도 아니고 사회적 기본권도 아니며 통치권도 아닌 헌법상 지방자치제도, 직업공무원제도, 혼인제도 등을 설명하기 위해 제도적 보장론이 제기되었다.

> **⚖ 판례 | 제도적 보장의 의의 ★★★**
>
> 제도적 보장은 객관적 제도를 헌법에 규정하여 당해 제도의 본질을 유지하려는 것으로서, 헌법제정권자가 특히 중요하고도 가치가 있어서, 헌법적으로 보장할 필요가 있다고 생각하는 국가제도를 <u>헌법에 규정함으로써 장래의 법발전, 법형성의 방침과 범주를 미리 규율하려는 데 있다</u>. 제도적 보장은 <u>주관적 권리가 아닌 객관적 법규범</u>이라는 점에서 기본권과 구별되기는 하지만, 헌법에 의하여 일정한 제도가 보장되면 입법자는 그 제도를 설정하고 유지할 입법의무를 지게 될 뿐만 아니라 헌법에 규정되어 있기 때문에 <u>법률로써 이를 폐지할 수 없고, 비록 내용을 제한한다고 하더라도 그 본질적 내용을 침해할 수는 없다</u>. 그러나 <u>기본권의 보장은 '최대한 보장의 원칙'</u>이 적용되는 것임에 반하여, **제도적 보장**은 기본권 보장의 경우와는 달리 그 본질적 내용을 침해하지 아니하는 범위 안에서 입법자에게 제도의 구체적인 내용과 형태의 형성권을 폭넓게 인정한다는 의미에서 **'최소한 보장의 원칙'**이 적용될 뿐인 것이다. 직업공무원제도는 헌법이 보장하는 제도적 보장 중의 하나임이 분명하므로 입법자는 <u>직업공무원제도</u>에 관하여 '최소한 보장'의 원칙의 한계 안에서 폭넓은 입법형성의 자유를 가진다(헌재 1997.4.24. 95헌바48).

3. 인권과 기본권

인권은 인간의 속성에서 유래되는 권리이나, 기본권은 헌법에 의해 인정되는 권리이다. 인권이 자연법적 권리라면, 인권과 구별되는 개념으로서의 기본권은 실정법인 헌법에 의해 인정되는 실정법적 권리이다. 그러나 기본권은 인권에서 유래하는 권리이기도 하므로 기본권 중 인간의 권리는 자연법적 권리이다. 법실증주의자들은 기본권을 법률 안의 자유로 보나, 기본권은 헌법상 권리로 입법권을 구속하므로 기본권을 법률 안의 자유로 볼 수는 없다.

02 주관적 공권성

주관적 공권이란 개인이 국가를 상대로 자신의 자유와 권리를 실현하기 위해 국가에 부작위 또는 작위를 요구할 수 있는 권리이다.

03 기본권의 법적 성격

1. 헌법에서 직접 인정

① 대법원은 **만나고 싶은 사람을 만날 권리는 행복추구권에서 직접 보호되므로**, 형사소송법의 수용자의 접견권 규정은 선언적·확인적 의미를 가진다고 한 바 있다.

② **변호인과 상담하고 조언을 구할 권리**는 변호인의 조력을 받을 권리의 내용 중 구체적인 입법형성이 필요한 다른 절차적 권리의 필수적인 전제요건으로서 **변호인의 조력을 받을 권리 그 자체에서 막바로 도출되는 것이다**(헌재 2004.9.23. 2000헌마138).

③ **알 권리**: 본건 서류에 대한 열람·복사 민원의 처리는 **법률의 제정이 없더라도** 불가능한 것이 아니라 할 것이다(헌재 1989.9.4. 88헌마22).

④ **인간다운 생활을 할 권리로부터** 인간의 존엄에 상응하는 최소한의 **물질적인** 생활의 유지에 필요한 급부를 요구할 수 있는 구체적인 권리가 상황에 따라서는 직접 도출될 수 있다고 할 수는 있어도, 동 기본권이 직접 그 이상의 급부를 내용으로 하는 구체적인 권리를 발생케 한다고는 볼 수 없다고 할 것이다(헌재 1998.2.27. 97헌가10).

2. 법률에 규정이 있어야 인정

① **무상의 중등교육**을 받을 권리는 법률에서 중등교육을 의무교육으로서 시행하도록 규정하기 전에는 헌법상 권리로서 보장되는 것은 아니다. 따라서 초등학교 무상교육을 받을 권리가 구체적 권리라면 중등학교 무상교육을 받을 권리는 추상적 권리이다(헌재 1991.2.11. 90헌가27).

② **헌법상의 사회보장권**은 그에 관한 수급요건, 수급자의 범위, 수급액 등 구체적인 사항이 법률에 규정됨으로써 비로소 구체적인 법적 권리로 형성된다고 보아야 한다(헌재 2005.7.21. 2004헌바2).

③ **환경권**은 명문의 법률규정이나 관계 법령의 규정 취지 및 조리에 비추어 권리의 주체, 대상, 내용, 행사 방법 등이 구체적으로 정립될 수 있어야만 인정되는 것이므로, **사법상의 권리로서의 환경권을 인정하는 명문의 규정이 없는데도 환경권에 기하여 직접 방해배제청구권을 인정할 수 없다**(대판 1997.7.22. 96다56153).

04 기본권의 양면성(이중성, 기본권의 다층구조적 성격)

1. 의의

통합주의자인 스멘트(R. Smend)의 영향을 받은 헷세(K. Hesse)는 기본권을 주관적 공권성과 객관적 질서성의 두 가지 성격을 가진다고 하여 이중성 이론을 체계화하였다. 양면성을 인정하는 견해에 따르면 주관적 공권과 객관적 질서는 상호 대립하기보다는 상호 보완적이라고 한다.

2. 기본권의 이중성 인정 여부

① **학설**: **이중성**을 긍정하는 설과 부정하는 설이 있다. 긍정설이 다수설이다.

② **판례**: 우리 헌법재판소는 직업의 자유, 양심의 자유, 방송의 자유 등 기본권의 양면성을 인정하고 있다.

> **⚖️ 판례 | 기본권의 이중성 인정**
>
> 헌법 제15조에 의한 직업선택의 자유는 각자의 생활의 기본적 수요를 충족시키는 방편이 되고 개성신장의 바탕이 된다는 점에서 주관적 공권의 성격을 가지면서도 국민 개개인이 선택한 직업의 수행에 의하여 국가의 사회질서와 경제질서가 형성된다는 점에서 사회적 시장경제질서라고 하는 객관적 법질서의 구성요소이기도 하다(헌재 1995.7.21. 94헌마125).

☑️ 기본권에 있어 독일과 우리나라 헌법의 규정상 차이 ★★

구분	독일기본법	우리 헌법
내국법인의 기본권 주체성 규정	○	×
기본권의 양면성·이중성 규정	○	×
기본권 법률유보조항	일반적 법률유보조항 ×, 개별적 법률유보조항 ○	일반적 법률유보조항 ○, 개별적 법률유보조항 ○
인간의 존엄과 가치 규정	○	○
행복추구권 규정	×	○
생명권 규정	○	×
급부청구권	×	○

05 기본권 여부

> 헌법 제10조 모든 국민은 인간으로서의 존엄과 가치를 가지며, 행복을 추구할 권리를 가진다. 국가는 개인이 가지는 불가침의 **기본적 인권을 확인하고** 이를 보장할 의무를 진다.
>
> 제37조 ① 국민의 자유와 권리는 헌법에 열거되지 아니한 이유로 경시되지 아니한다.

1. 헌법에 열거된 권리와 열거되지 않은 자유와 권리

헌법 제37조 제1항은 "국민의 자유와 권리는 헌법에 열거되지 아니한 이유로 경시되지 아니한다."라고 규정하고 있다. 이는 헌법에 명시적으로 규정되지 아니한 자유와 권리라도 헌법 제10조에서 규정한 인간의 존엄과 가치를 위하여 필요한 것일 때에는 이를 모두 보장함을 천명하는 것이다. 이러한 기본권으로서 일반적 행동자유권과 명예권 등을 들 수 있다(헌재 2002.1.31. 2001헌바43).

☑ 헌법 제37조 제1항의 열거되지 아니한 권리

해당하는 것	해당하지 않는 것(헌법상 기본권이 아닌 것)
이러한 기본권으로서 일반적 행동자유권과 명예권 등을 들 수 있다(헌재 2002.1.31. 2001헌바43).	① 평화적 생존권 ② 재정사용의 합법성과 타당성을 감시하는 납세자의 권리 ③ 주민투표권 ④ 국가인권위원회의 조사를 받을 권리 ⑤ 국회구성권 ⑥ 국민의 입법권 ⑦ 통일에 관한 권리 ⑧ 주민소환권 ⑨ 논리적이고 정제된 법률의 적용을 받을 권리

2. 헌법소원과 기본권

(1) 헌법소원과 헌법상 기본권

헌법재판소법 제68조 제1항은 공권력 행사와 불행사로 기본권을 침해받은 자가 헌법소원을 청구할 수 있다고 규정하여, 헌법소원은 기본권 침해를 전제로 한다. 청구인이 침해받았다고 주장하는 것이 기본권이 아니라면 헌법소원청구는 부적법하게 된다.

(2) 헌법상 보장된 기본권

헌법재판소법 제68조 제1항에서 규정하고 있는 헌법상 보장된 기본권이란 헌법에 의해 직접 보장된 개인의 주관적 공권을 의미하는데, 헌법에서 명문규정으로 보장된 것만을 의미하는 것이 아니라 헌법에서 도출되는 것도 포함된다.

3. 기본권이 아닌 것

(1) 기본원리, 제도의 본질 훼손

전문이나 원리에서는 기본권이 도출되지 않는다.

⚖ 판례 | 원리와 기본권

1. 청구인들이 침해받았다고 주장하는 기본권 가운데 '헌법전문에 기재된 3·1정신'은 우리나라 헌법의 연혁적·이념적 기초로서 헌법이나 법률해석에서의 해석기준으로 작용한다고 할 수 있지만, 그에 기하여 곧바로 국민의 개별적 기본권성을 도출해 낼 수는 없다고 할 것이므로, 본안판단의 대상으로부터 제외하기로 한다(헌재 2001.3.21. 99헌마139).

2. 헌법전문에 기재된 대한민국임시정부의 법통을 계승하는 부분
   헌법전문에 기재된 대한민국임시정부의 법통을 계승하는 부분이 침해되었다는 부분은 청구인들의 법적 지위에 현실적이고 구체적인 영향을 미친다고 볼 수 없으므로 기본권 침해의 가능성이 인정되지 않는다. '건국60년'이라는 표현을 사용했다는 점만으로 헌법개정이 이루어졌다고 볼 수 없어 헌법 제130조 제2항의 국민투표권의 침해가능성이 인정되지 아니한다(헌재 2008.11.27. 2008헌마517).

3. 경제질서에 관한 헌법상 원리의 침해 주장
   헌법 제119조 제1항·제2항, 제126조는 경제질서에 관한 헌법상의 원리나 제도를 규정한 조항들인바, 헌법재판소법 제68조 제1항에 의한 헌법소원에 있어서 헌법상의 원리나 헌법상 보장된 제도의 내용이 침해되었다는 사정만으로 바로 청구인의 기본권이 직접 현실적으로 침해된 것이라고 할 수 없다(헌재 2008.7.31. 2006헌마400).

(2) 기본권이 아닌 것

⚖ 판례 | 기본권이 아닌 것

1. **평화적 생존권**은 헌법상 보장되는 기본권이라고 할 수 없다(헌재 2009.5.28. 2007헌마369).

2. **국회구성권**
   청구인들 주장의 '국회구성권'이란 유권자가 설정한 국회의석분포에 국회의원들을 기속시키고자 하는 것이고, 이러한 내용의 '국회구성권'이라는 것은 오늘날 이해되고 있는 대의제도의 본질에 반하는 것이므로 헌법상 인정될 여지가 없다(헌재 1998.10.29. 96헌마186).

3. **국민의 입법권** (헌재 1998.8.27. 97헌마8, 97헌마39)
   ① 국민이 입법절차의 하자만을 주장하여 법률에 대한 헌법소원심판을 청구할 수 있는지 여부: 법률의 입법절차가 헌법이나 국회법에 위반된다고 하더라도 그러한 사유만으로는 그 법률로 인하여 국민의 기본권이 현재, 직접적으로 침해받는다고 볼 수 없으므로 헌법소원심판을 청구할 수 없다.
   ② 날치기법률안처리에 대한 구제방법: 입법절차의 하자를 둘러싼 분쟁은 본질적으로 법률안의 심의·표결에 참여하지 못한 국회의원이 국회의장을 상대로 권한쟁의에 관한 심판을 청구하여 해결하여야 할 사항이다.

4. **육아휴직신청권**은 헌법 제36조 제1항 등으로부터 개인에게 직접 주어지는 헌법적 차원의 권리라고 볼 수는 없고, 법률상의 권리에 불과하다 할 것이다(헌재 2008.10.30. 2005헌마1156).

5. **'국가인권위원회의 공정한 조사를 받을 권리'**는 헌법상 인정되는 기본권이라고 하기 어렵다(헌재 2012.8.23. 2008헌마430).

6. **주민투표권이 헌법이 보장하는 참정권에 포함되는지 여부(소극)**
   주민투표권은 그 성질상 선거권, 공무담임권, 국민투표권과 전혀 다른 것이어서 이를 법률이 보장하는 참정권이라고 할 수 있을지언정 헌법이 보장하는 참정권이라고 할 수는 없다(헌재 2001.6.28. 2000헌마735).

7. **지방자치단체 주민으로서의 자치권 또는 주민권**은 '헌법에 의하여 직접 보장된 개인의 주관적 공권'이 아니어서, 그 침해만을 이유로 하여 국가사무인 고속철도의 역의 명칭 결정의 취소를 구하는 헌법소원심판을 청구할 수 없다(헌재 2006.3.30. 2003헌마837).

8. 주민의 조례제정·개폐청구권의 성격

조례제정·개폐청구권을 주민들의 지역에 관한 의사결정의 참여에 관한 권리 내지 주민발안권으로 이해하더라도 이러한 권리를 헌법이 보장하는 기본권인 참정권이라고 할 수는 없다(헌재 2009.7.30. 2007헌바75).

9. 주민소환권 - 지방자치와 주민소환제

주민소환제 자체는 지방자치의 본질적인 내용이라고 할 수 없으므로 이를 보장하지 않는 것이 위헌이라거나 어떤 특정한 내용의 **주민소환제**를 반드시 보장해야 한다는 헌법적인 요구가 있다고 볼 수는 없다(헌재 2009.3.26. 2007헌마843).

10. 청구인이 국회법 제48조 제3항 본문에 의하여 침해당하였다고 주장하는 기본권은 청구인이 국회 상임위원회에 소속하여 활동할 권리, 청구인이 **무소속 국회의원으로서 교섭단체소속 국회의원과 동등하게 대우받을 권리**라는 것으로서 이는 입법권을 행사하는 국가기관인 국회를 구성하는 국회의원의 지위에서 향유할 수 있는 권한일 수는 있을지언정 헌법이 일반국민에게 보장하고 있는 **기본권이라고 할 수는 없다**(헌재 2000.8.31. 2000헌마156).

제3절 기본권의 주체

01 국민

1. 기본권 보유능력(향유능력)

(1) 개념

기본권의 보유능력이란 헌법상 보장된 기본권을 향유할 수 있는 능력이다. 기본권 주체가 될 수 없다는 의미는 기본권 보유능력을 가지지 못한다는 뜻이다.

(2) 범위

① 태아, 수형자를 포함한 모든 국민은 기본권 보유능력을 가진다.
② 헌법재판소는 태아의 생명권 주체성은 긍정했으나, 초기배아의 기본권 주체성은 부정하였다.
③ 특별권력관계에 있는 국민도 기본권의 주체가 된다. 군인·미결수용자도 기본권의 주체가 된다.

> ⚖ **판례 | 기본권 주체성**
>
> 1. 모든 인간은 헌법상 생명권의 주체가 되며, 형성 중의 생명인 **태아**에게도 생명에 대한 권리가 인정되어야 한다. 따라서 **태아**도 헌법상 생명권의 주체가 된다(헌재 2008.7.31. 2004헌바81).
>
> 2. **초기배아**는 수정이 된 배아라는 점에서 형성 중인 생명의 첫걸음을 떼었다고 볼 여지가 있기는 하나 아직 모체에 착상되거나 원시선이 나타나지 않은 이상 현재의 자연과학적 인식 수준에서 독립된 인간과 배아 간의 개체적 연속성을 확정하기 어렵다고 봄이 일반적이라는 점, 배아의 경우 현재의 과학기술 수준에서 모태 속에서 수용될 때 비로소 독립적인 인간으로서의 성장가능성을 기대할 수 있다는 점, 수정 후 착상 전의 배아가 인간으로 인식된다거나 그와 같이 취급하여야 할 필요성이 있다는 점 등을 종합적으로 고려할 때, 기본권 주체성을 인정하기 어렵다(헌재 2010.5.27. 2005헌마346).
>
> 3. **아동과 청소년**은 부모와 국가에 의한 단순한 보호의 대상이 아닌 독자적인 인격체이며, 그의 인격권은 성인과 마찬가지로 인간의 존엄성 및 행복추구권을 보장하는 헌법 제10조에 의하여 보호된다(헌재 2004.5.27. 2003헌가1).

(3) 헌법소원 청구능력

헌법재판소법 제68조 제1항은 공권력의 행사 또는 불행사로 인하여 기본권을 침해받은 자가 헌법소원의 심판을 청구할 수 있다고 규정하고 있으므로, 기본권의 주체가 될 수 있는 자만이 헌법소원을 청구할 수 있고, 이때 **기본권의 주체가 될 수 있는 '자'라 함은 통상 출생 후의 인간을 가리키는 것이다**(헌재 2010.5.27. 2005헌마346).

⚖ 판례 | 헌법소원 청구능력

1. 정당

민중당이 제기한 지방의회의원선거법 제36호 제1항(시·도의회의원 후보자 700만원 기탁금)에 대한 헌법소원심판을 인용함으로써 정당의 평등권 주체성을 인정하여 정당도 평등권 침해를 이유로 헌법소원심판을 청구할 수 있다(헌재 1991.3.11. 91헌마21).

2. 정당과 생명권

미국산 쇠고기의 수입위생조건을 정한 농림수산식품부 고시에서 침해된다고 하여 주장되는 기본권은 **생명·신체의 안전에 관한 것**으로서 성질상 자연인에게만 인정되는 것이므로, 이와 관련하여 청구인 진보신당과 같은 권리능력 없는 단체는 위와 같은 기본권의 행사에 있어 그 주체가 될 수 없다. 이 사건에 있어 청구인 진보신당은 청구인능력이 인정되지 아니한다 할 것이다(헌재 2008.12.26. 2008헌마419).

3. 한국신문편집인협회

청구인협회의 회원인 언론인들의 언론·출판의 자유가 침해당하고 있어 청구인협회도 간접적으로 기본권으로 침해당하고 있음을 이유로 하여 이 사건 헌법소원심판을 청구하고 있는 것으로 보이므로, 청구인 협회의 심판청구는 자기관련성이 없다(헌재 1995.7.21. 92헌마177·199).

4. 청구인 ○○중·상업고등학교는 교육을 위한 시설에 불과하여 우리 민법상 권리능력이나 민사소송법상 당사자능력이 없다고 할 것인바(대판 1975.12.9. 75다1048 참조), 위 시설에 관한 권리·의무의 주체로서 당사자 능력이 있는 청구인 ○○학원이 헌법소원을 제기하여 권리구제를 받는 절차를 밟음으로써 족하다고 할 것이고, 위 학교에 대하여 별도로 헌법소원의 당사자능력을 인정하여야 할 필요는 없다고 할 것이므로 동 학교의 이 사건 헌법소원심판청구는 부적법하다(헌재 1993.7.29. 89헌마123).

5. 국가기관의 청구능력

공법인은 원칙적으로 기본권 주체가 될 수 없으므로 기본권 침해를 받았다는 이유로 헌법소원심판을 청구할 수 없다.

① **국회상임위원회**: 국가나 국가기관 또는 국가조직의 일부나 공법인은 기본권의 '수범자(Adressat)'이지 기본권의 주체로서 그 '소지자(Trager)'가 아니고 오히려 국민의 기본권을 보호 내지 실현해야 할 '책임'과 '의무'를 지니고 있는 지위에 있을 뿐이다. 그런데 청구인은 국회의 노동위원회로 그 일부조직인 상임위원회 가운데 하나에 해당하는 것으로 국가기관인 국회의 일부조직이므로 기본권의 주체가 될 수 없고 따라서 헌법소원을 제기할 수 있는 적격이 없다고 할 것이다(헌재 1994.12.29. 93헌마120).

② **국회의원**: 국회의원의 질의권, 토론권 및 표결권 등은 국가기관인 국회의 구성원의 지위에 있는 국회의원에게 부여된 권한으로, 국회의원 개인에게 헌법이 보장하는 기본권이라 할 수 없는바, 국회의원인 청구인들에게 헌법소원심판청구가 허용된다고 할 수 없다. 또한 상임위원회 선임에 대해서도 헌법소원을 청구할 수 없다(헌재 1995.2.23. 90헌마125).

③ **교육위원회의 교육위원**: 교육위원회의 위원은 기본권의 주체가 아니라 공법상의 권한을 행사하는 공권력 행사의 주체이며 청구인들의 기본권이 침해받는 것이 아니므로 이 사건 심판청구는 청구인적격이 없는 자의 청구이다(헌재 1995.9.28. 92헌마23·86).

6. 강원대학교와 같은 국립대학교는 기본권의 주체이므로 헌법소원을 청구할 능력이 인정된다(헌재 2015.12.23. 2014헌마1149).

7. 대학뿐 아니라 교수와 교수회도 대학의 자유 주체가 된다(헌재 2006.4.27. 2005헌마1047).

2. 기본권 행사능력

(1) 개념

기본권 행사능력이란 기본권의 주체가 독립적으로 자신의 책임하에 기본권을 유효하게 행사할 수 있는 능력이다.

(2) 기본권 성질에 따른 행사능력

① 기본권 행사능력은 모든 기본권이 동일한 것이 아니라, 개별 기본권이 요구하는 정신적·육체적 능력에 따라 각각 결정되어야 한다.

② 기본권에 따라 기본권 향유능력과 행사능력이 동일한 기본권(예 인간의 존엄과 가치, 생명권, 신체의 자유)이 있고, 양자가 구별되는 기본권(예 선거권, 피선거권)이 있다.

③ 종교의 자유나 양심의 자유, 언론·집회·결사의 자유는 19세 미만이라도 행사능력이 인정된다. 따라서 **기본권 행사능력은 민법의 성년을 기준으로 하지 않는다.**

3. 기본권 보유능력과 행사능력의 구별

기본권 보유능력을 가진 자라 하더라도 행사능력을 반드시 가지는 것은 아니다. 예를 들면, 모든 국민은 선거권의 주체능력 또는 보유능력을 가지나 공직선거법상 선거일 현재 18세 이상인 자만이 선거권 행사능력을 가진다.

4. 기본권 행사능력 제한

구분	기본권 보유능력	기본권 행사능력
선거권	국민	18세 이상(법률)
대통령 피선거권	국민	40세 이상(헌법)
국회의원 피선거권	국민	18세 이상(법률)

(1) 기본권 행사능력 제한의 한계

① 기본권 행사능력을 헌법이 직접 제한하는 경우도 있으나 법률로 제한한 경우도 있다.

② 선거권 연령이나 국회의원 피선거권 연령은 법률로 기본권의 행사능력을 제한하는 사례이다.

(2) 부모의 미성년자의 기본권 행사능력 제한

민법에서는 친권자의 거소지정권을 규정하고 있어 부모는 미성년인 자(子)의 거주·이전의 자유를 제한할 수 있다.

02 외국인의 기본권 주체성

1. 외국인의 개념

외국인은 외국국적자뿐만 아니라 무국적자를 포함하는 개념이고, 기본권 주체로서 외국인은 국내에 거주하는 자이다. 외국인이 기본권 주체가 된다는 의미는 헌법상 해당 기본권의 향유능력을 가진다는 의미이다.

2. 헌법재판소 판례

> ### ⚖ 판례 | 외국인의 기본권 주체성
>
> 1. 우리 재판소는, 헌법재판소법 제68조 제1항 소정의 **헌법소원은 기본권을 침해받은 자만이 청구할 수 있고**, 여기서 기본권을 침해받은 자만이 헌법소원을 청구할 수 있다는 것은 곧 기본권의 주체라야만 헌법소원을 청구할 수 있고 기본권의 주체가 아닌 자는 헌법소원을 청구할 수 없다고 한 다음, 국민 또는 국민과 유사한 지위에 있는 외국인은 기본권의 주체가 될 수 있다고 판시하여 원칙적으로 외국인의 기본권 주체성을 인정하였다. 청구인들이 침해되었다고 주장하는 인간의 존엄과 가치, 행복추구권은 대체로 인간의 권리로서 외국인도 주체가 될 수 있다고 보아야 하고, 평등권도 인간의 권리로서 참정권 등에 대한 성질상의 제한 및 상호주의에 따른 제한이 있을 수 있을 뿐이다. 이 사건에서 청구인들이 주장하는 바는 대한민국 국민과의 관계가 아닌, 외국국적의 동포들 사이에 재외동포법의 수혜대상에서 차별하는 것이 **평등권** 침해라는 것으로서 성질상 위와 같은 제한을 받는 것이 아니고 상호주의가 문제되는 것도 아니므로, 청구인(외국국적 동포)들에게 기본권 주체성을 인정함에 아무런 문제가 없다(헌재 2001.11.29. 99헌마494).
>
> 2. 외국인의 기본권 주체성 여부는 기본권의 성질에 좌우되는데, 인간의 존엄과 가치, 행복추구권, 평등권과 같은 '인간의 권리'로서의 성격을 갖는 기본권들이 외국인에게 인정된다. 근로의 권리 중 인간의 존엄성 보장에 필요한 최소한의 근로조건을 요구할 수 있는 '일할 환경에 관한 권리' 역시 외국인에게 보장되고, 고용허가를 받아 우리 사회에서 정당한 노동인력으로서 지위를 부여받은 외국인들의 직장선택의 자유도 인간의 권리로서 보장된다(헌재 2016.3.31. 2014헌마367).
>
> 3. **기본권 주체성의 인정문제와 기본권 제한의 정도는 별개의 문제이므로, 외국인에게 직장선택의 자유에 대한 기본권 주체성을 인정한다는 것이 곧바로 이들에게 우리 국민과 동일한 수준의 직장선택의 자유가 보장된다는 것을 의미하는 것은 아니라고 할 것이다**(헌재 2011.9.29. 2007헌마1083). 기본권 주체성의 인정문제와 기본권 제한의 정도는 별개의 문제이므로 외국인에게 근로의 권리에 대한 기본권 주체성을 인정한다는 것이 곧바로 **우리 국민과 동일한 수준의 보장을 한다는 것을 의미하는 것은 아니다**(헌재 2016.3.31. 2014헌마367).

3. 외국인에게도 인정되는 기본권 ★★

(1) 인간의 존엄과 가치, 행복추구권이 인정된다.

(2) 평등권이 인정된다. 단, 정치적 평등권, 재산권 보장의 평등권은 제한된다.

(3) 자유권

신체의 자유, 사생활의 자유는 인정되나, 언론·출판·집회·결사의 자유는 원칙적으로는 누리나 제한된다. 출국의 자유는 인정되나, 입국의 자유는 인정되지 아니한다.

① **입국의 자유**: 참정권과 입국의 자유에 대한 외국인의 기본권 주체성이 인정되지 않는다(헌재 2014.6.26. 2011헌마502).

② **직업의 자유**

> ### ⚖ 판례
>
> **1. 직업의 자유를 인간의 권리로 본 판례**
>
> 직업의 자유 중 이 사건에서 문제되는 직장선택의 자유는 인간의 존엄과 가치 및 행복추구권과도 밀접한 관련을 가지는 만큼 단순히 국민의 권리가 아닌 인간의 권리로 보아야 할 것이므로 외국인도 제한적으로라도 직장선택의 자유를 향유할 수 있다고 보아야 한다. 청구인들이 이미 적법하게 고용허가를 받아 적

법하게 우리나라에 입국하여 우리나라에서 일정한 생활관계를 형성·유지하는 등, 우리 사회에서 정당한 노동인력으로서의 지위를 부여받은 상황임을 전제로 하는 이상, 이 사건 청구인들에게 직장선택의 자유에 대한 기본권 주체성을 인정할 수 있다 할 것이다(헌재 2011.9.29. 2007헌마1083).

2. 직업의 자유를 국민의 권리로 본 판례

심판대상조항이 제한하고 있는 직업의 자유는 국가자격제도정책과 국가의 경제상황에 따라 법률에 의하여 제한할 수 있고 인류보편적인 성격을 지니고 있지 아니하므로 국민의 권리에 해당한다. 이와 같이 헌법에서 인정하는 직업의 자유는 원칙적으로 대한민국 국민에게 인정되는 기본권이지, 외국인에게 인정되는 기본권은 아니다. 국가정책에 따라 정부의 허가를 받은 외국인은 정부가 허가한 범위 내에서 소득활동을 할 수 있는 것이므로, 외국인이 국내에서 누리는 직업의 자유는 법률 이전에 헌법에 의해서 부여된 기본권이라고 할 수는 없고, 법률에 따른 정부의 허가에 의해 비로소 발생하는 권리이다. … 하지만 이는 이미 근로관계가 형성되어 있는 예외적인 경우에 제한적으로 인정한 것에 불과하다. 그러한 근로관계가 형성되기 전 단계인 특정한 직업을 선택할 수 있는 권리는 국가정책에 따라 법률로써 외국인에게 제한적으로 허용되는 것이지 헌법상 기본권에서 유래되는 것은 아니다. 따라서 외국인인 청구인 신○권에게는 그 기본권 주체성이 인정되지 아니한다(헌재 2014.8.28. 2013헌마359).

(4) 경제적 기본권

제한된 범위에서 인정되고, 소비자의 권리는 인정된다.

(5) 정치적 기본권

선거권, 피선거권, 공무담임권 등은 인정되지 않는다. 현재 공직선거법은 지방선거에 대하여 외국인의 참여를 허용하고 있다. 그러나 외국인이 지방선거권의 주체가 된다는 의미는 헌법상 기본권으로서가 아니라 법률상 권리로서 인정된다는 의미이다.

(6) 청구권적 기본권

청원권, 재판청구권, 형사보상청구권은 인정되나, 국가배상청구권과 범죄피해자구조청구권은 상호주의가 적용된다.

(7) 사회적 기본권

① 인간다운 생활을 할 권리, 무상교육을 받을 권리 등은 원칙적으로 인정되지 않으나, 노동3권, 환경권, 보건권은 제한적으로 인정된다.

② **근로의 권리**란 인간이 자신의 의사와 능력에 따라 근로관계를 형성하고, 타인의 방해를 받음이 없이 근로관계를 계속 유지하며, 근로의 기회를 얻지 못한 경우에는 국가에 대하여 근로의 기회를 제공하여 줄 것을 요구할 수 있는 권리를 말하고, 이러한 근로의 권리는 사회권적 기본권의 성격이 강하므로 이에 대한 **외국인의 기본권 주체성을 전면적으로 인정하기는 어렵다.** 그러나 근로의 권리는 '일할 자리에 관한 권리'만이 아니라 **'일할 환경에 관한 권리'**도 함께 내포하고 있는바, **일할 환경에 관한 권리는 자유권적 기본권의 성격도 갖고 있어** 건강한 작업환경, 일에 대한 정당한 보수, 합리적인 근로조건의 보장 등을 요구할 수 있는 권리 등을 포함한다고 할 것이므로 외국인 근로자라고 하여 이 부분에까지 기본권 주체성을 부인할 수는 없다. 즉, 근로의 권리의 구체적인 내용에 따라, 국가에 대하여 고용증진을 위한 사회적·경제적 정책을 요구할 수 있는 권리는 사회권적 기본권으로서 국민에 대하여만 인정해야 하지만, 최소한의 근로조건을 요구할 수 있는 권리로서 **자유권적 기본권의 성격도 아울러 가지므로** 이러한 경우 외국인 근로자에게도 그 기본권 주체성을 인정함이 타당하다(헌재 2007.8.30. 2004헌마670).

③ **출국만기보험금**은 퇴직금의 성질을 가지고 있어서 그 지급시기에 관한 것은 근로조건의 문제이므로 외국인인 청구인들에게도 기본권 주체성이 인정된다(헌재 2016.3.31. 2014헌마367).

(8) 망명권

우리나라는 1992년 난민의 지위에 관한 조약과 난민의 지위에 관한 의정서에 동시 가입하였다. 또한 난민법상 난민인정신청권이 인정되고 있다.

⚖ 판례 | 불법체류 외국인의 긴급보호 및 보호명령에 대한 헌소 (헌재 2012.8.23. 2008헌마430)

1. 외국인의 기본권 주체성 인정 여부(적극)

헌법재판소법 제68조 제1항 소정의 헌법소원은 기본권의 주체이어야만 청구할 수 있는데, 단순히 '국민의 권리'가 아니라 '인간의 권리'로 볼 수 있는 기본권에 대해서는 외국인도 기본권의 주체가 될 수 있다. 나아가 청구인들이 불법체류 중인 외국인들이라 하더라도, 불법체류라는 것은 관련 법령에 의하여 체류자격이 인정되지 않는다는 것일 뿐이므로, '인간의 권리'로서 외국인에게도 주체성이 인정되는 일정한 기본권에 관하여 불법체류 여부에 따라 그 인정 여부가 달라지는 것은 아니다. 청구인들이 침해받았다고 주장하고 있는 신체의 자유, 주거의 자유, 변호인의 조력을 받을 권리, 재판청구권 등은 성질상 인간의 권리에 해당한다고 볼 수 있으므로, 위 기본권들에 관하여는 청구인들의 기본권 주체성이 인정된다. 그러나 '국가인권위원회의 공정한 조사를 받을 권리'는 헌법상 인정되는 기본권이라고 하기 어렵다.

2. 이 사건 보호가 적법절차의 원칙에 위반하여 청구인들의 기본권을 침해하였는지 여부(소극)

외국인등록을 하지 아니한 채 오랜 기간 불법적으로 체류하면서 스스로 출국할 의사가 없는 청구인들을 사무소장 등의 보호명령서가 아닌 출입국관리공무원의 긴급보호서를 발부하여 보호한 것이 이에 필요한 긴급성의 요건을 갖추지 못하였다고 볼 수 없다. 결국 이 사건 보호가 적법절차의 원칙을 위반하여 청구인들의 기본권을 침해하였다고 볼 수 없다.

3. 이 사건 보호가 청구인의 주거의 자유를 침해하였는지 여부(소극)

수사절차에서 피의자를 영장에 의해 체포·구속하거나 영장 없이 긴급체포 또는 현행범인으로 체포하는 경우, 필요한 범위 내에서 타인의 주거 내에서 피의자를 수사할 수 있으므로(형사소송법 제216조 제1항 참조), 출입국관리법에 의한 보호에 있어서도 용의자에 대한 긴급보호를 위해 그의 주거에 들어간 것이라면, 그 긴급보호가 적법한 이상 주거의 자유를 침해한 것으로 볼 수 없다고 할 것이다.

4. 이 사건 강제퇴거가 청구인들의 재판청구권을 침해하였는지 여부(소극)

취소소송의 제기는 처분 등의 효력이나 그 집행 또는 절차의 속행에 영향을 주지 아니하므로(행정소송법 제23조 제1항), 청구인들의 취소소송이나 집행정지신청에 관한 법원의 판단이 있기 전에 피청구인이 이 사건 강제퇴거명령을 집행하였다고 하여 이를 위법하다고 할 수 없다. 더욱이 청구인들이 취소소송과 집행정지신청을 제기한 사실을 피청구인이 미리 알고 청구인들의 재판청구권 행사를 제한하거나 방해하기 위하여 이 사건 강제퇴거의 집행을 개시한 것으로 볼 만한 자료도 없다. 그러므로 이 사건 강제퇴거가 청구인들의 재판청구권을 침해하였다고 볼 수 없다.

☑ 외국인과 기본권

적극적으로 인정되는 기본권	인정되지 않는 기본권
① 인간의 존엄과 가치 ② 신체의 자유 ③ 신체의 자유보장을 위한 실체적·절차적 보장 ④ 종교의 자유 ⑤ 예술·학문의 자유 ⑥ 사생활의 자유 ⑦ 소비자의 권리 ⑧ 재산권 ⑨ 언론·출판·집회·결사의 자유 ⑩ 환경권 ⑪ 보건권 ⑫ 노동3권	① 입국의 자유 ② 선거권 ③ 피선거권 ④ 공무담임권 ⑤ 인간다운 생활을 할 권리

03 법인의 기본권 주체성

1. 법인의 개념

권리주체는 자연인이나 법인은 실정법에 의해 인격성이 부여되어 권리주체성이 인정된다. 민법과 상법에 의해 법인격이 주로 부여되는데, 민법이나 상법의 법인 요건을 갖추지 못한 단체를 법인이 아닌 사단·재단이라고 한다.

2. 헌법재판소 판례

헌법재판소는 사단법인인 한국영화인협회와 신문편집인협회, 노동조합, 상공회의소 등의 기본권 주체성을 인정한 바 있다. 또한 사법상 법인이 아닌 사단인 정당과 법인이 아닌 재단인 대한예수교장로회 신학연구원의 기본권 주체성을 인정하는 등 사법상 법인이 아닌 단체도 기본권 주체가 될 수 있다는 입장이다. 즉, 기본권 주체성은 사법상 법인격의 취득 여부를 기준으로 하지는 않는다.

> **판례**
> 1. 청구인 사단법인 **한국급식협회**는 단체급식업을 운영하고 있는 자 등을 그 회원으로 하여, 기본권의 성질상 자연인에게만 인정되는 것이 아닌 한, 청구인 협회도 기본권의 주체가 될 수 있다(헌재 2008.2.28. 2006헌마1028).
> 2. **대한예수교장로회 신학연구원**은 장로회총회의 단순한 내부기구가 아니라 그와는 별개의 비법인재단에 해당되므로 헌법소원심판상의 당사자능력을 갖추었다고 볼 것이다(헌재 2000.3.30. 99헌바14).
> 3. **인천전문대학 기성회 이사회**는 인천전문대학 기성회로부터 독립된 별개의 단체가 아니므로 헌법소원심판 청구능력이 있다고 할 수 없다(헌재 2010.7.29. 2009헌마149).
> 4. **정당**은 기본권 주체가 될 수 있다(헌재 1991.3.11. 91헌마21).
> 5. **등록이 취소된 사회당**은 등록정당에 준하는 권리능력 없는 사단으로서의 실질을 유지하고 있다고 볼 수 있으므로 헌법소원의 청구능력을 인정할 수 있다(헌재 2006.3.30. 2004헌마246).
> 6. **어린이집**은 '영유아의 보육을 위한 시설'에 불과하므로, 헌법소원심판을 제기할 당사자능력이 있는 법인 등에 해당하지 아니한다(헌재 2013.8.29. 2013헌마165).
> 7. 공법상 재단법인인 **방송문화진흥회가 최다출자자인 방송사업자**는 사경제 주체로서 활동하는 경우에도 기본권 주체가 될 수 있다(헌재 2013.9.26. 2012헌마271).

> **판례 | 사단법인 한국영화인협회 감독위원회** (헌재 1991.6.3. 90헌마56)
> 1. 우리 헌법은 법인의 기본권 향유능력을 인정하는 <u>명문의 규정을 두고 있지 않지만, 본래 자연인에게 적용되는 기본권 규정이라도 언론·출판의 자유, 재산권의 보장 등과 같이 성질상 법인이 누릴 수 있는 기본권을 당연히 법인에게도 적용하여야 한 것으로 본다.</u> 따라서 법인도 사단법인·재단법인 또는 영리법인·비영리법인을 가리지 아니하고 위 한계 내에서는 헌법상 보장된 기본권이 침해되었음을 이유로 헌법소원심판을 청구할 수 있다. 또한 법인 아닌 사단·재단이라고 하더라도 대표자의 정함이 있고 독립된 사회적 조직체로서 활동하는 때에는 성질상 법인이 누릴 수 있는 기본권을 침해당하게 되면 그의 이름으로 헌법소원심판을 청구할 수 있다(민사소송법 제48조 참조). 청구인 사단법인 **한국영화인협회**는 '영화예술인 상호간의 친목도모 및 자질향상, 민족영화예술의 창달·발전을 기함을 목적으로, 그 목적을 달성하기 위하여' 설립된 민법상의 비영리사단법인으로서 성질상 법인이 누릴 수 있는 기본권에 관한 한 그 이름으로 헌법소원심판을 청구할 수 있다.

2. 그러나 청구인 **한국영화인협회 감독위원회**(이하 감독위원회라고 줄여 쓴다)는 영화인협회로부터 독립된 별개의 단체가 아니고, 영화인협회의 내부에 설치된 8개의 분과위원회 가운데 하나에 지나지 아니하며 (사단법인 한국영화인협회의 정관 제6조), 달리 단체로서의 실체를 갖추어 당사자능력이 인정되는 법인 아닌 사단으로 볼 자료도 없다. 따라서 감독위원회는 그 이름으로 헌법소원심판을 청구할 수 있는 헌법 소원심판 청구능력이 있다고 할 수 없다. ➡ 한국영화인협회 감독위원회는 기본권의 주체가 될 수 없다.

3. 단체의 구성원이 기본권을 침해당한 경우 단체가 구성원의 권리구제를 위해 헌법소원을 청구하는 것은 원칙적으로 허용될 수 없다.

3. 공법인의 기본권 주체성 ★

(1) 공법인의 기본권 주체성 ★★

① **공법인**: 헌법재판소는 공법인의 기본권 주체성을 원칙적으로 부정했다. 직장의료보험조합, 농지개량조합의 공법인성을 강조하여 기본권 주체성을 부정했다. 그러나 공법인인 세무대학교와 공법상 영조물법인인 서울대학교의 주체성을 인정했다. 헌법재판소는 "국가나 국가기관 또는 국가조직의 일부나 공법인은 기본권의 '수범자(Adressat)'이지 기본권의 주체로서 그 '소지자(Trager)'가 아니고 오히려 국민의 기본권을 보호 내지 실현해야 할 '책임'과 '의무'를 지니고 있는 지위에 있을 뿐이다(헌재 1994.12.29. 93헌마120)."라고 하여 원칙적으로 국가 등 공법인에 대한 기본권 주체성을 부인하고 있다. 다만, 공법인이 사경제 주체로서 활동하는 경우나 공법인의 주요 활동영역을 보호대상으로 하는 기본권에 대해서 예외적으로 주체성을 인정하고 있다(예 세무대학, 서울대학, 축협중앙회).

> ⚖️ **판례**
>
> 1. **농지개량조합의 청구인적격 유무**
>   농지개량조합의 조직, 재산의 형성·유지 및 그 목적과 활동 전반에 나타나는 매우 짙은 공적인 성격을 고려하건대, 이를 공법인이라고 봄이 상당하므로 헌법소원의 청구인적격을 인정할 수 없다(헌재 2000.11.30. 99헌마190).
>
> 2. 주택재개발정비사업조합의 공공성과 '도시 및 주거환경정비법'에서 위 조합에 행정처분을 할 수 있는 권한을 부여한 취지 등을 종합하여 볼 때, 재개발조합이 공법인의 지위에서 행정처분의 주체가 되는 경우에 있어서는, 위 조합은 재개발사업에 관한 국가의 기능을 대신하여 수행하는 공권력 행사자 내지 기본권 수범자의 지위에 있다. 따라서 재개발조합이 기본권의 수범자로 기능하면서 <u>행정심판의 피청구인이 된 경우에 적용되는 심판대상조항의 위헌성을 다투는 이 사건에 있어, **재개발조합인 청구인**은 기본권의 주체가 된다고 볼 수 없다</u>(헌재 2022.7.21. 2019헌바543).
>
> 3. **국립대학인 청구인은 대학의 자율권의 주체로서 헌법소원심판의 청구인능력이 인정된다.**
>   헌법 제31조 제4항이 규정하는 교육의 자주성 및 대학의 자율성은 헌법 제22조 제1항이 보장하는 학문의 자유의 확실한 보장을 위해 꼭 필요한 것으로서 대학에 부여된 헌법상 기본권인 대학의 자율권이므로, 국립대학인 청구인도 이러한 대학의 자율권의 주체로서 헌법소원심판의 청구인능력이 인정된다(헌재 2015. 12.23. 2014헌마149).

② **지방자치단체**: 지방자치단체의 기본권 주체성을 전면 부정했다.

⚖ 판례 ㅣ 지방자치단체의 기본권 주체성 부정

1. **지방자치단체인** 청구인은 기본권의 주체가 될 수 없고, 따라서 청구인의 재산권 침해 여부는 더 나아가 살펴볼 필요가 없다(헌재 2006.2.23. 2004헌바50).

2. 지방자치단체는 기본권의 주체가 될 수 없다는 것이 우리 재판소의 입장이고, 이 사건에서 이를 변경해야 할 만한 특별한 사정이나 필요성 또한 없다. 따라서 국가균형발전특별법에 의한 도지사의 혁신도시 입지선정과 관련하여 그 입지선정에서 제외된 **지방자치단체인** 춘천시의 이 사건 헌법소원 청구는 부적법하다(헌재 2006.12.28. 2006헌마312).

---

③ **공법인성과 사법인성을 모두 가지는 이중적 지위를 가진 단체의 기본권 주체성 인정**
  ㉠ 법인 등 결사체도 그 조직과 의사형성에 있어서, 그리고 업무수행에 있어서 자기결정권을 가지고 있어 결사의 자유의 주체가 된다고 봄이 상당하므로, **축협중앙회**는 그 회원조합들과 별도로 결사의 자유의 주체가 된다. 헌법상 기본권의 주체가 될 수 있는 법인은 원칙적으로 사법인에 한하는 것이고 공법인은 헌법의 수범자이지 기본권의 주체가 될 수 없다. 축협중앙회는 지역별·업종별 축협과 비교할 때, 회원의 임의탈퇴나 임의해산이 불가능한 점 등 그 공법인성이 상대적으로 크다고 할 것이지만, 이로써 공법인이라고 단정할 수는 없을 것이고, 이 역시 그 존립목적 및 설립형식에서의 자주적 성격에 비추어 사법인적 성격을 부인할 수 없으므로, 축협중앙회는 공법인성과 사법인성을 겸유한 특수한 법인으로서 이 사건에서 기본권의 주체가 될 수 있다 (헌재 2000.6.1. 99헌마553).
  ㉡ **학교안전공제회**: 공제회는 이처럼 공법인적 성격과 사법인적 성격을 겸유하고 있는데, 공제회가 일부 공법인적 성격을 갖고 있다고 하더라도 공무를 수행하거나 고권적 행위를 하는 경우가 아닌 사경제 주체로서 활동하는 경우나 조직법상 국가로부터 독립한 고유업무를 수행하는 경우, 그리고 다른 공권력 주체와의 관계에서 지배·복종관계가 성립되어 일반 사인처럼 그 지배하에 있는 경우 등에는 기본권 주체가 될 수 있다(헌재 2013.9.26. 2012헌마271).

(2) 국가기관의 기본권 주체성 부정
  ① 국회노동상임위원회의 기본권 주체성을 부정했다.
  ② **국회의원**: 국가기관으로서 국회의원은 기본권 주체가 아니다. 따라서 국회의원으로서 가지는 법률안 심의권·표결권·상임위원이 될 권리는 기본권이 아니다.
  ③ **대통령**: 국민의 봉사자로서의 대통령의 기본권 주체성을 부정했으나, 사인의 지위에서는 기본권 주체성을 긍정했다.

⚖ 판례 ㅣ 대통령의 기본권 주체성

법률이나 공권력 작용이 공적 과제를 수행하는 주체의 권한 내지 직무영역을 제약하는 성격이 강한 경우에는 그 기본권 주체성이 부정될 것이지만, 그것이 일반국민으로서 국가에 대하여 가지는 헌법상의 기본권을 제약하는 성격이 강한 경우에는 기본권 주체성을 인정할 수 있다. 그러므로 **대통령도 국민의 한 사람으로서** 제한적으로나마 기본권의 주체가 될 수 있는바, 대통령은 소속 정당을 위하여 정당활동을 할 수 있는 사인으로서의 지위와 **국민 모두에 대한 봉사자로서** 공익실현의 의무가 있는 헌법기관으로서의 지위를 동시에 갖는데 **최소한 전자의 지위와 관련하여는** 기본권 주체성을 갖는다고 할 수 있다(헌재 2008.1.17. 2007헌마700).

---

④ **지방자치단체장**: 주민의 봉사자로서의 지방자치단체장의 기본권 주체성을 부정했으나 사인의 지위
　　에서는 기본권 주체성을 긍정했다.

⚖ 판례 | 지방자치단체장의 기본권 주체성

1. 지방자치단체의 장인 이 사건 청구인은 기본권의 주체가 될 수 없다(헌재 2014.6.26. 2013헌바122). 지방자치단
　체의 장이라도 언론의 자유는 일반국민으로서 누릴 수 있으며, 다만 **주민의 봉사자로서** 지방자치단체장
　의 지위에서는 기본권의 주체가 될 수 없다(헌재 1999.5.29. 98헌마214).

2. **청구인은 선출직 공무원인 하남시장으로서 주민소환투표가 발의된 경우** 주민소환투표대상자의 권한을
　정지시키는 이 사건 법률조항으로 인하여 공무담임권 등이 침해된다고 주장하여, 순수하게 직무상의 권
　한행사와 관련된 것이라기보다는 공직의 상실이라는 개인적인 불이익과 연관된 공무담임권을 다투고 있
　으므로, 기본권의 주체성이 인정된다(헌재 2009.3.26. 2007헌마843).

---

⑤ **공무를 수행하는 공무원**: **검사**가 발부한 형집행장에 의해 검거된 벌금 미납자의 신병에 관한 업무에
　　있어서 **경찰공무원**은 기본권 주체가 아니므로 헌법소원심판을 청구할 적격이 없다(헌재 2009.3.24. 2009
　　헌마118).

⚖ 판례 | 법인에 인정되는 기본권인지 여부

1. 우리 헌법은 법인 내지 단체의 기본권 향유능력에 대하여 명문의 규정을 두고 있지는 않지만 본래 자연
　인에게 적용되는 기본권이라도 그 성질상 법인이 누릴 수 있는 기본권은 법인에게도 적용된다(헌재 1991.6.3.
　90헌마56).

2. 선거권 및 국민투표권은 대한민국 국적을 가진 자연인인 대한민국 국민에게만 인정되는 것이고 유권자
　총연합회 법인이나 단체는 **선거권 및 국민투표권** 행사의 주체가 될 수 없다(헌재 2014.7.24. 2009헌마256, 2010
　헌마394).

3. **법인도 법인의 목적과 사회적 기능에 비추어 볼 때 그 성질에 반하지 않는 범위 내에서 인격권의 한 내
　용인 사회적 신용이나 명예 등의 주체가 될 수 있고** 법인이 이러한 사회적 신용이나 명예 유지 내지 법
　인격의 자유로운 발현을 위하여 의사결정이나 행동을 어떻게 할 것인지를 자율적으로 결정하는 것도 법
　인의 인격권의 한 내용을 이룬다고 할 것이다(헌재 2012.8.23. 2009헌가27).

제4절 기본권의 효력

01 기본권의 대국가적 효력

기본권은 직접적으로 모든 국가권력을 구속하는 직접적 효력을 가지고 있는데, 이를 기본권의 대국가적
효력 또는 수직적 효력이라 한다. 기본권은 국고적 행위 또는 사법상(私法上) 행위를 구속하나 헌법소원
심판의 대상은 공권력 행사이므로 국고적 행위 또는 사법상 행위는 헌법소원심판의 대상은 되지 않는다.
또한 기본권은 공무수탁사인의 행위와 통치행위를 구속하고 특별권력관계에서 기본권은 국가를 구속
한다.

1. 긴급재정경제명령

비록 고도의 정치적 결단에 의하여 행해지는 국가작용(이 사건에서는 긴급재정경제명령)이라 할지라도 그것이 국민의 기본권 침해와 직접 관련되는 경우에는 당연히 헌법재판소 심판대상이 된다(헌재 1996.2.29. 93헌마186).

2. 현대법치국가에서는 국가와 특별한 관계에 있는 국민에 대해 기본권 보호의 사각지대를 인정한 특별권력관계이론은 더 이상 정당성을 인정받지 못하는 이론이다. 모든 국가기관이 기본권의 구속을 받는 헌법국가에서 기본권의 구속으로부터 자유로운 국가행위의 영역은 인정되지 않는다(헌재 2001.3.21. 99헌마139).

02 기본권의 대사인적 효력 또는 제3자적 효력

기본권은 사인 간 관계에서도 그 효력이 인정된다. 미국에서는 사인의 행위에 의해 다른 사인의 기본권이 침해된 경우 사인의 행위를 국가의 행위로 의제하여 기본권의 효력을 인정하고 있다. 이를 국가행위의제이론, 사정부이론이라고 한다. 이에 비해 독일은 기본권은 주관적 권리이자 객관적 질서라는 이중성 이론에 따라 기본권을 사법의 일반원칙을 매개로 하여 기본권을 적용하는 간접효력설이 다수설이다. 우리나라도 간접효력설이 다수설이나 근로의 권리나 근로3권은 직접 적용된다. 평등권, 사생활의 비밀과 자유, 통신의 비밀을 침해받지 않을 권리, 주거의 자유, 양심의 자유, 종교의 자유 등은 사인 간에 간접 적용된다. 그러나 국가배상청구권과 형사보상청구권, 범죄피해자구조청구권 등에 대해서는 사인 간의 효력을 부정하는 것이 일반적이다.

판례 | 기본권의 대사인적 효력

1. 학교법인의 종교의 자유와 학생의 종교의 자유의 충돌

헌법상의 기본권은 제1차적으로 개인의 자유로운 영역을 공권력의 침해로부터 보호하기 위한 방어적 권리이지만 다른 한편으로 헌법의 기본적인 결단인 객관적인 가치질서를 구체화한 것으로서, 사법을 포함한 모든 법 영역에 그 영향을 미치는 것이므로 사인 간의 사적인 법률관계도 헌법상의 기본권 규정에 적합하게 규율되어야 한다. 다만, 기본권 규정은 그 성질상 사법관계에 직접 적용될 수 있는 예외적인 것을 제외하고는 사법상의 일반원칙을 규정한 민법 제2조, 제103조, 제750조, 제751조 등의 내용을 형성하고 그 해석 기준이 되어 간접적으로 사법관계에 효력을 미치게 된다. 종교의 자유라는 기본권의 침해와 관련한 불법행위의 성립 여부도 위와 같은 일반규정을 통하여 사법상으로 보호되는 종교에 관한 인격적 법익침해 등의 형태로 구체화되어 논하여져야 한다(대판 2010.4.22. 2008다38288).

2. 남성 회원에게는 별다른 심사 없이 총회의결권 등을 가지는 총회원 자격을 부여하면서도 여성 회원의 경우에는 지속적인 요구에도 불구하고 원천적으로 총회원 자격심사에서 배제하여 온 것은, 우리 사회의 건전한 상식과 법감정에 비추어 용인될 수 있는 한계를 벗어나 사회질서에 위반되는 것으로서 여성 회원들의 인격적 법익을 침해하여 불법행위를 구성한다(대판 2011.1.27. 2009다19864).

3. 사적 단체를 포함하여 사회공동체 내에서 개인이 성별에 따른 불합리한 차별을 받지 아니하고 자신의 희망과 소양에 따라 다양한 사회적·경제적 활동을 영위하는 것은 그 인격권 실현의 본질적 부분에 해당하므로 평등권이라는 기본권의 침해도 민법 제750조의 일반규정을 통하여 사법상 보호되는 인격적 법익침해의 형태로 구체화되어 논하여질 수 있고, 그 위법성 인정을 위하여 **반드시 사인 간의 평등권 보호에 관한 별개의 입법이 있어야만 하는 것은 아니다**(대판 2011.1.27. 2009다19864).

제5절 기본권의 갈등

01 기본권의 갈등의 의의

1. 종류

(1) 기본권의 경합(경쟁)

동일한 기본권 주체가 여러 가지 기본권 침해를 받았을 때의 문제를 말한다.

(2) 기본권의 충돌(상충)

둘 이상의 기본권 주체 간의 기본권이 상호 충돌할 때의 문제를 말한다.

2. 특징

기본권의 경합과 기본권의 충돌은 기본권 해석에 관한 문제, 기본권 효력에 관한 문제, 기본권 제한에 관한 문제이기도 하다.

02 기본권의 경합(경쟁)

1. 기본권 경합의 의의

(1) 개념

기본권의 경합이란 단일한 공권력 행사에 의해 단일의 기본권 주체의 여러 기본권이 동시에 제약되어 국가에 대하여 동시에 여러 가지 기본권의 적용을 주장하는 경우에 발생한다.

(2) 기본권 경합의 예

경찰은 노점상 甲을 유치장에 구금했다. 甲은 신체의 자유와 직업의 자유 침해를 이유로 헌법소원심판을 청구했다. 신체의 자유와 직업의 자유는 경합관계이다.

(3) 부진정경합(유사경합) ★★

① 상업광고물 철거로 인한 영업의 자유와 예술의 자유: 상업광고는 예술의 자유에서 보호되지 않으므로 영업의 자유와 예술의 자유는 유사경합이다.
② 이라크 파병결정 반대집회에 있어서 집회의 자유와 근로3권: 이라크 파병결정은 근로조건향상과 무관하므로 근로3권에서 보호되지 않는다. 양자는 유사경합이다.

> **⚖ 판례 | 유사경합**
>
> **1. 성범죄자 신상정보등록**
> 인간다운 생활을 할 권리는 인간의 존엄에 상응하는 최소한의 물질적인 생활의 유지에 필요한 급부를 요구할 수 있는 권리를 의미하므로 등록조항에 의하여 청구인의 **인간다운 생활을 할 권리**가 침해될 여지는 없다(헌재 2016.3.31. 2014헌마457).
>
> **2. 성범죄자 신상정보등록**
> 청구인은 제출정보가 변경된 경우 그 사유와 변경내용을 제출하도록 하는 성폭력특례법은 주소 및 실제 거주지가 변경된 경우 변경정보를 제출해야 할 뿐이므로 성폭력특례법 제43조 제3항으로 인하여 **거주·이전의 자유**가 제한된다고 볼 수 없다(헌재 2011.6.30. 2009헌마59).

3. 정신질환자 입원 요건

심판대상조항은 정신질환자의 보호의무자 2인의 동의와 정신과전문의 1인의 진단만 있으면 정신질환자를 본인의 의사에 반하여 6개월까지 정신의료기관에 입원시킬 수 있도록 하고 있으므로, 정신질환자의 **신체의 자유**를 제한한다. 제청법원이 언급한 개인의 **자기결정권이나 통신의 자유**에 대한 제한은 보호입원 대상자의 신체의 자유가 제한됨으로써 부수적으로 발생하는 결과이므로 이들 기본권에 대하여는 별도로 판단하지 않는다(헌재 2016.9.29. 2014헌가9).

4. 성폭력 치료프로그램 이수명령

이수명령은 청구인에게 성폭력 치료프로그램의 이수의무를 부과함에 그치고 신체를 구금하는 등의 방법으로 성폭력 치료프로그램 이수를 강제하는 것은 아니어서 **신체의 자유**를 제한한다고 볼 수 없다. 따라서 이수명령조항이 과잉금지원칙에 위배되어 청구인의 **일반적 행동자유권**을 침해하는지 여부를 살펴본다(헌재 2016.12.29. 2016헌바153).

5. 형의 집행을 유예하면서 사회봉사를 명할 수 있도록 한 형법 (헌재 2012.3.29. 2010헌바100)

① 이 사건 법률조항에 의하여 형의 집행유예와 동시에 사회봉사명령을 선고받은 청구인은 자신의 의사와 무관하게 사회봉사를 하지 않을 수 없게 되어 헌법 제10조의 행복추구권에서 파생하는 **일반적 행동의 자유**를 제한받게 된다.

② 청구인은 이 사건 법률조항이 신체의 자유를 제한한다고 주장하나, 이 사건 법률조항에 의한 사회봉사명령은 청구인에게 근로의무를 부과함에 그치고 공권력이 신체를 구금하는 등의 방법으로 근로를 강제하는 것은 아니어서 이 사건 법률조항이 **신체의 자유**를 제한한다고 볼 수 없다.

③ 청구인은 이 사건 법률조항이 직업의 자유를 제한한다고 주장하나, 이 사건 법률조항에 의한 사회봉사명령이 직접적으로 청구인에게 직업의 선택 및 수행을 금지 또는 제한하는 것은 아니므로 **직업의 자유**를 제한한다고 볼 수도 없다.

6. 노인주거복지시설 신고의무 부과

심판대상조항은 종교단체에서 운영하는 양로시설도 일정규모 이상의 경우 신고하도록 한 규정일 뿐, **거주·이전의 자유나 인간다운 생활을 할 권리**의 제한을 불러온다고 볼 수 없으므로 이에 대해서는 별도로 판단하지 아니한다. 청구인은, 심판대상조항이 법인의 인격권 및 법인운영의 자유를 침해한다고 주장하나, 위에서 본 바와 같이 종교단체의 복지시설 운영은 종교의 자유의 영역이므로 종교의 자유를 침해하는지 여부에 대한 문제로 귀결된다(헌재 2016.6.30. 2015헌바46).

7.

일반음식점 영업소에 음식점 시설 전체를 **금연구역**으로 지정하여 운영하여야 할 의무를 부담시키는 것은 음식점 운영자의 직업수행의 자유를 제한하나, 음식점 시설과 그 내부 장비 등을 철거하거나 변경하도록 강제하는 내용이 아니므로 이로 인하여 청구인의 음식점 시설 등에 대한 권리가 제한되어 **재산권**이 침해되는 것은 아니다(헌재 2016.6.30. 2015헌마813).

8.

거짓사실을 포함하고 있는, 수형자의 교화, 건전한 사회복귀를 해칠 우려가 있는 수용자가 작성한 집필문의 외부반출을 금지한 것은 **언론의 자유가 아니라 통신의 자유**를 제한한다(헌재 2016.5.26. 2013헌바98).

9.

못된 장난 등으로 다른 사람, 단체 또는 공무수행 중인 자의 업무를 방해한 사람을 20만원 이하의 벌금, 구류 또는 과료로 처벌하는 '경범죄 처벌법'은 **의사표현을 직접 제한하는 조항이 아니고** 심판대상조항에 의하여 주로 제한되는 기본권은 일반적 행동자유권이라고 할 것이다(헌재 2022.11.24. 2021헌마426).

2. 기본권 경합의 해결이론 ★★

(1) 일반적 기본권과 특별기본권이 경합하는 경우

일반적 기본권과 특별기본권이 경합하는 경우 특별기본권의 침해 여부를 심사하면 된다.

> ⚖️ **판례 | 특별한 기본권 적용**
>
> 1. 공직의 경우 **공무담임권**은 직업선택의 자유에 대하여 특별기본권이어서 후자의 적용을 배제하므로, 교육공무원 정년규정의 경우 직업선택의 자유는 문제되지 않는다(헌재 2000.12.14. 99헌마112).
> 2. 사생활 비밀과 통신비밀이 경합하는 경우 특별한 기본권인 **통신비밀의 침해 여부를 심사하면 족하므로** 사생활 비밀 침해 여부를 판단할 필요는 없다(헌재 2010.12.28. 2009헌가30).
> 3. 형제자매에게 가족관계증명서 발급
> 인간의 존엄과 가치 및 행복추구권, 사생활의 비밀과 자유가 침해된다고 주장하나, 위 기본권들은 모두 개인정보자기결정권의 헌법적 근거로 거론되는 것으로서 청구인의 개인정보에 대한 공개와 이용이 문제되는 이 사건에서 개인정보자기결정권 침해 여부를 판단하는 이상 별도로 판단하지 않는다(헌재 2016.6.30. 2015헌마924).
> 4. **변호사시험 응시횟수 제한**과 공무담임권과의 관련성은 간접적인 것에 불과하므로, 청구인들의 공무담임권 제한 주장에 대해서는 따로 판단하지 아니하고, 행복추구권 침해 여부는 보다 밀접한 기본권인 **직업선택의 자유** 침해 여부에 대하여 판단하는 이상 따로 판단하지 아니한다(헌재 2016.9.29. 2016헌마47).

(2) 제한 정도가 다른 기본권들이 경합하는 경우

경합하는 기본권 중에 제한가능성과 제한 정도가 가장 작은, 즉 국가에 대한 효력이 가장 강한 기본권을 우선 적용하려는 최강효력설과 제한가능성이 큰 기본권을 적용하는 최약효력설이 있는데, 최강효력설이 다수설이다.

(3) 기본권 경합과 헌법재판소 판례

초기 판례는 경합관계에 있는 기본권을 전부 적용해 오다가 최근 판례에서는 특별기본권 우선원칙, 직접관련된 기본권 우선적용원칙, 최강효력설 등을 적용하여 경합문제를 해결하고 있다.

> ⚖️ **판례 | 밀접하게 관련된 기본권 적용**
>
> 1. 음란 또는 저속한 간행물을 출판한 출판사 등록취소
> 이 사건 법률조항은 언론·출판의 자유, 직업선택의 자유 및 재산권을 경합적으로 제약하고 있다. 이처럼 하나의 규제로 인해 여러 기본권이 동시에 제약을 받는 기본권 경합의 경우에는 기본권 침해를 주장하는 제청신청인과 제청법원의 의도 및 기본권을 제한하는 입법자의 객관적 동기 등을 참작하여 사안과 **가장 밀접한 관계에 있고 또 침해의 정도가 큰 주된 기본권**을 중심으로 해서 그 제한의 한계를 따져 보아야 할 것이다(헌재 1998.4.30. 95헌가16). ➡ 언론·출판의 침해 여부를 중심으로 판단
> 2. 안경사 면허를 가진 자연인에게만 안경업소의 개설 등을 할 수 있도록 한 구 의료기사 등에 관한 법률로 가장 밀접한 관계에 있고 또 침해의 정도가 큰 주된 기본권인 직업의 자유 침해 여부를 심사하는 이상 결사의 자유 침해 여부는 별도로 판단하지 않는다(헌재 2021.6.24. 2017헌가31).
> 3. **양심적 병역거부**는 양심의 자유와 종교의 자유 간 경합이 발생하나 **양심의 자유** 침해 여부를 중심으로 판단한다(헌재 2018.6.28. 2011헌바379).
> 4. **학교정화구역 내 극장영업금지**는 직업의 자유 침해 여부를 중심으로 판단하되 표현·예술의 자유 침해 여부는 부가적으로 살펴보기로 한다(헌재 2004.5.27. 2003헌가1).

5. 수용자가 작성한 집필문의 외부반출을 규정한 '형의 집행 및 수용자의 처우에 관한 법률'

집필문을 창작하거나 표현하는 것을 금지하거나 이에 대한 허가를 요구하는 조항이 아니라 이미 표현된 집필문을 외부의 특정한 상대방에게 발송할 수 있는지 여부에 대해 규율하는 것이므로, 제한되는 기본권은 헌법 제18조에서 정하고 있는 통신의 자유로 봄이 상당하다. 따라서 심판대상조항이 사전검열에 해당한다는 청구인의 주장에 대해서는 판단하지 아니하고, 통신의 자유 침해 여부에 대해서만 판단하기로 한다(헌재 2016.5.26. 2013헌바98).

6. 임대차존속기간

이 사건 법률조항에 대한 청구인의 주장과 입법자 동기를 고려하면 계약의 자유와 가장 밀접한 관계가 있고 재산권 제한은 2차적으로 발생하는 문제이므로 **계약의 자유**를 중심으로 이 사건 법률조항의 위헌 여부를 심판하기로 한다(헌재 2013.12.26. 2011헌바234).

7. 인터넷신문을 발행하려는 사업자가 5인 이상 상시고용하도록 한 고용조항으로 인하여 청구인들의 직업 수행의 자유보다는 **언론의 자유**가 보다 직접적으로 제한된다고 보인다(헌재 2016.10.27. 2015헌마1206).

8. 비의료인 문신시술 금지를 의료법에 의한 예술의 자유 또는 표현의 자유의 제한은 문신시술업이라는 직업의 자유에 대한 제한을 매개로 하여 간접적으로 제약되는 것이라 할 것인바, 사안과 가장 밀접하고 침해의 정도가 큰 직업선택의 자유를 중심으로 심판대상조항의 위헌 여부를 살피는 이상 예술의 자유와 표현의 자유 침해 여부에 대하여는 판단하지 아니한다(헌재 2022.3.31. 2017헌마1343).

03 기본권의 충돌(상충)

1. 기본권 충돌의 의의

(1) 개념

기본권의 충돌이란 상이한 복수의 기본권 주체가 서로의 권익을 실현하기 위해 하나의 동일한 사건에서 국가에 대하여 서로 대립되는 기본권의 적용을 주장하는 경우를 말하는데, 한 기본권 주체의 기본권 행사가 다른 기본권 주체의 기본권 행사를 제한 또는 희생시킨다는 데 그 특징이 있다(헌재 2005.11.24. 2002헌바95).

⚖️ 판례 | 낙태죄

이 사안은 국가가 태아의 생명 보호를 위해 확정적으로 만들어 놓은 자기낙태죄 조항이 임신한 여성의 자기결정권을 제한하고 있는 것이 과잉금지원칙에 위배되어 위헌인지 여부에 대한 것이다. 자기낙태죄 조항의 존재와 역할을 간과한 채 임신한 여성의 **자기결정권과 태아의 생명권의 직접적인 충돌을 해결해야 하는 사안으로 보는 것은 적절하지 않다.** … 낙태갈등 상황이 전개된다는 것은 '가해자 대 피해자'의 관계로 임신한 여성과 태아의 관계를 고정시켜서는 태아의 생명 보호를 위한 바람직한 해법을 찾기 어렵다는 것을 시사해준다. 이러한 특성은 추상적인 형량에 의하여 양자택일 방식으로 선택된 **어느 하나의 법익을 위해 다른 법익을 희생할 것이 아니라, 실제적 조화의 원칙에 따라 양 기본권의 실현을 최적화할 수 있는 해법을 모색하고 마련할 것을 국가에 요청하고 있다**(헌재 2019.4.11. 2017헌바127).

---

(2) 유사충돌 또는 외견적 충돌 *

① **개념**: 기본권의 외견적 충돌이란 기본권 주체의 기본권 남용 또는 기본권의 한계일탈의 행위가 다른 기본권 주체의 기본권의 보호영역과 충돌하는 경우를 말한다.

② **유사충돌의 예**

  ㉠ 연극배우가 예술의 자유를 주장하면서 타인의 생명을 빼앗은 경우: 살인행위는 기본권의 보호범위를 넘은 것이므로 예술의 자유와 생명권은 기본권 간의 충돌이 발생하지 않은 유사충돌이다.

  ㉡ 예술가가 타인의 종이를 절취하여 그림을 그린 후 예술의 자유를 주장하는 경우: 예술의 자유와 피해자의 재산권

  ㉢ 타인의 물건을 훔친 도둑이 자신의 절도행위를 행복추구권 행사라고 주장하는 경우: 도둑의 행복추구권과 피해자의 재산권

☑ 기본권의 경합과 충돌(상충)의 비교 ★★★

구분	기본권의 경합	기본권의 충돌
기본권의 주체	단수	복수
기본권의 종류	다른 기본권, 반드시 상이한 기본권이어야 한다.	다른 기본권 간에도 발생하나, 동일한 기본권 간에도 발생한다.
기본권 침해주체	국가	사인
기본권의 효력	대국가적 효력	대사인적 효력과 대국가적 효력
해결방법	최강효력설, 최약효력설	법익형량, 규범조화적 해석, 규범영역분석이론, 수인한도론

2. 기본권 충돌의 해결이론

두 기본권이 충돌하는 경우 그 해법으로는 기본권의 서열이론, 법익형량의 원리, 실제적 조화의 원리(= 규범조화적 해석) 등을 들 수 있다. 헌법재판소는 기본권 충돌의 문제에 관하여 충돌하는 기본권의 성격과 태양에 따라 **그때그때마다 적절한 해결방법**을 선택, 종합하여 이를 해결하여 왔다. 예컨대, 국민건강증진법 시행규칙 제7조 위헌확인 사건에서 흡연권과 혐연권의 관계처럼 상하의 위계질서가 있는 기본권끼리 충돌하는 경우에는 상위기본권 우선의 원칙에 따라 하위기본권이 제한될 수 있다고 보아서 흡연권은 혐연권을 침해하지 않는 한에서 인정된다고 판단한 바 있다(헌재 2004.8.26. 2003헌마457). 또 정기간행물의등록등에관한 법률 제16조 제3항 등 위헌 여부에 관한 헌법소원 사건에서 동법 소정의 정정보도청구권(반론권)과 보도기관의 언론의 자유가 충돌하는 경우에는 헌법의 통일성을 유지하기 위하여 상충하는 기본권 모두가 최대한으로 그 기능과 효력을 발휘할 수 있도록 하는 조화로운 방법이 모색되어야 한다고 보고, 결국은 정정보도청구제도가 과잉금지의 원칙에 따라 그 목적이 정당한 것인가 그러한 목적을 달성하기 위하여 마련된 수단 또한 언론의 자유를 제한하는 정도가 인격권과의 사이에 적정한 비례를 유지하는 것인가의 관점에서 심사를 한 바 있다(헌재 2005.11.24. 2002헌바95).

(1) 법익형량의 원칙(이익형량의 원칙) ★★

① **개념**: 법익형량의 원칙이란 복수의 기본권이 충돌하는 경우 그 효력의 우열을 결정하기 위해 기본권들의 법익을 비교하여 법익이 더 큰 기본권을 우선하는 원칙이다.

② **법익형량의 원칙의 전제**: 기본권 상호간에 일정한 위계질서가 있다는 가설이 전제되어야 한다.

③ **법익형량의 기준**: 충돌하는 기본권 간의 우열이 있는 경우 상위기본권 우선원칙이 적용되는데 인간의 존엄성 우선의 원칙, 생명권 우선의 원칙이 있다. 동위기본권 상충시에는 인격권 우선의 원칙, 자유권 우선의 원칙이 있다.

④ **법익형량의 한계**: 하나의 기본권만을 우선시하여 다른 기본권의 효력을 완전히 무시하는 데 문제점이 있다.

⚖ 판례 | 법익형량 적용

1. 흡연권은 사생활의 자유를 실질적 핵으로 하는 것이고 혐연권은 사생활의 자유뿐만 아니라 생명권에까지 연결되는 것이므로 **혐연권이 흡연권보다 상위의 기본권**이라 할 수 있다. 이처럼 상하의 위계질서가 있는 기본권끼리 충돌하는 경우에는 상위기본권 우선의 원칙에 따라 하위기본권이 제한될 수 있으므로, 결국 흡연권은 혐연권을 침해하지 않는 한에서 인정되어야 한다(헌재 2004.8.26. 2003헌마457).

2. **교사의 수업권과 학생의 수학권**이 충돌한 경우 수업권을 내세워 수학권을 침해할 수 없다(헌재 1992.11.12. 89헌마88).

3. 인격권으로서 개인의 명예의 보호와 표현의 자유의 보장이라는 두 법익이 충돌하였을 때, 그 조정을 어떻게 할 것인지는 구체적인 경우에 사회적인 여러 가지 이익을 비교하여 표현의 자유로 얻어지는 이익·가치와 인격권의 보호에 의하여 달성되는 가치를 형량하여 그 규제의 폭과 방법을 정해야 할 것이다(대판 1988.10.11. 85다카29).

4. **노동조합의 적극적 단결권은 근로자 개인의 단결하지 않을 자유보다 중시된다**고 할 것이어서 노동조합에 적극적 단결권(조직강제권)을 부여한다고 하여 이를 두고 곧바로 근로자의 단결하지 아니할 자유의 본질적인 내용을 침해하는 것으로 단정할 수는 없다(헌재 2005.11.24. 2002헌바95).

---

(2) 규범조화적 해석

규범조화적 해석이란 상충하는 기본권 모두가 최대한으로 그 기능과 효력을 나타낼 수 있는 조화의 방법을 찾으려는 해결원칙이다.

과잉금지의 원칙 또는 공평한 제한의 원칙	과잉금지의 원칙이란 상충하는 기본권 모두에 일정한 제약을 가하여 기본권 모두의 효력을 양립시키되 기본권에 대한 제약은 최소한에 그쳐야 한다는 원칙이다.
대안식 해결방법	① 대안을 도출하여 상충하는 기본권 모두를 만족시키는 방법이다. ② 자녀의 생명을 구하기 위한 방법은 수혈뿐인데 종교상의 이유로 수혈을 금지하여 종교의 자유와 생명권이 충돌하는 경우 후견법원이나 친족회의 동의를 얻어 수술 참고 병역의 의무와 양심상의 집총거부권 간의 상충시 민간역무라는 대안을 제시하는 해결방법이다(병역의무와 양심의 자유는 기본권 간의 충돌이 아니므로 부진정 충돌이다).

⚖ 판례 | 규범조화적 해석 적용

1. **친생부모의 기본권과 친양자가 될 자의 기본권**
   결국 친양자 입양은 친생부모의 기본권과 친양자가 될 자의 기본권이 서로 대립·충돌하는 관계라고 볼 수 있다. 그리고 이들 기본권은 공히 가족생활에 대한 기본권으로서 그 서열이나 법익의 형량을 통하여 어느 한쪽의 기본권을 일방적으로 우선시키고 다른 쪽을 후퇴시키는 것은 부적절하다(헌재 2012.5.31. 2010헌바87).

2. **언론의 자유와 인격권**이 서로 충돌할 때 헌법의 통일성을 유지하기 위하여 기본권 모두가 최대한으로 그 기능과 효력을 발휘할 수 있도록 하는 조화로운 방법이 모색되어야 할 것인데, 현행의 정정보도청구권은 언론의 자유를 일부 제약하는 성질을 가지면서도 반론의 범위를 필요최소한으로 제한함으로써 양쪽의 법익 사이의 균형을 도모하고 있다 할 것이다(헌재 1991.9.16. 89헌마165).

3. 교원의 교원단체 및 노동조합 가입에 관한 정보의 공개를 요구하는 **학부모들의 알 권리**와 그 정보의 비공개를 요청하는 **정보주체인 교원의 개인정보자기결정권**이 충돌하는 경우로서, 이와 같이 두 기본권이 충돌하는 경우에는 헌법의 통일성을 유지하기 위하여 상충하는 기본권 모두 최대한으로 그 기능과 효력을 발휘할 수 있도록 조화로운 방법이 모색되어야 한다(헌재 2011.12.29. 2010헌마293).

4. 학교법인 이화학당의 법학전문대학원 입학전형 계획에 대한 교육부장관의 인가처분에 의하여 **청구인의 직업선택의 자유와 사립대학의 자율성**이라는 두 기본권이 충돌하게 된다. 이 사건과 같이 두 기본권이 충돌하는 경우 헌법의 통일성을 유지하기 위하여 상충하는 기본권 모두 최대한으로 그 기능과 효력을 발휘할 수 있도록 조화로운 방법이 모색되어야 한다(헌재 2013.5.30. 2009헌마514).

5. 개인적 단결권과 집단적 단결권이 충돌하는 경우

   기본권의 서열이론이나 법익형량의 원리에 입각하여 어느 기본권이 더 상위기본권이라고 단정할 수는 없다. 즉, **개인적 단결권이든 집단적 단결권이든 기본권의 서열이나 법익의 형량을 통하여 어느 쪽을 우선시키고 다른 쪽을 후퇴시킬 수는 없다고 할 것이다.** 따라서 이러한 경우 헌법의 통일성을 유지하기 위하여 상충하는 기본권 모두가 최대한으로 그 기능과 효력을 발휘할 수 있도록 조화로운 방법을 모색하되, 법익형량의 원리, 입법에 의한 선택적 재량 등을 종합적으로 참작하여 심사하여야 한다(헌재 2005.11.24. 2002헌바95).

6. 채권자의 재산권과 채무자와 수익자의 일반적 행동의 자유 내지 계약의 자유 및 수익자의 재산권이 서로 충돌하게 되는바, 위와 같은 채권자와 채무자 및 수익자의 기본권들이 충돌하는 경우에 기본권의 서열이나 법익의 형량을 통하여 어느 한쪽의 기본권을 우선시키고 다른 쪽의 기본권을 후퇴시킬 수는 없다고 할 것이다. **채권자의 재산권과 채무자 및 수익자의 일반적 행동의 자유권 중 어느 하나를 상위기본권이라고 할 수는 없을 것이고,** 채권자의 재산권과 수익자의 재산권 사이에서도 어느 쪽이 우월하다고 할 수는 없을 것이기 때문이다. 따라서 이러한 경우에는 헌법의 통일성을 유지하기 위하여 상충하는 기본권 모두가 최대한으로 그 기능과 효력을 발휘할 수 있도록 조화로운 방법을 모색하되(규범조화적 해석), 법익형량의 원리, 입법에 의한 선택적 재량 등을 종합적으로 참작하여 심사하여야 할 것이다(헌재 2007.10.25. 2005헌바96).

☑ 법익형량과 규범조화적 해석의 비교 ★★

구분	법익형량(이익형량)	규범조화적 해석
기본권 간의 위계질서 전제	○	×
해결이론	① 상위기본권 우선 ② 생명권, 존엄성 우선 ③ 자유권과 인격권 우선 원칙	과잉금지, 대안식 해결, 최후수단억제성
사례	① 공중시설 흡연금지사건 ② 근로자의 단결하지 아니할 자유와 노동조합의 단결권의 충돌 ③ 변호사의 인격권과 정보제공업체의 표현의 자유	① 정정보도청구사건 ② 근로자의 단결권과 노동조합의 단결권의 충돌 ③ 종립학교의 종교교육의 자유와 학생의 소극적 자유의 충돌 ④ 학부모들의 알 권리와 교원의 개인정보자기결정권이라는 두 기본권의 충돌 ⑤ 이화학당 전형계획인가에서 대학자율성과 직업선택의 자유 ⑥ 친생부모와 친양자가 될 자의 기본권 충돌

(3) 결론

① **유사충돌과 진정한 충돌의 구별**: 기본권 충돌의 문제해결은 우선 유사충돌과 기본권 충돌을 구분해야 한다. 유사충돌인 경우에는 기본권을 남용한 자의 기본권은 인정될 수 없으므로 규범조화적 해석이나 법익형량원칙은 적용되지 않는다.

② **진정한 기본권 충돌의 해결**: 진정한 충돌이라면 우선 기본권 간에 조화롭게 양립할 수 있는 방법이 있는 경우에는 조화로운 해석을 통해 모든 기본권이 실현될 수 있도록 하여야 한다. 태아의 생명권과 산모의 개성신장의 자유와 같이 충돌하는 기본권의 조정이 전혀 불가능한 경우가 있다. 이런 경우 조화의 원칙을 적용할 수 없게 되고, 구체적 상황하에서 법익을 형량하여 법익이 더 큰 기본권을 우선적으로 보장해야 한다.

제2장 / 기본권의 제한과 보장

제1절 기본권 한계와 제한의 유형

01 기본권의 보호영역과 제한의 의의

1. 기본권의 보호영역

헌법의 기본권 조항에서 보호되는 일정한 생활영역을 기본권 보호영역, 규범영역이라 한다.

2. 기본권 보호영역의 확정과 기본권 제한

(1) 방법
① 기본권의 보호영역은 법률에 의한 형량이 아니라 헌법해석에 의해 결정된다.
② 기본권 보호영역은 시대사상, 국가의 경제적 능력 등에 따라 달라지므로 헌법조항만으로 결정되는 것이 아니라 구체적 상황에서 결정된다.

(2) 기본권 제한
① **개념**: 기본권의 제한은 기본권의 보호영역을 전제로 하여 공권력의 원인행위에 의해 기본권이 제한되는 것을 뜻한다.
② **기본권 제한의 방법**: 기본권 제한의 방법으로는 헌법, 법률, 국가긴급권에 의한 제한이 있다.
③ **제한과 침해의 관계**: 기본권 제한 중 헌법상 기본권 제한의 한계를 준수하지 아니한 제한을 기본권의 침해라 한다.

02 헌법에 의한 기본권 제한

1. 개념

헌법에 의한 기본권 제한이란 헌법이 직접 기본권 제한을 명시적으로 규정함으로써 생기는 기본권의 제한이다.

2. 헌법에서 제한되고 있는 기본권

언론 · 출판의 자유 (제21조 제4항)	타인명예, 공중도덕
재산권 (제23조 제2항)	공공복리 ↔ 헌법직접유보가 아니라 헌법상 의무라는 견해가 있다.
국가배상청구권 (제29조 제2항)	군인, 군무원, 경찰공무원
노동3권 (제33조 제2항)	공무원의 노동3권, 방위산업체 근로자의 단체행동권
정당의 활동과 목적 (제8조 제4항)	민주적 기본질서

03 법률유보에 의한 기본권 제한(헌법 간접적 제한)

1. 의의

헌법규정이 기본권의 내용과 한계를 개별적으로 확정하는 것을 입법자에게 수권한 것을 법률유보라 한다. 법률유보에 의한 기본권 제한은 기본권을 제한하는 가장 일반적인 방법이다.

2. 법률유보의 종류

(1) 일반적 법률유보와 개별적 법률유보

① 일반적 법률유보: 헌법규정의 일정한 기준에 따라 법률로써 모든 기본권을 제한할 수 있도록 하는 방식으로 현행헌법 제37조 제2항이다. 독일기본법에는 일반적 법률유보규정이 없다.

② 개별적 법률유보: 헌법 제12조, 제23조 제3항 등이 있다. **개별적으로 법률로써 제한하도록 한 방식이다.**

(2) 제한적(본래 의미의) 법률유보와 형성적 법률유보

제한적 법률유보	자유권
형성적 법률유보	• 헌법 제23조 제1항 재산권 조항 • 헌법 제27조 제5항 재판절차진술권 조항 • 헌법 제29조의 국가배상청구권

04 국가긴급권에 의한 기본권 제한

> **헌법 제76조** ① 대통령은 내우·외환·천재·지변 또는 중대한 재정·경제상의 위기에 있어서 국가의 안전보장 또는 공공의 안녕질서를 유지하기 위하여 긴급한 조치가 필요하고 국회의 집회를 기다릴 여유가 없을 때에 한하여 최소한으로 필요한 재정·경제상의 처분을 하거나 이에 관하여 법률의 효력을 가지는 명령을 발할 수 있다.
> ② 대통령은 국가의 안위에 관계되는 중대한 교전상태에 있어서 국가를 보위하기 위하여 긴급한 조치가 필요하고 국회의 집회가 불가능한 때에 한하여 법률의 효력을 가지는 명령을 발할 수 있다.
> **제77조** ③ 비상계엄이 선포된 때에는 법률이 정하는 바에 의하여 영장제도, 언론·출판·집회·결사의 자유, 정부나 법원의 권한에 관하여 특별한 조치를 할 수 있다.

(1) 긴급명령과 긴급재정경제명령으로 제한할 수 있는 기본권은 헌법이 직접 규정하고 있지는 않으나 긴급명령으로 기본권 전반에 대해 제한할 수 있고, 긴급재정경제명령으로 경제적 기본권을 제한할 수 있다.

(2) 비상계엄으로 제한할 수 있는 기본권은 헌법 제77조 제3항, 제110조 제4항과 계엄법 제9조가 직접 정하고 있다.

제2절 법률에 의한 기본권 제한의 일반원리

01 의의

1. 개념

기본권 제한의 일반원리란 법률에 의해 기본권을 제한하는 경우에 입법권자가 반드시 지켜야 하는 기본원리이다.

2. 일반적 법률유보와 기본권 제한의 대상

헌법 제37조 제2항에 따라 법률로 제한할 수 있는 기본권은 자유권뿐만 아니라 기본권 전반이라는 것이 다수설이다. 그러나 양심형성의 자유와 신앙의 자유와 같은 절대적 기본권이 있는데 이러한 기본권은 어떠한 경우에도 제한할 수 없다. 헌법재판소는 생명권도 일반적 법률유보의 대상이 된다고 한다.

02 기본권 제한의 형식상 한계

> 헌법 제37조【국민의 자유와 권리 존중·제한】② 국민의 모든 자유와 권리는 국가안전보장·질서유지 또는 공공복리를 위하여 필요한 경우에 한하여 **법률**로써 제한할 수 있으며, 제한하는 경우에도 자유와 권리의 본질적인 내용을 침해할 수 없다.

1. 법률

(1) 형식적 의미의 법률로 권리를 제한해야 한다.

헌법 제37조 제2항의 기본권을 제한하는 법률은 국회가 제정한 형식적인 법률을 의미한다.

(2) 기본권을 제한하는 법률은 일반적·추상적 법률이어야 한다. ★★

① 기본권을 제한하는 법률은 일반성과 추상성을 띠어야 한다. 법률의 일반성은 규범수신인이 불특정 다수인이라는 것을 의미한다. 추상성은 규율대상사건이 불특정 다수라는 것을 의미한다. 즉, 일정한 요건이 충족되면 모든 사건에 적용되는 법률의 성질이다.

② 이에 비해 개별인법률과 개별사건법률과 같은 처분적 법률은 평등권을 침해할 소지가 있으므로 처분적 법률로 기본권을 제한하는 것은 원칙적으로 금지된다. 다만, 현대적 평등은 합리적 차별을 허용하므로 처분적 법률에 의한 기본권 제한이 합리적 차별에 해당하는 경우라면 예외적으로 허용될 수 있다.

(3) 처분적 법률의 문제

① **개념**: 처분적 법률이란 일반적·추상적 법률과는 달리 개별적·구체적 사항을 규율하는 법률을 말한다. 처분적 법률은 정치적·경제적·사회적·구체적인 목표를 실현하기 위하여 입법자가 특정의 사람이나 특정의 사항을 대상으로 제정된다.

② **유형**: 처분적 법률에는 적용되는 사람이 구체화되어 있는 개별인법률과 적용대상사건이 구체화되어 있는 개별사건법률과 적용기간이 한정된 법률인 한시법률이 있다.

(4) 처분적 법률 허용 여부

우리 헌법은 처분적 법률로서 개인대상법률 또는 개별사건법률의 정의를 따로 두고 있지 않음은 물론, 이러한 처분적 법률의 제정을 금하는 명문의 규정도 두고 있지 않다. 개별사건법률은 원칙적으로 평등원칙에 위배되는 자의적 규정이라는 강한 의심을 불러일으키는 것이지만, 개별법률금지의 원칙은 법률제정에 있어서 입법자가 평등원칙을 준수할 것을 요구하는 것이기 때문에 특정규범이 개별사건법률에 해당한다 하여 곧바로 위헌을 뜻하는 것은 아니며, 이러한 차별적 규율이 합리적인 이유로 정당화될 수 있는 경우에는 합헌적일 수 있다(헌재 1996.2.16. 96헌가2).

(5) 처분적 법률에 대한 통제

처분적 법률은 법률이므로 위헌법률심판과 헌법소원의 대상이 될 수 있다. 처분적 법률은 집행행위 매개 없이 직접 기본권을 제한하므로 헌법소원심판에서 직접성 요건이 바로 충족된다.

☑ **대표적인 처분적 법률**

1. 후임자의 임명으로 공무원의 직위를 상실하도록 한 국가보위입법회의
2. 5 · 18특별법 제2조
3. 이명박주가조작특별검사법
4. 연합뉴스를 국가기관뉴스사로 하고 국가가 재정지원을 하도록 한 법
5. 세무대학 폐지법률

☑ **처분적 법률이 아닌 것**

1. 보안관찰처분대상자에게 출소 후 신고의무 부과

   이 사건 조항은 보안관찰처분대상자 모두에게 적용되는 일반적 · 추상적인 법률규정으로서 법률이 직접 출소 후 신고의무를 부과하고 있다고 하더라도 처분적 법률 내지 개인적 법률에 해당된다고 볼 수 없으므로 권력분립원칙에 위반되지 아니한다고 할 것이다(헌재 2003.6.26. 2001헌가17, 2002헌바98).

2. 친일반민족행위자 재산국가귀속법
3. 신행정수도 후속대책을 위한 연기 · 공주지역 행정중심복합도시를 위한 특별법

---

2. 명령

(1) 법률유보와 명령에 의한 기본권 제한

헌법 제37조 제2항은 기본권 제한을 법률로 정하도록 규정하고 있으므로, 명령으로 기본권을 제한하는 것은 원칙적으로는 허용되지 않는다.

(2) 법률에 근거한 법규명령에 의한 기본권 제한

법률에 위임을 받은 법규명령으로 기본권을 제한하는 것은 허용된다.

⚖ **판례 | 법률유보**

헌법 제37조 제2항은 "국민의 모든 자유와 권리는 … 법률로써 제한할 수 있으며"라고 하여 법률유보원칙을 규정하고 있다. 여기서 '법률'이란 국회가 제정한 형식적 의미의 법률을 말한다. 입법자는 행정부로 하여금 규율하도록 입법권을 위임할 수 있으므로, 법률에 근거한 행정입법에 의해서도 기본권 제한이 가능하다. 즉,

기본권 제한에 관한 법률유보원칙은 '법률에 의한 규율'을 요청하는 것이 아니라 '법률에 근거한 규율'을 요청하는 것이므로, 기본권 제한에는 법률의 근거가 필요할 뿐이고 기본권 제한의 형식이 반드시 법률의 형식일 필요는 없으므로, 법규명령, 규칙, 조례 등 실질적 의미의 법률을 통해서도 기본권 제한이 가능하다(헌재 2013.7.25. 2012헌마167).

3. 조례에 의한 기본권 제한

(1) 주민의 권리제한과 의무부과하는 조례

지방자치법 제28조 【조례】 ① 지방자치단체는 **법령의 범위에서** 그 사무에 관하여 조례를 제정할 수 있다. 다만, 주민의 권리 제한 또는 의무 부과에 관한 사항이나 벌칙을 정할 때는 법률의 위임이 있어야 한다.

① **법률의 위임**: 주민의 권리를 제한하거나 의무를 부과하는 것 또는 벌칙을 조례로 정하려면 법률의 위임이 있어야 한다. 조례에 대한 법령의 위임은 구체적으로 범위를 정할 필요가 없으며 포괄적인 것으로 족하다(헌재 1995.4.20. 92헌마264, 통설). 그러나 권리를 부여하거나 급부를 제공하는 경우에는 법률의 위임이 필요 없다.

② **포괄위임 허용**: 법률이 형벌법규를 위임하는 경우에는 구체적으로 조례에 위임하여야 한다. 국민의 권리제한이나 의무부과에 대하여 법률이 명령에 위임하는 경우에는 반드시 구체적으로 범위를 정하여 위임하여야 하는 것과 중요한 차이점이다.

(2) 수익적 조례

권리를 제한하거나 의무를 부과하는 침익적 조례가 아닌 권리실현적 조례는 법률의 개별적 위임을 요하지 않고, 상위법령에 반하지 않는다면 허용된다.

4. 조약과 국제법규

법률의 효력을 갖는 조약과 일반적으로 승인된 국제법규는 국내법과 동일한 효력을 가지므로, 조약과 국제법규에 의해서도 기본권 제한은 가능하다.

🔨 판례 | 법률유보원칙 위반 여부

법률유보원칙 위반인 것

1. 법률의 근거 없이 공립 중등학교 교사임용 채용시 대전지역 사범대 졸업자 등에 대하여 가산점을 부여한 대전광역시 공고에 대하여 헌법 제37조 제2항의 법률유보원칙에 위반된다(헌재 2004.3.25. 2001헌마882).
➔ 이 판례 이후 교육공무원법 개정으로 동일지역 사범대 졸업자에 대한 가산점제도가 도입되었고, 교육공무원법에 대해서는 합헌이라는 결정이 나왔다.

2. 방송위원회의 방송사에 대한 경고 제재조치가 법률상 허용되는 것보다 더 약한 것이라 하더라도 기본권 제한효과를 지니는 한 당연히 법률적 근거가 있어야 할 것이다. 이 사건 규칙에 의한 그러한 '주의 또는 경고'는 방송법 제100조 제1항에 나열된 제재조치에 포함되지 아니한 것이었으며, 방송위원회의 경고는 법률유보원칙에 위배된다(헌재 2007.11.29. 2004헌마290).

03 기본권 제한입법의 목적상 한계

> 헌법 제37조 【국민의 자유와 권리 존중 · 제한】 ② 국민의 모든 자유와 권리는 **국가안전보장 · 질서유지** 또는 **공공복리**를 위하여 필요한 경우에 한하여 법률로써 제한할 수 있으며, 제한하는 경우에도 자유와 권리의 본질적인 내용을 침해할 수 없다.

1. 국가안전보장

(1) 개념

국가안전보장이란 외부로부터 국가의 독립, 영토의 보전, 헌법에 의해 설치된 국가기관의 유지를 뜻한다.

(2) 연혁

국가안전보장은 제7차 개정헌법 때 규정되었지만 그 이전에도 국가의 존립과 안전 등은 질서유지개념에 속한다고 보아 기본권 제한의 목적으로 사용되었다. [강태수]

2. 헌법재판소 판례

충효정신을 기반으로 한 **농경중심의 가부장적 · 신분적 계급사회 유지**는 혼인에 관한 **국민의 자유와 권리를 제한할 사회질서나 공공복리에 해당될 수 없다.** 따라서 동성동본혼인금지는 헌법 제37조 제2항에 위반된다 (헌재 1997.7.16. 95헌가6).

04 기본권 제한입법의 방법상 한계

> 헌법 제37조 【국민의 자유와 권리 존중 · 제한】 ② 국민의 모든 자유와 권리는 국가안전보장 · 질서유지 또는 공공복리를 위하여 **필요한 경우에 한하여** 법률로써 제한할 수 있으며, 제한하는 경우에도 자유와 권리의 본질적인 내용을 침해할 수 없다.

1. 과잉금지원칙의 의의

(1) 개념

광의의 과잉금지의 원칙이란 "국가의 권력은 무제한적으로 행사되어서는 아니 되고, 반드시 정당한 목적을 위하여 그리고 또한 필요한 범위 내에서만 행사되어야 한다."라는 것을 의미한다. 이처럼 과잉금지원칙은 기본권 제한에 있어서 국가작용의 한계를 명시하는 원칙이다.

(2) 연혁

과잉금지원칙은 19세기 후반의 경찰행정법에서 유래된 원칙이다.

(3) 근거

과잉금지원칙에 관한 헌법의 명문규정은 없다. 헌법 제37조 제2항과 법치국가가 근거이다. 행정기본법은 명시적으로 비례원칙을 규정하고 있다.

(4) 현행헌법 제37조 제2항의 과잉금지원칙의 의의

입법부에게 기본권 제한입법의 한계원칙으로서 의미를 가지며, 헌법재판소에게는 기본권 제한입법의 위헌성 판단의 심사기준이다.

⚖ 판례 | 과잉금지원칙의 의의 ★★

헌법의 기본정신(헌법 제37조 제2항의 규정은 기본권 제한입법의 수권규정인 성질과 아울러 기본권 제한입법의 한계규정의 성질을 지니고 있다)에 비추어 볼 때 기본권의 본질적인 내용의 침해가 설사 없다고 하더라도 과잉금지의 원칙에 위반되면 역시 위헌임을 면하지 못한다고 할 것인데, 과잉금지의 원칙은 국가작용의 한계를 명시하는 것인데 목적의 정당성, 방법의 적정성, 피해의 최소성, 법익의 균형성을 의미하는 것으로서 그 어느 하나에라도 저촉되면 위헌이 된다는 헌법상의 원칙이다. 국가가 국가작용을 함에 있어서는 합리적인 판단에 입각하여 추구하고자 하는 사안의 목적에 적합한 조치를 취하여야 하고, 그때 선택하는 수단은 목적을 달성함에 있어서 필요하고 효과적이며 상대방에게는 최소한의 피해를 줄 때에 한해서 국가작용은 정당성을 가지게 되고 상대방은 침해를 감수하게 되는 것이다. 국가작용에 있어서 취해진 어떠한 조치나 선택된 수단은 그것이 달성하려는 사안의 목적에 적합하여야 함은 당연하지만, 조치나 수단이 목적달성을 위하여 유일무이한 것일 필요는 없는 것이다. 국가가 어떠한 목적을 달성함에 있어 다른 여러 가지의 조치나 수단을 병과하여야 가능하다고 판단하는 경우도 있을 수 있으므로 과잉금지의 원칙이라는 것이 목적달성에 필요한 유일의 수단선택을 요건으로 하는 것이라고 할 수는 없는 것이다. 물론 여러 가지의 조치나 수단을 병행하는 경우에도 그 모두가 목적에 적합하고 필요한 정도 내의 것이어야 함은 말할 필요조차 없다 (헌재 1989.12.22. 88헌가13).

2. 과잉금지원칙(비례의 원칙)의 내용

(1) 목적의 정당성

목적의 정당성이란 기본권 제한입법의 목적이 헌법상 정당성이 인정되어야 한다는 원칙이다.

(2) 방법의 적정성

① **의의**: 방법의 적정성이란 기본권 제한입법의 목적을 달성하기 위한 조치가 필요하고도 효과적인 수단이어야 한다는 원칙이다.

② 반드시 **가장 합리적이며 효율적인 수단을 선택하여야 하는 것은 아니라고** 할지라도 적어도 현저하게 불합리하고 불공정한 수단의 선택은 피해야 할 것이다(헌재 1996.4.25. 92헌바47).

③ 수단의 적합성은 입법자가 선택한 방법이 목적 달성에 최적의 것이 아니라 하더라도 그 수단이 입법목적 달성에 유효한 수단이라면 인정된다(헌재 2006.6.29. 2002헌바80).

(3) 피해의 최소성

① **의의**: 피해의 최소성 원칙은 목적달성을 위한 필요하고도 효과적인 여러 수단 중에서 기본권을 적게 제한하는 수단·방법을 통해 목적을 달성해야 한다는 원칙이다. 미국의 엄격한 심사에서의 no less restrictive alternatives 기준과 외형상 일치한다.

② 입법자가 임의적 규정으로도 법의 목적을 실현할 수 있는 경우에 구체적 사안의 개별성과 특수성을 고려할 수 있는 가능성을 일체 배제하는 **필요적 규정을 둔다면**, 이는 비례의 원칙의 한 요소인 **'최소침해성의 원칙'에 위배된다**(헌재 1998.5.28. 96헌가12)고 하여 형사사건으로 기소된 공무원의 필요적 직위해제에 대해 위헌결정을 한 바 있다.

③ 침해의 최소성의 관점에서 우선 기본권을 적게 제한하는 **기본권 행사의 방법**에 관한 규제로써 공익을 실현할 수 있는가를 시도하고 이러한 방법으로는 공익의 달성이 어렵다고 판단되는 경우에 비로소 그 다음 단계인 **기본권 행사 여부**에 관한 규제를 선택해야 한다(헌재 1998.5.28. 96헌가5).

④ 과잉금지원칙의 한 내용인 '최소침해의 원칙'이라는 것은 어디까지나 입법목적의 달성에 있어 동일한 효과를 나타내는 수단 중에서 되도록 당사자의 기본권을 덜 침해하는 수단을 채택하라는 헌법적 요구인바, **입법자가 택한 수단보다 국민의 기본권을 덜 침해하는 수단이 존재하더라도** 그 다른 수

단이 효과 측면에서 입법자가 선택한 수단과 동등하거나 유사하다고 단정할 만한 명백한 근거가 없는 이상, 그것이 과잉금지원칙에 반한다고 할 수는 없다(헌재 2009.11.26. 2008헌마114).

(4) 법익균형성(좁은 의미의 비례원칙)

입법자가 기본권 제한을 통해 실현하려는 공익과 제한되는 기본권의 법익 간에 균형이 이루어져야 한다는 원칙이다. 즉, 달성하려는 공익이 제한되는 사익(기본권)보다 커야 한다는 원칙이다.

☑ **과잉금지 위반**

목적이 정당하지 않은 것	① 사기죄 피의자 수사과정 촬영 허용 ② 긴급조치 제1호 ③ 변호인 후방착석 요구 ④ 혼인빙자간음죄 ⑤ 재외국민, 선거권과 피선거권 부정 ⑥ 사립대학 교원, 교원노조가입금지 ⑦ 동성동본혼인금지 ⑧ 혼인한 등록의무자는 배우자가 아닌 본인의 직계존·비속의 재산을 등록하도록 법이 개정되었으나, 개정 전 이미 배우자의 직계존·비속의 재산을 등록한 혼인한 여성 등록의무자는 종전과 동일하게 계속해서 배우자의 직계존·비속의 재산을 등록하도록 한 부칙 조항 ⑨ 정당 중앙당 후원회금지 ⑩ 야당 후보 지지나 정부 비판적 정치 표현행위에 동참한 전력이 있는 문화예술인이나 단체를 정부의 문화예술 지원사업에서 배제하도록 지시한 행위
목적은 정당하나 방법이 적정하지 않은 것	① 제대군인가산점 ② 공무원과 사립교원 재직 중 사유로 퇴직금 제한 ③ 변호사 개업지 제한 ④ 경비업 외 영업금지 ⑤ 자도소주구입강제제도 ⑥ 미결구금일수를 형기에 포함할 것인지를 법관의 재량에 맡긴 형법 ⑦ 변호사 시험성적 비공개 ⑧ 정당 후원회 금지 ⑨ 대리인이 변호사의 수용자에 대한 접견신청에 소송 계속의 소명할 수 있는 자료제출요구 ⑩ 간통죄 ⑪ 육군훈련소 내 종교행사 참석 강제 ⑫ 변호사 광고금지
목적과 방법은 적정, 최소성원칙 위반	① 국가 유공자 가족 가산점 10% ② 양심적 병역거부를 인정하지 않은 병역법 제5조의 병종조항 ③ 자기낙태죄 ④ 의석이 없고 100분의 2 미만 득표한 정당 등록취소 ⑤ 국회, 법원, 총리공관, 대통령관저 100미터 이내 옥외집회금지 ⑥ 청원경찰, 근로3권 부정 ⑦ 주민등록변경을 허용하지 않은 주민등록

3. 과잉금지원칙의 적용범위

(1) 국가작용과 과잉금지원칙 적용범위

과잉금지원칙은 입법작용뿐 아니라 행정·사법작용에도 적용된다.

(2) 기본권과 과잉금지원칙 적용 여부

기본권에 관련된 법률이라 해서 모두 과잉금지원칙이 적용되는 것은 아니다. 기본권을 제한하는 입법에 과잉금지원칙은 적용된다. 기본권을 제한하는 입법이 아니라 순수하게 형성하는 입법이라면 과잉금지원칙은 적용되지 않는다.

판례

1. 재산권을 제한하는 제한입법은 다른 기본권을 제한하는 입법과 마찬가지로 과잉금지의 원칙을 준수해야 하고, 재산권의 본질적 내용인 사용·수익권과 처분권을 전면적으로 부인해서는 안 될 헌법상의 한계를 가진다(헌재 2003.6.26. 2002헌마402).

2. 당사자의 능력이나 자격과 상관없는 **객관적 사유에 의한 제한**은 월등하게 중요한 공익을 위하여 명백하고 확실한 위험을 방지하기 위한 경우에만 정당화될 수 있고, 따라서 헌법재판소가 이 사건을 심사함에 있어서는 헌법 제37조 제2항이 요구하는바 과잉금지의 원칙, 즉 **엄격한 비례의 원칙**이 그 심사척도가 된다(헌재 2002.4.25. 2001헌마614).

3. 치과전문의 자격 인정 요건으로 '외국의 의료기관에서 치과의사전문의 과정을 이수한 사람'을 포함하지 아니한 '치과의사전문의의 수련 및 자격 인정 등에 관한 규정' 제18조 제1항 위 조항은 치과의사인 청구인들이 치과전문의 자격을 취득하여 자신이 수련한 전문과목을 표시하여 그 과목에 대해 보다 전문적으로 직업을 수행할 수 있는 '치과의사'로서의 **직업수행의 자유를 제한한다.** 그러므로 이러한 제한이 헌법 제37조 제2항에서 정하고 있는 기본권 제한입법의 한계인 과잉금지원칙을 준수하고 있는지 여부에 관하여 살펴본다(헌재 2015.9.24. 2013헌마197).

4. **상업적 표현에 대한 위헌심사기준**
   상업광고는 표현의 자유의 보호영역에 속하지만 사상이나 지식에 관한 정치적·시민적 표현행위와는 차이가 있고, 직업수행의 자유에 있어서도 인격발현과 개성신장에 미치는 효과가 중대한 것이 아니다. 그러므로 상업광고 규제에 관하여 비례의 원칙에 의한 심사를 하더라도 그중 '피해의 최소성' 원칙은 같은 목적을 달성하기 위하여 달리 덜 제약적인 수단이 없을 것인지 혹은 **입법목적을 달성하기 위하여 필요한 최소한의 제한인지를 심사하기보다는** '입법목적을 달성하기 위하여 필요한 범위 내의 것인지'를 심사하는 정도로 **완화되는** 것이 상당하다. … 결국 이 사건 조항은 헌법 제37조 제2항의 **비례의 원칙에 위배하여** 표현의 자유와 직업수행의 자유를 침해하는 것이다(헌재 2005.10.27. 2003헌가3).

5. **대학 교원 교원노조법 적용배제**
   대학 교원을 교육공무원 아닌 대학 교원과 교육공무원인 대학 교원으로 나누어, 각각의 단결권에 대한 제한이 헌법에 위배되는지 여부에 관하여 살펴보기로 하되, **교육공무원 아닌 대학 교원**에 대해서는 **과잉금지원칙** 위배 여부를 기준으로, **교육공무원인 대학 교원**에 대해서는 **입법형성의 범위**를 일탈하였는지 여부를 기준으로 나누어 심사하기로 한다(헌재 2018.8.30. 2015헌가38).

6. 보상금 등의 지급결정은 신청인이 동의한 때에는 민주화운동과 관련하여 입은 피해에 대하여 민사소송법의 규정에 의한 재판상 화해가 성립된 것으로 간주하는 민주화보상법 (헌재 2018.8.30. 2014헌바180)
   ① 민주화보상법은 위원회의 중립성·독립성을 보장하고 있고, 심의절차에 전문성·공정성을 제고하고 있으며, 신청인에게 지급결정 동의의 법적 효과를 안내하면서 검토할 시간을 보장하여 이를 통해 그 동의 여부를 자유롭게 선택하도록 하고 있으므로, 심판대상조항이 **입법형성권의 한계를 일탈하여 재판청구권을** 침해한다고 볼 수도 없다.

② 심판대상조항은 신청인이 위원회의 보상금 등 지급결정에 동의한 때 민주화운동과 관련하여 입은 피해 일체에 대해 재판상 화해가 성립된 것으로 간주함으로써, 향후 민주화운동과 관련된 모든 손해에 대한 국가배상청구권 행사를 금지하고 있는바, 이는 국가배상청구권의 내용을 구체적으로 형성하는 것이 아니라, 국가배상법의 제정을 통해 이미 형성된 국가배상청구권의 행사를 제한하는 것에 해당한다. 그러므로 심판대상조항의 **국가배상청구권** 침해 여부를 판단함에 있어서는, 심판대상조항이 기본권 제한입법의 한계인 헌법 제37조 제2항을 준수하였는지 여부, 즉 **과잉금지원칙을 준수하고 있는지 여부를 살펴보아야 한다.**

05 기본권 제한입법의 내용상 한계

헌법 제37조 【국민의 자유와 권리 존중·제한】 ② 국민의 모든 자유와 권리는 국가안전보장·질서유지 또는 공공복리를 위하여 필요한 경우에 한하여 법률로써 제한할 수 있으며, 제한하는 경우에도 **자유와 권리의 본질적인 내용을 침해할 수 없다.**

1. 기본권의 본질적 내용 침해금지

(1) 개념

본질적 내용 침해금지원칙은 법률에 의해 기본권을 제한하더라도 기본권의 본질적 내용을 법률로 침해해서는 안 된다는 원칙이다.

(2) 본질적 내용 침해금지 연혁

독일헌법 제19조 제2항에 규정되어 있고, 우리 헌법 제2공화국 헌법에서 규정되었다가 제4공화국 헌법에서 삭제된 후 제5공화국 헌법에서 다시 규정되었다.

2. 기본권의 본질적 내용

① 기본권의 본질적 내용이 무엇이냐에 대해 학설이 대립하나, 우리나라는 절대설이 다수설이나 절대설 중 인간의 존엄성설을 취하는 입장[허영, 구병삭]과 핵심영역설을 취하는 입장[김철수, 김계환]이 있다.
② 헌법재판소 판례는 일관성이 없으나 절대설에 가까운 판례가 많다고 할 수 있다. 다만, 사형제도에 대한 헌법재판소 판례는 비례원칙을 적용하여 생명권의 본질인 생명의 유지를 박탈할 수 있다고 보았으므로 상대설에 가까운 판례이다.

제3절 특별권력(특수신분)관계와 기본권의 제한

01 특별권력관계의 의의

1. 개념

특별권력관계란 공법상 특별한 목적을 달성하기 위하여 법 규정이나 당사자의 동의 등 특별한 법적 원인에 의해 성립하고, 목적달성에 필요한 한도 내에서 한쪽이 다른 쪽을 포괄적으로 지배하고 다른 쪽이 이에 복종하는 것을 내용으로 하는 공법상의 특수한 관계이다. [권영성]

2. 특별권력관계의 예

국가와 공무원의 관계, 국·공립학교와 재학생의 관계, 교도소와 수형자의 관계, 국공립병원과 전염병환자의 관계, 군대와 군복무자의 관계가 그 예이다.

02 특별권력관계이론

1. 고전적 특별권력관계이론

(1) 내용

특별권력관계에서 국민은 절대적으로 국가에 복종하는 특별한 법률관계이므로 법률에 의한 기본권 제한의 원칙이 존중될 필요가 없고 행정상 처분행위는 사법심사의 대상이 되지 않는다. 또한 특별권력관계에서는 권리제한이나 의무부과에는 법률을 대신하여 행정규칙으로도 충분하다.

(2) 이론적 근거

당사자의 동의(공무원 임명에 동의시) 속에는 기본권의 포기가 내포되어 있다.

2. 고전적 특별권력관계이론의 동요

울레(Ule)는 특별권력관계를 외부관계(기본관계)와 내부관계(경영수행관계)로 나누어 기본관계에서 이루어지는 행정작용은 행정처분으로 법이 침투할 수 있는 영역으로 보아 사법심사의 대상으로 보았으나, 내부관계의 경우에는 법이 침투할 수 없는 행정영역으로 인정하였다.

☑ 기본관계와 경영수행관계의 비교

기본관계(외부관계)	경영수행관계(내부관계)
① 공무원의 임면 ② 국공립대학생의 입·퇴학 ③ 군인의 입대·제대 등 특별권력관계의 성립·존속·유지와 관련되는 관계	① 공무원에 대한 직무명령 ② 국공립학교 과제물부과 ③ 시험평가 등 경영수행에 관련되는 관계

3. 현대의 특별권력관계이론

과거에는 공무원, 재소자, 군인 등 소위 특별권력관계에 있는 국민도 일반국민과 같이 기본권 주체로서 기본권을 주장할 수 있는지 여부가 문제되었다. 19세기 독일 공법이론의 산물인 특별권력관계이론에 따르면, 국민은 일반국민과 특별권력관계에 있는 국민으로 구분되고, 후자에게는 기본권이 인정되지 않는다고 한다. 즉, 기본권이란 국가의 침해로부터 사회의 구성원을 보호하고자 하는 것인데, 공무원 등과 같이 개인이 일반 사회에서 이탈하여 국가와 특별한 권리·의무관계가 형성되는 경우에는, 개인은 기본권의 주체인 '사회의 구성원'이 아니라 '국가조직의 일부분'으로 간주된다. 그 결과 특별권력관계에 있는 국민은 기본권 보호를 받지 못하고 공무원에 대한 규율은 기본권 제한에 해당되지 않으며 법률유보원칙 등이 적용되지 아니한다고 하였다. 그러나 <u>현대법치국가에서는 국가와 특별한 관계에 있는 국민에 대해 기본권 보호의 사각지대를 인정한 특별권력관계이론은 더 이상 정당성을 인정받지 못하는 이론이다. 모든 국가기관이 기본권의 구속을 받는 헌법국가에서 기본권의 구속으로부터 자유로운 국가행위의 영역은 인정되지 않는다</u>(헌재 2001.3.21. 99헌마139).

구분	고전적 특별권력관계	현대적 특별권력관계
법치주의 적용	×	○
법률유보	×	○
기본권의 효력	×	○
기본권 제한 한계	×	○
기본권 제한하는 공권력 행사 사법심사	×	○

03 특별권력관계와 사법적 통제

대법원은 기본권이 특별권력관계에서도 효력이 미친다는 것을 전제로 하여 특별권력관계에서 기본권을 제한하는 공권력의 행사는 사법심사의 대상이 된다는 입장이다. 헌법재판소도 미결수용자와 변호인 간의 서신검열사건에서 미결수용자와 변호인 간의 서신을 검열한 교도소장의 행위는 변호인의 조력을 받을 권리 침해라고 하여 특별권력관계에서의 기본권 제한조치도 헌법소원의 대상이 되고 기본권 제한의 한계원칙을 준수해야 한다고 이해하고 있다.

> ⚖ **판례 | 국·공립학교의 학생에 대한 징계**
>
> 학생에 대한 징계권의 발동이나 징계의 양정이 징계권자의 교육적 재량에 맡겨져 있다 할지라도 법원이 심리한 결과 그 징계처분에 위법사유가 있다고 판단되는 경우에는 이를 취소할 수 있다는 것이고, 징계처분이 교육적 재량행위라는 이유만으로는 사법심사의 대상에서 당연히 제외되는 것은 아니다(대판 1991.11.22. 91누2114).

> ⚖ **판례**
>
> 1. **사관생도 퇴학처분 무효** (대판 2018.8.30. 2016두60591)
>   ① 사관생도에 대해서는 일반 국민보다 상대적으로 기본권이 더 제한될 수 있으나, 그러한 경우에도 법률유보원칙, 과잉금지원칙 등 기본권 제한의 헌법상 원칙들을 지켜야 한다.
>   ② 사관생도의 모든 사적 생활에서까지 예외 없이 금주의무를 이행할 것을 요구하는 것은 사관생도의 일반적 행동자유권은 물론 사생활의 비밀과 자유를 지나치게 제한하는 것이고, 사관생도의 음주가 교육 및 훈련 중에 이루어졌는지 여부나 음주량, 음주 장소, 음주 행위에 이르게 된 경위 등을 묻지 않고 일률적으로 2회 위반시 원칙으로 퇴학 조치하도록 정한 것은 사관학교가 금주제도를 시행하는 취지에 비추어 보더라도 사관생도의 기본권을 지나치게 침해하는 것이므로, 위 금주조항은 사관생도의 일반적 행동자유권, 사생활의 비밀과 자유 등 기본권을 과도하게 제한하는 것으로서 무효이다.
>
> 2. **군인이 상관의 지시와 명령에 대하여 헌법소원 등 재판청구권을 행사하는 것이 군인의 복종의무에 위반되는지 여부(원칙적 소극)**
>   군인이 상관의 지시나 명령에 대하여 재판청구권을 행사하는 경우에 그것이 위법·위헌인 지시와 명령을 시정하려는 데 목적이 있을 뿐, 군 내부의 상명하복관계를 파괴하고 명령불복종 수단으로서 재판청구권의 외형만을 빌리거나 그 밖에 다른 불순한 의도가 있지 않다면, 정당한 기본권의 행사이므로 군인의 복종의무를 위반하였다고 볼 수 없다(대판 2018.3.22. 2012두26401).

제4절 기본권의 침해와 구제

01 기본권 보호의무 [정태호. 기본권보호의무 인권과 정의 252호]

1. 기본권 보호의무의 의의 ★

(1) 개념

기본권 보호의무란 기본권에 의하여 보호되는 기본권적 법익을 사인인 제3자의 위법적 제약으로부터 보호하여야 할 국가의 의무를 말한다.

(2) 사인이 침해자인 경우

기본권 보호의무는 사인이 침해자인 경우 발생한다. 사인에 의한 기본권 침해의 문제이므로 기본권의 객관적 가치질서와 대사인적 효력에 근거를 둔다.

⚖ 판례 | 기본권 보호의무의 문제인지 여부

1. 기본권 보호의무란 기본권적 법익을 기본권 주체인 **사인에 의한** 위법한 침해 또는 침해의 위험으로부터 보호하여야 하는 국가의 의무를 말하며, 주로 사인인 제3자에 의한 개인의 생명이나 신체의 훼손에서 문제되는데, 이는 타인에 의하여 개인의 신체나 생명 등 법익이 국가의 보호의무 없이는 무력화될 정도의 상황에서만 적용될 수 있다(헌재 2009.2.26. 2005헌마764).

2. **동물장묘업의 지역적 등록제한사유를 불충분하게 규정한 동물보호법**
건강하고 쾌적한 환경에서 생활할 권리를 보장해야 할 국가의 의무: 헌법 제10조의 규정에 의하면, 국가는 개인이 가지는 불가침의 기본적 인권을 확인하고 이를 보장할 의무를 지고 기본권은 공동체의 **객관적 가치질서**로서의 성격을 가지므로, 적어도 생명·신체의 보호와 같은 중요한 기본권적 법익 침해에 대해서는 그것이 국가가 아닌 제3자로서의 사인에 의해서 유발된 것이라고 하더라도 국가가 적극적인 보호의 의무를 진다. 그렇다면 국가에게 국민의 기본권을 적극적으로 보장하여야 할 의무가 인정되는 점, 헌법 제35조 제1항이 국가와 국민에게 환경보전을 위하여 노력하여야 할 의무를 부여하고 있는 점, 환경침해는 사인에 의해서 빈번하게 유발되므로 입법자가 그 허용 범위에 관해 정할 필요가 있는 점, 환경피해는 생명·신체의 보호와 같은 중요한 기본권적 법익 침해로 이어질 수 있는 점 등을 고려할 때, 일정한 경우 국가는 사인인 제3자에 의한 국민의 환경권 침해에 대해서도 적극적으로 기본권 보호조치를 취할 의무를 부담한다(헌재 2020.3.26. 2017헌마1281).

3. **일정한 한약서에 수재된 처방에 해당하는 품목의 한약제제를 안전성·유효성 심사대상에서 제외한 식품의약품안전처고시**
이 사건 고시가 안전성·유효성 심사대상에서 일정한 한약서에 수재된 처방품목인 한약제제를 제외하는 내용이기는 하나, 전체적인 약사법령의 체계에 비추어 보면, 위 조항은 의약품의 제조판매에 있어서 안전성·유효성에 관한 구체적인 심사대상과 절차를 규정함으로써 **국민의 보건권을 보호하기 위한 것이지, 국민의 보건권을 제한하기 위한 조치라고 볼 수 없다.** 따라서 이 사건의 쟁점은, 심판대상조항이 건강의 유지에 필요한 국가적 급부와 배려를 요구할 수 있는 국민의 권리에 대응하여, 국민의 보건을 위한 정책을 수립하고 시행하여야 할 국가의 기본권 보호의무를 위반하였는지 여부이다(헌재 2018.5.31. 2015헌마1181).

4. **주방에서 발생하는 음식물 찌꺼기 등을 분쇄하여 오수와 함께 배출하는 주방용오물분쇄기의 판매와 사용을 금지하는 '주방용오물분쇄기의 판매·사용금지'하는 환경부고시**
국가의 기본권 보호의무란 사인인 제3자에 의한 생명이나 신체에 대한 침해로부터 이를 보호하여야 할 국가의 의무를 말하는 것으로 이 사건처럼 **국가가 직접 주방용오물분쇄기의 사용을 금지하여** 개인의 기본권을 제한하는 경우에는 국가의 기본권 보호의무 위반 여부가 문제되지 않는다(헌재 2018.6.28. 2016헌마1151).

---

5. 지뢰피해자 지원에 관한 특별법

   헌법 제10조 후문이 규정하는 국가의 기본권 보호의무란 기본권적 법익을 기본권 주체인 사인에 의한 위법한 침해 또는 침해의 위험으로부터 보호하여야 하는 국가의 의무를 말하며, 주로 사인인 제3자에 의한 개인의 생명이나 신체의 훼손에서 문제되는 지뢰피해자 및 그 유족에 대한 위로금 산정시 사망 또는 상이를 입을 당시의 월평균임금을 기준으로 하고, 그 기준으로 산정한 위로금이 2천만원에 이르지 아니할 경우 2천만원을 초과하지 아니하는 범위에서 조정·지급할 수 있도록 한 '지뢰피해자 지원에 관한 특별법'은 제3자에 의한 개인의 생명이나 신체의 훼손이 문제되는 사안이 아니므로 이에 관하여 별도로 판단하지 아니한다(헌재 2019.12.27. 2018헌바236).

6. 국가의 배상할 의무

   헌법 제10조 제2문은 "국가는 개인이 가지는 불가침의 기본적 인권을 확인하고 이를 보장할 의무를 진다."라고 규정함으로써, 소극적으로 국가권력이 국민의 기본권을 침해하는 것을 금지하는 데 그치지 아니하고, 나아가 적극적으로 국민의 기본권을 타인의 침해로부터 보호할 의무를 부과하고 있다. 이러한 국가의 기본권 보호의무로부터 국가 자체가 불법적으로 국민의 생명권, 신체의 자유 등 기본권을 침해하는 경우 그에 대한 손해배상을 해 주어야 할 국가의 작위의무가 도출된다고 볼 수 있다(헌재 2003.1.30. 2002헌마358).

7. 대통령은 행정부의 수반으로서 국가가 국민의 생명과 신체의 안전 보호의무를 충실하게 이행할 수 있도록 권한을 행사하고 직책을 수행하여야 하는 의무를 부담한다. 하지만 국민의 생명이 위협받는 재난상황이 발생하였다고 하여 피청구인이 직접 구조활동에 참여하여야 하는 등 구체적이고 특정한 행위의무까지 바로 발생한다고 보기는 어렵다(헌재 2017.3.10. 2016헌나1).

2. 기본권 보호의무실현과 의무이행에 대한 통제 ★★

(1) 기본권 보호의무실현

기본권 보호의무는 입법자의 입법을 통해 실현되며, 입법자는 충돌하는 헌법적 법익을 형량하여 보호의 구체적 수단을 선택할 폭넓은 형성의 자유를 가진다.

> **⚖️ 판례**
>
> 국가가 국민의 기본권 보호의무를 이행함에 있어 그 행위의 형식에 관하여도 폭넓은 형성의 자유가 인정되고, 그것도 반드시 법령에 의하여 이행하여야 하는 것은 아니며, 이 사건 고시와 같이 국가가 쇠고기 소비자의 생명·신체의 안전에 관한 보호의무를 이행하기 위하여 취한 행위의 경우 법령의 위임이 없거나 그 위임의 범위를 벗어난 것이라는 사유만으로는 보호의무를 위반하거나 그로 인하여 소비자의 기본권을 침해한 것으로 볼 수 없다(헌재 2008.12.26. 2008헌마419).

(2) 입법자의 보호의무이행에 대한 헌법재판소의 통제

① 국가, 특히 입법자는 보호의무의 이행과 관련하여 광범위한 형성의 자유를 가진다.

② 그 보호의무의 이행의 정도와 관련하여 헌법이 요구하는 최저한의 보호수준을 하회하여서는 아니 된다는 의미에서 과소보호금지의 원칙을 준수하여야 한다.

🔨 판례 | 국가의 기본권 보호의무 위반 심사기준

1. 국가가 국민의 건강하고 쾌적한 환경에서 생활할 권리를 보호할 의무를 진다고 하더라도, <u>국가의 기본권 보호의무를 입법자가 어떻게 실현하여야 할 것인가 하는 문제는 원칙적으로 권력분립과 민주주의의 원칙에 따라 국민에 의하여 직접 민주적 정당성을 부여받고 자신의 결정에 대하여 정치적 책임을 지는 입법사의 책임범위</u>에 속한다. 헌법재판소는 단지 제한적으로만 입법자에 의한 보호의무의 이행을 심사할 수 있다. 따라서 국가가 국민의 건강하고 쾌적한 환경에서 생활할 권리에 관한 보호의무를 다하지 않았는지를 헌법재판소가 심사할 때에는 국가가 이를 보호하기 위하여 적어도 적절하고 효율적인 최소한의 보호조치를 취하였는가 하는 이른바 '**과소보호금지원칙**'의 위반 여부를 기준으로 삼아야 한다(헌재 2020.3.26. 2017헌마1281).

2. 국가가 국민의 생명·신체의 안전에 대한 보호의무를 다하지 않았는지 여부를 헌법재판소가 심사할 때에는 국가가 이를 보호하기 위하여 적어도 적절하고 효율적인 **최소한의** 보호조치를 취하였는가 하는 이른바 '**과소보호금지원칙**'의 위반 여부를 기준으로 삼아, 국민의 생명·신체의 안전을 보호하기 위한 조치가 필요한 상황인데도 국가가 아무런 보호조치를 취하지 않았든지 아니면 취한 조치가 법익을 보호하기에 전적으로 부적합하거나 매우 불충분한 것임이 명백한 경우에 한하여 국가의 보호의무의 위반을 확인하여야 하는 것이다(헌재 2009.2.26. 2005헌마764).

📖 판례정리

보호의무 위반 여부

보호의무 위반인 것

1. 위안부 피해구제를 위한 외교적 행위부작위

외교행위는 가치와 법률을 공유하는 하나의 국가 내에 존재하는 국가와 국민의 관계를 넘어 가치와 법률을 서로 달리하는 국제환경에서 국가와 국가 간의 관계를 다루는 것이므로, 정부가 분쟁의 상황과 성질, 국내외 정세, 국제법과 보편적으로 통용되는 관행 등을 감안하여 정책결정을 함에 있어 폭넓은 재량이 허용되는 영역임을 부인할 수 없다. 그러나 헌법상의 기본권은 모든 국가권력을 기속하므로 행정권력 역시 이러한 기본권 보호의무에 따라 기본권이 실효적으로 보장될 수 있도록 행사되어야 하고, <u>외교행위라는 영역도 사법심사의 대상에서 완전히 배제되는 것으로는 볼 수 없다.</u> 특정 국민의 기본권이 관련되는 외교행위에 있어서, 앞서 본 바와 같이 <u>법령에 규정된 구체적 작위의무의 불이행이 헌법상 기본권 보호의무에 대한 명백한 위반이라고 판단되는 경우에는 기본권 침해행위로서 위헌이라고 선언되어야 한다.</u> 결국 피청구인의 재량은 침해되는 기본권의 중대성, 기본권 침해 위험의 절박성, 기본권의 구제가능성, 진정한 국익에 반하는지 여부 등을 종합적으로 고려하여 국가기관의 기본권 기속성에 합당한 범위 내로 제한될 수밖에 없다(헌재 2011.8.30. 2006헌마788).

2. 선거운동에서 확성기 소음을 규제하지 아니한 공직선거법 제216조

정온한 생활환경이 보장되어야 할 주거지역에서 출근 또는 등교 이전 및 퇴근 또는 하교 이후 시간대에 확성장치의 최고출력 내지 소음을 제한하는 등 사용시간과 사용지역에 따른 수인한도 내에서 확성장치의 최고출력 내지 소음 규제기준에 관한 규정을 두지 아니한 것은, 국민이 건강하고 쾌적하게 생활할 수 있는 양호한 주거환경을 위하여 노력하여야 할 국가의 의무를 부과한 헌법 제35조 제3항에 비추어 보면, 적절하고 효율적인 최소한의 보호조치를 취하지 아니하여 국가의 기본권 보호의무를 **과소하게 이행한 것으로서**, 과소보호금지원칙에 위반하여 건강하고 쾌적한 환경에서 생활할 권리를 침해하므로 헌법에 위반된다(헌재 2019.12.27. 2018헌마730).

1. **8대 중과실이 아니고 종합보험에 가입한 교통사고 가해자에 대해 공소를 제기할 수 없도록 한 교통사고처리특례법** (헌재 2009.2.26. 2005헌마764)

   ① **과소보호금지원칙 위반 여부(소극)**: 이 사건 법률조항을 두고 국가가 일정한 교통사고범죄에 대하여 형벌권을 행사하지 않음으로써 도로교통의 전반적인 위험으로부터 국민의 생명과 신체를 적절하고 유효하게 보호하는 아무런 조치를 취하지 않았다든지, 아니면 국가가 취한 현재의 제반 조치가 명백하게 부적합하거나 부족하여 그 보호의무를 명백히 위반한 것이라고 할 수 없다.

   ② **재판절차진술권의 침해 여부(적극)**: 업무상 과실 또는 중대한 과실로 인하여 중상해를 입은 경우 피해의 **최소성 및 법익의 균형성** - 교통사고로 인하여 피해자에게 중상해를 입힌 경우에도 사고의 발생 경위, 피해자의 특이성(노약자 등)과 사고발생에 관련된 피해자의 과실 유무 및 정도 등을 살펴 정식 기소 이외에도 약식기소 또는 기소유예 등 다양한 처분이 가능하고 정식 기소된 경우에는 피해자의 재판절차진술권을 행사할 수 있게 하여야 함에도, 종합보험 등에 가입하였다는 이유로 단서조항에 해당하지 않는 한 무조건 면책되도록 한 것은 최소침해성에 위반된다고 아니할 수 없다.

2. **미국산 쇠고기 및 쇠고기 제품 수입위생조건 완화하는 고시**

   생명·신체의 안전에 관한 권리는 인간의 존엄과 가치의 근간을 이루는 기본권일 뿐만 아니라, 헌법은 "모든 국민은 보건에 관하여 국가의 보호를 받는다."라고 규정하여 질병으로부터 생명·신체의 보호 등 보건에 관하여 특별히 국가의 보호의무를 강조하고 있으므로(제36조 제3항), 국민의 생명·신체의 안전이 질병 등으로부터 위협받거나 받게 될 우려가 있는 경우 국가로서는 그 위험의 원인과 정도에 따라 사회·경제적인 여건 및 재정사정 등을 감안하여 국민의 생명·신체의 안전을 보호하기에 필요한 적절하고 효율적인 입법·행정상의 조치를 취하여 그 침해의 위험을 방지하고 이를 유지할 포괄적인 의무를 진다 할 것이다. 이 사건 고시가 개정 전 고시에 비하여 완화된 수입위생조건을 정한 측면이 있다 하더라도, 미국산 쇠고기의 수입과 관련한 위험상황 등과 관련하여 개정 전 고시 이후에 달라진 여러 요인들을 고려하고 지금까지의 관련 과학기술 지식과 OIE 국제기준 등에 근거하여 보호조치를 취한 것이라면, 이를 들어 피청구인이 자의적으로 재량권을 행사하였다거나 합리성을 상실하였다고 하기 어렵다 할 것이다(헌재 2008.12.26. 2008헌마419).

3. **'살아서 출생하지 못한 태아'에 대해서는 손해배상청구권 부정** (헌재 2008.7.31. 2004헌바81)

   ① 모든 인간은 헌법상 생명권의 주체가 되며, 형성 중의 생명인 태아에게도 생명에 대한 권리가 인정되어야 한다. 따라서 태아도 헌법상 생명권의 주체가 되며, 국가는 헌법 제10조에 따라 태아의 생명을 보호할 의무가 있다. 생명의 연속적 발전과정에 대해 동일한 생명이라는 이유만으로 언제나 동일한 법적 효과를 부여하여야 하는 것은 아니다. 동일한 생명이라 할지라도 법질서가 생명의 발전과정을 일정한 단계들로 구분하고 그 각 단계에 상이한 법적 효과를 부여하는 것이 불가능하지 않다. 이 사건 법률조항들의 경우에도 '살아서 출생한 태아'와는 달리 '살아서 출생하지 못한 태아'에 대해서는 손해배상청구권을 부정함으로써 후자에게 불리한 결과를 초래하고 있으나 이러한 결과는 사법(私法)관계에서 요구되는 법적 안정성의 요청이라는 법치국가이념에 의한 것으로 헌법적으로 정당화된다 할 것이므로, 입법형성권의 한계를 명백히 일탈한 것으로 보기는 어려우므로 이 사건 법률조항들이 국가의 생명권 보호의무를 위반한 것이라 볼 수 없다.

   ② 태아는 형성 중의 인간으로서 생명을 보유하고 있으므로 국가는 태아를 위하여 각종 보호조치들을 마련해야 할 의무가 있다. 하지만 그와 같은 국가의 기본권 보호의무로부터 태아의 출생 전에, 또한 태아가 살아서 출생할 것인가와는 무관하게, 태아를 위하여 민법상 일반적 권리능력까지도 인정하여야 한다는 헌법적 요청이 도출되지는 않는다. 법치국가원리로부터 나오는 법적 안정성의 요청은 인간의 권리능력이 언제부터 시작되는가에 관하여 가능한 한 명확하게 그 시점을 확정할 것을 요구한다. 따라서 인간이라는 생명체의 형성이 출생 이전의 그 어느 시점에서 시작됨을 인정하더라도, 법적으로 사람의 시기를 출생의 시점에서 시작되는 것으로 보는 것이 헌법적으로 금지된다고 할 수 없다.

4. **동물장묘업의 지역적 등록제한사유를 불충분하게 규정한 동물보호법**

   동물보호법, '장사 등에 관한 법률', '동물장묘업의 시설설치 및 검사기준' 등 관계 규정에서 동물장묘시설의 설치제한지역을 상세하게 규정하고, 매연, 소음, 분진, 악취 등 오염원 배출을 규제하기 위한 상세한 시설 및 검사기준을 두고 있는 등의 사정을 고려할 때, 심판대상조항에서 동물장묘업 등록에 관하여 '장사 등에 관한 법률' 제17조 외에 다른 지역적 제한사유를 규정하지 않았다는 사정만으로 청구인들의 환경권을 보호하기 위한 입법자의 의무를 과소하게 이행하였다고 평가할 수는 없다. 따라서 심판대상조항은 청구인들의 환경권을 침해하지 않는다(헌재 2020.3.26. 2017헌마1281).

5. 외국대사관 관저에 대한 강제집행거부

이 사건에서와 같이 외국의 대사관저에 대하여 강제집행을 할 수 없다는 이유로 집달관이 청구인의 강제집행의 신청의 접수를 거부하여 강제집행이 불가능하게 된 경우 국가가 청구인에게 손실을 보상하는 법률을 제정하여야 할 헌법상의 명시적인 입법위임은 인정되지 아니하고, 헌법의 해석으로도 그러한 법률을 제정함으로써 청구인들의 기본권을 보호하여야 할 입법자의 행위의무 내지 보호의무가 발생하였다고 볼 수 없다(헌재 1998.5.28. 96헌마44).

6. 담배제조·판매를 금지하지 않은 담배사업법

담배사업법은 담배의 제조 및 판매 자체는 금지하고 있지 않지만, 담배사업법은 담배성분의 표시나 경고문구의 표시, 담배광고의 제한 등 여러 규제들을 통하여 직접흡연으로부터 국민의 생명·신체의 안전을 보호하려고 노력하고 있다. 따라서 담배사업법이 국가의 보호의무에 관한 과소보호금지원칙을 위반하여 청구인의 생명·신체의 안전에 관한 권리를 침해하였다고 볼 수 없다(헌재 2015.4.30. 2012헌마38).

7. 원자력발전소 건설 관련 전원개발사업 실시계획 승인

원자력발전소 건설을 내용으로 하는 전원개발사업 실시계획에 대한 승인권한을 산업통상자원부장관에게 부여하고 있는 전원개발촉진법 제5조 제1항 본문은 국가가 국민의 생명·신체의 안전을 보호하기 위하여 필요한 최소한의 보호조치를 취하지 아니한 것이라고 보기는 어렵다(헌재 2016.10.27. 2015헌바358).

8. 일정한 한약서에 수재된 처방에 해당하는 품목의 한약제제를 안전성·유효성 심사대상에서 제외한 식품의약품 안전처고시

'한약(생약)제제 등의 품목허가·신고에 관한 규정'(식품의약품안전처고시)에 의하여 **일정한 한약서에 수재된 품목으로서 품목허가·신고를 할 때 안전성·유효성 심사가 면제되는 품목**은, 사용경험이 풍부하여 안전성·유효성이 확인되고, 위험성이 상대적으로 낮은 제제에 한정되어 있으며, 한약서에 수재된 품목이더라도 안전성을 저해할 우려가 있는 경우에는 안전성·유효성 심사대상에 다시 포함됨으로써 국민의 건강을 보호하기 위한 규제방안이 마련되어 있다. 심판대상조항이 일정한 한약서에 수재된 처방에 해당하는 품목의 한약제제를 안전성·유효성 심사대상에서 제외하였더라도, 국가가 국민의 보건권을 보호하는 데 적절하고 효율적인 최소한의 조치를 취하지 아니하였다고는 볼 수 없다. 따라서 심판대상조항은 국민의 보건권에 관한 국가의 보호의무를 위반하지 아니하고, 청구인들의 보건권을 침해하지 아니한다(헌재 2018.5.31. 2015헌마1181).

9. 산업단지의 지정권자로 하여금 산업단지계획안에 대한 주민의견청취와 동시에 환경영향평가서 초안에 대한 주민의견청취를 진행하도록 한 구 '산업단지 인·허가 절차 간소화를 위한 특례법'

산업단지계획의 승인 및 그에 따른 산업단지의 조성·운영으로 인하여 초래될 수 있는 환경상 위해로부터 지역주민을 포함한 국민의 생명·신체의 안전을 보호하기 위하여 필요한 최소한의 보호조치를 취하지 아니한 것이라고 보기는 어려우므로, 의견청취동시진행조항이 국가의 기본권 보호의무에 위배되었다고 할 수 없다(헌재 2016.12.29. 2015헌바280).

10. 환경영향평가 대상사업의 사업자로 하여금 환경영향평가를 실시하기 위한 환경보전목표를 설정함에 있어 환경정책기본법 제10조에 따른 환경기준을 참고하도록 한 구 환경영향평가법

환경기준참고조항이 산업단지 조성사업 등 환경영향평가 대상사업의 사업계획 등에 대한 승인 및 그 시행으로 인하여 초래될 수 있는 환경상 위해로부터 국민의 생명·신체의 안전을 보호하기 위하여 필요한 최소한의 보호조치를 취하지 아니한 것이라고 보기 어려우므로, 국가의 기본권 보호의무에 위배되었다고 할 수 없다(헌재 2016.12.29. 2015헌바280).

02 입법기관에 의한 기본권의 침해와 구제

1. 입법에 의한 기본권 침해와 구제

(1) 법률에 의한 기본권 침해시 구제수단

법률이 헌법상 기본권을 침해한 경우 위헌법률심판, 헌법소원심판을 통해 법률의 효력을 상실시킬 수 있다.

(2) 법규명령에 의한 기본권 침해시 구제수단

법규명령은 국민의 권리를 제한하거나 의무부과하는 명령인데, 이로 인해 기본권을 침해당한 경우 헌법 제107조 제2항의 명령규칙심사를 통해 법원이 그 적용을 거부할 수 있다. 또한 법규명령에 의해 직접 기본권을 침해당한 자는 헌법재판소법 제68조 제1항의 헌법소원심판을 통해 법규명령의 효력을 상실시킬 수 있다.

(3) 입법부작위에 의한 기본권 침해시 구제수단

헌법상 기본권을 보호하기 위해 입법할 의무가 있음에도 입법을 하지 않은 경우 헌법소원을 청구할 수 있다. 헌법재판소가 입법부작위에 대해 위헌확인한 경우 입법부는 입법을 할 의무를 이행해야 한다.

① **진정입법부작위:** 헌법에서 기본권 보장을 위해 법령에 명시적으로 입법위임을 하였음에도 불구하고 입법자가 이를 이행하지 않고 있는 경우(A) 또는 헌법 해석상 특정인의 기본권을 보호하기 위한 국가의 입법의무가 발생하였음이 명백함에도 불구하고 입법자가 전혀 아무런 입법조치를 취하지 않고 있는 경우(B)에 한하여 그 입법부작위가 헌법소원의 대상이 된다 함이 우리 헌법재판소의 판례이다.

② **행정입법의무:** 삼권분립의 원칙, 법치행정의 원칙을 당연한 전제로 하고 있는 우리 헌법하에서 행정권의 행정입법 등 법집행의무는 **헌법적 의무라고 보아야 할 것이다.** 그런데 이는 행정입법의 제정이 법률의 집행에 필수불가결한 경우로서 행정입법을 제정하지 아니하는 것이 곧 행정권에 의한 입법권 침해의 결과를 초래하는 경우를 말하는 것이므로, 만일 **하위 행정입법의 제정 없이 상위법령의 규정만으로도 집행이 이루어질 수 있는 경우라면 하위 행정입법을 하여야 할 헌법적 작위의무는 인정되지 아니한다**(헌재 2005.12.22. 2004헌마66).

③ **부진정입법부작위의 개념:** 행정입법자가 어떤 사항에 관하여 입법은 하였으나 문언상 명백히 하지 않고 반대해석으로만 그 규정의 입법취지를 알 수 있도록 함으로써 <u>불완전, 불충분 또는 불공정하게 규율한 경우에 불과하므로, 이를 '부진정입법부작위'라고는 할 수 있을지언정 '진정입법부작위'에 해당한다고는 볼 수 없다</u>(헌재 2009.7.14. 2009헌마349).

구분	진정입법부작위	부진정입법부작위
개념	㉠ 입법을 하지 아니한 경우 ㉡ 입법권의 흠결	㉠ 불충분한 입법을 한 경우 ㉡ 입법권의 결함
헌법소원 대상	㉠ 헌법상 입법의무가 있는 경우 입법부작위가 헌법소원의 대상이 된다. ㉡ 입법의무가 없는 단순입법부작위는 헌법소원의 대상이 되지 않는다.	㉠ 입법부작위는 헌법소원의 대상이 되지 않는다. ㉡ 법령이 대상이 된다.

④ 위헌확인된 입법부작위

ㄱ **조선철도주식회사 보상입법부작위**: 해방 후 미군정에 의해 수용된 조선철도주식회사의 주식을 소유하고 있었던 자의 양수인이 보상청구권 확인소송에서 승소하였으나 근거법령이 없다는 이유로 정부가 보상금지급을 거절하자 헌법소원을 제기했다. 헌법상 보장된 재산권이 법령에 의하여 인정되고 있음에도 보상절차에 관한 법률을 제정하지 않음으로써(입법부작위로), 재산권을 실현 불가능하게 내버려 두는 것은 재산권을 보장하는 헌법규정에 명백히 반하는 것이다(헌재 1994.12.29. 89헌마2).

ㄴ **노동부장관의 평균임금결정ㆍ고시부작위**: 산업재해보상보험법 제4조 제2호 단서 및 근로기준법 시행령 제4조는 근로기준법과 같은 법 시행령에 의하여 근로자의 평균임금을 산정할 수 없는 경우에 노동부장관으로 하여금 평균임금을 정하여 고시하도록 규정하고 있으므로, 노동부장관으로서는 그 취지에 따라 평균임금을 정하여 고시하는 내용의 행정입법을 하여야 할 의무가 있다고 할 것인바 노동부장관이 평균임금을 정하여 고시하지 아니하는 부작위는 헌법에 위반된다(헌재 2002.7.18. 2000헌마707).

ㄷ **군법무관 보수입법부작위**: 군법무관임용법 제5조 제3항 및 군법무관임용등에관한법률 제6조의 위임에 따라 군법무관의 봉급과 그 밖의 보수를 법관 및 검사의 예에 준하여 지급하도록 하는 대통령령을 제정하지 아니하는 입법부작위는 위헌임을 확인한다. 시행령이 제정되지 않아 법관, 검사와 같은 보수를 받지 못한다 하더라도, 직업의 자유에 '해당 직업에 합당한 보수를 받을 권리'까지 포함되어 있다고 보기 어려우므로 청구인들의 직업선택이나 직업수행의 자유가 침해되었다고 할 수 없다. 또한 이 사건 입법부작위가 평등권을 침해한다고 보기도 어렵다. 군법무관이 처음부터 법관, 검사와 똑같은 보수를 받을 권리를 가진다고 전제하기 어렵고, 달리 시행령 제정상의 차별이라는 비교 관점도 성립하기 어려운 것이다. 그러나 이 사건 입법부작위는 청구인들의 재산권을 침해하고 있는 것이라 할 것이다(헌재 2004.2.26. 2001헌마718).

ㄹ **국군포로예우입법부작위**: 국군포로법 제15조의5 제1항이 국방부장관으로 하여금 등록포로 등의 억류기간 중 행적이나 공헌에 상응하는 예우를 할 수 있도록 하고 있고, 같은 법 제2항이 이에 관한 사항을 대통령령으로 정하도록 하고 있으므로, 피청구인은 예우의 신청, 기준, 방법 등에 필요한 사항을 대통령령으로 제정할 의무가 있다. 이처럼 피청구인에게는 대통령령을 제정할 의무가 있음에도, 그 의무는 상당 기간 동안 불이행되고 있고, 이를 정당화할 이유도 찾아보기 어렵다. 따라서 피청구인이 대통령령을 제정하지 아니한 행위는 청구인의 명예권을 침해한다. 다만, 이러한 행정입법부작위가 청구인의 재산권을 침해하는 것은 아니다(헌재 2018.5.31. 2016헌마626).

☑ **입법부작위 위헌확인**

1. 조선철도주식회사 보상입법부작위(헌재 1994.12.29. 89헌마2) ➡ 위헌확인결정

2. 치과전문의 시험실시에 대한 입법부작위 ➡ 위헌확인결정

3. 노동부장관의 평균임금입법부작위(헌재 2002.7.18. 2000헌마707) ➡ 위헌확인결정

4. 군법무관 보수관련 대통령의 입법부작위(헌재 2004.2.26. 2001헌마718) ➡ 위헌확인결정

5. 노동3권이 허용되는 사실상 노무에 종사하는 지방공무원의 범위관련 조례입법부작위

6. 국군포로법에서 위임한 등록포로 등 예우에 관한 사항을 규정하지 아니한 대통령령 입법부작위(헌재 2018.5.31. 2016헌마626)

⑤ **각하결정된 입법부작위**

ⓐ 외국에서 침구사자격을 얻은 사람을 위한 입법을 하지 아니한 것(헌재 1991.11.25. 90헌마19)

ⓑ 검사의 기소유예처분에 대한 피의자의 불복 재판절차를 마련하지 않은 입법부작위(헌재 2013.9.26. 2012헌마562)

ⓒ 헌법 과목을 의무교육과정의 필수과목으로 지정하도록 하지 아니한 입법부작위(헌재 2011.9.29. 2010 헌바66)

ⓓ 선거구를 입법할 것인지 여부에 대해서는 입법자에게 어떤 형성의 자유가 존재한다고 할 수 없으므로, 국회는 국회의원의 선거구를 입법할 명시적인 헌법상 입법의무가 존재한다. 그러나 2016.3.2. 피청구인이 제20대 국회의원선거를 위한 국회의원지역구의 명칭과 그 구역이 담긴 공직선거법 개정안을 가결하였고 위 개정 공직선거법은 그 다음 날 공포되어 시행되었으므로, 이 사건 입법부작위에 대한 심판청구는 권리보호이익이 없어 부적법하다(헌재 2016.4.28. 2015헌마177).

ⓔ <u>의료인이 아닌 사람도 문신시술을 업으로 행할 수 있도록 그 자격 및 요건을 법률로 제정하도록 하는 내용의 명시적인 입법위임은 헌법에 존재하지 않으며,</u> 문신시술을 위한 별도의 자격제도를 마련할지 여부는 여러 가지 사회적·경제적 사정을 참작하여 입법부가 결정할 사항으로, 그에 관한 입법의무가 헌법해석상 도출된다고 보기는 어렵다. 따라서 이 사건 입법부작위에 대한 심판청구는 입법자의 입법의무를 인정할 수 없다(헌재 2022.3.31. 2017헌마1343).

ⓕ 6·25전쟁 중(1950년 6월 25일부터 1953년 7월 27일 군사정전에 관한 협정 체결 전까지를 말한다) <u>본인의 의사에 반하여 북한에 의하여 강제로 납북된 자 및 그 가족에 대한 보상입법을 마련하지 아니한 입법부작위에 대한 심판청구가 적법한지 여부</u>(소극)(헌재 2022.8.31. 2019헌마1331)

2. 위헌법률심판

> **헌법 제107조 【위헌제청】** ① 법률이 헌법에 위반되는 여부가 재판의 전제가 된 경우에는 법원은 헌법재판소에 제청하여 그 심판에 의하여 재판한다.

(1) 개념

위헌법률심사제도란 헌법재판기관이 법률이 헌법에 위반되는지 여부를 심사하여 헌법에 위반되는 것으로 인정되는 경우 그 법률의 효력을 상실하게 하거나 그 적용을 거부하는 제도를 말한다.

(2) 심판대상

위헌법률심판의 대상은 법률의 효력을 가지는 긴급명령, 긴급재정경제명령, 국회의 동의를 받는 조약, 긴급조치, 관습법이다.

(3) 결정유형

법률의 위헌성을 인정하는 결정을 하려면 재판관 6인 이상의 찬성이 필요하다.

① **위헌결정**: 법률의 효력을 바로 상실시키는 결정유형이다.

② **헌법불합치결정**: 법률은 헌법에 위반되나 위헌결정으로 바로 효력을 상실시키는 경우 법적 혼란을 초래하는 경우, 바로 효력을 상실시키지 않고 일정기간이 지나 법률의 효력을 상실시키는 결정유형이다.

③ **한정위헌결정과 한정합헌결정**: 법률이 여러 가지 해석이 가능한데 일정한 법률해석이 헌법에 위반되는 경우 헌법재판소의 결정유형이다. 한정위헌결정은 위헌인 법률부분을 위헌으로 결정하는 유형이고, 한정합헌결정은 위헌인 법률부분으로 법률을 해석하지 않는 한 합헌이라는 결정유형이다. 양자는 위헌적인 법률해석을 배제하는 결정유형으로 본질적 차이는 없다.

3. 헌법재판소법 제68조 제2항의 헌법소원

> **헌법재판소법 제68조【청구사유】** ② 제41조 제1항에 따른 법률의 위헌 여부 심판의 제청신청이 기각된 때에는 그 신청을 한 당사자는 헌법재판소에 헌법소원심판을 청구할 수 있다. 이 경우 그 당사자는 당해 사건의 소송절차에서 동일한 사유를 이유로 다시 위헌 여부 심판의 제청을 신청할 수 없다.

4. 헌법재판소법 제68조 제1항의 헌법소원

> **헌법 제111조【관장과 구성 등】** ① 헌법재판소는 다음 사항을 관장한다.
>   5. 법률이 정하는 헌법소원에 관한 심판
>
> **헌법재판소법 제68조【청구사유】** ① 공권력의 행사 또는 불행사(不行使)로 인하여 헌법상 보장된 기본권을 침해받은 자는 법원의 재판을 제외하고는 헌법재판소에 헌법소원심판을 청구할 수 있다. 다만, 다른 법률에 구제절차가 있는 경우에는 그 절차를 모두 거친 후에 청구할 수 있다.

(1) 개념

헌법소원심판이란 공권력의 행사 또는 불행사로 인하여 헌법상 보장된 기본권이 침해된 경우 헌법재판소에 청구하여 그 침해의 원인이 된 공권력의 행사를 취소하거나 그 불행사가 위헌임을 확인받는 제도이다.

(2) 헌법소원의 기능

헌법소원심판은 국민의 기본권을 보호하는 주관적 기능과 헌법을 보호하는 객관적 기능을 한다. 이를 헌법소원의 이중적 기능이라 한다.

(3) 헌법소원심판의 대상

① **조약**: 한일어업협정은 헌법소원심판의 대상이 될 수 있다.

② **법원의 재판**: 헌법재판소법상 법원의 재판은 헌법소원의 대상이 되지 아니한다. 재판장의 소송시 재판진행에 대한 명령, 사실행위, 법원재판장의 변론제한도 헌법 제68조 제1항의 재판에 해당하므로 헌법소원의 대상이 되지 아니한다. 다만, 헌법재판소가 위헌으로 결정한 법령을 적용함으로써 국민의 기본권을 침해한 재판에 한해 헌법소원의 대상으로 할 수 있다.

③ **원행정처분**: 행정처분은 항고소송의 대상이 되므로 바로 헌법소원을 청구하는 것은 보충성 요건의 흠결로 허용되지 않는다. 행정처분 중 항고소송을 거쳐 확정된 처분을 원행정처분이라 하는데, 원행정처분은 법원의 확정판결의 효력인 기판력으로 인해 헌법소원의 대상이 되지 않는다. 다만, 원행정처분과 관련된 법원의 재판이 헌법소원에서 취소된 경우 원행정처분은 예외적 헌법소원의 대상이 될 뿐이다.

(4) 헌법소원심판의 청구요건

① **기본권 침해의 자기관련성**: 자기관련성이란 특정 공권력 행사로 인한 기본권 침해시 헌법소원심판의 본안심판을 받을 자격을 의미한다.

> **⚖ 판례 | 자기관련성**
>
> 헌법재판소법 제68조 제1항에 의하면 헌법소원심판은 공권력의 행사 또는 불행사로 인하여 헌법상 보장된 기본권을 침해받은 자가 청구하여야 한다고 규정하고 있는바, 여기에서 기본권을 침해받은 자라 함은 공권력의 행사 또는 불행사로 인하여 자기의 기본권이 현재 그리고 직접적으로 침해받은 자를 의미하며 단순히 간접적·사실적 또는 경제적인 이해관계가 있을 뿐인 제3자는 이에 해당하지 않는다(헌재 1993.3.11. 91헌마233).

② **보충성**: 보충성의 원칙이란 헌법소원은 최종적인 권리구제수단이므로 다른 법률이 정한 구제절차를 모두 거친 뒤에도 구제되지 않은 경우에만 헌법소원을 청구할 수 있다는 원칙이다. 다른 법적 구제절차가 있음에도 이를 경유하지 않은 헌법소원의 청구는 부적법하다.

> **헌법재판소법 제68조 【청구사유】** ① 공권력의 행사 또는 불행사(不行使)로 인하여 헌법상 보장된 기본권을 침해받은 자는 법원의 재판을 제외하고는 헌법재판소에 헌법소원심판을 청구할 수 있다. 다만, **다른 법률에 구제절차가 있는 경우에는 그 절차를 모두 거친 후에 청구할 수 있다.**

03 국가인권위원회법

> **국가인권위원회법 제2조 【정의】** 이 법에서 사용하는 용어의 뜻은 다음과 같다.
> 1. '인권'이란 대한민국헌법 및 법률에서 보장하거나 대한민국이 가입·비준한 국제인권조약 및 국제관습법에서 인정하는 인간으로서의 존엄과 가치 및 자유와 권리를 말한다.
> 3. '평등권 침해의 차별행위'란 합리적인 이유 없이 성별, 종교, 장애, 나이, 사회적 신분, 출신 지역(출생지, 등록기준지, 성년이 되기 전의 주된 거주지 등을 말한다), 출신 국가, 출신 민족, 용모 등 신체 조건, 기혼·미혼·별거·이혼·사별·재혼·사실혼 등 혼인 여부, 임신 또는 출산, 가족 형태 또는 가족 상황, 인종, 피부색, 사상 또는 정치적 의견, 형의 효력이 실효된 전과(前科), 성적(性的) 지향, 학력, 병력(病歷) 등을 이유로 한 다음 각 목의 어느 하나에 해당하는 행위를 말한다. 다만, **현존하는 차별을 없애기 위하여 특정한 사람을 잠정적으로 우대하는 행위와 이를 내용으로 하는 법령의 제정·개정 및 정책의 수립·집행은 평등권 침해의 차별행위로 보지 아니한다.**
>   가. 고용(모집, 채용, 교육, 배치, 승진, 임금 및 임금 외의 금품 지급, 자금의 융자, 정년, 퇴직, 해고 등을 포함한다)과 관련하여 특정한 사람을 우대·배제·구별하거나 불리하게 대우하는 행위
>   라. **성희롱** 행위

1. 적용범위

(1) 인적 적용범위

대한민국 국민과 대한민국 영역에 있는 외국인에 대하여 적용한다(국가인권위원회법 제4조).

(2) 인권의 개념

'인권'이란 대한민국헌법 및 법률에서 보장하거나 대한민국이 가입·비준한 국제인권조약 및 국제관습법에서 인정하는 인간으로서의 존엄과 가치 및 자유와 권리를 말한다(국가인권위원회법 제2조 제1호).

2. 국가인권위원회 ★

(1) 기관의 지위

헌법상 기관이 아니라 법률상 기관이다. 따라서 권한쟁의심판의 당사자가 될 수 없다.

(2) 국가인권위원회 독립성

국가인권위원회는 대통령 소속 위원회가 아니라 독립된 국가기관이므로 대통령의 지휘·감독을 받지 아니한다.

(3) 위원회 구성

① 위원회는 국회선출 4명, 대통령이 지명하는 4명, 대법원장이 지명하는 3명을 대통령이 임명한다.
② 위원회는 위원장 1명과 상임위원 3명을 포함한 11명의 인권위원으로 구성한다. **위원은 특정 성(性)이 10분의 6을 초과하지 아니하도록 하여야 한다.**
③ 위원장 1명과 상임위원 3명은 정무직공무원으로 임명한다.
④ 위원장은 위원 중에서 대통령이 임명한다. 이 경우 위원장은 국회의 인사청문을 거쳐야 한다.

(4) 위원의 정치적 중립과 신분보장

① 위원은 정당에 가입할 수 없다.
② 위원은 위원회나 상임위원회 또는 소위원회에서 직무상 행한 발언과 의결에 관하여 고의 또는 과실이 없으면 민사상 또는 형사상의 책임을 지지 아니한다(국가인권위원회법 제8조의2).

▨ 판례 | 위원은 퇴직 후 2년간 공직취임 제한

이 사건 법률은 인권위원회 위원의 직무수행의 독립성, 공정성을 확보함을 목적으로 한다. 이 사건 법률조항은 퇴직인권위원이 취임하고자 하는 공직이 인권보장업무와 무관한 직종까지도 공직에 취임할 수 없도록 하였으므로 최소성 원칙에 위반되어 공무담임권을 침해한다(헌재 2004.1.29. 2002헌마788).

---

3. 업무와 권한

(1) 업무

인권에 관한 법령(입법과정 중에 있는 법령안을 포함한다)·제도·정책·관행의 조사와 연구 및 그 개선이 필요한 사항에 관한 권고 또는 의견의 표명, 인권침해행위에 대한 조사와 구제, 차별행위에 대한 조사와 구제 등

(2) 법원 및 헌법재판소에 대한 의견 제출

위원회는 인권의 보호와 향상에 중대한 영향을 미치는 재판이 계속 중인 경우 법원 또는 헌법재판소의 요청이 있거나 필요하다고 인정할 때에는 의견을 제출할 수 있다(국가인권위원회법 제28조).

(3) 정책과 관행의 개선 또는 시정권고

위원회는 인권의 보호와 향상을 위하여 필요하다고 인정하면 관계 기관 등에 정책과 관행의 개선 또는 시정을 권고하거나 의견을 표명할 수 있다. 권고를 받은 관계 기관 등의 장은 그 권고사항을 존중하고 이행하기 위하여 노력하여야 한다. 권고를 받은 관계 기관 등의 장은 권고를 받은 날부터 90일 이내에 그 권고사항의 이행계획을 위원회에 통지하여야 한다.

4. 위원회의 조사 ★★★★

(1) 진정에 의한 조사

① **진정할 수 있는 자**: 인권을 침해당한 자뿐 아니라 그 사실을 알고 있는 사람이나 단체는 위원회에 진정할 수 있다.

② **국가나 공공단체에 의한 침해된 인권**: 국가기관, 지방자치단체 또는 구금·보호시설의 업무수행과 관련하여 **대한민국헌법 제10조부터 제22조까지의 규정에서 보장된 인권**을 침해당한 경우 진정할 수 있다. 따라서 재산권(제23조), 선거권과 공무담임권(제24조, 제25조), 청구권(제26조~제30조), 사회적 기본권(제31조~제35조) 침해를 이유로 진정할 수 없다.

⚖ 판례

1. 청원권 침해를 진정대상에서 제외

청원권 침해는 피청구인의 조사대상에 해당하지 아니한다고 할 것인바, 피청구인의 진정사건 각하결정은 청구인의 인간으로서의 존엄과 가치 및 행복추구권을 침해한다고 볼 수 없다(헌재 2011.3.31. 2010헌마13).

2. 진정에 대한 인권위원회결정에 관한 헌소

진정에 대한 국가인권위원회의 각하 및 기각결정은 피해자인 진정인의 권리행사에 중대한 지장을 초래하는 것으로서 항고소송의 대상이 되는 행정처분에 해당하므로, 그에 대한 다툼은 우선 행정심판이나 행정소송에 의하여야 할 것이다. 따라서 이 사건 심판청구는 행정심판이나 행정소송 등의 사전구제절차를 모두 거친 후 청구된 것이 아니므로 **보충성 요건을 충족하지 못하였다**(헌재 2015.3.26. 2013헌마214).

---

③ **진정대상에서 제외되는 국가작용**: **국회의 입법 및 법원·헌법재판소의 재판에 의한 인권침해의 경우에는** 진정할 수 없다.

⚖ 판례

법원의 재판을 인권위원회가 진정대상으로 삼는다면 법적 분쟁이 무한정 반복되고 지연될 가능성이 크므로 이를 진정의 대상에서 제외한 것은 헌법에 위반되지 않는다(헌재 2004.8.26. 2002헌마302).

---

④ **단체·사인에 의한 평등권 침해**: 법인·단체·사인에 의하여 평등권 침해의 차별행위를 당한 경우 진정할 수 있다.

(2) 직권에 의한 조사

위원회는 진정이 없는 경우에도 인권침해가 있다고 믿을 만한 상당한 근거가 있고 그 내용이 중대하다고 인정할 때에는 직권으로 조사할 수 있다.

(3) 조사와 조정 등의 비공개

위원회의 진정에 대한 조사·조정 및 심의는 비공개로 한다. 다만, 위원회의 의결이 있을 때에는 공개할 수 있다. 처리 결과, 관계 기관 등에 대한 권고와 관계 기관 등이 한 조치 등을 공표할 수 있다(국가인권위원회법 제49조).

(4) 조사방법

> **국가인권위원회법 제36조 【조사의 방법】** ① 위원회는 다음 각 호에서 정한 방법으로 진정에 관하여 조사할 수 있다.
> ② 위원회는 조사를 위하여 필요하다고 인정하면 위원 또는 소속 직원에게 일정한 **장소 또는 시설을 방문하여 장소, 시설 또는 자료 등에 대하여 현장조사 또는 감정을 하게 할 수 있다.** 이 경우 위원회는 그 장소 또는 시설에 당사자나 관계인의 출석을 요구하여 진술을 들을 수 있다.
> ④ 제1항과 제2항에 따른 피진정인에 대한 출석 요구는 인권침해행위나 차별행위를 한 행위당사자의 진술서만으로는 사안을 판단하기 어렵고, 제30조 제1항에 따른 인권침해행위나 차별행위가 있었다고 볼 만한 상당한 이유가 있는 경우에만 할 수 있다.

5. 구제조치 ★

(1) 구제조치 등 권고

진정을 조사한 결과 인권침해나 차별행위가 일어났다고 판단할 때에는 구제조치 등을 **권고할 수 있다** (국가인권위원회법 제44조).

(2) 고발 및 징계권고(국가인권위원회법 제45조)

① 진정조사 결과 진정의 내용이 범죄행위에 해당하고 이에 대하여 형사처벌이 필요하다고 인정하면 검찰총장에게 그 내용을 고발할 수 있다. 다만, 피고발인이 군인이나 군무원인 경우에는 소속 군 참모총장 또는 국방부장관에게 고발할 수 있다.

② 조사 결과 피진정인 또는 인권침해에 책임이 있는 사람을 징계할 것을 소속 기관 등의 장에게 **권고할 수 있다.**

(3) 조정

> **국가인권위원회법 제42조 【조정위원회의 조정】** ① 조정위원회는 인권침해나 차별행위와 관련하여 당사자의 신청이나 위원회의 직권으로 조정위원회에 회부된 진정에 대하여 조정 절차를 시작할 수 있다.
> ② 조정은 조정 절차가 시작된 이후 당사자가 합의한 사항을 조정서에 적은 후 당사자가 기명날인하고 조정위원회가 이를 확인함으로써 성립한다.
> ⑤ 조정위원회는 조정을 갈음하는 결정을 한 경우에는 지체 없이 그 결정서를 당사자에게 송달하여야 한다.
> ⑥ 당사자가 제5항에 따라 결정서를 송달받은 날부터 14일 이내에 이의를 신청하지 아니하면 조정을 수락한 것으로 본다.
> **제43조 【조정위원회의 조정의 효력】** 제42조 제2항에 따른 조정과 같은 조 제6항에 따라 **이의를 신청하지 아니하는 경우의 조정을 갈음하는 결정은 재판상 화해와 같은 효력이 있다.**

(4) 피해자를 위한 법률구조 요청

> **국가인권위원회법 제47조 【피해자를 위한 법률구조 요청】** ① 위원회는 진정에 관한 위원회의 조사, 증거의 확보 또는 피해자의 권리구제를 위하여 필요하다고 인정하면 피해자를 위하여 대한법률구조공단 또는 그 밖의 기관에 법률구조를 요청할 수 있다.
> ② 제1항에 따른 법률구조 요청은 **피해자의 명시한 의사에 반하여 할 수 없다.**

6. 국가인원위원회 회의

국가인권위원회법 제13조【회의 의사 및 의결정족수】① 위원회의 회의는 위원장이 주재하며, 이 법에 특별한 규정이 없으면 **재적위원 과반수의 찬성으로 의결한다.**

제14조【의사의 공개】위원회의 의사는 공개한다. 다만, 위원회, 상임위원회 또는 소위원회가 필요하다고 인정하면 공개하지 아니할 수 있다.

제3장 / 포괄적 기본권

제1절 인간의 존엄성

> **헌법 제10조【인간의 존엄성과 기본인권 보장】** 모든 국민은 인간으로서의 존엄과 가치를 가지며, 행복을 추구할 권리를 가진다. 국가는 개인이 가지는 불가침의 기본적 인권을 확인하고 이를 보장할 의무를 진다.
>
> **독일헌법 제1조【인간존엄의 보호】** ① 인간의 존엄은 불가침이다. 이를 존중하고 보호하는 것은 모든 국가권력의 의무이다.
>
> **제2조【일반적 인격권】** ① 누구든지 타인의 권리를 침해하지 않고 헌법질서나 도덕률에 반하지 않는 한, 자신의 인격을 자유로이 발현할 권리를 가진다.

01 인간의 존엄과 가치의 의의

1. 개념

인간의 존엄과 가치는 이성적 존재로서 인간은 인격의 주체가 될 수 있는 존귀한 가치가 있다는 것이다. 이때의 인간은 고립된 인간이 아니라 사회적 관계를 맺으면서 자기운명을 스스로 결정하는 자주적 인간이다.

2. 연혁

제2차 세계대전 후 세계인권선언, 국제인권규약 등과 각국 헌법에 명문화되었고, 독일기본법에도 규정되어 있으며, 제5차 개정헌법에서 처음으로 우리 헌법 차원에서 규정되었다.

3. 의의

인간의 존엄과 가치는 헌법상 최고원리이다. 인간의 존엄과 가치를 해치는 국가권력에 대해서 국민은 저항권을 행사할 수 있다. 또한 인간의 존엄과 가치에 반하는 헌법개정도 허용될 수 없다.

02 인간의 존엄성 조항의 법적 성격

1. 인간의 존엄성이 주관적 권리인지 여부

인간의 존엄과 가치가 주관적 권리인지 여부에 대해 학설은 대립한다. 긍정설을 취한 헌법재판소 판례에 따르면 인간의 존엄과 가치침해를 이유로 헌법소원심판을 청구할 수 있다.

> ⚖️ **판례 | 인간의 존엄과 가치는 원리이자 보충적 권리이다.**
>
> 자유와 권리의 보장은 1차적으로 헌법상 개별적 기본권 규정을 매개로 이루어지지만, 기본권 제한에 있어서 인간의 존엄과 가치를 침해한다거나 기본권 형성에 있어서 최소한의 필요한 보장조차 규정하지 않음으로써 결과적으로 인간으로서의 존엄과 가치를 훼손한다면, **헌법 제10조에서 규정한 인간의 존엄과 가치에 위반된다고 할 것이다**(헌재 2000.6.1. 98헌마216).

2. 헌법질서의 최고가치 및 최고규범성

① 인간의 존엄과 가치는 헌법질서의 최고구성원리이고 모든 국가권력 행사의 한계이며 헌법개정권력의 한계이다.
② 평등원칙은 기본권 실현의 방법적 기초라면, 인간의 존엄과 가치는 모든 기본권의 이념적 출발점이다.

03 인간의 존엄성 조항의 주체

1. 외국인

외국인은 인간으로서 존엄성을 가지므로 인간의 존엄과 가치 조항의 주체가 된다.

2. 법인

법인은 인간으로서의 존엄성이 인정될 수 없으므로 존엄성의 주체가 될 수 없다. 그러나 헌법재판소는 법인이 인간의 존엄과 가치로부터 도출되는 인격권의 주체가 된다고 인정하여 비판을 받고 있다.

3. 태아 등

인간의 존엄과 가치는 태아, 정신이상자 등도 그 주체성이 인정되므로, 인간의 존엄과 가치 주체는 <u>이를 현실적으로 행사할 능력이 있느냐를 기준으로 하지 않는다.</u>

4. 사자

사자의 경우는 인격성이 없으므로 존엄성이 인정되지 않으나 장례, 유언, 시체해부 등과 관련하여서는 존엄성이 인정될 수 있다.

> ⚖️ **판례 | 사과**
>
> **1. '방송사업자가 제33조의 심의규정을 위반한 경우' 방송통신위원회가 시청자에 대한 사과를 명할 수 있도록 한 방송법**
>   법인도 법인의 목적과 사회적 기능에 비추어 볼 때 그 성질에 반하지 않는 범위 내에서 인격권의 한 내용인 사회적 신용이나 명예 등의 주체가 될 수 있고 법인이 이러한 사회적 신용이나 명예 유지 내지 법인격의 자유로운 발현을 위하여 의사결정이나 행동을 어떻게 할 것인지를 자율적으로 결정하는 것도 법인의 인격권의 한 내용을 이룬다고 할 것이다. 이와 같이 기본권을 보다 덜 제한하는 다른 수단에 의하더라도 이 사건 심판대상조항이 추구하는 목적을 달성할 수 있으므로 이 사건 심판대상조항은 침해의 최소성 원칙에 위배된다. 따라서 <u>언론사의 **인격권**을 침해한다</u>(헌재 2012.8.23. 2009헌가27).

2. 불공정한 선거기사에 대한 사과문을 게재하도록 한 공직선거법 ★★

이 사건 법률조항들이 추구하는 목적, 즉 선거기사를 보도하는 언론사의 공적인 책임의식을 높임으로써 민주적이고 공정한 여론 형성 등에 이바지한다는 공익이 중요하다는 점에는 이론의 여지가 없으나, 언론에 대한 신뢰가 무엇보다 중요한 언론사에 대하여 그 사회적 신용이나 명예를 저하시키고 인격의 자유로운 발현을 저해함에 따라 발생하는 인격권 침해의 정도는 이 사건 법률조항들이 달성하려는 공익에 비해 결코 작다고 할 수 없다. 결국 이 사건 법률조항들은 언론사의 **인격권**을 침해하여 헌법에 위반된다(헌재 2015.7.30. 2013헌가8).

3. 가해학생에 대한 조치로 피해학생에 대한 서면사과를 규정한 구 학교폭력예방법

서면사과 조치는 내용에 대한 강제 없이 자신의 행동에 대한 반성과 사과의 기회를 제공하는 교육적 조치로 마련된 것이고, 가해학생에게 의견진술 등 적정한 절차적 기회를 제공한 뒤에 학교폭력 사실이 인정되는 것을 전제로 내려지는 조치이며, 이를 불이행하더라도 추가적인 조치나 불이익이 없다. 또한 이러한 서면사과의 교육적 효과는 가해학생에 대한 주의나 경고 또는 권고적인 조치만으로는 달성하기 어렵다. 따라서 이 사건 서면사과조항이 가해학생의 **양심의 자유와 인격권을 과도하게 침해한다고 보기 어렵다**(헌재 2023.2.23. 2019헌바93).

04 인간의 존엄과 가치의 구체적인 내용

1. 일반적 인격권

(1) 개념

일반적 인격권은 명예권, 성명권, 초상권, 알 권리 등을 포함하는 것으로서 인격의 형성과 유지 및 발전에 관한 권리이다.

(2) 근거

독일헌법은 명문으로 규정하고 있으나 우리 헌법에는 규정이 없다. 헌법재판소 판례는 인간의 존엄과 가치만 일반적 인격권의 근거로 드는 경우도 있으나, 인간의 존엄과 가치와 행복추구권을 일반적 인격권의 근거로 들고 있다.

📖 판례정리

보호되는 것

1. 명예

헌법 제10조로부터 도출되는 일반적 인격권에는 개인의 명예에 관한 권리도 포함될 수 있으나, 여기서 말하는 '명예'는 사람이나 그 인격에 대한 '사회적 평가', 즉 객관적·외부적 가치평가를 말하는 것이지 단순히 주관적·내면적인 명예감정은 포함하지 않는다고 보아야 한다(헌재 2005.10.27. 2002헌마425).

2. 유족의 명예

1945년 8월 15일까지 조선총독부 중추원 참의로 활동한 행위를 **친일반민족행위로 규정한 '일제강점하 반민족행위 진상규명에 관한 특별법'**은 후손의 인격권을 제한한다. 이 사건 결정의 조사대상자를 비롯하여 대부분의 조사대상자는 이미 사망하였을 것이 분명하나, 조사대상자가 사자(死者)의 경우에도 인격적 가치에 대한 중대한 왜곡으로부터 보호되어야 하고, 사자(死者)에 대한 사회적 명예와 평가의 훼손은 사자(死者)와의 관계를 통하여 스스로의 인격상을 형성하고 명예를 지켜온 그들의 후손의 인격권, 즉 유족의 명예 또는 유족의 사자(死者)에 대한 경애추모의 정을 침해한다고 할 것이다. **따라서 이 사건 법률조항은 조사대상자의 사회적 평가와 아울러 그 유족의 헌법상 보장된 인격권을 제한하는 것이라고 할 것이다**(헌재 2010.10.28. 2007헌가23 - 친일반민족행위자결정).

3. 초상권

사람은 누구나 자신의 얼굴 기타 사회통념상 특정인임을 식별할 수 있는 신체적 특징에 관하여 함부로 촬영 또는 그림묘사되거나 공표되지 아니하며 영리적으로 이용당하지 않을 권리를 가지는데, 이러한 <u>초상권은 우리 헌법 제10조 제1문에 의하여 헌법적으로도 보장되고 있는 권리이다</u>(대판 2013.2.14. 2010다103185).

4. 태아의 성별 정보에 대한 접근을 국가로부터 방해받지 않을 부모의 권리 (헌재 2008.7.31. 2005헌바90)

① **자기관련성**: 태아의 부가 태아의 성별 정보에 접근하는 것을 방해하고 있는바, 이는 태아의 부의 기본권을 직접 침해하고 있다고 할 것이므로 청구인은 이 사건 규정에 대하여 자기관련성이 인정된다.

② **의료인의 태아성별감지 및 태아성별 부모에 대한 고지금지로 제한되는 기본권**: 의료인이 진료결과 전반에 관하여 산모나 그 가족에게 이를 고지하는 것은 <u>의료인의 직업수행의 내용</u>에 당연히 포함된다 할 것이므로, 이러한 정보 제공을 금지하는 것은 의료인의 자유로운 직업수행을 제한한다고 할 것이다. 한편, 헌법 제10조로부터 도 출되는 일반적 인격권에는 장래 가족의 구성원이 될 <u>태아의 성별 정보에 대한 접근을 국가로부터 방해받지 않을 부모의 권리</u>는 이와 같은 **일반적 인격권**에 의하여 보호된다고 보아야 할 것인바, 이 사건 규정은 일반적 인격권으로부터 나오는 부모의 태아성별정보에 대한 접근을 방해받지 않을 권리를 제한하고 있다고 할 것이다. ➡ 알 권리 제한은 아님.

③ **과잉금지원칙 위반**: 낙태 그 자체의 위험성으로 인하여 낙태가 사실상 이루어질 수 없는 임신 후반기에는 태아에 대한 성별 고지를 예외적으로 허용하더라도 성별을 이유로 한 낙태가 행해질 가능성은 거의 없다고 할 것이다. 그럼에도 불구하고 성별을 이유로 하는 낙태가 임신 <u>기간의 전 기간에 걸쳐 이루어질 것이라</u>는 전제하에, 이 사건 규정이 낙태가 사실상 불가능하게 되는 시기에 이르러서도 태아에 대한 성별 정보를 태아의 부모에게 알려 주지 못하게 하는 것은 의료인과 태아의 부모에 대한 지나친 기본권 제한으로서 피해의 최소성 원칙을 위반하는 것이다. 다만, 이 사건 심판대상 규정들에 대해 단순위헌결정을 할 경우 태아의 성별고지금지에 대한 근거규정이 사라져 법적 공백상태가 발생하게 될 것이므로 **헌법불합치결정을 한다.**

---

2. 자기결정권

> ⚖️ **판례**
>
> 1. 미군기지의 이전은 헌법상 자기결정권의 보호범위에 포함된다고 볼 수 없다(헌재 2006.2.23. 2005헌마268).
> 2. 소주구입명령제도는 소주판매업자의 직업의 자유는 물론 소주제조업자의 경쟁 및 기업의 자유, 즉 직업의 자유와 소비자의 행복추구권에서 파생된 자기결정권을 지나치게 침해하는 위헌적인 규정이다(헌재 1996.12.26. 96헌가18).

(1) 연명치료 중단

① **헌법적 근거**: 연명치료 중단에 관한 결정 및 그 실행이 환자의 생명단축을 초래한다 하더라도 이를 생명에 대한 임의적 처분으로서 자살이라고 평가할 수 없고, 오히려 인위적인 신체침해행위에서 벗어나서 자신의 생명을 자연적인 상태에 맡기고자 하는 것으로서 인간의 존엄과 가치에 부합한다 할 것이다. 그렇다면 환자가 장차 죽음에 임박한 상태에 이를 경우에 대비하여 미리 의료인 등에게 연명치료 거부 또는 중단에 관한 의사를 밝히는 등의 방법으로 죽음에 임박한 상태에서 인간으로서의 존엄과 가치를 지키기 위하여 <u>연명치료의 거부 또는 중단을 결정할 수 있다</u> 할 것이고, 위 결정은 헌법상 기본권인 **자기결정권**의 한 내용으로서 보장된다 할 것이다(헌재 2009.11.26. 2008헌마385).

② **헌법해석상 연명치료 중단 등에 관한 법률에 관한 입법의무가 인정되는지 여부(소극)**: '연명치료 중단에 관한 자기결정권'을 보장하는 방법으로서 '법원의 재판을 통한 규범의 제시'와 '입법' 중 어느 것이 바람직한가는 입법정책의 문제로서 국회의 재량에 속한다 할 것이다. 그렇다면 헌법해석상 '연명치료 중단 등에 관한 법률'을 제정할 국가의 입법의무가 명백하다고 볼 수 없다(헌재 2009.11.26. 2008헌마385).

③ **허용 여부**: 대법원 판례는 소극적 안락사만 일정한 요건 아래서 허용하고 있다. 최근 호스피스·완화의료 및 임종과정에 있는 환자의 연명의료 결정에 관한 법률이 시행되었다.

⚖ 판례 | 환자의 의사 추정

환자의 평소 가치관이나 신념 등에 비추어 연명치료를 중단하는 것이 객관적으로 환자의 최선의 이익에 부합한다고 인정되어 환자에게 자기결정권을 행사할 수 있는 기회가 주어지더라도 연명치료의 중단을 선택하였을 것이라고 볼 수 있는 경우에는, 그 연명치료 중단에 관한 환자의 의사를 **추정할 수 있다**고 인정하는 것이 합리적이고 사회상규에 부합된다. **이러한 환자의 의사 추정은 객관적으로 이루어져야 한다.** 따라서 환자의 의사를 확인할 수 있는 객관적인 자료가 있는 경우에는 반드시 이를 참고하여야 하고, 환자가 평소 일상생활을 통하여 가족, 친구 등에 대하여 한 의사표현, 타인에 대한 치료를 보고 환자가 보인 반응, 환자의 종교, 평소의 생활 태도 등을 환자의 나이, 치료의 부작용, 환자가 고통을 겪을 가능성, 회복 불가능한 사망의 단계에 이르기까지의 치료 과정, 질병의 정도, 현재의 환자 상태 등 객관적인 사정과 종합하여, 환자가 현재의 신체상태에서 의학적으로 충분한 정보를 제공받는 경우 연명치료 중단을 선택하였을 것이라고 인정되는 경우라야 그 의사를 추정할 수 있다(대판 2009.5.21. 2009다17417).

---

(2) 낙태죄

📖 쟁점정리

낙태죄 (헌재 2019.4.11. 2017헌바127) ***헌법불합치결정**

<심판대상>

형법 제269조【낙태】 ① 부녀가 약물 기타 방법으로 낙태한 때에는 1년 이하의 징역 또는 200만원 이하의 벌금에 처한다.

제270조【의사 등의 낙태, 부동의낙태】 ① 의사, 한의사, 조산사, 약제사 또는 약종상이 부녀의 촉탁 또는 승낙을 받아 낙태하게 한 때에는 2년 이하의 징역에 처한다.

<관련조항>

모자보건법 제14조【인공임신중절수술의 허용한계】 ① 의사는 다음 각 호의 어느 하나에 해당되는 경우에만 본인과 배우자(사실상의 혼인관계에 있는 사람을 포함한다. 이하 같다)의 동의를 받아 인공임신중절수술을 할 수 있다.

1. 본인이나 배우자가 대통령령으로 정하는 우생학적(優生學的) 또는 유전학적 정신장애나 신체 질환이 있는 경우
2. 본인이나 배우자가 대통령령으로 정하는 전염성 질환이 있는 경우
3. 강간 또는 준강간(準强姦)에 의하여 임신된 경우
4. 법률상 혼인할 수 없는 혈족 또는 인척 간에 임신된 경우
5. 임신의 지속이 보건의학적 이유로 모체의 건강을 심각하게 해치고 있거나 해칠 우려가 있는 경우

---

1. 제한되는 기본권

헌법 제10조 제1문이 보호하는 인간의 존엄성으로부터 일반적 인격권이 보장되고, 여기서 개인의 자기결정권이 파생된다. 자기결정권은 인간의 존엄성을 실현하기 위한 수단으로서 인간이 자신의 생활영역에서 인격의 발현과 삶의 방식에 관한 근본적인 결정을 자율적으로 내릴 수 있는 권리이다. 자기결정권에는 여성이 그의 존엄한 인격권을 바탕으로 하여 자율적으로 자신의 생활영역을 형성해 나갈 수 있는 권리가 포함되고, 여기에는 임신한 여성이 자신의 신체를 임신상태로 유지하여 출산할 것인지 여부에 대하여 결정할 수 있는 권리가 포함되어 있다. 자기낙태죄 조항은 모자보건법이 정한 일정한 예외를 제외하고는 임신기간 전체를 통틀어

모든 낙태를 전면적·일률적으로 금지하고, 이를 위반할 경우 형벌을 부과하도록 정함으로써 임신한 여성에게 임신의 유지·출산을 강제하고 있으므로, 임신한 여성의 자기결정권을 제한하고 있다.

2. 심사기준

이 사안은 국가가 태아의 생명 보호를 위해 확정적으로 만들어 놓은 자기낙태죄 조항이 <u>임신한 여성의 자기결정권을 제한하고 있는 것이 과잉금지원칙에 위배되어 위헌인지 여부</u>에 대한 것이다. 자기낙태죄 조항의 존재와 역할을 간과한 채 임신한 여성의 자기결정권과 태아의 생명권의 직접적인 충돌을 해결해야 하는 사안으로 보는 것은 적절하지 않다.

3. 과잉금지원칙 위반 여부

① **목적과 방법은 적정함**: 자기낙태죄 조항은 태아의 생명을 보호하기 위한 것으로서 그 입법목적이 정당하고, 낙태를 방지하기 위하여 임신한 여성의 낙태를 형사처벌하는 것은 이러한 입법목적을 달성하는 데 적합한 수단이다.

② **생명발전단계에 따른 생명보호정도를 달리할 수 있는지 여부**
생명의 발달단계와 자기결정권의 행사를 고려한 법적 보호수단 및 정도: <u>국가에게 태아의 생명을 보호할 의무가 있다고 하더라도 생명의 연속적 발전과정에 대하여 생명이라는 공통요소만을 이유로 하여 언제나 동일한 법적 효과를 부여하여야 하는 것은 아니다.</u> 동일한 생명이라 할지라도 법질서가 생명의 발전과정을 일정한 단계들로 구분하고 그 각 단계에 상이한 법적 효과를 부여하는 것이 불가능하지 않다. 예컨대, 형법은 태아를 통상 낙태죄의 객체로 취급하지만, 진통시로부터 태아는 사람으로 취급되어 살인죄의 객체로 됨으로써 생명의 단계에 따라 생명침해행위에 대한 처벌의 정도가 달라진다. 나아가 태아는 수정란이 자궁에 착상한 때로부터 낙태죄의 객체로 되는데 착상은 통상 수정 후 7일경에 이루어지므로, 그 이전의 생명에 대해서는 형법상 어떠한 보호도 행하고 있지 않다. 이와 같이 생명의 전체적 과정에 대해 법질서가 언제나 동일한 법적 보호 내지 효과를 부여하고 있는 것은 아니다. 따라서 <u>국가가 생명을 보호하는 입법적 조치를 취함에 있어 인간생명의 발달단계에 따라 그 보호정도나 보호수단을 달리하는 것은 불가능하지 않다.</u> 태아는 일정 시기 이후가 되면 모체를 떠난 상태에서 독자적으로 생존할 수 있는데, 의학기술의 발전에 따라 이 시기는 가변적일 수 있으나, 세계보건기구(WHO)는 이를 임신 22주(이 경우를 포함하여 이하에서 '임신 22주'와 같이 임신주수를 표시한 경우는 모두 마지막 생리기간의 첫날부터 기산한 임신주수를 의미한다)라고 하고 있다. 구체적으로 살펴보면, 여성이 임신 사실을 인지하고, 자신을 둘러싼 사회적·경제적 상황 및 그 변경가능 여부를 파악하며, 국가의 임신·출산·육아 지원정책에 관한 정보를 수집하고, 주변의 상담과 조언을 얻어 숙고한 끝에, 만약 낙태하겠다고 결정한 경우 낙태수술을 할 수 있는 병원을 찾아 검사를 거쳐 실제로 수술을 완료하기까지 필요한 기간이 충분히 보장되어야 함을 의미한다. 이러한 점들을 모두 고려한다면, 태아가 모체를 떠난 상태에서 독자적으로 생존할 수 있는 시점인 <u>임신 22주 내외에 도달하기 전이면서 동시에 임신 유지와 출산 여부에 관한 자기결정권을 행사하기에 충분한 시간이 보장되는 시기(이하 착상 시부터 이 시기까지를 '결정가능기간'이라 한다)까지의 낙태에 대해서는 국가가 생명보호의 수단 및 정도를 달리 정할 수 있다고 봄이 타당하다.</u>

③ **최소성 원칙 위반 여부** ➡ **사회적·경제적 사유가 낙태의 정당한 사유인지**: 모자보건법에서 정한 자기낙태의 위법성을 조각하는 정당화사유는 ㉠ 본인이나 배우자의 우생학적·유전학적 정신장애나 신체질환, ㉡ 본인이나 배우자의 전염성 질환, ㉢ 강간 또는 준강간에 의한 임신, ㉣ 혼인할 수 없는 혈족 또는 인척 간의 임신, ㉤ 모체의 건강에 대한 위해나 위해 우려이다. 위 사유들은 대부분 형법 제22조의 긴급피난이나 제20조의 정당행위로서 위법성 조각이 가능하거나, 임신의 유지와 출산에 대한 기대가능성이 없음을 이유로 책임조각이 가능하다고 보는 시각까지 있을 정도로 매우 제한적이고 한정적인 사유들이다. <u>위 사유들에는 '임신 유지 및 출산을 힘들게 하는 다양하고 광범위한 사회적·경제적 사유에 의한 낙태갈등 상황'이 전혀 포섭되지 않는다. 즉, 위 사유들은 임신한 여성의 자기결정권을 보장하기에는 불충분하다.</u> 자기낙태죄 조항은 모자보건법에서 정한 사유에 해당하지 않는다면 결정가능기간 중에 다양하고 광범위한 사회적·경제적 사유를 이유로 낙태갈등 상황을 겪고 있는 경우까지도 예외 없이 전면적·일률적으로 임신의 유지 및 출산을 강제하고, 이를 위반한 경우 형사처벌하고 있다. 따라서, 자기낙태죄 조항은 입법목적을 달성하기 위하여 필요한 최소한의 정도를 넘어 임신한 여성의 자기결정권을 제한하고 있어 침

해의 최소성을 갖추지 못하였고, 태아의 생명보호라는 공익에 대하여만 일방적이고 절대적인 우위를 부여함으로써 법익균형성의 원칙도 위반하였다고 할 것이므로, 과잉금지원칙을 위반하여 임신한 여성의 자기결정권을 침해하는 위헌적인 규정이다.

4. 주문 형태

① **헌법불합치결정(헌법재판소 법정의견) – 헌법불합치결정의 필요성과 잠정적용의 필요성**: 태아의 생명을 보호하기 위하여 낙태를 금지하고 형사처벌하는 것 자체가 모든 경우에 헌법에 위반된다고 볼 수는 없다. 그런데 자기낙태죄 조항과 의사낙태죄 조항에 대하여 각각 단순위헌결정을 할 경우, 임신기간 전체에 걸쳐 행해진 모든 낙태를 처벌할 수 없게 됨으로써 용인하기 어려운 법적 공백이 생기게 된다. 입법자는 위 조항들의 위헌적 상태를 제거하기 위해 낙태의 형사처벌에 대한 규율을 형성함에 있어서, 결정가능기간을 어떻게 정하고 결정가능기간의 종기를 언제까지로 할 것인지, 태아의 생명보호와 임신한 여성의 자기결정권의 실현을 최적화할 수 있는 해법을 마련하기 위해 결정가능기간 중 일정한 시기까지는 사회적·경제적 사유에 대한 확인을 요구하지 않을 것인지 여부까지를 포함하여 결정가능기간과 사회적·경제적 사유를 구체적으로 어떻게 조합할 것인지, 상담요건이나 숙려기간 등과 같은 일정한 절차적 요건을 추가할 것인지 여부 등에 관하여 앞서 우리 재판소가 설시한 한계 내에서 입법재량을 가진다. 따라서 자기낙태죄 조항과 의사낙태죄 조항에 대하여 단순위헌결정을 하는 대신 각각 헌법불합치결정을 선고하되, 다만 입법자의 개선입법이 이루어질 때까지 계속적용을 명하는 것이 타당하다. 입법자는 늦어도 2020.12.31.까지는 개선입법을 이행하여야 하고, 그때까지 개선입법이 이루어지지 않으면 위 조항들은 2021.1.1.부터 효력을 상실한다.

② **재판관 이석태, 재판관 이은애, 재판관 김기영의 단순위헌의견**: 우리는 임신기간 중 태아가 모체를 떠난 상태에서 독자적으로 생존할 수 있는 시점인 임신 22주 내외에 도달하기 전이면서 동시에 임신 유지와 출산 여부에 관한 자기결정권을 행사하기에 충분한 시간이 보장되는 시기까지의 낙태를 다양하고 광범위한 사회적·경제적 사유로 인하여 낙태갈등 상황을 겪고 있는 경우까지도 예외 없이 전면적·일률적으로 금지하고, 이를 위반한 경우 형사처벌하는 것은 임신한 여성의 자기결정권을 침해한다는 점에 대하여 헌법불합치의견과 견해를 같이한다. 다만, 우리는 여기에서 더 나아가 이른바 '임신 제1삼분기(first trimester, 대략 마지막 생리기간의 첫날부터 14주 무렵까지)'에는 어떠한 사유를 요구함이 없이 임신한 여성이 자신의 숙고와 판단 아래 낙태할 수 있도록 하여야 한다는 점, 자기낙태죄 조항 및 의사낙태죄 조항에 대하여 단순위헌결정을 하여야 한다는 점에서 헌법불합치의견과 견해를 달리한다. 심판대상조항들 중 적어도 임신 제1삼분기에 이루어진 낙태에 대하여 처벌하는 부분은 그 위헌성이 명확하여 처벌의 범위가 불확실하다고 볼 수 없고, 또한 임신 제1삼분기에 이루어지는 낙태의 처벌 여부에 대하여는 입법자의 입법재량이 인정될 여지도 없다. 이상과 같은 이유로, 심판대상조항들에 대하여 이는 과잉금지원칙에 위배되어 임신한 여성의 자기결정권을 침해하여 헌법에 위반된다고 선언하여야 한다.

5. 의사낙태죄 조항에 대한 판단

자기낙태죄 조항은 모자보건법에서 정한 사유에 해당하지 않는다면, 결정가능기간 중에 다양하고 광범위한 사회적·경제적 사유로 인하여 낙태갈등 상황을 겪고 있는 경우까지도 예외 없이 임신한 여성에게 임신의 유지 및 출산을 강제하고, 이를 위반한 경우 형사처벌한다는 점에서 위헌이므로, 동일한 목표를 실현하기 위하여 임신한 여성의 촉탁 또는 승낙을 받아 낙태하게 한 의사를 처벌하는 의사낙태죄 조항도 같은 이유에서 위헌이라고 보아야 한다.

05 인간의 존엄과 가치의 제한

1. 제한가능성

인간의 존엄과 가치 그 자체는 모든 기본권의 본질적 내용이므로 제한할 수 없다. 인간의 존엄과 가치는 긴급명령이나 계엄에 의한 제한의 대상도 아니고 특별권력관계하에서도 제한될 수 없다.

2. 포기가능성

포기할 수 없으므로 인간의 존엄과 가치제한에 동의를 했다고 하더라도 제한할 수 없다.

3. 개별적 기본권 제한가능성

그러나 인간의 존엄과 가치로부터 도출되는 구체적 권리(예 성적 자기결정권, 인격권) 등은 제한 가능하다.

⚖️판례 | 인간의 존엄과 가치 또는 인격권 침해 여부

침해인 것

1. **미결수용자에게 구치소 밖에서 재판·수사과정에서 사복을 입게 하지 아니한 행위** (헌재 1999.5.29. 97헌마137, 98헌마5)
   ① 구치소 안에서 사복을 입지 못하도록 한 것은 금지된 물품의 반입금지, 사회적 신분이나 빈부의 차이로 인한 수용자 간의 위화감 발생 방지를 위하여 적절한 것이며 구치소 안에서 재소자용 의류를 입더라도 일반인의 눈에 띄지 않고 수사 또는 재판에서 변해·방어권 행사하는 데 지장을 주는 것이 아니므로 인격권 침해로 볼 수 없다.
   ② 미결수용자가 수사 또는 재판을 받기 위해서 구치소 밖으로 나올 때 사복을 입지 못하도록 한 것은 심리적 위축으로 변해·방어의 권리행사에 큰 지장을 주며 미결수용자의 도주방지는 계구의 사용이나 계호인력을 늘리는 수단에 의할 것이므로 수사 또는 재판과정에서 사복을 입지 못하게 한 것은 정당화될 수 없다. 따라서 기본권 침해(무죄추정원칙 위반, 인격권, 행복추구권, 공정한 재판을 받을 권리 침해)이다.
   > **비교** **재판에 출정할 때 운동화 착용금지**: 이 사건 운동화 착용불허행위는 시설 바깥으로의 외출이라는 기회를 이용한 도주를 예방하기 위한 것으로서 그 목적이 정당하고, 위와 같은 목적을 달성하기 위한 적합한 수단이라 할 것이다. 또한 신발의 종류를 제한하는 것에 불과하여 법익침해의 최소성과 균형성도 갖추었다 할 것이므로, 인격권과 행복추구권을 침해하였다고 볼 수 없다(헌재 2011.2.24. 2009헌마209).

2. **사복착용 조항을 수형자에게 준용하지 않는 형집행법** (헌재 2015.12.23. 2013헌마712)
   ① '형의 집행 및 수용자의 처우에 관한 법률' 제88조가 **형사재판의 피고인으로 출석하는 수형자**에 대하여, 사복착용을 허용하는 형집행법 제82조를 준용하지 아니한 것은 청구인의 공정한 재판을 받을 권리, 인격권, 행복추구권을 침해한다.
   ② 형집행법 제88조가 **민사재판의 당사자로 출석하는 수형자**에 대하여, 사복착용을 허용하는 형집행법 제82조를 준용하지 아니한 것은 청구인의 인격권과 행복추구권을 침해하지 아니한다.

3. **유치장 내 화장실 관찰행위**
   현행범으로 체포되었으나 아직 구속영장이 발부·집행되지 않은, 즉 구속 여부에 관한 종국적 판단조차 받지 않은 잠정적 지위에 있는 이 사건 청구인들에게도 당연히 적용되고, 이들에 대한 기본권 제한은 구속영장이 발부·집행된 미결수용자들의 경우와는 달리 더 완화되어야 할 것이며, 이들의 권리는 가능한 한 더욱 보호됨이 바람직하다. 청구인들이 2000.6.18. 09:00경부터 같은 달 20. 02:00경까지 영등포경찰서 유치장에 수용되어 있는 동안 차폐시설이 불충분하여 사용과정에서 신체부위가 다른 유치인들 및 경찰관들에게 관찰될 수 있고 냄새가 유출되는 실내화장실을 사용하도록 강제한 피청구인의 행위는 헌법 제10조에 의하여 보장되는 청구인들의 인격권을 침해한 것으로 위헌임을 확인한다(헌재 2001.7.19. 2000헌마546).

4. 신체과잉수색행위

피청구인이 2000.3.20. 13:30경 청구인들을 성남 남부경찰서 유치장에 수용하는 과정에서 청구인들로 하여금 경찰관에게 등을 보인 채 상의를 속옷과 함께 겨드랑이까지 올리고 하의를 속옷과 함께 무릎까지 내린 상태에서 3회에 걸쳐 앉았다 일어서게 하는 방법으로 실시한 신체수색은 헌법 제10조 및 제12조에 의하여 보장되는 청구인들의 인격권 및 신체의 자유를 침해한 것이므로 위헌임을 확인한다(헌재 2002.7.18. 2000헌마327).

비교 교도관이 마약류사범에게 검사의 취지와 방법을 설명하고 반입금지품을 제출하도록 안내한 후 외부와 차단된 검사실에서 같은 성별의 교도관 앞에 돌아서서 하의속옷을 내린 채 상체를 숙이고 양손으로 둔부를 벌려 항문을 보이는 방법으로 실시한 정밀신체검사는 마약류사범인 청구인의 기본권을 침해하였다고 볼 수 없다(헌재 2006.6.29. 2004헌마826).

비교 수용자의 항문 부위에 대한 신체검사는 흉기 기타 위험물이나 금지물품을 교정시설 내로 반입하는 것을 차단함으로써 수용자 및 교정시설 종사자들의 생명·신체의 안전과 교정시설 내의 질서를 유지한다는 공적인 이익이 훨씬 크다 할 것이므로, 법익의 균형성 요건 또한 충족된다. 청구인의 인격권 내지 신체의 자유를 침해한다고 볼 수 없다(헌재 2011.5.26. 2010헌마775).

5. 교도소장이 2000.3.7.부터 2001.4.2.까지 청구인을 ○○교도소에 수용하는 동안 **상시적으로 양팔을 사용할 수 없도록 하는 계구를 착용하게** 한 것은 청구인의 신체의 자유와 인간의 존엄성을 침해한 행위로서 위헌임을 확인한다(헌재 2003.12.18. 2001헌마163).

6. 구치소 내 과밀수용행위 위헌확인

교정시설의 1인당 수용면적이 수형자의 인간으로서의 기본 욕구에 따른 생활조차 어렵게 할 만큼 지나치게 협소하다면, 이는 그 자체로 국가형벌권 행사의 한계를 넘어 수형자의 인간의 존엄과 가치를 침해하는 것이다. 이 사건의 경우, 성인 남성인 청구인이 이 사건 방실에 수용된 기간 동안 1인당 실제 개인사용가능면적은, 2일 16시간 동안에는 $1.06m^2$, 6일 5시간 동안에는 $1.27m^2$였다. 이러한 1인당 수용면적은 우리나라 성인 남성의 평균 신장인 사람이 팔다리를 마음껏 뻗기 어렵고, 모로 누워 '칼잠'을 자야 할 정도로 매우 협소한 것이다. 그렇다면 청구인이 인간으로서 최소한의 품위를 유지할 수 없을 정도로 과밀한 공간에서 이루어진 이 사건 수용행위는 청구인의 인간으로서의 존엄과 가치를 침해한다(헌재 2016.12.29. 2013헌마142).

7. 경찰관이 보도자료 배포 직후 기자들의 취재 요청에 응하여 청구인이 경찰서 조사실에서 양손에 수갑을 찬 채 조사받는 모습을 촬영할 수 있도록 허용한 행위

사람은 자신의 의사에 반하여 얼굴을 비롯하여 일반적으로 특정인임을 식별할 수 있는 신체적 특징에 관하여 함부로 촬영당하지 아니할 권리를 가지고 있으므로, 촬영허용행위는 헌법 제10조로부터 도출되는 초상권을 포함한 일반적 인격권을 제한한다고 할 것이다. 수사기관에 의한 인격권 침해가 피의자 및 그 가족에게 미치게 될 영향의 중대성 및 파급효 등을 충분히 고려하여 헌법적 한계의 준수 여부를 엄격히 판단하여야 한다. 예외적 사유가 없는 청구인에 대한 이러한 수사 장면의 공개 및 촬영은 이를 정당화할 만한 **어떠한 공익 목적도 인정하기 어려우므로** 촬영허용행위는 과잉금지원칙에 위반되어 청구인의 인격권을 침해하였다고 할 것이다(헌재 2014.3.27. 2012헌마652).

유사 보험회사를 상대로 손해배상청구소송을 제기한 교통사고 피해자들의 장해정도에 관한 증거자료를 수집할 목적으로 보험회사 직원이 피해자들의 일상생활을 촬영한 행위는 초상권 및 사생활의 비밀과 자유를 침해하는 불법행위에 해당한다(대판 2006.10.13. 2004다16280).

8. 무연고 시신을 생전 본인 의사와 무관하게 해부용 시체로 제공될 수 있도록 한 '시체 해부 및 보존에 관한 법률'은 사후 자신의 시체가 본인의 의사와는 무관하게 해부용으로 제공됨으로써 자기결정권이 침해되는 사익이 그보다 결코 작다고 할 수는 없으므로 청구인의 시체 처분에 대한 자기결정권을 침해한다(헌재 2015.11.26. 2012헌마940).

9. 친생부인의 소 제척기간 '출생을 안 날로부터 1년'

친생부인의 소 제척기간을 출생을 안 날로부터 1년 이내로 한 것은 그 기간 내에 부가 친자관계가 존재하지 아니함을 알기 어려우므로 부의 인격권, 행복추구권, 혼인과 가족생활에 관한 기본권을 침해한다(헌재 1997.3.27. 95헌가14).

비교 친생부인의 소에 관하여 제척기간을 두는 것 자체를 위헌이라고 볼 수는 없다. 민법 제847조 제1항 중 '**부(夫)가 그 사유가 있음을 안 날부터 2년 내**' 부분은 친생부인의 소의 제척기간에 관한 입법재량의 한계를 일탈하지 않은 것으로서 헌법에 위반되지 아니한다(헌재 2015.3.26. 2012헌바357).

비교 **인지청구의 소**: 혼인 외 출생자는 생부 또는 생모가 살아 있는 동안에는 제소기간의 제한 없이 인지청구의 소를 제기할 수 있고, **사망 사실을 안 날로부터 1년 이내에** 부모와 사이에 친자관계가 존재함을 아는 것은 그리 어렵지 않으므로 이 사건 법률조항은 혼인 외 출생자의 행복추구권 침해라고 볼 수 없다(헌재 2001.5.31. 98헌바9).

10. 동성동본혼인을 금지한 민법 제809조

혼인의 자유는 헌법 제10조의 인간의 존엄과 가치와 행복추구권에서 도출되는 성적 자기결정권과 헌법 제36조의 혼인가족제도에서 도출되는 권리이다. 동성동본혼인금지는 가부장적 신분제도 유지를 목적으로 한 제도이고, 이는 헌법 제37조 제2항의 사회질서나 공공복리에 해당하지 않으므로 헌법에 위반된다. ➡ 5인의 단순위헌, 2인의 헌법불합치, 2인의 합헌으로 헌법불합치결정이 나왔다(헌재 1997.7.16. 95헌가6).

비교 **중혼 혼인취소청구권의 제척기간을 제한하지 않은 것**은 사건 법률조항은 우리 사회의 중대한 공익이며 헌법 제36조 제1항으로부터 도출되는 일부일처제를 실현하기 위한 것으로 후혼배우자의 인격권 및 행복추구권을 침해하지 아니한다(헌재 2014.7.24. 2011헌바275).

11. 간통죄

심판대상조항은 선량한 성풍속 및 일부일처제에 기초한 혼인제도를 보호하고 부부간 정조의무를 지키게 하기 위한 것으로 <u>그 입법목적의 정당성은 인정된다</u>. 선량한 성풍속 및 일부일처제에 기초한 혼인제도를 보호하고 부부간 정조의무를 지키게 하고자 간통행위를 처벌하는 심판대상조항은 <u>그 수단의 적절성과 침해최소성을 갖추지 못하였다고 할 것이다</u>(헌재 2015.2.26. 2009헌바17 · 205).

12. 청구인들이 일본국에 대하여 가지는 **일본군위안부**로서의 배상청구권이 '대한민국과 일본국 간의 재산 및 청구권에 관한 문제의 해결과 경제협력에 관한 협정' 제2조 제1항에 의하여 소멸되었는지 여부에 관한 한 · 일 양국 간 해석상 분쟁을 위 협정 제3조가 정한 절차(외교협상 그 다음에는 중재회부)에 따라 해결하지 아니하고 있는 피청구인의 부작위는 헌법에 반한다(헌재 2011.8.30. 2006헌마788).

13. 청구인들이 일본국에 대하여 가지는 **원폭피해자**로서의 배상청구권이 '대한민국과 일본국 간의 재산 및 청구권에 관한 문제의 해결과 경제협력에 관한 협정' 제2조 제1항에 의하여 소멸되었는지 여부에 관한 한 · 일 양국 간 해석상 분쟁을 위 협정 제3조가 정한 절차에 따라 해결하지 아니하고 있는 피청구인의 부작위는 재산권을 침해한다(헌재 2011.8.30. 2008헌마648).

비교 **피징용부상자**들의 중재요청에 대한 정부의 부작위는 헌법소원의 대상이 되지 않는다(헌재 2000.3.30. 98헌마206).

비교 **사할린 피징용자의 대일청구권관련 외교부장관의 부작위** (헌재 2019.12.27. 2012헌마939) *각하결정
  ① 청구인들의 대일청구권이 대한민국과 일본국 간의 재산 및 청구권에 관한 문제의 해결과 경제협력에 관한 협정 제2조 제1항에 의하여 소멸하였는지 여부에 관한 한 · 일 양국 간 해석상 분쟁을 이 사건 협정 제3조가 정한 절차에 의하여 해결할 피청구인(외교부장관)의 작위의무가 인정되는지 여부(적극): 헌법전문, 제2조 제2항, 제10조와 이 사건 협정 제3조의 문언에 비추어 볼 때, 피청구인이 이 사건 협정 제3조에 따라 분쟁해결의 절차로 나아갈 의무는 일본국에 의해 자행된 조직적이고 지속적인 불법행위에 의하여 인간의 존엄과 가치를 심각하게 훼손당한 자국민들이 청구권을 실현하도록 협력하고 보호하여야 할 헌법적 요청에 의한 것으로서, 그 의무의 이행이 없으면 청구인들의 기본권이 중대하게 침해될 가능성이 있으므로, 피청구인의 작위의무는 헌법에서 유래하는 작위의무로서 그것이 법령에 구체적으로 규정되어 있는 경우라고 할 것이다.
  ② **피청구인이 위 작위의무를 불이행하고 있는지 여부(소극)**: <u>피청구인이 청구인들이 원하는 수준의 적극적인 노력을 펼치지 않았다 해도</u>, 이 사건 협정 제3조상 분쟁해결절차를 언제, 어떻게 이행할 것인가에 관해서는, 국가마다 가치와 법률을 서로 달리하는 국제환경에서 국가와 국가 간의 관계를 다루는 외교행위의 특성과 이 사건 협정 제3조 제1항 · 제2항이 모두 외교행위를 필요로 한다는 점을 고려할 때, 피청구

인에게 상당한 재량이 인정된다. 이러한 사실을 종합하면, 설사 그에 따른 가시적인 성과가 충분하지 않다고 하더라도 피청구인이 자신에게 부여된 작위의무를 이행하지 않고 있다고 볼 수는 없다.

참고 '진실·화해를 위한 과거사정리 기본법'상의 의무부작위 (헌재 2021.9.30. 2016헌마1034 전원재판부)

① 피청구인들이 진실규명사건 피해자의 명예를 회복하고 피해자와 가해자 간의 화해를 적극 권유하여야 할 작위의무를 부담하는지 여부(적극) 및 이러한 작위의무의 인적 범위

    ㉠ 과거사정리법의 제정 경위 및 입법 목적, 과거사정리법의 제규정 등을 종합적으로 살펴볼 때, 과거사정리법 제36조 제1항과 제39조는 '진실규명결정에 따라 규명된 진실에 따라 국가와 피청구인들을 포함한 정부의 각 기관은 피해자의 명예회복을 위해 적절한 조치를 취하고, 가해자와 피해자 사이의 화해를 적극 권유하기 위하여 필요한 조치를 취하여야 할 구체적 작위의무'를 규정하고 있는 조항으로 볼 것이고, 이러한 피해자에 대한 작위의무는 헌법에서 유래하는 작위의무로서 그것이 법령에 구체적으로 규정되어 있는 경우라고 할 것이다.

    ㉡ 과거사정리법 제36조 제1항의 '유가족'과 제39조의 '유족'이라는 문언상의 차이를 고려할 때, 명예회복과 관련하여 피청구인들은 피해자의 사망 여부와 무관하게 피해자뿐만 아니라 피해자의 가족 및 유족 모두의 명예회복을 위해 적절한 조치를 취하여야 할 의무를 부담한다고 할 것이나, 화해권유와 관련하여서는 피해자의 생존 당시에는 피해자와 가해자 사이의 화해를 적극 권유하여야 할 의무만을 부담하고, 이러한 의무가 이행되지 아니한 채로 피해자가 사망한 이후에야 비로소 그 유족들에게 이러한 의무를 부담한다고 해석된다.

② 피청구인들이 진실규명사건 피해자의 유족인 청구인들과 가해자 간의 화해를 적극 권유하지 아니한 부작위가 헌법소원의 대상이 되는 공권력의 불행사인지 여부 및 화해권유 부작위가 피해자의 유족인 청구인들의 기본권을 침해하는지 여부(소극): 피청구인들이 청구인 정○○에게 직접 사과하거나, 무고하게 청구인 정○○이 무기징역을 선고받고 복역한 사건에 대해 명시적으로 대국민사과를 하지 아니한 것은 사실이다. 그러나 피청구인들은 진실규명결정이 이루어진 사건의 일괄 처리를 위한 이행계획을 수립하거나, 포괄적인 국가사과 등을 계획한 후 이를 추진하고 있으며, 가해자들에게도 진실규명결정통지서를 송달하였다. 물론 이러한 조치가 청구인 정○○의 기대에 미치지 못할 수는 있으나, 외부에서 강제할 수 없는 화해의 성격을 고려할 때, 피청구인들이 자신들이 독자적으로 이행할 수 있는 한도 내에서 가해자가 스스로 반성하고 피해자가 용서의 마음을 가질 수 있도록 하기 위해 필요한 조치를 이행하였다면, 가해자와 피해자인 청구인 정○○ 사이의 화해를 적극 권유하여야 할 헌법에서 유래하는 작위의무를 이행한 것으로 보아야 한다.

침해가 아닌 것

1. 청소년 성매수자 신상공개

청소년 성매수 범죄자들은 일반인에 비해서 인격권과 사생활의 비밀의 자유를 넓게 제한받을 여지가 있다. 이 사건 법률이 인격권과 사생활의 비밀의 자유 제한정도가 청소년의 성보호라는 공익적 가치보다 크다고 할 수 없으므로 과잉금지원칙에 위반되지 않는다(헌재 2003.6.26. 2002헌가14).

2. 조선총독부 중추원 참의로 활동한 행위를 친일반민족행위로 규정한 일제강점하 반민족행위 진상규명에 관한 특별법은 법익균형성의 원칙에도 반하지 않는다(헌재 2010.10.28. 2007헌가23).

3. 국가항공보안계획 제8장 승객·휴대물품·위탁수하물 등 보안대책 중 8.1.19 가운데 체약국의 요구가 있는 경우 항공운송사업자의 추가 보안검색 실시하도록 한 국가항공보안계획

이 사건 국가항공보안계획은, **이미 출국 수속 과정에서 일반적인 보안검색을 마친 승객을 상대로, 촉수검색(patdown)과 같은 추가적인 보안검색 실시를 예정하고 있으므로 이로 인한 인격권 및 신체의 자유 침해 여부가 문제된다.** 국내외적으로 항공기 안전사고와 테러 위협이 커지는 상황에서, 민간항공의 보안 확보라는 공익은 매우 중대한 반면, 추가 보안검색 실시로 인해 승객의 기본권이 제한되는 정도는 그리 크지 아니하므로 법익의 균형성도 인정된다. 따라서 이 사건 국제항공보안계획은 헌법상 과잉금지원칙에 위반되지 않으므로, 청구인의 기본권을 침해하지 아니한다(헌재 2018.2.22. 2016헌마780).

4. 변호사에 대한 징계결정정보를 인터넷 홈페이지에 공개하도록 한 변호사법

징계결정 공개조항은 전문적인 법률지식, 윤리적 소양, 공정성 및 신뢰성을 갖추어야 할 변호사가 징계를 받은 경우 국민이 이러한 사정을 쉽게 알 수 있도록 하여 변호사를 선택할 권리를 보장하기 위한 것이므로 청구인의 인격권을 침해하지 아니한다(헌재 2018.7.26. 2016헌마1029).

5. 범죄행위 당시에 없었던 위치추적 전자장치 부착명령을 출소예정자에게 소급 적용할 수 있도록 한 '특정 범죄자에 대한 위치추적 전자장치 부착 등에 관한 법률' 부칙

전자장치 부착명령의 소급적용은 성폭력범죄의 재범 방지 및 사회 보호에 있어 실질적인 효과를 나타내고 있는 점, 장래의 재범 위험성으로 인한 보안처분의 판단시기는 범죄의 행위시가 아닌 재판시가 될 수밖에 없으므로 부착명령 청구 당시 형 집행 종료일까지 6개월 이상 남은 출소예정자가 자신이 부착명령 대상자가 아니라는 기대를 가졌더라도 그 신뢰의 보호가치는 크지 아니한 점, 피부착자의 기본권 제한을 최소화하기 위하여 법률은 피부착자에 대한 수신자료의 열람·조회를 엄격히 제한하고 부착명령의 탄력적 집행을 위한 가해제 제도를 운영하고 있는 점 등을 고려할 때, 부칙경과조항은 과잉금지원칙에 반하여 피부착자의 인격권 등을 침해하지 아니한다(헌재 2015.9.24. 2015헌바35).

제2절 생명권

01 생명권의 의의

1. 개념

생명권이란 생명에 대한 모든 형태의 국가적 침해를 방어하는 권리이다.

2. 근거

독일기본법은 생명권과 신체를 훼손당하지 않을 권리 및 사형폐지를 명문화하였으나, 우리나라는 명문은 없지만 인간의 존엄성 규정, 신체의 자유, 헌법에 열거되지 아니한 권리(제37조 제1항) 등에서 생명권의 헌법적 근거를 구할 수 있다.

3. 주체

외국인을 포함한 자연인이며 태아도 주체가 된다. 독일 헌법재판소는 수태 후 14일이 지난 태아부터 생명이 시작하는 것으로 인정한다. 그러나 수태시기를 생명의 시작으로 보는 견해도 있다. [계희열]

02 생명권 관련 쟁점

1. 사형제도

> **⚖ 판례 | 사형제도** (헌재 1996.11.28. 95헌바1)
>
> 1. 우리 헌법은 **사형**에 대하여 이를 허용하거나 부정하는 명시적 규정을 두고 있지 아니하나, 헌법 제12조와 헌법 제110조 제4항 단서의 **문언 해석상 간접적이나마** 법률에 의하여 사형이 형벌로 정해질 수 있음을 인정하고 있는 것으로 보인다.

2. 생명이 이념적으로 절대적 가치를 지닌 것이라 하더라도 생명에 대한 법적 평가가 예외적으로 허용될 수 있다고 할 것이므로, 생명권 역시 헌법 제37조 제2항에 의한 **일반적 법률유보의 대상**이 될 수밖에 없다 할 것이다.

3. 생명의 보호와 공공의 이익을 위하여 불가피한 경우 생명을 빼앗는 형벌이라 하더라도 본질적 내용침해 금지원칙에 위반되지 아니한다. 사형을 형벌의 한 종류로서 합헌이라고 보는 한 그와 같이 타인의 생명을 부정하는 범죄행위에 대하여 행위자의 생명을 부정하는 사형을 그 불법효과의 하나로서 규정한 것은 행위자의 생명과 그 가치가 동일한 하나의 혹은 다수의 생명을 보호하기 위한 불가피한 수단의 선택이라고 볼 수밖에 없으므로 이를 가리켜 비례의 원칙에 반한다고 할 수 없어 헌법에 위반되는 것이 아니다.

⚖ 판례 | 상관을 살해한 자에 대해 사형만을 규정한 군형법

전시와 평시를 구분하지 아니한 채 상관을 살해한 경우에 다양한 동기와 행위태양의 범죄를 동일하게 평가하여 사형만을 유일한 법정형으로 규정하는 것은 형벌체계상 정당성을 상실한 것이다(헌재 2007.11.29. 2006헌가13).

---

2. 배아 사용

⚖ 판례 | 배아 사용 제한 (헌재 2010.5.27. 2005헌마346)

1. 초기배아의 기본권 주체성 여부(소극)
   초기배아의 기본권 주체성을 인정하기 어렵다. 다만, 오늘날 생명공학 등의 발전과정에 비추어 인간의 존엄과 가치가 갖는 헌법적 가치질서로서의 성격을 고려할 때 인간으로 발전할 잠재성을 갖고 있는 초기배아라는 원시생명체에 대하여도 위와 같은 헌법적 가치가 소홀히 취급되지 않도록 노력해야 할 **국가의 보호의무가 있음을 인정하지 않을 수 없다 할 것이다.**

2. 배아생성자가 배아의 관리 또는 처분에 대해 갖는 기본권과 그 제한의 필요성
   배아생성자는 배아에 대해 자신의 유전자 정보가 담긴 신체의 일부를 제공하고, 또 배아가 모체에 성공적으로 착상하여 인간으로 출생할 경우 생물학적 부모로서의 지위를 갖게 되므로, 배아의 관리 또는 처분에 대한 결정권을 가진다.

3. 잔여배아를 5년간 보존하고 이후 폐기하도록 한 생명윤리법 제16조
   오늘날 생명공학 등의 발전과정에 비추어 인간의 존엄과 가치가 갖는 헌법적 가치질서로서의 성격을 고려할 때 인간으로 발전할 잠재성을 갖고 있는 초기배아라는 원시생명체에 대하여도 위와 같은 헌법적 가치가 소홀히 취급되지 않도록 노력해야 할 국가의 보호의무가 있음을 인정하지 않을 수 없다 할 것이다. … 부적절한 연구목적의 이용가능성을 방지하여야 할 공익적 필요성의 정도가 배아생성자의 자기결정권이 제한됨으로 인한 불이익의 정도에 비해 작다고 볼 수 없는 점 등을 고려하면, 피해의 최소성에 반하거나 법익의 균형성을 잃었다고 보기 어렵다.

제3절 행복추구권

01 행복추구권의 의의

1. 개념

행복추구권은 소극적으로는 고통과 불쾌감이 없는 상태를 추구할 권리, 적극적으로는 안락하고 만족스러운 삶을 추구하는 권리이다.

2. 연혁

(1) 로크

자연상태에서 인간이 가지는 자유, 생명, 재산권을 포괄적으로 하는 권리로서 행복추구권을 인정하였다.

인간의 존엄과 가치	독일헌법 ➡ 제5차 개정헌법
행복추구권	영미 ➡ 8차 개정헌법

(2) 각국 헌법

미국 버지니아 권리장전도 행복추구권을 직접 규정하였다. 우리 헌법은 제8차 개정헌법에서 최초로 규정하였다.

02 행복추구권의 법적 성격 및 본질

1. 행복추구권이 주관적 권리인지 여부

다수설과 헌법재판소 판례는 행복추구권을 주관적 권리로 본다.

2. 자연권성

행복추구권은 실정법적 권리가 아니라 자연법적 권리이다.

3. 포괄적 권리

> ⚖ **판례 | 행복추구권의 성격**
>
> 헌법 제10조의 행복추구권은 국민이 행복을 추구하기 위하여 **급부를 국가에게 적극적으로 요구할 수 있는 것이 아니라** 국민이 행복을 추구하기 위한 활동을 국가권력의 간섭 없이 자유롭게 할 수 있다는 포괄적 의미의 자유권으로서의 성격을 가진다(헌재 1995.7.21. 93헌가14).

03 행복추구권의 주체

외국인을 포함한 자연인은 주체가 되나 법인은 주체가 될 수 없다. [권영성] 법인도 일반적 행동의 자유의 주체가 될 수 있다는 견해가 있다. [홍성방 헌법Ⅱ] 법인은 원칙적으로 주체가 될 수 없으나 계약의 자유의 주체가 될 수는 있다는 견해가 있다. [계희열]

⚖️ 판례 | 학교법인의 주체성 부정

헌법 제10조의 인간의 존엄과 가치, 행복을 추구할 권리는 그 성질상 자연인에게 인정되는 기본권이라고 할 것이어서 학교법인인 청구인들에게는 적용되지 않는다(헌재 2006.12.28. 2004헌바67).

---

04 행복추구권의 내용

1. 일반적 행동자유권

(1) 개념

일반적 행동자유권은 국민이 행복을 추구하기 위하여 적극적으로 자유롭게 행동할 수 있는 것뿐만 아니라 소극적으로 행동하지 않을 자유, 즉 부작위의 자유도 포함한다.

(2) 일반적 행동의 자유에 속하는 것

계약의 자유, 하기 싫은 일을 강요당하지 아니할 권리, 기부금품모집행위, 결혼식 하객에게 주류와 음식물을 접대하는 행위, 18세 미만 자의 당구장 출입, 좌석안전띠를 매지 않을 자유, 미결수용자의 접견교통권

⚖️ 판례

1. 행복추구권의 일반적 행동의 자유

헌법 제10조 전문은 행복추구권을 보장하고 있고, 행복추구권은 그의 구체적인 표현으로서 일반적인 행동자유권과 개성의 자유로운 발현권을 포함한다. 일반적 행동자유권에는 적극적으로 자유롭게 행동을 하는 것은 물론 소극적으로 행동을 하지 않을 자유, 즉 부작위의 자유도 포함된다. 일반적 행동자유권은 가치 있는 행동만 그 보호영역으로 하는 것은 아닌 것으로, 그 보호영역에는 개인의 생활방식과 취미에 관한 사항도 포함되며, 여기에는 위험한 스포츠를 즐길 권리와 같은 위험한 생활방식으로 살아갈 권리도 포함된다. 따라서 **좌석안전띠를 매지 않을 자유**는 헌법 제10조의 행복추구권에서 나오는 일반적 행동자유권의 보호영역에 속한다. 이 사건 심판대상조항들은 운전할 때 좌석안전띠를 매야 할 의무를 지우고 이에 위반했을 때 범칙금을 부과하고 있으므로 청구인의 일반적 행동의 자유에 대한 제한이 존재한다. 그러나 자동차 운전자에게 좌석안전띠를 매도록 하고 이를 위반했을 때 범칙금을 납부하도록 통고하는 것은 교통사고로부터 국민의 생명 또는 신체에 대한 위험과 장애를 방지·제거하고 사회적 부담을 줄여 교통질서를 유지하고 사회공동체의 상호이익을 보호하는 공공복리를 위한 것으로 헌법에 위반되지 아니한다(헌재 2003.10.30. 2002헌마518).

2. 자동차 운전 중 휴대용 전화를 사용하는 것을 금지하고 위반시 처벌하는 구 도로교통법 (헌재 2021.6.24. 2019헌바5)

① **제한되는 기본권**: 헌법 제10조 전문의 행복추구권에는 그 구체적인 표현으로서 일반적 행동자유권이 포함된다. 일반적 행동자유권의 보호영역에는 가치 있는 행동뿐만 아니라 개인의 생활방식과 취미에 관한 사항도 포함되며, 여기에는 위험한 스포츠를 즐길 권리와 같은 위험한 생활방식으로 살아갈 권리도 포함된다. 따라서 운전 중 휴대용 전화를 사용할 자유는 헌법 제10조의 행복추구권에서 나오는 일반적 행동자유권의 보호영역에 속한다. 이 사건 법률조항은 운전 중 휴대용 전화를 사용하지 아니할 의무를 지우고 이에 위반했을 때 형벌을 부과하고 있으므로 청구인의 일반적 행동자유권을 제한한다.

---

② **일반적 행동자유권을 침해하는지 여부(소극)**: 운전 중 휴대용 전화 사용 금지로 교통사고의 발생을 줄임으로써 보호되는 국민의 생명·신체·재산은 중대하다. 그러므로 이 사건 법률조항은 과잉금지원칙에 반하여 청구인의 일반적 행동의 자유를 침해하지 않는다.

3. **술에 취한 상태로 도로 외의 곳에서 운전금지**

술에 취한 상태로 도로 외의 곳에서 운전할 자유는 일반적 행동자유권의 보호영역에 속하므로 **술에 취한 상태로 도로 외의 곳에서 운전하는 것을 금지하고 이에 위반했을 때 처벌하도록 하고 있는 것은 일반적 행동의 자유를 제한한다.** 음주운전으로 인한 교통사고의 위험을 방지할 필요성은 절실한 반면, 그로 인하여 제한되는 공익은 도로 외의 곳에서 음주운전을 할 수 있는 자유로서 인격과 관련성이 있다거나 사회적 가치가 높은 이익이라 할 수 없으므로 법익의 균형성 또한 인정된다. 따라서 심판대상조항은 일반적 행동의 자유를 침해하지 아니한다(헌재 2016.2.25. 2015헌가11).

📖 판례정리

헌법재판소가 행복추구권에서 파생된 것으로 본 것

1. 일반적인 행동자유권(➡ 계약의 자유)

2. 유언의 자유

3. 개성의 자유로운 발현권

4. 자기운명결정권(➡ 성적 자기결정권)

5. 인간다운 생활공간에서 살 권리(헌재 1994.12.29. 94헌마201)

6. 하기 싫은 일을 강요당하지 아니할 권리(헌재 1997.3.27. 96헌가11)

7. 기부금품의 모집행위(헌재 1998.5.28. 96헌가5)

8. 하객들에게 주류와 음식물을 접대하는 행위(헌재 1998.10.15. 98헌마168)

9. 마시고 싶은 물을 자유롭게 선택할 권리(헌재 1998.12.24. 98헌가1)

10. 사적 자치권(헌재 1998.8.27. 96헌가22)

11. **구속된 피의자 또는 피고인이 갖는 변호인 아닌 자와의 접견교통권**은 가족 등 타인과 교류하는 인간으로서의 기본적인 생활관계가 인신의 구속으로 인하여 완전히 단절되어 파멸에 이르는 것을 방지하고, 또한 피의자 또는 피고인의 방어를 준비하기 위해서도 반드시 보장되지 않으면 안 되는 인간으로서의 기본적인 권리에 해당하므로 이는 성질상 헌법상의 기본권에 속한다고 보아야 할 것이다. 미결수용자의 접견교통권은 헌법재판소가 헌법 제10조의 행복추구권에 포함되는 기본권의 하나로 인정하고 있는 일반적 행동자유권으로부터 나온다고 보아야 할 것이고, 무죄추정의 원칙을 규정한 헌법 제27조 제4항도 그 보장의 한 근거가 될 것이다(헌재 2003.11.27. 2002헌마193).

12. **가치 있는 행동 + 가치 없는 생활방식, 취미·위험한 스포츠를 즐길 권리와 같은 위험한 생활방식으로 살아갈 권리**

13. 좌석안전띠를 매지 않고 운전할 자유(헌재 2003.10.30. 2002헌마518)

14. 행복추구권에서 파생되는 자기결정권은 소비자는 물품 및 용역의 구입·사용에 있어서 거래의 상대방, 구입장소, 가격 등을 자유로이 선택할 권리를 뜻한다(헌재 1996.12.26. 96헌가18).

15. 일시·무상으로 과외하는 행위

16. 의료행위를 지속적인 소득활동이 아니라 취미, 일시적 활동 또는 무상의 봉사활동으로 삼는 경우에는 헌법 제10조의 행복추구권에서 파생하는 일반적 행동의 자유를 제한하는 규정이다(헌재 2002.12.18. 2001헌마370).

비교 영리를 목적으로 하는 한방의료행위는 일반적 행동의 자유가 아니라 직업선택의 자유 문제이다. 따라서 영리를 목적으로 한의사가 아닌 자가 한방의료행위를 업으로 한 경우 처벌하는 보건범죄단속에관한특별조치법 제5조는 일반적 행동의 자유와는 무관하고 주관적 사유에 의한 직업선택의 자유 제한 문제일 뿐이다(헌재 2005.11.24. 2003헌바95).

17. 담배흡연행위 / 개인이 대마를 자유롭게 수수하고 흡연할 자유(헌재 2005.11.24. 2005헌바46) / 환각물질 섭취·흡입행위를 금지하고 이를 처벌하는 화학물질관리법은 부탄가스 등 환각물질을 섭취하거나 흡입하는 것을 금지하고 처벌함으로써 청구인의 일반적 행동의 자유를 제한한다. 따라서 환각물질의 섭취·흡입을 금지하고 이를 처벌하는 것이 과잉금지원칙을 위반하여 청구인의 일반적 행동자유권을 침해하는지 여부를 살펴본다. 심판대상조항으로 인한 개인적 쾌락이나 만족의 제한보다 국민건강 증진 및 사회적 위험 감소라는 공익이 월등히 중대하다. 그렇다면 심판대상조항이 과잉금지원칙을 위반하여 일반적 행동자유권을 침해한다고 할 수 없다(헌재 2021.10.28. 2018헌바367).

18. 서울광장을 통행하거나 여가·문화활동의 자유로 사용하는 것

19. 사회복지법인의 법인운영의 자유는 헌법 제10조에서 보장되는 일반적 행동자유권 내지 사적 자치권으로 보장된다(헌재 2005.2.3. 2004헌바10).

20. 일반적 행동자유권은 모든 행위를 할 자유와 행위를 하지 않을 자유를 뜻하고, 자신이 속한 부분사회의 자치적 운영에 참여하는 것은 사회공동체의 유지, 발전을 위하여 필요한 행위로서 특정한 기본권의 보호범위에 들어가지 않는 경우에는 일반적 행동자유권의 대상이 된다(헌재 2007.3.29. 2005헌마1144).

21. 부모의 분묘를 가꾸고 봉제사를 하고자 하는 권리(헌재 2009.9.24. 2007헌마872)

22. 지역 방언을 자신의 언어로 선택하여 공적 또는 사적인 의사소통과 교육의 수단으로 사용하는 것은 행복추구권에서 파생되는 일반적 행동의 자유 내지 개성의 자유로운 발현의 한 내용이 된다 할 것이다(헌재 2009.5.29. 2006헌마618).

23. 한자를 의사소통의 수단으로 사용하는 것은 행복추구권에서 파생되는 일반적 행동의 자유 내지 개성의 자유로운 발현의 한 내용이다(헌재 2016.11.24. 2012헌마854).

24. 부모가 자녀의 이름을 지어주는 것은 자녀의 양육과 가족생활을 위하여 필수적인 것이고, 가족생활의 핵심적 요소라 할 수 있으므로, '부모가 자녀의 이름을 지을 자유'는 혼인과 가족생활을 보장하는 헌법 제36조 제1항과 행복추구권을 보장하는 헌법 제10조에 의하여 보호받는다(헌재 2016.7.28. 2015헌마964).

25. 행복추구권은 그 구체적 표현으로서 일반적 행동자유권과 개성의 자유로운 발현권을 포함하는바, 일반적 행동자유권의 보호영역에는 **개인의 생활방식과 취미에 관한 사항**도 포함된다. 이 사건 금지조항은 심야시간대에 인터넷게임을 즐기려는 16세 미만 청소년의 개인적 생활방식과 취미를 제한하므로 이들의 행복추구권의 한 내용인 일반적 행동자유권을 제한한다(헌재 2014.4.24. 2011헌마659).

참고 대법원은 먹고 싶은 음식이나 음료를 선택할 수 있는 권리, 만나고 싶은 사람을 만날 권리, 오락적인 도박행위들을 행복추구권의 내용이라 한다.

판례정리

헌법재판소가 행복추구권에서 파생된 것으로 보지 않은 것

1. 병역의무의 이행으로서의 **현역병 복무**는 국가가 간섭하지 않으면 자유롭게 할 수 있는 행위에 속하지 않으므로, 현역병으로 복무할 권리가 일반적 행동자유권에 포함된다고 할 수 없다(헌재 2010.12.28. 2008헌마527).

2. 청구인들이 주장하는 **공물을 사용·이용하게 해달라고 청구할 수 있는 권리**는 청구인들의 주장 자체에 의하더라도 청구권의 영역에 속하는 것이므로 이러한 권리가 포괄적인 자유권인 행복추구권에 포함된다고 할 수 없다(헌재 2011.6.30. 2009헌마406).

3. **평화적 생존권**은 이를 헌법에 열거되지 아니한 기본권으로서 특별히 새롭게 인정할 필요성이 있다거나 그 권리내용이 비교적 명확하여 구체적 권리로서의 실질에 부합한다고 보기 어려워 헌법상 보장된 기본권이라고 할 수 없다(헌재 2009.5.28. 2007헌마369).

4. **육아휴직신청권**은 <u>헌법 제36조 제1항 등으로부터 개인에게 직접 주어지는 헌법적 차원의 권리라고 볼 수는 없고</u>, 입법자가 입법의 목적, 수혜자의 상황, 국가예산, 전체적인 사회보장수준, 국민정서 등 여러 요소를 고려하여 제정하는 입법에 적용요건, 적용대상, 기간 등 구체적인 사항이 규정될 때 비로소 형성되는 <u>법률상의 권리</u>이다(헌재 2008.10.30. 2005헌마1156).

5. 대표기관을 선출할 권리와 그 선거에 입후보할 기회는 자치활동에 대한 참여로서 보장되지만, 실제로 대표기관의 지위를 취득할 권리까지 구성원의 일반적 행동자유권으로 보장된다고 보기는 어렵다(헌재 2015.7.30. 2012헌마957).

6. 외국인이 **복수국적을 누릴 자유**는 행복추구권에 의해서 보장되는 기본권이 아니다(헌재 2014.6.26. 2011헌마502).

7. 재외국민 특별전형과 같은 **특정한 입학전형의 설계에 있어** 청구인이 원하는 일정한 내용의 지원자격을 규정할 것을 요구하는 것은 포괄적인 의미의 자유권인 행복추구권의 내용에 포함되지 않는다(헌재 2020.3.26. 2019헌마212).

8. 행복추구권은 국민이 행복을 추구하기 위하여 필요한 급부를 국가에게 적극적으로 요구할 수 있는 것을 내용으로 하는 것이 아니라, 국민이 행복을 추구하기 위한 활동을 국가권력의 간섭 없이 자유롭게 할 수 있다는 자유권으로서의 성격을 가지는바, 주민투표권 행사의 절차를 형성함에 있어서 투표일 현재 주소지에서 투표할 자유를 요구하는 것은 행복추구권의 보호범위에 포함된다고 볼 수 없다(헌재 2013.7.25. 2011헌마676).

9. 미결수용자의 가족이 미결수용자와 접견하는 것 역시 헌법 제10조가 보장하고 있는 인간으로서의 존엄과 가치 및 행복추구권 가운데 포함되는 헌법상의 기본권이라고 보아야 할 것이다. 그러나 **미결수용자의 가족이 인터넷화상접견이나 스마트접견과 같이 영상통화를 이용하여 접견할 권리가 접견교통권의 핵심적 내용에 해당되어 헌법에 의해 직접 보장된다고 보기도 어렵다.** 이와 같이 영상통화를 이용한 접견이 접견교통권의 보호영역에 포함되지 않는 이상, 미결수용자의 배우자에 대해서는 이를 허용하지 않는 구 '수용관리 및 계호 업무 등에 관한 지침'에 의한 접견교통권 제한이나 행복추구권 또는 일반적 행동자유권의 제한 역시 인정하기 어렵다(헌재 2021.11.25. 2018헌마598).

10. **미군기지의 이전**은 공공정책의 결정 내지 시행에 해당하는 것으로서 인근 지역에 거주하는 사람들의 삶을 결정함에 있어서 사회적 영향을 미치게 되나, 개인의 인격이나 운명에 관한 사항은 아니며 각자의 개성에 따른 개인적 선택에 직접적인 제한을 가하는 것이 아니다. 따라서 그와 같은 사항은 헌법상 자기결정권의 보호범위에 포함된다고 볼 수 없다(헌재 2006.2.23. 2005헌마268).

---

2. 인격발현권

헌법재판소는 종래 일부판례에서 헌법 제10조 전문의 행복추구권 규정으로부터 일반적 행동자유권과는 구별되는 또 다른 기본권인 개성의 자유로운 발현권이 도출되는 것으로 보고 있다(헌재 1990.1.15. 89헌가103).

3. 인간의 존엄과 가치와 결합한 행복추구권의 내용으로서 자기결정권

(1) 헌법상 근거

자기결정권은 헌법 제10조의 '인간의 존엄과 가치와 행복추구권'에서 도출되는 권리이다.

(2) 주요내용

헌법재판소는 인간의 존엄과 가치로부터 일반적 인격권을 도출하고 일반적 인격권과 행복추구권으로부터 자기운명결정권, 성적 자기결정권, 자기생활영역의 자율형성권, 혼인의 자유를 도출한 바 있다.

(3) 책임주의

책임이 없는 자에게 형벌을 부과할 수 없다는 형벌에 관한 책임주의는 헌법상 법치국가의 원리에 내재하는 원리인 동시에 헌법 제10조에서 도출되는 원리이다.

⚖️ 판례 | 자기책임의 원리

1. 자기책임의 원리는 인간의 자유와 유책성, 그리고 인간의 존엄성을 진지하게 반영한 원리로서 그것이 비단 민사법이나 형사법에 국한된 원리라기보다는 근대법의 기본이념으로서 법치주의에 당연히 내재하는 원리로 볼 것이고 헌법 제13조 제3항은 그 한 표현에 해당하는 것으로서 자기책임의 원리에 반하는 제재는 그 자체로서 헌법 위반을 구성한다고 할 것이다(헌재 2004.6.24. 2002헌가27).

2. **법인의 경우**도 자연인과 마찬가지로 책임주의 원칙이 적용된다(헌재 2016.3.31. 2016헌가4).

⚖️ 판례 | 책임주의 위반인 것

1. **담배소비세**

   제조자는 법령이 정한 일정한 자격을 갖춘 상대방에게 특수용 담배임을 표시하여 특수용 담배공급계약에 따라 담배를 제공함으로써 일응의 책임을 다한 것으로 볼 것이고, 담배소비세가 면제된 담배를 공급받은 자가 이를 당해 용도에 사용하지 않은 경우 **면세담배를 공급한 제조자에게 담배소비세와 이에 대한 가산세의 납부의무를 부담시키는** 지방세법은 자기책임의 원리에 반한다(헌재 2004.6.24. 2002헌가27).

2. **종업원 등이 그 업무와 관련하여 위반행위를 한 경우, 영업주도 자동적으로 처벌하도록 한 청소년보호법**

   종업원 등의 범죄행위에 대해 **영업주가 비난받을 만한 행위가 있었는지 여부와는 전혀 관계없이** 종업원 등의 범죄행위가 있으면 자동적으로 영업주도 처벌하도록 규정하고 있으므로 책임주의에 반하여 헌법에 위반된다(헌재 2009.7.30. 2008헌가10).

3. **도로교통법 양벌규정 책임주의 위반**

   종업원 등의 범죄행위에 대한 영업주의 가담 여부나 종업원 등의 행위를 **감독할 주의의무의 위반 여부 등을 전혀 묻지 않고** 곧바로 영업주인 개인을 종업원 등과 같이 처벌하도록 규정하고 있는바, 이는 아무런 비난받을 만한 행위를 한 바 없는 자에 대해서까지 다른 사람의 범죄행위를 이유로 처벌하는 것으로서 형벌에 관한 책임주의에 위반된다(헌재 2010.7.29. 2009헌가14).

4. 종업원이 고정조치의무를 위반하여 화물을 적재하고 운전한 경우 그를 고용한 법인을 면책사유 없이 **형사처벌**하도록 규정한 구 도로교통법은 다른 사람의 범죄에 대하여 그 책임 유무를 묻지 않고 형사처벌하는 것이므로 헌법상 법치국가원리 및 죄형법정주의로부터 도출되는 책임주의 원칙에 위배된다. 따라서 심판대상조항은 헌법을 위반한다(헌재 2016.10.27. 2016헌가10).

5. 구 조세범처벌법 제3조 본문 중 "**법인의 대리인, 사용인, 기타의 종업인이 그 법인의 업무 또는 재산에 관하여 제11조의2 제4항 제3호에 규정하는 범칙행위를 한 때에는 그 법인에 대하여서도 본조의 벌금형에 처한다.**"라는 부분은 다른 사람의 범죄에 대하여 그 책임 유무를 묻지 않고 형벌을 부과하는 것으로서, 헌법상 법치국가의 원리 및 죄형법정주의로부터 도출되는 책임주의 원칙에 반한다(헌재 2010.10.28. 2010헌가14).

6. **선박소유자가 고용한 선장이 선박소유자의 업무에 관하여 범죄행위를 하면 그 선박소유자에게도 동일한 벌금형을 과하도록 규정하고 있는 구 선박안전법**

   선장의 범죄행위에 관하여 비난할 근거가 되는 선박소유자의 의사결정 및 행위구조, 즉 선장이 저지른 행위의 결과에 대한 선박소유자의 독자적인 책임에 관하여 전혀 규정하지 않은 채, 단순히 선박소유자가 고용한 선장이 업무에 관하여 범죄행위를 하였다는 이유만으로 선박소유자에 대하여 형사처벌을 과하고 있는바, 이는 다른 사람의 범죄에 대하여 그 책임 유무를 묻지 않고 형벌을 부과하는 것으로서, 헌법상 법치국가의 원리 및 죄형법정주의로부터 도출되는 책임주의원칙에 반하여 헌법에 위반된다(헌재 2011.11.24. 2011헌가15).

4. 부모의 자녀교육권

(1) 개념

부모가 자녀를 학교교육 및 가정교육 등을 통하여 교육할 권리이다.

(2) 헌법상 근거

'부모의 자녀에 대한 교육권'은 비록 **헌법에 명문으로 규정되어 있지는 아니하지만**, 이는 모든 인간이 누리는 불가침의 인권으로서 혼인과 가족생활을 보장하는 **헌법 제36조 제1항, 행복추구권 및 제37조 제1항**에서 나오는 중요한 기본권이다. 부모는 자녀의 교육에 관하여 전반적인 계획을 세우고 자신의 인생관·사회관·교육관에 따라 자녀의 교육을 자유롭게 형성할 권리를 가지며, 부모의 교육권은 다른 교육의 주체와의 관계에서 원칙적인 우위를 가진다(헌재 2000.4.27. 98헌가16).

(3) 특성

부모의 자녀교육권은 다른 기본권과는 달리, 기본권의 주체인 부모의 자기결정권이라는 의미에서 보장되는 자유가 아니라, 자녀의 보호와 인격발현을 위하여 부여되는 기본권이다(헌재 2009.10.29. 2008헌마454).

(4) 국가의 교육관련 권한과의 관계

자녀의 양육과 교육에 있어서 부모의 교육권은 교육의 모든 영역에서 존중되어야 하며, 다만 **학교교육의 범주 내에서는** 국가의 교육권한이 헌법적으로 독자적인 지위를 부여받음으로써 부모의 교육권과 함께 자녀의 교육을 담당하지만, **학교 밖의 교육영역에서는** 원칙적으로 부모의 교육권이 우위를 차지한다(헌재 2000.4.27. 98헌가16).

(5) 내용

① **교육기회제공청구권**: 교육을 받을 권리는 수학권뿐만 아니라 학부모가 그 자녀에게 적절한 교육기회를 제공하여 주도록 요구할 수 있는 교육기회제공청구권을 포함한다.

② **학교선택권**: 학부모가 자녀를 교육시킬 학교를 선택할 권리인 학교선택권도 자녀에 대한 부모교육권에 포함된다(헌재 1995.2.23. 91헌마204). 또한 부모의 교육권에는 학부모가 자신의 자녀를 위해서 가지는 자녀에 대한 정보청구권, 면접권도 포함된다(헌재 1999.3.25. 97헌마130).

③ **학부모의 교육참여권**: 학부모의 집단적 참여권은 국가로부터의 교육권 침해에 대항하여 방어할 수 있는 권리뿐만 아니라 교육에 관련된 사안에 대한 국가의 결정과정에 참여할 수 있는 권리까지 포함한다고 보아야 하기 때문에 헌법 제31조 제1항·제2항에 의거한 <u>학부모의 교육권으로부터 직접 도출된다</u>(헌재 1999.3.25. 97헌마130).

④ **학교폭력 가해학생에 내려진 불이익조치에 대해 보호자의 의견진술기회**: 청구인들은 학교폭력과 관련하여 가해학생에 대한 조치 중 전학과 퇴학을 제외한 나머지 조치에 대해 재심을 제한하는 학교폭력예방법이 행복추구권을 침해한다고 주장하는데, **가해학생에게 내려진 불이익조치에 대해 재심을 제한함으로써 가해학생 보호자의 의견진술기회가 제한되는 것은 행복추구권 등에 근거한 학부모의 자녀교육권 침해 문제를 발생시킨다.** 또 피해학생 측과 달리 가해학생 측에는 전학과 퇴학의 경우에만 재심을 허용하고 있다는 점에서 평등권 침해 여부가 문제될 수 있다. 나아가 학교폭력예방법 제17조 제9항(다음부터 '특별교육이수규정'이라고 한다)은 가해학생에게 취해지는 조치가 <u>특별교육일 경우 그 학생의 보호자에게도 함께 교육을 받도록 의무화하는 규정으로, 이는 행복추구권에서 파생되는 일반적 행동자유권 침해 문제를 발생시킨다</u>(헌재 2013.10.24. 2012헌마832).

⚖ 판례 | 자녀교육권

1. **과외금지가** 실현하려는 입법목적의 헌법적 중요성과 그 실현효과에 대하여 의문의 여지가 있고, 반면에 기본권 제한의 효과가 중대하고 문화국가실현에 현저한 장애가 되므로, 결국 법 제3조는 그 제한을 통하여 얻는 공익적 성과와 제한이 초래하는 효과가 합리적인 비례관계를 현저하게 일탈하고 있다고 하겠다(헌재 2000.4.27. 98헌가16).

2. **거주지별 학교배정 사건**
거주지별로 중·고등학교를 강제 배정하는 것은 과열된 입시경쟁으로 말미암아 발생하는 부작용을 방지한다는 차원에서 정당한 목적이고, 부모의 학교선택권을 침해하는 것은 아니다(헌재 1995.2.23. 91헌마204).

3. **학교운영위원회의 설치사건**
① 국·공립학교와 달리 사립학교의 경우 **운영위원회 설치를 임의적 사항**으로 규정하고 있는 지방교육자치에관한법률은 학부모의 교육참여권을 침해하지 않는다(헌재 1999.3.25. 97헌마130).
② 사립학교에 **학교운영위원회를 의무적으로 설치하도록 한** 초·중등교육법은 교육의 자주성을 침해한다고 보기 어렵다(헌재 2001.11.29. 2000헌마278).

4. 입법자가 **학부모의 집단적인 교육참여권을 법률로써 인정하는 것**은 헌법상 당연히 허용된다고 할 것이다(헌재 2001.11.29. 2000헌마278).

5. **고교평준화를 위한 고등학교를 교육감이 추첨에 의하여 배정하도록 한 초·중등교육법 시행령**은 학교선택권을 침해하지 않는다(헌재 2012.11.29. 2011헌마827).

6. 특정지역이 비평준화지역으로 남아 있을 것이라는 신뢰는 헌법상 보호할 가치가 인정되지 않는다. **광명시를 교육감이 추첨에 의하여 고등학교를 배정하는 지역에 포함시킨 '경기도교육감이 고등학교의 입학전형을 실시하는 지역에 관한 조례'**가 신뢰보호의 원칙에 위반하여 학교선택권을 침해한다고 볼 수 없다(헌재 2012.11.29. 2011헌마827).

7. **초·중등교육법 제23조 제2항이 교육과정의 기준과 내용에 관한 기본적인 사항을 교육부장관이 정하도록 위임한 것** 자체가 교육제도 법정주의에 반한다고 보기 어렵다. **초등학교 1, 2학년의 교과에서 영어과목을 배제한 교육과학기술부고시**는 교육제도 법정주의와 인격의 자유로운 발현권, 자녀교육권을 침해하지 않는다(헌재 2016.2.25. 2013헌마838).

8. **초·중등학교의 교과용 도서를 편찬하거나 검정 또는 인정하는 경우에 표준어 규정에 의하도록 한 부분**은 부모의 자녀교육권을 침해하는 것이라 보기 어렵다(헌재 2009.5.28. 2006헌마618).

9. **초·중등학교에서 한자교육을 선택적으로 받도록 한 '초·중등학교 교육과정'의 한자관련 고시**는 학생들의 자유로운 인격발현권이나 부모의 자녀교육권을 침해한다고 볼 수는 없다(헌재 2016.11.24. 2012헌마854).

10. **'2018학년도 대학수학능력시험 시행기본계획'**은 성년의 자녀를 둔 부모의 자녀교육권을 제한한다고 볼 수 없으므로, 성년의 자녀를 둔 청구인에 대해서는 기본권 침해 가능성이 인정되지 않는다(헌재 2018.2.22. 2017헌마691).

05 행복추구권의 효력

행복추구권은 대국가적 효력뿐 아니라 대사인적 효력도 인정된다.

06 행복추구권의 제한

행복추구권도 국가안전보장, 질서유지 또는 공공복리를 위하여 제한될 수 있다.

⚖ 판례 | 행복추구권 제한 여부

행복추구권 제한인 것

1. **과외교습을 금지한 학원법**
   제한되는 기본권은, 배우고자 하는 아동과 청소년의 인격의 자유로운 발현권, 자녀를 가르치고자 하는 부모의 교육권, 과외교습을 하고자 하는 개인의 직업선택의 자유 및 행복추구권이다(헌재 2000.4.27. 98헌가16).

2. **EBS 교재를 70% 반영하겠다는 18학년도 수능시행기본계획**
   자신의 교육에 관하여 스스로 결정할 권리, 즉 교육을 통한 자유로운 **인격발현권**을 제한받는 것으로 볼 수 있다. 한편, 청구인들은 심판대상계획으로 인해 교육을 받을 권리가 침해된다고 주장하지만, 심판대상계획이 헌법 제31조 제1항의 능력에 따라 **균등하게 교육을 받을 권리를 직접 제한한다고 보기는 어렵다.** 심판대상계획이 추구하는 학교교육 정상화와 사교육비 경감이라는 공익은 매우 중요한 반면, 수능시험을 준비하는 사람들이 안게 되는 EBS 교재를 공부하여야 하는 부담은 상대적으로 가벼우므로, 심판대상계

획은 법익균형성도 갖추었다. 따라서 심판대상계획은 수능시험을 준비하는 청구인들의 교육을 통한 자유로운 인격발현권을 침해한다고 볼 수 없다(헌재 2018.2.22. 2017헌마691).

비교 고졸검정고시 또는 고등학교 입학자격 검정고시에 합격했던 자는 해당 검정고시에 다시 응시할 수 없도록 응시자격을 제한한 전라남도 교육청 공고: 청구인은 행복추구권, 자기결정권 등의 침해에 대하여도 주장하고 있으나, 이 사건과 가장 밀접한 관련을 가지고 핵심적으로 다투어지는 사항은 교육을 받을 권리이므로, 이하에서는 이 사건 응시제한이 <u>교육을 받을 권리</u>를 침해하는지 여부를 판단하기로 한다(헌재 2012.5.31. 2010헌마139).

3. **술에 취한 상태로 도로 외의 곳에서 운전하는 것을 금지하고** 이에 위반했을 때 처벌하도록 하고 있으므로 일반적 행동의 자유를 제한한다(헌재 2016.2.25. 2015헌가11).

4. **이륜자동차의 고속도로 등 통행금지**
이륜자동차 운전자가 이를 이용하여 고속도로 등을 통행할 수 있는 자유를 제한당하고 있다. 이는 행복추구권에서 우러나오는 <u>일반적 행동의 자유를 제한하는 것이다</u>(헌재 2013.6.27. 2012헌바378).

5. **'카메라나 그 밖에 이와 유사한 기능을 갖춘 기계장치를 이용하여 성적 욕망 또는 수치심을 유발할 수 있는 다른 사람의 신체를 그 의사에 반하여 촬영한 자'와 미수범을 처벌하는 '성폭력범죄의 처벌 등에 관한 특례법'** <u>미수범처벌 조항과 가장 밀접한 기본권은 일반적 행동자유권이다.</u> 일반적 행동자유권의 침해 여부를 중심으로, 미수범처벌 조항이 카메라등이용촬영죄의 미수범을 처벌하는 것이 과잉금지원칙에 위배되는지를 살펴본다(헌재 2019.11.28. 2017헌바182).

6. **전동킥보드의 최고속도는 25km/h를 넘지 않아야 한다고 규정한 '안전확인대상생활용품의 안전기준'**
심판대상조항은 청구인의 소비자로서의 자기결정권 및 일반적 행동자유권을 제한할 뿐, <u>그 외에 신체의 자유와 평등권을 침해할 여지는 없다.</u> 따라서 이하에서는 심판대상조항이 과잉금지원칙을 위반하여 소비자의 자기결정권 및 일반적 행동자유권을 침해하는지 여부만을 판단한다(헌재 2020.2.27. 2017헌마1339).

7. **성폭력 치료프로그램 이수명령**
이수명령은 청구인에게 성폭력 치료프로그램의 이수의무를 부과함에 그치고 신체를 구금하는 등의 방법으로 성폭력 치료프로그램 이수를 강제하는 것은 아니어서 <u>신체의 자유를 제한한다고 볼 수 없다.</u> 따라서 이수명령조항이 과잉금지원칙에 위배되어 청구인의 일반적 행동자유권을 침해하는지 여부를 살펴본다(헌재 2016.12.29. 2016헌바153).

8. **형의 집행을 유예하면서 사회봉사를 명할 수 있도록 한 형법**
이 사건 법률조항에 의하여 형의 집행유예와 동시에 사회봉사명령을 선고받은 청구인은 자신의 의사와 무관하게 사회봉사를 하지 않을 수 없게 되어 헌법 제10조의 행복추구권에서 파생하는 일반적 행동의 자유를 제한받게 된다(헌재 2012.3.29. 2010헌바100).

9. **못된 장난 등으로 다른 사람, 단체 또는 공무수행 중인 자의 업무를 방해한 사람을 20만원 이하의 벌금, 구류 또는 과료로 처벌하는 '경범죄 처벌법'은 의사표현을 직접 제한하는 조항이 아니고** 심판대상조항에 의하여 주로 제한되는 기본권은 일반적 행동자유권이라고 할 것이다(헌재 2022.11.24. 2021헌마426).

행복추구권 제한이 아닌 것

1. **인천 공항고속도로 통행료**
공항고속도로 통행료는 공항고속도로를 이용함으로써 얻을 수 있는 현저한 이익의 대가로 보아야 하므로 그 납부는 청구인들 스스로의 선택에 따른 것으로 보아야 한다. 그렇다면 심판대상조항으로 인하여 청구인들의 일반적 행동자유권이 제한된 것으로 볼 수 없다(헌재 2005.12.22. 2004헌바64).

2. 급부청구권 제한

헌법 제10조의 행복추구권은 국민이 행복을 추구하기 위하여 필요한 <u>급부를 국가에게 적극적으로 요구할 수 있는 것을 내용으로 하는 것이 아니라</u>, 국민이 행복을 추구하기 위한 활동을 국가권력의 간섭 없이 자유롭게 할 수 있다는 포괄적인 의미의 자유권으로서의 성격을 가지는데, 이 사건 규정은 보상금수급권에 대한 일정 요건하의 지급정지를 규정하고 있는 것으로 <u>자유권이나 자유권의 제한영역에 관한 규정이 아니므로</u>, 국가 등의 양로시설 등에 입소하는 국가유공자에게 부가연금, 생활조정수당 등의 지급을 정지하도록 한 국가유공자등예우및지원에관한법률이 행복추구권을 침해한다고 할 수는 없다(헌재 2000.6.1. 98헌마216).

07 다른 기본권과의 관계

1. 학설

어떤 자유와 권리에 대한 헌법적 근거에 대한 의문이 있을 경우 행복추구권을 우선적으로 적용해야 한다는 우선적 보장설, 다른 기본권과 행복추구권을 경합적으로 보장해야 한다는 보장경합설, 직접 적용할 기본권 조항이 없는 경우에만 행복추구권을 보충적으로 적용해야 한다는 보충적 보장설이 있는데, 개별적 기본권의 공동화방지와 행복추구권에의 안일한 도피방지를 위해 보충적 보장설이 타당하다.

2. 판례

기존 판례들은 경합적 보장설을 취한 판례가 많았는데, 최근에는 보충적 보장설에 가까운 입장이다. 행복추구권은 국가가 다른 개별적 자유권에 의하여 보호되지 않는 자유영역을 침해한 경우 비로소 기능한다.

> 📖 **판례정리**

행복추구권의 보충성

1. 기존 경합적 보장설을 취한 판례
치과전문의 관련 보건복지부장관의 입법부작위에 대해 헌법재판소는 직업의 자유, 행복추구권을 침해했다고 하였다(헌재 1998.7.16. 96헌마246).

2. 행복추구권을 적용하지 않은 판례(보충적 보장설)
① 행복추구권은 다른 기본권에 대한 보충적 기본권으로서의 성격을 지니므로, <u>공무담임권이라는 우선적으로 적용되는 기본권이 존재하여 그 침해 여부를 판단하는 이상</u>, **행복추구권 침해 여부를 독자적으로 판단할 필요가 없다**(헌재 2000.12.14. 99헌마112).
② 직업의 자유와 같은 개별 기본권이 적용되는 경우에는 <u>일반적 행동의 자유는 제한되는 기본권으로서 고려되지 아니한다</u>(헌재 2002.10.31. 99헌바76, 2000헌마505).
③ 주된 기본권인 재판청구권 등의 침해 여부를 판단하는 이상 인격권과 행복추구권을 별도로 판단하지 아니한다(헌재 2013.8.29. 2011헌마122).
④ 보호영역으로서의 '선거운동'의 자유가 문제되는 경우 표현의 자유 및 선거권과 일반적 행동자유권으로서의 행복추구권은 서로 특별관계에 있어 기본권의 내용상 특별성을 갖는 표현의 자유 및 선거권이 우선 적용된다고 할 것이므로, 행복추구권 침해 여부에 관하여 따로 판단할 필요는 없다(헌재 2009.3.26. 2006헌마526).

3. 행복추구권을 적용한 판례
기부금품의 모집행위는 행복추구권에 의하여 보호된다. 계약의 자유도 헌법상의 행복추구권에 포함된 일반적인 행동자유권으로부터 파생하므로, 계약의 자유 또한 행복추구권에 의하여 보호된다. 단체의 재정확보를 위한 모금행위가 단체의 결성이나 결성된 단체의 활동과 유지에 있어서 중요한 의미를 가질 수 있기 때문에 기부금품 모집행위의 제한이 결사의 자유에 영향을 미칠 수 있다는 것은 인정된다. 그러나 <u>결사의 자유에 대한 제한은 법 제3조가 가져오는 간접적이고 부수적인 효과일 뿐이다</u>. 법 제3조가 규율하려고 하는 국민의 생활영역은 기부금품의 모집행위이므로, 모집행위를 보호하는 기본권인 행복추구권이 우선적으로 적용된다. 청구인은 법 제3조가 재산권 행사의 자유를 침해한다고 주장하나, 법 제3조는 기부금품의 모집을 하고자 하는 자의 재산권 행사와는 전혀 무관할 뿐 아니라, 기부를 하고자 하는 자의 재산권 보장이란 관점에서 보더라도 기부를 하고자 하는 자에게는 기부금품의 모집행위와 관계없이 자신의 재산을 기부행위를 통하여 자유로이 처분할 수 있는 가능성은 법 제3조에 의한 제한에도 불구하고 변함없이 남아 있으므로, <u>법 제3조가 기부를 하고자 하는 자의 재산권 행사를 제한하지 아니한다</u>. 물론, 기부를 하려는 국민도 타인의 모집행위를 통하여 누가 어떤 목적으로 기부금품을 필요로 하는가를 인식함으로써 기부행위의 동기와 기회를 부여받는다는 사실은 인정되지만, 법에 의한 제한은 단지 기부행위를 할 기회만을 제한할 뿐 재산권의 자유로운 처분에 대한 제한을 하는 것은 아니다. 국가의 간섭을 받지 아니하고 자유로이 기부행위를 할 수 있는 기회의 보장은 헌법상 보장된 재산권의 보호범위에 포함되지 않는다. <u>그렇다면 법 제3조에 의하여 제한되는 기본권은 행복추구권이다</u>(헌재 1998.5.28. 96헌가5).

📖 판례정리

행복추구권 침해인 것

1. 군검찰의 무혐의 피의자에 대한 기소유예처분

항명죄가 성립하지 않음에도 불구하고 군검찰이 항명죄가 성립한다고 보고 기소유예처분한 것은 청구인의 평등권과 행복추구권을 침해한다고 보았다(헌재 1989.10.27. 89헌마56).

2. 기소유예처분

청구인의 뜸 시술행위는 법질서 전체의 정신이나 그 배후에 놓여 있는 사회윤리 내지 사회통념에 비추어 용인될 수 있는 행위에 해당한다고 볼 수 있으므로 이는 사회상규에 위배되지 아니하는 행위로서 위법성이 조각된다고 볼 여지가 많음에도 피청구인이 청구인의 행위가 정당행위에 해당하는지 여부에 관하여 수사와 판단을 제대로 하지 아니한 채 청구인의 행위를 유죄로 인정하여 기소유예처분을 한 것은 청구인의 평등권과 행복추구권을 침해한 것이라고 할 것이다(헌재 2011.11.24. 2008헌마627).

3. 4층 이상의 모든 건물을 화재보험에 강제 가입

계약자유의 원칙도 여기의 일반적 행동자유권으로부터 파생되는 것이라 할 것이며, 이는 헌법 제119조 제1항의 개인의 경제상의 자유의 일종이기도 하다. 화재가 발생하여도 대량재해의 염려가 없는 소규모의 하찮것 없는 4층 건물이라도 보험가입이 강제된다. 따라서 필요 이상으로 계약의 자유를 제한하는 법률이므로 과잉금지원칙에 위반된다(헌재 1991.6.3. 89헌마204).

4. 18세 미만의 당구장 출입금지

당구는 올림픽에서 정식경기종목으로 채택되어 있었던 사정 등을 감안하면 당구는 운동임이 분명하므로 당구장출입에 연령제한을 둔 것은 합리적 이유가 없으므로 당구장영업자에게 18세 미만 출입자 금지 표시의무를 부과한 것은 평등권, 직업선택의 자유 침해이다. 18세 미만 자의 행복추구권에 대한 침해이기도 하다(헌재 1993.5.13. 92헌마80).

비교 18세 미만 자의 노래연습장 출입금지: 직업행사의 자유와 18세 미만의 청소년들의 행복추구권을 침해한 것이라고 할 수 없다(헌재 1996.2.29. 94헌마13).

5. 경조기간 중 주류접대금지 (헌재 1998.10.15. 98헌마168)

① 결혼식 등에 당사자가 하객에게 주류와 음식물을 접대한 행위는 행복추구권에 포함되는 일반적 행동의 자유권으로써 보호되어야 할 기본권이다.

② '합리적인 범위 안'이란 개념도 주류 및 음식물을 어떻게 어느만큼 접대하는 것이 합리적인 범위인지를 일반국민이 판단하기란 어려울 뿐 아니라 그 대강을 예측하기도 어렵다. 이 사건 규정은 결국 죄형법정주

의의 명확성원칙을 위배하여 청구인의 일반적 행동자유권을 침해하였다.

6. 공정거래법 위반사실 공표명령 (헌재 2002.1.31. 2001헌바43)

① 이 사건 법률조항은 인격 형성과는 관계없는 것이므로 **양심의 자유** 침해문제가 발생하지 아니한다.

② 확정판결 전에 법 위반사실을 공정거래위원회가 부과하도록 하는 이 사건 법률은 법 위반사실의 공표 후 만약 법원이 법 위반이 아니라는 무죄판결을 선고하는 경우 법 위반사실의 공표를 통하여 실현하려는 공익은 전무한 것이 되므로 법익균형성 원칙에 위반되어 **일반적 행동의 자유권과 명예권** 침해이다.

7. 미결수용자의 면회횟수를 주 2회로 제한한 군행형법 시행령 제43조

이 사건 시행령 규정이 미결수용자의 면회횟수를 매주 2회로 제한하고 있는 것은 행형법에 근거가 없이 접견교통권을 제한하는 것이므로 헌법 제37조 제2항 및 제75조에 위반된 기본권 제한으로써 접견교통권 침해이다 (헌재 2003.11.27. 2002헌마193).

8. 혼인빙자간음죄

이 사건 법률조항은 남녀평등의 사회를 지향하고 실현해야 할 국가의 헌법적 의무(헌법 제36조 제1항)에 반하는 것이자, 여성을 유아시(幼兒視)함으로써 여성을 보호한다는 미명 아래 사실상 국가 스스로가 여성의 성적 자기결정권을 부인하는 것이 된다. 이 사건 법률조항의 경우 형벌규정을 통하여 추구하고자 하는 <u>목적 자체가 헌법에 의하여 허용되지 않는 것으로서</u> 목적의 정당성이 인정되지 않는다고 할 것이다(헌재 2009.11.26. 2008헌바58 전원재판부).

9. 서울광장 통행제지 (헌재 2011.6.30. 2009헌마406)

① **제한되는 기본권**: 이 사건에서 서울광장이 청구인들의 생활형성의 중심지인 거주지나 체류지에 해당한다고 할 수 없고, <u>서울광장에 출입하고 통행하는 행위가</u> 그 장소를 중심으로 생활을 형성해 나가는 행위에 속한다고 볼 수도 없으므로 청구인들의 **거주·이전의 자유**가 제한되었다고 할 수 없다. **공물을 사용·이용하게 해달라고 청구할 수 있는 권리는** 청구인들의 주장 자체에 의하더라도 청구권의 영역에 속하는 것이므로 이러한 권리가 포괄적인 자유권인 **행복추구권에 포함된다고 할 수 없다.** 일반 공중에게 개방된 장소인 서울광장을 개별적으로 통행하거나 서울광장에서 여가활동이나 문화활동을 하는 것은 **일반적 행동자유권의 내용**으로 보장됨에도 불구하고, 피청구인이 이 사건 통행제지행위에 의하여 청구인들의 이와 같은 행위를 할 수 없게 하였으므로 청구인들의 일반적 행동자유권의 침해 여부가 문제된다.

② **일반적 행동자유권의 침해**: 서울광장 주변에 노무현 전 대통령을 추모하는 사람들이 많이 모여 있었다거나 일부 시민들이 서울광장 인근에서 불법적인 폭력행위를 저지른 바 있다고 하더라도 그것만으로 폭력행위일로부터 4일 후까지 이러한 조치를 그대로 유지해야 할 급박하고 명백한 불법·폭력 집회나 시위의 위험성이 있었다고 할 수 없으므로 일반 시민들이 입은 실질이고 현존하는 불이익에 비하여 결코 크다고 단정하기 어려우므로 법익의 균형성 요건도 충족하였다고 할 수 없다. 따라서 이 사건 통행제지행위는 과잉금지원칙을 위반하여 청구인들의 일반적 행동자유권을 침해한 것이다.

10. 치과전문의자격시험 입법부작위

행복추구권, 직업의 자유, 평등권 침해이다(직업의 자유 참조).

11. 상속인이 3월 이내 한정승인 또는 상속포기하지 아니한 경우 단순 승인한 것으로 의제하는 것

행복추구권, 재산권, 평등권 침해이다(재산권 참조).

12. 원칙적으로 과외를 금지한 학원법 제3조

부모의 자녀교육권과 학생의 인격발현권 침해이다.

13. 임대차존속기간을 20년으로 제한한 민법

건축기술이 발달된 오늘날 견고한 건물에 해당하는지 여부가 임대차존속기간 제한의 적용 여부를 결정하는 기준이 되기에는 부적절하다. 이 사건 법률조항은 입법취지가 불명확하고, 사회경제적 효율성 측면에서 일정한 목적의 정당성이 인정된다 하더라도 과잉금지원칙을 위반하여 계약의 자유를 침해한다(헌재 2013.12.26. 2011헌바234).

14. 전국기능경기대회에서 입상한 자 다음 대회 참가금지

전국기능경기대회 입상자 중 해당 종목 '1, 2위 상위 득점자'가 아닌 나머지 입상자는 국제기능올림픽 대표선발전에도 출전할 수 없으므로, 전국기능경기대회 입상자의 국내기능경기대회 재도전 금지는 결국 국제기능올림픽 대표선발전에 출전할 기회까지 봉쇄하는 결과가 된다. 따라서 이 사건 시행령조항이 전국기능경기대회 입상자의 국내기능경기대회 참가를 전면적으로 금지하는 것은 입법형성권의 한계를 넘어선 것으로서 청구인들의 행복추구권을 침해한다(헌재 2015.10.21. 2013헌마757).

15. 4·16세월호참사 피해구제 및 지원 등을 위한 특별법

배상금 등을 지급받으려는 신청인으로 하여금 "4·16세월호참사에 관하여 어떠한 방법으로도 일체의 이의를 제기하지 않을 것임을 서약합니다."라는 내용이 기재된 배상금 등 동의 및 청구서를 제출하도록 규정한 세월호피해지원법 시행령: 세월호피해지원법 제15조 제2항의 위임에 따라 시행령으로 규정할 수 있는 사항은 지급신청이나 지급에 관한 기술적이고 절차적인 사항일 뿐이다. 이의제기금지조항은 법률유보원칙을 위반하여 법률의 근거 없이 대통령령으로 청구인들에게 세월호참사와 관련된 일체의 이의제기금지의무를 부담시킴으로써 일반적 행동의 자유를 침해한다(헌재 2017.6.29. 2015헌마654).

16. 생수판매금지고시

생수의 국내시판을 불허하는 보건사회부고시는 헌법상 보장된 직업의 자유와 행복추구권 그리고 환경권을 침해하는 것이므로 무효이다(대판 1994.3.8. 92누1728).

17. 누구든지 금융회사 등에 종사하는 자에게 거래정보 등의 제공을 요구하는 것을 금지하고, 위반시 형사처벌하는 금융실명법

금융거래의 역할이나 중요성에 비추어 볼 때 그 비밀을 보장할 필요성은 인정되나, 금융거래는 금융기관을 매개로 하여서만 가능하므로 금융기관 및 그 종사자에 대하여 정보의 제공 또는 누설에 대하여 형사적 제재를 가하는 것만으로도 금융거래의 비밀은 보장될 수 있다. 그럼에도 심판대상조항은 정보제공요구의 사유나 경위, 행위 태양, 요구한 거래정보의 내용 등을 전혀 고려하지 아니하고 일률적으로 금지하고, 그 위반시 형사처벌을 하도록 하고 있다. 이는 입법목적을 달성하기 위하여 필요한 범위를 넘어선 것으로 최소침해성의 원칙에 위반된다. 심판대상조항은 과잉금지원칙에 반하여 일반적 행동자유권을 침해하므로 헌법에 위반된다(헌재 2022.2.24. 2020헌가5).

📖 **판례정리**

행복추구권 침해가 아닌 것

1. 전투경찰 순경에게 시위진압을 명하는 것

국방의무 중 간접적인 병력 형성의무는 전투경찰 순경으로 근무하는 것도 포함하므로 현역병으로 입영한 자를 전투경찰 순경으로 전임시킬 수 있도록 한 것은 행복추구권 및 양심의 자유를 침해한 것으로 볼 수 없다. 또한 전투경찰대의 임무에는 대간첩 작전의 수행뿐 아니라 치안업무의 보조도 포함하고 있으므로 전투경찰대원에게 시위진압을 명령한 것은 넓은 의미의 국방의무를 수행하기 위하여 경찰공무원의 신분을 가지게 된 청구인의 행복추구권 및 양심의 자유를 침해했다고 볼 수 없다(헌재 1995.12.28. 91헌마80).

2. 국산영화 의무상영

입법권자가 국내의 영화시장을 수요와 공급의 법칙만에 의하여 방치할 경우 외국영화에 의한 국내 영화시장의 독점이 초래되고, 국내 영화의 제작업은 황폐하여진 상태에서 외국영화의 수입업과 이를 상영하는 소비시장만이 과도히 비대하여질 우려가 있다는 판단하에서, 이를 방지하고 균형 있는 영화산업의 발전을 위하여 국산영화의무상영제를 둔 것이므로, 이를 들어 우리 헌법의 경제질서에 반한다고는 볼 수 없으며, 헌법이 보장하는 **행복추구권이 공동체의 이익과 무관하게 무제한의 경제적 이익의 도모를 보장하는 것이라고는 볼 수 없으므로**, 위와 같은 경제적 고려와 공동체의 이익을 위한 목적에서 비롯된 국산영화의무상영제가 바로 청구인들의 행복추구권을 침해한 것이라고 보기도 어렵다(헌재 1995.7.21. 94헌마125).

3. 소유권이전등기의무 부과

소유권이전등기신청을 의무화하고 그 위반에 대하여 과태료를 부과하도록 한 부동산등기특별조치법 제11조 제1항은 부동산투기를 억제하기 위한 불가피한 입법조치로서 과잉금지원칙에 어긋난다고 볼 수 없다(헌재 1998.5.28. 96헌바83).

4. 음주측정의무 부과 (헌재 1997.3.27. 96헌가11)

① 도로교통법 제41조 제2항에서 규정하고 있는 주취 여부의 '측정'이라 함은 혈중알콜농도를 수치로 나타낼 수 있는 과학적 측정방법, 그중에서도 호흡을 채취하여 그로부터 주취의 정도를 객관적으로 환산하는 측정방법, 즉 호흡측정기에 의한 음주측정을 뜻한다.

② 이 사건 법률조항은 위 여러 요소들을 고려한 것으로서 추구하는 목적의 중대성(음주운전 규제의 절실성), 음주측정의 불가피성(주취운전에 대한 증거확보의 유일한 방법), 국민에게 부과되는 부담의 정도(경미한 부담, 간편한 실시), 음주측정의 정확성 문제에 대한 제도적 보완(혈액채취 등의 방법에 의한 재측정 보장), 처벌의 요건과 처벌의 정도 등에 비추어 합리성과 정당성을 갖추고 있으므로 헌법 제12조 제1항의 적법절차원칙에 위배된다고 할 수 없다.

③ 이 사건 법률조항은 헌법 제10조에 규정된 행복추구권에서 도출되는 일반적 행동의 자유를 침해하는 것이라고도 할 수 없다.

5. 음주측정 거부자에 대한 면허취소

음주측정은 음주운전을 단속하기 위한 불가피한 전치적(前置的) 조치라고 인정되므로 경찰관의 음주측정요구에 응하는 것은 법률이 운전자에게 부과한 정당한 의무라고 할 것이고 법률이 부과한 이러한 정당한 의무의 불이행에 대하여 이 정도의 제재를 가하는 것은 양심의 자유나 행복추구권 등에 대한 침해가 될 수 없다 (헌재 2004.12.16. 2003헌바87).

6. 교통사고로 구호조치와 신고를 하지 아니한 경우 필요적 운전면허 취소하도록 한 도로교통법

이 사건 법률조항은 헌법 제37조 제2항의 과잉금지의 원칙에 위배되지 아니하고, 헌법 제10조의 국민의 행복추구권과 헌법 제15조의 직업선택의 자유를 침해하는 것이라고 할 수 없으므로, 헌법에 위반되지 아니한다(헌재 2002.4.25. 2001헌가19 · 20).

유사 교통사고로 사람을 사상한 후 필요한 조치를 하지 아니한 경우 운전면허를 취소 또는 정지시킬 수 있도록 한 구 도로교통법: 과잉금지원칙에 반하여 일반적 행동의 자유 또는 직업의 자유를 침해한다고 할 수 없다(헌재 2019.8.29. 2018헌바4).

유사 음주운전을 하여 자동차로 사람을 사상한 후 피해자를 구호하지 않고 도주하면 자동차운전면허를 취소함은 물론, 5년간 면허시험도 응시하지 못하도록 하는 도로교통법은 국민의 행복추구권과 헌법 제15조의 직업선택의 자유를 침해하는 것이라고 할 수 없으므로, 헌법에 위반되지 아니한다(헌재 2002.4.25. 2001헌가19).

7.
3회 음주운전시 운전면허취소는 과잉금지의 원칙에 반하여 직업의 자유 내지 일반적 행동의 자유를 침해하지 아니한다(헌재 2006.5.25. 2005헌바91).

8.
음주운전의 경우 운전의 개념에 '도로 외의 곳'을 포함하도록 한 도로교통법은 일반적 행동의 자유를 침해하지 아니한다(헌재 2016.2.25. 2015헌가11).

9.
'음주운전으로 벌금 이상의 형을 선고받은 날부터 5년 이내에 다시 음주운전으로 벌금 이상의 형을 선고받고 그 집행이 종료(집행이 종료된 것으로 보는 경우를 포함한다)되거나 면제된 날부터 5년이 지나지 아니한 사람'에 대해 총포소지허가의 결격사유를 정한 '총포 · 도검 · 화약류 등의 안전관리에 관한 법률'은 과잉금지원칙에 반하여 직업의 자유 및 일반적 행동의 자유를 침해한다고 볼 수 없다(헌재 2018.4.26. 2017헌바341).

10. 이륜차 고속도로 통행금지 (헌재 2008.7.31. 2007헌바90)

① **일반적 행동의 자유 제한**: 이륜차를 이용하여 고속도로 등을 통행할 수 있는 자유를 제한당하고 있다. 이는 행복추구권에서 우러나오는 일반적 행동의 자유를 제한하는 것이다. 그러나 이 사건 법률조항이 청구인들의 **거주 · 이전의 자유를 제한한다고 보기는 어렵다**(헌재 2007.1.17. 2005헌마1111).

② **직업의 자유 침해 여부**: 이 사건 법률조항은 이륜자동차 운전자가 고속도로 등을 통행하는 것을 금지하고 있을 뿐, 퀵서비스 배달업의 **직업수행행위**를 직접적으로 제한하는 것이 아니고, 이로 인하여 청구인들이 퀵서비스 배달업의 수행에 지장을 받는 점이 있다고 하더라도, 그것은 고속도로 통행금지로 인하여 발생하는 간접적·사실상의 효과일 뿐이므로 이 사건 법률조항은 청구인들의 직업수행의 자유를 침해하지 않는다.

③ **행복추구권 침해 여부**: 이 사건 법률조항은 이륜차의 구조적 특성에서 비롯되는 사고위험성과 사고결과의 중대성에 비추어 이륜차 운전자의 안전 및 고속도로 등 교통의 신속과 안전을 위하여 이륜차의 고속도로 등 통행을 금지하기 위한 것이므로 입법목적은 정당하고, 이 사건 법률조항이 이륜차의 고속도로 등 통행을 전면적으로 금지한 것도 입법목적을 달성하기 위하여 필요하고 적절한 수단이라고 생각된다.

11. 요트조종면허제

기상악화 및 운항 부주의로 인한 요트사고들이 보고되고 있는바, 무동력 요트와는 달리 동력수상레저기구에 해당하는 요트의 조종에 있어서는 수상안전과 질서를 위하여 일정한 지식과 기술이 필요하다고 본 입법자의 평가가 잘못된 것이라 볼 수 없다(헌재 2008.4.24. 2006헌마954).

12. 공중시설에서 흡연금지는 과잉금지원칙에 위반되지 아니한다(헌재 2004.8.26. 2003헌마457).

13. 대마흡연금지는 행복추구권을 침해하는 것이라고 할 수는 없다(헌재 2005.11.24. 2005헌바46).

14. 국가양로시설에 입소한 국가유공자에 대한 부가연금의 지급정지

행복추구권은 급부를 국가에게 적극적으로 요구할 수 있는 권리가 아니라 국가의 간섭 없이 행복을 추구하기 위한 활동을 자유롭게 할 수 있다는 자유권의 성질을 가지는데, 이 사건 규정은 보상금수급권에 대한 지급정지를 규정하고 있는 것으로 자유권이나 자유권의 제한영역에 대한 규정이 아니므로 행복추구권 침해라고 할 수 없다(헌재 2000.6.1. 98헌마216).

15. 분만급여의 범위상한기준

법률에 근거하여 보건복지부장관이 고시한 기준에 분만급여를 2자녀까지 한정했다 하더라도 이는 분만급여의 확대 시행과정에서 나타난 사정이고 고시의 위헌 여부는 별론으로 하고 이 사건 법률조항에 의하여 행복추구권이 침해되었다고 할 수 없다(헌재 1997.12.24. 95헌마390).

16. 수질개선부담금

먹는 샘물을 마시는 사람은 유한한 환경재화인 지하수를 소비하는 사람이므로 이들에 대하여 환경보전에 대한 비용을 부담하게 할 수도 있는 것이므로 동 법률조항으로 인하여 국민이 마시고 싶은 물을 자유롭게 선택할 권리를 빼앗겨 행복추구권을 침해받는다고 할 수 없다(헌재 1998.12.24. 98헌가1).

17. 유료도로의 사용료징수

청구인들은 인천국제공항도로를 사용하도록 강제된 것이 아니고, 청구인들의 선택에 따라 이용할 수 있으므로 이 사건 심판대상은 일반적 행동자유권 제한으로 볼 수 없다(헌재 2005.12.22. 2004헌바64).

18. 알선수재죄

공무원의 직무수행의 공정성을 위해 공무원이 실제 불공정한 행위를 하지 않았어도 금품수수행위 자체로 처벌을 하고 있다고 하더라도 이것이 지나치게 과도하다고 할 수 없다(헌재 2005.11.24. 2003헌바108).

19. 기부금품의 모집허가제

기부금품의 과잉모집이나 적정하지 못한 사용을 방지할 목적으로 일반적·상대적 금지를 전제로 하여 법률상 요건이 충족되면 자연적 자유를 회복시키는 통상의 허가가 이루어지도록 한 규정으로 해석함이 상당하고, 따라서 법상 기부금품의 모집과 관련한 다른 구체적인 허가의 요건에 관한 규정이 없는 이상 허가권자로서는 법 제4조 제2항이 허가의 대상으로 정한 사업에 대하여 기부금품 모집허가 신청이 있는 때에는 이를 허가하여야 할 것이다. 기속적인 기부금품 모집허가를 규정하고, 기부금품 모집을 허가해야 할 사업의 범위를 넓게 규정하면서 일반조항을 통하여 대부분의 공익사업에 대한 기부금품 모집이 가능하도록 하고 있는 점 등을 고려할 때 기본권의 최소침해성 원칙이나 법익균형성 원칙에 반한다고 보기도 어렵다. 따라서 이 사건 허가조항은 헌법 제37조 제2항의 과잉금지원칙에 위반하여 기부금품을 모집할 일반적 행동의 자유를 침해하지 않는다(헌재 2010.2.25. 2008헌바83).

비교 **허가요건을 규정하고 있지 않은 기부금품 허가제**: 우선적으로 제한되는 기본권은 결사의 자유가 아니라 행복추구권이다. 기부금품을 모집하는 행위는 행복추구권에서 보호되나 국가의 간섭을 받지 아니하고 자유로이 기부행위를 할 수 있는 기회보장은 재산권에서 보호되는 것은 아니다. 기부금품 모집을 허가제로 하면서 허가요건을 법에 규정하지 아니하여 허가 여부를 오로지 행정청의 자유재량에 맡김으로써 국민에게 허가를 청구할 법적 권리를 부여하지 아니하고 있는 이 사건 법률조항은 행복추구권 침해이다(헌재 1998.5.28. 96헌가5).

20. 공문서와 공교육의 교과용 도서에 표준어를 사용하도록 한 것은 공익과 사익 사이에 적절한 균형을 이루는 입법이라 할 것이다(헌재 2009.5.28. 2006헌마618).

21. 이름에 사용하는 한자 제한하는 것은 가족관계등록업무의 전산화를 통한 행정업무의 효율성 제고라는 공익과의 형량에 있어서도 법익 간의 비례관계를 유지하고 있다고 볼 수 있다(헌재 2016.7.28. 2015헌마964).

22. **한자 내지 한문을 필수과목으로 하지 않았다고 하여** 학생들의 자유로운 인격발현권 및 부모의 자녀교육권을 침해한다고 볼 수 없다(헌재 2016.11.24. 2012헌마854).

23. **교도소 내 화상접견시간**

대전교도소장이 7회에 걸쳐 청구인에게 **화상접견시간을 각 10분 내외로 부여한 것**은 당시 대전교도소의 인적·물적 접견설비의 범위 내에서 다른 수형자와 미결수용자의 접견교통권도 골고루 적절하게 보장하기 위한 행정목적에 따른 합리적인 필요최소한의 제한이었다 할 것이고, 과잉금지원칙에 위반하여 청구인의 헌법상 기본권을 침해한 것이라고는 볼 수 없다(헌재 2009.9.24. 2007헌마738).

24. 문화재청장이나 시·도지사가 지정한 문화재, 도난물품 또는 유실물(遺失物)인 사실이 공고된 문화재 및 출처를 알 수 있는 중요한 부분이나 기록을 인위적으로 훼손한 문화재의 선의취득을 배제하는 문화재보호법

이 사건 선의취득 배제 조항이 일정한 동산문화재에 대하여 무권리자로부터의 소유권 취득을 부정하는 것은 그 대상이 되는 문화재의 양도인과 양수인 사이의 거래행위 그 자체의 내용, 방식, 효력에 대하여 직접적인 제약을 가하는 것은 아니므로, 이로 인해 동산문화재를 목적물로 하는 청구인의 계약의 자유가 침해된다고 볼 수는 없다(헌재 2009.7.30. 2007헌마870).

비교 **도굴된 문화재 사건** (헌재 2007.7.26. 2003헌마377)

① 본인의 문화재의 보유·보관행위 이전에 타인이 한 당해 문화재에 관한 **도굴 등이 처벌되지 아니하여도, 본인이 그 정을 알고 보유·보관하는 경우 처벌하도록 규정한 구 문화재보호법**은 특히 선의취득 등 사법상 보유권한의 취득 후에 도굴 등이 된 정을 알게 된 경우까지 처벌의 대상으로 삼고 있는바, 이는 위 법의 입법목적이 당해 문화재의 보유·보관자에 대한 신고의무나 등록의무의 부과 및 그 위반에 대한 제재를 통하여도 달성 가능하다는 점 등을 고려할 때 침해의 최소성에 반한다.

② **은닉, 보유·보관된 당해 문화재의 필요적 몰수를 규정한 문화재보호법**은 적법한 보유권한의 유무 등에 관계없이 필요적 몰수형을 규정한 것은 형벌 본래의 기능과 목적을 달성함에 있어 필요한 정도를 현저히 일탈하여 지나치게 과중한 형벌을 부과하는 것으로 책임과 형벌 간의 비례원칙에 위배된다.

25. 학원교습시간제한은 학생의 인격의 자유로운 발현권, 자녀교육권 및 직업수행의 자유를 침해하였다고 볼 수 없다(헌재 2009.10.29. 2008헌마454).

26. **형의 집행을 유예하면서 사회봉사명령**

이 사건 법률조항은 범죄인에게 근로를 강제하여 형사 제재적 기능을 함과 동시에 사회에 유용한 봉사활동을 통하여 사회와 통합하여 재범방지 및 사회복귀를 용이하게 하려는 것으로서 이에 근거하여 부과되는 사회봉사명령이 자유형 집행의 대체수단으로서 자유형의 집행으로 인한 범죄인의 자유의 제한을 완화하여 주기 위한 수단인 점, 기간이 500시간 이내로 제한되어 있는 점 등을 종합하여 보면 과잉금지원칙에 위배되지 아니한다(헌재 2012.3.29. 2010헌바100).

27. **교도소 인원점검을 하면서 차례로 번호를 외치도록 한 행위**는 인격권과 일반행동의 자유 침해가 아니다(헌재 2012.7.26. 2011헌마332).

28. ○○교도소장이 **수용자의 동절기 취침시간**을 21:00으로 정한 행위는 수용자인 청구인의 일반적 행동자유권을 침해하지 않는다(헌재 2016.6.30. 2015헌마36).

29. **이동전화 식별번호 010으로 통합** (헌재 2013.7.25. 2011헌마63)
    ① **2세대 · 3세대 통신서비스 등 사이의 번호이동을 010사용자에 한해 허용하도록 한** 방송통신위원회의 이행명령으로 청구인들의 인격권, 개인정보자기결정권, 재산권이 제한된다고 볼 수 없다.
    ② **이 사건 이행명령이 청구인들의 행복추구권을 침해하는지 여부(소극)**: 청구인들은 오랜 기간 동일한 이동전화번호를 사용해 온 사람으로서 번호를 바꾸게 하는 것은 이동전화번호를 계속 사용하고자 하는 청구인들의 행복추구권이 침해될 수도 있다. 번호 통합은 충분한 번호자원을 확보하고, 식별번호의 브랜드화 문제를 해결하기 위한 것으로서 그 필요성을 인정할 수 있으므로 합리적 이유 없이 청구인들의 행복추구권을 침해한다고 볼 수 없다.

30. **학교폭력징계에 대한 재심** (헌재 2013.10.24. 2012헌마832)
    ① **학교폭력예방법이 가해학생 측에 전학과 퇴학처럼 중한 조치에 대해서만 재심을 허용하는 것**은 이에 대해 보다 신중한 판단을 할 수 있도록 하기 위함이고, 전학과 퇴학 이외의 조치들에 대해 재심을 불허하는 것은 학교폭력으로 인한 갈등 상황을 신속히 종결하여 해당 학생 모두가 빨리 정상적인 학교생활에 복귀할 수 있도록 하기 위함인바, 재심규정은 학부모의 자녀교육권을 지나치게 제한한다고 볼 수 없다.
    ② **학교폭력예방법에서 가해학생과 함께 그 보호자도 특별교육을 이수하도록 의무화한 것**은 가해학생 보호자의 일반적 행동자유권을 침해한다고 볼 수 없다.

31. **학교폭력예방법** (헌재 2023.2.23. 2019헌바93)
    ① **가해학생에 대한 조치로 학급교체를 규정한 구 학교폭력예방법**: 이 사건 학급교체조항은 학교폭력의 심각성, 가해학생의 반성 정도, 피해학생의 피해 정도 등을 고려하여 가해학생과 피해학생의 격리가 필요한 경우에 행해지는 조치로서 가해학생은 학급만 교체될 뿐 기존에 받았던 교육 내용이 변경되는 것은 아니다. 피해학생이 가해학생과 동일한 학급 내에 있으면서 지속적으로 학교폭력의 위험에 노출된다면 심대한 정신적, 신체적 피해를 입을 수 있으므로, 이 사건 학급교체조항이 가해학생의 일반적 행동자유권을 과도하게 침해한다고 보기 어렵다.
    ② **학부모대표가 전체위원의 과반수를 구성하고 있는 자치위원회에서 일정한 요건을 갖춘 경우 반드시 회의를 소집하여 가해학생에 대한 조치의 내용을 결정하게 하고 학교의 장이 이에 구속되도록 규정한 구 학교폭력예방법**: 이 사건 의무화 규정은 학교폭력의 축소 · 은폐를 방지하고 피해학생의 보호 및 가해학생의 선도교육을 위하여, 학부모들의 자치위원회 참여를 확대 보장하고 자치위원회의 회의소집과 가해학생에 대한 조치 요청, 학교의 장의 가해학생에 대한 조치를 모두 의무화한 것이다. 학부모들의 참여는 학교폭력의 부당한 축소 · 은폐를 방지하고 안전한 교육환경 조성에 기여할 수 있으며, 학부모 대표의 공정성 확보나 부족한 전문성을 보완할 수 있는 제도도 마련되어 있다. 또한 자치위원회의 가해학생에 대한 조치 요청이나 학교장의 조치는 모두 학교폭력 사실이 인정되는 것을 전제로 의무화된 것이고, 의무화 규정 도입 당시 학교 측의 불합리한 처리나 은폐가능성을 차단하고 학교폭력에 대한 교사와 학교의 책임을 강화하려는 사회적 요청이 있었으며, 가해학생 측에 의견진술 등 적정한 절차가 보장되고, 가해학생 측이 이에 불복하는 경우 민사소송이나 행정소송 등을 통하여 다툴 수 있다는 점 등을 고려하면, 이 사건 의무화 규정이 가해학생의 양심의 자유와 인격권, 일반적 행동자유권을 침해한다고 보기 어렵다.

32. **사회복지법인에 일정한 수의 외부추천이사를 선임할 것을 규정하는 사회복지사업법**은 사회복지법인의 투명성을 제고하고 기관 운영의 폐쇄성을 해소하기 위한 것이므로 사회복지법인의 법인운영의 자유를 침해하지 아니한다(헌재 2014.1.28. 2012헌마654).

33. **사용자로 하여금 2년을 초과하여 기간제근로자를 사용할 수 없도록 한** 심판대상조항은 전반적으로는 고용불안 해소나 근로조건 개선에 긍정적으로 작용하고 있다는 것을 부인할 수 없으므로 기간제근로자의 계약의 자유를 침해한다고 볼 수 없다(헌재 2013.10.24. 2010헌마219 · 265).

34. 16세 미만 청소년에게 오전 0시부터 오전 6시까지 인터넷게임의 제공을 금지하는 이른바 '강제적 셧다운제'를 규정한 구 청소년보호법은 인터넷게임 제공자의 직업수행의 자유, 여가와 오락활동에 관한 **청소년의 일반적 행동자유권** 및 부모의 자녀교육권을 **침해한다고 볼 수 없다**(헌재 2014.4.24. 2011헌마659).

35. 의무보험에 가입되어 있지 아니한 자동차운행금지는 자동차보유자인 청구인의 일반적 행동자유권, 계약의 자유, 재산권을 침해하지 않는다(헌재 2019.11.28. 2018헌바134).

36. 비어업인이 잠수용 스쿠버장비를 사용하여 수산자원을 포획·채취하는 것을 금지하는 수산자원관리법 시행규칙 제6조는 청구인의 일반적 행동의 자유를 침해하지 아니한다(헌재 2016.10.27. 2013헌마450).

37. "계속거래업자 등과 계속거래 등의 계약을 체결한 소비자는 계약기간 중 언제든지 계약을 해지할 수 있다. 다만, 다른 법률에 별도의 규정이 있거나 거래의 안전 등을 위하여 대통령령으로 정하는 경우에는 그러하지 아니하다."라고 규정한 방문판매 등에 관한 법률 제31조는 계속거래계약을 체결한 소비자에게 단서에서 정하는 예외적인 경우를 제외하고는 아무런 제한 없는 해지권을 부여함으로써, 과잉금지원칙에 위반하여 계속거래업자의 계약의 자유를 침해한다고 볼 수 없다[헌재 2016.6.30. 2015헌바371·391, 2016헌바15·24(병합)].

38. "협의상 이혼을 하려는 부부는 두 사람이 함께 등록기준지 또는 주소지를 관할하는 가정법원에 출석하여 협의이혼의사확인신청서를 제출하고 이혼에 관한 안내를 받아야 한다."라고 규정하여 **부부가 함께 법원에 직접 출석하여 협의이혼의사확인신청서를 제출하도록** 강제하는 가족관계의 등록에 관한 규칙 제73조 제1항은 협의이혼을 하려는 사람들의 일반적 행동자유권을 침해하지 않는다(헌재 2016.6.30. 2015헌마894).

39. **부정청탁 및 금품 등 수수의 금지에 관한 법률** (헌재 2016.7.28. 2015헌마236)
    ① **제한되는 기본권**: 사립학교 관계자의 교육의 자유나 사립학교 운영의 법적 주체인 학교법인만이 향유할 수 있는 **사학의 자유**를 제한하고 있지도 아니하다. 심판대상조항에 의하여 직접적으로 **언론의 자유와 사학의 자유가** 제한된다고 할 수는 없다.
    신고조항이 개인의 세계관·인생관·주의·신조 등이나 내심에서의 윤리적 판단을 고지대상으로 하는 것은 아니다. 따라서 신고조항과 제재조항이 청구인들의 **양심의 자유를** 직접 제한한다고 볼 수 없다. 이 부분 주장도 신고조항과 제재조항이 과잉금지원칙에 위배하여 청구인들의 **일반적 행동자유권을** 침해하고 있는지 여부를 판단하면서 함께 살펴본다.
    ② **배우자가 언론인 및 사립학교 관계자의 직무와 관련하여 수수 금지 금품 등을 받은 사실을 안 경우 언론인 및 사립학교 관계자에게 신고의무를 부과하는 청탁금지법**: 신고조항과 제재조항으로 달성하려는 공익은 배우자를 이용한 수수 금지 금품 등 제공의 우회적 통로를 차단함으로써 공정한 직무수행을 보장하고 사립학교 및 언론에 대한 국민의 신뢰를 확보하고자 하는 것으로 매우 중대하다. 반면, 신고조항과 제재조항에 의해 제한되는 사익은 배우자의 금품 등 수수사실을 알게 된 경우 신고하여야 한다는 것으로서 위와 같은 공익에 비해 더 크다고 보기 어렵다. 과잉금지원칙을 위반하여 청구인들의 일반적 행동자유권을 침해한다고 보기 어렵다.

40. 성폭력범죄자 신상정보 제출의무는 일반적 행동의 자유를 침해하지 아니한다(헌재 2016.7.28. 2016헌마109).

41. **아동·청소년 대상 성범죄자에게 1년마다 정기적으로 새로 촬영한 사진을 제출하도록 한** 구 '아동·청소년의 성보호에 관한 법률' 제34조 제2항 단서와 정당한 사유 없이 사진제출의무를 위반한 경우 형사처벌을 하도록 한 같은 법 제52조 제5항 제2호가 일반적 행동의 자유를 침해한다고 할 수 없다(헌재 2015.7.30. 2014헌바257).

42. 카메라 등을 이용하여 성적 욕망 또는 수치심을 유발할 수 있는 **다른 사람의 신체를 촬영한 촬영물을 그 의사에 반하여 반포한 경우** 등을 처벌하는 성폭력처벌법은 카메라등이용촬영죄를 범한 성폭력범죄자의 재범을 방지하고 건전한 사회 복귀를 도모하며 사회 안전을 확보하기 위한 것으로서 일반적 행동자유권을 침해한다고 볼 수 없다(헌재 2016.12.29. 2016헌바153).

43. '성폭력범죄의 처벌 등에 관한 특례법' 제6조 제4항 중 **정신적인 장애로 항거불능 또는 항거곤란 상태에 있음을 이용하여 사람을 간음한 사람을** 무기징역 또는 7년 이상의 징역에 처하도록 규정한 부분은 정신적 장애인의 성적 자기결정권을 침해하거나 장애인과 비장애인을 차별하지 아니한다(헌재 2016.11.24. 2015헌바136).

44. **방송통신위원회가 지원금 상한액에 대한 기준 및 한도를 정하여 고시한 것은** 청구인들의 계약의 자유를 침해하지 아니한다(헌재 2017.5.25. 2014헌마844).

45. **'2018학년도 대학수학능력시험 시행기본계획' 중 대학수학능력시험의 문항 수 기준 70%를 한국교육방송공사 교재와 연계하여 출제한다는** 부분이 추구하는 학교교육 정상화와 사교육비 경감이라는 공익은 매우 중요한 반면, 수능시험을 준비하는 사람들이 안게 되는 EBS 교재를 공부하여야 하는 부담은 상대적으로 가벼우므로, 심판대상계획은 법익균형성도 갖추었다. 따라서 심판대상계획은 수능시험을 준비하는 청구인들의 교육을 통한 자유로운 인격발현권을 침해한다고 볼 수 없다(헌재 2018.2.22. 2017헌마691).

46. **주방용오물분쇄기의 판매와 사용을 금지하는 것은** 주방용오물분쇄기를 사용하려는 자의 일반적 행동자유권을 제한하나, 현재로서는 음식물 찌꺼기 등이 바로 하수도로 배출되더라도 이를 적절히 처리할 수 있는 사회적 기반시설이 갖추어져 있다고 보기 어렵다는 점 등을 고려하면 이러한 규제가 사용자의 기본권을 침해한다고 볼 수 없다(헌재 2018.6.28. 2016헌마1151).

47. **각급선거관리위원회 위원·직원의 선거범죄 조사에 있어서 피조사자에게 자료제출의무를 부과한 공직선거법**
    심판대상조항을 통하여 선거범죄를 신속하고 효율적으로 단속하고 자료를 확보함으로써 공정하고 자유로운 선거의 실현을 달성하고자 하는 공익은 허위자료가 아닌 자료를 제출해야 함으로써 제한되는 피조사자의 일반적 행동자유권에 비해 결코 작다고 볼 수 없다. 그러므로 심판대상조항은 과잉금지원칙에 위배되어 피조사자의 일반적 행동자유권을 침해한다고 볼 수 없다(헌재 2019.9.26. 2016헌마381).

48. **질병, 장애, 노령, 그 밖의 사유로 인한 정신적 제약으로 사무를 처리할 능력이 지속적으로 결여된 사람으로 성년후견개시심판의 요건을 규정한 민법 제9조 제1항이 청구인들의 자기결정권 및 일반적 행동자유권을 침해하는지 여부(소극)**
    성년후견개시심판조항에 의하여 제한되는 피성년후견인의 기본권이 위 조항에 의하여 달성되는 피성년후견인 본인의 신상과 재산의 보호 강화, 피성년후견인 보호에 드는 사회적 비용의 효율적 운용 및 거래의 안전이라는 법익보다 크다고 보기 어려우므로 성년후견개시심판조항은 법익의 균형성도 갖추었다. 따라서 성년후견개시심판조항이 과잉금지원칙에 위배되어 피성년후견인이 될 사람의 자기결정권 및 일반적 행동자유권을 침해하였다고 볼 수 없다(헌재 2019.12.27. 2018헌바130).

49. **성년후견인이 피성년후견인의 법률행위는 취소할 수 있도록 한 민법이 청구인들의 자기결정권 및 일반적 행동자유권을 침해하는지 여부(소극)**
    성년후견인관련조항에 의하여 피성년후견인의 기본권이 제한되는 정도가 위 조항에 의하여 달성되는 피성년후견인 본인의 신상과 재산의 보호 강화, 피성년후견인 보호에 드는 사회적 비용의 효율적 운용 및 거래안전이라는 법익보다 크다고 보기 어려우므로, 법익의 균형성도 갖추었다. 따라서 성년후견인관련조항이 과잉금지원칙에 위배되어 피성년후견인의 자기결정권 및 일반적 행동자유권을 침해하였다고 볼 수 없다(헌재 2019.12.27. 2018헌바161).

50. **어린이 보호구역에서 제한속도 준수의무 또는 안전운전의무를 위반하여 어린이를 상해에 이르게 한 경우 1년 이상 15년 이하의 징역 또는 500만원 이상 3천만원 이하의 벌금에, 사망에 이르게 한 경우 무기 또는 3년 이상의 징역에 처하도록 규정한 '특정범죄 가중처벌 등에 관한 법률'**
    운전자가 어린이 보호구역에서 높은 주의를 기울여야 하고 운행의 방식을 제한받는 데 따른 불이익보다, 주의의무를 위반한 운전자를 가중처벌하여 어린이가 교통사고의 위험으로부터 벗어나 안전하고 건강한 생활을 영위하도록 함으로써 얻게 되는 공익이 더 크다. 따라서 심판대상조항은 과잉금지원칙에 위반되어 청구인들의 일반적 행동자유권을 침해한다고 볼 수 없다(헌재 2023.2.23. 2020헌마460).

51. **전동킥보드의 최고속도 제한**
    최고속도 제한을 두지 않는 방식이 이를 두는 방식에 비해 확실히 더 안전한 조치라고 볼 근거가 희박하고, 최고속도가 시속 25km라는 것은 자전거도로에서 통행하는 다른 자전거보다 속도가 더 높아질수록 사고위험이 증가할 수 있는 측면을 고려한 기준 설정으로서, 전동킥보드 소비자의 자기결정권 및 일반적 행동자유권을 박탈할 정도로 지나치게 느린 정도라고 보기 어렵다. 심판대상조항은 과잉금지원칙을 위반하여 소비자의 자기결정권 및 일반적 행동자유권을 침해하지 아니한다(헌재 2020.2.27. 2017헌마1339).

52. 분할복무를 신청하여 복무중단 중인 사회복무요원이 자유롭게 영리행위를 할 수 있는 것과 달리 대학에서의 수학행위를 할 수 없게 한 병역법

복무중단 중인 사회복무요원에 대해 대학에서 수학하는 행위를 허용하는 것은 분할복무제도의 취지에 반하여 사회복무요원이 병역의무를 충실히 이행하고 전념하게 하는 데에 부합하지 않을 뿐만 아니라, 그 기간 동안 대학에 정상적으로 복학하여 수학할 수 있다고 단정할 수도 없고, 병역부담의 형평성과 사회복무제도에 대한 사회적 신뢰도 무너뜨릴 위험이 있으므로, 사회복무요원의 교육을 통한 자유로운 인격발현권을 덜 침해하는 대안이라고 볼 수 없다. 사회복무요원은 구 병역법 시행령 제65조의3 제4호 단서에 따라 근무시간 후에 방송통신에 의한 수업이나 원격수업으로 수학할 수 있고, 개인적으로 수학하는 것도 전혀 제한되지 않는다. 따라서 심판대상조항은 과잉금지원칙에 반하여 청구인의 교육을 통한 자유로운 인격발현권을 침해하지 않는다(헌재 2021.6.24. 2018헌마526).

53. 정당한 사유 없는 예비군 훈련 불참을 형사처벌하는 예비군법

심판대상조항은 국가의 안전보장이라는 정당한 입법목적을 달성하기 위하여 예비군 훈련의무를 형사처벌로써 강제한다. 과잉금지원칙에 반하여 청구인의 일반적 행동자유권을 침해하지 아니한다(헌재 2021.2.25. 2016헌마757).

54. 의료분쟁 조정신청의 대상인 의료사고가 사망에 해당하는 경우 한국의료분쟁조정중재원의 원장은 지체 없이 조정절차를 개시해야 한다고 규정한 '의료사고 피해구제 및 의료분쟁 조정 등에 관한 법률'

환자의 사망이라는 중한 결과가 발생한 경우 환자 측으로서는 피해를 신속·공정하게 구제하기 위해 조정절차를 적극적으로 활용할 필요가 있고, 보건의료인의 입장에서도 이러한 경우 분쟁으로 비화될 가능성이 높아 원만하게 분쟁을 해결할 수 있는 절차가 마련될 필요가 있으므로, 의료분쟁 조정절차를 자동으로 개시할 필요성이 인정된다. 조정절차가 자동으로 개시되더라도 피신청인은 이의신청을 통해 조정절차에 참여하지 않을 수 있고, 조정의 성립까지 강제되는 것은 아니므로 합의나 조정결정의 수용 여부에 대해서는 자유롭게 선택할 수 있으며, 채무부존재확인의 소 등을 제기하여 소송절차에 따라 분쟁을 해결할 수도 있다. 따라서 의료사고로 사망의 결과가 발생한 경우 의료분쟁 조정절차를 자동으로 개시하도록 한 심판대상조항이 청구인의 일반적 행동의 자유를 침해한다고 할 수 없다(헌재 2021.5.27. 2019헌마321).

55. 품위손상을 청원경찰의 징계사유로 규정한 청원경찰법은 과잉금지원칙에 위배되어 일반적 행동의 자유를 침해한다고 보기도 어렵다(헌재 2022.5.26. 2019헌바530).

56. 이동통신사업자가 제공하는 전기통신역무를 타인의 통신용으로 제공하는 것을 원칙적으로 금지하고, 위반시 형사처벌하는 전기통신사업법 제30조

이동통신서비스를 타인의 통신용으로 제공한 사람들은 이동통신시장에 대포폰이 다량 공급되는 원인으로 작용하고 있으므로, 대포폰을 이용한 보이스피싱 등 신종범죄로부터 통신의 수신자 등을 보호하기 위해서는 이동통신서비스를 타인의 통신용으로 제공하는 것을 금지하고 위반 시 처벌할 필요성이 크다. 이동통신서비스 이용자는 심판대상조항으로 인해 이동통신서비스 이용계약 체결에 필요한 증서 등을 타인에게 제공하거나 자기 명의로 이동통신서비스 이용계약을 체결한 후 실제 이용자에게 휴대전화를 양도할 수 없는 불이익을 입을 뿐이므로, 이동통신서비스 이용자가 제한받는 사익의 정도가 공익에 비하여 과다하다고 보기도 어렵다. 따라서 심판대상조항은 이동통신서비스 이용자의 일반적 행동자유권을 침해하지 아니한다(헌재 2022.6.30. 2019헌가14).

57. 지급정지가 이루어진 사기이용계좌 명의인의 전자금융거래를 제한하는 구 '전기통신금융사기 피해방지 및 피해금 환급에 관한 특별법'

전기통신금융사기의 범인은 동일인 명의의 복수 계좌를 확보하여 범행에 나서는 경우가 많으므로, 전기통신금융사기로 인한 피해를 예방하기 위하여 피해구제신청에 따라 전기통신금융사기에 관련된 것으로 드러난 계좌 명의인이 보유한 다른 계좌의 전자금융거래를 제한하는 것은 불가피하다. 전자금융거래 제한 조치가 이루어지더라도 계좌 명의인은 영업점에 방문하여 거래를 할 수 있고, 범행과 무관한 계좌 명의인은 정당한 권원에 의하여 입금받은 것이라는 점을 소명하여 이의제기를 하고 전자금융거래 제한 조치를 종료시킬 수 있다. 따라서 전자금융거래제한조항은 과잉금지원칙을 위반하여 청구인의 일반적 행동자유권을 침해하지 아니한다(헌재 2022.6.30. 2019헌마579).

58. **정비사업 조합 임원의 선출과 관련하여 후보자가 금품을 제공받는 행위를 금지하고 이에 위반한 경우 처벌하는 구 도시 및 주거환경정비법은** 정비사업 조합 임원의 선출과 관련하여 후보자가 금품을 제공받는 행위를 금지한 것은 조합 임원 선거의 공정성과 투명성을 담보하여 정비사업이 공정하고 원활하게 진행될 수 있도록 하는 데 적합한 조치로서, 다른 방법으로는 위와 같은 공익이 효율적으로 실현될 수 없으므로, 이로 인하여 정비사업 조합 임원 후보자가 받게 되는 일반적 행동자유권의 제한은 과도한 것이라고 보기 어렵다. 따라서 심판대상조항은 과잉금지원칙에 위배하여 일반적 행동자유권을 침해하지 아니한다(헌재 2022.10.27. 2019헌바324).

59. **못된 장난 등으로 다른 사람, 단체 또는 공무수행 중인 자의 업무를 방해한 사람을 20만원 이하의 벌금, 구류 또는 과료로 처벌하는 '경범죄 처벌법' 제3조** (헌재 2022.11.24. 2021헌마426)

정치적 표현의 자유가 제한된다고 주장한다. 그러나 심판대상조항은 의사표현을 직접 제한하는 조항이 아니고 위에서 본 바와 같이 심판대상조항에 의하여 주로 제한되는 기본권은 일반적 행동자유권이라고 할 것이다. 이하에서는 심판대상조항이 죄형법정주의의 명확성원칙 및 과잉금지원칙에 반하여 일반적 행동자유권을 침해하는지 여부를 살펴본다.

① **죄형법정주의의 명확성원칙을 위반하여 청구인의 일반적 행동자유권을 침해하는지 여부(소극)**: 심판대상조항의 입법 목적, '못된 장난'의 사전적 의미, '경범죄 처벌법'의 예방적·보충적·도덕적 성격 등을 종합하면, 심판대상조항의 '못된 장난 등'은 타인의 업무에 방해가 될 수 있을 만큼 남을 괴롭고 귀찮게 하는 행동으로 일반적인 수인한도를 넘어 비난가능성이 있으나 형법상 업무방해죄, 공무집행방해죄에 이르지 않을 정도의 불법성을 가진 행위를 의미한다고 할 것이다. '경범죄 처벌법'은 제2조에서 남용금지 규정을 둠으로써 심판대상조항이 광범위하게 자의적으로 적용될 수 있는 가능성을 차단하고 있다. 따라서 심판대상조항은 죄형법정주의의 명확성원칙을 위반하여 청구인의 일반적 행동자유권을 침해하지 않는다.

② **과잉금지원칙을 위반하여 청구인의 일반적 행동자유권을 침해하는지 여부(소극)**: 심판대상조항으로 인하여 제한되는 사익은 업무나 공무를 방해할 위험이 있는 못된 장난 등을 할 수 없는 데 그치나, 달성하려는 공익은 널리 사람이나 단체가 사회생활상의 지위에서 계속적으로 행하는 일체의 사회적 활동의 자유 보장 및 국가기능의 원활한 작동이라고 할 것인바, 이러한 공익은 위와 같은 사익보다 크다. 따라서 심판대상조항은 과잉금지원칙을 위반하여 청구인의 일반적 행동자유권을 침해하지 않는다.

제4절 평등권

> 헌법 제11조 【국민의 평등, 특수계급제도 부인, 영전의 효력】 ① 모든 국민은 법 앞에 평등하다. 누구든지 성별·종교 또는 사회적 신분에 의하여 정치적·경제적·사회적·문화적 생활의 모든 영역에 있어서 차별을 받지 아니한다.
> ② 사회적 특수계급의 제도는 인정되지 아니하며, 어떠한 형태로도 이를 창설할 수 없다.
> ③ 훈장 등의 영전은 이를 받은 자에게만 효력이 있고 어떠한 특권도 이에 따르지 아니한다.

01 평등권의 의의

1. 평등원칙

평등의 원칙은 국민의 기본권 보장에 관한 우리 헌법의 최고원리로서 국가가 입법을 하거나 법을 해석 및 집행함에 있어 따라야 할 기준인 동시에, 국가에 대하여 합리적 이유 없이 불평등한 대우를 하지 말 것과, 평등한 대우를 요구할 수 있는 모든 국민의 권리로서, 기본권 중의 기본권인 것이다(헌재 1989.1.25. 88헌가7).

2. 평등권의 주체

국민과 법인, 외국인 모두 주체가 될 수 있다.

3. 평등권의 법적 성격

기본권 전반에 공통적으로 적용되어야 할 기능적·수단적 권리이다. 평등권은 모든 기본권 실현의 방법적 기초이다.

4. 평등권의 효력

(1) 대국가적 효력

평등권은 헌법개정권력을 포함한 모든 국가권력을 구속한다.

(2) 대사인적 효력

평등권은 사인 간에 간접 적용된다.

02 평등권의 내용

1. 법 앞에 평등

(1) 법의 의미

의회에서 제정되는 형식적 의미의 법률뿐 아니라 헌법·법률·명령·규칙 등 모든 법규범을 의미한다.

(2) 법 앞에서의 의미

① **법 적용 평등설(입법자 비구속설)**: 법 앞의 평등은 법을 구체적으로 집행하고 적용하는 집행과 사법에 대한 규제의 원리일 뿐이다. 따라서 제11조 평등원칙은 입법자를 구속하지 못한다. 법 적용 평등설은 형식적 법치주의와 법실증주의의 소산이다.

② **법 내용 평등설(입법자 구속설)**: 법 앞에 평등은 법 집행·적용뿐 아니라 법의 제정(법의 내용)까지도 평등해야 한다는 모든 국가작용에 대한 규제원리이다. 실질적 법치주의에 따르면 모든 법률은 평등원칙에 위반되지 않아야 한다.

⚖️판례 ǀ 법 앞에 평등

법 앞에의 평등은 법적용상의 평등만을 의미하는 것이 아니라 법 내용상의 평등을 의미하고 있기 때문에, 입법내용이 정의와 형평에 반하거나 자의적으로 이루어진 경우에는 평등권 등의 기본권을 본질적으로 침해한 입법권의 행사로 위헌성을 면하기 어렵다(헌재 1992.4.28. 90헌바24).

---

2. 합리적 이유가 없는 차별금지

헌법 제11조 【평등】 ① 모든 국민은 법 앞에 평등하다. 누구든지 **성별·종교 또는 사회적 신분**에 의하여 정치적·경제적·사회적·문화적 생활의 모든 영역에 있어서 차별을 받지 아니한다.

> **참고** 차별금지사유(성별·종교 또는 사회적 신분)와 정치·경제·사회·문화의 차별영역은 예시적인 것이다. 따라서 성별이나 종교 그리고 사회적 신분 외의 출신지역, 출신학교, 용모나 연령 등에 의한 자의적인 차별은 평등권 침해로서 위헌이 된다.

(1) 차별금지사유의 의미

① 헌법 제11조가 금지하고 있는 차별금지사유에 따른 차별이라고 하여 차별이 절대적으로 금지되는 것은 아니고 합리적 이유가 있다면 허용될 수 있다.

② 헌법 제11조가 금지하고 있는 차별금지사유에 의한 차별이라고 하여 엄격한 심사(비례심사)를 반드시 하는 것은 아니다. 예를 들면, 성별에 의한 차별에 해당하는 남성병역의무 부과에 대해서 헌법재판소는 완화된 심사를 한 바도 있기 때문이다.

⚖️판례 ǀ 차별금지사유

헌법 제11조 제1항은 "모든 국민은 법 앞에 평등하다."라고 선언하면서, 이어서 "누구든지 성별·종교 또는 사회적 신분에 의하여 정치적·경제적·사회적·문화적 생활의 모든 영역에 있어서 차별을 받지 아니한다."라고 규정하고 있다. 그러나 헌법 제11조 제1항 후문의 위와 같은 규정은 불합리한 차별의 금지에 초점이 있고, 예시한 사유가 있는 경우에 절대적으로 차별을 금지할 것을 요구함으로써 입법자에게 인정되는 입법형성권을 제한하는 것은 아니다(헌재 2011.6.30. 2010헌마460).

---

(2) 금지사유

① **성별**: 성별에 의한 차별은 금지되므로 고용·임금·교육 등에 있어서 여성(남성)을 차별하여서는 아니된다. 또한 여성에게만 생리휴가를 주는 것과 여성에 대한 특별한 근로보호가 허용된다(제32조 제4항).

구 남녀차별금지및구제에관한법률 제2조 제1호 '남녀차별'이라 함은 정치적·경제적·사회적·문화적 생활의 모든 영역에서 인간으로서의 기본적 자유를 인식·향유하거나 권리를 행사함에 있어서 합리적인 이유 없이 성별을 이유로 행하여지는 모든 구별·배제 또는 제한을 말한다. 이 경우 남성과 여성에 대한 적용조건이 양성 중립적이거나 성별에 관계없는 표현으로 제시되었다고 하더라도 그 조건을 충족시킬 수 있는 남성 또는 여성이 다른 한 성에 비하여 현저히 적고 그로 인하여 특정 성에게 불리한 결과를 초래하며 그 조건이 정당한 것임을 입증할 수 없는 때에도 이를 남녀차별로 본다. 다만, 특정 성이 불가피하게 요구되는 경우에는 이를 남녀차별로 보지 아니한다.

② **종교**: 종교뿐 아니라 사상 · 양심에 의한 차별도 금지된다.

③ **사회적 신분**: 사회적 신분은 선천적 신분과 후천적으로 장기간 점하는 지위(직업 등)이다. 따라서 전과자 · 귀화인 · 노동자 · 공무원 등도 사회적 신분에 해당한다. 다만, 누범에 대한 형의 가중처벌은 합리적인 이유가 있는 것으로서 위헌이 아니다.

⚖️ 판례 | 차별사유

1. 의료법 처벌조항이 **의료기기 관련 리베이트를 다른 영역에 비해 엄격하게 처벌하는 것**은 의료기기의 특수성으로 인하여 그 유통 및 판매질서에 대한 공적인 규제의 필요성이 크다는 데 기인하는 것이지 수범자가 의료인이기 때문은 아니므로 이를 사회적 신분에 의한 차별이라고 할 수 없다(헌재 2018.1.25. 2016헌바201, 2017헌바205).

2. 헌법 제11조에 **국적**에 의한 차별이 명시적으로 규정되어 있지는 않다(헌재 2007.8.30. 2004헌마670).

3. **고위공직자**라는 이유로 수사처의 수사 등을 받게 되는 것은 고위공직자라는 사회적 신분에 따른 차별이라 할 수 있다(헌재 2021.1.28. 2020헌마264).

---

(3) 차별금지영역

정치적 · 경제적 · 사회적 · 문화적 생활의 모든 영역에 있어서 차별은 금지된다.

⚖️ 판례

국가가 국민에게 세금을 비롯한 공과금을 부과하는 경우에 그에 대한 헌법적 한계가 있는 것과 같이, 사회보험법상의 보험료의 부과에 있어서도 국민의 기본권이나 헌법의 기본원리에 위배되어서는 아니 된다는 헌법적 제한을 받는다. 특히 헌법상의 평등원칙에서 파생하는 부담평등의 원칙은 조세뿐만 아니라, 보험료를 부과하는 경우에도 준수되어야 한다(헌재 2000.6.29. 99헌마289 전원재판부).

---

3. 평등권의 내용

(1) 평등한 대우를 요구할 권리

① **일반적 의미**: 평등의 원칙은 국민의 기본권 보장에 관한 우리 헌법의 최고원리로서 국가가 입법을 하거나 법을 해석 및 집행함에 있어 따라야 할 기준인 동시에, 국가에 대하여 합리적 이유 없이 불평등한 대우를 하지 말 것과 평등한 대우를 요구할 수 있는 모든 국민의 권리이다(헌재 2001.8.30. 99헌바92).

② **국고작용에서의 평등원칙**: 국가라 할지라도 국고작용으로 인한 민사관계에 있어서는 일반인과 같이 원칙적으로 대등하게 다루어져야 하며 국가라고 하여 우대하여야 할 헌법상의 근거가 없다(헌재 1991.5.13. 89헌가97).

(2) 불합리한 차별 입법의 금지

① 헌법 제11조 제1항에 정한 법 앞에서의 평등의 원칙은 결코 일체의 차별적 대우를 부정하는 절대적 평등을 의미하는 것은 아니나, 법을 적용함에 있어서뿐만 아니라 입법을 함에 있어서도 불합리한 차별대우를 하여서는 아니 된다는 것을 뜻한다. 즉, 사리에 맞는 합리적인 근거 없이 법을 차별하여 적용하여서는 아니 됨은 물론 그러한 내용의 입법을 하여서도 아니 된다(헌재 1989.5.24. 89헌가37).

② **개별사건법률금지의 원칙**: 우리 헌법은 개별사건법률에 대한 정의를 하고 있지 않음은 물론 개별사건법률의 입법을 금하는 명문의 규정도 없다. 개별사건법률금지의 원칙은 "법률은 일반적으로 적용되어야지 어떤 개별사건에만 적용되어서는 아니 된다."라는 법 원칙으로서 헌법상의 평등원칙에

근거한다. **개별사건법률**은 개별사건에만 적용되는 것이므로 원칙적으로 평등원칙에 위배되는 자의적인 규정이라는 강한 의심을 불러일으킨다. 그러나 개별사건법률금지의 원칙이 법률제정에 있어서 입법자가 평등원칙을 준수할 것을 요구하는 것이기 때문에, 특정규범이 개별사건법률에 해당한다 하여 곧바로 위헌을 뜻하는 것은 아니다. 비록 특정법률 또는 법률조항이 단지 하나의 사건만을 규율하려고 한다 하더라도 이러한 차별적 규율이 합리적인 이유로 정당화될 수 있는 경우에는 합헌적일 수 있다. 따라서 개별사건법률의 위헌 여부는, 그 형식만으로 가려지는 것이 아니라, 나아가 평등의 원칙이 추구하는 실질적 내용이 정당한지 아닌지를 따져야 비로소 가려진다(헌재 1996.2.16. 96헌가2).

4. 평등원칙에 위배되는 법률에 대한 헌법불합치결정

법률이 평등원칙에 위반된다고 판단되는 경우에도 그것이 어떠한 방법으로 치유되어야 하는가에 관하여는 헌법에 규정되어 있지 않고, 그 위헌적 상태를 제거하여 평등원칙에 합치되는 상태를 실현할 수 있는 여러 가지 선택가능성이 있을 수 있으며, 그러한 선택의 문제는 입법자에게 맡겨진 일이다. 그러한 경우에 헌법재판소가 평등원칙에 위반되었음을 이유로 단순위헌결정을 한다면 위헌적 상태가 제거되기는 하지만 입법자의 의사와 관계없이 헌법적으로 규정되지 않은 법적 상태를 일방적으로 형성하는 결과가 되고, 결국 입법자의 형성의 자유를 침해하게 된다. 이러한 이유 때문에 헌법재판소로서는 입법자의 형성권을 존중하여 법률의 위헌선언을 피하고 단지 법률의 위헌성만을 확인하는 결정으로서 헌법불합치결정을 하게 되는 것이다(헌재 2001.11.29. 99헌마494).

5. 평등권과 개별적 기본권

종래 판례는 개별적 기본권 침해 여부를 판단하는 경우에도 평등권 침해 여부를 별도로 판단해 왔으나, 최근 판례는 개별적 기본권 침해 여부로 평등권 침해 여부를 판단할 수 있다면 평등권 침해 여부를 판단하지 않고 있다.

⚖ 판례 | 평등권과 개별적 기본권

1. 본인확인제

청구인은 본인확인제가 인터넷이라는 매체에 글을 쓰고자 하는 자에 대하여만 본인확인절차를 거치도록 함으로써 다른 매체에 글을 쓰는 자와 합리적 이유 없이 차별취급하여 인터넷에 글을 쓰고자 하는 자의 평등권을 침해한다고 주장하나, 청구인이 주장하는 차별취급은 본인확인제가 인터넷상의 익명표현의 자유를 제한함에 따라 부수적으로 발생할 수밖에 없는 결과일 뿐인 것으로서 그에 관한 판단은 익명표현의 자유의 침해 여부에 관한 판단과 동일하다고 할 것이므로 별도로 판단하지 아니한다[헌재 2012.8.23. 2010헌마47·252(병합)].

2. 세무직 공무원 가산점 (헌재 2020.6.25. 2017헌마1178)

① 관련 자격증 소지자에게 세무직 국가공무원 공개경쟁채용시험에서 일정한 가산점을 부여하는 구 공무원임용시험령 제31조 제2항 [별표 12]의 6·7급 부분이 제한하는 기본권을 공무담임권으로 보고 직업공무원제도의 능력주의와의 관계에서 과잉금지원칙 위반 여부를 검토한 사례: 세무직 국가공무원 공개경쟁채용시험에서 가산점을 부여하는 심판대상조항으로 인하여 제한되는 기본권은 공직취임의 기회와 관련된다는 점에서 공무담임권이라 볼 수 있다. 청구인은 평등권 침해도 주장하나, 공직취임 기회의 자의적 차별 여부가 문제되는 이 사건에서 **평등권 침해 문제**는 공무담임권 침해 문제와 중복되므로 별도로 판단하지 않는다.

② 위와 같은 가산점 제도를 정하는 법령이 과잉금지의 원칙에 반하여 청구인의 공무담임권을 침해하는지 **(소극)**: 세무직 국가공무원의 업무상 전문성 강화라는 공익과 함께, 위와 같은 가산점 제도가 1993.12.31. 이후 유지되어 온 점, 자격증 없는 자들의 응시기회 자체가 박탈되거나 제한되는 것이 아닌 점, 가산점 부여를 위해서는 일정한 요건을 갖추도록 하고 있는 점 등을 고려하면 법익균형성이 인정된다.

3. 변호사, 공인회계사, 관세사에 대한 가산비율 5%를 부여하는 구 공무원임용시험령
   관세직 국가공무원의 업무상 전문성 강화라는 공익과 함께, 위와 같은 가산점 제도가 1993.12.31. 이후 유지되어 온 점, 자격증 없는 자들의 응시기회 자체가 박탈되거나 제한하는 것이 아닌 점, 가산점 부여를 위해서는 일정한 요건을 갖추도록 하고 있는 점 등을 고려하면 법익균형성도 인정된다(헌재 2023.2.23. 2019 헌마401).

⚖️ **판례 | 평등권에서 인정되지 않는 것**

1. **구체적 입법의무는 발생하지 않는다.**
   <u>유사한 성격의 규율대상에 대하여 이미 입법이 있다 하더라도, 평등원칙을 근거로 입법자에게 청구인들에게도 적용될 **입법을 하여야 할 헌법상의 의무가 발생한다고 볼 수 없다.**</u> 왜냐하면 평등원칙은 원칙적으로 입법자에게 헌법적으로 아무런 구체적인 입법의무를 부과하지 않고, 다만 입법자가 평등원칙에 반하는 일정 내용의 입법을 하게 되면, 이로써 피해를 입게 된 자는 직접 당해 법률조항을 대상으로 하여 평등원칙의 위반 여부를 다툴 수 있을 뿐이기 때문이다(헌재 1996.11.28. 93헌마258).

2. **단계적 개선 과정에서 차별은 금지되지 않는다.**
   헌법상 평등의 원칙은 국가가 언제, 어디서, 어떤 계층을 대상으로 하여 기본권에 관한 상황이나 제도의 개선을 시작할 것인지를 선택하는 것을 방해하지는 않는다. 말하자면 국가는 합리적인 기준에 따라 능력이 허용하는 범위 내에서 법적 가치의 상향적인 구현을 위한 제도의 단계적 개선을 추진할 수 있는 길을 선택할 수 있어야 한다. 그것이 허용되지 않는다면 모든 사항과 계층을 대상으로 하여 동시에 제도의 개선을 추진하는 예외적인 경우를 제외하고는 어떠한 제도의 개선도 평등의 원칙 때문에 그 시행이 불가능하다는 결과에 이르게 되어 불합리할 뿐만 아니라 평등의 원칙이 실현하고자 하는 가치와도 어긋나기 때문이다(헌재 1990.6.25. 89헌마107).

3. **불법 영역에서의 평등은 요구할 수 없다.**
   A가 위법한 행정행위로 이익을 받은 경우 B가 평등원칙을 원용하여 동일한 위법행위를 요구한 경우 평등원칙은 적용될 수 없다. 불법에 있어서 평등권 주장은 국가에게 위법행위를 요구하는 것이므로 법치주의 원리상 허용될 수 없다.

---

03 헌법상의 평등권 보장조항

1. 특수계급제도 부인

사회적 특수계급의 제도는 인정되지 아니하며, 어떠한 형태로도 이를 창설할 수 없다(제11조 제2항). 법률로도 특수계급은 창설할 수 없다.

2. 영전일대의 원칙

훈장 등의 영전은 이를 받은 자에게만 효력이 있고 어떠한 특권도 이에 따르지 아니한다(제11조 제3항). 훈장에 수반되는 <u>연금지급은 헌법 제11조 제3항에 반하지 않으나 조세감면, 처벌면제는 특권에 해당하여 위헌이다.</u> 외국법에 따른 외국국가에 의한 특권부여는 금지되지 아니한다. 다만, 공무원이 외국정부로부터 영예나 증여를 받는 경우에는 대통령의 허가를 받아야 한다(국가공무원법 제62조).

04 혼인과 가족생활에서의 평등

헌법 제36조【혼인과 가족생활, 모성보호, 국민보건】 ① 혼인과 가족생활은 개인의 존엄과 양성의 평등을 기초로 성립되고 유지되어야 하며, 국가는 이를 보장한다.

1. 의의 및 연혁

(1) 의의

헌법 제36조 제1항은 "혼인과 가족생활은 개인의 존엄과 양성의 평등을 기초로 성립되고 유지되어야 하며, 국가는 이를 보장한다."라고 하여 혼인 및 그에 기초하여 성립된 부모와 자녀의 생활공동체인 가족생활이 국가의 특별한 보호를 받는다는 것을 규정하고 있다. 이 헌법규정은 소극적으로는 **국가권력의 부당한 침해에 대한 개인의 주관적 방어권으로서** 국가권력이 혼인과 가정이란 사적인 영역을 침해하는 것을 금지하면서, 적극적으로는 혼인과 가정을 제3자 등으로부터 보호해야 할 뿐이 아니라 **개인의 존엄과 양성의 평등을 바탕으로 성립되고 유지되는 혼인·가족제도를 실현해야 할 국가의 과제를 부과하고 있다**(헌재 2000.4.27. 98헌가16). 헌법원리로부터 도출되는 차별금지명령은 헌법 제11조 제1항에서 보장되는 평등원칙을 혼인과 가족생활영역에서 더욱 더 구체화함으로써 혼인과 가족을 부당한 차별로부터 특별히 더 보호하려는 목적을 가진다(헌재 2002.8.29. 2001헌바82).

(2) 연혁

1948년 개정헌법 제20조 혼인은 남녀동권을 기본으로 하며 혼인의 순결과 가족의 건강은 국가의 특별한 보호를 받는다.

1980년 개정헌법 제34조 ① 혼인과 가족생활은 개인의 존엄과 양성의 평등을 기초로 성립되고 유지되어야 한다.
② 모든 국민은 보건에 관하여 국가의 보호를 받는다.

1987년 개정헌법 제36조 ① 혼인과 가족생활은 개인의 존엄과 양성의 평등을 기초로 성립되고 유지되어야 하며, 국가는 이를 보장한다.

2. 헌법 제36조 제1항의 규범내용

"혼인과 가족생활은 개인의 존엄과 양성의 평등을 기초로 성립되고 유지되어야 하며, 국가는 이를 보장한다."라고 규정하고 있는 헌법 제36조 제1항은, 인간의 존엄과 양성의 평등이 가족생활에 있어서도 보장되어야 한다는 요청에서 인간다운 생활을 보장하는 기본권 보장의 성격을 갖는 동시에 그 제도적 보장의 성격도 갖고 있는 것으로 파악된다(헌재 1990.9.10. 89헌마82).

헌법 제36조 보호 여부

보호되는 것

1. **혼인결정의 자유**, 혼인관계 유지, 혼인할 상대방을 선택할 자유인 **혼인의 자유**를 인간의 존엄과 가치와 행복추구권과 혼인가족제도에서 도출한 바 있다. 동성동본혼인금지는 혼인의 자유 침해라 하여 헌법재판소는 헌법불합치결정한 바 있다(헌재 1997.7.16. 95헌가6).

2. 헌법 제36조에서 **친양자 입양을 할지 여부를 결정할 수 있는 자유**를 갖고, 양자의 양육에 보다 적합한 가정환경에서 양자를 양육할 것을 선택할 권리가 보호된다(헌재 2013.9.26. 2011헌가42).

3. 부모가 자녀의 이름을 지어주는 것은 자녀의 양육과 가족생활을 위하여 필수적이더라도, 가족생활의 핵심적 요소라 할 수 있으므로, '**부모가 자녀의 이름을 지을 자유**'는 혼인과 가족생활을 보장하는 헌법 제36조 제1항과 행복추구권을 보장하는 헌법 제10조에 의하여 보호받는다(헌재 2016.7.28. 2015헌마964).

4. **부모의 자녀에 대한 교육권**은 비록 헌법에 명문으로 규정되어 있지는 아니하지만, 혼인과 가족생활을 보장하는 헌법 제36조 제1항 등에서 나오는 중요한 기본권이다(헌재 2009.4.30. 2005헌마514).

보호되지 않는 것

1. 헌법 제36조 제1항에서 규정하는 '혼인'이란 양성이 평등하고 존엄한 개인으로서 자유로운 의사의 합치에 의하여 생활공동체를 이루는 것으로서 법적으로 승인받은 것을 말하므로, **법적으로 승인되지 아니한 사실혼**은 헌법 제36조 제1항의 보호범위에 포함된다고 보기 어렵다(헌재 2014.8.28. 2013헌바119).

2. **육아휴직신청권**은 헌법 제36조 제1항 등으로부터 개인에게 직접 주어지는 헌법적 차원의 권리라고 볼 수는 없고, 법률상의 권리에 불과하다 할 것이다(헌재 2008.10.30. 2005헌마1156).

3. 청구인은 피상속인에 대한 부양의무를 이행하지 않은 직계존속에게 상속권을 인정하는 것은 헌법 제36조 제1항에 위배된다고 주장한다. 그러나 피상속인에 대한 부양의무를 이행하지 않은 직계존속이 상속권을 갖는지 여부는 피상속인 사후 혈족들의 재산권과 관련될 뿐이고, 그 자체로 가족생활의 자율적인 형성을 방해하거나 이에 영향을 미친다고 보기 어려우므로, 헌법 제36조 제1항에 위배되는지 여부는 문제되지 않는다(헌재 2018. 2.22. 2017헌바59).

헌법 제36조 위반 여부

헌법 제36조 위반인 것

1. **부계혈통주의**

   국적취득에 있어서 부계혈통주의를 취한 국적법은 가족생활에 있어서의 양성평등의 원칙에 위배된다(헌재 2000.8.31. 97헌가2).

2. **혼인 종료 후 300일 이내에 출생한 자를 전남편의 친생자로 추정하는 민법**

   아무런 예외 없이 그자를 전남편의 친생자로 추정함으로써 친생부인의 소를 거치도록 하는 심판대상조항은 입법형성의 한계를 벗어나 모가 가정생활과 신분관계에서 누려야 할 인격권, 혼인과 가족생활에 관한 기본권을 침해한다(헌재 2015.4.30. 2013헌마623).

3. **호주제**

   호주제는 남계혈통을 중시하여 혼인과 가족생활에서 여성을 부당하게 차별하므로 헌법 제36조에 위반된다. 전통문화도 헌법이념인 개인의 존엄과 양성의 평등에 반하는 것이어서는 안 된다는 한계가 도출되므로 전래의 가족제도가 헌법 제36조 제1항이 요구하는 개인의 존엄과 양성평등에 반한다면 헌법 제9조(전통문화 계승·발전)를 근거로 그 헌법적 정당성을 주장할 수 없다(헌재 2005.2.3. 2001헌가9).

4. 子는 父의 성을 따르도록 하고, 다만 父가 외국인일 때에는 母의 성을 따르도록 한 민법

부성주의(父姓主義) 자체는 합헌이나 父가 사망하였거나 부모가 이혼하여 母가 단독으로 친권을 행사하고 양육할 것이 예상되는 경우 혼인의 子를 父가 인지하였으나 母가 단독으로 양육하고 있는 경우 등에 있어서 부성을 사용토록 강제하면서 母의 성의 사용을 허용하지 않은 것은 헌법 제36조 제1항에 위반된다(헌재 2005.12.22. 2003헌가56).

5. 부부자산소득합산과세

자산소득합세과세의 대상이 되는 혼인한 부부를 혼인하지 않은 부부나 독신자에 비하여 차별취급하는 것은 헌법 제36조 제1항에 위반된다(헌재 2002.8.29. 2001헌바82).

6. 종합부동산세법 사건 (헌재 2008.11.13. 2006헌바112)

① **종합부동산세의 과세방법을 '인별합산'이 아니라 '세대별 합산'으로 규정한 종합부동산세법**: 특정한 조세 법률조항이 혼인이나 가족생활을 근거로 부부 등 가족이 있는 자를 혼인하지 아니한 자 등에 비하여 차별취급하는 것이라면 비례의 원칙에 의한 심사에 의하여 정당화되지 않는 한 헌법 제36조 제1항에 위반된다. 이 사건 세대별 합산규정은 혼인한 자 또는 가족과 함께 세대를 구성한 자를 비례의 원칙에 반하여 개인별로 과세되는 독신자, 사실혼 관계의 부부, 세대원이 아닌 주택 등의 소유자 등에 비하여 불리하게 차별하여 취급하고 있으므로, 헌법 제36조 제1항에 위반된다.

② **종합부동산세 제도**: 징수한 종합부동산세의 지방양여를 통하여 지방재정의 균형발전과 국민경제의 건전한 발전을 도모함으로써 얻을 수 있는 공익이 보다 크다고 할 것이므로, 재산권을 침해한다고 볼 수 없다.

③ **재산수입을 고려하지 아니한 종합부동산세 부과**: 고율인 누진세율을 적용하여 결과적으로 다액의 종합부동산세를 재산이나 소득 등을 고려함 없이 부과하는 것은 재산권을 침해한다.

7. 1세대 3주택 소유에 대한 중과세

혼인으로 새로이 1세대를 이루는 자를 위하여 상당한 기간 내에 보유 주택수를 줄일 수 있도록 하고 그러한 경과규정이 정하는 기간 내에 양도하는 주택에 대해서는 혼인 전의 보유 주택수에 따라 양도소득세를 정하는 등의 완화규정을 두는 것과 같은 손쉬운 방법이 있음에도 이러한 완화규정을 두지 아니한 것은 혼인에 따른 차별금지원칙에 위배되고, 혼인의 자유를 침해한다(헌재 2011.11.24. 2009헌바146).

8. 공직자윤리법 조항에 따라 이미 배우자의 직계존·비속의 재산을 등록한 혼인한 여성 등록의무자는 종전과 동일하게 계속해서 배우자의 직계존·비속의 재산을 등록하도록 규정한 공직자윤리법 부칙

혼인한 남성 등록의무자와 달리 혼인한 여성 등록의무자의 경우에만 본인이 아닌 배우자의 직계존·비속의 재산을 등록하도록 하는 것은 여성의 사회적 지위에 대한 그릇된 인식을 양산하고, 가족관계에 있어 시가와 친정이라는 이분법적 차별구조를 정착시킬 수 있으며, **이것이 사회적 관계로 확장될 경우에는 남성우위·여성비하의 사회적 풍토를 조성하게 될 우려가 있다. 이는 성별에 의한 차별금지 및 혼인과 가족생활에서의 양성의 평등을 천명하고 있는 헌법에 정면으로 위배되는 것으로 그 목적의 정당성을 인정할 수 없다. 따라서 이 사건 부칙조항은 평등원칙에 위배된다**(헌재 2021.9.30. 2019헌가3).

9. 금혼조항을 위반한 혼인을 무효로 하는 민법 제815조 제2호가 혼인의 자유를 침해하는지 여부(적극)

이 사건 무효조항은 이 사건 금혼조항의 실효성을 보장하기 위한 것으로서 정당한 입법목적 달성을 위한 적합한 수단에 해당한다. 다만, 이미 근친혼이 이루어져 당사자 사이에 부부 간의 권리와 의무의 이행이 이루어지고 있고, 자녀를 출산하거나 가족 내 신뢰와 협력에 대한 기대가 발생하였다고 볼 사정이 있는 때에 일률적으로 그 효력을 소급하여 상실시킨다면, 이는 가족제도의 기능 유지라는 본래의 입법목적에 반하는 결과를 초래할 가능성이 있다. 이 사건 무효조항의 입법목적은 근친혼이 가까운 혈족 사이의 신분관계 등에 현저한 혼란을 초래하고 가족제도의 기능을 심각하게 훼손하는 경우에 한정하여 무효로 하더라도 충분히 달성 가능하고, 위와 같은 경우에 해당하는지 여부가 명백하지 않다면 혼인의 취소를 통해 장래를 향하여 혼인을 해소할 수 있도록 규정함으로써 가족의 기능을 보호하는 것이 가능하므로, 이 사건 무효조항은 입법목적 달성에 필요한 범위를 넘는 과도한 제한으로서 침해의 최소성을 충족하지 못한다. 나아가 이 사건 무효조항을 통하여 달성되는 공익은 결코 적지 아니하나, 이 사건 무효조항으로 인하여 제한되는 사익 역시 중대함을 고려하면, 이 사건 무효조항은 법익균형성을 충족하지 못한다. 그렇다면 이 사건 무효조항은 과잉금지원칙에 위배하여 혼인의 자유를 침해한다(헌재 2022.10.27. 2018헌바115).

헌법 제36조 위반이 아닌 것

1. **특수관계에 있는 자들의 소득합산과세** (헌재 2006.4.27. 2004헌가19)
   ① **거주자와 특수관계에 있는 자가 공동으로 경영하는 사업소득이 있는 경우 지분 또는 손익분배비율이 큰 공동사업자의 소득으로 보는 소득세법이 특수관계자 간의 공동사업에 있어 배우자와 가족을 차별하여 헌법 제36조 제1항에 위반되는지 여부(소극)**: 혼인이나 가족관계를 특별히 차별 취급하려는 것이 아니라 위장 분산의 개연성이 높고 그 입증이 쉽지 않을 것으로 예상되는 여러 집단 중의 하나로 규정한 것으로 이 사건 법률조항은 헌법 제36조 제1항에 위반되지 않는다.
   ② **이 사건 법률조항이 헌법상 비례의 원칙에 위반되는지 여부(적극)**: 실질적으로 사업소득이 누구에게 귀속되었는가와 상관없이 이 사건 법률조항을 일률적으로 적용하게 됨으로 과세대상의 실질이나 경제적 효과가 납세자에게 발생한 것으로 볼 수 없는 상황에서도 실질조사나 쟁송 등을 통해 조세회피의 목적이 없음을 밝힘으로써 그 적용을 면할 수 있는 길을 열어두지 않고 있어 **재산권을 침해한다.**

2. **친양자 입양시 친생부모 동의**
   이 사건 법률조항은 친생부모의 친권이 상실되거나 사망 그 밖의 사유로 동의할 수 없는 경우를 제외하고는 친생부모의 동의가 있어야 친양자 입양을 청구할 수 있도록 규정하여 친양자가 될 자의 가족생활에 관한 기본권 등을 제한하고 있는바, 친양자 입양은 친생부모와 그 자녀 사이의 친족관계를 완전히 단절시키는 등 친생부모의 지위에 중대한 영향을 미치는 점, 친생부모 역시 헌법 제10조 및 제36조 제1항에 근거한 가족생활에 관한 기본권을 보유하고 있다는 점에 비추어 볼 때 헌법에 위반되지 아니한다(헌재 2012.5.31. 2010헌바87).

3. **독신자 친양자 입양금지**
   원칙적으로 3년 이상 혼인 중인 부부만이 친양자 입양을 할 수 있도록 규정하여 독신자는 친양자 입양을 할 수 없도록 한 민법은 친양자가 안정된 양육환경을 제공할 수 있는 가정에 입양되도록 하여 양자의 복리를 증진시키기 위해 친양자의 양친을 기혼자로 한정하였으므로 독신자의 평등권과 독신자의 가족생활의 자유를 침해한다고 볼 수 없다(헌재 2013.9.26. 2011헌가42).
   참고 입양 모두 합헌

4. **배우자로부터 증여를 받은 때에 '300만원에 결혼년수를 곱하여 계산한 금액에 3천만원을 합한 금액'을 증여세 과세가액에서 공제하도록 하는 것**
   이 사건 증여재산공제 조항은 부부 간 증여의 경우 일정한 혜택을 부여한 규정이고, 남녀를 구별하지 않고 적용되는 규정이므로, 헌법상 혼인과 가족생활 보장 및 양성의 평등원칙에 반한다고 할 수도 없다(헌재 2012.12.27. 2011헌바132).

5. **8촌 이내의 혈족 사이에서는 혼인할 수 없도록 하는 민법 제809조 제1항(이하 '이 사건 금혼조항'이라 한다)이 혼인의 자유를 침해하는지 여부(소극)**
   이 사건 금혼조항은 근친혼으로 인하여 가까운 혈족 사이의 상호관계 및 역할, 지위와 관련하여 발생할 수 있는 혼란을 방지하고 가족제도의 기능을 유지하기 위한 것으로서 정당한 입법목적 달성을 위한 적합한 수단에 해당한다. 이 사건 금혼조항은, 촌수를 불문하고 부계혈족 간의 혼인을 금지한 구 민법상 동성동본금혼 조항에 대한 헌법재판소의 헌법불합치결정의 취지를 존중하는 한편, 우리 사회에서 통용되는 친족의 범위 및 양성평등에 기초한 가족관계 형성에 관한 인식과 합의에 기초하여 혼인이 금지되는 근친의 범위를 한정한 것이므로 그 합리성이 인정되며, 입법목적 달성에 불필요하거나 과도한 제한을 가하는 것이라고는 볼 수 없으므로 침해의 최소성에 반한다고 할 수 없다. 나아가 이 사건 금혼조항으로 인하여 법률상의 배우자 선택이 제한되는 범위는 친족관계 내에서도 8촌 이내의 혈족으로, 넓다고 보기 어렵다. 그에 비하여 8촌 이내 혈족 사이의 혼인을 금지함으로써 가족질서를 보호하고 유지한다는 공익은 매우 중요하므로 이 사건 금혼조항은 법익균형성에 위반되지 아니한다. 그렇다면 이 사건 금혼조항은 과잉금지원칙에 위배하여 혼인의 자유를 침해하지 않는다(헌재 2022.10.27. 2018헌바115).

6. 입양신고시 신고사건 본인이 시·읍·면에 출석하지 아니하는 경우에는 신고사건 본인의 신분증명서를 제시하도록 한 '가족관계의 등록 등에 관한 법률'

이 사건 법률조항은 입양의 당사자가 출석하지 않아도 입양신고를 하여 가족관계를 형성할 수 있는 자유를 보장하면서도, 출석하지 아니한 당사자의 신분증명서를 제시하도록 하여 입양당사자의 신고의사의 진실성을 담보하기 위한 조항이다. 신분증명서를 부정사용하여 입양신고가 이루어질 경우 형법에 따라 형사처벌되고, 그렇게 이루어진 허위입양은 언제든지 입양무효확인의 소를 통하여 구제받을 수 있다. 비록 출석하지 아니한 당사자의 신분증명서를 요구하는 것이 허위의 입양을 방지하기 위한 완벽한 조치는 아니라고 하더라도 이 사건 법률조항이 원하지 않는 가족관계의 형성을 방지하기에 전적으로 부적합하거나 매우 부족한 수단이라고 볼 수는 없다. 따라서 이 사건 법률조항이 입양당사자의 가족생활의 자유를 침해한다고 보기 어렵다(헌재 2022.11.24. 2019헌바108).

05 평등원칙과 심사기준

1. 합리적 차별

평등의 의미에 대해 절대적 평등설과 합리적 근거 또는 정당한 이유가 있는 한 차별 내지 불평등은 허용된다는 상대적 평등설이 있으나 후자가 통설이다. 차별이 정당한지를 심사하는 기준은 독일은 자의금지원칙이고, 영미는 합리성 심사이다.

> ⚖ **판례 ┃ 상대적 평등**
>
> 평등의 원칙은 일체의 차별적 대우를 부정하는 절대적 평등을 의미하는 것이 아니라, 입법과 법의 적용에 있어서 합리적인 근거가 없는 차별을 하여서는 아니 된다는 상대적 평등을 뜻하므로, 합리적인 근거가 있는 차별 또는 불평등은 평등의 원칙에 반하는 것이 아니라 할 것이다(헌재 1996.11.28. 96헌가13).

2. 평등원칙의 심사척도 ★★★

(1) 자의금지원칙

① **의의**: 입법자에게 광범위한 형성의 자유가 인정되는 영역에 적용되는 심사기준이다. **자의금지원칙에 따르면 차별취급이 외관적으로 명백히 자의적인 경우에 한해 자의금지원칙에 위반된다. 따라서 자의금지원칙은** 너무 완화된 심사이어서 헌법 제11조의 평등원칙의 입법자에 대한 구속력을 약화시켰다는 비판이 제기되었다.

> ⚖ **판례 ┃ 자의금지**
>
> 평등원칙은 행위규범으로서 입법자에게, 객관적으로 같은 것은 같게 다른 것은 다르게, 규범의 대상을 실질적으로 평등하게 규율할 것을 요구하고 있다. 그러나 헌법재판소의 심사기준이 되는 통제규범으로서의 평등원칙은 단지 자의적인 입법의 금지기준만을 의미하게 된다(헌재 1997.1.16. 90헌마110).

② **심사요건**: 일반적으로 자의금지원칙에 관한 심사요건은 ㉠ 본질적으로 동일한 것을 다르게 취급하고 있는지에 관련된 차별취급의 존재 여부와, ㉡ 이러한 차별취급이 존재한다면 이를 자의적인 것으로 볼 수 있는지 여부라고 할 수 있다. 한편, ㉠의 요건에 관련하여 두 개의 비교집단이 본질적

으로 동일한가의 판단은 일반적으로 당해 법규정의 의미와 목적에 달려 있고, ⓒ의 요건에 관련하여 차별취급의 자의성은 합리적인 이유가 결여된 것을 의미하므로, 차별대우를 정당화하는 객관적이고 합리적인 이유가 존재한다면 차별대우는 자의적인 것이 아니게 된다(헌재 2002.11.28. 2002헌바45).

③ **자의금지가 적용되는 사건**: 헌법에서 특별히 평등을 요구하고 있는 경우나 차별적 취급으로 인하여 관련 기본권에 중대한 제한을 초래하는 경우 이외에는 완화된 심사척도인 자의금지원칙에 의하여 심사하면 족하다(헌재 2011.10.25. 2010헌마661).

⚖️ 판례 | 자의금지원칙이 적용된 사례

1. 자격제도와 입법형성권

자격제도에 있어서 입법자에게는 그 자격요건을 정함에 있어서 광범위한 입법재량이 인정되므로, 합리적인 근거 없이 현저히 자의적인 경우에만 헌법에 위반된다(헌재 2000.4.27. 97헌바88).

2. 시혜적인 법률과 넓은 입법형성의 자유

시혜적인 법률에 있어서는 국민의 권리를 제한하거나 새로운 의무를 부과하는 법률과는 달리 입법자에게 보다 광범위한 입법형성의 자유가 인정된다고 할 것이다. 그러므로 입법자는 그 입법의 목적, 수혜자의 상황, 국가예산 내지 보상능력 등 제반상황을 고려하여 그에 합당하다고 스스로 판단하는 내용의 입법을 할 권한이 있다고 할 것이고, 그렇게 하여 제정된 법률의 내용이 현저하게 합리성이 결여되어 있는 것이 아닌 한 헌법에 위반된다고 할 수는 없다(헌재 1993.12.23. 89헌마189).

3. 급부를 주는 법령

보건복지부장관이 고시한 2002년도 최저생계비 고시로 인한 장애인가구와 비장애인가구의 차별취급은 헌법에서 특별히 평등을 요구하는 경우 내지 차별대우로 인하여 자유권의 행사에 중대한 제한을 받는 경우에 해당한다고 볼 수 없는 점을 고려하면, 이 사건 고시로 인한 장애인가구와 비장애인가구의 차별취급이 평등위반인지 여부를 심사함에 있어서는 완화된 심사기준인 자의금지원칙을 적용함이 상당하다(헌재 2004.10.28. 2002헌마328).

4. 최저임금고시

사용자와 근로자 사이의 상반되는 사적 이해를 조정하기 위한 것으로서, 개인의 본질적이고 핵심적인 자유 영역에 관한 것이라기보다 사회적 연관관계에 놓여 있는 경제 활동을 규제하는 사항에 해당한다고 볼 수 있으므로 그 위헌성 여부를 심사함에 있어서는 완화된 심사기준이 적용된다(헌재 2019.12.27. 2017헌마1366).

5. 공중보건의사가 군사교육에 소집된 기간을 복무기간에 산입하지 않도록 규정한 병역법

<u>병역복무자의 군사교육이나 의무복무의 기간에 관하여는 입법자의 광범위한 입법형성권이 인정된다. 따라서 심판대상조항으로 인한</u> **차별취급에 합리적 이유가 있는지 여부를 본다**(헌재 2020.9.24. 2019헌마472).

📖 판례정리

자의금지원칙을 적용한 판례

1. 뉴스기간 통신사를 연합뉴스사로 하고 재정지원을 해 주는 것

2. 남성에게만 병역의무

3. 누범 가중처벌

4. 준법서약서 사건

5. 지방자치단체장 임기 3기 제한

6. 중혼취소청구권자에서 직계비속 제외

7. 공무원의 선거에서 정치적 중립성 의무

8. 약사법인 약국개설금지

9. 선거방송 대담·토론회의 초청후보 대상자의 기준을 언론기관의 여론조사 평균지지율 100분의 5를 기준으로 제한하는 것

10. 백화점 셔틀버스 운행금지

11. 공중보건의 군사교육훈련 기간 중 보수 미지급

12. 독신자, 친양자 입양금지

13. 미결수용자 배우자 화상접견 불허

(2) 비례원칙

① **의의**: 자의심사의 경우에는 차별을 정당화하는 합리적인 이유가 있는지만을 심사하기 때문에 그에 해당하는 비교대상 간의 사실상의 차이나 입법목적(차별목적)의 발견·확인에 그치는 반면에, **비례심사의 경우**에는 단순히 합리적인 이유의 존부문제가 아니라 차별을 정당화하는 이유와 차별 간의 상관관계에 대한 심사, 즉 비교대상 간의 사실상의 차이의 성질과 비중 또는 입법목적(차별목적)의 비중과 차별의 정도에 적정한 균형관계가 이루어져 있는가를 심사한다(헌재 2001.2.22. 2000헌마25).

② **비례원칙 적용**: 헌법재판소는 평등권의 침해 여부를 심사함에 있어, 헌법에서 특별히 평등을 요구하고 있는 경우와 차별적 취급으로 인하여 관련 기본권에 중대한 제한을 초래하게 되는 경우에는 차별취급의 목적과 수단 간에 비례관계가 성립하는지를 검토하는 엄격한 심사척도를 적용하고, 그렇지 않은 경우에는 차별을 정당화하는 합리적인 이유가 있는지, 즉 자의적인 차별이 존재하는지를 검토하는 완화된 심사척도를 적용한다(헌재 2020.9.24. 2019헌마472).

📖 판례정리

비례원칙을 적용한 판례(엄격한 심사)

1. **제대군인 가산점제도**
   제대군인 가산점제도부터는 본격적인 비례원칙 심사를 하고 있다. 그러나 자의금지원칙이 여전히 일반적 심사기준이고 비례원칙을 보완적 심사기준으로 하고 있다.

2. **국가유공자 가족의 가산점**
   종전 판례는 국가유공자 가족의 가산점은 헌법 제32조 제6항에 근거하고 있다고 하여 완화된 비례원칙(중간심사)을 한 바 있으나, 최근에는 헌법 제32조 제6항이 근거가 될 수 없다 하여 엄격한 비례원칙을 적용하였다. 이런 논리에 따르면 헌법 제32조 제6항에 근거한 가산점 부여, 국가유공자, 상이군경 및 전몰군경의 유가족에 대한 가산점 부여에 대해서는 중간심사인 완화된 비례원칙이 적용된다.

3. 국공립학교 채용시험의 동점자 처리에서 국가유공자 및 그 유가족에게 우선권 부여

4. 교원시험에서 복수·부전공 교원자격증 소지자에게 가산점 부여

5. 7급 공무원 시험에서 기능사 자격소지자에 대하여 가산점을 부여하지 않는 것

6. 교육공무원 시험에서 지역가산점제도

7. 교통사고 운전자에 대해 공소를 제기할 수 없도록 한 교통사고처리특례법

8. 부계혈통주의를 규정한 구 국적법 제2조 제1항 제1호

9. 지방교육위원선거에서 경력자 우선 당선제

10. 부부자산소득합산과세

11. 종합부동산세의 과세방법을 '인별합산'이 아니라 '세대별 합산'으로 규정한 종합부동산세법

12. 자사고 지원자 일반고 지원제한

13. 혼인한 등록의무자 모두 배우자가 아닌 본인의 직계존·비속의 재산을 등록하도록 2009.2.3. 법률 제9402호로 공직자윤리법 제4조 제1항 제3호가 개정되었음에도 불구하고, 개정 전 공직자윤리법 조항에 따라 이미 배우자의 직계존·비속의 재산을 등록한 혼인한 여성 등록의무자는 종전과 동일하게 계속해서 배우자의 직계존·비속의 재산을 등록하도록 규정한 공직자윤리법 부칙 제2조

이 사건 부칙조항은 혼인한 남성 등록의무자와 이미 개정 전 공직자윤리법 조항에 따라 재산등록을 한 혼인한 여성 등록의무자를 달리 취급하고 있는바, 이 사건 부칙조항이 평등원칙에 위배되는지 여부를 판단함에 있어서는 엄격한 심사척도를 적용하여 비례성 원칙에 따른 심사를 하여야 한다(헌재 2021.9.30. 2019헌가3).

자의금지	비례심사
완화된 심사	엄격한 심사
입법형성의 자유가 넓은 영역에서 적용	입법형성의 자유가 좁은 영역에서 적용
초기 헌법재판소 판례부터 심사기준	제대군인 가산점제도 사건에서부터 본격적으로 도입
일반적 심사기준	차별금지영역에서 차별 또는 차별로 인해 기본권 제한이 발생한 경우

(3) 미연방대법원의 차별에 대한 심사기준

미연방대법원은 이중심사기준(합리적 심사기준과 엄격한 심사기준)을 적용하다가 1976년 이후에는 3중심사기준을 채택하고 있다.

☑ 미국 평등원칙 심사기준

구분	목적	수단	적용
합리성 심사	합법적 목적	합리적 관련성	경제정책에서 차별
중간심사	중요한 이익	실질적 관련성	성별 차별
엄격한 심사	압도적 이익	필수적 관련성	인종차별

참고 우리나라 헌법재판소는 성별에 의한 차별에 대해 제대군인 가산점 사건에서는 엄격한 심사를, 병역의무 부과사건에서는 자의심사를 한 바 있다.

📖 쟁점정리

미국 연방대법원의 평등권 관련 판례

1. 우선처우론(Theory of preferential treatment)

① 미연방대법원의 판례에 의해 발전된 것으로 사회통합을 위해서는 기회의 균등만 가지고는 부족하므로 결과의 평등을 실현하기 위해 여성, 노약자, 소수민족, 사회적 약자에 대해 특별대우나 특별급여를 부여하여 실질적 평등을 실현해야 한다는 이론이다.
② 국가인권위원회법은 현존하는 차별을 해소하기 위한 입법조치는 평등권 침해의 차별행위에 해당하지 않는다고 규정하고 있다.
③ 사회적 약자에 대한 우선처우의 위헌 여부에 대해서는 완화된 심사를 할 필요가 있다.

2. 적극적 행위(Affirmative action)

사회적 약자를 위한 국가의 특별한 우대조치이다. 대표적인 방법으로 할당제와 목표제가 있다. 최근 미연방대

법원은 적극적 조치를 취할 의무는 없으므로 적극적 조치를 취할 수 없도록 하는 주헌법에 대해 합헌결정한 바 있다.

3. 역차별(Reverse discrimination)

적극적 행위가 지나치거나 부당하게 적용되어서 사회적 강자인 백인이나 남성에게 발생한 차별을 의미한다.

⚖ 판례 | 가산점의 평등원칙 위반 여부

헌법 위반인 것

1. 제대군인에 대한 공무원시험 가산점 (헌재 1999.12.23. 98헌마363)
① 헌법 제39조 제1항 국방의 의무는 특별한 희생이 아니고, 일반적 희생이다.
② 헌법 제39조 제2항의 병역의무 이행으로 인한 불이익 처우가 금지된다는 것은 법적 불이익만을 말하는 것이고, 사실상·경제상의 불이익은 이에 해당하지 아니한다.
③ 헌법 제39조 제2항과 헌법 제32조 제6항(국가유공자 등에 대한 우선적 근로기회 부여)은 제대군인 가산점 제도의 근거가 아니다.
④ 평등위반 여부를 심사함에 있어 엄격한 심사척도에 의할 것인지, 완화된 심사척도에 의할 것인지는 입법자에게 인정되는 입법형성권의 정도에 따라 달라지게 될 것이다. 헌법이 스스로 차별의 근거로 삼아서는 아니 되는 기준을 제시하거나 차별을 특히 금지하고 있는 영역을 제시하고 있다면 그러한 기준을 근거로 한 차별이나 그러한 영역에서의 차별에 대하여 엄격하게 심사하는 것이 정당화된다. 다음으로 차별적 취급으로 인하여 관련 기본권에 대한 중대한 제한을 초래하게 된다면 입법형성권은 축소되어 보다 엄격한 심사척도가 적용되어야 할 것이다. 헌법 제32조 제4항의 여자 근로의 차별을 금지하고 있는데 제대군인 가산점제도는 여성의 근로영역에서의 차별이고 헌법 제25조의 공무담임권의 중대한 제약을 초래하는 것이므로 이 두 경우 모두에 해당하므로 **비례심사를 해야 한다.**
⑤ 가산점제도의 목적은 제대군인의 사회복귀를 지원하는 것으로 정당하나, 공직수행능력과 합리적 관련성을 인정할 수 없는 성별을 기준으로 한 제대군인 가산점제도는 차별취급의 적합성을 상실한 것이다. 또한 제대군인 가산점제도가 추구하는 공익은 헌법적 법익이 아니라 입법정책적 법익에 불과하나 이로 인해서 침해되는 것은 고용상의 남녀평등, 장애인에 대한 차별금지라는 헌법적 가치이므로 법익균형성을 상실한 제도로서 평등권과 공무담임권을 침해한다.
⑥ 채용목표제는 이른바 잠정적 우대조치의 일환으로 시행되는 제도이다. 여성채용목표제와 같은 잠정적 우대조치의 특징으로는 이러한 정책이 개인의 자격이나 실적보다는 집단의 일원이라는 것을 근거로 하여 혜택을 준다는 점, **기회의 평등보다는 결과의 평등**을 추구한다는 점, **항구적 정책이 아니라 구제목적이 실현되면 종료하는 임시적 조치라는 점** 등을 들 수 있다. 이러한 여성공무원채용목표제로 가산점제도의 위헌성이 제거되거나 감쇄되는 것으로 볼 수 없다.

2. 국가유공자 가족의 가산점제도 (헌재 2006.2.23. 2004헌마675·981·1022)
① **국가유공자 가족의 가산점제도의 법적 근거**: 국가유공자 가족 수의 증가 등을 고려하여 위 조항을 엄격히 해석하여 국가유공자, 상이군경 그리고 전몰군경 유가족으로 봄이 상당하다. 국가유공자 가족 등으로 보호대상을 확대하는 것은 법률적 차원의 입법정책에 해당하며 헌법적 근거를 갖는 것은 아니다.
② **평등원칙 심사기준**: 종전 결정에서는 국가유공자 가족의 가산점제도가 헌법 제32조 제6항에 근거를 두고 있다고 하여 완화된 비례원칙을 적용하였으나 국가유공자 가족의 경우는 헌법 제32조 제6항이 가산점제도의 근거라고 볼 수 없으므로 그러한 **완화된 심사는 부적절하다.**

구분	구판례	최근판례
제32조 제6항	넓게 해석	엄격히 해석
제32조 제6항 국가유공자 가족 가산점 근거 여부	○	×
평등심사	중간 심사	엄격한 심사

③ 국가유공자 가족에 대한 가산점 10% 부여는 목적은 정당하나 헌법상 직접적 근거가 없고, 공무담임 권에 대한 차별효과가 중대한 점을 고려하면 비례성을 인정할 수 없으므로 평등권과 공무담임권 침 해이다.

④ 이 사건 조항의 위헌성은 국가유공자 등과 그 가족에 대한 가산점제도가 입법정책상 전혀 허용될 수 없다는 것이 아니고 차별의 효과가 지나치다는 점에 기인하므로 가산점 수치와 수의 대상자 범위를 조정하는 방법으로 위헌성을 치유할 수 있으므로 헌법불합치결정을 하고 법적용 대상자의 법적 혼란 을 방지하기 위하여 2007년 6월 30일까지 잠정적용을 명한다.

3. **법률의 근거 없이 공립 중등학교 교사임용 채용시 대전지역 사범대 졸업자 등에 대하여 가산점을 부여 한 대전광역시 공고**에 대하여 헌법 제37조 제2항의 법률유보원칙에 위반된다(헌재 2004.3.25. 2001헌마882).

헌법 위반이 아닌 것

1. **중등학교 임용시험에서 동일지역 사범대 졸업자에게 가산점을 부여한 교육공무원법**

지역교육의 질적 수준의 향상을 위하여는 우수 고교졸업생을 지역에 유치하고 그 지역 사범대 출신자의 우수역량을 다시 지역으로 환원하는 것도 합리적인 방법인 점, 이 사건 지역가산점은 자신의 선택에 따라 이익이 될 수도 불이익이 될 수도 있으므로, 이 사건 법률조항이 비례의 원칙에 반하여 제청신청인의 공 무담임권이나 평등권을 침해한다고 보기 어려우므로 헌법에 위반되지 아니한다(헌재 2007.12.27. 2005헌가11).

2. **교육공무원 임용시험 가산점 시행규칙**

교육공무원법과 교육공무원임용령 위임에 따른 동일지역 교육대학 출신 응시자에게 지역가산점을 주는 교육공무원 임용후보자선정 경쟁시험규칙은 법률유보원칙에 위배되지 않고 공무담임권 침해도 아니다 (헌재 2014.4.24. 2010헌마747).

3. **국공립학교 채용시험에서 동점자인 경우 국가유공자나 그 유족에게 우선권을 주는 것**은 평등권 침해가 아니다(헌재 2006.6.29. 2005헌마44).

4. **계약직공무원에서 가점 배제**는 평등권을 침해하지 아니한다(헌재 2012.11.29. 2011헌마533).

5. **보국수훈자 자녀 가산점 배제**는 신뢰보호원칙에 위배되지 않는다(헌재 2015.2.26. 2012헌마400).

6. **가산점 적용대상자 선발예정인원의 30% 초과 금지로 선발예정인원이 3명 이하인 채용시험에서 제한된 다 하더라도** 현저히 합리성을 결여한 자의적 차별이라고 보기 어렵다(헌재 2016.9.29. 2014헌마541). ➡ 자의심 사를 함.

7. **취업보호 실시기관 중 국가기관 등이 시행하는 공무원 채용시험의 가점 대상 공무원에서 지도직 공무 원을 제외한 것**은 지도직 공무원의 임용 목적, 업무상의 특징, 대체가능성 및 국가유공자법상의 취업가 산점제도의 취지상 입법재량의 한계를 일탈하여 헌법 제32조 제6항을 위반한 것이라 할 수 없다(헌재 2016.10.27. 2014헌마254).

8. **국가공무원 7급 시험에서 기능사 자격증에는 가산점을 주지 않고** 기사 등급 이상의 자격증에는 가산점 을 주도록 한 공무원임용및시험시행규칙은 평등권 침해가 아니다(헌재 2003.9.25. 2003헌마30).

9. **노동직류와 직업상담직류를 선발할 때 직업상담사 자격증 소지자에게 점수를 가산하도록 한 공무원임 용시험**은 자격증 소지를 시험의 응시자격으로 한 것이 아니라 각 과목 만점의 최대 5% 이내에서 가산점 을 부여하는 점, 자격증 소지자도 다른 수험생들과 마찬가지로 합격의 최저 기준인 각 과목 만점의 40% 이상을 취득하여야 한다는 점, 그 가산점 비율은 3% 또는 5%로서 다른 직렬과 자격증 가산점 비율에 비 하여 과도한 수준이라고 볼 수 없다는 점을 종합하면 이 조항이 피해최소성 원칙에 위배된다고 볼 수 없 고, 법익의 균형성도 갖추었다. 따라서 심판대상조항이 청구인들의 공무담임권과 평등권을 침해하였다고 볼 수 없다(헌재 2018.8.30. 2018헌마46).

⚖ 판례 | 형사법

1. 형벌의 체계정당성과 평등원칙

① 특정 범죄에 대한 형벌이 그 자체로 책임과 형벌 간의 비례의 원칙에 위반되지 않더라도 죄질과 보호법익이 **유사한 범죄에 대한 형벌과 비교할 때 현저히 형벌체계상의 정당성과 균형을 잃은 것**이 명백한 경우에는 인간의 존엄성과 가치를 보장하는 헌법의 기본원리에 위배될 뿐만 아니라 법의 내용에 있어서도 평등의 원칙에 반하여 위헌이라 할 수 있다(헌재 2010.11.25. 2009헌바27).

② 어떤 행위를 범죄로 규정하고, 이에 대하여 어떠한 형벌을 과할 것인가의 문제, 즉 법정형의 종류와 범위의 선택은 원칙적으로 입법자가 그 범죄의 죄질과 보호법익에 대한 고려뿐만 아니라 우리의 역사와 문화, 입법 당시의 시대적 상황, 국민 일반의 가치관 내지 법감정 그리고 범죄예방을 위한 형사정책의 측면 등 여러 요소를 종합적으로 고려하여 결정할 사항으로서 **광범위한 입법재량 내지 형성의 자유가 인정되어야 할 분야이다.** 또한 어느 범죄에 대한 법정형이 그 범죄의 죄질 및 이에 따른 행위자의 책임에 비하여 지나치게 가혹한 것이어서 현저히 형벌체계상의 균형을 잃고 있다거나 그 범죄에 대한 형벌 본래의 목적과 기능을 달성함에 있어 필요한 정도를 일탈하였다는 등 헌법상의 평등 및 비례의 원칙 등에 명백히 위배되는 경우가 아닌 한 쉽사리 헌법에 위반된다고 단정하여서는 아니 된다(헌재 2013.10.24. 2012헌바8).

2. 법정형의 종류와 범위를 정할 때 보호법익이 다르면 법정형이 다를 수 있고 보호법익이 같아도 죄질이 다르면 그에 따라 법정형의 내용이 달라질 수 있다. 그러므로 **보호법익이나 죄질이 서로 다른 둘 또는 그 이상의** 범죄를 같은 선 위에 놓고 그중 어느 한 범죄의 법정형을 기준으로 단순한 평면적인 비교로 다른 범죄의 법정형의 과중 여부를 판정하면 안 된다(헌재 2015.3.26. 2013헌바140). 법정형의 종류와 범위를 정함에 있어서 고려해야 할 사항 중 가장 중요한 것은 당해 범죄의 보호법익과 죄질이다. 보호법익과 죄질이 서로 다른 둘 또는 그 이상의 범죄를 동일선상에 놓고 그중 어느 한 범죄의 법정형을 기준으로 하여 단순한 평면적인 비교로써 다른 범죄의 법정형의 과중 여부를 판정하여서는 안 될 것이다.

3. 형벌조항에서 입법의 한계

법정형을 정함에 있어서는 범행 결과의 중대성뿐만 아니라 범죄행위의 위험성 및 범죄예방을 위한 형사정책적 사정도 모두 고려되어야 한다. 그렇기 때문에 유사한 범죄의 법정형이 외관상 균형이 맞지 않거나 범죄와 형벌 사이에 정비례 관계에 있지 아니한 경우도 생길 수 있는 것이다. 형벌체계에 있어서 법정형의 균형은 한치의 오차도 없이 반드시 실현되어야 하는 헌법상의 절대원칙은 아니다. 중요한 것은, 범죄와 형벌 사이의 간극이 너무 커서 형벌 본래의 목적과 기능에 본질적으로 반하고 실질적 법치국가의 원리에 비추어 허용될 수 없을 정도인지 여부이다(헌재 2015.9.24. 2014헌가1).

4. 일반법에 대비되는 특별법은 개념적으로 특별법의 구성요건이 일반법의 모든 구성요건을 포함하면서 그 밖의 특별한 표지까지 포함한 경우를 뜻한다. 특가법에서 말하는 가중처벌도 단순히 법정형만의 가중을 뜻하는 것이 아니라 일반법 조항의 구성요건 이외에 특별한 구성요건 표지를 추가한 가중처벌의 근거를 마련하는 것을 포함한다고 해석하여야 한다. **만일 구성요건 표지의 추가 없이 법정형만을 가중하려고 한다면 일반법의 법정형을 올리면 되지 따로 특별법을 제정할 필요가 없기 때문이다.** 따라서 심판대상조항이 이 사건 마약법 조항보다 법정형을 가중하기 위해서는 가액, 수량, 범행방법, 신분 등 별도의 가중적 구성요건의 표지를 규정하는 것이 필요하다(헌재 2004.12.16. 2003헌가12).

헌법 위반인 것

1. 단순 마약 판매업자에 대하여 사형·무기·10년 이상의 징역

마약의 매수가 영리적 매수인지 단순 매수인지를 구별하지 않고 단순 마약 매수행위자에 대해서도 영리범과 동일하게 가중처벌하도록 한 이 사건 법률조항은 국가형벌권의 지나친 남용이고, 법관의 양형결정권 침해이다. 또한 향정신성의약품사범에 비하여 마약사범만을 가중처벌해야 할 합리적 근거를 찾아보기 어려우므로 평등원칙에 위반된다(헌재 2003.11.27. 2002헌바24).

비교 영리목적 마약 수입업자에 대해 가중처벌하는 마약법은 위헌이라고 볼 수 없다(헌재 2007.10.25. 2006헌바50).

비교 향정신성의약품을 교부한 행위를 무기 또는 5년 이상의 징역에 처하는 마약류관리법은 죄질과 책임에 비해 형벌이 지나치게 무거워 비례원칙에 위반하였다고 볼 수 없다(헌재 2019.2.28. 2016헌바382).

2. 동일한 범죄구성요건을 규정하면서 마약법보다 법정형을 상향조정한 특정범죄가중처벌법은 평등의 원칙에 위반된다(헌재 2014.4.24. 2011헌바2).

유사 형법상의 범죄와 동일한 구성요건을 규정하면서 법정형만 상향조정한 특정범죄가중처벌법(국내통화위조범죄·상습장물취득)은 평등원칙에 위반된다(헌재 2014.11.27. 2014헌바224, 2014헌가11).

유사 흉기소지 형법상 폭행죄와 동일하게 범죄구성요건을 규정하면서 형벌만 가중한 폭력행위처벌법: 형법 제261조(특수폭행), 제284조(특수협박), 제369조(특수손괴)의 '위험한 물건'에는 '흉기'가 포함된다고 보거나, '위험한 물건'과 '흉기'가 동일하다고 보는 것이 일반적인 견해이며, 심판대상조항의 '흉기'도 '위험한 물건'에 포함되는 것으로 해석된다. 그렇다면 심판대상조항의 구성요건인 '흉기 기타 위험한 물건을 휴대하여'와 형법조항들의 구성요건인 '위험한 물건을 휴대하여'는 그 의미가 동일하다. 그런데 심판대상조항은 **형법조항들과 똑같은 내용의 구성요건을 규정**하면서 징역형의 하한을 1년으로 올리고, 벌금형을 제외하고 있다. 흉기 기타 위험한 물건을 휴대하여 폭행죄, 협박죄, 재물손괴죄를 범하는 경우, 검사는 심판대상조항을 적용하여 기소하는 것이 특별법 우선의 법리에 부합하나, 형법조항들을 적용하여 기소할 수도 있다. 그런데 위 **두 조항 중 어느 조항이 적용되는지에 따라 피고인에게 벌금형이 선고될 수 있는지 여부가 달라지고, 징역형의 하한을 기준으로 최대 6배**에 이르는 심각한 형의 불균형이 발생한다. 따라서 심판대상조항은 형벌체계상의 정당성과 균형을 잃은 것이 명백하므로, 인간의 존엄성과 가치를 보장하는 헌법의 기본원리에 위배될 뿐만 아니라 그 내용에 있어서도 평등원칙에 위배된다(헌재 2015.9.24. 2014헌바154).

3. 도주차량 운전자의 법정형 하한 10년
우리 형법이 사람의 생명을 박탈한 고의적인 살인범마저 사형·무기 또는 5년 이상의 유기징역형으로 규정하여 작량감경할 사유가 있는 경우에는 집행유예의 선고가 가능하도록 폭넓은 법정형을 정하고 있는 것과 비교하여 보아도, 형벌체계상의 정당성을 잃은 과중한 법정형이라 아니할 수 없다(헌재 1992.4.28. 90헌바24).

4. 판결선고 전 구금일수 산입범위를 법관의 재량에 맡긴 형법 제57조 제1항은 적법절차의 원칙과 무죄추정의 원칙에 반하여 신체의 자유를 침해한다(헌재 2009.6.25. 2007헌바25).

5. 검사 상소제기 전 기간의 본형 불산입
검사 상소제기일로부터 미결구금일수를 본형에 산입하도록 한 형사소송법 제482조는 검사가 상소하기 전의 구금일수에 대해서는 산입할 근거가 없어 검사가 상소를 언제 제기하느냐에 따라서 법원이 선고한 형에 변경을 가져오게 되므로 피고인의 신체의 자유를 침해하게 되고, 검사가 상소를 제기한 시점에 따라 형이 달라지므로 평등원칙에도 위반된다(헌재 2000.7.20. 99헌가7).

6. 상소제기 후의 미결구금일수 산입을 규정하면서 상소제기 후 상소취하시까지의 구금일수 통산에 관하여는 규정하지 아니함으로써 이를 본형 산입의 대상에서 제외되도록 한 형사소송법 제482조 제1항
헌법상 무죄추정의 원칙에 따라, 유죄판결이 확정되기 전의 피의자 또는 피고인은 아직 죄 있는 자가 아니므로 그들을 죄 있는 자에 준하여 취급함으로써 법률적·사실적 측면에서 유형·무형의 불이익을 주어서는 아니 되고, 특히 미결구금은 신체의 자유를 침해받는 피의자 또는 피고인의 입장에서 보면 실질적으로 자유형의 집행과 다를 바 없으므로 인권보호 및 공평의 원칙상 형기에 전부 산입되어야 한다. 따라서 상소제기 후 상소취하시까지의 구금 역시 미결구금에 해당하는 이상 그 구금일수도 형기에 전부 산입되어야 한다. 그런데 이 사건 법률조항들은 구속 피고인의 상소제기 후 상소취하시까지의 구금일수를 본형 형기 산입에서 제외함으로써 기본권 중에서도 가장 본질적 자유인 신체의 자유를 침해하고 있다(헌재 2009.12.29. 2008헌가13).

7. 피의자 구속기간을 군사법경찰관, 검찰관의 신청으로 군사법원이 각 10일간 연장할 수 있도록 한 군사법원법 제242조는 평등권을 침해한다(헌재 2003.11.27. 2002헌마193).

8. 종합보험에 가입했다는 사유로 운전자에 대한 공소제기를 할 수 없도록 한 교통사고처리특례법은 중상해를 입은 피해자의 평등권을 침해한다(헌재 2009.2.26. 2005헌마764).

9. 밀수범에 있어서 예비한 자를 본죄에 준하여 처벌하도록 한 특정범죄 가중처벌 등에 관한 법률 (헌재 2019.2.28. 2016헌가13)

① **비례원칙 위반 여부**: 예비행위란 아직 실행의 착수조차 이르지 아니한 준비단계로서, 실질적인 법익에 대한 침해 또는 위험한 상태의 초래라는 결과가 발생한 기수와는 그 행위태양이 다르고, 법익침해가능성과 위험성도 다르므로, 이에 따른 불법성과 책임의 정도 역시 다르게 평가되어야 한다. 따라서 심판대상조항은 구체적 행위의 개별성과 고유성을 고려한 양형판단의 가능성을 배제하는 가혹한 형벌로서 책임과 형벌 사이의 비례성의 원칙에 위배된다.

② **평등원칙 위반 여부**: 심판대상조항이 적용되는 밀수입예비죄보다 불법성과 책임이 결코 가볍다고 볼 수 없는 내란, 내란목적살인, 외환유치, 여적예비죄나 살인예비죄의 법정형이 심판대상조항이 적용되는 밀수입예비죄보다 도리어 가볍다는 점에 비추어 보면, 심판대상조항이 예정하는 법정형은 형평성을 상실하여 지나치게 가혹하다고 할 것이다. 그러므로 심판대상조항은 형벌체계의 균형성에 반하여 헌법상 평등원칙에 어긋난다.

헌법 위반이 아닌 것

1. **관세범에 있어 예비·미수를 기수에 준하여 처벌하도록 한 관세법**
관세범은 기수와 미수, 미수와 예비를 엄격하게 구별하기 어려울 뿐만 아니라, 법익침해가능성이나 위험성에 있어서도 크게 차이가 없다(헌재 1996.11.28. 96헌가13).

2. **누범 가중처벌**
누범을 가중처벌하는 것은 전범에 대한 형벌의 경고적 기능을 무시하고 다시 범죄를 저질렀다는 점에서 비난가능성이 많고, 누범이 증가하고 있다는 현실에 비추어 합리적 근거 있는 차별이어서 헌법상의 평등의 원칙에 위배되지 아니한다고 할 것이다(헌재 1995.2.23. 93헌바43).

유사 형법 제329조부터 제331조까지의 죄 또는 그 미수죄로 세 번 이상 징역형을 받은 사람이 다시 형법 제329조를 범하여 누범으로 처벌하는 '특정범죄 가중처벌 등에 관한 법률'이 평등원칙에 위반되는지 여부(소극): 이 사건 특정범죄가중법 조항에 해당하는 자를 일반 범죄자, 형법상 상습절도죄를 저지른 자, 강도죄로 3회 이상 징역형을 받은 후 누범기간 내에 강도예비·음모죄를 저지른 자 또는 절도죄를 저지른 자에 비하여 무겁게 처벌하거나 이 사건 특정범죄가중법 조항에 해당하는 행위를 동일한 법정형으로 처벌하는 것이 형벌체계상 정당성이나 균형을 잃은 것이라고 할 수 없으므로, 이 사건 특정범죄가중법 조항은 평등원칙에 위반되지 않는다(헌재 2019.7.25. 2018헌바209).

3. **전기자전거 도주운전자 가중처벌**
전기자전거의 도주를 일반자전거의 도주에 비하여 무거운 형으로 처벌하는 것은 평등원칙에 위배되지 아니한다(헌재 2016.2.25. 2013헌바113).

4. **소년보호사건에서 제1심 결정에 의한 소년원 수용기간을 항고심 결정에 의한 보호기간에 산입하지 아니한 소년법**은 소년원 수용이라는 보호처분은 도망이나 증거인멸을 방지하여 수사, 재판 또는 형의 집행을 원활하게 진행하기 위한 것이 아니라 반사회성 있는 소년을 교화하고 건전한 성장을 돕기 위한 것이어서 신체의 자유와 평등권을 침해하는 것이 아니다(헌재 2015.12.23. 2014헌마768).

5. **현행 무기징역형제도가 상대적 종신형 외에 절대적 종신형을 따로 두고 있지 않은 것**이 형벌체계상 정당성과 균형을 상실하여 헌법 제11조의 평등원칙에 반한다거나 형벌이 죄질과 책임에 상응하도록 비례성을 갖추어야 한다는 책임원칙에 반한다고 단정하기 어렵다(헌재 2010.2.25. 2008헌가23).

6. **공익근무요원 복무이탈시 법정형을 '3년 이하의 징역'으로 한** 것은 평등원칙에 위반되지 않는다(헌재 2010.11.25. 2009헌바27).

7. **위력으로써 13세 미만의 사람을 추행한 경우 강제추행한 것에 준하여 처벌하도록 규정한 '성폭력범죄의 처벌 등에 관한 특례법' 제7조 제5항**은 평등원칙에 위반된다고 할 수 없다(헌재 2018.1.25. 2016헌바272).

8. **14세 미만 자를 형사미성년자로 하는 형법 제9조**는 평등권 침해가 아니다(헌재 2003.9.25. 2002헌마533).

9. **도시재개발조합의 임원을 공무원의제하는** 도시재개발법 제61조는 이른바 실질적인 평등의 이념에 부합한다 (헌재 1997.4.26. 96헌가3).

유사 **금융기관 임직원**의 수재 등의 행위에 공무원과 같은 수준의 처벌(헌재 2001.3.21. 99헌바72, 2000헌바12)

유사 정비사업 조합 임원의 선출과 관련하여 후보자가 금품을 제공받는 행위를 금지하고 이에 위반한 경우 처벌하는 구 도시 및 주거환경정비법(헌재 2022.10.27. 2019헌바324)

유사 **정부관리기업체 간부직원**을 공무원으로 의제하여 형법상 공무원에 해당하는 뇌물죄로 처벌하는 특가법 제4조 제1항 및 제2항(헌재 2002.11.28. 2000헌바75)

유사 **지방공사의 직원**을 형법의 수뢰죄 적용에 있어서 공무원으로 의제한 것(헌재 2001.11.29. 2001헌바4)

유사 **지방자치단체출연연구원**을 형법상 공무원으로 의제(헌재 2010.6.24. 2009헌바43)

유사 **정부출연연구기관 직원**을 공무원으로 의제(헌재 2006.11.30. 2004헌바86)

유사 **주택재건축정비사업조합의 임원**을 형법상 뇌물죄의 적용에 있어서 공무원으로 의제(헌재 1997.4.26. 96헌가3)

10. 수형자에 대한 가석방 적격심사 신청주체를 **교도소장**으로 한정한 것으로 헌법상 평등권 등 기본권이 침해될 가능성은 없다(헌재 2010.12.28. 2009헌마70).

11. **관심대상수용자에 대한 동행계호행위**가 청구인의 신체의 자유 등과 평등권을 침해한다고 볼 수 없다(헌재 2010.10.28. 2009헌마438).

12. **독거수용자 텔레비전 시청 제한**은 교도행정의 효율성 및 교정·교화교육의 적절한 실현을 위하여 청구인에게 TV시청을 규제한 조치는 납득할 수 있다(헌재 2005.5.26. 2004헌마571).

13. **소년심판절차**에서 법원의 판결에 대해 검사의 상소권을 인정하지 않는 소년법 제43조는 피해자의 평등권 침해가 아니다(헌재 2012.7.26. 2011헌마232).

14. 제1종 운전면허를 받은 사람이 정기적성검사 기간 내에 적성검사를 받지 아니한 경우에 행정형벌을 과하도록 규정한 구 도로교통법 제156조는 평등원칙에 위반되지 않는다(헌재 2015.2.26. 2012헌바268).

15. 피해자의 의사에 반하여 처벌할 수 없는 죄에 있어서 피해자에게 자복한 때에는 그 형을 감경 또는 면제할 수 있도록 정한 형법 제52조 제2항

> **<비교조항>**
> 형법 제52조 【자수, 자복】 ① 죄를 지은 후 수사기관에 자수한 경우에는 형을 감경하거나 면제할 수 있다.

통상의 경우 **자복** 그 자체만으로는, 자수와 같이 범죄자가 형사법절차 속으로 스스로 들어왔다거나 국가형벌권의 적정한 행사에 기여하였다고 단정하기 어려우므로, 이 사건 법률조항에서 **통상의 자복에 관하여 자수와 동일한 법적 효과를 부여하지 않았다고 하여 자의적이라 볼 수는 없다.** 반의사불벌죄에서의 자복은, 형사소추권의 행사 여부를 좌우할 수 있는 자에게 자신의 범죄를 알리는 행위란 점에서 자수와 그 구조 및 성격이 유사하므로, 이 사건 법률조항이 청구인과 같이 반의사불벌죄 이외의 죄를 범하고 피해자에게 자복한 사람에 대하여 반의사불벌죄를 범하고 피해자에게 자복한 사람과 달리 임의적 감면의 혜택을 부여하지 않고 있다 하더라도 이를 자의적인 차별이라고 보기 어렵다. 따라서 피해자의 의사에 반하여 처벌할 수 없는 죄에 있어서 피해자에게 자복한 때에는 그 형을 감경 또는 면제할 수 있도록 정한 형법은 평등원칙에 위반되지 아니한다(헌재 2018.3.29. 2016헌바270).

16. **정신성적 장애인**에 대한 치료감호기간의 상한을 15년으로 정하고 있는 것은 약물·알코올중독자에 대한 치료감호기간의 상한이 2년임에 비해 과도한 차별이 아니므로 평등원칙에 위반된다고 볼 수 없다(헌재 2017.4.27. 2016헌바452).

17. **'정보통신망 이용촉진 및 정보보호 등에 관한 법률' 제70조 제2항의 명예훼손죄를 반의사불벌죄로 정하고 있는 정보통신망법**
형법 제312조 제1항은 형법 제311조의 모욕죄와 제308조의 사자명예훼손죄를 친고죄로 정하고 있음에 반하여, 심판대상조항은 정보통신망법 제70조 제2항의 명예훼손죄를 반의사불벌죄로 정하고 있다. 형법상 모욕

죄는 피해자에 대한 구체적 사실이 아닌 추상적 판단과 감정을 표현하고, 형법상 사자명예훼손죄는 생존한 사람이 아닌 사망한 사람에 대한 허위사실 적시라는 점에서 불법성이 감경된다. 반면, 정보통신망법의 명예 훼손죄는 비방할 목적으로 정보통신망을 이용하여 거짓사실을 적시한다는 점에서 불법성이 가중된다는 차이가 있다. 친고죄·반의사불벌죄 여부를 달리 정한 것이므로, 심판대상조문은 형벌체계상 균형을 상실하지 않아 평등원칙에 위반되지 아니한다(헌재 2021.4.29. 2018헌바113).

18. 폭력범죄를 목적으로 한 단체 또는 집단의 구성원으로 활동한 사람을 처벌하는 구 '폭력행위 등 처벌에 관한 법률'

형법 제114조는 법정형을 기준으로 사형, 무기 또는 장기 4년 이상의 징역에 해당하는 범죄를 목적으로 하는 단체 또는 집단의 구성원으로 활동한 사람을 처벌한다. 이에 반하여 심판대상조항은 조직폭력범죄가 사회에 미치는 영향과 폐해를 고려하여 폭력행위처벌법에 규정된 범죄를 목적으로 하는 단체 또는 집단의 구성원으로 활동한 사람을 처벌하도록 하여, 단체나 집단이 목적으로 하는 범죄의 내용과 특성을 기준으로 범위를 제한하고 있다. 이와 같이 형법 제114조와 이 조항들은 그 보호법익이 서로 동일하다고 보기 어렵고, 목적 범죄의 유형별 죄질과 범정의 차이를 고려하여 법정형에 차이를 둔 것에 합리적인 이유가 있다고 할 것이므로, 심판대상조항이 형벌체계상의 정당성과 균형을 잃어 평등원칙에 위배된다고 볼 수 없다(헌재 2022.12.22. 2019헌바401).

⚖️ 판례 | 병역

평등권 침해인 것

1. 국가공무원 임용결격사유에 해당하여 공중보건의사 편입이 취소된 사람을 현역병으로 입영하게 하거나 공익근무요원으로 소집함에 있어 의무복무기간에 기왕의 복무기간을 전혀 반영하지 아니하는 구 병역법

공중보건의사와 의무분야의 현역 장교는 보충역과 현역이라는 차이만 있을 뿐 선발대상과 의무복무기간이 동일하고, 공중보건의사의 편입취소사유인 국가공무원 임용결격사유와 군의관의 제적 또는 신분상실 사유인 군인사법상 임용결격사유는 서로 유사하나 복무 중 군인사법 임용결격사유에 해당하여 제적되거나 그 신분이 상실되면 보충역의 장교에 편입될 뿐 더 이상 실역에 복무하지 않는 데 반하여 이 사건 법률조항은 국가공무원 임용결격사유에 해당하여 공중보건의사 편입이 취소된 사람을 의무복무기간에 기왕의 복무기간을 전혀 반영하지 않고서 현역병으로 입영하게 하거나 공익근무요원으로 소집하도록 하여 합리적 이유 없이 차별하고 있다(헌재 2010.7.29. 2008헌가28).

2. 산업기능요원 편입되어 1년 이상 종사하다가 편입이 취소되어 입영하는 사람의 경우 복무기간을 단축할 수 있다고 규정한 병역법

산업기능요원과 본질적 동일성을 가지고 있는 다른 보충역의 경우에도 기왕의 복무기간의 장단을 불문하고 '현역병 내지 행정관서요원의 의무복무기간/종전의 의무복무기간'의 비율에 따른 기간을 이미 복무한 것으로 인정받도록 하고 있다. 이러한 점을 종합해 볼 때, 기왕의 복무기간 인정 여부에 관하여 1년 미만을 종사하다가 편입취소된 산업기능요원만 다른 병역의무자들과 달리 취급하는 것은 합리적 이유 없는 차별취급으로서 청구인의 평등권을 침해한다(헌재 2011.11.24. 2010헌마746).

평등권 침해가 아닌 것

1. 공중보건의 군사교육훈련 기간 중 보수 미지급

심판대상조항이 공중보건의사로 편입되어 군사교육 소집된 자에게 군사교육 소집기간 동안의 보수를 지급하지 않도록 규정하였다고 하더라도 이는 한정된 국방예산의 범위 내에서 효율적인 병역제도의 형성을 위하여 공중보건의사의 신분, 복무내용, 복무환경, 전체 복무기간 동안의 보수수준 및 처우, 군사교육의 내용 및 기간 등을 종합적으로 고려하여 결정한 것이므로, 평등권을 침해한다고 보기 어렵다(헌재 2020.9.24. 2017헌마643).

2. **공중보건의사가 군사교육에 소집된 기간을 복무기간에 산입하지 않도록 규정한 병역법**

   공중보건의사는 임기제공무원의 신분을 가지고 농어촌 등 보건의료 취약지역의 보건의료업무에 종사하는 사람으로, 전문연구요원에 비하여 수행업무의 공익적 기여도가 매우 크고 직접적이다. 공중보건의사의 군사교육 소집기간을 의무복무기간에 산입한다면, 해당 지역별로 공중보건의사의 소집해제일인 3월경부터 다른 공중보건의사가 통상 배치되는 4월경까지 약 1개월간 필연적으로 의료공백이 발생하게 된다. 군사교육 소집기간의 복무기간 산입 여부와 같은 정책적인 사항에 대하여 전문연구요원과 달리 규정한다고 해서 이를 부당한 차별취급이라고 단정하기는 어렵다. 따라서 심판대상조항이 전문연구요원과 달리 공중보건의사의 군사교육 소집기간을 복무기간에 산입하지 않은 데에는 합리적 이유가 있으므로, 청구인들의 평등권을 침해하지 않는다(헌재 2020.9.24. 2019헌마472).

3. **사회복무요원에게 현역병의 봉급에 해당하는 보수를 지급하도록 한 병역법 시행령**

   심판대상조항이 사회복무요원에게 현역병의 봉급과 동일한 보수를 지급하면서 중식비, 교통비, 제복 등을 제외한 다른 의식주 비용을 추가로 지급하지 않는다 하더라도, 사회복무요원을 현역병에 비하여 합리적 이유 없이 자의적으로 차별한 것이라고 볼 수 없다. 따라서 심판대상조항은 청구인들의 평등권을 침해하지 아니한다(헌재 2019.2.28. 2017헌마374).

4. **산업기능요원 복무기간을 공무원 경력에 포함시키지 아니한 공무원보수규정**은 현역병 및 현역병에 준하는 관리·감독과 보수를 지급받는 사회복무요원의 공로를 보상하기 위한 것으로서 공무원 초임호봉 획정에 있어 산업기능요원과의 차별취급에 합리적 이유가 있다 할 것이므로, 심판대상조항은 청구인의 평등권을 침해하지 아니한다(헌재 2016.6.30. 2014헌마192).

5. 대한민국 국민인 **남자에 한하여 병역의무**는 현저히 자의적인 차별취급이라 보기 어렵다(헌재 2011.6.30. 2010헌마460).

6. **병 제대 후 자원입대한 군종장교에 대한 예비군훈련**은 평등의 원칙에 위반되지 아니한다(헌재 2003.3.27. 2002헌바35).

7. **본인이 18세 이후 통틀어 3년을 초과하여 국내에 체재한 경우 1993.12.31. 이전에 출생한 사람들에 대한 예외를 두지 않고 재외국민 2세의 지위를 상실할 수 있도록 규정한 병역법 시행령**

   1993.12.31. 이전에 출생한 재외국민 2세와 1994.1.1. 이후 출생한 재외국민 2세는 병역의무의 이행을 연기하고 있다는 점에서 차이가 없고, 3년을 초과하여 국내에 체재한 경우 실질적인 생활의 근거지가 대한민국에 있다고 볼 수 있어 더 이상 특례를 인정해야 할 필요가 있다는 점에서도 동일하다. 병역의무의 평등한 이행을 확보하기 위하여 출생년도와 상관없이 모든 재외국민 2세를 동일하게 취급하는 것은 합리적인 이유가 있으므로, 심판대상조항은 청구인들의 평등권을 침해하지 아니한다(헌재 2021.5.27. 2019헌마177).

⚖️ 판례 | 평등과 소송

평등권 침해인 것

1. **국가에 대한 가집행금지** (헌재 1989.1.25. 88헌가7)
   ① **심판대상**: 소송촉진등에관한특례법 제6조 재산권의 청구에 관한 판결은 상당한 이유가 없는 한 당사자의 신청 유무를 불문하고 가집행할 수 있음을 선고하여야 한다. 다만, 국가를 상대로 하는 재산권의 청구에 관하여는 가집행의 선고를 할 수 없다.
   ② 국가가 원고가 되어 얻은 승소판결의 경우에는 반드시 가집행의 선고를 하여야 하나 국민이 국가를 상대로 한 소송에서 얻어낸 승소판결의 경우에는 가집행을 할 수 없도록 한 것은, 국가가 국민과 대등한 사경제적 주체로서 활동하는 경우에까지 국가를 우대하는 것으로서 이를 정당화할 합리적 이유가 존재하지 않는다.

2. **금융기관이 경매신청인인 경우 항고시 경락대금의 10분의 5 공탁**

경매절차에 있어서 항고하려는 자는 경락대금의 2/10에 해당하는 금액을 공탁하도록 되어 있으나 유독 경매신청인이 금융기관이라는 사유만으로 경락허가결정에 대하여 항고를 하고자 하는 자에게 다액의 담보공탁(경락대금의 5/10)을 하도록 항고권을 제한한 위 법률의 조항은, 합리적 근거 없이 금융기관에게 차별적으로 우월한 지위를 부여하여 경락허가결정에 대한 항고를 하고자 하는 자에게 과다한 경제적 부담을 지게 함으로써 특히 자력이 없는 항고권자에게 부당하게 재판청구권인 항고권을 제한하는 것이라고 볼 것이다(헌재 1989.5.24. 89헌가37).

3. **교원징계심의위원회의 재심결정에 대하여 교사와 다르게 학교법인에게만 불복금지시키는 것은 평등권을 침해한다**(헌재 2006.2.23. 2005헌가7).

4. 대한변호사협회징계위원회에서 **징계를 받은 변호사는 법무부변호사징계위원회에서의 이의절차를 밟은 후 곧바로 대법원에 즉시항고토록** 하고 있는 변호사법 제81조 제4항 내지 제6항은 의사·공인회계사 등과 합리적 이유 없이 변호사를 차별한 것이다(헌재 2000.6.29. 99헌가9).

평등권 침해가 아닌 것

1. 친고죄 사건에서 **고소취소를 1심 판결 전**까지로 제한하는 것은 평등권 침해가 아니다(헌재 2011.2.24. 2008헌바40).

   유사 반의사불벌죄에 있어서 처벌을 희망하는 의사를 철회할 수 있는 시기를 **제1심 판결선고 전**까지로 제한한 형사소송법은 평등권을 침해하지 아니한다(헌재 2016.11.24. 2014헌바451).

2. 회계책임자에 의하지 아니하고 **선거비용을 수입, 지출한 행위를 처벌함에 있어 '당해 선거일 후 6월'의 단기 공소시효 특칙을 규정하지 아니한** 정치자금법 제49조는 평등권을 침해하지 않는다(헌재 2015.2.26. 2013헌바176).

3. 경락허가결정에 대한 채무자와 소유자에 의한 항고로 인한 경매절차진행의 지연과 채권자의 권리행사의 방해의 폐단을 방지하기 위해 **경락대금의 10분의 1을 공탁하도록 한 것**은 적정한 것으로 평등권을 침해하였다고는 볼 수 없다(헌재 1996.4.25. 92헌바30).

4. 국가원수이자 행정부 수반인 대통령 지위의 법적 불안정성을 제거하기 위하여 신속한 재판이 강하게 요구되므로 **대통령 선거소송에서 일반소송의 10배에 이르는 인지액**을 규정한 공직선거법 제229조는 평등권 침해가 아니다(헌재 2004.8.26. 2003헌바20).

5. 인지첩부및공탁제공에관한특례법 제2조에서 "국은 국가를 당사자로 하는 소송 및 행정소송절차에 있어서 민사소송인지법 규정의 인지를 첩부하지 아니한다."라고 규정하고 있는 것은 평등권을 침해하지 않는다(헌재 1994.2.24. 91헌가3).

6. **선거일 이전에 행하여진 선거범죄의 공소시효 기산점을 '당해 선거일 후'로 규정한 공직선거법**

   심판대상조항의 의미와 목적 등을 고려할 때 '선거일 이전에 행하여진 선거범죄' 가운데 '선거일 이전에 후보자격을 상실한 자'와 '선거일 이전에 후보자격을 상실하지 아니한 자'는 본질적으로 동일한 집단이라 할 것이다. 따라서 심판대상이 양자의 공소시효 기산점을 '당해 선거일 후'로 같게 적용하더라도, 이는 본질적으로 같은 것을 같게 취급한 것이므로 차별이 발생한다고 보기 어렵다. 심판대상조항은 '선거일 이전에 행하여진 선거범죄'의 공소시효 기산점을 '당해 선거일 후'로 정하여, 공직선거법 제268조 제1항에서 '선거일 후에 행하여진 선거범죄'의 공소시효 기산점을 '그 행위가 있는 날부터'로 정하고, 형사소송법 제252조 제1항에서 '다른 일반범죄'에 관한 공소시효의 기산점을 '범죄행위의 종료한 때로부터'로 정한 것과 달리 취급하고 있다. 그러나 이는 선거로 인한 법적 불안정 상태를 신속히 해소하면서도 선거의 공정성을 보장함과 동시에 선거로 야기된 정국의 불안을 특정한 시기에 일률적으로 종료시키기 위한 입법자의 형사정책적 결단 등에서 비롯된 것이므로, 그 합리성을 인정할 수 있다. 따라서 심판대상조항은 평등원칙에 위반되지 않는다(헌재 2020.3.26. 2019헌바71).

판례 | 재산권영역에서의 차별

평등권 침해인 것

1. 국유재산은 민법 제245조의 규정에 불구하고 시효취득의 대상이 되지 아니한다고 규정한 국유재산법 제5조 제2항 (헌재 1991.5.13. 89헌가97)
   ① 국유재산법 제5조 제2항을 동법의 국유재산 중 **잡종재산(일반재산)**에 대하여 적용하는 것은 헌법에 위반된다.
   ② 행정재산은 공적인 용도가 있는 국유재산이므로 시효에 의한 취득을 금지할 필요가 있으나 잡종재산은 공적인 용도가 없는 재산이므로 사인의 재산과 달리 취급할 이유가 없음에도 잡종재산에 대해 민법의 시효취득조항의 적용을 배제하는 것은 평등권과 재산권을 침해한다. 이 사건 법률조항이 잡종재산에 대하여까지 시효취득의 대상이 되지 아니한다고 규정한 것은 비록 국가라 할지라도 <u>민사관계에 있어서는 사경제의 주체로서 사인과 대등하게 다루어져야 한다는 헌법의 기본원리에 반하고 국가만을 우대하여 국민을 합리적 근거 없이 차별대우하는 것이므로 평등권을 침해한다.</u>

2. 과점주주에게 일률적으로 제2차 납세의무 부과 (헌재 1997.6.26. 93헌바49)
   ① 구 국세기본법 제39조 제2호 중 주주에 관한 부분은 '법인의 경영을 사실상 지배하는 자' 또는 '당해 법인의 발행주식 총액의 100분의 51 이상의 주식에 관한 권리를 실질적으로 행사하는 자' **이외의 과점주주**에 대하여 제2차 납세의무를 부담하게 하는 범위 내에서 헌법에 위반된다.
   ② 과점주주의 주식에 대한 실질적인 권리행사 여부와 법인의 경영에 대한 사실상의 지배 여부 등을 고려함 없이 과점주주 전원을 제2차 납세의무자로 하는 이 사건 법률은 평등권과 재산권 침해이다.

3. 제2차 납세의무 (헌재 1998.5.28. 97헌가13)
   ① **주식을 가장 많이 소유한 과점주주**에게 일률적인 제2차 납세의무 부과는 과점주주의 재산권을 침해하여 헌법에 위반된다. **'주식을 가장 많이 소유한 자'**라도 '당해 법인의 발행주식 총액의 100분의 51 이상의 주식에 관한 권리를 실질적으로 행사하는 자'가 아닌 과점주주에게 제2차 납세의무를 부담하게 하는 것은 실질적 조세법률주의에 위배되고 과점주주의 재산권을 침해하여 헌법에 위반된다.
   ② **과점주주와 생계를 같이하는 자에 대한 제2차 납세의무**를 부과하는 것은 재산권을 침해한다. 과점주주 중 주식을 가장 많이 소유한 자와 서로 도와서 일상생활비를 공통으로 부담한다는 이유만으로 책임의 범위와 한도조차 뚜렷하게 설정하지 아니한 채 법인의 체납세액 전부에 대하여 일률적으로 제2차 납세의무를 지우는 것은 재산권을 침해하게 된다.
   ③ 과점주주 중 **'대통령령이 정하는 임원'**에게 제2차 납세의무를 부담시키는 국세기본법은 재산권을 침해하여 헌법에 위반된다. '대통령령이 정하는 임원'인 과점주주가 법인의 경영을 사실상 지배하는지, 발행주식 총액의 100분의 51 이상의 주식에 관한 권리를 실질적으로 행사하는지 여부를 가리지 아니한 채, 과세청이 자의로 제2차 납세의무자인 과점주주를 지정하여 보충적인 납세의무를 지울 여지가 있으므로, 실질적 조세법률주의와 포괄위임입법금지의 원칙에 위반된다.

   `비교` 모든 **무한책임사원**에 대한 일률적인 제2차 납세의무를 부과한 국세기본법은 청구인의 재산권을 침해하여 헌법에 위반된다고 할 수 없다. 무한책임사원의 경우 회사의 채무에 대하여 보충적으로 연대하여 무한책임을 진다는 상법상의 제도를 조세채무에 그대로 수용하여 모든 무한책임사원들에게 일률적으로 제2차 납세의무를 부과하는 것이므로 청구인의 재산권을 현저히 과도하게 제한하였다고는 볼 수 없다(헌재 1999.3.25. 98헌바2).

4. 회원제 골프장 시설의 입장료에 대한 부가금 (헌재 2019.12.27. 2017헌가21)
   ① **골프장 부가금의 법적 성격**: '부담금관리 기본법'은 "부담금은 별표에 규정된 법률에 따르지 아니하고는 설치할 수 없다."라고 규정함으로써 부담금 설치를 제한하고 있는데, '부담금관리 기본법' 제3조 별표 제13호에서는 '국민체육진흥법 제20조 및 제23조에 따른 회원제 골프장 시설 입장료에 대한 부가금'을 부담금의 하나로 명시하고 있다. 다만, <u>어떤 공과금이 조세인지 아니면 부담금인지는 단순히 법률에서 그것을 무엇으로 성격 규정하고 있느냐를 기준으로 할 것이 아니라, 그 실질적인 내용을 결정적인 기준으로 삼아야</u>

<u>한다</u>. 골프장 부가금은 조세와는 구별되는 것으로서 부담금에 해당한다고 볼 수 있다. 부담금은 그 부과 목적과 기능에 따라 순수하게 재정조달의 목적만 가지는 '재정조달목적 부담금'과 재정조달목적뿐만 아니라 부담금의 부과 자체로써 국민의 행위를 특정한 방향으로 유도하거나 특정한 공법적 의무의 이행 또는 공공출연으로부터의 특별한 이익과 관련된 집단 간의 형평성 문제를 조정하여 특정한 사회·경제정책을 실현하기 위한 '정책실현목적 부담금'으로 구분할 수 있다. **재정조달목적 부담금의 경우에는 공적 과제가 부담금 수입의 지출 단계에서 비로소 실현되나, 정책실현목적 부담금의 경우에는 공적 과제의 전부 혹은 일부가 부담금의 부과 단계에서 이미 실현된다.** 골프장 부가금은 국민체육의 진흥을 위한 각종 사업에 사용될 국민체육진흥계정의 재원을 마련하는 데에 그 부과의 목적이 있을 뿐, 그 부과 자체로써 골프장 부가금 납부의무자의 행위를 특정한 방향으로 유도하거나 골프장 부가금 납부의무자 이외의 다른 집단과의 형평성 문제를 조정하고자 하는 등의 목적이 있다고 보기 어렵다. 게다가 뒤에서 보는 바와 같이 심판 대상조항이 골프장 부가금을 통해 추구하는 공적 과제는 국민체육진흥계정의 집행 단계에서 비로소 실현된다고 할 수 있으므로, **골프장 부가금은 재정조달목적 부담금에 해당한다.**

② **심판대상조항이 헌법상 평등원칙에 위배되는지 여부(적극):** 심판대상조항으로 말미암아 골프장 부가금 납부의무자는 골프장 부가금 징수대상 체육시설을 이용하지 않는 그 밖의 국민과 달리 심판대상조항에 따른 골프장 부가금을 부담해야만 하는 차별 취급을 받는다. 심판대상조항이 규정한 골프장 부가금은 국민체육진흥법의 목적 등을 바탕으로 한 국민체육진흥계정의 재원이라는 점 등을 고려할 때, <u>골프장 부가금을 통해 수행하려는 공적 과제는 국민체육진흥계정의 안정적 재원 마련을 토대로 한 '국민체육의 진흥'이라고 할 수 있다.</u> 그런데 국민체육진흥법상 '체육'의 의미와 그 범위, 국민체육진흥계정의 사용 용도 등에 비추어보면, '국민체육의 진흥'은 국민체육진흥법이 담고 있는 체육정책 전반에 관한 여러 규율사항을 상당히 폭넓게 아우르는 것으로서 이를 특별한 공적 과제로 보기에는 무리가 있다. 심판대상조항에 의한 부가금의 납부의무자는 골프장 부가금 징수대상 시설의 이용자로 한정된다. 이들은 여러 체육시설 가운데 회원제로 운영되는 골프장을 이용하는 집단이라는 점에서 동질적인 특정 요소를 갖추고 있다. 그러나 광범위한 목표를 바탕으로 다양한 규율 내용을 수반하는 '국민체육의 진흥'이라는 공적 과제에 국민 중 어느 집단이 특별히 더 근접한다고 자리매김하는 것은 무리한 일이다. 골프장 부가금 납부의무자와 '국민체육의 진흥'이라는 골프장 부가금의 부과 목적 사이에는 특별히 객관적으로 밀접한 관련성이 인정되지 않는다. 심판대상조항이 규정하고 있는 <u>골프장 부가금은 일반국민에 비해 특별히 객관적으로 밀접한 관련성을 가진다고 볼 수 없는 골프장 부가금 징수대상 시설 이용자들을 대상으로 하는 것으로서 합리적 이유가 없는 차별을 초래하므로, 헌법상 평등원칙에 위배된다.</u>

평등권 침해가 아닌 것

1. 대도시가 가지는 고도의 집적의 이익을 향유함으로써 대도시 외의 법인에 비하여 훨씬 더 큰 활동상의 편의와 경제적 이득을 얻을 수 있으므로 **대도시 법인의 부동산등기에 대한 중과세하도록 한** 지방세법 제138조는 평등권 침해가 아니다(헌재 1996.3.28. 94헌바42).

2. 경유차는 휘발유차에 비해 미세먼지, 초미세먼지, 질소산화물 등 대기오염물질을 훨씬 더 많이 배출하는 것으로 조사되고 있고, 경유차가 초래하는 환경피해비용 또한 휘발유차에 비해 월등히 높은 것으로 연구되고 있다. 대기오염물질 및 환경피해비용을 저감하기 위해서는 환경개선부담금의 부과를 통해 휘발유차보다 경유차의 소유·운행을 억제하는 것이 더 효과적이라고 판단한 것으로 보이므로 경유를 연료로 사용하는 자동차의 소유자로부터 환경개선부담금을 부과·징수하도록 정한 환경개선비용 부담법 제9조 제1항이이 경유차 소유자를 휘발유를 연료로 사용하는 자동차의 소유자에 비해 차별하여 평등원칙에 위반되지 아니한다(헌재 2022.6.30. 2019헌바440).

평등권 침해인 것

1. **환자가 생전에 등록신청을 한 유가족에 대해서만 보상금수급권을 인정하는 고엽제후유의증환자지원등에관한법률**
   고엽제후유증 환자의 유족에 대한 보상에서 월남전에 참전한 환자가 죽기 전에 등록신청을 하였는지 여부가 본질적인 요소가 아니라 고엽제후유증으로 사망했다는 것이 본질적 요소이다. 고엽제법 제8조 제1항 제2호는 월남전에 참전하여 고엽제후유증에 이환되었다가 그로 인하여 사망하였다는 점에서 본질적으로 동일한 사람들 중 생전에 등록신청을 하지 않은 일부 사람에 대하여는 그들이 고엽제후유증으로 사망한 것인지 여부를 판정받을 기회마저 배제하는 것이 되고 이는 우연한 사정에 의하여 좌우되는 환자의 사망시기 또는 사망 전에 등록신청을 하였는지 여부 등에 의하여 보상을 위한 등록신청의 자격 유무를 구별하는 중요한 차별을 행하는 것이 되어 불합리하고 결국 위헌적인 법률이라고 할 것이다(헌재 2001.6.28. 99헌마516).

2. **고엽제후유의증 환자가 사망한 때에도 유족에게 교육지원과 취업지원을 한다는 내용의 '고엽제후유의증 환자지원 등에 관한 법률' 제7조 제9항을 위 법률 시행일 이후 사망한 고엽제후유의증 환자부터 적용한다고 규정한 위 개정법률 부칙 제2조**는 위 법률 시행일 이전에 사망한 고엽제후유의증 환자의 유족들의 평등권 침해이다(헌재 2011.6.30. 2008헌마715 등).

3. **공무상 질병 또는 부상으로 '퇴직 이후에 폐질상태가 확정된 군인'에 대해서 상이연금 지급에 관한 규정을 두지 아니한 군인연금법**
   폐질상태의 확정이 퇴직 이전에 이루어진 군인과 그 이후에 이루어진 군인을 차별취급하고 있는데, 폐질상태가 확정되는 시기는 근무환경이나 질병의 특수성 등 우연한 사정에 의해 좌우될 수 있다는 점에서 볼 때, 위와 같은 차별취급은 합리적인 이유가 없어 정당화되기 어려우므로 평등의 원칙을 규정한 헌법 제11조 제1항에 위반된다(헌재 2010.6.24. 2008헌바128).

4. **공무상 질병 또는 부상으로 인하여 퇴직 후 장애 상태가 확정된 군인에게 상이연금을 지급하도록 한 개정된 군인연금법 제23조 제1항을 개정법 시행일 이후부터 적용하도록 한 군인연금법 부칙**
   '시행일 전에 장애 상태가 확정된 군인'과 '퇴직 후 신법 조항 시행일 이후에 장애 상태가 확정된 군인'은 모두 공무상 질병 또는 부상으로 인하여 장애 상태에 이른 사람으로서, 장애에 노출될 수 있는 가능성 및 위험성, 장애가 퇴직 이후의 생활에 미치는 영향, 보호의 필요성 등의 측면에서 본질적인 차이가 없다. 장애의 정도나 위험성, 생계곤란의 정도 등을 고려하지 않은 채 장애의 확정시기라는 우연한 형식적 사정을 기준으로 상이연금의 지급 여부를 달리하는 것은 불합리하다(헌재 2016.12.29. 2015헌바208).

5. **'수사가 진행 중이거나 형사재판이 계속 중이었다가 그 사유가 소멸한 경우'에는 잔여 퇴직급여 등에 대해 이자를 가산하는 규정을 두면서, '형이 확정되었다가 그 사유가 소멸한 경우'에는 이자 가산 규정을 두지 않은 군인연금법**
   군인연금법은 군인이 복무 중의 사유로 '수사가 진행 중이거나 형사재판이 계속 중'인 경우에는 퇴직급여 등의 지급을 정지하되, 이후 급여제한사유에 해당하지 아니하게 되었을 때에는 잔여금에 이자를 가산하여 지급하도록 규정하고 있다. 반면, **'형을 받거나 파면'되어 퇴직급여 등의 지급이 제한되었으나 이후 재심 등으로 그 사유에 해당하지 아니하게 되었을 때는 잔여금에 이자를 가산하여 지급한다는 내용을 규정하고 있지 않다.** 금고 이상의 형이 확정되었다가 재심에서 무죄판결을 받은 사람은 처음부터 유죄판결이 없었던 것과 같은 상태가 되었으므로 '유죄판결을 받지 않았다면 본래 퇴직급여 등을 받을 수 있었던 날'에 퇴직급여를 지급받을 수 있었던 사람들이다. 잔여 퇴직급여에 대한 이자 지급 여부에 있어 양자를 달리 취급하는 것은 합리적 이유 없는 차별로서 평등원칙을 위반한다(헌재 2016.7.28. 2015헌바20).

6. **농촌등보건의료를위한특별조치법이 시행되기 이전에 공중보건의사로 복무한 사람이 사립학교 교직원으로 임용된 경우 공중보건의사로 복무한 기간을 사립학교 교직원 재직기간에 산입하도록 규정하지 않은 '사립학교교직원연금법'**
   군의관과 공중보건의사는 모두 병역의무 이행의 일환으로 의료분야의 역무를 수행한 점, 공중보건의사는 접적지역, 도서, 벽지 등 의료취약지역에서 복무하면서 그 지역 안에서 거주하여야 하고 그 복무에 관하여 국가의 강력한 통제를 받았던 점 등을 종합하면, 1991년 개정 농어촌의료법 시행 전에 공중보건의사로 복무하였던 사람이 사립학교 교직원으로 임용되었을 경우 현역병 등과 달리 공중보건의사 복무기간을 재직기간에 반영하도록 규정하지 아니한 것은 차별취급에 합리적인 이유가 없다. 따라서 심판대상조항은 평등원칙에 위배된다(헌재 2016.2.25. 2015헌가15).

7. **근로자가 사업주의 지배관리 아래 출퇴근하던 중 발생한 사고로 부상 등이 발생한 경우만 업무상 재해로 인정하여 통상적인 출퇴근 재해를 산재보상에서 제외하고 있는 산업재해보상보험법**

사업장 규모나 재정여건의 부족 또는 사업주의 일방적 의사나 개인 사정 등으로 출퇴근용 차량을 제공받지 못하거나 그에 준하는 교통수단을 지원받지 못하는 비혜택근로자는 비록 산재보험에 가입되어 있다 하더라도 출퇴근 재해에 대하여 보상을 받을 수 없는데, 이러한 차별을 정당화할 수 있는 합리적 근거를 찾을 수 없다. 근로자가 사업주의 지배관리 아래 출퇴근하던 중 발생한 사고로 부상 등이 발생한 경우만 업무상 재해로 인정하고, 사업주의 지배관리 아래 있다고 볼 수 없는 통상적 경로와 방법으로 출퇴근하던 중에 발생한 재해(통상의 출퇴근 재해)를 업무상 재해로 인정하지 아니하는 것은 헌법상 평등원칙에 위배된다(헌재 2016.9.29. 2014헌바254).

8. **업무상 재해에 통상의 출퇴근 재해를 포함시키는 개정 법률조항을 개정법 시행 후 최초로 발생하는 재해부터 적용하도록 하는 산업재해보상보험법 부칙**

심판대상조항이 신법 조항의 소급적용을 위한 경과규정을 두지 않음으로써 개정법 시행일 전에 통상의 출퇴근 사고를 당한 비혜택근로자를 보호하기 위한 최소한의 조치도 취하지 않은 것은, 산재보험의 재정상황 등 실무적 여건이나 경제상황 등을 고려한 것이라고 하더라도, 그 차별을 정당화할 만한 합리적인 이유가 있는 것으로 보기 어렵고, 이 사건 헌법불합치결정의 취지에도 어긋난다. 따라서 심판대상조항은 헌법상 평등원칙에 위반된다(헌재 2019.9.26. 2018헌바218).

9. 대한민국 국적을 가지고 있는 영유아 중에서 **재외국민인 영유아를 보육료·양육수당의 지원대상에서 제외함**으로써, 청구인들과 같이 국내에 거주하면서 재외국민인 영유아를 양육하는 부모를 차별하는 보건복지부지침은 청구인들의 평등권을 침해한다(헌재 2018.1.25. 2017헌가7·12·13).

10. **독립유공자의 손자녀 중 1명에게만 보상금을 지급하도록 하면서, 독립유공자의 선순위 자녀의 자녀에 해당하는 손자녀가 2명 이상인 경우에 나이가 많은 손자녀를 우선하도록 규정한 독립유공자예우에 관한 법률**

나이를 기준으로 하여 연장자에게 우선하여 보상금을 지급하는 것 역시 보상금수급권이 갖는 사회보장적 성격에 부합하지 아니한다. 비록 독립유공자를 주로 부양한 자나, 협의에 의해 지정된 자를 보상금 수급권자로 할 수 있도록 하는 일정한 예외조항을 마련해 놓고 있으나, 조부모에 대한 부양가능성이나 나이가 많은 손자녀가 협조하지 않는 경우 등을 고려하면 그 실효성을 인정하기도 어렵다. 비금전적 보훈혜택 역시 유족에 대한 보상금 지급과 동일한 정도로 유족들의 생활보호에 기여한다고 볼 수 없으므로, 이 사건 심판대상조항은 합리적인 이유 없이 상대적으로 나이가 적은 손자녀인 청구인을 차별하여 평등권을 침해한다(헌재 2013.10.24. 2011헌마724).

비교 대통령령으로 정하는 **생활수준 등을 고려하여 손자녀 1명에게 보상금을 지급하도록 한바**, 유족의 생활안정과 복지향상을 도모하기 위하여 보상금이 가장 필요한 손자녀에게 보상금을 지급하여 보상금수급권의 실효성을 보장하면서 아울러 국가의 재정부담능력도 고려하였다. 아울러 독립유공자법은 2018.4.6. 법률 제15550호 개정으로 제14조의5를 신설하여 독립유공자법 제12조에 따른 보상금을 받지 아니하는 손자녀에게 생활안정을 위한 지원금을 지급할 수 있도록 한바, 보상금을 지급받지 못하는 손자녀들에 대한 생활보호대책을 마련하고 독립유공자법에 따른 보훈에 있어 손자녀 간의 형평성도 고려하였다. 위와 같은 사정을 종합해 볼 때, 심판대상조항에 나타난 입법자의 선택이 명백히 그 재량을 일탈한 것이라고 보기 어려우므로 심판대상조항은 청구인의 평등권을 침해하지 아니한다(헌재 2018.6.28. 2015헌마304).

비교 1945년 8월 15일 이후에 사망한 독립유공자의 유족으로 최초로 등록할 당시 자녀까지 모두 사망하거나 생존자녀가 보상금을 지급받지 못하고 사망한 경우에 한하여 독립유공자의 손자녀 1명에게 보상금을 지급하도록 하는 '독립유공자예우에 관한 법률'이 손자녀 1명에게만 보상금을 지급하는 것이 청구인의 평등권을 침해하는지 여부(소극): 심판대상조항이 보상금 수급대상을 손자녀 1명으로 한정하는 것은 보상금 수급권의 실효성을 보장하기 위한 것으로서 손자녀 모두에게 균등배분을 하거나 복수의 손자녀에게 보상금을 지급하지 않는다고 하여 이것이 불합리한 차별이라 보기 어렵다. 청구인과 같이 보상금을 지급받지 못하는 손자녀들에 대한 생활보호 대책과 손자녀 간의 형평을 도모할 합리적인 방안도 마련되어 있다. 따라서 심판대상조항이 보상금 수급대상을 손자녀 1명으로 한정하는 것은 청구인의 평등권을 침해하지 아니한다(헌재 2022.1.27. 2020헌마594).

11. 6·25전몰군경자녀에게 6·25전몰군경자녀수당을 지급하면서 그 수급권자를 6·25전몰군경자녀 중 1명에 한정하고, 나이가 많은 자를 우선하도록 정한 구 '국가유공자 등 예우 및 지원에 관한 법률'

직업이나 보유재산 등에 따라서 연장자의 경제적 사정이 가장 좋은 경우도 있을 수 있다. 따라서 이 사건 법률조항이 6·25전몰군경자녀 중 나이가 많은 자를 이 사건 수당의 선순위 수급권자로 정하는 것은 이 사건 수당이 가지는 사회보장적 성격에 부합하지 아니하고, 나이가 많다는 우연한 사정을 기준으로 이 사건 수당의 지급순위를 정하는 것으로 합리적인 이유가 없다. 따라서 이 사건 법률조항은 나이가 적은 6·25전몰군경자녀의 평등권을 침해한다(헌재 2021.3.25. 2018헌가6).

12. 보훈보상대상자의 부모에 대한 유족보상금 지급시 수급권자를 1인에 한정하고 나이가 많은 자를 우선하도록 규정한 보훈보상대상자 지원에 관한 법률

부모에 대한 보상금 지급에 있어서 예외 없이 오로지 1명에 한정하여 지급해야 할 필요성이 크다고 볼 수 없으므로 평등원칙에 위배된다. 심판대상조항이 국가의 재정부담능력의 한계를 이유로 하여 부모 1명에 한정하여 보상금을 지급하도록 하면서 어떠한 예외도 두지 않은 것에는 합리적 이유가 있다고 보기 어렵다. 심판대상조항 중 나이가 많은 자를 우선하도록 한 것 역시 문제된다. 직업이나 보유재산에 따라 연장자가 경제적으로 형편이 더 나은 경우에도 그보다 생활이 어려운 유족을 배제하면서까지 연장자라는 이유로 보상금을 지급하는 것은 보상금수급권이 갖는 사회보장적 성격에 부합하지 아니한다(헌재 2018.6.28. 2016헌가14).

13. 65세 미만의 경우 치매·뇌혈관성질환 등 대통령령으로 정하는 노인성 질병을 가진 자에 한해 장애인활동지원급여 신청자격을 인정하고 있는 장애인활동 지원에 관한 법률

장기요양급여의 재가급여는 집 안에서의 일상생활 영위에 초점을 두고 급여의 내용이 설계되어 있기 때문에 활동지원급여를 대체하거나 일상에서 자립요구를 충족시키기 어려운 부분이 있다. 이를 종합하면, <u>심판대상조항이 65세 미만의 장애인 가운데 일정한 노인성 질병이 있다는 이유만으로 활동지원급여를 신청할 수 없도록 하는 것은 자립욕구나 재활가능성을 고려하지 않은 것으로서 합리적 이유가 있다고 보기 어렵다</u>(헌재 2020.12.23. 2017헌가22).

평등권 침해가 아닌 것

1. 보상금을 받을 권리가 다른 손자녀에게 이전되지 않도록 하는 독립유공자예우에 관한 법률

독립유공자 손자녀의 경우, 유공자의 사망이나 장해에 따른 영향이 자녀와 비교하여 덜 직접적이며 물질적·정신적 고통의 정도가 동등하다고 보기 어려우므로, 그에 대한 보호와 예우 필요성은 유공자의 자녀와 비교하여 상대적으로 적다. 그러므로 심판대상조항이 보상금을 받을 권리의 이전과 관련하여 독립유공자의 손자녀를 달리 취급하고 있더라도 이것이 현저하게 합리성을 잃은 자의적인 차별이라 할 수 없으며, 심판대상조항은 청구인의 평등권을 침해하지 않는다(헌재 2020.3.26. 2018헌마331).

2. 독립유공자의 유족에 대한 보상금 지급을 규정하면서, 손자녀의 경우에는 독립유공자가 1945년 8월 14일 이전에 사망한 경우에만 보상금을 지급받을 수 있도록 규정한 '독립유공자예우에 관한 법률'

애국지사가 1945.8.14. 이전에 사망한 경우에는 유족들이 받은 생활의 어려움이 더 컸을 것이므로 이들에 대한 배려의 필요성이 더 크다는 점에서 순국선열 또는 1945.8.14. 이전에 사망한 애국지사의 손자녀에게는 보상금 수급권을 인정하면서 1945.8.15. 이후에 사망한 애국지사의 손자녀에게는 인정하지 않은 것에는 합리적인 차별의 이유가 있다 할 것이다(헌재 2011.4.28. 2009헌마610).

3. 독립유공자의 유족 중 자녀의 범위에서 사후양자를 제외하는 '독립유공자예우에 관한 법률'

사후양자의 경우 양자가 되는 시점에 이미 독립유공자가 사망하였으므로, 독립유공자와 생계를 같이하였거나 부양받는 상황에서 그의 희생으로 인하여 사회·경제적으로 예전보다 불리한 지위에 놓이게 될 여지가 없다. 사후양자와 일반양자는 생활의 안정과 복지의 향상을 도모할 필요성의 면에서 보면 상당한 차이가 있으므로, 본문조항이 서로를 달리 취급하는 것은 헌법상 평등원칙에 위반되지 않는다(헌재 2021.5.27. 2018헌바277).

4. 1945년 8월 15일 이후에 독립유공자에게 입양된 양자의 경우 독립유공자, 그의 배우자 또는 직계존비속을 부양한 사실이 있는 자만 유족 중 자녀에 포함시키고 있는 '독립유공자예우에 관한 법률'

1945년 8월 15일 이후에 독립유공자에게 입양된 양자가 독립유공자 등을 부양한 사실이 없는 경우 유족의 범위에서 제외하는 것은 독립유공자와 양자 상호간의 희생분담 등을 고려한 것으로서 현저히 불합리한 차별이라고 보기는 어렵다. 따라서 단서조항이 헌법상 평등원칙에 위반된다고 볼 수 없다(헌재 2021.5.27. 2018헌바277).

5. 가족 중 순직자가 있는 경우의 병역감경 대상에서 재해사망군인의 가족을 제외하고 있는 병역법 시행령

순직군인 등은 국가의 수호·안전보장 또는 국민의 생명·재산 보호와 직접적인 관련이 있는 직무수행이나 교육훈련 중에 순직한 자로서, '보훈보상대상자 지원에 관한 법률'상의 재해사망군인에 비하여 국가에 공헌한 정도가 더 크고 직접적이다. 따라서 심판대상조항은 청구인의 평등권을 침해하지 않는다(헌재 2019.7.25. 2017헌마323).

유사 독립유공자예우에 관한 법률이 같은 서훈 등급임에도 순국선열의 유족보다 애국지사 본인에게 높은 보상금 지급액 기준을 두고 있다 하여 곧 청구인의 평등권을 침해하였다고 볼 수 없다(헌재 2018.1.25. 2016헌마319).

유사 서훈의 등급에 따라 부가연금을 차등 지급하는 것은 합리적인 것이다(헌재 1997.6.26. 94헌마52).

유사 경찰공무원은 교육훈련 또는 직무수행 중 사망한 경우 국가유공자등예우및지원에관한법률상 순직군경으로 예우받을 수 있는 것과는 달리, 소방공무원은 화재진압, 구조·구급 업무수행 또는 이와 관련된 교육훈련 중 사망한 경우에 한하여 순직군경으로서 예우를 받을 수 있도록 하는 소방공무원법: 국가에 대한 공헌과 희생, 업무의 위험성의 정도, 국가의 재정상태 등을 고려하여 화재진압, 구조·구급 업무수행 또는 이와 관련된 교육훈련 이외의 사유로 직무수행 중 사망한 소방공무원에 대하여 순직군경으로서의 보훈혜택을 부여하지 않는다고 해서 이를 합리적인 이유 없는 차별에 해당한다고 볼 수 없다(헌재 2005.9.29. 2004헌바53).

6. 행정관서요원으로 근무한 공익근무요원과는 달리 국제협력요원으로 근무한 공익근무요원을 국가유공자법에 의한 보상에서 제외한 병역법은 평등권 침해가 아니다(헌재 2010.7.29. 2009헌가13).

7. 관계 공무원이 인솔하여 집단수송과정에서 전사·순직·공상을 입은 자는 국가유공자에 포함시키면서 개별 이동 중에 공상 등을 입은 자에 대해서는 국가유공자에서 제외한 병역법 제75조는 평등권 침해가 아니다(헌재 2005.10.27. 2004헌바37).

8. 6·25전쟁 중 납북자를 납북피해자 보상 제외는 납북 여부에 관한 판단기준의 불명확성, 전쟁이라는 특수한 상황에서 발생하였다는 점을 감안한 것이므로 이를 자의적인 차별로서 청구인의 평등권을 침해한다고 할 수 없다(헌재 2009.6.25. 2008헌마393).

9. 수용자에 대한 의료급여정지는 평등원칙에 위배되지 않는다(헌재 2005.2.24. 2003헌마31).

10. 1947.8.15.부터 1965.6.22.까지 계속하여 일본에 거주한 사람을 지급대상에서 제외하고 있는 국외강제동원자 지원법 제7조 제3호는 피징용부상자 가운데 일본 거주자를 배제한 것은 합리적인 이유가 있으므로 평등원칙에 위배된다고 할 수 없다(헌재 2015.12.23. 2011헌바55).

유사 대한민국 국적을 가지지 아니한 사람을 위로금 지급대상에서 제외한 '대일항쟁기 강제동원 피해조사 및 국외 강제동원 희생자 등 지원에 관한 특별법' 제7조 제4호는 평등원칙에 위배되지 않는다(헌재 2015.12.23. 2011헌바139).

유사 한·소 수교가 이루어진 1990.9.30. 이전에 사망 또는 행방불명된 사할린 지역 강제동원 피해자를 위로금 지급대상인 국외강제동원 희생자로 하여 우선적으로 위로금을 지급하는 것은 광범위한 입법재량에 비추어 입법목적을 달성하기 위하여 적정한 것으로서 평등원칙에 위배되지 않는다(헌재 2015.12.23. 2013헌바11).

유사 태평양전쟁 강제동원자 의료지원금 지급대상에서 국내 강제동원자를 제외한 것은 평등권 침해가 아니다(헌재 2011.2.24. 2009헌마94).

11. 국군포로로서 억류기간 동안의 보수를 지급받을 권리를 국내로 귀환하여 등록절차를 거친 자에게만 인정하는 '국군포로의 송환 및 대우 등에 관한 법률'

국군포로의 신원, 귀환동기, 억류기간 중의 행적을 확인하여 등록 및 등급을 부여하는 것은 국군포로가 국가를 위하여 겪은 희생을 위로하고 국민의 애국정신을 함양한다는 국군포로송환법의 취지에 비추어 볼 때 보수를 지급하기 위해 선행되어야 할 필수적인 절차이다. 귀환하지 못한 국군포로의 경우 등록을 할 수가 없고, 대우와 지원을 받을 대상자가 현재 대한민국에 존재하지 않아 보수를 지급하는 제도의 실효성이 인정되기 어렵다. 따라서 심판대상조항은 평등원칙에 위배되지 않는다(헌재 2022.12.22. 2020헌바39).

12. 공무원 퇴직연금의 수급요건을 재직기간 20년에서 10년으로 완화한 개정을 하면서 개정법 적용대상을 **법 시행일 당시 재직 중인 공무원으로 한정한** 공무원연금법 부칙은 법개정 전에 퇴직한 자의 평등권을 침해하지 않는다(헌재 2017.5.25. 2015헌마933).

13. **1년 이상 재직한 전직 국회의원에게 연로회원지원금을 지급하도록 한 것은** 청구인의 평등권을 침해하지 아니한다(헌재 2015.4.30. 2013헌마666).

14. 법관의 명예퇴직수당 정년잔여기간 산정에 있어 정년퇴직일 전에 임기만료일이 먼저 도래하는 경우 임기만료일을 정년퇴직일로 보도록 정한 구 '법관 및 법원공무원 명예퇴직수당 등 지급규칙'
   명예퇴직수당은 자진퇴직을 요건으로 하므로 법관은 잔여임기를 고려하여 퇴직시점을 스스로 정할 수 있는 점, 평생법관제 정착을 위한 노력 등을 고려할 때 경험 많은 법관의 조기퇴직을 유도할 필요성이 상대적으로 크다고 할 수 없는 점 등을 종합하여 볼 때, 심판대상조항으로 인하여 법관이 연령정년만을 기준으로 정년잔여기간을 산정하는 다른 경력직공무원에 비하여, 명예퇴직수당 지급 여부 및 액수 등에 있어 불이익을 볼 가능성이 있다 하더라도, 이를 자의적인 차별이라 볼 수는 없다. 따라서 심판대상조항은 청구인의 평등권을 침해하지 않는다(헌재 2020.4.23. 2017헌마321).

15. '공익신고자 보호법'상 보상금의 지급을 신청할 수 있는 자의 범위를 '내부 공익신고자'로 한정함으로써 '외부 공익신고자'를 보상금 지급대상에서 배제하도록 정한 '공익신고자 보호법'
   공익침해행위의 효율적인 발각과 규명을 위해서는 내부 공익신고가 필수적인데, 내부 공익신고자는 조직 내에서 배신자라는 오명을 쓰기 쉬우며, 공익신고로 인하여 신분상·경제상 불이익을 받을 개연성이 높다. 이 때문에 보상금이라는 경제적 지원조치를 통해 내부 공익신고를 적극적으로 유도할 필요성이 인정된다. 반면, '내부 공익신고자가 아닌 공익신고자'는 공익신고로 인해 불이익을 입을 개연성이 높지 않기 때문에 공익신고 유도를 위한 보상금 지급이 필수적이라 보기 어렵다. 이 사건 법률조항이 평등원칙에 위배된다고 볼 수 없다(헌재 2021.5.27. 2018헌바127).

16. 4·19혁명공로자와 건국포장을 받은 애국지사는 활동기간의 장단(長短), 활동 당시의 시대적 상황, 국권이 침탈되었는지 여부, 인신의 자유 제약 정도, 입은 피해의 정도, 기회비용 면에서 차이가 있다. **4·19혁명공로자에게 지급되는 보훈급여의 종류를 보상금이 아닌 수당으로 규정**한 국가유공자법 제16조의4 제1항 및 2019년도 공로수당의 지급월액을 31만 1천원으로 규정한 같은 법 시행령 제27조의4가 각각 보상금으로 월 172만 4천원을 받는 건국포장 수훈 애국지사에 비하여 4·19혁명공로자를 합리적 이유 없이 차별 취급하여 평등권을 침해한다고 할 수 없다(헌재 2022.2.24. 2019헌마883).

17. 국공립어린이집, 사회복지법인어린이집, 법인·단체등어린이집 등과 달리 민간어린이집에는 보육교직원 인건비를 지원하지 않는 '2020년도 보육사업안내'
   영유아보육법상 어린이집은 설치·운영의 주체가 인건비 지원을 받고 있는지 및 영리를 추구할 수 있는지에 따라 두 유형으로 구별된다. 국공립어린이집, 사회복지법인어린이집, 법인·단체등 어린이집은 보육예산으로부터 인건비 지원을 받으나 영리 추구를 제한받는다. 민간어린이집, 가정어린이집은 보육예산으로부터 인건비 지원을 받지 못하지만 영리를 추구하는 것이 일반적이다. 두 유형 사이에는 성격상 차이가 있으므로, 둘을 단순 비교하여 인건비 지원이 자의적으로 이루어지는지 판단하기는 쉽지 않다.
   심판대상조항이 합리적 근거 없이 민간어린이집을 운영하는 청구인을 차별하여 청구인의 평등권을 침해하였다고 볼 수 없다(헌재 2022.2.24. 2020헌마177).

18. 현역병, 지원에 의하지 아니하고 임용된 부사관, 방위, 상근예비역, 보충역 등의 복무기간과는 달리 사관생도의 사관학교 교육기간을 연금 산정의 기초가 되는 군 복무기간으로 산입할 수 있도록 규정하지 아니한 구 군인연금법 제16조 제5항
   사관생도는 병역의무의 이행을 위해 본인의 의사와 상관없이 복무 중인 현역병 등과 달리 자발적으로 직업으로서 군인이 되기를 선택한 점, 사관생도의 교육기간은 장차 장교로서의 복무를 준비하는 기간으로 이를 현역병 등의 복무기간과 동일하게 평가하기는 어려운 점 등 군인연금법상 군 복무기간 산입제도의 목적과 취지, 현역병 등과 사관생도의 신분, 역할, 근무환경 등을 종합적으로 고려하면, 심판대상조항이 사관생도의 사관학교에서의 교육기간을 현역병 등의 복무기간과 달리 연금 산정의 기초가 되는 복무기간으로 산입할 수 있도록 규정하지 아니한 것이 현저히 자의적인 차별이라 볼 수 없다(헌재 2022.6.30. 2019헌마150).

19. 공무원연금과 국민연금은 사회보장적 성격을 가진다는 점에서 동일하기는 하나, 제도의 도입 목적과 배경, 재원의 조성 등에 차이가 있고, 공무원연금은 국민연금에 비해 재정건전성 확보를 통하여 국가의 재정 부담을 낮출 필요가 절실하다는 점 등에 비추어 볼 때, <u>공무원연금의 수급권자에서 형제자매를 제외한 것은 합리적인 이유가 있다.</u>
따라서 국민연금법이 형제자매를 사망일시금 수급권자로 규정하고 있는 것과는 달리 공무원연금법이 형제자매를 연금수급권자에서 제외하고 있다 하여도 <u>산재보험법이나 국민연금법상의 수급권자의 범위와 비교하여 청구인들의 평등권을 침해하였다고 볼 수 없다</u>(헌재 2014.5.29. 2012헌마555).

⚖ 판례 | 공무원·자격영역에서의 차별

평등권 침해인 것

1. **국·공립 사범대학 졸업자 우선 채용**
국·공립의 사범대학과 사립의 사범대학 사이에는 설립주체가 다르다는 점 이외에는 입학에서부터 졸업에 이르기까지의 교육과정 등 교육에 필요한 제반사항에 있어서 아무런 차이점을 발견할 수 없으므로 이 사건 법률은 평등권 침해이다(헌재 1990.10.8. 89헌마89).

2. **지방자치단체장의 국회의원 입후보시 180일 전 퇴직을 규정한** 공직선거법 제53조 제3항은 평등권 침해이다 (헌재 2003.9.25. 2003헌마106).

3. **변호사 개업지 제한**
15년 이상 근무한 판사·검사·군법무관 등에 대해서는 개업지 제한을 하지 않고 15년 미만 근무한 판사 등에 대해서 개업지 제한을 두고 있는 것은 합리적 이유가 없는 차별이다(헌재 1989.11.20. 89헌가102).

4. **약사법인의 약국개설을 금지한** 약사법 제16조는 변호사, 공인회계사 등 여타 전문직과 의약품제조업자 등 약사법의 규율을 받는 다른 직종들에 대하여는 법인을 구성하여 업무를 수행할 수 있도록 하면서, 약사에게만 합리적 이유 없이 이를 금지하여 헌법상의 평등권을 침해하는 것이다(헌재 2002.9.19. 2000헌바84).

5. **실형을 선고받고 집행이 종료되거나 면제된 경우에는** 자격에 관한 법령의 적용에 있어 형의 선고를 받지 아니한 것으로 본다고 하여 공무원 임용 등에 자격제한을 두지 않으면서 **소년법 중 형의 집행유예를 선고를 받고 유예기간 중인 자에 대해서는 특례규정을 두지 않아** 공무원 임용을 제한받도록 한 소년법 제67조는 평등권을 침해한다. 집행유예는 실형보다 죄질이나 범정이 더 가벼운 범죄에 관하여 선고하는 것이 보통인데, 이 사건 구법 조항은 집행유예보다 중한 실형을 선고받고 집행이 종료되거나 면제된 경우에는 자격에 관한 법령의 적용에 있어 형의 선고를 받지 아니한 것으로 본다고 하여 공무원 임용 등에 자격제한을 두지 않으면서 집행유예를 선고받은 경우에 대해서는 이와 같은 특례조항을 두지 아니하여 불합리한 차별을 야기하고 있다(헌재 2018.1.25. 2017헌가7).

6. **의료법 제33조 제2항 단서의 '의료인은 하나의 의료기관만을 개설할 수 있으며' 부분이 복수면허 의료인들의 직업의 자유, 평등권을 침해하는지 여부(적극)**
복수면허 의료인이든, 단수면허 의료인이든 '하나의' 의료기관만을 개설할 수 있다는 점에서는 '같은' 대우를 받는다. 그런데 복수면허 의료인은 의과대학과 한의과대학을 각각 졸업하고, 의사와 한의사자격 국가고시에 모두 합격하였다. 따라서 단수면허 의료인에 비하여 양방 및 한방의 의료행위에 대하여 상대적으로 지식 및 능력이 뛰어나거나, 그가 행하는 양방 및 한방의 의료행위의 내용과 그것이 인체에 미치는 영향 등에 대하여도 상대적으로 더 유용한 지식과 정보를 취득하고 이를 분석하여 적절하게 대처할 수 있다고 평가될 수 있다. **복수면허 의료인들에게** 단수면허 의료인과 같이 하나의 의료기관만을 개설할 수 있다고 한 이 사건 법률조항은 '다른 것을 같게' 대우하는 것으로 합리적인 이유를 찾기 어렵다(헌재 2007.12.27. 2004헌마1021).

   비교 **의료인은 어떠한 명목으로도 둘 이상의 의료기관을 운영할 수 없다고 규정한 의료법**: 이 사건 법률조항은 수범자를 의료인으로 한정하여, 의료법인 등은 위 조항의 적용을 받지 않고 둘 이상의 의료기관을 운영할 수 있다. 그러나 의료법인 등은 설립에서부터 국가의 관리를 받고, 이사회나 정관에 의한 통제가 가능하며, 명시적으로 영리추구가 금지된다. 이처럼 의료인 개인과 의료법인 등의 법인은 중복운영을 금지할 필요성에서 차이가 있으므로, 의료인과 의료법인 등을 달리 취급하는 것은 합리적인 이유가 인정된다. 따라서 이 사건 법률조항은 **평등원칙에 반하지 않는다**(헌재 2019.8.29. 2014헌바212).

7. **지방자치단체의 장이 금고 이상의 형을 선고받고 그 형이 확정되지 아니한 경우 부단체장이 그 권한을 대행하도록 한 것은** 선거직 공무원으로서 선거과정이나 그 직무수행의 과정에서 요구되는 공직의 윤리성이나 신뢰성 측면에서는 국회의원의 경우도 자치단체장의 경우와 본질적으로 동일한 지위에 있다고 할 수 있는데, 국회의원에게는 금고 이상의 형을 선고받은 후 그 형이 확정되기도 전에 직무를 정지시키는 제도가 없으므로, 자치단체장인 청구인의 평등권을 침해한다(헌재 2010.9.2. 2010헌마418).

8. **노동단체에 한해 정치자금 제공을 금지한 정치자금법**
   노동단체는 다른 사회단체와 마찬가지로 국민의 모든 중요한 이익을 고려하는 정당한 이익조정에 이르기 위하여 다양한 사회세력 간의 경쟁과 정치적 의사형성과정에 참여해야 하는 단체라는 점에서, 노동단체와 정치자금의 기부를 할 수 있는 다른 단체 사이에는 정치활동의 제한에 있어서 차별을 정당화할 만한 본질적인 차이가 존재하지도 아니한다. 따라서 다른 단체, 특히 사용자 및 사용자단체와의 관계에서 노동단체를 정치활동에 있어서 합리적인 이유 없이 차별하는 이 사건 법률조항은 평등의 원칙에도 위반된다(헌재 1999.11.25. 95헌마154).

> **참고** 사업주의 증명책임을 규정한 남녀고용평등법 제30조에 따라, 사실상 여성 전용 직렬로 운영되어 온 전산사식 분야의 근무상한연령을 사실상 남성 전용 직렬로 운영되어 온 다른 분야의 근무상한연령보다 낮게 정한 데에 합리적인 이유가 있는지는 국가정보원장이 증명하여야 하고, 이를 증명하지 못한 경우에는 이 사건 연령 규정은 강행규정인 남녀고용평등법 제11조 제1항과 근로기준법 제6조에 위반되어 당연무효라고 보아야 한다. 1999.3.31. 대통령령 제16211호 개정으로 이루어진 이 사건 직렬 폐지 이전의 구 국가안전기획부직원법 시행령 [별표 2]에서도 **전산사식, 입력작업, 안내 등의 직렬의 정년을 만 43세로 규정하고 있었다.** 그러나 구 시행령의 제정자가 전산사식 직렬을 차별하여 정년을 그와 같이 낮게 정한 합리적인 이유가 증명되지 못한다면 구 시행령의 전산사식 직렬의 정년 규정도 상위규범에 위반되어 무효라고 보아야 한다(대판 2019.10.31. 2013두20011).

평등권 침해가 아닌 것

1. **국립사범대학 졸업자 국공립 중등교사우선임용에 관한 구 교육공무원법 제11조 제1항에 대한 위헌결정으로 우선임용되지 못한 자를 구제하는 국립사범대학졸업자중교원미임용자임용등에관한특별법**
   교사우선채용규정에 대하여 1990.10.8. 단순위헌결정이 선고되었으므로, 1990.10.7. 이전에 국립사범대학을 졸업한 사람이든 졸업하지 못한 재학생이든, 위헌결정에 의하여 실효된 교사우선채용규정을 내세워 교사로 우선채용될 기대권을 주장할 수 없다. 그리고 헌법재판소 2004헌마192 결정이 이미 설시한 바와 같이 이 사건 특별법의 적용대상을 **국립사범대학 졸업자로 한정하고 재학생을 포함시키지 않았다고 하여** 평등의 원칙에 위반된다고 볼 수 없다(헌재 2006.3.30. 2004헌마313).

2. **임용결격공무원 또는 당연퇴직공무원을 특별채용할 경우 종전의 사실상 근무기간을 경력으로 인정하지 아니한** 임용결격공무원등에대한퇴직보상금지급등에관한특례법 제7조 제5항은 평등권 침해가 아니다(헌재 2004.4.29. 2004헌바64).

3. **초·중등학교 교원의 교육위원직 겸직 제한은** 수업과 학생지도를 수행해야 하는 초·중·고 교원의 직을 겸하는 것은 사실상 불가능하다 할 것이므로 합리적인 제한이라고 볼 수 있다(헌재 1993.7.29. 91헌마69).

4. **일반 교사와 달리 수석교사 임기 중에 교장 등 관리직 자격 취득을 제한하는 것은** 합리적인 이유가 있는 것이므로, 청구인들의 평등권을 침해하지 아니한다(헌재 2015.6.25. 2012헌마494).

> **유사** **교육부 및 그 소속기관에서 근무하는 교육연구사 선발에 수석교사가 응시할 수 없도록** 응시 자격을 제한한 교육부장관의 '2017년도 교육전문직 선발 계획 공고'는 수석교사가 임기 종료 후 재임용을 받지 않거나 수석교사직을 포기하면 교육연구사 선발에 응시할 수 있고, 수석교사직을 잃더라도 교사 지위는 유지된다는 점에 비추어 보면 침해의 최소성 및 법익의 균형성에도 반하지 않는다. 결국 이 사건 공고는 과잉금지원칙에 위배되어 공무담임권을 침해하지 않는다(헌재 2023.2.23. 2017헌마604).

5. 국세 경력직공무원에 한해 세무사시험 일부면제하는 것은 지방세에 관한 행정사무에 종사한 자를 달리 취급하는 것이나 업무의 성격 등을 고려한 것이므로 평등원칙에 위배되지 않는다(헌재 2007.5.31. 2006헌마646).

  유사 15년 이상 공무원으로 근무하면서 7급 이상의 직에 근무한 경험이 있거나, 5급 이상 공무원의 지위에서 5년 이상 근무하였다면, 행정절차 및 사무관리에 관하여 상당한 수준의 경험 및 전문지식을 갖춘 것으로 볼 수 있으므로, 제2차 시험 중 행정절차론 및 사무관리론을 면제한 행정사시험면제조항은 합리적인 이유가 있다(헌재 2016.2.25. 2013헌마626・655, 2014헌마434).

6. **시각장애인에 한하여** 안마사 자격인정을 받을 수 있도록 한 **의료법**은 직업선택의 자유 및 평등권을 침해한다고 할 수 없다(헌재 2017.12.28. 2017헌가15).

7. 변호사시험의 시험장으로 서울 소재 4개 대학교를 선정한 피청구인의 공고가 서울 응시자에 비하여 지방 응시자를 자의적으로 차별하여 지방 응시자인 청구인들의 평등권을 침해한다고 할 수 없다(헌재 2013.9.26. 2011헌마782, 2012헌마1017).

8. 변리사시험에 합격한 자와 변호사자격이 있는 자를 구분하지 아니하고 **변리사회 가입의무 및 연수의무를 부과하고 있는 변리사법**은 변호사인 청구인의 평등권을 침해한다고 할 수 없다(헌재 2017.12.28. 2015헌마1000).

9. **법무사 사무원 수를 5인으로 한정한 것**은 헌법에 위반되지 아니한다(헌재 1996.4.25. 95헌마331).

10. 법원서기보와 달리 **정리에 대해 법무사자격을 부여하지 않는 것**은 평등원칙에 반하지 않는다(헌재 1996.10.4. 94헌바32).

11. **특허침해소송에서는 변호사에게만 소송대리를 허용한 것**은 변리사의 평등권을 침해하지 아니한다(헌재 2012.8.23. 2010헌마740).

12. 변호사시험의 응시기간과 응시횟수를 법학전문대학원의 석사학위를 취득한 달의 말일 또는 취득예정기간 내 시행된 시험일부터 5년 내에 5회로 제한하고 병역의무의 이행만을 응시기회제한의 예외로 인정하는 변호사시험법

  병역의무의 이행 외의 다른 사유에 대해서도 변호사시험 응시한도의 예외를 인정하는 방법을 고려할 수 있을 것이나, 인정되는 사유나 그 지속기간 등을 일률적으로 입법하기 어렵고, 예외를 인정할수록 시험기회・합격률에 관한 형평에 문제제기가 있을 수 있어 시험제도의 신뢰를 떨어뜨릴 위험이 있다. 이러한 점들을 종합하면 이 사건 예외조항이 비합리적이라고 보기 어렵고, 따라서 이 사건 예외조항은 청구인들의 평등권을 침해하지 않는다(헌재 2020.11.26. 2018헌마733).

13. 경찰공무원에게 재산등록의무를 부과하는 공직자윤리법 시행령

  경찰공무원은 그 직무범위와 권한이 포괄적인 점, 특히 경사 계급은 현장수사의 핵심인력으로서 직무수행과 관련하여 많은 대민접촉이 이루어지므로 민사분쟁에 개입하거나 금품을 수수하는 등의 비리 개연성이 높다는 점 등을 종합하여 보면, 대민접촉이 거의 전무한 교육공무원이나 군인 등과 달리 경찰업무의 특수성을 고려하여 **경사 계급까지 등록의무를 부과한 것**은 합리적인 이유가 있는 것이므로 위 조항이 경사인 청구인의 평등권을 침해한다고 볼 수 없다(헌재 2010.10.28. 2009헌마544).

14. 경찰공무원의 봉급을 규정한 구 공무원보수규정 제5조 중 [별표 10] 가운데 경위, 경사에 관한 부분이 공안직공무원에 비하여 경찰공무원을 불합리하게 차별하여 평등권을 침해하는지 여부

  경찰공무원과 공안직공무원이 업무의 위험성이나 강제성 등의 면에서 유사한 점이 존재하더라도, 법률에 의해 부여된 고유의 업무가 서로 다르고 계급체계 또한 상이하며, 그에 따라 직무수행에 필요한 능력이나 숙련정도, 책임의 내용 등의 면에 있어서 차이가 있는 점을 고려할 때, 이 사건 시행령조항이 경찰공무원의 봉급을 공안직공무원의 그것과 달리 규정하고 있다 하여 이를 두고 자의적인 차별이라고 할 수는 없다(헌재 2014.1.28. 2012헌마267).

15. 징계에 의하여 해임처분을 받은 공무원에 대해 경찰공무원으로의 임용을 금지하고 있는 경찰공무원법

  경찰공무원과 일반직공무원, 검사, 군인은 각기 해당 법령에 의해 부여된 고유의 업무를 행하며, 해당 법령들은 그러한 업무와 조직의 특성을 고려하여 임용결격사유와 임용결격기간을 달리 규정하고 있는 것이므로, 위 법률조항은 평등원칙에 위배된다고 할 수 없다(헌재 2010.9.30. 2009헌바122).

16. **국회의원의 경우 지방공사 직원의 겸직이 허용되는 반면, 지방의회의원의 경우 이 사건 법률조항에 의하여 지방공사 직원의 직을 겸할 수 없는 것이 지방의회의원인 청구인의 평등권을 침해하는지 여부(소극)**

지방공사와 지방자치단체, 지방의회의 관계에 비추어 볼 때, 지방공사 직원의 직을 겸할 수 없도록 함에 있어 지방의회의원과 국회의원은 본질적으로 동일한 비교집단이라고 볼 수 없으므로, 양자를 달리 취급하였다고 할지라도 이것이 지방의회의원인 청구인의 평등권을 침해한 것이라고 할 수는 없다(헌재 2012.4.24. 2010헌마605).

17. **한약업사의 영업지 제한**은 평등의 원칙에 위배된다고 할 수 없다(헌재 1991.9.16. 89헌마231).

18. 다른 전문직에 비하여 변호사는 포괄적인 직무영역과 그에 따른 더 엄격한 직무의무를 부담하고 있는바, 이는 변호사 직무의 공공성 및 그 포괄적 직무범위에 따른 사회적 책임성을 고려한 것으로서, 다른 전문직과 비교하여 차별취급의 합리적 이유가 있다고 할 것이므로, 변호인선임서 등을 공공기관에 제출할 때 소속 지방변호사회를 경유하도록 하는 변호사법 조항은 변호사의 평등권을 침해하지 아니한다(헌재 2013.5.30. 2011헌마131).

⚖ 판례 | 사회영역에서의 차별

평등권 침해인 것

1. **대한민국 정부수립 이전 이주동포를 수혜대상에서 제외하고 있는** 이 사건 법률은 재외동포로서 보호되어야 할 대상을 결정함에 있어서 정부수립 이후 이주동포인지 아니면 정부수립 이전 이주동포인지 여부는 결정적 기준이 될 수 없으므로 이를 기준으로 차별한 이 사건 법률과 시행령은 평등원칙에 위배된다(헌재 2001.11.29. 99헌마494). **＊헌법불합치결정, 잠정적용 허용**

2. **전통사찰 부동산을 대여·양도·담보 제공할 경우 문화체육부장관의 허가를 받도록 하면서 국토부장관의 공용수용으로 인한 소유권 변동에 대해서는 허가 등의 규제를 하지 아니한 전통사찰보존법 제6조**

전통사찰을 훼손할 수 있는 경내지 등에 대한 소유권 변동을 시도한 주체가 사인(私人)인지 아니면 건설부장관과 같은 제3자적 국가기관인지 여부, 또는 그 형식이 양도(혹은 강제집행)인지 아니면 공용수용인지 여부는 본질적인 문제가 될 수 없다. 이 사건 법률조항의 경우, 전통사찰을 훼손하고자 시도하는 주체가 제3자적 국가기관이고 그 형식이 공용수용이라는 우연한 사정의 유무에 따라서 전통사찰을 훼손하는 것이 불가피한 것인지 여부를 관할 국가기관이 실효성 있게 판단·결정할 수 있는 기회를 실질적으로 배제하는 사안과 그렇지 아니한 사안을 구별하는 중요한 차별을 행하는 것이 되어 불합리하여 평등의 원칙에 어긋나는 위헌적인 법률이다(헌재 2003.1.30. 2001헌바64).

3. **근로기준법이 보장한 근로기준 중 주요사항을 외국인산업연수생에 대하여만 적용되지 않도록 하는 '외국인산업기술연수생의 보호 및 관리에 관한 지침'(노동부 예규)**

산업연수생이 연수라는 명목하에 사업주의 지시·감독을 받으면서 사실상 노무를 제공하고 수당 명목의 금품을 수령하는 등 실질적인 근로관계에 있는 경우에도, 근로기준법이 보장한 근로기준 중 주요사항을 외국인산업연수생에 대하여만 적용되지 않도록 하는 것은 합리적인 근거를 찾기 어렵다(헌재 2007.8.30. 2004헌마670).

4. **우체국보험금 및 환급금 청구채권 전액에 대하여 무조건 압류를 금지하는 '우체국예금·보험에 관한 법률'**

이 사건 법률조항은 국가가 운영하는 우체국보험에 가입한다는 사정만으로, 일반 보험회사의 인보험에 가입한 경우와는 달리 그 수급권이 사망, 장해나 입원 등으로 인하여 발생한 것인지, 만기나 해약으로 발생한 것인지 등에 대한 구별조차 없이 그 전액에 대하여 무조건 압류를 금지하여 우체국보험 가입자를 보호함으로써 우체국보험 가입자의 채권자를 일반 인보험 가입자의 채권자에 비하여 불합리하게 차별취급하는 것이므로, 헌법 제11조 제1항의 평등원칙에 위반된다(헌재 2008.5.29. 2006헌바5).

5. **1983.1.1. 이후 출생한 A형 혈우병 환자에 한하여 유전자재조합제제에 대한 요양급여를 인정하는 요양급여기준**

A형 혈우병 환자들의 출생시기에 따라 이들에 대한 유전자재조합제제의 요양급여 허용 여부를 달리 취급하

는 것은 합리적인 이유가 있는 차별이라고 할 수 없다. 따라서 이 사건 고시 조항은 1983.1.1. 이전에 출생한 A형 혈우병 환자들인 청구인들의 평등권을 침해하는 것이다(헌재 2012.6.27. 2010헌마716).

6. 자사고와 일반고 중복지원금지 (헌재 2019.4.11. 2018헌마221)

① **이 사건 동시선발 조항이 기본권 제한의 한계를 일탈하여 청구인 학교법인의 사학운영의 자유를 침해하는지 여부(소극):** 시행령은 입학전형 실시권자나 학생 모집 단위 등도 그대로 유지하여 자사고의 사학운영의 자유 제한을 최소화하였다. 또한 일반고 경쟁력 강화만으로 고교서열화 및 입시경쟁 완화에 충분하다고 단정할 수 없다. 따라서 이 사건 동시선발 조항은 국가가 학교제도를 형성할 수 있는 재량권한의 범위 내에 있다.

② **이 사건 동시선발 조항이 신뢰보호원칙을 위반하여 청구인 학교법인의 사학운영의 자유를 침해하는지 여부(소극):** 고교서열화 및 입시경쟁 완화라는 공익은 매우 중대하고, 자사고를 전기학교로 유지할 경우 우수 학생 선점 문제를 해결하기 곤란하여 고교서열화 현상을 완화시키기 어렵다는 점, 청구인 학교법인의 신뢰의 보호가치가 작다는 점을 고려하면 이 사건 동시선발 조항은 신뢰보호원칙에 위배되지 아니한다.

③ **이 사건 동시선발 조항이 청구인 학교법인의 평등권을 침해하는지 여부(소극):** 어떤 학교를 전기학교로 규정할 것인지 여부는 해당 학교의 특성상 특정 분야에 재능이나 소질을 가진 학생을 후기학교보다 먼저 선발할 필요성이 있는지에 따라 결정되어야 한다. 과학고는 '과학분야의 인재 양성'이라는 설립 취지나 전문적인 교육과정의 측면에서 과학분야에 재능이나 소질을 가진 학생을 후기학교보다 먼저 선발할 필요성을 인정할 수 있으나, 자사고의 경우 교육과정 등을 고려할 때 후기학교보다 먼저 특정한 재능이나 소질을 가진 학생을 선발할 필요성은 적다. 따라서 이 사건 동시선발 조항이 자사고를 후기학교로 규정함으로써 과학고와 달리 취급하고, 일반고와 같이 취급하는 데에는 합리적인 이유가 있으므로 청구인 학교법인의 평등권을 침해하지 아니한다.

④ **이 사건 중복지원금지 조항이 청구인 학생 및 학부모의 평등권을 침해하는지 여부(적극):** 이 사건 중복지원금지 조항은 고등학교 진학 기회에 있어서의 평등이 문제된다. 비록 고등학교 교육이 의무교육은 아니지만 매우 보편화된 일반교육임을 고려할 때 고등학교 진학 기회의 제한은 당사자에게 미치는 제한의 효과가 커 엄격히 심사하여야 하므로 차별 목적과 차별 정도가 **비례원칙**을 준수하는지 살펴야 한다. 자사고에 지원하였다가 불합격한 평준화지역 소재 학생들은 이 사건 중복지원금지 조항으로 인하여 원칙적으로 평준화지역 일반고에 지원할 기회가 없고, 지역별 해당 교육감의 재량에 따라 배정·추가배정 여부가 달라진다. 이에 따라 일부 지역의 경우 평준화지역 자사고 불합격자들에 대하여 일반고 배정절차를 마련하지 아니하여 자신의 학교군에서 일반고에 진학할 수 없고, 통학이 힘든 먼 거리의 비평준화지역의 학교에 진학하거나 학교의 장이 입학전형을 실시하는 고등학교에 정원미달이 발생할 경우 추가선발에 지원하여야 하고 그조차 곤란한 경우 고등학교 재수를 하여야 하는 등 고등학교 진학 자체가 불투명하게 되기도 한다. 이 사건 중복지원금지 조항은 중복지원금지 원칙만을 규정하고 자사고 불합격자에 대하여 아무런 고등학교 진학 대책을 마련하지 않았다. 결국 이 사건 중복지원금지 조항은 고등학교 진학 기회에 있어서 자사고 지원자들에 대한 차별을 정당화할 수 있을 정도로 차별 목적과 차별 정도 간에 비례성을 갖춘 것이라고 볼 수 없다.

7. 중혼의 취소청구권자에서 직계비속 제외

중혼의 취소청구권자를 규정한 이 사건 법률조항은 그 취소청구권자로 직계존속과 4촌 이내의 방계혈족을 규정하면서도 **직계비속을 제외**하였는바, 합리적인 이유 없이 직계비속을 차별하고 있어, 평등원칙에 위반된다(헌재 2010.7.29. 2009헌가8).

비교 **존속상해치사 가중처벌**은 그 차별적 취급에는 합리적 근거가 있으므로, 이 사건 법률조항은 헌법 제11조 제1항의 평등원칙에 반한다고 할 수 없다(헌재 2002.3.28. 2000헌바53).

비교 **자기 또는 배우자의 직계존속 고소 금지**는 '효'라는 우리 고유의 전통규범을 수호하기 위한 것이므로 평등원칙에 위반되지 아니한다(헌재 2011.2.24. 2008헌바56).

비교 **직계존속살해 가중처벌**은 형벌체계상 균형을 잃은 자의적 입법으로서 평등원칙에 위반된다고 볼 수 없다(헌재 2013.7.25. 2011헌바267).

8. 동일한 월급근로자임에도 불구하고 해고예고제를 적용할 때, 근무기간 6개월 미만 월급근로자를 그 이상 근무한 월급근로자와 달리 취급하는 규정은 헌법에 위배된다. 6개월 미만 근무한 월급근로자 또한 전직을 위한 시간적 여유를 갖거나 실직으로 인한 경제적 곤란으로부터 보호받아야 할 필요성이 있다. 그럼에도 불구하고 합리적 이유 없이 '월급근로자로서 6개월이 되지 못한 자'를 해고예고제도의 적용대상에서 제외한 이 사건 법률조항은 근무기간이 6개월 미만인 월급근로자의 근로의 권리를 침해하고, 평등원칙에도 위배된다 (헌재 2015.12.23. 2014헌바3).

평등권 침해가 아닌 것

1. **직장의료보험과 지역의료보험의 재정 통합** (헌재 2000.6.29. 99헌마289)
   ① 직장가입자인 임금노동자들은 100% 소득이 노출되는 반면, 지역가입자들은 소득이 100% 파악되고 있지 아니하므로 직장가입자는 순수 소득을 기준으로 하고 지역가입자는 순수 소득이 아니라 직업, 주택가액, 차량가액 등에 따른 추정소득을 기준으로 하여 의료보험을 부과하는 이원적 부과체계이므로 평등원칙에 위반되지 아니한다.
   ② **지역의료보험에 한하여 국가가 재정을 보조할 수 있도록 한** 의료보험법 제67조 제3항은 평등원칙에 위반되지 아니한다.

2. **주식회사 연합뉴스를 국가기간뉴스통신사로 지정하고 이에 대한 재정지원 등을 규정한 뉴스통신진흥에관한법률**
   정보주권의 수호와 국민 간의 정보격차를 해소하고 국가이익보호와 국가의 홍보역량을 강화하기 위한 것이므로 평등원칙에 어긋나는 자의적 차별이라고 하기는 어렵다(헌재 2005.6.30. 2003헌마841).

3. 국내의 정규학력 이수자에 대해서는 수학기간의 기재를 요구하지 않고 그 중퇴자에 대해서만 수학기간의 기재를 요구하면서도 정규학력에 준하는 **외국의 학력에 대해서는 그 과정을 모두 마친 경우에도 수학기간의 기재를 요구하는 공직선거법**은 평등권 침해가 아니다(헌재 2010.3.25. 2009헌바121).

4. **노동관계 당사자가 아닌 제3자가 쟁의행위를 조종·선동·방해하지 못하도록 규정하는 것**
   노동조합 파업시 제3자개입금지는 노동자뿐 아니라 사용자 측도 위 규정이 적용되므로 양자를 차별한 것이 아니다(헌재 1990.1.15. 89헌가103).

5. **사립학교 급식시설 경비를 당해 학교의 설립경영자가** 부담하도록 한 것에 대해 사립학교와 국·공립학교를 구분하지 않고 동일하게 취급한 것은 합리적 이유가 있으므로 평등원칙에 반하지 않는다(헌재 2010.7.29. 2009헌바40).

6. **거주지 중심의 학군제도**는 합리적인 이유 없이 차별한 것이라고 할 수 없다(헌재 1995.2.23. 91헌마204).

7. 모집정원의 70%를 임직원 자녀 전형으로 선발하고 10%만을 일반전형으로 선발하는 내용의 충남○○고 입학 전형요강을 피청구인 충청남도 교육감의 승인의 평등권 침해 여부
   충남○○고 입학전형은 충청남도 전체를 모집단위로 하기 때문에, 일반전형의 모집비율을 다소 늘린다고 하더라도 ○○면 일대에 거주하는 일반지원자들의 원거리 통학 문제를 해소하는 데에 별다른 도움이 되지는 않는 반면에, 현재의 전형 비율로도 ○○면 일대에 거주하는 ○○ 임직원 자녀들의 절반 이상은 여전히 원거리 통학이 불가피한 상황이어서, 임직원 자녀 전형의 비율을 현재보다 더 낮게 책정할 것을 기대하기도 힘들다. 따라서 이 사건 입학전형요강은 충남○○고가 기업형 자사고라는 특성에 기인한 것으로서 합리적인 이유가 있으므로, 피청구인의 이 사건 승인처분이 지나치게 자의적이어서 청구인들을 불합리하게 차별한 것이라고 볼 수 없다(헌재 2015.11.26. 2014헌마45).

8. **입양기관을 운영하는 사회복지법인으로 하여금 '기본생활지원을 위한 미혼모자가족복지시설'을 설치·운영할 수 없게 하는** 한부모가족지원법은 입양기관을 운영하고 있지 않은 다른 사회복지법인과 달리 입양기관을 운영하는 사회복지법인으로 하여금 '기본생활지원을 위한 미혼모자가족복지시설'을 설치·운영할 수 없게 함으로써 입양기관을 운영하는 사회복지법인과 그렇지 않는 사회복지법인을 다르게 취급하고 있으므로, **청구인들의 평등권을 제한한다.**
   입양기관을 운영하는 자가 출산 전후의 미혼모와 그 자녀들의 '기본생활지원을 위한 미혼모자가족복지시설'을 함께 설치하여 운영할 경우 미혼모에게 경제적·사회적 부담이 큰 자녀 양육보다는 손쉬운 입양을 권유할

가능성이 높고, 실제로 입양기관을 운영하는 자가 설치한 미혼모자가족복지시설에서 출산한 미혼모들이 그렇지 않은 미혼모들보다 입양을 더 많이 선택하고 있다. 이러한 사정을 고려할 때, 미혼모가 스스로 자녀를 양육할 수 있도록 하고 이를 통해 입양 특히 국외입양을 최소화하기 위하여, 입양기관을 운영하는 자로 하여금 일정한 유예기간을 거쳐 '기본생활지원을 위한 미혼모자가족복지시설'을 설치·운영할 수 없게 하는 것에는 합리적 이유가 있다고 할 것이므로, 이 사건 법률조항들은 청구인들의 평등권을 침해하지 아니한다(헌재 2014.5.29. 2011헌마363).

9. **개인회생절차에 따른 면책결정이 있는 경우에 채무불이행으로 인한 손해배상채무와 달리 채무자가 고의로 가한 불법행위로 인한 손해배상채무는 면책되지 아니하는 채무자 회생 및 파산에 관한 법률**

입법자는 피해자의 사후적인 구제와 손해의 공평·타당한 부담과 분배를 참작하고, 자신의 자유의사와 위험판단에 따라 법률행위를 한 계약관계의 채권자와는 달리 고의로 가한 불법행위로 인한 손해배상청구권의 채권자는 채무자와 무관한 불특정한 피해자가 될 수 있고, 고의에 의한 불법행위라는 반규범적 행위를 억제할 필요성 등을 고려하여, 개인회생절차에 따른 면책결정이 있는 경우에 '채무불이행으로 인한 손해배상채무'와 달리 '채무자가 고의로 가한 불법행위로 인한 손해배상채무'는 면책되지 아니하는 내용으로 입법한 것으로, 이 사건 법률조항은 그 차별취급에 합리적인 이유가 있으므로 평등원칙에 위배되지 아니한다(헌재 2011.10.25. 2009헌바234).

10. **주택조합의 구성원 자격을 무주택자로 한정한 것**은 헌법의 평등이념에 반하지 아니한다(헌재 1997.5.29. 94헌바5).

11. **남성 단기복무장교 육아휴직대상 제외**

병역의무를 이행하고 있는 남성 단기복무군인과 달리 장교를 포함한 여성 단기복무군인은 지원에 의하여 직업으로서 군인을 선택한 것이므로, 남성 단기복무장교를 육아휴직 허용대상에서 제외하고 있는 이 사건 법률조항이 육아휴직과 관련하여 단기복무군인 중 남성과 여성을 차별하는 것은 **성별에 근거한 차별이 아니라 의무복무군인과 직업군인이라는 복무형태에 따른 차별로 봄이 타당하다**(헌재 2008.10.30. 2005헌마1156).

12. **영화발전기금**은 평등권도 침해하지 않는다(헌재 2008.11.27. 2007헌마860).

13. **신규카지노업 허가대상자를 공익실현을 목적사업으로 하는 한국관광공사로 한정한 것**은 합리적인 이유가 있고 자의적인 차별이라고 하기 어려워 청구인들의 평등권을 침해하였다고 할 수 없다(헌재 2006.7.27. 2004헌마924).

14. **교섭단체에 한해 정책연구위원을 배정하는 것**은 입법재량의 범위 내로서 그 차별에 합리적인 이유가 있다 할 것이다(헌재 2008.3.27. 2004헌마654).

15. 특별사면은 국가원수인 대통령이 형의 집행을 면제하거나 선고의 효력을 상실케 하는 시혜적 조치로서, 형의 전부 또는 일부에 대하여 하거나, 중한 형 또는 가벼운 형에 대하여만 할 수도 있는 것이다. 그러므로 **중한 형에 대하여 사면을 하면서 그보다 가벼운 형에 대하여 사면을 하지 않는 것**이 형평의 원칙에 반한다고 할 수도 없다(헌재 2000.6.1. 97헌바74 전원재판부).

16. **의료급여 1종 수급권자인 청구인들을 건강보험가입자들과 차별하여 선택병의원제를 배제한 것**

의료급여수급자와 건강보험가입자는 사회보장의 한 형태인 의료보장의 대상인 점에서만 공통점이 있다고 할 수 있을 뿐 그 선정방법, 법적 지위, 재원조달방식, 자기기여 여부 등에서는 명확히 구분된다. 따라서 의료급여수급자와 건강보험가입자는 본질적으로 동일한 비교집단이라 보기 어렵고 의료급여수급자를 대상으로 선택병의원제 및 비급여 항목 등을 달리 규정하고 있는 것을 두고, 본질적으로 동일한 것을 다르게 취급하고 있다고 볼 수는 없으므로 이 사건 개정법령의 규정이 청구인들의 평등권을 침해한다고 볼 수 없다(헌재 2009.11.26. 2007헌마734).

17. **청년고용촉진 특별법 조항이 대통령령으로 정하는 공공기관 및 공기업으로 하여금 매년 정원의 100분의 3 이상씩 15세 이상 34세 이하의 청년 미취업자를 채용하도록 한 것**

청년할당제가 추구하는 청년실업해소를 통한 지속적인 경제성장과 사회안정은 매우 중요한 공익인 반면, 청년할당제가 시행되더라도 현실적으로 35세 이상 미취업자들이 공공기관 취업기회에서 불이익을 받을 가능성은 크다고 볼 수 없다. 따라서 **이 사건 청년할당제가 청구인들의 평등권, 공공기관 취업의 자유를 침해한다고 볼 수 없다**(헌재 2014.8.28. 2013헌마553).

18. **직장보육시설을 설치하여야 하는 사업장의 규모를 대통령령으로 정하도록 한 영유아보육법**

이 사건 직장보육시설 설치의무 등은 경제적 여건이나 종업원 수 등 사업장의 규모 등을 고려하여 일정 규모 이상의 사업주에게만 그 의무를 부담시키고 있다. 이는 아동 보육에 대한 수요가 어느 정도 클 것으로 예상되는 사업주에게만 그 의무를 부담시키므로 자의적인 차별이라고는 보기 어려우므로 평등원칙에 위반되지 아니한다(헌재 2011.11.24. 2010헌바373).

19. **배출시설 허가 또는 신고를 마치지 못한 가축 사육시설에 대하여 적법화 이행기간의 특례를 규정하면서, 개 사육시설을 적용대상에서 제외하고 있는 가축분뇨의 관리 및 이용에 관한 법률**

개 사육시설의 경우, 가축 질병의 발생으로 애초의 유예기간 내에 적법시설을 갖추어 신고를 할 수 있는 시간이 부족하였다고 인정할 만한 사유가 없고, '가축분뇨의 관리 및 이용에 관한 법률'에 따른 신고를 하지 않은 개 사육시설에 대해서는 다른 법령에 의한 국가의 관리·감독이 전혀 이루어지지 않고 있는 사정을 고려하면, 개 사육시설을 이행기간 특례에서 제외한 것을 두고 현저하게 합리성이 결여되어 있다고 보기 어렵다. 그렇다면 심판대상조항은 개 사육시설 설치자인 청구인들의 평등권을 침해한다고 할 수 없다(헌재 2019.8.29. 2018헌마297).

20. **오전 0시부터 오전 6시까지 인터넷게임규제**는 국내 인터넷게임업체의 평등권을 침해하지 않는다(헌재 2014. 4.24. 2011헌마659).

21. **인구 50만 이상의 일반 시에는 자치구가 아닌 구를 두고 그 구청장은 시장이 임명하도록 한 지방자치법**

임명조항이 주민들의 민주적 요구를 수용하는 지방자치제와 민주주의의 본질과 정당성을 훼손할 위험이 있다고 단정할 수 없다. 인구가 적거나 비슷한 다른 기초자치단체 주민에 비하여, 행정구에 거주하는 청구인이 행정구의 구청장이나 구의원을 선출하지 못하는 차이가 있지만, 이러한 차별취급이 자의적이거나 불합리하다고 보기 어려우므로, 임명조항은 행정구 주민의 평등권을 침해하지 아니한다(헌재 2019.8.29. 2018헌마129).

22. **대학구성원이 아닌 청구인의 대학도서관에서의 도서 대출 또는 열람실 이용을 승인하지 않는 내용의 서울교육대학교의 회신**은 청구인의 평등권과 교육을 받을 권리를 침해하지 않는다(헌재 2016.11.24. 2014헌마977).

23. 공유재산 및 물품 관리법 제81조 제1항은 **의무교육 실시와 같은 공익 목적 내지 공적 용도로 공유재산을 무단점유한 경우**를 사익추구의 목적으로 무단점유한 경우와 동일하게 **변상금**을 부과하고 있다고 하여 평등원칙에 위반된다고 볼 수 없다(헌재 2017.7.27. 2016헌바374).

24. **도로교통공단 이사장이 2015.7.경 서울 서부운전면허시험장에서 관련법령에서 운전면허 취득이 허용된 신체장애를 가진 청구인이 제2종 소형 운전면허를 취득하고자 기능시험에 응시함에 있어서 청구인에게 관련법령에서 운전면허 취득이 허용된 신체장애 정도에 적합하게 제작·승인된 기능시험용 이륜자동차를 제공하지 않은 부작위**

5인의 재판관은 제2종 소형 운전면허를 취득하려는 수요가 적다는 등의 사정으로 차별하는 것은 정당화할 다른 사정을 발견할 수 없고 하여 부작위는 청구인의 평등권을 침해하는 공권력의 불행사에 해당한다고 하였으나, 4인의 재판관은 장애인차별금지법 시행령 제13조 제3항에 규정된 의무를 넘어서는 구체적 작위의무를 법률 차원에서 직접 도출할 수는 없고, 구체적 작위의무가 인정되지 않는 공권력의 불행사를 대상으로 한 것이어서 부적법하다고 하였다(헌재 2020.10.29. 2016헌마86).

25. **수형자의 배우자에 대해 인터넷화상접견과 스마트접견을 할 수 있도록 하고 미결수용자의 배우자에 대해서는 이를 허용하지 않는 구 '수용관리 및 계호업무 등에 관한 지침'** (헌재 2021.11.25. 2018헌마598)

① **제한되는 기본권**: 법무부장관이 법무부훈령인 수용관리 및 계호업무 등에 관한 지침을 제정하여 수형자에 한하여 인터넷화상접견과 스마트접견 제도를 도입하였으므로, 인터넷화상접견 대상자 지침조항과 스마트접견 대상자 지침조항에 의하여 미결수용자의 배우자와 수형자의 배우자와의 사이에 차별이 발생한다. 위와 같은 차별은 단순히 사실상의 이익의 차별이라기보다는 법으로 보호할 가치가 있는 이익의 차별에 해당된다. 따라서 인터넷화상접견 대상자 지침조항 및 스마트접견 대상자 지침조항에 의해 청구인의 평등권이 제한된다. 영상통화 방식의 접견은 헌법이 명문으로 특별히 평등을 요구하는 영역에 속하지 않고, 달리 인터넷화상접견 대상자 지침조항 및 스마트접견 대상자 지침조항에 의한 중대한 기본권의 제한 역시 인정할 수 없다. 따라서 위 각 지침조항에 의한 평등권 침해 여부는 차별에 합리적 이유가 있는

지를 살펴보는 방식으로 심사하는 것이 적절하다.

② **평등권 침해 여부**: 인터넷화상접견이나 스마트접견은 법무부장관이 정책적 판단에 따라 이 사건 지침조항을 제정하여 마련한 것이므로 법무부장관에게 넓은 재량이 인정된다. 인터넷화상접견과 스마트접견은 대면 접견 1회로 취급되는데, 미결수용자의 민원인에 대해서는 대면 접견의 기회가 월등히 많이 부여되므로, 새로 도입하는 인터넷화상접견이나 스마트접견을 수형자의 민원인에게 우선적으로 허용하여 줄 필요가 있다. 미결수용자는 수사나 재판 절차가 진행 중이므로 증거인멸 시도 등 접견 제도를 남용할 위험이 수형자에 비해 상대적으로 크고, 미결수용자의 배우자도 거주지 인근 교정시설을 방문하여 그곳에 설치된 영상통화 설비를 이용하여 실시하는 화상접견은 할 수 있다. 수형자의 배우자와 미결수용자의 배우자 사이에 차별을 둔 데에는 합리적인 이유가 있으므로, 이 사건 지침조항들은 청구인의 평등권을 침해하지 않는다.

26. **다이옥신이 들어 있는 제초제만을 고엽제로 규정하는 '고엽제후유의증 등 환자지원 및 단체설립에 관한 법률'**
    이 사건 성분조항은 월남전 및 남방한계선 인접지역에서 나뭇잎 등을 제거하기 위하여 사용된 제초제 중 다이옥신이 들어 있는 것만을 고엽제로 규정하여, 다이옥신이 들어 있지 않은 모뉴론이 사용된 지역에서 복무한 후 고엽제법이 정하는 각종 질병을 얻은 자들은 고엽제법상 보상대상이 되지 않는다. 그러나 다이옥신이 포함된 제초제는 인체에 강한 독성을 나타내는 것으로 알려져 있는 반면 모뉴론의 인체 유해성은 과학적으로 충분히 밝혀진 바 없다. 특히 남방한계선 인접지역에서 살포된 모뉴론은 상업용 제초제로서 군사용으로 만들어진 다이옥신이 포함된 제초제보다 독성이 약하고 불순물이 적을 개연성이 높다. 따라서 이 사건 성분조항이 다이옥신이 들어 있는 제초제만을 고엽제로 규정한 것에는 합리적 이유가 있으므로, 평등권을 침해하지 아니한다(헌재 2021.12.23. 2019헌바376).

27. **법무사관후보생 병적 편입의 제한연령을 '그 연령이 되는 해의 1월 1일부터 12월 31일까지'에 의하도록 정하고 있는 병역법**
    병역의무의 이행시기를 연령으로 표시한 경우 연령을 '그 연령이 되는 해의 1월 1일부터 12월 31일까지'에 의하도록 하는 것은 같은 해에 출생한 사람들이 원칙적으로 동일한 기준에 따라 병역처분을 받고 병역의무를 이행하도록 하기 위한 것이다. 이는 행정절차의 편의를 도모하고 병역의무 이행에 있어 형평성을 확보할 수 있는 효과적인 수단이다. 따라서 심판대상조항으로 인해 민법 제157조 및 제158조에 따라 일(日) 단위로 계산한 연령이 30세인 사람들 중 병역법 제2조 제2항에 따라 연(年) 단위로 계산한 연령이 30세를 넘은 사람과 30세인 사람 사이에 법무사관후보생 병적에의 편입이나 제적 여부 등이 달라진다고 할지라도 합리적인 이유가 인정된다(헌재 2021.12.23. 2020헌마631).

28. **'가구 내 고용활동'에 대해서는 근로자퇴직급여 보장법을 적용하지 않도록 규정한 근로자퇴직급여 보장법 제3조**
    (헌재 2022.10.27. 2019헌바454)

① **쟁점의 정리**: 청구인은 심판대상조항이 평등권과 재산권, 행복추구권을 침해하고, 헌법 제32조 제4항에 위배된다고 주장하고 있다.
    심판대상조항은 '가구 내 고용활동'을 퇴직급여법의 적용범위에서 제외하여 가사사용인을 다른 근로자와 달리 취급하고 있는바, 이것이 평등원칙에 위배되는지 살펴본다.
    한편, 임금 내지 퇴직금채권은 법령 등에서 정하고 있는 요건이 충족되는 경우에 비로소 재산권적 성격이 인정되므로 애초 퇴직급여법의 적용대상에서 명시적으로 제외되어 있는 가사사용인의 경우 법령에서 정하고 있는 퇴직급여의 요건 자체가 결여되어 있다는 점에서 심판대상조항으로 인한 **재산권 제한 문제는 발생하지 않으므로,** 이에 대하여는 판단하지 아니한다.
    헌법 제10조의 행복추구권은 국민이 행복을 추구하기 위하여 필요한 급부를 국가에게 적극적으로 요구할 수 있는 것을 내용으로 하는 것이 아니라, 국민이 행복을 추구하기 위한 활동을 국가권력의 간섭 없이 자유롭게 할 수 있다는 포괄적인 의미의 자유권으로서의 성격을 가진다. 심판대상조항은 근로자의 퇴직급여제도의 적용범위에 관한 조항이므로 설령 청구인이 심판대상조항으로 퇴직급여를 받지 못하였더라도 그 자체만으로 청구인의 **행복추구권이 제한되었다고 보기는 어려우므로 행복추구권에 대하여도 판단하지 아니한다.**
    나아가 헌법 제32조 제4항은 고용·임금 및 근로조건에 있어서 여성에 대한 부당한 차별을 금지하고 있지만, 여성만이 가구 내 고용활동에 종사하는 것이 아니고 가사사용인 중 여성근로자가 많다고 하더라도 이는 심판대상조항에 의하여 초래되는 법적 효과라고 볼 수 없으므로 심판대상조항이 헌법 제32조 제4항에 위반되는지 여부에 대해서는 별도로 판단하지 아니한다. 따라서 이하에서는 심판대상조항이 평등원칙에 위배되는지에 대하여만 판단하기로 한다.

② **평등권 침해 여부**: 퇴직급여법을 적용할 경우 이용자에게는 퇴직금 또는 퇴직연금 지급을 위한 직접적인 비용 부담 외에도 퇴직급여제도 설정 및 운영과 관련한 노무관리 비용과 인력의 부담도 발생한다. 그런데 가사사용인 이용 가정의 경우 일반적인 사업 또는 사업장과 달리 퇴직급여법이 요구하는 사항들을 준수할 만한 여건과 능력을 갖추지 못한 경우가 대부분인 것이 현실이다. 이러한 현실을 무시하고 퇴직급여법을 가사사용인의 경우에도 전면 적용한다면 가사사용인 이용자가 감당하기 어려운 경제적·행정적 부담을 가중시키는 부작용을 초래할 우려가 있다.

심판대상조항이 가사사용인을 일반 근로자와 달리 퇴직급여법의 적용범위에서 배제하고 있다 하더라도 합리적 이유가 있는 차별로서 평등원칙에 위배되지 아니한다.

29. 국립묘지 안장 대상자의 사망 당시의 배우자가 재혼한 경우에는 국립묘지에 안장된 안장 대상자와 합장할 수 없도록 규정한 '국립묘지의 설치 및 운영에 관한 법률'

안장 대상자가 사망한 후에 재혼한 배우자는 다른 사람과 혼인관계를 형성하여 안장 대상자를 매개로 한 인척관계를 종료하였다는 점에서, 안장 대상자의 사망 후에 재혼하지 않은 배우자나 배우자 사망 후 안장 대상자가 재혼한 경우에 있어 종전 배우자와는 차이가 있다.

안장 대상자가 사망한 뒤 그 배우자가 재혼을 통해 새로운 혼인관계를 형성하고 안장 대상자를 매개로 한 인척관계를 종료하였다면, 그가 국립묘지에 합장될 자격이 있는지는 사망 당시의 배우자를 기준으로 하는 것이 사회통념에 부합한다.

안장 대상자의 사망 후 재혼하지 않은 배우자나 배우자 사망 후 안장 대상자가 재혼한 경우의 종전 배우자는 자신이 사망할 때까지 안장 대상자의 배우자로서의 실체를 유지하였다는 점에서 합장을 허용하는 것이 국가와 사회를 위하여 헌신하고 희생한 안장 대상자의 충의와 위훈의 정신을 기리고자 하는 국립묘지 안장의 취지에 부합하고, 안장 대상자의 사망 후 그 배우자가 재혼을 통하여 새로운 가족관계를 형성한 경우에 그를 안장 대상자와의 합장 대상에서 제외하는 것은 합리적인 이유가 있다. 따라서 심판대상조항은 평등원칙에 위배되지 않는다(헌재 2022.11.24. 2020헌바463).

30. 근로자의 날을 관공서의 공휴일에 포함시키지 않은 '관공서의 공휴일에 관한 규정'

공무원의 근로조건을 정할 때에는 공무원의 국민전체에 대한 봉사자로서의 지위 및 직무의 공공성을 고려할 필요가 있고, 공무원의 경우 심판대상조항이 정하는 관공서의 공휴일 및 대체공휴일뿐만 아니라 '국가공무원 복무규정' 등에서 토요일도 휴일로 인정되므로, 공무원에게 부여된 휴일은 근로기준법상의 휴일제도의 취지에 부합한다고 볼 수 있다. 따라서 심판대상조항이 근로자의 날을 공무원의 유급휴일로 규정하지 않았다고 하여 일반근로자에 비해 현저하게 부당하거나 합리성이 결여되어 있다고 보기 어려우므로, 청구인들의 평등권을 침해한다고 볼 수 없다(헌재 2022.8.31. 2020헌마1025).

31. 공무원이 지위를 이용하여 범한 공직선거법위반죄의 경우 일반인이 범한 공직선거법위반죄와 달리 공소시효를 10년으로 정한 공직선거법 제268조

공무원이 지위를 이용하여 범한 공직선거법위반죄의 경우 선거의 공정성을 중대하게 저해하고 공권력에 의하여 조직적으로 은폐되어 단기간에 밝혀지기 어려울 수도 있어 단기 공소시효에 의할 경우 처벌규정의 실효성을 확보하지 못할 수 있다. 이러한 취지에서 공무원이 지위를 이용하여 범한 공직선거법위반죄의 경우 해당 선거일 후 10년으로 공소시효를 정한 입법자의 판단은 합리적인 이유가 인정되므로 평등원칙에 위반되지 않는다(헌재 2022.8.31. 2018헌바440).

32. 영화업자가 영화근로자와 계약을 체결할 때 근로시간을 구체적으로 밝히도록 하고 위반시 처벌하는 영화 및 비디오물의 진흥에 관한 법률

심판대상조항은 사용자로 하여금 근로계약을 체결할 때 소정근로시간을 명시하도록 하는 근로기준법 조항이 영화근로자와 계약을 체결하는 영화업자에게도 적용됨을 분명히 한 것으로서, 사용자에 비해 상대적으로 취약한 지위에 있는 근로자를 보호하기 위해서 핵심적인 근로조건에 해당하는 근로시간을 근로계약 체결

당시에 미리 알리도록 할 필요가 있는 것은 영화근로자의 경우에도 마찬가지이다. 영화근로자의 업무가 재량근로 대상 업무에 해당할 수 있다는 사실만으로 달리 볼 수도 없다. 따라서 심판대상조항은 영화업자의 평등권을 침해하지 않는다(헌재 2022.11.24. 2018헌바514).

33. **공중위생관리법상의 숙박업과 관광진흥법상의 호텔업을 교육환경보호구역에서 금지되는 행위 및 시설로 규정한** 구 '교육환경 보호에 관한 법률'은, 해당 조항의 문언 및 관련 규정의 내용, 입법연혁과 입법취지 등을 종합하면 '휴양콘도미니엄업'을 포함한 모든 종류의 숙박업을 포함한다는 것을 알 수 있으므로 명확성원칙을 위반하지 아니하고, 교육환경에 미칠 유해성 측면에서 볼 때 '휴양콘도미니엄'이 '호텔, 여관, 여인숙' 등 다른 숙박시설과 본질적인 차이가 있다고 할 수 없고 그 규제의 필요성이 인정된다는 점에서, 평등원칙을 위반하지 아니한다(헌재 2022.8.31. 2020헌바307).

34. **가정폭력 가해자에 대해 피해자 또는 가정구성원에 대한 전기통신사업법 제2조 제1호의 전기통신을 이용한 접근금지만 규정하여 우편을 이용한 접근금지를 피해자보호명령에 포함시키지 아니한 구 '가정폭력범죄의 처벌 등에 관한 특례법' 제55조의2 제1항**

피해자보호명령제도는 가정폭력행위자가 피해자와 시간적·공간적으로 매우 밀접하게 관련되어 즉시 조치를 취하지 않으면 피해자에게 회복할 수 없는 피해를 입힐 가능성이 있을 때에 법원의 신속한 권리보호명령이 이루어질 수 있도록 하는 것이 입법의 주요한 목적 중 하나이다. 그런데 전기통신을 이용한 접근행위의 피해자와 우편을 이용한 접근행위의 피해자는 피해의 긴급성, 광범성, 신속한 조치의 필요성 등의 측면에서 차이가 있다.

우편을 이용한 접근행위에 대해서는 법원의 가처분결정과 간접강제결정을 통해 비교적 신속하게 우편을 이용한 접근의 금지라는 목적을 달성할 수 있고, 나아가 그 접근행위가 형법상 협박죄 등에 해당할 경우 피해자는 고소 등의 조치를 취할 수도 있다.

또한 피해자보호명령제도에 대해서는 진술거부권고지나 동행영장에 관한 규정이 준용되지 않고, 가정폭력행위자가 심리기일에 출석하지 않아도 되는 등 실무상 민사 또는 가사 신청사건과 유사하게 운영되고 있다. 이러한 피해자보호명령제도의 특성, 우편을 이용한 접근행위의 성질과 그 피해의 정도 등을 고려할 때, 입법자가 심판대상조항에서 우편을 이용한 접근금지를 피해자보호명령의 종류로 정하지 아니하였다고 하더라도 이것이 입법자의 재량을 벗어난 자의적인 입법으로서 평등원칙에 위반된다고 보기 어렵다(헌재 2023.2.23. 2019헌바43).

제4장 / 신체의 자유

01 우리 헌법상 신체의 자유 조항

1. 신체의 자유의 의미

신체의 자유란 신체의 안정성이 외부의 물리적인 힘이나 정신적인 위험으로부터 침해당하지 아니할 자유와 신체활동을 임의적이고 자율적으로 할 수 있는 자유를 말하는 것이다(헌재 1992.12.24. 92헌가8).

2. 신체의 자유의 제한과 그 한계

신체의 자유를 제한하는 법률은 헌법 제37조 제2항과 헌법 제12조 등의 제한의 한계를 준수해야 한다.

> **⚖ 판례**
>
> 징역형·금고형 또는 구류형을 선고받아 그 형이 확정된 수형자는 격리되어 교도소에 수용되고 강제적인 공동생활을 하게 되는바, 이러한 경우 헌법이 보장하는 신체의 자유 등 기본권이 일정한 정도 제한되는 것은 불가피하다. 그러나 이러한 <u>수형자의 경우에도 모든 기본권의 제한이 정당화될 수는 없고</u>, 국가가 개인의 불가침의 기본적인 인권을 확인하고 보장할 의무(헌법 제10조)로부터 자유로워질 수는 없다. 따라서 수형자의 지위에서 제한이 예정되어 있는 자유와 권리는 형의 집행과 도망의 방지라는 구금의 목적과 관련된 신체의 자유 및 거주·이전의 자유 등 몇몇 기본권에 한정되어야 하며 그 역시 필요한 범위를 벗어날 수 없다(헌재 2003.12.18. 2001헌마163).

⚖ 판례 | 신체의 자유

`헌법 위반인 것`

1. 형사피의자를 유치장에 수용하는 과정에서 **과도하게 신체를 수색한 행위**는 신체의 자유를 침해한다(헌재 2002.7.18. 2000헌마327).
2. 계구 착용
   ① 수형자나 미결수용자에 대한 계호의 필요에 따라 수갑, 포승 등의 계구를 사용할 수 있지만 구금된 자라는 이유만으로 계구사용이 당연히 허용되는 것이 아니고 계구사용으로 인한 신체의 자유의 추가적 제한 역시 과잉금지원칙에 반하지 않아야 한다. 그러므로 구속 피의자에 대한 계구사용은 도주, 폭행, 소요 또는 자해나 자살의 위험이 분명하고 구체적으로 드러난 상태에서 이를 제거할 필요가 있을 때 이루어져야 하며, 필요한 만큼만 사용하여야 한다. 검사가 검사조사실에서 피의자신문을 하는 절차에서는 피의자가 신체적으로나 심리적으로 위축되지 않은 상태에서 자기의 방어권을 충분히 행사할 수 있어야 하므로 <u>계구를 사용하지 말아야 하는 것이 원칙이고 다만 도주, 폭행, 소요, 자해 등의 위험이 분명하고 구체적으로 드러나는 경우에만 예외적으로 계구를 사용하여야 할 것이다</u>(헌재 2005.5.26. 2004헌마49).
   ② 검사실에서의 계구사용을 원칙으로 하면서 심지어는 **검사의 계구해제 요청이 있더라도 이를 거절하도록 규정한 계호근무준칙**은 원칙과 예외를 전도한 것으로서 신체의 자유를 침해하므로 헌법에 위반된다(헌재 2005.5.26. 2004헌마49).

③ 청구인이 검사조사실에 소환되어 **피의자신문을 받을 때 계호교도관이 포승으로 청구인의 팔과 상반신을 묶고 양손에 수갑을 채운 상태에서 피의자조사를 받도록 한 이 사건 계구사용행위**가 과잉금지원칙에 어긋나게 청구인의 신체의 자유를 침해한다(헌재 2005.5.26. 2001헌마728).

④ 수용자를 교도소에 수용하는 동안 **1년 넘게 상시적으로 양팔을 사용할 수 없도록 계구를 착용케 한** 것은 신체의 자유를 침해한다(헌재 2003.12.18. 2001헌마163).

3. 군사법경찰관의 피의자 구속기간을 추가로 10일 연장(10 + 10)하는 군사법원법은 과잉금지원칙에 반한다(헌재 2003.11.27. 2002헌마193). *심사기준: 엄격한 심사

4. 성충동 약물치료(속칭 화학적 거세)의 위헌 여부 (헌재 2015.12.23. 2013헌가9)

① **성충동약물치료법 제4조(치료명령의 청구):** ① 검사는 사람에 대하여 성폭력범죄를 저지른 성도착증 환자로서 성폭력범죄를 다시 범할 위험성이 있다고 인정되는 19세 이상의 사람에 대하여 약물치료명령을 법원에 청구할 수 있다. ➡ 성폭력범죄를 저지른 성도착증 환자의 동종 재범을 방지하기 위한 것으로서 과잉금지원칙에 반하지 않는다. *합헌결정

② **성충동약물치료법 제8조(치료명령의 판결 등):** ① 법원은 치료명령 청구가 이유 있다고 인정하는 때에는 15년의 범위에서 치료기간을 정하여 판결로 치료명령을 선고하여야 한다. ➡ 장기형이 선고되는 경우 치료명령의 선고시점과 집행시점 사이에 상당한 시간적 간극이 있어 집행시점에서 발생할 수 있는 불필요한 치료와 관련한 부분에 대해서는 침해의 최소성과 법익균형성을 인정하기 어렵다. 치료명령 피청구인의 신체의 자유 등 기본권을 침해한다. *헌법불합치결정

5. 정신질환자 입원요건 (헌재 2016.9.29. 2014헌가9) *헌법불합치결정

① **제한되는 기본권:** 심판대상조항은 정신질환자의 보호의무자 2인의 동의와 정신과전문의 1인의 진단만 있으면 정신질환자를 본인의 의사에 반하여 6개월까지 정신의료기관에 입원시킬 수 있도록 하고 있으므로, 정신질환자의 **신체의 자유**를 제한한다. 제청법원이 언급한 개인의 자기결정권이나 통신의 자유에 대한 제한은 보호입원 대상자의 신체의 자유가 제한됨으로써 부수적으로 발생하는 결과이므로 이들 기본권에 대하여는 별도로 판단하지 않는다.

② **신체의 자유 침해:** 입원의 필요성이 인정되는지 여부에 대한 판단권한을 정신과전문의 1인에게 전적으로 부여함으로써 그의 자의적 판단 또는 권한의 남용가능성을 배제하지 못하고 있는 점, 보호의무자 2인이 정신과전문의와 공모하거나, 그로부터 방조·용인을 받는 경우 보호입원제도가 남용될 위험성은 더욱 커지는 점, 보호입원제도로 말미암아 사설 응급이송단에 의한 정신질환자의 불법적 이송, 감금 또는 폭행과 같은 문제도 빈번하게 발생하고 있는 점, 보호입원기간도 최초부터 6개월이라는 장기로 정해져 있고, 이 또한 계속적인 연장이 가능하여 보호입원이 치료의 목적보다는 격리의 목적으로 이용될 우려도 큰 점, 보호입원 절차에서 정신질환자의 권리를 보호할 수 있는 절차들을 마련하고 있지 않은 점, 기초정신보건심의회의 심사나 인신보호법상 구제청구만으로는 위법·부당한 보호입원에 대한 충분한 보호가 이루어지고 있다고 보기 어려운 점 등을 종합하면, 심판대상조항은 침해의 최소성 원칙에 위배된다.

6. 외국에서 형의 전부 또는 일부의 집행을 받은 자에 대하여 형을 감경 또는 면제할 수 있도록 규정한 형법 (헌재 2015.5.28. 2013헌바129) *헌법불합치결정

① **이중처벌금지원칙 위반 여부:** 형사판결은 국가주권의 일부분인 형벌권 행사에 기초한 것으로서, 외국의 형사판결은 원칙적으로 우리 법원을 기속하지 않으므로 동일한 범죄행위에 관하여 다수의 국가에서 재판 또는 처벌을 받는 것이 배제되지 않는다. 따라서 이중처벌금지원칙은 동일한 범죄에 대하여 대한민국 내에서 거듭 형벌권이 행사되어서는 안 된다는 뜻으로 새겨야 할 것이다. 대법원도 이와 같은 전제에서 "피고인이 동일한 행위에 관하여 외국에서 형사처벌을 과하는 확정판결을 받았다 하더라도 이런 외국판결은 우리나라에서는 기판력이 없으므로 여기에 일사부재리원칙이 적용될 수 없다."라고 판시한 바 있다. 또한 '시민적 및 정치적 권리에 관한 국제규약' 제14조 제7항은 "어느 누구도 각국의 법률 및 형사절차에 따라 이미 확정적으로 유죄 또는 무죄선고를 받은 행위에 관하여서는 다시 재판 또는 처벌을 받지 아니한다."라고 규정하고 있다. 유엔 인권이사회(Human Rights Committee)도 위 조항의 일사부재리원칙이 다수 국가의 관할에 대하여 적용되는 것이 아니며, 단지 판결이 내려진 국가에 대한 관계에서 이른바 이중위험(double jeopardy)을 금지하는 것으로 보고 있다. 따라서 헌법상 일사부재리원칙은 외국의 형사판결에 대

하여는 적용되지 아니한다고 할 것이므로, 이 사건 법률조항은 헌법 제13조 제1항의 이중처벌금지원칙에 위반되지 아니한다.

② **과잉금지원칙 위반 여부**: 외국에서 실제로 형의 집행을 받았음에도 불구하고 우리 형법에 의한 처벌시 이를 전혀 고려하지 않는다면 신체의 자유에 대한 과도한 제한이 될 수 있으므로 그와 같은 사정은 어느 범위에서든 반드시 반영되어야 하고, 이러한 점에서 입법형성권의 범위는 다소 축소될 수 있다. 그럼에도 <u>외국에서 형의 전부 또는 일부의 집행을 받은 자에 대하여 형을 감경 또는 면제할 수 있도록 한 형법</u>은 형을 필요적으로 감면하거나 외국에서 집행된 형의 전부 또는 일부를 필요적으로 산입하는 등의 방법을 선택하여 청구인의 신체의 자유를 덜 침해할 수 있음에도 외국에서 받은 형의 집행을 전혀 반영하지 아니할 수도 있도록 하였으므로 입법재량의 범위를 일탈하여 필요최소한의 범위를 넘어선 과도한 기본권 제한이라고 할 것이다.

③ **평등원칙 위반 여부**: 헌법 제13조 제1항의 이중처벌금지원칙은 대한민국 내에서 구속력을 가지므로 이 사건 법률조항은 헌법상 이중처벌금지원칙에 반하지 않는다. 따라서 동일한 범죄로 외국에서 형의 집행을 받고 다시 국내에서 처벌을 받은 자와 국내에서만 형의 집행을 받은 자는 '본질적으로 동일한 비교집단'이라고 할 수 없어 차별취급 여부를 논할 수 없으므로 평등원칙 위반이라는 주장은 이유 없다.

7. 영창은 부대나 함정 내의 영창, 그 밖의 구금장소에 감금하는 것을 말하며, 그 기간은 15일 이내로 하도록 한 군인사법 (헌재 2020.9.24. 2017헌바157)

① **쟁점의 정리**

㉠ 심판대상조항은 병(兵)을 대상으로 한 영창처분을 "부대나 함정 내의 영창, 그 밖의 구금장소에 감금하는 것을 말하며, 그 기간은 15일 이내로 한다."라고 규정하고 있으므로, 심판대상조항에 의한 영창처분은 신체의 자유를 제한하는 구금에 해당하고, 이로 인해 헌법 제12조가 보호하려는 신체의 자유가 제한된다.

㉡ 청구인은 심판대상조항이 영창처분의 대상을 종래 '하사관 및 병'이던 것에서 '병'으로 한정한 것이 평등원칙에 위배된다고 주장한다. 그런데 현행 군인사법에 따르면 병과 하사관은 군인이라는 공통점을 제외하고는 그 복무의 내용과 보직, 진급, 전역체계, 보수와 연금 등의 지급에서 상당한 차이가 있으며, 그 징계의 종류도 달리 규율하고 있다. 따라서 병과 하사관은 영창처분의 차별취급을 논할 만한 비교집단이 된다고 보기 어려우므로, 평등원칙 위배 여부는 더 나아가 살피지 아니한다.

② **과잉금지원칙 위배 여부**

㉠ **목적의 정당성과 수단의 적합성**: 심판대상조항은 병의 복무규율 준수를 강화하고, 복무기강을 엄정히 하기 위하여 제정된 것으로서, 군의 지휘명령체계의 확립과 전투력 제고를 목적으로 하는바, 그 입법목적은 정당하다. 또한 심판대상조항은 복무규율 위반자의 신체를 일정한 장소에 구금함으로써 병에 대하여 강력한 위하력을 발휘하고 있는바, 수단의 적합성도 인정된다.

㉡ **침해의 최소성**: <u>비난가능성이 그다지 크지 아니한 경미한 행위들에 대해서까지도 영창처분이 가능하도록 하고 있다.</u> 결국 심판대상조항에 의한 영창처분은 그 사유가 지나치게 포괄적으로 규정되어 있어 복무규율 유지를 위해 인신구금이 불가피하게 요구될 만한 중대한 비위행위뿐만 아니라 경미한 비위행위에 대해서도 제한 없이 적용될 수 있는바, 군 조직의 특수성을 고려한다 하더라도 이를 두고 최소한의 범위에서 제한적으로만 활용되는 제도라고 볼 수는 없다. 따라서 심판대상조항은 병의 신체의 자유를 필요 이상으로 과도하게 제한하므로, 침해의 최소성 원칙에 어긋난다.

㉢ **법익의 균형성**: 병의 복무기강을 엄정히 함으로써 군대 내 지휘명령체계를 확립하고 전투력을 제고한다는 공익은 국토방위와 직결된 것으로 매우 중요한 공익이다. 그러나 앞서 살펴본 바와 같이 심판대상조항은 병의 신체의 자유를 필요 이상으로 과도하게 제한할 수 있도록 규정되어 있으므로, 그로 인하여 제한되는 사익이 병의 복무기강을 엄정히 한다는 공익에 비하여 결코 가볍다고 볼 수 없다. 따라서 심판대상조항은 법익의 균형성 요건도 충족하지 못한다. 이와 같은 점을 종합할 때, 심판대상조항은 과잉금지원칙에 위배된다.

8. **금치처분을 받은 자**
   ① **운동을 금지하는 것**은 신체의 자유 침해에 해당한다. 또한 실외운동금지는 청구인의 신체의 자유를 침해한다(헌재 2016.5.26. 2014헌마45).
   ② 굳이 집필행위를 제한하고자 하는 경우에도 집필행위 자체는 허용하면서 집필시간을 축소하거나 집필의 횟수를 줄이는 방법으로도 충분히 달성될 수 있을 것으로 보인다. **예외 없이 일체의 집필행위를 금지하는 것은 표현의 자유를 침해한다**(헌재 2005.2.24. 2003헌마289).

9. **지방출입국·외국인관서의 장은 강제퇴거명령을 받은 사람을 여권 미소지 또는 교통편 미확보 등의 사유로 즉시 대한민국 밖으로 송환할 수 없으면 송환할 수 있을 때까지 그를 보호시설에 보호할 수 있도록 한 출입국관리법 제63조** (헌재 2023.3.23. 2020헌가1) *헌법불합치결정
   ① **심사기준**: 헌법 제12조 제1항의 신체의 자유는 인간의 존엄과 가치를 구현하기 위한 가장 기본적인 최소한의 자유이자 모든 기본권 보장의 전제가 되는 것으로서 그 성질상 인간의 권리에 해당하고, 국내 체류자격 유무에 따라 그 인정 여부가 달라지는 것이 아니다. 따라서 심판대상조항이 신체의 자유를 침해하는지 여부에 대해서는 엄격한 심사기준이 적용되어야 한다.
   ② **과잉금지원칙 위반 여부**: 심판대상조항의 입법목적은, 강제퇴거대상자를 대한민국 밖으로 송환할 수 있을 때까지 보호시설에 인치·수용하여 강제퇴거명령을 용이하고 효율적으로 집행할 수 있도록 함으로써 외국인의 출입국과 체류를 적절하게 통제하고 조정하여 국가의 안전과 질서를 도모하고자 하는 데에 있다. 이러한 입법목적은 정당하고, 강제퇴거대상자를 대한민국 밖으로 송환할 수 있을 때까지 보호시설에 인치·수용하여 신병을 확보하는 것은 강제퇴거명령의 집행을 확보하는 효과적인 방법이므로 수단의 적합성도 인정된다.
   보호시설에서의 무기한 보호 외에 강제퇴거명령의 집행을 확보할 수단이 있음에도 심판대상조항이 기간의 제한 없이 피보호자를 보호할 수 있도록 한 것은 입법목적을 달성하기 위하여 필요한 최소한의 정도를 넘어 피보호자의 신체의 자유를 과도하게 제한하는 것이고, 심판대상조항이 달성하고자 하는 공익이 중요하다고 하더라도 기간의 상한이 없는 보호로 인하여 피보호자의 신체의 자유가 제한되는 정도가 지나치게 크므로, 심판대상조항은 침해의 최소성 및 법익의 균형성 요건을 충족하지 못한다. 심판대상조항은 과잉금지원칙을 위반하여 피보호자의 신체의 자유를 침해한다.

헌법 침해가 아닌 것

1. **금치처분을 받은 자** *합헌결정
   ① 금치처분을 받은 자에 대한 **집필 원칙금지, 예외적 허용**은 표현의 자유를 침해한다고 볼 수 없다(헌재 2014.8.28. 2012헌마623).
   ② **텔레비전 시청 금지**는 청구인의 알 권리를 침해하지 아니한다.
   ③ **신문·도서·잡지 외 자비구매금지**는 청구인의 일반적 행동의 자유를 침해하지 아니한다.
   ④ 금치처분을 받은 자에 대한 **접견금지**는 청구인의 일반적 행동의 자유를 침해하지 아니한다.
   ⑤ **서신수발을 금지**하는 것과 예외없는 전화금지는 통신의 자유 제한이나 침해는 아니다.
   ⑥ 30일 이내의 **공동행사 참가정지**는 종교의 자유를 제한하나 침해한다고 볼 수 없다.

2. **벌금미납자를 노역장에 유치하여 신체를 구금하도록 한 형법**은 신체의 자유를 침해한다고 볼 수 없다(헌재 2011.9.29. 2010헌바188).

3. **엄중격리대상자에 대한 계구사용행위, 동행계호행위 및 1인 운동장을 사용하게 하는 처우**는 신체의 자유를 침해한다고 볼 수 없다(헌재 2008.5.29. 2005헌마137).

4. 피청구인인 공주교도소장이 청구인을 경북북부제1교도소로 **이송함에 있어 4시간 정도에 걸쳐 포승과 수갑 2개를 채운 행위**는 신체의 자유를 침해한다고 볼 수 없다(헌재 2012.7.26. 2011헌마426).

5. 호송과정에서 청구인에게 **포승과 수갑을 채우고 별도의 포승으로 다른 수용자와 연승한 행위**는 청구인의 인격권 내지 신체의 자유를 침해하지 아니한다(헌재 2014.5.29. 2013헌마280).

6. 교도소장이 **민사법정** 내에서 수형자인 청구인으로 하여금 **양손수갑 2개를 앞으로 사용하고 상체승을 한 상태에서 변론을 하도록 한 행위**는 민사법정 내 교정사고를 예방하고 법정질서 유지를 위한 것으로 청구인의 인격권과 신체의 자유를 침해하지 아니한다(헌재 2018.6.28. 2017헌마181).

7. 청구인이 2017.10.17. **대구지방법원에 출정할 때** 피청구인이 수형자인 청구인에게 행정법정 **방청석에서 청구인의 변론 순서가 될 때까지 대기하는 동안 수갑 1개를 착용하도록 한 행위**는 과잉금지원칙을 위반하여 청구인의 신체의 자유와 인격권을 침해하지 않는다(헌재 2018.7.26. 2017헌마1238).

8. 징역형 수형자에게 정역에 복무하게 하도록 한 형법

   징역형 수형자 개개인에 대한 재사회화와 이를 통한 사회질서 유지 및 공공복리라는 공익이 더 크므로 신체의 자유를 침해하지 아니한다(헌재 2012.11.29. 2011헌마318).

9. **치료감호기간의 상한을 정하지 아니하여** 피치료감호자를 계속 수용하여 치료할 수 있도록 한 것은 과잉금지원칙에 위반되지 아니한다(헌재 2005.2.3. 2003헌바1).

10. 구 사회보호법 제42조 중 보호감호처분에 관하여 '형의 집행 및 수용자의 처우에 관한 법률'을 준용하여 **피보호감호자에 대하여 징벌처분을 내릴 수 있도록 한 것**은 청구인의 신체의 자유 및 재판을 받을 권리를 침해한다고 볼 수 없다. 이 사건 법률조항은 형사법률에 저촉되는 행위 또는 규율위반행위를 한 피보호감호자에 대하여 징벌처분을 내릴 수 있도록 함으로써 수용시설의 안전과 공동생활의 질서를 유지하기 위한 것으로, 행위의 내용에 비하여 중한 징벌이 부과되지 않도록 하고, 징벌의 필요성을 고려하여 징벌을 감면할 수 있도록 한 점 등을 고려하면, 과잉금지원칙에 위배되어 청구인의 신체의 자유 등 기본권을 침해하지 않는다(헌재 2016.5.26. 2015헌바378).

11. **민사집행법상 재산명시의무를 위반한 채무자에 대하여 법원이 결정으로 20일 이내의 감치에 처하도록 규정한 민사집행법**

    채무자로서는 재산명시기일에 출석하여 **재산목록을 제출**하고 선서를 하기만 하면 감치의 제재를 받지 않으므로 신체의 자유를 침해하지 아니한다(헌재 2014.9.25. 2013헌마11).

---

3. 헌법 제12조

> 헌법 제12조 【적법절차원리】 ① 모든 국민은 신체의 자유를 가진다. 누구든지 법률에 의하지 아니하고는 **체포, 구속, 압수, 수색 또는 심문을 받지 아니하며, 법률과 적법한 절차(제9차)에 의하지 아니하고는 처벌, 보안처분 또는 강제노역을 받지 아니한다.**
>
> 【고문을 받지 않을 권리/불리한 진술거부권】 ② 모든 국민은 고문을 받지 아니하며, 형사상 자기에게 불리한 진술을 강요당하지 아니한다.
>
> 【체포 · 구속영장주의】 ③ **체포 · 구속 · 압수 또는 수색**을 할 때에는 적법한 절차에 따라 검사의 신청(**검찰관의 신청 제5차 개정헌법**)에 의하여 법관이 발부한 영장을 제시하여야 한다. 다만, 현행범인인 경우와 장기 3년 이상의 형에 해당하는 죄를 범하고 도피 또는 증거인멸의 염려가 있을 때에는 사후에 영장을 청구할 수 있다.
>
> 【변호인의 도움을 받을 권리】 ④ 누구든지 체포 또는 구속을 당한 때에는 즉시 변호인의 조력을 받을 권리를 가진다. 다만, **형사피고인이** 스스로 변호인을 구할 수 없을 때에는 법률이 정하는 바에 의하여 국가가 변호인을 붙인다.
>
> 【체포 · 구속이유 등 고지제도】 ⑤ 누구든지 체포 또는 **구속의** 이유와 변호인의 조력을 받을 권리가 있음을 **고지받지 아니하고는** 체포 또는 구속을 당하지 아니한다. 체포 또는 구속을 당한 자의 가족 등 법률이 정하는 자에게는 그 이유와 일시 · 장소가 지체 없이 **통지되어야 한다.**
>
> 【체포 · 구속적부심사제도】 ⑥ 누구든지 체포 또는 구속을 당한 때에는 적부의 심사를 법원에 청구할 권리를 가진다.

【증거능력과 증명력 제한】⑦ 피고인의 자백이 고문, **폭행**, 협박, 구속의 부당한 장기화 또는 기망 기타의 방법에 의하여 자의로 진술된 것이 아니라고 인정될 때 또는 **정식재판에 있어서 피고인의 자백이 그에게 불리한 유일한 증거일 때**에는 이를 유죄의 증거로 삼거나 이를 이유로 처벌할 수 없다.

4. 헌법 제13조

헌법 제13조 【죄형법정주의/일사부재리의 원칙(이중처벌금지)】① 모든 국민은 행위시의 법률에 의하여 범죄를 구성하지 아니하는 행위로 소추되지 아니하며, 동일한 범죄에 대하여 거듭 처벌받지 아니한다.
【연좌제금지】③ 모든 국민은 자기의 행위가 아닌 친족의 행위로 인하여 불이익한 처우를 받지 아니한다.

5. 헌법 제27조

헌법 제27조 ④ 형사피고인은 유죄의 판결이 확정될 때까지는 무죄로 추정된다.

02 신체의 자유의 실체적 보장

1. 죄형법정주의

(1) 개념

죄형법정주의는 자유주의, 권력분립, 법치주의 및 국민주권의 원리에 입각한 것으로서, 무엇이 범죄이며 그에 대한 형벌의 종류와 양은 어떠한지를 반드시 입법부가 제정한 법률로써 정하여야 한다는 원칙이다.

(2) 의의

"법률이 없으면 범죄도 없고 형벌도 없다."라는 말로 표현되는 죄형법정주의는 이미 제정된 정의로운 법률에 의하지 아니하고는 처벌되지 아니한다는 원칙으로서 이는 무엇이 처벌될 행위인가를 국민이 예측 가능한 형식으로 정하도록 하여 개인의 법적 안정성을 보호하고 성문의 형벌법규에 의한 실정법 질서를 확립하여 국가형벌권의 자의적(恣意的) 행사로부터 개인의 자유와 권리를 보장하려는 법치국가 형법의 기본원칙이다.

> **⚖ 판례 | 긴급조치에도 죄형법정주의 적용**
>
> 제5항에서는 긴급조치에 위반한 자와 긴급조치를 비방한 자를 15년 이하의 징역 및 자격정지에 처하도록 규정하고 있고, 또 전체 국민을 수범자로 하는 일반적 구속력을 가졌다는 점에서, 긴급조치 제1호는 형벌법규의 성격을 가진다고 보아야 한다. 따라서 <u>긴급조치 제1호에도 **형법의 일반원칙인 죄형법정주의가 적용되어야 한다**</u>(헌재 2013.3.21. 2010헌바70).

1. **과태료**는 행정상의 질서유지를 위한 행정질서벌에 해당할 뿐 형벌이라고 할 수 없어 죄형법정주의의 규율대상에 해당하지 아니한다(헌재 1998.5.28. 96헌바83).

2. 사립학교 관계자 및 언론인이 외부강의 등의 대가로 대통령령으로 정하는 금액을 초과하는 사례금을 받고 신고 및 반환조치를 하지 않는 경우, 또는 직무와 관련하여 동일인으로부터 1회에 100만원 또는 매 회계연도에 300만원 이하의 금품 등을 수수하는 경우에는 과태료가 부과된다. 그런데 **과태료**는 행정질서벌에 해당할 뿐 형벌이 아니므로 죄형법정주의의 규율대상에 해당하지 아니한다(헌재 2016.7.28. 2015헌마236).

3. **감치**는 형벌에 해당하지 않아 죄형법정주의의 영역에 포섭될 수 없다(헌재 2014.9.25. 2013헌마11).

(3) 법률주의

범죄와 형벌은 형식적 의미의 법률로 정해야 하므로 관습형법은 금지된다. 긴급명령, 긴급재정경제명령은 법률의 효력을 가지므로 형벌을 정할 수 있다. 조약 중 법률의 효력을 가지는 조약으로도 형벌을 정할 수 있다.

1. 국회 동의를 받아 비준된 조약은 법률적 효력을 가지므로 조약으로 처벌을 가중할 수 있다. **마라케쉬협정**에 의하여 관세법 위반자의 처벌이 가중된다고 하더라도 이를 들어 법률에 의하지 아니한 형사처벌이라거나 행위시의 법률에 의하지 아니한 형사처벌이라고 할 수 없다(헌재 1998.11.26. 97헌바65).

2. **미신고 시위에 대한 해산명령에 불응하는 자를 처벌하도록 규정한 집회 및 시위에 관한 법률**
   위 조항은 '신고하지 아니한 시위에 대하여 관할 경찰관서장이 해산명령을 발한 경우에, 시위 참가자가 해산명령을 받고도 지체 없이 해산하지 아니한 행위'를 구성요건으로 하고 있고, '6개월 이하의 징역 또는 50만원 이하의 벌금·구류 또는 과료'를 처벌 내용으로 하고 있으므로, 범죄구성요건과 처벌의 내용을 성문의 법률로 규정하고 있다. 그리고 위 조항이 해산명령의 발령 여부를 관할 경찰관서장의 재량에 맡기고 있는 것은 미신고 시위 현장의 다양한 상황에 따라 탄력적·유동적으로 대응할 필요성이 있다는 점을 고려한 것일 뿐, 구성요건의 실질적 내용을 전적으로 관할 경찰관서장에게 위임한 것으로 볼 수 없다. 그러므로 위 조항은 죄형법정주의의 법률주의에 위반되지 아니한다(헌재 2016.9.29. 2014헌바492).

3. 구 새마을금고법이 단지 '대출의 한도'를 시행령을 통하여 구체화할 것을 위임할 뿐 이를 감독기관의 승인사항이라고 규정한 바 없음에도, 감독기관의 승인을 얻어야 할 사항에 대하여 승인을 얻지 아니한 행위를 형사처벌하도록 규정하면서 **법률의 위임 없이 시행령에서 그 승인사항을 정한 경우** 죄와 형을 법률로 규정하도록 한 죄형법정주의의 이념과도 조화되기 어렵다(헌재 2003.3.27. 2001헌바39).

(4) 범죄와 형벌사항 위임

범죄와 형벌은 법률로 정해야 하므로 명령이나 조례로 형벌을 정할 수 없다. 다만, 법률의 위임이 있는 경우 명령이나 조례로 형벌을 정할 수 있다. 고시에 위임할 수 있는지에 대해서는 논란이 있으나, 헌법재판소는 헌법의 위임입법은 열기적인 것이 아니라 예시적이라고 하면서 고시에 위임할 수 있다고 한다. 그러나 정관에 위임하는 것은 죄형법정주의에 위반된다고 한다.

🔨 판례 | 범죄와 형벌사항 위임

1. 법규명령에 위임

"법률이 없으면 범죄도 없고 형벌도 없다."라는 말로 표현되는 죄형법정주의는 법치주의, 국민주권 및 권력분립의 원리에 입각한 것으로서, 일차적으로 무엇이 범죄이며 그에 대한 형벌이 어떠한 것인가는 반드시 국민의 대표로 구성된 입법부가 제정한 성문의 법률로써 정하여야 한다는 원칙이다. 헌법 제12조 제1항은 "법률과 적법한 절차에 의하지 아니하고는 처벌을 받지 아니한다."라고 규정하여 죄형법정주의를 천명하고 있다. 다만, 현대국가의 사회적 기능 증대와 사회현상의 복잡화에 따라 국민의 권리·의무에 관한 사항이라 하여 모두 입법부에서 제정한 법률만으로 정할 수는 없어 불가피하게 예외적으로 하위법령에 위임하는 것이 허용되는바, 위임입법의 형식은 원칙적으로 헌법 제75조, 제95조에서 예정하고 있는 대통령령, 총리령 또는 부령 등의 법규명령의 형식을 벗어나서는 아니 된다(헌재 2020.6.25. 2018헌바278).

2. 범죄와 형벌사항을 고시에 위임할 수 있는지 여부

① 식품의약품안전처장이 국민보건을 위하여 필요하면 판매를 목적으로 하는 식품 또는 식품첨가물에 관한 제조·가공·사용·조리·보존방법에 관한 기준을 고시하도록 하고 이를 위반한 경우 처벌하도록 한 식품위생법: 형벌의 구성요건 일부에 해당하는 식품의 제조방법기준을 고시에 위임하고 있는데, 식품의 제조방법기준을 정하는 작업에는 전문적·기술적 지식이 요구되고 식품산업의 발전에 따른 탄력적·기술적 대응과 규율이 필요하므로, 심판대상조항이 이를 식품의약품안전처 고시에 위임하는 것은 불가피하다. 그러므로 심판대상조항이 식품의 제조방법기준을 식품의약품안전처 고시에 위임한 것이 헌법에서 정한 위임입법의 형식을 갖추지 못하여 헌법에 위반된다고 할 수 없다(헌재 2019.11.28. 2017헌바449).

② 유치원 주변 정화구역에서 성관련 청소년유해물건을 제작·생산·유통하는 청소년유해업소를 절대적으로 금지하는데, 그 구체적 규제대상인 청소년유해물건 취급업소를 청소년보호위원회가 결정하여 장관이 고시하도록 정한 청소년보호법: 청소년유해물건으로 분류되는 성기구 등은 매우 다양하고 계속해서 새로운 상품이 제조·유통되고 있어 구체적으로 어떠한 종류의 물건 및 이를 제작·생산·유통하는 영업이 청소년의 출입 내지 고용과 관련하여 청소년에게 유해할 것인지 법에서 일률적으로 정하기 곤란하므로 청소년보호위원회와 같은 관련 기관의 전문지식을 활용하는 것이 더 효과적이며, 새로운 물건 내지 영업 행태에 신속·탄력적으로 대응하려면 국가의 청소년 보호정책 등을 고려한 전문기관의 재량적 판단이 필요하다. 따라서 이 사건 구 청소년보호법 조항이 구체적인 규율대상을 청소년보호위원회의 결정 및 여성가족부장관의 고시로 수권하고 있다는 사실만으로 죄형법정주의의 법률주의에 위배된다고 보기 어렵다(헌재 2013.6.27. 2011헌바8).

3. 범죄와 형벌사항을 조례에 위임할 수 있는지 여부

노동운동이 허용되는 사실상 노무에 종사하는 공무원의 범위는 조례로 정하도록 한 지방공무원법 제58조 제2항: 법률의 위임이 있는 경우에는 조례에 의하여 소속 공무원에 대한 인사와 처우를 스스로 결정하는 권한이 있다고 할 것이므로, 지방공무원법 제58조 제2항이 노동운동을 하더라도 형사처벌에서 제외되는 공무원의 범위에 관하여 당해 지방자치단체에 조례제정권을 부여하고 있다고 하여 헌법에 위반된다고 할 수 없다(헌재 2005.10.27. 2003헌바50 등).

4. 범죄와 형벌사항을 정관에 위임할 수 있는지 여부

임원의 선거운동 기간 및 선거운동에 필요한 사항을 정관에서 정할 수 있도록 규정한 신용협동조합법이 죄형법정주의에 위반되는지 여부(적극): "법률이 없으면 범죄도 없고 형벌도 없다."라는 말로 표현되는 죄형법정주의는 법치주의, 국민주권 및 권력분립의 원리에 입각한 것으로서, 일차적으로 무엇이 범죄이며 그에 대한 형벌이 어떠한 것인가는 반드시 국민의 대표로 구성된 입법부가 제정한 성문의 법률로써 정하여야 한다는 원칙이다. 헌법 제12조 제1항은 "법률과 적법한 절차에 의하지 아니하고는 처벌을 받지 아니한다."라고 규정하여 죄형법정주의를 천명하고 있다. 다만, 현대국가의 사회적 기능 증대와 사회현상의 복잡화에 따라 국민의 권리·의무에 관한 사항이라 하여 모두 입법부에서 제정한 법률만으로 정할 수는 없어 불가피하게 예외적으로 하위법령에 위임하는 것이 허용되는바, 위임입법의 형식은 **원칙적으로** 헌법 제75조, 제95조에서 예정하고 있는 대통령령, 총리령 또는 부령 등의 법규명령의 형식을 벗어나서는 아니 된다. 신용협동조합법 제27조의2 제2항 내지 제4항은 구체적으로 허용되는 선거운동의 기간 및 방법을 시행령이나 시행규칙이 아닌 **정관**에 맡기고 있어 정관으로 정하기만 하면 임원 선거운동의 기간 및 방법에 관한 추가적인 규제를 설정할 수 있도록 열어 두고 있다. 이는 범죄와 형벌은 입법부가 제정한 형식적 의미의 법률로 정하여야 한다는 죄형법정주의를 위반한 것이므로 헌법에 위반된다(헌재 2020.6.25. 2018헌바278).

(5) 형벌법규의 포괄적 위임금지원칙

죄형법정주의에 따라 형벌은 법률로 정해야 하나, 부득이한 경우 법률에서 명령에 구체적으로 위임해야 한다.

⚖ 판례 | 형벌법규의 구체적 위임

1. 법률에 의한 처벌법규의 위임은 바람직하지 않지만 부득이한 경우에 허용될 수 있다. 처벌법규 위임은 긴급한 필요가 있거나 미리 법률로써 자세히 정할 수 없는 부득이한 사정이 있는 경우에 한정되어야 하고, 법률에서 범죄구성요건은 처벌대상행위가 어떠한 것일 것이고 예측할 수 있을 정도로 정해야 하고, 형벌의 종류 및 상한과 폭을 명백히 규정해서 위임하여야 한다(헌재 1991.7.8. 91헌가4).

2. 죄형법정주의의 법률주의와 구성요건의 위임
   ① 죄형법정주의의 법률주의는 특정한 범죄행위의 구체적 내용을 하위법령에서 형성하도록 허용하는 경우에도 형벌의 범위는 법률에 구체적으로 설정되어야 하고, 아울러 금지의 실질도 그 대강의 내용은 이미 법률에 의하여 설정되어 있을 것을 요구한다(헌재 2014.3.27. 2011헌바42).
   ② 형사법은 원칙적으로 형식적인 의미의 법률의 형태로 제정되어야 하고 다만 부득이 예외적으로 행정부에서 법규명령의 형태로 제정하는 경우라 하더라도 그 법규명령에는 반드시 구체적이고 명확한 법률상의 위임근거규정이 있어야 비로소 가능한 것이라 할 것이다. 즉, 형벌법규라고 하더라도 일정사항의 위임이 불가능하지는 않지만 죄형법정주의의 원칙에 비추어 보건대, 최소한도 **범죄의 구성요건의 윤곽만큼은** 수권규정 자체에서 예측될 수 있어야 한다는 것이다(헌재 1993.5.13. 92헌마80).

3. 죄형에 관한 법률조항이 그 내용을 해당 시행령에 포괄적으로 위임하고 있는지 여부는 죄형법정주의의 명확성원칙의 위반 여부가 문제인 동시에 포괄적 위임금지 여부의 문제가 된다(헌재 2004.8.26. 2004헌바14). 명확성원칙과의 관계 청구인은 심판대상조항이 명확성원칙에도 위배된다고 주장하고 있다. 그러나 포괄위임입법금지원칙은 하위법령에 입법을 위임하는 수권법률의 명확성원칙에 관한 것으로서 법률의 명확성원칙이 하위법령과의 관계에서 구체화된 특별규정이라고 할 수 있으므로 수권법률조항의 명확성원칙 위배 여부는 **포괄위임입법금지원칙의 위반 여부에 대한 심사로써 충족된다**(헌재 2015.4.30. 2013헌바55).

4. 범죄구성요건의 위임 사례
   ① **"약국을 관리하는 약사 또는 한약사는 보건복지부령으로 정하는 약국관리에 필요한 사항을 준수하여야 한다."**라는 약사법 제19조 제4항을 위반한 자를 처벌하는 약사법 제77조 제1호 중 '제19조 제4항 부분'은 '약국관리에 필요한 사항'이라는 처벌법규의 구성요건 부분에 관한 기본사항에 관하여 보다 구체적인 기준이나 범위를 정함이 없이 그 내용을 모두 하위법령인 보건복지부령에 포괄적으로 위임함으로써, 약사로 하여금 광범위한 개념인 '약국관리'와 관련하여 준수하여야 할 사항의 내용이나 범위를 구체적으로 예측할 수 없게 하고, 나아가 헌법이 예방하고자 하는 행정부의 자의적인 행정입법을 초래할 여지가 있으므로, 헌법상 포괄위임입법금지원칙 및 죄형법정주의의 명확성원칙에 위반된다(헌재 2000.7.20. 99헌가15).
   ② **대통령령이 정하는 바에 의하여 증권관리위원회 명령을 위반한 경우** 형사처벌하도록 한 증권거래법은 명확성원칙에 위반된다(헌재 2004.9.23. 2002헌가26).

③ 의료업무에 관한 광고의 범위 기타 의료광고에 관한 **보건복지부령에 위반된 행위**를 처벌하는 의료법은 명확성원칙과 포괄위임금지원칙 위반이다(헌재 2007.7.26. 2006헌가4).

(6) 형벌불소급의 원칙

① **개념**: 행위시에 죄가 되지 아니하는 행위는 사후입법에 의해 처벌받지 아니한다는 원칙이다.

② **행위당시법 적용**: 법이 폐지되었다 하더라도 행위당시법을 적용하는 것은 허용된다.

🔨 판례 | 행위당시법 적용

1. 형사처벌을 규정하고 있던 **행위시법이 사후 폐지되었음에도** 신법이 아닌 행위시법에 의하여 형사처벌하도록 규정한 것으로서, 헌법 제13조 제1항의 형벌불소급원칙 보호영역에 포섭되지 아니한다(헌재 2015.2.26. 2012헌바268).

2. **법률이 폐지되었다고 하더라도** 보호감호는 형벌과는 성격을 달리하는 보호처분이므로 이미 판결이 확정된 보호감호대상자에 대하여 감호 집행을 하도록 규정한 사회보호법 폐지법률은 행위당시법을 적용하는 것이므로 헌법에 위반되지 아니한다(헌재 2009.3.26. 2007헌바50).

③ **피적용자에게 유리한 법**: 피적용자에게 유리한 법을 소급적용하는 것은 형벌불소급의 원칙에 위반되지 않으나, 소급적용 여부는 입법자의 재량이다.

🔨 판례 | 벌칙을 완화시키는 법률의 소급적용 배제

관세법 위반행위에 대한 벌칙규정을 완화시킨 개정법률을 소급적용하지 않도록 한 관세법 부칙 제4조는 형벌불소급원칙에 반하지 않는다(헌재 1998.11.26. 97헌바67).

④ **판례변경**: 사후입법을 금할 뿐이므로 법은 행위시법을 적용하되, 판례만 변경하는 것은 형벌불소급의 원칙에 위반되지 않는다.

🔨 판례 | 판례변경

형사처벌의 근거가 되는 것은 법률이지 판례가 아니고, **형법 조항에 관한 판례의 변경**은 그 법률조항의 내용을 확인하는 것에 지나지 아니하여 이로써 그 법률조항 자체가 변경된 것으로 볼 수 없으므로, 행위 당시의 판례에 의하면 처벌대상이 되지 아니하는 것으로 해석되었던 행위를 **판례의 변경에 따라 확인된 내용의 형법 조항에 근거하여 처벌한다고 하여** 그것이 형벌불소급원칙에 위반된다고 할 수 없다(헌재 2014.5.29. 2012헌바390).

⑤ **사후입법 절대금지**: 제4차 개정헌법과 같이 헌법에 별도의 규정이 없는 한 절대금지된다.

🔨 판례

헌법 제13조는 실체적 형사법 영역에서의 어떠한 소급효력도 금지하고 있고, '범죄를 구성하지 않는 행위'라고 표현함으로써 **절대적 소급효금지의 대상**은 '범죄구성요건'과 관련되는 것임을 밝히고 있다(헌재 1996.2.16. 96헌가2).

형벌불소급원칙 적용 긍정

1. 보호감호

보호감호처분도 신체에 대한 자유박탈을 내용으로 하는 점에서, 실질에 있어 형사적 제재의 한 태양이라고 볼 것이므로 소급입법에 의한 보호감호는 허용될 수 없다(헌재 1989.7.14. 88헌가5).

2. 형벌불소급원칙의 적용 여부의 기준

대법원은 구 사회보호법상의 '보호감호'에 관하여 사회보호법 시행 이후에 저지른 범죄에 대하여만 보호감호 청구의 대상이 된다고 판시하였고 '가정폭력범죄의 처벌 등에 관한 특례법'이 정한 보호처분 중 하나인 **'사회봉사명령'**에 대하여도, 보안처분의 성격을 가지는 것이나 실질적으로는 신체적 자유를 제한하게 되므로 형벌불소급원칙에 따라 행위시법을 적용하여야 한다는 취지로 판결하였다(대결 2008.7.24. 2008어4 참조). 이와 같이 헌법재판소와 대법원은 범죄행위에 따른 제재를 부과할 때 그 제재의 형식적 분류보다는 그 제재의 실질이 가져오는 형벌적 불이익의 정도에 따라 형벌불소급원칙의 적용 여부를 판단하고 있다. 특히 범죄행위에 따른 제재의 내용이나 실제적 효과가 형벌적 성격이 강하여, 신체의 자유를 박탈하거나 이에 준하는 정도로 신체의 자유를 제한하는 경우에는 법적 안정성, 예측가능성 및 국민의 신뢰를 보호하기 위하여 형벌불소급원칙이 적용되어야 한다(헌재 2017.10.26. 2015헌바239).

3. 노역장유치 (헌재 2017.10.26. 2015헌바239)

형벌불소급원칙의 적용대상이 된다.

> **<심판대상>**
>
> **형법 제70조【노역장유치】** ② 선고하는 벌금이 1억원 이상 5억원 미만인 경우에는 300일 이상, 5억원 이상 50억원 미만인 경우에는 500일 이상, 50억원 이상인 경우에는 1,000일 이상의 유치기간을 정하여야 한다.
>
> **부칙 제2조** ① 제70조 제2항의 개정규정은 **이 법 시행 후 최초로 공소가 제기되는 경우부터 적용한다.**

① **형법 제70조**
  ㉠ **쟁점**: 청구인들은 노역장유치조항이 벌금을 납입할 자력이 있는 자와 없는 자를 차별한다고 주장하나, 이 조항은 경제적 능력의 유무와 상관없이 모든 벌금미납자에게 적용되고, 벌금의 납입능력에 따른 노역장유치 가능성의 차이는 이 조항이 예정하고 있는 차별이 아니라 벌금형이라는 재산형이 가지고 있는 본질적인 성격에서 비롯된 것일 뿐이므로, 노역장유치조항이 경제적 능력이 있는 자와 없는 자를 차별한다고 볼 수 없다. 노역장유치조항은 벌금 액수가 1억원 이상인 청구인들로 하여금 벌금을 납입하지 아니한 경우 반드시 일정기간 이상 노역장에 유치되도록 하고 있으므로 과잉금지원칙에 반하여 청구인들의 **신체의 자유**를 침해하는지 여부가 문제된다.
  ㉡ **노역장유치조항**: 노역장유치란 벌금형 및 과료형의 집행과 관련하여 벌금 등을 완납할 때까지 노역장에 유치하여 작업에 복무하게 하는 환형처분을 말한다. 벌금에 비해 노역장유치기간이 지나치게 짧게 정해지면 경제적 자력이 충분함에도 고액의 벌금 납입을 회피할 목적으로 복역하는 자들이 있을 수 있으므로, 1억원 이상의 벌금형을 선고하는 경우 노역장유치기간의 하한을 정한 형법 제70조 제2항(노역장유치조항)은 과잉금지원칙에 반하여 청구인들의 신체의 자유를 침해한다고 볼 수 없다.
② **선고하는 벌금형의 액수에 따라 유치기간의 하한을 설정한 노역장유치조항을 개정법 시행 후 최초로 공소가 제기되는 경우부터 적용하도록 한 형법 부칙 제2조**
  ㉠ **형벌불소급원칙이 적용되는지 여부**: 형벌불소급원칙이 적용되는 '처벌'의 범위를 형법이 정한 형벌의 종류에만 한정되는 것으로 보게 되면, 형법이 정한 형벌 외의 형태로 가해질 수 있는 형사적 제재나 불이익은 소급적용이 허용되는 결과가 되어, 법적 안정성과 예측가능성을 보장하여 자의적 처벌로부터 국민을 보호하고자 하는 형벌불소급원칙의 취지가 몰각될 수 있다. 형벌불소급원칙에서 의미하는 '처벌'은 단지 형법에 규정되어 있는 형식적 의미의 형벌 유형에 국한되지 않는다. 노역장유치는 벌금

형에 부수적으로 부과되는 환형처분으로서, 그 실질은 신체의 자유를 박탈하여 징역형과 유사한 형벌적 성격을 가지고 있으므로, <u>형벌불소급원칙의 적용대상이 된다.</u>

　　　ⓛ **형벌불소급원칙 위반 여부**: 부칙조항은 노역장유치조항의 시행 전에 행해진 범죄행위에 대해서도 공소제기의 시기가 노역장유치조항의 시행 이후이면 이를 적용하도록 하고 있는바, 부칙조항은 범죄행위 당시보다 불이익한 법률을 소급하여 적용하도록 하는 것이라고 할 수 있으므로, <u>헌법상 형벌불소급원칙에 위반된다.</u>

　③ **재판관 강일원, 재판관 조용호의 부칙조항에 대한 별개의견** *법정의견은 아님.

　　㉠ **노역장유치와 형벌불소급의 원칙 적용 여부(소극)**: 노역장유치란 벌금납입의 대체수단이자 납입강제기능을 갖는 벌금형의 집행방법이며, 벌금형에 대한 환형처분이라는 점에서 형벌과는 구별된다. 따라서 <u>노역장유치기간의 하한을 정한 것은 벌금형을 대체하는 집행방법을 강화한 것에 불과하며, 이를 소급적용한다고 하여 형벌불소급의 문제가 발생한다고 보기는 어렵다.</u>

　　㉡ **소급입법금지원칙 위반 여부(적극)**: 노역장유치조항을 소급적용함으로써 달성할 수 있는 공익은 그리 크다고 볼 수 없다. 강화된 제재의 경고 기능이 작동되지 않은 상태에서 행한 행위에 대해 사후입법으로 무겁게 책임을 묻는 것은, 기존 법질서에 대한 신뢰보호와 법적 안정성을 위해 소급입법을 금지하는 정신에 부합하지 않는다. 따라서 <u>부칙조항은 헌법상 소급입법금지원칙에 위반된다.</u>

📖 쟁점정리

형벌불소급원칙 적용 부정

1. 보호관찰에 형벌불소급 적용제외

보호관찰은 형벌이 아니라 보안처분의 성격을 갖는 것으로 그에 대하여 반드시 행위 이전에 규정되어 있어야 하는 것은 아니며 재판시의 규정에 의하여 보호관찰을 받을 것을 명할 수 있다고 보아야 할 것이고 이러한 해석이 형벌불소급의 원칙에 위배되는 것은 아니다(대판 1997.6.13. 97도703).

2. 디엔에이 정보

<u>디엔에이 신원확인정보의 수집·이용은 수형인 등에게 심리적 압박으로 인한 범죄예방효과를 가진다는 점에서 보안처분의 성격을 지니지만, 처벌적인 효과가 없는 비형벌적 보안처분으로서 소급입법금지원칙이 적용되지 않는다.</u> 디엔에이감식시료 채취 대상범죄로 이미 징역이나 금고 이상의 실형을 선고받아 그 형이 확정되어 수용 중인 사람에게 디엔에이감식시료 채취 및 디엔에이확인정보의 수집·이용에 관한 신법 규정을 적용할 수 있도록 규정한 '디엔에이신원확인정보의 이용 및 보호에 관한 법률' 부칙조항은 범죄수사와 범죄예방 목적을 달성하기 위하여 재범의 위험성이 높은 대상범죄를 범한 기존 수형인 등에 대하여도 신법을 적용함으로써 디엔에이신원확인정보데이터베이스 제도의 목적을 보다 실효성 있게 달성하고자 하는 공익은 상대적으로 더 크므로 과잉금지원칙에 위배되어 신법 시행 전에 형이 확정되어 수용 중인 사람의 신체의 자유 및 개인정보자기결정권을 침해한다고 볼 수 없다(헌재 2014.8.28. 2011헌마28).

3. <u>위치추적장치 부착</u>은 형벌이 아니므로 부착명령기간을 소급적으로 연장하는 법률은 형벌에 관한 <u>소급입법금지원칙이 그대로 적용되지 않는다</u>(대판 2010.12.23. 2010도11996). 전자장치 부착은 전통적 의미의 형벌이 아니며, 이를 통하여 피부착자의 위치만 국가에 노출될 뿐 그 행동 자체를 통제하지 않는다는 점에서 비형벌적 보안처분에 해당되므로, 이를 소급적용하도록 한 부칙경과조항은 헌법 제13조 제1항 전단의 소급처벌금지원칙에 위배되지 아니한다(헌재 2015.9.24. 2015헌바35).

4. **신상정보**라는 개인정보의 수집·보관·처리·이용은 개인정보자기결정권을 제한할 수 있으나 구금과 같이 신체의 자유를 박탈하거나 직접적으로 제한하는 것이 아니므로 형법이 규정하고 있는 형벌에 해당하지 않아 헌법 제13조 제1항 전단의 형벌불소급원칙이 적용되지 아니한다.

5. 아동·청소년 성범죄로 형이 확정된 자에게 **의료기관의 개설을 금지하는 취업조항**을 법 시행 후 형이 확정된 자부터 적용하도록 한 아동·청소년보호법은 형벌불소급원칙에 반하지 않는다. 취업제한이 형벌이 아니기 때문이다(헌재 2016.3.31. 2013헌마585).

6. **공소시효에는 형벌불소급원칙이 적용되지 않는다.** 형벌불소급의 원칙은 '행위의 가벌성', 즉 형사소추가 '언제부터 어떠한 조건하에서' 가능한가의 문제에 관한 것이고, '얼마 동안' 가능한가의 문제에 관한 것은 아니므로, 과거에 이미 행한 범죄에 대하여 공소시효를 정지시키는 법률은 형벌불소급의 원칙에 언제나 위배되는 것으로 단정할 수는 없다. 헌정질서회복과 국민의 생명보호라는 공익이 큰 만큼 공소시효를 소급적으로 정지하더라도 헌정질서파괴범죄행위에 대하여 국가의 소추권 행사에 장애사유가 존재한 기간은 공소시효의 진행을 정지한 5·18민주화운동 등에 관한 특별법은 소급입법금지원칙에 위배되지 않는다(헌재 1996.2.16. 96헌바7).

7. **'성폭력범죄의 처벌 등에 관한 특례법' 시행 전 행하여진 성폭력범죄로 아직 공소시효가 완성되지 아니한 것에 대하여도 미성년자에 대한 성폭력범죄의 공소시효는 형사소송법 제252조 제1항에도 불구하고 해당 성폭력범죄로 피해를 당한 미성년자가 성년에 달한 날부터 진행하도록 한 공소시효에 관한 특례의 개정규정을 적용하도록 한 '성폭력범죄의 처벌 등에 관한 특례법'** (헌재 2021.6.24. 2018헌바457)

① 우리 헌법이 규정한 형벌불소급의 원칙은 '행위의 가벌성'에 관한 것이기 때문에 소추가능성에만 연관될 뿐이고 가벌성에는 영향을 미치지 않는 공소시효에 관한 규정은 원칙적으로 그 효력범위에 포함되지 않는다. 따라서 공소시효의 정지규정을 과거에 이미 행한 범죄에 대하여 적용하도록 하는 법률이라 하더라도 그 사유만으로 헌법 제12조 제1항 및 제13조 제1항에 규정한 죄형법정주의의 파생원칙인 형벌불소급의 원칙에 언제나 위배되는 것으로 단정할 수는 없다.

② **부칙 제3조 중 제21조 제1항 및 제3항 제1호 가운데 형법 제298조(강제추행)에 관한 부분이 신뢰보호의 원칙에 반하는지 여부(소극):** 심판대상조항이 형사소송법의 공소시효에 관한 조항의 적용을 배제하고 새롭게 규정된 조항을 적용하도록 하였다고 하더라도, 이로 인하여 제한되는 성폭력 가해자의 신뢰이익이 공익에 우선하여 특별히 헌법적으로 보호해야 할 가치나 필요성이 있다고 보기 어렵다. 따라서 심판대상조항은 신뢰보호원칙에 반한다고 할 수 없다.

8. **형종상향금지조항의 시행 전에 정식재판을 청구한 사건에 대해서는 종전의 불이익변경금지조항에 따르도록 규정한 형사소송법 부칙 제2조** (헌재 2023.2.23. 2018헌바513)

① 피고인이 정식재판을 청구한 사건에 대하여 약식명령의 형보다 '중한 형'을 선고하지 못하도록 하던 구 형사소송법 제457조의2(이하 '불이익변경금지조항'이라 한다)가 '중한 종류의 형'을 선고하지 못하도록 규정하는 형사소송법 제457조의2(이하 '형종상향금지조항'이라 한다)로 개정되면서, 형종상향금지조항의 시행 전에 정식재판을 청구한 사건에 대해서는 종전의 불이익변경금지조항에 따르도록 규정한 형사소송법 부칙 제2조가 형벌불소급원칙에 위배되는지 여부(소극): 심판대상조항은 입법자가 형사소송법상 불이익변경금지조항을 형종상향금지조항으로 변경하면서 그 개정 전후에 이루어진 정식재판청구에 대하여 적용될 규범의 시적 적용범위를 정하고 있다. 여기서 불이익변경금지조항이나 형종상향금지조항은 약식명령을 받은 피고인에 대하여 정식재판청구권의 행사를 절차적으로 보장하면서, 그 남용을 방지하거나 사법자원을 적정하게 분배한다는 등의 정책적인 고려를 통하여 선고형의 상한에 조건을 설정하거나 조정하는 내용의 규정들이다. 이들 조항이 규율하는 내용은 행위의 불법과 행위자의 책임을 기초로 하는 실체적인 가벌성에는 영향을 미치지 아니하므로, 행위자가 범죄행위 당시 예측가능성을 확보하여야 하는 범죄구성요건의 제정이나 형벌의 가중에 해당한다고 볼 수 없다. 형종상향금지조항의 시행 전에 범죄행위를 하고 위 조항의 시행 후에 정식재판을 청구한 피고인이 정식재판절차에서 약식명령의 형보다 중한 형을 선고받을 가능성이 발생하게 되었다 하더라도, 이는 원래의 법정형과 처단형의 범위 내에서 이루어지는 것이므로 가벌성의 신설이나 추가라고 보기도 어렵다. 따라서 심판대상조항은 헌법 제13조 제1항 전단의 형벌불소급원칙에 위배되지 아니한다.

② **심판대상조항이 형종상향금지조항의 시행 전에 범죄행위를 하고 정식재판을 청구한 피고인과 형종상향금지조항의 시행 전에 범죄행위를 하였지만 그 시행 후에 정식재판을 청구한 피고인을 합리적 이유 없이 차별취급하여 평등원칙에 위배되는지 여부(소극):** 심판대상조항은 앞서 본바와 같이 입법자가 형사소송법의 개정을 통해 불이익변경금지조항의 내용을 변경하면서 그 시행 전후의 정식재판청구에 대하여 새로운 제도를 적용할 범위를 정한 것이다. 불이익변경금지조항이나 형종상향금지조항은 모든 형사사건에 곧바로 적용되는 것이 아니라, 행위자가 벌금, 과료, 몰수의 형이 법정형으로 규정된 범죄행위를 하고, 검사가 법원에 약식명령을 청구하여 법원이 약식명령을 발령하여야 하며, 피고인이 이에 불복하여 정식재판을 청구하여

정식재판절차가 진행된 경우에 비로소 적용된다. 그렇기 때문에 검사가 약식명령을 청구할지 여부 또는 피고인이 약식명령에 대해 정식재판을 청구할지 여부는 피고인이 범죄행위를 할 당시에는 예측할 수 없는 사항에 해당한다.

이러한 점을 고려할 때, 범죄행위시가 아닌 정식재판청구시를 기준으로 불이익변경금지조항을 적용하도록 하여 피고인이 정식재판을 청구할 당시 시행 중이던 법률조항에 따르도록 한 심판대상조항이, 형종상향금지조항 시행 전에 범죄행위를 하고 정식재판을 청구한 피고인과 형종상향금지조항 시행 전에 범죄행위를 하였으나 위 조항 시행 후에 정식재판을 청구한 피고인을 불합리하게 차별하고 있다고 보기는 어렵다. 따라서 심판대상조항은 평등원칙에 위배되지 아니한다.

🔖 쟁점정리

보안처분

1. 의의

형사제재에 관한 종래의 일반론에 따르면, 형벌은 본질적으로 행위자가 저지른 과거의 불법에 대한 책임을 전제로 부과되는 제재를 뜻함에 반하여, 보안처분은 행위자의 장래 위험성에 근거하여 범죄자의 개선을 통해 범죄를 예방하고 장래의 위험을 방지하여 사회를 보호하기 위해서 형벌에 대신하여 또는 형벌을 보충하여 부과되는 자유의 박탈과 제한 등의 처분을 뜻하는 것으로서, 양자는 그 근거와 목적을 달리하는 형사제재이다. 연혁적으로도 보안처분은 형벌이 적용될 수 없거나 형벌의 효과를 기대할 수 없는 행위자를 개선·치료하고, 이러한 행위자의 위험성으로부터 사회를 보호하기 위한 형사정책적인 필요성에 따라 만든 제재이므로 형벌과 본질적인 차이가 있다. 즉, 형벌과 보안처분은 다 같이 형사제재에 해당하지만, 형벌은 책임의 한계 안에서 과거 불법에 대한 응보를 주된 목적으로 하는 제재이고, 보안처분은 장래 재범 위험성을 전제로 범죄를 예방하기 위한 제재이다(헌재 2012.12.27. 2010헌가82).

2. 종류

① **보호감호처분**은 재범의 위험성이 있고 특수한 교육·개선 및 치료가 필요하다고 인정되는 자에 대하여 사회복귀를 촉진하고 사회를 보호하기 위하여 헌법 제12조 제1항을 근거로 내려지는 보안처분이다(헌재 2015.9.24. 2014헌바222).

② 범죄자의 책임이 아니라 행위에서 제시된 위험성이 치료명령 여부, 기간 등을 결정하고, 치료명령은 장래를 향한 조치로서 기능하는바, **성충동 약물치료**는 본질적으로 '보안처분'에 해당한다고 할 것이다(헌재 2015.12.23. 2013헌가9).

3. 보안처분과 형벌불소급원칙 적용 여부

보안처분은 형벌과는 달리 행위자의 장래 재범 위험성에 근거하는 것으로서, 행위시가 아닌 재판시의 재범 위험성 여부에 대한 판단에 따라 보안처분 선고를 결정하므로 원칙적으로 재판 당시 현행법을 소급적용할 수 있다고 보는 것이 타당하고 합리적이다. 그러나 보안처분의 범주가 넓고 그 모습이 다양한 이상, 보안처분에 속한다는 이유만으로 일률적으로 소급입법금지원칙이 적용된다거나 그렇지 않다고 단정해서는 안 되고, 보안처분이라는 우회적인 방법으로 형벌불소급의 원칙을 유명무실하게 하는 것을 허용해서도 안 된다. 따라서 보안처분이라 하더라도 형벌적 성격이 강하여 신체의 자유를 박탈하거나 박탈에 준하는 정도로 신체의 자유를 제한하는 경우에는 소급입법금지원칙을 적용하는 것이 법치주의 및 죄형법정주의에 부합한다(헌재 2014.8.28. 2011헌마28).

4. 이중처벌금지원칙 적용 여부

사회보호법 제5조에 정한 보호감호와 형벌은 비록 다 같이 신체의 자유를 박탈하는 수용처분이라는 점에서 집행상 뚜렷한 구분이 되지 않는다고 하더라도 그 본질, 추구하는 목적과 기능이 전혀 다른 별개의 제도이므로 형벌과 보호감호를 서로 병과하여 선고한다 하여 헌법 제13조 제1항에 정한 이중처벌금지의 원칙에 위반되는 것은 아니라 할 것이다(헌재 1989.7.14. 88헌가5·8).

5. 적법절차의 적용

① **보안처분과 적법절차**: 처벌 또는 강제노역에 버금가는 심대한 기본권의 제한을 수반하는 보안처분에는 위에서 본 좁은 의미의 적법절차의 원칙이 엄격히 적용되어야 할 것이나, 보안처분의 종류에는 사회보호법상의 **보호감호처분**이나 구 사회안전법상의 보안감호처분과 같이 피감호자를 일정한 감호시설에 수용하는 전면적인 자유박탈적인 조치부터 이 법상의 **보안관찰처분**과 같이 단순히 피보안관찰자에게 신고의무를 부과하는 자유제한적인 조치까지 다양한 형태와 내용의 것이 존재하므로 각 보안처분에 적용되어야 할 적법절차의 원리의 적용범위 내지 한계에도 차이가 있어야 함은 당연하다 할 것이어서, 결국 각 보안처분의 구체적 자유박탈 내지 제한의 정도를 고려하여 그 보안처분의 심의·결정에 법관의 판단을 필요로 하는지 여부를 결정하여야 한다고 할 것이다(헌재 1997.11.27. 92헌바28).

② **보호관찰처분심의위원회의 보안관찰처분 심의·의결**: 적법절차의 원칙에 의하여 그 성질상 보안처분의 범주에 드는 모든 처분의 개시 내지 결정에 법관의 판단을 필요로 한다고 단정할 수 없고, 보안처분의 개시에 있어 그 결정기관 내지 절차와 당해 보안처분으로 인한 자유 침해의 정도와의 사이에 비례의 원칙을 충족하면 적법절차의 원칙은 준수된다고 보아야 할 것이다. 그런데 이 법상 보안관찰처분의 심의·의결은 법무부 내에 설치된 보호관찰처분심의위원회에서 하고, 그 위원장은 법무부차관이 되며, 위원은 학식과 덕망이 있는 자로 하되, 그 과반수는 변호사의 자격이 있는 자로 구성하도록 하고 있으므로(법 제12조 제1항·제3항), 위 위원회는 어느 정도 독립성이 보장된 준사법적 기관이라고 할 수 있고, 앞에서 본 바와 같은 이 법상의 보안관찰처분의 자유 제한의 정도를 고려하면 위 **위원회에서 보안관찰처분을 심의·의결하는 것**은 적법절차의 원칙 내지 법관에 의한 정당한 재판을 받을 권리를 침해하는 것은 아니라 할 것이다(헌재 1997.11.27. 92헌바28).

③ **필요적 보호감호**: 법이 정한 형식적 요건에 해당하기만 하면 재범의 위험성 여부에 대한 **법관의 판단 없이 보호감호를 선고해야 하는 필요적 보호감호규정**은 법관의 재량을 박탈하고 있으므로 적법절차원칙에 위반되고 법관에 의한 재판을 받을 권리를 침해한다(헌재 1989.7.14. 88헌가5·8).

④ **보안관찰처분에 대하여 행정소송에서 가처분을 일률적으로 배제**: 집행정지신청이 허용되지 않는 이상 피보안관찰자는 소송의 제기와는 상관없이 계속 보안관찰처분의 집행을 당할 수밖에 없는데, 그 결과로 2년의 처분기간 및 소송에 소요되는 통상의 기간을 고려할 때 실질적으로는 보안관찰처분의 적법 여부에 대한 법원의 판단을 받을 수 있는 기회가 상당한 정도로 형해화되어, 피보안관찰자의 기본권 보장이 합리적 이유 없이 축소되도록 하였다는 점에서 그 내용이 합리성과 정당성을 갖춘 것이라고 볼 수 없으므로 적법절차원칙에 위배된다 할 것이다(헌재 2001.4.26. 98헌바79).

📖 쟁점정리

치료감호

1. **알코올 중독 등의 증상이 있는 자에 대한 치료감호기간의 상한을 2년으로 정하고 있는 치료감호법**

위 조항으로 인한 기본권 제한이 치료감호대상자에 대한 충분한 치료 및 개선을 통하여 사회안전에 도움이 되도록 하고자 하는 공익보다 결코 크다고 볼 수 없는 점을 고려할 때, 피해의 최소성과 함께 법익균형성의 요건도 갖추었다 할 것이어서, 위 조항이 청구인의 신체의 자유를 침해한다고 할 수 없다(헌재 2012.12.27. 2011헌마276).

2. **정신성적 장애인을 치료감호시설에 수용하는 기간은 15년을 초과할 수 없다**고 규정한 구 치료감호법은 신체의 자유를 침해하지 않는다(헌재 2017.4.27. 2016헌바452).

3. 치료감호의 기간을 미리 법정하지 않고 계속 수용하여 치료할 수 있도록 하는 것은 청구인의 신체의 자유를 침해하는 것이라고 볼 수 없다(헌재 2005.2.3. 2003헌바1).

4. **치료감호 청구권자를 검사로 한정한 치료감호법**은 청구인의 재판청구권을 침해하거나 적법절차의 원칙에 위배된다고 할 수 없다. '피고인 스스로 치료감호를 청구할 수 있는 권리'가 헌법상 재판청구권의 보호범위에 포함된다고 보기는 어렵고, 검사뿐만 아니라 피고인에게까지 치료감호청구권을 주어야만 절차의 적법성이 담보되는 것도 아니므로, 이 사건 법률조항이 청구인의 재판청구권을 침해하거나 적법절차의 원칙에 반한다고 볼 수 없다(헌재 2010.4.29. 2008헌마622).

5. **치료감호 종료 여부 결정을 법관이 아닌 치료감호심의위원회의 결정에 맡긴 것**은 재판청구권을 침해한다고 할 수 없다. 치료감호심의위원회의 심사대상은 이미 판결에 의하여 확정된 치료감호처분을 집행하는 것에 불과하므로, 이를 다시 법관에게 맡길 것인지, 아니면 제3의 기관에 맡길 것인지는 입법재량의 범위 안에 있다고 할 것이고, 치료감호의 가종료나 종료에 관한 치료감호심의위원회의 결정에 대하여 불복이 있는 경우 행정소송 등 사법심사의 길이 열려 있으므로, 구법 제37조 제2항이 청구인의 법관에 의한 재판을 받을 권리를 침해한다고 할 수 없다(헌재 2012.12.27. 2011헌마276).

6. **피고인이 치료감호를 청구할 권리는 재판청구권에서 보호된다고 보기는 어렵다.** '피고인 스스로 치료감호를 청구할 수 있는 권리'가 헌법상 재판청구권의 보호범위에 포함된다고 보기는 어렵고, 검사뿐만 아니라 피고인에게까지 치료감호청구권을 주어야만 절차의 적법성이 담보되는 것도 아니므로, 치료감호 청구권자를 검사로 한정한 청구인의 재판청구권을 침해하거나 적법절차의 원칙에 반한다고 볼 수 없다(헌재 2010.4.29. 2008헌마622).

7. 치료감호법상 피치료감호자에 대한 **치료감호가 가종료되었을 때 3년의 기간으로 피치료감호자를 치료감호시설 밖에서 지도·감독하는 것**을 내용으로 하는 보호관찰이 시작되도록 한 규정은 일반적 행동의 자유를 침해한다고 볼 수 없다(헌재 2012.12.27. 2011헌마285).

📖 쟁점정리

형법조항

헌법 위반인 것

1. 외국에서 형의 전부 또는 일부의 집행을 받은 자에 대하여 형을 감경 또는 면제할 수 있도록 규정한 형법
   헌법불합치결정

   입법자는 국가형벌권의 실현과 국민의 기본권 보장의 요구를 조화시키기 위하여 형을 필요적으로 감면하거나 외국에서 집행된 형의 전부 또는 일부를 필요적으로 산입하는 등의 방법을 선택하여 청구인의 신체의 자유를 덜 침해할 수 있음에도, 이 사건 법률조항과 같이 우리 형법에 의한 처벌시 외국에서 받은 형의 집행을 전혀 반영하지 아니할 수도 있도록 한 것은 과잉금지원칙에 위배되어 신체의 자유를 침해한다(헌재 2015.5.28. 2013헌바129).

2. 임신한 여성의 **자기낙태를 처벌하는** 형법(헌재 2019.4.11. 2017헌바127) *헌법불합치결정*

3. 노역장유치조항을 시행일 이후 최초로 **공소제기되는 경우부터** 적용하도록 한 형법 부칙(헌재 2017.10.26. 2015헌바239)

4. 대한민국 또는 헌법상 **국가기관**에 대하여 모욕, 비방, 사실 왜곡, 허위사실 유포 또는 기타 방법으로 대한민국의 안전, 이익 또는 위신을 해하거나 해할 우려가 있는 표현이나 행위에 대하여 형사처벌하도록 규정한 구 형법(헌재 2015.10.21. 2013헌가20)

5. 배우자 있는 자의 **간통행위** 및 그와의 상간행위를 2년 이하의 징역에 처하도록 규정한 형법(헌재 2015.2.26. 2009헌바17)

6. 형법 제304조의 **혼인빙자간음죄**(헌재 2009.11.26. 2008헌바58)

7. 판결선고 전 **구금일수**의 산입을 **법관의 재량에 맡긴** 형법(헌재 2009.6.25. 2007헌바25)

1. 신고하는 사실이 허위라는 점을 미필적으로 인식한 경우도 처벌하는 형법 제156조가 과잉금지원칙에 위반되는 지 여부

   위 조항은 허위의 고소·고발·진정 등을 예방하고, 공정한 사법기능을 보호하기 위한 것으로, 처벌의 필요성은 확정적으로 인식한 경우와 미필적으로 인식한 경우가 동일하고, 다른 구성요건과의 유기적·체계적 해석을 통하여 국가형벌권의 적용범위는 합리적으로 유지될 수 있으므로 과잉금지원칙에 위반되지 아니한다(헌재 2012.7.26. 2011헌바268).

2. 육로를 불통하게 한 자를 처벌하는 형법은 신체의 자유를 침해하는 것이라 볼 수 없다(헌재 2013.6.27. 2012헌바194).

3. 징역형 수형자에게 정역(定役)의무를 부과하는 형법 제67조

   위 조항으로 인하여 제한되는 수형자의 사익에 비하여 달성하고자 하는 공익이 더 크므로 법익의 균형성도 인정된다. 그러므로 위 조항은 청구인의 신체의 자유를 침해하지 아니한다(헌재 2012.11.29. 2011헌마318).

4. 무기징역의 집행 중에 있는 자의 가석방 요건을 '10년 이상'에서 '20년 이상' 형 집행 경과로 강화한 형법조항을 개정 당시 이미 수용 중인 자에게 적용하는 부칙조항은 신체의 자유를 침해한다고 볼 수 없다(헌재 2013. 8.29. 2011헌마408).

5. 신체, 주거, 관리하는 건조물, 자동차, 선박이나 항공기 또는 점유하는 방실의 수색행위에 대한 처벌조항인 형법 제321조

   이 사건 법률조항은 영장주의를 간접적으로 담보하는 기능을 한다는 점, 주거의 사실상의 평온, 사생활의 비밀과 자유는 현대사회에서 중요한 가치를 가지며, 피해자의 사생활 영역에 대한 물리력의 행사로 이루어지는 수색행위로 인한 보호법익의 침해 정도가 결코 낮지 않다는 점, 이 사건 법률조항은 징역형의 하한에 제한을 두지 않아 법원은 구체적 사안에서 수색행위의 동기 및 태양, 보호법익의 침해 정도 등을 고려하여 충분히 죄질과 행위자의 책임에 따른 형벌을 과할 수 있다는 점 등을 고려하면 이 사건 법률조항은 책임과 형벌 간의 비례원칙에 위배되지 아니한다(헌재 2019.7.25. 2018헌가7).

6. 강도상해죄 또는 강도치상죄를 무기 또는 7년 이상의 징역에 처하도록 규정한 형법 제337조는 강도상해죄의 법정형의 하한이 살인죄의 그것보다 높다고 해서 합리성과 비례성의 원칙을 위반하였다고 볼수 없다(헌재 2016.9.29. 2014헌바183).

7. 대한민국을 모욕할 목적으로 국기를 손상, 제거 또는 오욕한 자를 처벌하는 형법 제105조의 국기모독죄

   '국가공동체인 대한민국의 사회적 평가를 저해할 만한 추상적 또는 구체적 판단이나 경멸적 감정을 표현하는 것'을 의미한다. 건전한 상식과 통상적인 법감정을 가진 일반인이라면 심판대상조항이 금지·처벌하는 행위가 무엇인지 예견할 수 있고 그에 따라 자신의 행위를 결정할 수 있으며, 심판대상조항이 지닌 약간의 불명확성은 법관의 통상적·보충적 해석으로 보완될 수 있다. 따라서 심판대상조항은 명확성원칙에 위반되지 않는다(헌재 2019.12.27. 2016헌바96).

8. 행사할 목적으로 타인의 서명을 위조하고 위조한 서명을 행사한 자를 3년 이하의 징역형에 처하도록 한 형법

   우리 사회에서 서명이 차지하는 중요한 기능, 피해의 중대성, 위조된 서명을 이용하여 위조문서 등을 창출할 위험성, 사서명위조죄의 죄질이나 보호법익 등 여러 요소를 고려할 때 이 사건 법률조항이 책임과 형벌 간의 비례원칙에 위배된다고 볼 수 없다(헌재 2020.2.27. 2019헌가7).

9. 폭행 등으로 추행 형법 제298조 (헌재 2020.6.25. 2019헌바121)

   ① 폭행 또는 협박으로 사람에 대하여 추행을 한 자를 10년 이하의 징역 또는 1천500만원 이하의 벌금에 처하도록 규정한 형법 제298조가 죄형법정주의의 명확성원칙에 위반되는지 여부(소극): 건전한 상식과 통상적 법감정을 가진 사람이라면 어떠한 행위가 강제추행죄 구성요건에 해당하는지 합리적으로 파악할 수 있고, 심판대상조항이 지닌 약간의 불명확성은 법관의 통상적인 해석작용으로써 충분히 보완될 수 있으므로, 심판대상조항은 죄형법정주의의 명확성원칙에 위반되지 아니한다.

   ② 심판대상조항이 과잉금지원칙에 위반되는지 여부(소극): 심판대상조항이 폭행행위 자체가 추행행위에 해당하는 경우까지 처벌대상으로 삼고 있다 하더라도, 그것이 피해자의 성적 자기결정권을 침해하는 것임을

전제로 하는 이상, 이를 가지고 곧 입법목적의 달성에 필요한 범위를 넘는다고 할 수는 없고, 심판대상조항은 법정형의 하한에 제한을 두지 아니하고 있어 행위자의 책임에 상응하는 형벌이 선고될 수 있도록 하고 있으므로, 심판대상조항은 과잉금지원칙에 위반되지 아니한다.

10. **강도가 체포를 면탈할 목적으로 폭행·협박한 것을 준강도로 처벌하는** 형법 제335조는 그 행위의 죄질이 강도와 등가로 평가할 수 있기 때문인 것이므로 국민의 신체의 자유권을 제한함에 있어서 범죄와 형벌 간의 균형성과 최소성을 상실하여 과잉금지의 원칙을 위배하였다고 할 수 없다(헌재 1997.8.21. 96헌바9).

11. 보호관찰이나 사회봉사 또는 수강명령의 준수사항이나 명령을 위반하고 그 정도가 무거운 때 **집행유예가 취소되어 본형이 부활되는 것**은 동일한 사건에 대한 심판의 결과가 아니므로 일사부재리원칙과는 무관하고 **사회봉사나 수강을 명한 집행유예를 선고받은 자가 준수사항을 위반한 경우 집행유예를 취소할 수 있도록** 한 형법 제64조 제2항은 사회방위와 범죄예방을 위한 것이므로 신체의 자유를 침해하지 않는다(헌재 2013.6.27. 2012헌바345 등). → 이미 수행된 의무이행부분이 부활되는 형기에 반영되지 않는 것은 적법절차원칙에 위배되는 것이므로 법개정을 촉구하는 보충의견이 있었으나 헌법재판소 법정의견은 아니다.

12. 금고 이상의 형의 선고를 받아 집행을 종료한 후 또는 집행이 면제된 후로부터 5년을 경과하지 아니한 자에 대해서는 집행유예를 하지 못하도록 규정하고 있는 형법 제62조 제1항 단서는 수죄가 반복적으로 이루어졌다는 것이 재판과정에서 현출되는 경우는 그렇지 않은 경우보다 그 비난의 정도가 높게 평가될 것이므로 평등권을 침해한다고 할 수 없다(헌재 2005.6.30. 2003헌바49).

13. **자격정지 이상의 형을 받은 전과가 있는 자에 대하여 선고유예를 할 수 없도록 규정한 형법 제59조 제1항 단서가 평등권 및 재판을 받을 권리를 침해하는지 여부(소극)**

형의 실효제도는 형의 선고에 기한 법적 효과를 장래에 향하여 소멸시키는 것에 불과하고 초범자와 동일한 취급을 보장하기 위한 것은 아니므로 자격정지 이상의 전과의 실효 여부를 불문하고 이를 선고유예 결격사유로 정한 것은 불합리한 차별이라고 볼 수 없다. 법질서 경시풍조를 방지하기 위하여 자격정지 이상의 형을 받은 전과자에 한하여 선고유예의 결격자로 정한 것은 과잉금지원칙에 위배된다고 볼 수도 없다(헌재 2020.6.25. 2018헌바278).

14. **집행유예 실효사유 형법 제63조**

심판대상조항에 의해 집행되는 형은 이미 선고되었던 본형일 뿐 본형을 넘는 형이 추가로 집행되는 것은 아니므로 심판대상조항에 의해 청구인의 신체의 자유가 추가로 제한된다고 보기는 어려운 점, 집행유예에 의해 회복된 청구인의 신체의 자유는 임시적이고 잠정적인 점, 집행유예 판결을 선고받는 사람은 판결을 선고받을 때 집행유예기간 중 범죄를 범할 경우 집행유예가 실효될 수 있다는 점을 고지받는 점 등을 종합해 보면, 심판대상조항으로 인하여 제한되는 청구인의 신체의 자유의 구체적인 내용은 이를 통하여 달성하려는 공익보다 중하다고 보이지 아니하므로, 심판대상조항은 법익의 균형성 원칙에 위배되지 않는다(헌재 2020.6.25. 2019헌마192).

15. 범행의 시기는 불문하고 **선고유예기간 중 자격정지 이상의 형에 처한 판결이 확정되면 선고유예가 실효되는 것으로 규정하고 있는** 형법 제61조 제1항은 선고유예기간 전에 범죄를 저지르고 유예기간 중에 판결이 확정되는 경우에도 선고유예가 실효되도록 한 것은 법질서상 부정적으로 평가할 만한 행위를 한 자에 대하여 책임주의를 구현하는 것이라고 볼 것이어서 평등원칙, 책임주의 원칙, 재판을 받을 권리, 법관의 양형결정권 등을 침해한다고 할 수 없다(헌재 2019.9.26. 2017헌바265).

16. **'폭력행위 등 처벌에 관한 법률' 제2조 제2항 제3호 중 '2명 이상이 공동하여 형법 제257조 제1항(상해)의 죄를 범한 사람'에 관한 부분이 죄형법정주의 명확성원칙에 위반되는지 여부(소극)**

상해죄의 구성요건행위를 2명 이상이 그 현장에서 함께 분담하여 실행하였는지 여부를 일의적으로 파악할 수 있을 것이고, 법원의 확립된 해석에 비추어 법 집행기관의 자의적인 해석이나 적용 가능성이 있다고 보기도 어렵다. 따라서 심판대상조항이 죄형법정주의 명확성원칙에 위반된다고 할 수 없다(헌재 2022.6.30. 2019헌바185).

명확성의 원칙

1. 근거

명확성의 원칙은 누구나 법률이 처벌하고자 하는 행위가 무엇이며 그에 대한 형벌이 어떠한 것인지를 예견할 수 있고 그에 따라 자신의 행위를 결정지을 수 있도록 구성요건이 명확할 것을 의미하는 것이다. 법관의 자의적인 법적용을 배제하기 위하여 확립된 원칙으로서 영·미법의 '막연하기 때문에 무효'라는 원칙에서 확립되었다. 명확성원칙은 헌법상 내재하는 법치국가원리로부터 파생될 뿐만 아니라, 국민의 자유와 권리를 보호하는 **기본권 보장**으로부터도 나온다. 헌법 제37조 제2항에 의거하여 국민의 자유와 권리를 제한하는 법률은 명확하게 규정되어야 한다(헌재 2001.6.28. 99헌바34).

2. 누가 예측할 수 있어야 하는가?

① 처벌법규의 구성요건이 다소 광범위하여 어떤 범위에서는 **법관의 보충적인 해석을 필요로 하는 개념을 사용하였다고 하더라도 그 점만으로 헌법이 요구하는 처벌법규의 명확성의 원칙에 반드시 배치되는 것이라고 볼 수 없다.** 즉, 건전한 상식과 통상적인 법감정을 가진 사람으로 하여금 그 적용대상자가 누구이며 구체적으로 어떠한 행위가 금지되고 있는지 충분히 알 수 있도록 규정되어 있다면 죄형법정주의의 명확성의 원칙에 위배되지 않는다고 보아야 한다. 그렇게 보지 않으면 처벌법규의 구성요건이 지나치게 구체적이고 정형적이 되어 부단히 변화하는 다양한 생활관계를 제대로 규율할 수 없게 될 것이기 때문이라는 것이 우리 재판소의 확립된 판례이다(헌재 1996.12.26. 93헌바65).

② 범죄의 구성요건이 어느 정도 특정되어야 명확성원칙에 반하지 않는가는 **통상의 판단능력**을 가진 사람이 그 의미를 이해할 수 있는가를 기준으로 판단하여야 한다(헌재 1997.9.25. 96헌가16).

③ 수범자에 대한 행위규범으로서의 법령이 명확하여야 한다는 것은 일반국민 누구나 그 뜻을 명확히 알게 하여야 한다는 것을 의미하지는 않고, 사회의 평균인이 그 뜻을 이해하고 위반에 대한 위험을 고지받을 수 있을 정도면 충분하며, 일정한 신분 내지 직업 또는 지역에 거주하는 사람들에게만 적용되는 법령의 경우에는 그 사람들 중의 평균인을 기준으로 하여 판단하여야 한다(헌재 2012.2.23. 2009헌바34).

3. 무엇을 통해 예측 가능해야 하는가?

① 형벌규정에 대한 그 예측가능성의 유무는 당해 특정조항 하나만을 가지고 판단할 것이 아니고, 관련 **법조항 전체**를 유기적·체계적으로 종합 판단하여야 하며, 각 대상법률의 성질에 따라 구체적·개별적으로 검토하여야 한다는 것은 확립된 우리의 선례이다(헌재 1996.2.29. 94헌마13).

② **법률조항이 규율하고자 하는 내용 중 일부를 괄호 안에 규정하는 것 역시** 단순한 입법기술상의 문제에 불과할 뿐, 괄호 안에 규정되어 있다는 사실만으로 그 내용이 중요한 의미를 가지는 것이 아니라고 볼 아무런 근거가 없으며 일반국민이 법률조항을 해석함에 있어서도 괄호 안에 기재된 내용은 중요한 의미를 갖지 않는 것으로 받아들일 것이라는 주장은 객관적인 사실과 자료들에 의해 전혀 뒷받침되지 못하여 받아들이기 어렵다(헌재 2010.3.25. 2009헌바121).

③ 처벌을 규정하고 있는 법률조항이 구성요건이 되는 행위를 같은 법률조항에서 직접 규정하지 않고 다른 법률조항에서 이미 규정한 내용을 원용하였다거나 그 내용 중 **일부를 괄호 안에 규정하였다는** 사실만으로 명확성원칙에 위반된다고 할 수는 없다(헌재 2010.3.25. 2009헌바121).

④ 명확성의 원칙은 특히 처벌법규에 있어서 엄격히 요구되는데, 다만 그 구성요건이 명확하여야 한다고 하여 입법권자가 모든 구성요건을 단순한 의미의 서술적인 개념에 의하여 규정하여야 한다는 것은 아니고, 처벌법규의 구성요건이 다소 광범위하여 어떤 범위에서는 **법관의 보충적인 해석**을 필요로 하는 개념을 사용하였다고 하더라도 그 점만으로 헌법이 요구하는 처벌법규의 명확성에 반드시 배치되는 것이라고는 볼 수 없다(헌재 2001.8.30. 99헌바92).

⑤ 형벌법규의 내용은 일반인에게 명확한 고지가 이루어져야 하는 것이나, 수범자가 자신만의 판단에 의해서가 아니라 **법률 전문가의 조언이나 전문서적 등을 참고하여** 당해 법규에 맞게 자신의 행동방향을 잡을 수 있다면 그 법규는 명확성의 원칙에 위반되지 않는다(헌재 2005.3.31. 2003헌바12).

⑥ 일반적 또는 불확정 개념의 용어가 사용된 경우에도 동일한 법률의 다른 규정들을 원용하거나 다른 규정과의 상호관계를 고려하거나 기히 **확립된 판례**를 근거로 하는 등 정당한 해석방법을 통하여 그 규정의 해석 및 적용에 대한 신뢰성이 있는 원칙을 도출할 수 있어, 그 결과 개개인이 그 형사법규가 보호하려고 하는 가치 및 금지되는 행위의 태양과 이러한 행위에 대한 국가의 대응책을 예견할 수 있고 그 예측에 따라 자신의 행위에 대한 국가의 대응책을 예견할 수 있고 그 예측에 따라 자신의 행동에 대한 결의를 할 수 있는 정도(의 규정 내용이)라면 그 범위 내에서 명확성의 원칙은 유지되고 있다고 봐야 할 것이다(헌재 1992.2.25. 89헌가104).

⑦ 법 문언의 불확정적인 측면이 다소 있더라도, 장기간에 걸쳐 집적된 법원의 **동일한 취지의 판례**가 가지는 법률보충적 기능을 통하여 이 불명확성은 이미 치유 내지 제거되었다(헌재 2014.7.24. 2012헌바277).

4. 예측가능성의 정도
① 명확성의 원칙은 기본적으로 최대한이 아닌 **최소한의** 명확성을 요구하는 것이다(헌재 1998.4.30. 95헌가16).

② 처벌법규의 구성요건이 어느 정도 명확하여야 하는가는 **일률적으로 정할 수 없고**, 각 구성요건의 특수성과 그러한 법적 규제의 원인이 된 여건이나 처벌의 정도 등을 고려하여 종합적으로 판단하여야 한다(헌재 1990.1.15. 89헌가103).

③ 명확성의 원칙은 민주주의·법치주의 원리의 표현으로서 **모든 기본권 제한입법에 요구되는 것**이나, 표현의 자유를 규제하는 입법에 있어서는 더욱 중요한 의미를 지닌다(헌재 2010.12.28. 2008헌바157).

④ 명확성의 원칙은 모든 법률에 있어 동일한 정도로 요구되는 것은 아니고 개개의 법률이나 법조항의 성격에 따라 요구되는 정도가 다르며 어떤 규정이 **부담적 성격**을 가지는 경우에는 **수익적 성격**을 가지는 경우에 비하여 명확성의 원칙이 더욱 엄하게 요구된다고 할 것이다(헌재 1992.2.25. 89헌가104).

⑤ 위임의 구체성·명확성의 요구 정도는 그 규율대상의 종류와 성격에 따라 달라질 것이지만, **처벌법규나 조세를 부과하는 조세법규**와 같이 국민의 기본권을 직접적으로 제한하거나 침해할 소지가 있는 법규에서는 구체성·명확성의 요구가 강화되어 그 위임의 요건과 범위가 더 엄격하게 규정되어야 하는 반면에, **일반적인 급부행정이나 조세감면혜택을 부여하는 조세법규**의 경우에는 위임의 구체성 내지 명확성의 요구가 완화되어 그 위임의 요건과 범위가 덜 엄격하게 규정될 수 있으며, 그리고 규율대상이 지극히 다양하거나 수시로 변화하는 성질의 것일 때에는 위임의 구체성·명확성의 요건이 완화되어야 할 것이다. 또한 위임조항 자체에서 위임의 구체적 범위를 명백히 규정하고 있지 않다고 하더라도 당해 법률의 전반적 체계와 관련규정에 비추어 위임조항의 내재적인 위임의 범위나 한계를 객관적으로 분명히 확정할 수 있다면 이를 포괄적인 백지위임에 해당하는 것으로는 볼 수 없다(헌재 2005.4.28. 2003헌가23 전원재판부).

⑥ **민사법규**는 행위규범의 측면이 강조되는 형벌법규와는 달리 기본적으로는 재판법규의 측면이 훨씬 강조되므로, 사회현실에 나타나는 여러 가지 현상에 관하여 일반적으로 흠결 없이 적용될 수 있도록 **보다 추상적인 표현**을 사용하는 것이 상대적으로 더 가능하다고 볼 것이다(헌재 2009.9.24. 2007헌바118).

⑦ 기본권 제한입법의 규율대상이 **지극히 다양하거나 수시로 변화하는 성질의 것**이어서 입법기술상 일의적으로 규정할 수 없는 경우에는 명확성의 요건이 완화되어야 한다(헌재 1999.9.16. 97헌바73).

⑧ 규율대상인 대전제를 규정함과 동시에 구성요건의 외연(外延)에 해당되는 개별사례를 예시적으로 규정하는 예시적 입법형식의 경우, 구성요건의 대전제인 일반조항의 내용이 지나치게 포괄적이어서 법관의 자의적인 해석을 통하여 그 적용범위를 확장할 가능성이 있다면, 죄형법정주의 원칙에 위배될 수 있다. 따라서, **예시적** 입법형식이 법률명확성의 원칙에 위배되지 않으려면, 예시한 개별적인 구성요건이 그 자체로 일반조항의 해석을 위한 판단지침을 내포하고 있어야 할 뿐만 아니라, 그 일반조항 자체가 그러한 구체적인 예시를 포괄할 수 있는 의미를 담고 있는 개념이 되어야 한다(헌재 2002.6.27. 2001헌바70).

5. 가치가 배제되는 용어를 사용해야 하는가?
형벌법규의 구성요건을 규정함에 있어서는 가치개념을 포함하는 일반적·규범적 개념을 사용하지 않을 수 없다. 범죄구성요건에 **일반적·규범적** 개념을 사용하더라도 법률의 규정에 의하여 그 해석이 가능하고 또한 일반인이 금지된 행위와 허용된 행위를 구분하여 인식할 수 있다면 죄형법정주의에 위반한 것은 아니라고 보아야 한다(헌재 1996.8.29. 94헌바15).

6. 적용

정당방위 규정은 한편으로는 위법성을 조각시켜 범죄의 성립을 부정하는 기능을 하지만, 다른 한편으로는 정당방위가 인정되지 않는 경우 위법한 행위로서 범죄의 성립을 인정하게 하는 기능을 하므로 적극적으로 범죄성립을 정하는 구성요건 규정은 아니라 하더라도 죄형법정주의가 요구하는 명확성원칙의 적용이 완전히 배제된다고는 할 수 없다(헌재 2001.6.28. 99헌바31).

📖 쟁점정리

유추해석금지의 원칙

1. **죄형법정주의 원칙**에서 범죄와 형벌에 대한 규정이 없음에도 해석을 통하여 유사한 성질을 가지는 사항에 대하여 범죄와 형벌을 인정하는 것을 금지하는 **유추해석금지의 원칙이 도출된다.** 일반적으로 형벌법규 이외의 법규범에서는 법문의 의미가 명확하지 않거나 특정한 상황에 들어맞는 규율을 하고 있는 것인지 모호할 경우에는, 입법목적이나 입법자의 의도를 합리적으로 추론하여 문언의 의미를 보충하여 확정하는 체계적·합목적적 해석을 할 수도 있고, 유사한 규범이나 유사한 사례로부터 확대해석을 하거나 유추해석을 하여 법의 흠결을 보충할 수도 있으며, 법률의 문언 그대로 구체적 사건에 적용할 경우 오히려 부당한 결론에 도달하고 입법자가 그러한 결과를 의도하였을 리가 없다고 판단되는 경우에는 문언을 일정부분 수정하여 해석하는 경우도 있을 수 있다. 그러나 형벌조항을 해석함에 있어서는 헌법상 규정된 죄형법정주의 원칙 때문에 입법목적이나 입법자의 의도를 감안하는 확대해석이나 유추해석은 일체 금지되고 형벌조항의 문언의 의미를 엄격하게 해석해야 한다(헌재 2015.11.26. 2013헌바343).

2. **공소시효 정지를 규정한 형소법을 피의자에게 불리하게 유추적용하여 공소시효의 정지를 인정하는 것**은 적법절차주의, 죄형법정주의에 반하게 되므로, 형사소송법 제262조의2의 규정의 유추적용으로 고소사건에 대한 헌법소원이 심판에 회부된 경우 공소시효가 정지된다고 인정함은 허용되지 않는다(헌재 2015.2.26. 2012헌바435).

3. **징계부가금**은 행정적 제재이어서 형벌로 볼 수 없으므로 죄형법정주의의 한 내용인 유추해석금지원칙이 적용될 수 없다. 국가 재산의 횡령을 예방하고 횡령한 재산을 환수할 필요성이 크므로 횡령액수의 5배 이내의 징계부가금은 과잉금지원칙에 위배되지 않는다(헌재 2015.2.26. 2012헌바435).

4. 형벌법규는 문언에 따라 엄격하게 해석·적용하여야 하고 피고인에게 불리한 방향으로 지나치게 확장해석하거나 유추해석하여서는 아니 되지만, 형벌법규의 해석에서도 법률문언의 통상적인 의미를 벗어나지 않는 한 그 법률의 입법취지와 목적, 입법연혁 등을 고려한 목적론적 해석이 배제되는 것은 아니다(대판 2003.1.10. 2002도2363).

⚖️ 판례 | 명확성원칙 위반 여부

명확성원칙 위반인 것

1. **명령 또는 정관에 위반하는 행위**를 함으로써 금고 또는 연합회에 손해를 끼쳤을 때 처벌하는 규정은 처벌규정에서 범죄구성요건에 해당하는 규정을 특정하지 아니하였으므로 죄형법정주의의 명확성원칙에 위반된다 (헌재 2001.1.18. 99헌바112).

2. **단체협약에 위반한 자**

처벌하는 노동조합법은 그 구성요건을 단체협약에 위임하고 있어 죄형법정주의의 명확성의 원칙에 위배된다 (헌재 1998.3.26. 96헌가20).

비교 행정관청이 노동위원회의 의결을 얻어 위법한 **단체협약의 시정을 명한 경우** 그 시정명령에 위반한 자를 500만원 이하의 벌금에 처하도록 한 '노동조합 및 노동관계조정법'은 죄형법정주의에 위반되지 않는다(헌재 2012.8.23. 2011헌가22).

유사 농업협동조합의 임원선거에 있어서 **정관이 정하는 행위 외**의 선거운동 금지는 명확성원칙에 반한다(헌재 2010.7.29. 2008헌바106).

유사 "임원이 되려는 자는 **정관으로 정하는 기간**에는 선거운동을 위하여 조합원을 호별로 방문하거나 특정 장소에 모이게 할 수 없다."라고 규정하여 호별 방문이 금지되는 기간을 정관에서 정하도록 한 중소기업협동조합법은 죄형법정주의에 위배된다(헌재 2016.11.24. 2015헌가29).

유사 중소기업중앙회 임원 선거와 관련하여 '**정관으로 정하는**' 선전 벽보의 부착, 선거 공보와 인쇄물의 배부 및 합동 연설회 또는 공개 토론회 개최 외의 행위를 한 경우 이를 처벌하도록 규정한 중소기업협동조합법은 죄형법정주의의 명확성원칙에 위배된다(헌재 2016.11.24. 2015헌가29).

3. **법에 의한 정부의 명령사항에 위반된 행위**를 처벌하는 조세범 처벌법은 명확성원칙에 위반된다(헌재 2007.5.31. 2006헌가10).

유사 '관계 중앙행정기관의 장이 소관 분야의 산업경쟁력 제고를 위하여 **법령에 따라 지정 또는 고시·공고한 기술**'을 '**부정한 방법으로 산업기술 취득행위**'를 처벌하는 것은 죄형법정주의의 명확성원칙에 위배된다(헌재 2013.7.25. 2011헌바39).

4. 미성년자에게 **잔인성을 조장할 우려가 있는** 만화를 미성년자에게 반포, 판매, 증여, 대여하는 행위를 처벌하는 미성년자보호법 제2조의2는 잔인성을 조장할 우려는 모호하고 막연한 개념이므로 명확성원칙에 위반된다(헌재 2002.2.28. 99헌가8).

5. **아동의 덕성**을 심히 해할 우려가 있는 도서간행물, 광고물, 기타 내용물을 제작·판매하는 행위를 처벌하는 아동보호법 제18조는 명확성원칙에 위반된다(헌재 2002.2.28. 99헌가8).

6. 감사보고서에 **기재하여야 할 사항**을 기재하지 아니한 자에 대한 처벌을 규정한 주식회사의외부감사에관한법률 제20조는 명확성원칙에 위반된다(헌재 2004.1.29. 2002헌가20·21).

비교 감사보고에 **허위기재를 한 때** 처벌하도록 한 주식회사의외부감사에관한법률 제20조는 명확성원칙 위반이 아니다(헌재 2004.1.29. 2002헌가20·21).

7. **공중위생 또는 공중도덕상 유해한 업무**에 취직하게 할 목적으로 직업소개·근로자 모집 또는 근로자공급을 한 자를 처벌하는 직업안정법 제46조 제2호는 명확성원칙 위반이다(헌재 2005.3.31. 2004헌바29).

8. **공중위생 또는 공중도덕상 유해한 업무**에 취업시킬 목적으로 근로자파견을 금지한 파견근로자보호 등에 관한 법률 제42조 제1항 중 '공중도덕상 유해한 업무'는 그 내용을 명확히 알 수 없어 죄형법정주의의 명확성원칙에 위반된다(헌재 2016.11.24. 2015헌가23).

9. **일정기간** 입찰 참가자격제한은 명확성의 원칙에 위반된다(헌재 2005.4.28. 2003헌바40).

비교 부정당업자에 대해 **2년 범위 내에서** 공기업·준정부기관 입찰자격을 제한하는 '공공기관의 운영에 관한 법률' 제39조 제2항은 명확성원칙에 반하지도 않고 직업의 자유 침해도 아니다(헌재 2012.10.25. 2011헌바99).

10. 전기통신업자가 제공한 역무를 이용한 **타인의 통신매개금지**는 명확성의 원칙에 위배된다(헌재 2002.9.19. 2002헌가11).

11. 바바리맨의 성기노출행위를 규제할 필요가 있다면 노출이 금지되는 신체부위를 '성기'로 명확히 특정하면 될 것이다. '여러 사람의 눈에 뜨이는 곳에서 **공공연하게 알몸을 지나치게 내놓거나** 가려야 할 곳을 내놓아 다른 사람에게 부끄러운 느낌이나 불쾌감을 준 사람'을 처벌하는 경범죄 처벌법은 죄형법정주의의 명확성원칙에 위배된다(헌재 2016.11.24. 2016헌가3).

12. **공익을 해할 목적**으로 전기통신설비에 의하여 공연히 허위의 통신을 한 자를 형사처벌하는 전기통신기본법은 명확성원칙에 위배된다(헌재 2010.12.28. 2008헌바157).

비교 건전한 통신윤리를 방송통신위원회 직무로 규정한 것은 명확성원칙에 반하지 않는다(헌재 2012.2.23. 2011헌가13).

13. '**중요한**'이라는 용어는 그 자체만으로 독자적인 판정기준이 될 수 없어 재개발·재건축·도시환경정비사업을 시행하는 조합 등으로 하여금 **중요한 회의가 있는 때**에는 속기록·녹음 또는 영상자료를 만들도록 한 도시 및 주거환경정비법은 명확성원칙에 반한다(헌재 2011.10.25. 2010헌가29).

14. **가정의례의 참뜻에 비추어 합리적인 범위를 벗어난** 경조기간 중 주류 및 음식물 접대행위를 처벌하는 가정의례에관한법률은 명확성원칙 위반이다(헌재 1998.10.15. 98헌마168).

15. 이 사건 벌칙규정이나 관련법령 어디에도 '토사'의 의미나 '다량'의 정도, '현저히 오염'되었다고 판단할 만한 기준에 대하여 아무런 규정도 하지 않고 있어 일반국민으로서는 자신의 행위가 처벌대상인지 여부를 예측하기 어려우므로 **다량의 토사를 유출하여** 상수원·하천을 현저히 오염되게 한 자를 처벌하는 수질 및 수생태계 보전에 관한 법률은 명확성원칙에 위배된다(헌재 2013.7.25. 2011헌가26).

16. **제주도영향평가심의위원회 심의위원 중 위촉위원을 뇌물죄의 주체인 공무원에 포함된다고 해석하는 것** (헌재 2012.12.27. 2011헌바117)

> **<심판대상>**
> 형법 제129조 【수뢰, 사전수뢰】① 공무원 또는 중재인이 그 직무에 관하여 뇌물을 수수, 요구 또는 약속한 때에는 5년 이하의 징역 또는 10년 이하의 자격정지에 처한다.

① **주문**: 형법 제129조 제1항의 '공무원'에 구 '제주특별자치도 설치 및 국제자유도시 조성을 위한 특별법' 제299조 제2항의 제주특별자치도통합영향평가심의위원회 심의위원 중 위촉위원이 포함되는 것으로 해석하는 한 헌법에 위반된다.

② **결정요지**: 이 사건 법률조항으로 간주되는 사람도 아닌 제주자치도 위촉위원이 포함된다고 해석하는 것은 법률해석의 한계를 넘은 것으로서 죄형법정주의에 위배된다. 나아가 그 법률 자체가 불명확함으로 인하여 그 법률에서 대통령령에 규정될 내용의 대강을 예측할 수 없는 경우라 할 것이므로 위임입법의 한계를 일탈한 것으로서 위헌이다.

> [비교] **(대)법원은, 제주국제자유도시법에 따른 제주도통합영향평가심의위원회 위원 중 환경영향평가 분과위원회 위원**(대판 2011.2.24. 2010도14891) 등은 국가공무원법이나 지방공무원법에 따른 공무원에 해당하지 아니할 뿐만 아니라 관련 법률에서 벌칙적용에 있어 공무원으로 의제하는 규정이 없음에도 법령에 기하여 국가 또는 지방자치단체의 사무에 종사한다는 이유만으로 이 사건 법률조항의 '공무원'에 해당한다고 해석·적용하여 왔다.

17. **정부관리기업체 간부직원을 공무원으로 의제하는** 특정범죄가중처벌등에관한법률의 '정부관리기업체'에서 '정부', '관리' 및 '기업체'라는 세 가지 개념요소 중 '관리'라는 용어는 적어도 구성요건의 개념으로서는 그 의미가 지나치게 추상적이고 광범위하므로 죄형법정주의에 위배된다(헌재 1995.9.28. 93헌바50). ➡ 정부관리기업체 간부직원을 공무원으로 의제하여 뇌물죄로 처벌하는 것은 평등원칙, 과잉금지원칙 위반은 아니다(헌재 2002.11.28. 2000헌바75).

> [비교] **정부출연기관의 임원을 공무원의제하여 수뢰죄 적용**: '임원'과 같이 주요 업무에 종사하는 직원에 한정하여 규정될 것임을 충분히 예측할 수 있다. 따라서 죄형법정주의 위반이라 볼 수는 없다(헌재 2006.11.30. 2004헌바86).

18. **산업재해발생에 관한 보고를 하지 않는 경우를 처벌하는 구 산업안전보건법이 죄형법정주의의 명확성원칙에 위배되는지 여부(적극)**
이 사건 법률조항은 형사처벌법규의 구성요건을 이루는 조항이면서도 그 내용 중 '이 법 또는 이 법에 의한 명령의 시행을 위하여 필요한 사항'의 의미범위가 명확하지 아니하여 수범자로 하여금 그 내용을 예측하여 자신의 행위를 결정하기 어렵게 하고 있으므로, 죄형법정주의에서 요구하는 명확성의 원칙에 위배된다(헌재 2010.2.25. 2008헌가6).

명확성원칙 위반이 아닌 것

1. **허가 없이 근무장소 또는 지정장소를 일시 이탈하거나 지정한 시간 내에 지정한 장소에 도달하지 못한 자를** 처벌하는 군형법 제79조의 무단이탈죄 조항은 명확성원칙 위반이 아니다(헌재 1999.2.25. 97헌바3).

2. **청소년유해매체물**의 결정기준이 선정적이거나 음란한 것, 포악성이나 범죄충동을 일으킬 수 있는 것으로 규정되어 있어 그 대강을 예측할 수 있도록 하고 있으므로 청소년보호위원회가 **청소년유해매체물로 결정한 매체물을 청소년에게 판매·배포한 자를 처벌하는** 청소년 보호법 제8조는 명확성원칙에 반하지 않고 법관에 의한 재판을 받을 권리 침해도 아니다(헌재 2000.6.29. 99헌가16).

3. **계간 기타 추행한 행위**를 처벌하는 군형법 제92조는 형벌법규의 명확성의 원칙에 위배되지 아니한다(헌재 2002.6.27. 2001헌바70).

4. **경찰의 직무를 행하는 자 또는 이를 보조하는 자가 인권옹호에 관한 검사의 직무집행을 방해하거나 그 명령을 준수하지 아니한 때 처벌하도록** 한 형법 제139조는 명확성의 원칙에 위반되지 않는다(헌재 2007.3.29. 2006헌바69).

5. 수범자인 군인 또는 준군인이 금지된 행위가 무엇인지 예측할 수 없는 것도 아니므로 정당한 명령이나 규칙을 위반한 자를 처벌하는 군형법 제47조의 **명령위반죄**는 명확성원칙 위반이 아니다(헌재 2011.3.31. 2009헌가12).

6. 마사회가 아닌 자가 **유사경마한 경우** 재물의 필요적 몰수·추징은 명확성원칙 위반이 아니다(헌재 2009.7.30. 2007헌가11).

7. 병역의무자가 병무청장의 **국외여행허가를 받지 않고 출국한 경우** 이를 처벌하는 병역법은 명확성원칙 위반이 아니다(헌재 2009.7.30. 2007헌바120).

8. **다중의 위력으로써 형법상 주거침입, 폭행, 협박, 재물손괴의 죄를 범한 자**를 모두 같은 법정형으로 처벌하는 것은 명확성원칙에 반하지 않는다(헌재 2008.11.27. 2007헌가24).

9. **공무원 선거기획참여금지**는 명확성원칙에 반하지 않는다(헌재 2005.6.30. 2004헌바33). ➡ 다만, 사인의 지위에서 선거기획참여금지는 표현의 자유를 침해한다.

10. **직접 진찰한 의료인이 아니면 진단서 등을 교부 또는 발송하지 못하도록** 규정한 구 의료법은 명확성원칙에 반하지 않는다(헌재 2012.3.29. 2010헌바83).

11. 구 검사징계법 제2조 제3호가 검사에 대한 징계사유로서 '**검사로서의 체면이나 위신을 손상하는 행위를 하였을 때**'를 규정하고 있는 것은 명확성원칙에 반하지 않는다(헌재 2011.12.29. 2009헌바282).
    [유사] 공무원에게 직무의 내외를 불문하고 품위유지의무를 부과하고, **품위손상행위를 공무원에 대한 징계사유로** 규정한 국가공무원법 제63조 및 제78조 제1항 제3호가 명확성원칙에 위배되지 않는다(헌재 2016.2.25. 2013헌바435).
    [유사] 청원주로 하여금 청원경찰이 품위를 손상하는 행위를 한 때에는 대통령령으로 정하는 징계절차를 거쳐 징계처분을 하도록 규정한 청원경찰법은 명확성원칙에 위배되지 않는다(헌재 2022.5.26. 2019헌바530).

12. **법률사건 수임에 관하여 알선대가로 금품제공을 금지하는 변호사법**은 명확성원칙에 위배되지 않는다(헌재 2013.2.28. 2012헌바62).

13. 구 농업협동조합법 제172조 제3항 중 '지역농협의 임원선거와 관련하여 **공연히 사실을 적시하여 후보자를 비방함으로써** 제50조 제3항을 위반한 자'에 관한 부분은 죄형법정주의의 명확성원칙에 위배되지 않는다(헌재 2012.11.29. 2011헌바137).

14. **성매매알선**으로 얻은 금품 등을 몰수·추징하도록 규정한 구 '성매매알선 등 행위의 처벌에 관한 법률' 제25조 중 제19조 제2항 제1호 가운데 '**성매매에 제공되는 사실을 알면서 건물을 제공하는 행위**' 부분은 명확성원칙에 반하지 않는다(헌재 2012.12.27. 2012헌바46).

15. **국립묘지의 영예성을 훼손한 자**를 안장대상에서 제외하도록 한 국립묘지법은 명확성원칙에 반하지 않는다(헌재 2011.10.25. 2010헌바272).

16. 대부업자가 대부조건 등에 관하여 광고하는 경우 **명칭, 대부이자율 등의 사항을 포함하지 않으면** 과태료를 부과하도록 규정한 '대부업 등의 등록 및 금융이용자 보호에 관한 법률'은 명확성원칙에 반하지 않는다(헌재 2013.7.25. 2012헌바67).

17. **국가유공자 등 예우 및 지원에 관한 법률상 공상군경의 개념** (헌재 2016.12.29. 2016헌바263)
    ① '공상군경'을 '군인이나 경찰·소방공무원으로서 국가의 수호·안전보장 또는 **국민의 생명·재산보호와 직접적인 관련이 있는** 교육훈련 또는 직무수행 중 상이를 입은 자'로 정하고 있는 '국가유공자 등 예우 및 지원에 관한 법률' 제4조 제1항 제6호가 명확성원칙에 위반되지 않는다.
    ② **평등원칙**: 군인이나 경찰·소방공무원이 직무수행이나 교육훈련 중 상이를 입었다 하더라도, '국가의 수

호·안전보장 또는 국민의 생명·재산보호와 직접적인 관련이 있는 직무수행이나 교육훈련 중 상이를 입은 자'와 '그렇지 아니한 자'는 국민으로부터 존경과 예우를 받아야 할 희생·공헌의 정도나 그에 대한 국민감정 등에 있어 큰 차이가 있으므로, '국가의 수호·안전보장 또는 국민의 생명·재산보호와 직접적인 관련이 없는 직무수행이나 교육훈련 중 상이를 입은 자'를 국가유공자에서 배제하는 것이 현저히 불합리하다고 볼 수 없다.

18. **범죄를 목적으로 정보유통금지하는** 정보통신망법 조항은 수범자의 예견가능성을 해하거나 행정기관이 자의적 집행을 가능하게 할 정도로 불명확하다고 할 수 없다(헌재 2012.2.23. 2008헌마500).

19. 교육감선거와 관련하여 후보자를 사퇴한 데 대한 대가를 목적으로 후보자이었던 자에게 금전을 제공하는 **행위**를 한 자를 처벌하는 지방교육자치에 관한 법률은 명확성원칙에 반하지 아니한다(헌재 2012.12.27. 2012헌바47).

20. **정당한 권원 없이 행정재산을 사용·수익한 자**를 처벌하는 공유재산 및 물품 관리법 제99조가 죄형법정주의 명확성원칙에 위반되지 않는다(헌재 2013.6.27. 2012헌바17).

21. 건전한 상식과 통상적인 법감정을 가진 일반인이라면 금지되는 행위가 무엇인지를 예측하는 것이 현저히 곤란하다고 보기 어려우므로 **모욕죄를 규정하고 있는 형법** 제311조의 '모욕' 부분이 명확성원칙에 위배되지 않는다(헌재 2013.6.27. 2012헌바37).

22. **친일반민족행위**는 명확성원칙에 위반되지 않는다(헌재 2011.3.31. 2008헌바141).

23. **현저한 지리적 명칭**이나 기술적 표장에 해당하여 상표법의 보호를 받지 못하는 표지를 이용한 부정경쟁행위를 처벌하는 구 '부정경쟁방지 및 영업비밀보호에 관한 법률'은 명확성원칙에 위배되지 않는다(헌재 2015.2.26. 2013헌바73).

24. **여자 아동·청소년을 간음한 자**를 여자 아동·청소년을 강간한 자에 준하여 처벌하도록 하고 있는 부분은 명확성원칙에 위배되지 않는다(헌재 2015.2.26. 2013헌바107).

25. **아동·청소년이용음란물을 제작한 자를 무기 또는 5년 이상의 징역에 처하는 '아동·청소년의 성보호에 관한 법률'**
    심판대상조항이 규정하는 '제작'의 의미는 객관적으로 아동·청소년이용음란물을 촬영하여 재생이 가능한 형태로 저장할 것을 전체적으로 기획하고 구체적인 지시를 하는 등으로 책임을 지는 것이며, 피해자인 아동·청소년의 동의 여부나 영리목적 여부를 불문함은 물론 해당 영상을 직접 촬영하거나 기기에 저장할 것을 요하지도 않는 것으로 해석되고, 죄형법정주의의 명확성원칙에 위반되지 아니한다(헌재 2019.12.27. 2018헌바46).

26. **아동·청소년의 성보호에 관한 법률**
    구 '아동·청소년의 성보호에 관한 법률' 제8조 제2항 및 제4항 중 아동·청소년이용음란물 가운데 '**아동·청소년으로 인식될 수 있는 사람**'이나 표현물이 등장하여 그 밖의 성적 행위를 하는 내용을 표현하는 것'에 관한 부분이 죄형법정주의 명확성원칙에 위배된다고 할 수 없다(헌재 2015.6.25. 2013헌가17).

27. 재판, 검찰, **경찰 기타 인신구속에 관한 직무를 행하는 자 또는 이를 보조하는 자**가 그 직무를 행함에 당하여 형사피의자 또는 기타 사람에 대하여 폭행 또는 가혹한 행위를 가한 때 처벌하도록 한 형법 제125조는 명확성원칙에 위반되지 않는다(헌재 2015.3.26. 2013헌바140).

28. 다른 사람 또는 단체의 집이나 그 밖의 공작물에 **함부로 광고물 등을 붙이거나** 거는 행위를 처벌하는 구 경범죄 처벌법은 명확성원칙에 위반되지 않는다(헌재 2015.5.28. 2013헌바385).

29. **업무상 배임행위를 처벌**하는 구 '특정경제범죄 가중처벌 등에 관한 법률' 제3조 제1항은 명확성원칙에 위배되지 않는다(헌재 2015.2.26. 2014헌바99·153).

30. **절도누범 가중처벌하는 형법** (헌재 2016.10.27. 2016헌바31)
    ① **명확성원칙 위반 여부:** 심판대상조항이 규정하는 '상습'이 죄형법정주의의 명확성원칙에 위배된다고 볼 수 없다.
    ② **비례원칙 위반 여부:** 상습범은 범행의 반복을 통해 높은 사회불안을 야기하고, 이를 방치할 경우 범행의 수법이 발전하고 대담해져 더 큰 강력범죄로 발전할 위험성이 있어 비난가능성이 크므로 일반범죄에 비

해 가중처벌할 필요가 있다. 따라서 심판대상조항이 형벌에 관한 입법재량이나 형성의 자유를 현저히 일탈하여 책임과 형벌의 비례원칙에 위배된다고 할 수 없다.

31. **상습강도·절도죄 또는 그 미수죄로 세 번 이상 징역형을 받은 사람이 다시 형법 절도죄를 범하여 누범으로 처벌하는 특정범죄 가중처벌 등에 관한 법률**
이 사건 특정범죄가중법 조항의 입법취지 및 관련 법조항 등을 종합하면, 건전한 상식과 통상적 법감정을 가진 사람이라면 이 사건 특정범죄가중법 조항은 형법 제329조 내지 제331조의 죄 또는 그 미수죄로 세 번 이상 징역형을 받은 사람이 형법 제329조 내지 제331조의 죄(미수범을 포함한다)를 범한 경우에 적용되는 것임을 충분히 예견할 수 있다. 따라서 이 사건 특정범죄가중법 조항은 죄형법정주의의 명확성원칙에 위반되지 않는다(헌재 2019.7.25. 2018헌바209).

32. **"이 법에 정하지 아니한 방법으로 정치자금을 기부하거나 기부받은 자를 처벌한다."**라고 규정한 정치자금법 제45조 제1항은 죄형법정주의의 명확성원칙에 위배되지 않는다(헌재 2016.11.24. 2014헌바252).

33. **정보통신망 이용촉진 및 정보보호 등에 관한 법률 제74조 제1항 제3호 등 위헌소원**
'공포심이나 불안감을 유발하는 문언을 반복적으로 상대방에게 도달하게 한 자' 부분은 죄형법정주의의 명확성원칙에 위배되지 않는다(헌재 2016.12.29. 2014헌바434).

34. **폭행·협박으로 철도종사자의 직무집행을 방해한 자를 처벌**하도록 규정한 구 철도안전법은 죄형법정주의의 명확성원칙에 위반된다고 할 수 없다(헌재 2017.7.27. 2015헌바417).

35. 금융투자업자가 **투자권유를 함에 있어서 불확실한 사항에 대하여 단정적 판단을 제공하거나** 확실하다고 오인하게 할 소지가 있는 내용을 알리는 행위를 한 경우 형사처벌하도록 규정한 '자본시장과 금융투자업에 관한 법률'은 죄형법정주의의 명확성원칙에 위배되지 않는다(헌재 2017.5.25. 2014헌바459).

36. **경사, 순경은 사법경찰리로서 검사 또는 사법경찰관의 지휘를 받아 수사의 보조를 하여야 한다고 규정한 형사소송법 제196조**
이 사건 법률조항의 사법경찰리의 '수사의 보조'가 청구인의 주장과 같이 검사나 사법경찰관을 기계적으로 대신하는 방식의 협소한 사무보조에 한정되지 아니함은 쉽게 확인해 낼 수 있고, 이는 해석자의 개인적 주관에 따라 좌우될 가능성이 없다. 그렇다면, 이 사건 법률조항의 사법경찰리의 '수사의 보조'의 의미내용이 불명확하다고 할 수는 없다. 우리 헌법에는 수사기관의 조직과 운영, 특히 수사주체 및 기타 수사에 관여하는 공무원의 권한범위 등에 대해 구체적으로 규정을 두고 있지 않다. 따라서, 입법자는 비교적 넓은 범위의 재량을 가지고 수사절차에서의 인권보장, 수사인력의 수요 및 공급에 관한 제반 여건, 수사조직의 합리적 구성과 효율적 운영 등 여러 측면을 종합적으로 고려하여 그 구체적 내용을 정하는 입법을 할 수 있다. 이 사건 법률조항에서 검사나 사법경찰관이 아닌 사법경찰리에게 기계적 사무보조에 한정되지 않는 수사의 보조를 하도록 정하였다 하더라도 사법경찰리는 여전히 검사와 사법경찰관의 구체적 명령과 지휘하에서 수사를 '보조'함에 그치고 독자적 수사권이 없음은 물론 사건을 종결할 권한이 부여된 것은 더욱 아니다. 이와 같이 사법경찰리의 '수사의 보조'에 대한 근거를 마련하는 데 그치는 이 사건 법률조항이 적법절차원칙에 위배되는 등 그 자체에 위헌성이 내재되어 있다고 볼 수 없다(헌재 2001.10.25. 2001헌바9).

37. 선거운동을 위한 **호별 방문금지** 규정에도 불구하고 **'관혼상제의 의식이 거행되는 장소**와 도로·시장·점포·다방·대합실 기타 다수인이 왕래하는 공개된 장소'에서의 지지호소를 허용하는 공직선거법이 죄형법정주의 명확성원칙에 위반된다고 할 수 없다(헌재 2019.5.30. 2017헌바458).

38. **유사군복의 판매목적 소지를 금지**하는 '군복 및 군용장구의 단속에 관한 법률'은 죄형법정주의 명확성원칙에 위반된다고 할 수 없다(헌재 2019.4.11. 2018헌가14).

39. 범죄수익 등의 취득 또는 처분에 관한 사실을 가장한 자와 특정범죄를 조장하거나 적법하게 취득한 재산으로 가장할 목적으로 **범죄수익 등을 은닉한 자를 처벌하는** 범죄수익은닉의 규제 및 처벌 등에 관한 법률은 죄형법정주의 명확성원칙에 위반된다고 할 수 없다(헌재 2019.5.30. 2017헌바228).

40. 누구든지 **응급의료종사자의 응급환자에 대한 진료를 폭행, 협박, 위계, 위력,** 그 밖의 방법으로 방해하여서는 아니 된다고 규정한 '응급의료에 관한 법률' 제12조는 죄형법정주의 명확성원칙에 위반된다고 할 수 없다(헌재 2019.6.28. 2018헌바128).

41. **건강보험심사평가원 직원을 형법상 뇌물죄를 적용함에 있어 공무원으로 의제하는 구 국민건강보험법**

이 사건 법률조항에 의하여 진료심사평가위원회 상근심사위원을 포함한 건강보험심사평가원의 직원이 형법상 뇌물죄의 적용에 있어 공무원으로 의제된다는 점은 어렵지 않게 알 수 있으므로, 이 사건 법률조항은 죄형법정주의의 명확성원칙에 위배되지 않는다(헌재 2019.8.29. 2017헌바262).

42. **식품을 질병의 예방 및 치료에 효능·효과가 있거나 의약품 또는 건강기능식품으로 오인·혼동할 우려가 있는 내용의 표시·광고를 금지한 구 식품위생법**

이 사건 금지조항은 식품광고가 질병 예방·치료 효능에 관하여 광고하였는지 여부 및 그 효능의 유무와는 상관없이, 식품광고로서의 한계를 벗어나 의약품으로 오인·혼동할 정도에 이른 경우를 금지한다고 볼 수 있다. 그렇다면 건전한 상식과 통상적인 법감정을 가진 사람은 이 사건 금지조항으로 인하여 어떠한 행위가 금지되고 있는지 충분히 알 수 있고 법관의 자의적인 해석으로 확대될 염려가 없다고 할 것이므로, 이 사건 금지조항은 죄형법정주의의 명확성원칙에 위반되지 않는다(헌재 2019.7.25. 2017헌바513).

43. **① 농업협동조합법에 따른 중앙회장선거의 경우, 후보자가 아닌 사람의 선거운동을 전면 금지하고 이를 위반하면 형사처벌하는 구 공공단체등 위탁선거에 관한 법률, ② 선거운동기간을 후보자등록마감일의 다음 날부터 선거일 전일까지로 한정하면서 이를 위반하면 형사처벌하는 구 위탁선거법, ③ 법에 정해진 선거운동방법만을 허용하면서 이를 위반하면 형사처벌하는 구 위탁선거법이 죄형법정주의 명확성원칙에 위배되는지 여부(소극)**

위탁선거법상 '선거운동'이라 함은 위탁선거법 제3조에서 규정한 위탁선거에서 특정 후보자의 당선 내지 이를 위한 득표에 필요한 모든 행위 또는 특정 후보자의 낙선에 필요한 모든 행위 중 당선 또는 낙선을 위한 것이라는 목적의사가 객관적으로 인정될 수 있는 능동적·계획적 행위를 말하는 것으로 풀이할 수 있다. 위탁선거법 제23조 제2호의 '입후보와 선거운동을 위한 준비행위'에서 '입후보'는 위탁선거에 후보자로 나서는 것을 의미하고, '선거운동을 위한 준비행위'라 함은 비록 선거를 위한 행위이기는 하나 특정 후보자의 당선을 목적으로 표를 얻기 위한 행위가 아니라 단순히 장래의 선거운동을 위한 내부적·절차적 준비행위를 가리키는 것으로, 선거운동에 해당하지 아니하는 것을 의미한다. 선거운동과 선거운동에 이르지 않는 '입후보와 선거운동을 위한 준비행위'를 위와 같이 풀이할 수 있으므로, 건전한 상식과 통상적인 법감정을 가진 사람이면 누구나 그러한 표지를 갖춘 '선거운동'과 '입후보와 선거운동을 위한 준비행위'를 구분할 수 있고, 법집행자의 자의를 허용할 소지를 제거할 수 있다. 그러므로 심판대상조항들 중 '선거운동' 부분은 헌법 제12조 제1항이 요구하는 죄형법정주의의 명확성원칙에 위배된다고 할 수 없다(헌재 2019.7.25. 2018헌바85).

44. **의료인은 어떠한 명목으로도 둘 이상의 의료기관을 운영할 수 없다고 규정한 의료법**

'운영'의 사전적 의미와 이에 대한 법원의 해석, 의료법 개정의 취지 및 그 규정 형식 등을 종합하여 볼 때, 이 사건 법률조항에서 금지하는 '의료기관 중복운영'이란, '의료인이 둘 이상의 의료기관에 대하여 그 존폐·이전, 의료행위 시행 여부, 자금 조달, 인력·시설·장비의 충원과 관리, 운영성과의 귀속·배분 등의 경영사항에 관하여 의사결정권한을 보유하면서 관련 업무를 처리하거나 처리하도록 하는 경우'를 의미하는 것으로 충분히 예측할 수 있고, 그 구체적인 내용은 법관의 통상적인 해석·적용에 의하여 보완될 수 있다. 따라서 이 사건 법률조항은 죄형법정주의의 명확성원칙에 반하지 않는다(헌재 2019.8.29. 2014헌바212).

45. **등록하지 않고 기부를 받은 자를 처벌**하는 구 '기부금품의 모집 및 사용에 관한 법률' 제16조 제1항 제1호는 명확성원칙에 위배되지 아니한다(헌재 2016.11.24. 2014헌바66, 2015헌바342).

46. **'성폭력범죄의 처벌 등에 관한 특례법' 제6조 제4항 중 정신적인 장애로 항거불능 또는 항거곤란 상태에 있음을 이용하여 사람을 간음한 사람**을 무기징역 또는 7년 이상의 징역에 처하도록 규정한 부분은 명확성원칙에 위배되지 아니한다(헌재 2016.11.24. 2015헌바136).

47. **옥외집회 및 시위의 경우 관할 경찰관서장으로 하여금 '최소한의 범위'에서 질서유지선을 설정할 수 있도록 하고, 질서유지선의 효용을 해친 경우 형사처벌**하도록 하는 '집회 및 시위에 관한 법률'은 죄형법정주의의 명확성원칙에 위배된다고 볼 수 없다(헌재 2016.11.24. 2015헌바218).

48. **건설업자가 부정한 방법으로 건설업의 등록을 한 경우, 건설업등록을 필요적으로 말소하도록 규정한 건설산업기본법** 조항 중 '부정한 방법' 개념은 약간의 모호함에도 불구하고 법률해석을 통하여 충분히 구체화될 수 있고, 이로써 행정청과 법원의 자의적인 법적용을 배제하는 객관적인 기준을 제공하고 있으므로 이 사건 조항은 법률의 명확성원칙에 위반되지 않는다(헌재 2004.7.15. 2003헌바35).

49. **카메라나 그 밖에 이와 유사한 기능을 갖춘 기계장치를 이용하여 성적 욕망 또는 수치심을 유발할 수 있는 다른 사람의 신체를 그 의사에 반하여 촬영한 자를 처벌하는 '성폭력범죄의 처벌 등에 관한 특례법'**

미수범처벌 조항에 있어 실행의 착수란, 성적 욕망 또는 수치심을 유발할 수 있는 다른 사람의 신체에 대한 영상정보를 카메라나 그와 유사한 기능을 갖춘 기계장치의 필름 또는 메모리 장치 등에 입력하기 위한 구체적이고 직접적인 행위가 개시되는 것을 의미한다고 볼 수 있다. 건전한 상식과 통상적인 법감정을 가진 사람이라면 이러한 내용을 충분히 파악할 수 있으므로, 미수범처벌 조항은 죄형법정주의의 명확성원칙에 위배되지 않는다(헌재 2019.11.28. 2017헌바182).

50. **군사기밀을 적법한 절차에 의하지 아니한 방법으로 탐지하거나 수집한 행위에 대한 처벌조항인 군사기밀보호법 제11조**는 죄형법정주의의 명확성원칙에 위배되지 아니한다(헌재 2019.11.28. 2018헌바298).

51. **의료인이 의약품 제조자 등으로부터 판매촉진을 목적으로 제공되는 금전 등 경제적 이익을 받는 행위를 처벌하는 의료법 제88조의2 중 제23조의2 제1항**은 명확성원칙에 위배되지 않는다(헌재 2015.2.26. 2013헌바374).

52. **의무보험에 가입되어 있지 아니한 자동차는 도로에서 운행할 수 없도록 하고 이를 위반하여 자동차를 운행한 자동차보유자를 형사처벌하도록 정한 '자동차손해배상 보장법'**

자동차보유자란 자동차의 소유자나 자동차를 사용할 권리가 있는 자로서 자동차에 대한 운행을 지배하여 그 이익을 향수하는 자라는 것을 충분히 알 수 있고, 법 집행기관이 이를 자의적으로 해석할 염려가 있다고도 보기 어렵다. 따라서 자동차보유자의 범위가 불명확하여 심판대상조항들이 죄형법정주의의 명확성원칙에 위반된다고 볼 수 없다(헌재 2019.11.28. 2018헌바134).

53. **정당한 이유 없이 이 법에 규정된 범죄에 공용(供用)될 우려가 있는 흉기나 그 밖의 위험한 물건을 휴대한 사람을 처벌하도록 규정한 폭력행위 등 처벌에 관한 법률**은 죄형법정주의의 명확성원칙에 위배되지 않는다(헌재 2018.5.31. 2016헌바250).

54. **'약사 또는 한약사가 아닌 자연인'의 약국 개설을 금지**하고 위반시 형사처벌하는 약사법은 비약사가 의약품 조제·판매를 하지 않고 약국의 운영을 주도하는 것만으로도 '비약사의 약국 개설'에는 해당할 수 있음이 명확하다. 심판대상조항은 죄형법정주의의 명확성원칙에 반하지 않는다(헌재 2020.10.29. 2019헌바249).

55. **공인회계사법 제11조 중 공인회계사와 유사한 명칭의 사용을 금지한 부분과 구 공인회계사법 제54조 제2항 제1호 중 제11조를 위반하여 공인회계사와 비슷한 명칭을 사용한 자에 관한 부분은 '유사한 명칭의 사용'이란 '그 명칭의 사용으로 인하여 일반인으로 하여금 명칭사용자를 공인회계사로 오인하도록 할 위험성이 있는 경우'를 의미한다고 해석할 수 있어** 죄형법정주의의 명확성원칙에 위반된다고 할 수 없다(헌재 2020.9.24. 2017헌바412).

56. 게임물 관련사업자에 대하여 '경품 등의 제공을 통한 사행성 조장'을 원칙적으로 금지시키고, 예외적으로 청소년게임제공업의 전체이용가 게임물에 대하여 대통령령이 정하는 경품의 종류·지급기준·제공방법 등에 의한 경품제공을 허용한 '게임산업진흥에 관한 법률'에서 '사행성'이란 '우연한 사정에 기하여 금전적인 손실 또는 이익을 가져오고 그와 같은 결과가 사회적 상당성을 결여하여 행위자에게 사행심을 유발하는 경향이나 성질', '사행성을 조장한다'는 것은 '위와 같은 경향이나 성질이 더 심해지도록 부추긴다'는 의미라고 해석된다. 이 사건 의무조항은 죄형법정주의의 명확성원칙에 위배되지 아니한다(헌재 2020.12.23. 2017헌바463).

57. **개인정보를 처리하거나 처리하였던 자에 대해 업무상 알게 된 개인정보를 누설하거나 권한 없이 다른 사람이 이용하도록 제공하는 행위를 금지**하고 이를 위반시 처벌하는 개인정보보호 중 '개인정보를 처리하거나 처리하였던 자' 부분 및 '업무' 부분은 모두 해당 부분의 의미가 문언상 명백하고, 법관의 법보충 작용인 해석을 통하여 위 조항들이 각 규정하고 있는 구체적인 의미와 내용을 명확히 정립하고 구체화할 수 있어, 죄형법정주의의 명확성원칙에 위반되지 아니한다(헌재 2020.12.23. 2018헌바222).

58. **"자동차의 운전자는 고속도로 등에서 자동차의 고장 등 부득이한 사정이 있는 경우를 제외하고는 갓길로 통행하여서는 아니 된다."라고 규정한 도로교통법**에서 '부득이한 사정'이란 사회통념상 차로로의 통행을 기대하기 어려운 특별한 사정을 의미한다고 해석된다. 그러므로 금지조항 중 '부득이한 사정' 부분은 죄형법정주의의 명확성원칙에 위배되지 않는다(헌재 2021.8.31. 2020헌바100).

59. 현역입영통지서를 받은 사람이 정당한 사유 없이 **입영일부터 3일이 지나도 입영하지 아니한 경우**를 처벌하는 구 병역법 제88조는 '정당한 사유'의 의미를 충분히 예측할 수 있다. 따라서 심판대상조항은 죄형법정주의의 명확성원칙에 위배되지 아니한다(헌재 2021.2.25. 2017헌바526).

60. 환경부장관이 **하수의 수질을 현저히 악화시키는 것으로 판단되는 특정공산품의 제조·수입·판매나 사용의 금지 또는 제한을 명할 수 있도록 한** 구 하수도법에서 '하수', '수질', '악화' 등의 사전적 의미를 고려하면 심판대상조항에서 하수의 수질을 현저히 악화시킨다는 것은 특정공산품의 사용으로 인해 하수의 오염도가 상당한 수준으로 증가하여 그 하수의 질이 뚜렷이 나빠지는 경우를 의미한다. 그렇다면 심판대상조항은 죄형법정주의의 명확성원칙에 위배되지 않는다(헌재 2021.3.25. 2018헌바375).

61. **사람을 공갈하여** 재물의 교부를 받거나 재산상의 이익을 취득하여 그 이득액이 5억원 이상인 경우 가중처벌하는 구 '특정경제범죄 가중처벌 등에 관한 법률'에서 '공갈하여'는 폭행 또는 협박을 수단으로 상대방에게 공포심을 일으켜 의사결정에 영향을 주는 행위를 의미하고, 이 경우 '협박'이란 타인의 생명, 신체, 자유 또는 재산 등에 관하여 상대방에게 공포심을 일으켜 의사결정에 영향을 주기에 충분한 정도의 해악을 고지하는 행위를 의미하므로 심판대상조항은 죄형법정주의의 명확성원칙에 위배되지 아니한다(헌재 2021.2.25. 2019헌바128).

62. 대중교통수단, 공연·집회 장소, 그 밖에 **공중이 밀집하는 장소에서 사람을 추행한 사람**을 처벌하는 구 '성폭력범죄의 처벌 등에 관한 특례법' 제11조 중 '추행' 부분은 죄형법정주의의 명확성원칙에 위반되지 아니한다(헌재 2021.3.25. 2019헌바413).

63. 정당한 사유 없이 정보통신시스템, 데이터 또는 **프로그램 등의 운용을 방해할 수 있는 프로그램의 유포를 금지한** '정보통신망 이용촉진 및 정보보호 등에 관한 법률'은 죄형법정주의의 명확성원칙에 위반된다고 할 수 없다(헌재 2021.7.15. 2018헌바428).

64. **해고의 기준을 일반추상적 개념인 '정당한 이유'로 규정한 근로기준법**

이 사건 법률조항은 '정당한 이유'라는 다소 추상적인 내용을 가진 용어를 해고 제한의 기준으로 사용하고 있지만, 오랜 기간 판례 등이 집적되어 '해고'에 있어서 **정당한 이유'란 사회통념상 고용관계를 계속할 수 없을 정도로 근로자에게 책임 있는 사유를 의미하게 되었고, 일신상 이유, 행태상 이유, 경영상 이유 등으로 유형화되어 전체적 윤곽을 파악할 수 있을 정도에 이르렀다.** 따라서 이 사건 법률조항은 … 명확성원칙에 위배되지 않는다(헌재 2013.12.26. 2012헌바375).

65. **공공의 질서 및 선량한 풍속을 문란하게 할 염려가 있는 상표는 등록을 받을 수 없다고 규정한 것**

상표가 지정상품에 부착되면서 가지는 의미, 또는 어떠한 상표를 등록하여 사용하는 행위가 **공정한 상품유통질서나 국제적 신의·명예훼손 등 일반 법질서를 해칠 우려가 있거나 상도덕이나 윤리질서에 반할 우려가 있는 상표 등이 포함되리라 예측할 수 있다.** 상표는 형태가 다양하고 사회 환경의 변화에 따라 그 표현도 달라지기 마련이므로, 변화하는 사회에 대한 법규범의 적응력을 확보하기 위하여는 어느 정도 망라적인 의미를 가지는 내용으로 입법하는 것이 필요하고, 그 의미를 합리적인 해석기준을 통하여 판단할 수 있는 이상 심판대상조항이 명확성원칙에 위반된다고 할 수 없다(헌재 2014.3.27. 2012헌바55).

66. **음주운전 금지규정을 2회 이상 위반한 사람을 2년 이상 5년 이하의 징역**이나 1천만원 이상 2천만원 이하의 벌금에 처하도록 한 구 도로교통법 제148조의2 제1항에서 '제44조 제1항을 2회 이상 위반한 사람'이란 '2006.6.1. 이후 도로교통법 제44조 제1항을 위반하여 술에 취한 상태에서 운전을 하였던 사실이 인정되는 사람으로서, 다시 같은 조 제1항을 위반하여 술에 취한 상태에서 운전한 사람'을 의미함을 충분히 알 수 있으므로, 심판대상조항은 죄형법정주의의 명확성원칙에 위반되지 아니한다(헌재 2021.11.25. 2019헌바446).

67. **폭력범죄를 목적으로 한 단체 또는 집단의 구성원으로 활동한 사람을 처벌하는 구 '폭력행위 등 처벌에 관한 법률' 제4조 제1항 제3호**

'활동'은 범죄단체 또는 집단의 내부규율 및 통솔체계에 따른 조직적, 집단적 의사결정에 의하여 행해지고 범죄단체 또는 집단의 존속·유지를 지향하는 적극적인 행위로서 그 기여의 정도가 폭력행위처벌법 제4조 제3항, 제4항에 규정된 행위에 준하는 것을 의미한다. 어떤 행위가 '활동'에 해당하는지 여부는 사회통념과 건전한 상식에 따라 구체적, 개별적으로 정해질 수밖에 없다. 약간의 불명확성은 법관의 통상적인 해석작용에 의하여 충분히 보완될 수 있고, 건전한 상식과 통상적인 법감정을 가진 일반인으로서 금지되는 행위가 무엇인지를 예측하는 것이 현저히 곤란하다고는 보기 어렵다. 따라서 죄형법정주의의 명확성원칙에 위배되지 않는다(헌재 2022.12.22. 2019헌바401).

68. 누구든지 약사법 제42조 제1항을 위반하여 수입된 의약품을 판매하거나 판매할 목적으로 저장 또는 진열하여서는 아니 된다고 규정한 구 약사법

'제42조 제1항을 위반하여 수입된 의약품'이라 함은 약사법 제42조 제1항에 따라 의약품 수입업 신고를 하지 아니한 자가 수입한 의약품 또는 의약품 수입업 신고를 한 경우라 하더라도 약사법 제42조 제1항에 따라 수입 품목허가를 받거나 품목신고를 하지 아니한 의약품이 모두 이에 해당하고, 수입업자뿐만 아니라 누구라도 이러한 의약품을 판매하거나 판매할 목적으로 저장 또는 진열하여서는 아니 된다. 이러한 해석은 건전한 상식과 통상적인 법감정을 가진 사람이라면 누구나 인식할 수 있는 것으로서 불명확한 개념이라고 볼 수는 없으므로, 심판대상조항은 죄형법정주의의 명확성원칙에 위배되지 아니한다(헌재 2022.10.27. 2020헌바375).

69. 누구든지 선거운동기간 전에 공직선거법에 규정된 방법을 제외하고 그 밖의 집회 또는 그 밖의 방법으로 선거운동을 할 수 없도록 하고 이를 위반한 경우 처벌하도록 한 공직선거법

'그 밖의 방법' 또한 불확정적인 개념이기는 하나, 이 사건 처벌조항이 예로 들고 있는 방법은 모두 특정 후보자의 당선 또는 낙선을 위하여 활용되는 선거운동의 유형에 해당하므로, '그 밖의 방법'이 선거운동의 개념표지를 갖춘 모든 방법을 뜻하는 것임을 충분히 알 수 있다. 따라서 이 사건 처벌조항은 죄형법정주의의 명확성원칙에 위반되지 아니한다(헌재 2022.2.24. 2018헌바46).

70. 사람의 심신상실 또는 항거불능의 상태를 이용하여 간음 또는 추행을 한 자를 폭행 또는 협박으로 강간 또는 추행을 한 경우와 동일하게 처벌하는 형법 제299조

심판대상조항의 사전적 의미와 형법 제299조의 입법목적을 고려하면 '항거불능'의 상태란 가해자가 성적인 침해행위를 함에 있어 별다른 유형력의 행사가 불필요할 정도로 피해자의 판단능력과 대응·조절능력이 결여된 상태를 말하는 것으로 볼 수 있어 불명확한 개념이라고 보기 어려우므로 죄형법정주의의 명확성원칙에 위배되지 아니한다(헌재 2022.1.27. 2017헌바528).

71. 정보통신망을 통하여 음란한 화상 또는 영상을 공공연하게 전시하여 유통하는 것을 금지하고 이를 위반하는 자를 처벌하도록 정한 '정보통신망 이용촉진 및 정보보호 등에 관한 법률'

헌법재판소와 대법원은 음란의 개념에 대하여, 단순히 저속하거나 문란하다는 정도를 넘어 사람의 존엄성과 가치를 심각하게 훼손·왜곡하였다고 할 수 있을 정도로 노골적인 방법에 의하여 성적 부위나 행위를 적나라하게 표현한 것으로서, 사회통념에 비추어 전적으로 또는 지배적으로 성적 흥미에만 호소하고 하등의 문학적·예술적·사상적·과학적·의학적·교육적 가치를 지니지 아니하는 것이라고 판시함으로써 그 해석 기준을 제시해 왔고, 이에 따라 자의적인 법해석이나 법집행을 배제할 수 있으므로, 심판대상조항은 죄형법정주의의 명확성원칙에 위배되지 않는다(헌재 2023.2.23. 2019헌바305).

72. 어린이 보호구역에서 제한속도 준수의무 또는 안전운전의무를 위반하여 어린이를 상해에 이르게 한 경우 1년 이상 15년 이하의 징역 또는 500만원 이상 3천만원 이하의 벌금에, 사망에 이르게 한 경우 무기 또는 3년 이상의 징역에 처하도록 규정한 '특정범죄 가중처벌 등에 관한 법률'

차량의 통행에 관하여 운전자에게 자세하게 규율된 의무를 부여하고 있는 도로교통법의 개정 연혁과 개정 취지, 그리고 특별한 보호가 필요한 보행자에 관한 구역을 별도로 지정할 수 있도록 도로교통법이 근거조항을 두게 된 경위와 연혁을 종합하면, 건전한 상식과 통상적 법 감정을 가진 운전자의 경우 어린이 보호구역에서 도로의 유형과 형태, 횡단보도 및 신호기 설치 여부, 주요 표지 및 어린이의 존부 등을 살핌으로써 해당 보호구역에서 운전자에게 부여되는 안전운전의무의 구체적 의미 내용이 무엇인지 충분히 파악할 수 있을 것으로 보이고, 달리 심판대상조항이 법 해석·적용기관에 의한 자의적 법 집행 여지를 두고 있다고 보기 어렵다. 따라서 심판대상조항은 죄형법정주의의 명확성원칙에 위반되지 아니한다(헌재 2023.2.23. 2020헌마460).

과잉형벌금지원칙

위반인 것

1. **음주운전 2회 이상 한 자를 2년 이상 5년 이하의 징역이나 1천만원 이상 2천만원 이하의 벌금에 처하도록 한 도로교통법 *위헌결정**

   도로교통법 제44조 제1항을 2회 이상 위반한 경우라고 하더라도 죄질을 일률적으로 평가할 수 없고 과거 위반 전력, 혈중알코올농도 수준, 운전한 차량의 종류에 비추어, 교통안전 등 보호법익에 미치는 위험 정도가 비교적 낮은 유형의 재범 음주운전행위가 있다. 그런데 심판대상조항은 법정형의 하한을 징역 2년, 벌금 1천만원으로 정하여 그와 같이 비난가능성이 상대적으로 낮고 죄질이 비교적 가벼운 행위까지 지나치게 엄히 처벌하도록 하고 있으므로, 책임과 형벌 사이의 비례성을 인정하기 어렵다(헌재 2021.11.25. 2019헌바446).

   유사 음주운전 금지규정 위반 또는 음주측정거부 전력이 1회 이상 있는 사람이 다시 음주운전 금지규정 위반행위를 한 경우 2년 이상 5년 이하의 징역이나 1천만원 이상 2천만원 이하의 벌금에 처하도록 규정한 도로교통법 제148조의2 제1항(헌재 2022.5.26. 2021헌가30)

   유사 음주운전 금지규정 위반 전력이 1회 이상 있는 사람이 다시 음주측정거부를 한 경우 2년 이상 5년 이하의 징역이나 1천만원 이상 2천만원 이하의 벌금에 처하도록 규정한 구 도로교통법 제148조의2 제1항(헌재 2022.5.26. 2021헌가32)

   유사 음주운항 전력이 있는 사람이 다시 음주운항을 한 경우 2년 이상 5년 이하의 징역이나 2천만원 이상 3천만원 이하의 벌금에 처하도록 규정한 해사안전법 제104조의2(헌재 2022.8.31. 2022헌가10)

2. 예비군대원 본인과 세대를 같이 하는 가족 중 성년자라면 특별한 사정이 없는 한 소집통지서를 본인에게 전달함으로써 훈련불참으로 인한 불이익을 받지 않도록 각별히 신경을 쓸 것이 충분히 예상되고, 설령 그들이 소집통지서를 전달하지 아니하여 행정절차적 협력의무를 위반한다고 하여도 과태료 등의 행정적 제재를 부과하는 것만으로도 그 목적의 달성이 충분히 가능하다고 할 것임에도 불구하고, **가족 중 성년자가 예비군훈련 소집통지서를 예비군대원 본인에게 전달하여야 하는 의무를 위반한 행위를 한 경우 6개월 이하의 징역 또는 500만원 이하의 벌금에 처하도록 한 예비군법 제15조 제10항**은 훨씬 더 중한 형사처벌을 하고 있어 그 자체만으로도 형벌의 보충성에 반하고, 책임에 비하여 처벌이 지나치게 과도하여 비례원칙에도 위반된다고 할 것이다(헌재 2022.5.26. 2019헌가12).

3. **주거침입강제추행죄와 주거침입준강제추행죄에 대하여 무기징역 또는 7년 이상의 징역에 처하도록 한 '성폭력범죄의 처벌 등에 관한 특례법'이 제3조 제1항이 책임과 형벌 간의 비례원칙에 위배되는지 여부(적극)**

   주거침입강제추행죄의 법정형을 '무기징역 또는 5년 이상의 징역'으로 정한 규정에 대하여 2006.12.28. 2005헌바85 결정부터 2018.4.26. 2017헌바498 결정에 이르기까지 여러 차례 합헌으로 판단하였고, 동일한 법정형을 규정한 주거침입준강제추행죄에 관한 조항에 대해서도 2020.9.24. 2018헌바171 결정에서 합헌으로 판단하였다. 심판대상조항은 법정형의 하한을 '징역 5년'으로 정하였던 2020.5.19. 개정 이전의 구 성폭력처벌법 제3조 제1항과 달리 그 하한을 '징역 7년'으로 정함으로써, 주거침입의 기회에 행해진 강제추행 및 준강제추행의 경우에는 다른 법률상 감경사유가 없는 한 법관이 정상참작감경을 하더라도 집행유예를 선고할 수 없도록 하였다. 이에 따라 주거침입의 기회에 행해진 강제추행 또는 준강제추행의 불법과 책임의 정도가 아무리 경미한 경우라고 하더라도, 다른 법률상 감경사유가 없으면 일률적으로 징역 3년 6월 이상의 중형에 처할 수밖에 없게 되어, 형벌개별화의 가능성이 극도로 제한된다.
   심판대상조항은 법정형의 '상한'을 무기징역으로 높게 규정함으로써 불법과 책임이 중대한 경우에는 그에 상응하는 형을 선고할 수 있도록 하고 있다. 그럼에도 불구하고 법정형의 '하한'을 일률적으로 높게 책정하여 경미한 강제추행 또는 준강제추행의 경우까지 모두 엄하게 처벌하는 것은 책임주의에 반한다.
   심판대상조항은 그 법정형이 형벌 본래의 목적과 기능을 달성함에 있어 필요한 정도를 일탈하였고, 각 행위의 개별성에 맞추어 그 책임에 알맞은 형을 선고할 수 없을 정도로 과중하므로, 책임과 형벌 간의 비례원칙에 위배된다(헌재 2023.2.23. 2021헌가9).

위반이 아닌 것

1. **주거침입강제추행죄의 법정형을 주거침입강간죄와 동일하게 규정**한 구 성폭력범죄의 처벌 등에 관한 특례법 제3조 제1항 중 "형법 제319조 제1항(주거침입)의 죄를 범한 사람이 같은 법 제298조(강제추행)의 죄를 범한 경우에는 **무기징역 또는 5년 이상의 징역에 처한다.**"라는 부분은 비례원칙에 반하지 않는다(헌재 2013.7.25. 2012헌바320).

2. **야간주거침입절도죄의 미수범이 준강제추행죄를 범한 경우 무기징역 또는 7년 이상의 징역에 처하도록 한 성폭력범죄의 처벌 등에 관한 특례법 제3조 제1항**
   야간주거침입절도죄가 성립하기 위해서는 '주거침입'행위가 있을 것을 전제로 하는 동시에 그 주거침입행위가 야간에 이루어져야 하고, 타인의 재물을 절취할 의사가 있어야 한다는 점에서 단순 주거침입죄의 경우보다 범행의 동기와 정황이 제한적이고, 야간에 절도의 의사로 타인의 주거 등에 침입한 기회에 충동적으로 성범죄를 저지르거나 절도의 범행을 은폐하기 위하여 계획적으로 성범죄를 저지르는 등 이 사건 범죄의 불법성이나 범행에 이르게 된 동기의 비난가능성이 현저히 큰 점 등을 고려하면, 이 사건 범죄의 행위 태양의 다양성이나 불법의 경중의 폭은 주거침입준강제추행죄의 그것만큼 넓지 아니하므로, 주거침입준강제추행죄와 달리 이 사건 범죄에 대하여 법관의 정상참작감경만으로는 집행유예를 선고하지 못하도록 한 것이 법관의 양형판단재량권을 침해하는 것이라고 볼 수 없다. 따라서 심판대상조항은 책임과 형벌 간의 비례원칙에 위배되지 않는다(헌재 2023.2.23. 2022헌가2).

3. 교차로에서 **우회전하고자 하는 운전자의 교차로 통행방법 위반시** 행정형벌을 부과하는 구 도로교통법 제156조 제1호는 비례원칙에 위반되지 않는다(헌재 2014.8.28. 2012헌바433).

4. 흉기 기타 **위험한 물건을 휴대하여 형법상 상해죄**를 범한 사람을 1년 이상의 유기징역을 처하도록 한 구 '폭력행위 등 처벌에 관한 법률'은 비례원칙에 반하지 않는다(헌재 2015.9.24. 2015헌가17).

5. **상관을 폭행하거나 협박**한 사람은 5년 이상의 징역에 처하도록 하여 법정형으로 징역형만을 규정하고 벌금형을 규정하지 않은 군형법 제48조 제2호는 입법재량의 범위를 벗어나거나 법정형이 지나치게 과중하다고 보기 어려워 책임과 형벌 간의 비례원칙에 위배된다고 볼 수 없다(헌재 2016.6.30. 2015헌바132).

6. **폭행·협박으로 철도종사자의 직무집행을 방해**한 자를 5년 이하의 징역 또는 5천만원 이하의 벌금으로 처벌하도록 규정한 구 철도안전법은 형벌체계의 균형성 및 평등원칙에 위반된다고 볼 수 없다(헌재 2017.7.27. 2015헌바417).

7. 형법 제129조 제1항의 수뢰죄를 범한 사람에게 수뢰액의 2배 이상 5배 이하의 벌금을 병과하도록 규정한 '특정범죄 가중처벌 등에 관한 법률'은 책임과 형벌의 비례원칙에 위배된다고 할 수 없다(헌재 2017.7.27. 2016헌바42).

8. **응급의료종사자의 응급환자에 대한 진료를 폭행, 협박, 위계, 위력에 의한 방해죄에 대해 법정형은 5년 이하의 징역 또는 5천만원 이하의 벌금을 부과하도록 한 응급의료에 관한 법률**은 응급환자의 생명과 건강을 보호하기 위하여 응급환자 본인을 포함한 누구라도 폭행, 협박, 위력, 위계, 그 밖의 방법으로 응급의료종사자의 응급환자에 대한 진료를 방해하는 행위를 하는 것을 금지하는 것은 그 입법목적이 정당하고, 그 행위의 위법 정도와 행위자의 책임에 비례하는 형벌을 부과하는 것이 가능하므로 이 사건 처벌조항이 과중한 형벌을 규정하고 있다고 볼 수 없다(헌재 2019.6.28. 2018헌바128).

9. **단체나 다중의 위력으로 상해죄**를 범한 경우 가중처벌하는 폭력행위처벌법은 과잉형벌이라고 할 수 없다(헌재 2017.7.27. 2015헌바450).

10. **폭행 또는 협박으로 사람에 대하여 추행**을 한 자를 10년 이하의 징역 또는 1천500만원 이하의 벌금에 처하도록 규정한 형법 제298조는 비례원칙에 위배되지 않는다(헌재 2017.11.30. 2015헌바300).

11. **13세 미만의 사람에 대하여 형법 제298조(강제추행)의 죄를 범한 사람은 5년 이상의 유기징역 또는 3천만원 이상 5천만원 이하의 벌금에 처하도록 규정한 '성폭력범죄의 처벌 등에 관한 특례법'**이 비례원칙에 위반된다고 할 수 없다(헌재 2017.12.28. 2016헌바368).

12. 군사기밀탐지·수집죄를 범한 자가 금품이나 이익을 공여한 경우 그 죄에 해당하는 형의 2분의 1까지 가중처벌한다고 규정한 군사기밀 보호법 제13조의2는 책임과 형벌 간의 비례원칙에 위반되지 아니한다(헌재 2018. 1.25. 2015헌바367).

13. 외국 또는 외국인(외국단체를 포함한다)을 위하여 군사기밀탐지·수집죄를 범한 경우 그 죄에 해당하는 형의 2분의 1까지 가중처벌한다고 규정한 군사기밀 보호법 제15조는 책임과 형벌 간의 비례원칙에 위반된다고 볼 수 없다(헌재 2018.1.25. 2015헌바367).

14. 위험한 물건을 지닌 채 형법 제297조(강간) 미수범이 다른 사람을 상해한 때에는 무기징역 또는 10년 이상의 징역에 처한다고 한 폭력범죄의 처벌 등에 관한 특례법은 책임과 형벌 간의 비례원칙에 위반되지 아니한다(헌재 2018.1.25. 2016헌바379).

15. 운행 중인 운전자를 폭행하여 상해에 이르게 할 경우 3년 이상의 유기징역에 처하도록 특정범죄 가중처벌 등에 관한 법률 제5조의10은 형벌체계상의 균형을 상실하여 평등원칙에 위배된다고 할 수 없다(헌재 2017.11.30. 2015헌바336).

16. '항거불능 상태를 이용한 추행'에 대해 법정형으로 징역형만을 규정하여 벌금형을 부과할 수 없도록 한 군형법은 군의 존립목적과 군 조직의 특수성 등에 비추어 보호법익과 범죄의 죄질도 유사하다고 볼 수 없다. 따라서 심판대상조항은 형벌체계의 균형성을 상실하여 평등원칙에 위배된다고 볼 수 없다(헌재 2018.12.27. 2017헌바95).

17. 분묘의 발굴죄의 법정형에 벌금형이 없는 형법은 우리의 전통문화와 사상, 분묘에 대하여 가지는 국민 일반의 가치관 내지 법감정, 범죄예방을 위한 형사정책적 측면 등 여러 가지 요소를 고려하여 볼 때 벌금형을 선택적으로 규정함이 없이 5년 이하의 징역으로 규정했다고 하더라도 입법재량의 범위를 벗어났다거나 법정형이 과중하다고 보기 어렵다(헌재 2019.2.28. 2017헌가33).

18. 형법 제319조 제1항(주거침입)의 죄를 범한 사람이 같은 법 제299조(준강제추행)의 죄를 범한 경우에는 무기징역 또는 5년 이상의 징역에 처하도록 한 '성폭력범죄의 처벌 등에 관한 특례법'은 책임과 형벌 간의 비례원칙에 위반되지 아니한다(헌재 2020.9.24. 2018헌바171).

19. 야간에 사람의 주거, 간수하는 저택, 건조물이나 선박 또는 점유하는 방실에 침입하여 타인의 재물을 절취한 자는 10년 이하의 징역에 처하도록 한 형법 제330조(야간주거침입절도)는 범죄의 죄질 및 이에 따른 행위자의 책임에 비하여 지나치게 가혹한 형벌이라고 보기 어려우므로 책임과 형벌 간의 비례원칙에 위배된다고 할 수 없다(헌재 2020.9.24. 2018헌바383).

20. 500만원 이상 5천만원 이하 가액의 '마약류 관리에 관한 법률' 제2조 제3호 나목의 향정신성의약품을 소지한 경우 무기 또는 3년 이상의 징역에 처하도록 규정한 '특정범죄 가중처벌 등에 관한 법률'
매매소지뿐 아니라 단순소지라 하더라도 대량의 나목 향정신성의약품 소지행위는 그 불법성과 비난가능성이 가중된다. 또한 심판대상조항은 법정형의 하한이 징역 3년으로 피고인의 책임에 상응하는 형의 선고가 가능하다. 한편, 마약범죄는 유통되는 마약류의 가액에 따라 국가와 사회에 미치는 병폐가 가중되는 특징을 보이는바, 가액의 다과는 죄의 경중을 가늠하는 중요한 기준이므로 이를 기준으로 가중처벌하는 것은 충분히 수긍할 수 있다. 따라서 심판대상조항은 책임과 형벌 사이의 비례원칙에 위배된다고 볼 수 없다(헌재 2021.4.29. 2019헌바83).

21. 형사정책적인 측면에서 보더라도, 최근 아동·청소년을 성적 대상으로 보는 성폭력범죄의 흉악성이 심각해져 위기감이 고조되고 있고, 아동·청소년 대상 성범죄의 특성상 외부에 드러나지 않고 있는 범죄가 상당히 많을 것으로 추정되고 있어, 아동·청소년 대상 성범죄에 대한 특단의 조치가 필요한 실정이다. 아동·청소년이 등장하는 아동·청소년성착취물을 배포한 자를 3년 이상의 징역에 처하도록 한 '아동·청소년의 성보호에 관한 법률'은 책임과 형벌 간의 비례원칙에 위반되지 않는다(헌재 2022.11.24. 2021헌바144).

☑ 법정형 10년 이상

1. 도주차량운전자 징역 10년 이상: 위헌

2. 단순마약 판매업자 10년 이상: 위헌

3. 군용물 절취행위 10년 이상: 합헌

4. 영리목적 마약판매업자 10년 이상: 합헌

5. 주거를 침입해서 강제추행한 자가 상해죄를 범한 경우 10년: 합헌(헌재 2015.11.26. 2014헌바436)

6. 형법 제334조(특수강도) 죄를 범한 자가 강제추행의 죄를 범한 때 10년 이상: 합헌(헌재 2016.12.29. 2016헌바258)

7. **금융회사 등의 임직원이 그 직무에 관하여 수수, 요구 또는 약속한 금품 기타 이익의 가액이 1억원 이상인 경우 가중처벌하도록 정하고 있는 구 '특정경제범죄 가중처벌 등에 관한 법률'이 책임과 형벌 간의 비례원칙에 위배되는지 여부 및 형벌체계상의 균형을 상실하여 평등원칙에 위배되는지 여부(소극)**

   수재행위의 경우 수수액이 증가하면서 범죄에 대한 비난가능성도 높아지므로 수수액을 기준으로 단계적 가중처벌을 하는 것에는 합리적 이유가 있다. 그리고 가중처벌의 기준을 1억원으로 정하면서 징역형의 하한을 10년으로 정한 것은 그 법정과 비난가능성을 높게 평가한 입법자의 합리적 결단에 의한 것인바, 가중처벌조항은 책임과 형벌 간의 비례원칙에 위배되지 아니한다(헌재 2020.3.26. 2017헌바129).

8. **금융기관 임직원이 직무와 관련하여 5천만원 이상을 수수한 경우 죄질과 관계없이 무기 또는 10년 이상의 징역에 처하도록 규정한 '특정경제범죄 가중처벌 등에 관한 법률'**

   이 사건 법률조항 중 제1호 부분은 수수액이 5천만원 이상인 경우에는 범인의 성행, 전과 유무, 범행의 동기, 범행 후의 정황 등 죄질과 상관없이 무기 또는 10년 이상의 징역에 처하도록 규정하고 있어, 법관으로 하여금 작량감경을 하더라도 별도의 법률상 감경사유가 없는 한 집행유예를 선고할 수 없도록 함으로써 법관의 양형선택과 판단권을 극도로 제한하고 있는바, 이는 살인죄(사형, 무기 또는 5년 이상의 징역)의 경우에도 작량감경의 사유가 있는 경우에는 집행유예가 가능한 것과 비교할 때 매우 부당하고, 행위 불법의 크기와 행위자 책임의 정도를 훨씬 초과하는 과중하고 가혹한 형벌을 규정한 것이라는 의심을 가지기에 충분하다(헌재 2006.4.27. 2006헌가5).

   [비교] **수수액이 5천만원 이상 1억원 미만일 때 7년 이상의 유기징역에 처하도록 규정한 '특정경제범죄 가중처벌 등에 관한 법률':** 가중처벌조항은 형법의 규정만으로는 공무원 등의 수뢰행위를 예방하고 척결하기에 미흡하다는 고려에 따라 도입된 것이다. 뇌물죄의 병폐는 수뢰액이 많을수록 가중되므로 수뢰액이 많은 사람을 엄하게 처벌할 필요성이 있고, 공무원 등이 그 직무에 관하여 5천만원 이상을 수수·요구 또는 약속한 경우 그 죄질과 법정이 무겁고 비난가능성이 크므로, 7년 이상의 징역형이라는 중한 법정형을 정하여 작량감경을 하더라도 집행유예를 선고할 수 없게 한 데에는 합리적 이유가 있다. 그리고 비록 수뢰액의 다과가 뇌물죄의 경중을 가늠하는 유일한 기준은 아니라 할지라도 가장 중요한 기준이 되므로, 수뢰액만으로 가중처벌조건을 정한 데에는 합리적인 이유가 있다. 따라서 가중처벌조항이 책임과 형벌 간 비례원칙이나 평등원칙에 위배된다고 볼 수 없다(헌재 2017.7.27. 2015헌바301).

9. **법률상의 감경사유가 없는 한 집행유예의 선고가 불가능하도록 한 것**이 사법권의 독립 및 법관의 양형판단재량권을 침해 내지 박탈하는 것으로서 헌법에 위반된다고는 볼 수 없다(헌재 2001.4.26. 99헌바43).

[참고] **과잉형벌금지원칙 위반**
   1. 군상관 살해시 사형만을 법정형으로 규정한 군형법
   2. 범죄구성요건을 동일하게 규정하면서 법정형만 상향 규정(평등권 판례 참조)

2. 일사부재리의 원칙(이중처벌의 금지)

> **헌법 제13조 【형벌불소급, 일사부재리, 소급입법 제한, 연좌제금지】** ① 동일한 범죄에 대하여 거듭 처벌받지 아니한다.

(1) 의의

① **이중처벌금지의 의의**: 헌법 제13조 제1항은 "모든 국민은 … 동일한 범죄에 대하여 거듭 처벌받지 아니한다."라고 하여 이른바 '이중처벌금지의 원칙'을 규정하고 있는바, 이 원칙은 한 번 판결이 확정되면 동일한 사건에 대해서는 다시 심판할 수 없다는 '일사부재리의 원칙'이 국가형벌권의 기속원리로 헌법상 선언된 것으로서, 동일한 범죄행위에 대하여 국가가 형벌권을 거듭 행사할 수 없도록 함으로써 국민의 기본권 특히 신체의 자유를 보장하기 위한 것이라고 할 수 있다(헌재 1994.6.30. 92헌바380).

② **일사부재리원칙**: 일사부재리의 원칙이란 실체판결이 확정되어 기판력이 발생하면 그 후 동일한 사건에 대해서 거듭 심판할 수 없다는 원칙이다.

③ **죄형법정주의와의 관계**: 일사부재리원칙은 죄형법정주의와는 구별되는 별개의 원칙이다.

(2) 적용범위

① **유·무죄 판결**: 이중처벌금지원칙은 이중처벌만을 금지하는 것이 아니라 반복적 형사절차의 금지를 의미한다. 따라서 **유죄이든 무죄이든 확정판결을 받은 사건을 형사소송의 대상으로 할 수 없다.** 다만, 유죄의 확정판결에 대한 재심은 선고받은 자의 이익을 위해서만 가능하다(형사소송법 제420조).

② **적용되는 재판**: 이중처벌금지원칙은 약식재판뿐 아니라 즉결심판에 의한 즉결처분의 경우에도 적용된다.

③ **동일한 행위**: 이중처벌금지의 원칙은 처벌 또는 제재가 '동일한 행위'를 대상으로 행해질 때에 적용될 수 있는 것이고, 그 대상이 동일한 행위인지의 여부는 기본적 사실관계가 동일한지 여부에 의하여 가려야 할 것이다(헌재 2004.2.26. 2001헌바80). 일사부재리원칙은 하나의 행위를 전제로 하므로 별개 행위에 대한 각각의 처벌은 이중처벌금지원칙에 반하지 않는다.

> ⚖ **판례 | 이중처벌금지**
>
> 1. **무허가 건축행위로 건축법에 의하여 형벌을 받은 자가 그 위법건축물에 대한 시정명령에 위반한 경우** 그에 대하여 과태료를 부과할 수 있도록 한 건축법은 양자는 처벌이 되는 기본적 사실관계로서의 행위를 달리하는 것이다. 헌법 제13조 제1항이 금지하는 이중처벌에 해당한다고 할 수 없다(헌재 1994.6.30. 92헌바38).
>
> 2. 구 '석유 및 석유대체연료 사업법'에 의한 처벌은 **유사석유제품을 제조하는 것**으로써 구성요건을 충족하는 반면, 심판대상조항에 의한 처벌은 **유사석유제품을 제조하여 그에 따른 세금을 포탈한 때** 비로소 구성요건에 해당하는 것이므로, 양자는 처벌의 대상이 되는 행위를 달리한다. 따라서 심판대상조항은 이중처벌금지원칙에 위배되지 아니한다(헌재 2017.7.27. 2012헌바323).
>
> 3. **누범을 가중처벌하는 것**은 전범을 다시 처벌하는 것이 아니라 재차 범죄를 범함으로써 행위의 책임이 가중되어 있기 때문이므로 이중처벌금지원칙에 위반되지 아니한다(헌재 1995.2.23. 93헌바43). 상습범 가중처벌은 이중처벌이 아니다(헌재 1995.3.23. 93헌바59).
>
> 4. **형사처벌을 받은 양심적 예비군훈련거부자에 대해 예비군훈련을 정당한 사유 없이 받지 아니한 경우 다시 처벌하는** 향토예비군설치법 조항은 이중처벌금지원칙에 위배되지 않는다(헌재 2011.8.30. 2007헌가12).

(3) 이중처벌에서 처벌의 의미

① 헌법 제13조 제1항에서 말하는 **처벌은 원칙적으로 범죄에 대한 국가의 형벌권 실행으로서의 과벌을 의미하는 것이고 국가가 행하는 일체의 제재나 불이익처분을 모두 그 처벌에 포함시킬 수는 없다고 할 것이다**(헌재 1994.6.30. 92헌바38).

② 제재와 억지의 성격·기능만이 있는 행정처분이 '국가형벌권의 행사'로서의 '처벌'인지 여부: 행정법은 의무를 명하거나 금지를 설정함으로써 일정한 행정목적을 달성하려고 하는데, 그 실효성을 확보하기 위하여는 의무의 위반이 있을 때에 행정형벌, 과태료, 영업허가의 취소·정지, 과징금 등과 같은 불이익을 가함으로써 의무위반 당사자나 다른 의무자로 하여금 더 이상 위반을 하지 않도록 유도하는 것이 필요하다. 이와 같이 '제재를 통한 억지'는 행정규제의 본원적 기능이라 볼 수 있는 것이고, 따라서 **어떤 행정제재의 기능이 오로지 제재 및 이에 결부된 억지에 있다고 하여 이를 헌법 제13조 제1항에서 말하는 '처벌'에 해당한다고 할 수 없다**(헌재 2003.7.24. 2001헌가25).

③ 출국금지와 형벌의 관계: 추징은 몰수에 갈음하여 그 가액의 납부를 명령하는 사법처분이나 부가형의 성질을 가지므로, 주형은 아니지만 부가형으로서의 추징도 일종의 형벌임을 부인할 수는 없다. 그러나 일정액수의 추징금을 납부하지 않은 자에게 내리는 출국금지의 행정처분은 형법 제41조상의 형벌이 아니라 형벌의 이행확보를 위하여 출국의 자유를 제한하는 행정조치의 성격을 지니고 있다. 그렇다면 심판대상 법조항에 의한 **출국금지처분**은 헌법 제13조 제1항상의 이중처벌금지원칙에 위배된다고 할 수 없다(헌재 2004.10.28. 2003헌가18).

④ 징역형과 벌금형의 필요적 병과를 규정한 구 특정범죄 가중처벌 등에 관한 법률: 벌금형 병과 조항이 이중의 징역형을 선고받는 결과가 되어 이중처벌금지원칙에 반하는 것인지에 관하여 보면, 이중처벌은 처벌 또는 제재가 동일한 행위를 대상으로 하여 거듭 행해질 때 발생하는 문제로 이 사건과 같이 **벌금형을 선고받는 자가 그 벌금을 납입하지 않은 때에 그 집행방법의 변경으로 하게 되는 노역장유치**와는 관련이 없다. 벌금형에 대한 노역장유치는 이미 형벌을 받은 사건에 대해 또다시 형을 부과하는 것이 아니라 단순한 형벌집행방법의 변경에 불과한 것이라고 판시한 바가 있고, 이러한 판단은 이 사건 벌금형 병과 조항에 관하여서도 마찬가지라고 할 것이다(헌재 2010.7.29. 2008헌바88).

(4) 형벌과 과태료

대법원은 이중처벌이 아니라고 한다. 그러나 헌법재판소는 동일한 행위에 대한 형벌과 과태료 병과는 이중처벌금지원칙의 정신에 위배될 수 있다고 한다.

⚖ 판례 | 형벌과 과태료 병과

1. 대법원 판례
일사부재리의 효력은 확정재판이 있을 때에 발생하는 것이고 과태료는 행정법상의 질서벌에 불과하므로 과태료처분을 받고 이를 납부한 일이 있더라도 그 후에 형사처벌을 한다고 해서 일사부재리의 원칙에 어긋난다고 할 수 없다(대판 1989.6.13. 88도198).

2. 헌법재판소 판례
동일한 행위를 대상으로 하여 형벌을 부과하면서 아울러 행정질서벌로서의 과태료까지 부과한다면 그것은 이중처벌금지의 기본정신에 배치되어 국가입법권의 남용으로 인정될 여지가 있다(헌재 1994.6.30. 92헌바38).

---

(5) 이중처벌이 아닌 것

① **형벌＋징계, 직위해제＋감봉처분, 형벌＋행형법상의 징벌**(대판 2000.10.27. 2000도3874), **징계부가금과 징계병과** (헌재 2015.2.26. 2012헌바435): 징계나 민사상 손해배상절차 또는 형법에 근거하지 않는 다른 절차는 이중처벌금지원칙에서 말하는 '처벌'에 해당되지 않으므로, 이와 같은 절차가 개시되더라도 이중처벌금지원칙에 위배되는 것이 아니다.

② **형벌＋보호감호**: 보호감호와 형벌은 비록 다 같이 신체의 자유를 박탈하는 수용처분이라는 점에서 집행상 뚜렷한 구분이 되지 않는다고 하더라도 그 본질, 추구하는 목적과 기능이 전혀 다른 별개의 제도이므로 형벌과 보호감호를 서로 병과하더라도 이중처벌금지의 원칙에 위반되는 것은 아니라 할 것이다(헌재 1989.7.14. 88헌가5 · 8).

③ **부동산실명법 위반에 대한 과징금을 형사처벌과 동시에 병과하는 것**(헌재 2003.7.24. 2001헌가25), 불공정거래행위에 대한 형벌과 과징금, 이행강제금(헌재 2014.5.29. 2013헌바171), 퇴직 후의 사유로 퇴직급여 제한, 친일재산국가귀속, 선거법 위반으로 형벌＋당선무효(헌재 2015.2.26. 2012헌마581), 형벌과 출국금지 (헌재 2004.10.28. 2003헌가18), 형벌＋운전면허취소(헌재 2010.3.25. 2009헌바83), 사무장병원 부당이득금 환수 (헌재 2015.7.30. 2014헌바298), 성폭력범죄자 성폭력프로그램 이수명령(헌재 2016.12.29. 2016헌바153), 건설업등록 필요적 말소(헌재 2016.12.29. 2015헌바429)

④ **외국에서 형의 전부 또는 일부의 집행을 받은 자에 대하여 형을 감경 또는 면제할 수 있도록 규정한 형법**: 헌법상 일사부재리원칙은 외국의 형사판결에 대하여는 적용되지 아니한다고 할 것이므로, 이 사건 법률조항은 헌법 제13조 제1항의 이중처벌금지원칙에 위반되지 아니한다(헌재 2015.5.28. 2013헌바129).

⑤ **벌금을 납입하지 않은 때에 노역장에 유치하는 것**: 벌금형을 선고받은 자가 그 벌금을 납입하지 않은 때에 그 집행방법의 변경으로 하게 되는 노역장유치는 이미 형벌을 받은 사건에 대해 또다시 형을 부과하는 것이 아니라, 단순한 형벌집행방법의 변경에 불과한 것이므로 이중처벌금지의 원칙에 위반되지 아니한다(헌재 2009.3.26. 2008헌바52 등).

⑥ **집행유예 취소시 본형의 집행**: 집행유예의 취소시 부활되는 본형은 집행유예의 선고와 함께 선고되었던 것으로 판결이 확정된 동일한 사건에 대하여 다시 심판한 결과 부과되는 것이 아니므로 일사부재리의 원칙과 무관하고, 사회봉사명령 또는 수강명령은 그 성격, 목적, 이행방식 등에서 형벌과 본질적 차이가 있어 이중처벌금지원칙에서 말하는 '처벌'이라 보기 어려우므로, 이 사건 법률조항은 이중처벌금지원칙에 위반되지 아니한다(헌재 2013.6.27. 2012헌바345).

⑦ **부당지원행위에 대한 과징금** (헌재 2003.7.24. 2001헌가25)
   ㉠ 구 독점규제및공정거래에관한법률에 의한 부당내부거래에 대한 과징금은 '처벌'에 해당한다고는 할 수 없다.
   ㉡ 공정거래법에서 형사처벌과 아울러 과징금의 병과를 예정하고 있더라도 이중처벌금지원칙에 위반된다고 볼 수 없다.
   ㉢ 매출액의 100분의 2까지 과징금을 부과할 수 있도록 한 것은 과잉금지원칙에 위반되지 아니한다.

(6) 이중위험금지원칙

이중위험금지원칙은 미연방헌법 수정 제5조(누구든지 동일한 범행에 대하여 재차 생명 또는 신체에 대한 위협을 받지 아니한다)에 근거한 원칙으로 일정절차단계에 이르면 동일절차를 반복하여 다시 위험에 빠뜨릴 수 없다는 절차상 원리이다.

구분	이중위험금지원칙	일사부재리원칙
적용국가	영·미법계	대륙법계
성격	절차상 원리	실체법상 원리
적용시기	일정한 공판절차	확정판결 후
검사의 상소	✕(피고인의 상소는 허용됨)	○
적용범위	>	

3. 연좌제의 금지

> 헌법 제13조【연좌제금지】③ 모든 국민은 자기의 행위가 아닌 친족의 행위로 인하여 불이익한 처우를 받지 아니한다.

(1) 연혁

제8차 개정헌법에 처음으로 규정되었다.

(2) 개념

친족이나 타인행위로 인한 불이익 처우를 금지한다는 원칙이다. 이때의 불이익이란 국가기관에 의한 모든 불이익을 뜻한다.

⚖ 판례 | 연좌제금지 위반 여부

위반으로 본 것

반국가행위자의 처벌에 관한 특별조치법 제8조의 궐석재판에 의한 재산몰수

친족의 재산까지도 반국가행위자의 재산이라고 검사가 적시하기만 하면 특조법 제7조 제7항에 의하여 증거조사 없이 몰수형이 선고되게 되어 있으므로, 특조법 제8조는 헌법 제13조 제3항에도 위반된다(헌재 1996.1.25. 95헌가5).

위반으로 보지 않은 것

1. **신상정보 공개·고지명령**은 성범죄자의 신상정보를 대상으로 하는 것으로, 성범죄자의 친족에 대하여 직접적으로 어떠한 처벌을 가하거나 불이익을 주는 제도라고 보기 어렵다. 따라서 연좌제금지원칙에 위배되는 것이라고 볼 수 없다(헌재 2016.12.29. 2015헌바196).

2. **배우자가 기부행위금지 위반죄 등으로 징역 또는 300만원 이상의 선고받은 때 당선을 무효로 하는 공직선거법 제265조**
   배우자는 후보자와 불가분의 선거운명공동체를 형성하므로 이 사건 법률조항은 연좌제에 해당하지 아니한다(헌재 2005.12.22. 2005헌마19).

3. **회계책임자가 300만원 이상의 벌금을 선고받은 경우 후보자의 당선을 무효로 하고 있는 구 공직선거법 제265조 본문**
   오로지 친족이라는 사유 그 자체만으로 불이익한 처우를 가하는 경우에만 적용되기 때문에 원칙적으로 회계책임자가 친족이 아닌 이상, 이 사건 법률조항은 적어도 헌법 제13조 제3항의 규범적 실질내용에 위배될 수는 없다(헌재 2010.3.25. 2009헌마170).

4. 친일재산을 그 취득·증여 등 원인행위시에 국가의 소유로 하도록 규정한 '친일반민족행위자 재산의 국가귀속에 관한 특별법' 제3조 제1항 본문

위 조항이 친일반민족행위자 후손의 재산 중 그 후손 자신의 경제적 활동으로 취득하게 된 재산이라든가 친일재산 이외의 상속재산 등을 단지 그 선조가 친일행위를 했다는 이유만으로 국가로 귀속시키는 것은 아니므로, 연좌제금지원칙에 반한다고 할 수 없다(헌재 2011.3.31. 2008헌바141).

5. 한일합병의 공으로 작위를 받거나 이를 계승한 행위 및 일본제국주의의 식민통치와 침략전쟁에 협력하여 포상 또는 훈공을 받은 자로서 일본제국주의에 현저히 협력한 행위를 친일반민족행위의 하나로 정의한 '일제강점하 반민족행위 진상규명에 관한 특별법' 규정

위 조항은 친일반민족행위에 대한 정의규정에 불과하고, 관련조항에서 친일반민족행위자의 친족에 대하여 어떠한 불이익 처우도 규정하고 있지 아니하므로, 위 조항은 헌법 제13조 제3항이 정한 연좌제금지에 위반되지 아니한다(헌재 2011.3.31. 2008헌바111).

6. 국회의원과 일정한 친족관계에 있는 자의 주식매각 또는 백지신탁

본인과 친족 사이의 실질적·경제적 관련성에 근거한 것이지, 실질적으로 의미 있는 관련성이 없음에도 오로지 친족관계 그 자체만으로 불이익한 처우를 가하는 것이 아니므로 헌법 제13조 제3항에 위배되지 아니한다(헌재 2012.8.23. 2010헌가65).

03 신체의 자유의 절차적 보장

1. 적법절차원리

> 헌법 제12조 【신체의 자유, 자백의 증거능력】 ① 누구든지 법률에 의하지 아니하고는 체포, 구속, 압수, 수색 또는 심문을 받지 아니하며, 법률과 적법한 절차에 의하지 아니하고는 처벌, 보안처분 또는 강제노역을 받지 아니한다.
> ③ 체포, 구속, 압수 또는 수색을 할 때에는 적법한 절차에 따라 검사의 신청에 의하여 법관이 발부한 영장을 제시하여야 한다.

(1) 연혁
① **미국**: 1787년 미연방제정헌법에는 규정이 없었고, 1791년 개정된 수정헌법에 규정되었다.
② **독일**: 독일헌법에는 명시적 규정은 없다. 우리나라에서는 현행헌법에서 처음으로 규정되었다.

(2) 적법절차조항의 성격
헌법 제12조 제1항에 규정된 적법절차는 헌법상의 규정을 기다릴 것 없이 법치국가의 본질적 내용이고, 헌법이 특별히 적법절차를 규정한 것은 법치국가의 당연한 원리를 강조하고 주의를 불러일으키기 위한 것에 불과하다(헌재 1989.9.29. 89헌가86).

(3) 의의
① **개념**: 적법절차의 원리란 모든 국가작용(입법, 집행, 사법 등)은 정당한 법을 근거로 정당한 절차에 따라 행사되어야 한다는 헌법원리이다.
② **적법절차에서의 '적'의 의미**: 헌법 제12조 제3항 본문은 동조 제1항과 함께 적법절차원리의 일반조항에 해당하는 것으로서, 형사절차상의 영역에 한정되지 않고 입법, 행정 등 국가의 모든 공권력의 작용에는 **절차상의 적법성뿐만 아니라 법률의 구체적 내용도 합리성과 정당성을 갖춘 실체적인 적법성**이 있어야 한다는 적법절차의 원칙을 헌법의 기본원리로 명시하고 있는 것이다(헌재 1992.12.24. 92헌가8).

③ **적법절차에서의 '법'의 의미**: '법'은 형식적 의미의 법률만을 의미하는 것이 아니라, 명령·규칙·조례·관습법을 포함한다. 또한 법의 실질 또는 이념이라 할 수 있는 정의, 윤리, 사회상규까지 포함한다.

④ **적법절차에서의 '절차'의 의미**: 적법절차원칙에서 도출되는 가장 중요한 절차적 요청 중의 하나가, 당사자에게 적절한 고지를 행할 것과 당사자에게 의견 및 자료 제출의 기회를 부여하는 것이다.

(4) 사전통지절차

헌법재판소는 형사사건으로 기소된 공무원과 사립학교 직원에 대하여 필요적으로 직위를 해제하도록 한 국가공무원법과 사립학교법은 공무원의 자신에게 유리한 진술을 할 기회를 박탈하였다고 하여 적법절차원칙에 위배된다고 한 바 있다. 또한 형사사건으로 기소된 변호사에 대해 법무부장관이 일방적으로 업무를 정지하는 것도 변호사의 유리한 진술의 기회를 보장하지 않았다고 하여 적법절차원칙에 위배된다고 하였다. 그러나 당연퇴직 공무원에 대한 사전통지와 의견진술의 기회를 주지 않아도 적법절차원칙에 위배되지 않는다.

⚖️ 판례 | 의견진술권과 적법절차원칙 위반 여부

위반으로 본 것

1. **적법절차와 의견진술권**
   적법절차원칙에서 도출할 수 있는 중요한 절차적 요청 중의 하나로 당사자에게 적절한 고지를 행할 것, 당사자에게 의견 및 자료 제출의 기회를 부여할 것을 들 수 있다. 그러나 적법절차원칙이 구체적으로 어떠한 절차를 어느 정도로 요구하는지는 일률적으로 말하기 어렵고, 규율되는 사항의 성질, 관련 당사자의 사익, 절차의 이행으로 제고될 가치, 국가작용의 효율성, 절차에 소요되는 비용, 불복의 기회 등 다양한 요소들을 형량하여 개별적으로 판단할 수밖에 없다(헌재 2020.2.27. 2015헌가4).

2. 변호사법 제15조는 **법무부장관의 일방적인 명령에 의하여 변호사의 업무가 정지되게 된다는 것이다.** 형사사건으로 기소된 경우에 이를 이유로 징계절차에 붙여져 그 업무를 정지시키는 것이 아니다. 따라서 징계절차에 있어서와 같이 당해 변호사가 자기에게 유리한 사실을 진술하거나 필요한 증거를 제출할 수 있는 청문의 기회가 보장되지 아니하며, 이러한 의미에서 적법절차가 존중되지 않는 것이다(헌재 1990.11.19. 90헌가48).

3. **형사사건으로 기소된 사립학교 교원에 대한 필요적 직위해제의 적법절차원리 위배**
   형사사건으로 기소되었다는 사실만을 이유로 해서 임면권자의 일방적인 처분으로 직위해제를 행하게 되어 있으므로, 징계절차에 있어서와 같은 청문의 기회가 보장되지 아니하여 적법절차에 위반된다(헌재 1994.7.29. 93헌가3).

위반으로 보지 않은 것

1. 적법절차의 원칙에서 도출되는 가장 중요한 절차적 요청은 당사자에게 적절한 고지를 행할 것, 당사자에게 의견 및 자료 제출의 기회를 부여할 것이나 **국민의 기본권을 제한하는 불이익처분의 근거법률에 이러한 요소가 누락되어 있다고 하더라도** 그 법률은 적법절차의 원칙을 위반한 것이라 할 수 없다(헌재 2008.1.17. 2007헌마700).

2. **수뢰죄를 범하여 금고 이상의 형의 선고유예를 받은 국가공무원은 당연퇴직하도록 한 국가공무원법**
   범죄행위로 인하여 형사처벌을 받은 공무원에 대하여 신분상 불이익처분을 하는 법률을 제정함에 있어 어느 방법을 선택할 것인가는 원칙적으로 입법자의 재량에 속한다. 일정한 사항이 법정 당연퇴직사유에 해당하는지 여부만이 문제되는 당연퇴직의 성질상 그 절차에서 당사자의 진술권이 반드시 보장되어야 하는 것은 아니고, 심판대상조항이 청구인의 공무담임권 등을 침해하지 아니하는 이상 적법절차원칙에 위반되지 아니한다(헌재 2013.7.25. 2012헌바409).

---

3. 심판대상조항에 따른 **출국금지결정**은 성질상 신속성과 밀행성을 요하므로, 출국금지 대상자에게 사전통지를 하거나 청문을 실시하도록 한다면 국가형벌권 확보라는 출국금지제도의 목적을 달성하는 데 지장을 초래할 우려가 있다. 나아가 출국금지 후 즉시 서면으로 통지하도록 하고 있고, 이의신청이나 행정소송을 통하여 출국금지결정에 대해 사후적으로 다툴 수 있는 기회를 제공하여 절차적 참여를 보장해 주고 있으므로 적법절차원칙에 위배된다고 보기 어렵다(헌재 2015.9.24. 2012헌바302).

4. 압수·수색영장 집행에 있어 피고인과 변호인의 참여권을 인정하고 이들 참여권자에게 압수·수색영장을 집행함에 있어 사전통지를 규정하면서, **급속을 요하는 때에는 사전통지를 생략할 수 있도록 한 형사소송법** 제122조 단서는 명확성원칙과 적법절차원칙에 반하지 않는다(헌재 2012.12.27. 2011헌바225). ➡ 우리 헌법은 제12조 제3항에서 압수·수색에 관한 통지절차 등을 따로 규정하고 있지 않으므로 압수·수색의 사전통지나 집행 당시의 참여권의 보장은 압수·수색에 있어 국민의 기본권을 보장하고 헌법상의 적법절차원칙의 실현을 위한 구체적인 방법의 하나일 뿐 헌법상 명문으로 규정된 권리는 아니다. 수사기관이 전자우편에 대한 압수·수색 집행을 함에 있어 급속을 요하는 때에는 피의자 등에게 그 집행에 관한 사전통지를 생략할 수 있도록 한 형사소송법 조항은, 압수·수색 집행을 통해 전자우편이 제3자에게 공개되게 함으로써 **해당 피의자 등의 사생활의 비밀과 자유와 통신의 자유 제한으로 볼 수 없어** 적법절차원칙의 위배 여부가 문제된다.

5. 범칙금 통고처분을 받고도 납부기간 이내에 **범칙금을 납부하지 아니한 사람**에 대하여 행정청에 대한 이의제기나 **의견진술 등의 기회를 주지 않고 경찰서장이 곧바로 즉결심판을 청구하도록 한** 구 도로교통법은 적법절차원칙에 위배되지 않는다(헌재 2014.8.28. 2012헌바433).

6. 관계 행정청이 등급분류를 받지 아니하거나 **등급분류를 받은 게임물과 다른 내용의 게임물을 발견한 경우 관계 공무원으로 하여금 이를 수거·폐기하게 할 수 있도록 하는 경우**, 수거·폐기에 앞서 청문이나 의견제출 등 절차보장에 관한 규정을 두고 있지 않으나, **행정상 즉시강제는 목전에 급박한 장해에 대하여 바로 실력을 가하는 작용이라는 특성에 비추어 사전적 절차와 친하기 어렵다는 점을 고려하면, 이를 이유로 적법절차의 원칙에 위반되는 것으로는 볼 수 없다**(헌재 2002.10.31. 2000헌가12).

7. 선거관리위원회의 선거법 위반결정에서 위반행위자에게 의견진술의 기회를 보장하는 것이 반드시 필요하거나 적절하다고 보기는 어렵다. 청구인에게 의견진술의 기회를 부여하지 않은 것이 적법절차원칙에 어긋나서 청구인의 기본권을 침해한다고 볼 수 없다(헌재 2008.1.17. 2007헌마700).

8. 특정공무원범죄의 범인에 대한 추징판결을 범인 외의 자가 그 정황을 알면서 취득한 불법재산 및 그로부터 유래한 재산에 대하여 그 범인 외의 자를 상대로 집행할 수 있도록 규정한 공무원범죄에 관한 몰수 특례법 (헌재 2020.2.27. 2015헌가4)

① **적법절차원칙 위반 여부**: 확정된 형사판결의 집행에 관한 절차를 어떻게 정할 것인지는 입법자의 입법형성권에 속하는 사항이므로, 심판대상조항에 따라 추징판결을 집행함에 있어서 형사소송절차와 같은 엄격한 절차가 요구된다고 보기는 어렵다. 심판대상조항에 따른 추징판결의 집행은 그 성질상 신속성과 밀행성을 요구하는데, 제3자에게 추징판결의 집행사실을 사전에 통지하거나 의견제출의 기회를 주게 되면 제3자가 또다시 불법재산 등을 처분하는 등으로 인하여 집행의 목적을 달성할 수 없게 될 가능성이 높다. 따라서 심판대상조항이 제3자에 대하여 특정공무원범죄를 범한 범인에 대한 추징판결을 집행하기에 앞서 제3자에게 통지하거나 의견을 진술할 기회를 부여하지 않은 데에는 합리적인 이유가 있다. 따라서 심판대상조항은 적법절차원칙에 위배된다고 볼 수 없다.

② **심판대상조항이 과잉금지원칙에 반하여 재산권을 침해하는지 여부(소극)**: 특정공무원범죄로 취득한 불법재산의 철저한 환수를 통하여 국가형벌권의 실현을 보장하고 공직사회의 부정부패 요인을 근원적으로 제거하고자 하는 심판대상조항의 입법목적은 우리 사회에서 매우 중대한 의미를 지닌다. 반면, 심판대상조항으로 인하여 제3자는 그 정황을 알고 취득한 불법재산 및 그로부터 유래한 재산에 대하여 집행을 받게 되는데, 그 범위는 범인이 특정공무원범죄의 범죄행위로 얻은 재산과 그 재산에서 비롯된 부분으로 한정되고, 제3자는 사후적으로 집행에 관한 법원의 판단을 받을 수 있다. 그렇다면

심판대상조항으로 인하여 제3자가 받는 불이익이 심판대상조항이 달성하고자 하는 공익보다 중대하다고 보기 어려우므로, 심판대상조항은 법익의 균형성 원칙에도 위배되지 않는다. 따라서 심판대상조항이 과잉금지원칙에 반하여 재산권을 침해한다고 볼 수 없다.

(5) 적법절차의 적용대상

적법절차원칙이 헌법 제12조 제1항과 제3항이 규정한 형벌, 보안처분, 강제노역과 영장에 한정하여 적용된다는 한정적 열거설도 있지만, 다수설과 판례는 신체의 자유와 관련한 불이익뿐만 아니라 국민의 모든 기본권에 대한 불이익을 야기하는 모든 국가작용에 적용된다는 예시설의 입장이다.

> **⚖ 판례**
>
> 적법절차원칙은 형사절차상의 제한된 범위 내에서만 적용되는 것이 아니라, 국가작용으로서 **기본권 제한과 관련되든 아니든** 모든 입법작용 및 행정작용에도 광범위하게 적용된다고 해석된다(헌재 2019.2.28. 2017헌바196).

(6) 적법절차원칙의 적용범위

형사절차	① 국가권력은 형사소송법 등이 정한 절차에 따라 체포, 구속, 형사소추, 형사재판절차를 진행해야 한다. ② 형사소송절차상의 권리를 배제함에 있어서는 헌법에서 정한 적법절차원칙을 따라야 할 것이다(헌재 2014.1.28. 2012헌바298).
행정절차	① 국민에게 부담을 주는 행정작용인 택지개발예정지구 지정에 있어서도 적법절차원칙이 준수되어야 할 것이다(헌재 2007.10.4. 2006헌바91). ② 과징금 부과: 과징금 부과의 절차에 있어서도 적법절차원칙이 준수되어야 할 것이다. ③ 교정시설의 안전과 질서를 유지하기 위한 행정상 질서벌의 일종인 징벌제도에 있어서도 적법절차원칙이 준수되어야 한다(헌재 2014.9.25. 2012헌마523). ④ 전투경찰순경의 인신구금을 내용으로 하는 영창처분에 있어서도 헌법상 적법절차원칙이 준수될 것이 요청된다(헌재 2016.3.31. 2013헌바190). ⑤ 과태료, 과징금, 즉시강제에 적법절차원칙은 적용된다.
입법절차	적법절차원칙은 입법절차에도 적용된다.
탄핵소추절차	헌법재판소는 국가와 국민의 관계에서 적법절차는 모든 국가작용과 관련하여 적용되나, 국가기관 사이에서 야기되는 관계에서는 적법절차원칙이 원칙적으로 적용되지 않는다고 한다. 국회와 대통령 간에 이루어지는 탄핵소추절차에는 적법절차원칙이 원칙적으로 적용되지 않는다는 견해이다(헌재 2004.5.14. 2004헌나1).

> **⚖ 판례 | 적법절차원칙 적용 여부**
>
> 1. 적법절차의 원칙은 누구든지 합리적이고 정당한 법률의 근거가 있고 적법한 절차에 의하지 아니하고는 체포·구속·압수·수색을 당하지 아니함은 물론, 형사처벌 및 행정벌과 보안처분, 강제노역 등을 받지 아니한다고 이해되는바, 이는 형사절차상의 제한된 범위 내에서만 적용되는 것이 아니라 국가작용으로서 기본권 제한과 관련되든 아니든 모든 입법작용 및 행정작용에도 광범위하게 적용된다고 해석하여야 한다(헌재 2001.11.29. 2001헌바41).
>
> 2. 헌법 제12조 제1항이 규정하고 있는 적법절차원칙은 형사소송절차에 국한되지 않고 모든 국가작용에 적용되며 행정작용에 있어서도 적법절차원칙은 준수되어야 하는바, 불법체류 외국인에 대한 보호 또는 긴급보호의 경우에도 출입국관리법이 정한 요건에 해당하지 않거나 법률이 정한 절차를 위반하는 때에는 적법절차원칙에 반하여 신체의 자유 등 기본권을 침해하게 된다(헌재 2016.4.28. 2013헌바196).

(7) 위헌심사기준으로서 적법절차원칙

① **헌법 제12조 제3항의 적법절차:** 헌법 제12조 제1항은 적법절차원칙의 일반조항이고, 제12조 제3항의 **적법절차원칙**은 기본권 제한 정도가 가장 심한 형사상 강제처분의 영역에서 기본권을 더욱 강하게 보장하려는 의지를 담아 중복 규정된 것이라고 해석함이 상당하다(헌재 2012.6.27. 2011헌가36).

② **과잉금지원칙과 비교:** 현행헌법이 명문화하고 있는 적법절차의 원칙은 단순히 입법권의 유보제한이라는 한정적인 의미에 그치는 것이 아니라, 모든 국가작용을 지배하는 독자적인 헌법의 기본원리로서 해석되어야 할 원칙이라는 점에서 입법권의 유보적 한계를 선언하는 **과잉입법금지의 원칙과는 구별된다**고 할 것이다(헌재 1992.12.24. 92헌가8).

📖 판례정리

적법절차원리 위반 여부

위반인 것

1. 청문의 절차도 밟지 아니하고 압수한 물건에 대한 피의자의 재산권을 박탈하여 국고귀속재판이나 시킴으로써 몰수할 것으로 인정되는 물품을 압수한 경우에 있어서 범인이 당해 관서에 출두하지 아니하거나 또는 **범인이 도주하여 그 물품을 압수한 날로부터 4월을 경과한 때에는 당해 물품은 국고에 귀속하도록 한 관세법**은 적법절차원칙에 위반된다(헌재 1997.5.29. 96헌가17).

2. **보안관찰처분에 대한 행정소송에서 가처분을 일률적으로 금지한 보안관찰법**

   피보안관찰자로서는 사생활의 자유나 표현의 자유와 같은 중요한 기본권에 대한 상당범위의 제한을 수반할 수 있는 보안관찰처분의 적법 여부에 대한 법원의 판단을 받을 수 있는 기회를 실질적으로 제한받고, 경우에 따라서는 박탈당하기도 한다. 보안관찰처분을 다투는 행정소송에서는 다른 행정소송사건에서와는 달리 집행정지를 전혀 할 수 없도록 한 보안관찰법 제24조는 피보안관찰자로 하여금 상당범위의 자유 제한을 감내하도록 요구하는 보안관찰처분의 적법 여부를 다투는 소송절차의 내용을 형성함에 있어서 피보안관찰자의 기본권 보장이 합리적 이유 없이 축소되도록 하였다는 점에서 그 내용이 합리성과 정당성을 갖춘 것이라고 볼 수 없으므로 적법절차원칙에 위배된다(헌재 2001.4.26. 98헌바79).

3. **압수한 물건을 사건종결 전에 폐기한 사법경찰관의 행위** (헌재 2012.12.27. 2011헌마351)

   ① **재산권 침해 여부:** 압수물에 대한 소유권을 포기한 자는 그 압수물에 대하여 더 이상 재산권을 행사할 수 없으므로, 수사기관이 피압수자인 피의자의 소유권 포기가 있는 압수물을 임의로 폐기하였다고 하여 피의자의 재산권이 침해될 여지는 없다. 따라서 청구인이 피청구인에게 이 사건 압수물에 대한 소유권포기서를 작성, 제출하여 이 사건 압수물에 대한 소유권을 포기한 이상 이 사건 압수물에 대한 폐기행위는 **청구인의 재산권을 침해하지는 않는다.**

   ② **사법경찰관인 피청구인이 위험발생의 염려가 없음에도 불구하고 사건종결 전에 압수물을 폐기한 행위가 적법절차의 원칙에 반하고, 공정한 재판을 받을 권리를 침해하는지 여부(적극):** 압수물은 검사의 이익을 위해서뿐만 아니라 이에 대한 증거신청을 통하여 무죄를 입증하고자 하는 피고인의 이익을 위해서도 존재하므로 사건종결시까지 이를 그대로 보존할 필요성이 있다. 압수물에 대하여는 설사 피압수자의 소유권 포기가 있다 하더라도 폐기가 허용되지 아니한다고 해석하여야 한다. 피청구인은 이 사건 압수물을 보관하는 것 자체가 위험하다고 볼 수 없을 뿐만 아니라 이를 보관하는 데 아무런 불편이 없는 물건임이 명백함에도 압수물에 대하여 소유권 포기가 있다는 이유로 이를 사건종결 전에 폐기하였는바, 위와 같은 피청구인의 행위는 적법절차의 원칙을 위반하고, 청구인의 공정한 재판을 받을 권리를 침해한 것이다.

4. **보호감호를 규정한 구 사회보호법** (헌재 1989.7.14. 88헌가5·8)

   ① **임의적 보호감호는 재범의 위험성이 있는 경우 법관이 보호감호를 선고하고** 재범의 위험성이 없는 경우 보호감호를 선고하지 아니하므로 법관에 의한 재판을 받을 권리 침해가 아니다.

② 법이 정한 형식적 요건에 해당하기만 하면 재범의 위험성 여부에 대한 법관의 판단 없이 보호감호를 선고해야 하는 **필요적 보호감호규정**은 법관의 재량을 박탈하고 있으므로 적법절차원칙에 위반되고 법관에 의한 재판을 받을 권리를 침해한다.

5. **형사사건으로 기소된 사립학교 교원에 대한 직위해제를 규정한 사립학교법** (헌재 1994.7.29. 93헌가3)
   ① **필요적 직위해제의 적법절차원리 위배**: 형사사건으로 기소되었다는 사실만을 이유로 해서 임면권자의 일방적인 처분으로 직위해제를 행하게 되어 있으므로, 징계절차에 있어서와 같은 청문의 기회가 보장되지 아니하여 적법절차에 위반된다.
   ② **필요적 직위해제**: 형사사건으로 기소가 되면 범죄의 경중을 가리지 않고 직위를 해제하도록 한 사립학교법은 직업의 자유를 침해하는 것이라고 할 수밖에 없다.
   ③ **임의적 직위해제의 합헌성**: 직위를 부여하지 않을 수 있다는 임의적 규정은 합헌적으로 적용이 가능하므로 위헌이 아니다.

6. 검사가 법원의 증인으로 채택된 수감자를 그 증언에 이르기까지 거의 매일 검사실로 하루 종일 소환하여 피고인 측 변호인이 접근하는 것을 차단하고, 검찰에서의 진술을 번복하는 증언을 하지 않도록 회유·압박하는 한편, 때로는 검사실에서 그에게 편의를 제공하기도 한 행위가 적법절차의 원칙도 침해하는지 여부(적극)
   증인의 증언 전에 일방 당사자만이 증인과의 접촉을 독점하게 되면, 상대방은 증인이 어떠한 내용을 증언할 것인지를 알 수 없어 그에 대한 방어를 준비할 수 없게 되며 상대방이 가하는 예기치 못한 공격에 그대로 노출될 수밖에 없으므로, 헌법이 규정한 '적법절차의 원칙'에도 반한다[(헌재 2001.8.30. 99헌마496(전합)].

7. 강제퇴거명령을 받은 사람을 즉시 대한민국 밖으로 송환할 수 없으면 송환할 수 있을 때까지 보호시설에 보호할 수 있도록 규정한 출입국관리법
   출입국관리법은 심판대상조항에 따른 보호명령을 발령하기 전에 당사자에게 의견을 제출할 기회를 부여하도록 하는 규정을 두고 있지 않다. 행정절차법은 행정청이 당사자에게 의무를 부과하거나 권익을 제한하는 처분을 할 때 당사자 등에게 의견제출의 기회를 주어야 한다고 규정하면서(행정절차법 제22조 제3항), '외국인의 출입국에 관한 처분'을 행정절차법의 적용대상에서 제외하고 있다(행정절차법 제3조 제2항 제9호, 행정절차법 시행령 제2조 제2호). 따라서 현행법상 피보호자는 보호명령절차에서 자신에게 유리한 진술을 하거나 의견을 제출할 수 있는 기회를 부여받고 있지 않다. 심판대상조항은 보호의 개시 또는 연장 단계에서 공정하고 중립적인 기관에 의한 통제절차가 없고, 당사자에게 의견을 제출할 기회를 보장하고 있지 아니하므로, 헌법상 적법절차원칙에 위배된다(헌재 2023.3.23. 2020헌가1).

위반이 아닌 것

1. **보안관찰처분** (헌재 1997.11.27. 92헌바28)
   ① 보안처분에 적용되어야 할 적법절차의 원리의 적용범위 내지 한계에도 차이가 있어야 한다. ➡ 관찰처분에 적법절차원칙 적용은 완화되어야 한다.
   ② **적법절차의 원칙에 의하여 그 성질상 보안처분의 범주에 드는 모든 처분의 개시 내지 결정에 법관의 판단을 필요로 한다고 단정할 수 없고** 보안관찰 해당 범죄를 다시 범할 위험성이 있다고 인정할 충분한 이유가 있어 재범의 방지를 위한 관찰이 필요한 자에 대하여 **보안관찰처분을 법무부 산하의 보안관찰처분심의위원회가 부과할 수 있도록 한** 보안관찰법 제4조는 적법절차원칙에 반하지 아니한다.
   ③ 보안관찰처분대상자가 보안관찰 해당 범죄를 다시 저지를 위험성이 내심의 영역을 벗어나 외부에 표출되는 경우에 재범의 방지를 위하여 내려지는 특별예방적 목적의 처분이므로, 양심의 자유를 보장한 헌법규정에 위반된다고 할 수 없다.

   유사 피보안관찰자의 거주지 등 신고의무 부과는 사생활의 비밀과 자유를 침해하지 않는다(헌재 2015.11.26. 2014헌바475).

2. **범죄인 인도절차**는 형사절차도 민사절차도 아닌 범죄인인도법에 의하여 인정된 특별한 절차이므로 **범죄인인도 여부를 서울고등법원 전속관할로 하여** 대법원의 재판을 받을 수 없도록 하더라도 적법절차원칙과 재판청구권 조항에 위반되지 아니한다(헌재 2003.1.30. 2001헌바95).

3. **이명박의 주가조작 특별검사 임명** (헌재 2008.1.10. 2007헌마1468)

① 특별검사에 의한 수사대상을 특정인에 대한 특정 사건으로 한정한 이 사건 법률 제2조는 개별사건법률이나 수사의 공정성을 위해 대통령 당선자 관련사건에 대해 특별검사제를 도입하는 것은 평등원칙에 반하지 않는다.

② 대법원장으로 하여금 특별검사 후보자 2인을 추천하고 대통령은 그 추천후보자 중에서 1인을 특별검사로 임명하도록 한 이 사건 법률 제3조가 적법절차원칙 등을 위반하였다고 볼 수 없다.

4. **대통령이 임명할 특별검사 1인에 대하여 그 후보자 2인의 추천권을 교섭단체를 구성하고 있는 두 야당의 합의로 행사하게 한 박근혜 정부의 최순실 등 민간인에 의한 국정농단 의혹 사건 규명을 위한 특별검사의 임명 등에 관한 법률**

특별검사후보자의 추천권을 누구에게 부여하고 어떠한 방식으로 특별검사를 임명할 것인지에 관한 사항 역시 사건의 특수성과 특별검사법의 도입 배경, 수사대상과 임명 관여주체와의 관련성 및 그 정도, 그에 따른 특별검사의 독립성·중립성 확보 방안 등을 고려하여 국회가 입법재량에 따라 결정할 사항이다. 그러한 국회의 결정이 명백히 자의적이거나 현저히 불합리한 것이 아닌 한 입법재량으로서 존중되어야 할 것이다. 이 사건 법률의 제정 배경과 수사대상에 대통령이 포함될 수도 있었던 사정, 여야 합의의 취지, 이 사건 법률에서 규정하고 있는 특별검사의 정치적 중립성과 독립성 확보를 위한 여러 보완장치 등을 고려할 때 심판대상조항이 당시 여당을 특별검사후보자 추천권자에서 배제하고 교섭단체를 구성하고 있는 두 야당으로 하여금 특별검사후보자 2명을 추천하도록 규정하였다고 하여 합리성과 정당성을 잃은 입법이라고 볼 수 없다(헌재 2019.2.28. 2017헌바196).

5. **보금자리주택지구를 지정함에 있어 사전협의기간을 20일로 규정한 사전협의절차**는 적법절차원칙에 위배되지 않는다(헌재 2014.3.27. 2012헌바29).

6. 교정시설의 안전과 질서를 유지하기 위한 행정상 질서벌의 일종인 징벌제도에 있어서도 적법절차원칙이 준수되어야 할 것이다. **교도소장이 징벌혐의의 조사를 위하여 14일간 청구인을 조사실에 분리수용하고 공동행사참가 등 처우를 제한한 행위**는 적법절차원칙에 위반되는 것은 아니다(헌재 2014.9.25. 2012헌마523).

7. 보호관찰이나 사회봉사 또는 수강명령의 준수사항이나 명령을 위반하고 그 정도가 무거운 때 집행유예가 취소되어 **본형이 부활하여 이미 수행된 의무이행부분이 부활되는 형기에 반영되지 않는 것**은 적법절차원칙에 위배되지 아니한다(헌재 2013.6.27. 2012헌바345).

8. 국가의 형벌권을 피하기 위하여 해외로 도피할 우려가 있는 자에 대해 **법무부장관이 출국을 금지할 수 있도록 한 출입국관리법**은 적법절차원칙에 위반되지 않는다(헌재 2015.9.24. 2012헌바302).

9. **전경에 대한 징계로서 영창을 규정한 전투경찰대 설치법** (헌재 2016.3.31. 2013헌바190)

헌법 제12조 제1항의 적법절차원칙은 형사소송절차에 국한되지 않고 모든 국가작용 전반에 대하여 적용되므로, 전투경찰순경의 인신구금을 내용으로 하는 **영창처분에 있어서도 적법절차원칙**이 준수되어야 한다. 그런데 전투경찰순경에 대한 영창처분은 그 사유가 제한되어 있고, 징계위원회의 심의절차를 거쳐야 하며, 징계심의 및 집행에 있어 징계대상자의 출석권과 진술권이 보장되고 있다. 또한 소청과 행정소송 등 별도의 불복절차가 마련되어 있고 소청에서 당사자 의견진술 기회 부여를 소청결정의 효력에 영향을 주는 중요한 절차적 요건으로 규정하는바, 이러한 점들을 종합하면 이 사건 영창조항이 헌법에서 요구하는 수준의 절차적 보장기준을 충족하지 못했다고 볼 수 없으므로 헌법 제12조 제1항의 적법절차원칙에 위배되지 아니한다.

10. 범죄의 피의자로 입건된 사람이 경찰공무원이나 검사의 신문을 받으면서 자신의 신원을 밝히지 않고 **지문채취에 불응한 경우** 형사처벌을 받도록 하는 경범죄 처벌법 조항은 적법절차원칙에 위배되지 않는다(헌재 2004.9.23. 2002헌가17).

11. **징계시효 연장을 규정하면서 징계절차를 진행하지 아니함을 통보하지 아니한 경우에는 징계시효가 연장되지 않는다는 예외규정을 두지 않은 지방공무원법** *합헌결정

지방공무원법이 수사 중인 사건에 대해 징계절차를 진행하지 아니하는 경우 징계시효가 연장되도록 한 것은, 적정한 징계를 위해 징계절차를 진행하지 아니할 수 있도록 한 것이 오히려 징계를 방해하게 되는 불합

리한 결과를 막기 위해서이다. 수사 중인 사건에 대하여 징계절차를 진행하지 아니하더라도 징계혐의자는 수사가 종료되는 장래 어느 시점에서 징계절차가 진행될 수 있다는 점을 충분히 예측하여 대비할 수 있고, 수사가 종료되어 징계절차가 진행되는 경우에도 징계혐의자는 관련법령에 따라 방어권을 충분히 보호받을 수 있다. 심판대상조항을 통해 달성되는 공정한 징계제도 운용이라는 이익은, 징계혐의자가 징계절차를 진행하지 아니함을 통보받지 못하여 징계시효가 연장되었음을 알지 못함으로써 입는 불이익보다 크다. 그렇다면 심판대상조항이 징계시효 연장을 규정하면서 **징계절차를 진행하지 아니함을 통보하지 아니한 경우에는 징계시효가 연장되지 않는다는 예외규정을 두지 않았다고 하더라도** 적법절차원칙에 위배되지 아니한다(헌재 2017.6.29. 2015헌바29).

12. 연락운송 운임수입의 배분에 관한 협의가 성립하지 아니한 때에는 당사자의 신청을 받아 국토교통부장관이 결정하도록 한 도시철도법 제34조

심판대상조항이 국토교통부장관이 운임수입 배분에 관한 결정을 하기 전에 거쳐야 하는 일반적인 절차에 대해 따로 규정하고 있지는 않지만, 행정절차법은 처분의 사전통지, 의견제출의 기회, 처분의 이유제시 등을 규정하고 있고, 이는 국토교통부장관의 결정에 적용되므로, 심판대상조항이 별도로 이를 규정하고 있지 않더라도 절차적 보장이 이루어진다. 따라서 심판대상조항은 적법절차원칙에 위배되지 아니한다(헌재 2019.6.28. 2017헌바135).

13. 피청구인 통일부장관은 개성공단 중단조치 전 개성공단기업협회 회장단과의 간담회를 개최하여 결정 배경을 설명하고 세부조치 내용을 고지하기도 하였으므로, 이 사건 중단조치의 특성, 절차 이행으로 제고될 가치, 국가작용의 효율성 등의 종합적 형량에 따른 필수적 절차는 거친 것으로 봄이 타당하고, **이해관계자 등의 의견청취절차는** 적법절차원칙에 따라 반드시 요구되는 절차라고 보기 어렵다. 따라서 개성공단 중단조치가 적법절차원칙에 위반되어 청구인들의 영업의 자유나 재산권을 침해한 것으로 볼 수 없다(헌재 2022.5.26. 2016헌마95).

2. 영장주의

헌법 제12조 ③ 체포, 구속, 압수 또는 수색을 할 때에는 적법한 절차에 따라 검사의 신청에 의하여 법관이 발부한 영장을 제시하여야 한다. 다만, 현행범인 경우와 장기 3년 이상의 형에 해당하는 죄를 범하고 도피 또는 증거인멸의 염려가 있을 때에는 사후에 영장을 청구할 수 있다.

형사소송법 제200조의3【긴급체포】 ① 검사 또는 사법경찰관은 피의자가 사형·무기 또는 장기 3년 이상의 징역이나 금고에 해당하는 죄를 범하였다고 의심할 만한 상당한 이유가 있고, 다음 각 호의 어느 하나에 해당하는 사유가 있는 경우에 긴급을 요하여 지방법원판사의 체포영장을 받을 수 없는 때에는 그 사유를 알리고 영장 없이 피의자를 체포할 수 있다. 이 경우 긴급을 요한다 함은 피의자를 우연히 발견한 경우 등과 같이 체포영장을 받을 시간적 여유가 없는 때를 말한다.
1. 피의자가 증거를 인멸할 염려가 있는 때
2. 피의자가 도망하거나 도망할 우려가 있는 때

제200조의4【긴급체포와 영장청구기간】 ① 검사 또는 사법경찰관이 제200조의3의 규정에 의하여 피의자를 체포한 경우 피의자를 구속하고자 할 때에는 지체 없이 검사는 관할 지방법원판사에게 구속영장을 청구하여야 하고, 사법경찰관은 검사에게 신청하여 검사의 청구로 관할 지방법원판사에게 구속영장을 청구하여야 한다. 이 경우 구속영장은 피의자를 체포한 때부터 48시간 이내에 청구하여야 하며, 제200조의3 제3항에 따른 긴급체포서를 첨부하여야 한다.

(1) 사전영장주의의 원칙

형사절차에 있어서의 영장주의란 체포·구속·압수 등의 강제처분을 함에 있어서는 사법권 독립에 의하여 그 신분이 보장되는 법관이 발부한 영장에 의하지 않으면 아니 된다는 원칙이고, 따라서 영장주의의 본질은 신체의 자유를 침해하는 강제처분을 함에 있어서는 중립적인 법관이 구체적 판단을 거쳐 발부한 영장에 의하여야만 한다는 데에 있다(헌재 1997.3.27. 96헌바28).

⚖ 판례 | 영장주의는 법원에 의한 사후통제절차를 요구하지는 않는다.

수사를 위한 인터넷회선 감청은 수사기관이 범죄수사 목적으로 전송 중인 정보의 수집을 위해 당사자 동의 없이 집행하는 강제처분으로 법은 수사기관이 일정한 요건을 갖추어 법원의 허가를 얻어 집행하도록 정하고 있다. 이와 관련하여, 청구인은 인터넷회선 감청을 위해 법원의 허가를 얻도록 정하고 있으나, 패킷감청의 기술적 특성으로 해당 인터넷회선을 통하여 흐르는 모든 정보가 감청대상이 되므로 개별성·특정성을 전제로 하는 영장주의가 유명무실하게 되고 나아가 집행단계나 그 종료 후에 법원이나 기타 객관성을 담보할 수 있는 기관에 의한 감독과 통제수단이 전혀 마련되어 있지 않으므로, 이 사건 법률조항은 헌법상 영장주의 내지 적법절차원칙에 위반된다고 한다. 그러나 <u>헌법 제12조 제3항이 정한 영장주의가 수사기관이 강제처분을 함에 있어 중립적 기관인 법원의 허가를 얻어야 함을 의미하는 것 외에 법원에 의한 **사후통제까지 마련되어야 함을 의미한다고 보기 어렵고**,</u> 청구인의 주장은 결국 인터넷회선 감청의 특성상 집행단계에서 수사기관의 권한남용을 방지할 만한 별도의 통제 장치를 마련하지 않는 한 통신 및 사생활의 비밀과 자유를 과도하게 침해하게 된다는 주장과 같은 맥락이므로, 이 사건 법률조항이 과잉금지원칙에 반하여 청구인의 기본권을 침해하는지 여부에 대하여 판단하는 이상, 영장주의 위반 여부에 대해서는 별도로 판단하지 아니한다(헌재 2018.8.30. 2016헌마263).

⚖ 판례 | 영장주의와 다른 원칙의 관계

1. **형식적으로 영장주의에 위배되는 법률은 곧바로 헌법에 위반되고**, 나아가 형식적으로는 영장주의를 준수하였더라도 실질적인 측면에서 입법자가 합리적인 선택범위를 일탈하는 등 그 입법형성권을 남용하였다면 그러한 법률은 자의금지원칙에 위배되어 헌법에 위반된다고 보아야 한다(헌재 2012.12.27. 2011헌가5).

2. 헌법 제12조 제3항의 영장주의는 헌법 제12조 제1항의 적법절차원칙의 특별규정이므로, 헌법상 영장주의 원칙에 위배되는 이 사건 법률조항은 헌법 제12조 제1항의 **적법절차원칙에도 위배된다**(헌재 2012.6.27. 2011헌가36).

3. 헌법 제12조 제1항은 '신체의 자유'에 관한 일반규정이고, 같은 조 <u>제3항은 수사기관의 피의자에 대한 강제처분절차 등에 관한 특별규정이기 때문에</u> 헌법 제12조 제3항에 위배되는지 여부를 판단하는 것으로 족하며 이에 관하여 일반규정인 헌법 제12조 제1항 및 제27조 제4항의 위반 여부 등을 별도로 판단할 필요는 없다(헌재 2003.12.18. 2002헌마593).

4. **구속영장을 재청구하는 경우 그 실체적 요건을 가중하지 아니한 것이 영장주의에 위배되는지 여부**
   피의자의 재구속 등에 관련하여 '실질적 가중요건'을 규정할 것인지 아니면 '절차적 가중요건'을 규정할 것인지 여부와 같이 법률의 구체적 내용을 정하는 문제는 원칙적으로 입법자가 제반 사정을 고려하여 결정할 사항이라는 점, 현행법상 재체포·재구속에 관하여 상대적으로 신중한 심사를 하는 것을 입법목적으로 하면서도 '절차적 가중요건'만을 추가시킨 법률규정들이 다수 존재한다는 점 등 여러 사정에 비추어 볼 때, 입법자가 동일한 입법목적을 구현하기 위하여 이 사건 법률조항에 근거한 구속영장 재청구에 관련하여 '절차적 가중요건'만을 규정하는 정책적 선택을 하였다는 사정만으로 입법형성권을 자의적으로 행사하였다고 보기는 어렵다(헌재 2003.12.18. 2002헌마593).

⚖ 판례 | 영장주의 적용 여부

영장주의가 적용되는 것

1. 직접강제에 의한 지문채취

헌법에는 영장주의가 행정절차에 적용된다고 규정하고 있지 않다. 영장주의가 적용되는 국가행위는 강제처분이다. 체포·구속·압수·수색에는 영장이 필요하다. <u>수사상 필요에 의하여 수사기관이 직접강제에 의하여 지문을 채취하려 하는 경우에는 반드시 법관이 발부한 영장에 의하여야 한다</u>(헌재 2004.9.23. 2002헌가17).

2. 위치정보 추적자료 제공요청

통신비밀보호법이 정한 강제처분에 해당되므로 영장주의가 적용된다. 수사기관이 전기통신사업자에게 위치정보 추적자료 제공을 요청함에 있어 관할 지방법원 또는 지원의 허가를 받도록 규정한 통신비밀보호법은 영장주의에 위배되지 아니한다(헌재 2018.6.28. 2012헌마191).

비교 수사기관 등이 전기통신사업자에게 이용자의 성명 등 통신자료의 열람이나 제출을 요청할 수 있도록 한 전기통신사업법 제83조 제3항이 영장주의의 적용을 받는지 여부(소극): 헌법상 영장주의는 체포·구속·압수·수색 등 기본권을 제한하는 강제처분에 적용되므로, 강제력이 개입되지 않은 <u>임의수사에 해당하는 수사기관 등의 통신자료 취득에는 영장주의가 적용되지 않는다</u>(헌재 2022.7.21. 2016헌마388).

영장주의가 적용되지 않는 것

1. 구치소장이 검사의 요청에 따른 미결수용자와 배우자의 접견녹음파일을 제공하는 행위

직접적으로 물리적 강제력을 행사하는 등 강제처분을 수반하는 것이 아니므로 영장주의가 적용되지 않는다(헌재 2012.12.27. 2010헌마153).

2. 수용자 대화내용 녹음

청구인에 대하여 직접적으로 어떠한 물리적 강제력을 행사하는 강제처분을 수반하는 것이 아니므로 영장주의의 적용대상이 아니다. 따라서 이 사건 녹음조항은 영장주의에 위배되지 않는다(헌재 2016.11.24. 2014헌바401).

3. 채취대상자가 동의하는 경우에 영장 없이 디엔에이감식시료를 채취할 수 있도록 규정한 것

영장주의와 적법절차원칙에 위배되어 신체의 자유를 침해하는 것은 아니다(헌재 2014.8.28. 2011헌마28·106·141·156·326, 2013헌마215·360).

4. 형사재판에 계속 중인 사람에 대한 출국금지

법무부장관의 출국금지결정은 형사재판에 계속 중인 국민의 출국의 자유를 제한하는 행정처분일 뿐이고, 영장주의가 적용되는 신체에 대하여 직접적으로 물리적 강제력을 수반하는 강제처분이라고 할 수는 없다. 따라서 심판대상조항이 헌법 제12조 제3항의 영장주의에 위배된다고 볼 수 없다(헌재 2015.9.24. 2012헌바302).

5. 음주측정

당사자의 자발적 협조가 필수적인 것이다. 따라서 당사자의 협력이 궁극적으로 불가피한 측정방법을 두고 영장이 필요한 강제처분이라고 할 수 없을 것이다(헌재 1997.3.27. 96헌가11).

6. 소변채취

검사대상자들의 협력이 필수적이어서 강제처분이라고 할 수도 없어 영장주의의 원칙이 적용되지 않는다(헌재 2006.7.27. 2005헌마277).

7. 피의자 지문채취

이 사건 법률조항은 수사기관이 직접 물리적 강제력을 행사하여 피의자에게 강제로 지문을 찍도록 하는 것을 허용하는 규정이 아니며 형벌에 의한 불이익을 부과함으로써 심리적·간접적으로 지문채취를 강요하고 있으므로 영장주의에 의하여야 할 강제처분이라 할 수 없다(헌재 2004.9.23. 2002헌가17).

8. 요양급여정보제공

형사소송법 제199조와 경찰관 직무집행법의 사실조회조항은 수사기관에 사실조회의 권한을 부여하고 있을 뿐이고, 이에 근거한 이 사건 사실조회행위에 대하여 국민건강보험공단이 응하거나 협조하여야 할 의무를 부담하는 것이 아니다. 따라서 용산경찰서장의 국민보험공단에 한 요양급여정보 사실조회행위는 강제력이 개입되지 아니한 임의수사에 해당하므로, 이에 응하여 이루어진 공단의 요양급여정보 제공행위에도 영장주의가 적용되지 않는다. 그러므로 이 사건 정보제공행위는 영장주의 원칙에 위배되지 않는다(헌재 2018.8.30. 2014헌마368).

9. 김포시장이 2015.7.3. 김포경찰서장에게 청구인들의 이름, 생년월일, 전화번호, 주소를 제공한 행위

이 사건 사실조회행위는 강제력이 개입되지 아니한 임의수사에 해당하므로, 이에 응하여 이루어진 이 사건 정보제공행위에도 영장주의가 적용되지 않는다. 그러므로 이 사건 정보제공행위가 영장주의에 위배되어 청구인들의 개인정보자기결정권을 침해한다고 볼 수 없다(헌재 2018.8.30. 2016헌마483).

10. 행정상 즉시강제 (헌재 2002.10.31. 2000헌가12)

① **개념**: 행정상 즉시강제란 행정강제의 일종으로서 목전의 급박한 행정상 장해를 제거할 필요가 있는 경우에, 미리 의무를 명할 시간적 여유가 없을 때 또는 그 성질상 의무를 명해서는 목적달성이 곤란할 때에, 직접 국민의 신체 또는 재산에 실력을 가하여 행정상 필요한 상태를 실현하는 작용이다.

② 영장주의가 행정상 즉시강제에도 적용되는지에 관하여는 논란이 있으나, 행정상 즉시강제는 상대방의 임의이행을 기다릴 시간적 여유가 없을 때 하명 없이 바로 실력을 행사하는 것으로서, 그 본질상 급박성을 요건으로 하고 있어 법관의 영장을 기다려서는 그 목적을 달성할 수 없다고 할 것이므로, 원칙적으로 영장주의가 적용되지 않는다고 보아야 할 것이다. **등급분류를 받지 아니한 음반·비디오·게임물을 영장 없이 수거·폐기에는 영장주의가 적용되지 아니하므로** 영장주의에 위배되지 아니한다.

③ **등급분류를 받지 아니한 음반·비디오·게임물을 수거·폐기**: 게임물의 등급분류제를 확보함으로써 얻을 수 있는 이익인 건전한 사회기풍의 확보라는 공익이 크므로 재산권을 침해했다고 할 수 없다.

11. 선관위 직원의 자료제출요구

① 심판대상조항에 의한 자료제출요구는 그 성질상 대상자의 자발적 협조를 전제로 할 뿐이고 물리적 강제력을 수반하지 아니한다. 심판대상조항은 피조사자로 하여금 자료제출요구에 응할 의무를 부과하고, 허위 자료를 제출한 경우 형사처벌하고 있으나, 이는 형벌에 의한 불이익이라는 심리적·간접적 강제수단을 통하여 진실한 자료를 제출하도록 함으로써 조사권 행사의 실효성을 확보하기 위한 것이다. 이와 같이 심판대상조항에 의한 **자료제출요구는 행정조사의 성격을 가지는 것으로 수사기관의 수사와 근본적으로 그 성격을 달리하며**, 청구인에 대하여 직접적으로 어떠한 물리적 강제력을 행사하는 강제처분을 수반하는 것이 아니므로 영장주의의 적용대상이 아니다(헌재 2019.9.26. 2016헌바381).

② **영장발부의 주체와 시간적 범위**: 영장주의는 구속개시단계, 수사단계, 공판단계 등 구속의 전 과정에서 적용된다. 영장주의는 자유의 박탈, 허용, 그 해제 여부의 결정은 오직 법관만이 결정할 수 있다는 원리이다.

영창과 영장주의 적용 여부

1. 전투경찰순경에 대한 징계로서 영창조항

5인의 재판관은 영창은 물리적 강력력이 동원되는 강제처분이므로 영장주의가 적용된다고 하면서 법관이 발부한 영장없이 영창을 집행하도록 한 것은 영장주의에 위반된다고 하였다. 그러나 인용에 필요한 6인 정족수에 미달하였다. **4인의 재판관은 형사절차가 아닌 징계절차에는 영장주의가 적용되지 않는다고 하면서 전투경찰순경에 대한 징계로서 영창조항은 영장주의에 반하지 않는다고 하였다.** 4인 의견이 헌법재판소 법정의견이다(헌재 2016.3.31. 2013헌바190).

2. 전경에 대한 징계로서 영창을 규정한 전투경찰대 설치법 (헌재 2016.3.31. 2013헌바190)

① **재판관 4인의 법정의견**: 영장주의란 형사절차와 관련하여 체포·구속·압수·수색의 강제처분을 할 때 신분이 보장되는 법관이 발부한 영장에 의하지 않으면 안 된다는 원칙으로, 형사절차가 아닌 징계절차에도 그대로 적용된다고 볼 수 없다.

② **재판관 5인의 반대의견**: 공권력의 행사로 인하여 신체를 구속당하는 국민의 입장에서는, 그러한 구속이 형사절차에 의한 것이든, 행정절차에 의한 것이든 신체의 자유를 제한당하고 있다는 점에서는 본질적인 차이가 있다고 볼 수 없으므로, 행정기관이 체포·구속의 방법으로 신체의 자유를 제한하는 경우에도 원칙적으로 헌법 제12조 제3항의 영장주의가 적용된다고 보아야 하고, 다만 행정작용의 특성상 영장주의를 고수하다가는 도저히 그 목적을 달성할 수 없는 경우에는 영장주의의 예외가 인정될 수 있다. 이 사건 영창조항에 의한 영창처분은 행정기관에 의한 구속에 해당하고, 그 본질상 급박성을 요건으로 하지 않음에도 불구하고 법관의 판단을 거쳐 발부된 영장에 의하지 않고 이루어지므로, 이 사건 영창조항은 헌법 제12조 제3항의 영장주의에 위배되어 청구인의 신체의 자유를 침해한다.

3. 병(兵)에 대한 징계처분으로 일정기간 부대나 함정(艦艇) 내의 영창, 그 밖의 구금장소에 감금하는 영창처분이 가능하도록 규정한 구 군인사법 제57조 제2항 (헌재 2020.9.24. 2017헌바157)

① **재판관 이석태, 재판관 김기영, 재판관 문형배, 재판관 이미선의 법정의견에 대한 보충의견 *법정의견은 아님.**: 우리는 심판대상조항이 과잉금지원칙에 위배될 뿐만 아니라 영장주의에도 위배되어 위헌이라고 생각하므로, 다음과 같이 의견을 밝힌다. 결국 심판대상조항에 의한 영창처분에는 법관에 의한 영장이 필요함에도 불구하고 법관의 판단 없이 인신구금이 이루어질 수 있도록 한 것으로, 이는 헌법 제12조 제1항·제3항의 영장주의의 본질을 침해하는 것이다.

② **재판관 이은애, 재판관 이종석의 반대의견**: 헌법 제12조 제3항에서 정하고 있는 영장주의는 형사절차와 관련된 강제처분에 한하여 적용되는 것이고, 병에 대한 징계를 정하고 있는 심판대상조항에 대해서도 그대로 적용된다고 볼 수 없다. 헌법 제12조 제3항은 법관에 의한 사전영장원칙과 그 예외를 명문으로 규정하고 있다. 이와 같은 헌법상 영장주의는 형사절차에 적용되는 것을 전제로 형사절차상 용어로 구성되어 있으므로, 징계절차에 대해 문언 그대로 적용될 수 없다. 따라서 징계절차에 대해 헌법상 영장주의가 적용된다고 볼 경우 영장주의의 일부 요소만을 자의적으로 적용할 우려가 있고, 결국 이는 헌법상 영장주의가 그대로 적용되는 것도 아니라고 할 것이다.

* **병에 대한 영창**: 법정의견은 과잉금지원칙에 위반된다고 하여 위헌결정을 하였으나 영장주의 적용과 위반 여부에 대해서는 심리를 하지 않았다. 보충의견은 물리적 강력력이 동원되는 강제처분이므로 영장주의가 적용된다고 하면서 법관이 발부한 영장없이 영창을 집행하도록 한 것은 영장주의에 위반된다고 하였다. 그러나 재판관 2인의 반대의견은 형사절차가 아닌 징계절차에는 영장주의가 적용되지 않는다고 하면서 병에 대한 징계로서 영창조항은 영장주의에 반하지 않는다고 하였다.

(2) 사전영장주의의 예외

① 긴급체포와 현행범인의 경우

㉠ 영장 없이 긴급체포할 수 있다.

㉡ 체포 후 48시간 이내에 구속영장을 청구하지 아니하면 석방하여야 한다.

⚖️ 판례

1. **현행범인 체포에 대해 사후 체포영장제도를 규정하지 않고, 사후 구속영장의 청구기간을 '48시간 이내'로 규정한 형사소송법**

   헌법에서 현행범인 체포의 경우 사전영장원칙의 예외를 인정하고 있을 뿐 사후영장의 청구방식에 대해 특별한 규정을 두지 않고 있는 이상, 체포한 피의자를 구속하고자 할 때에는 48시간 이내에 구속영장을 청구하되 그렇지 않은 경우 체포에 대한 사후통제절차 없이 피의자를 즉시 석방하도록 규정하였다고 하여 헌법상 영장주의에 위반된다고 볼 수는 없다. 범행과의 시간적·장소적 접착성 및 범행의 명백성이 외부적으로 명백하여야 하는 현행범인의 특수성, 현행범인 체포에 따른 구금의 성격, 형사절차에 불가피하게 소요되는 시간 및 수사현실 등을 종합적으로 고려하면, 체포한 때부터 '48시간 이내'를 사후영장의 청구기간으로 정한 것이 입법재량을 현저히 일탈한 것으로 보기는 어렵다(헌재 2012.5.31. 2010헌마672).

2. **사형·무기 또는 장기 3년 이상의 징역이나 금고에 해당하는 죄를 범하였다고 의심할 만한 상당한 이유가 있는 경우에 피의자를 긴급체포할 수 있도록 한 형사소송법**

   형사소송법은 긴급체포를 예외적으로만 허용하고 있고 피의자 석방시 석방의 사유 등을 법원에 통지하도록 하고 있으며 긴급체포된 피의자도 체포적부심사를 청구할 수 있어 긴급체포제도의 남용을 예방하고 있다. 이 사건 영장청구조항은 사후 구속영장의 청구시한을 체포한 때부터 48시간으로 정하고 있다. 이는 긴급체포의 특수성, 긴급체포에 따른 구금의 성격, 형사절차에 불가피하게 소요되는 시간 및 수사현실 등에 비추어 볼 때 입법재량을 현저하게 일탈한 것으로 보기 어렵다. 또한 이 사건 영장청구조항은 체포한 때로부터 48시간 이내라 하더라도 피의자를 구속할 필요가 있는 때에는 지체 없이 구속영장을 청구하도록 함으로써 사후영장청구의 시간적 요건을 강화하고 있다. 따라서 이 사건 영장청구조항은 헌법상 영장주의에 위반되지 아니한다(헌재 2021.3.25. 2018헌바212).

---

② **현행범과 준현행범**: 현행범인과 준현행범인은 영장 없이 체포하고 사후에 영장을 발부받으면 된다. 긴급체포는 검사·사법경찰관이 할 수 있으나, 현행범인과 준현행범인은 누구든지 체포할 수 있다. 50만원 이하의 벌금, 구류, 과료에 해당하는 죄의 현행범인에 대하여는 주거가 분명하지 않은 경우에 한해 영장 없이 체포할 수 있다.

(3) 국가긴급권과 영장주의

국가긴급권으로도 영장주의를 배제할 수 없다. 제1공화국 헌법위원회는 비상계엄하에서도 영장주의가 배제될 수 없으므로 검사가 영장을 발부하는 것은 허용되지 않는다고 한 바 있다.

① **긴급조치 위반자에 대해서 법관의 영장 없이 체포·구속·압수·수색할 수 있다고 규정하고, 검찰이 발부한 영장에 따라 체포·구속할 수 있도록 규정한 긴급조치**는 영장주의에 위배된다(헌재 2013.3.21. 2010헌바70).

② **영장 없이 장기간 체포·구금할 수 있도록 한** 인신구속 등에 관한 임시 특례법은 헌법 제77조 제3항의 영장주의에 관한 특별한 조치로서 정당화될 수 없다. 국가보안법 위반죄 등 일부 범죄혐의자를 법관의 영장 없이 구속·압수·수색할 수 있도록 규정하고 있던 인신구속 특례법은 영장주의에 위배된다(헌재 2012.12.27. 2011헌가5).

③ 긴급조치 제9호와 같이 영장주의를 완전히 배제하는 특별한 조치는 국가비상사태에 있어서도 최대한 피하여야 하고, 그러한 조치가 허용된다고 하더라도 예외적 상황에서 한시적으로 이루어져야

한다. 긴급조치 제9호 발령 당시가 국가의 중대한 위기상황 내지 국가적 안위에 직접 영향을 주는 중대한 위협을 받을 우려가 있는 예외적 상황에 해당하였다고 할 수 없을 뿐 아니라 4년 7개월이라는 장기간 영장주의를 완전히 무시하는 긴급조치 제9호와 같은 조치는 허용될 수 없다(대판 2022.8.30. 2018다212610).

(4) 수색 · 압수

수색 · 압수를 위해서도 영장이 필요한데, 사법경찰관은 영장청구권이 없으므로 검사에게 영장신청을 하고 검사가 법원에 청구한다. 수색 · 압수영장에는 수색할 장소와 압수할 물건이 명시되어야 한다.

3. 영장실질심사

> **형사소송법 제201조의2【구속영장청구와 피의자심문】** ① 제200조의2 · 제200조의3 또는 제212조에 따라 **체포된 피의자에 대하여 구속영장을 청구받은 판사는 지체 없이 피의자를 심문하여야 한다.** 이 경우 특별한 사정이 없는 한 구속영장이 청구된 날의 다음 날까지 심문하여야 한다. → 필요적 영장실질심사제도 도입
> ② 제1항 외의 피의자에 대하여 구속영장을 청구받은 판사는 피의자가 죄를 범하였다고 **의심할 만한 이유가 있는 경우에 구인을 위한 구속영장을 발부하여 피의자를 구인한 후 심문하여야 한다.** 다만, 피의자가 도망하는 등의 사유로 심문할 수 없는 경우에는 그러하지 아니하다.

4. 영장신청권

(1) 연혁

검사의 영장신청권은 제5차 개정헌법(1962.12.26. 헌법 제6호)에서 처음 도입되었다. 제5차 개정헌법은 제10조 제3항 본문에서 "체포 · 구금 · 수색 · 압수에는 검찰관의 신청에 의하여 법관이 발부한 영장을 제시하여야 한다."라고 규정함으로써, '검찰관의 영장신청권'을 명시적으로 도입하였고, 이후 검찰관을 '검사'로 수정하는 등 표현에 있어 일부 차이가 있지만 같은 내용으로 존속되어 현행헌법에 이르고 있다.

(2) 주체

'검사'는 앞서 살펴본 바와 같이 영장신청권을 행사하고(헌법 제12조 제3항, 제16조), 공익의 대표자로서 범죄수사, 공소제기 및 그 유지에 필요한 사항 등에 관한 직무를 담당하여(검찰청법 제4조 제1항), 헌법과 법률에 의해 독자적인 권한을 부여받고 있다.

(3) 헌법은 검사의 수사권에 대해 침묵하므로, 입법자로서는 영장신청권자인 검사에게 직접 수사권을 부여하는 방향으로 입법형성도 가능하고 그와 같은 방식에도 일정한 장점이 있다. 그러나 반대로 직접 수사권을 행사하는 수사기관은 자신의 수사에 대한 정당성을 의심하기 어려운 경향이 있어 영장신청을 상대적으로 남발하게 될 가능성이 있다는 점 역시 부인하기 어렵다. 즉, 직접 수사를 담당하는 국가기관이 그 수사대상에 대한 영장신청 여부를 스스로 결정하도록 하는 것은, 수사상황을 잘 알기 때문에 영장신청의 필요성 여부를 더 신속하고 효율적으로 결정할 것이라는 장점이 있겠지만, 역사적으로 형사절차가 규문주의에서 탄핵주의로 이행되어 온 과정을 고려할 때 자신의 수사대상에 대한 영장신청 여부를 스스로 결정하는 것은 객관성을 담보하기 어렵다는 구조적 약점도 있기 때문이다. 이에 헌법개정권자는 영장신청의 신속성 · 효율성 증진의 측면이 아니라 수사기관의 강제수사 남용 가능성을 경계하는 맥락에서, 법률전문가이자 인권옹호기관인 검사로 하여금 제3자의 입장에서 <u>수사기관이 추진하는 강제수사의 오류와 무리를 통제하게 하기 위한 취지에서 영장신청권을 헌법에 도입한 것으로 해석되므로, 검사의 영장신청권 조항에서 검사에게 헌법상 수사권까지 부여한다는 내용까지 논리 필연적으</u>

로 도출된다고 보기 어렵다.

결국, 수사권 및 소추권이 본질적으로 '대통령을 수반으로 하는 행정부'에 부여된 헌법상 권한이고 (제66조 제4항), 영장신청권이 '검사'에 부여된 헌법상 권한임은 다툼의 여지가 없으나(제12조 제3항, 제16조), 이를 바탕으로 헌법이 수사권을 (검찰청법상) 검사에게 부여한 것으로 해석하기는 어렵다. 헌법이 행정부에 속하는 국가기관 중 어느 기관에 수사권을 부여할 것인지에 대해 침묵하는 이상, 행정부 내에서 수사권의 구체적인 조정·배분의 문제는 헌법사항이 아닌 입법사항이고, 입법권은 국회에 속하므로(제40조), 특정 범죄에 대한 수사권을 반드시 특정 기관에 전속시켜야 한다는 헌법적 근거나 논리적 당위성은 없기 때문이다. 헌법상 영장신청권이 수사과정에서 남용될 수 있는 강제수사를 '법률 전문가이자 인권옹호기관'인 검사가 합리적으로 '통제'하기 위한 연혁과 취지에서 도입된 것임을 고려할 때, 검사에 대한 영장신청권 부여 조항으로부터 검사에 대한 수사권 부여까지 헌법상 도출된다고 볼 수도 없다.

사정이 이와 같다면, 국회가 입법사항인 수사권 및 소추권의 일부를 행정부에 속하는 국가기관 사이에서 조정·배분하도록 법률을 개정한 것으로 인해, 청구인 검사들의 헌법상 권한이 침해되거나 침해될 가능성이 있다고 볼 수 없다. 또한 이 사건 법률개정행위는 검사의 영장신청권에 대해서는 아무런 제한을 두고 있지 않으므로, 검사에게 부여된 헌법상 영장신청권이 침해될 가능성도 없다. 따라서 <u>피청구인의 이 사건 법률개정행위로 인해 검사의 '헌법상 권한'(영장신청권)이 침해될 가능성은 존재하지 아니하고, 국회의 구체적인 입법행위를 통해 비로소 그 내용과 범위가 형성되어 부여된 검사의 '법률상 권한'(수사권 및 소추권)은 그 자체로 국회의 법률개정행위로 인해 침해될 가능성이 없으므로, 피청구인의 이 사건 법률개정행위로 인한 청구인 검사들의 헌법상 권한 침해 가능성은 인정되지 아니한다</u>(헌재 2023.3.23. 2022헌라4).

⚖️판례 | 영장주의

헌법 위반인 것

1. **법원의 무죄선고에도 불구하고 검사로부터 사형, 무기 또는 10년 이상의 징역이나 금고의 형에 해당한다는 취지의 의견진술이 있는 사건에 대하여는 영장의 효력을 유지시키는 형사소송법**
   구속영장의 효력을 법원의 재판이 아닌 검사의 구형에 의하여 좌우되도록 하고 있는 이 사건 법률조항은 영장주의 원칙에 위반된다(헌재 1992.12.24. 92헌가8).

2. **법원의 보석허가결정에 대한 검사의 즉시항고**
   이 사건 법률조항은 법원의 보석허가결정에 대한 검사의 즉시항고는 항고법원의 결정이 나올 때까지 법원의 보석허가결정집행을 정지시키므로 검사의 즉시항고는 구속해제 여부에 대해 법원보다 검사를 우선시하므로 영장주의에 위반된다(헌재 1993.12.23. 93헌가2).

3. **법원의 구속집행정지결정에 대하여 검사의 즉시항고**는 법원의 구속집행정지결정을 무의미하게 할 수 있는 권한을 검사에게 부여한 것이라는 점에서 헌법 제12조 제3항의 영장주의 원칙에 위배된다(헌재 2012.6.27. 2011 헌가36).

   비교 검사가 형사소송법 제403조 제2항에 의한 **보통항고**의 방법으로 보석허가결정에 대하여 불복하는 것은 허용된다 할 것이다(대판 1997.4.18. 97모26).

4. **무죄의 선고를 받은 피고인의 강제연행**
   무죄 등 판결을 받은 피고인은 법정에서 즉시 석방되어야 하는 것으로, 교도관이 석방절차를 밟는다는 이유로 법정에 있는 피고인을 그의 의사에 반하여 교도소로 다시 연행하는 것은 어떠한 이유를 내세운다고 할지라도 헌법상의 정당성을 갖는다고 볼 수 없는 것이다(헌재 1997.12.24. 95헌마247).

5. **지방의회 의장의 증인의 동행명령장 발부**
   헌법 제12조 제3항에 의하여 법관이 발부한 영장의 제시가 있어야 함에도 불구하고 동행명령장을 법관이 아닌 지방의회 의장이 발부하고 이에 기하여 증인의 신체의 자유를 침해하여 증인을 일정 장소에 인치하도록 규정된 조례안은 영장주의 원칙을 규정한 헌법 제12조 제3항에 위반된 것이다(대판 1995.6.30. 93추83).

6. **특별검사가 참고인에게 지정된 장소까지 동행할 것을 명령할 수 있게 하고 참고인이 정당한 이유 없이 위 동행명령을 거부한 경우 천만원 이하의 벌금형에 처하도록 규정한 이명박의 주가조작 등 범죄혐의의 진상규명을 위한 특별검사의 임명 등에 관한 법률이 영장주의 또는 과잉금지원칙에 위배하여 청구인들의 평등권과 신체의 자유를 침해하는지 여부(적극)** (헌재 2008.1.10. 2007헌마1468)
   ① **재판관 이강국, 재판관 김희옥, 재판관 민형기, 재판관 이동흡, 재판관 목영준의 위헌의견**: 참고인에 대한 동행명령제도는 참고인의 신체의 자유를 사실상 억압하여 일정 장소로 인치하는 것과 실질적으로 같으므로 헌법 제12조 제3항이 정한 영장주의 원칙이 적용되어야 한다. 그럼에도 불구하고 법관이 아닌 특별검사가 동행명령장을 발부하도록 하는 것은 영장주의 원칙에 위반된다. ➡ 영장주의 위반이고 과잉금지원칙 위반이다.
   ② **재판관 이공현, 재판관 김종대의 위헌의견**: 이 사건 동행명령조항은 동행명령을 거부하는 참고인에 대해 직접적이고 현실적인 강제력을 행사할 수 있음을 규정한 것이 아니라 동행명령을 거부할 정당한 사유가 없는 참고인에 대하여 지정된 장소에 출석할 의무를 부과하고 벌금형이라는 제재를 수단으로 하여 그 출석의무의 이행을 심리적·간접적으로 강제하는 것이어서, 영장주의의 적용대상이 될 수 없다. 따라서 이 사건 동행명령조항은 영장주의에 위반된다고 볼 수 없다. 그러나 이 사건 동행명령조항은 정당한 사유 없이 동행명령을 거부한 자를 형사처벌하도록 규정함으로써 침해의 최소성에 반하여 청구인들의 신체의 자유를 침해하였다. ➡ 영장주의가 적용되지 않으나, 과잉금지원칙에 위반된다.

   참고 디엔에이감식시료채취영장 발부 과정에서 채취대상자에게 자신의 의견을 밝히거나 **영장 발부 후 불복할 수 있는 절차 등에 관하여 규정하지 아니한 '디엔에이신원확인정보의 이용 및 보호에 관한 법률'**은 채취대상자의 재판청구권은 형해화되고 채취대상자는 범죄수사 내지 예방의 객체로만 취급받게 된다. 따라서 이 사건 영장절차 조항은 과잉금지원칙을 위반하여 청구인들의 재판청구권을 침해한다(헌재 2018. 8.30. 2016헌마344). ***헌법불합치결정**

헌법 위반이 아닌 것

1. **공판단계에서 법원이 직권으로 영장을 발부하도록 한 형사소송법** (헌재 1997.3.27. 96헌바28)
   ① 헌법 제12조 제3항은 수사단계에서의 영장의 청구권이 (경찰이 아닌) 검사에게 있다는 것을 강조하기 위한 것이지, 공판단계에서조차 검사의 청구가 없이 법관의 직권에 의한 영장의 발부가 불가능하다는 것을 의미하지는 않는다. 따라서 공판단계에서 검사의 신청이 없는데도 법원이 직권으로 영장을 발부할 수 있도록 한 형사소송법 제70조는 영장주의에 위반되지 않는다.
   ② 공판단계에서의 영장발부에 관한 헌법적 근거는 헌법 제12조 제1항이다.
   ③ 법원이 직권으로 발부하는 영장은 명령장으로의 성격을 띠며, 수사기관의 청구에 의하여 발부하는 영장의 성격은 허가장으로의 성격을 띤다.

2. **재체포·재구속 영장발부의 실질적 요건을 가중하지 않은 형사소송법**
   수사단계에서 한 번 체포·구속되었던 사람을 재체포·재구속하는 경우, 최초의 체포·구속사유에 일정한 요건이 가중되어야 한다는 원칙은 헌법상 명문규정도 없고 헌법 제27조 제1항 재판청구권에서 도출되는 원칙도 아니므로 법원에 의하여 구속영장청구가 기각된 피의자에 대하여 구속영장을 재청구하기 위한 요건으로서 절차적 가중요건만 규정할 뿐 실질적 가중요건을 규정하지 아니한 형사소송법 조항은 영장주의에 반하지 않는다(헌재 2003.12.18. 2002헌마593).

3. **수사처검사에게 영장신청권을 인정하고 있는 공수처법** (헌재 2021.1.28. 2020헌마264)
   ① 우리 헌법이 영장주의를 실현하는 과정에서 수사단계에서의 영장신청권자를 검사로 한정한 것은 검찰의 다른 수사기관에 대한 수사지휘권을 확립시켜 종래 빈번히 야기되었던 검사 아닌 다른 수사기관의 영장신청에서 오는 인권유린의 폐해를 방지하고, 반드시 법률전문가인 검사를 거치도록 함으로써 다른 수사기관의 무분별한 영장신청을 막아 기본권 침해가능성을 줄이는 데에 그 목적이 있다. 이처럼 영장신청권자를 검사로 한정한 취지를 고려할 때, 영장신청권자로서의 '검사'는 '검찰권을 행사하는 국가기관'인 검사로

서 공익의 대표자이자 인권옹호기관으로서의 지위에서 그에 부합하는 직무를 수행하는 자를 의미하는 것이지, **검찰청법상 검사만을 지칭하는 것으로 보기 어렵다.**

② 수사처검사는 변호사자격을 일정 기간 보유한 사람 중에서 임명하도록 되어 있으므로(공수처법 제8조 제1항), 법률전문가로서의 자격도 충분히 갖추었다. 이처럼 수사처검사의 지위와 직무 및 자격의 측면에서 볼 때, 수사처검사는 고위공직자범죄 등 수사를 위하여 영장신청권자로서의 검사의 지위와 권한에 따라 직무를 수행한다고 볼 수 있으므로, <u>수사처검사의 영장신청권 행사가 영장주의 원칙에 위반된다고 할 수 없다.</u> 공소제기 및 유지행위가 검찰청법상 검사의 주된 직무에 해당한다고 할 것이나, 앞서 살펴본 바와 같이 헌법에서 검사를 영장신청권자로 한정한 취지는 검사가 공익의 대표자로서 인권을 옹호하는 역할을 하도록 하는 데에 있고, 검사가 공소제기 및 유지행위를 수행하기 때문에 검사를 영장신청권자로 한정한 것으로 볼 수는 없다. 즉, <u>헌법상 공소권이 있는 검사에게만 반드시 영장신청권이 인정되어야 하는 것은 아니다. 수사처검사가 공익의 대표자로서 수사대상자의 기본권을 보호하는 역할을 하는 한 수사처검사가 영장신청권을 행사한다고 하여 이를 영장주의 원칙에 위반된다고 할 수 없고, 공소권의 존부와 영장신청권의 행사 가부를 결부시켜야 한다는 주장은 직무와 지위의 문제를 동일하게 본 것으로 받아들이기 어렵다.</u> 검찰청법 제4조에 따른 검사의 직무 및 군사법원법 제37조에 따른 군검사의 직무를 수행하는 수사처검사는 공익의 대표자로서 다른 수사기관인 수사처수사관을 지휘·감독하고, 단지 소추권자로서 처벌을 구하는 데에 그치는 것이 아니라 피고인의 이익도 함께 고려하는 인권옹호기관으로서의 역할을 한다. 또한 수사처검사는 변호사자격을 일정 기간 보유한 사람 중에서 임명하도록 되어 있으므로, 법률전문가로서의 자격도 충분히 갖추었다. 따라서 공수처법 제8조 제4항은 영장주의 원칙을 위반하여 청구인들의 신체의 자유 등을 침해하지 않는다.

5. 체포·구속이유 등 고지 및 통지제도

> **헌법 제12조** ⑤ 누구든지 체포 또는 구속의 이유와 변호인의 조력을 받을 권리가 있음을 **고지받지 아니하고는** 체포 또는 구속을 당하지 아니한다. 체포 또는 구속을 당한 자의 가족 등 법률이 정하는 자에게는 그 이유와 일시, 장소가 지체 없이 **통지되어야 한다.**

6. 체포·구속적부심사제

> **헌법 제12조** ⑥ 누구든지 **체포** 또는 **구속**을 당한 때에는 적부의 심사를 법원에 청구할 권리를 가진다.

(1) 의의

체포·구속적부심사제란 체포 또는 구속된 피의자가 체포·구속의 적부 여부 심사를 청구하여 심사결과 적법한 것이 아닌 경우 법관이 직권으로 피의자를 석방하는 제도이다.

> **⚖️ 판례 | 적부심사의 적용**
>
> 모든 형태의 공권력 행사기관이 '체포' 또는 '구속'의 방법으로 '신체의 자유'를 제한하는 사안에 대해 적용되는 헌법 제12조 제6항은 당사자가 체포·구속된 원인관계 등에 대한 최종적인 사법적 판단절차와는 별도로 체포·구속 자체에 대한 헌법적 정당성을 법원에 심사청구할 수 있는 절차를 헌법적 차원에서 보장하는 규정으로서, 체포·구속의 헌법적 정당성이 인정되지 않는 경우 법원이 그 당사자를 석방하도록 결정하는 제도를 요구하되, 행정처분 등에 의한 체포·구속과 달리 법원의 재판에 근거한 체포·구속에 대해서는 명백한 하자가 존재하는 등 예외적인 사유가 인정되는 경우에 한하여 그 재판의 헌법적 정당성 여부를 다시 심사하는 법률을 제정할 것을 요구하는 것이다(헌재 2004.3.25. 2002헌바104).

(2) 연혁

1679년 영국의 인신보호법에서 유래하였으며, 우리나라에서는 제헌헌법에 규정되었으나, 제7차 개정헌법에서 삭제, 제8차 개정헌법에서 부활했다.

> **판례 | 적부심사 연혁**
>
> 우리 헌법상 체포·구속적부심사제도는 영미법상 인신보호영장제도(the Writ of Habeas Corpus)를 연원으로 하고 있고, 그중에서도 미국법의 영향을 직접적으로 받았다고 보는 것이 지배적인 견해이다. 그런데 미국식 인신보호영장제도의 경우 그 제도의 일반적 특성을 '법률적 차원'에서 수용한 남조선과도정부 법령 제176호로 우리나라에 도입된 것인데, 그 직후인 **1948.7.17. 제정된 헌법 제9조 제3항**은 "누구든지 체포, 구금을 받은 때에는 즉시 변호인의 조력을 받을 권리와 그 당부의 심사를 법원에 청구할 권리가 보장된다."라고 규정하여 체포·구금에 관한 적부심사제도를 '헌법적 차원'의 제도로 격상시켰다. 그 후 1962년 헌법(제3공화국 헌법) 제10조 제5항에는 "누구든지 체포·구금을 받은 때에는 적부의 심사를 법원에 청구할 권리를 가진다. 사인으로부터 신체의 자유의 불법한 침해를 받은 때에도 법률이 정하는 바에 의하여 구제를 법원에 청구할 권리를 가진다."라고 규정되었다가 **1972년 헌법(제4공화국 헌법)**에서는 이에 관한 규정이 삭제되었고, **1980년** 헌법(제5공화국 헌법) 제11조 제5항에 "누구든지 체포·구금을 당한 때에는 법률이 정하는 바에 의하여 적부의 심사를 법원에 청구할 권리를 가진다."라고 규정되었다가, **현행헌법** 제12조 제6항에는 "누구든지 체포 또는 구속을 당한 때에는 적부의 심사를 법원에 청구할 권리를 가진다."라고 규정되었다(헌재 2004.3.25. 2002헌바104).

(3) 불법체포와 불법구속방지책

체포·구속영장제도가 불법체포의 사전예방책이라면 체포·구속적부심사제도, 보석제도, 형사보상청구권 등은 사후구제책이다. 보석제도는 헌법에 규정은 없으나 형사소송법상 피고인의 보석제도와 피의자의 보증금 납입부 석방제도로 규정되었다.

(4) 적용범위

우리 헌법 제12조에 규정된 '신체의 자유'는 수사기관뿐만 아니라 일반 행정기관을 비롯한 다른 국가기관 등에 의하여도 직접 제한될 수 있으므로, 헌법 제12조 소정의 '체포·구속' 역시 포괄적인 개념으로 해석해야 한다. 따라서 최소한 모든 형태의 공권력 행사기관이 '체포' 또는 '구속'의 방법으로 '신체의 자유'를 제한하는 사안에 대하여는 헌법 제12조 제6항이 적용된다고 보아야 한다(헌재 2004.3.25. 2002헌바104).

(5) 체포·구속적부심사청구라는 절차적 기본권에 관한 입법형성의무와 재량

> **판례**
>
> 헌법 제12조 제6항은 '체포·구속을 당한 때'라는 구체적인 상황과 관련하여 '적부의 심사를 법원에 청구할 권리'라는 절차적 권리를 보장하고 있는데, 그 절차를 형성하는 법률이 존재하지 아니하는 경우 현실적으로 법원에서 당사자의 '체포·구속적부심사청구권'에 대하여 심리할 방법이 없기 때문에, 입법자가 법률로써 구체적인 내용을 형성하여야만 권리주체가 실질적으로 이를 행사할 수 있는 경우에 해당하는 것으로서, 이른바 헌법의 개별규정에 의한 헌법위임이 존재한다고 볼 수 있고, 이러한 체포·구속적부심사청구권은 헌법적 차원에서 독자적인 지위를 가지고 있기 때문에 **입법자는 전반적인 법체계를 통하여 관련자에게 그 구체적인 절차적 권리를 제대로 행사할 수 있는 기회를 최소한 1회 이상 제공하여야 할 의무가 있다**(헌재 2004.3.25. 2002헌바104).

(6) 적부심사청구인

① **형사소송법 규정**: 체포 또는 구속된 피의자 또는 그 변호인, 법정대리인, 배우자, 직계친족, 형제자매나 가족, 동거인 또는 고용주는 관할 법원에 체포 또는 구속의 적부심사를 청구할 수 있다고 규정하고 있다(형사소송법 제214조의2 제1항).

② **영장 없이 체포된 피의자**: 대법원 판례는 영장에 의하지 아니하고 긴급체포된 피의자도 체포적부심사청구권을 행사할 수 있다는 입장이었다. 현행 형사소송법은 체포 또는 구속된 피의자로 개정하여 영장 없이 체포된 피의자도 청구할 수 있음을 법문상 명확히 하고 있다.

③ **피고인**: 형사소송법은 적부심사청구인을 피의자로 규정하여 피고인의 적부심사청구를 인정하지 않고 있다. 이를 인정하는 것이 헌법 제12조 제6항의 정신에 좀 더 부합한다. 다만, 헌법재판소는 피고인의 적부심사청구를 반드시 인정해야 하는 것은 아니라고 하였다.

④ **출입국관리법에 보호된 자, 인신보호법상 구제청구에서 제외** (헌재 2014.8.28. 2012헌마686)

    ㉠ 출입국관리법에 따라 보호조치된 자도 최소한 1회 이상 적법 여부를 다툴 기회가 보장되어야만 한다.

    ㉡ 출입국관리법에 따라 보호된 청구인들은 각 보호의 원인이 되는 강제퇴거명령에 대하여 취소소송을 제기함으로써 그 원인관계를 다투는 것 이외에, 보호명령 자체의 취소를 구하는 행정소송이나 그 집행의 정지를 구하는 집행정지신청을 할 수 있으므로, 헌법 제12조 제6항이 요구하는 체포·구속 자체에 대한 적법 여부를 법원에 심사청구할 수 있는 절차가 있다. 따라서 심판대상조항은 헌법 제12조 제6항의 요청을 충족한 것으로 청구인들의 신체의 자유를 침해하지 아니한다.

(7) 심사청구사유

모든 범죄에 대하여 청구가 가능하다.

(8) 심사기관

체포영장 또는 구속영장을 발부한 법관은 적부심사의 심문·조사·결정에 관여하지 못한다. 다만, 체포영장 또는 구속영장을 발부한 법관 외에는 심문·조사·결정을 할 판사가 없는 경우에는 관여할 수 있다(형사소송법 제214조의2 제12항).

(9) 적부심사결정

적부심사의 청구를 받은 법원은 청구서가 접수된 때부터 48시간 이내에 체포 또는 구속된 피의자를 심문하고 수사관계서류와 증거물을 조사하여 그 청구가 이유 없다고 인정한 때에는 결정으로 이를 기각하고, 이유 있다고 인정한 때에는 결정으로 체포 또는 구속된 피의자의 석방을 명하여야 한다. 심사청구 후 피의자에 대하여 공소제기가 있는 경우에도 또한 같다(형사소송법 제214조의2 제4항).

⚖️ 판례 ┃ 적부심사청구 후 전격 기소된 경우 적부심사 없이 기각하도록 한 형사소송법 제214조 (헌재 2004.3.25. 2002헌바104)

1. 영미법상 인신보호영장제도(the Writ of Habeas Corpus)를 연원으로 하여, 체포·구속적부심사제도를 규정하고 있는 현행헌법 제12조 제6항에 이른 것이다. 위 연혁적인 배경 등을 바탕으로 하여 현행헌법 제12조 제6항의 본질적 내용은 당사자가 체포·구속된 원인관계 등에 대한 최종적인 사법적 판단절차와는 별도로 **체포·구속 자체에 대한 적부 여부를 법원에 심사청구할 수 있는 절차를 헌법적 차원에서 보장하는 규정으로 봄이 상당하다.**

2. 구속된 피의자가 적부심사청구권을 행사한 다음 검사가 전격 기소를 한 경우, 법원으로부터 구속의 헌법적 정당성에 대하여 실질적 심사를 받고자 하는 청구인의 절차적 기회를 제한하는 결과를 가져오는 형사소송법 제214조의2 제1항은 적부심사청구권의 본질적 내용을 제대로 구현하지 아니하였다고 보아야 한다.

3. **구속적부심사청구권의 근거규정의 전면적 효력상실을 막기 위하여 헌법불합치결정을 하고 그 계속적용을 명한 사례**

   입법자는 전격 기소가 이루어진 이후 법원이 적부심사를 심사할 수 있도록 허용하는 방법, 전반적으로 적부심사청구를 인정하는 방법을 선택하여 입법할 수 있다. 입법자에게 다양한 개선입법 중 하나를 선택하여 현행제도를 적극적으로 보완해야 할 의무가 입법자에게 부과된다는 취지로 헌법불합치결정을 하면서, 이러한 개선입법이 이루어질 때까지 이 사건 법률조항을 계속 적용하도록 명한다.

(10) 법원의 결정에 대한 불복

법원의 적부심사에 대한 기각이나 인용결정에 대해 **검사나 피의자는 항고할 수 없다**(형사소송법 제214조의2).

(11) 적부심사기간

피의자의 구속기간에 포함되지 않는다.

(12) 헌법소원과의 관계

체포에 대하여는 헌법과 형사소송법이 정한 체포적부심사라는 구제절차가 존재함에도 불구하고, **체포적부심사절차를 거치지 않고 제기된 헌법소원심판청구는 법률이 정한 구제절차를 거치지 않고 제기된 것으로서 보충성의 원칙에 반하여 부적법하다**(헌재 2011.6.30. 2009헌바199).

04 형사피의자 · 형사피고인의 권리

1. 무죄추정의 원칙

헌법 제27조 【형사피고인의 무죄추정 등】 ④ 형사피고인은 유죄의 판결이 확정될 때까지는 무죄로 추정된다.

(1) 개념

무죄추정의 원칙은 공소제기 이전의 피의자는 물론 공소가 제기된 피고인까지도 유죄의 판결이 확정될 때까지는 죄가 없는 자에 준하여 취급하여야 하고 불이익을 입혀서는 아니 된다는 원칙이다.

(2) 무죄추정의 범위

피고인 · 피의자 모두 무죄로 추정되며, 유죄판결의 확정 전까지 무죄로 추정된다. 유죄의 확정판결은 1심의 종국판결이 아니라 최종적인 확정판결을 의미한다.

(3) 적용주체

① **피의자**: 공소가 제기된 형사피고인에게 무죄추정의 원칙이 적용되는 이상, 아직 공소제기조차 되지 아니한 형사피의자에게 무죄추정의 원칙이 적용되는 것은 당연한 일이다(헌재 1992.1.28. 91헌마111).

② **수형자**: 형이 확정된 수형자의 민사재판 출정시 무죄추정원칙이 적용되지 않는다.

⚖️ **판례 | 수형자에 대한 무죄추정원칙 적용 여부**

1. 미결수용자의 경우 의사에 반하여 수형자용 의류를 입혀 출정시킨다면 법관으로 하여금 유죄라는 선입견을 줄 수 있고, 방어권의 제약을 받을 여지가 있어 공정한 재판을 받을 권리가 침해될 수 있다. 반면, 수형자의 경우에는 이미 유죄판결이 확정된 자이므로 무죄추정의 원칙이라든가 방어권이 문제될 여지가 없다. 또한 무죄추정원칙이나 방어권은 원칙적으로 형사재판에서 문제되는 기본권인데, 청구인이 출정한 재판은 청구인이 국가를 상대로 제기한 민사재판이었고, 민사재판에서의 법관이, 당사자가 운동화가 아니라 고무신을 신었다는 이유로 불리한 심증을 갖거나 불공정한 재판진행을 하게 될 우려가 있다고 볼 수는 없다. 따라서 수형자인 청구인의 민사재판 출정시 운동화착용을 불허하였다고 하여 공정한 재판을 받을 권리가 침해될 여지는 없다(헌재 2011.2.24. 2009헌마209).

2. **비록 수형자라 하더라도 확정되지 않은 별도의 형사재판에서만큼은 미결수용자와 같은 지위에 있는 것이므로**, 그를 죄 있는 자에 준하여 취급함으로써 법률적·사실적 측면에서 유형·무형의 불이익을 주어서는 아니 된다. 그런데 이러한 수형자로 하여금 형사재판 출석시 아무런 예외 없이 사복착용을 금지하고 재소자용 의류를 입도록 하여 인격적인 모욕감과 수치심 속에서 재판을 받도록 하는 것은, 그 재판과 관련하여 미결수용자의 지위임에도 이미 유죄의 확정판결을 받은 수형자와 같은 외관을 형성하게 함으로써 재판부나 검사 등 소송관계자들에게 유죄의 선입견을 줄 수 있는 등 무죄추정의 원칙에 위배될 소지가 크다(헌재 2015.12.23. 2013헌마712).

(4) 내용

① **불구속수사·불구속재판원칙**: 피의자와 피고인은 무죄로 추정되므로 불구속수사·불구속재판을 원칙으로 해야 한다. 따라서 구속수사·재판은 예외적이고 비례원칙을 준수하여 도주우려, 증거인멸 우려 등을 고려하여 결정해야 한다.

⚖️ **판례 | 무죄추정의 원칙과 불구속수사원칙**

신체의 자유를 최대한으로 보장하려는 헌법정신 특히 무죄추정의 원칙으로 인하여 수사와 재판은 원칙적으로 불구속상태에서 이루어져야 한다. 그러므로 구속은 구속 이외의 방법에 의하여서는 범죄에 대한 효과적인 투쟁이 불가능하여 형사소송의 목적을 달성할 수 없다고 인정되는 예외적인 경우에 한하여 최후의 수단으로만 사용되어야 하며 구속수사 또는 구속재판이 허용될 경우라도 그 구속기간은 가능한 한 최소한에 그쳐야 한다(헌재 2009.6.25. 2007헌바25).

② **입증책임**: 피고인은 무죄로 추정되므로 범죄사실의 입증책임은 검사가 부담해야 한다. 따라서 피고인이 무죄임을 입증해야 하는 것은 아니다. 또한 범죄에 대한 확증이 없을 때, '의심스러울 때에는 피고인의 이익으로(in dubio pro reo)'라는 원칙에 따라 법원은 무죄판결을 해야 한다.

⚖️ **판례 | 무죄추정과 입증책임**

유죄의 확정판결이 있을 때까지 국가의 수사권은 물론 공소권, 재판권, 행형권 등의 행사에 있어서 피의자 또는 피고인은 무죄로 추정되고 그 신체의 자유를 해하지 아니하여야 한다는 무죄추정의 원칙은, 인간의 존엄성을 기본권 질서의 중심으로 보장하고 있는 헌법질서 내에서 형벌작용의 필연적인 기속원리가 될 수밖에 없고, 이러한 원칙이 제도적으로 표현된 것으로는, **공판절차의 입증단계에서 거증책임(擧證責任)을 검사에게 부담시키는 제도**, 보석 및 구속적부심 등 인신구속의 제한을 위한 제도, 그리고 피의자 및 피고인에 대한 부당한 대우 금지 등이 있다(헌재 2001.11.29. 2001헌바41).

③ **무죄추정원칙의 적용범위**: 교원에 대해 형사사건으로 공소가 제기되었다는 사실만으로 직위해제처분을 행하게 하고 있는 것은 아직 유무죄가 가려지지 아니한 상태에서 유죄로 추정하는 것이 되며 이를 전제로 한 불이익한 처분이라 할 것이다. 공소의 제기가 있는 피고인이라도 유죄의 확정판결이 있기까지는 원칙적으로 죄가 없는 자에 준하여 취급하여야 하고, 불이익을 입혀서는 안 된다고 할 것으로 가사 그 불이익을 입힌다 하여도 필요한 최소한도에 그치도록 비례의 원칙이 존중되어야 하는 것이 헌법 제27조 제4항의 무죄추정의 원칙이며, 여기의 불이익에는 **형사절차상의 처분뿐만 아니라 그 밖의 기본권 제한과 같은 처분도 포함된다고 할 것이다**(헌재 1994.7.29. 93헌가3).

④ **구속된 피의자 또는 피고인이 변호인이 아닌 자와 접견할 권리**: 구속된 피의자 또는 피고인이 갖는 변호인 아닌 자와의 접견교통권은 헌법 제10조의 행복추구권에 근거하여 인정되는 일반적 행동자유권 또는 헌법 제27조 제4항의 무죄추정의 원칙에서 도출되는 헌법상의 기본권이다(헌재 2003.11.27. 2002헌마193).

📖 판례정리

무죄추정원칙 위반 여부

위반인 것

1. **형사사건으로 기소된 변호사에 대해 법무부장관의 일방적인 명령에 의하여 변호사의 업무를 정지할 수 있도록 한 변호사법**은 당해 변호사가 자기에게 유리한 사실을 진술하거나 필요한 증거를 제출할 수 있는 청문의 기회가 보장되지 아니하여 적법절차원리에 위반된다(헌재 1990.11.19. 90헌가48).

2. 사업자단체가 구성사업자의 활동을 부당하게 제약한 경우 **공정거래위원회가 법원의 판결 이전에 법 위반사실의 공표를 명할 수 있도록 한** 공정거래법은 아직 법원의 유·무죄에 대한 판단이 가려지지 아니하였는데도 관련행위자를 유죄로 추정하는 불이익한 처분으로서 무죄추정원칙에 위배된다(헌재 2002.1.31. 2001헌바43).

3. **군사법경찰관의 신청에 따라 피의자 구속기간을 연장할 수 있도록 하여** 군검찰관, 군사법경찰관의 신청에 의하여 **피의자 구속기간을 40일로 하는** 군사법원법은 무죄추정원칙에 위반된다(헌재 2003.11.27. 2002헌마193).

4. 헌법상 무죄추정의 원칙에 따라, **미결구금은 형기에 전부 산입되어야 한다.** 형법 제57조 제1항은 **법관으로 하여금 미결구금일수 중 일부를 형기에 산입하지 않을 수 있게 허용하였는바**, 이는 헌법상 무죄추정의 원칙 및 적법절차의 원칙 등을 위배하여 합리성과 정당성 없이 신체의 자유를 지나치게 제한함으로써 헌법에 위반된다고 할 것이다(헌재 2009.6.25. 2007헌바25).

   비교 **피고인이 미결구금일수로서 본형에의 산입을 요구하는 기간은 공소의 목적을 달성하기 위하여 어쩔 수 없이 이루어진 강제처분의 기간이 아니라** 피고인이 범행 후 미국으로 도주하였다가 대한민국정부와 미합중국정부 간의 **범죄인인도조약에 따라 체포된 후 인도절차를 밟기 위한 기간에 불과하여 본형에 산입될 미결구금일수에 해당한다고 볼 수 없다**(대판 2009.5.28. 2009도1446).

5. **지방자치단체장이 금고 이상의 형의 선고를 받고 확정되지 않은 경우 부단체장의 권한대행**은 무죄추정의 원칙에 위배된다(헌재 2010.9.2. 2010헌마418).

   유사 **농협·축협 조합장이 금고 이상의 형을 선고받고 그 형이 확정되지 아니한 경우에도 이사가 그 직무를 대행하도록 규정한** 농업협동조합법은 직업수행의 자유를 침해한다(헌재 2013.8.29. 2010헌마562·574·774, 2013헌마469).

6. **관세법상 몰수 예상 압수물품을 별도의 재판 없이 국고에 귀속하는 제도**

   구 관세법 제215조 중 제181조 부분의 내용은 어떤 물건이 관세법상 몰수할 것으로 인정되어 압수된 경우, ① 범인이 당해 관서에 출두하지 아니하거나 또는 범인이 도주하고, ② 그 물건이 압수된 날로부터 4월이 경과한 때라는 두 가지 요건만 충족되면 별도의 재판이나 처분 없이 당해 물건은 국고에 귀속한다는 것이다. 그렇다면 이 조항은 유죄판결이 확정되기도 전에 무죄의 추정을 받는 자의 소유에 속한 압수물건을 국고에 귀속하도록 규정함으로써 실질적으로는 몰수형을 집행한 것과 같은 효과를 발생케 하는 내용의 것이므로 결국 헌법 제27조 제4항에 정한 무죄추정의 원칙에 위반된다고 아니할 수 없다(헌재 1997.5.29. 96헌가17).

7. 형사재판의 피고인으로 출석하는 수형자에 대하여 사복착용 규정을 준용하지 아니하는 형의 집행 및 수용자의 처우에 관한 법률

비록 수형자라 하더라도 확정되지 않은 별도의 형사재판에서만큼은 미결수용자와 같은 지위에 있는 것이므로, 그를 죄 있는 자에 준하여 취급함으로써 법률적·사실적 측면에서 유형·무형의 불이익을 주어서는 아니 된다. 그런데 이러한 수형자로 하여금 형사재판 출석시 아무런 예외 없이 사복착용을 금지하고 재소자용 의류를 입도록 하여 인격적인 모욕감과 수치심 속에서 재판을 받도록 하는 것은, 그 재판과 관련하여 미결수용자의 지위임에도 이미 유죄의 확정판결을 받은 수형자와 같은 외관을 형성하게 함으로써 재판부나 검사 등 소송관계자들에게 유죄의 선입견을 줄 수 있는 등 무죄추정의 원칙에 위배될 소지가 크다(헌재 2015.12.23. 2013헌마712).

위반이 아닌 것

1. **지방자치단체장이 공소제기되어 구금상태에 있는 경우 부단체장의 권한대행**을 규정한 지방자치법은 무죄추정원칙에 반하지 않는다(헌재 2011.4.28. 2010헌마474).

2. 변호사가 공소제기되어 그 재판의 결과 등록취소에 이르게 될 가능성이 매우 크고, 그대로 두면 장차 의뢰인이나 공공의 이익을 해칠 구체적인 위험성이 있는 경우 **법무부변호사징계위원회의 결정을 거쳐 법무부장관이 업무정지를 명할 수 있도록** 한 변호사법은 명확성원칙과 무죄추정원칙에 위배되지 않는다(헌재 2014.4.24. 2012헌바45).

3. **징계부가금 부과처분**에 대하여 공정력과 집행력을 인정한다고 하여 이를 확정판결 전의 형벌집행과 같은 것으로 보아 곧바로 무죄추정원칙에 위배된다고 할 수 없다(헌재 2015.2.26. 2012헌바435).

　유사 과징금 부과처분에 대하여 공정력과 집행력을 인정한다고 하여 이를 확정판결 전의 형벌집행과 같은 것으로 보아 무죄추정의 원칙에 위반된다고도 할 수 없다(헌재 2003.7.24. 2001헌가25).

4. 소년보호사건은 소년의 개선과 교화를 목적으로 하는 것으로서 통상의 형사사건과는 구별되어야 하므로 **1심 결정에 의한 소년원 수용기간을 항고심 결정에 의한 보호기간에 산입하지 않더라도** 이는 무죄추정원칙과는 관련이 없다(헌재 2015.12.23. 2014헌마768).

5. **교도소에 수용 중인 자를 기초생활보장급여대상에서 제외**하는 것은 무죄추정의 원칙에 반하지 않는다(헌재 2011.3.31. 2009헌마617).

6. 국가의 형벌권을 피하기 위하여 해외로 도피할 우려가 있는 자의 **출국금지**는 무죄추정의 원칙에 위배된다고 볼 수 없다(헌재 2015.9.24. 2012헌바302).

7. 미결구금수가 구독하는 신문의 일부기사 삭제

미결구금수가 구독하는 신문기사의 삭제행위는 처벌적인 성격을 갖는 억압행위이거나 청구인과 같은 미결수용자를 수형자처럼 취급하려 함에 있는 것이 아니라, (앞에서 본 바와 같이) 이미 구금된 사람에 대해 인적·물적 자원이 열악한 현 구치소 내의 정당한 질서유지와 보안을 위한 것이므로, 이로써 헌법상의 무죄추정 조항을 위배한 것이라고는 할 수 없다(헌재 1998.10.29. 98헌마4).

8. 경찰공무원의 증언과 무죄추정의 원칙

형사소송에 있어서 경찰공무원은 당해 피고인에 대한 수사를 담당하였는지의 여부에 관계없이 그 피고인에 대한 공판과정에서는 고소인이나 고발인과 마찬가지로 소송당사자가 아닌 제3자라고 할 수 있어 수사담당 경찰공무원이라 하더라도 증인의 지위에 있을 수 있음을 부정할 수 없고, 이러한 증인신문 역시 공소사실과 관련된 실체적 진실을 발견하기 위한 것이지 피고인을 유죄로 추정하기 때문이라고 인정할 만한 아무런 근거도 없다는 점에서, 형사소송법 제146조가 무죄추정의 원칙에 반한다고 말할 수는 없다. 재판기관이 수사기관과 완전히 분리된 탄핵주의적 형사소송제도하에서 공소사실과 관련된 수사기관의 구성원을 증인으로 신문하는 것은 오히려 논리적으로 모순이 되지 않는다(헌재 2001.11.29. 2001헌바41).

9. **금치처분을 받은 경우 금치기간 중 서신수수, 접견, 전화통화 제한**

헌법 제27조 제4항의 무죄추정의 원칙은 범죄사실의 인정이나 유죄판결을 전제로 한 불이익을 부과하지 않아야 하는 것을 의미하는데, 위 조항들의 규율대상은 수용시설 내에서의 징벌처분에 관한 것이어서 위 조항들이 미결수용자에게 유죄 인정의 효과로서 불이익을 가한다고 보기 어렵다. 따라서 위 조항들은 헌법상 무죄추정의 원칙에 반하지 아니한다(헌재 2016.4.28. 2012헌마549).

10. **마약류사범에 대하여 시설의 안전과 질서유지를 위하여 필요한 범위에서 다른 수용자와 달리 관리할 수 있도록 한 법률조항이 무죄추정의 원칙에 위배되지 아니한다.**

위 조항은 마약류사범인 수용자에 대하여 그가 미결수용자인지 또는 수형자인지 여부를 불문하고 마약류에 대한 중독성 및 높은 재범률 등 마약류사범의 특성을 고려한 처우를 할 수 있음을 규정한 것일 뿐, 마약류사범인 미결수용자에 대하여 범죄사실의 인정 또는 유죄판결을 전제로 불이익을 가하는 것이 아니므로 무죄추정원칙에 위반되지 아니한다(대결 2013.7.25. 2012헌바63).

11. **국민참여재판으로 진행하는 것이 적절하지 아니하다고 인정되는 경우 법원이 국민참여재판 배제 결정을 할 수 있도록 한 국민의 형사재판 참여에 관한 법률**

위 조항은 국민참여재판의 특성에 비추어 그 절차로 진행함이 부적당한 사건에 대하여 법원의 재량으로 국민참여재판을 하지 아니하기로 하는 결정을 할 수 있도록 한 것일 뿐, 피고인에 대한 범죄사실 인정이나 유죄판결을 전제로 하여 불이익을 과하는 것이 아니므로 무죄추정원칙에 위배된다고 볼 수 없다(헌재 2014.1.28. 2012헌바298).

---

2. 변호인의 조력을 받을 권리

> **헌법 제12조** ④ 누구든지 체포 또는 구속을 당한 때에는 즉시 변호인의 조력을 받을 권리를 가진다. 다만, 형사피고인이 스스로 변호인을 구할 수 없을 때에는 법률이 정하는 바에 의하여 국가가 변호인을 붙인다.

(1) 의의

피의자·피고인의 인권보장과 피의자·피고인도 수사기관과 대등한 수단을 확보해야 한다는 무기평등원칙이라는 의미가 있다. 헌법 제12조 제4항이 보장하고 있는 신체구속을 당한 사람의 변호인의 조력을 받을 권리는 무죄추정을 받고 있는 피의자·피고인에 대하여 신체구속의 상황에서 생기는 여러 가지 폐해를 제거하고 구속이 그 목적의 한도를 초과하여 이용되거나 작용되지 않게끔 보장하기 위한 것으로, 여기의 '변호인의 조력'은 '변호인의 충분한 조력'을 의미한다(헌재 1992.1.28. 91헌마111).

(2) 주체

① **피내사자**: 헌법재판소 판례에 따르면 피의자, 피고인이 변호인의 조력을 받을 권리주체가 되며, 대법원 판례는 임의동행 형식으로 **연행된 피내사자**도 변호인 또는 변호인이 되려는 자와의 접견교통권이 인정되어야 한다고 한다(대결 1996.6.3. 96모18).

② **불구속피의자**: 우리 헌법은 변호인의 조력을 받을 권리가 **불구속피의자·피고인** 모두에게 포괄적으로 인정되는지 여부에 관하여 **명시적으로 규율하고 있지는 않지만** 변호인의 조력자로서의 역할은 변호인선임권과 마찬가지로 변호인의 조력을 받을 권리의 내용 중 가장 핵심적인 것이고, 변호인과 상담하고 조언을 구할 권리는 변호인의 조력을 받을 권리의 내용 중 구체적인 입법형성이 필요한 다른 절차적 권리의 필수적인 전제요건으로서 변호인의 조력을 받을 권리 그 자체에서 곧바로 도출되는 것이다(헌재 2004.9.23. 2000헌마138).

③ **수형자**: 형이 확정되어 수감 중인 수형자는 변호인의 조력을 받을 권리의 주체가 되지 아니하나, 수형자도 재심절차 등 형사절차가 진행되는 경우에 한해 주체가 될 수 있다. 헌법재판소는 수형자와 변호사 간의 서신검열은 변호인의 조력을 받을 권리 침해가 아니라고 한다.

> ⚖ **판례 | 수형자의 변호인 조력**
>
> **형사절차가 종료되어 교정시설에 수용 중인 수형자는** 원칙적으로 변호인의 조력을 받을 권리의 주체가 될 수 없다. 다만, 수형자의 경우에도 재심절차 등에는 변호인 선임을 위한 일반적인 교통·통신이 보장될 수도 있다(헌재 1998.8.27. 96헌마398).

(3) 변호인의 권리

① **변호인의 피의자와의 접견교통권(구 판례)**: 헌법 제12조 제4항의 변호인과의 접견교통권은 체포 또는 구속당한 피의자·피고인 자신에만 한정되는 신체적 자유에 관한 기본권이지, 그 규정으로부터 <u>변호인의 구속피의자·피고인의 접견교통권까지 파생된다고 할 수는 없을 것이다. 변호인 자신의 구속피의자·피고인과의 접견교통권은 헌법상의 권리라고는 말할 수 없고</u>, 헌법상 보장되는 피의자·피고인의 접견교통권과는 별개의 것으로 형사소송법 제34조에 의하여 비로소 보장되는 권리임에 그친다(헌재 1991.7.8. 89헌마181).

② **변호인이 되려는 자의 피의자 접견교통권(최근판례)**: 변호인 선임을 위하여 피의자·피고인(이하 '피의자 등'이라 함)이 가지는 '변호인이 되려는 자'와의 접견교통권은 헌법상 기본권으로 보호되어야 하고, '변호인이 되려는 자'의 접견교통권은 피의자 등이 변호인을 선임하여 그로부터 조력을 받을 권리를 공고히 하기 위한 것으로서, 그것이 보장되지 않으면 피의자 등이 변호인 선임을 통하여 변호인으로부터 충분한 조력을 받는다는 것이 유명무실하게 될 수밖에 없다. 이와 같이 '변호인이 되려는 자'의 접견교통권은 피의자 등을 조력하기 위한 핵심적인 부분으로서, 피의자 등이 가지는 헌법상의 기본권인 '변호인이 되려는 자'와의 접견교통권과 표리의 관계에 있다. 따라서 피의자 등이 가지는 **'변호인이 되려는 자'의 조력을 받을 권리가 실질적으로 확보되기 위해서는 '변호인이 되려는 자'의 접견교통권 역시 헌법상 기본권으로서 보장되어야 한다**(이하 '변호인'과 '변호인이 되려는 자'를 합하여 '변호인 등'이라 함)(헌재 2019.2.28. 2015헌마1204).

  * **재판관 조용호, 재판관 이은애, 재판관 이종석의 반대의견**: '변호인이 되려는 자'의 접견교통권 역시 피체포자 등의 '변호인의 조력을 받을 권리'를 기본권으로 인정한 결과 발생하는 간접적이고 부수적인 효과로서 형사소송법 등 개별 법률을 통하여 구체적으로 형성된 법률상의 권리에 불과하고, '헌법상 보장된 독자적인 기본권'으로 볼 수는 없다.

③ **변호인의 변호권**: 헌법 제12조 제4항은 "누구든지 체포 또는 구속을 당한 때에는 즉시 변호인의 조력을 받을 권리를 가진다."라고 규정함으로써 변호인의 조력을 받을 권리를 헌법상의 기본권으로 격상하여 이를 특별히 보호하고 있거니와 변호인의 '조력을 받을' 피구속자의 권리는 피구속자를 '조력할' 변호인의 권리가 보장되지 않으면 유명무실하게 된다. 그러므로 <u>피구속자를 조력할 변호인의 권리 중 핵심적인 부분은, '조력을 받을 피구속자의 기본권'과 표리의 관계에 있기 때문에 역시 헌법상의 기본권으로서 보호되어야 한다</u>(헌재 2003.3.27. 2000헌마474).

(4) 변호인의 조력을 받을 권리가 적용되는 절차

① **형사절차**: 변호인의 조력을 받을 권리에 대한 헌법과 법률의 규정 및 취지에 비추어 보면, '형사사건에서 변호인의 조력을 받을 권리'를 의미한다고 보아야 할 것이므로 <u>형사절차가 종료되어 교정시설에 수용 중인 수형자나 미결수용자가 형사사건의 변호인이 아닌 민사재판, 행정재판, 헌법재판 등에서 변호사와 접견할 경우에는 원칙적으로 헌법상 변호인의 조력을 받을 권리의 주체가 될 수 없다</u>(헌재 2013.9.26. 2011헌마398).

② **수용자와 민사재판, 행정재판, 헌법재판 변호사 사이의 접견교통권**: 헌법 제27조는 재판청구권을 보장하고 있고 이때 재판을 받을 권리에는 민사재판, 형사재판, 행정재판뿐 아니라 헌법재판도 포함되며, 현대사회의 복잡다단한 소송에서의 법률전문가의 증대되는 역할, 민사법상 무기 대등의 원칙 실현, 헌법소송의 변호사강제주의 적용 등을 감안할 때 교정시설 내 <u>수용자와 변호사 사이의 접견교통권의 보장은 헌법상 보장되는 **재판청구권**의 한 내용 또는 그로부터 파생되는 권리로 볼 수 있다</u>(헌재 2013.8.29. 2011헌마122).

③ **가사소송**: 당사자가 변호사의 조력을 받는 것은 변호인의 조력을 받을 권리의 보호영역에 포함된다고 **보기 어렵다**. 가정법원의 변론기일에 소환을 받은 당사자 본인이 출석하도록 한 가사소송법은 일반적 행동의 자유 침해가 아니다(헌재 2012.10.25. 2011헌마598).

④ **행정절차** (헌재 2018.5.31. 2014헌마346)

　　㉠ 헌법 제12조 제1항은 제1문에서 "모든 국민은 신체의 자유를 가진다."고 규정한다. 신체의 자유를 보장하는 헌법 제12조 제1항 제1문은 문언상 형사절차만을 염두에 둔 것이 아님이 분명하다. 또한 신체의 자유는 그에 대한 제한이 형사절차에서 가해졌던 행정절차에서 가해졌던 간에 보장되어야 하는 자연권적 속성의 기본권이므로, 신체의 자유가 제한된 절차가 형사절차인지 아닌지는 신체의 자유의 보장 범위와 방법을 정함에 있어 부차적인 요소에 불과하다. 우리 헌법은 신체의 자유를 명문으로 규정하여 보장하는 헌법 제12조 제1항 제1문에 이어 제12조 제1항 제2문, 제2항 내지 제7항에서 신체의 자유가 제한될 우려가 있는 특별한 상황들을 열거하면서, 각각의 상황별로 신체의 자유의 보장 방법을 구체적으로 규정한다. 따라서 형사절차를 특히 염두에 둔 것이 아닌 헌법 제12조 제1항 제1문과의 체계적 해석의 관점에서 볼 때, **헌법 제12조 제1항 제2문, 제2항 내지 제7항은 당해 헌법조항의 문언상 혹은 당해 헌법조항에 규정된 구체적인 신체의 자유 보장 방법의 속성상 형사절차에만 적용됨이 분명한 경우가 아니라면, 형사절차에 한정되지 않는 것으로 해석하는 것이 타당하다.**

　　㉡ 위와 같은 해석 원칙에 따라, "누구든지 체포 또는 구속을 당한 때에는 즉시 변호인의 조력을 받을 권리를 가진다."라는 내용의 헌법 제12조 제4항 본문이 형사절차에만 적용되는지에 관하여 본다. 먼저, 헌법 제12조 제4항 본문에 규정된 "구속을 당한 때"가 그 문언상 형사절차상 구속만을 의미하는 것이 분명한지 살펴본다. 사전적 의미로 '구속'이란 행동이나 의사의 자유를 제한함을 의미할 뿐 그 주체에는 특별한 제한이 없다. 헌법 제12조 제4항 본문에 규정된 "구속"은 사전적 의미의 구속 중에서도 특히 사람을 강제로 붙잡아 끌고 가는 구인과 사람을 강제로 일정한 장소에 가두는 구금을 가리키는데, 이는 형사절차뿐 아니라 행정절차에서도 가능하다. 헌법 제12조 제4항 본문에 규정된 <u>구속</u>은 사법절차에서 이루어진 구속뿐 아니라, 행정절차에서 이루어진 구속까지 포함하는 개념이다. 따라서 **변호인의 조력을 받을 권리는 행정절차에서 구속된 사람에게도 즉시 보장된다. 변호인의 조력을 받을 권리는 출입국관리법상 보호 또는 강제퇴거의 절차에도 적용된다.**

(5) 보호영역

변호인의 조력을 받을 권리의 보호영역은 변호인선임권, 변호인과 상담하고 조언을 구할 권리, 변호인과의 자유로운 접견교통권이다.

① **변호인과의 접견교통권**: 신체구속을 당한 피의자 또는 피고인이 범한 것으로 의심받고 있는 범죄행위에 해당 변호인이 관련되어 있다는 등의 사유에 기하여 그 변호인의 변호활동을 광범위하게 규제하는 변호인의 제척(除斥)과 같은 제도를 두고 있지 아니한 우리 법제 아래에서는, 변호인의 접견교통의 상대방인 신체구속을 당한 사람이 그 변호인을 자신의 범죄행위에 공범으로 가담시키려고 하였다는 등의 사정만으로 그 변호인의 신체구속을 당한 사람과의 접견교통을 금지하는 것이 정당화될 수는 없다(대결 2007.1.31. 2006모656).

② **자유로운 접견교통권**: 관계 공무원은 구속된 자와 변호인의 대담내용을 들을 수 있거나 녹음이 가능한 거리에 있어서는 아니 되며 계호나 그 밖의 구실 아래 대화장면의 사진을 찍는 등 불안한 분위기를 조성하여 자유로운 접견에 지장을 주어서도 아니 될 것이다. 국가안전기획부 소속 직원이 접견에 참여하여 대화내용을 듣거나 기록한 것은 접견교통권을 침해한 것이다(헌재 1992.1.28. 91헌마111).

③ **조언·상담을 받을 권리**: 선임한 변호인의 조력을 받기 위하여 변호인을 옆에 두고 조언과 상담을 구하는 것은 수사절차의 개시에서부터 재판절차의 종료에 이르기까지 언제나 가능하다. 따라서 불구속피의자가 피의자신문시 변호인의 조언과 상담을 원한다면, 수사기관은 피의자의 위 요구를 거절할 수 없으므로 피의자신문시 변호인 접견을 거부한 검사의 행위는 변호인 조력을 받을 권리를 침해한다(헌재 2004.9.23. 2000헌마138).

④ **소송관계 서류를 열람·등사할 권리**: 변호인을 통하여 수사서류를 포함한 소송관계 서류를 열람·등사할 권리는 변호인의 조력을 받을 권리와 공정한 재판을 받을 권리를 실현하기 위한 구체적 수단이므로 변호인의 수사기록 열람·등사에 대한 지나친 제한은 결국 피고인에게 보장된 변호인의 조력을 받을 권리를 침해하는 것이다(헌재 1997.11.27. 94헌마60).

(6) 제한

① **헌법 제37조 제2항의 법률유보원칙**: 변호인의 조력을 받을 권리도 헌법 제37조 제2항의 법률유보원칙의 대상이 되므로 변호인의 조력을 받을 권리제한은 법률에 근거를 두어야 한다.

㉠ **변호인접견권**: 미결수용자의 변호인접견권 역시 국가안전보장·질서유지 또는 공공복리를 위해 필요한 경우에는 법률로써 제한될 수 있음은 당연하다(헌재 2011.5.26. 2009헌마341).

⚖️판례 | 접견권 제한가능성

대법원의 판례에 따르면 변호인의 접견교통권은 법령에 의한 제한이 없는 한 수사기관의 처분은 물론 법원의 결정으로도 제한할 수 없다(대판 1990.2.14. 89도37).

㉡ **변호인면접·교섭권**: 구속피고인의 변호인면접·교섭권은 독자적으로 존재하는 것이 아니라 국가형벌권의 적정한 행사와 피고인의 인권보호라는 형사소송절차의 전체적인 체계 안에서 의미를 갖고 있는 것이다. 따라서 구속피고인의 변호인면접·교섭권은 최대한 보장되어야 하지만, 형사소송절차의 위와 같은 목적을 구현하기 위하여 **제한될 수 있다.** 다만, **이 경우에도 그 제한은 엄격한 비례의 원칙에 따라야 하고, 시간·장소·방법 등 일반적 기준에 따라 중립적이어야 한다**(헌재 2009.10.29. 2007헌마992).

② **본질적 내용 제한불가**: 변호인선임권과 변호인과의 자유로운 접견교통권은 변호인 조력을 받을 권리의 본질적 내용이므로 제한할 수 없다.

㉠ **변호인선임권**: 변호인의 조력을 받을 권리의 출발점은 변호인선임권에 있고, 이는 변호인의 조력을 받을 권리의 가장 기초적인 구성부분으로서 법률로써도 제한할 수 없다(헌재 2004.9.23. 2000헌마138).

㉡ **변호인과의 자유로운 접견교통권**: 변호인의 조력을 받을 권리도 법률로 제한할 수 있는 기본권이나, 변호인과의 자유로운 접견교통권은 헌법 제37조 제2항의 본질적 내용에 해당하여 국가안전보장, 질서유지, 공공복리를 위하여 법률로 제한할 수 없다. 변호인의 조력을 받을 권리의 출발점은 변호인선임권에 있고, 이는 변호인의 조력을 받을 권리의 가장 기초적인 구성부분으로서 법률로써도 제한할 수 없다(헌재 2004.9.23. 2000헌마138).

(7) 국선변호인의 도움을 받을 권리
　① 피의자의 국선변호인 조력을 받을 권리

> **⚖ 판례 ┃ 피의자가 제출한 국선변호인 선정신청서를 법원에 제출하지 아니한 사법경찰관의 부작위**
>
> **헌법 제12조 제4항의 체제에 비추어, 국선변호인의 조력을 받을 권리는 피고인에게만 인정되는 것으로 해석함이 상당하다 할 것이고**, 따라서 그 헌법 규정이 피의자에 대하여 일반적으로 국선변호인의 조력을 받을 권리가 있음을 천명한 것이라고 볼 수 없다. 사법경찰관이 피의자가 제출하는 국선변호인 선임신청서를 법원에 제출할 의무가 있다고 볼 헌법상의 근거도 없다. **피의자가 제출한 국선변호인 선정신청서를 법원에 제출하지 아니한 사법경찰관의 부작위**에 대한 심판청구는 작위의무 없는 공권력의 불행사에 대한 헌법소원으로서 부적법하다 할 것이다(헌재 2008.9.25. 2007헌마1126).

　② **피고인의 국선변호인 조력을 받을 권리**: 피고인이 구속된 때, 미성년자인 때 등은 법원이 직권으로 국선변호인을 선정해야 하나, 피고인이 빈곤 그 밖의 사유로 변호인을 선임할 수 없는 경우에 피고인의 청구가 있는 때 변호인을 선정하여야 한다.

> **⚖ 판례 ┃ 국선변호인이 법정기간 내에 항소이유서를 제출하지 아니한 경우**
>
> 피고인에게 국선변호인의 조력을 받을 권리를 보장하여야 할 국가의 의무에는 형사소송절차에서 단순히 국선변호인을 선정하여 주는 데 그치지 않고 한 걸음 더 나아가 피고인이 국선변호인의 실질적인 조력을 받을 수 있도록 필요한 업무 감독과 절차적 조치를 취할 책무까지 포함된다고 할 것이다. 피고인을 위하여 선정된 국선변호인이 법정기간 내에 항소이유서를 제출하지 아니한 경우 항소법원이 형사소송법 제361조의4 제1항 본문에 따라 피고인의 항소를 기각한다면, 이는 피고인에게 국선변호인으로부터 충분한 조력을 받을 권리를 보장하고 이를 위한 국가의 의무를 규정하고 있는 헌법의 취지에 반하는 조치이다(대결 2012.2.16. 2009모1044).

　③ **군사재판의 형사피고인**: 군사재판을 받는 형사피고인도 국선변호인의 조력을 받을 권리를 누릴 수 있다.

⚖ 판례 | 변호인 · 변호사 접견 제한

헌법 위반인 것

1. **변호인이 되려는 자의 피의자 접견신청에 대한 검사의 불허행위** (헌재 2019.2.28. 2015헌마1204)

> **＜관련조항＞**
>
> 형의 집행 및 수용자의 처우에 관한 법률 시행령 제58조【접견】① 수용자의 접견은 매일(공휴일 및 법무부장관이 정한 날은 제외한다) 국가공무원 복무규정 제9조에 따른 근무시간 내에서 한다.
>
> 형사소송법 제243조의2【변호인의 참여 등】① 검사 또는 사법경찰관은 피의자 또는 그 변호인·법정대리인·배우자·직계친족·형제자매의 신청에 따라 변호인을 피의자와 접견하게 하거나 정당한 사유가 없는 한 피의자에 대한 신문에 참여하게 하여야 한다.

① **교도관의 접견 불허는 공권력의 행사에 해당하지 아니한다**: 피의자신문 중 변호인 등의 접견신청이 있는 경우에는 앞서 본 바와 같이 검사 또는 사법경찰관이 그 허가 여부를 결정하여야 하므로, 피의자를 수사기관으로 호송한 교도관에게 이를 허가하거나 제한할 권한은 인정되지 않는다고 할 것이다. 이 사건에 있어서 피청구인 교도관에게 청구인과 피의자 윤○현의 접견 허가 여부를 결정할 권한이 있었다고 볼 수 없으므로, 이 사건 교도관의 접견불허행위는 헌법재판소법 제68조 제1항에서 헌법소원의 대상으로 삼고 있는 '공권력의 행사'에 해당하지 아니한다.

② **검사의 불허행위는 공권력의 행사에 해당한다**: 담당교도관의 접견 불허 통보 이후 피청구인 검사가 별다른 조치를 취하지 아니한 것은 실질적으로 청구인의 접견신청을 불허한 것과 동일하게 평가할 수 있으므로 이 사건 검사의 접견불허행위는 헌법소원의 대상이 되는 공권력의 행사로서 존재한다고 할 것이다.

③ **형의 집행 및 수용자의 처우에 관한 법률 시행령이 이 사건 변호인 접견 불허의 근거가 될 수 있는지 여부**: 형집행법 제41조 제4항의 위임을 받은 이 사건 접견시간 조항은 수용자의 접견을 '국가공무원 복무규정'에 따른 근무시간 내로 한정함으로써 피의자와 변호인 등의 접견교통을 제한하고 있으나, 앞서 본 바와 같이 위 조항은 교도소장·구치소장이 그 허가 여부를 결정하는 변호인 등의 접견신청의 경우에 적용되는 것으로서, 검사 또는 사법경찰관이 그 허가 여부를 결정하는 피의자신문 중 변호인 등의 접견신청의 경우에는 적용되지 않으므로, 위 조항을 근거로 변호인 등의 접견신청을 불허하거나 제한할 수는 없다고 할 것이다. 변호인 등의 접견교통권은 헌법으로써는 물론 법률로써도 제한하는 것이 가능하나, 헌법이나 형사소송법은 피의자신문 중 변호인 등의 접견신청이 있는 경우 이를 제한하거나 거부할 수 있는 규정을 두고 있지 아니한 점등을 종합해 볼 때, 청구인의 피의자 윤○현에 대한 접견신청은 '변호인이 되려는 자'에게 보장된 접견교통권의 행사 범위 내에서 이루어진 것이고, 또한 이 사건 검사의 접견불허행위는 헌법이나 법률의 근거 없이 이를 제한한 것이므로 청구인의 접견교통권을 침해하였다고 할 것이다.

2. **수사기관의 변호인 접견 불허** (헌재 2004.9.23. 2000헌마138)

① 변호인의 조력을 받을 권리는 수사개시부터 판결확정시까지 존속하는 권리이다.

② 형사피고인의 국선변호인의 조력을 받을 권리는 사적 권리일 뿐 아니라 일정한 경우에는 공적 의무에 해당한다.

③ 피의자·피고인이 변호인과의 접견을 통해 상담하고 조언을 구할 권리는 구체적 입법형성 없이 헌법상의 변호인의 조력을 받을 권리로부터 직접 도출된다.

3. **검찰수사관의 변호인 후방착석요구행위**

피의자신문에 참여한 변호인이 피의자 옆에 앉는다고 하여 피의자 뒤에 앉는 경우보다 수사를 방해할 가능성이 높아진다거나 수사기밀을 유출할 가능성이 높아진다고 볼 수 없으므로, **이 사건 후방착석요구행위의 목적의 정당성과 수단의 적절성을 인정할 수 없다.** 이 사건에서 변호인의 수사방해나 수사기밀의 유출에 대한 우려가 없고, 조사실의 장소적 제약 등과 같이 이 사건 후방착석요구행위를 정당화할 그 외의

特별한 사정도 없으므로, 이 사건 후방착석요구행위는 침해의 최소성 요건을 충족하지 못한다. 이 사건 후방착석요구행위로 얻어질 공익보다는 변호인의 피의자신문참여권 제한에 따른 불이익의 정도가 크므로, 법익의 균형성 요건도 충족하지 못한다. 따라서 이 사건 후방착석요구행위는 변호인인 청구인의 변호권을 침해한다(헌재 2017.11.30. 2016헌마503).

4. 난민인정심사 회부 여부 결정시까지 인천국제공항 송환대기실에 수용기간 동안 인천공항출입국·외국인청장의 변호인 접견신청거부

청구인에게 변호인 접견신청을 허용한다고 하여 국가안전보장, 질서유지, 공공복리에 어떠한 장애가 생긴다고 보기는 어려우므로 변호인의 조력을 받을 권리를 침해한 것이다(헌재 2018.5.31. 2014헌마346).

참고 별개의견은 행정절차에서 변호인 조력을 받을 권리를 인정하지 않고 변호사의 조력을 받을 권리를 재판청구권에서 보호된다고 하면서 재판청구권 침해라고 주장한다.

5. 수형자가 헌법소원 사건의 국선대리인인 변호사를 접견함에 있어 교도소장이 그 접견내용을 녹음·기록한 행위 (헌재 2013.8.29. 2011헌마122)

① 형사절차가 종료되어 교정시설에 수용 중인 수형자나 미결수용자가 형사사건이 아닌 민사·행정·헌법재판에서 변호사접견은 변호인 조력에서 보호되는 것이 아니라 재판청구권에서 보호된다.
② 변호사와 접견하는 경우에도 수용자의 접견은 원칙적으로 접촉차단시설이 설치된 장소에서 하도록 규정하고 있는 형의 집행 및 수용자의 처우에 관한 법률 시행령은 **재판청구권**을 지나치게 제한하고 있으므로, 헌법에 위반된다.

헌법 위반이 아닌 것

1. 미결수용자 또는 변호인이 원하는 특정한 시점(6·6 현충일)의 접견 불허

비록 미결수용자 또는 그 상대방인 변호인이 원하는 특정 시점에는 접견이 이루어지지 못하였다 하더라도 변호인의 조력을 받을 권리가 침해되었다고 할 수 없다(헌재 2011.5.26. 2009헌마341).

2. 법정대기실 접견 제한

법정 옆 피고인 대기실에서 재판 대기 중인 피고인이 공판을 앞두고 호송교도관에게 변호인 접견을 신청하였으나, 대기 중인 수용자는 14인이었고 교도관은 2인에 불과한 상태에서 교도관이 접견을 거부한 것은 변호인의 조력을 받을 권리 침해라고 볼 수 없다(헌재 2009.10.29. 2007헌마992).

판례 | 접견시 녹음·녹화

헌법 위반인 것

1. 피의자와 변호인 접견시 안기부 수사관이 대화내용을 듣고 기록한 행위 (헌재 1992.1.28. 91헌마111)

① 피청구인 **소속 직원(수사관)이 참여하여 대화내용을 듣거나 기록한 것**은 헌법 제12조 제4항이 규정한 변호인의 조력을 받을 권리를 침해한 것으로서 위헌임을 확인한다.
② 법집행공무원 가시거리 내 입회는 변호인 조력 침해가 아니다. 그러나 가청거리 내 입회는 변호인의 조력을 받을 권리를 침해한다.

2. 수형자의 변호사 접견시 녹음 (헌재 2013.9.26. 2011헌마398)

① 수형자의 민사사건 등에 있어서의 변호사와의 접견교통권은 헌법상 재판을 받을 권리의 한 내용 또는 그로부터 파생되는 권리로서 보장될 필요가 있다 할 것이므로, 이 사건 녹취행위는 결국 청구인의 **재판을 받을 권리**를 제한한다고 할 수 있다.
② 수형자인 청구인이 헌법소원 사건의 국선대리인인 변호사를 접견함에 있어서 그 접견내용을 녹음·기록한 피청구인의 행위는 청구인의 **재판을 받을 권리**를 침해한다.

③ 변호인의 조력을 받을 권리는 '형사사건'에서의 변호인의 조력을 받을 권리를 의미한다. 따라서 수형자가 형사사건의 변호인이 아닌 민사사건, 행정사건, 헌법소원사건 등에서 변호사와 접견할 경우에는 원칙적으로 헌법상 변호인의 조력을 받을 권리의 주체가 될 수 없다 할 것이므로, 이 사건 녹취행위에 의하여 청구인의 **변호인의 조력을 받을 권리**가 침해되었다고 할 수는 없다.

헌법 위반이 아닌 것

1. **변호인과 미결수용자 접견시 접견실 내 CCTV 감시·녹화행위** (헌재 2016.4.28. 2015헌마243)
   ① **변호인접견실에 CCTV를 설치하여 관찰한 행위**: X-ray 물품검색기나 변호인접견실에 설치된 비상벨만으로는 교정사고를 방지하거나 금지물품을 적발하는 데 한계가 있으므로 CCTV 관찰행위는 그 목적을 달성하기 위하여 필요한 범위 내의 제한이다. 따라서 CCTV 관찰행위는 청구인의 변호인의 조력을 받을 권리를 침해한다고 할 수 없다.
   ② **교도관이 미결수용자와 변호인 간에 주고받는 서류를 확인하고, 소송관계서류처리부에 그 제목을 기재하여 등재한 행위**: 미결수용자의 변호인의 조력을 받을 권리와 개인정보자기결정권을 침해하지 않으므로 헌법에 위반되지 않는다.

2. **수용자와 변호인이 아닌 자의 접견 녹음**
   청구인의 접견내용을 녹음·녹화함으로써 증거인멸이나 형사법령 저촉행위의 위험을 방지하고, 교정시설 내의 안전과 질서유지에 기여하려는 공익은 미결수용자가 받게 되는 사익의 제한보다 훨씬 크고 중요한 것이라고 할 것이므로 청구인의 사생활의 비밀과 자유 및 통신의 비밀을 침해하지 아니한다(헌재 2016.11.24. 2014헌바401).

3. **수용자와 배우자의 접견 녹음과 녹음파일 제공** (헌재 2012.12.27. 2010헌마153)
   ① 구치소장이 수용자와 배우자의 접견을 녹음한 행위는 교정시설 내의 안전과 질서유지에 기여하기 위한 것으로서 그 목적이 정당할 뿐 아니라 수단이 적절하다. 청구인의 사생활의 비밀과 자유를 침해하였다고 볼 수 없다.
   ② 구치소장이 검사의 요청에 따라 수용자와 배우자의 접견녹음파일을 제공한 행위는 형사사법의 실체적 진실을 발견하고 이를 통해 형사사법의 적정한 수행을 도모하기 위한 것으로 그 목적이 정당하고, 수단 역시 적합하다. 청구인의 개인정보자기결정권을 침해하였다고 볼 수 없다.

4. **변호인 아닌 자와 접견시 대화내용 기록행위** (헌재 2014.9.25. 2012헌마523)
   징벌혐의의 조사를 받고 있는 청구인이 변호인 아닌 자와 접견할 당시 교도관이 참여하여 대화내용을 기록하게 한 행위는 청구인의 사생활의 비밀과 자유를 침해하였다고 볼 수 없다.

   ---
   ① 미결수용자와 변호인의 대화내용을 듣는 것 ➡ 변호인 조력을 받을 권리 침해임.
   ② 헌법소원 사건에서 수형자와 변호사 접견시 접견내용 녹음 ➡ 재판청구권 침해임.
   ③ 미결수용자와 배우자의 대화내용을 녹화하고, 검사에게 제출하는 것 ➡ 개인정보자기결정권 침해 아님.
   ④ 징벌혐의의 조사를 받고 있는 청구인이 변호인 아닌 자와 접견시 교도관이 대화내용을 듣고 기록 ➡ 사생활비밀 침해 아님.

유사 **접견 관련 유사판례**
   1. 미결수용자의 면회횟수를 주 2회로 제한한 군행형법 시행령은 행복추구권 침해이다.
   2. 수형자와 변호사의 접견횟수를 일반접견횟수에 포함해서 월 4회로 제한한 것은 재판청구권을 침해한다(헌재 2015.11.26. 2012헌마858).
   3. 수형자에 대해 화상접견시간을 10분 내외로 제한한 교도소장의 행위는 행복추구권 침해가 아니다.

⚖ 판례 | 서신검열과 개봉

1. 미결수용자 서신을 교도소장이 검열한 행위 (헌재 1995.7.21. 92헌마144)

① **미결수용자와 변호인이 아닌 일반인의 서신검열**: 통신의 비밀 침해가 아니다.

② **미결수용자와 변호인의 서신검열**

　㉠ 헌법 제12조 제4항 본문은 신체구속을 당한 사람에 대하여 변호인의 조력을 받을 권리를 규정하고 있는바, 이를 위하여서는 신체구속을 당한 사람에게 변호인과 사이의 충분한 접견교통을 허용함은 물론 교통내용에 대하여 비밀이 보장되고 부당한 간섭이 없어야 하는 것이며, 이러한 취지는 접견의 경우뿐만 아니라 변호인과 미결수용자 사이의 서신에도 적용되어 그 비밀이 보장되어야 할 것이다. 다만, 미결수용자와 변호인 사이의 서신으로서 그 비밀을 보장받기 위하여는, ⓐ 교도소 측에서 상대방이 변호인이라는 사실을 확인할 수 있어야 하고, ⓑ 서신을 통하여 마약 등 소지금지품의 반입을 도모한다든가 그 내용에 도주 · 증거인멸 · 수용시설의 규율과 질서의 파괴 · 기타 형벌법령에 저촉되는 내용이 기재되어 있다고 의심할 만한 합리적인 이유가 있는 경우가 아니어야 한다.

　㉡ 변호인의 조력을 받을 권리 등에 비추어 볼 때, 미결구금자가 수발하는 서신이 변호인 또는 변호인이 되려는 자와의 서신임이 확인되고 미결구금자의 범죄혐의내용이나 신분에 비추어 소지금지품의 포함 또는 불법내용의 기재 등이 있다고 의심할 만한 합리적인 이유가 없음에도 그 서신을 검열하는 행위는 위헌이다.

2. 수형자와 변호사의 서신을 교도소장이 검열한 행위 (헌재 1998.8.27. 96헌마398)

① 수형자와 변호사 간 서신은 통신의 자유에서 보호되므로 교도소장의 서신검열행위는 통신의 비밀을 제한하였으나 과잉금지원칙에 위반되지 않는다. 따라서 통신비밀 침해가 아니다.

② **변호인의 조력을 받을 권리**: 수형자는 원칙적으로 주체가 되지 아니하므로(재심절차가 있는 경우에 예외적으로 주체가 된다) 서신교환행위는 변호인 조력을 받을 권리에서 보호되지 아니하므로 서신검열행위는 변호인의 조력을 받을 권리 제한이 아니어서 침해가 아니다.

3. 교도소장이 금지물품 동봉 여부를 확인하기 위하여 미결수용자와 같은 지위에 있는 수형자의 변호인이 위 수형자에게 보낸 서신을 개봉한 후 교부한 행위

사건 서신개봉행위는 교정사고를 미연에 방지하고 교정시설의 안전과 질서유지를 위한 것이다. 수용자에게 변호인이 보낸 형사소송 관련 서신이라는 이유만으로 금지물품 확인 과정 없이 서신이 무분별하게 교정시설 내에 들어오게 된다면, 이를 악용하여 마약 · 담배 등 금지물품의 반입 등이 이루어질 가능성을 배제하기 어렵다. 금지물품을 확인할 뿐 변호인이 보낸 서신 내용의 열람 · 지득 등 검열을 하는 것이 아니어서, 이 사건 서신개봉행위로 인하여 미결수용자와 같은 지위에 있는 수형자가 새로운 형사사건 및 형사재판에서 방어권 행사에 불이익이 있었다거나 그 불이익이 예상된다고 보기도 어렵다. 이 사건 서신개봉행위와 같이 금지물품이 들어 있는지를 확인하기 위하여 서신을 개봉하는 것만으로는 미결수용자와 같은 지위에 있는 수형자의 변호인의 조력을 받을 권리를 침해하지 아니한다(헌재 2021.10.28. 2019헌마973).

⚖ 판례 | 수사기록 공개 거부

1. 수사기록 공개 거부

공소제기된 수사기록에 대한 열람 · 등사를 거부한 검사의 행위는 피의자 · 피고인의 변호인의 조력을 받을 권리와 공정한 재판을 받을 권리 침해이다. 변호인의 조력을 받을 권리는 변호인과의 자유로운 접견교통권에 그치지 아니하고 더 나아가 변호인을 통하여 수사서류를 포함한 소송관계서류를 열람 · 등사하고 이에 대한 검토결과를 토대로 공격과 방어의 준비를 할 수 있는 권리도 포함된다고 보아야 할 것이므로 변호인의 수사기록 열람 · 등사에 대한 지나친 제한은 결국 피고인에게 보장된 변호인의 조력을 받을 권리를 침해하는 것이다(헌재 1997.11.27. 94헌마60).

2. 검사의 수사서류 열람 거부

형사소송법이 공소가 제기된 후의 피고인 또는 변호인의 수사서류 열람·등사권에 대하여 규정하면서 검사의 열람·등사 거부처분에 대하여 별도의 불복절차를 마련한 것은 신속하고 실효적인 권리구제를 통하여 피고인의 신속·공정한 재판을 받을 권리 및 변호인의 조력을 받을 권리를 보장하기 위함이다. 법원이 검사의 열람·등사 거부처분에 정당한 사유가 없다고 판단하고 그러한 거부처분이 피고인의 헌법상 기본권을 침해한다는 취지에서 수사서류의 열람·등사를 허용하도록 명한 이상, 법치국가와 권력분립의 원칙상 검사로서는 당연히 법원의 그러한 결정에 지체 없이 따라야 하며, 이는 별건으로 공소제기되어 확정된 관련 형사사건 기록에 관한 경우에도 마찬가지이다. 그렇다면 피청구인의 이 사건 거부행위는 청구인의 신속·공정한 재판을 받을 권리 및 변호인의 조력을 받을 권리를 침해한다(헌재 2022.6.30. 2019헌마356).

3. 수사기록 비공개결정

수사기록 중 고소장과 피의자 신문조서의 열람·등사청구에 대한 경찰서장의 비공개결정은 변호인의 변호권과 알 권리 침해이다(헌재 2003.3.27. 2000헌마474).

3. 자백의 증거능력

헌법 제12조【자백의 증거능력】⑦ 피고인의 자백이 고문·폭행·협박·구속의 부당한 장기화 또는 기망 기타의 방법에 의하여 자의로 진술된 것이 아니라고 인정될 때 또는 **정식재판에 있어서 피고인의 자백이 그에게 불리한 유일한 증거일 때에는 이를 유죄의 증거로 삼거나 이를 이유로 처벌할 수 없다.**

(1) 자백의 증거능력 제한

증거능력이란 증거가 증명의 자료로 사용될 수 있는 법률상 자격이다. 피고인의 자백이 고문 등에 의한 임의성 없는 것일 경우 증거능력은 인정되지 않는다.

(2) 자백의 증명력 제한

① 증명력이란 증거의 실질적 가치를 의미한다.
② 정식재판에서 피고인의 자백이 임의성이 있더라도 유죄의 유일한 증거일 때는 증명력이 제한되어 무죄를 선고해야 한다.
③ 그러나 즉결심판에서는 보강증거가 필요 없이 자백만으로도 처벌할 수 있다.
④ 정식재판에서도 임의성 있는 자백이 보강증거에 의해 뒷받침되면 그 증명력이 인정되어 유죄로 처벌할 수 있다.

(3) 연혁

1962년 제5차 개정헌법에서 최초로 규정되었다.

4. 고문을 받지 아니할 권리 및 진술거부권

헌법 제12조 ② 모든 국민은 고문을 받지 아니하며, 형사상 자기에게 불리한 진술을 강요당하지 아니한다.

(1) 개념

진술거부권이란 유죄판결의 기초가 될 사실과 양형에 있어서 불리하게 될 사실의 진술을 강요당하지 않을 권리이다. 수사기관인 검사 또는 사법경찰관은 진술을 들을 때에는 미리 피의자에 대하여 진술을 거부할 수 있음을 알려야 한다(형사소송법 제244조의3). 영미의 자기부죄거부의 특권에서 도출된 권리이다.

⚖ 판례

1. 고문 등 폭력에 의한 강요는 물론 법률에 의하여서도 진술을 강요당하지 아니함을 의미한다(헌재 2001.11.29. 2001헌바4).

2. 피의자의 진술거부권은 헌법상 보장되는 권리로서 수사기관이 피의자를 신문함에 있어 미리 진술거부권을 고지하지 않은 때에는 그 진술은 위법하게 수집된 증거로서 진술의 임의성이 인정되는 경우라도 증거능력이 부정되어야 한다(대판 1992.6.23. 92도682).

3. 변호사인 변호인에게는 변호사법이 정하는 바에 따라서 이른바 진실의무가 인정되는 것이지만, 변호인이 신체구속을 당한 사람에게 법률적 조언을 하는 것은 그 권리이자 의무이므로 변호인이 적극적으로 피고인 또는 피의자로 하여금 허위진술을 하도록 하는 것이 아니라 단순히 **헌법상 권리인 진술거부권이 있음을 알려 주고 그 행사를 권고하는 것**을 가리켜 변호사로서의 진실의무에 위배되는 것이라고는 할 수 없다(대결 2007.1.31. 2006모656).

☑ Miranda 원칙

경찰관은 신문하기 전에 불리한 진술거부권과 변호인의 조력이 있음을 고지해야 한다. 그렇지 않은 진술은 증거능력이 없다는 원칙이다. Miranda 원칙은 일정한 절차를 준수해야 한다는 원칙이므로 적법절차원칙과도 관련이 있다.

(2) 진술거부권의 주체

① 진술거부권의 주체는 피고인과 피의자뿐 아니라 형사책임을 지게 될 가능성이 있는 자이다.
② 법인이 아니라 법인 대표자에게 인정되는 권리이다. 외국인도 피의자·피고인인 경우에 인정된다.
③ 증인은 주체가 아니다. 다만, 증언 도중에 자신의 형사책임과 관련된 사항이 나오면 진술거부권을 행사할 수 있다.

⚖ 판례

국회증언감정법상의 증인의 경우 진술거부권을 고지받을 권리가 인정되지 않으므로, 청구인이 진술거부권을 고지받지 않았다고 하더라도 국회증언법(허위진술처벌)이 헌법상 진술거부권을 제한한다고 볼 수 없다(헌재 2015.9.24. 2012헌바410).

(3) 진술거부권의 적용범위

① **진술거부권이 적용되는 것**: 진술거부권은 형사상 불리한 진술을 거부할 수 있는 권리이다. 형사절차에서만 적용되는 것이 아니며, 행정절차뿐 아니라 국회에서 증언·감정 등을 행함에 있어서도 자기에게 형사상 불리한 진술은 거부할 수 있다.

⚖ 판례

정치자금을 받고 지출하는 행위는 당사자가 직접 경험한 사실로서 이를 문자로 기재하도록 하는 것은 당사자가 자신의 경험을 말로 표출한 것의 등가물(等價物)로 평가할 수 있으므로, 위 조항들이 정하고 있는 기재행위 역시 '진술'의 범위에 포함된다고 할 것이다(헌재 2005.12.22. 2004헌바25).

② **진술거부권이 적용되지 않는 것**: 형사상의 불이익이 아닌 행정상·민사상 불이익에는 적용되지 않는다. 자기에게 불리한 진술을 거부할 권리이므로 제3자에게 불이익이 되는 경우에 진술을 거부할 권리는 포함되지 않는다. 따라서 증인의 경우에는 진술거부권이 인정되지 않는다. 또한 국가보안법상 불고지죄는 자신의 범죄가 아니라 타인의 범죄고지문제이므로 형사상 자기에게 불리한 내용이 아니므로 진술거부권 침해문제가 발생하지 않는다.

⚖ 판례 | 진술거부권이 적용되지 않는 사례

1. 음주측정의무 부과

헌법 제12조 제2항은 진술거부권을 보장하고 있으나, 여기서 '진술'이라 함은 생각이나 지식, 경험사실을 정신작용의 일환인 언어를 통하여 표출하는 것을 의미하는 데 반해, 도로교통법 제41조 제2항에 규정된 음주측정은 호흡측정기에 입을 대고 호흡을 불어넣음으로써 신체의 물리적·사실적 상태를 그대로 드러내는 행위에 불과하므로 **이를 두고 '진술'이라 할 수 없고**, 따라서 주취운전의 혐의자에게 호흡측정기에 의한 주취 여부의 측정에 응할 것을 요구하고 이에 불응할 경우 처벌한다고 하여도 이는 형사상 불리한 '진술'을 강요하는 것에 해당한다고 할 수 없으므로 헌법 제12조 제2항의 진술거부권이 제한되는 것은 아니다(헌재 1997.3.27. 96헌가11).

2. 회계장부·명세서·영수증을 보존하는 행위는 진술거부권의 보호대상이 되는 '진술', 즉 언어적 표출의 등가물로 볼 수 없으므로, 정치자금 관련 회계장부·명세서·영수증을 보존하도록 한 정치자금법은 헌법 제12조 제2항의 진술거부권을 침해하지 않는다(헌재 2005.12.22. 2004헌바25).

3. 성범죄자 신상정보 제출의무는 등록대상자에게 신상정보 및 변경정보의 제출의무를 부과하고 있는데, 신상정보 및 변경정보의 제출이 그 자체로 '형사상' 자기에게 불리한 진술이라고 할 수 없다. 따라서 제출조항으로 인하여 진술거부권이 제한된다고 볼 수 없다(헌재 2016.9.29. 2015헌마913).

4. 민사집행법상 재산명시의무를 위반한 채무자에 대해 20일 이내 감치하도록 한 민사집행법

이는 채무자의 경험사실을 문자로 기재하도록 한 것이므로 '진술'의 범위에 포함된다. 채무자가 재산목록의 작성·제출이라는 형태의 진술을 거부하였을 때 그에게 가해지는 제재는 **형사상 책임이 아니라 민사적 구금제도로서의 감치이다.** 그렇다면 채무자의 재산명시기일에서의 재산목록 작성·제출행위는 형사상 불이익한 진술에 해당한다고 볼 수 없다(헌재 2014.9.25. 2013헌마11).

⚖ 판례 | 진술거부권

1. 교통사고시 신고의무 (헌재 1990.8.27. 89헌가118)

① **주문**: 도로교통법 제50조 제2항 및 동법 제111조 제3호의 신고의무는 피해자의 구호 및 교통질서의 회복을 위한 조치가 필요한 상황에만 적용되는 것이고, 형사책임과 관련되는 사항에는 적용되지 아니하는 것으로 해석하는 한 헌법에 위반되지 아니한다. ***한정합헌결정**

② 진술강요는 고문에 의해서만 금지되는 것이 아니라 법률로도 할 수 없다.

③ 형사책임과 관련된 신고의무 부과는 진술거부권 침해이나 사상자의 구호, 교통질서유지를 위한 신고의무 부과는 진술거부권 침해가 아니다.

2. 공정거래위원회의 법 위반사실 공표명령

헌법 제12조 제2항은 "모든 국민은 형사상 자기에게 불리한 진술을 강요당하지 아니한다."라고 하여 진술거부권을 보장하였는바, 진술거부권은 형사절차뿐만 아니라 행정절차나 법률에 의한 진술강요에서도 인정된다. 이 사건 공표명령은 "특정의 행위를 함으로써 공정거래법을 위반하였다."라는 취지의 행위자의 진술을 일간지에 게재하여 공표하도록 하는 것으로서 그 내용상 행위자로 하여금 형사절차에 들어가기 전에 법 위반행위를 일단 자백하게 하는 것이 되어 진술거부권도 침해하는 것이다(헌재 2002.1.31. 2001헌바43).

3. 정치자금 관련 허위보고금지

정치자금의 투명한 공개라는 공익은 불법 정치자금을 수수한 사실을 회계장부에 기재하고 신고해야 할 의무를 지키지 않은 채 진술거부권을 주장하는 사익보다 우월하다. 결국, 정당의 회계책임자가 불법 정치자금이라도 그 수수 내역을 회계장부에 기재하고 이를 신고할 의무가 있다고 규정하고 있는 위 조항들은 헌법 제12조 제2항이 보장하는 진술거부권을 침해한다고 할 수 없다(헌재 2005.12.22. 2004헌바25).

4. 국회에서의 증언·감정 등에 관한 법률의 위증죄 (헌재 2015.9.24. 2012헌바410) ★

① 형사소송법과 달리 증언거부권 고지 규정을 두고 있지 않은 심판대상조항이 평등원칙에 위배되는지 여부(소극): 심판대상조항이 형사소송법과 달리 증언거부권 고지 규정을 두고 있지 않은 것은 입법자가 국회증언감정법상 증언절차와 형사소송절차 사이의 목적 내지 성질상 차이 등을 고려한 것이다. 또한 현실에서 국회의 증인 채택 및 증언 절차가 국회증언감정법의 취지에 맞게 엄격하게 진행되지 아니하고 있다 하더라도, 이를 이유로 심판대상조항이 증언거부권 고지 규정을 반드시 두어야 한다고 할 수는 없다. 따라서 심판대상조항이 국회증언감정법상 증인과 형사소송법상 증인을 차별취급하는 데에는 합리적 이유가 있으므로 평등원칙에 위배된다고 할 수 없다.

② 형법상 위증죄보다 무거운 법정형을 정한 심판대상조항이 형벌체계상의 정당성과 균형성을 상실하여 평등원칙에 위배되는지 여부(소극): 심판대상조항은 형법상 위증죄보다 무거운 법정형을 정하고 있으나, 국회에서의 위증죄가 지니는 불법의 중대성, 별도의 엄격한 고발절차를 거쳐야 처벌될 수 있는 점 등을 고려할 때 형벌체계상의 정당성이나 균형성을 상실하고 있지 아니하므로 평등원칙에 위배된다고 할 수 없다.

☑ 헌법상 불이익의 개념

1. 헌법 제13조 제1항에서 말하는 '처벌'은 원칙으로 범죄에 대한 국가의 형벌권 실행으로서의 과벌을 의미하는 것이고, 국가가 행하는 일체의 제재나 불이익처분을 모두 그 '처벌'에 포함시킬 수는 없다 할 것이다.

2. 적법절차원칙이 적용되는 대상은 신체상 불이익뿐 아니라, 정신적·재산적 불이익에도 적용된다. 따라서 헌법 제12조 제1항과 제3항은 예시적 조항이다.

3. 헌법 제13조 제3항의 연좌제금지원칙에서 말하는 불이익은 국가기관에 의한 모든 불이익을 말한다.

4. 무죄추정의 원칙에서 불이익은 형사절차상의 처분상 불이익뿐 아니라 다른 기본권 제한과 같은 처분상 불이익도 포함한다.

5. 헌법 제39조 제2항에서 금지하는 '불이익한 처우'란 단순한 사실상·경제상의 불이익을 모두 포함하는 것이 아니라 법적인 불이익을 의미하는 것으로 보아야 한다.

6. 진술거부권에서의 불이익은 형사상 불이익만을 포함하며 행정상 불이익을 포함하지 아니한다.

제5장 / 사생활의 자유

제1절 주거의 자유

> 헌법 제16조 【주거보장】 모든 국민은 주거의 자유를 침해받지 아니한다. 주거에 대한 압수나 수색을 할 때에는 검사의 신청에 의하여 법관이 발부한 영장을 제시하여야 한다.

01 주거의 자유의 의의

1. 개념

헌법 제16조가 보장하는 주거의 자유는 개방되지 않은 사적 공간인 주거를 공권력이나 제3자에 의해 침해당하지 않도록 함으로써 사생활영역을 보호하기 위한 권리이다.

2. 연혁

1948년 제헌헌법 제10조에서 거주·이전의 자유와 함께 규정되어 있었으나, 1962년 제5차 개정헌법에서부터 별개조항으로 규정하면서 영장주의 규정이 추가되었다.

02 주거의 자유의 주체

1. 외국인

외국인은 주체가 될 수 있으나, 법인은 사생활의 비밀을 가질 수 없으므로 주거의 자유의 주체가 될 수 없다는 것이 다수설이다.

2. 법인

회사나 학교는 법인이 주체가 아니라, 공간의 장인 대표이사와 학교장이 주체가 된다.

3. 재산권 주체와 구별

호텔이나 여관의 재산권의 주체는 소유자이나 주거의 자유주체는 투숙객이다. 따라서 여관객실은 투숙객의 사생활 공간이므로 여관주인의 허락을 받고 투숙객의 허락 없이 여관방을 수색한 것은 위법이다. 또한 집을 세를 준 경우 집주인이 아니라 세입자가 주거의 자유 주체이므로 세입자의 동의 없이 주거를 침입해서는 아니 된다.

03 주거의 자유의 내용

1. 주거의 불가침

주거는 사람이 거주하기 위하여 점유되고 있는 일체의 건조물 및 시설이다. 또한 노동이나 직업의 장소가 주거이냐에 대해 학설이 대립하나, 긍정적인 것이 지배적 견해이다.

(1) 주거가 아닌 것

일반인의 출입이 자유롭게 허용될 수 있는 영업 중인 음식점, 백화점, 상점

(2) 주거인 것

일체의 건조물, 대학 강의실, 대학 연구실, 호텔, 여관, 주거이동차량, 선박

> **⚖️ 판례**
>
> 1. 임대차기간이 종료된 후 임차인과 같은 점유할 권리가 없는 자의 점유라도 주거의 평온은 보호되어야 하므로 권리자가 법에 정하여진 절차에 의하지 아니하고 그 건조물 등에 침입한 경우에는 주거침입죄가 성립한다(대판 1987.11.10. 87도1760).
> 2. 대리시험과 같은 불법적인 목적으로 주거에 들어간 경우 주거침입죄가 성립한다(대판 1967.12.19. 67도1281).
> 3. 일반적으로 대학교의 강의실은 그 대학당국에 의하여 관리되면서 그 관리업무나 강의와 관련되는 사람에 한하여 출입이 허용되는 건조물이지 누구나 자유롭게 출입할 수 있는 곳은 아니다(대판 1992.9.25. 92도1520).

2. 주거에 대한 압수 · 수색 영장주의

(1) 영장주의의 원칙

① 주거에 대한 압수나 수색을 하려면 정당한 이유가 있어야 하고, 검사의 청구에 의하여 법관이 발부한 영장이 있어야 한다.
② 영장에는 압수할 물건과 수색장소가 명시되어야 하므로, 수개의 수색할 물건을 포괄적으로 기재하는 일반영장은 금지된다.
③ 헌법 제16조는 주거에 대한 압수 · 수색에 영장주의를 규정하고 있으므로, 주거에 대한 압수 · 수색에는 헌법 제12조가 적용되는 것이 아니라 제16조가 적용된다.

(2) 영장주의의 예외

현행범인을 체포 · 긴급체포할 때에 영장 없이 주거에 대한 압수나 수색이 허용된다. 그러나 일반사인은 타인의 주거에 들어가서까지 현행범을 체포하거나 압수 · 수색하는 것은 주거의 자유 침해가 발생하므로 허용되지 않는다.

> **⚖️ 판례 | 불법체류외국인 긴급보호**
>
> 수사절차에서 피의자를 영장에 의해 체포 · 구속하거나 영장 없이 긴급체포 또는 현행범인으로 체포하는 경우, 필요한 범위 내에서 타인의 주거 내에서 피의자를 수사할 수 있으므로(형사소송법 제216조 제1항 참조), 외국인등록을 하지 않은 강제퇴거대상자를 사전에 특정하여 보호명령서를 발부받은 후 집행하기는 현실적으로 어렵다. 그러므로 외국인등록을 하지 아니한 채 오랜 기간 불법적으로 체류하면서 스스로 출국할 의사가 없는 청구인들을 사무소장 등의 보호명령서가 아닌 출입국관리공무원의 긴급보호서를 발부하여 보호한 것이 이에 필요한 긴급성의 요건을 갖추지 못하였다고 볼 수 없다(헌재 2012.8.23. 2008헌마430).

⚖ 판례 | 체포영장을 집행하는 경우 필요한 때 영장 없이 주거 내에서의 피의자 수사를 할 수 있도록 한 형사소송법 제216조 (헌재 2018.4.26. 2015헌바370)

1. 명확성원칙 위반 여부

심판대상조항은 피의자가 소재할 개연성이 소명되면 타인의 주거 등 내에서 수사기관이 피의자를 수색할 수 있음을 의미하는 것으로 누구든지 충분히 알 수 있으므로, 명확성원칙에 위반되지 아니한다.

2. 체포영장을 집행하는 경우 필요한 때에는 타인의 주거 등에서 피의자 수사를 할 수 있도록 한 형사소송법의 영장주의 위반 여부

① **헌법 제16조 영장주의 예외 인정:** 헌법 제12조 제3항은 "현행범인인 경우와 장기 3년 이상의 형에 해당하는 죄를 범하고 도피 또는 증거인멸의 염려가 있을 때에는 사후에 영장을 청구할 수 있다."라고 규정함으로써, 사전영장주의에 대한 예외를 명문으로 인정하고 있다. 이와 달리 **헌법 제16조 후문은 영장주의에 대한 예외를 명문화하고 있지 않다.** 그러나 헌법 제16조에서 영장주의에 대한 예외를 마련하지 아니하였다고 하여, 주거에 대한 압수나 수색에 있어 영장주의가 예외 없이 반드시 관철되어야 함을 의미하는 것은 아닌 점, 인간의 존엄성 실현과 인격의 자유로운 발현을 위한 핵심적 자유영역에 속하는 기본권인 신체의 자유에 대해서도 헌법 제12조 제3항에서 영장주의의 예외를 인정하고 있는데, 이러한 신체의 자유에 비하여 주거의 자유는 그 기본권 제한의 여지가 크므로, 형사사법 및 공권력 작용의 기능적 효율성을 함께 고려하여 본다면, 헌법 제16조의 영장주의에 대해서도 일정한 요건하에서 그 예외를 인정할 필요가 있는 점을 고려하면 현행범인 체포의 경우에는 헌법 제16조의 영장주의의 예외를 인정할 수 있다. 긴급체포의 경우 역시 **헌법 제16조의 영장주의의 예외를 인정할 수 있다.** 체포영장에 의한 체포의 경우에는 체포영장이 발부된 피의자가 타인의 주거 등에 소재할 개연성이 소명되고, 그 장소를 수색하기에 앞서 별도로 수색영장을 발부받기 어려운 긴급한 사정이 있는 경우에 한하여 현행범인 체포, 긴급체포의 경우와 마찬가지로 영장주의의 예외를 인정할 수 있다고 보아야 한다.

② **영장주의 위반 여부:** 심판대상조항은 체포영장을 발부받아 피의자를 체포하는 경우에 필요한 때에는 영장 없이 타인의 주거 등 내에서 피의자 수사를 할 수 있다고 규정함으로써, 앞서 본 바와 같이 별도로 영장을 발부받기 어려운 긴급한 사정이 있는지 여부를 구별하지 아니하고 피의자가 소재할 개연성만 소명되면 영장 없이 타인의 주거 등을 수색할 수 있도록 허용하고 있다. 이는 체포영장이 발부된 피의자가 타인의 주거 등에 소재할 개연성은 소명되나, 수색에 앞서 영장을 발부받기 어려운 긴급한 사정이 인정되지 않는 경우에도 영장 없이 피의자 수색을 할 수 있다는 것이므로, 위에서 본 헌법 제16조의 영장주의 예외 요건을 벗어나는 것으로서 영장주의에 위반된다.

3. 헌법불합치결정과 법개정의무

심판대상조항에 대하여 단순위헌결정을 하는 대신 헌법불합치결정을 선고하되, 늦어도 2020.3.31.까지는 현행범인 체포, 긴급체포, 일정 요건하에서의 체포영장에 의한 체포의 경우에 영장주의의 예외를 명시하는 것으로 위 헌법조항이 개정되고, 그에 따라 심판대상조항(심판대상조항과 동일한 내용의 규정이 형사소송법 제137조에도 존재한다)이 개정되는 것이 바람직하며, 위 헌법조항이 개정되지 않는 경우에는 심판대상조항만이라도 이 결정의 취지에 맞게 개정되어야 함을 지적하여 둔다.

3. 쾌적한 주거생활의 보장

현대의 주거생활은 주거의 불가침만으로 충분하지는 않다. 삶의 질을 높이고 유지하는 데는 주거의 불가침뿐만 아니라 위험으로부터 보호받고 쾌적하며 편한 주거생활이 필요하다.

04 주거의 자유의 효력

주거의 자유는 대국가적 효력과 대사인적 효력이 인정된다.

제2절 사생활의 비밀과 자유

헌법 제17조【사생활의 비밀과 자유】모든 국민은 사생활의 비밀과 자유를 침해받지 아니한다.

01 사생활의 비밀과 자유의 의의

1. 개념
'**사생활의 자유**'란, 사회공동체의 일반적인 생활규범의 범위 내에서 사생활을 자유롭게 형성해 나가고 그 설계 및 내용에 대해서 외부로부터의 간섭을 받지 아니할 권리로서, 사생활과 관련된 사사로운 자신만의 영역이 본인의 의사에 반해서 타인에게 알려지지 않도록 할 수 있는 권리인 **사생활의 비밀**과 함께 헌법상 보장되고 있다(헌재 2001.8.30. 99헌바92).

2. 연혁
제8차 개정헌법에서 성문화되었고, 사생활권의 보장을 위해 개인정보 보호법이 시행되고 있다.

02 사생활의 비밀과 자유의 성격

1. 법적 성격
사생활의 비밀과 자유는 홀로 있을 권리로서 소극적 권리이었으나, 자신의 정보의 관리·통제를 요구할 권리가 사생활의 비밀과 자유에 포함됨으로써 적극적 권리의 성격도 가지게 되었다.

2. 사생활의 비밀 자유와 다른 기본권
사생활에 관한 자유와 권리는 제17조의 사생활의 비밀과 자유의 불가침을 목적조항으로 하고, 제16조 주거의 불가침, 제14조 거주·이전의 자유, 제18조 통신의 불가침 등을 그 실현수단으로 하므로, **사생활의 비밀과 자유는 주거의 자유보다 포괄적 권리이다.** 사생활의 비밀과 통신의 비밀 중 통신비밀이 특별법이다. 양자 경합시 통신비밀이 적용된다.

03 사생활의 비밀과 자유의 주체

1. 외국인을 포함한 자연인

2. 사자
원칙적으로 적용이 안 되나, 사자의 사생활 비밀침해가 사자와 관계있는 생존자의 권리를 침해할 경우 생존자에 관해서 문제가 된다. [권영성, 계희열]

3. 법인
원칙적으로 주체가 되지 않는다. [권영성, 계희열]

04 사생활의 비밀과 자유의 내용

1. 사생활의 비밀 불가침

사생활의 비밀은 국가가 사생활영역을 들여다보는 것에 대한 보호를 제공하는 기본권이며, **사생활의 자유**는 국가가 사생활의 자유로운 형성을 방해하거나 금지하는 것에 대한 보호를 의미한다(헌재 2002.3.28. 2000헌마53).

2. 사생활의 자유

사생활의 자유는 사회공동체의 일반적인 생활규범의 범위 내에서 사생활을 자유롭게 형성해 나가고 그 설계 및 내용에 대해서 외부로부터 간섭을 받지 아니할 권리라고 할 수 있다.

⚖️ 판례 | 사생활 자유와 비밀의 자유 보호 여부

보호되는 것

1. 모든 진술인은 원칙적으로 자기의 말을 **누가 녹음할 것인지와 녹음된 자기의 음성이 재생될 것인지** 여부 및 누가 재생할 것인지 여부에 관하여 스스로 결정한 권리가 있다(헌재 1995.12.28. 91헌마114).
2. 흡연자들이 자유롭게 흡연할 권리를 흡연권이라고 한다면, 이러한 **흡연권**은 인간의 존엄과 행복추구권을 규정한 헌법 제10조와 사생활의 자유를 규정한 헌법 제17조에 의하여 뒷받침된다(헌재 2004.8.26. 2003헌마457).

보호되지 않는 것

1. **대외적으로 해명하는 행위**
   자신의 인격권이나 명예권을 보호하기 위하여 대외적으로 해명을 하는 행위는 표현의 자유에 속하는 영역일 뿐 이미 사생활의 자유에 의하여 보호되는 범주를 벗어난 행위이고, 또한 자신의 태도나 입장을 외부에 설명하거나 해명하는 행위는 진지한 윤리적 결정에 관계된 행위라기보다는 단순한 생각이나 의견, 사상이나 확신 등의 표현행위라고 볼 수 있어, 그 행위가 선거에 영향을 미치게 하기 위한 것이라는 이유로 이를 하지 못하게 된다 하더라도 내면적으로 구축된 인간의 양심이 왜곡 굴절된다고는 할 수 없다는 점에서 양심의 자유의 보호영역에 포괄되지 아니하므로, 탈법방법에 의한 문서·도화의 배부·게시 등을 금지하고 있는 공직선거법 제93조 제1항은 사생활의 자유나 양심의 자유를 제한하지 아니한다(헌재 2001.8.30. 99헌바92).

2. **도로에서 운전시 안전띠 착용 여부**
   헌법 제17조가 보호하고자 하는 기본권은 '사생활영역'의 자유로운 형성과 비밀유지라고 할 것이며, 공적인 영역의 활동은 다른 기본권에 의한 보호는 별론으로 하고 사생활의 비밀과 자유가 보호하는 것은 아니라고 할 것이다. 운전할 때 운전자가 좌석안전띠를 착용하는 문제는 더 이상 사생활영역의 문제가 아니어서 사생활의 비밀과 자유에 의하여 보호되는 범주를 벗어난 행위라고 볼 것이다(헌재 2003.10.30. 2002헌마518).

3. **인터넷언론사의 공개된 게시판·대화방에서 정당·후보자에 대한 지지·반대의 글을 게시하는 행위**가
   양심의 자유나 사생활 비밀의 자유에 의하여 보호되는 영역이라고 할 수 없다(헌재 2010.2.25. 2008헌마324).

4. **존속상해치사죄와 같은 범죄행위**가 헌법상 보호되는 사생활의 영역에 속한다고 볼 수 없을 뿐만 아니라, 이 사건 법률조항의 입법목적이 정당하고 그 형의 가중에 합리적 이유가 있으며 직계존속이 아닌 통상인에 대한 상해치사죄도 형사상 처벌되고 있는 이상, 그 가중처벌에 의하여 가족관계상 비속의 사생활이 왜곡된다거나 존속에 대한 효의 강요나 개인 윤리문제에의 개입 등 외부로부터 부당한 간섭이 있는 것이라고는 말할 수 없으므로, 존속상해치사죄에 대해 형벌을 가중하고 있는 형법 제259조 제2항은 헌법 제17조의 사생활의 자유를 침해하지 아니한다(헌재 2002.3.28. 2000헌마53).

---

5. 공직자의 자질·도덕성·청렴성은 순수한 사생활은 아니다.

공직자의 공무집행과 직접적인 관련이 없는 개인적인 사생활에 관한 사실이라도 일정한 경우 공적인 관심 사안에 해당할 수 있다. 공직자의 자질·도덕성·청렴성에 관한 사실은 그 내용이 개인적인 사생활에 관한 것이라 할지라도 순수한 사생활의 영역에 있다고 보기 어렵다. 이러한 사실은 공직자 등의 사회적 활동에 대한 비판 내지 평가의 한 자료가 될 수 있고, 업무집행의 내용에 따라서는 업무와 관련이 있을 수도 있으므로, 이에 대한 문제제기 내지 비판은 허용되어야 한다(헌재 2013.12.26. 2009헌마747).

사생활 제한이 아닌 것

1. 급속을 요하는 때에는 형사소송법 제121조에 정한 참여권자에 대한 압수수색 집행의 사전통지를 생략할 수 있도록 규정한 형사소송법 제122조 단서

청구인들은 이 사건 법률조항에 의하여 청구인들의 사생활의 비밀과 자유 및 통신의 비밀이 침해되었다고 주장한다. 그러나 적법한 압수·수색영장이 발부된 것을 전제로 그 집행절차와 관련하여 사전통지의 예외를 규정하고 있을 뿐인 이 사건 법률조항에 의해 발생하는 것이 아니다. 즉, 이 사건 법률조항에 의하여 제한되고 있는 것은 통신의 비밀 자체가 아니라 전자우편이 압수수색이라는 강제처분의 대상이 된다는 사실을 미리 통지받을 권리라고 할 것인바, 이는 압수·수색집행에 있어 피의자의 기본권을 보장하기 위한 절차적 규정이라고 할 것이므로, 이 사건 법률조항의 위헌 여부에 관하여는 적법절차원칙의 위배 여부가 문제된다(헌재 2012.12.27. 2011헌바225).

2. 운전시 안전띠 착용을 강제하는 도로교통법

운전할 때 운전자가 좌석안전띠를 착용하는 문제는 더 이상 사생활영역의 문제가 아니어서 사생활의 비밀과 자유에 의하여 보호되는 범주를 벗어난 행위라고 볼 것이므로, 이 사건 심판대상조항들은 청구인의 사생활의 비밀과 자유를 침해하는 것이라 할 수 없다(헌재 2003.10.30. 2002헌마518).

3. 변호사에게 수임사건의 건수 및 수임액을 보고하도록 한 변호사법

일반적으로 경제적 내지 직업적 활동은 복합적인 사회적 관계를 전제로 하여 다수 주체 간의 상호작용을 통하여 이루어지는 것이고, 변호사의 업무는 강한 공공성을 내포한다는 점 등을 감안하여 볼 때, 변호사의 업무와 관련된 수임사건의 건수 및 수임액이 변호사의 내밀한 개인적 영역에 속하는 것이라고 보기 어렵고, 따라서 위 조항이 사생활의 비밀과 자유를 침해하는 것이라 할 수 없다(헌재 2009.10.29. 2007헌마667).

4. 혼인 종료 후 300일 이내에 출생한 자를 전남편의 친생자로 추정하는 민법은 인격권과 행복추구권, 개인의 존엄과 양성의 평등에 기초한 혼인과 가족생활에 관한 기본권을 제한하나 사생활의 비밀과 자유가 제한된다고 보기는 어렵다. 친생부인의 소 진행과정에서 발생할 수 있는 사생활 공개의 문제는 소송법상 변론 및 소송기록 비공개제도의 운영에 관련된 문제로서 심판대상조항으로 말미암아 청구인의 사생활의 비밀과 자유가 제한된다고 보기는 어렵다(헌재 2015.4.30. 2013헌마623).

사생활 제한인 것

1. 공직자 재산등록을 규정하고 있는 공직자윤리법

국가가 사유재산에 관한 정보를 등록하게 하는 것은 사유재산에 관한 사적 영역의 자유로운 형성과 설계를 제한하는 것이므로, 헌법 제17조가 보장하는 사생활의 비밀과 자유를 제한하는 것이라고 할 것이다(헌재 2010.10.28. 2009헌마544).

2. 요철식 특수콘돔 또는 약물주입 콘돔의 판매금지

성기구의 구매와 사용은 성행위 여부 및 그 상대방을 결정하는 것과 같이 성적 자기운명을 결정하는 것이라기보다는 개인의 성생활이라는 내밀한 사적 생활영역에서의 행위를 제한하는 것으로서 심판대상조항은 헌법 제17조가 보장하는 사생활의 비밀과 자유를 제한한다(헌재 2021.6.24. 2017헌마408).

3. 개인정보자기결정권

(1) 의의

개인정보자기결정권이란 자신에 관한 정보를 보호받기 위하여 자신에 관한 정보를 자율적으로 결정·관리할 수 있는 권리를 뜻한다. 개인정보의 보호를 위해 개인정보 보호법이 시행되고 있다.

(2) 법적 성격

인격권의 일종이며 능동적·적극적 권리이다.

(3) 근거

개인정보자기결정권의 헌법상 근거로는 헌법 제17조의 사생활의 비밀과 자유, 헌법 제10조 제1문의 인간의 존엄과 가치 및 행복추구권에 근거를 둔 일반적 인격권 또는 위 조문들과 동시에 우리 헌법의 자유민주적 기본질서 규정 또는 국민주권원리와 민주주의 원리 등을 고려할 수 있으나, 개인정보자기결정권으로 보호하려는 내용을 위 각 기본권들 및 헌법원리들 중 일부에 완전히 포섭시키는 것은 불가능하다고 할 것이므로, 그 헌법적 근거를 굳이 어느 한두 개에 국한시키는 것은 바람직하지 않은 것으로 보이고, 오히려 개인정보자기결정권은 이들을 이념적 기초로 하는 독자적 기본권으로서 **헌법에 명시되지 아니한 기본권**이라고 보아야 할 것이다(헌재 2005.5.26. 99헌마513).

(4) 개인정보자기결정권과 사생활의 비밀의 경합

특별한 사정이 없는 이상 **개인정보자기결정권에 대한 침해 여부를 판단하는 경우 사생활의 비밀과 자유 침해 여부를 별도로 다룰 필요는 없다**(헌재 2005.5.26. 99헌마513).

(5) 개인정보

① **의료정보**: 누가, 언제, 어디서 진료를 받고 얼마를 지불했는가 하는 사실은 그 자체만으로도 보호되어야 할 사생활의 비밀일뿐 아니라, 이러한 정보를 통합하면 구체적인 신체적·정신적 결함이나 진료의 내용까지도 유추할 수 있게 되므로, 개인정보자기결정권에 의하여 보호되어야 할 의료정보라고 아니할 수 없다(헌재 2008.10.30. 2006헌마1401·1409).

② **공적 생활에서 형성된 정보**: 개인정보자기결정권은 자기에 관한 정보가 언제, 누구에게, 어느 범위까지 알려지고 또 이용되도록 할 것인가를 스스로 결정할 수 있는 권리이다. 개인정보자기결정권의 보호대상이 되는 개인정보는 개인의 신체, 신념, 사회적 지위, 신분 등과 같이 개인의 인격주체성을 특징짓는 사항으로서 그 개인의 동일성을 식별할 수 있게 하는 일체의 정보라고 할 수 있고, 반드시 개인의 **내밀한 영역이나 사사(私事)의 영역에 속하는 정보에 국한되지 않고 공적 생활에서 형성되었거나 이미 공개된 개인정보까지 포함한다.** 또한 그러한 개인정보를 대상으로 한 조사·수집·보관·처리·이용 등의 행위는 모두 원칙적으로 개인정보자기결정권에 대한 제한에 해당한다(헌재 2005.5.26. 99헌마513).

③ 야당 소속 후보자 지지 혹은 정부 비판은 정치적 견해로서 개인의 인격주체성을 특징짓는 개인정보에 해당하고, 그것이 지지 선언 등의 형식으로 **공개적으로 이루어진 것이라고 하더라도** 여전히 개인정보자기결정권의 보호범위 내에 속한다(헌재 2020.12.23. 2017헌마416).

④ **다른 정보와 결합**: 해당 정보만으로는 특정 개인을 알아볼 수 없더라도 다른 정보와 쉽게 결합하여 알아볼 수 있는 개인정보도 개인정보 보호법상 보호대상이다.

⑤ **주민등록번호**, **지문**, 전과기록은 개인정보이다.

(6) 개인정보자기결정권 제한 여부

① 제한인 것

- ⊙ **변호사시험 합격자 명단 공개: 특정시험에 대한 응시 및 합격 여부, 합격연도** 등도 개인정보에 포함되고, 그러한 사실이 알려지는 시기, 범위 등을 응시자 스스로 결정할 권리는 개인정보자기결정권의 보장범위에 속한다고 할 수 있다(헌재 2020.3.26. 2018헌마77).

- ⓛ **인터넷게임 이용자 본인인증:** 청소년 스스로가 게임물의 이용 여부를 자유롭게 결정할 수 있는 권리를 제한하는바, 자기결정권을 포함한 청구인들의 일반적 행동자유권을 제한한다. 본인인증 및 동의확보 조항은 인터넷게임 이용자가 자기의 개인정보에 대한 제공, 이용 및 보관에 관하여 스스로 결정할 권리인 개인정보자기결정권을 제한한다. 개인정보자기결정권이 제한된다고 보아 그 침해 여부를 판단하는 이상, 사생활의 비밀과 자유 침해 문제에 관하여는 따로 판단하지 않기로 한다(헌재 2015.3.26. 2013헌마517).

- ⓒ **인터넷게시판을 설치·운영하는 정보통신서비스 제공자에게 본인확인조치의무를 부과하여 게시판 이용자로 하여금 본인확인절차를 거쳐야만 게시판을 이용할 수 있도록 하는 본인확인제를 규정한 '정보통신망 이용촉진 및 정보보호 등에 관한 법률':** 개인정보를 대상으로 한 조사·수집·보관·처리·이용 등의 행위는 모두 원칙적으로 개인정보자기결정권에 대한 제한에 해당하므로, 본인확인제는 게시판 이용자가 자신의 개인정보에 대한 이용 및 보관에 관하여 스스로 결정할 권리인 **개인정보자기결정권을 제한한다**(헌재 2012.8.23. 2010헌마47).

- ② 인터넷언론사는 선거운동기간 중 당해 홈페이지 게시판 등에 정당·후보자에 대한 지지·반대 등의 정보를 게시하는 경우 **실명을 확인받는 기술적 조치를 하도록 한 공직선거법** 제82조는 과잉금지원칙에 반하여 게시판 등 이용자의 익명표현의 자유와 인터넷언론사의 언론의 자유, 그리고 게시판 등 이용자의 개인정보자기결정권을 침해한다(헌재 2021.1.28. 2018헌마456).

② 제한이 아닌 것

- ⊙ **변호사시험 성적 미공개:** 청구인의 변호사시험 성적 공개 요구는 개인정보의 보호나 개인정보의 수집·보유·이용에 관한 통제권을 실질적으로 보장해 달라는 것으로 보기 어렵고, 변호사시험 성적이 정보주체의 요구에 따라 수정되거나 삭제되는 등 정보주체의 통제권이 인정되는 성질을 가진 개인정보라고 보기도 어렵다. 따라서 변호사시험 성적 미공개를 규정한 변호사시험법은 개인정보자기결정권을 제한하고 있다고 보기 어렵다(헌재 2015.6.25. 2011헌마769).

- ⓛ **전화번호 이동 이행명령:** 이동전화번호를 구성하는 숫자가 개인의 인격 내지 인간의 존엄과 관련성을 가진다고 보기 어렵고, 이 사건 이행명령으로 인하여 청구인들의 개인정보가 청구인들의 의사에 반하여 수집되거나 이용되지 않으며, 이동전화번호는 유한한 국가자원으로서 청구인들의 번호이용은 사업자와의 서비스 이용계약 관계에 의한 것일 뿐이므로 이 사건 이행명령으로 청구인들의 인격권, 개인정보자기결정권, 재산권이 제한된다고 볼 수 없다(헌재 2013.7.25. 2011헌마63·468).

(7) 내용

정보주체는 개인정보보유기관에 대하여 자신에 관한 정보의 열람을 청구할 수 있다. 잘못된 자기정보에 대해서는 정정을 요구할 수 있다. 정보보유기관이 법에 위반된 방법으로 자신의 정보를 이용하고 있으면 해당 정보의 사용중지와 삭제를 요구할 수 있다.

(8) 제한

개인정보를 대상으로 한 조사·수집·보관·처리·이용 등의 행위는 모두 원칙적으로 개인정보자기결정권에 대한 제한에 해당한다(헌재 2005.5.26. 99헌마513, 2004헌마190).

사생활의 비밀 또는 개인정보자기결정권 침해 여부

침해인 것

1. 병역면제된 4급 이상 공무원의 질병명 예외 없이 공개하도록 한 '공직자등의 병역사항 신고 및 공개에 관한 법률'

*헌법불합치결정

병무행정에 관한 부정과 비리가 근절되지 않고 있으며, 그 척결 및 병역부담평등에 대한 사회적 요구가 대단히 강한 우리 사회에서, '부정한 병역면탈의 방지'와 '병역의무의 자진이행에 기여'라는 입법목적을 달성하기 위해서는 병역사항을 신고하게 하고 적정한 방법으로 이를 공개하는 것이 필요하다고 할 수 있다. 한편, <u>질병은 병역처분에 있어 고려되는 본질적 요소이므로 병역공개제도의 실현을 위해 질병명에 대한 신고와 그 적정한 공개 자체는 필요하다 할 수 있다.</u> 그런데 이 사건 법률조항은 사생활 보호의 헌법적 요청을 거의 고려하지 않은 채 인격 또는 사생활의 핵심에 관련되는 질병명과 그렇지 않은 것을 가리지 않고 무차별적으로 공개토록 하고 있으며, 일정한 질병에 대한 비공개요구권도 인정하고 있지 않다. 그리하여 그 공개시 인격이나 사생활의 심각한 침해를 초래할 수 있는 질병이나 심신장애내용까지도 예외 없이 공개함으로써 신고의무자인 공무원의 사생활의 비밀을 심각하게 침해하고 있다(헌재 2007.5.31. 2005헌마1139).

2. 변호사 정보제공 웹사이트

변호사의 개인신상정보를 기반으로 한 변호사들의 **인맥지수공개서비스 제공행위**는 변호사들의 개인정보에 관한 인격권을 침해하는 위법한 것이다(대판 2011.9.2. 2008다42430).

비교 변호사 정보제공 웹사이트 운영자가 대법원 홈페이지에서 제공하는 '나의 사건검색' 서비스를 통해 수집한 사건정보를 이용하여 변호사들의 **'승소율이나 전문성 지수 등'**을 제공하는 서비스는 변호사들의 개인정보에 관한 인격권을 침해하는 위법한 행위로 평가할 수 없다(대판 2011.9.2. 2008다42430).

비교 법률정보 제공 사이트를 운영하는 회사가 **대학교 법과대학 법학과 교수의 사진·성명** 등의 개인정보를 법학과 홈페이지 등을 통해 수집하여 위 사이트 내 '법조인' 항목에서 유료로 제공한 것은 개인정보 보호법을 위반하였다고 볼 수 없다(대판 2016.8.17. 2014다235080).

3. 개인별로 주민등록번호를 부여하면서 주민등록번호 변경에 관한 규정을 두고 있지 않은 주민등록법

*헌법불합치결정

심판대상조항이 모든 주민에게 고유한 주민등록번호를 부여하면서 이를 변경할 수 없도록 한 것은 주민생활의 편익을 증진시키고 행정사무를 신속하고 효율적으로 처리하기 위한 것으로서, <u>그 입법목적의 정당성과 수단의 적합성을 인정할 수 있다.</u> 심판대상조항이 모든 주민에게 고유한 주민등록번호를 부여하면서 주민등록번호 유출이나 오·남용으로 인하여 발생할 수 있는 피해 등에 대한 아무런 고려 없이 일률적으로 이를 변경할 수 없도록 한 것은 침해의 최소성 원칙에 위반된다. 주민등록번호 유출 또는 오·남용으로 인하여 발생할 수 있는 피해 등에 대한 아무런 고려 없이 <u>주민등록번호 변경을 일체 허용하지 않는 것은 그 자체로 개인정보자기결정권에 대한 과도한 침해가 될 수 있다.</u> 주민등록번호 변경에 관한 규정을 두고 있지 않은 주민등록법은 과잉금지원칙에 위배되어 개인정보자기결정권을 침해한다(헌재 2015.12.23. 2013헌바68, 2014헌마449).

4. 형제자매 가족관계증명서 교부청구 인정 (헌재 2016.6.30. 2015헌마924)

① **제한되는 기본권**: 청구인은 이 사건 법률조항에 의하여 <u>인간의 존엄과 가치 및 행복추구권, 사생활의 비밀과 자유가 침해된다고 주장하나, 개인정보자기결정권 침해 여부를 판단하는 이상 별도로 판단하지 않는다.</u>

② 형제자매는 언제나 이해관계를 같이하는 것은 아니므로 형제자매가 본인에 대한 개인정보를 오·남용 또는 유출할 가능성은 얼마든지 있다. **형제자매에게 가족관계등록법상 각종 증명서 교부청구권을 부여하고 있는** 가족관계의 등록 등에 관한 법률은 과잉금지원칙을 위반하여 개인정보자기결정권을 침해한다.

5. 직계혈족이 가족관계증명서 교부를 청구할 수 있도록 한 가족관계의 등록 등에 관한 법률 제14조

가정폭력 가해자에 대한 별도의 제한 없이 직계혈족이기만 하면 사실상 자유롭게 그 자녀의 가족관계증명서와 기본증명서의 교부를 청구하여 발급받을 수 있도록 함으로써, 그로 인하여 가정폭력 피해자인 청구인의 개인정보가 가정폭력 가해자인 전 배우자에게 무단으로 유출될 수 있는 가능성을 열어놓고 있다. 따라서 과잉금지원칙에 위배되어 청구인의 개인정보자기결정권을 침해한다(헌재 2020.8.28. 2018헌마927).

비교 정보주체의 배우자나 직계혈족이 정보주체의 위임 없이도 정보주체의 가족관계 상세증명서의 교부 청구를 할 수 있도록 하는 '가족관계의 등록 등에 관한 법률' 제14조: 심판대상조항은 정보주체의 배우자나 직계혈족이 스스로의 정당한 법적 이익을 지키기 위하여 정보주체 본인의 위임 없이도 가족관계 상세증명서를 간편하게 발급받을 수 있게 해 주는 것이므로, 상세증명서 추가 기재 자녀의 입장에서 보아도 자신의 개인정보가 공개되는 것을 중대한 불이익이라고 평가하기는 어렵다. 나아가 가족관계 관련 법령은 가족관계증명서 발급 청구에 관한 부당한 목적을 파악하기 위하여 '청구사유기재'라는 나름의 소명절차를 규정하는 점 등을 아울러 고려하면 심판대상조항은 그 입법목적과 그로 인해 제한되는 개인정보자기결정권 사이에 적절한 균형을 달성한 것으로 평가할 수 있다. 심판대상조항은 과잉금지원칙에 위배되어 청구인의 개인정보자기결정권을 침해하지 아니한다(헌재 2022.11.24. 2021헌마130).

6. 통신매체이용음란죄 신상정보 등록 *헌법불합치결정

비교적 불법성이 경미한 통신매체이용음란죄를 저지르고 재범의 위험성이 인정되지 않는 이들의 신상정보까지 등록한다는 점에서 개인정보자기결정권을 침해한다(헌재 2016.3.31. 2015헌마688).

7. 도촬 유죄판결을 받은 자 20년 범죄기록 보존 *헌법불합치결정

카메라이용촬영죄 등으로 유죄판결이 확정된 자에 대한 등록정보를 최초등록일부터 20년간 보존·관리하여야 한다고 규정한 성폭력특례법은 비교적 경미한 등록대상 성범죄를 저지르고 재범의 위험성도 많지 않은 자들에 대해서는 달성되는 공익과 침해되는 사익 사이의 불균형이 발생할 수 있으므로 이 사건 관리조항은 개인정보자기결정권을 침해한다(헌재 2015.7.30. 2014헌마340·672, 2015헌마99).

비교 카메라나 그 밖에 이와 유사한 기능을 갖춘 기계장치를 이용하여 성적 욕망 또는 수치심을 유발할 수 있는 다른 사람의 신체를 그 의사에 반하여 촬영한 범죄로 3년 이하의 징역형을 선고받은 사람에 대해 최초등록일부터 **15년 동안 보존·관리하도록 규정한** 신상정보 등록대상자의 등록기간을 정한 '성폭력범죄의 처벌 등에 관한 특례법' 청구인의 개인정보자기결정권을 침해하지 않는다(헌재 2018.3.29. 2017헌마396).

8. 불처분결정된 소년부송치 사건에 대하여 보존기간을 규정하지 않은 것 (헌재 2021.6.24. 2018헌가2) *헌법불합치결정

① 재수사에 대비한 기초자료 또는 소년이 이후 다른 사건으로 수사나 재판을 받는 경우 기소 여부의 판단자료나 양형자료가 되므로, 해당 수사경력자료의 보존은 목적의 정당성과 수단의 적합성이 인정된다.

② 모든 소년부송치 사건의 수사경력자료를 해당 사건의 경중이나 결정 이후 경과한 시간 등에 대한 고려 없이 일률적으로 당사자가 사망할 때까지 보존할 필요가 있다고 보기는 어렵고, 불처분결정된 소년부송치 사건의 수사경력자료가 조회 및 회보되는 경우에도 이를 통해 추구하는 실체적 진실발견과 형사사법의 정의 구현이라는 공익에 비해, 당사자가 입을 수 있는 실질적 또는 심리적 불이익과 그로 인한 재사회화 및 사회복귀의 어려움이 더 크다. 따라서 심판대상조항은 과잉금지원칙을 위반하여 소년부송치 후 불처분 결정을 받은 자의 개인정보자기결정권을 침해한다.

9. 전교조 교사명단공개

전국교직원노동조합 가입정보는 개인정보자기결정권의 보호대상이 되는 개인정보에 해당하므로 이를 일반 대중에게 공개하는 행위는 위법하다(대판 2014.7.24. 2012다49933).

10. 국민건강보험공단의 건강보험 요양급여내역 제공행위 (헌재 2018.8.30. 2014헌마368)

① 피청구인 서울용산경찰서장이 2013.12.18. 및 2013.12.20. 피청구인 국민건강보험공단에게 청구인들의 요양급여내역의 제공을 요청한 행위의 공권력 행사성이 인정되는지 여부(소극): 이 사건 사실조회행위의 근거조항인 이 사건 사실조회조항은 수사기관에 공사단체 등에 대한 사실조회의 권한을 부여하고 있을 뿐이고, 국민건강보험공단은 서울용산경찰서장의 사실조회에 응하거나 협조하여야 할 의무를 부담하지 않는다. 따라서 이 사건 사실조회행위는 공권력 행사성이 인정되지 않는다.

② 국민건강보험공단의 건강보험 요양급여내역 제공행위: 서울용산경찰서장은 청구인들의 소재를 파악한 상태였거나 다른 수단으로 충분히 파악할 수 있었으므로 이 사건 정보제공행위로 얻을 수 있는 수사상의 이익은 거의 없거나 미약하였던 반면, 청구인들은 자신도 모르는 사이에 민감정보인 요양급여정보가 수

사기관에 제공되어 개인정보자기결정권에 대한 중대한 불이익을 받게 되었으므로, 청구인들의 개인정보 자기결정권을 침해하였다.

[참고] 영장주의 위반은 아니었음.

[비교] 김포경찰서장의 요청에 따라 김포시장이 김포시장애인복지관에 소속된 활동보조인과 그 **수급자의 인적 사항, 휴대전화번호 등을 확인할 수 있는 자료를 제공한 행위**는 민감한 정보에 해당한다고 보기는 어려운 점을 고려하면 개인정보자기결정권을 침해하였다고 볼 수 없다(헌재 2018.8.30. 2016헌마483).

11. 피청구인 대통령의 지시로 피청구인 대통령 비서실장, 정무수석비서관, 교육문화수석비서관, 문화체육관광부장관이 야당 소속 후보를 지지하였거나 정부에 비판적 활동을 한 문화예술인이나 단체를 정부의 문화예술 지원사업에서 배제할 목적으로 개인의 정치적 견해에 관한 정보를 수집·보유·이용한 행위

일반적으로 볼 때 개인의 인격에 밀접히 연관된 민감한 정보일수록 근거규정을 명확히 하여야 한다는 요청은 더 강해진다고 할 수 있다. 앞서 살펴본 바와 같이 이 사건 정보수집 등 행위의 대상이 된 정보는 청구인 윤○○, 정○○이 특정 정당 후보자를 지지하거나 사회적 문제에 대한 **정부의 대응을 비판하는 등 정치적 견해에 관한 정보이다.**

'개인정보 보호법'은 정치적 견해에 관한 정보를 엄격히 보호되어야 할 민감정보로 분류하고 개인정보처리자의 민감정보 수집 및 이용 등 처리를 금지하면서, 다만 예외적으로 개인정보처리자가 정보주체에게 수집·이용 목적, 수집하려는 민감정보의 항목, 해당 정보의 보유 및 이용 기간, 동의를 거부할 권리가 있다는 사실 및 동의 거부에 따른 불이익이 있는 경우에는 그 불이익의 내용 등을 알리고 민감정보의 처리에 대한 별도의 동의를 받거나, 법령에서 민감정보의 처리를 요구 내지 허용하는 경우에 한해 민감정보의 처리를 허용하고 있다(개인정보 보호법 제23조 제1항, 제15조 제2항, 제17조 제2항).

이 사건 정보수집 등 행위의 대상인 정치적 견해에 관한 정보는 공개된 정보라 하더라도 개인의 인격주체성을 특징짓는 것으로, 개인정보자기결정권의 보호범위 내에 속하며, 국가가 개인의 정치적 견해에 관한 정보를 수집·보유·이용하는 등의 행위는 개인정보자기결정권에 대한 중대한 제한이 되므로 이를 위해서는 법령상의 명확한 근거가 필요함에도 그러한 법령상 근거가 존재하지 않으므로 이 사건 정보수집 등 행위는 법률유보원칙을 위반하여 청구인들의 개인정보자기결정권을 침해한다.

이러한 위헌적인 지시와 관련된 이 사건 정보수집 등 행위의 목적의 정당성을 인정할 여지가 없다. 결국 이 사건 정보수집 등 행위는 더 나아가 살필 필요 없이 헌법 제37조 제2항의 과잉금지원칙에 위배된다. 그러므로 이 사건 정보수집 등 행위는 청구인 윤○○, 정○○의 개인정보자기결정권을 침해한다(헌재 2020.12.23. 2017헌마416).

12. 보안관찰대상자, 거주지 변동신고의무 및 이를 위반할 경우 처벌하도록 정한 보안관찰법 *헌법불합치결정

변동신고조항은 출소 후 기존에 신고한 거주예정지 등 정보에 변동이 생기기만 하면 신고의무를 부과하는 바, **의무기간의 상한이 정해져 있지 아니하여,** 대상자로서는 보안관찰처분을 받은 자가 아님에도 무기한의 신고의무를 부담한다. 변동신고조항 및 위반시 처벌조항의 위헌성은 대상자가 무기한의 변동신고의무를 부담하게 된다는 데에 있다. 이에 대해 단순위헌결정을 할 경우 대상자에 대하여 변동사항 신고의무를 부과함이 정당한 경우에도 그러한 의무가 즉시 사라지게 되어 법적 공백이 발생한다. 따라서 위 조항들에 대하여 헌법불합치결정을 선고하고, 입법자의 개선입법이 있을 때까지 잠정적용을 명하는 것이 타당하다(헌재 2021.6.24. 2017헌바479).

13. 수사기관 등이 전기통신사업자에게 이용자의 성명 등 통신자료의 열람이나 제출을 요청할 수 있도록 한 전기통신사업법 제83조 제3항 (헌재 2022.7.21. 2016헌마388, 2022헌마105) *헌법불합치결정

① 수사기관 등이 전기통신사업자에게 이용자의 성명 등 통신자료의 열람이나 제출을 요청할 수 있도록 한 전기통신사업법 제83조 제3항이 개인정보자기결정권을 제한하는지 여부(적극): 전기통신사업자가 수사기관 등의 통신자료 제공요청에 따라 수사기관 등에 제공하는 이용자의 성명, 주민등록번호, 주소, 전화번호, 아이디, 가입일 또는 해지일은 청구인들의 동일성을 식별할 수 있게 해주는 개인정보에 해당하므로, 이 사건 법률조항은 개인정보자기결정권을 제한한다.

② **수사기관 등이 전기통신사업자에게 이용자의 성명 등 통신자료의 열람이나 제출을 요청할 수 있도록 한 전기통신사업법 제83조 제3항이 명확성원칙에 위배되는지 여부(소극)**: 청구인들은 이 사건 법률조항 중 '국가안전보장에 대한 위해'의 의미가 불분명하다고 주장하나, '국가안전보장에 대한 위해를 방지하기 위한 정보수집'은 국가의 존립이나 헌법의 기본질서에 대한 위험을 방지하기 위한 목적을 달성함에 있어 요구되는 최소한의 범위 내에서의 정보수집을 의미하는 것으로 해석되므로, 명확성원칙에 위배되지 않는다.

③ **수사기관 등이 전기통신사업자에게 이용자의 성명 등 통신자료의 열람이나 제출을 요청할 수 있도록 한 전기통신사업법 제83조 제3항이 과잉금지원칙에 위배되는지 여부(소극)**: 이 사건 법률조항은 범죄수사나 정보수집의 초기단계에서 수사기관 등이 통신자료를 취득할 수 있도록 함으로써 수사나 형의 집행, 국가안전보장 활동의 신속성과 효율성을 도모하고, 이를 통하여 실체적 진실발견, 국가 형벌권의 적정한 행사 및 국가안전보장에 기여한다. 이 사건 법률조항은 수사기관 등이 통신자료 제공요청을 할 수 있는 정보의 범위를 성명, 주민등록번호, 주소 등 피의자나 피해자를 특정하기 위한 불가피한 최소한의 기초정보로 한정하고, 민감정보를 포함하고 있지 않으며, 그 사유 또한 '수사, 형의 집행 또는 국가안전보장에 대한 위해를 방지하기 위한 정보수집'으로 한정하고 있다. 또한, 전기통신사업법은 통신자료 제공요청 방법이나 통신자료 제공현황 보고에 관한 규정 등을 두어 통신자료가 수사 등 정보수집의 목적달성에 필요한 최소한의 범위 내에서 이루어지도록 하고 있다. 따라서 <u>이 사건 법률조항은 과잉금지원칙에 위배되지 않는다.</u>

④ **수사기관 등이 전기통신사업자에게 이용자의 성명 등 통신자료의 열람이나 제출을 요청할 수 있도록 한 전기통신사업법 제83조 제3항이 적법절차원칙에 위배되는지 여부(적극)**: 이 사건 법률조항에 의한 통신자료 제공요청이 있는 경우 통신자료의 정보주체인 이용자에게는 통신자료 제공요청이 있었다는 점이 사전에 고지되지 아니하며, 전기통신사업자가 수사기관 등에게 통신자료를 제공한 경우에도 이러한 사실이 이용자에게 별도로 통지되지 않는다. 그런데 당사자에 대한 통지는 당사자가 기본권 제한 사실을 확인하고 그 정당성 여부를 다툴 수 있는 전제조건이 된다는 점에서 매우 중요하다. <u>효율적인 수사와 정보수집의 신속성, 밀행성 등의 필요성을 고려하여 사전에 정보주체인 이용자에게 그 내역을 통지하도록 하는 것이 적절하지 않다면 수사기관 등이 통신자료를 취득한 이후에 수사 등 정보수집의 목적에 방해가 되지 않는 범위 내에서 통신자료의 취득사실을 이용자에게 통지하는 것이 얼마든지 가능하다.</u> 그럼에도 **이 사건 법률조항은 통신자료 취득에 대한 사후통지절차를 두지 않아 적법절차원칙에 위배된다.**

침해가 아닌 것

1. **보안관찰처분대상자가 교도소 등에서 출소한 후 7일 이내에 출소사실을 신고하도록 정한 구 보안관찰법 제6조 제1항 전문 중 출소 후 신고의무에 관한 부분 및 이를 위반할 경우 처벌하도록 정한 보안관찰법**

   대상자는 형법·군형법·국가보안법상 간첩, 내란·이적죄 등 보안관찰 해당 범죄 또는 이와 경합된 범죄로 금고 이상의 형의 선고를 받고 그 형기 합계가 3년 이상인 자로서 형의 전부 또는 일부의 집행을 받은 사실이 있는 자를 말한다. 출소 후 출소사실을 신고하여야 하는 신고의무 내용에 비추어 보안관찰처분대상자의 불편이 크다거나 7일의 신고기간이 지나치게 짧다고 할 수 없다. 보안관찰 해당 범죄는 민주주의 체제의 수호와 사회질서의 유지, 국민의 생존 및 자유에 중대한 영향을 미치는 범죄인 점, 보안관찰법은 대상자를 파악하고 재범의 위험성 등 보안관찰처분의 필요성 유무의 판단 자료를 확보하기 위하여 위와 같은 신고의무를 규정하고 있다는 점 등에 비추어 출소 후 신고의무 위반에 대한 제재수단으로 형벌을 택한 것이 과도하다거나 법정형이 다른 법률들에 비하여 각별히 과중하다고 볼 수도 없다. 따라서 출소 후 신고조항 및 위반시 처벌조항은 과잉금지원칙을 위반하여 청구인의 사생활의 비밀과 자유 및 개인정보자기결정권을 침해하지 아니한다(헌재 2021.6.24. 2017헌바479).

2. **지문날인** (헌재 2005.5.26. 99헌마513)

   ① **경찰청장의 지문 보관행위**: 경찰청장이 지문정보를 보관·전산화하여 이를 경찰행정목적에 사용하는 것은 개인정보의 하나인 지문정보의 보관·처리·이용을 의미하고, 이는 후술하는 바와 같이 헌법상 기본권의 하나로 인정되는 이른바 개인정보자기결정권을 제한하는 공권력의 행사로 보아야 할 것이다.

   ② **지문날인으로 제한되는 기본권**: 우리 헌법 제12조 제1항 전문에서 보장하는 신체의 자유는 신체의 안정성

이 외부로부터의 물리적인 힘이나 정신적인 위험으로부터 침해당하지 아니할 자유와 신체활동을 임의적이고 자율적으로 할 수 있는 자유를 말하는 것이다. 그렇다면 이 사건 시행령조항이 주민등록증 발급대상자에 대하여 <u>열 손가락의 지문을 날인할 의무를 부과하는 것만으로는</u> **신체의 안정성을 저해한다거나 신체활동의 자유를 제약한다고 볼 수 없으므로**, 이 사건 시행령조항에 의한 신체의 자유의 침해가능성은 없다고 할 것이다. 지문을 날인할 것인지 여부의 결정이 선악의 기준에 따른 개인의 진지한 윤리적 결정에 해당한다고 보기는 어려워, 열 손가락 지문날인의 의무를 부과하는 이 사건 시행령조항에 대하여 국가가 개인의 윤리적 판단에 개입한다거나 그 윤리적 판단을 표명하도록 강제하는 것으로 볼 여지는 없다고 할 것이므로, 이 사건 **시행령조항에 의한 양심의 자유의 침해가능성 또한 없는 것으로 보인다.** 따라서 이 사건 심판청구에 있어 문제되는 기본권을 개인정보자기결정권에 국한하여 보기로 하고, 이하에서는 심판대상인 이 사건 시행령조항 및 경찰청장의 보관 등 행위에 의한 개인정보자기결정권의 제한이 헌법상 허용되는 것인지 여부를 살펴본다.

③ **경찰서장의 지문 보관행위**: 주민등록증발급신청서에 날인되어 있는 지문정보는 정보주체가 지문날인시 지문정보의 수집 및 처리가 이루어지리라는 것을 쉽사리 예상할 수 있는 특징을 갖고 있다. 따라서 <u>경찰청장이 지문정보를 보관하는 행위와 관련하여 요청되는 법률에 의한 규율의 밀도 내지 수권법률의 명확성의 정도는 그다지 강하다고 할 수 없을 것이다.</u> 우리 실정법 질서 내에서 개인정보의 보호에 관한 기본법으로서의 지위를 차지하고 있는 개인정보 보호법의 관련규정을 살펴본다. 또한 같은 법 제5조는 <u>"공공기관은 소관업무를 수행하기 위하여 필요한 범위 안에서 개인정보화일을 보유할 수 있다."라고 규정하고 있고,</u> 제10조 제1항은 "보유기관의 장은 다른 법률에 의하여 보유기관의 내부에서 이용하거나 보유기관 외의 자에게 제공하는 경우를 제외하고는 당해 개인정보화일의 보유목적 외의 목적으로 처리정보를 이용하거나 다른 기관에 제공하여서는 아니 된다."라고 규정하고 있다. 그렇다면 경찰청장이 청구인 오○익 등의 지문정보를 보관하는 행위는 주민등록법 제17조의8 제2항 본문, 제17조의10 제1항, 경찰법 제3조 및 경찰관 직무집행법 제2조에도 근거하고 있는 것으로 볼 수 있다. 따라서 <u>경찰청장이 청구인 오○익 등의 지문정보를 보관하는 행위가 법률유보의 원칙에 위배되는 것이라고 볼 수는 없다.</u>

3. 수급자 통장사본 제출

국민기초생활 보장법상의 수급자의 금융기관 통장사본 등 자료제출 요구는 자기결정권 침해가 아니다(헌재 2005.11.24. 2005헌마112).

4. 엄중격리대상자의 수용거실에 CCTV 설치

이 사건 CCTV 설치행위는 행형법 및 교도관직무규칙 등에 규정된 교도관의 계호활동 중 육안에 의한 시선계호를 CCTV 장비에 의한 시선계호로 대체한 것에 불과하므로, 이 사건 CCTV 설치행위에 대한 특별한 법적 근거가 없더라도 일반적인 계호활동을 허용하는 법률규정에 의하여 허용된다고 보아야 한다(헌재 2008.5.29. 2005헌마137).

5. 경찰 경사계급까지 재산등록의무 부과하는 공직자윤리법 시행령

위 조항은 경찰공무원에게 재산등록의무를 부과함으로써 경찰공무원의 청렴성을 확보하고자 하는 것이므로 그 목적의 정당성과 수단의 적정성이 인정되고, 등록되는 재산사항의 범위가 한정적인 점, 직계존비속이 재산사항의 고지를 거부할 수 있는 점 및 등록된 재산사항의 유출 방지를 위한 여러 형벌적 조치가 존재하는 점 등을 종합하여 보면 위 조항은 청구인의 사생활의 비밀과 자유의 제한을 최소화하도록 규정하고 있다고 할 것이다. 또한 위 조항이 달성하려는 공익은 경찰공무원의 비리유혹을 억제하고 공무집행의 투명성을 확보하여 궁극적으로 국민의 봉사자로서 경찰공무원의 책임성을 확보하는 것이므로 기본권 제한의 법익균형성을 상실하였다고 볼 수 없어, 결국 위 조항이 청구인의 사생활의 비밀과 자유를 침해한다고 할 수 없다(헌재 2010. 10.28. 2009헌마544).

6. 수용거실 검사행위

<u>교도소장이 수용자가 없는 상태에서 실시한 거실 및 작업장 검사행위는 수형자의 교화·개선에 지장을 초래할 수 있는 물품을 차단하기 위한 것으로서 그 목적이 정당하고, 수단도 적절하며, 사생활의 비밀 및 자유를 침해하였다고 할 수 없다</u>(헌재 2011.10.25. 2009헌마691).

7. 실효된 형까지 공개

후보자의 실효된 형까지 포함한 금고 이상의 형의 범죄경력을 공개함으로써 국민의 알 권리를 충족하고 공정하고 정당한 선거권 행사를 보장하고자 하는 이 사건 법률조항의 입법목적은 정당하다(헌재 2008.4.24. 2006헌마402).

8. 채무불이행자명부 등재

채무불이행자명부에 등재는 채무이행의 간접강제 및 거래의 안전도모라는 공익이 더 크다고 할 것이므로 법익균형성의 원칙에 반하지 아니한다(헌재 2010.5.27. 2008헌마663).

9. 변호사 수임건수 보고

변호사 수임건수·수임액을 지방변호사회에 보고하도록 한 변호사법은 변호사의 업무와 관련된 수임사건의 건수 및 수임액이 변호사의 내밀한 개인적 영역에 속하는 것이라고 보기 어려우므로 청구인들의 사생활의 비밀과 자유를 침해하는 것이라 할 수 없다(헌재 2009.10.29. 2007헌마667).

10. 수사경력자료의 보존

① 수사경력자료의 보존 및 보존기간을 정하면서 **범죄경력자료의 삭제에 대해 규정하지 않은** '형의 실효 등에 관한 법률' 제8조의2는 청구인의 개인정보자기결정권 침해가 아니다(헌재 2012.7.26. 2010헌마446).

② '혐의 없음'의 불기소처분을 받은 수사경력자료를 보존하고 그 보존기간을 두고 있는 이 사건 수사경력자료 정리조항은 수사의 반복을 피하기 위한 것으로서 청구인의 개인정보자기결정권을 침해하지 아니한다(헌재 2012.7.26. 2010헌마446).

③ 기소유예의 불기소처분을 받은 경우에도 수사경력자료를 일정 기간 보존하도록 규정한 형의 실효 등에 관한 법률 제8조의2 제1항·제2항은 과잉금지원칙을 위반하여 개인정보자기결정권을 침해하지 아니한다(헌재 2016.6.30. 2015헌마828).

11. 교도소장이 미결수용자에게 징벌을 부과한 후 그 징벌대상행위 등에 관한 양형참고자료를 법원 등에 통보한 행위는 미결수용자에 대한 적정한 양형을 실현하기 위한 것으로서 법률유보원칙에 위배하여 청구인의 개인정보자기결정권을 침해한다고 볼 수 없다(헌재 2016.4.28. 2012헌마549).

12. 특정범죄자에 대한 위치추적 전자장치 부착은 피부착자의 사생활의 비밀과 자유, 개인정보자기결정권, 인격권을 침해한다고 볼 수 없다(헌재 2012.12.27. 2011헌바89).

13. 음란물 판매자를 처벌하는 형법

성기구 판매자의 직업수행의 자유 및 성기구 사용자의 사생활의 비밀과 자유를 과도하게 제한하여 침해최소성 원칙에 위반된다고 보기는 어렵고, 법익의 균형성도 인정되므로 이 사건 법률조항은 과잉금지원칙에 위배되지 아니한다(헌재 2013.8.29. 2011헌바176).

14. 통신매체를 이용한 음란행위처벌은 사생활 비밀과 자유를 침해한다고 할 수 없다(헌재 2016.3.31. 2014헌바397).

15. 결혼경위 기재

위장 한·중 국제결혼을 방지하여 선의의 한국인들이 중국인 배우자와 국내에서 건전한 혼인관계를 유지할 수 있도록 보호하기 위한 것으로 결혼사증신청서에 결혼경위 등을 기재하도록 한 것은 사생활 비밀침해는 아니다(헌재 2005.3.31. 2003헌마87).

16. 금융감독원 직원 재산공개의무와 퇴직 후 취업제한

금융감독원 업무의 투명성 및 책임성 확보를 위한 것으로서 금융감독원의 4급 이상 직원에 대하여 공직자윤리법상 재산등록의무를 부과하는 공직자윤리법은 사생활의 비밀의 자유 및 평등권을 침해하지 않는다(헌재 2014.6.26. 2012헌마331).

17. 신상정보등록

① 성폭력범죄자의 재범을 억제하여 사회를 방위하고, 효율적 수사를 통한 사회혼란을 방지하기 위한 것으로서 형법상 강제추행죄로 유죄판결이 확정된 자는 신상정보 등록대상자가 되도록 규정한 구 '성폭력범죄의 처벌 등에 관한 특례법'은 개인정보자기결정권을 침해하지 않는다(헌재 2014.7.24. 2013헌마423·426).

② 아동·청소년 성매수죄로 유죄가 확정된 자는 신상정보 등록대상자가 되도록 규정한 '성폭력범죄의 처벌 등에 관한 특례법'은 청구인의 개인정보자기결정권을 침해한다고 할 수 없다(헌재 2016.2.25. 2013헌마830).

③ 강제추행으로 유죄판결 확정된 자 신상정보제출은 개인정보자기결정권을 침해하지 않는다(헌재 2016.3.31. 2014헌마457).

④ 신상정보 반기 1회 등록정보 진위확인은 개인정보자기결정권을 침해하지 않는다. 등록정보를 검사 또는 경찰관서의 장에게 배포하도록 한 것은 개인정보자기결정권을 침해하지 않는다. 강제추행죄를 범한 자에 대하여 획일적으로 디엔에이감식시료를 채취할 수 있게 하는 것은 신체의 자유를 침해하지 않는다(헌재 2016.3.31. 2014헌마457).

⑤ 가상의 아동·청소년이용음란물소지죄로 벌금형이 확정된 자를 등록대상에서 제외하면서도, 가상의 아동·청소년이용음란물배포죄로 유죄판결이 확정된 자에 대하여 일률적으로 신상정보 등록대상자가 되도록 규정하는 것은 개인정보자기결정권을 침해하지 않는다(헌재 2016.3.31. 2014헌마785).

⑥ 아동·청소년 성범죄자 고지는 개인정보자기결정권을 침해한다고 볼 수 없다(헌재 2016.5.26. 2014헌바68, 2014헌바164).

⑦ 성인대상 성폭력범죄자 신상정보공개 및 고지는 개인정보자기결정권을 침해한다고 볼 수 없다(헌재 2016. 5.26. 2015헌바212).

⑧ 신상정보 공개·고지명령을 소급적용하는 '성폭력범죄의 처벌 등에 관한 특례법'은 과잉금지원칙에 위반되지 않는다[헌재 2016.12.29. 2015헌바196·222·343(병합)].

⑨ 강제추행, 유죄판결 확정된 자 신상정보제출은 개인정보자기결정권을 침해하지 않는다(헌재 2016.3.31. 2014헌마457).

⑩ 가상의 아동·청소년이용음란물 배포자 신상정보등록은 개인정보자기결정권을 침해하지 않는다(헌재 2016.3.31. 2014헌마785).

⑪ 아동·청소년 성범죄자 고지는 개인정보자기결정권을 침해한다고 볼 수 없다(헌재 2016.5.26. 2014헌바68, 2014헌바164).

⑫ 아동·청소년이용음란물 배포 및 소지행위로 유죄판결이 확정된 자는 신상정보 등록대상자가 된다고 규정한 구 '성폭력범죄의 처벌 등에 관한 특례법'은 청구인의 개인정보자기결정권을 침해한다고 볼 수 없다(헌재 2017.10.26. 2016헌마656).

⑬ 공중밀집장소추행죄로 유죄판결이 확정된 자는 신상정보 등록대상자가 되도록 규정한 구 성폭력범죄의 처벌 등에 관한 특례법이 청구인의 개인정보자기결정권을 침해한다고 할 수 없다(헌재 2017.12.28. 2017헌마1124).

⑭ 성인대상 성폭력범죄자 신상정보등록 및 공개는 개인정보자기결정권을 침해한다고 볼 수 없다(헌재 2016. 5.26. 2015헌바212).

⑮ 성폭력범죄의처벌등에관한특례법위반(카메라등이용촬영, 카메라등이용촬영미수)죄로 유죄판결이 확정된 자는 신상정보 등록대상자가 되도록 규정한 것은 개인정보자기결정권을 침해하지 않는다(헌재 2015.7.30. 2014헌마340·672, 2015헌마99).

⑯ **강제추행죄로 벌금형을 선고받은 사람의 신상정보를 10년 동안 보존·관리하도록 규정한 성폭력범죄의 처벌 등에 관한 특례법**: 등록면제신청조항으로 인하여 침해되는 사익보다 성범죄자의 재범방지 및 사회방위의 공익이 우월하므로, 법익의 균형성도 인정된다. 그렇다면 등록면제신청조항은 청구인의 개인정보자기결정권을 침해하지 않는다(헌재 2019.11.28. 2017헌마1163).

⑰ **아동·청소년에 대한 강제추행죄로 유죄판결이 확정된 자 신상정보등록**: 신상정보 등록대상자로 하여금 관할 경찰관서의 장에게 신상정보를 제출하도록 하고 신상정보가 변경될 경우 그 사유와 변경내용을 제출하도록 하는 성폭력처벌법 제43조는 등록대상자의 동일성 식별 및 동선 파악을 위하여 필요한 범위 내에서 정보 제출을 요청할 뿐이고, 성범죄 억제 및 수사 효율이라는 중대한 공익을 위하여 필요하다(헌재 2019.11.28. 2017헌마399).

18. **채취대상자가 사망할 때까지 디엔에이신원확인정보를 데이터베이스에 수록·관리할 수 있도록** 규정한 '디엔에이신원확인정보의 이용 및 보호에 관한 법률'은 디엔에이신원확인정보 수록대상자의 개인정보자기결정권을 침해한다고 볼 수 없다(헌재 2018.8.30. 2016헌마344).

19. 게임 본인인증

본인인증 조항을 통하여 달성하고자 하는 게임과몰입 및 중독방지라는 공익은 매우 중대하므로 법익의 균형성도 갖추었다. 따라서 본인인증 조항은 청구인들의 일반적 행동의 자유 및 개인정보자기결정권을 침해하지 아니한다. 또한 청소년 보호라는 공익은 매우 중대한 것이므로 정보통신망을 통해 **청소년유해매체물을 제공하는 자에게 이용자의 본인확인의무를 부과하고 있는** 청소년 보호법은 개인정보자기결정권을 침해하지 않는다(헌재 2015.3.26. 2013헌마517).

20. 축산시설 출입차량

가축전염병의 발생 예방 및 확산 방지를 위해 **축산관계시설 출입차량에 차량무선인식장치를 설치하여** 이동경로를 파악할 수 있도록 한 구 가축전염병예방법 제17조의3 제2항이 축산관계시설에 출입하는 청구인들의 개인정보자기결정권을 침해한다고 볼 수 없다(헌재 2015.4.30. 2013헌마81).

21. 학생기록부

폭력학생, 학생부 입력은 학교폭력 가해학생의 개인정보자기결정권을 침해하지 아니한다(헌재 2016.4.28. 2012헌마630).

22. 인구통계 (헌재 2017.7.27. 2015헌마1094)

① 피청구인 통계청장이 담당 조사원을 통해 청구인에게 피청구인이 작성한 2015 인구주택총조사 조사표의 조사항목들에 응답할 것을 요구한 행위가 법률유보원칙에 위배되어 청구인의 개인정보자기결정권을 침해한다고 할 수 없다.

② 통계청장이 조사원을 통해 오전 7시 30분경 및 오후 8시 45분경 방문조사하여 인구주택총조사 조사항목에 응답을 요구한 것은 개인정보자기결정권을 침해한다고 할 수 없다.

③ 2015 인구주택총조사 조사표의 조사항목에 '종교가 있는지 여부'와 '있다면 구체적인 <u>종교명이 무엇인지</u>'를 묻는 조사항목들에 응답할 것을 요구하고 있는바, 개인정보자기결정권에 대한 침해 여부와 별도로 종교의 자유 침해 여부를 판단할 필요가 없다.

23. 어린이집 CCTV (헌재 2017.12.28. 2015헌마994)

① 어린이집 CCTV 설치조항

㉠ 어린이집 원장을 포함하여 보육교사 및 영유아의 신체나 행동이 그대로 CCTV에 촬영·녹화되므로 CCTV 설치조항은 이들의 **사생활의 비밀과 자유**를 제한하며, 어린이집에 CCTV 설치를 원하지 않는 부모의 **자녀교육권**도 제한한다.

㉡ 어린이집에 폐쇄회로 텔레비전을 원칙적으로 설치하도록 정한 법이 어린이집 보육교사의 사생활의 비밀과 자유 등을 침해한다고 할 수 없다.

② 어린이집 CCTV 열람조항

㉠ 어린이집 내 보육일상이 담긴 영상의 수집·보관·이용 측면에서 피촬영자인 보육교사 등의 개인정보자기결정권이 제한된다. 그리고 CCTV 설치·관리자인 어린이집 원장은 원칙적으로 보호자의 CCTV 영상정보 열람 요청에 응하여야 하므로 이 조항은 어린이집 원장의 직업수행의 자유도 제한한다.

㉡ <u>보호자가 자녀 또는 보호아동의 안전을 확인할 목적으로 CCTV 영상정보 열람을 할 수 있도록 정한 법이 어린이집 보육교사의 개인정보자기결정권 등을 침해한다고 볼 수 없다.</u>

24. 전기통신 압수·수색사실 수사대상이 된 가입자에게만 통지

송·수신이 완료된 전기통신에 대한 압수·수색사실을 수사대상이 된 가입자에게만 통지하도록 하고, 그 상대방에 대하여는 통지하지 않도록 한 통신비밀보호법은 적법절차원칙에 위배되어 개인정보자기결정권을 침해한다고 볼 수 없다. 전기통신의 특성상 수사대상이 된 가입자와 전기통신을 송·수신한 상대방은 다수일 수 있는데, 이들 모두에 대하여 그 압수·수색사실을 통지하도록 한다면, 수사대상이 된 가입자가 수사를 받았다는 사실이 상대방 모두에게 알려지게 되어 오히려 위 가입자가 예측하지 못한 피해를 입을 수 있으<u>므로</u> 적법절차원칙에 위배되어 청구인들의 개인정보자기결정권을 침해하지 않는다(헌재 2018.4.26. 2014헌마178).

25. 전기통신역무제공에 관한 계약을 체결하는 경우 가입자에게 본인확인

차명휴대전화의 생성을 억제하여 보이스피싱 등 범죄의 범행도구로 악용될 가능성을 방지함으로써 잠재적 범죄피해 방지 및 통신망 질서유지라는 더욱 중대한 공익의 달성효과가 인정된다. 따라서 **익명으로 이동통신서비스에 가입하여 자신들의 인적 사항을 밝히지 않은 채 통신하고자 하는 자들의 개인정보자기결정권 및 통신의 자유를 침해**하지 않는다(헌재 2019.9.26. 2017헌마1209).

26. 법무부장관은 변호사시험 합격자가 결정되면 즉시 명단을 공고하여야 한다고 규정한 변호사시험법

심판대상조항은 변호사자격 소지에 대한 일반국민의 신뢰를 형성하고 법률서비스 수요자의 편의를 확보하는 데 도움이 되며, 달리 이를 대체할 만한 수단이 발견되지 않는다. 따라서 심판대상조항이 과잉금지원칙에 위배되어 청구인들의 개인정보자기결정권을 침해한다고 볼 수 없다(헌재 2020.3.26. 2018헌마77).

27. 수용자와 변호인이 아닌 자의 접견 녹음

청구인의 접견내용을 녹음·녹화함으로써 증거인멸이나 형사법령 저촉행위의 위험을 방지하고, 교정시설 내의 안전과 질서유지에 기여하려는 공익은 미결수용자가 받게 되는 사익의 제한보다 훨씬 크고 중요한 것이라고 할 것이므로 청구인의 사생활의 비밀과 자유 및 통신의 비밀을 침해하지 아니한다(헌재 2016.11.24. 2014헌바401).

28. 수용자와 배우자의 접견 녹음과 녹음파일 제공 (헌재 2012.12.27. 2010헌마153)

① 구치소장이 수용자와 배우자의 접견을 녹음한 행위는 교정시설 내의 안전과 질서유지에 기여하기 위한 것으로서 그 목적이 정당할 뿐 아니라 수단이 적절하다. 청구인의 사생활의 비밀과 자유를 침해하였다고 볼 수 없다.
② 구치소장이 검사의 요청에 따라 수용자와 배우자의 접견녹음파일을 제공한 행위는 형사사법의 실체적 진실을 발견하고 이를 통해 형사사법의 적정한 수행을 도모하기 위한 것으로 그 목적이 정당하고, 수단 역시 적합하다. 청구인의 개인정보자기결정권을 침해하였다고 볼 수 없다.

29. 청소년유해매체물 및 불법음란정보에 접속하는 것을 차단하기 위하여 해당 청소년의 이동통신단말장치에 청소년유해매체물 등을 차단하는 소프트웨어 등의 차단수단이 삭제되거나 차단수단이 15일 이상 작동하지 아니할 경우 매월 법정대리인에 대해 그 사실을 통지하도록 한 구 전기통신사업법 시행령

이 사건 통지조항으로 제한되는 사익의 정도가 크지 않은 반면, 이 사건 통지조항으로 달성되는 청소년유해매체물 등으로부터의 청소년 보호라는 공익은 매우 중대하므로, 법익의 균형성도 인정된다. 따라서 이 사건 통지조항은 청소년인 청구인들의 사생활의 비밀과 자유 및 개인정보자기결정권을 침해하지 않는다(헌재 2020.11.26. 2016헌마738).

30. 대한적십자사의 회비모금 목적으로 자료제공을 요청받은 국가와 지방자치단체는 특별한 사유가 없으면 그 자료를 제공하여야 한다고 규정한 '대한적십자사 조직법'

'특별한 사유'라는 문언 자체는 비록 불확정적 개념이라 하더라도, 개인정보의 목적 외 제3자 제공을 더욱 엄격하게 제한하는 '개인정보 보호법'의 취지를 고려해보면 이 사건 자료제공조항의 '특별한 사유'도 '정보주체 또는 제3자의 이익을 부당하게 침해할 우려가 있을 때'에 준하는 경우로서 그 규율 범위의 대강을 예측할 수 있다. 따라서 이 사건 자료제공조항이 명확성원칙에 위반하여 청구인들의 개인정보자기결정권을 침해한다고 볼 수 없다(헌재 2023.2.23. 2019헌마1404).

31. 대한적십자사의 회비모금 목적으로 자료제공을 요청받은 국가와 지방자치단체는 특별한 사유가 없으면 그 자료를 제공하여야 한다는 자료제공조항과, 대한적십자사가 요청할 수 있는 자료로 세대주의 성명 및 주소를 규정한 '대한적십자사 조직법 시행령'

이 사건 자료제공조항 및 이 사건 시행령조항은 적십자 회비모금을 위해 국가 등이 보유하고 있는 자료를 적십자사에 제공하도록 하는 것으로서 궁극적으로는 적십자 사업의 원활한 운영에 그 목적이 있다. 이 사건 자료제공조항과 이 사건 시행령조항을 종합하면 자료제공의 목적은 적십자회비 모금을 위한 것으로 한정되고, 제공되는 정보의 범위는 세대주의 성명과 주소로 한정된다. 이 사건 자료제공조항 및 이 사건 시행령조항은 청구인들의 개인정보자기결정권에 대한 제한을 최소화하고 있으며 법익의 균형성도 갖추었다. 따라서

이 사건 자료제공조항 및 이 사건 시행령조항이 과잉금지원칙에 반하여 청구인들의 개인정보자기결정권을 침해한다고 볼 수 없다(헌재 2023.2.23. 2019헌마404).

32. **개별 의료급여기관으로 하여금 수급권자의 진료정보를 국민건강보험공단에 알려줄 의무 등 의료급여 자격관리 시스템에 관하여 규정한 보건복지부장관 고시조항**

위 고시조항에 의하여 수집되는 정보의 범위는 건강생활유지비의 지원 및 급여일수의 확인을 위해 필요한 정보로 제한되어 있고, 공인인증서 이용을 통한 개인정보 보호조치 강화, 각종 법률에서의 업무상 비밀 누설 금지의무 부과 및 그 위반시 형벌규정 등을 통해 피해를 최소화하는 장치가 갖추어져 있다 할 것이며, 위 고시 조항으로 인하여 얻게 되는 공익 즉 수급자격 및 급여액의 정확성을 확보하여 의료급여제도의 원활한 운영을 기한다는 공익이 이로 인하여 제한되는 수급권자의 개인정보자기결정권인 사익보다 크다 할 것이므로 법익의 균형성도 갖추었다고 할 것이다. 따라서, 이 사건 고시조항은 헌법상 과잉금지원칙에 위배되어 청구인들의 개인정보자기결정권을 침해하는 것이라고 볼 수 없다(헌재 2009.9.24. 2007헌마1092 전원재판부).

4. 개인정보 보호법

(1) 개인정보의 개념

개인정보 보호법 제2조 【정의】 이 법에서 사용하는 용어의 뜻은 다음과 같다.
1. '개인정보'란 **살아 있는 개인에 관한 정보로서** 다음 각 목의 어느 하나에 해당하는 정보를 말한다.
   가. 성명, 주민등록번호 및 영상 등을 통하여 개인을 알아볼 수 있는 정보
   나. 해당 정보만으로는 특정 개인을 알아볼 수 없더라도 다른 정보와 쉽게 결합하여 알아볼 수 있는 정보. 이 경우 쉽게 결합할 수 있는지 여부는 다른 정보의 입수 가능성 등 개인을 알아보는 데 소요되는 시간, 비용, 기술 등을 합리적으로 고려하여야 한다.
   다. 가목 또는 나목을 제1호의2에 따라 가명처리함으로써 원래의 상태로 복원하기 위한 추가 정보의 사용·결합 없이는 특정 개인을 알아볼 수 없는 정보(이하 '가명정보'라 한다)
5. '**개인정보처리자**'란 업무를 목적으로 개인정보파일을 운용하기 위하여 스스로 또는 다른 사람을 통하여 개인정보를 처리하는 **공공기관, 법인, 단체 및 개인 등을 말한다.**

⚖**판례 | 옥외집회·시위에 대한 경찰의 촬영행위**

옥외집회·시위에 대한 경찰의 촬영행위는 증거보전의 필요성 및 긴급성, 방법의 상당성이 인정되는 때에는 헌법에 위반된다고 할 수 없으나, 경찰이 옥외집회 및 시위 현장을 촬영하여 수집한 자료의 보관·사용 등은 엄격하게 제한하여, 옥외집회·시위 참가자 등의 기본권 제한을 최소화해야 한다. **옥외집회·시위에 대한 경찰의 촬영행위에 의해 취득한 자료**는 '개인정보'의 보호에 관한 일반법인 '개인정보 보호법'이 적용될 수 있다(헌재 2018.8.30. 2014헌마843).

(2) 개인정보 보호원칙

개인정보 보호법 제3조 【개인정보 보호원칙】 ① 개인정보처리자는 개인정보의 처리 목적을 명확하게 하여야 하고 그 목적에 필요한 범위에서 최소한의 개인정보만을 적법하고 정당하게 수집하여야 한다.
② 개인정보처리자는 개인정보의 처리 목적에 필요한 범위에서 적합하게 개인정보를 처리하여야 하며, 그 목적 외의 용도로 활용하여서는 아니 된다.
③ 개인정보처리자는 개인정보의 처리 목적에 필요한 범위에서 개인정보의 정확성, 완전성 및 최신성이 보장되도록 하여야 한다.

④ 개인정보처리자는 개인정보의 처리 방법 및 종류 등에 따라 정보주체의 권리가 침해받을 가능성과 그 위험 정도를 고려하여 개인정보를 안전하게 관리하여야 한다.

⑤ 개인정보처리자는 제30조에 따른 개인정보 처리방침 등 개인정보의 처리에 관한 사항을 공개하여야 하며, 열람청구권 등 정보주체의 권리를 보장하여야 한다.

⑥ 개인정보처리자는 정보주체의 사생활 침해를 최소화하는 방법으로 개인정보를 처리하여야 한다.

⑦ 개인정보처리자는 개인정보를 익명 또는 가명으로 처리하여도 개인정보 수집목적을 달성할 수 있는 경우 익명처리가 가능한 경우에는 익명에 의하여, 익명처리로 목적을 달성할 수 없는 경우에는 가명에 의하여 처리될 수 있도록 하여야 한다.

(3) 다른 법률과의 관계

개인정보 보호법 제6조【다른 법률과의 관계】 ① 개인정보의 처리 및 보호에 관하여 다른 법률에 특별한 규정이 있는 경우를 제외하고는 이 법에서 정하는 바에 따른다.

② 개인정보의 처리 및 보호에 관한 다른 법률을 제정하거나 개정하는 경우에는 이 법의 목적과 원칙에 맞도록 하여야 한다.

(4) 개인정보 수집

개인정보 보호법 제15조【개인정보의 수집·이용】 ① 개인정보처리자는 다음 각 호의 어느 하나에 해당하는 경우에는 개인정보를 수집할 수 있으며 그 수집 목적의 범위에서 이용할 수 있다.

1. 정보주체의 동의를 받은 경우
2. 법률에 특별한 규정이 있거나 법령상 의무를 준수하기 위하여 불가피한 경우
3. 공공기관이 법령 등에서 정하는 소관 업무의 수행을 위하여 불가피한 경우

제16조【개인정보의 수집 제한】 ① 개인정보처리자는 제15조 제1항 각 호의 어느 하나에 해당하여 개인정보를 수집하는 경우에는 그 목적에 필요한 최소한의 개인정보를 수집하여야 한다. 이 경우 최소한의 개인정보 수집이라는 입증책임은 개인정보처리자가 부담한다.

③ 개인정보처리자는 **정보주체가 필요한 최소한의 정보 외의 개인정보 수집에 동의하지 아니한다는 이유로 정보주체에게 재화 또는 서비스의 제공을 거부하여서는 아니 된다.**

(5) 민감정보 처리 제한

개인정보 보호법 제23조【민감정보의 처리 제한】 ① 개인정보처리자는 사상·신념, 노동조합·정당의 가입·탈퇴, 정치적 견해, 건강, 성생활 등에 관한 정보, 그 밖에 정보주체의 사생활을 현저히 침해할 우려가 있는 개인정보로서 대통령령으로 정하는 정보(이하 '민감정보'라 한다)를 처리하여서는 아니 된다. 다만, 다음 각 호의 어느 하나에 해당하는 경우에는 그러하지 아니하다.

1. 정보주체에게 제15조 제2항 각 호 또는 제17조 제2항 각 호의 사항을 알리고 다른 개인정보의 처리에 대한 동의와 별도로 동의를 받은 경우
2. 법령에서 민감정보의 처리를 요구하거나 허용하는 경우

① **민감정보와 명확성:** 개인정보의 종류와 성격, 정보처리의 방식과 내용 등에 따라 수권법률의 명확성 요구의 정도는 달라진다 할 것이고, 일반적으로 볼 때 <u>개인의 인격에 밀접히 연관된 민감한 정보일수록 규범명확성의 요청은 더 강해진다고 할 수 있다.</u>

② **종교적 신조, 육체적·정신적 결함, 성생활에 대한 정보**와 같이 인간의 존엄성이나 인격의 내적 핵심, 내밀한 사적 영역에 근접하는 민감한 개인정보에 대해서는 그 제한의 허용성은 엄격히 입증되어야 한다. 그런데 <u>지문정보</u>는 유전자정보와 같은 다른 생체정보와는 달리 <u>개인의 인격에 밀접히 연관된 민감한 정보라고 보기는 어려워</u> **수권법률의 명확성이 특별히 강하게 요구된다고는 할 수 없다**(헌재 2015.5.28. 2011헌마731).

③ **유추해석금지**: 민감정보 처리 원칙을 위반한 개인정보처리자에게는 형벌이 부과되는 형벌의 근거가 되는 민감정보의 범위는 엄격하게 해석해야 하며, 명문규정의 의미를 당사자에게 불리한 방향으로 지나치게 확장해석하거나 유추해석하는 것은 죄형법정주의 원칙에 어긋나는 것으로서 허용되지 않는다(대판 2005.11.24. 2002도4758).

⚖ 판례 | 민감정보

민감정보인 것

1. 전교조 교사 명단

교원의 교원단체 및 노동조합 가입에 관한 정보는 개인정보 보호법상의 민감정보로서 특별히 보호되어야 할 성질의 것이므로 공시대상정보로서 교원의 <u>교원단체 및 노동조합 가입현황(인원수)만을 규정할 뿐</u> 개별 교원의 명단은 규정하고 있지 아니한 구 교육관련기관의 정보공개에 관한 특례법 시행령은 알 권리 침해는 아니다(헌재 2011.12.29. 2010헌마293).

2. 국회의원인 甲 등이 '각급학교 교원의 교원단체 및 교원노조 가입현황 실명자료'를 인터넷을 통하여 공개한 사안에서, 위 정보는 개인정보자기결정권의 보호대상이 되는 개인정보에 해당하므로 <u>이를 일반 대중에게 공개하는 행위는 해당 교원들의 개인정보자기결정권과 전국교직원노동조합의 존속·유지·발전에 관한 권리를 침해하는 것이고,</u> 甲 등이 위 정보를 공개한 표현행위로 인하여 얻을 수 있는 법적 이익이 이를 공개하지 않음으로써 보호받을 수 있는 해당 교원 등의 법적 이익에 비하여 우월하다고 할 수 없으므로, <u>甲 등의 정보공개행위가 위법하다</u>(대판 2014.7.24. 2012다49933).

3. 질병명

'4급 이상의 공무원 본인의 질병명에 관한 부분'에 의하여 그 공개가 강제되는 질병명은 내밀한 사적 영역에 근접하는 민감한 개인정보로서, 특별한 사정이 없는 한 타인의 지득(知得), 외부에 대한 공개로부터 차단되어 개인의 내밀한 영역 내에 유보되어야 하는 정보이다. 이러한 성격의 개인정보를 공개함으로써 사생활의 비밀과 자유를 제한하는 국가적 조치는 엄격한 기준과 방법에 따라 섬세하게 행하여지지 않으면 아니 된다(헌재 2007.5.31. 2005헌마1139).

4. 요양급여내역

요양기관명을 포함한 총 38회의 요양급여내역은 건강에 관한 정보로서 개인정보 보호법 제23조 제1항이 규정한 민감정보에 해당한다(헌재 2018.8.30. 2014헌마368).

5. 전과기록(헌재 2008.4.24. 2006헌마402)

6. 위치정보 추적자료(헌재 2018.6.28. 2012헌마191)

민감정보가 아닌 것

1. 성명·직명

<u>성명·직명과 같은 정보는 언제나 엄격한 보호의 대상이 된다고 보기 어렵다.</u> 개인정보인 성명, 생년월일, 졸업일자는 개인의 존엄성과 인격권에 심대한 영향을 미칠 수 있는 민감한 정보라고 보기 어려우므로 이에 관한 <u>개인정보를 교육정보시스템에 보유하는 행위는 개인정보자기결정권 침해가 아니다</u>(헌재 2005.7.21. 2003헌마282).

2. 의료비내역

근로소득자들의 연말정산 간소화라는 공익을 달성하기 위하여 그에 필요한 의료비내역을 국세청장에게 제출하도록 하는 것으로서, 환자의 민감한 정보가 아니고, 과세관청이 소득세 공제액을 산정하기 위한 필요최소한의 내용이다. 따라서 이 사건 법령조항은 헌법에 위반되지 아니한다(헌재 2008.10.30. 2006헌마1401).

3. 소송서류 등재

<u>소송서류의 내용적 정보가 아니라 소송서류와 관련된 외형적이고 형식적인 사항들로서 개인의 인격과 밀접하게 연관된 민감한 정보라고 보기는 어렵고</u>, 이 사건 소송서류 등재가 수형자의 편의를 도모하기 위한 측면이 있음에 비추어 볼 때, 이 사건 소송서류 등재가 청구인의 개인정보자기결정권을 침해하였다고 볼 수 없다(헌재 2014.9.25. 2012헌마523).

4. 디엔에이신원확인정보

디엔에이신원확인정보는 개인식별을 위한 최소한의 정보인 단순한 숫자에 불과하여 이로부터 개인의 유전정보를 확인할 수 없는 것이어서 개인의 존엄과 인격권에 심대한 영향을 미칠 수 있는 민감한 정보라고 보기 어렵고, 디엔에이신원확인정보를 범죄수사 등에 이용함으로써 달성할 수 있는 공익의 중요성에 비하여 청구인의 불이익이 크다고 보기 어려워 법익균형성도 갖추었다. 따라서 이 사건 삭제조항이 과도하게 개인정보자기결정권을 침해한다고 볼 수 없다(헌재 2014.8.28. 2011헌마28).

5. 지문

지문정보는 일반적인 개인정보와는 달리 생체정보에 해당하기는 하지만, 개인의 동일성을 확인할 수 있는 하나의 징표일 뿐, 종교, 학력, 병력, 소속 정당, 직업 등과 같이 정보주체의 신상에 대한 인격적·신체적·사회적·경제적 평가가 가능한 내용이 담겨 있지 아니하므로, 그 자체로는 타인의 평가로부터 단절된 중립적인 정보라는 특성을 가지고 있어, <u>유전자정보와 같은 다른 생체정보와는 달리 개인의 인격에 밀접히 연관된 민감한 정보라고 보기는</u> 어려워 수권법률의 명확성이 특별히 강하게 요구된다고는 할 수 없다(헌재 2015.5.28. 2011헌마731).

(6) 영상정보처리기기의 설치·운영 제한

개인정보 보호법 제25조【고정형 영상정보처리기기의 설치·운영 제한】 ① 누구든지 다음 각 호의 경우를 제외하고는 공개된 장소에 고정형 영상정보처리기기를 설치·운영하여서는 아니 된다.
1. 법령에서 구체적으로 허용하고 있는 경우
2. 범죄의 예방 및 수사를 위하여 필요한 경우
3. 시설의 안전 및 관리, 화재 예방을 위하여 정당한 권한을 가진 자가 설치·운영하는 경우
4. 교통단속을 위하여 정당한 권한을 가진 자가 설치·운영하는 경우
5. 교통정보의 수집·분석 및 제공을 위하여 정당한 권한을 가진 자가 설치·운영하는 경우
② 누구든지 불특정 다수가 이용하는 **목욕실, 화장실, 발한실(發汗室), 탈의실** 등 개인의 사생활을 현저히 침해할 우려가 있는 장소의 내부를 볼 수 있도록 영상정보처리기기를 설치·운영하여서는 아니 된다. 다만, 교도소, 정신보건시설 등 법령에 근거하여 사람을 구금하거나 보호하는 시설로서 대통령령으로 정하는 시설에 대하여는 그러하지 아니하다.
⑤ 고정형 영상정보처리기기운영자는 고정형 영상정보처리기기의 설치 목적과 다른 목적으로 고정형 영상정보처리기기를 임의로 조작하거나 다른 곳을 비춰서는 아니 되며, **녹음기능은 사용할 수 없다.**

---

(7) 개인정보 주체의 권리

> 개인정보 보호법 제35조【개인정보의 열람】① 정보주체는 개인정보처리자가 처리하는 자신의 개인정보에 대한 열람을 해당 개인정보처리자에게 요구할 수 있다.
>
> 제38조【권리행사의 방법 및 절차】① 정보주체는 제35조에 따른 열람, 제35조의2에 따른 전송, 제36조에 따른 정정·삭제, 제37조에 따른 처리정지 및 동의 철회, 제37조의2에 따른 거부 설명 등의 요구(이하 '열람 등요구'라 한다)를 문서 등 대통령령으로 정하는 방법·절차에 따라 대리인에게 하게 할 수 있다.

(8) 권리구제

① **개인정보침해에 대한 권리구제절차**: 법원에 손해배상, 개인정보분쟁조정위원회에 조정신청, 단체소송(변호사강제주의, 법원의 허가)이 적용된다.

② **입증책임 전환**

> 개인정보 보호법 제39조【손해배상책임】① 정보주체는 개인정보처리자가 이 법을 위반한 행위로 손해를 입으면 개인정보처리자에게 손해배상을 청구할 수 있다. 이 경우 그 **개인정보처리자는 고의 또는 과실이 없음을 입증하지 아니하면 책임을 면할 수 없다.**

(9) 개인정보 보호위원회

> 개인정보 보호법 제7조【개인정보 보호위원회】① 개인정보 보호에 관한 사무를 독립적으로 수행하기 위하여 국무총리 소속으로 개인정보 보호위원회(이하 "보호위원회"라 한다)를 둔다.
>
> 제7조의2【보호위원회의 구성 등】① 보호위원회는 상임위원 2명(위원장 1명, 부위원장 1명)을 포함한 9명의 위원으로 구성한다.
>
> 제7조의4【위원의 임기】① 위원의 임기는 3년으로 하되, 한 차례만 연임할 수 있다.

05 사생활의 비밀과 자유의 효력

주관적 공권으로 모든 국가권력을 직접 구속하고 사인 간에도 간접적용설에 따라 사법작용의 일반원칙을 매개로 하여 간접 적용된다.

06 사생활의 비밀과 자유의 제한과 그 한계

사생활의 비밀과 자유는 제37조 제2항에 의하여 국가안전보장, 질서유지, 공공복리를 위하여 필요한 경우에 본질적 내용침해금지와 과잉금지의 원칙의 존중하에서 법률로 제한이 가능하다.

07 사생활의 비밀과 자유 관련 쟁점

1. 사생활의 비밀·자유와 언론의 자유 충돌

(1) 문제발생

사생활의 비밀·자유와 언론의 자유가 충돌하는 사례가 발생한다.

(2) 사생활의 자유와 언론의 자유 충돌해결이론

① **권리포기의 이론**: 자살과 같은 경우에 사생활의 비밀과 자유를 포기한 것으로 간주, 언론이 공개하더라도 위법이 되지 않는다.

② **공익의 이론**: 국민에게 알리는 것이 공공의 이익이 되는 교육적·보도적 가치가 있는 사실을 국민에게 알리는 것은 사생활의 비밀과 자유에 우선한다(예 범죄인의 체포·구금, 공중의 보건과 안전, 사이비 종교).

③ **공적 인물의 이론**: <u>공적 인물은 일반인에 비해 사생활 공개시 수인해야 할 범위가 넓다는 이론이다.</u> 공적 인물이란 정치인, 고급관료, 연예인, 운동선수 등 자발적으로 유명해진 인사와 범죄인 등 비자발적으로 유명인사가 된 경우가 있다. 헌법재판소는 유명교회 목사도 공적 인물로 보았다(헌재 2001.8.30. 2000헌마36).

> **⚖판례**
>
> 공적 인물에 대하여는 사생활의 비밀과 자유가 일정한 범위 내에서 제한되어 그 사생활의 공개가 면책되는 경우도 있을 수 있으나 이는 공적 인물은 통상인에 비하여 일반국민의 알 권리의 대상이 되고 그 공개가 공공의 이익이 된다는 데 근거한 것이므로 일반국민의 알 권리와는 무관하게 <u>국가기관이 평소의 동향을 감시할 목적으로 개인의 정보를 비밀리에 수집한 경우에는 그 대상자가</u> **공적 인물이라는 이유만으로 면책될 수 없다**(대판 1998.7.24. 96다42789).

2. 위법행위 예방과 행정의 실효성 확보수단으로써 명단 공표

(1) 의의

행정법규위반자에 대한 명단을 공표함으로써 심리적 강제를 통해 의무이행을 확보하기 위해 의무불이행자의 명단를 공표하거나 범죄를 예방하기 위하여 범죄자의 명단을 공표한다.

(2) 법률유보

명단 공표는 인격권과 개인정보자기결정권을 제한하므로 헌법 제37조 제2항에 따라 법률의 근거를 요한다.

(3) 종류

① **행정절차법 제40조의3(위반사실 등의 공표)**: 행정청은 법령에 따른 의무를 위반한 자의 성명·법인명, 위반사실, 의무 위반을 이유로 한 처분사실 등을 법률로 정하는 바에 따라 일반에게 공표할 수 있다고 규정하여 법령 위반자에 대한 명단공표의 일반규정을 규정하고 있다.

② **행정법상 의무불이행자에 대한 명단 공표**: 국세징수법은 고액체납자의 명단공개제도를 규정하고 있다.

③ **범죄예방을 위한 명단 공표**: 성범죄자 등에 대한 명단 공개를 규정한 성폭력범죄의 처벌 등에 관한 특례법 등이 있다.

> **⚖판례 | 성범죄자에 대한 명단 고지와 소급적용 헌법 위반 여부**
>
> *고지와 소급적용 모두 합헌결정(헌법재판소 법정의견)
>
> 폭력범죄자로부터 잠재적인 피해자와 지역사회를 보호하기 위해서는 신상정보 공개·고지명령제도가 시행되기 전 형이 확정된 자들 중에서도 재범의 위험성이 높은 자들에 대하여는 신상정보를 소급하여 공개할 필요성이 인정된다. 심판대상조항은 모든 성인대상 성범죄자를 신상정보 공개·고지명령 대상자로 정한 것이 아니라, 성폭력처벌법 제2조 제1항 제3호, 성폭력처벌법 제3조 제1항, 제8조 제1항에 해당하는 죄를 범한 비교적 중한 성폭력범죄자들 중에서 2008.4.16.부터 2011.4.15. 사이에 유죄판결이 확정된 사람만으로 그 대상자를 한정하고 있고, 법원은 그중에서도 재범의 위험성이 큰 사람으로 그 적용대상자를 제한하고 있다. 따라서 심판대상조항은 청구인들의 인격권 및 개인정보자기결정권을 침해하지 아니한다(헌재 2016.12.29. 2015헌바196).

> **⚖ 판례 | 명예훼손적 공표의 위법성조각사유**
>
> 대법원 판례에 따르면 일정한 행정목적 달성을 위하여 언론에 보도의 자료를 제공하는 것은 이른바, 행정상의 공표방법으로 실명을 공개함으로써 타인의 명예를 훼손한 경우 그 대상자에 관하여 적시된 사실의 내용이 진실이라는 증명이 없더라도 공표 당시 **이를 진실이라고 믿었고, 그렇게 믿을 만한 상당한 이유가 있다면** 위법성이 없다(대판 1998.5.22. 97다5768). 따라서 단순히 국가기관이 공표 당시 진실이라고 믿었다 하여 위법성이 없는 것이 아니라 공표된 사실이 의심의 여지없이 확실히 진실이라고 믿을 만한 객관적인 근거가 있어야 위법성이 인정되지 아니한다.

> **⚖ 판례 | 언론보도에 의한 명예훼손의 입증책임**
>
> 방송 등 언론매체가 사실을 적시하여 개인의 명예를 훼손하는 행위를 한 경우에도 그 목적이 오로지 공공의 이익을 위한 것일 때에는 적시된 사실이 진실이라는 증명이 있거나 그 증명이 없다 하더라도 행위자가 그것을 진실이라고 믿었고 또 그렇게 믿을 상당한 이유가 있으면 위법성이 없다고 보아야 할 것이나, 그에 대한 입증책임은 어디까지나 명예훼손행위를 한 **방송 등 언론매체**에 있고 피해자가 공적인 인물이라 하여 방송 등 언론매체의 명예훼손행위가 현실적인 악의에 기한 것임을 그 피해자 측에서 입증하여야 하는 것은 아니다(대판 1998.5.8. 97다34563). ➡ 언론매체에 입증책임 부과

제3절 거주·이전의 자유

> 헌법 제14조 【거주·이전의 자유】 모든 국민은 거주·이전의 자유를 가진다.

01 거주·이전의 자유의 의의

1. 개념

거주·이전의 자유는 국가의 간섭 없이 자유롭게 거주와 체류지를 정할 수 있는 자유로서 정치·경제·사회·문화 등 모든 생활영역에서 개성신장을 촉진함으로써 헌법상 보장되고 있는 다른 기본권들의 실효성을 증대시켜주는 기능을 한다. 구체적으로는 국내에서 체류지와 거주지를 자유롭게 정할 수 있는 자유영역뿐 아니라 나아가 국외에서 체류지와 거주지를 자유롭게 정할 수 있는 '해외여행 및 해외이주의 자유'를 포함하고 덧붙여 대한민국의 국적을 이탈할 수 있는 **국적변경의 자유** 등도 그 내용에 포섭된다고 보아야 한다. 따라서 해외여행 및 해외이주의 자유는 필연적으로 외국에서 체류 또는 거주하기 위해서 대한민국을 떠날 수 있는 **출국의 자유**와 외국체류 또는 거주를 중단하고 다시 대한민국으로 돌아올 수 있는 **입국의 자유**를 포함한다(헌재 2004.10.28. 2003헌가18).

2. 법적 성격

직업선택의 자유를 위해서는 거주·이전의 자유가 요구되므로 경제적 기본권으로서의 성격도 가진다.

3. 연혁

1948년 헌법에서 주거의 자유와 같이 규정되었다가, 1962년 개정헌법부터 별개 조항으로 규정되었다.

02 거주·이전의 자유의 주체

국민과 국내법인은 거주·이전의 자유의 주체가 되나, 외국인은 원칙적으로 입국의 자유를 누리지 못한다.

> **⚖ 판례 | 거주·이전의 자유의 주체**
>
> 1. **법인 등의 경제주체는 헌법 제14조에 의하여 보장되는 거주·이전의 자유의 주체로서** 기업활동의 근거지인 본점이나 사무소를 어디에 둘 것인지, 어디로 이전할 것인지 자유로이 결정할 수 있고, 한편 본점이나 사무소의 설치·이전은 통상적인 영업활동에 필수적으로 수반되는 것이므로 그 설치·이전의 자유는 헌법 제15조에 의하여 보장되는 직업의 자유의 내용에 포함되기도 한다(헌재 2000.12.14. 98헌바104).
> 2. **외국인에게 입국의 자유가 인정되지 아니한다.**
>   청구인은, 중국국적동포가 재외동포 사증 발급을 신청할 경우 일정한 첨부서류를 제출하도록 하는 출입국관리법 시행규칙 조항 및 법무부고시 조항으로 인하여 거주·이전의 자유가 침해되었다고 주장하나, 이것은 입국의 자유의 침해를 주장하는 것에 다름 아니고, **외국인에게 입국의 자유가 인정되지 아니하는 이상** 거주·이전의 자유 침해 주장에 대하여는 별도로 판단하지 아니한다(헌재 2014.4.24. 2011헌마474).

03 거주·이전의 자유의 내용

1. 국내에서의 거주·이전의 자유

미성년자의 가출의 자유는 부모의 교육권과 거소지정권이 우선하므로 거주·이전의 자유에 포함되지 않는다. 우리나라 통치권이 사실상 미치지 아니하는 지역(북한)에 자유롭게 이주할 자유는 인정되지 않는다. 다만, 통치권이 미치지 않는 지역에서 통치권이 미치는 영역으로 이주할 자유는 인정된다.

2. 해외여행 및 거주·이전의 자유, 국외이주의 자유

(1) 국외이주의 자유

거주·이전의 자유는 다른 나라로 이주할 수 있는 국외이주의 자유를 포함한다. 해외이주법이 국외이주를 신고사항으로 규정하고 있는 것은 위헌이 아니다. 만일 허가사항으로 하는 것은 자유권의 본질에 반하는 것으로서 위헌이다.

(2) 해외여행의 자유

국외에서 체류지와 거주지를 자유롭게 정할 수 있는 '해외여행 및 해외이주의 자유'를 포함하고 덧붙여 대한민국의 국적을 이탈할 수 있는 '국적변경의 자유' 등도 그 내용에 포섭된다고 보아야 한다. 따라서 해외여행 및 해외이주의 자유는 필연적으로 외국에서 체류 또는 거주하기 위해서 대한민국을 떠날 수 있는 '출국의 자유'와 외국체류 또는 거주를 중단하고 다시 대한민국으로 돌아올 수 있는 '입국의 자유'를 포함한다.

(3) 입·출국의 자유

① **국민**: 모든 국민은 귀국(입국)의 자유가 보장된다. 입국의 자유를 제한할 수는 없다. 따라서 대한민국 국민을 강제출국시킬 수는 없다. 다만, 범죄자 등에 대한 출국금지조치는 허용된다.
② **북한주민**: 북한에서 귀순한 동포는 대한민국 국민이므로 입국의 자유에 의하여 보호된다.
③ **외국인**: 외국인은 입국의 자유가 원칙적으로 보장되지 않으나 출국의 자유는 원칙적으로 보장되어야 한다. 다만, 납세의무불이행자에 대한 출국제한 등은 가능하다.

> **⚖ 판례 | 병역의무자의 국외여행 제한**
>
> 병역의무 회피방지와 병역자원의 원활한 수급 필요성에 비추어 볼 때 제1국민역의 단기 국외여행을 '1년 범위 내에서 27세까지'로 제한하고 있는 심판대상규정이 거주·이전의 자유를 침해하지 않는다(헌재 2023.2.23. 2019헌마157).

3. 국적변경의 자유

(1) 무국적자가 될 자유 보호 여부

국적변경(국적이탈)의 자유는 거주·이전의 자유에 포함된다는 것이 통설이다. 그러나 무국적자가 될 자유는 포함되지 않는다.

(2) 탈세목적이나 병역기피의 목적으로 국적을 변경할 자유 보호 여부

탈세목적이나 병역기피의 목적으로 국적을 변경하는 것은 거주·이전의 자유에 의해 보호받을 수 없다.

> **⚖ 판례 | 거주·이전의 자유 제한에 해당하지 않는 것**
>
> 1. **지방자치단체장의 피선거권 자격요건으로서 90일 이상 주민등록을 요구하는 공직선거법**
>   지방자치단체장 입후보선거에서 거주요건은 거주·이전의 자유가 국민에게 그가 선택할 직업 내지 그가 취임할 공직을 그가 선택하는 임의의 장소에서 자유롭게 행사할 수 있는 권리까지 보장하는 것은 아니다. 따라서 당해 공직선거법 조항으로 공무담임권이 제한될 수는 있어도 거주·이전의 자유가 제한되었다고 볼 수 없다(헌재 1996.6.26. 96헌마200).
> 2. **거주지를 기준으로 한 중·고등학교 배정**은 거주·이전의 자유를 제한한다고 할 수 없다(헌재 1995.2.23. 91헌마204).
> 3. **영내 기거하는 군인의 선거권 행사를 주민등록이 되어 있는 선거구로 한 것**은 거주·이전의 자유와 일반적 행동의 자유를 제한하지 않는다(헌재 2011.6.30. 2009헌마59).
> 4. 거주·이전의 자유는 거주지나 체류지라고 볼 만한 정도로 생활과 밀접한 연관을 갖는 장소를 선택하고 변경하는 행위를 보호하는 기본권으로서, 생활의 근거지에 이르지 못하는 일시적인 이동을 위한 장소의 선택과 변경까지 그 보호영역에 포함되는 것은 아니다. **거주·이전의 자유는 거주지나 체류지라고 볼 만한 정도로 생활과 밀접한 연관을 갖는 장소를 선택하고 변경하는 행위를 보호하는 기본권인바, 이 사건에서 서울광장이 청구인들의 생활형성의 중심지인 거주지나 체류지에 해당한다고 할 수 없고, 서울광장에 출입하고 통행하는 행위가 그 장소를 중심으로 생활을 형성해 나가는 행위에 속한다고 볼 수도 없으므로 청구인들의 거주·이전의 자유가 제한되었다고 할 수 없다**(헌재 2011.6.30. 2009헌마406).
> 5. **성범죄자 신상정보등록**은 거주·이전의 자유 및 직업선택의 자유가 제한된다고 볼 수 없다(헌재 2016.9.29. 2015헌마548).
> 6. **이륜자동차 고속도로 운행금지**는 행복추구권에서 우러나오는 일반적 행동의 자유를 제한하는 것이지 거주·이전의 자유를 제한하는 것은 아니다(헌재 2008.7.31. 2007헌바90).
> 7. **해직공무원의 보상금산출기간 산정에 있어 이민을 제한사유로 한 경우**
>   헌법상 거주·이전의 자유 속에 국외거주의 자유가 포함된다고 하여도 1980년해직공무원의보상등에관한특별조치법 제2조 제5항은 그 자체 청구인이나 대한민국 국민 누구에게도 거주·이전의 자유를 제한하는 것이라거나 국외이주를 제한하는 규정이 아니므로, 동 조항에 따른 보상의 차별이 있더라도 동 규정이 헌법상 재외국민의 평등권을 침해하였다고 할 수 없는 것과 마찬가지로 거주·이전의 자유를 침해한 것이라 할 수 없다(헌재 1993.12.23. 89헌마189).

8. 자경농지의 양도소득세 면제의 요건으로 농지소재지 거주요건을 둔 경우

구 조세특례제한법 제69조 제1항 제1호는 자경농민이 농지소재지로부터 거주를 이전하는 것을 직접적으로 제한하는 내용의 규정이라고 볼 수 없고, 다만 8년 이상 농지를 자경한 농민이 농지소재지에 거주하는 경우 양도소득세를 면제함으로써 농지소재지 거주자가 농지에서 이탈되는 것이 억제될 것을 기대하는범위 내에서 간접적으로 제한되는 측면이 있을 뿐이며, 따라서 양도소득세의 부담을 감수하기만 한다면 자유롭게 거주를 이전할 수 있는 것이므로 거주·이전의 자유를 형해화할 정도로 침해하는 것은 아니다(헌재 2003.11.27. 2003헌바2).

9. 민간투자사업에 유료도로를 포함시키고 유료도로의 사용료 징수

이 공항고속도로를 이용하지 않고도, 이 도로개설 이전의 영종도 주민들과 마찬가지로, 뱃길을 이용하여 자유로이 다른 곳으로 이동할 수도 있고 다른 곳으로 거주를 옮길 수도 있으며 또 이 도로를 이용하는 경우에도 비록 통행료의 부담이 있긴 하지만 그 부담의 정도가 이전의 자유를 실제로 제약할 정도로, 이용의 편익에 비하여, 현저히 크다고는 볼 수 없다. 따라서 심판대상조항으로 인하여 청구인들의 거주·이전의 자유나 직업선택의 자유가 제한된 것으로 볼 수 없다(헌재 2005.12.22. 2004헌바64).

10. 해외체재자의 병역의무를 36세부터 면제하는 것

이 사건 조항은 해외거주를 이유로 징병검사를 연기받은 사람들에게 입영의무 등 감면연령이 36세부터 적용된다는 것이며, 이 사건 조항이 있더라도 청구인은 자유롭게 해외에 거주하거나 해외로 이전할 수 있다. 따라서 해외에 체재하게 되면 그 감면연령이 다른 사람보다 늦춰지게 된다고 해서 이를 거주·이전의 자유의 제한이라고 할 수는 없다. 즉, 이 사건에서 거주·이전의 자유의 보호범위를 '거주·이전을 이유로 국방의 의무를 면할 수 있는 혜택의 시기가 다른 사람보다도 늦어지지 않을 것'까지 포함하는 것으로 볼 수는 없는 것이다. 그러므로 해외에 체재한 사실 때문에 입영의무 등 감면연령이 31세부터가 아닌 36세부터 적용된다고 해서 이를 거주·이전의 자유의 제한이라고 할 수 없다(헌재 2004.11.25. 2004헌바15).

11. 공중보건의사가 군사교육에 소집된 기간을 복무기간에 산입하지 않도록 규정한 병역법 제34조

청구인들은 복무기간에 산입되지 않은 군사교육소집기간 동안 거주·이전의 자유를 침해받았다는 취지로도 주장하나, 이는 심판대상조항이 아니라 공중보건의사의 직장이탈금지의무를 규정한 농어촌의료법 제8조 제1항에 따른 제한이므로, 더 나아가 판단하지 않는다(헌재 2020.9.24. 2019헌마472).

⚖ 판례 | 거주·이전의 자유 침해 여부

침해인 것

1. 여권발급제한

여권발급 신청인이 북한 고위직 출신의 탈북 인사로서 신변에 대한 위해 우려가 있다는 이유로 신청인의 미국 방문을 위한 여권발급을 거부한 것은 여권법 제8조 제1항 제5호에 정한 사유에 해당한다고 볼 수 없고 거주·이전의 자유를 과도하게 제한하는 것으로서 위법하다(대판 2008.1.24. 2007두10846).

2. 조세 미납을 이유로 한 출국금지는 그 미납자가 출국을 이용하여 재산을 해외에 도피시키는 등으로 강제집행을 곤란하게 하는 것을 방지함에 주된 목적이 있는 것이지 조세 미납자의 신병을 확보하거나 출국의 자유를 제한하여 심리적 압박을 가함으로써 미납 세금을 자진납부하도록 하기 위한 것이 아니다. 따라서 **재산을 해외로 도피할 우려가 있는지 여부 등을 확인하지 않은 채** 단순히 일정 금액 이상의 조세를 미납하였고 그 미납에 정당한 사유가 없다는 사유만으로 바로 출국금지처분을 하는 것은 헌법상의 기본권 보장 원리 및 과잉금지의 원칙에 비추어 허용되지 않는다(대판 2013.12.26. 2012두18363).

3. 병역법 제8조에 따라 병역준비역에 편입된 자는 **편입된 때부터 3개월 이내에 하나의 국적을 선택하도록 한 국적법**은 법률조항의 존재로 인하여 복수국적을 유지하게 됨으로써 대상자가 겪어야 하는 실질적 불이익은 구체적 사정에 따라 상당히 클 수 있다. 국가에 따라서는 복수국적자가 공직 또는 국가안보와 직결되는 업무나 다른 국적국과 이익충돌 여지가 있는 업무를 담당하는 것이 제한될 가능성이 있다. 현실적으로 이러한 제한이 존재하는 경우, 특정 직업의 선택이나 업무 담당이 제한되는 데 따르는 사익 침해를 가볍게 볼 수 없다. 심판대상 법률조항은 과잉금지원칙에 위배되어 청구인의 국적이탈의 자유를 침해한다(헌재 2020.9.24. 2016헌마889).

침해가 아닌 것

1. **아프가니스탄 등 전쟁 또는 테러위험이 있는 해외 위난지역에서 여권사용을 제한하거나 방문 또는 체류를 금지한 외교통상부고시**

   외교통상부가 해외 위난지역에서의 국민을 보호하고자 특정 해외 위난지역에서의 여권사용, 방문 또는 체류를 금지한 이 사건 고시는 국민의 생명 · 신체 및 재산을 보호하기 위한 것으로 그 목적의 정당성과 수단의 적절성이 인정되며, 대상지역을 당시 전쟁이 계속 중이던 이라크와 소말리아, 그리고 실제로 한국인에 대한 테러 가능성이 높았던 아프가니스탄 등 3곳으로 한정하고, 그 기간도 1년으로 하여 그다지 장기간으로 볼 수 없을 뿐 아니라, 부득이한 경우 예외적으로 외교통상부장관의 허가를 받아 여권의 사용 및 방문 · 체류가 가능하도록 함으로써 국민의 거주 · 이전의 자유에 대한 제한을 최소화하고 법익의 균형성도 갖추었다(헌재 2008.6.26. 2007헌마1366).

2. **대도시 내 법인의 부동산 등록세 중과세**

   대도시 내 법인의 부동산 등록세 중과세는 헌법상 법인에게 보장된 직업수행의 자유와 거주 · 이전의 자유를 간접적으로나마 제한하는 의미를 가지는 규정이라 할 것이므로 기본권 제한입법으로서 준수하여야 할 과잉금지의 원칙에 위배되었는지의 여부를 본다. 현대 산업사회에 있어서 대도시 주민의 생활환경을 보호하고 지역 간의 균형 있는 발전을 도모하는 것은 전체 국가사회의 긴요한 공익적 요청이라고 할 것이므로 이를 위하여 인구와 경제력의 대도시 집중이라는 강한 역효과가 예상되는 법인의 대도시 내 부동산취득에 대하여 통상보다 높은 세율의 등록세를 부과하였다고 하여 위 조항에 의하여 보호되는 공익과 제한되는 기본권 사이에 현저한 불균형이 있다고 볼 수 없으므로 법익의 균형성을 갖추었다(헌재 1998.2.27. 97헌바79).

3. **과밀억제권역 내 건축물신축 중과세**

   수도권 내의 과밀억제권역 안에서 법인의 본점의 사업용 부동산, 특히 본점용 건축물을 신축 또는 증축하는 경우에 취득세를 중과세하는 조항이므로, 이 사건 법률조항에 의하여 청구인의 <u>거주 · 이전의 자유와 영업의 자유가 침해되는지 여부가 문제된다</u>. 국토의 균형 있는 발전을 도모하기 위하여 법인이 과밀억제권역 내에 본점의 사업용 부동산으로 건축물을 신축 · 증축하여 이를 취득하는 경우 취득세를 중과세하는 것은 거주 · 이전의 자유와 영업의 자유를 침해하지 아니한다(헌재 2014.7.24. 2012헌바408).

4. **법이 정하는 금액 이상의 벌금 또는 추징금을 납부하지 아니한 자에 대하여 법무부장관이 출국을 금지할 수 있도록 한 출입국관리법** (헌재 2004.10.28. 2003헌가18)

   ① 추징금을 납부하지 않는 자에 대한 출국금지로 국가형벌권 실현을 확보하고자 하는 국가의 이익은 형벌집행을 회피하고 재산을 국외로 도피시키려는 자가 받게 되는 출국금지의 불이익에 비하여 현저히 크다. 이처럼 고액 추징금 미납자에게 하는 출국금지조치는 정당한 목적실현을 위해 상당한 비례관계가 유지된다.

   ② 추징은 몰수에 갈음하여 그 가액의 납부를 명령하는 사법처분이나 부가형의 성질을 가지므로, 주형은 아니지만 부가형으로서의 추징도 일종의 형벌임을 부인할 수는 없다. 그러나 일정액수의 추징금을 납부하지 않은 자에게 내리는 출국금지의 행정처분은 형법 제41조상의 형벌이 아니라 형벌의 이행확보를 위하여 출국의 자유를 제한하는 행정조치의 성격을 지니고 있다. 그렇다면 심판대상 법조항에 의한 출국금지처분은 헌법 제13조 제1항상의 이중처벌금지원칙에 위배된다고 할 수 없다.

5. 국가의 형벌권을 피하기 위하여 해외로 도피할 우려가 있는 자에 대해 법무부장관이 출국을 금지할 수 있도록 한 출입국관리법

심판대상조항을 통하여 얻는 공익은 국가형벌권을 확보함으로써 실체적 진실발견과 사법정의를 실현하고자 하는 것으로서 중대하므로 법익의 균형성도 충족된다. 따라서 심판대상조항은 과잉금지원칙에 위배되어 출국의 자유를 침해하지 아니한다(헌재 2015.9.24. 2012헌바302).

6. 여행금지국가로 고시된 사정을 알면서도 외교부장관으로부터 예외적 여권사용 등의 허가를 받지 않고 여행금지국가를 방문하는 등의 행위를 형사처벌하는 여권법

국외 위난상황이 우리나라의 국민 개인이나 국가·사회에 미칠 수 있는 피해는 매우 중대한 반면, 이 사건 처벌조항으로 인한 불이익은 완화되어 있으므로, 이 사건 처벌조항은 법익의 균형성 원칙에도 반하지 않는다. 그러므로 이 사건 처벌조항은 과잉금지원칙에 반하여 청구인의 거주·이전의 자유를 침해하지 않는다(헌재 2020.2.27. 2016헌마945).

제4절 통신의 자유

> 헌법 제18조 【통신의 비밀】 모든 국민은 통신의 비밀을 침해받지 아니한다.

01 통신의 자유의 의의

1. 개념

헌법 제18조는 "모든 국민은 통신의 비밀을 침해받지 아니한다."라고 규정하여 통신비밀의 불가침성을 보장하고 있다. 통신의 비밀이란, 서신·우편·전신의 통신수단을 통하여 개인 간에 의사나 정보의 전달과 교환(의사소통)이 이루어지는 경우, 통신의 내용과 통신이용의 상황이 개인의 의사에 반하여 공개되지 아니할 자유를 의미한다. 이때, '통신'이라 함은 우편물과 전기통신(전화·전자우편·회원제정보서비스·모사전송·무선호출 등과 같이 유선·무선·광선 및 기타의 전자적 방식에 의하여 모든 종류의 음향·문언·부호 또는 영상을 송신하거나 수신하는 것)을 의미한다(헌재 2016.11.24. 2014헌바401).

> **⚖️ 판례 | 통신비밀보장 취지**
>
> 헌법 제18조는 "모든 국민은 통신의 비밀을 침해받지 아니한다."라고 규정하여 통신의 비밀보호를 그 핵심내용으로 하는 통신의 자유를 기본권으로 보장하고 있다. 사생활의 비밀과 자유에 포섭될 수 있는 사적 영역에 속하는 통신의 자유를 헌법이 별개의 조항을 통해 기본권으로 보장하는 이유는 우편이나 전기통신의 운영이 전통적으로 국가독점에서 출발하였기 때문에 개인 간의 의사소통을 전제로 하는 통신은 국가에 의한 침해가능성이 여타의 사적 영역보다 크기 때문이다(헌재 2001.3.21. 2000헌바25 참조).

2. 통신비밀의 요건

> 통신비밀보호법 제2조 【정의】 1. '통신'이라 함은 우편물 및 전기통신을 말한다.

(1) 상대방의 특정

통신은 특정한 상대방의 존재를 전제로 하여 정보를 전달하는 점에서 상대방이 없는 경우에 보장되는 각종의 '표현'과는 다르다.

(2) 당사자 간의 동의

헌법재판소는 헌법 제18조에서 그 비밀을 보호하는 통신의 일반적인 속성으로 당사자 간의 동의, 비공개성, 당사자의 특정성 등을 들고, 여기서의 통신의 의미는 비공개를 전제로 하는 쌍방향적인 의사소통이라고 본다.

3. 연혁

통신의 비밀은 제헌헌법부터 규정되어 왔다. 통신의 자유는 헌법에 명시적 규정이 없고 통신의 비밀을 규정하고 있으나 통신의 자유를 보장하고 있다고 해석된다.

02 통신의 자유의 주체

자연인, 법인, 외국인이 주체가 된다. 미성년자도 주체가 된다. 징역형 등이 확정되어 교정시설에서 수용 중인 수형자도 통신의 자유의 주체가 된다(헌재 1998.8.27. 96헌마398).

03 통신의 자유의 내용

1. 보호영역

(1) 보호되는 것

① 통신의 자유는 신서, 전보, 전화, 텔렉스, 팩스, 개인 간의 이메일 등 통신수단에 의해 전달되는 내용을 보호대상으로 한다.
② 개봉되어 있는 엽서, 전보는 비밀보호에 포함되므로 밀봉 여부에 따라 통신의 자유 보호영역이 달라지는 것은 아니다.
③ 화상접견시스템이라는 전기통신수단을 이용하여 개인 간의 대화내용을 녹음 · 녹화하는 경우 보호된다.

(2) 보호되지 않는 것

신문, 서적, 소포는 통신의 자유에서 보호되지 않는다.

⚖ **판례 | 보호영역**

1. 자유로운 의사소통은 통신내용의 비밀을 보장하는 것만으로는 충분하지 아니하고 구체적인 통신관계의 발생으로 야기된 모든 사실관계, 특히 통신관여자의 인적 동일성 · 통신장소 · 통신횟수 · 통신시간 등 통신의 외형을 구성하는 통신이용의 전반적 상황의 비밀까지도 보장한다(헌재 2018.6.28. 2012헌마538 전원재판부).

2. 수용자가 집필한 문서의 내용이 사생활의 비밀 또는 자유를 침해하는 등 우려가 있는 때 교정시설의 장이 **문서의 외부반출을 금지하도록 규정한** 형의 집행법은 집필문을 창작하거나 표현하는 것을 금지하거나 이에 대한 허가를 요구하는 조항이 아니라 이미 표현된 집필문을 외부의 특정한 상대방에게 발송할 수 있는지 여부에 대해 규율하는 것이므로, 제한되는 기본권은 헌법 제18조에서 정하고 있는 통신의 자유로 봄이 상당하다(헌재 2016.5.26. 2013헌바98).

2. 통신의 자유와 통신의 비밀

> **⚖️판례 ┃** 전기통신역무제공에 관한 계약을 체결하는 경우 전기통신사업자로 하여금 가입자에게 본인임을 확인할 수 있는 증서 등을 제시하도록 요구하고 부정가입방지시스템 등을 이용하여 본인인지 여부를 확인하도록 한 전기통신사업법에 의하여 제한되는 기본권 (헌재 2019.9.26. 2017헌마1209)
>
> 1. 헌법 제18조로 보장되는 기본권인 통신의 자유란 통신수단을 자유로이 이용하여 의사소통할 권리이다. '통신수단의 자유로운 이용'에는 자신의 인적 사항을 누구에게도 밝히지 않는 상태로 통신수단을 이용할 자유, 즉 통신수단의 익명성 보장도 포함된다. 심판대상조항은 휴대전화를 통한 문자·전화·모바일 인터넷 등 통신기능을 사용하고자 하는 자에게 반드시 사전에 본인확인 절차를 거치는 데 동의해야만 이를 사용할 수 있도록 하므로, 익명으로 통신하고자 하는 청구인들의 **통신의 자유를 제한한다**. 반면, 심판대상조항이 통신의 비밀을 제한하는 것은 아니다. 가입자의 인적 사항이라는 정보는 통신의 내용·상황과 관계없는 '비내용적 정보'이며 휴대전화 통신계약 체결단계에서는 아직 통신수단을 통하여 어떠한 의사소통이 이루어지는 것이 아니므로 통신의 비밀에 대한 제한이 이루어진다고 보기는 어렵기 때문이다.
> 2. 이동통신서비스 가입자의 개인정보가 통신에 관한 각종 정보와 연결될 수 있는 가능성이 있다면 본인의 통신 이용 상황과 내용이 수사기관 등 제3자에 의하여 파악될 것이라는 점 또한 충분히 예견될 수 없으므로, 전기통신역무제공에 관한 계약을 체결하는 경우 전기통신사업자로 하여금 가입자에게 본인임을 확인할 수 있는 증서 등을 제시하도록 요구하고 부정가입방지시스템 등을 이용하여 본인인지 여부를 확인하도록 한 전기통신사업법에 의하여 청구인의 사생활의 비밀과 자유가 제한된다고 할 수 없다.

> **⚖️판례 ┃ 화상접견 녹음이 통신의 비밀에 대한 제한에 해당하는지 여부**
>
> 청구인은 2012.1.3.부터 4차례에 걸쳐 화상접견시스템을 이용하여 화상접견을 하였고, 화상접견은 일반 접견에 대한 규정이 적용되어 청구인과 접견인 사이의 화상접견내용도 모두 녹음·녹화되었는바, 이는 화상접견시스템이라는 전기통신수단을 이용하여 개인 간의 대화내용을 녹음·녹화하는 것이므로 **통신의 비밀에 대한 제한이 된다**(헌재 2016.11.24. 2014헌바401).

04 통신의 자유의 효력

통신의 자유는 사인 간에 간접 적용된다.

05 통신의 자유의 제한과 한계

1. 통신의 비밀과 영장주의

헌법 제18조에 영장주의를 규정하고 있지 않으나, 통신의 비밀보호를 위해서 영장주의가 적용된다.

2. 통신의 자유를 제한하는 법령

국가보안법은 반국가단체와의 통신을 금지하고 있고, 형사소송법은 피고인에 관련된 우편물의 검열 등을 규정하고 있다. 파산법은 파산관리인이 파산자의 우편물을 개봉하는 것은 허용하고 있다. 무선통신은 주파수의 희소성, 통신교란문제 때문에 과학기술정보통신부장관의 주파수 배정을 받아야 하고 **무선국을 개설하려면 허가**를 받아야 한다(전파법 제19조).

3. 통신비밀보호법

(1) 통신 및 대화의 비밀

국가뿐 아니라 사인도 타인 간의 대화를 녹음·청취하지 못한다.

⚖ 판례 | 대화 녹음

1. 양자대화시 제3자 녹음

비록 제3자가 전화통화 당사자 일방의 동의를 받고 그 통화내용을 녹음했다 하더라도 그 **상대방의 동의가 없었다면 통신비밀보호법에 위반된다**(대판 2002.10.8. 2002도123).

2. 3인 간의 대화시 녹음

3인 간의 대화에 있어서 그중 한 사람이 그 대화를 녹음하는 경우에 다른 두 사람의 발언은 그 녹음자에 대한 관계에서 '타인 간의 대화'라고 할 수 없으므로, 이와 같은 녹음행위가 통신비밀보호법 제3조 제1항에 **위배된다고 볼 수는 없다**(대판 2006.10.12. 2006도4981).

3. 공개되지 아니한 타인 간의 대화를 녹음 또는 청취하여 지득한 대화의 내용을 공개하거나 누설한 자를 처벌하는 통신비밀보호법이 대화의 내용을 공개한 자의 표현의 자유를 침해하는지 여부

이 사건 법률조항이 불법 취득한 타인 간의 대화내용을 공개한 자를 처벌함에 있어 형법 제20조(정당행위)의 일반적 위법성조각사유에 관한 규정을 적정하게 해석 적용함으로써 공개자의 표현의 자유도 적절히 보장될 수 있는 이상, 이 사건 법률조항에 형법상의 명예훼손죄와 같은 위법성조각사유에 관한 특별규정을 두지 아니하였다는 점만으로 기본권 제한의 비례성을 상실하였다고는 볼 수 없다(헌재 2011.8.30. 2009헌바42).

---

(2) 불법검열과 불법감청의 증거사용 금지

불법검열, 불법감청에 의하여 취득한 우편물이나 통신의 내용은 재판뿐 아니라 **징계절차에서도 증거로 사용할 수 없다**(통신비밀보호법 제4조). 감청영장에 의하지 않고 타인 간의 대화나 전화통화내용을 녹음한 녹음테이프는 증거능력이 없다(대판 2001.10.9. 2001도3106).

(3) 범죄수사를 위한 통신제한조치

통신비밀보호법 제6조【범죄수사를 위한 통신제한조치의 허가절차】 ① **검사**(군검사를 포함한다. 이하 같다)는 제5조 제1항의 요건이 구비된 경우에는 **법원(군사법원을 포함한다. 이하 같다)에 대하여** 각 피의자별 또는 각 피내사자별로 통신제한조치를 허가하여 줄 것을 청구할 수 있다.

② **사법경찰관**(군사법경찰관을 포함한다. 이하 같다)은 제5조 제1항의 요건이 구비된 경우에는 **검사에 대하여** 각 피의자별 또는 각 피내사자별로 통신제한조치에 대한 허가를 신청하고, **검사는 법원에** 대하여 그 허가를 청구할 수 있다.

③ 제1항 및 제2항의 통신제한조치 청구사건의 관할 법원은 그 통신제한조치를 받을 통신당사자의 쌍방 또는 일방의 주소지·소재지, 범죄지 또는 통신당사자와 공범관계에 있는 자의 주소지·소재지를 관할하는 지방법원 또는 지원(군사법원을 포함한다)으로 한다.

⑦ 통신제한조치의 기간은 2개월을 초과하지 못하고, 그 기간 중 통신제한조치의 목적이 달성되었을 경우에는 즉시 종료하여야 한다. 다만, 제5조 제1항의 허가요건이 존속하는 경우에는 소명자료를 첨부하여 제1항 또는 제2항에 따라 2개월의 범위에서 통신제한조치기간의 연장을 청구할 수 있다.

⑧ 검사 또는 사법경찰관이 제7항 단서에 따라 통신제한조치의 연장을 청구하는 경우에 통신제한조치의 총 연장기간은 1년을 초과할 수 없다. 다만, 다음 각 호의 어느 하나에 해당하는 범죄의 경우에는 통신제한조치의 총 연장기간이 3년을 초과할 수 없다.

1. 형법 제2편 중 제1장 내란의 죄, 제2장 외환의 죄 중 제92조부터 제101조까지의 죄, 제4장 국교에 관한 죄 중 제107조, 제108조, 제111조부터 제113조까지의 죄, 제5장 공안을 해하는 죄 중 제114조, 제115조의 죄 및 제6장 폭발물에 관한 죄
2. 군형법 제2편 중 제1장 반란의 죄, 제2장 이적의 죄, 제11장 군용물에 관한 죄 및 제12장 위령의 죄 중 제78조·제80조·제81조의 죄
3. 국가보안법에 규정된 죄
4. 군사기밀보호법에 규정된 죄
5. 군사기지 및 군사시설보호법에 규정된 죄

⚖ 판례 | 총연장기간 또는 총연장횟수의 제한이 없는 통신제한기간 연장

통신제한조치기간의 연장을 허가함에 있어 총연장기간 또는 총연장횟수의 제한이 없을 경우 수사와 전혀 관계없는 개인의 내밀한 사생활의 비밀이 침해당할 우려도 심히 크기 때문에 기본권 제한의 법익균형성 요건도 갖추지 못하였다. 따라서 이 사건 법률조항은 헌법에 위반된다 할 것이다(헌재 2010.12.28. 2009헌가30).
➡ 헌법불합치결정에 따라 통신비밀보호법 제6조 제8항이 추가되었다.

---

(4) 국가안보를 위한 통신제한조치

통신비밀보호법 제7조【국가안보를 위한 통신제한조치】 ① 대통령령이 정하는 **정보수사기관의 장**은 국가안전보장에 상당한 위험이 예상되는 경우 또는 국민보호와 공공안전을 위한 테러방지법 제2조 제6호의 대테러활동에 필요한 경우에 한하여 그 위해를 방지하기 위하여 이에 관한 정보수집이 특히 필요한 때에는 다음 각 호의 구분에 따라 통신제한조치를 할 수 있다.
1. 통신의 일방 또는 쌍방 당사자가 내국인인 때에는 **고등법원 수석판사의 허가**를 받아야 한다. 다만, 군용전기통신법 제2조의 규정에 의한 군용전기통신(작전수행을 위한 전기통신에 한한다)에 대하여는 그러하지 아니하다.
2. 대한민국에 적대하는 국가, 반국가활동의 혐의가 있는 외국의 기관·단체와 외국인, **대한민국의 통치권이 사실상 미치지 아니하는 한반도 내의 집단**이나 외국에 소재하는 그 산하단체의 구성원의 통신인 때 및 제1항 제1호 단서의 경우에는 서면으로 **대통령의 승인**을 얻어야 한다.
② 제1항의 규정에 의한 통신제한조치의 기간은 4월을 초과하지 못하고, 그 기간 중 통신제한조치의 목적이 달성되었을 경우에는 즉시 종료하여야 하되, 제1항의 요건이 존속하는 경우에는 소명자료를 첨부하여 고등법원 수석판사의 허가 또는 대통령의 승인을 얻어 4월의 범위 이내에서 통신제한조치의 기간을 연장할 수 있다. 다만, 제1항 제1호 단서의 규정에 의한 통신제한조치는 전시·사변 또는 이에 준하는 국가비상사태에 있어서 적과 교전상태에 있는 때에는 작전이 종료될 때까지 대통령의 승인을 얻지 아니하고 기간을 연장할 수 있다.

(5) 긴급통신제한조치

검사·사법경찰관, 정보수사기관의 장은 국가안보를 위협하는 음모행위, 범죄 등 긴박한 상황이 있는 경우 법원의 허가 또는 대통령 승인 없이 통신제한조치를 할 수 있다. 이때 **지체 없이** 법원에 허가를 청구해야 하고 그 긴급통신제한조치를 한 때부터 **36시간 이내에 법원의 허가 또는 대통령의 승인을 얻지 못한 때**에는 해당 조치를 즉시 중지하고 해당 조치로 취득한 자료를 폐기하여야 한다(통신비밀보호법 제8조).

(6) 통신사실 확인자료

① 통신사실 확인자료요청

> **통신비밀보호법 제13조【범죄수사를 위한 통신사실 확인자료제공의 절차】** ① 검사 또는 사법경찰관은 수사 또는 형의 집행을 위하여 필요한 경우 전기통신사업법에 의한 전기통신사업자에게 통신사실 확인자료의 열람이나 제출을 요청할 수 있다.
> ② 검사 또는 사법경찰관은 제1항에도 불구하고 수사를 위하여 통신사실 확인자료 중 다음 각 호의 어느 하나에 해당하는 자료가 필요한 경우에는 다른 방법으로는 범죄의 실행을 저지하기 어렵거나 범인의 발견·확보 또는 증거의 수집·보전이 어려운 경우에만 전기통신사업자에게 해당 자료의 열람이나 제출을 요청할 수 있다. 다만, 제5조 제1항 각 호의 어느 하나에 해당하는 범죄 또는 전기통신을 수단으로 하는 범죄에 대한 통신사실확인자료가 필요한 경우에는 제1항에 따라 열람이나 제출을 요청할 수 있다.
> 1. 제2조 제11호 바목·사목 중 실시간 추적자료
> 2. 특정한 기지국에 대한 통신사실 확인자료

> **🔨 판례 |** 검사 또는 사법경찰관은 수사 또는 형의 집행을 위하여 필요한 경우 전기통신사업법에 의한 전기통신사업자에게 통신사실 확인자료의 열람이나 제출을 요청할 수 있도록 한 통신비밀보호법
> (헌재 2018.6.28. 2012헌마191)
>
> 1. 이 사건에서 문제되는 발·착신 통신번호, 전기통신개시·종료시간 등의 통신사실 확인자료는 청구인의 인적 정보와 쉽게 결합하여 그 정보주체를 타인으로부터 식별가능하게 하는 개인정보에 해당한다. 수사기관이 불특정 다수의 통신사실 확인자료를 당사자의 동의나 승낙 없이 수사목적으로 제공받는다는 측면에서 이 사건 요청조항은 청구인의 개인정보자기결정권과 통신의 자유를 제한한다.
> 2. 이 사건 요청조항의 '수사를 위하여 필요한 경우'란 범인을 발견·확보하며 증거를 수집·보전하는 수사기관의 활동을 위하여 그 목적을 달성할 수 있는 범위 안에서 관련 있는 자에 대한 위치정보 추적자료 제공요청이 필요한 경우를 의미한다고 해석되므로, 이 사건 요청조항은 명확성원칙에 위반되지 아니한다.
> 3. 수사기관은 위치정보 추적자료를 통해 특정 시간대 정보주체의 위치 및 이동상황에 대한 정보를 취득할 수 있으므로 위치정보 추적자료는 충분한 보호가 필요한 민감한 정보에 해당되는 점, 그럼에도 이 사건 요청조항은 수사기관의 광범위한 위치정보 추적자료 제공요청을 허용하여 정보주체의 기본권을 과도하게 제한하는 점, 위치정보 추적자료의 제공요청과 관련하여서는 실시간 위치추적 또는 불특정 다수에 대한 위치추적의 경우 보충성 요건을 추가하거나 대상범죄의 경중에 따라 보충성 요건을 차등적으로 적용함으로써 수사에 지장을 초래하지 않으면서도 정보주체의 기본권을 덜 침해하는 수단이 존재하는 점, 수사기관의 위치정보 추적자료 제공요청에 대해 법원의 허가를 거치도록 규정하고 있으나 수사의 필요성만을 그 요건으로 하고 있어 절차적 통제마저도 제대로 이루어지기 어려운 현실인 점 등을 고려할 때, 이 사건 요청조항은 과잉금지원칙에 반하여 청구인들의 개인정보자기결정권과 통신의 자유를 침해한다.
> `참고` 헌법불합치결정에 따라 **통신비밀보호법 제13조 제2항이 추가신설되었다.**

② 통신사실 확인자료요청의 허가

> **통신비밀보호법 제13조【범죄수사를 위한 통신사실 확인자료제공의 절차】** ③ 제1항 및 제2항에 따라 통신사실 확인자료제공을 요청하는 경우에는 요청사유, 해당 가입자와의 연관성 및 필요한 자료의 범위를 기록한 서면으로 관할 지방법원(군사법원을 포함한다. 이하 같다) 또는 지원의 허가를 받아야 한다. 다만, 관할 지방법원 또는 지원의 허가를 받을 수 없는 긴급한 사유가 있는 때에는 통신사실 확인자료제공을 요청한 후 지체 없이 그 허가를 받아 전기통신사업자에게 송부하여야 한다.
> ④ 제3항 단서에 따라 긴급한 사유로 통신사실 확인자료를 제공받았으나 지방법원 또는 지원의 허가를 받지 못한 경우에는 지체 없이 제공받은 통신사실 확인자료를 폐기하여야 한다.

기지국수사는 통신비밀보호법이 정한 강제처분에 해당되므로 헌법상 영장주의가 적용된다. 헌법상 영장주의의 본질은 강제처분을 함에 있어 중립적인 법관이 구체적 판단을 거쳐야 한다는 점에 있는바, 이 사건 허가조항은 수사기관이 전기통신사업자에게 통신사실 확인자료제공을 요청함에 있어 관할 지방법원 또는 지원의 허가를 받도록 규정하고 있으므로 헌법상 영장주의에 위배되지 아니한다(헌재 2018.6.28. 2012헌마191).

③ **범죄수사를 위한 통신사실 확인자료제공의 통지:** 검사 또는 사법경찰관은 통신사실 확인자료제공을 받은 사건에 관하여 통신사실 확인자료제공을 받은 사실과 제공요청기관 및 그 기간 등을 통신사실 확인자료제공의 대상이 된 당사자에게 서면으로 통지하여야 한다.

기소중지결정이 있는 경우에는 정보주체에게 위치정보 추적자료 제공사실을 통지할 의무를 규정하지 아니하고, 수사목적을 달성한 이후 해당 자료가 파기되었는지 여부도 확인할 수 없게 되어 있어, 정보주체로서는 위치정보 추적자료와 관련된 수사기관의 권한남용에 대해 적절한 대응을 할 수 없게 되었다. 이에 대해서는, 수사가 장기간 계속되거나 기소중지된 경우라도 일정 기간이 경과하면 원칙적으로 정보주체에게 그 제공사실을 통지하도록 하되 수사에 지장을 초래하는 경우에는 중립적 기관의 허가를 얻어 통지를 유예하는 방법, 일정한 조건하에서 정보주체가 그 제공요청 사유의 통지를 신청할 수 있도록 하는 방법, 통지의무를 위반한 수사기관을 제재하는 방법 등의 개선방안이 있다. 이러한 점들을 종합할 때, 이 사건 통지조항은 적법절차원칙에 위배되어 청구인들의 개인정보자기결정권을 침해한다(헌재 2018.6.28. 2012헌마191). ➡ 헌법불합치결정에 따라 기소중지결정을 한 때 통지대상제외부분은 삭제되었다.

⚖ 판례 | 통신의 자유와 비밀

침해인 것

1. 미결수용자와 변호인 간의 서신검열

미결수용자와 일반인 간의 서신을 검열한 교도소장의 검열행위는 통신의 비밀 침해가 아니나, 미결수용자와 변호인의 서신검열은 통신의 비밀을 침해한다(헌재 1995.7.21. 92헌마144).

2. 수용자가 밖으로 내보내는 모든 서신을 봉함하지 않은 상태로 제출

봉함된 상태로 제출된 서신을 X-ray 검색기 등으로 확인한 후 의심이 있는 경우에만 개봉하여 확인하는 방법, 서신에 대한 검열이 허용되는 경우에만 무봉함 상태로 제출하도록 하는 방법 등으로도 얼마든지 달성할 수 있다고 할 것인바, 발송 서신 모두를 사실상 검열 가능한 상태에 놓이도록 하는 것은 기본권 제한의 최소침해성 요건을 위반하여 수용자인 청구인의 통신비밀의 자유를 침해하는 것이다(헌재 2012.2.23. 2009헌마333).

3. 인터넷회선 감청 *헌법불합치결정

인터넷회선 감청은 서버에 저장된 정보가 아니라, 인터넷상에서 발신되어 수신되기까지의 과정 중에 수집되는 정보, 즉 **전송 중인 정보의 수집을 위한 수사이므로, 압수 · 수색과 구별된다.** 인터넷회선 감청은 수사기관이 실제 감청 집행을 하는 단계에서는 해당 인터넷회선을 통하여 흐르는 **불특정 다수인의 모든 정보**가 패킷 형태로 수집되어 일단 수사기관에 그대로 전송됨에도, 인터넷회선 감청의 특성을 고려하여 그 집행 단계나 집행 이후에 수사기관의 권한 남용을 통제하고 관련 기본권의 침해를 최소화하기 위한 제도적 조치가 제대로 마련되어 있지 않은 상태에서, 범죄수사 목적을 이유로 인터넷회선 감청을 통신제한조치 허가대상 중 하나로 정하고 있다. 그러므로 **인터넷회선을 통하여 송 · 수신하는 전기통신에 대해서도 범죄수사를 위해 통신제한조치를 허가할 수 있도록 한 통신비밀보호법 제5조**는 과잉금지원칙에 위반하는 것으로 청구인의 기본권을 침해한다(헌재 2018.8.30. 2016헌마263). ➡ 영장주의 위반은 아님.

침해가 아닌 것

1. 정보통신망 등을 이용하여 공포심이나 불안감을 유발하는 문언을 반복적으로 상대방에게 도달하도록 한 경우를 처벌하는 '정보통신망 이용촉진 및 정보보호 등에 관한 법률'

통신의 자유는 개인이 그들의 의사나 정보를 자유롭게 전달·교환하는 경우에 그 내용이 공권력에 의해 침해당하지 아니하는 자유, 즉 통신의 비밀보장을 의미하는데, 위 조항에 의해 청구인의 통신의 비밀이 침해된 바 없다(헌재 2016.12.29. 2014헌바434).

2. 수형자와 변호사 간의 서신을 검열한 행위

현행법령과 제도하에서 수형자가 수발하는 서신에 대한 검열로 인하여 수형자의 통신의 비밀이 일부 제한되는 것은 국가안전보장·질서유지 또는 공공복리라는 정당한 목적을 위하여 부득이할 뿐만 아니라 유효적절한 방법에 의한 최소한의 제한이며 통신의 자유의 본질적 내용을 침해하는 것이 아니다(헌재 1998.8.27. 96헌마398).

3. 미결수용자의 접견내용의 녹음·녹화

화상접견시스템이라는 전기통신수단을 이용하여 개인 간의 대화내용을 녹음·녹화하는 경우 통신의 비밀에 대한 제한에 해당한다. 청구인의 접견내용을 녹음·녹화함으로써 증거인멸이나 형사법령 저촉행위의 위험을 방지하고, 교정시설 내의 안전과 질서유지에 기여하려는 공익은 미결수용자가 받게 되는 사익의 제한보다 훨씬 크고 중요하므로 법익의 균형성도 인정된다. 따라서 이 사건 녹음조항은 과잉금지원칙에 위배되어 청구인의 사생활의 비밀과 자유 및 통신의 비밀을 침해하지 아니한다(헌재 2016.11.24. 2014헌바401).

4. 수형자의 서신발송 허가제

통신의 중요한 수단인 서신의 당사자나 내용은 본인의 의사에 반하여 공개될 수 없으므로 서신의 검열은 원칙으로 금지되나, 헌법 제37조 제2항에 따라 국가안전보장·질서유지 또는 공공복리를 위하여 필요한 경우에는 법률로써 제한할 수 있고, 다만 제한하는 경우에도 그 본질적인 내용은 침해할 수 없다. 수용자의 서신에 대한 검열은 국가안전보장·질서유지 또는 공공복리라는 정당한 목적을 위하여 부득이할 뿐만 아니라 유효적절한 방법에 의한 최소한의 제한이며, 통신비밀의 자유의 본질적 내용을 침해하는 것이 아니어서 헌법에 위반된다고 할 수 없다. 수형자가 국가기관에게 서신을 발송할 경우 교도소장의 허가를 받도록 한 수형자규율 및 징계에 관한 규칙 제3조는 통신의 비밀 침해가 아니다(헌재 2001.11.29. 99헌마713).

5. 금치기간 중 미결수용자에 대한 전화통화를 금지하도록 한 형집행법

제한되는 사익은 수용시설의 안전과 질서유지에 위반되는 행위 중 가장 중하다고 평가되는 행위를 한 자가 금치기간 중 외부와 통신을 하지 못하는 불이익으로서, 수용시설의 안전과 질서유지라는 공익에 비해 중대하다고 하기 어렵다. 따라서 위 조항은 법익의 균형성에도 반하지 아니한다. 결국 위 전화통화 제한 조항 역시 과잉금지원칙을 위반하여 청구인의 통신의 자유를 침해한다고 할 수 없다(헌재 2016.4.28. 2012헌마549).

6. 구치소장이 당시 구치소에 수용자 앞으로 온 서신 속에 허가받지 않은 물품인 녹취서가 동봉되어 있음을 이유로 해당 서신수수를 금지하고 해당 서신을 반송한 행위

피청구인 ○○구치소장이 ○○구치소에 수용 중인 수형자에게 온 서신에 '허가 없이 수수되는 물품'인 녹취서와 사진이 동봉되어 있음을 확인하여 서신수수를 금지하고 발신인인 청구인에게 위 물품을 반송한 것은 교정사고를 미연에 방지하고 교정시설의 안전과 질서유지를 위하여 불가피한 측면이 있다. 또한 청구인은 관심대상수용자로 지정된 자이고, 서신에 동봉된 녹취서는 청구인이 원고인 민사사건 증인의 증언을 녹취한 소송서류로서 타인의 실명과 개인정보가 기재되어 있다. 한편, 수용자 사이에 사진을 자유롭게 교환할 수 있도록 하는 경우 각종 교정사고가 발생할 가능성이 있다. 이와 같은 점을 종합적으로 고려하면, 이 사건 반송행위는 과잉금지원칙에 위반되어 청구인의 통신의 자유를 침해하지 않는다(헌재 2019.12.27. 2017헌마413).

7. 수용자의 서신반출금지

거짓사실을 포함하고 있는, 수형자의 교화, 건전한 사회복귀를 해칠 우려가 있는 **수용자가 작성한 집필문의 외부반출을 금지**한 것은 언론의 자유가 아니라 통신의 사유를 제한하나 통신의 비밀침해는 아니다(헌재 2016.5.26. 2013헌바98).

8. 훈련소 신병교육 중 공중전화 사용금지

군 생활적응을 위한 것으로 통신의 자유 침해가 아니다(헌재 2010.10.28. 2007헌마890).

9. **공개되지 아니한 타인 간의 대화를 녹음 또는 청취하여 지득한 대화의 내용을 공개하거나 누설한 자를 처벌하는 통신비밀보호법**

이 사건 법률조항이 불법 취득한 타인 간의 대화내용을 공개한 자를 처벌함에 있어 형법 제20조(정당행위)의 일반적 위법성조각사유에 관한 규정을 적정하게 해석 적용함으로써 공개자의 표현의 자유도 적절히 보장될 수 있는 이상, 공개되지 아니한 타인 간의 대화를 녹음 또는 청취하여 지득한 대화의 내용을 공개하거나 누설한 자를 처벌하는 **통신비밀보호법에 형법상의 명예훼손죄와 같은 위법성조각사유에 관한 특별규정을 두지 아니하였다**는 점만으로 표현의 자유가 침해되었다고 볼 수 없다(헌재 2011.8.30. 2009헌바42).

10. **사인이 감청설비를 제조, 수입하는 경우 정통부장관의 인가를 받도록 하면서 국가기관이 감청설비를 제조, 수입하는 경우에는 인가제를 배제한 통신비밀보호법**

국가기관의 감청설비 보유 · 사용에 대한 관리와 통제를 위한 법적 · 제도적 장치가 마련되어 있으므로, **국가기관이 인가 없이 감청설비를 보유 · 사용할 수 있다는 사실만 가지고** 바로 국가기관에 의한 통신비밀침해행위를 용이하게 하는 결과를 초래함으로써 통신의 자유와 평등권을 침해한다고 볼 수는 없다(헌재 2001.3.21. 2000헌바25).

11. **피청구인 교도소장이 수용자에게 온 서신을 개봉한 행위**

피청구인의 서신개봉행위는 법령상 금지되는 물품을 서신에 동봉하여 반입하는 것을 방지하기 위하여 구 형의 집행 및 수용자의 처우에 관한 법률 제43조 제3항 및 구 형집행법 시행령 제65조 제2항에 근거하여 수용자에게 온 서신의 봉투를 개봉하여 내용물을 확인한 행위로서, 교정시설의 안전과 질서를 유지하고 수용자의 교화 및 사회복귀를 원활하게 하기 위한 것이다. 개봉하는 발신자나 수용자를 한정하거나 엑스레이 기기 등으로 확인하는 방법 등으로는 금지물품 동봉 여부를 정확하게 확인하기 어려워, 입법목적을 같은 정도로 달성하면서, 소장이 서신을 개봉하여 육안으로 확인하는 것보다 덜 침해적인 수단이 있다고 보기 어렵다. 또한 서신을 개봉하더라도 그 내용에 대한 검열은 원칙적으로 금지된다. 따라서 서신개봉행위는 청구인의 통신의 자유를 침해하지 아니한다(헌재 2021.9.30. 2019헌마919).

12. **피청구인 교도소장이 법원, 검찰청 등이 수용자에게 보낸 문서를 열람한 행위가 수용자의 통신의 자유를 침해하는지 여부(소극)**

피청구인의 문서열람행위는 형집행법 시행령 제67조에 근거하여 법원 등 관계 기관이 수용자에게 보내온 문서를 열람한 행위로서, 문서전달업무에 정확성을 기하고 수용자의 편의를 도모하며 법령상의 기간준수 여부 확인을 위한 공적 자료를 마련하기 위한 것이다. 수용자 스스로 고지하도록 하거나 특별히 엄중한 계호를 요하는 수용자에 한하여 열람하는 등의 방법으로는 목적 달성에 충분하지 않고, 다른 법령에 따라 열람이 금지된 문서는 열람할 수 없으며, 열람한 후에는 본인에게 신속히 전달하여야 하므로, 문서열람행위는 청구인의 통신의 자유를 침해하지 아니한다(헌재 2021.9.30. 2019헌마919).

제6장 / 정신적 자유

제1절 양심의 자유

> 헌법 제19조【양심의 자유】모든 국민은 양심의 자유를 갖는다.

01 양심의 자유의 개설

1. 의의

(1) 양심의 개념

① **윤리적 결정**: 양심이란 인간의 윤리적·도덕적 내심영역의 문제이고 헌법이 보호하려는 양심은 어떤 일의 옳고 그름을 판단함에 있어서 그렇게 행동하지 아니하고는 자신의 인격적인 존재가치가 허물어지고 말 것이라는 강력하고 진지한 마음의 소리이지, 막연하고 추상적인 개념으로서 양심이 아니다(헌재 1997.3.27. 96헌가11).

② **진지한 윤리적 결정이다**: 인간의 존엄성 유지와 개인의 자유로운 인격발현을 최고의 가치로 삼는 우리 헌법상의 기본권체계 내에서 양심의 자유의 기능은 개인적 인격의 정체성과 동질성을 유지하는 데 있다(헌재 2004.8.26. 2002헌가1). 양심은 진지한 윤리적 결정이므로 이와 무관한 음주측정거부와 안전띠를 매지 않고 운전할 자유와 납세의무를 이행하지 않는 결정은 양심의 개념에 포함되지 않는다.

③ **주관적 양심을 보호한다**: '양심의 자유'가 보장하고자 하는 '양심'은 민주적 다수의 사고나 가치관과 일치하는 것이 아니라, 개인적 현상으로서 지극히 주관적인 것이다. 양심은 그 대상이나 내용 또는 동기에 의하여 판단될 수 없으며, 특히 **양심상의 결정이 이성적·합리적인가, 타당한가 또는 법질서나 사회규범, 도덕률과 일치하는가 하는 관점은 양심의 존재를 판단하는 기준이 될 수 없다.** 양심의 자유에서 현실적으로 문제가 되는 것은 국가의 법질서나 사회의 도덕률에서 벗어나려는 **소수의 양심**이다. 따라서 양심상의 결정이 **어떠한 종교관·세계관 또는 그 외의 가치체계에 기초하고 있는가와 관계없이**, 모든 내용의 양심상의 결정이 양심의 자유에 의하여 보장된다(헌재 2004.8.26. 2002헌가1).

④ 헌법은 제19조에서 "모든 국민은 양심의 자유를 가진다."라고 하여 양심의 자유를 국민의 기본권으로 보장하고 있다. 이로써 **국가의 법질서와 개인의 내적·윤리적 결정인 양심이 서로 충돌하는 경우 헌법은 국가로 하여금 개인의 양심을 보호할 것을 규정하고 있다.** 소수의 국민이 양심의 자유를 주장하여 다수에 의하여 결정된 법질서에 대하여 복종을 거부한다면, 국가의 법질서와 개인의 양심 사이의 충돌은 항상 발생할 수 있다(헌재 2004.8.26. 2002헌가1).

⚖️ 판례 | 의료내역비 제출의무 (헌재 2008.10.30. 2006헌마1401)

1. 양심의 자유 보호 여부

의사가 환자의 신병에 관한 사실을 자신의 의사에 반하여 외부에 알려야 한다면, 이는 의사로서의 윤리적·도덕적 가치에 반하는 것으로서 심한 양심적 갈등을 겪을 수밖에 없을 것이다. … 환자의 비밀을 국가기관에 통보하도록 강제하는 것은 환자에 대하여 비밀유지의무가 있는 의사들에게 '직업적 신념 내지 가치관에 반하는 비윤리적 행위의무'를 부과하는 것이다. 따라서 이 사건 법령조항에 기한 **증빙서류 제출의무**는, 환자와 특별한 관계에 있는 의사의 진지한 윤리적 결정에 반하는 행동을 강제하는 것으로서 헌법 제19조가 보장하는 양심의 자유의 보호범위에 포함된다고 할 것이다.

2. 양심의 자유 제한 여부

양심의 자유는 인간으로서의 존엄성 유지와 개인의 자유로운 인격발현을 위해 개인의 윤리적 정체성을 보장하는 기능을 담당하기 때문에, 비록 법적 강제수단이 없더라도 사실상 내지 간접적인 강제수단에 의하여 인간 내심과 다른 내용의 실현을 강요하고 인간의 정신활동의 자유를 제한하며 인격의 자유로운 형성과 발현을 방해한다면, 이 또한 양심의 자유를 제한하는 것이라고 보아야 한다. 앞에서 본 바와 같이 소득공제증빙서류 제출의무자들인 의료기관 등으로서는 과세자료를 제출하지 않을 경우 국세청으로부터 행정지도와 함께 세무조사와 같은 불이익을 받을 수 있다는 심리적 강박감을 가지게 되는바, 결국 이 사건 법령조항에 대하여는 의무불이행에 대하여 간접적이고 사실적인 강제수단이 존재하므로 법적 강제수단의 존부와 관계없이 청구인들의 양심의 자유를 제한한다.

3. 양심의 자유 침해 여부

이 사건 법령조항으로 얻게 되는 납세자의 편의와 사회적 제비용의 절감을 위한 연말정산 간소화라는 공익이 이로 인하여 제한되는 의사들의 양심실현의 자유에 비하여 결코 적다고 할 수 없으므로, 이 사건 법령조항은 피해의 최소성 원칙과 법익의 균형성도 충족하고 있다. 따라서 이 사건 법령조항은 헌법에 위반되지 아니한다.

⚖️ 판례 | 양심의 자유에서 보호되지 않는 것

1. 채무자에 대한 재산명시의무 부과

개인의 인격형성에 관계되는 내심의 가치적·윤리적 판단이 개입될 여지가 없는 단순한 사실관계의 확인에 불과한 것이므로, 헌법 제19조에 의하여 보장되는 양심의 영역에 포함되지 않는다(헌재 2014.9.25. 2013헌마11).

2. 운전 중 좌석안전띠 착용 여부

좌석안전띠를 매었다 하여 청구인이 내면적으로 구축한 인간양심이 왜곡·굴절되고 청구인의 인격적 존재가치가 허물어진다고 할 수는 없어, 운전 중 운전자가 좌석안전띠를 착용할 의무는 청구인의 양심의 자유를 침해하는 것이라 할 수 없다(헌재 2003.10.30. 2002헌마518).

3. 음주측정

음주측정요구와 그 거부는 양심의 자유의 보호영역에 포괄되지 아니한다(헌재 1997.3.27. 96헌가11).

4. 투표용지에 전부거부표시 마련하지 않은 공직선거법

'전부 불신'의 표출방법을 보장하지 않아 청구인들이 투표를 하거나 기권할 수밖에 없다고 하더라도, 이는 양심의 자유에서 말하는 인격적 존재가치로서의 '양심'과 무관하다. 양심의 자유의 보호영역에 포함된다고 볼 수 없다(헌재 2007.8.30. 2005헌마975).

5. 지문날인

지문날인 의무부과는 윤리적 판단에 개입하거나 윤리적 판단을 표명하도록 강제하는 것으로 볼 여지는 없으므로 양심의 자유 침해가능성은 없다(헌재 2005.5.26. 99헌마513).

6. 공정거래법에 위반했는지 여부

단순한 사실관계의 확인과 같이 가치적·윤리적 판단이 개입될 여지가 없는 경우는 물론, 법률해석에 관하여 여러 견해가 갈리는 경우처럼 다소의 가치관련성을 가진다고 하더라도 <u>개인의 인격형성과는 관계가 없는 사사로운 사유나 의견 등은 그 보호대상이 아니라고 할 것이다.</u> 이 사건의 경우와 같이 경제규제법적 성격을 가진 공정거래법에 위반하였는지 여부에 있어서 이러한 법률판단의 문제는 개인의 인격형성과는 무관하므로 양심의 영역에 포함되지 아니한다. 따라서 공정거래법 위반사실에 대하여 **공정거래위원회로 하여금 법 위반사실의 공표를 명령할 수 있도록 한 공정거래에 관한 법률**은 <u>양심의 자유를 침해한다고 할 수 없다</u>(헌재 2002.1.31. 2001헌바43).

7. 유언의 자유

유언자가 자신의 재산권을 처분하는 단독행위로서 유증을 하는 경우에 있어서 유언자의 의사표시는 재산적 처분행위로서 재산권과 밀접한 관련을 갖는 것일 뿐이고, 인간의 윤리적 내심영역에서의 가치적·윤리적 판단과는 직접적인 관계가 없다 할 것이므로 **헌법 제19조에서 규정하는 양심의 자유의 보호대상은 아니라고 할 것이다.** 따라서 위 민법 조항이 유언자에게 그 의사표시를 함에 있어서 엄격하게 '날인' 및 '주소'의 자서를 형식적 요건으로 요구한다고 하더라도 이로써 유언자의 양심의 자유를 침해한다고 볼 수는 없다(헌재 2008.12.26. 2007헌바128).

8. 업종별로 수입금액이 일정 규모 이상인 사업자에게 성실신고확인서를 제출할 의무

청구인은 심판대상조항이 세무사의 양심의 자유를 침해한다고 주장하나 헌법 제19조의 양심의 자유는 옳고 그른 것에 대한 판단을 추구하는 가치적·도덕적 마음가짐으로 인간의 윤리적 내심영역인바, 세무사가 행하는 성실신고확인은 확인대상사업자의 소득금액에 대하여 소득세법 조항에 따라 확인하는 것으로 단순한 사실관계의 확인에 불과한 것이어서 헌법 제19조에 의하여 보장되는 양심의 영역에 포함되지 않는다(헌재 2019.7.25. 2016헌바392).

9. 인터넷언론사의 공개된 게시판·대화방에서 정당·후보자에 대한 지지·반대의 글을 게시하는 행위

인터넷언론사의 공개된 게시판·대화방에서 스스로의 의사에 의하여 정당·후보자에 대한 지지·반대의 글을 게시하는 행위는 단순한 의견 등의 표현행위에 불과하여 **양심의 자유나 사생활 비밀의 자유에 의하여 보호되는 영역이라고 할 수 없다**(헌재 2010.2.25. 2008헌마324).

10. 사실적 지식은 포함되지 않는다.

양심은 윤리적 결정이므로 사실적 지식은 양심이 아니다. <u>진술거부권, 신문기자의 취재원에 관한 증언거부, 재판절차에서 증인의 증언거부</u> 등은 사실적 지식의 문제이므로 침묵의 자유에 의해 보장되지 아니한다.

(2) 사상의 자유 보호 여부

① **헌법규정**: 헌법은 사상의 자유를 규정하고 있지 않다.

② **윤리적 양심설**: 양심은 옳고 바른 것을 추구하는 윤리적·도덕적 마음가짐으로서 인간의 윤리적·도덕적 내심영역의 문제이므로 단순한 사상 등과는 다르다. 사상의 자유는 헌법 제37조 제1항에 의한 열거되지 아니한 기본권으로 보는 것이 타당하다. [허영, 장영수 헌법학Ⅱ]

③ **사회적 양심설**: 양심의 자유는 내심의 자유를 말하나 윤리적인 면에 한할 필요가 없고 사상도 포함한다. 양심의 자유는 사상의 내면화이므로 사상을 포함한다. [권영성, 김철수, 성낙인, 계희열, 윤명선, 홍성방 헌법Ⅱ]

1. **보호 여부**

   헌법 제19조의 양심의 자유는 자유민주주의적 기본질서에 저촉되는 공산주의 사상을 선택·유지하는 자유를 포함하지 않는다.

2. 양심의 자유는 내심에서 우러나오는 윤리적 확신과 이에 반하는 외부적 법질서의 요구가 서로 회피할 수 없는 상태로 충돌할 때에만 침해될 수 있다. 그러므로 당해 실정법이 특정의 행위를 금지하거나 명령하는 것이 아니라 단지 특별한 혜택을 부여하거나 권고 내지 허용하고 있는 데에 불과하다면, 수범자는 수혜를 스스로 포기하거나 권고를 거부함으로써 법질서와 충돌하지 아니한 채 자신의 양심을 유지·보존할 수 있으므로 양심의 자유에 대한 침해가 된다 할 수 없다.

3. **양심의 자유 제한 여부**

   가석방규칙 제14조가 규정하고 있는 준법서약서제도는 자유민주적 기본질서를 준수하겠다는 서약을 하도록 하는 것이므로 양심의 자유를 제한하지 않는다. 준법서약서를 제출해야만 가석방심사를 받을 수 있도록 하는 가석방규칙 제14조는 법적 강제가 아니라 혜택의 부여이므로 양심의 자유 제한이 아니다.

4. **평등원칙 심사기준**

   가석방규칙은 양심의 자유를 건드리는 것이 아니므로 양심의 자유 침해와는 아무런 관련이 없다. 단지 그 혜택부여의 공평성 여부라는 평등원칙의 위배차원에서 검토될 여지가 있을 뿐이다. 또한 준법서약서제도는 양심의 자유 제한이 아니고 헌법상 특별히 금지하고 있는 바도 아니므로 평등원칙 위반 여부는 비례원칙이 아니라 **자의금지원칙**에 따라 심사함이 타당하다.

5. **평등원칙 위반 여부**

   수형자들에게 그 가석방 여부를 심사함에 있어서 다른 범죄의 수형자들에게 일반적으로 적용되는 심사방법을 공히 적용하는 외에, 국민의 일반적 의무인 '국법질서 준수의 확인절차'를 더 거치도록 하는 것은 당해 수형자들이 지니는 차별적 상황을 합리적으로 감안한 것으로서 그 정책수단으로서의 적합성이 인정된다고 할 것이다. 이와 같이 준법서약제는 당해 수형자의 타 수형자에 대한 차별취급의 목적이 분명하고 비중이 큼에 비하여, 차별취급의 수단은 기본권 침해의 문제가 없는 국민의 일반적 의무사항의 확인 내지 서약에 불과하다고 할 것이므로 그 차별취급의 비례성이 유지되고 있음이 명백하다고 할 것이고, 결국 이 사건 규칙조항은 헌법상 평등의 원칙에 위배되지 아니한다.

2. 법적 성격

양심의 자유는 주관적 공권이자 객관적 가치질서이다.

3. 연혁

제헌헌법은 양심의 자유와 신앙의 자유를 같이 규정했고, 제5차 개정헌법에서부터 종교의 자유와 양심의 자유를 별개의 규정으로 보장하였다.

02 양심의 자유의 주체

자연인은 양심의 주체가 되나, 법인은 양심의 주체가 될 수 없다는 것이 지배적 견해이다. 따라서 민법상 사죄광고는 법인의 양심의 자유 침해는 아니고 법인대표의 양심의 자유를 침해할 수 있다. 방송사업자에 대한 시청자 사과명령이나 불공정한 선거기사를 보도한 언론사에 대한 사과광고는 방송사와 언론사의 인격권은 침해하나 양심의 자유를 침해한다고 할 수 없다.

⚖ 판례 | 사죄광고 (헌재 1991.4.1. 89헌마160)

> **<심판대상>**
> **민법 제764조【명예훼손의 경우 특칙】** 타인의 명예를 훼손한 자에 대하여는 법원은 피해자의 청구에 의하여 손해배상에 갈음하거나 손해배상과 함께 명예회복에 <u>적당한 처분을 명할 수 있다.</u>

주문: 민법 제764조의 '명예회복에 적당한 처분'에 사죄광고를 포함시키는 것은 헌법에 위반된다.

1. 양심의 자유 침해

사죄광고제도란 타인의 명예를 훼손하여 비행을 저질렀다고 믿지 않는 자에게 본심에 반하여 사죄의 의사표시를 강요하는 것이다. 그러므로 사죄광고의 강제는 국가가 재판이라는 권력작용을 통해 자기의 신념에 반하여 자기의 행위가 비행이며 죄가 된다는 윤리적 판단을 형성·강요하여 외부에 표시하기를 강제하는 것이므로, 침묵의 자유의 파생인 양심에 반하는 행위의 강제금지에 저촉된다고 할 것이다. 그러므로 우리 헌법이 보호하고자 하는 정신적 기본권의 하나인 양심의 자유의 제약(**법인의 경우라면 그 대표자에게** 양심표명의 강제를 요구하는 결과가 된다)이라고 보지 않을 수 없다.

2. 인격권 침해

사죄광고란 양심의 자유에 반하는 굴욕적인 의사표시를 자기의 이름으로 신문, 잡지 등 대중매체에 게재하여 일반 세인에게 널리 알리는 것으로, 사죄광고 과정에서는 **자연인이든 법인이든** 인격의 자유로운 발현을 위해 보호받아야 할 **인격권**이 무시되고, 국가에 의한 인격의 외형적 변형이 초래되어, 인격형성에 분열이 필연적으로 수반하게 되므로, 이러한 의미에서 사죄광고제도는 헌법에서 보장된 인격의 존엄과 가치 및 그를 바탕으로 하는 인격권에 큰 위해도 된다고 볼 것이다.

유사 ① **사죄문 또는 반성문을 의미하는 시말서:** 취업규칙에서 사용자가 사고나 비위행위 등을 저지른 근로자에게 시말서를 제출하도록 명령할 수 있다고 규정하는 경우, 그 시말서가 단순히 사건의 경위를 보고하는 데 그치지 않고 더 나아가 근로관계에서 발생한 사고 등에 관하여 '자신의 잘못을 반성하고 사죄한다는 내용'이 포함된 사죄문 또는 반성문을 의미하는 것이라면, 이는 헌법이 보장하는 내심의 윤리적 판단에 대한 강제로서 양심의 자유를 침해하는 것이다(대판 2010.1.14. 2009두6605).

② **법원이 피고인에게 유죄로 인정된 범죄행위를 뉘우치거나 그 범죄행위를 공개하는 취지의 말이나 글을 발표하도록 하는 내용의 사회봉사를 명하고 이를 위반할 경우 형법 제64조 제2항에 의하여 집행유예의 선고를 취소할 수 있도록 함으로써 그 이행을 강제하는 것은, 헌법이 보호하는 피고인의 양심의 자유, 명예 및 인격에 대한 심각하고 중대한 침해에 해당하므로 허용될 수 없고,** 또 법원이 명하는 사회봉사의 의미나 내용은 피고인이나 집행담당기관이 쉽게 이해할 수 있어 집행과정에서 그 의미나 내용에 관한 다툼이 발생하지 않을 정도로 특정되어야 하므로, 피고인으로 하여금 자신의 범죄행위와 관련하여 어떤 말이나 글을 공개적으로 발표하라는 사회봉사를 명하는 것은 경우에 따라 피고인의 명예나 인격에 대한 심각하고 중대한 침해를 초래할 수 있고, 그 말이나 글이 어떤 의미나 내용이어야 하는 것인지 쉽게 이해할 수 없어 집행과정에서 그 의미나 내용에 관한 다툼이 발생할 가능성이 적지 않으며, 유죄로 인정된 범죄행위를 뉘우치거나 그 범죄행위를 공개하는 취지의 말이나 글을 발표하도록 하는 취지의 것으로도 해석될 가능성이 적지 않으므로 이러한 사회봉사명령은 위법하다(대판 2008.4.11. 2007도8373).

03 양심의 자유의 내용

1. 양심형성의 자유

① 외부의 간섭이나 압력 없이 자신의 판단대로 양심을 형성할 자유이다.

② 대법원도 일기에 반국가단체를 이롭게 하는 내용을 쓸 경우에는 외부와의 관련사항이 수반되지 않는 한 처벌할 수 없다고 한 바 있다.

2. 양심실현의 자유

(1) 양심표명의 자유

양심표명의 자유란 형성된 양심을 적극적으로 외부에 표명할 자유와 소극적으로 양심을 표명하도록 강요받지 아니할 자유이다. 양심을 표명하도록 강요받지 아니할 자유에는 양심을 언어에 의해서 외부에 표명하도록 강제당하지 아니할 자유인 침묵의 자유와, 일정한 행동에 의해 양심을 간접적으로 표명하도록 강요당하지 아니할 자유인 양심추지의 금지가 있다.

(2) 부작위에 의한 양심실현의 자유

부작위에 의한 양심실현의 자유는 형성된 양심에 반하는 행동을 강제당하지 아니할 자유이다. 양심적 병역거부자에 대한 병역의무 부과는 부작위에 의한 양심실현의 자유를 제한한다.

> **⚖ 판례 | 불고지죄**
>
> 국가보안법상의 불고지죄는 형성된 양심과 반대되는 내용을 강제하나 국가의 존립·안전이라는 법익의 중요성을 고려할 때 양심의 자유 침해라고 볼 수 없다(헌재 1998.7.16. 96헌바35).

(3) 적극적 양심활동의 자유(좁은 의미의 양심실현의 자유)

헌법 제19조가 보호하고 있는 양심의 자유는 양심형성의 자유와 양심적 결정의 자유를 포함하는 내심적 자유뿐만 아니라, 양심적 결정을 외부로 표현하고 실현할 수 있는 **양심실현의 자유를 포함한다**고 할 수 있다. <u>그리고 양심실현은 적극적인 작위의 방법으로 실현될 수 있지만 소극적으로 부작위에 의해서도 실현이 가능하다</u>(헌재 1998.7.16. 96헌바35).

04 양심의 자유의 제한과 한계

1. 양심의 자유 제한 요건

헌법재판소는 준법서약서 사건에서 법적 강제가 없다는 이유로 양심의 자유 제한이 아니라고 하였으나, **의료내역비 제출의무사건에서는** 법적 강제수단이 없더라도 사실상 강제만으로 양심의 자유가 제한된다고 보았다.

> **⚖ 판례**
>
> **1. 준법서약서**
>
> 양심의 자유가 침해되었는지의 여부를 판단하기 위하여는 먼저 양심의 자유의 헌법적 보호범위를 명확히 하여야 하는바, 이를 위해서는 양심에 따른 어느 행위 또는 불행위가 실정법의 요구와 서로 충돌할 때 과연 어떤 요건하에 어느 정도 보호하여야 하는가의 측면에서 고찰되어야 할 것이다. 이렇게 볼 때

헌법상 그 침해로부터 보호되는 양심은, ① 문제된 당해 실정법의 내용이 양심의 영역과 관련되는 사항을 규율하는 것이어야 하고, ② 이에 위반하는 경우 이행강제·처벌 또는 법적 불이익의 부과 등 **법적 강제가 따라야 하며**, ③ 그 위반이 양심상의 명령에 따른 것이어야 한다(헌재 2002.4.25. 98헌마425).

2. 의료내역비 제출의무

양심의 자유는 인간으로서의 존엄성 유지와 개인의 자유로운 인격발현을 위해 개인의 윤리적 정체성을 보장하는 기능을 담당하기 때문에, 비록 **법적 강제수단이 없더라도 사실상 내지 간접적인 강제 수단**에 의하여 인간 내심과 다른 내용의 실현을 강요하고 인간의 정신활동의 자유를 제한하며 인격의 자유로운 형성과 발현을 방해한다면, 이 또한 양심의 자유를 제한하는 것이라고 보아야 한다(헌재 2008.10.30. 2006헌마401).

2. 양심의 자유 제한 영역

양심형성의 자유인 내심의 자유는 법률로 제한할 수 없으나, 부작위에 의한 양심실현의 자유와 적극적 양심실현의 자유는 법률로 제한할 수 있는 상대적 권리이다.

> ⚖ **판례 ┃ 양심의 자유 제한 영역**
>
> 헌법 제19조가 보호하고 있는 양심의 자유는 양심형성의 자유와 양심적 결정의 자유를 포함하는 내심적 자유뿐만 아니라, 양심적 결정을 외부로 표현하고 실현할 수 있는 **양심실현의 자유를 포함한다**고 할 수 있다. **내심적 자유, 즉 양심형성의 자유와 양심적 결정의 자유**는 내심에 머무르는 한 절대적 자유라고 할 수 있지만, **양심실현의 자유**는 타인의 기본권이나 다른 헌법적 질서와 저촉되는 경우 헌법 제37조 제2항에 따라 국가안전보장·질서유지 또는 공공복리를 위하여 법률에 의하여 제한될 수 있는 상대적 자유라고 할 수 있다(헌재 1998.7.16. 96헌바35).

3. 양심의 자유 제한 여부

> ☑ **양심의 자유 제한인 것**
>
> 1. 양심적 병역거부
> 2. 불고지죄
> 3. 의사에 대해 의료내역비 제출의무 부과

> ☑ **양심의 자유 제한이 아닌 것**
>
> 1. 배우자가 수수금지 금품을 수령한 경우 신고하도록 하되 그렇지 않은 경우 제재하도록 한 부정청탁금지법
> 2. 지문날인
> 3. 공정거래법을 위반한 경우 위반사실 공표명령
> 4. 가석방 요건으로 준법서약서
> 5. 업종별로 수입금액이 일정 규모 이상인 사업자에게 성실신고확인서를 제출할 의무를 부과하는 소득세법
> 6. 자서를 유언의 요건으로 한 민법

05 양심의 자유 관련 쟁점

1. 양심적 병역거부

(1) 미국

미연방대법원은 병역의무 부과가 양심의 자유를 침해할 수 있다고 보아 병역거부를 판례를 통해 인정하고 있다. 다만, 특정 전쟁만을 거부하는 것은 허용되지 않는다.

(2) 독일

독일헌법은 명문으로 양심적 병역거부를 허용하고 있다(독일헌법 제4조 제3항). 그러나 상황조건부 병역거부는 허용되고 있지 않다. 독일헌법은 양심상의 이유로 병역을 거부하는 자에 대하여 대체역무를 부과할 수 있고, 그 대체역무의 연한은 병역의 연한을 초과할 수 없도록 규정하고 있다(독일헌법 제12조 제2항). 그러나 대체역무는 거부할 수 없고, 대체복무가 군복무보다 지나치게 장기간이고 훨씬 위험한 경우에는 양심의 자유와 평등권을 침해한다.

(3) 헌법재판소 판례

기존 헌법재판소 판례(헌재 2004.8.26. 2002헌가1 ; 헌재 2011.8.30. 2008헌가22)는 양심적 병역거부에 대해 부정적이었으나, 최근 헌법재판소 판례는 긍정적으로 변경되었다. 기존 판례들은 병역거부자를 처벌하는 병역법 제88조에 대해 합헌결정하였는데, 최근 판례도 동일하게 병역법 제88조에 대해서는 합헌결정하였다.

2. 사죄광고

헌법재판소의 판례에 따르면 법원이 사죄광고를 명하는 것은 양심의 자유와 인격권 침해이다. 그러나 자발적으로 사죄광고를 싣는 것이나 단순히 객관적 사실인 판결의 결과를 보도하도록 한 것은 양심의 자유 침해가 아니다.

📖 판례정리

양심적 병역거부 (헌재 2018.6.28. 2011헌바379)

1. 병역의 종류를 규정한 병역법 제5조 제1항(이하 모두 합하여 '병역종류조항'이라 한다)이 양심적 병역거부자에 대한 대체복무제를 규정하고 있지 않음을 이유로 그 위헌확인을 구하는 헌법소원심판청구가 진정입법부작위를 다투는 청구인지 여부
   ① **법정의견(소극):** 입법자가 병역의 종류에 관하여 입법은 하였으나 그 내용이 양심적 병역거부자를 위한 대체복무제를 포함하지 아니하여 불완전·불충분하다는 **부진정입법부작위**를 다투는 것이라고 봄이 상당하다.
   ② **재판관 안창호, 재판관 조용호의 병역종류조항에 대한 반대의견:** 청구인 등이 주장하는 대체복무는 일체의 군 관련 복무를 배제하는 것이므로, 국방의무 및 병역의무의 범주에 포섭될 수 없다. 따라서 병역종류조항에 대체복무를 규정하라고 하는 것은 병역법 및 병역종류조항과 아무런 관련이 없는 조항을 신설하라는 주장이다. 헌법재판소법 제68조 제2항에 의한 헌법소원에서 위와 같은 진정입법부작위를 다투는 것은 그 자체로 허용되지 아니하므로, 병역종류조항에 대한 심판청구는 부적법하다.

2. 양심적 병역거부의 의미와 대체복무제
   '양심적' 병역거부는 실상 당사자의 '양심에 따른' 혹은 '양심을 이유로 한' 병역거부를 가리키는 것일 뿐이지 병역거부가 '도덕적이고 정당하다'는 의미는 아닌 것이다. 따라서 '양심적' 병역거부라는 용어를 사용한다고 하여 병역의무이행은 '비양심적'이 된다거나, 병역을 이행하는 거의 대부분의 병역의무자들과 병역의무이행이

국민의 숭고한 의무라고 생각하는 대다수 국민들이 '비양심적'인 사람들이 되는 것은 결코 아니다. 개인의 양심은 사회 다수의 정의관·도덕관과 일치하지 않을 수 있으며, 오히려 헌법상 양심의 자유가 문제되는 상황은 개인의 양심이 국가의 법질서나 사회의 도덕률에 부합하지 않는 경우이므로, 헌법에 의해 보호받는 양심은 법질서와 도덕에 부합하는 사고를 가진 다수가 아니라 이른바 '소수자'의 양심이 되기 마련이다. 특정한 내적인 확신 또는 신념이 양심으로 형성된 이상 그 내용 여하를 떠나 양심의 자유에 의해 보호되는 양심이 될 수 있으므로, 헌법상 양심의 자유에 의해 보호받는 '양심'으로 인정할 것인지의 판단은 그것이 깊고, 확고하며, 진실된 것인지 여부에 따르게 된다. 그리하여 양심적 병역거부를 주장하는 사람은 자신의 '양심'을 외부로 표명하여 증명할 최소한의 의무를 진다.

3. 병종조항에 의해 제한되는 기본권

병역종류조항에 대체복무제가 마련되지 아니한 상황에서, 양심상의 결정에 따라 입영을 거부하거나 소집에 불응하는 이 사건 청구인 등이 현재의 대법원 판례에 따라 처벌조항에 의하여 형벌을 부과받음으로써 양심에 반하는 행동을 강요받고 있으므로, 이 사건 법률조항은 '양심에 반하는 행동을 강요당하지 아니할 자유', 즉 **'부작위에 의한 양심실현의 자유'를 제한하고 있다**. 양심의 자유의 침해 여부를 판단하는 이상 별도로 인간의 존엄과 가치나 행복추구권 침해 여부는 판단하지 아니한다. 양심적 병역거부의 바탕이 되는 양심상의 결정은 종교적 동기뿐만 아니라 윤리적·철학적 또는 이와 유사한 동기로부터도 형성될 수 있는 것이므로, 이 사건에서는 양심의 자유를 중심으로 기본권 침해 여부를 판단하기로 한다.

4. 심사기준

이 사건 법률조항은 헌법상 기본의무인 국방의 의무를 구체적으로 형성하는 것이면서 또한 동시에 양심적 병역거부자들의 양심의 자유를 제한하는 것이기도 하다. 이 사건 법률조항으로 인해서 국가의 존립과 안전을 위한 불가결한 헌법적 가치를 담고 있는 **국방의 의무와 개인의 인격과 존엄의 기초가 되는 양심의 자유**가 상충하게 된다. 이처럼 헌법적 가치가 서로 충돌하는 경우, 입법자는 두 가치를 양립시킬 수 있는 **조화점을 최대한 모색해야 하고**, 그것이 불가능해 부득이 어느 하나의 헌법적 가치를 후퇴시킬 수밖에 없는 경우에도 그 목적에 비례하는 범위 내에 그쳐야 한다. 헌법 제37조 제2항의 비례원칙은, 단순히 기본권 제한의 일반원칙에 그치지 않고, 모든 국가작용은 정당한 목적을 달성하기 위하여 필요한 범위 내에서만 행사되어야 한다는 국가작용의 한계를 선언한 것이므로, 비록 이 사건 법률조항이 헌법 제39조에 규정된 국방의 의무를 형성하는 입법이라 할지라도 그에 대한 심사는 헌법상 비례원칙에 의하여야 한다.

5. 병역종류조항(병역법 제5조)의 위헌 여부 *헌법불합치결정

① **목적의 정당성 및 수단의 적합성**: 병역종류조항은, 병역부담의 형평을 기하고 병역자원을 효과적으로 확보하여 효율적으로 배분함으로써 국가안보를 실현하고자 하는 것이므로 정당한 입법목적을 달성하기 위한 적합한 수단이다.

② **최소성과 법익균형성**: 대체복무제를 도입하면서도 병역의무의 형평을 유지하는 것은 충분히 가능하다. 따라서 대체복무제라는 대안이 있음에도 불구하고 군사훈련을 수반하는 병역의무만을 규정한 병역종류조항은, 침해의 최소성 원칙에 어긋난다. 양심적 병역거부자들에게 공익 관련 업무에 종사하도록 한다면, 이들을 처벌하여 교도소에 수용하고 있는 것보다는 넓은 의미의 안보와 공익실현에 더 유익한 효과를 거둘 수 있을 것이다. 따라서 병역종류조항은 법익의 균형성 요건을 충족하지 못하였다. 그렇다면 양심적 병역거부자에 대한 대체복무제를 규정하지 아니한 병역종류조항은 과잉금지원칙에 위배하여 양심적 병역거부자의 양심의 자유를 침해한다.

③ **주문**: 병역종류조항에 대해 단순위헌결정을 할 경우 병역의 종류와 각 병역의 구체적인 범위에 관한 근거규정이 사라지게 되어 일체의 병역의무를 부과할 수 없게 되므로, 용인하기 어려운 법적 공백이 생기게 된다. 더욱이 입법자는 대체복무제를 형성함에 있어 그 신청절차, 심사주체 및 심사방법, 복무분야, 복무기간 등을 어떻게 설정할지 등에 관하여 광범위한 입법재량을 가진다. 따라서 병역종류조항에 대하여 헌법불합치결정을 선고하되, 다만 입법자의 개선입법이 이루어질 때까지 계속적용을 명하기로 한다. 입법자는 늦어도 2019.12.31.까지는 대체복무제를 도입하는 내용의 개선입법을 이행하여야 하고, 그때까지 개선입법이 이루어지지 않으면 병역종류조항은 2020.1.1.부터 효력을 상실한다.

6. 현역입영 또는 소집 통지서를 받은 사람이 정당한 사유 없이 입영일이나 소집일부터 3일이 지나도 입영하지 아니하거나 소집에 응하지 아니한 경우를 처벌하는 병역법 제88조 *합헌결정

병역종류조항에 대체복무제가 규정되지 아니한 상황에서는 양심적 병역거부를 처벌하는 것은 헌법에 위반되므로, 양심적 병역거부는 처벌조항의 '정당한 사유'에 해당한다고 보아야 한다. 결국 양심적 병역거부자에 대한 처벌은 대체복무제를 규정하지 아니한 병역종류조항의 입법상 불비와 양심적 병역거부는 처벌조항의 '정당한 사유'에 해당하지 않는다는 법원의 해석이 결합되어 발생한 문제일 뿐, 처벌조항 자체에서 비롯된 문제가 아니다. 이는 병역종류조항에 대한 헌법불합치결정과 그에 따른 입법부의 개선입법 및 법원의 후속조치를 통하여 해결될 수 있는 문제이다. 이상을 종합하여 보면, 처벌조항은 정당한 사유 없이 병역의무를 거부하는 병역기피자를 처벌하는 조항으로서, 과잉금지원칙을 위반하여 양심적 병역거부자의 양심의 자유를 침해한다고 볼 수는 없다.

⚖ 판례 | 양심적 병역거부 (대판 2018.11.1. 2016도10912)

1. 양심적 병역거부가 병역법 제88조 제1항에서 정한 '정당한 사유'에 해당하는지 여부(한정적극)

자유민주주의는 다수결의 원칙에 따라 운영되지만 소수자에 대한 관용과 포용을 전제로 할 때에만 정당성을 확보할 수 있다. 국민 다수의 동의를 받지 못하였다는 이유로 형사처벌을 감수하면서도 자신의 인격적 존재가치를 지키기 위하여 불가피하게 병역을 거부하는 양심적 병역거부자들의 존재를 국가가 언제까지나 외면하고 있을 수는 없다. 일방적인 형사처벌만으로 규범의 충돌 문제를 해결할 수 없다는 것은 이미 오랜 세월을 거쳐 오면서 확인되었다. 그 신념에 선뜻 동의할 수는 없다고 하더라도 이제 이들을 관용하고 포용할 수는 있어야 한다. 요컨대, 자신의 내면에 형성된 양심을 이유로 집총과 군사훈련을 수반하는 병역의무를 이행하지 않는 사람에게 형사처벌 등 제재를 해서는 안 된다. 양심적 병역거부자에게 병역의무의 이행을 일률적으로 강제하고 그 불이행에 대하여 형사처벌 등 제재를 하는 것은 양심의 자유를 비롯한 헌법상 기본권 보장체계와 전체 법질서에 비추어 타당하지 않을 뿐만 아니라 소수자에 대한 관용과 포용이라는 자유민주주의 정신에도 위배된다. 따라서 **진정한 양심에 따른 병역거부라면, 이는 병역법 제88조 제1항의 '정당한 사유'에 해당한다.**

2. 정당한 사유로 인정할 수 있는 양심적 병역거부에서 말하는 '진정한 양심'의 의미와 증명 방법 및 정당한 사유의 부존재에 대한 증명책임 소재(= 검사)

정당한 사유가 없다는 사실은 범죄구성요건이므로 검사가 증명하여야 한다. 다만, 진정한 양심의 부존재를 증명한다는 것은 마치 특정되지 않은 기간과 공간에서 구체화되지 않은 사실의 부존재를 증명하는 것과 유사하다. 위와 같은 불명확한 사실의 부존재를 증명하는 것은 사회통념상 불가능한 반면 그 존재를 주장·증명하는 것이 좀 더 쉬우므로, 이러한 사정은 검사가 증명책임을 다하였는지를 판단할 때 고려하여야 한다. 따라서 양심적 병역거부를 주장하는 피고인은 자신의 병역거부가 그에 따라 행동하지 않고서는 인격적 존재가치가 파멸되고 말 것이라는 절박하고 구체적인 양심에 따른 것이며 그 양심이 깊고 확고하며 진실한 것이라는 사실의 존재를 수긍할 만한 소명자료를 제시하고, 검사는 제시된 자료의 신빙성을 탄핵하는 방법으로 진정한 양심의 부존재를 증명할 수 있다. 이때 병역거부자가 제시해야 할 소명자료는 적어도 검사가 그에 기초하여 정당한 사유가 없다는 것을 증명하는 것이 가능할 정도로 구체성을 갖추어야 한다.

3. 양심적 병역거부는 정당한 사유에 해당한다.

여호와의 증인 신도인 피고인이 지방병무청장 명의의 현역병입영통지서를 받고도 입영일부터 3일이 지나도록 종교적 양심을 이유로 입영하지 않고 병역을 거부하여 병역법 위반으로 기소된 사안에서, 제반 사정에 비추어 피고인의 입영거부행위는 진정한 양심에 따른 것으로서 구 병역법 제88조 제1항에서 정한 '정당한 사유'에 해당할 여지가 있는데도, 피고인이 주장하는 양심이 위 조항의 정당한 사유에 해당하는지 심리하지 아니한 채 양심적 병역거부가 정당한 사유에 해당하지 않는다고 보아 유죄를 인정한 원심판결에 법리오해의 잘못이 있다.

> **⚖️판례 | 양심적 병역거부자 전과기록 말소, 보상 입법부작위**
>
> 유엔 자유권규약위원회의 심리가 서면으로 비공개로 진행되는 점 등을 고려하면, 개인통보에 대한 자유권규약위원회의 견해는 사법적인 판결이나 결정과 같은 법적 구속력이 인정된다고 단정하기는 어렵다. 우리 입법자가 자유권규약위원회의 견해(Views)의 구체적인 내용에 구속되어 그 모든 내용을 그대로 따라야만 하는 의무를 부담한다고 볼 수는 없으므로 이 사건 견해에 언급된 구제조치를 그대로 이행하는 법률을 제정할 구체적인 입법의무가 발생하였다고 보기는 어렵다. <u>양심적 병역거부를 이유로 유죄판결을 받은 청구인들의 개인통보에 대하여 자유권규약위원회(Human Rights Committee)가 채택한 견해에 따른, 전과기록 말소 및 충분한 보상을 포함한 청구인들에 대한 효과적인 구제조치를 이행하는 법률을 제정하지 아니한 입법부작위의 위헌확인을 구하는 헌법소원심판청구는 헌법소원심판의 대상이 될 수 없는 입법부작위를 대상으로 한 것으로서 부적법하다</u>(헌재 2018.7.26. 2011헌마306).

제2절 종교의 자유

> **헌법 제20조 【종교의 자유】** ① 모든 국민은 종교의 자유를 가진다.
> ② 국교는 인정되지 아니하며, 종교와 정치는 분리된다.

01 종교의 자유의 의의

1. 개념

종교의 자유란 자신이 믿는 종교를 자신이 원하는 방법으로 신봉하는 자유를 뜻한다.

2. 법적 성격

주관적 공권이고 객관적 가치질서이다.

3. 연혁

1948년 우리 헌법 제정 당시에는 신앙의 자유와 양심의 자유가 함께 규정되었으며, 국교부인과 정교분리의 원칙도 명시되었고, 1962년 헌법에서는 양심의 자유와 종교의 자유가 별개조항으로 규정되었다. 1787년 제정 당시의 미국 연방헌법에는 종교의 자유뿐만 아니라 국교부인의 원칙도 명문으로 규정되지 않았고, 1791년 개정헌법에 종교의 자유가 규정되었다.

02 종교의 자유의 주체

외국인을 포함한 자연인은 종교의 자유주체가 된다. 미성년자도 주체가 되나, 태아는 될 수 없다. 법인은 신앙의 자유주체가 될 수 없으나 종교결사의 경우 선교의 자유, 예배의 자유 등 신앙실행의 자유가 인정된다.

03 종교의 자유와 내용

종교의 자유의 구체적 내용에 관하여는 일반적으로 신앙의 자유, 종교적 행위의 자유 및 종교적 집회·결사의 자유의 3요소를 내용으로 한다고 설명되고 있다(헌재 2011.12.29. 2009헌마527).

1. 신앙의 자유

(1) 신앙의 자유의 내용

종교를 믿거나 안 믿을 자유, 종교를 선택·변경·포기할 자유, 신앙 또는 불신앙으로 특별한 불이익을 받지 않을 자유를 포함한다.

(2) 신앙의 자유에서 인정되지 않는 것

공직 취임시 특정 종교의 신앙을 취임 조건으로 하는 것은 인정되지 않으나 국법질서, 국가에 대한 충성을 요구하는 것은 허용된다. 신앙을 이유로 해고하는 것은 인정되지 않으나 특정한 사상, 종교와 결부되어 있는 경향기업은 일정한 사상·신조 등을 고용조건으로 할 수 있고 이를 이유로 해고할 수 있다.

(3) 절대적 자유

신앙의 자유는 법률로도 제한될 수 없다.

2. 종교실행의 자유

(1) 선교의 자유

우리 헌법 제20조 제1항은 "모든 국민은 종교의 자유를 가진다."라고 규정하고 있는데, 종교의 자유에는 자기가 신봉하는 종교를 선전하고 새로운 신자를 규합하기 위한 선교의 자유가 포함되고, 선교의 자유에는 다른 종교를 비판하거나 다른 종교의 신자에 대하여 개종을 권고하는 자유도 포함되는바, 종교적 선전, 타 종교에 대한 비판 등은 동시에 표현의 자유의 보호대상이 되는 것이나, 그 경우 종교의 자유에 관한 헌법 제20조 제1항은 표현의 자유에 관한 헌법 제21조 제1항에 대하여 특별 규정의 성격을 갖는다 할 것이므로 종교적 목적을 위한 언론·출판의 경우에는 그 밖의 일반적인 언론·출판에 비하여 보다 고도의 보장을 받게 된다고 할 것이다(대판 2007.2.8. 2006도4486).

(2) 종교의 자유의 내용으로서 자유로운 양로시설 운영을 통한 선교의 자유

노인복지법 제33조 제2항은 설치신고대상이 되는 양로시설에 대하여 그 운영주체가 누구인지를 가리지 않고 신고의무를 부과하고 있다. 그런데 종교인 또는 종교단체가 사회취약계층이나 빈곤층을 위해 양로시설과 같은 사회복지시설을 마련하여 선교행위를 하는 것은 오랜 전통으로 확립된 선교행위의 방법이며, 사회적 약자를 위한 시설을 지어 도움을 주는 것은 종교의 본질과 관련이 있다. 따라서 위 조항에 의하여 신고의 대상이 되는 양로시설에 종교단체가 운영하는 양로시설을 제외하지 않는 것은 자유로운 양로시설 운영을 통한 선교의 자유, 즉 종교의 자유 제한의 문제를 불러온다(헌재 2016.6.30. 2015헌바46).

(3) 종교교육의 자유

헌법상 보호되는 종교의 자유에는 특정 종교단체가 그 종교의 지도자와 교리자를 자체적으로 교육시킬 수 있는 종교교육의 자유가 포함된다고 볼 것이다(헌재 2000.3.30. 99헌바14).

고등학교에서 종교교육 (대판 전합체 2010.4.22. 2008다38288)

1. 쟁점

종교단체가 설립한 학교가 예배시간을 갖는 것은 종교단체가 종교 실행의 자유 주체는 될 수 있으므로, 허용될 수 있다. 그러나 종교교육을 강제하는 것은 학생의 소극적 종교의 자유 침해로 볼 수 있다. 양자 간 기본권 충돌이 발생한다.

2.
공교육체계의 헌법적 도입과 우리의 고등학교 교육 현실 및 평준화정책이 고등학교 입시의 과열과 그로 인한 부작용을 막기 위하여 도입된 사정, 그로 인한 기본권의 제한 정도 등을 모두 고려한다면, **고등학교 평준화정책에 따른 학교 강제배정제도**에 의하여 학생이나 학교법인의 기본권에 일부 제한이 가하여진다고 하더라도 그것만으로는 위 제도가 학생이나 학교법인의 기본권을 본질적으로 침해하는 위헌적인 것이라고까지 할 수는 없다.

3.
고등학교 평준화정책에 따른 학교 강제배정제도가 위헌이 아니라고 하더라도 여전히 종립학교(종교단체가 설립한 사립학교)가 가지는 종교교육의 자유 및 운영의 자유와 학생들이 가지는 소극적 종교행위의 자유 및 소극적 신앙고백의 자유 사이에 충돌이 생기게 되는데, 이와 같이 하나의 법률관계를 둘러싸고 <u>두 기본권이 충돌하는 경우에는 구체적인 사안에서의 사정을 종합적으로 고려한 이익형량과 함께 양 기본권 사이의 실제적인 조화를 꾀하는 해석 등을 통하여 이를 해결하여야 하고,</u> 그 결과에 따라 정해지는 양 기본권 행사의 한계 등을 감안하여 그 행위의 최종적인 위법성 여부를 판단하여야 한다.

4.
고등학교 평준화정책 및 교육 내지 사립학교의 공공성, 학교법인의 종교의 자유 및 운영의 자유가 학생들의 기본권이나 다른 헌법적 가치 앞에서 가지는 한계를 고려하고, 종립학교에서의 종교교육은 필요하고 또한 순기능을 가진다는 것을 간과하여서는 아니 되나 한편으로 종교교육으로 인하여 학생들이 입을 수 있는 피해는 그 정도가 가볍지 아니하며 그 구제수단이 별달리 없음에 반하여 학교법인은 제한된 범위 내에서 종교의 자유 및 운영의 자유를 실현할 가능성이 있다는 점을 감안하면, 비록 종립학교의 학교법인이 국·공립학교의 경우와는 달리 종교교육을 할 자유와 운영의 자유를 가진다고 하더라도, <u>그 종립학교가 공교육체계에 편입되어 있는 이상 원칙적으로 학생의 종교의 자유, 교육을 받을 권리를 고려한 대책을 마련하는 등의 조치를 취하는 속에서 그러한 자유를 누린다고 해석하여야 한다.</u>

5.
종립학교가 고등학교 평준화정책에 따라 학생 자신의 신앙과 무관하게 입학하게 된 학생들을 상대로 종교적 중립성이 유지된 보편적인 교양으로서의 종교교육의 범위를 넘어서서 학교의 설립이념이 된 특정의 종교교리를 전파하는 종파교육 형태의 종교교육을 실시하는 경우에는 그 종교교육의 구체적인 내용과 정도, 종교교육이 일시적인 것인지 아니면 계속적인 것인지 여부, 학생들에게 그러한 종교교육에 관하여 사전에 충분한 설명을 하고 동의를 구하였는지 여부, 종교교육에 대한 학생들의 태도나 학생들이 불이익이 있을 것을 염려하지 아니하고 자유롭게 대체과목을 선택하거나 종교교육에 참여를 거부할 수 있었는지 여부 등의 구체적인 사정을 종합적으로 고려하여 사회공동체의 건전한 상식과 법감정에 비추어 볼 때 용인될 수 있는 한계를 초과한 종교교육이라고 보이는 경우에는 위법성을 인정할 수 있다.

> ⚖️ **판례 | 대학교에서 종교학점이수 졸업요건**
>
> 대학교의 예배는 복음전도나 종교인 양성에 직접적인 목표가 있는 것이 아니고 신앙을 가지지 않을 자유를 침해하지 않는 범위 내에서 학생들에게 종교교육을 함으로써 진리, 사랑에 기초한 보편적 교양인을 양성하는 데 목표를 두고 있었다 할 것이므로, 대학예배에의 6학기 참석을 졸업요건으로 정한 위 대학교의 학칙은 <u>헌법상 종교의 자유에 반하는 위헌무효의 학칙이 아니다</u>(대판 1998.11.10. 96다37268).

(4) 인정되지 않는 것

① 국·공립학교에서 교사가 특정한 종교를 선전하는 행위는 허용될 수 없다.

② **기반시설부담금 감면대상에 종교시설이 포함되지 않는 경우**: 헌법 제20조 제1항이 보장하는 종교의 자유로부터 종교에 대한 적극적인 우대조치를 요구할 권리가 직접 도출되거나 종교를 우대할 국가의 의무가 발생한다고 볼 수 없다(헌재 2010.2.25. 2007헌바131).

③ 종교의 자유는 종교전파의 자유로서 누구에게나 자신의 종교 또는 종교적 확신을 알리고 선전하는 자유를 말하며, 포교행위 또는 선교행위가 이에 해당한다. 그러나 이러한 종교전파의 자유는 국민에게 그가 **선택한 임의의 장소에서 자유롭게 행사할 수 있는 권리까지 보장한다고 할 수 없다**(헌재 2008.6.26. 2007헌마1366).

3. 종교목적의 언론·출판·집회·결사의 자유

(1) 보호영역

종교적 행위의 자유는 종교상의 의식·예배 등 종교적 행위를 각 개인이 임의로 할 수 있는 등 종교적인 확신에 따라 행동하고 교리에 따라 생활할 수 있는 자유와 소극적으로는 자신의 종교적인 확신에 반하는 행위를 강요당하지 않을 자유 그리고 선교의 자유, 종교교육의 자유 등이 포함된다. 종교적 집회·결사의 자유는 종교적 목적으로 같은 신자들이 집회하거나 종교단체를 결성할 자유를 말한다(헌재 2011.12.29. 2009헌마527).

(2) 보호정도

종교목적의 언론·출판·집회·결사의 자유는 종교의 자유에서 보호되며, 일반적인 집회·결사보다 더 강한 보호를 받는다.

⚖ 판례 | 종교단체 결의 무효사유

우리 헌법이 종교의 자유를 보장하고 종교와 국가기능을 엄격히 분리하고 있는 점에 비추어 종교단체의 조직과 운영은 그 자율성이 최대한 보장되어야 할 것이므로, <u>교회 안에서 개인이 누리는 지위에 영향을 미칠 각종 결의나 처분이 당연무효라고 판단하려면, 그저 일반적인 종교단체 아닌 일반단체의 결의나 처분을 무효로 돌릴 정도의 절차상 하자가 있는 것으로는 부족하고, 그러한 하자가 매우 중대하여</u> 이를 그대로 둘 경우 현저히 정의관념에 반하는 경우라야 한다(대판 2006.2.10. 2003다63104).

---

4. 국교부인과 정교분리

(1) 국교의 부인

국가는 특정 종교를 국교로 지정할 수 없다.

(2) 국가에 의한 특정 종교의 우대 및 차별금지

무신자의 입장에서 종교단체에 한정한 특혜는 불평등한 것이므로 허용되지 않는다. 그러나 관습화된 종교행사를 국가가 지원하는 것은 허용된다.

> ⚖ **판례 | 정교분리**
>
> 1. **지방자치단체가 유서 깊은 천주교 성당 일대를 문화관광지로 조성하기 위하여 상급단체로부터 문화관광지 조성계획을 승인받은 후 사업부지 내 토지 등을 수용재결한 것**
>   오늘날 종교적인 의식 또는 행사가 하나의 사회공동체의 문화적인 현상으로 자리잡고 있으므로, 어떤 의식, 행사, 유형물 등이 비록 종교적인 의식, 행사 또는 상징에서 유래되었다고 하더라도 그것이 이미 우리 사회공동체 구성원들 사이에서 **관습화된 문화요소로 인식되고** 받아들여질 정도에 이르렀다면, 이는 정교분리원칙이 적용되는 종교의 영역이 아니라 헌법적 보호가치를 지닌 문화의 의미를 갖게 된다. 그러므로 이와 같이 이미 문화적 가치로 성숙한 종교적인 의식, 행사, 유형물에 대한 국가 등의 지원은 일정 범위 내에서 전통문화의 계승·발전이라는 문화국가원리에 부합하며 정교분리원칙에 위배되지 않는다(대판 2009.5.28. 2008두16933).
>
> 2. **기반시설부담금 면제나 감면대상에 종교시설을 포함하지 않는 기반시설부담금에 관한 법률**
>   만약 종교시설의 건축행위에만 기반시설부담금을 면제한다면 국가가 종교를 지원하여 종교를 승인하거나 우대하는 것으로 비칠 소지가 있어 헌법 제20조 제2항의 국교금지·정교분리에 위배될 수도 있다고 할 것이므로, 구 기반시설부담금에 관한 법률 제8조 제1항·제2항·제3항이 일정한 경우 기반시설부담금을 부과하지 아니하거나 경감하는 규정을 두면서도 종교시설의 건축행위에 대하여 기반시설부담금 부과를 제외하거나 감경하는 규정을 두지 아니하였다고 하더라도 위 법조항들이 종교의 자유를 침해한다고 볼 수 없다(헌재 2010.2.25. 2007헌바131).
>
> 3. **학교나 학원설립의 인가나 등록주의로 인한 독자적 종교지도자 양성제도의 제한**
>   학교나 학원설립에 인가나 등록주의를 취했다고 하여 감독청의 지도·감독하에서만 성직자와 종교지도자를 양성하라고 하는 것이 되거나, 정부가 성직자양성을 직접 관장하는 것이 된다고 할 수 없고, 또 특정 종교를 우대하는 것도 아니므로 이는 더 나아가 살펴볼 필요 없이 헌법 제20조 제2항이 정한 국교금지 내지 정교분리의 원칙을 위반한 것이라 할 수 없다(헌재 2000.3.30. 99헌바14).

04 종교의 자유의 제한

1. 종교의 자유 제한가능성

종교의 자유는 인간의 정신세계에 기초를 둔 것으로서 인간의 내적 자유인 신앙의 자유만큼은 양심형성의 자유처럼 제한할 수 없다. 종교적 행위의 자유와 종교적 집회·결사의 자유는 신앙의 자유와는 달리 절대적 자유는 아니므로 법률로 제한할 수 있다(헌재 2016.6.30. 2015헌바46).

> ⚖ **판례 | 사법시험일 공고**
>
> 사법시험일자가 토요일이나 토요일이 포함된 기간으로 지정됨으로써 제칠일안식일예수재림교인들이 사법시험에 응시하려면 안식일에 관한 교리를 위반할 수밖에 없게 되어 종교적 행위의 자유가 제한되지만, **종교적 행위의 자유는 절대적 자유가 아니므로 질서유지나 공공복리를 위하여 필요한 경우에 한하여** 절대적 자유가 아니므로 헌법 제37조 제2항에 의한 제한이 가능하다. 다수의 사법시험 응시생들의 응시상 편의를 도모하고 시험장소의 확보, 시험관리 등을 용이하게 하기 위하여 토요일을 사법시험 일자로 지정한 것은 과잉금지원칙을 위반하여 청구인들의 종교의 자유를 침해한 것이라고 할 수 없다(헌재 2010.6.24. 2010헌마41).

2. 종교의 자유 제한인 것

(1) 종교단체의 복지시설 운영은 종교의 자유의 영역이라고 본 사례

청구인은 법인의 인격권 및 법인운영의 자유를 침해한다고 주장하나, 종교단체의 복지시설 운영은 종교의 자유의 영역이므로 노인요양복지시설 신고제는 종교의 자유를 침해하는지 여부에 대한 문제로 귀결된다(헌재 2016.6.30. 2015헌바46).

(2) 사법시험 제1차 시험 시행일을 일반적인 공휴일인 일요일로 정하여 공고한 것

사법시험 제1차 시험 시행일을 일반적인 공휴일인 일요일로 정하여 공고한 것은 다수 국민의 편의를 위한 것이므로 청구인의 종교의 자유가 제한된다고 하더라도 이는 공공복리를 위한 부득이한 제한으로 비례의 원칙에 벗어난 것이거나 청구인의 종교의 자유의 본질적 내용을 침해한 것으로 볼 수 없다 (헌재 2001.9.27. 2000헌마159).

(3) 독학학위 취득시험의 시험일을 일요일로 정한 2021년도 독학에 의한 학위취득시험 시행 계획 공고

독학학위 취득시험의 응시 인원, 연령 및 직업 구성, 국가전문자격시험과 공무원시험 등 국가나 지방자치단체가 주관하는 시험이라 할지라도 각각의 시험별로 시행부처 및 시행기관이 달라 시험의 목적과 실시기간 역시 다를 수밖에 없는 점 등을 종합적으로 고려하면 시험 공고는 청구인의 종교의 자유를 침해하지 아니한다(헌재 2022.12.22. 2021헌마271).

> ⚖ **판례 | 종교의 자유 제한으로 볼 수 없는 것**
>
> 1. 아프가니스탄 등 전쟁 또는 테러위험이 있는 해외 위난지역에서 여권사용을 제한하거나 방문 또는 체류를 금지한 여권의 사용제한 등에 관한 고시
>   이 사건에서 문제되는 종교의 자유는 종교전파의 자유로서 누구에게나 자신의 종교 또는 종교적 확신을 알리고 선전하는 자유를 말하며, 포교행위 또는 선교행위가 이에 해당한다. 그러나 이러한 종교전파의 자유는 국민에게 그가 **선택한 임의의 장소에서 자유롭게 행사할 수 있는 권리**까지 보장한다고 할 수 없으며, 그 임의의 장소가 대한민국의 주권이 미치지 아니하는 지역 나아가 국가에 의한 국민의 생명·신체 및 재산의 보호가 강력히 요구되는 해외 위난지역인 경우에는 더욱 그러하다. 청구인들의 아프가니스탄에서의 선교행위가 제한된 것은, 이 사건 여권의 사용제한 등 조치를 통하여 국민의 국외 이전의 자유를 일시적으로 제한함으로써 부수적으로 나타난 결과일 뿐, 청구인들이 국내·국외를 포함한 다른 지역에서의 기독교를 전파할 자유를 일반적으로 제한하는 것은 아니라 할 것이므로 위 고시가 직접적으로 청구인들의 선교의 자유를 침해하였다고 보기도 어렵다(헌재 2008.6.26. 2007헌마1366).
>
> 2. 전통사찰 압류금지
>   전통사찰에 대하여 채무명의를 가진 일반 채권자가 전통사찰 소유 건조물 등에 대하여 압류하는 것을 금지하고 **있는** 구 전통사찰의 보존 및 지원에 관한 법률은 '전통사찰의 일반 채권자'의 재산권을 제한하지만, 종교의 자유의 내용 중 어떠한 것도 제한하지 아니한다(헌재 2012.6.27. 2011헌바34).

> ⚖ **판례 | 종교의 자유 침해 여부**
>
> `침해인 것`
>
> 1. 구치소 내에서 실시하는 종교의식 또는 행사에 미결수용자의 참석을 일률적으로 금지한 행위
>   무죄추정의 원칙이 적용되는 미결수용자들에 대한 기본권 제한은 징역형 등의 선고를 받아 그 형이 확정된 수형자의 경우보다는 더 완화되어야 할 것임에도, 피청구인이 수용자 중 미결수용자에 대하여만 일률적으로 종교행사 등에의 참석을 불허한 것은 미결수용자의 종교의 자유를 나머지 수용자의 종교의

자유보다 더욱 엄격하게 제한한 것이다. 나아가 공범 등이 없는 경우 내지 공범 등이 있는 경우라도 공범이나 동일사건 관련자를 분리하여 종교행사 등에의 참석을 허용하는 등의 방법으로 미결수용자의 기본권을 덜 침해하는 수단이 존재함에도 불구하고 이를 전혀 고려하지 아니하였으므로 이 사건 종교행사 등 참석불허 처우는 침해의 최소성 요건을 충족하였다고 보기 어렵다. 따라서, 이 사건 종교행사 등 참석불허 처우는 과잉금지원칙을 위반하여 **청구인의 종교의 자유를 침해하였다**(헌재 2011.12.29. 2009헌마527).

2. 피청구인인 부산구치소장이 미결수용자의 신분으로 부산구치소에 수용되었던 기간 중 청구인의 조사수용 내지 징벌(금치)집행 중이었던 기간을 제외한 기간 및 미지정 수형자(추가 사건이 진행 중인 자 등)의 신분으로 수용되어 있던 기간 동안, 교정시설 안에서 매주 **화요일에 실시하는 종교집회 참석을 제한한 행위**는 종교의 자유를 침해한다(헌재 2014.6.26. 2012헌마782).

3. **육군훈련소 내 종교행사 참석 강제** (헌재 2022.11.24. 2019헌마941)

   ① 우리 헌법 제20조는 제1항에서 모든 국민은 종교의 자유를 가진다고 규정하고 제2항에서 국교는 인정되지 아니하며 종교와 정치는 분리된다고 규정하여 종교의 자유와 정교분리원칙을 선언하고 있다. 종교의 자유는 일반적으로 신앙의 자유, 종교적 행위의 자유 및 종교적 집회·결사의 자유의 3요소를 내용으로 한다. 종교의 자유는 <u>무종교의 자유도 포함하는 것으로, 신앙을 가지지 않고 종교적 행위 및 종교적 집회에 참석하지 아니할 소극적 자유도 함께 보호한다.</u>
   타인에 대한 종교나 신앙의 강제는 결국 종교적 행위, 즉 신앙고백, 기도, 예배 참석 등 외적 행위를 통하여만 가능하다. 따라서 이 사건 종교행사 참석조치로 인하여 청구인들의 내심이나 신앙에 실제 변화가 있었는지 여부와는 무관하게, 종교시설에서 개최되는 종교행사에의 참석을 강제한 것만으로 <u>청구인들이 신앙을 가지지 않을 자유와 종교적 집회에 참석하지 않을 자유를 제한하는 것이라고 평가할 수 있다. 따라서 이 사건 종교행사 참석조치는 청구인들의 종교의 자유를 제한한다.</u>

   ② 정교분리원칙 위배 여부

   ㉠ 헌법 제20조 제2항에서 정하고 있는 정교분리원칙은 종교와 정치가 분리되어 상호간의 간섭이나 영향력을 행사하지 않는 것으로 국가의 종교에 대한 중립을 의미한다. 정교분리원칙에 따라 국가는 특정 종교의 특권을 인정하지 않고 종교에 대한 중립을 유지하여야 한다. <u>국가의 종교적 중립성은 종교의 자유를 온전히 실현하기 위하여도 필요한데, 국가가 특정한 종교를 장려하는 것은 다른 종교 또는 무종교의 자유에 대한 침해가 될 수 있다.</u>

   ㉡ **군대 내 종교의 자유**: 군종제도와 '신앙전력화'가 무형의 전투력 강화를 위해 필요하다고 하더라도, 군에서의 종교활동은 우리 헌법이 천명하는 국교부인 및 정교분리원칙, 즉 국가가 모든 종교에 대하여 중립적이어야 한다는 한계를 벗어날 수 없다고 할 것이다.
   우리 헌법상 정교분리원칙은 국가가 중립적인 지위에서 다양한 종교적 신념이나 무신론 등의 가능성을 인정하여 민주사회의 기초가 되는 다원성을 보장하기 위한 것인바, 피청구인이 위 4개 종교만을 특정하여 청구인들로 하여금 그 종교행사에 참석하도록 강제한 것은 국가의 종교에 대한 중립성을 위반하여 특정 종교를 우대하는 것으로서 정교분리원칙상 허용될 수 없다. 또한, 피청구인이 궁극적으로 군사력의 강화라는 세속적 목적을 위하여 이 사건 종교행사 참석조치를 하였다고 하더라도, 이러한 조치는 국가가 종교를 그 목적을 달성하기 위한 수단으로 전락시키거나, 반대로 종교단체가 군대라는 국가권력에 개입하여 선교행위를 하는 등 영향력을 행사할 수 있는 기회를 제공하므로, 국가와 종교의 밀접한 결합을 초래한다. 이러한 점에서 피청구인이 개인의 자율적이고 자발적인 신앙생활이나 종교활동을 보장하는 것을 넘어, 개인의 의사에 반하여 종교행사에 참석하도록 강제하는 방법으로 군인의 정신적 전력을 제고하는 것은, 국가와 종교의 상호 분리를 요청하는 정교분리원칙에 정면으로 위배하여 종교의 자유를 침해한다.

   ③ **과잉금지원칙 위배 여부**: 피청구인이 이 사건 종교행사 참석조치를 통하여 궁극적으로는 군인의 정신적 전력을 강화하고자 하였다고 볼 수 있는바, 일응 그 목적의 정당성을 인정할 여지가 있다. 그러나 개인이 자율적으로 형성한 종교적 신념이나 자발적인 종교행사 참석의 긍정적인 측면을 인정하고 적극적으로 수용한 것에 그치지 않고 더 나아가 종교를 가지지 않은 자로 하여금 종교행사에 참석하도록

강제하는 것은, 군에서 필요한 정신전력을 강화하는 데 기여하기보다 오히려 해당 종교와 군 생활에 대한 반감이나 불쾌감을 유발하여 역효과를 일으킬 소지가 크다. 따라서 <u>청구인들의 의사에 반하여 개신교, 불교, 천주교, 원불교 종교행사에 참석하도록 하는 방법으로 군인의 정신전력을 제고하려는 이 사건 종교행사 참석조치는 그 수단의 적합성을 인정할 수 없다.</u> 따라서 이 사건 종교행사 참석조치는 정교분리원칙과 과잉금지원칙을 위반하여 청구인들의 종교의 자유를 침해한다.

침해가 아닌 것

1. 피청구인 ○○구치소장이 2012.12.21.부터 2013.4.5.까지 ○○구치소 내 미결수용자를 대상으로 한 개신교 **종교행사를 4주에 1회, 일요일이 아닌 요일에 실시한 행위**는 청구인의 종교의 자유를 침해한다고 볼 수 없다(헌재 2015.4.30. 2013헌마190).

2. <u>제42회 사법시험 제1차 시험 시행일을</u> **일요일로 한 공고**는 종교의 자유 침해가 아니다(헌재 2001.9.27. 2000헌마159).

3. 종교단체 학교인가제
   종교단체가 운영하는 학교 혹은 학원 형태의 교육기관도 예외없이 학교설립 인가 혹은 학원설립등록을 받도록 규정한 교육법 제85조 제1항 및 학원의 설립·운영에 관한 법률 제6조는 부실한 교육의 피해의 방지 등을 고려할 때, 위 조항들이 청구인의 종교의 자유 등을 침해하였다고 볼 수 없다(헌재 2000.3.30. 99헌바14).

4. 학교정화구역 내 납골당 설치금지 (헌재 2009.7.30. 2008헌가2)
   ① 종교단체가 설치·운영하고자 하는 납골시설이 금지되는 경우에는 종교의 자유에 대한 제한 문제가 발생한다. 납골시설의 설치·운영을 직업으로서 수행하고자 하는 자에게는 직업의 자유를 제한하게 된다.
   ② 종교의 자유, 행복추구권 및 직업의 자유를 과도하게 제한하여 헌법에 위반된다고 보기 어렵다.

5. 노인주거복지시설신고제
   양로시설에 입소한 노인들의 쾌적하고 안전한 주거환경을 보장하는 것으로 이는 매우 중대하다. 따라서 심판대상조항이 과잉금지원칙에 위배되어 종교의 자유를 침해한다고 볼 수 없다(헌재 2016.6.30. 2015헌바46).

6. 병으로 의무복무를 마치고 다시 군종장교로 복무하였던 자들이 예비역 장교로 취급되어 예비군훈련기간이 길어진 경우
   향토예비군설치법이 정하는 이와 같은 훈련의 정도와 방법은 국가의 안전보장을 도모하기 위하여 훈련대상자의 종교활동의 자유등 제반 행동의 자유에 대하여 부득이하게 필요한 최소한도의 제한을 가하는 것이라고 하겠으므로 헌법상의 비례의 원칙에 적합하다고 판단된다. 그렇다면 결국 이 사건 법률조항들이 헌법 제37조 제2항에 위배하여 군종장교로 복무하였던 자 등 훈련참가자의 종교의 자유를 침해한다고 볼 수 없다(헌재 2003.3.27. 2002헌바35).

판례 | 대법원 판례

1. 종교의 자유에는 선교의 자유가 포함되고 선교의 자유에는 **다른 종교를 비판**하거나 다른 종교의 신자에 대하여 개종을 권고하는 자유도 포함되는바, **종교적 선전, 타종교에 대한 비판 등은 동시에 표현의 자유의 보호대상이나,** 그 경우 종교의 자유에 관한 헌법 제20조 제1항은 표현의 자유에 관한 헌법 제21조 제1항에 대하여 특별규정의 성격을 갖는다 할 것이므로 종교적 목적을 위한 언론·출판의 경우에는 그 밖의 일반적인 언론·출판에 비해 보다 고도의 보장을 받게 된다(대판 1996.9.6. 96다19246).

2. 군대 내에서 군종장교는 국가공무원인 참모장교로서의 신분뿐 아니라 성직자로서의 신분을 함께 가지고 소속 종단으로부터 부여된 권한에 따라 설교·강론 또는 설법을 행하거나 종교의식 및 성례를 할 수 있는 종교의 자유를 가지는 것이므로, 군종장교가 최소한 성직자의 신분에서 주재하는 종교활동을 수행함에 있어 소속종단의 종교를 선전하거나 다른 종교를 비판하였다고 할지라도 그것만으로 종교적 중립을 준수할 의무를 위반한 **직무상의 위법이 있다고 할 수 없다**(대판 2007.4.26. 2006다87903).

3. 대법원은 성직자가 죄지은 자를 능동적으로 고발하지 않은 것은 종교적 계율에 따라 그 정당성이 용인되나 그에 그치지 아니하고 **적극적으로 은닉·도피케 하는 행위**는 정당성을 인정할 수 없다(대판 1983.3.8. 82도3248).

4. **종교단체의 권징결의는** 교인으로서 비위가 있는 자에게 **종교적인 방법으로 징계·제재**하는 종교단체의 내부적 규제에 지나지 않으므로 이는 사법심사의 대상이 아니다(대판 1981.9.22. 81도276).

5. 피고인이 믿는 여호와의 증인에 대한 종교적 신념 때문에 의사가 당시 권유한 국내 최신의 치료방법인 **수혈을 거부하고 방해했다면** 이는 유기치사죄에 해당한다(대판 1980.9.24. 79도1387).

제3절 학문의 자유

> 헌법 제22조【학문·예술의 자유와 저작권 등 보호】 ① 모든 국민은 학문과 예술의 자유를 가진다.
> ② 저작자·발명가·과학기술자와 예술가의 권리는 법률로써 보호한다.

01 학문의 자유의 의의

1. 개념

학문의 자유란 진리를 탐구하는 자유를 의미하는데, 진리탐구의 자유에 그치지 않고 탐구한 결과에 대한 발표의 자유 내지 가르치는 자유 등을 포함한다.

2. 연혁

제헌헌법부터 예술의 자유와 더불어 규정되었다.

02 학문의 자유의 주체

교수, 연구원뿐 아니라 내·외국인 모두가 학문의 주체가 된다. 대학, 연구단체 등 법인도 학문의 주체가 될 수 있다.

03 학문의 자유의 내용

1. 연구의 자유

연구의 자유란 연구과제, 방법, 조사, 실험을 위한 장소 등을 연구자가 임의로 선택·시행할 수 있는 자유이다.

2. 연구결과 발표의 자유

대학실험에서 그 결과를 발표하는 것이 학문의 자유에 속한다 하더라도 그 실험결과가 잘못되었는데도 이를 사회에 알려서 선의의 제3자를 해친다면, 이는 학문의 자유권의 범위를 넘어선 것으로 허용될 수 없다 (대판 1967.12.29. 67다591).

3. 교수의 자유(강학의 자유)

(1) 주체

교수의 자유는 대학이나 고등교육기관의 교육자가 연구 결과를 자유로이 교수하거나 강의하는 자유를 말하는 것으로서, 초·중·고의 교사에게는 교수의 자유가 인정되지 않는다.

(2) 내용

교수의 자유는 연구결과를 강의 등을 통해 전달할 자유이다. 초·중·고 교사가 누리는 수업의 자유는 일반화된 지식 체계를 전달할 자유라면, 교수의 자유는 자신의 연구결과를 가르칠 자유이다.

> ⚖ **판례 ┃ 교사의 수업권**
>
> 학교교육에 있어서 **교사의 가르치는 권리를 수업권이라고 한다면** 그것은 자연법적으로는 학부모에게 속하는 자녀에 대한 교육권을 신탁받은 것이고, 실정법상으로는 공교육의 책임이 있는 국가의 위임에 의한 것이다. 그것은 교사의 지위에서 생기는 학생에 대한 일차적인 교육상의 직무권한(직권)이지만, 학생의 수학권의 실현을 위하여 인정되는 것으로서 양자는 상호협력관계에 있다고 하겠으나, **수학권**은 헌법상 보장된 기본권의 하나로서 보다 존중되어야 하며, 그것이 왜곡되지 않고 올바로 행사될 수 있게 하기 위한 범위 내에서는 수업권도 어느 정도의 범위 내에서 제약을 받지 않으면 안될 것이다. 왜냐하면 초·중·고교의 학생은 대학생이나 사회의 일반성인과는 달리 다양한 가치와 지식에 대하여 비판적으로 취사선택할 수 있는 독자적 능력이 부족하므로 … **교사의 수업권은** … 교사의 지위에서 생겨나는 직권인데, 그것이 헌법상 보장되는 기본권이라고 할 수 있느냐에 대하여서는 논의의 여지가 있다(헌재 1992.11.12. 89헌마88).

> ⚖ **판례 ┃ 사립학교 교원이 선거범죄로 100만원 이상의 벌금형을 선고받아 그 형이 확정되면 당연퇴직되도록 한 규정**
>
> 사립학교 교원이 선거범죄로 100만원 이상의 벌금형을 선고받아 그 형이 확정되면 당연퇴직되도록 규정한 "사립학교법 제57조 중 국가공무원법 제33조 제1항 제6호의 '다른 법률에 의하여 자격이 정지된 자' 가운데 '구 공직선거법 제266조 제1항 제4호 중 100만원 이상의 벌금형의 선고를 받아 그 형이 확정된 자' 부분"은 선거범죄를 범하여 형사처벌을 받은 교원에 대하여 일정한 신분상 불이익을 가하는 규정일 뿐 청구인의 연구·활동내용이나 그러한 내용을 전달하는 방식을 규율하는 것은 아니므로 청구인의 교수의 자유를 침해하지 아니한다(헌재 2008.4.24. 2005헌마857).

(3) 제한

교수의 자유는 법률로 제한될 수 있다. 교수의 자유가 교육의 자유보다 고도로 보장되는 기본권이기는 하지만 헌법질서를 파괴할 목적으로 남용되어서는 안 된다.

⚖️판례 | 세무대학의 폐교와 재직교수의 학문의 자유

세무대학설치법 폐지법 부칙 제4조 제3항은 세무대학을 폐지하더라도 교수들의 지속적인 학문활동을 보장하는 등 기존의 권리를 최대한 보장하고 있으므로 위 폐지법에 의한 세무대학의 폐교로 인하여 곧바로 청구인 자신의 진리탐구와 연구발표 및 교수의 자유가 침해되는 것은 아니다(헌재 2001.2.22. 99헌마613).

⚖️판례 | 국정교과서제도와 교과서 검인정제도 (헌재 1992.11.12. 89헌마88)

1. 교사의 수업의 자유도 보호되어야 하나 교수의 자유와 완전히 동일할 수는 없고 더 많은 제약이 있을 수밖에 없다.

2. 교사의 수업권이 기본권이라 할 수 있느냐에 대해서 이를 부정하는 견해가 많고 수업권을 기본권에 준하는 것으로 간주하더라도 수업권을 내세워 수학권을 침해할 수 없다.

3. 교과서 검인정제도는 학생들의 수학권을 보호하기 위하여 일반화된 지식체계를 담고 있는 교재를 검인정하여 교과서로 사용할 수 있도록 하는 것이므로 교사의 수업권 침해라고 할 수 없다.

4. 수업의 자유는 무제한보호되기는 어려우며 초·중·고등학교의 교사는 자신이 연구한 결과에 대하여 스스로 확신을 갖고 있다고 하더라도 그것을 학회에서 보고하거나 학술지에 기고하거나 스스로 저술하여 책자를 발행하는 것은 별론 수업의 자유를 내세워 함부로 학생들에게 여과 없이 전파할 수는 없다고 할 것이다.

5. 교과서 검인정제도는 허가라기보다는 교과서라는 특수한 지위를 부여함으로 가치창설적인 형성적인 행위로서 특허이다.

6. 출판의 자유에는 스스로 저술한 책자가 교과서가 될 수 있도록 주장할 수 있는 권리가 포함되는 것은 아니다.

4. 학문활동을 위한 집회·결사의 자유

학문활동을 위한 집회·결사는 학문의 자유에서 보호되며, 일반적인 집회·결사보다 강한 보호를 받는다. 집회에 있어 관할 경찰관서의 장에게 신고를 할 필요가 없다.

5. 학문의 자유의 제한

연구의 자유는 법률로 제한할 수 없는 절대적 자유이다. **진리탐구의 자유**는 신앙의 자유, 양심의 자유처럼 절대적인 자유이나 **연구결과 발표의 자유** 내지 수업의 자유는 헌법 제21조 제4항은 물론 제37조 제2항에 따른 제약이 있을 수 있다(헌재 1992.11.12. 89헌마88).

⚖️판례 | 학문의 자유 제한

학문의 자유라 함은 진리를 탐구하는 자유를 의미하는데, 그것은 단순히 진리탐구의 자유에 그치지 않고 탐구한 결과에 대한 발표의 자유 내지 가르치는 자유(편의상 대학의 교수의 자유와 구분하여 수업(授業)의 자유로 한다) 등을 포함하는 것이라 할 수 있다. 다만, 진리탐구의 자유와 결과발표 내지 수업의 자유는 같은 차원에서 거론하기가 어려우며, **전자는 신앙의 자유·양심의 자유처럼 절대적인 자유라고 할 수 있으나, 후자는** 표현의 자유와도 밀접한 관련이 있는 것으로서 경우에 따라 헌법 제21조 제4항은 물론 **제37조 제2항에 따른 제약이 있을 수 있는 것이다.** 수업의 자유는 두텁게 보호되어야 합당하겠지만 그것은 대학에서의 교수의 자유와 완전히 동일할 수는 없을 것이며 대학에서는 교수의 자유가 더욱 보장되어야 하는 반면, 초·중·고교에서의 수업의 자유는 제약이 있을 수 있다(헌재 1992.11.12. 89헌마88).

04 대학의 자율권(대학의 자치)

1. 의의

(1) 개념

대학의 자율권이란 대학의 운영에 관해 외부의 간섭 없이 대학이 자율적으로 결정할 수 있는 자유이다.

(2) 헌법적 근거

대학의 자율권이 보장되어야만 대학에서의 학문의 자유가 보장될 수 있으므로, 대학의 자율성의 근거를 헌법 제22조와 헌법 제31조 제4항에서 찾는다.

(3) 성격

> **⚖ 판례 | 대학의 자율성**
>
> 교육의 자주성이나 대학의 자율성은 헌법 제22조 제1항이 보장하고 있는 학문의 자유의 확실한 보장수단으로 꼭 필요한 것으로서 이는 **대학에게 부여된 헌법상의 기본권이다**(헌재 1992.10.1. 92헌마68).

(4) 주체

대학자치의 주체는 원칙적으로 교수 기타 연구자 조직이나 **학생과 학생회도** 학습활동과 직접 관련된 학생회 활동 기타 자치활동의 범위 내에서 그 주체가 될 수 있다고 보아야 한다. 헌법재판소 판례는 영조물인 강원대학교와 공법인인 세무대학도 대학의 자율성의 주체가 된다고 판시한 바 있다.

> **⚖ 판례 | 대학의 자율권의 주체**
>
> 1. 대학의 자치의 주체를 기본적으로 대학으로 본다고 하더라도 **교수나 교수회의** 주체성이 부정된다고 볼 수는 없고, 가령 학문의 자유를 침해하는 대학의 장에 대한 관계에서는 **교수나 교수회가 주체가** 될 수 있고, 또한 국가에 의한 침해에 있어서는 대학 자체 외에도 대학 전 구성원이 자율성을 갖는 경우도 있을 것이다(헌재 2006.4.27. 2005헌마1047).
> 2. 학생도 연구에 참여하는 가능성을 배제할 수 없으므로, 이러한 점에서는 학문의 자유의 주체가 될 수 있지만, 단순히 **대학생으로서 수학(受學)하는 것은** 학문의 개념을 충족시키지 못하므로 학문의 자유에 의하여 <u>보호되지 않는다</u>(헌재 2020.9.24. 2019헌마472).

2. 내용

> **⚖ 판례 | 대학의 자율권 보호 여부**
>
> **보호되는 것**
>
> 1. 국립대학인 세무대학은 공법인으로서 사립대학과 마찬가지로 대학의 자율권이라는 기본권의 보호를 받으므로, 세무대학은 **국가의 간섭 없이 인사·학사·시설·재정** 등 대학과 관련된 사항들을 자주적으로 결정하고 운영할 자유를 갖는다(헌재 2001.2.22. 99헌마613).
> 2. **학생의 선발과 전형 및 특히 교원의 임면에 관한 사항도** 자율의 범위에 속한다(헌재 1998.7.16. 96헌바33).

3. 대학의 자율은 대학시설의 관리·운영만이 아니라 학사관리 등 전반적인 것이라야 하므로 연구와 교육의 내용, 그 방법과 그 대상, 교과과정의 편성, 학생의 선발, 학생의 전형도 자율의 범위에 속해야 하고 따라서 **입학시험제도도** 자주적으로 마련될 수 있어야 한다(헌재 1992.10.1. 92헌마68).

4. 교수는 **국립대학총장 후보자 선출에 참여할 권리가 있고** 대학의 자치의 본질적인 내용에 포함된다(헌재 2006.4.27. 2005헌마1047).

보호되지 않는 것

1. **사립대학총장선임권**은 사립학교법 제53조 제1항의 규정에 의하여 학교법인에게 부여되어 있는 것이고 교수들이 사립대학의 총장선임에 실질적으로 관여할 수 있는 지위에 있다거나 학교법인의 총장선임행위를 다툴 확인의 이익을 가진다고 볼 수 없다(대판 1996.5.31. 95다26971).

2. 대학의 장을 구성원들의 참여에 따라 자율적으로 선출한 이상, 하나의 보직에 불과한 **단과대학장의 선출**에 다시 한 번 대학교수들이 참여할 권리가 대학의 자율에서 당연히 도출된다고 보기 어렵다. 따라서 대학의 장이 단과대학장을 선출의 절차를 거치지 아니하고, 교수 중에서 직접 지명하도록 하고 있는 것은 대학의 자율성을 침해라고 볼 수 없다(헌재 2014.1.28. 2011헌마239).

3. 대학의 자율성은 그 보호영역이 원칙적으로 당해 **대학 자체의 계속적 존립**에까지 미치는 것은 아니다 (헌재 2001.2.22. 99헌마613).

4. **정치자금부정수수죄로 100만원 이상의 벌금형을 선고받아 그 판결이 확정된 사립학교 교원은 그 직에서 퇴직된다고 규정한 정치자금법**
   대학의 자율성은 대학시설의 관리·운영이나 연구와 교육의 내용, 방법과 대상, 교과과정의 편성, 학생의 선발, 학생의 전형 등을 보호영역으로 한다고 할 것인데 **대학 교수 개개인의 퇴직 여부 등 인사에 관한 사항을 스스로 결정할 권리가 해당 교수의 대학의 자율성의 보호영역에 포함된다고 보기 어려우며**, 심판대상조항이 학교법인 또는 교수회의 교원에 대한 징계의 자율성을 배제하여 대학의 자율성을 침해하는지 여부가 문제된다 하더라도 이를 교수인 청구인에 대하여 제한되는 기본권이라고 볼 수 없으므로, 이하에서는 심판대상조항이 직업의 자유를 침해하는지 여부에 대해서만 판단하기로 한다(헌재 2021.9.30. 2019헌마747).

3. 대학의 자율을 제한하는 법률에 대한 심사기준

국가는 헌법 제31조 제6항에 따라 모든 학교제도의 조직, 계획, 운영, 감독에 관한 포괄적인 권한, 즉 학교제도에 관한 전반적인 형성권과 규율권을 부여받았다고 할 수 있고, 다만 그 규율의 정도는 그 시대의 사정과 각급 학교에 따라 다를 수밖에 없는 것이므로 교육의 본질을 침해하지 않는 한 궁극적으로는 입법권자의 형성의 자유에 속하는 것이라 할 수 있다. 따라서 대학의 자율을 제한하는 법률의 위헌 여부는 입법자가 기본권을 제한함에 있어 헌법 제37조 제2항에 의한 **합리적인 입법한계를 벗어나 자의적으로 그 본질적 내용을 침해하였는지 여부**에 따라 판단되어야 할 것이다(헌재 2006.4.27. 2005헌마1047).

⚖ 판례 | 대학의 자율권 침해 여부

헌법 위반인 것

○○대학교 법학전문대학원 2015학년 모집정지처분 (헌재 2015.12.23. 2014헌마1149)

1. **청구능력**
   법인이 아닌 국립대학도 이러한 대학의 자율권의 주체로서 헌법소원심판의 청구인능력이 인정된다.

2. 법률유보원칙에 반하여 청구인의 대학의 자율권을 침해하는지 여부

교육부장관이 ○○대학교 법학전문대학원의 2015학년도 및 2016학년도 신입생 각 1명의 모집을 정지하도록 한 행위는 법학전문대학원법에 근거하고 있는바, 법률유보원칙에 반하여 청구인의 대학의 자율권을 침해한다고 볼 수 없다.

3. 과잉금지원칙 위반 여부

이 사건 모집정지 당시 장학금지급률 100.6% 미이행으로 인하여 ○○대학교 법학전문대학원의 정상적인 학사운영이 곤란한 정도에 이르렀다고 인정하기는 부족하다. 이 사건 모집정지는 ○○대학교 법학전문대학원의 신입생 정원 중 2.5%의 모집을 정지하는 것으로 청구인에게 큰 불이익인 점, 청구인은 법학전문대학원 개원 이래 초기 3년간 다른 24개 대학들에 비하여 최고수준의 장학금을 지급하였고 이후에도 최저 장학금지급률을 상회하는 장학금을 지급해 온 점 등을 종합하면, 이 사건 모집정지는 과잉금지원칙에 반하여 청구인의 대학의 자율권을 침해한다.

헌법 위반이 아닌 것

1. **국립대학 교원의 성과연봉 지급을 규정한** 공무원보수규정은 학문의 자유를 침해한다고 할 수 없다(헌재 2013.11.28. 2011헌마282).

2. 세무대학교 폐지법률

세무대학의 자율성이 침해에 해당하지 않는다(헌재 2001.2.22. 99헌마613).

3. 국립대학교 총장 간선제

① 대학의 장(총장) 후보자 선정과 관련하여 대학에게 반드시 직접선출 방식을 보장하여야 하는 것은 아니며, 다만 대학교원들의 합의된 방식으로 그 선출방식을 정할 수 있는 기회를 제공하면 족하다. 대학총장을 간선제로 하도록 한 교육공무원법은 대학의 자율성을 침해하는 것은 아니다. 서울대총장 간접선출은 대학의 자율의 본질적 부분을 침해하였다고 볼 수 없다(헌재 2014.4.24. 2011헌마612).

② 국립대학의 장 후보자 선정을 위한 직접선거과정에서 선거관리를 그 대학소재지 관할 선거관리위원회에 위탁하게 정한 교육공무원법: 선거에 관한 모든 사항을 선거관리위원회에 위탁하는 것이 아니라 선거관리만을 위탁하는 것이고 그 외 선거권, 피선거권, 선출방식 등은 여전히 대학이 자율적으로 정할 수 있는 점을 고려하면, 교육공무원법 제24조의3 제1항이 매우 자의적인 것으로서 합리적인 입법한계를 일탈하였거나 대학의 자율의 본질적인 부분을 침해하였다고 볼 수 없다(헌재 2006.4.27. 2005헌마1047).

③ 대학의 장 임기만료 후 3월 이내에 후보자를 추천하지 아니하는 경우 대통령이 교육인적자원부장관의 제청을 받아 대학의 장을 임용하도록 한 것: 국립대학에서 총장이 임명되지 못하는 경우에 대통령이 교육인적자원부장관의 제청으로 총장을 임용하는 것은 그 공백상태를 해결하기 위한 적절한 수단이며 국립대학의 총장은 구성원의 대표로서의 성격 외에도 국가행정관청의 장으로서의 성격도 겸하고 있으므로 국립대학의 총장 미임명으로 인한 국가행정의 공백이나 불안정상태를 막을 긴급한 필요가 있는 점 등을 고려할 때 교육공무원법 제24조 제6항이 매우 자의적인 것으로서 합리적인 입법한계를 일탈하였거나 대학의 자율의 본질적인 부분을 침해하였다고 볼 수 없다(헌재 2006.4.27. 2005헌마1047).

4. 법학전문대학원 (헌재 2009.2.26. 2008헌마370)

① 법학전문대학원 인가를 받은 대학교만 설치하도록 한 법률은 대학의 자율성을 침해하지 아니한다.

② 법학전문대학원의 총 입학정원주의를 천명하면서 교육과학기술부장관으로 하여금 그 구체적인 입학정원의 수를 정하도록 하고 있는 것은 법률유보원칙 및 포괄위임입법금지원칙에 위배되지 아니한다.

5. 일본어를 제2외국어 선택과목에서 제외하는 1994년 서울대 입시요강 (헌재 1992.10.1. 92헌마68)

① 서울대학교의 입시요강은 행정계획안이나 법령의 뒷받침에 의하여 실시될 것으로 예상될 수 있으므로 헌법재판소법 제68조 제1항의 공권력 행사에 해당한다.

② 서울대학교는 공권력 행사의 지위이면서 동시에 기본권 행사의 주체가 된다. 서울대학교 입시요강은 서울대학교가 기본권 주체로서 기본권을 법이 허용하는 범위 내에서 적법하게 행사한 결과이므로 (일본어를 선택하고자 했던) 청구인이 받는 것은 반사적 불이익에 불과하다.

<대법원 판례>

1. 대학입학 지원자가 모집정원에 미달한 경우라도 대학이 수학능력이 없는 자에 대하여 불합격처분을 한 것은 불법적인 것이 아니다(대판 1983.6.28. 83누193).

2. 해외근무자들의 자녀에 대해 과목별 실제점수에 20% 가산점을 부여하여 합격사정을 함으로서 실제취득 점수에 의하면 합격할 수 있는 원고들에 대하여 불합격 처분을 하였다면 위법이다(대판 1990.8.28. 89누8255).

3. 피고인이 반국가단체로서의 북한의 활동을 찬양·고무·선전 또는 이에 동조할 목적 아래 위 논문 등을 제작·반포하거나 발표한 것이어서 그것이 헌법이 보장하는 학문의 자유의 범위 내에 있지 않다(대판 2010.12.9. 2007도10121).

4. 대학의 자유와 경찰권 문제

경찰권 개입의 필요성에 대한 판단은 대학이 1차적으로 하여야 한다. 그러나 **집회 및 시위에 관한 법률 제 19조는 경찰은 집회 또는 시위의 장소에 정복을 착용하고 출입할 수 있도록 규정하여 대학 총학장의 요청 없 이 대학구내시위에 출동할 수 있는 근거를 마련해 놓고 있다.**

5. 교원의 법적 지위

(1) 교원지위법정주의의 의의

① 교원의 신분은 일반 근로자에 비하여 두텁게 보장되는데, 헌법 제31조 제6항은 "학교교육 및 평생 교육을 포함한 교육제도와 그 운영, 교육재정 및 **교원의 지위에 관한 기본적인 사항은 법률로 정한 다.**"라고 규정하고 있다. 위 규정은 단순히 교원의 권익을 보장하기 위한 규정이라거나 교원의 지 위를 행정권력에 의한 부당한 침해로부터 보호하는 것만을 목적으로 한 규정이 아니고, 국민의 교 육을 받을 기본권을 실효성 있게 보장하기 위한 것까지 포함하여 교원의 지위를 법률로 정하도록 한 규정이다(헌재 1991.7.22. 89헌가106).

② 위 헌법조항을 근거로 하여 제정되는 법률에는 교원의 신분보장, 경제적·사회적 지위보장 등 교원 의 권리에 해당하는 사항뿐만 아니라 국민의 교육을 받을 권리를 저해할 우려있는 행위의 금지 등 교원의 의무에 관한 사항도 규정할 수 있는 것이므로 결과적으로 교원의 기본권을 제한하는 사항 까지도 규정할 수 있게 되는 것이다(헌재 1991.7.22. 89헌가106).

③ 여기의 교원에는 **국·공립대학의 교원뿐만 아니라 사립대학의 교원도 포함된다.** 그리고 다른 직종 종 사자들의 지위에 비하여 특별히 교원의 지위를 법률로 정하도록 한 헌법규정의 취지나 교원이 수 행하는 교육이라는 직무상의 특성에 비추어 볼 때, 교원의 지위에 관한 '기본적인 사항'은 교원이 자주적·전문적·중립적으로 학생을 교육하기 위하여 필요한 중요한 사항으로서 교원의 신분이 부 당하게 박탈되지 않도록 하는 최소한의 보호의무에 관한 사항이 포함된다(헌재 2003.12.18. 2002헌바14).

(2) 교원지위법정주의와 근로3권의 관계

📖 판례 | 사립학교 교원, 국공립 교원규정을 준용하여 근로3권을 제한하는 사립학교법

헌법 제31조 제6항의 교원지위법정주의는 학생의 수학권을 보장하기 위하여 교원의 근로3권을 제한하도록 하는 제한적 법률유보이다. **교원의 지위에 있어서는 헌법 제31조 제6항이 헌법 제33조 제1항보다 우선 적 용된다.** 사립학교 교원을 국공립 교원규정을 준용하여 근로3권을 제한하는 사립학교법은 근로3권을 침해한 다고 할 수 없다(헌재 1991.7.22. 89헌가106).

(3) 교원지위법정주의와 대학의 자율성의 관계

① 입법자가 헌법 제31조 제6항의 교원지위법정주의에 따라 사립학교 교원의 지위를 법률로 정할 때는 그것이 제4항의 대학의 자율성과 잘 조화되도록 하여야 한다는 의미이다(헌재 2014.4.24. 2012헌바336).

② 헌법 제31조 제6항은 "학교교육 및 평생교육을 포함한 교육제도와 그 운영, 교육재정 및 교원의 지위에 관한 기본적인 사항은 법률로 정한다."라고 하여 교육제도법정주의를 규정하고 있는바, 교육제도법정주의는 소극적으로는 교육의 영역에서 본질적이고 중요한 결정은 입법자에게 유보되어야 한다는 의회유보의 원칙을 규정한 것이지만, 한편 적극적으로는 헌법이 국가에 학교제도를 통한 교육을 시행하도록 위임하고 있다는 점에서 학교제도에 관한 **포괄적인 국가의 규율권한**을 부여한 것이기도 하다(헌재 2012.11.29. 2011헌마827).

⚖️판례 | 교수 기간임용제

1. **대학교육기관의 교원에 대한 기간임용제와 정년보장제**는 국가가 문화국가의 실현을 위한 학문진흥의 의무를 이행함에 있어서나 국민의 교육권의 실현·방법 면에서 각각 장단점이 있어서, 그 판단·선택은 헌법재판소에서 이를 가늠하기보다는 **입법자의 입법정책에 맡겨 두는 것이 옳다**(헌재 1998.7.16. 96헌바33 등).

2. **기간임용제 자체는 합헌이다.** 그러나 대학교육기관의 교원은 **당해 학교법인의 정관이 정하는 바에 따라 기간을 정하여 임면할 수 있도록 한 사립학교법**은 객관적인 기준의 재임용 거부사유와 재임용에서 탈락하게 되는 교원이 자신의 입장을 진술할 수 있는 기회 그리고 재임용거부를 사전에 통지하는 규정 등이 없으며, 나아가 재임용이 거부되었을 경우 사후에 그에 대해 다툴 수 있는 제도적 장치를 전혀 마련하지 않고 있어 헌법 제31조 제6항에서 정하고 있는 교원지위법정주의에 위반된다(헌재 2003.2.27. 2000헌바26).

3. 임용기간이 만료한 교수에 대한 **재임용거부를 재심청구대상으로 법률에 명시하지 않은 것**은 교원지위법정주의에 위반된다(헌재 2003.12.18. 2002헌바14).

4. 교원의 신분에 대한 부당한 박탈을 방지함과 동시에 대학의 자율성을 도모한 것이므로 **교원 재임용의 심사요소로 학생교육·학문연구·학생지도를 언급하되 이를 모두 필수요소로 강제하지 않는** 사립학교법은 교원지위법정주의에 위반되지 않는다(헌재 2014.4.24. 2012헌바336).

---

05 지적재산권의 보호

> **헌법 제22조 【학문·예술의 자유와 저작권 등 보호】** ② 저작자·발명가·과학기술자와 예술가의 권리는 법률로써 보호한다.

헌법 제22조 제2항은 저작자·발명가·과학기술자와 예술가의 권리는 법률로써 보호한다고 하여 학문과 예술의 자유를 제도적으로 뒷받침해 주고, 학문과 예술의 자유에 내포된 문화국가실현의 실효성을 높이기 위하여 저작자 등의 권리보호를 국가의 과제로 규정하고 있다.

⚖️판례 | 저작권

1. **음주전후 또는 숙취해소라는 표시를 금지하는 경우**
   식품이나 식품의 용기·포장에 '음주전후' 또는 '숙취해소'라는 표시를 금지하고 있는 식품등의표시기준 제7조 해당 규정은 음주로 인한 건강 위해적 요소로부터 국민의 건강을 보호한다는 입법목적하에 음주전후, 숙취해소 등 음주를 조장하는 내용의 표시를 금지하고 있으나, '숙취해소용 천연차 및 그 제조방법'에 관하여 특허권을 획득하였음에도 불구하고 위 규정으로 인하여 특허권자인 청구인들조차 그 특허발명제품에 '숙취해소용 천연차'라는 표시를 하지 못하고 '천연차'라는 표시만 할 수밖에 없게 되었다면 이로써 청구인들의 헌법상 보호받는 재산권인 특허권이 침해되었다(헌재 2000.3.30. 99헌마43).

2. **'저작자 아닌 자를 저작자로 하여 실명·이명을 표시하여 저작물을 공표한 자'를 처벌하는** 저작권법은 금지되는 행위가 불명확하다고 할 수 없으므로, 심판대상조항은 죄형법정주의의 명확성원칙에 위배되지 아니한다(헌재 2018.8.30. 2015헌바58).

3. 법인·단체 그 밖의 사용자의 기획하에 법인 등의 업무에 종사하는 자가 업무상 작성하는 컴퓨터프로그램저작물의 저작자는 계약 또는 근무규칙 등에 다른 정함이 없는 때에는 그 법인 등이 된다고 규정한 저작권법은 **입법형성권의 한계를 일탈하였다고 보기 어렵다**(헌재 2018.8.30. 2016헌가12).

제4절 예술의 자유

01 예술의 자유의 의의

1. 예술의 개념
예술의 자유란 미를 추구하는 행위를 함에 있어 부당한 간섭을 받지 않을 자유를 말한다.

2. 주체
헌법재판소는 예술품을 보급하는 출판사나 음반제작사도 예술의 자유의 주체가 된다고 인정한 바 있다.

02 예술의 자유의 내용

1. 예술창작의 자유

(1) 개념
예술창작의 자유란 예술창작활동을 할 자유로서 소재, 형태, 과정에 대한 임의로운 결정권을 포함한 모든 예술창작 활동의 자유이다. 예술적 가치가 있느냐에 따라 보호 여부가 결정되는 것은 아니다. 즉, 예술적 가치가 없는 예술행위도 예술의 자유에서 보호된다.

(2) 상업광고물
예술은 전달이 아니라 표현 그 자체에 목적이 있어 자기목적적이다. 따라서 상업광고물은 그 자체가 목적이 아닌 수단이나 도구로서 행해지므로 예술창작의 자유에서 보호받지 못한다고 할 것이다. 또한 단순히 기능적인 요리, 수공업은 예술창작의 자유에 포함되지 않는다.

2. 예술표현의 자유

(1) 개념
예술표현의 자유는 창작한 예술품을 일반대중에게 전시·공연·보급할 수 있는 자유이다.

1. **학교정화구역 내의 극장시설 및 영업을 금지하고 있는 것**

   극장의 자유로운 운영에 대한 제한은 공연물·영상물이 지니는 표현물, 예술작품으로서의 성격에 기하여 직업의 자유에 대한 제한으로서의 측면 이외에 표현의 자유 및 예술의 자유의 제한과도 관련성을 가지고 있다(헌재 2004.5.27. 2003헌가1).

2. 구 음반에관한법률 제3조 제1항이 비디오물을 포함하는 음반제작자에 대하여 일정한 시설을 갖추어 문화공보부에 등록할 것을 명하는 것은 **예술의 자유나 언론·출판의 자유를 본질적으로 침해하였다거나 헌법 제37조 제2항의 과잉금지의 원칙에 반한다고 할 수 없다**(헌재 1993.5.13. 91헌바17).

3. 자신의 미적 감상 등을 문신시술을 통하여 시각적으로 표현할 수 있다는 측면에서 문신시술이 예술의 자유 또는 표현의 자유의 영역에 포함될 수 있다. 그러나 의료인에게만 의료행위를 할 수 있도록 하여 비의료인인 청구인이 문신시술을 하는 것을 금지하는 의료법에 의한 **예술의 자유의 제한은 문신시술업이라는 직업의 자유에 대한 제한을 매개로 하여 간접적으로 제약되는 것이라 할 것인바, 직업선택의 자유 침해 여부를 판단하는 이상 예술의 자유 침해 여부에 대하여는 판단하지 아니한다**(헌재 2022.7.21. 2022헌바3).

(2) 예술의 자유에서 포함되지 아니하는 것

① **예술품전시·공연요구권:** 예술표현의 자유에는 국가기관에 대해 예술작품을 전시, 공연, 선전, 보급해 줄 것을 요구할 권리는 내포되지 않는다.

② **예술품의 재산적 활용:** 예술품의 재산적 활용은 재산권에서 보호된다.

③ **예술비평:** 예술비평은 예술의 자유에 포함되지 아니하고 일반적인 표현의 자유로서 보장된다.

3. 예술적 집회·결사의 자유

예술적 집회·결사의 자유는 예술의 자유에서 보호를 받는다.

제5절 언론·출판의 자유

> **헌법 제21조 【언론·출판·집회·결사의 자유 등, 언론·출판에 의한 피해배상】** ① 모든 국민은 언론·출판의 자유와 집회·결사의 자유를 가진다.
> ② 언론·출판에 대한 허가나 검열과 집회·결사에 대한 허가는 인정되지 아니한다.
> ③ 통신·방송의 시설기준과 신문의 기능을 보장하기 위하여 필요한 사항은 법률로 정한다.
> ④ 언론·출판은 타인의 명예나 권리 또는 공중도덕이나 사회윤리를 침해하여서는 아니 된다. 언론·출판이 타인의 명예나 권리를 침해한 때에는 피해자는 이에 대한 피해의 배상을 청구할 수 있다.

01 언론·출판의 자유의 의의

1. 개념

언론·출판의 자유란 자기의 사상 또는 의견을 언어, 문자 등으로 불특정 다수인에게 발표할 자유를 말한다.

2. 연혁

제헌헌법 제13조 모든 국민은 법률에 의하지 아니하고는 언론·출판·집회·결사의 자유를 제한받지 아니한다.

1960.6.15. 개정헌법 제13조 모든 국민은 법률에 의하지 아니하고는 언론·출판·집회·결사의 자유를 제한받지 아니한다.

제28조 ② 국민의 자유와 권리는 질서유지와 공공복리를 위하여 필요한 경우에 한하여 법률로써 제한할 수 있다. 단, 그 제한은 자유와 권리의 본질적인 내용을 훼손하여서는 아니 되며, **언론·출판에 대한 허가나 검열과 집회·결사에 대한 허가를 규정할 수 없다.**
*허가·검열금지 최초 규정

1962.12.26. 개정헌법 제18조 ① 모든 국민은 언론·출판의 자유와 집회·결사의 자유를 가진다.
② 언론·출판에 대한 허가나 검열과 집회·결사에 대한 허가는 인정되지 아니한다. 다만, 공중도덕과 사회윤리를 위하여 영화나 연예에 대한 검열을 할 수 있다.

1972.12.27. 개정헌법 제18조 모든 국민은 법률에 의하지 아니하고는 언론·출판·집회·결사의 자유를 제한받지 아니한다.
*검열과 허가제금지 삭제

3. 다른 기본권과의 관계

(1) 집회·결사의 자유와의 관계
언론·출판의 자유는 개인적 표현의 자유이고 집회·결사의 자유는 집단적 표현의 자유이다. 후자가 더 많은 제한을 받는다.

(2) 통신의 비밀과의 관계
언론·출판의 자유는 사상, 의견을 불특정 다수인을 상대로 표현하는 행위이므로 개인 간의 일상적 대화는 표현의 자유에 의해서가 아니라 사생활의 비밀 또는 통신의 자유에 의해 보장받는다.

(3) 종교의 자유 등과의 관계
언론·출판의 자유는 종교의 자유, 양심의 자유, 학문과 예술의 자유와 표리관계에 있다고 할 수 있는데, 그러한 정신적인 자유를 외부적으로 표현하는 자유가 언론·출판의 자유라고 할 수 있다(헌재 1992. 11.12. 89헌마88).

02 언론·출판의 자유의 주체

외국인과 법인도 주체가 될 수 있다.

03 언론·출판의 자유의 내용

1. 의사표현의 자유

(1) 개념
의사표현의 자유란 자신의 의사를 표현하고 전달하며 자신의 의사표명을 통해서 여론형성에 참여할 수 있는 권리이다.

(2) 의사표현의 전달방법 ★★

① 의사표현 및 전달의 형식(예) 언어, 플래카드, 제스처, 음반, 비디오)에는 제한이 없어 언어적 표현뿐 아니라 상징적 표현(헌재 1998.2.27. 96헌바2)도 포함한다.

② 의사표현의 한 수단인 TV 방송(헌재 2001.8.30. 2000헌바36), 음반, 비디오물(헌재 1993.5.13. 91헌바17)뿐 아니라 옥외광고물(헌재 1998.2.27. 96헌바2), 상업적 광고표현(헌재 2000.3.30. 97헌마108)도 표현의 자유에서 보호된다. 영화도 언론·출판의 자유에 의한 보장을 받음은 물론 그 제작 및 상영은 학문·예술의 자유에 의하여도 보장을 받는다(헌재 1996.10.4. 93헌가13).

⚖ 판례 | 의사표현의 자유

1. 의사표현의 자유는 헌법 제21조 제1항이 규정하는 언론·출판의 자유에 속하고, 여기서 **의사표현의 매개체는 어떠한 형태이건 그 제한이 없으므로** 의사표현의 한 수단인 TV 방송 역시 다른 의사표현수단과 마찬가지로 헌법에 의한 보장을 받는다(헌재 2001.8.30. 2000헌바36).

2. 영리목적의 광고 등 상업적 언론도 표현의 자유의 보호대상이므로 **세무사 명칭의 사용금지**는 세무사로서의 광고행위를 규제함으로써 청구인의 표현의 자유를 제한한다고 볼 수 있다(헌재 2008.5.29. 2007헌마248).

---

③ 게임물의 제작 및 판매·배포도 표현의 자유에 의하여 보장을 받는다.

⚖ 판례 | 표현의 자유 보호 여부

보호되는 것

1. **청소년이용음란물, 허위사실의 표현**(헌재 2010.12.28. 2008헌바157)도 언론·출판의 자유에서 보호된다.

2. 표현의 자유에는 자신의 신원을 누구에게도 밝히지 아니한 채 **익명 또는 가명으로** 자신의 사상이나 견해를 표명하고 전파할 자유도 포함된다. 선거운동기간 중 정치적 익명표현의 부정적 효과는 익명성 외에도 해당 익명표현의 내용과 함께 정치적 표현행위를 규제하는 관련 제도, 정치적·사회적 상황의 여러 조건들이 아울러 작용하여 발생하므로, 모든 익명표현을 사전적·포괄적으로 규율하는 것은 표현의 자유보다 행정편의와 단속편의를 우선함으로써 익명표현의 자유와 개인정보자기결정권 등을 지나치게 제한한다. … 익명표현은 표현의 자유를 행사하는 하나의 방법으로서 그 자체로 규제되어야 하는 것은 아니고, 부정적 효과가 발생하는 것이 예상되는 경우에 한하여 규제될 필요가 있다(헌재 2021.1.28. 2018헌마456).

3. **언론·출판의 자유**에는 사상 내지 의견의 자유로운 표명과 전파의 자유가 포함되고 전파의 자유에는 보급의 자유가 포함된다(헌재 1992.11.12. 89헌마88).

4. **집필**은 문자를 통한 모든 의사표현의 기본 전제가 된다는 점에서 당연히 표현의 자유의 보호영역에 속해 있다고 보아야 한다(헌재 2005.2.24. 2003헌마289).

5. **허위사실의 표현**도 헌법 제21조가 규정하는 언론·출판의 자유의 보호영역에는 해당하되, 다만 헌법 제37조 제2항에 따라 국가 안전보장·질서유지 또는 공공복리를 위하여 제한할 수 있는 것이라고 해석하여야 할 것이다(헌재 2010.12.28. 2008헌바157).

6. 노동조합이 근로자의 근로조건과 경제조건의 개선이라는 목적을 위하여 활동하는 한, 헌법 제33조의 단결권의 보호를 받지만, 단결권에 의하여 보호받는 고유한 활동영역을 떠나서 개인이나 다른 사회단체와 마찬가지로 **정치적 의사를 표명하거나 정치적으로 활동하는 경우**에는 모든 개인과 단체를 똑같이 보호하는 일반적인 기본권인 의사표현의 자유 등의 보호를 받을 뿐이다(헌재 1999.11.25. 95헌마154).

7. 표현이 **차별적 언사나 행동, 혐오적 표현**이라는 이유만으로 표현의 자유의 보호영역에서 애당초 배제된다고 볼 수 없고, 차별적 언사나 행동, 혐오적 표현도 헌법 제21조가 규정하는 표현의 자유의 보호영역에는 해당한다(헌재 2019.11.28. 2017헌마1356).

8. **선거운동의 자유**는 널리 선거과정에서 자유로이 의사를 표현할 자유의 일환이므로 표현의 자유의 한 태양이기도 하다. 표현의 자유, 특히 정치적 표현의 자유는 선거과정에서의 선거운동을 통하여 국민이 정치적 의견을 자유로이 발표·교환함으로써 비로소 그 기능을 다하게 된다 할 것이므로 선거운동의 자유는 헌법에 정한 언론·출판·집회·결사의 자유 보장규정에 의한 보호를 받는다(헌재 1994.7.29. 93헌가4).

9. 이 사건 법률조항의 음란표현은 헌법 제21조가 규정하는 언론·출판의 자유의 보호영역 내에 있다고 볼 것인바, 종전에 이와 견해를 달리하여 **음란표현은 헌법 제21조가 규정하는 언론·출판의 자유의 보호영역에 해당하지 아니한다는 취지로 판시한 우리 재판소의 의견**(헌재 1998.4.30. 95헌가16)**을 변경한다**(헌재 2009.5.28. 2006헌바109).

10. 헌법 제21조 제4항 전문은 "언론·출판은 타인의 명예나 권리 또는 공중도덕이나 사회윤리를 침해하여서는 아니 된다."라고 규정한다. 이는 언론·출판의 자유에 따르는 책임과 의무를 강조하는 동시에 언론·출판의 자유에 대한 **제한의 요건을 명시한 규정일 뿐, 헌법상 표현의 자유의 보호영역에 대한 한계를 설정한 것이라고 볼 수는 없으므로** 공연한 사실의 적시를 통한 명예훼손적 표현 역시 표현의 자유의 보호영역에 해당한다(헌재 2021.2.25. 2017헌마1113).

보호되지 않는 것

1. 표현의 자유의 보호범위에 국가가 공직후보자들에 대한 **유권자의 전부 거부 의사표시**를 할 방법을 보장해 줄 것까지 포함된다고 볼 수 없으므로 전부거부표시를 투표용지에 마련하지 않은 공직선거법은 표현의 자유를 제한하는 것이라 할 수 없다(헌재 2007.8.30. 2005헌마975).

2. 헌법상의 언론의 자유는 어디까지나 언론·출판자유의 내재적 본질적 표현의 방법과 내용을 보장하는 것을 말하는 것이지 그를 객관화하는 수단으로 필요한 객체적인 시설이나 **언론기업의 주체인 기업인으로서의 활동까지 포함되는 것으로 볼 수는 없는 것이다**(헌재 1992.6.26. 90헌가23).

표현의 자유 제한이 아닌 것

1. 시·도지사 후보자로 등록하려는 사람에게 5천만원의 기탁금을 납부하도록 한 공직선거법
   이 사건 기탁금조항은 시·도지사 후보자로 등록하기 위한 요건을 정하고 있을 뿐, 위 청구인들의 **선거운동의 자유나 표현의 자유를 직접적으로 제한하고 있다고 볼 수 없으므로**, 이에 대하여는 살펴보지 않는다(헌재 2019.9.26. 2018헌마128).

2. 이동통신사업자가 제공하는 전기통신역무를 타인의 통신용으로 제공하는 것을 원칙적으로 금지하고, 위반시 형사처벌하는 전기통신사업법 제30조는 이동통신서비스 이용자로 하여금 해당 서비스를 다른 사람의 통신용으로 제공하는 행위를 금지할 뿐 이동통신서비스 **이용자의 의사소통이나 의사표현을 제한하는 내용이 아니다**. 그러므로 심판대상조항이 통신수단을 자유로이 이용하여 타인과 의사소통하려는 이동통신서비스 이용자의 권리나 통신수단에 의하여 이루어지는 <u>이용자와 타인 간의 의사소통과정의 비밀을 제한한다거나 이용자의 발언내용을 제한한다고 보기 어렵다</u>(헌재 2022.6.30. 2019헌가14).

2. 알 권리 ★★

(1) 개념

알 권리란 일반적 정보원으로부터 정보를 수집하고, 수집된 정보를 취사, 선택할 수 있는 자유와 정보공개를 청구할 권리이다.

판례 | 알 권리와 표현의 자유

사상 또는 의견의 자유로운 표명은 자유로운 의사의 형성을 전제로 하는데, 자유로운 의사의 형성은 충분한 정보에의 접근이 보장됨으로써 비로소 가능한 것이며, 다른 한편으로 자유로운 표명은 자유로운 수용 또는 접수와 불가분의 관계에 있다고 할 것이다. 그러한 의미에서 정보에의 접근·수집·처리의 자유 즉 '알 권리' 는 표현의 자유에 당연히 포함되는 것으로 보아야 하는 것이다(헌재 1989.9.4. 88헌마22).

(2) 법적 성격

① **자유권·청구권·참정권적 성격**: 알 권리는 여론형성에 기여한다는 뜻에서 참정권적 의미도 갖는다.
[허영]
② **생활권적 성격**: 알 권리는 고도의 정보화 사회에서 생활권적인 성격을 가지고 있다고 한다. 알 권리의 근거 중 하나를 인간다운 생활을 할 권리에서 찾았다(헌재 1991.5.13. 90헌마133).
③ **구체적 권리**: 알 권리는 헌법상 구체적 권리이다.

판례 | 알 권리의 구체적 권리성

1. 알 권리가 헌법규정만으로 이를 실현할 수 있는가 구체적인 법률의 제정이 없이는 불가능한 것인가에 대하여서는 다시 견해가 갈릴 수 있지만, 본건 서류에 대한 열람·복사 민원의 처리는 법률의 제정이 없더라도 불가능한 것이 아니라고 할 것이다(헌재 1989.9.4. 88헌마22).
2. '알 권리'의 실현은 법률의 제정이 뒤따라 이를 구체화시키는 것이 충실하고도 바람직하지만, 그러한 법률이 제정되어 있지 않다고 하더라도 불가능한 것은 아니고 헌법 제21조에 의해 직접 보장될 수 있다고 하는 것이 헌법재판소의 확립된 판례인 것이다(헌재 1991.5.13. 90헌마133).

(3) 연혁

독일기본법과 세계인권선언은 알 권리를 명문화하고 있고 미국은 정보자유법, 우리나라는 1996년 공공 기관의정보공개에관한법률을 제정하여 알 권리를 보장하고 있다.

(4) 법적 근거

알 권리는 헌법 제21조의 표현의 자유의 한 내용이며, 알 권리의 보장은 국민주권주의(헌법 제1조), 인간의 존엄과 가치(헌법 제10조), 인간다운 생활을 할 권리(헌법 제34조 제1항)도 아울러 신장시키는 결과가 된다고 할 것이다(헌재 1991.5.13. 90헌마133).

(5) 주체

국민인 **자연인, 외국인, 법인, 권리능력 없는 사단·재단**도 알 권리의 주체가 될 수 있다. 이해당사자만이 아니라 모든 국민은 정보공개청구권을 가진다.

판례 | 알 권리 주체

1. 국민은 헌법상 보장된 알 권리의 한 내용으로서 국회에 대하여 입법과정의 공개를 요구할 권리를 가지며, 국회의 의사에 대하여는 **직접적인 이해관계 유무와 상관없이 일반적 정보공개청구권을 가진다**고 할 수 있다(헌재 2009.9.24. 2007헌바17).

2. 이러한 '알 권리'의 보장의 범위와 한계는 헌법 제21조 제4항, 제37조 제2항에 의해 제한이 가능하고 장차는 법률에 의하여 그 구체적인 내용이 규정되겠지만, '알 권리'에 대한 제한의 정도는 청구인에게 이해관계가 있고 타인의 기본권을 침해하지 않으면서 동시에 공익실현에 장애가 되지 않는다면 가급적 널리 인정하여야 할 것이고 적어도 **직접의 이해관계가 있는 자에 대하여는 특단의 사정이 없는 한 의무적으로 공개하여야 한다고 할 것이다**(헌재 1991.5.13. 90헌마133).

(6) 내용

① **정보의 자유**: 알 권리는 정보에 대한 접근에 대해 국가의 간섭을 받지 않을 권리이다. 또한 수집한 정보를 선택할 수 있는 권리이다.

☭판례 │ 정보의 자유

1. **군내불온서적소지를 금지**하는 군인복무규율은 공개청구권과 관련된 것이 아니라 일반적으로 접근할 수 있는 정보원으로부터 자유로운 정보수집을 제한하고 있으므로 별도의 입법을 필요로 하지 않고 보장되는 자유권적 성격의 알 권리를 제한한다(헌재 2010.10.28. 2008헌마638).

2. 국민의 알 권리는 국민 누구나가 일반적으로 접근할 수 있는 모든 정보원으로부터 정보를 수집할 수 있는 권리로서 **정보수집의 수단**에는 제한이 없는 권리이다(헌재 2002.12.18. 2000헌마764).

3. 헌법 제21조 등에서 도출되는 기본권인 알 권리는 모든 정보원으로부터 일반적 정보를 수집하고 이를 처리할 수 있는 권리를 말하는데, 여기서 **'일반적'이란 신문, 잡지, 방송 등 불특정 다수인에게 개방될 수 있는 것을**, '정보'란 양심, 사상, 의견, 지식 등의 형성에 관련이 있는 일체의 자료를 말한다(헌재 2010.10.28. 2008헌마638).

4. 텔레비전 시청은 수용자가 제한된 범위에서나마 자유로운 의사형성의 전제가 되는 일반적 정보에 접근할 수 있는 기본적인 수단이라는 점에서, 금치기간 중 **텔레비전 시청을 금지**하는 이 사건 금치조항 중 제108조 제6호에 관한 부분은 청구인의 알 권리를 제한한다(헌재 2016.5.26. 2014헌마45).

② **정보공개청구권**: 알 권리는 국가기관에 대해 국가의 정보를 공개할 것을 요구할 수 있는 권리이다.

☭판례 │ 정보공개청구권

1. 알 권리는 일반적으로 접근할 수 있는 정보원으로부터 자유롭게 정보를 수령·수집하거나, 국가기관 등에 대하여 정보의 공개를 청구할 수 있는 권리를 말한다. 알 권리는 표현의 자유와 표리일체의 관계에 있으며, 자유권적 성질과 청구권적 성질을 공유한다. 자유권적 성질은 일반적으로 정보에 접근하고 수집·처리함에 있어서 국가권력의 방해를 받지 아니한다는 것을 말하며, 청구권적 성질은 의사형성이나 여론형성에 필요한 정보를 적극적으로 수집할 권리 등을 의미하는 것이다. 정보공개청구권은 정부나 공공기관이 보유하고 있는 정보에 대하여 정당한 이해관계가 있는 자가 그 공개를 요구할 수 있는 권리로서, 알 권리의 청구권적 성질과 밀접하게 관련된다(헌재 2019.7.25. 2017헌마1329).

2. **알 권리는 적어도 이미 생성되어 존재하는 정보원(情報源)을 전제로 하는 것이며**, 인식의 대상이 되는 정보원이 존재하지 아니하는 경우에는 알 권리가 제한될 여지가 없다. 현존하는 정보원에 대한 접근을 넘어 적극적으로 **새로운 정보의 생성을 구하는 것**은 헌법이 보장하는 알 권리의 보호대상에 포함된다고 볼 수 없다(헌재 2015.12.23. 2015헌바66).

3. 국민은 헌법상 보장된 알 권리의 한 내용으로서 국회에 대하여 입법과정의 공개를 요구할 권리를 가지며, 국회의 의사에 대하여는 직접적인 이해관계 유무와 상관없이 일반적 정보공개청구권을 가진다고 할 수 있다(헌재 2009.9.24. 2007헌바17).

(7) 국가기밀(국가안전보장)의 충돌

　① **헌법재판소 판례:** 군사기밀의 범위는 국민의 표현의 자유 내지 알 권리의 대상영역을 최대한 넓혀줄 수 있도록 필요한 최소한도에 한정되어야 할 것이며, 따라서 군사기밀 보호법 제6조 등은 '군사상의 기밀'이 **비공지의 사실로서** 적법절차에 따라 군사기밀로서의 표지를 갖추고 그 누설이 국가의 안전보장에 명백한 위험을 초래한다고 볼만큼의 실질가치를 지닌 것으로 인정되는 경우에 한하여 적용된다 할 것이므로 이러한 해석하에 헌법에 위반되지 아니한다(헌재 1992.2.25. 89헌가104). 따라서 국가기밀 여부는 비밀관리주체의 의사만을 기준으로 해서는 아니된다.

　② **대법원 판례:** 대법원의 종래 판례는 공지된 사항이라도 북한에게 유리한 경우 국가기밀로 보았으나 최근에는 공지의 사실·지식 등은 국가기밀이 아니라는 입장으로 판례가 변경되었다(대판 전합체 1997.7.16. 97도985).

(8) 정부의 정보공개의무

　정보공개청구가 있으면 법령의 규정과 관계없이 정보를 공개할 의무가 있으나 청구가 없으면 법률의 규정이 있어야 공개할 의무가 발생한다.

> **헌법 제50조 【국회회의공개】** ① 국회의 회의는 공개한다. 다만, 출석의원 과반수의 찬성이 있거나 의장이 **국가의 안전보장**을 위하여 필요하다고 인정할 때에는 공개하지 아니할 수 있다.
>
> **제109조 【재판공개원칙】** 재판의 심리와 판결은 공개한다. 다만, 심리는 국가의 안전보장 또는 안녕질서를 방해하거나 선량한 풍속을 해할 염려가 있을 때에는 법원의 결정으로 공개하지 아니할 수 있다.

> ⚖ **판례 | 정보공개청구가 없는 경우 공공기관의 정보공개의무** (헌재 2004.12.16. 2002헌마579)
>
> 1. 한국과 중국은 마늘 수입제한조치를 연장하지 않기로 합의했다.
> 2. 원칙적으로 국가에게 이해관계인의 공개청구 이전에 적극적으로 정보를 공개할 것을 요구하는 것까지 알 권리로 보장되는 것은 아니다. 따라서 일반적으로 국민의 권리·의무에 영향을 미친 정책결정 등에 관하여 적극적으로 그 내용을 알 수 있도록 공개할 **국가의 의무**는 기본권인 알 권리에 의하여 바로 인정될 수 없고 이에 대한 구체적 입법이 있는 경우에야 비로소 가능하다.
> 3. 알 권리에서 파생되는 정부의 공개의무는 특별한 사정이 없는 한 국민의 적극적인 정보수집행위, 특히 특정의 정보에 대한 공개청구가 있는 경우에야 비로소 존재한다.
> 4. 마늘농가 국민들이 마늘합의서에 대한 공개청구를 하지 않은 경우 행정부는 한·중 마늘합의서를 공개할 의무는 없다.
> 5. 정보공개청구가 없는 경우에 행정청의 공개의무는 법률에 규정이 있어야 인정된다.

(9) 제한

　알 권리는 헌법 제37조 제2항에 의해 제한될 수 있을 뿐 아니라, 헌법 제21조 제4항에 의해서도 제한될 수 있다.

> ⚖ **판례 | 알 권리의 제한가능성**
>
> '알 권리'도 헌법유보(제21조 제4항)와 일반적 법률유보(제37조 제2항)에 의해 제한될 수 있음은 물론이며, … 알 권리에 대한 제한의 정도는 청구인에게 이해관계가 있고 공익에 장애가 되지 않는다면 널리 인정해야 할 것으로 생각하며, 적어도 직접의 이해관계가 있는 자에 대하여서는 의무적으로 공개하여야 한다는 점에 대하여는 이론의 여지가 없을 것으로 사료된다(헌재 1989.9.4. 88헌마22).

⚖️ 판례 ┃ 알 권리 제한이 아닌 것

1. 태아성별고지금지

태아의 성별에 대해 임신기간 동안 이를 알려주는 것을 금지하는 것은 태아 부모의 태아 성별에 대한 알 권리를 제한하는 것이 아니다. 장래 가족의 구성원이 될 태아의 성별 정보에 대한 접근을 국가로부터 방해받지 않을 부모의 권리는 이와 같은 일반적 인격권에 의하여 보호된다고 보아야 할 것인바, 이 사건 규정은 일반적 인격권으로부터 나오는 부모의 태아성별정보에 대한 접근을 방해받지 않을 권리를 제한하고 있다고 할 것이다(헌재 2008.7.31. 2004헌마1010).

2. 공판조서의 절대적 증명력을 규정한 형사소송법 조항은 공판조서의 증명력을 규정하고 있을 뿐 공판조서의 내용에 대한 접근·수집·처리 등에 관한 규정이 아니어서, 정보에의 접근·수집·처리의 자유를 의미하는 알 권리에 어떠한 제한이 있다고 보기 어려우므로, 이에 관하여는 더 나아가 살피지 아니한다(헌재 2013.8.29. 2011헌바253).

3. 헌법 제21조 등에서 도출되는 기본권인 알 권리는 일반적으로 접근할 수 있는 정보원으로부터 자유롭게 정보를 수령·수집하거나, 국가기관 등에 대하여 정보의 공개를 청구할 수 있는 권리를 말하는데, 타인의 금융거래정보는 불특정다수인에게 개방되어 일반적으로 접근할 수 있는 정보라고 보기 어렵고, 금융회사 등에 종사하는 자에 대한 정보요구가 국가기관 등에 대하여 정보의 공개를 청구할 수 있는 권리와 관련되어 있다고 보기도 어려운바, 알 권리는 누구든지 금융회사등에 종사하는 자에게 거래정보등의 제공을 요구하는 것을 금지하고, 위반시 형사처벌하는 금융실명법 조항에 의해 제한되는 기본권에 해당하지 않는다(헌재 2022.2.24. 2020헌가5).

> **비교** 개별 교원이 어떤 교원단체나 노동조합에 가입해 있는지에 대한 정보 공개를 제한하는 것은 학부모인 청구인들의 알 권리를 제한하는 것이다(헌재 2011.12.29. 2010헌마293).

4. 국가항공보안계획 제8장 승객·휴대물품·위탁수하물 등 보안대책 중 8.1.19 가운데 체약국의 요구가 있는 경우 항공운송사업자의 추가 보안검색 실시하도록 한 국가항공보안계획

청구인은 알 권리의 침해도 주장하나, 헌법 제21조 등에서 도출되는 기본권인 알 권리는 일반적으로 접근할 수 있는 정보원으로부터 자유롭게 정보를 수령·수집하거나, 국가기관 등에 대하여 정보의 공개를 청구할 수 있는 권리를 말하는바, 항공기의 취항 예정지인 체약국이 어떠한 사유로 특정인에 대해 추가 보안검색을 요구하게 되는 것인지가 일반적인 정보라고 보기 어렵고, 이 사건 국가항공보안계획은 체약국의 요구가 있으면 항공운송사업자가 그 요구에 따라 탑승 수속 전 또는 탑승구 앞에서 추가 보안검색을 실시하는 것에 대해 규정하고 있을 뿐이므로 **이 사건 국가항공보안계획에 의해 알 권리가 제한된다고 볼 수 없다**(헌재 2018.2.22. 2016헌마780).

⚖️ 판례 ┃ 국회위원회 방청불허행위 (헌재 2000.6.29. 98헌마443)

1. 의원이 아닌 자의 위원회 방청은 위원장의 허가를 받도록 한 국회법 제55조

국회법 제55조 제1항은 위원회의 공개원칙을 전제로 한 것이지, 비공개를 원칙으로 하여 위원장의 자의에 따라 공개 여부를 결정케 한 것이 아닌바, 위원장이라고 하여 아무런 제한 없이 임의로 방청불허 결정을 할 수 있는 것이 아니라, 회의장의 장소적 제약으로 불가피한 경우, 회의의 원활한 진행을 위하여 필요한 경우 등 결국 회의의 질서유지를 위하여 필요한 경우에 한하여 방청을 불허할 수 있는 것으로 제한적으로 풀이되며, 이와 같이 이해하는 한, 위 조항은 헌법에 규정된 의사공개의 원칙에 저촉되지 않으면서도 국민의 방청의 자유와 위원회의 원활한 운영 간에 적절한 조화를 꾀하고 있다고 할 것이므로 국민의 기본권을 침해하는 위헌조항이라 할 수 없다.

2. 방청불허의 알 권리 침해 여부(소극)

예산특별위원회의 계수조정위원회가 시민단체회원의 **방청을 불허한 행위**는 국회의 자율권에 속하므로, 명백히 자의적인지 여부를 기준으로 심사해야 하고, 이 사건 방청불허행위는 명백히 자의적인 것으로 볼 수 없으므로 알 권리 침해라고 할 수 없다.

📖 법률정리

공공기관의 정보공개에 관한 법률

1. 공공기관의 의의

정보공개청구의 대상인 공공기관에는 국가기관, 지방자치단체뿐 아니라 사립학교도 포함된다.

> ### ⚖️ 판례 | 사립대학교는 정보공개의무를 지는 공공기관이다.
>
> 사립대학교에 대한 국비 지원이 한정적·일시적·국부적이라는 점을 고려하더라도, 같은 법 시행령 제2조 제1호가 정보공개의무를 지는 공공기관의 하나로 사립대학교를 들고 있는 것이 모법인 구 공공기관의 정보공개에 관한 법률의 위임 범위를 벗어났다거나 사립대학교가 국비의 지원을 받는 범위 내에서만 공공기관의 성격을 가진다고 볼 수 없다(대판 2006.8.24. 2004두2783).

2. 정보의 공개

(1) 정보공개 원칙과 예외

① **원칙**: 공공기관이 보유·관리하는 정보는 공개하여야 한다.

② **예외**: 공개하지 아니할 수 있는 정보는 다음과 같다(법 제9조).

  ㉠ 다른 법률 또는 법률이 위임한 명령(국회규칙·대법원규칙·헌법재판소규칙·중앙선거관리위원회규칙·대통령령 및 조례에 한한다)에 의하여 비밀 또는 비공개 사항으로 규정된 정보

  ㉡ 국가안전보장·국방·통일·외교관계 등에 관한 사항으로서 공개될 경우 국가의 중대한 이익을 현저히 해할 우려가 있다고 인정되는 정보

  ㉢ 공개될 경우 국민의 생명·신체 및 재산의 보호에 현저한 지장을 초래할 우려가 있다고 인정되는 정보

  ㉣ 당해 정보에 포함되어 있는 이름·주민등록번호 등 개인에 관한 사항으로서 공개될 경우 개인의 사생활의 비밀 또는 자유를 침해할 우려가 있다고 인정되는 정보. 다만, 공무원의 성명·직명 등은 공개할 정보이다.

  ㉤ 법인, 단체 또는 개인의 경영·영업상 비밀에 관한 사항으로서 공개될 경우 법인 등의 정당한 이익을 현저히 해할 우려가 있다고 인정되는 정보. 다만, 다음에 열거한 정보를 제외한다.

(2) 청구권자

<u>모든 국민</u>은 정보의 공개를 청구할 권리를 가지고, 외국인도 대통령령이 정하는 바에 따라 정보공개청구를 할 수 있다(법 제15조).

> 참고 일반국민은 이해관계 유무와 상관없이 정보공개를 청구할 수 있다.

(3) 청구방법

정보공개 청구권자는 청구인의 성명·생년월일·주소 및 연락처 공개를 청구하는 정보의 내용 및 공개방법을 기재한 정보공개 청구서를 제출하거나 말로써 정보의 공개를 청구할 수 있다. 다만, 청구인의 주민등록번호는 본인임을 확인하고 공개 여부를 결정할 필요가 있는 정보를 청구하는 경우로 한정한다(법 제10조).

(4) 정보공개 여부의 결정

공공기관은 정보공개의 청구가 있는 때에는 청구를 받은 날부터 10일 이내에 공개 여부를 결정하여야 한다. 공공기관은 부득이한 사유로 제1항에 규정된 기간 이내에 공개 여부를 결정할 수 없는 때에는 그

기간의 만료일 다음 날부터 기산하여 10일 이내의 범위에서 공개 여부 결정기간을 연장할 수 있다(법 제11조).

(5) 정보의 공개방법

공개청구한 정보가 제9조 제1항 각 호의 1에 해당하는 부분과 공개가 가능한 부분이 혼합되어 있는 경우로서 공개청구의 취지에 어긋나지 아니하는 범위 안에서 두 부분을 분리할 수 있는 때에는 제9조 제1항 각 호의 1에 해당하는 부분을 제외하고 **공개하여야 한다**(법 제14조).

⚖️ 판례 | 분리공개의무를 위반한 행정청의 전부거부에 대한 부분 취소

법원이 행정청의 정보공개거부처분의 위법 여부를 심리한 결과 공개를 거부한 정보에 비공개대상정보에 해당하는 부분과 공개가 가능한 부분이 혼합되어 있고 공개청구의 취지에 어긋나지 아니하는 범위 안에서 두 부분을 분리할 수 있음을 인정할 수 있을 때에는, 위 정보 중 공개가 가능한 부분을 특정하고 판결의 주문에 행정청의 위 거부처분 중 공개가 가능한 정보에 관한 부분만을 취소한다고 표시하여야 한다(대판 2010.2.11. 2009두6001).

---

(6) 정보의 전자적 공개

공공기관의 정보공개에 관한 법률 제15조【정보의 전자적 공개】 ① 공공기관은 전자적 형태로 보유·관리하는 정보에 대하여 청구인이 전자적 형태로 공개하여 줄 것을 요청하는 경우에는 그 정보의 성질상 현저히 곤란한 경우를 제외하고는 청구인의 요청에 따라야 한다.
② 공공기관은 전자적 형태로 보유·관리하지 아니하는 정보에 대하여 청구인이 전자적 형태로 공개하여 줄 것을 요청한 경우에는 정상적인 업무수행에 현저한 지장을 초래하거나 그 정보의 성질이 훼손될 우려가 없으면 그 정보를 전자적 형태로 변환하여 공개할 수 있다.

---

(7) 정보의 공개 및 우송 등에 드는 비용은 실비(實費)의 범위에서 **청구인이** 부담한다(법 제17조 제1항).

(8) 정보공개에 관한 정책의 수립 및 제도개선에 관한 사항을 심의·조정하기 위하여 **국무총리** 소속하에 정보공개위원회를 둔다(법 제22조). ➡ **행정안전부장관 소속**으로 정보공개위원회를 둔다로 개정됨(2023.11.17. 시행 예정).

3. 불복절차

청구인이 정보공개와 관련한 공공기관의 비공개결정 또는 부분공개결정에 대하여 불복이 있거나 정보공개 청구 후 20일이 경과하도록 정보공개 결정이 없는 때에는 공공기관으로부터 정보공개 여부의 결정 통지를 받은 날 또는 정보공개 청구 후 20일이 경과한 날부터 이의신청 또는 행정심판 또는 행정소송을 제기할 수 있다.

4. 제3자의 정보에 대한 공개

정보공개 청구된 사실을 통지받은 제3자는 그 통지를 받은 날부터 3일 이내에 해당 공공기관에 대하여 자신과 관련된 정보를 공개하지 아니할 것을 요청할 수 있다. 비공개 요청에도 불구하고 공공기관이 공개결정을 할 때에는 공개결정 이유와 공개 실시일을 분명히 밝혀 지체 없이 문서로 통지하여야 하며, 제3자는 해당 공공기관에 문서로 이의신청을 하거나 행정심판 또는 행정소송을 제기할 수 있다. 이 경우 이의신청은 통지를 받은 날부터 7일 이내에 하여야 한다. 공공기관은 공개 결정일과 공개 실시일 사이에 최소한 30일의 간격을 두어야 한다(법 제21조).

> **참고** 제3자의 정보에 대한 청구는 개인정보 보호법이 아니라 공공기관의 정보공개에 관한 법률에서 인정되고 있다. 제3자가 정보공개를 반대하더라도 정보를 공개할 수 있다.

⚖️판례 | 알 권리 침해 여부

침해인 것

1. 임야조사서와 토지조사부는 비공개해야 할 정보가 아니므로 **임야조사서 열람신청에 대한 이천군수의 부작위**는 알 권리를 침해한다(헌재 1989.9.4. 88헌마22).

2. 유죄판결을 받은 당사자의 **형사확정소송기록의 등사신청에 대한 거부**는 알 권리를 침해한다(헌재 1991.5.13. 90헌마133).

3. **저속한 간행물 출판사 등록 취소**

   음란한 간행물이 아닌 저속한 간행물의 출판을 전면 금지**시키고 출판사의 등록을 취소시킬 수 있도록** 하는 것은 성인의 알 권리까지 침해하게 된다(헌재 1998.4.30. 95헌가16).

4. **변호사시험 성적 미공개** (헌재 2015.6.25. 2011헌마769)

   ① **제한되는 기본권**: 심판대상조항은 변호사시험 합격자에 대하여 그 성적을 공개하지 않도록 규정하고 있을 뿐이고, 이러한 시험 성적의 비공개가 청구인들의 법조인으로서의 직역 선택이나 직업수행에 있어서 어떠한 제한을 두고 있는 것은 아니므로 심판대상조항이 청구인들의 직업선택의 자유를 제한하고 있다고 볼 수 없다. 청구인의 변호사시험 성적 공개 요구는 개인정보의 보호나 개인정보의 수집, 보유, 이용에 관한 통제권을 실질적으로 보장해 달라는 것으로 보기 어렵고, 변호사시험 성적이 정보주체의 요구에 따라 수정되거나 삭제되는 등 정보주체의 통제권이 인정되는 성질을 가진 개인정보라고 보기도 어렵다. 따라서 **심판대상조항이 개인정보자기결정권을 제한하고 있다고 보기 어렵다.** 알 권리 침해 여부를 판단하는 이상, 인간으로서의 존엄과 가치 및 행복추구권 침해 여부에 대해서는 별도로 판단하지 않는다. 다른 자격시험 응시자와 변호사시험 응시자를 본질적으로 동일한 비교집단으로 볼 수 없다. 따라서 심판대상조항이 청구인들을 다른 자격시험 응시자와 차별취급하고 있다고 볼 수 없으므로 심판대상조항에 의한 평등권 침해 문제는 발생하지 않는다. 이 사건의 쟁점은 변호사시험 성적을 합격자 본인에게도 공개하지 않는 것이 **청구인들의 알 권리(정보공개청구권)를 침해하는지 여부이다.**

   ② **과잉금지원칙 위반 여부**: 변호사시험 성적 비공개를 통하여 법학전문대학원 간의 과다경쟁 및 서열화를 방지하고, 교육과정이 충실하게 이행될 수 있도록 하여 다양한 분야의 전문성을 갖춘 양질의 변호사를 양성하기 위한 심판대상조항의 입법목적은 정당하다. 시험 성적이 공개될 경우 변호사시험 대비에 치중하게 된다는 우려가 있으나, 좋은 성적을 얻기 위해 노력하는 것은 당연하고 시험성적을 공개하지 않는다고 하여 변호사시험 준비를 소홀히 하는 것도 아니다. 오히려 시험성적을 공개하는 경우 경쟁력 있는 법률가를 양성할 수 있고, 각종 법조직역에 채용과 선발의 객관적 기준을 제공할 수 있다. 따라서 변호사시험 성적의 비공개는 기존 대학의 서열화를 고착시키는 등의 부작용을 낳고 있으므로 수단의 적절성이 인정되지 않는다. 또한 법학교육의 정상화나 교육 등을 통한 우수 인재 배출, 대학원 간의 과다경쟁 및 서열화 방지라는 입법목적은 법학전문대학원 내의 충실하고 다양한 교과과정 및 엄정한 학사관리 등과 같이 알 권리를 제한하지 않는 수단을 통해서 달성될 수 있고, 변호사시험 응시자들은 자신의 변호사시험 성적을 알 수 없게 되므로, 심판대상조항은 침해의 최소성 및 법익의 균형성 요건도 갖추지 못하였다. 따라서 심판대상조항은 과잉금지원칙에 위배하여 청구인들의 알 권리를 침해한다.

5. **변호사시험법 부칙 제2조 중 '이 법 시행일부터 6개월 내에' 부분이 과잉금지원칙에 위배되어 청구인의 정보공개청구권을 침해하는지 여부(적극)**

   특례조항은 변호사시험 성적에 관한 정보 유출 사고의 위험을 낮추고 성적 정보 등의 관리에 관한 국가의 업무 부담을 줄이려는 목적을 가지는바, 이러한 입법목적은 정당하다. 성적 공개 청구기간을 일정한 기간으로 제한하는 것은 입법목적 달성을 위한 적합한 수단이다. 변호사의 취업난이 가중되고 있다는 점, 이직을 위해서도 변호사시험 성적이 필요할 수 있다는 점 등을 고려하면, 변호사시험 합격자에게 취업 및 이직에 필요한 상당한 기간 동안 자신의 성적을 활용할 기회를 부여할 필요가 있다. 특례조항에서 정하고 있는 '이 법 시행일부터 6개월 내'라는 기간은 변호사시험 합격자가 취업시장에서 성적 정보에 접근하고 이를 활용하기에 지나치게 짧다. 변호사시험 합격자는 성적 공개 청구기간 내에 열람한 성적 정보를 인쇄하는 등의 방법을 통해 개별적으로 자신의 성적 정보를 보관할 수 있으나, 성적 공개 청구기간이 지나치게 짧아 정보에 대한 접근을 과도하게 제한하는 이상, 이러한 점을 들어 기본권 제한이 충분히 완화되어 있다고 보기도 어렵다. 이상을 종합하면, 특례조항은 과잉금지원칙에 위배되어 청구인의 정보공개청구권을 침해한다(헌재 2019.7.25. 2017헌마1329).

6. 정치자금법에 따라 회계보고된 자료의 열람기간을 3월간으로 제한한 정치자금법

사건 열람기간제한 조항이 회계보고된 자료의 열람기간을 3월간으로 제한한 것은, 정치자금을 둘러싼 법률관계 또는 분쟁을 조기에 안정시키고, 선거관리위원회가 방대한 양의 자료를 보관하면서 열람을 허용하는 데 따르는 업무부담을 줄이기 위한 것으로 입법목적이 정당하며, 위 입법목적을 달성하는 데 기여하는 적합한 수단이다.

정치자금의 수입과 지출명세서 등에 대한 사본교부 신청이 허용된다고 하더라도, 검증자료에 해당하는 영수증, 예금통장을 직접 열람함으로써 정치자금 수입·지출의 문제점을 발견할 수 있다는 점에서 이에 대한 접근이 보장되어야 한다. 영수증, 예금통장은 현행법령 하에서 사본교부가 되지 않아 열람을 통해 확인할 수밖에 없음에도 열람 중 필사가 허용되지 않고 열람기간마저 3월간으로 짧아 그 내용을 파악하고 분석하기 쉽지 않다. 또한 열람기간이 공직선거법상의 단기 공소시효조차 완성되지 아니한, 공고일부터 3개월 후에 만료된다는 점에서도 지나치게 짧게 설정되어 있다. 한편 선거관리위원회는 데이터 생성·저장 기술의 발전을 이용해 자료 보관, 열람 등의 업무부담을 상당 부분 줄여왔고, 앞으로도 그 부담이 과도해지지 않도록 할 수 있을 것으로 보인다. 이를 종합하면 정치자금을 둘러싼 분쟁 등의 장기화 방지 및 행정부담의 경감을 위해 열람기간의 제한 자체는 둘 수 있다고 하더라도, 현행 기간이 지나치게 짧다는 점은 명확하다. 그렇다면 이 사건 열람기간제한 조항은 과잉금지원칙에 위배되어 청구인 신○○의 알 권리를 침해한다(헌재 2021.5.27. 2018헌마168).

7. 정보위원회 회의를 비공개하도록 규정한 국회법 (헌재 2022.1.27. 2018헌마1162)

① **헌법 제50조 제1항의 위반 여부**: 헌법 제50조 제1항은 본문에서 국회의 회의를 공개한다는 원칙을 규정하면서, 단서에서 '출석의원 과반수의 찬성이 있거나 의장이 국가의 안전보장을 위하여 필요하다고 인정할 때'에는 이를 공개하지 아니할 수 있다는 예외를 두고 있다. 이러한 헌법 제50조 제1항의 구조에 비추어 볼 때, 헌법상 의사공개원칙은 모든 국회의 회의를 항상 공개하여야 하는 것은 아니나 이를 공개하지 아니할 경우에는 헌법에서 정하고 있는 일정한 요건을 갖추어야 한다. 또한 헌법 제50조 제1항 단서가 정하고 있는 회의의 비공개를 위한 절차나 사유는 그 문언이 매우 구체적이어서, 이에 대한 예외도 엄격하게 인정되어야 한다. 따라서 헌법 제50조 제1항으로부터 일체의 공개를 불허하는 절대적인 비공개가 허용된다고 볼 수는 없는바, 특정한 내용의 국회의 회의나 특정 위원회의 회의를 일률적으로 비공개한다고 정하면서 공개의 여지를 차단하는 것은 헌법 제50조 제1항에 부합하지 아니한다.

② **심판대상조항이 의사공개원칙에 위배되는지 여부**: 심판대상조항은 정보위원회의 회의 일체를 비공개하도록 정함으로써 정보위원회 활동에 대한 국민의 감시와 견제를 사실상 불가능하게 하고 있다. 또한 헌법 제50조 제1항 단서에서 정하고 있는 비공개사유는 각 회의마다 충족되어야 하는 요건으로 입법과정에서 재적의원 과반수의 출석과 출석의원 과반수의 찬성으로 의결되었다는 사실만으로 헌법 제50조 제1항 단서의 '출석위원 과반수의 찬성'이라는 요건이 충족되었다고 볼 수도 없다. 따라서 심판대상조항은 헌법 제50조 제1항에 위배되는 것으로 청구인들의 알 권리를 침해한다.

침해가 아닌 것

1. **교화상 또는 구금목적에 특히 부적당하다고 인정되는 기사, 조직범죄 등 수용자 관련범죄기사에 대한 신문기사 삭제행위**는 구치소 내 질서유지와 보안을 위한 것으로, 이는 수용질서를 위한 청구인의 알 권리에 대한 최소한의 제한이라고 볼 수 있으며, 청구인의 알 권리를 침해한 것은 아니다(헌재 1998.10.29. 98헌마4).

2. 군의 국가안전보장 및 국토방위의무의 효과적인 수행이라는 공익을 위해 **불온도서의 소지·전파 등을 금지하는 군인복무규율**은 알 권리를 침해한다고 볼 수 없다(헌재 2010.10.28. 2008헌마638).

3. 교원의 교원단체 및 노동조합 가입에 관한 정보는 '개인정보 보호법'상의 민감정보로서 특별히 보호되어야 할 성질의 것이므로 공시대상정보로서 **교원의 교원단체 및 노동조합 가입현황(인수)만을 규정할 뿐 개별 교원의 명단은 규정하고 있지 아니한** 구 '교육관련기관의 정보공개에 관한 특례법 시행령'은 알 권리 침해는 아니다(헌재 2011.12.29. 2010헌마293).

4. 업무의 공정한 수행에 현저한 지장을 초래한다고 인정할 만한 상당한 이유가 있는 정보를 비공개

인사관리에 관한 사항 중에서 공개될 경우 업무의 공정한 수행에 현저한 지장을 초래할 우려가 있는 정보만을 비공개 대상 정보로 규정하는 등 비공개 가능한 정보의 요건을 강화하고 있다. 또한 공공기관의 재량을 통제하는 방법으로 정보공개법은 비공개결정에 대하여 청구인이 이의신청할 수 있는 절차도 마련하고 있다. 공공기관 전체 업무의 적정성을 높이기 위하여 내부적으로 적시에 적절한 인사행정이 가능하도록 보장하는 것이 무엇보다 중요하다는 점을 고려할 때, 심판대상조항으로 인하여 제한되는 사익보다 보호되는 공익이 크다고 할 것이다. 따라서 심판대상조항은 정보공개청구권을 침해한다고 할 수 없다(헌재 2021.5.27. 2019헌바224).

5. 금치처분을 받은 미결수용자에게 금치기간 중 신문 및 자비구매도서 열람제한

신문과 도서의 열람은 라디오 청취 및 텔레비전 시청과 함께 수용자가 제한된 범위에서나마 구금 또는 수용시설에서 자유로운 의사형성의 전제가 되는 정보에 접근할 수 있는 기본적인 수단이라는 점에서, 신문과 도서의 열람을 제한하는 것은 알 권리에 대한 제한이 된다. 미결수용자의 규율위반행위 등에 대한 제재로서 금치처분과 함께 금치기간 중 신문과 자비구매도서의 열람을 제한하는 것은, 규율위반자에 대해서는 반성을 촉구하고 일반 수용자에 대해서는 규율 위반에 대한 불이익을 경고하여 수용자들의 규율 준수를 유도하며 궁극적으로 수용질서를 확립하기 위한 것이다. 위 조항들은 최장 30일의 기간 내에서만 신문이나 도서의 열람을 금지하고 열람을 금지하는 대상에 수용시설 내 비치된 도서는 포함시키지 않고 있으므로 위 조항들이 청구인의 알 권리를 과도하게 제한한다고 보기 어렵다(헌재 2016.4.28. 2012헌마549).

6. **선거기간 중 선거에 관한 여론조사의 결과공표 금지**는 과잉금지의 원칙에 위배하여 언론·출판의 자유와 알 권리 및 선거권을 침해하였다고 할 수 없다(헌재 1995.7.21. 92헌마177).

7. 한의사 국가시험의 문제와 정답을 공개하지 아니할 수 있도록 한 것

시험의 관리에 있어서 가장 중요한 것은 정확성과 공정성이므로, 이를 위하여 시험문제와 정답, 채점기준 등 시험의 정확성과 공정성에 영향을 줄 수 있는 모든 정보는 사전에 엄격하게 비밀로 유지되어야 할 뿐만 아니라, 공공기관에서 시행하는 대부분의 시험들은 평가대상이 되는 지식의 범위가 한정되어 있고 그 시행도 주기적으로 반복되므로 이미 시행된 시험에 관한 정보라 할지라도 이를 제한없이 공개할 경우에는 중요한 영역의 출제가 어려워지는 등 시험의 공정한 관리 및 시행에 영향을 줄 수밖에 없다고 할 것이므로, 이 사건 법률조항이 시험문제와 정답을 공개하지 아니할 수 있도록 한 것이 과잉금지원칙에 위반하여 알 권리를 침해한다고 볼 수 없다(헌재 2011.3.31. 2010헌바29).

8. **법원이 형을 선고받은 피고인에게 재판서를 송달하지 않는다고 하여** 국민의 알 권리를 침해한다고 할 수 없다. 재판의 선고는 공판기일에 출석한 피고인에게 주문을 낭독하고 이유의 요지를 설명하여야 하는 것이 원칙으로 되어 있으므로, 법원이 형을 선고받은 피고인에게 재판서를 송달하지 않는다고 하여 국민의 알 권리를 침해한다고 할 수 없다(헌재 1995.3.23. 92헌바1).

9. 신문의 편집인 등으로 하여금 아동보호사건에 관련된 아동학대행위자를 특정하여 파악할 수 있는 인적 사항 등을 신문 등 출판물에 싣거나 방송매체를 통하여 방송할 수 없도록 하는 '아동학대범죄의 처벌 등에 관한 특례법'
(헌재 2022.10.27. 2021헌가4)

① 언론인의 <u>언론·출판의 자유를</u> 제한한다. 한편, 알 권리는 국민이 일반적으로 접근할 수 있는 정보원으로부터 자유롭게 정보를 수령·수집하거나 의사형성이나 여론형성에 필요한 정보를 적극적으로 수집하고 수집에 대한 방해의 제거를 국가기관 등에 청구할 수 있는 권리로서 헌법 제21조에 의하여 직접 보장되는 기본권으로, 신문, 방송 등은 국민이 일반적으로 접근할 수 있는 정보원에 해당한다. 심판대상조항은 아동보호사건에 관련된 아동학대행위자의 식별정보에 대한 보도를 금지함으로써 결과적으로 국민들이 아동학대행위자에 대한 정보에 일반적으로 접근할 수 없게 하므로, <u>알 권리를 제한한다.</u>

② 보도금지조항은 아동학대사건 보도를 전면금지하지 않으며 오직 식별정보에 대한 보도를 금지할 뿐으로, 익명화된 형태의 사건보도는 가능하다. 따라서 <u>보도금지조항으로 제한되는 사익은 아동학대행위자의 식별정보 보도라는 자극적인 보도의 금지에 지나지 않는 반면 이를 통해 달성하려는 2차 피해로부터의 아동보호 및 아동의 건강한 성장이라는 공익은 매우 중요하다. 따라서 보도금지조항은 언론·출판의 자유와 국민의 알 권리를 침해하지 않는다.</u>

10. 인터넷 등 전자적 방법에 의한 판결서 열람·복사의 범위를 개정법 시행 이후 확정된 사건의 판결서로 한정하고 있는 군사법원법 부칙

이 사건 부칙조항은 판결서 공개제도를 실현하는 과정에서 그 공개범위를 일정 부분 제한하여 판결서 공개에 필요한 국가의 재정이나 용역의 부담을 경감·조정하고자 하는 것이다. 어떤 새로운 제도를 도입할 때에는 그에 따른 사회적 비용도 함께 고려하여 부분적인 개선 방식을 취할 수도 있으므로, 입법자는 현실적인 조건들을 감안해서 위 부칙조항과 같이 판결서 열람·복사에 관한 개정법의 적용 범위를 일정 부분 제한할 수 있으며, 청구인은 비록 전자적 방법은 아니라 해도 군사법원법 제93조의2에 따라 개정법 시행 이전에 확정된 판결서를 열람·복사할 수 있다. 이 사건 부칙조항으로 인해 청구인이 전자적 방법을 통해 열람·복사할 수 있는 판결서의 범위가 제한된다 하더라도 이는 입법재량의 한계 내에 있으므로, 위 부칙조항이 청구인의 정보공개청구권을 침해한다고 할 수 없다(헌재 2015.12.23. 2014헌마185).

📕 판례 | 알 권리 관련 주요 대법원 판례

1. 공공기관의 정보공개에 관한 법률상 공개청구의 대상이 되는 정보란 공공기관이 직무상 작성 또는 취득하여 현재 보유·관리하고 있는 문서에 한정되는 것이기는 하나 **그 문서가 반드시 원본일 필요는 없다**(대판 2006.5.25. 2006두3049).

2. **공공기관이 보유·관리하고 있는 정보라는 입증책임**
   정보공개제도는 공공기관이 보유·관리하는 정보를 그 상태대로 공개하는 제도로서 공개를 구하는 정보를 공공기관이 보유·관리하고 있을 상당한 개연성이 있다는 점에 대하여 원칙적으로 **공개청구자**에게 증명책임이 있다(대판 2004.12.9. 2003두12707). 그러나 공개청구자는 그가 공개를 구하는 정보를 공공기관이 보유·관리하고 있을 상당한 개연성이 있다는 점에 대하여 입증할 책임이 있으나, 공개를 구하는 정보를 공공기관이 한때 보유·관리하였으나 후에 그 정보가 담긴 문서들이 폐기되어 존재하지 않게 된 것이라면 그 정보를 더 이상 보유·관리하고 있지 않다는 점에 대한 증명책임은 **공공기관**에 있다(대판 2013.1.24. 2010두18918).

3. **보유·관리하고 있지 아니한 정보**에 대한 공개청구 거부의 취소를 구하는 경우 소의 이익은 **없다**(대판 2006.1.13. 2003두9459 ; 대판 2013.1.24. 2010두18918).

4. 공개청구의 대상이 되는 정보가 이미 다른 사람에게 공개하여 널리 알려져 있다거나 **인터넷이나 관보 등을 통하여 공개하여** 인터넷검색이나 도서관에서의 열람 등을 통하여 쉽게 알 수 있다는 사정만으로는 **소의 이익이 없다거나 비공개결정이 정당화될 수는 없다**(대판 2008.11.27. 2005두15694).

5. **정보공개청구권은 법률상 보호되는 구체적인 권리이므로** 청구인이 공공기관에 대하여 정보공개를 청구하였다가 거부처분을 받은 것 자체가 법률상 이익의 침해에 해당한다고 할 것이고, **거부처분을 받은 것 이외에 추가로 어떤 법률상의 이익을 가질 것을 요구하는 것은 아니다**(대판 2004.9.23. 2003두1370 ; 대판 2003.12.12. 2003두8050).

6. **공공기관이 공개청구의 대상이 된 정보를 청구인이 신청한 공개방법 이외의 방법으로 공개하기로 하는 결정을 한 경우, 정보공개방법에 관한 부분에 대하여 일부 거부처분을 한 것인지 여부(적극) 및 이에 대하여 항고소송으로 다툴 수 있는지 여부(적극)**
   공공기관이 공개청구의 대상이 된 정보를 공개는 하되, 청구인이 신청한 공개방법 이외의 방법으로 공개하기로 하는 결정을 하였다면, 이는 정보공개청구 중 정보공개방법에 관한 부분에 대하여 일부 거부처분을 한 것이고, 청구인은 그에 대하여 항고소송으로 다툴 수 있다(대판 2016.11.10. 2016두44674).

7. **국가정보원 직원의 현금급여 및 월초수당**에 관한 정보는 국가정보원법 제12조에 의하여 비공개 사항으로 규정된 정보로서 공공기관의 정보공개에 관한 법률 제9조 제1항 제1호의 비공개대상정보인 '다른 법률에 의하여 비공개 사항으로 규정된 정보'에 해당한다고 보아야 한다(대판 2010.12.23. 2010두14800).

8. **국가정보원의 조직 · 소재지 및 정원에 관한 정보**는 공공기관의 정보공개에 관한 법률 제9조 제1항 제1호에서 말하는 '다른 법률에 의하여 비공개 사항으로 규정된 정보'에도 해당한다(대판 2013.1.24. 2010두18918).

9. **답안지 및 시험문항에 대한 채점위원별 채점 결과를 열람**하도록 하면, 시험 결과에 이해관계를 가진 자들로부터 제기될지도 모를 시시비비에 일일이 휘말리는 상황이 초래될 우려가 있어 시험업무의 공정한 수행에 현저한 지장을 초래한다고 인정할 상당한 이유가 있어 비공개정보에 해당되므로 그 열람을 거부한 이 사건 처분이 적법하다. **답안지**에 대한 열람이 허용된다고 하더라도 답안지를 상호 비교함으로써 생기는 부작용이 생길 가능성이 희박하고, 열람업무의 폭증이 예상된다고 볼만한 자료도 없는 점 등을 종합적으로 고려하면, **답안지의 열람**으로 인하여 시험업무의 수행에 현저한 지장을 초래한다고 볼 수 없다(대판 2003.3.14. 2000두6114).

10. 정보공개 청구권자가 공개를 청구하는 정보와 어떤 관련성을 가질 것을 요구하거나 정보공개청구의 목적에 특별한 제한을 두고 있지 아니하므로 정보공개 **청구권자의 권리구제 가능성 등**은 정보의 공개 여부 결정에 아무런 영향을 미치지 못한다(대판 2017.9.7. 2017두44558).

11. 불기소처분 기록이나 내사기록 중 피의자신문조서 등 **조서에 기재된 피의자 등의 인적 사항 이외의 진술내용** 역시 개인의 사생활의 비밀 또는 자유를 침해할 우려가 인정되는 경우에는 위 비공개대상정보에 해당한다(대판 2017.9.7. 2017두44558).

☑ **알 권리 침해 결정 아님.**

1. 여론조사의 경위와 결과의 발표를 금지한 것
2. 피고인에 대한 재판서를 송달하지 아니한 것
3. 방송토론 위원회가 방송토론 참석대상자를 제한한 것
4. 미결수용자가 구독하는 신문에 대한 일부 신문기사 삭제한 것
5. 국회예산결산 특별위원회의 계수조정소위원회에 시민단체의 방청을 불허한 것
6. 불온도서 군영내 반입금지
7. 행정심판위원회 위원발언 비공개
8. 교원노동조합에 가입한 교원명단 비공개
9. 불기소이유서 발급수수료

☑ **대법원 판례**

1. **사법시험 2차 답안지**: 공개
2. **사법시험 2차 채점위원별 채점결과**: 비공개
3. **국정원 직원급여**: 비공개
4. **치과의사시험문제**: 비공개

3. 언론기관의 자유

(1) 언론기관의 설립의 자유

① **언론기관 설립의 자유**: 언론기관의 설립의 자유는 다양한 의사표현을 위해서 요구되는 권리이다.

② **언론기관 설립의 허가제 금지**: 통신·방송 시설기준과 신문의 기능을 보장하기 위해 필요한 사항은 법률로 정할 수 있으나(제21조 제3항), 언론기관 설립의 허가제는 금지된다(제21조 제2항). 허가제의 개념에 대해 헌법재판소는 검열과 동일한 의미로 이해하고 표현의 내용규제가 아니면 허가에 해당하지 않는다고 한다.

⚖️ 판례 | 언론기관 설립의 자유

1. 언론기관 설립 등록제

정기간행물의등록등에관한법률 제7조 제1항은 국가가 정기간행물의 실태에 관한 정보를 관리하고, 이를 바탕으로 언론·출판의 건전한 발전을 도모하기 위한 장·단기 계획을 수립하고 시행하는데 필요한 참고 자료를 획득할 수 있도록 한다는 목적을 가지는바, 그 입법목적의 정당성이 인정되고, 등록사항이 **정기간행물**의 외형에 관한 객관적 정보에 한정되어 있고, **등록제**를 규정하여 정기간행물의 발행요건에 관하여 실질적 심사가 아니라 단지 형식적 심사에 그치도록 하고 있으므로, 입법목적의 달성을 위하여 필요최소한 범위에서 언론·출판의 자유를 제한하는 것으로서 헌법 제37조 제2항의 과잉금지원칙에 위반된다고 볼 수 없다(헌재 1997.8.21. 93헌바51).

2. 정기간행물의 등록시 인쇄시설을 자기소유로 해석하는 것

부수인쇄시설을 갖추는 데에는 소유권이 아닌 임대차계약 등 기타 용익관계에 의한 여러가지 법률원인에 의하여서도 설치할 수 있고 더구나 리스산업이 발달한 현대사회에서는 그 시설이 자기 소유이어야 한다는 요건을 갖추지 아니하여도 대량의 간행물의 발행이 충분히 가능하다(헌재 1992.6.26. 90헌가23).

3. 미성년자를 신문발행업자 결격사유로 규정한 신문법

미성숙한 발행인 또는 편집인에 의하여 신문 및 인터넷신문이 발행됨으로 인해 사회가 입을 수 있는 피해는 결코 적다고 할 수 없으므로 이 사건 법률조항이 달성하려는 공익은 제한되는 사익에 비해 크다(헌재 2012.4.24. 2010헌마437).

4. 인터넷신문 설립요건 5인 고용요건 (헌재 2016.10.27. 2015헌마1206)

① **사전허가금지원칙 여부**: 등록조항은 인터넷신문의 명칭, 발행인과 편집인의 인적사항 등 인터넷신문의 외형적이고 객관적 사항을 제한적으로 등록하도록 하고 있고, 고용조항 및 확인조항은 5인 이상 취재 및 편집 인력을 고용하되, 그 확인을 위해 등록 시 서류를 제출하도록 하고 있다. 이런 조항들은 인터넷신문에 대한 인적 요건의 규제 및 확인에 관한 것으로, 인터넷신문의 내용을 심사·선별하여 사전에 통제하기 위한 규정이 아님이 명백하다. **따라서 등록조항은 사전허가금지원칙에도 위배되지 않는다.**

② **고용조항과 확인조항의 언론의 자유 침해 여부**: 취재 인력 3명 이상을 포함하여 취재 및 편집 인력 5명 이상을 상시적으로 고용할 것을 인터넷신문의 등록요건으로 규정한 신문 등의 진흥에 관한 법률 시행령 제2조 제1항 제1호 가목은 소규모 인터넷신문이 언론으로서 활동할 수 있는 기회 자체를 원천적으로 봉쇄할 수 있음에 비하여, 인터넷신문의 신뢰도 제고라는 입법목적의 효과는 불확실하다는 점에서 법익의 균형성도 잃고 있다. 따라서 고용조항 및 확인조항은 **과잉금지원칙에 위배되어 청구인들의 언론의 자유를 침해한다.**

---

(2) 보도의 자유

보도의 자유는 의사표현의 자유와 달리 평가적 의사표현뿐 아니라 단순한 사실전달을 함께 내포하고 있다.

(3) 방송의 자유

> ⚖️ **판례 | 방송의 자유**
>
> 방송의 자유는 주관적 권리로서의 성격과 함께 자유로운 의견형성이나 여론형성을 위해 필수적인 기능을 행하는 객관적 규범질서로서 제도적 보장의 성격을 함께 가지고, 방송의 자유의 보호영역에는, 단지 국가의 간섭을 배제함으로써 성취될 수 있는 방송프로그램에 의한 의견 및 정보를 표현, 전파하는 주관적인 자유권 영역 외에 그 자체만으로 실현될 수 없고 그 실현과 행사를 위해 실체적, 조직적, 절차적 형성 및 구체화를 필요로 하는 객관적 규범질서의 영역이 존재하며, 더욱이 방송매체의 특수성을 고려하면 **방송의 기능을 보장하기 위한 규율의 필요성은** 신문 등 다른 언론매체보다 높다(헌재 2003.12.18. 2002헌바49).

(4) 언론기관의 특권

① **정보공개청구권**: 언론기관의 국가기관에 대한 정보청구권은 인정된다.
② **허위보도와 형사처벌**: 언론기관의 허위보도에 대한 형사상 처벌면제는 인정되지 않는다.
③ **명예훼손**: 형법 제310조는 명예훼손의 경우 보도내용이 진실이고 공익을 위한 것일 때는 형사상 처벌은 면제된다고 규정하고 있다.
④ **취재원비닉권**: 법률에 인정 여부는 규정되어 있지는 않고, 인정 여부를 두고 긍정설과 부정설이 대립한다.

> ⚖️ **판례 | 일간신문과 뉴스통신 · 방송사업의 겸영을 금지하는 신문법 제15조**
>
> 신문법 제15조가 비록 신문기업 활동의 외적 조건을 규제하여 신문의 자유를 제한하는 효과를 가진다고 하더라도 그 위헌 여부를 심사함에 있어 신문의 내용을 직접적으로 규제하는 경우와 동일하게 취급할 수는 없다. 결국 신문기업 활동의 외적 조건을 규제하는 신문법 조항에 대한 위헌심사는 신문의 내용을 규제하여 **언론의 자유를 제한하는 경우에 비하여 그 기준이 완화된다**(헌재 2006.6.29. 2005헌마15).

📖 **판례정리**

언론의 자유

침해인 것

1. 영화상영등급분류보류제
2. 음주전후 숙취해소 등의 용어를 광고에 사용하지 못하게 한 것
3. 한국공연예술진흥협의회의 음반 및 비디오 사전심의
4. 정기간행물등록에 있어 해당시설을 발행할 자의 자기소유인 것으로 해석하는 것: 한정위헌
5. 저속한 간행물을 출판한 출판사 등록 취소
6. 공연윤리위원회의 사전심의
7. 비디오물 복제 전 공륜의 심의를 받도록 한 경우
8. 사용자단체에게는 정치자금의 기부를 허용하면서 노동단체가 정치자금을 기부할 수 없도록 규정한 정치자금법 제12조
9. 금지되는 불온통신의 요건으로서 '공공의 안녕질서와 미풍양속을 해하는'이라는 애매하고 불명확한 개념을 쓴 것
10. 인터넷신문 등록요건으로서 취재인력 3명 이상을 포함한 취재 및 편집인원 5명 이상을 상시고용하도록 한 것

침해가 아닌 것

1. 방송사업의 허가제(헌법이 금지하는 '허가'가 아님)

2. 옥외광고물 설치에 대한 허가제(헌법이 금지하는 '허가'가 아님)

3. 식품·식품첨가물의 표시에 있어서 의약품과 혼동할 우려가 있는 표시나 광고를 금지한 식품위생법

4. 정정보도청구권

5. 청소년을 이용한 음란물 제작 수입·수출금지

6. 정기간행물 납본제도

7. 정기간행물 등록제

8. 음란한 간행물을 출판한 출판사 등록 취소

9. 교과서 검인정제도

10. 교통수단을 이용한 광고는 교통수단 소유자에 관한 광고에 한정(헌재 2002.12.18. 2000헌마764)

04 언론·출판의 자유의 제한과 한계

1. 허가제 금지

헌법 제21조 제2항의 '허가'와 '검열'은 본질적으로 같은 것이라고 할 것이며, 허가·검열은 헌법적으로 허용될 수 없다. 따라서 언론·출판에 대한 등록제는 허용되나 허가제는 금지된다.

2. 검열금지원칙

(1) 검열의 개념

검열은 행정권이 주체가 되어 사상이나 의견 등이 발표되기 이전에 예방적 조치로서 그 내용을 심사·선별하여 발표를 사전에 억제하는 것이다. **검열의 모든 요건을 갖추어야 헌법 제21조 제2항이 금지하는 검열에 해당한다.**

(2) 검열의 허용가능성

헌법 제37조 제2항이 국민의 자유와 권리를 국가안전보장·질서유지 또는 공공복리를 위하여 필요한 경우에 한하여 법률로써 제한할 수 있도록 규정하고 있다고 하여도 언론·출판의 자유에 대하여는 검열을 수단으로 한 제한만은 법률로써도 절대 허용되지 아니한다고 할 것이다(헌재 1996.10.31. 94헌가6).

(3) 광고 사전심의에 검열금지원칙이 적용되는지 여부

현행헌법상 사전검열은 표현의 자유 보호대상이면 예외 없이 금지된다. 건강기능식품의 기능성 광고는 인체의 구조 및 기능에 대하여 보건용도에 유용한 효과를 준다는 기능성 등에 관한 정보를 널리 알려 해당 건강기능식품의 소비를 촉진시키기 위한 상업광고이지만, 헌법 제21조 제1항의 표현의 자유의 보호 대상이 됨과 동시에 같은 조 제2항의 사전검열 금지대상도 된다(헌재 2018.6.28. 2016헌가8).

(4) 행정권이 검열의 주체

① **행정권**: 검열의 주체는 행정권이어야 하므로 사법권이나 입법권이 직접 표현을 규제하는 것은 검열에 해당하지 않는다.

📖 판례 | 검열의 주체는 행정권에 한정된다.

1. 법원의 방영금지 가처분

검열의 주체는 행정권에 한정되므로 행정권이외의 국가기관 특히 법원에 의한 사전제한은 검열에 해당하지 않는다. 민사소송법상 법원의 방영금지 가처분은 비록 제작 또는 방영되기 이전, 즉 사전에 그 내용을 심사하여 금지하는 것이기는 하나, 이는 행정권에 의한 사전심사나 금지처분이 아니라 사법부가 사법절차에 의하여 심리, 결정하는 것이므로, 헌법에서 금지하는 사전검열에 해당하지 아니한다(헌재 2001.8.30. 2000헌바36).

2. 입법자에 의한 직접적 제한

헌법 제21조 제2항의 '허가'는 '행정청이 주체가 되어 집회의 허용 여부를 사전에 결정하는 것'으로서 행정청에 의한 사전허가는 헌법상 금지되지만, 입법자가 법률로써 일반적으로 집회를 제한하는 것은 헌법상 '사전허가금지'에 해당하지 않는다(헌재 2014.4.24. 2011헌가29).

② **민간단체**: 검열을 행정기관이 아닌 독립적인 위원회에서 행한다고 하더라도 행정권이 주체가 되어 검열절차를 형성하고 검열기관의 구성에 지속적인 영향을 미칠 수 있는 경우라면 실질적으로 검열기관은 행정기관이라고 보아야 한다(헌재 1996.10.4. 93헌가13). 공연윤리위원회, 한국공연예술진흥협의회, 등급위원회, 한국광고자율심의기구, 의사협회는 형식적으로는 민간단체이어서 행정기관이 아니나 실질적으로는 인적·물적으로 행정권의 지배하에 있으므로 검열기관인 행정기관에 해당한다.

📖 판례 | 민간단체도 검열기관이 될 수 있다.

1. 한국건강기능식품협회의 건강기능식품 광고 사전심의

식약처장이 심의기준 등의 제정과 개정을 통해 심의 내용과 절차에 영향을 줄 수 있고, 식약처장이 재심의를 권하면 심의기관이 이를 따라야 하며, 분기별로 식약처장에게 보고가 이루어진다는 점에서도 그 심의업무의 독립성과 자율성이 있다고 어렵다. 따라서 이 사건 건강기능식품 기능성광고 사전심의는 그 검열이 행정권에 의하여 행하여진다 볼 수 있고, 헌법이 금지하는 사전검열에 해당하므로 헌법에 위반된다(헌재 2018.6.28. 2016헌가8).

2. 한국광고자율심의기구의 방송광고의 사전심의

한국광고자율심의기구가 행하는 방송광고 사전심의는 방송위원회가 위탁이라는 방법에 의해 그 업무의 범위를 확장한 것에 지나지 않는다고 할 것이므로 한국광고자율심의기구가 행하는 이 사건 텔레비전 방송광고 사전심의는 행정기관에 의한 사전검열로서 헌법이 금지하는 사전검열에 해당한다(헌재 2008.6.26. 2005헌마506).

3. 의사협의회의 의료광고 사전심의

의료광고는 언론의 자유에서 보호되고 사전검열금지원칙의 적용대상이 된다. **의사협회**는 행정권의 영향력에서 벗어나 독립적이고 자율적으로 사전심의업무를 수행하고 있다고 보기 어렵다. 따라서 이 사건 법률규정들은 사전검열금지원칙에 위배된다(헌재 2015.12.23. 2015헌바75).

4. 한국의료기기산업협회

의료기기법상 의료기기 광고의 심의는 식약처장으로부터 위탁받은 한국의료기기산업협회가 수행하고 있지만, 법상 심의주체는 행정기관인 식약처장이고, 식약처장이 언제든지 그 위탁을 철회할 수 있으며, 심의위원회의 구성에 관하여도 식약처고시를 통해 행정권이 개입하고 지속적으로 영향을 미칠 가능성이 존재한다. 따라서 이 사건 의료기기 광고 사전심의는 행정권이 주체가 된 사전심사로서 헌법이 금지하는 사전검열에 해당하고, 이러한 사전심의제도를 구성하는 심판대상조항은 헌법 제21조 제2항의 사전검열금지원칙에 위반된다(헌재 2020.8.28. 2017헌가35).

(5) 허가를 받기 위한 표현물의 제출의무와 사전적 규제

의사표현 이후의 사법적 규제는 검열이 아니다. 영화상영 후 표현규제는 검열이 아니다. 그러나 사전적 규제라고 해서 모두 검열인 것은 아니다. 다른 검열 요건을 충족해야 하기 때문이다.

⚖️판례 | 사전적 규제가 아니면 검열이 아니다.

1. **영화상영 후 규제**

   <u>헌법 제21조 제2항의</u> 검열금지의 원칙은 **정신작품의 발표 이후에 비로소 취해지는** <u>사후적인 사법적 규제를 금지하는 것이 아니므로 사법절차에 의한 영화상영의 금지조치(예 명예훼손이나 저작권 침해를 이유로 한 가처분)나 그 효과에 있어서는 실질적으로 동일한 형벌규정(예 음란, 명예훼손)의 위반으로 인한 압수는 헌법상의 검열금지의 원칙에 위반되지 아니한다</u>(헌재 1996.10.4. 93헌가13 · 91헌바10).

2. **정기간행물 2부를 공보처장관에게 납본하도록 한 정간법**

   납본제도는 등록한 정간물은 자유로이 발행할 수 있되, <u>발행한 후에</u> 정간물 2부를 납본하도록 하고 있음에 불과하므로 <u>사전검열이라고 볼 수 없다</u>(헌재 1992.6.26. 90헌바26).

---

(6) 표현의 내용을 심사 · 선별

검열은 발표할 내용을 심사 · 선별하는 것이어야 한다. 내용이 아닌 인적 · 물적 · 기술적 요건에 따른 표현의 자유규제는 검열이 아니다.

⚖️판례 | 표현의 내용을 심의 · 선별해야 검열이 될 수 있다.

1. **언론기업의 기업활동**

   사전허가금지의 대상은 어디까지나 언론 · 출판 자유의 내재적 본질인 표현의 내용을 보장하는 것을 말하는 것이지, 언론 · 출판을 위해 필요한 물적 시설이나 **언론기업의 주체인 기업인으로서의 활동까지 포함되는 것으로 볼 수는 없다**. 즉, 언론 · 출판에 대한 허가 · 검열금지의 취지는 정부가 표현의 내용에 관한 가치판단에 입각해서 특정 표현의 자유로운 공개와 유통을 사전 봉쇄하는 것을 금지하는 데 있으므로, **내용 규제 그 자체가 아니거나 내용 규제 효과를 초래하는 것이 아니라면** 헌법이 금지하는 '허가'에는 해당되지 않는다(헌재 2016.10.27. 2015헌마1206).

2. **유선방송사업의 허가제**

   '허가'와 '검열'은 본질적으로 같은 것이라고 할 것이며 위와 같은 요건에 해당되는 허가 · 검열은 헌법적으로 허용될 수 없다. 내용규제 그 자체가 아니거나 내용규제의 효과를 초래하는 것이 아니라면 헌법 제21조 제2항의 금지된 '허가'에는 해당되지 않는다. 종합유선방송사업의 허가는 **기술적 · 물적 또는 인적인** 것으로 구성되어 있는 것이지 표현의 내용에 대한 가치판단에 입각한 사전봉쇄를 위한 것이거나 그와 같은 실질을 가진다고 볼 수 없으므로 위의 금지된 허가에 해당하지 않는다고 할 것이다(헌재 2001.5.31. 2000헌바43).

3. **인터넷신문 설립요건 상시 5인 고용**

   인터넷신문에 대한 **인적 요건**의 규제 및 확인에 관한 것으로, 인터넷신문의 내용을 심사 · 선별하여 사전에 통제하기 위한 규정이 아님이 명백하다. 따라서 등록조항은 사전허가금지원칙에도 위배되지 않는다(헌재 2016.10.27. 2015헌마1206).

4. **도시계획구역과 문화재 보호구역에 광고물을 설치하려는 자는 시 · 도지사의 허가를 받도록 규정한 옥외광고물등관리법**

   옥외광고물등관리법 제3조는 **일정한 지역 · 장소 및 물건**에 광고물 또는 게시시설을 표시하거나 설치하는 경우에 그 광고물 등의 **종류 · 모양 · 크기 · 색깔**, 표시 또는 설치의 **방법 및 기간** 등을 규제하고 있는 바, 이 법 제3조가 광고물 등의 내용을 심사 · 선별하여 광고물을 사전에 통제하려는 제도가 아님은 명백

하다. 따라서 헌법 제21조 제2항이 정하는 사전허가·검열에 해당되지 아니한다. 또한 옥외광고물등관리법 제3조는 광고물 및 광고시설이 제한되는 지역을 특정하여 한정하고 있고, 허가나 신고의 기준에 관하여도 일정한 제한을 둠으로써 제한을 필요최소한으로 규정하고 있으므로, 헌법 제37조 제2항이 정하는 과잉금지원칙에 위반되어 언론·출판의 자유를 침해한다고 볼 수 없다(헌재 1998.2.27. 96헌바2).

(7) 표현의 금지와 심사절차를 관철할 수 있는 강제수단

표현을 금지해야 검열에 해당한다. 영화등급제는 등급을 부과한 후 영화 상영을 허용하는 것이므로 검열에 해당하지 아니한다. 그러나 등급분류보류제는 등급이 보류되어 영화 상영이 금지되므로 검열에 해당한다. 제한상영가는 성인영화관에서 상영이 가능하므로 검열은 아니나 명확성원칙에 위반된다.

⚖ 판례 | 상영이나 발표를 금지해야 검열이 될 수 있다.

1. 등급제

검열금지원칙은 바로 영화에 대한 사전심사를 모두 금지하는 것은 아니다. **등급제는 사전에 내용을 심사하여 통제하는 제도이나** 영화상영이 허용되므로 **검열에 해당하지 아니한다.** 또한 등급심사를 받지 아니한 영화상영을 금지하고 이에 위반할 때 행정적 제재를 가하는 경우에도 검열에 해당하지 않는다. 여기서의 상영금지는 심의결과가 아니라 단지 일괄적인 등급심사를 관철하기 위한 조치에 지나지 않기 때문이다(헌재 1996.10.4. 93헌가13).

2. 등급분류보류제

등급분류보류제는 **등급을 받지 아니한 영화상영이 금지되고** 영화를 상영하는 경우 문화부장관이 정지명령을 발할 수 있고 이러한 명령을 위반한 경우 형벌을 부과할 수 있게 되어있으므로 검열에 해당한다(헌재 1996.10.4. 93헌가13).

3. 제한상영가

상영에 있어서 일정한 제한이 필요한 영화를 **제한상영가로 분류하는 것은** 제한상영가 영화가 어떤 영화인지 이를 예측할 수 없으므로 **명확성**원칙에 위반된다(헌재 2008.7.31. 2007헌가4). ➡ 다만, 검열금지 위반은 아님을 주의해야 한다.

4. 교과서 검인정제도

간행된 출판물 중 교과서로서 적합한 것을 선별하는 것이지 **출판을 금지하는 것이 아니므로** 헌법이 금지하는 검열에 해당하지 아니한다(헌재 1992.11.12. 89헌마88).

5. 선거기간 중 실명확인제 *과잉금지원칙 위반

이용자로서는 스스로의 판단에 따라 자신이 게시하려는 글이 지지·반대의 **글에 해당하면 실명확인 절차를 거쳐 '실명확인'의 표시가 나타나게 게시하고** 그렇지 아니하다고 판단되면 실명확인 절차를 거치지 아니하고 게시하는 것이 가능하므로, 선거기간 중 실명확인제는 사전검열금지의 원칙에 위배된다고 할 수 없다(헌재 2010.2.25. 2008헌마324).

6. 여론조사 사전신고제

시·군·구를 보급지역으로 하는 신문사업자 및 일일 평균 이용자 수 10만 명 미만인 인터넷언론사가 선거일 전 180일부터 선거일의 투표마감시각까지 선거여론조사를 실시하려면 사전에 관할 선거관리위원회에 신고하도록 한 **공직선거법은** 허가받지 아니한 것의 발표를 금지하는 헌법 제21조 제2항의 사전검열과 관련이 있다고 볼 수 없다(헌재 2015.4.30. 2014헌마360).

---

(8) 비상계엄과 검열금지원칙

① 긴급명령이나 법률로는 검열을 도입할 수 없다.

② 헌법 제77조 제3항은 비상계엄하에서 언론·출판의 자유에 대한 특별한 조치를 취할 수 있도록 하고 있는데, 특별한 조치에는 사전검열이 포함될 수 있다. 물론 이때에도 과잉금지원칙은 준수하여야 할 것이다.

🏛 판례 | 헌법 제21조 제2항 검열금지원칙 위반

1. 음반·비디오물 공연윤리위원회의 사전심의

비디오물을 제작하거나 수입하는 경우 공연윤리위원회의 **사전심의**를 받을 의무를 부과하고, 사전심의를 받지 않은 비디오물에 관하여 판매·배포·대여·시청제공 등을 금지하면서 위에 위반한 경우에는 처벌하도록 하고 있는 이 사건 법률조항은 검열금지의 원칙을 규정한 헌법 제21조 제2항에 위반된다(헌재 1998.12.24. 96헌가23).

2. 한국공연예술진흥협의회의 음반·비디오 사전심의

한국공연예술진흥협의회는 검열기관이고 음반법에 따라 비디오물을 판매·배포등을 하고자 할 때 비디오물의 내용에 대하여 미리 한국공연예술진흥협의회에 심의를 받도록 하고 있으며, 심의받지 아니한 비디오물의 판매·배포 등을 금지하고, 이를 위반한 자를 처벌하는 규정은 검열의 모든 요소를 충족하였으므로 검열금지원칙에 위반된다(헌재 1999.9.16. 99헌가1).

3. 외국비디오물 영상물등급위원회의 추천

외국비디오물을 수입할 경우에 반드시 **영상물등급위원회로부터 수입추천**을 받도록 규정하고 있는 구 음반·비디오물 및 게임물에 관한 법률 제16조 제1항 등에 의한 외국비디오물 수입추천제도는 우리나라 헌법이 절대적으로 금지하고 있는 사전검열에 해당한다(헌재 2005.2.3. 2004헌가8).

유사 외국음반을 국내제작할 때 영상물등급위원회에의 추천을 받도록 하는 제도는 **위헌**이다(헌재 2006.10.26. 2005헌가14).

---

3. 언론·출판 자유의 제한에 대한 위헌심사기준

(1) 정치적 표현의 자유와 경제적 표현의 자유

① 표현의 자유 등 정신적 자유권은 경제적 자유권에 비하여 우월적 지위(preferred position)를 가지므로 표현의 자유를 제한하는 입법은 엄격한 기준의 사법심사대상이 된다. 그러나 경제적 표현의 자유 규제입법에 대한 심사는 완화된다.

🏛 판례 | 정치적 표현의 자유와 경제적 표현의 자유 규제입법에 대한 심사기준

1. 경찰청장 퇴직 후 2년 내 정당가입금지

정당설립의 자유에 대한 제한은 오늘날의 정치현실에서 차지하는 정당의 중요성 때문에 원칙적으로 허용되지 않는다는 것이 헌법의 결정이므로 정당설립의 자유를 제한하는 법률의 경우에는 입법수단이 입법목적을 달성할 수 있다는 것을 어느 정도 확실하게 예측될 수 있어야 한다. 다시 말하면, 헌법재판소는 정당설립의 자유에 대한 제한의 합헌성의 판단과 관련하여 '수단의 적합성' 및 '최소침해성'을 심사함에 있어서 <u>입법자의 판단이 명백하게 잘못되었다는 소극적인 심사에 그치는 것이 아니라, 입법자로 하여금 법률이 공익의 달성이나 위험의 방지에 적합하고 최소한의 침해를 가져오는 수단이라는 것을 어느 정도 납득시킬 것을 요청한다</u>(헌재 1999.12.23. 99헌마135).

---

2. 의료인의 기능, 진료방법 광고 금지

　　상업광고에 대한 규제에 의한 표현의 자유 내지 직업수행의 자유의 제한은 헌법 제37조 제2항에서 도출되는 비례의 원칙(과잉금지원칙)을 준수하여야 하지만, 상업광고 규제에 관한 비례의 원칙 심사에 있어서 '피해의 최소성' 원칙은 같은 목적을 달성하기 위하여 달리 덜 제약적인 수단이 없을 것인지 혹은 입법목적을 달성하기 위하여 필요한 최소한의 제한인지를 심사하기 보다는 '입법목적을 달성하기 위하여 필요한 범위 내의 것인지'를 심사하는 정도로 완화되는 것이 상당하다(헌재 2005.10.27. 2003헌가3).

3. 선거운동의 자유도 무제한일 수는 없는 것이고, 선거의 공정성이라는 또 다른 가치를 위하여 어느 정도 선거운동의 주체, 기간, 방법 등에 대한 규제가 행하여질 수 있다. 다만, 선거운동은 국민주권 행사의 일환일 뿐 아니라 정치적 표현의 자유의 한 형태로서 민주사회를 구성하고 움직이게 하는 요소이므로 그 제한입법의 위헌 여부에 대하여는 **엄격한 심사기준이 적용되어야 한다**(헌재 2016.6.30. 2013헌가1).

② 표현내용에 대한 규제와 표현내용과 무관하게 표현의 방법만 규제하는 경우

⚖ 판례 | 표현내용에 대한 규제와 표현내용과 무관하게 표현의 방법만 규제하는 입법에 대한 심사기준
　　주민소환투표청구를 위한 서명요청 활동을 소환청구인서명부를 제시하거나 구두로 주민소환투표의 취지나 이유를 설명하는 두 가지 경우로만 엄격히 제한하고 이에 위반할 경우 형사처벌하는 주민소환법 (헌재 2011.12.29. 2010헌바368) ***합헌결정**

1. 표현방법규제
　　일반적으로 국가가 개인의 표현행위를 규제하는 경우, 표현내용에 대한 규제는 원칙적으로 중대한 공익의 실현을 위하여 불가피한 경우에 한하여 엄격한 요건하에서 허용되는 반면, **표현내용과 무관하게 표현의 방법을 규제하는 것**은 합리적인 공익상의 이유로 폭넓은 제한이 가능하므로 완화된 심사가 가능하다.

2. 서명요청 활동은 주민소환청구권 행사의 전제 내지 실현수단의 의미를 가지므로 주민소환제도에 대한 경우와 마찬가지로 그 내용과 방법에 관하여 입법자의 형성의 자유가 인정되는 영역이라고도 할 수 있다. 따라서 이 사건 법률조항에 대한 과잉금지원칙 위반 여부를 심사함에 있어서는, 일반적인 표현의 자유에 대한 제한에 적용되는 엄격한 의미의 과잉금지원칙 위반 여부의 심사가 아닌 실질적으로 완화된 심사를 함이 상당하고, 특히 '피해의 최소성' 요건은 입법목적을 달성하기 위한 덜 제약적인 수단은 없는지 혹은 필요한 최소한의 제한인지를 심사하기보다는 '입법목적을 달성하기 위하여 필요한 범위 내의 것인지'를 심사하는 정도로 완화시켜 판단하여야 할 것이다.

---

③ 공무원의 표현의 자유 제한

⚖ 판례

1. 공무원의 표현의 자유 제한
　　정치적 표현의 자유는 자유민주적 기본질서의 구성요소로서 다른 기본권에 비하여 우월한 효력을 가지므로 함부로 그 제한을 정당화해서는 안 된다. 우리 헌법은 공무원이 국민전체에 대한 봉사자라는 지위에 있음을 확인하면서 공무원에 대해 정치적 중립성을 지킬 것을 요구하고 있으므로, **공무원의 경우 그 신분과 지위의 특수성에 비추어 경우에 따라서는 일반국민에 비하여 표현의 자유가 더 제한될 수 있다** (헌재 2014.8.28. 2011헌바32).

2. 교원의 정치활동을 금지하는 교원의 노동조합설립 및 운영 등에 관한 법률 조항에 대한 심사기준
　　헌법 제31조 제4항은 교육의 정치적 중립성을 선언하고 있으므로 **교육의 담당자인 교원의 표현의 자유는 정치적 영역에서 일반국민에 비하여 더 제한될 수 있다**(헌재 2014.8.28. 2011헌바32).

---

(2) 명확성의 이론(막연하므로 무효원칙)

언론·출판의 자유를 규제하는 법령의 규정은 명확해야 한다. 애매하고, 모호하고, 광범위한 용어를 사용하여 언론·출판을 제한하는 것은 위헌이다.

⚖ 판례 | 표현의 자유 규제입법에서 명확성원칙 (헌재 1998.4.30. 95헌가16)

1. 표현의 자유를 규제하는 입법에 있어서 이러한 명확성의 원칙은 특별히 중요한 의미를 지닌다. 민주사회에서 표현의 자유가 수행하는 역할과 기능에 비추어 볼 때, 불명확한 규범에 의한 표현의 자유의 규제는 헌법상 보호받는 표현에 대한 위축적 효과를 수반하기 때문이다.

2. 무엇이 금지되는 표현인지가 불명확한 경우에는, 자신이 행하고자 하는 표현이 규제의 대상이 아니라는 확신이 없는 기본권주체는 – 형벌 등의 불이익을 감수하고서라도 자신의 의견을 전달하고자 하는 강한 신념을 가진 경우를 제외하고 – 대체로 규제를 받을 것을 우려해서 표현행위를 스스로 억제하게 될 가능성이 높은 것이다. 그렇기 때문에 <u>표현의 자유를 규제하는 법률은 그 규제로 인해 보호되는 다른 표현에 대하여 위축적 효과가 미치지 않도록 규제되는 표현의 개념을 세밀하고 명확하게 규정할 것이 헌법적으로 요구된다.</u> 그러나 모든 법규범의 문언을 순수하게 기술적 개념만으로 구성하는 것은 입법기술적으로 불가능하고 또 바람직하지도 않기 때문에 어느 정도 가치개념을 포함한 일반적·규범적 개념을 사용하지 않을 수 없다.

---

(3) 과잉금지의 원칙

위법한 표현행위를 규제하기에 충분한, 보다 완곡한 제재방법이 있음에도 불구하고 과중한 제재를 과하는 입법은 과잉금지의 원칙을 위반한 것이다. 언론·출판의 자유는 더 완화된 제한조치(Less Restrictive Alternative)로서 제한해야 한다.

(4) 명백·현존위험의 원칙(Clear and present danger)

① **개념**: 명백하고 현존하는 위험의 원칙은 표현의 자유로 중대한 해악이 발생할 것이 명백하고, 해악발생이 절박한 경우 표현의 자유를 제한할 수 있다는 원칙이다.
  ㉠ **명백(Clear)**: 의사표현행위로 인하여 공익과 권리에 대한 해악발생할 것이 분명하여야 한다는 것이다.
  ㉡ **현존(Present)**: 의사표현행위로 인하여 공익과 타인의 권리에 대한 해악이 곧 발생하여야 한다는 것이다(시간적 근접성).

② **연혁**: 1919년 Schenck사건에서 Holmes대법관이 처음으로 주장하였으며 미국에서도 일관되게 적용된 것이 아니라, 국제정세의 변화에 따라 동 원칙이 완화되어 적용되기도 했다. 우리 헌법재판소도 동 원칙을 적용한 바 있다.

③ **의미**: 명백·현존위험의 원칙은 언론의 자유를 제한함에 있어 행정권의 행위기준이라기보다는 언론의 자유를 제한한 행정권의 행위의 언론의 자유 침해 여부를 판단하는 법원의 사법심사기준이다.

④ **문제점**: 국가위기상황에서는 표현의 자유를 보호하기보다는 표현의 자유를 제한하는 이론적 근거로 사용되기도 하였다.

(5) 보다 덜 제한적인 대체조치원칙(Less Restrictive Alternative)

표현의 자유를 제한함에 있어서는 가능한 보다 덜 제한적인 수단을 선택해야 한다는 원칙이다.

(6) 당사자적격 완화

언론의 자유가 침해된 경우에는 원고적격을 확대할 필요가 있다는 원칙이다.

(7) 사상의 자유시장 이론

어떤 표현의 유해성 여부는 1차적으로 사상의 자유, 경쟁 메커니즘에 의해야 결정되어야 한다는 이론이다.

⚖ 판례 | 언론의 자유 침해 여부

`침해인 것`

1. 음란 또는 저속한 간행물을 출간한 출판사 등록취소 (헌재 1998.4.30. 95헌가16)

① 음란한 간행물에 관한 부분은 헌법에 위반되지 아니하고 저속한 간행물에 관한 부분은 헌법에 위반된다.

② 이 사건 법률로 언론·출판의 자유, 직업의 자유, 재산권이 경합적으로 제한되고 있으나 1차적으로 제한되는 것은 언론·출판의 자유이다.

③ 어떤 표현이 유해하다 하더라도 그 해악의 해소는 1차적으로 사상의 경쟁 메커니즘에 의해야 한다. 국가는 언론·출판의 영역에서 2차적으로 개입할 수 있다. 그러나 사상의 자유, 경쟁에 의해서도 표현의 해악이 해소될 수 없는 성질이거나 다른 사상이나 표현을 기다려 해소되기에는 너무나 심대한 해악을 지니는 표현에 한하여 국가의 개입이 1차적인 것으로 용인될 수 있다.

④ 음란한 개념은 형법상의 음란개념과 동일하게 대법원이 보고 있고 대법원 판례를 통하여 적정한 지침이 제시되고 있으므로 명확성원칙에 반한다고 할 수 없다.

⑤ 저속의 개념은 폭력성, 잔인성, 성적 표현의 정도의 하한이 모두 열려 있어 출판하고자 하는 자는 어느 정도 자신의 표현내용을 조절해야 하는지 알 수 없으므로 명확성원칙에 위반된다.

⑥ 성인은 청소년과 달리 저속한 간행물에 접근할 수 있어야 하는데, 이를 금지한 것은 성인의 알 권리 침해이다.

2. 의료인의 기능, 진료방법 광고금지

객관적인 사실에 기인한 것으로서 소비자에게 해당 의료인의 의료기술이나 진료방법을 과장함이 없이 알려주는 의료광고라면 이는 의료행위에 관한 중요한 정보에 관한 것으로서 소비자의 합리적 선택에 도움을 주고 의료인들 간에 공정한 경쟁을 촉진하므로 오히려 공익을 증진시킬 수 있다. 따라서 특정의료기관이나 의료인의 기능, 진료방법 등의 광고를 금지한 의료법은 표현의 자유를 침해한다(헌재 2005.10.27. 2003헌가3).

`비교` 의료법인·의료기관 또는 의료인이 '**치료효과를 보장하는 등 소비자를 현혹할 우려가 있는 내용의 광고**'를 한 경우 형사처벌하도록 규정한 의료법은 명확성원칙에 위반되지도 않는다. 표현의 자유뿐 아니라 직업행사의 자유도 제한하나 과잉금지원칙에 위반되지 않는다(헌재 2014.9.25. 2013헌바28).

`비교` 의료인 등으로 하여금 **거짓이나 과장된 내용의 의료광고를 하지 못하도록 한 의료법**은 명확성원칙에 위배되지 아니한다. 또한 의료소비자 보호 및 건전한 의료경쟁질서 유지라는 공익은 매우 중요하다. 따라서 이 사건 법률조항들은 의료인의 표현의 자유 및 직업수행의 자유를 침해하지 아니한다(헌재 2015.12.23. 2012헌마685).

`비교` **의료인이 아닌 자, 의료광고 금지**는 표현의 자유 및 직업수행의 자유를 침해하지 아니한다(헌재 2016.9.29. 2015헌바325).

3. 변호사 광고금지 (헌재 2022.5.26. 2021헌마619)

① 제한되는 기본권

㉠ 헌법은 제21조 제1항에서 "모든 국민은 언론·출판의 자유 … 를 가진다."라고 규정하여 현대 자유민주주의의 존립과 발전에 필수불가결한 기본권으로 언론·출판의 자유를 강력하게 보장하고 있는바, 광고물도 사상·지식·정보 등을 불특정다수인에게 전파하는 것으로서 <u>**언론·출판의 자유**에 의한 보호를 받는 대상이 된다</u>. 한편 헌법 제15조는 직업수행의 자유 내지 영업의 자유도 보장하고 있는바, 상업광고를 제한하는 입법은 **직업수행의 자유**도 동시에 제한하게 된다.

㉡ 청구인 회사는 심판대상조항이 재산권을 침해한다고 주장하나, 청구인 회사가 심판대상조항으로 인하여 □□ 서비스를 기존과 같이 운영하지 못하는 <u>영업상 어려움으로 경제적인 손해를 입게 된다고 하더라도 이는 사실상의 영향에 지나지 않으므로, 이 사건 심판대상조항이 청구인 회사의 **재산권**을 제</u>

한한다고 보기 어렵다.

ⓒ 청구인들은, 그들과 다른 직역 종사자 사이에 규제의 차이로 평등권이 침해된다고 주장하나, 다른 직역 종사자와 청구인들을 그 직무의 내용 및 성질, 목적 또는 사명, 자격요건, 의무 등에 차이가 있으므로 평등이 문제되는 비교집단이 되기 어려운바, 이에 대하여 판단하지 않는다(헌재 2012.11.29. 2010헌바454 참조).

ⓓ 청구인들은 심판대상조항이 헌법상 경제질서에 위배된다고 주장하나, 헌법 제119조의 경제질서는 국가의 경제정책에 대한 헌법적 지침으로서 직업의 자유와 같은 경제에 관한 기본권에 의하여 구체화되는 것이다. 따라서 청구인들의 헌법 제119조에 관한 주장 역시 직업의 자유 침해 여부에 대하여 심사하는 것으로 충분하므로 별도로 판단하지 않는다.

② 변호사 또는 소비자로부터 금전·기타 경제적 대가(알선료, 중개료, 수수료, 회비, 가입비, 광고비 등 명칭과 정기·비정기 형식을 불문한다)를 받고 변호사등을 광고·홍보·소개하는 행위를 금지한 변호사 광고에 관한 규정 중 '변호사등을 광고·홍보·소개하는 행위' 부분이 과잉금지원칙에 위반되는지 여부(적극): 이 사건 대가수수 광고금지규정으로 달성하고자 하는 공정한 수임질서의 유지나 소비자의 피해 방지라는 공익도 중요하나 위 규정으로 그러한 공익이 달성될 수 있는 것인지 불분명하다. 반면, 변호사법에서 여러 매체를 통한 광고를 원칙적으로 허용하고 있는 점, 앞서 본 입법 연혁과 같이 변호사 업무 광고의 자유가 점차적으로 확대되어 온 점, 사회·경제적 변화와 과학기술의 발전 등으로 다양한 형태의 광고가 출현하고 있는 점, 그럼에도 위 규정은 전면적으로 경제적 대가가 결부된 광고행위를 규제하고 있는 점 등의 사정에 비추어 보면, 이 사건 대가수수 광고금지규정으로 인하여 청구인 변호사들은 광고업자에게 유상으로 광고를 의뢰하는 것이 사실상 금지되어 표현의 자유, 직업의 자유에 중대한 제한을 받게 되고, 청구인 회사로서도 변호사들로부터 광고를 수주하지 못하게 되어 영업에 중대한 제한을 받게 된다. 따라서 위 규정은 법익의 균형성도 갖추지 못하였다. 그러므로 이 사건 대가수수 광고금지규정은 과잉금지원칙을 위반하여 청구인들의 표현의 자유, 직업의 자유를 침해한다.

비교 변호사 또는 소비자로부터 금전·기타 경제적 대가(알선료, 중개료, 수수료, 회비, 가입비, 광고비 등 명칭과 정기·비정기 형식을 불문한다)를 받고 법률상담 또는 사건 등을 소개·알선·유인하기 위하여 변호사등과 소비자의 연결을 금지하는 것이 과잉금지원칙에 위반되는지 여부(소극): 경제적 대가가 결부된 사건 등의 알선 행위에 터 잡은 광고 행위를 규제하는 위 규정들은 변호사의 공공성 및 공정한 수임질서의 유지, 소비자의 피해방지라는 입법목적을 달성하기 위한 적합한 수단이다.

위 규정들로 달성하고자 하는 변호사의 공공성이나 공정한 수임질서의 유지, 소비자 피해방지는 매우 중대한 데 반해, 법률상담 또는 사건 등의 연결이나 알선과 관련하여 경제적 대가를 지급하는 형태의 광고를 할 수 없게 됨으로써 침해되는 청구인들의 이익은 크다고 보기 어려우므로, 위 규정은 법익의 균형성도 갖추었다. 따라서 위 규정들은 과잉금지원칙에 위배되지 아니한다.

비교 변호사 등은 자기가 아닌 변호사·비(非)변호사, 개인·단체, 사업자 등(이하 '타인'이라 한다)의 영업이나 홍보 등을 위하여 광고에 타인의 성명, 사업자명, 기타 상호 등을 표시하는 행위를 금지하는 광고를 금지하는 변호사 광고에 관한 규정, 주체인 변호사 등 이외의 자가 자신의 성명, 기업명, 상호 등을 표시하거나 기타 자신을 드러내는 방법으로 광고하는 것을 금지하는 변호사 광고에 관한 규정이 과잉금지원칙에 위반되는지 여부(소극)

비교 사건 또는 법률사무의 수임료에 관하여 공정한 수임질서를 저해할 우려가 있는 무료 또는 부당한 염가를 표방하는 광고와 변호사 등은 무료 또는 부당한 염가의 법률상담 방식에 의한 광고를 금지하는 변호사 광고에 관한 규정이 과잉금지원칙에 위반되는지 여부(소극)

비교 수사기관과 행정기관의 처분·법원 판결 등의 결과 예측을 표방하는 광고와 변호사등이 아님에도 수사기관과 행정기관의 처분·법원 판결 등의 결과 예측을 표방하는 서비스를 취급·제공하는 행위를 금지하는 변호사 광고에 관한 규정이 과잉금지원칙에 위반되는지 여부(소극)

비교 변호사 등이 아님에도 변호사 등의 직무와 관련한 서비스의 취급·제공 등을 표시하거나 소비자들이 변호사 등으로 오인하게 만들 수 있는 자에게 광고를 의뢰하거나 참여·협조하는 행위를 금지한 변호사 광고에 관한 규정이 과잉금지원칙에 위반되는지 여부(소극)

무료 또는 부당한 염가의 법률사무 보수를 표방하거나 최저가 등의 표현을 사용하는 광고를 금지한 변호사 광고에 관한 규정이 신뢰보호를 위반하는지 여부(소극)

4. 식품에 음주전후, 숙취해소표시 금지한 식품의약품안정청고시 제7조

이러한 표시를 금지하면 숙취해소용 식품에 관한 정확한 정보 및 제품의 제공을 차단함으로써 숙취해소의 기회를 국민으로부터 박탈하게 될 뿐만 아니라, 보다 나은 숙취해소용 식품을 개발하기 위한 연구와 시도를 차단하는 결과를 초래하므로, 위 규정은 숙취해소용 식품의 제조·판매에 관한 **영업의 자유 및 광고표현의 자유를 과잉금지원칙에 위반하여 침해하는 것이다.** 특히 청구인들은 '숙취해소용 천연차 및 그 제조방법'에 관하여 특허권을 획득하였음에도 불구하고 위 규정으로 인하여 특허권자인 청구인들조차 그 특허발명제품에 '숙취해소용 천연차'라는 표시를 하지 못하고 '천연차'라는 표시만 할 수밖에 없게 됨으로써 청구인들의 헌법상 보호받는 **재산권인 특허권도 침해되었다**(헌재 2000.3.30. 99헌마143).

5. '공익'은 형벌조항의 구성요건으로서 구체적인 표지를 정하고 있는 것이 아니라, 헌법상 기본권 제한에 필요한 최소한의 요건 또는 헌법상 언론·출판의 자유의 한계를 그대로 법률에 옮겨 놓은 것에 불과할 정도로 그 의미가 불명확하고 추상적이다. **공익을 해할 목적으로 전기통신설비에 의하여 공연히 허위의 통신을 한 자를 형사처벌하는** 전기통신기본법은 명확성원칙에 위반된다(헌재 2010.12.28. 2008헌바157).

방송통신심의위원회의 직무의 하나로 '건전한 통신윤리의 함양을 위하여 필요한 사항으로서 대통령령이 정하는 정보의 심의 및 시정요구'를 규정하고 있는 '방송통신위원회의 설치 및 운영에 관한 법률'은 명확성원칙에 반하지 않는다(헌재 2012.2.23. 2011헌가13).

학교환경위생정화구역 안 '미풍양속을 해하는 행위 및 시설'을 금지한 학교보건법: 명확성원칙이나 위임입법의 한계를 규정한 헌법 제75조에 위반되지 않는다(헌재 2008.4.24. 2004헌바92).

6. 공공의 안녕질서나 미풍양속을 해하는 통신을 금지하는 전기통신사업법

불온통신을 '공공의 안녕질서 또는 미풍양속을 해하는 통신'으로 규정하고 이를 금지하고 있는바, 여기서의 '공공의 안녕질서'는 위 헌법 제37조 제2항의 '국가의 안전보장·질서유지'와, '미풍양속'은 헌법 제21조 제4항의 '공중도덕이나 사회윤리'와 비교하여 볼 때 동어반복이라 해도 좋을 정도로 전혀 구체화되어 있지 아니하다. 결론적으로 전기통신사업법 제53조 제1항은 규제되는 표현의 내용이 명확하지 아니하여 명확성의 원칙에 위배된다(헌재 2002.6.27. 99헌마480).

7. 국가모독죄

심판대상조항의 신설 당시 제안이유에서는 '국가의 안전과 이익, 위신 보전'을 그 입법목적으로 밝히고 있으나, 일률적인 형사처벌을 통해 국가의 안전과 이익, 위신 등을 보전할 수 있다고 볼 수도 없으므로 <u>수단의 적합성을 인정할 수 없다.</u> 따라서 국가모독죄조항은 과잉금지원칙에 위배되어 표현의 자유를 침해한다(헌재 2015.10.21. 2013헌가20).

형법 제105조의 국기모독죄: 국기는 국가의 역사와 국민성, 이상 등을 응축하고 헌법이 보장하는 질서와 가치를 담아 국가의 정체성을 표현하는 국가의 대표적 상징물이다. 심판대상조항은 국기를 존중, 보호함으로써 국가의 권위와 체면을 지키고, 국민들이 국기에 대하여 가지는 존중의 감정을 보호하려는 목적에서 입법된 것이다. 심판대상조항은 과잉금지원칙에 위배되어 청구인의 표현의 자유를 침해한다고 볼 수 없고, 표현의 자유의 본질적 내용을 침해한다고도 할 수 없다(헌재 2019.12.27. 2016헌바96).

군형법상 상관모욕죄 (헌재 2016.2.25. 2013헌바111)

① **명확성원칙에 위배되는지 여부(소극)**: 상관에 대한 사회적 평가에 더하여 군기를 확립하고 군조직의 위계질서와 통수체계를 유지하려는 상관모욕죄의 입법목적이나 보호법익 등에 비추어 이를 예견할 수 없을 정도로 광범위하다고 보기는 어려우므로, 심판대상조항은 명확성원칙에 위배되지 아니한다.

② **표현의 자유를 침해하는지 여부(소극)**: 군조직의 위계질서와 통수체계가 파괴될 위험성이 커 이를 일반예방적 효과가 있는 군형법으로 처벌할 필요성이 있다. 따라서 심판대상조항은 과잉금지원칙에 위배되어 군인의 표현의 자유를 침해한다고 볼 수 없다.

8. 게시판 이용자의 표현의 자유를 사전에 제한하여 의사표현 자체를 위축시킴으로써 자유로운 여론의 형성을 방해하고, 게시판 이용자의 개인정보가 외부로 유출되거나 부당하게 이용될 가능성이 증가하게 되었는바, 인

터넷게시판을 설치·운영하는 정보통신서비스 제공자에게 **본인확인조치의무를 부과하여 게시판 이용자로 하여금 본인확인절차를 거쳐야만 게시판을 이용할 수 있도록 하는 본인확인제**를 규정한 '정보통신망 이용촉진 및 정보보호 등에 관한 법률'은 표현의 자유, 개인정보자기결정권, 언론의 자유 침해이다(헌재 2012.8.23. 2010헌마47).

9. 선거운동기간 중에 인터넷언론사 홈페이지 게시판 등 이용자로 하여금 실명확인

강제함으로써 익명표현의 자유와 언론의 자유를 제한하고, 익명표현의 부정적 효과를 방지하기 위하여 모든 익명표현을 규제함으로써 대다수 국민의 개인정보자기결정권도 광범위하게 제한하고 있다는 점에서 이와 같은 불이익은 선거의 공정성 유지라는 공익보다 결코 과소평가될 수는 없다. 인터넷언론사는 선거운동기간 중 당해 홈페이지 게시판 등에 정당·후보자에 대한 지지·반대 등의 정보를 게시하는 경우 실명을 확인받는 기술적 조치를 하도록 한 공직선거법 제82조는 과잉금지원칙에 반하여 게시판 등 이용자의 익명표현의 자유와 인터넷언론사의 언론의 자유, 그리고 게시판 등 이용자의 개인정보자기결정권을 침해한다(헌재 2021.1.28. 2018헌마456). 다만, '지지·반대'의 사전적 의미와 심판대상조항의 입법목적, 공직선거법 관련 조항의 규율내용을 종합하면, 건전한 상식과 통상적인 법 감정을 가진 사람이면 자신의 글이 정당·후보자에 대한 '지지·반대'의 정보를 게시하는 행위인지 충분히 알 수 있으므로, 실명확인 조항 중 '인터넷언론사' 및 '지지·반대' 부분은 명확성원칙에 반하지 않는다.

> **[비교]** 국가기관, 지방자치단체, '공공기관의 운영에 관한 법률' 제5조 제3항에 따른 공기업·준정부기관 및 '지방공기업법'에 따른 지방공사·지방공단으로 하여금 정보통신망 상에 게시판을 설치·운영하려면 게시판 이용자의 본인 확인을 위한 방법 및 절차의 마련 등 대통령령으로 정하는 필요한 조치를 하도록 규정한 '정보통신망 이용촉진 및 정보보호 등에 관한 법률' 제44조의5 제1항 제1호: 게시판의 활용이 공공기관등을 상대방으로 한 익명표현의 유일한 방법은 아닌 점, 공공기관등에 게시판을 설치·운영할 일반적인 법률상 의무가 존재한다고 보기 어려운 점, 심판대상조항은 공공기관등이 설치·운영하는 게시판이라는 한정적 공간에 적용되는 점 등에 비추어 볼 때 기본권 제한의 정도가 크지 않다. 그에 반해 공공기관등이 설치·운영하는 게시판에 언어폭력, 명예훼손, 불법정보의 유통이 이루어지는 것을 방지함으로써 얻게 되는 건전한 인터넷 문화 조성이라는 공익은 중요하다. 따라서 심판대상조항은 법익의 균형성을 충족한다. 심판대상조항은 과잉금지원칙을 준수하고 있으므로 청구인의 익명표현의 자유를 침해하지 않는다(헌재 2022.12.22. 2019헌마654).

10. 사용자단체와 달리 노동자단체에 한해 정치자금제공을 금지한 정치자금법

이 사건 법률조항을 통하여 달성하려는 공익인 '노동단체 재정의 부실 우려'의 비중은 상당히 작다고 판단된다. 따라서 노동단체의 기부금지를 정당화하는 중대한 공익을 인정하기 어려우므로 이 사건 법률조항은 노동단체인 청구인의 표현의 자유 및 결사의 자유의 본질적 내용을 침해하는 위헌적인 규정이다(헌재 1999.11.25. 95헌마154).

11. 언론인의 선거운동을 금지하고, 이를 위반한 경우 처벌하도록 규정한 공직선거법

심판대상조항들의 입법목적은, 일정 범위의 언론인을 대상으로 언론매체를 통한 활동의 측면에서 발생 가능한 문제점을 규제하는 것으로 충분히 달성될 수 있다. 그런데 인터넷신문을 포함한 언론매체가 대폭 증가하고, 시민이 언론에 적극 참여하는 것이 보편화된 오늘날 심판대상조항들에 해당하는 언론인의 범위는 지나치게 광범위하다. 따라서 심판대상조항들은 선거운동의 자유를 침해한다(헌재 2016.6.30. 2013헌가1).

12. 정당에 후원회 설치금지 *헌법불합치결정

이 사건 법률조항은 정당 후원회를 금지함으로써 불법 정치자금 수수로 인한 정경유착을 막고 정당의 정치자금 조달의 투명성을 확보하여 정당 운영의 투명성과 도덕성을 제고하기 위한 것으로, 입법목적의 정당성은 인정된다. 정당제 민주주의 하에서 정당에 대한 재정적 후원이 전면적으로 금지됨으로써 정당이 스스로 재정을 충당하고자 하는 정당활동의 자유와 국민의 정치적 표현의 자유에 대한 제한이 매우 크다고 할 것이므로, 이 사건 법률조항은 정당의 정당활동의 자유와 국민의 정치적 표현의 자유를 침해한다(헌재 2015.12.23. 2013헌바168).

13. 선거방송심의위원회의 구성과 운영에 관한 규칙에 의한 방송위원회의 경고

이 사건 조항에 의한 그러한 '주의 또는 경고'는 2006.10.27. 개정되기 전 구 방송법 제100조 제1항에 나열된 제재조치에 포함되지 아니한 것이었으며, 법률의 위임에 따라 정할 수 있는 '제재조치'의 범위를 벗어난 것이었다. 따라서 이 사건 조항에 근거한 위 방송위원회의 경고는 기본권 제한에서 요구되는 법률유보원칙에 위배되어 방송의 자유를 침해한다(헌재 2007.11.29. 2004헌마290).

14. **인터넷언론사에 대하여 선거일 전 90일부터 선거일까지 후보자 명의의 칼럼이나 저술을 게재하는 보도를 제한하는 구 인터넷선거보도 심의기준 등에 관한 규정에서 시기제한조항(인터넷보도심의위원회 훈령)**

이 사건 시기제한조항은 선거일 전 90일부터 선거일까지 후보자 명의의 칼럼 등을 게재하는 인터넷 선거보도가 불공정하다고 볼 수 있는지에 대해 구체적으로 판단하지 않고 이를 불공정한 선거보도로 간주하여 선거의 공정성을 해치지 않는 보도까지 광범위하게 제한한다. 공직선거법상 인터넷 선거보도 심의의 대상이 되는 인터넷언론사의 개념은 매우 광범위한데, 이 사건 시기제한조항이 정하고 있는 일률적인 규제와 결합될 경우 이로 인해 발생할 수 있는 표현의 자유 제한이 작다고 할 수 없다. 인터넷언론의 특성과 그에 따른 언론시장에서의 영향력 확대에 비추어 볼 때, 인터넷언론에 대하여는 자율성을 최대한 보장하고 언론의 자유에 대한 제한을 최소화하는 것이 바람직하고, 계속 변화하는 이 분야에서 규제 수단 또한 헌법의 틀 안에서 다채롭고 새롭게 강구되어야 한다. 이 사건 시기제한조항의 입법목적을 달성할 수 있는 덜 제약적인 다른 방법들이 이 사건 심의기준 규정과 공직선거법에 이미 충분히 존재한다. 따라서 이 사건 시기제한조항은 과잉금지원칙에 반하여 청구인의 표현의 자유를 침해한다(헌재 2019.11.28. 2016헌마90).

> **참고** 공직선거법에 근거가 있으므로 법률유보원칙 위반은 아니었다.

15. **피청구인 대통령의 지시로 피청구인 대통령 비서실장, 정무수석비서관, 교육문화수석비서관, 문화체육관광부장관이 야당 소속 후보를 지지하였거나 정부에 비판적 활동을 한 문화예술인이나 단체를 정부의 문화예술 지원사업에서 배제할 목적으로, 한국문화예술위원회, 영화진흥위원회, 한국출판문화산업진흥원 소속 직원들로 하여금 특정 개인이나 단체를 문화예술인 지원사업에서 배제하도록 한 일련의 지시행위** (헌재 2020. 12.23. 2017헌마416)

① 표현행위자의 특정 견해, 이념, 관점에 근거한 제한은 표현의 내용에 대한 제한 중에서도 가장 심각하고 해로운 제한이다. 헌법상 표현의 자유가 보호하고자 하는 가장 핵심적인 것이 바로 "표현행위가 어떠한 내용을 대상으로 한 것이든 보호를 받아야 한다."라는 것이며, "국가가 표현행위를 그 내용에 따라 차별함으로써 특정한 견해나 입장을 선호하거나 억압해서는 안 된다."라는 것이다(헌재 2002.12.18. 2000헌마764 참조). 따라서 정치적 표현의 내용, 그중에서도 표현된 관점을 근거로 한 제한은 과잉금지원칙을 준수하여야 하며, 그 심사 강도는 더욱 엄격하다고 할 것이다.

② 정부에 대한 반대 견해나 비판에 대하여 합리적인 홍보와 설득으로 대처하는 것이 아니라 비판적 견해를 가졌다는 이유만으로 국가의 지원에서 일방적으로 배제함으로써 정치적 표현의 자유를 제재하는 공권력의 행사는 헌법의 근본원리인 국민주권주의와 자유민주적 기본질서에 반하는 것으로 그 **목적의 정당성**을 인정할 수 없다. 따라서 피청구인들의 이 사건 지원배제 지시는 더 나아가 살필 필요 없이 과잉금지원칙에 위반된다. 이 사건 지원배제 지시는 청구인들의 표현의 자유를 침해한다.

침해가 아닌 것

1. **식품 첨가물의 표시에 있어 의약품과 혼동할 우려 표시를 금지한** 식품위생법 시행규칙은 국민의 건강보호를 위한 것으로 언론의 자유 침해가 아니다(헌재 2000.3.30. 97헌마108).

2. **인터넷상의 청소년유해매체물 정보의 경우 18세 이용금지 표시 외에 추가로 '전자적 표시'를 하도록 하여** 차단소프트웨어 설치시 동 정보를 볼 수 없게 한 정보통신망이용촉진및정보보호등에관한법률시행령 제21조 제2항 및 '청소년유해매체물의 표시방법'에 관한 정보통신부고시는 표현의 자유를 침해하지 않는다(헌재 2004.1.29. 2001헌마894).

3. **청소년이용음란물 규제**

청소년이용음란물이란 실제 청소년이 등장해야 한다는 것이 명백하므로 죄형법정주의 명확성원칙에 위반되지 아니한다. 청소년을 이용한 음란한 필름, 비디오물, 게임물과 같은 청소년 음란물을 제작·수입·수출을 금지한 청소년의성보호에관한법률은 언론의 자유 침해가 아니다(헌재 2002.4.25. 2001헌가27).

4. **온라인서비스 제공자의 아동·청소년 이용음란물 차단**

온라인서비스제공자가 자신이 관리하는 정보통신망에서 **아동·청소년이용음란물을 발견하기 위하여 대통령령으로 정하는 조치를 취하지 아니하거나 발견된 아동·청소년이용음란물을 즉시 삭제하고, 전송을 방지 또**

는 중단하는 기술적인 조치를 취하지 아니한 경우 처벌하는 '아동·청소년의 성보호에 관한 법률'은 온라인 서비스제공자의 영업수행의 자유, 서비스이용자의 통신의 비밀과 표현의 자유를 침해하지 아니한다(헌재 2018.6.28. 2016헌가15).

5. **국가공무원 복무규정** (헌재 2012.5.31. 2009헌마705)
   ① 공무원에 대하여 **국가 또는 지방자치단체의** 정책에 대한 반대·방해 행위를 금지한 구 '국가공무원 복무규정'은 표현의 자유 침해가 아니다.
   ② 공무원에 대하여 직무 수행 중 **정치적 주장을 표시·상징하는 복장 등 착용행위를 금지한** '국가공무원 복무규정'이 공무원의 정치적 표현의 자유를 침해한다고 볼 수 없다.

6. 도로안전과 환경·미관을 위하여 자동차에 광고를 부착하는 것을 제한하는 것이므로 **교통수단을 이용한 광고를** 교통수단 소유자에 관한 광고로 한정한 것은 언론·출판의 자유 침해가 아니다(헌재 2002.12.18. 2000헌마764).

7. 방송통신위원회가 일정한 요건 하에 서비스제공자 등에게 **불법 정보의 취급거부 등을 명하도록** 한 정보통신망 이용촉진 및 정보보호 등에 관한 법률은 헌법에 위배되지 않는다(헌재 2015.10.21. 2012헌바415).

8. 정보통신망을 통하여 일반에게 공개된 정보로 말미암아 사생활 침해나 명예훼손 등 타인의 권리가 침해된 경우 그 침해를 받은 자가 삭제요청을 하면 정보통신서비스 제공자는 권리의 침해 여부를 판단하기 어렵거나 이해당사자 간에 다툼이 예상되는 경우에는 30일 이내에서 **해당 정보에 대한 접근을 임시적으로 차단하는 조치를 하여야 한다고** 규정하고 있는 '정보통신망 이용촉진 및 정보보호 등에 관한 법률' 제44조의2 제2항은 표현의 자유 침해가 아니다(헌재 2012.5.31. 2010헌마88).

9. 정보통신망을 이용하여 공포심이나 불안감을 유발하는 문언을 반복적으로 상대방에게 도달하는 행위를 처**벌**하는 것은 수신인인 피해자의 사생활의 평온 보호 및 정보의 건전한 이용풍토 조성이라고 하는 공익이 침해되는 사익보다 크다고 할 것이어서 표현의 자유를 침해하지 않는다(헌재 2016.12.29. 2014헌바434).

10. 특정구역 안에서 업소별로 표시할 수 있는 **광고물의 총 수량을 1개로 제한**한 '옥외광고물 표시제한 특정구역 지정고시'는 표현의 자유를 침해하지 않는다(헌재 2016.3.31. 2014헌마794).

11. **'저작자 아닌 자를 저작자로 하여 실명·이명을 표시하여 저작물을 공표한 자'를 처벌**하는 저작권법은 저작자 및 자신의 의사에 반하여 저작자로 표시된 사람의 권리를 보호하기 위한 것으로 표현의 자유 또는 일반적 행동의 자유를 침해하지 아니한다(헌재 2018.8.30. 2015헌바158).

12. 금융지주회사법 제48조의3 제2항 중 **금융지주회사의 임·직원이 업무상 알게 된 공개되지 아니한 정보 또는 자료를 다른 사람에게 누설하는 것을 금지하는 부분**은 표현의 자유를 침해하지 않는다. 금융지주회사의 영업 관련 정보 및 자료에 대한 배타적 권리를 보호하고, 정확한 정보의 공개를 보장함으로써, 금융지주회사의 경영 및 재무 건전성과, 금융 산업의 공정성 및 안정성 확보를 도모하기 위한 것이므로 입법목적의 정당성이 인정된다. 공익을 위해 정보나 자료를 외부에 공개하는 경우에는 공익신고자 보호법이나 '노동조합 및 노동관계조정법' 등에 의해 면책될 수도 있다. 따라서 심판대상조항은 표현의 자유를 침해하지 아니한다(헌재 2017.8.31. 2016헌가11).

13. 금치처분을 받은 미결수용자라 할지라도 **금치처분 기간 중 집필을 금지하면서 예외적인 경우에만 교도소장이 집필을 허가할 수 있도록 한** 형의 집행 및 수용자의 처우에 관한 법률상의 규정은 미결수용자의 표현의 자유를 침해한다고 할 수 없다(헌재 2016.4.28. 2012헌마549).
    참고 예외 없는 집필금지는 표현의 자유를 침해한다.

14. **'법관이 그 품위를 손상하거나 법원의 위신을 실추시킨 경우'를 징계사유**로 하는 법률규정은 그 적용범위가 지나치게 광범위하거나 포괄적이어서 법관의 표현의 자유를 과도하게 제한한다고 볼 수 없어 과잉금지원칙에 위배되지 아니한다(헌재 2012.2.23. 2009헌바34).

15. 성별, 종교, 나이, 사회적 신분, 출신지역, 출신국가, 출신민족, 언어, 장애, 용모 등 신체조건, 임신 또는 출산, 가족형태 또는 가족상황, 인종, 경제적 지위, 피부색, 사상 또는 정치적 의견, 성적 지향, 성별 정체성, 병력, 징계, 성적 등의 사유를 이유로 한 차별적 언사나 행동, 혐오적 표현 등을 통해 다른 사람의 인권을 침해하지 못하도록 한 서울시조례

사건 조례 제5조 제3항에서 제한하고 있는 표현이 '차별적 언사나 행동, 혐오적 표현'이라는 이유만으로 표현의 자유의 보호영역에서 애당초 배제된다고 볼 수 없고, 차별적 언사나 행동, 혐오적 표현도 헌법 제21조가 규정하는 표현의 자유의 보호영역에는 해당한다. 차별·혐오표현이 금지되는 것은 헌법상 인간의 존엄성 보장 측면에서 긴요하다. 특히, 육체적·정신적으로 성장기에 있는 학생을 대상으로 한 차별·혐오표현은 교육의 기회를 통해 신장시킬 수 있는 학생의 정신적·신체적 능력을 훼손하거나 파괴할 수 있고, 판단능력이 미성숙한 학생들의 인격이나 가치관 형성에 부정적인 영향을 미치므로, 학내에서 이러한 행위를 규제할 필요가 크다. 이와 같은 점을 종합할 때, 이 사건 조례 제5조 제3항은 침해의 최소성도 충족하였다. 이 사건 조례 제5조 제3항으로 달성되는 공익이 매우 중대한 반면, 제한되는 표현은 타인의 인권을 침해하는 정도에 이르는 표현으로 그 보호가치가 매우 낮으므로, 법익 간 균형이 인정된다. 따라서 이 사건 조례 제5조 제3항은 과잉금지원칙에 위배되어 학교구성원인 청구인들의 표현의 자유를 침해하지 아니한다(헌재 2019.11.28. 2017헌마1356).

16. **정보통신망을 통한 명예훼손** (헌재 2021.3.25. 2015헌바438)
① **'정보통신망 이용촉진 및 정보보호 등에 관한 법률' 제70조 제2항 중 '사람을 비방할 목적' 부분이 명확성원칙에 위반되는지 여부(소극)**: 심판대상조항의 '사람을 비방할 목적'이란 고의 이외에 추가로 요구되는 초과주관적 구성요건으로서, 피해자의 가치에 대한 사회적 평가를 훼손하거나 저해하려는 인식을 넘어 사람의 명예에 대한 가해 의사나 목적으로 해석되고, 이때 피해자인 사람은 특정될 것을 요하는 것으로 그 의미가 분명하게 해석되고 있으므로, 명확성원칙에 위반되지 아니한다.
② **사람을 비방할 목적으로 정보통신망을 통하여 공공연하게 거짓의 사실을 드러내어 다른 사람의 명예를 훼손한 자를 형사처벌하도록 규정한 정보통신망 이용촉진 및 정보보호 등에 관한 법률이 과잉금지원칙에 반하여 표현의 자유를 침해하는지 여부(소극)**: 심판대상조항은, 일단 훼손되면 다른 구제수단을 통해 완전한 회복이 어렵다는 '외적 명예'라는 보호법익의 특성과 익명성·비대면성·전파성이 크다는 '정보통신망'이란 매체의 특성을 고려하여, '비방할 목적'이란 초과주관적 구성요건과 '공공연한 거짓 사실의 적시'라는 행위태양이 충족되는 범위에서 명예훼손적 표현행위를 한정적으로 규제하고 있으므로, 과잉금지원칙에 반하여 표현의 자유를 침해하지 아니한다.

17. **공연히 사실을 적시하여 사람의 명예를 훼손한 자를 형사처벌하도록 규정한 형법 제307조 제1항이 표현의 자유를 침해하는지 여부(소극)**
타인으로부터 부당한 피해를 받았다고 생각하는 사람이 법률상 허용된 민·형사상 절차에 따르지 아니한 채 사적 제재수단으로 명예훼손을 악용하는 것을 규제할 필요성이 있는 점, 공익성이 인정되지 않음에도 불구하고 단순히 타인의 명예가 허명임을 드러내기 위해 개인의 약점과 허물을 공연히 적시하는 것은 자유로운 논쟁과 의견의 경합을 통해 민주적 의사형성에 기여한다는 표현의 자유의 목적에도 부합하지 않는 점 등을 종합적으로 고려하면, 형법 제307조 제1항은 과잉금지원칙에 반하여 표현의 자유를 침해하지 아니한다(헌재 2021.2.25. 2017헌마1113).

18. **방송편성에 관하여 간섭을 금지하고 그 위반 행위자를 처벌하는 방송법 제105조**
방송의 자유는 민주주의의 원활한 작동을 위한 기초인바, 국가권력은 물론 정당, 노동조합, 광고주 등 사회의 여러 세력이 법률에 정해진 절차에 의하지 아니하고 방송편성에 개입한다면 국민 의사가 왜곡되고 민주주의에 중대한 위해가 발생하게 된다. 심판대상조항은 방송편성의 자유와 독립을 보장하기 위하여 방송에 개입하여 부당하게 영향력을 행사하는 '간섭'에 이르는 행위만을 금지하고 처벌할 뿐이고, 방송법과 다른 법률들은 방송 보도에 대한 의견 개진 내지 비판의 통로를 충분히 마련하고 있다. 따라서 심판대상조항이 과잉금지원칙에 반하여 표현의 자유를 침해한다고 볼 수 없다(헌재 2021.8.31. 2019헌바439).

19. **정보통신망을 통하여 음란한 화상 또는 영상을 공공연하게 전시하여 유통하는 것을 금지하고 이를 위반하는 자를 처벌하도록 정한 '정보통신망 이용촉진 및 정보보호 등에 관한 법률'**
심판대상조항은 정보통신망을 건전하고 안전하게 이용할 수 있는 환경을 조성하고 그 이용자를 보호하여 국민생활의 향상과 공공복리를 증진하기 위한 것으로 입법목적이 정당하며, 음란한 영상 등의 유통을 금지하고 위반 시 형사처벌하는 것은 위 입법목적을 달성하는 데 기여하는 적합한 수단이다. 헌법재판소와 대법원의 음란에 대한 해석 기준에 의하여 심판대상조항의 적용을 받는 표현물의 요건이 엄격하게 제한되어 있고, 유통 목적 없이 음란한 영상 등을 단순소지하는 행위는 제한하지 않고 이를 유통하는 행위만을 금지하고 있으며, 그 수단에 있어서도 전파가능성이 아주 높은 정보통신망을 이용한 유통 행위만을 규율하고 있다는 점 등에 비추어 보면, 심판대상조항은 침해의 최소성 및 법익의 균형성에 위배되지 않는다. 결국 심판대상조항은 과잉금지원칙에 위배되지 않으므로 표현의 자유를 침해하지 않는다(헌재 2023.2.23. 2019헌바305).

4. 언론보도에 의하여 피해를 받은 자를 위한 구제

(1) 언론보도에 의하여 피해를 받은 자는 정정보도 청구 또는 반론보도 청구, 조정 및 중재신청, 손해배상청구, 명예훼손에 대한 형사상 고소를 할 수 있으나, 헌법재판소 판례에 따르면 사죄광고는 인격권 등을 침해하여 헌법에 위반되므로 허용되지 않는다.

(2) 액세스(Access)권
① 의의: Access권은 넓은 의미로 언론매체에 접근하여 자신의 의사를 표현하기 위해 언론매체를 이용할 수 있는 권리이다. 협의의 Access권은 자기와 관계가 있는 보도에 대한 반론 내지 해명의 기회를 요구할 수 있는 반론권 및 해명권이다. [허영]
② Access권의 특징 ★

구분	Access권	알 권리
문제발생	사인 간에 발생	사인과 국가 간에 발생
관련 법률	언론중재 및 피해구제 등에 관한 법률	공공기관의 정보공개에 관한 법률

③ Access권의 내용(언론중재 및 피해구제 등에 관한 법률 제26조 제6항)

> 언론중재 및 피해구제 등에 관한 법률 제14조 【정정보도 청구의 요건】 ① 사실적 주장에 관한 언론보도등이 진실하지 아니함으로 인하여 피해를 입은 자(이하 '피해자'라 한다)는 해당 언론보도등이 있음을 안 날부터 3개월 이내에 언론사, 인터넷뉴스서비스사업자 및 인터넷 멀티미디어 방송사업자(이하 '언론사등'이라 한다)에게 그 언론보도등의 내용에 관한 정정보도를 청구할 수 있다. 다만, 해당 언론보도등이 있은 후 6개월이 지났을 때에는 그러하지 아니하다.
> 제16조 【반론보도청구권】 ① 사실적 주장에 관한 언론보도 등으로 인하여 피해를 입은 자는 그 보도내용에 관한 반론보도를 언론사등에 청구할 수 있다.

구분	청구인	보도내용 진실 여부	고의·과실요건	위법성 요건	소송절차
정정보도 청구권	사실적 주장에 관한 언론보도 등이 진실하지 아니함으로 인하여 피해를 입은 자	진실하지 아니한 보도	×	×	본안 절차
반론보도 청구권	사실적 주장에 관한 언론보도로 인하여 피해를 입은 자	진실 여부 불문	×	×	가처분 절차
추후보도 청구권	언론 등에 의하여 범죄혐의가 있거나 형사상의 조치를 받았다고 보도 또는 공표된 자는 그에 대한 형사절차가 무죄판결 또는 이와 동등한 형태로 종결되었을 때에는 그 사실을 안 날부터 3개월 이내에 언론사 등에 이 사실에 관한 추후보도의 게재를 청구할 수 있다.				가처분 절차

④ 사망자의 인격권 보호: 보도나 방송으로 사망한 사람의 인격권이 침해된 경우 유족이 정정보도, 반론보도, 손해배상을 청구할 수 있으나 다른 법률에 특별한 규정이 없으면 사망 후 30년이 지났을 때에는 구제절차를 수행할 수 없다(언론중재 및 피해구제 등에 관한 법률 제5조의2).
⑤ 정정보도 및 반론보도의 청구의 소: 현행 언론중재 및 피해구제 등에 관한 법률은 정정보도·반론보도 및 추후보도청구의 소를 중재위원회의 절차를 거치지 않고도 제기할 수 있도록 하고 있다.

판례 | 시정권고 신청권을 피해자로 한정한 언론중재법 (헌재 2015.4.30. 2012헌마890)

청구인은 심판대상조항이 피해자 아닌 자의 시정권고 신청권을 규정하지 않아 액세스(access)권을 침해한다고 주장한다. 그런데 청구인이 주장하는 액세스(access)권은 그 주체, 객체, 내용 등, 구체적인 권리로서의 실질이 명확하게 확립된 개념이라고 볼 수 없어, 심판대상조항이 표현의 자유를 침해하는지 여부를 중심으로 살펴본다.

심판대상조항은 언론활동의 자유와 언론의 공적 책임과의 조화를 위하여 피해자 아닌 사람의 시정권고 신청권을 인정하지 않고 직권에 의한 시정권고만을 규정하고 있으나, 언론보도의 상대방이나 피해자가 되는 경우에는 권고적 효력에 불과한 시정권고가 아닌 해당 언론사 등을 상대로 직접 정정보도, 반론보도, 추후보도의 청구도 할 수 있으므로, **언론보도의** 피해자가 아닌 자의 시정권고 신청권을 규정하지 아니한 '언론중재 및 피해구제 등에 관한 법률' 제32조 제1항은 표현의 자유를 침해했다고 할 수 없다.

판례 | 정정 · 반론보도

1. **정정보도청구권을 규정하고 있는 정간법** (헌재 1991.9.16. 89헌마165)
   ① 프랑스형은 사실적 주장, 논평, 비판의견, 가치판단에 대한 반론도 허용하고 있는 반면, 독일은 사실적 주장에 대한 반론만 허용하고 있는데 우리나라는 독일형을 취하여 반론권의 범위를 좁게 인정하고 있다.
   ② 정정보도청구권은 인간의 존엄과 가치에서 도출되는 인격권과 사생활의 비밀과 자유를 근거로 한다.
   ③ 언론사의 언론의 자유와 피해자의 인격권 등이 충돌한 경우 양 기본권을 모두 실현할 수 있는 방법으로 기본권 충돌을 해결해야 한다(규범조화적 해석 중 과잉금지원칙).
   ④ 현행법은 사실적 주장에 한하여 반론권을 인정하고 상업적인 광고만을 목적으로 하는 경우 반론권을 거부하도록 하고 있고, 반론보도문은 언론사의 명의가 아니라 **피해자의 이름으로 게재된다는 점에서** 언론의 자유를 일부 제약하면서도 반론의 범위를 최소한도로 인정함으로써 양쪽 법익 사이의 균형을 실현하고 있으므로 언론의 자유 침해라고 볼 수 없다.

2. **신문법과 언론중재법 사건의 쟁점별 위헌성 ★★** (헌재 2006.6.29. 2005헌마165)
   ① **일간신문과 뉴스통신 · 방송사업의 겸영을 금지**: 신문법 제15조 제2항은 신문의 다양성을 보장하기 위하여 필요한 한도 내에서 그 규제의 대상과 정도를 선별하여 제한적으로 규제하고 있다고 볼 수 있다. 그러므로 신문법 제15조 제2항은 헌법에 위반되지 아니한다.
   ② **일간신문사 지배주주의 뉴스통신 또는 다른 일간신문 주식 · 지분의 소유 · 취득을 제한(한정적극)**: 신문의 다양성을 보장하기 위하여 신문의 복수소유를 제한하는 것 자체가 헌법에 위반된다고 할 수 없지만, 신문의 복수소유가 언론의 다양성을 저해하지 않거나 오히려 이에 기여하는 경우도 있을 수 있는데, 이 조항은 신문의 복수소유를 일률적으로 금지하고 있어서 필요 이상으로 신문의 자유를 제약하고 있다(신문의 복수소유를 일정한 경우에 금지할 수는 있지만 일괄적으로 모든 형태에 대해서 금지하는 것은 위헌이라는 것). 그러나 신문의 다양성 보장을 위한 복수소유 규제의 기준을 어떻게 설정할지의 여부는 입법자의 재량에 맡겨져 있으므로 이 조항에 대해서는 단순위헌이 아닌 헌법불합치결정을 선고하고, 다만 입법자의 개선입법이 있을 때까지 계속 적용을 허용함이 상당하다.
   ③ **일간신문의 전체 발행부수 등 신문사의 경영자료를 신고 · 공개(소극)**: 신고 · 공개하도록 함으로써 그 투명성을 높이고 신문시장의 경쟁질서를 정상화할 필요성이 더욱 크므로 언론의 자유를 침해한다고 볼 수 없다.
   ④ **1개 일간신문사의 시장점유율 30%, 3개 일간신문사의 시장점유율 60% 이상인 자를 시장지배적사업자로 추정하는 신문법(적극)**: 신문사업자를 일반사업자에 비하여 더 쉽게 시장지배적사업자로 추정되도록 하고 있는 점 등이 모두 불합리하다. 따라서 평등권과 신문의 자유를 침해하여 헌법에 위반된다.

⑤ **시장지배적사업자를 신문발전기금의 지원대상에서 배제(적극)**: 시장점유율이 높다는 이유만으로, 즉 독자의 선호도가 높아서 발행부수가 많다는 점을 이유로 신문사업자를 차별하는 것은 합리적이 아니하므로 평등권을 침해한다.

⑥ **일간신문사에 고충처리인을 두고 그 활동사항을 매년 공표하도록 규정한 언론중재법**은 고충처리인 제도의 운영에 관한 사항은 전적으로 신문사업자의자율에 맡겨져 있으므로 언론의 자유를 침해한다고 볼 수 없다.

⑦ **정정보도청구의 요건으로 언론사의 고의·과실이나 위법성을 요하지 않도록 규정한 언론중재법(소극)**: 허위의 신문보도로 피해를 입었을 때 반론보도청구권을 인정하는 것만으로는 충분한 피해구제가 되지 못한다. 정정보도청구권은 그 내용이나 행사방법에 있어 필요 이상으로 신문의 자유를 제한하고 있지도 않다. 따라서 표현의 자유를 침해한다고 할 수 없다.

⑧ **정정보도청구의 소를 민사집행법상 가처분절차에 의하여 재판하도록 규정한 언론중재법(적극)**: 반론보도청구권은 보도내용의 진실 여부와 관계없이 반박권이어서 언론사의 입장에서는 종전 입장을 바꿀 필요 없이 지면만 할애해 주면 족한 경우도 있을 수 있으므로 가처분절차에 의하여 신속하게 절차를 진행할 필요가 있다. 그러나 **정정보도의 경우** 승패의 관건인 '사실적 주장에 관한 언론보도가 진실하지 아니함'이라는 사실의 입증에 대하여, 통상의 본안절차에서 반드시 요구하고 있는 증명을 배제하고 그 대신 간이한 소명으로 이를 대체하는 것인데 이것은 소송을 당한 언론사의 방어권을 심각하게 제약하므로 공정한 재판을 받을 권리를 침해한다. 정정보도청구를 가처분절차에 따라 소명만으로 인용할 수 있게 하는 것은 나아가 언론의 자유를 매우 위축시킨다.

⑨ **언론중재법 시행 전의 언론보도로 인한 정정보도청구에 대하여도** 언론중재법을 적용하도록 규정한 언론중재법 부칙 제2조는 진정소급입법으로서 헌법적으로 허용되지 않는다.

(3) 언론의 자유와 그 한계

⚖ 판례 | 형법상 명예훼손죄 관련 규정의 해석과 언론의 자유

형법 제310조는 "제307조 제1항(사실적시 명예훼손)의 행위가 진실한 사실로서 오로지 공공의 이익에 관한 때에는 처벌하지 아니한다."라고 규정하여 언론의 자유와 명예보호라는 두 가치를 유형적으로 형량하는 조정을 꾀하고 있다. 그런데 진실성의 증명과 공공의 이익이라는 위법성의 조각 요건을 엄격하게 요구하면 형사제재의 범위는 넓어지고 언론의 자유는 위축된다. 따라서 명예훼손적 표현에 대한 형사법을 해석함에 있어서는 이러한 헌법적인 요청을 고려하여 ① 명예훼손적 표현이 진실한 사실이라는 입증이 없어도 행위자가 진실한 것으로 오인하고 행위를 한 경우, 그 오인에 정당한 이유가 있는 때에는 명예훼손죄는 성립되지 않는 것으로 해석하여야 한다. ② 형법 제310조 소정의 **'오로지 공공의 이익에 관한 때에'**라는 요건은 언론의 자유를 보장한다는 관점에서 **그 적용범위를 넓혀야 한다.** ③ 형법 제309조 소정의 **'비방할 목적'**은 그 폭을 좁히는 제한된 해석이 필요하다. 법관은 엄격한 증거로써 입증이 되는 경우에 한하여 행위자의 비방 목적을 인정하여야 한다. 신문보도의 명예훼손적 표현의 피해자가 공적 인물인지 아니면 사인인지, 그 표현이 공적인 관심 사안에 관한 것인지 순수한 사적인 영역에 속하는 사안인지의 여부에 따라 헌법적 심사기준에는 차이가 있어야 한다. 객관적으로 국민이 알아야 할 공공성·사회성을 갖춘 사실은 민주제의 토대인 여론형성에 기여하므로 형사제재로 인하여 이러한 사안의 게재를 주저하게 만들어서는 안 된다. 신속한 보도를 생명으로 하는 신문의 속성상 허위를 진실한 것으로 믿고서 한 명예훼손적 표현에 정당성을 인정할 수 있거나, 중요한 내용이 아닌 사소한 부분에 대한 허위보도는 모두 형사제재의 위협으로부터 자유로워야 한다. 시간과 싸우는 신문보도에 오류를 수반하는 표현은, 사상과 의견에 대한 아무런 제한 없는 자유로운 표현을 보장하는 데 따른 불가피한 결과이고 이러한 표현도 자유토론과 진실확인에 필요한 것이므로 함께 보호되어야 하기 때문이다. 그러나 허위라는 것을 알거나 진실이라고 믿을 수 있는 정당한 이유가 없는데도 진위를 알아보지 않고 게재한 허위보도에 대하여는 면책을 주장할 수 없다(헌재 1999.6.24. 97헌마265).

제6절 집회 및 결사의 자유

> 헌법 제21조 ① 모든 국민은 언론·출판의 자유와 집회·결사의 자유를 가진다.
> ② 집회·결사에 대한 허가는 인정되지 아니한다.

01 집회·결사의 자유의 의의

1. 개념

집회·결사의 자유는 타인과의 접촉을 통해 의사를 형성하고 집단적인 의사표현을 하여 공동의 이익을 추구할 수 있는 자유이다.

2. 언론·출판의 자유와의 관계

언론·출판이 개인적으로 행해지는 표현형태라면, 집회와 결사는 집단적으로 행해지는 표현형태이므로 집회·결사의 자유는 언론·출판의 자유보다 사회질서와의 마찰가능성이 크다. [허영] 따라서 집회·결사의 자유는 언론·출판의 자유보다 제한여지가 크다.

02 집회의 자유

1. 의의

(1) 개념

집회의 자유란 공동의 목적을 가진 다수의 사람이 일시적인 모임을 가질 수 있는 자유이다.

> **판례 | 의의** (헌재 2003.10.30. 2000헌바67)
> 1. 집회의 자유는 선거와 선거 사이의 기간에 유권자와 그 대표 사이의 의사를 연결하고, 대의기능이 약화된 경우에는 그에 갈음하는 직접민주주의의 수단으로서 기능하며, 현대사회에서 의사표현의 통로가 봉쇄되거나 제한된 **소수집단에게 의사표현의 수단을 제공한다**는 점에서 언론·출판의 자유와 더불어 대의민주주의의 필수적 구성요소가 된다. 이러한 의미에서 헌법이 집회의 자유를 보장하는 것은 관용과 다양한 견해가 공존하는 다원적인 '열린 사회'에 대한 헌법적 결단이다.
> 2. 헌법은 집회의 자유를 국민의 기본권으로 보장함으로써, 평화적 집회 그 자체는 공공의 안녕질서에 대한 위험이나 침해로서 평가되어서는 아니 되고, 개인이 집회의 자유를 집단적으로 행사함으로써 불가피하게 발생하는 **일반대중에** 대한 불편함이나 법익에 대한 위험은 보호법익과 조화를 이루는 범위 내에서 국가와 제3자에 의하여 **수인되어야 한다는 것을** 스스로 규정하고 있다.

(2) 구별되는 개념

구분	집회	결사
개념 요소	공동의 목적	공동의 목적
계속성 요건	×	○
인적 요건	2인 이상이 옥외에서 공동의 목적으로 모인 경우에 신고의무가 부과되는 옥외집회에 해당된다(헌재 2009.5.28. 2007헌바22).	2인 이상

(3) 집회의 요건

집회의 성립요건은 인적인 요건과 목적적 요건이 충족되어야 한다.

① **인적 요건:** **집회의 주최자**는 집회의 필수적 요건이 아니며 집회가 성립되기 위해서는 최소한 2인 또는 3인이 모여야 하므로 **1인 릴레이 집회**는 집회의 자유에서 보호되지 않는다. 다만, 언론의 자유에서 보호될 수는 있다.

② **목적 요건:** 일반적으로 집회는, 일정한 장소를 전제로 하여 특정 목적을 가진 다수인이 일시적으로 회합하는 것을 말하는 것으로 일컬어지고 있고, **그 공동의 목적은 '내적인 유대 관계'로 족하다**(헌재 2009.5.28. 2007헌바22).

2. 내용

(1) 집회의 자유 보호 여부

① 집회의 자유는 적극적 자유로서는 집회개최의 자유, 집회사회의 자유, 집회에 참가의 자유가 있고, 소극적 자유로서는 집회를 개최하지 아니할 자유, 집회에 참가하지 아니할 자유를 포함한다.

② 집회의 자유는 **집회의 시간, 장소, 방법과 목적을 스스로 결정할 권리를 보장한다.** 집회의 자유에 의하여 구체적으로 보호되는 주요행위는 집회의 준비 및 조직, 지휘, 참가, 집회장소·시간의 선택이다. 비록 헌법이 명시적으로 밝히고 있지는 않으나, **집회의 자유에 의하여 보호되는 것은 단지 '평화적' 또는 '비폭력적' 집회이다**(헌재 2003.10.30. 2000헌바67).

③ 집회장소가 바로 집회의 목적과 효과에 대하여 중요한 의미를 가지기 때문에, 누구나 **'어떤 장소에서' 자신이 계획한 집회를 할 것인가를 원칙적으로 자유롭게 결정할 수 있어야만 집회의 자유가 비로소 효과적으로 보장되는 것이다.** 따라서 집회의 자유는 다른 법익의 보호를 위하여 정당화되지 않는 한, **집회장소를 항의의 대상으로부터 분리시키는 것을 금지한다**(헌재 2003.10.30. 2000헌바67).

④ 집회의 자유는 집회의 시간, 장소, 방법과 목적을 스스로 결정할 권리, 즉 집회를 하루 중 언제 개최할지 등 시간 선택에 대한 자유와 어느 장소에서 개최할지 등 장소 선택에 대한 자유를 내포하고 있다. 따라서 **옥외집회를 야간에 주최하는 것 역시 집회의 자유로 보호됨이 원칙이다**(헌재 2009.9.24. 2008헌가25).

⑤ 집회의 자유는 일차적으로 국가공권력의 침해에 대한 방어를 가능하게 하는 기본권으로서, **개인이 집회에 참가하는 것을 방해하거나 또는 집회에 참가할 것을 강요하는 국가행위를 금지하는 기본권이다.** 따라서 집회의 자유는 집회에 참가하지 못하게 하는 국가의 강제를 금지할 뿐 아니라, 예컨대 집회장소로의 여행을 방해하거나, 집회장소로부터 귀가하는 것을 방해하거나, 집회참가자에 대한 검문의 방법으로 시간을 지연시킴으로써 집회장소에 접근하는 것을 방해하거나, 국가가 개인의 집회참가행위를 감시하고 그에 관한 정보를 수집함으로써 집회에 참가하고자 하는 자로 하여금 불이익을 두려워하여 미리 **집회참가를 포기하도록 집회참가의사를 약화시키는 것 등 집회의 자유행사에 영향을 미치는 모든 조치를 금지한다**(헌재 2003.10.30. 2000헌바67).

⑥ **집회를 방해하기 위하여 집회에 참가하는 것**은 집회의 자유에서 보호되지 아니한다(헌재 2003.10.30. 2000헌바67).

⑦ **집회장소의 사용권:** 집회의 자유는 일정한 공공시설물의 사용을 국가·공공단체에 대하여 적극적으로 요구할 수 있는 적극적 권리도 포함하고 있다.

⑧ **우발적 집회 또는 긴급집회:** 집시법상 집회는 사전신고가 요구되므로 신고하지 않은 긴급집회가 허용되는가에 대해 의문이 제기될 수 있다. 사전신고제를 문리적으로 해석하면 긴급집회가 허용되지 않으나 사전신고제도는 집회에 의한 사회질서가 침해되는 것을 방지하기 위한 것이므로 사회질서를 침해하지 않는 우발적 집회 또는 긴급집회는 보호되어야 한다.

(2) 시위

시위란 공동목적을 가진 다수인이 도로·광장 등 공중이 자유로이 통행할 수 있는 장소를 진행하거나 위력 또는 기세를 보여 불특정 다수인의 의견에 영향을 주거나 제압을 가하는 행위를 말한다. 시위도 집회의 자유에 포함된다는 것이 다수설과 판례이다.

> ⚖️ **판례 | 시위의 자유**
>
> 1. 집회의 자유는 집회를 통하여 형성된 의사를 집단적으로 표현하고 이를 통하여 불특정 다수인의 의사에 영향을 줄 자유를 포함하므로 이를 내용으로 하는 **시위의 자유 또한 집회의 자유를** 규정한 헌법 제21조 제1항에 의하여 보호되는 기본권이다. 집회·시위장소는 집회·시위의 목적을 달성하는데 있어서 매우 중요한 역할을 수행하는 경우가 많기 때문에 집회·시위장소를 자유롭게 선택할 수 있어야만 집회·시위의 자유가 비로소 효과적으로 보장되므로 장소선택의 자유는 집회·시위의 자유의 한 실질을 형성한다 (헌재 2005.11.24. 2004헌가17).
>
> 2. 헌법재판소는 옥외집회나 시위가 반드시 도로나 공원과 같은 공공장소에서 행해질 것을 요구하는 것은 아니라고 한다. 즉, 공공장소가 아닌 **공중이 자유로이 통행할 수 없는 대학구내에서도 옥외집회나 시위에 해당해 집시법의 규제대상이 된다**(헌재 1992.1.28. 89헌가8).

3. 제한

(1) 법률유보

집회의 자유 제한은 법률 또는 법률에 근거한 명령에 의해야 한다.

> ⚖️ **판례 | 최루액 혼합살수**
>
> 경찰관 직무집행법 제10조는 '경찰장비'에 무기, 경찰장구, **최루제와 그 발사장치, 살수차** 등을 규정하고 있으나 **혼합살수방법을** 규정한 경찰청 내부 지침에 따른 최루액을 물에 섞은 용액을 살수차로 집회 참가자들을 향하여 살수한 경찰서장의 행위는 법률유보원칙에 위배되어 청구인들의 신체의 자유와 집회의 자유를 침해한 공권력 행사로 헌법에 위반된다(헌재 2018.5.31. 2015헌마476).

> ⚖️ **판례 | 직사살수행위 위헌확인** (헌재 2020.4.23. 2015헌마1149)
>
> **사건의 쟁점:** 청구인 백▽▽는 그 밖에 신체의 자유, 표현의 자유, 인격권, 행복추구권, 인간으로서의 존엄과 가치 등을 침해받았다고도 주장하나, 이 사건 직사살수행위와 가장 밀접하고 제한의 정도가 큰 주된 기본권인 **생명권 및 집회의 자유** 침해 여부를 판단하는 이상 나머지 기본권에 대해서는 별도로 판단하지 아니한다.
>
> **1. 목적의 정당성**
>
> 이 사건 직사살수행위는 불법집회로 인하여 발생할 수 있는 타인 또는 경찰관의 생명·신체의 위해와 재산·공공시설의 위험을 억제하기 위하여 이루어진 것이므로 그 목적이 정당하다.
>
> **2.** 이 사건 직사살수행위 당시 청구인 백▽▽는 살수를 피해 뒤로 물러난 시위대와 떨어져 홀로 41기동대 1제대 경찰 기동버스에 매여 있는 밧줄을 잡아당기고 있었다. 청구인 백▽▽가 홀로 밧줄을 잡아당긴다고 하여 경찰 기동버스가 손상될 위험이 있다고 보기 어렵고, 달리 청구인 백▽▽가 위험한 물건을 소지하였거나 경찰관과 몸싸움을 하는 등 물리적 충돌이 있었다는 사정도 발견할 수 없다. 그렇다면 이 사건

직사살수행위 당시 억제할 필요성이 있는 생명·신체의 위해 또는 재산·공공시설의 위험 자체가 발생하였다고 보기 어려우므로, 이 사건 직사살수행위가 위와 같은 입법목적에 기여할 수 있는 수단이었다고 볼 수 없다. 이 사건 직사살수행위를 통하여 청구인 백▽▽가 홀로 경찰 기동버스에 매여 있는 밧줄을 잡아당기는 행위를 억제함으로써 얻을 수 있는 공익은 거의 없거나 미약하였던 반면, 청구인 백▽▽는 이 사건 직사살수행위로 인하여 사망에 이르렀으므로, 이 사건 직사살수행위는 법익의 균형성도 충족하지 못하였다. 이 사건 직사살수행위는 과잉금지원칙에 반하여 청구인 백▽▽의 생명권 및 집회의 자유를 침해하였다.

(2) 허가제 금지

집회의 자유에 대한 허가제는 헌법 제21조 제2항에 따라 금지되나 신고제는 허용된다.

① **헌법 제21조 제2항은, 집회에 대한 허가제는 집회에 대한 검열제와 마찬가지이므로 이를 절대적으로 금지하겠다는 헌법개정권력자인 국민들의 헌법가치적 합의이며 헌법적 결단이다.** 또한 위 조항은 헌법 자체에서 직접 집회의 자유에 대한 제한의 한계를 명시한 것이므로 **기본권 제한에 관한 일반적 법률유보조항인 헌법 제37조 제2항에 앞서서, 우선적이고 제1차적인 위헌심사기준이 되어야 한다.** 헌법 제21조 제2항에서 금지하고 있는 '허가'는 **행정권이 주체가 되어** 집회 이전에 예방적 조치로서 집회의 내용 시간 장소 등을 사전심사하여 일반적인 집회금지를 특정한 경우에 해제함으로써 집회를 할 수 있게 하는 제도, 즉 허가를 받지 아니한 집회를 금지하는 제도를 의미한다(헌재 2009.9.24. 2008헌가25).

② **'행정청'이 주체가 되어 집회의 허용 여부를 사전에 결정하는 것'**으로서 행정청에 의한 사전허가는 헌법상 금지되지만, **입법자가 법률로써 일반적으로 집회를 제한하는 것은 헌법상 '사전허가금지'에 해당하지 않는다**(헌재 2009.9.24. 2008헌가25).

☑ **헌법 제21조 제2항 위반은 아니나 과잉금지원칙 위반인 것**

1. 인터넷신문 등록요건으로서 5인 직원 고용
2. 게시판 이용하려면 본인확인을 받도록 한 것
3. 야간옥외집회금지와 시위금지
4. 국회, 법원, 국무총리 공관 100m 이내 예외 없는 옥외집회금지

---

(3) 폭력적 집회 절대적 금지

심리적 폭력만으로 집회가 금지되지 않고 물리적 폭력이 수반되는 집회일 때만 금지된다.

(4) 집회의 자유 제한정도

주간집회보다 야간집회가, 옥내보다는 옥외집회가 가중된 제한을 받을 수 있다. 일부 인원이 옥외에 있다 하더라도 옥내집회의 성격은 유지될 수 있다.

4. 집회 및 시위에 관한 법률

(1) 옥내와 옥외집회 시위주최금지

헌법재판소의 결정에 의하여 해산된 정당의 목적을 달성하기 위한 집회 또는 시위와 집단적인 폭행·협박·손괴·방화 등으로 공공의 안녕질서에 직접적인 위협을 가할 것이 명백한 집회 또는 시위는 옥외집회·시위뿐 아니라 옥내집회도 금지된다(법 제5조).

⚖ 판례 | 금지되는 집회

1. 현저히 사회적 불안을 야기시킬 우려가 있는 집회 또는 시위를 금지하는 집시법은 각 그 소정행위가 공공의 안녕과 질서에 직접적인 위협을 가할 것이 명백한 경우에 적용된다고 할 것이므로 이러한 해석하에 헌법에 위반되지 아니한다(헌재 1992.1.28. 89헌가8).

2. 집단적인 폭행·협박·손괴·방화 등으로 공공의 안녕질서에 직접적인 위협을 가할 것이 명백한 집회 또는 시위의 주최를 금지한다(헌재 2010.4.29. 2008헌바118). **합헌결정

3. 사실상 재판과 관련된 집단적 의견표명 일체가 불가능하게 됨으로써 초래되는 집회의 자유에 대한 제한 정도는 매우 중대하다. 재판에 영향을 미칠 염려가 있거나 미치게 하기 위한 집회 또는 시위를 주관하거나 개최하여서는 안된다고 규정한 구 집회및시위에관한법률은 과잉금지원칙을 위반하여 집회의 자유를 침해한다(헌재 2016.9.29. 2014헌가3).

4. 대의제 민주주의 국가에서 집회의 자유가 가지는 헌법적 의미와 기능을 간과한 채 사실상 사회현실이나 정부정책에 비판적인 사람들의 집단적 의견표명 일체를 봉쇄할 정도로 공익에 일방적인 우위를 부여하고 있다. 헌법의 민주적 기본질서에 위배되는 집회 또는 시위를 주관하거나 개최하여서는 안 된다고 규정한 집회및시위에관한법률은 과잉금지원칙을 위반하여 집회의 자유를 침해한다(헌재 2016.9.29. 2014헌가3).

(2) 옥외집회 및 시위 신고제

① 신고제는 허가제가 아니다: 헌법규정에서 금지하고 있는 **허가제**는 집회의 자유에 대한 일반적 금지가 원칙이고 예외적으로 행정권의 허가가 있을 때에만 이를 허용한다는 점에서, 집회의 자유가 원칙이고 금지가 예외인 집회에 대한 **신고제**와는 집회의 자유에 대한 이해와 접근방법의 출발점을 달리하고 있는 것이다(헌재 2009.9.24. 2008헌가25).

⚖ 판례 | 신고제 합헌

1. 사전신고는 경찰관청 등 행정관청으로 하여금 집회의 순조로운 개최와 공공의 안전보호를 위하여 필요한 준비를 할 수 있는 시간적 여유를 주기 위한 것으로서, 협력의무로서의 신고이다. 집회시위법 전체의 규정 체제에서 보면 법은 일정한 신고절차만 밟으면 일반적·원칙적으로 옥외집회 및 시위를 할 수 있도록 보장하고 있으므로, **집회에 대한 사전신고제도는** 헌법 제21조 제2항의 사전허가금지에 위배되지 않는다(헌재 2014.1.28. 2012헌바39).

2. 집시법상 옥외집회의 48시간 전 사전신고의무
옥외집회의 사전신고의무는 이익충돌을 예방하고 행정관청과 주최자가 상호 정보를 교환하고 협력함으로써 집회를 평화롭게 구현하려는 것이다. 신고가 불가능하거나 전혀 불필요한 것을 신고사항으로 하여 집회의 자유를 실질적으로 제한하거나 형해화할 정도에 이른다면 최소침해성 원칙에 위반되나, 구 집시법 제6조 제1항이 열거하고 있는 신고사항들은 지나치게 과다하거나 신고가 불가능한 경우라고 볼 수 없다. 사전신고의무로 인한 집회개최자의 불편함이나 번거로움이 신고로 인해 보호되는 공익에 비해 중대하다고 할 수도 없다. 따라서 구 집시법 제6조 제1항 중 '옥외집회'에 관한 부분이 과잉금지원칙에 위배하여 집회의 자유를 침해한다고 볼 수 없다(헌재 2009.5.28. 2007헌바22).

3. 옥외집회의 사전신고제도를 규정한 구 '집회 및 시위에 관한 법률' 제6조
'집회' 개념이 불명확하여, 제1항 본문 중 '옥외집회'에 관한 부분 및 그 위반시 처벌을 건전한 상식과 통상적인 법감정을 가진 사람이면 위와 같은 의미에서 집시법상 '집회'가 무엇을 의미하는지를 추론할 수 있으므로, '집회'의 개념이 불명확하다고 볼 수 없다. 따라서 심판대상조항은 죄형법정주의의 명확성원칙에 위배되지 않는다. 심판대상조항의 신고사항은 질서유지 등 필요한 조치를 할 수 있도록 하는 중요한 정보로서, 늦어도 집회가 개최되기 48시간 전까지 사전신고를 하도록 규정한 것이 지나치다고 볼 수 없다. 이른바 '**긴급집회**'의 경우에는 신고 가능한 즉시 신고한 경우에까지 심판대상조항을 적용하여 처벌할 수 없으므로, 심판대상조항은 과잉금지원칙에 위배되어 집회의 자유를 침해하지 아니한다(헌재 2021.6.24. 2018헌마663).

② **신고제가 적용이 안 되는 집회**: 옥외집회와 시위에는 신고제가 적용된다. 그러나 집시법 제15조의 학문·예술·체육·종교·의식 등의 옥외집회와 옥내집회는 신고제가 적용되지 않는다.

③ **학문·예술집회의 특별한 보호**: 학문·예술·체육·종교·의식·친목·오락·관혼상제·국경행사에 관한 집회에는 신고제, 야간옥외집회금지, 교통소통을 위한 제한조항을 적용하지 않는다(법 제15조).

④ **신고 절차**: 옥외집회나 시위를 주최하려는 자는 그에 관한 다음의 사항 모두를 적은 신고서를 옥외집회나 시위를 시작하기 **720시간 전부터 48시간 전에 관할 경찰서장에게** 제출하여야 한다(법 제6조 제1항). 주최자는 신고한 옥외집회 또는 시위를 하지 아니하게 된 경우에는 신고서에 적힌 집회 일시 24시간 전에 그 철회사유 등을 적은 철회신고서를 관할 경찰관서장에게 제출하여야 한다(법 제6조 제3항).

⑤ **신고서의 보완**: 관할 경찰관서장은 신고서의 기재 사항에 미비한 점을 발견하면 접수증을 교부한 때부터 12시간 이내에 주최자에게 24시간을 기한으로 그 기재 사항을 보완할 것을 통고할 수 있다.

⑥ **집회 및 시위 금지통고**: 신고서를 접수한 관할 경찰관서장은 신고된 옥외집회 또는 시위가 폭력적 집회이거나 보완사항을 보완하지 않는 경우 신고서를 접수한 때부터 48시간 이내에 집회 또는 시위를 금지할 것을 주최자에게 통고할 수 있다.

⑦ **금지통고에 대한 이의신청**: 집회 또는 시위의 주최자는 금지통고를 받은 날부터 10일 이내에 해당 경찰관서의 바로 위의 상급경찰관서의 장에게 이의를 신청할 수 있다. 이의신청을 받은 경찰관서의 장은 접수한 때부터 24시간 이내에 재결을 하여야 한다. 이 경우 접수한 때부터 24시간 이내에 재결서를 발송하지 아니하면 관할 경찰관서장의 금지통고는 **소급하여** 그 효력을 잃는다.

⚖ 판례 | 신고제

1. 긴급집회

헌법 제21조 제1항을 기초로 하여 심판대상조항을 보면, 미리 계획도 되었고 주최자도 있지만 집회시위법이 요구하는 시간 내에 신고를 할 수 없는 옥외집회인 이른바 '긴급집회'의 경우에는 신고가능성이 존재하는 즉시 신고하여야 하는 것으로 해석된다. 따라서 신고 가능한 즉시 신고한 긴급집회의 경우에까지 심판대상조항을 적용하여 처벌할 수는 없다. 따라서 심판대상조항이 과잉금지원칙에 위배하여 집회의 자유를 침해하지 아니한다(헌재 2014.1.28. 2011헌바174).

2. 신고한 집회인지 여부

① 신고한 목적·일시·장소 등을 뚜렷이 벗어난 행위를 금지하는 집시법 제16조는 명확성원칙에 위배되지 않는다(헌재 2013.12.26. 2013헌바24).

② 신고내용과 동일성을 유지하고 있다면 신고범위를 일탈했더라도 신고하지 아니한 옥외집회라고 할 수 없다(대판 2008.7.10. 2006도9471).

③ 집회및시위에관한법률하에서는 옥외집회 또는 시위가 그 신고사항에 미비점이 있었다거나 신고의 범위를 일탈하였다고 하더라도 그 신고내용과 동일성이 유지되어 있는 한 신고를 하지 아니한 것이라고 볼 수는 없으므로, 관할 경찰관서장으로서는 **단순히 신고사항에 미비점이 있었다거나 신고의 범위를 일탈하였다는 이유만으로** 곧바로 당해 옥외집회 또는 시위 자체를 해산하거나 저지하여서는 아니 될 것이고, 옥외집회 또는 시위 당시의 구체적인 상황에 비추어 볼 때 옥외집회 또는 시위의 신고사항 미비점이나 신고범위 일탈로 인하여 타인의 법익 기타 공공의 안녕질서에 대하여 직접적인 위험이 초래된 경우에 비로소 그 위험의 방지·제거에 적합한 제한조치를 취할 수 있되, 그 조치는 법령에 의하여 허용되는 범위 내에서 필요한 최소한도에 그쳐야 할 것이다(헌재 2001.10.9. 98다20929).

3. 미신고 옥외집회와 시위 처벌

① 행정법규 위반행위에 대해 행정형벌을 부과할지, 행정질서벌을 부과할지 여부는 입법자의 재량이므로 사전신고하지 아니한 옥외집회시위에 대한 형벌부과는 입법재량의 한계를 벗어난 것이 아니다(헌재 1994.4.28. 91헌바14).

② 행정법규 위반행위에 대하여 행정형벌을 과할 것인지 여부, 법정형을 어떻게 정할 것인가는, 기본적으로 입법재량에 속한다. 미신고 옥외집회의 주최는 신고제의 행정목적을 직접 침해하고 공공의 안녕질서에 위험을 초래할 개연성이 높으므로, 형사처벌을 하는 입법자의 결단이 부당하지 않고, 법정형이 과중하지도 않으며, 신고제를 사실상 허가제로 변화시켰다고 볼 수 없다(헌재 2009.5.28. 2007헌바22).

4. 미신고시위에 대해 해산명령을 발할 수 있도록 규정한 집회 및 시위에 관한 법률 제20조 제2항은 헌법에 위반되지 않는다(헌재 2016.9.29. 2014헌바492).

5. 구 집회 및 시위에 관한 법률의 관련 조항 등에 의하면, <u>옥외집회 또는 시위를 신고한 주최자가 그 주도 아래 행사를 진행하는 과정에서</u> 신고한 목적·일시·장소·방법 등의 범위를 현저히 일탈하는 행위에 이르렀다고 하더라도, 이를 신고 없이 옥외집회 또는 시위를 주최한 행위로 볼 수는 없고, **처음부터 옥외집회 또는 시위가 신고된 것과 다른 주최자나 참가단체 등의 주도 아래 신고된 것과는 다른 내용으로 진행되거나**, 또는 처음에는 신고한 주최자가 주도하여 옥외집회 또는 시위를 진행하였지만 중간에 주최자나 참가단체 등이 교체되고 이들의 주도 아래 **신고된 것과는 다른 내용의 옥외집회 또는 시위로 변경되었음에도 불구하고, 이미 이루어진 옥외집회 또는 시위의 신고를 명목상의 구실로 내세워 옥외집회 또는 시위를 계속하는 등의 경우에는 그 주최 행위를 신고 없이 옥외집회 또는 시위를 주최한 행위로 보아 처벌할 수 있다**(대판 2008.7.10. 2006도9471).

6. 집회 및 시위에 관한 법률 제6조 제1항 및 그 입법 취지에 비추어 보면, 집시법에 의하여 적법한 신고를 마치고 도로에서 집회나 시위를 하는 경우 도로의 교통이 어느 정도 제한될 수밖에 없다. 그러므로 그 <u>집회 또는 시위가 신고된 범위 내에서 행해졌거나 신고된 내용과 다소 다르게 행해졌어도 **신고된 범위를 현저히 일탈하지 않는 경우에는, 그로 인하여 도로의 교통이 방해를 받았다고 하더라도 특별한 사정이 없는 한 형법 제185조의 일반교통방해죄가 성립하지 않는다.** 그러나 그 집회 또는 시위가 당초 신고된 범위를 현저히 일탈하거나 집시법 제12조에 의한 조건을 중대하게 위반하여 도로 교통을 방해함으로써 통행을 불가능하게 하거나 현저하게 곤란하게 하는 경우에는 일반교통방해죄가 성립한다</u>(대판 2018.3.15. 2017도1814).

7. 대통령경호법상 관계기관인 피청구인이 외국의 국가 원수인 미합중국 대통령을 경호하기 위하여 지정된 경호구역 안에서 청구인 문○○ 등의 삼보일배 행진 등을 제한한 것
이 사건 공권력 행사는 경호대상자의 안전 보호 및 국가 간 친선관계의 고양, 질서유지 등을 위한 것이다. 돌발적이고 경미한 변수의 발생도 대비하여야 하는 경호의 특수성을 고려할 때, 경호활동에는 다양한 취약 요소들에 사전적·예방적으로 대비할 수 있는 안전조치가 충분히 이루어질 필요가 있고, 이 사건 공권력 행사는 집회장소의 장소적 특성과 미합중국 대통령의 이동경로, 집회 참가자와의 거리, 질서유지에 필요한 시간 등을 고려하여 경호 목적 달성을 위한 최소한의 범위에서 행해진 것으로 침해의 최소성을 갖추었다. 또한, 이 사건 공권력 행사로 인해 제한된 사익은 집회 또는 시위의 자유 일부에 대한 제한으로서 국가 간 신뢰를 공고히 하고 발전적인 외교관계를 맺으려는 공익이 위 제한되는 사익보다 덜 중요하다고 할 수 없다. 따라서 이 사건 공권력 행사는 과잉금지원칙을 위반하여 청구인들의 집회의 자유 등을 침해하였다고 할 수 없다(헌재 2021.10.28. 2019헌마1091).

(3) 중복신고

관할 경찰관서장은 집회 또는 시위의 **시간과 장소가 중복되는 2개 이상의 신고가 있는 경우** 그 목적으로 보아 서로 상반되거나 방해가 된다고 인정되면 각 옥외집회 또는 시위 간에 시간을 나누거나 장소를 분할하여 개최하도록 권유하는 등 **각 옥외집회 또는 시위가 서로 방해되지 아니하고 평화적으로 개최·진행될 수 있도록 노력하여야 한다.** 관할 경찰관서장은 권유가 받아들여지지 아니하면 **뒤에 접수된 옥외집회 또는 시위에 대하여 그 집회 또는 시위의 금지를 통고할 수 있다**(집회 및 시위에 관한 법률 제8조 제2항·제3항).

📖 판례 | 중복집회 신고반려

1. 관할 경찰관서장이 단지 먼저 신고가 있었다는 이유만으로 뒤에 신고된 집회에 대하여 집회 자체를 금지하는 통고를 하여서는 아니 되고, 먼저 신고된 집회가 집회를 방해하기 위한 **가장집회인지 판별하여야 한다**(대판 2014.12.11. 2011도13299).

2. **옥외집회신고 반려행위**는 주무 행정기관에 의한 행위로서 기본권 침해가능성이 있는 공권력의 행사에 해당한다(헌재 2008.5.29. 2007헌마712).

3. 삼성생명과 ○○합섬 HK지회의 **옥외집회신고서를 모두 반려한 경찰서장의 행위**는 법률의 근거 없이 청구인들의 집회의 자유를 침해한 것으로서 헌법상 법률유보원칙에 위반된다고 할 것이다(헌재 2008.5.29. 2007헌712).

(4) 야간옥외집회 및 시위금지

집회 및 시위에 관한 법률 제10조【옥외집회와 시위의 금지시간】 누구든지 해가 뜨기 전이나 해가 진 후에는 옥외집회 또는 **시위를 하여서는 아니 된다.** 다만, 집회의 성격상 부득이하여 주최자가 질서유지인을 두고 미리 신고한 경우에는 관할 경찰관서장은 질서 유지를 위한 조건을 붙여 해가 뜨기 전이나 해가 진 후에도 옥외집회를 허용할 수 있다.

📖 판례 | 야간옥외집회금지 헌법재판소 판례 (헌재 2009.9.24. 2008헌가25) *헌법불합치결정

주문: 집회 및 시위에 관한 법률 제10조 중 '옥외집회'는 헌법에 합치되지 아니한다.

1. **5인의 위헌 의견**
   야간옥외집회금지는 헌법 제21조 제2항의 허가제금지조항에 위반된다. ➡ 헌법재판소 법정의견은 아님.

2. **2인의 헌법불합치 의견(헌법재판소 의견임)**
   ① 결국 집시법 제10조는 법률에 의하여 옥외집회의 시간적 제한을 규정한 것으로서 그 단서 조항의 존재에 관계없이 헌법 제21조 제2항의 '사전허가금지'에 위반되지 않는다고 할 것이다.
   ② 야간옥외집회를 일반적으로 금지하고 예외적으로 허용하는 것은 목적과 방법은 적정하나 집시법 제10조는 '해가 뜨기 전이나 해가 진 후'라는 광범위하고 가변적인 시간대의 옥외집회를 금지하고 있으므로, 이는 목적달성을 위해 필요한 정도를 넘는 지나친 제한이라고 할 것이다. 따라서 침해최소성의 원칙에 반한다고 할 것이고, 집회의 자유를 침해한다.

📖 판례 | 야간시위금지 (헌재 2014.4.24. 2011헌가29) *한정위헌결정

주문: 집회 및 시위에 관한 법률 제10조 본문 중 '시위'에 관한 부분 및 제23조 제3호 중 '제10조 본문' 가운데 '시위'에 관한 부분은 각 '해가 진 후부터 같은 날 24시까지의 시위'에 적용하는 한 헌법에 위반된다.

1. 헌법 제21조 제2항에 의하여 금지되는 '허가'는 '행정청이 주체가 되어 집회의 허용 여부를 사전에 결정하는 것'으로, 법률적 제한이 실질적으로 행정청의 허가 없는 옥외집회를 불가능하게 하는 것이라면 헌법상 금지되는 사전허가제에 해당하지만, 그에 이르지 아니하는 한 헌법 제21조 제2항에 반하는 것은 아니다. 이러한 법률적 제한이 실질적으로는 행정청의 허가 없는 옥외집회를 불가능하게 하는 것이라면 헌법상

금지되는 사전허가제에 해당되지만, 그에 이르지 않는 한 헌법 제21조 제2항에 반하는 것이 아니라, **위법률적 제한이 헌법 제37조 제2항에 위반하여 집회의 자유를 과도하게 제한하는지 여부만이 문제된다고 할 것이다.** 이 사건 집회조항은 법률에 의하여 옥외집회의 시간적 제한을 규정한 것으로서 그 단서조항의 존재에 관계없이 헌법 제21조 제2항의 '사전허가금지'에 위반되지 않는다고 할 것이다.

2. 집시법 제10조 본문에 의하면, 낮 시간이 짧은 동절기의 평일의 경우, 직장인이나 학생은 사실상 시위를 주최하거나 참가할 수 없게 되는 등 집회의 자유가 실질적으로 박탈되는 결과가 초래될 수 있다. 나아가 도시화·산업화가 진행된 현대 사회에서 전통적 의미의 야간, 즉 '해가 뜨기 전이나 해가 진 후'라는 광범위하고 가변적인 시간대는 위와 같은 '야간'이 특징이나 차별성이 명백하다고 보기 어려움에도 <u>일률적으로 야간시위를 금지하는 것은 목적달성을 위해 필요한 정도를 넘는 지나친 제한으로서 침해의 최소성 원칙 및 법익균형성 원칙에 반한다.</u> 따라서 **심판대상조항들은 과잉금지원칙에 위배하여 집회의 자유를 침해한다.**

(5) 옥외집회 및 시위의 금지장소 ★★

집회 및 시위에 관한 법률 제11조 【옥외집회 및 시위의 금지장소】 누구든지 다음 각 호의 어느 하나에 해당하는 청사 또는 저택의 경계 지점으로부터 100m 이내의 장소에서는 옥외집회 또는 시위를 하여서는 아니 된다.

1. 국회의사당. 다만, 다음 각 목의 어느 하나에 해당하는 경우로서 국회의 기능이나 안녕을 침해할 우려가 없다고 인정되는 때에는 그러하지 아니하다.
   가. 국회의 활동을 방해할 우려가 없는 경우
   나. 대규모 집회 또는 시위로 확산될 우려가 없는 경우
2. 각급 법원, 헌법재판소. 다만, 다음 각 목의 어느 하나에 해당하는 경우로서 각급 법원, 헌법재판소의 기능이나 안녕을 침해할 우려가 없다고 인정되는 때에는 그러하지 아니하다.
   가. 법관이나 재판관의 직무상 독립이나 구체적 사건의 재판에 영향을 미칠 우려가 없는 경우
   나. 대규모 집회 또는 시위로 확산될 우려가 없는 경우
3. 대통령 관저(官邸), 국회의장 공관, 대법원장 공관, 헌법재판소장 공관
4. 국무총리 공관. 다만, 다음 각 목의 어느 하나에 해당하는 경우로서 국무총리 공관의 기능이나 안녕을 침해할 우려가 없다고 인정되는 때에는 그러하지 아니하다.
   가. 국무총리를 대상으로 하지 아니하는 경우
   나. 대규모 집회 또는 시위로 확산될 우려가 없는 경우
5. 국내 주재 외국의 외교기관이나 외교사절의 숙소. 다만, 다음 각 목의 어느 하나에 해당하는 경우로서 외교기관 또는 외교사절 숙소의 기능이나 안녕을 침해할 우려가 없다고 인정되는 때에는 그러하지 아니하다.
   가. 해당 외교기관 또는 외교사절의 숙소를 대상으로 하지 아니하는 경우
   나. 대규모 집회 또는 시위로 확산될 우려가 없는 경우
   다. 외교기관의 업무가 없는 휴일에 개최하는 경우

판례 외교기관 100m 이내의 집회를 원칙적으로 금지하고 예외적으로 인정한 집시법 제11조 제5호: 합헌
(헌재 2010.10.28. 2010헌마111)

⚖️ 판례 | 외교기관 100m 이내의 옥외집회를 전면금지한 집시법 (헌재 2003.10.30. 2000헌바67·2000헌바83)

1. 국민의 일부가 외교기관 인근에서 평화적인 방법으로 자신의 기본권을 행사하였다고 하여 '외국과의 선린관계'가 저해된다고 볼 수 없다. 즉 '외국과의 선린관계'란 법익은 외교기관 인근에서 국민의 기본권 행사를 금지할 수 있는 합리적인 이유가 될 수 없는 것이다. 따라서 이 사건 법률조항의 입법목적은 외교기관 인근에서의 당해 국가에 대한 부정적인 견해를 표명하는 집회를 금지함으로써 외국과의 선린관계를 유지하고자 하는 것이 아니라, 그 본질적인 내용은 궁극적으로 '외교기관의 기능보장'과 '외교공관의 안녕보호'에 있는 것으로 판단된다.

2. 외교기관을 대상으로 하는 외교기관 인근에서의 옥외집회나 시위는 이해관계나 이념이 대립되는 여러 당사자들 사이의 갈등이 극단으로 치닫거나, 물리적 충돌로 발전할 개연성이 높고, 다른 장소와 비교할 때 외교기관의 기능보호라는 중요한 보호법익이 관련되는 고도의 법익충돌 상황을 야기할 수 있다. 그러나 외교기관에 대한 집회가 아니라 금지장소 내에 위치한 다른 항의대상자에 대한 집회, 휴일에 행해지는 집회 등은 외교관의 신변안전, 업무보장 등을 침해할 가능성이 작다고 할 수 있으므로 허용되어야 한다.

3. 입법자가 외교기관 인근에서의 집회의 경우에는 이 장소에서의 집회를 원칙적으로 금지할 수는 있으나, 일반·추상적인 법규정으로부터 발생하는 과도한 기본권제한의 가능성이 완화될 수 있도록 일반적 금지에 대한 예외조항을 두어야 할 것이다. 그럼에도 불구하고 이 사건 법률조항은 전제된 위험상황이 구체적으로 존재하지 않는 경우에도 예외 없이 금지하고 있는데, 이는 입법목적을 달성하기에 필요한 조치의 범위를 넘는 과도한 제한인 것이다. 그러므로 이 사건 법률조항은 최소침해의 원칙에 위반되어 집회의 자유를 과도하게 침해하는 위헌적인 규정이다.

⚖️ 판례 | 국회의사당 100m 이내의 옥외집회를 전면금지한 집시법 제11조 (헌재 2018.5.31. 2013헌바322)

헌법불합치결정

1. **헌법 제21조 제2항의 허가제 금지 위반인지 여부(소극)**
   심판대상조항은 국회의사당 인근에서의 옥외집회를 절대적으로 금지하고 이를 위반한 경우에는 형사처벌을 예정하고 있으므로 집회의 자유를 장소적으로 제한하고 있다. 심판대상조항의 옥외집회장소의 제한은 **입법자에 의한 것으로** 헌법 제21조 제2항의 '사전**허가제 금지**'에는 **위반되지 않으나**, 헌법 제37조 제2항이 정하는 기본권 제한의 한계 내에 있는지 여부가 문제된다.

   `참고` 법원과 국무총리 공관사건도 동일한 내용이 있었다.

2. **과잉금지원칙 위반인지 여부**
   국회의사당을 비롯한 국회 시설의 안전이 보장될 수 있도록 하기 위한 목적에서 입법된 것으로 그 목적은 정당하고, 국회의사당 경계지점으로부터 100m 이내의 장소에서의 옥외집회를 전면적으로 금지하는 것은 국회의 기능을 보호하는 데 기여할 수 있으므로 수단의 적합성도 인정된다.
   국회의 기능을 직접 저해할 가능성이 거의 없는 '소규모 집회', 국회의 업무가 없는 '공휴일이나 휴회기 등에 행하여지는 집회', '국회의 활동을 대상으로 한 집회가 아니거나 부차적으로 국회에 영향을 미치고자 하는 의도가 내포되어 있는 집회'처럼 옥외집회에 의한 국회의 헌법적 기능이 침해될 가능성이 부인되거나 또는 현저히 낮은 경우에는, 입법자로서는 심판대상조항으로 인하여 발생하는 집회의 자유에 대한 과도한 제한 가능성이 완화될 수 있도록 그 금지에 대한 예외를 인정하여야 한다.
   심판대상조항은 입법목적을 달성하는 데 필요한 최소한도의 범위를 넘어, 규제가 불필요하거나 또는 예외적으로 허용하는 것이 가능한 집회까지도 이를 일률적·전면적으로 금지하고 있으므로 침해의 최소성 원칙에 위배된다. 심판대상조항은 국회의 헌법적 기능을 무력화시키거나 저해할 우려가 있는 집회를 금지하는 데 머무르지 않고, 그 밖의 평화적이고 정당한 집회까지 전면적으로 제한함으로써 구체적인 상황을 고려하여 상충하는 법익 간의 조화를 이루려는 노력을 전혀 기울이지 않고 있다. 심판대상조항으로 달성하려는 공익이 제한되는 집회의 자유 정도보다 크다고 단정할 수는 없다고 할 것이므로 심판대상조항은 법익의 균형성 원칙에도 위배된다. 심판대상조항은 과잉금지원칙을 위반하여 집회의 자유를 침해한다. 심판대상조항이 국회의사당 인근에서의 옥외집회를 금지하는 것에는 위헌적인 부분과 합헌적인 부분이 공존하고 있다. 따라서 심판대상조항에 대하여 헌법불합치결정을 선고한다.

⚖ 판례 | 법원 100m 이내 예외 없는 금지 *헌법불합치결정

입법목적은 법관의 독립과 재판의 공정성 확보라는 헌법의 요청에 따른 것이므로 정당하다. 각급 법원 인근에 집회·시위금지장소를 설정하는 것은 입법목적 달성을 위한 적합한 수단이다.

법원 인근에서 옥외집회나 시위가 열릴 경우 해당 법원에서 심리 중인 사건의 재판에 영향을 미칠 위협이 존재한다는 일반적 추정이 구체적 상황에 따라 부인될 수 있는 경우라면, 입법자로서는 각급 법원 인근일지라도 예외적으로 옥외집회·시위가 가능하도록 관련 규정을 정비하여야 한다. 법원 인근에서의 집회라 할지라도 법관의 독립을 위협하거나 재판에 영향을 미칠 염려가 없는 집회도 있다. 예컨대, 법원을 대상으로 하지 않고 검찰청 등 법원 인근 국가기관이나 일반법인 또는 개인을 대상으로 한 집회로서 재판업무에 영향을 미칠 우려가 없는 집회가 있을 수 있다. 법원을 대상으로 한 집회라도 사법행정과 관련된 의사표시 전달을 목적으로 한 집회 등 법관의 독립이나 구체적 사건의 재판에 영향을 미칠 우려가 없는 집회도 있다. 한편, 집시법은 심판대상조항 외에도 집회·시위의 성격과 양상에 따라 법원을 보호할 수 있는 다양한 규제수단을 마련하고 있으므로, 각급 법원 인근에서의 옥외집회·시위를 예외적으로 허용한다고 하더라도 이러한 수단을 통하여 심판대상조항의 입법목적은 달성될 수 있다.

심판대상조항은 입법목적을 달성하는 데 필요한 최소한도의 범위를 넘어 규제가 불필요하거나 또는 예외적으로 허용 가능한 옥외집회·시위까지도 일률적·전면적으로 금지하고 있으므로, 침해의 최소성 원칙에 위배된다(헌재 2018.7.26. 2018헌바137).

⚖ 판례 | 대통령 관저(官邸) 100m 이내 옥외집회금지 *헌법불합치결정

심판대상조항은 대통령과 그 가족의 신변 안전 및 주거 평온을 확보하고, 대통령과 그 가족, 대통령 관저 직원과 관계자 등이 자유롭게 대통령 관저에 출입할 수 있도록 하며, 경우에 따라서는 대통령의 원활한 직무수행을 보장함으로써, 궁극적으로는 대통령의 헌법적 기능 보호를 목적으로 한다. 이러한 심판대상조항의 입법목적은 정당하고, 대통령 관저 인근에 옥외집회 및 시위 금지장소를 설정하는 것은 입법목적 달성을 위한 적합한 수단이다.

심판대상조항은 대통령 관저 인근 일대를 광범위하게 집회금지장소로 설정함으로써, 집회가 금지될 필요가 없는 장소까지도 집회금지장소에 포함되게 한다. 대규모 집회 또는 시위로 확산될 우려가 없는 **소규모 집회의 경우**, 심판대상조항에 의하여 보호되는 법익에 대해 직접적인 위협이 발생할 가능성은 상대적으로 낮다. 나아가 '**대통령 등의 안전이나 대통령 관저 출입과 직접적 관련이 없는 장소**'에서 '**소규모 집회**'가 열릴 경우에는, 이러한 위험성은 더욱 낮아진다. 결국 심판대상조항은 법익에 대한 위험 상황이 구체적으로 존재하지 않는 집회까지도 예외 없이 금지하고 있다.

대통령 관저 인근에서의 일부 집회를 예외적으로 허용한다고 하더라도, 위와 같은 수단들을 통하여 대통령의 헌법적 기능은 충분히 보호될 수 있다. 따라서 막연히 폭력·불법적이거나 돌발적인 상황이 발생할 위험이 있다는 가정만을 근거로 하여 대통령 관저 인근에서 열리는 모든 집회를 금지하는 것은 정당화되기 어렵다. 심판대상조항은 침해의 **최소성에 위배**된다. 따라서 심판대상조항은 과잉금지원칙에 위배되어 집회의 자유를 침해한다(헌재 2022.12.22. 2018헌바48).

* 국회의장 공관의 경계 지점으로부터 100m 이내의 장소에서의 옥외집회 또는 시위를 일률적으로 금지하고, 이를 위반한 집회·시위의 참가자를 처벌하는 구 '집회 및 시위에 관한 법률'은 집회의 자유를 침해한다(헌재 2023.3.23. 2021헌가1).

(6) 교통소통을 위한 제한

　관할 경찰관서장은 대통령령으로 정하는 주요도시의 주요도로에서의 집회 또는 시위에 대하여 교통소통을 위하여 필요하다고 인정할 때에는 이를 금지하거나 교통질서유지를 위한 조건을 붙여 제한할 수 있다(법 제12조).

(7) 집회주최자와 질서유지인

　집회주최자는 집회 또는 시위의 질서유지에 관하여 자신을 보좌하게 하기 위하여 18세 이상의 자를 질서유지인으로 임명할 수 있다(법 제16조).

(8) 경찰과 집회질서 유지

　① **경찰관의 집회장소에의 출입**: 경찰관은 집회 또는 시위의 주최자에게 통보하고 그 집회 또는 시위의 장소에 정복을 착용하고 출입할 수 있다. 다만, 옥내집회장소에의 출입은 직무집행에 있어서 긴급성이 있는 경우에 한한다(법 제19조).

　② **집회 또는 시위의 해산명령**

집회 및 시위에 관한 법률 제20조【집회 또는 시위의 해산】 ① 관할 경찰관서장은 다음 각 호의 어느 하나에 해당하는 집회 또는 시위에 대하여는 상당한 시간 이내에 자진 해산할 것을 요청하고 이에 따르지 아니하면 해산을 명할 수 있다.

1. 제5조 제1항, 제10조 본문 또는 제11조를 위반한 집회 또는 시위
2. 제6조 제1항에 따른 신고를 하지 아니하거나 제8조 또는 제12조에 따라 금지된 집회 또는 시위
3. 제8조 제5항에 따른 제한, 제10조 단서 또는 제12조에 따른 조건을 위반하여 교통 소통 등 질서 유지에 직접적인 위험을 명백하게 초래한 집회 또는 시위
4. 제16조 제3항에 따른 종결 선언을 한 집회 또는 시위
5. 제16조 제4항 각 호의 어느 하나에 해당하는 행위로 질서를 유지할 수 없는 집회 또는 시위

---

　③ **집회 · 시위자문위원회**

집회 및 시위에 관한 법률 제21조【집회 · 시위자문위원회】 ① 집회 및 시위의 자유와 공공의 안녕 질서가 조화를 이루도록 하기 위하여 각급 경찰관서에 다음 각 호의 사항에 관하여 각급 경찰관서장의 자문 등에 응하는 **집회 · 시위자문위원회**를 둘 수 있다.

1. 제8조에 따른 집회 또는 시위의 금지 또는 제한 통고
2. 제9조 제2항에 따른 이의신청에 관한 재결
3. 집회 또는 시위에 대한 사례 검토
4. 집회 또는 시위 업무의 처리와 관련하여 필요한 사항

⚖ 판례 | 집회질서유지

1. **집회질서를 유지할 수 없는 경우 해산명령**은 집회의 자유를 침해한다고 볼 수 없다[헌재 2016.9.29. 2015헌바309 · 332(병합)].

2. **선거기간 중 국민운동단체인 바르게살기운동협의회의 모임을 개최한 자를 처벌**하는 공직선거법 조항이 집회의 자유를 침해하지 않는다. 바르게살기운동협의회가 목적과 활동에서 정치적 성향을 지니고 있으면서 국가나 지방자치단체로부터 예산을 지원받아 사용하고, 국 · 공유시설을 무상으로 사용하는 등 각종 지원을 받으면서 국가나 지방자치단체의 시책에 참여하는 일이 많은 특성을 가진 점, 모임 개최가 금지되는 기간이 대통령선거의 경우 23일, 국회의원 등 선거의 경우 14일 등으로 비교적 짧고 그 기간이 예정되어 있는 점, 모임 개최를 금지함으로써 얻는 관권 개입이나 탈법행위의 위험성 차단이라는 공익이 큰 점을 고려하면, 위 조항은 과잉금지원칙에 위반된다고 볼 수 없다(헌재 2013.12.26. 2010헌가90).

3. 육로를 불통하게 한 자를 처벌하는 형법 제185조는 교통방해행위를 금지하는 집회의 자유를 직접 제한하지 않는다(헌재 2013.6.27. 2012헌바194).

4. 경찰 시위촬영행위 (헌재 2018.8.30. 2014헌마843)

　① 제한되는 기본권: 옥외집회·시위 현장에서 참가자들을 촬영·녹화하는 경찰의 촬영행위는 집회참가자들에 대한 초상권을 포함한 일반적 인격권을 제한할 수 있다. 경찰의 촬영행위는 개인정보자기결정권의 보호대상이 되는 신체, 특정인의 집회·시위 참가 여부 및 그 일시·장소 등의 개인정보를 정보주체의 동의 없이 수집하였다는 점에서 개인정보자기결정권을 제한할 수 있다. 집회·시위 등 현장에서 집회·시위 참가자에 대한 사진이나 영상촬영 등의 행위는 집회·시위 참가자들에게 심리적 부담으로 작용하여 여론형성 및 민주적 토론절차에 영향을 주고 집회의 자유를 전체적으로 위축시키는 결과를 가져올 수 있으므로 집회의 자유를 제한한다고 할 수 있다.

　② 이 사건 촬영행위에 대한 판단: 근접촬영과 달리 먼 거리에서 집회·시위 현장을 전체적으로 촬영하는 소위 조망촬영이 기본권을 덜 침해하는 방법이라는 주장도 있으나, 최근 기술의 발달로 조망촬영과 근접촬영 사이에 기본권 침해라는 결과에 있어서 차이가 있다고 보기 어려우므로, 경찰이 이러한 집회·시위에 대해 조망촬영이 아닌 근접촬영을 하였다는 이유만으로 헌법에 위반되는 것은 아니다. 옥외집회·시위에 대한 경찰의 촬영행위는 증거보전의 필요성 및 긴급성, 방법의 상당성이 인정되는 때에는 헌법에 위반된다고 할 수 없으나, 경찰이 옥외집회 및 시위 현장을 촬영하여 수집한 자료의 보관·사용 등은 엄격하게 제한하여, 옥외집회·시위 참가자 등의 기본권 제한을 최소화해야 한다. 옥외집회·시위에 대한 경찰의 촬영행위에 의해 취득한 자료는 '개인정보'의 보호에 관한 일반법인 '개인정보 보호법'이 적용될 수 있다. 이 사건에서 피청구인이 신고범위를 벗어난 동안에만 집회참가자들을 촬영한 행위가 과잉금지원칙을 위반하여 집회참가자인 청구인들의 일반적 인격권, 개인정보자기결정권 및 집회의 자유를 침해한다고 볼 수 없다.

03 결사의 자유

1. 의의와 기능

결사의 자유란 다수의 자연인 또는 법인이 공동의 목적을 위해 계속적인 단체를 조직할 수 있는 자유를 뜻한다. 그 공동목적이 무엇이냐에 대해서는 제한이 없다. **집회의 자유는 개인의 인격발현의 요소이자 민주주의를 구성하는 요소라는 이중적 헌법적 기능을 가지고 있다**(헌재 2003.10.30. 2000헌바67).

2. 주체

사법인은 결사의 자유의 주체가 되므로 **약사법인, 상공회의소, 축협중앙회는 결사의 자유 주체가 된다. 그러나 공법인, 주택조합, 농지개량조합은 결사의 자유에서 보호되지 않는다.**

> ⚖ **판례**
>
> 1. 연혁적으로 결사는 정치적 결사를 의미하였으나 최근에는 정치적 목적이 아닌 영리적 목적을 위한 영리적 단체(**약사법인**)도 결사의 자유에서 보호된다(헌재 2002.9.19. 2000헌바84).
> 2. 공법상의 결사나 법이 특별한 공공목적에 의하여 구성원의 자격을 정하고 있는 **특수단체의 조직활동(주택조합)은 포함되지 아니한다**(헌재 1994.2.24. 92헌바43).
> 3. **중소기업중앙회**가 사적 결사체여서 결사의 자유, 단체 내부 구성의 자유의 보호대상이 된다고 하더라도, 공법인적 성격 역시 강하게 가지고 있다(헌재 2021.7.15. 2020헌가9).

4. **상공회의소**는 결사의 자유에서 보호된다(헌재 2006.5.25. 2004헌가1).

5. **축협중앙회**는 공법인적 성격과 사법인적 성격을 함께 구비하고 있는 단체이나 기본권의 주체가 될 수 있다(헌재 2000.6.1. 99헌마553).

6. **대한변리사회**는 공법상의 법인이라기 보다는 사법상의 법인으로서, 변리사들이 공동의 목적을 위하여 결합하고 조직할 수 있는 사법상의 결사에 해당하고, 이에 따라 변리사들은 대한변리사회에 자유롭게 가입하고 탈퇴할 수 있는 헌법상 결사의 자유를 누릴 수 있다 할 것인데도, 법 제11조 중 '변리사' 부분이 법 제5조 제1항의 규정에 따라 등록한 변리사를 변리사회에 의무적으로 가입하도록 한 것은 결사에 가입하지 않을 '소극적 결사의 자유'를 제한하는 데 해당한다 할 것이다(헌재 2008.7.31. 2006헌마666).

7. **안마사회**가 사법상의 결사가 아닌 공법상의 결사에 해당된다고 보기 어렵다. 결국 안마사회는 안마사들이 공동의 목적을 위하여 결합하고 조직하는 사법상의 결사에 해당하고, 이에 따라 안마사들은 안마사회에 자유롭게 가입하고 탈퇴할 수 있는 헌법상 결사의 자유를 누릴 수 있다 할 것인데도, 이 사건 법률조항이 안마사들을 안마사회에 의무적으로 가입하도록 한 것은 결과적으로 소극적 결사의 자유를 제한하는 것이다(헌재 2008.10.30. 2006헌가15).

8. 결사의 자유에서의 결사란 자연인 또는 법인이 공동목적을 위하여 자유의사에 기하여 결합한 단체를 말하는 것으로 공적책무의 수행을 목적으로 하는 **공법상의 결사**는 이에 포함되지 아니한다. 따라서 **농지개량조합**을 공법인으로 보는 이상, 이는 결사의 자유가 뜻하는 헌법상 보호법익의 대상이 되는 단체로 볼 수 없어 조합이 해산됨으로써 조합원이 그 지위를 상실하였다고 하더라도 조합원의 '결사의 자유'가 침해되었다고 할 수 없다(헌재 2000.11.30. 99헌마190).

9. '결사'란 자연인 또는 법인의 다수가 상당한 기간 동안 공동의 목적을 위하여 자유의사에 기하여 결합하고 조직화된 의사형성이 가능한 단체를 말하는 것으로서, **공법상의 결사**는 이에 포함되지 아니한다(헌재 1996.4.25. 92헌바47).

3. 내용

(1) 적극적 결사의 자유

① 결사의 자유는 적극적으로는 단체결성의 자유, 단체존속의 자유, 단체활동의 자유, 결사에의 가입, 잔류의 자유를, 소극적으로는 단체로부터 탈퇴할 자유와 단체에 가입하지 않을 자유를 포함한다(헌재 2012.3.29. 2011헌바53).

② 결사의 자유에는 '단체활동의 자유'도 포함되는데, 단체활동의 자유는 단체 외부에 대한 활동뿐 만 아니라 단체의 조직, 의사형성의 절차 등의 단체의 생활을 스스로 결정하고 형성할 권리인 '단체 내부 활동의 자유'를 포함한다. 조합장 선출행위는 결사 내 업무집행 및 의사결정기관의 구성에 관한 자율적인 활동이라 할 수 있으므로, 농협 조합장의 임기와 조합장선거의 시기에 관한 사항은 결사의 자유의 보호범위에 속한다(헌재 2012.12.27. 2011헌마562). **농협이사선거 후보자의 선거운동은 결사의 자유에서 보호된다.**

(2) 소극적 결사의 자유

① 결사의 자유에는 적극적인 자유는 물론, 기존의 단체로부터 탈퇴할 자유와 결사에 가입하지 아니할 소극적인 자유도 포함된다.

② **노동조합에 가입하지 아니할 자유와 탈퇴할 자유인 소극적 단결권은** 결사의 자유에서 보호된다.

⚖ 판례 | 협회가입강제

1. **변리사협회 의무적 가입**은 결사의 자유를 침해한다고 할 수 없다(헌재 2008.7.31. 2006헌마666).

2. 안마사들로 하여금 **의무적으로 대한안마사협회의 회원**이 되어 정관을 준수하도록 한 의료법 제61조는 안마사들의 결사의 자유를 침해한다고 할 수 없다(헌재 2008.10.30. 2006헌가15).

3. 운송사업자로 구성된 협회로 하여금 연합회에 강제로 가입하게 하고 임의로 탈퇴할 수 없도록 하는 '화물자동차 운수사업법' 제50조 제1항은 과잉금지원칙에 위배되어 결사의 자유를 침해한다고 볼 수 없다(헌재 2022.2.24. 2018헌가8).

(3) 특별결사

정당(제8조), 종교(제20조), 학문·예술(제22조), 단결권(제33조)과 같이 특수한 목적을 가진 결사는 해당 기본권 조항이 우선적으로 적용되어 보다 특별히 보호된다.

⚖ 판례 | 특별결사

근로자의 단결권에 대해서는 헌법 제33조가 우선적으로 적용된다. 근로자의 단결권도 국민의 결사의 자유 속에 포함되나, 헌법이 노동3권과 같은 특별 규정을 두어 별도로 단결권을 보장하는 것은 근로자의 단결에 대해서는 일반 결사의 경우와 다르게 특별한 보장을 해준다는 뜻으로 해석된다(헌재 2012.3.29. 2011헌바53).

4. 제한과 그 한계

(1) 제한

헌법 제21조 제2항의 '결사의 자유'란 다수의 자연인 또는 법인이 공동의 목적을 위하여 단체를 결성하거나 또는 이미 결성된 단체에 자유롭게 가입할 수 있는 자유를 말한다. 입법자가 회사법 등과 같이 단체의 설립과 운영을 가능하게 하는 법규정을 마련해야 비로소 개개의 국민이 헌법상 보장된 결사의 자유를 법질서에서 실질적으로 행사할 수 있으므로, 결사의 자유는 입법자에 의한 형성을 필요로 한다. 특정 형태의 단체를 설립하기 위하여 일정 요건을 충족시킬 것을 규정하는 법률은, 한편으로는 결사의 자유를 행사하기 위한 전제조건으로서 단체제도를 입법자가 법적으로 형성하는 것이자, 동시에 어떠한 조건하에서 단체를 결성할 것인가에 관하여 자유롭게 결정하는 결사의 자유를 제한하는 규정이다 (헌재 2002.8.29. 2000헌가5).

(2) 제한의 한계

결사에 대한 허가제는 헌법 제21조가 금지하고 있다. 결사의 자유 제한은 헌법 제37조 제2항의 비례원칙을 준수해야 한다.

⚖ 판례 | 결사의 자유 제한의 한계

1. 허가제 금지

헌법 제21조 제2항 후단의 결사에 대한 허가제 금지에서의 '허가'의 의미 역시 같은 조항상의 표현에 대한 '검열'이나 '허가', 집회에 대한 '허가'의 의미와 다르지 아니하며, 따라서 결사의 자유에 대한 '허가제'란 행정권이 주체가 되어 예방적 조치로서 단체의 설립 여부를 사전에 심사하여 일반적인 단체 결성의 금지를 특정한 경우에 한하여 해제함으로써 단체를 설립할 수 있게 하는 제도, 즉 사전허가를 받지 아니한 단체 결성을 금지하는 제도라고 할 것이다(헌재 2012.3.29. 2011헌바53).

2. 비례원칙

입법자는 결사의 자유에 의하여, 국민이 모든 중요한 생활영역에서 결사의 자유를 실제로 행사할 수 있도록 그에 필요한 단체의 결성과 운영을 가능하게 하는 최소한의 법적 형태를 제공해야 한다는 구속을 받을 뿐만 아니라, 단체제도를 법적으로 형성함에 있어서 지나친 규율을 통하여 단체의 설립과 운영을 현저하게 곤란하게 해서도 안 된다는 점에서 입법자에 의한 형성은 비례의 원칙을 준수해야 한다(헌재 2002.8.29. 2000헌가5).

3. 심사기준

① 상공회의소는 상공업자들의 사적인 단체이기는 하나, 설립·회원·기관·의결방법·예산편성과 결산 등이 상공회의소법에 의하여 규율되고, 단체결성·가입·탈퇴에 상당한 제한이 있는 조직이며 다른 결사와 달리 일정한 공적인 역무를 수행하면서 지방자치단체의 행정지원과 자금지원 등의 혜택을 받고 있는 법인이므로, 이 사건 법률조항에 의한 결사의 자유 제한이 과잉금지원칙에 위배되는지 판단할 때에는, 순수한 사적인 임의결사에 비해서 **완화된 기준**을 적용할 수 있다(헌재 2006.5.25. 2004헌가1).

② **중소기업중앙회**가 사적 결사체여서 결사의 자유, 단체 내부 구성의 자유의 보호대상이 된다고 하더라도, 앞서 언급한 바와 같이 공법인적 성격 역시 강하게 가지고 있으므로, 그 선거운동 제한이 기본권을 침해하였는지 여부를 판단함에 있어서는 어느 정도의 기간 제한이 적절한 것인지 특별히 불합리하다거나 부당하지 않는 한 입법재량을 존중하는 것이 바람직하다(헌재 2021.7.15. 2020헌가9).

③ **축협중앙회**의 해산 및 통합은 정치적 측면이 아닌 국가의 경제정책적인 측면, 사회경제적인 측면에서 접근하여야 할 문제인바, 경제정책적인 문제, 사회경제적인 문제에 대한 입법자의 입법행위는, 사회경제의 실태에 대한 정확한 기초자료의 파악과 그러한 입법행위가 가져올 영향 및 다른 사회경제정책 전체와의 조화를 고려하여야 하므로, 이러한 여러 가지 조건에 대한 적정한 평가와 판단은 사법적 판단보다는 입법자의 정책기술적인 재량에 맡기는 것이 바람직하고, 헌법재판소는 일단 입법자의 입법형성권을 존중하되, 다만 입법자가 그 재량범위를 일탈하여 현저히 불합리한 입법을 하는 경우에만 이에 개입하여 그 효력을 부인하는 것이 상당하다고 할 것이다(헌재 2000.6.1. 99헌마553).

④ **농협**은 앞서 본 바와 같이 기본적으로 사법인의 성격을 지니지만, 농협법에서 정하는 특정한 국가적 목적을 위하여 설립되는 공공성이 강한 법인으로, 그 수행하는 사업 내지 업무가 국민경제에서 상당한 비중을 차지하고 국민경제 및 국가 전체의 경제와 관련된 경제적 기능에 있어서 금융기관에 준하는 공공성을 가진다. 공적인 역할을 수행하는 결사 또는 그 구성원들이 기본권의 침해를 주장하는 경우에 과잉금지원칙 위배 여부를 판단할 때에는, 순수한 사적인 임의결사의 기본권이 제한되는 경우의 심사에 비해서는 **완화된 기준**을 적용할 수 있다(헌재 2012.12.27. 2011헌마562).

⑤ **지역농협 임원 선거**는, 헌법에 규정된 국민주권 내지 대의민주주의 원리의 구현 및 지방자치제도의 실현이라는 이념과 직접적인 관계를 맺고 있는 공직선거법상 선거와 달리, 자율적인 단체 내부의 조직구성에 관한 것으로서 공익을 위하여 그 선거과정에서 표현의 자유를 상대적으로 폭넓게 제한하는 것이 허용된다(헌재 2013.7.25. 2012헌바112).

⚖ 판례 | 결사의 자유 침해 여부

> 침해인 것

1. 동일업종의 한 지역 내 2개 이상의 조합설립 금지 (헌재 1996.4.25. 92헌바47)

① 헌법의 결사의 자유에서 공법상의 결사는 이에 포함되지 아니한다. 축협법상 축협(업종별축협과 지역별축협을 말한다)은 자주적인 단체로서 공법인이라고 하기보다는 사법인이라고 할 것이다. 지역축협은 사법인적 성격을 지니고 있으므로, 지역축협은 지역축협의 활동과 관련하여 결사의 자유 보장의 대상이 된다.

② 조합의 구역 내에서는 같은 업종의 조합을 2개 이상 설립할 수 없게 규정한 축산업협동조합법은 협동조합의 본질에 반하는 수단을 택하여 양축인의 결사의 자유, 직업수행의 자유의 본질적인 내용을 침해한 것이므로 위헌임이 명백하다.

2. 사회단체등록

요건을 갖춘 사회단체의 등록신청에 대하여 설립목적이 유사한 다른 사회단체가 이미 등록되었다는 이유로 행정관청이 그 등록접수를 거부하는 것은 결사의 자유에 대한 침해이다(대판 1989.12.26. 87두308).

3. 농협조합장 선거

누구든지 이사 선거와 관련하여 전화·컴퓨터통신을 이용한 지지 호소의 선거운동을 할 수 없도록 한 농업협동조합법은 농협 이사 선거 후보자의 결사의 자유 및 표현의 자유를 침해한다(헌재 2016.11.24. 2015헌바62).

침해가 아닌 것

1. 공적인 역할을 수행하는 결사(농협, 새마을금고 등) 또는 그 구성원들이 기본권의 침해를 주장하는 경우 과잉금지원칙 위반 여부를 판단함에 있어, 순수한 사적인 임의결사의 기본권이 제한되는 경우에 비하여 완화된 기준을 적용할 수 있다. 새마을금고의 임원선거와 관련하여 **법률에서 정하고 있는 방법 외의 방법으로 선거운동을 할 수 없도록 한 새마을금고법**은 임원 선거에서 공정성확보와 임원의 윤리성을 담보하고 궁극적으로는 새마을금고의 투명한 경영을 도모하고자 하는 것이므로 결사의 자유 및 표현의 자유를 침해하지 아니한다(헌재 2018.2.22. 2016헌바364).

2. 법정된 선거운동방법만을 허용하면서 합동연설회 또는 공개토론회의 개최를 허용하지 아니하는 공공단체등 위탁선거에 관한 법률은 조합장선거의 후보자 및 선거인인 조합원의 결사의 자유 등을 침해하지 아니한다(헌재 2017.7.27. 2016헌바372).

3. 직선제 조합장선거의 경우 예비후보자 제도를 두지 아니한 '공공단체등 위탁선거에 관한 법률'은 조합장선거의 후보자 및 선거인인 조합원의 결사의 자유 등을 침해한다고 할 수 없다(헌재 2017.7.27. 2016헌바372).

4. 직선제 조합장선거의 경우 후보자가 아닌 사람의 선거운동을 전면 금지하는 공공단체등 위탁선거에 관한 법률은 결사의 자유를 침해하지 않는다(헌재 2017.6.29. 2016헌가1).

5. 주택조합의 구성원 자격을 무주택자로 한정한 주택건설촉진법

헌법 제21조 제1항이 보장하고 있는 결사의 자유에 의하여 보호되는 '결사'의 개념에는 법률이 특별한 공공목적에 의하여 구성원의 자격을 정하고 있는 **특수단체의 조직활동까지 포함되는 것으로 볼 수는 없다. 주택조합은 헌법상의 결사의 자유가 뜻하는 헌법상 보호법익의 대상이 되는 단체가 아니므로** 이 사건 법률조항이 유주택자의 결사의 자유를 침해하는 것이라고는 볼 수 없다(헌재 1997.5.29. 94헌바5).

6. 축협중앙회를 해산하고 농협으로 합병하는 농업협동조합법 (헌재 2000.6.1. 99헌마553)

① 경제정책적 입법에서는 입법자의 재량의 범위는 광범위하다.

② 비효율적으로 운영되고 있는 축협을 해산하고 농협으로 통합하여 불필요한 조직의 정리 등을 통한 비용절감으로 축협인과 농업인을 보호하려는 공익이 크다 할 것이므로 결사의 자유의 침해가 아니다.

7. 농지개량조합을 해산하는 농지기반공사 및 농지관리기금법

농지개량조합의 조직, 재산의 형성·유지 및 그 목적과 활동전반에 나타나는 매우 짙은 공적인 성격을 고려하건대, 이를 공법인이라고 봄이 상당하므로 헌법소원의 청구인적격을 인정할 수 없다. 결사의 자유에서의 결사란 자연인 또는 법인이 공동목적을 위하여 자유의사에 기하여 결합한 단체를 말하는 것으로 공적책무의 수행을 목적으로 하는 공법상의 결사는 이에 포함되지 아니한다. 따라서 농지개량조합을 공법인으로 보는 이상, 이는 결사의 자유가 뜻하는 헌법상 보호법익의 대상이 되는 단체로 볼 수 없어 조합이 해산됨으로써 조합원이 그 지위를 상실하였다고 하더라도 조합원의 '결사의 자유'가 침해되었다고 할 수 없다(헌재 2000.11.30. 99헌마190).

8. 광역시 내 군에 상공회의소를 설치할 수 없도록 한 것

광역시의 상공회의소가 더 종합적이고 풍부한 지원활동을 상공업자에게 제공할 수도 있는 점 등에 비추어 볼 때, 이 사건 법률조항은 결사의 자유를 제한함에 있어 비례성을 현저히 상실하였다고 보기 어렵고 입법재량을 현저히 일탈한 것이라고 할 수 없으므로, 결사의 자유를 침해한 것이라고 볼 수 없다(헌재 2006.5.25. 2004헌가1).

9. 지역축산업협동조합 조합원이 조합원 자격이 없는 경우 당연히 탈퇴되고, 이사회가 이를 확인하여야 한다고 규정하고 있는 농업협동조합법은 과잉금지원칙을 위반하여 청구인의 결사의 자유 등을 침해한다고 할 수 없다(헌재 2018.1.25. 2016헌바315).

10. 총사원 4분의 3 이상의 동의가 있으면 **사단법인을 해산**할 수 있도록 규정한 민법 제78조 전문은 결사의 자유를 침해한다고 볼 수 없다(헌재 2017.12.28. 2016헌마311).

11. 행정관청의 설립신고서 수리 여부에 대한 결정은 재량 사항이 아니라 의무 사항으로 그 요건 충족이 확인되면 설립신고서를 수리하고 그 신고증을 교부하여야 한다는 점에서 단체의 설립 여부 자체를 사전에 심사하여 특정한 경우에 한해서만 그 설립을 허용하는 '허가'와는 다르다. 따라서 **노동조합을 설립할 때 행정관청에 설립신고서를 제출하게 하고 그 요건을 충족하지 못하는 경우 설립신고서를 반려하도록 하고 있는 '노동조합 및 노동관계조정법'은 결사의 자유에 대한 허가제에 해당하지 않는다**(헌재 2012.3.29. 2011헌바53).

12. 월남전참전자회와 고엽제전우회 중복가입금지 (헌재 2016.4.28. 2014헌바442)
    ① 양 법인의 중복가입에 따라 발생할 수 있는 두 단체 사이의 마찰, 중복지원으로 인한 예산낭비, 중복가입자의 이해상반행위를 방지하기 위한 것으로, 고엽제전우회 회원은 월남전참전자회의 회원이 될 수 없도록 한 것은 헌법에 위반되지 않는다.
    ② 시행 이전에 양 단체에 모두 가입하고 있던 회원의 경우 고엽제전우회가 아닌 월남전참전자회의 회원이 될 수 없도록 규정한 것이 평등원칙에 위반한다고 할 수도 없다.

13. 공공단체등 위탁선거에 관한 법률이 농업협동조합중앙회 및 농협중앙회의 회원인 협동조합의 결사의 자유와 후보자를 포함한 중앙회장선거에서 선거운동을 하고자 하는 사람의 표현의 자유를 침해하는지 여부(소극) (헌재 2019.7.25. 2018헌바85)
    ① **후보자가 아닌 사람의 선거운동 전면 금지**: 선거인인 대의원들은 모두 회원조합의 조합장으로, 누가 농협중앙회장이 되느냐에 따라 회원조합의 사업 및 경영 방향이 좌우되는 등 선거에 직접적인 이해관계를 가진다는 점에서 중앙회장선거에 대한 관심이 높을 수밖에 없다. 이에 비추어 보더라도 **후보자가 아닌 사람에게 선거운동을 허용해 줄 필요성은 크지 않다**(주체조항). 중앙회장선거에서 선거일 전일까지의 구체적인 선거운동기간은 중앙선관위가 농협중앙회와 협의하는 바에 따라 달라질 수 있으므로, 중앙회장선거에서 선거일 전일까지의 선거운동기간의 장단에 따른 문제는 기간조항에 의한 것이라 할 수 없다.
    ② **선거운동기간을 후보자등록마감일의 다음 날부터 선거일 전일까지로 한정**: 기간조항은 예비후보자 제도라는 예외를 두고 있지 않지만, 농협중앙회장의 경우에는 중임이 불가능하기 때문에, 현역 회장과 신인 후보자 간에 선거운동기회의 불균형이 생길 여지가 없다는 점, 선거인이 소수라는 점을 고려했을 때, **반드시 예비후보자 제도를 도입해야 할 필요성이 크다고 할 수 없다**(기간조항).
    ③ **법에 정해진 선거운동방법만을 허용**: 중앙회장선거는 소수의 선거인에 의한 간선제를 채택하고 있으므로 위와 같은 선거운동방법이 후보자나 선거인 입장에서 후보자에 대한 정보를 알리고 취득함에 있어 지나치게 부족한 선거운동방법이라 할 수 없다. 여타 선거에서처럼 다양하고 빈번한 선거운동방법을 허용하는 경우, 소수의 선거인들을 상대로 지나치게 과열된 선거운동이 행해질 우려가 크다(방법조항). 그러므로 심판대상조항들은 농협중앙회 및 회원조합의 단체의 기관 구성에 관한 결사의 자유, 중앙회장선거에서 선거운동을 하고자 하는 사람의 표현의 자유를 침해하지 아니한다.

14. **선거운동 기간 외에는 중소기업중앙회 회장선거에 관한 선거운동을 제한하고**, 이를 위반하면 형사처벌하는 중소기업협동조합법이 결사의 자유나 표현의 자유를 침해한다고 할 수 없다. 중소기업중앙회가 사적 결사체여서 결사의 자유, 단체 내부 구성의 자유의 보호대상이 된다고 하더라도, 공법인적 성격 역시 강하게 가지고 있다. 심판대상조항은 후보자 간의 지나친 경쟁과 과열로 선거의 공정성을 해할 위험이나 선거인들 상호 간의 반목 등 선거 후유증을 초래할 위험을 방지하기 위한 것으로, 선거인 수가 소규모이고 선거인들의 선거에 대한 관심이 매우 높은 점 등에 비추어 보면, 선거운동 기간 동안의 선거운동만으로도 선거에 관한 정보획득, 교환 및 의사결정에 충분하다고 볼 수 있으므로, 예비후보자 제도를 두지 않은 것이 특별히 불합리하다거나 부당하다고 판단하기 어렵다. 선거운동 기간 제한으로 인해 기존에 인지도를 확보한 후보자보다 새로운 후보자가 다소 불이익을 입을 수 있다고 하더라도, 중소기업중앙회 회장선거에서의 입후보는 정회원의 대표자만이 할 수 있고, 중소기업중앙회의 정회원 수(선거인 수)가 한정되어 있는 점을 고려할 때, 선거운동 기간 제한으로 인해 새로운 후보자가 입는 불이익이 이를 통해 달성하고자 하는 공익보다 크지 않다. 그러므로 심판대상조항은 결사의 자유나 표현의 자유를 침해하지 않는다(헌재 2021.7.15. 2020헌가9).

제7장 / 경제적 자유

제1절 재산권

> 헌법 제23조 【재산권 보장과 제한】 ① 모든 국민의 재산권은 보장된다. 그 내용과 한계는 법률로 정한다.
> ② 재산권의 행사는 공공복리에 적합하도록 하여야 한다.
> ③ 공공필요에 의한 재산권의 수용, 사용 또는 제한 및 그에 대한 보상은 법률로써 하되, 정당한 보상을 지급하여야 한다.

01 재산권의 의의

1. 개념

재산권이란 경제적 가치가 있는 모든 공법상·사법상의 권리를 뜻한다.

2. 법적 성격

헌법의 제23조 제1항의 재산권규정은 주관적 공권으로서 개인의 재산상 권리를 보장함과 동시에 객관적 제도로서 개인이 재산을 사유할 수 있는 법제도를 보장하는 것이다(권리·제도 동시보장설).

> ⚖ **판례 | 재산권 조항의 이중성**
>
> 우리 헌법 제23조 제1항은 재산권 보장의 원칙을 천명한 것으로서, 그 재산권 보장이란 국민 개개인이 재산권을 향유할 수 있는 법제도로서의 사유재산제도를 보장함과 동시에 그 기조 위에서 그들이 현재 갖고 있는 구체적 재산권을 개인의 기본권으로 보장한다는 이중적 의미를 가지고 있다(헌재 1994.2.24. 92헌가15).

3. 주체

모든 국민과 법인은 재산권의 주체가 되며, 외국인도 재산권의 주체가 된다. **지방자치단체는 재산권의 주체가 되지 않는다.**

4. 재산권의 범위(객체) ★★

(1) 일반재산권

　　모든 종류의 사법상의 물권과 채권 ➡ 소유권, 지상권, 전세권, 임차권, 저당권 등
　　① 헌법 제23조의 재산권의 개념은 자유실현의 물질적 바탕이 될 수 있는 모든 권리로 점점 더 확대되었다. 따라서 헌법 제23조의 재산권은 민법상의 소유권뿐만 아니라, 재산적 가치있는 사법상의 물권, 채권 등 모든 권리를 포함하며, 또한 국가로부터의 일방적인 급부가 아닌 자기 노력의 대가나 자본의 투자 등 특별한 희생을 통하여 얻은 공법상의 권리도 포함한다(헌재 2000.6.29. 99헌마289).

② 헌법이 보장하고 있는 재산권은 경제적 가치가 있는 모든 공법상·사법상의 권리를 뜻하고, 그 재산가액의 다과를 불문한다. 또 이 재산권의 보장은 재산권의 자유로운 처분의 보장까지 포함한 것이다(헌재 1992.6.26. 90헌바26).

③ 헌법 제23조가 보장하고 있는 재산권은 경제적 가치가 있는 모든 공법·사법상의 권리를 뜻하며, 사적 유용성 및 그에 대한 원칙적인 처분권을 내포하는 재산가치 있는 구체적 권리를 의미한다. **상가임차인이 권리금**에 대해 가지는 권리는 채권적 권리이다(헌재 2020.7.16. 2018헌바242).

⚖ 판례 | 일반재산권

1. 환매권

① 토지수용법 제71조 소정의 환매권은 헌법이 보장하는 재산권의 내용에 포함되는 권리이며, 이 권리는 피수용자가 수용 당시 이미 정당한 손실보상을 받았다는 사실로 말미암아 부정되지 않는다(헌재 1994. 2.24. 92헌가15).

② 징발재산정리에관한특별조치법 제20조 제1항에 의한 환매권도 헌법 제23조 제1항이 보장하는 재산권의 내용에 포함되는 권리라고 보아야 할 것이다(헌재 1995.2.23. 92헌바12).

2. 관행어업권도 재산권에서 보장되는 권리이다(헌재 1999.7.22. 97헌바96).

3. 주주권

주주권은 헌법상 재산권 보장의 대상에 해당한다고 볼 것이다(헌재 2008.12.26. 2005헌바34).

4. 유언의 자유

우리 헌법의 재산권 보장은 사유재산의 처분과 그 상속을 포함하는 것인바, 유언자가 생전에 최종적으로 자신의 재산권에 대하여 처분할 수 있는 법적 가능성을 의미하는 유언의 자유는 생전증여에 의한 처분과 마찬가지로 헌법상 재산권의 보호를 받는다(헌재 1989.12.22. 88헌가13).

5. 정당한 지목으로 등록하여 해당 용도로 사용할 수 있는 권리

지목에 관한 등록이나 등록변경 또는 등록의 정정은 단순히 토지행정의 편의나 사실증명의 자료로 삼기 위한 것에 그치는 것이 아니라, 해당 토지소유자의 재산권에 크건 작건 영향을 미친다고 볼 것이며, 정당한 지목을 등록함으로써 토지소유자가 누리게 될 이익은 국가가 헌법 제23조에 따라 보장하여 주어야 할 재산권의 한 내포로 봄이 상당하다(헌재 1999.6.24. 97헌마315).

6. 배상청구권

① 일본군위안부 피해자들이 일본에 대하여 가지는 배상청구권은 헌법상 보장되는 재산권이다(헌재 2011. 8.30. 2006헌마788).

② 우편물의 수취인이 누리는 우편물의 지연배달에 따른 손해배상청구권은 재산권이다(헌재 2013.6.27. 2012 헌마426).

③ **국가에 대한 구상권은 헌법 제23조 제1항에 의하여 보장되는 재산권이고** 위와 같은 해석은 그러한 재산권의 제한에 해당하며 재산권의 제한은 헌법 제37조 제2항에 의한 기본권 제한의 한계 내에서만 가능한데, 위와 같은 해석은 헌법 제37조 제2항에 의하여 기본권을 제한할 때 요구되는 비례의 원칙에 위배하여 일반국민의 재산권을 과잉 제한하는 경우에 해당하여 헌법 제23조 제1항 및 제37조 제2항에도 위반된다고 할 것이다(헌재 1994.12.29. 93헌바21).

비교 부마항쟁보상법에 따라 지급되는 보상금 등의 수급권은 전통적 의미의 국가배상청구권과는 달리 위 법률에 의하여 비로소 인정되는 권리로서 그 수급권에 관한 구체적인 사항을 정하는 것은 입법자의 입법형성의 영역에 속한다(헌재 2019.4.11. 2016헌마418).

7. 영업권

일반적으로 영업권이란 오랜 기간에 걸쳐 확고하게 형성되거나 획득된 고객관계, 입지조건, 영업상 비결, 신용, 영업능력, 사업연락망 등을 포함하는 영업재산이나 영업조직으로서 경제적으로 유용하면서 처분에 의한 환가가 가능한 재산적 가치를 말한다. 그런데 심판대상인 일반음식점 영업소를 금연구역으로 지정한 국민건강진흥법으로 인하여 개업 시점부터 현재까지 음식점을 흡연 가능 시설로 운영하지 못하고 있는 청구인에게는 영업권이 문제될 여지가 없다(헌재 2016.6.30. 2015헌마813).

8.

개인택시운송사업자는 장기간의 모범적인 택시운전에 대한 보상의 차원에서 개인택시면허를 취득하였거나, 고액의 프리미엄을 지급하고 개인택시면허를 양수한 사람들이므로 **개인택시면허는 자신의 노력으로 혹은 금전적 대가를 치르고 얻은 재산권이라고 할 수 있다**(헌재 2012.3.29. 2010헌마443).

(2) 공법상 권리가 재산권에서 보장되기 위한 요건

① 공법상의 권리가 권리주체에게 귀속되어 개인의 이익을 위하여 이용가능해야 하고(사적 유용성), ② 국가의 일방적인 급부에 의한 것이 아니라 권리주체의 노동이나 투자, 특별한 희생에 의하여 획득되어 자신이 행한 급부의 등가물에 해당하는 것이어야 하며(수급자의 상당한 자기기여), ③ 수급자의 생존의 확보에 기여해야 한다(헌재 2000.6.29. 99헌마289).

⚖️ 판례 | 공법상 권리

1. 공무원의 보수청구권

① **군법무관의 보수청구권**: 보수청구권은 단순한 기대이익을 넘어서는 것으로서 법률의 규정에 의하여 인정된 재산권의 한 내용으로 봄이 상당하다. 따라서 대통령이 정당한 이유 없이 해당 시행령을 만들지 않아 그러한 보수청구권이 보장되지 않고 있다면 이는 재산권의 침해에 해당된다고 볼 것이다(헌재 2004.2.26. 2001헌마718).

② **공무원의 보수청구권**은, 법률 및 법률의 위임을 받은 하위법령에 의해 그 구체적 내용이 형성되면 재산적 가치가 있는 공법상의 권리가 되어 재산권의 내용에 포함되지만, **법령에 의하여 구체적 내용이 형성되기 전의 권리, 즉 공무원이 국가 또는 지방자치단체에 대하여 어느 수준의 보수를 청구할 수 있는 권리**는 단순한 기대이익에 불과하여 재산권의 내용에 포함된다고 볼 수 없다(헌재 2008.12.26. 2007헌마444).

2. 퇴직연금수급권

퇴역연금은 은혜적 성질, 봉급연불적 성질, 사회보험, 사회보장, 사회복지적 성질을 함께 가지며 퇴역연금수급권은 경제적 가치가 있는 권리로서 헌법 제23조에 의하여 보장되는 재산권이다(헌재 1994.6.30. 92헌가9).

3. 사회보장수급권

① **보상금수급권**: 국가유공자의 보상금수급권은 헌법 제23조 제1항의 재산권의 하나로 보아야 할 것이나, 보상금수급권의 발생에 필요한 절차 등 **수급권 발생요건이 법정되어 있는 경우에는 이 법정요건을 갖추기 전에는 헌법이 보장하는 재산권이라 할 수 없다.** 따라서 전공상을 입은 군경이 상이군경으로 확인받기 이전에는 기대이익에 불과하다(헌재 1995.7.21. 93헌마14).

② **유족의 보상금수급권**: 고엽제법에 의한 고엽제 후유증환자 및 그 유족의 보상수급권은 법률에 의하여 비로소 인정되는 권리로서 재산권적 성질을 갖는 것이긴 하지만 그 발생에 필요한 요건이 법정되어 있는 이상 이러한 요건을 갖추기 전에는 헌법이 보장하는 재산권이라 할 수 없다(헌재 2001.6.28. 99헌마516).

③ **지뢰피해자법상 위로금**과 같이 수급권의 발생요건이 법정되어 있는 경우 법정요건을 갖춘 후 발생하는 위로금수급권은 구체적인 법적 권리로 보장되는 경제적·재산적 가치가 있는 공법상의 권리라 할

것이지만, 그러한 **법정요건을 갖추기 전에는** 헌법이 **보장하는 재산권이라고 할 수 없다.** 지뢰사고로 인한 피해자 또는 그 유족의 위로금수급권에 관한 지위는 수급권 발생에 필요한 법정요건을 갖춘 후에 비로소 재산권인 위로금수급권을 취득할 수 있다는 기대이익을 갖는 것에 불과하므로 심판대상조항에 의하여 청구인들의 재산권이 제한된다고 볼 수 없다(헌재 2019.12.27. 2018헌바236).

④ **장해보상연금청구권:** 법정요건을 갖추어 장해보상금을 청구할 수 있는 자들의 장해보상연금청구권은 재산권의 범주에 포함된다(헌재 2009.5.28. 2005헌바20).

4. 사회보험수급권

① **국민건강보험수급권:** 국민건강보험수급권은 재산권에서 보호된다. 다만, **의료급여수급권은** 공공부조의 일종이므로 재산권에서 보호되지 않는다(헌재 2009.9.24. 2007헌마1092).

> **참고** 직장가입자가 소득월액보험료를 일정 기간 이상 체납한 경우 그 체납한 보험료를 완납할 때까지 국민건강보험공단이 그 가입자 및 피부양자에 대하여 보험급여를 실시하지 아니할 수 있도록 한 구 국민건강보험법은 재산권을 제한한다(헌재 2020.4.23. 2017헌바244).

② **국민연금법상의 급여를 받을 권리:** 국민연금가입자가 반환일시금 등 국민연금법상의 급여를 받을 권리는 수급자에게 귀속되어 개인의 이익을 위하여 이용되고, 수급자의 연금보험료라는 자기기여가 있으며, 수급자의 생존의 확보에 기여하므로, 공법상의 법적 지위가 사법상의 재산권과 비교될 정도로 강력하여 수급권의 박탈이 법치국가원리에 반한다고 할 것이어서 재산권의 보호대상에 포함되어 원칙적으로 헌법 제37조 제2항의 요건을 갖춘 경우에만 정당하게 제한할 수 있으나 사회보장수급권의 성격을 아울러 지니고 있으므로 사회보장법리의 강한 영향을 받는다(헌재 2004.6.24. 2002헌바15).

> **비교** **국민연금법상 사망일시금:** 사망일시금 제도는 유족연금 또는 반환일시금을 지급받지 못하는 가입자 등의 가족에게 사망으로 소요되는 비용의 일부를 지급함으로써 국민연금제도의 수혜범위를 확대하고자 하는 차원에서 도입되었는데, 국민연금제도가 사회보장에 관한 헌법규정인 제34조 제1항·제2항·제5항을 구체화한 제도로서, 국민연금법상 연금수급권 내지 연금수급기대권이 재산권의 보호대상인 사회보장적 급여라고 한다면 **사망일시금은** 사회보험의 원리에서 다소 벗어난 장제부조적·보상적 성격을 갖는 급여로 사망일시금은 **헌법상 재산권에 해당하지 아니하므로,** 이 사건 사망일시금 한도 조항이 청구인들의 재산권을 제한한다고 볼 수 없다(헌재 2019.2.28. 2017헌마432).

③ 육아휴직 급여제도는 고용보험료의 납부를 통하여 육아휴직 급여수급권자도 그 재원의 형성에 일부 기여한다는 점에서 후불임금의 성격도 가미되어 있으므로, 고용보험법상 **육아휴직 급여수급권은 경제적 가치가 있는 권리로서 헌법 제23조에 의하여 보장되는 재산권의 성격도 가지고 있다**(헌재 2023. 2.23. 2018헌바240).

5. 지적재산권

지적재산권도 제23조에서 보장되는 재산이다. 특허권, 실용신안권도 재산권이다.

6. '사업인정고시가 있은 후에 3년 이상 토지가 공익용도로 사용된 경우' 토지소유자에게 인정되는 매수 혹은 수용청구권

헌법이 보장하고 있는 재산권은 경제적 가치가 있는 모든 공법상·사법상의 권리를 뜻하며, 사적 유용성 및 그에 대한 원칙적인 처분권을 내포하는 재산가치 있는 구체적인 권리를 의미한다. 이 사건 조항을 통하여 인정되는 '수용청구권'은 사적 유용성을 지닌 것으로서 재산의 사용, 수익, 처분에 관계되는 법적 권리이므로 헌법상 재산권에 포함된다고 볼 것이다(헌재 2005.7.21. 2004헌바57).

> **비교** 입법자에 의한 재산권의 내용과 한계의 설정은 기존에 성립된 재산권을 제한할 수도 있고, 기존에 없던 것을 새롭게 형성하는 것일 수도 있다. '사업인정고시가 있은 후에 3년 이상 토지가 공익용도로 사용된 경우' 토지소유자에게 매수 혹은 수용청구권을 인정한 공익사업을 위한 토지 등의 취득 및 보상에 관한 법률 제72조 제1호는 종전에 없던 재산권을 새로이 형성한 것에 해당하므로, 역으로 그 형성에 포함되어 있지 않은 것은 재산권의 범위에 속하지 않는다. 그러므로 청구인들이 주장하는바 **'불법적인 사용의 경우에 인정되는 수용청구권'**이란 재산권은 존재하지 않으므로 이 사건 조항이 그러한 재산권을 제한할 수는 없다(헌재 2005.7.21. 2004헌바57).

⚖ 판례 | 재산권에서 보장받지 못하는 것

1. 구체적 권리가 아닌 단순한 이익이나 영리획득의 단순한 기회 또는 기업활동의 사실적·법적 여건

① **교원이 계속 재직하면서 재화를 획득할 수 있는 기회**는 재산권 보장의 대상이 아니다(헌재 2001.12.14. 99헌마112).

② **치과전문의로서 재직하여 받을 수 있는 추가적 급료**: 사실적·경제적 기회이지 재산권 보호대상이 아니다(헌재 2001.1.27. 99헌라123).

③ 종별로 수입금액이 일정 규모 이상인 사업자에게 성실신고확인서를 제출하도록 하고 있는 소득세법으로 인하여 확인대상사업자가 세무사 등으로부터 그 확인서를 받기 위해 비용을 지출한다 하더라도 이는 성실신고확인서 제출의무에 따른 간접적이고 반사적인 경제적 불이익에 불과하고, **세무사가 납세자와 사이에 세무대리계약 체결을 거절하여 재산상의 손해를 입는다** 하더라도 이 역시 간접적이고 사실적인 불이익에 불과하여 재산권의 내용에 포함된다고 보기 어렵다(헌재 2019.7.25. 2016헌바392).

④ **음식점을 흡연 가능 시설로 운영하지 못하는 것**(헌재 2016.6.30. 2015헌마813)

⑤ **선의취득의 인정 여부**는 무권리자로부터의 동산의 양수인이 그 소유권을 취득하기 위한 요건의 문제로서 이 사건 선의취득 배제 조항에 의하여 일정한 **동산문화재의 양수인은 그 문화재의 소유권을 취득할 기회**를 제한받을 뿐이며, 이러한 기회는 헌법 제23조 제1항에 의하여 보호되는 재산권에 해당하지 아니한다(헌재 2009.7.30. 2007헌마870).

⑥ **약사의 의료기관 내 약국 영업권**은 헌법 제23조 제1항 제1문에서 보호되는 재산권의 범위에 속하지 아니한다(헌재 2003.10.30. 2001헌마700).

⑦ **약사의 한약조제권**은 의약품을 판매하여 얻게 되는 이익이란 장래의 불확실한 기대이익에 불과하다. 따라서 약사의 한약조제권은 재산권의 범위에 속하지 아니한다(헌재 1997.11.27. 97헌바10).

⑧ **잠수기어업허가를 받지 못하여 상실된 이익** 등 청구인 주장의 재산권은 헌법 제23조에서 규정하는 재산권의 보호범위에 포함된다고 볼 수 없다(헌재 2008.6.26. 2005헌마173).

⑨ **게임결과물**: 청구인들이 주장하는 게임결과물에 대한 장부 표시 및 증표 제공을 통하여 얻을 수 있는 재산권의 실체는 결국 일반게임제공업이라는 직업수행에 따른 단순한 이익이나 재화 획득에 관한 기회에 불과하므로 헌법상 재산권 보장의 대상이 아니다(헌재 2014.9.25. 2012헌마1029).

⑩ **자신의 토지를 장래에 건축이나 개발목적으로 사용할 수 있으리라는 기대가능성**이나 신뢰 및 이에 따른 **지가상승의 기회**는 원칙적으로 재산권의 보호범위에 속하지 않는다(헌재 1998.12.24. 97헌바78).

⑪ 국가의 간섭을 받지 아니하고 **자유로이 기부행위를 할 수 있는 기회의 보장**은 헌법상 보장된 재산권의 보호범위에 포함되지 않는다(헌재 1998.5.28. 96헌가5).

⑫ 청구인이 유골 500구 이상을 안치할 수 있는 사설봉안시설을 설치·관리하려는 자는 민법에 따라 봉안시설의 설치·관리를 목적으로 하는 재단법인을 설립하도록 하는 구 '장사 등에 관한 법률'을 적용받지 아니함으로써 **재단법인의 설립 없이 유골 수를 추가 설치·관리하여 수익을 창출하려 하였던 사정**은 법적 여건에 따른 영리획득의 기회를 활용하려던 것에 불과하므로 재산권의 보호영역에 포함된다고 볼 수 없다(헌재 2021.8.31. 2019헌바453).

⑬ **개성공단 중단조치에 의한 영업중단으로 영업상 손실이나 주식 등 권리의 가치하락**이 발생하였더라도 이는 영리획득의 기회나 기업활동의 여건 변화에 따른 재산적 손실일 뿐이므로, 헌법 제23조의 재산권보장의 범위에 속한다고 보기 어렵다(헌재 2022.1.27. 2016헌마364).

⑭ 예비군 교육훈련에 참가한 예비군대원이 훈련 과정에서 식비, 여비 등을 스스로 지출함으로써 생기는 경제적 부담은 헌법에서 보장하는 재산권의 범위에 포함된다고 할 수 없고, 예비군 교육훈련 기간 동안의 일실수익과 같은 기회비용 역시 경제적인 기회에 불과하여 재산권의 범위에 포함되지 아니한다(헌재 2019.8.29. 2017헌마828).

2. 반사적 이익

① **폐업으로 인한 재산적 손실**은 사적 위험부담과 책임하에 행위하면서 법질서가 반사적으로 부여하는 기회를 활용한 것에 지나지 않는다고 할 것이므로, 재산권의 범위에 속하지 아니한다(헌재 2008.11.27. 2005헌마161).

② **도시계획결정의 실효**: 장기미집행 도시계획시설결정의 실효제도는 도시계획시설부지로 하여금 도시계획시설결정으로 인한 사회적 제약으로부터 벗어나게 하는 것으로서 결과적으로 개인의 재산권이 보다 보호되는 측면이 있는 것은 사실이나, 이와 같은 보호는 입법자가 새로운 제도를 마련함에 따라 얻게 되는 법률에 기한 권리일 뿐 헌법상 재산권으로부터 당연히 도출되는 권리는 아니다(헌재 2005.9.29. 2002헌바84).

③ 저작권의 소멸로 얻은 이익은 반사적 이익이지 재산권에서 보호되는 이익이라고 할 수 없으므로 20년이 지나 과거에 소멸한 **저작인접권을 발생한 날로부터 50년간 존속하도록 한 저작권법**은 재산권을 침해하는 것이 아니다(헌재 2013.11.28. 2012헌마770).

④ **국가의 납입의 고지로 인하여 시효중단의 효력을 종국적으로 받지 않고 계속하여 소멸시효를 누릴 기대이익**은 헌법적으로 보호될만한 재산권적 성질의 것은 아니며, 단순한 기대이익에 불과하다고 볼 것이므로 국가의 납입 고지에 시효중단의 효력을 인정하는 것이 재산권을 제한한다고 할 수 없다(헌재 2004.3.25. 2003헌바22).

3. 사적 이용가능성이 없는 경우

① **직장의료보험조합의 적립금**: 적립금은 조합원 개인에 귀속되어 사적 이익을 위하여 사용될 수 있는 재산적 가치가 아니다(헌재 2000.6.29. 99헌마289).

② **강제집행권**: 국가가 보유하는 통치권의 한 작용으로 민사사법권에 속하는 것이지 헌법 제23조 제3항의 재산권에 해당하지 않는다(헌재 1998.5.28. 96헌마44).

③ **사업계획승인권**은 헌법상 보호되는 재산권에 해당되지 않는다(헌재 2010.4.29. 2007헌바40).

④ **상공회의소 의결권 또는 회원권**은 법인의 의사형성에 관한 권리일 뿐 이를 따로 떼어 헌법상 재산권이라고 할 수 없고 상공회의소 재산도 상공업자들의 재산권이 아니다(헌재 2006.5.25. 2004헌가1).

⑤ **이동전화번호**: 청구인들이 이동전화번호에 대하여 사적 유용성 및 그에 대한 원칙적 처분권을 내포하는 재산가치 있는 구체적 권리인 **재산권을 가진다고 볼 수 없다.** 따라서 위 이행명령에 의하여 청구인들의 재산권이 제한된다고 할 수도 없다(헌재 2013.7.25. 2011헌마63·468).

⑥ **학교안전공제회가 관리·운용하는 학교안전공제 및 사고예방기금**: 사적 유용성이 없어 재산권에 해당하지 않는다(헌재 2015.7.30. 2014헌가7).

4. 자신 등의 투자나 노력이나 희생으로 형성된 것이 아닌 경우

① **개발이익**

② 시혜적 입법의 **시혜대상이 될 경우 얻을 수 있는 재산상 이익**은 단순한 재산상 이익의 기대는 헌법이 보호하는 재산권의 영역에 포함되지 않는다(헌재 2002.12.18. 2001헌바55).

③ **의료급여법상의 의료급여수급권**: 의료급여수급권은 공공부조의 일종으로서 순수하게 사회정책적 목적에서 주어지는 권리이므로 개인의 노력과 금전적 기여를 통하여 취득되는 재산권의 보호대상에 포함된다고 보기 어려워, 본인부담금제와 선택병원제를 규정한 의료급여법 시행령 및 시행규칙이 청구인들의 재산권을 침해한다고 할 수 없다(헌재 2009.9.24. 2007헌마1092).

④ **행정청이 사업주체에게 용도폐지되는 공공시설의 소유권을 무상으로 양도할 수 있도록 규정한 시혜적 입법에 해당하고, 사업주체인 청구인들이 심판대상조항에 따라 용도폐지되는 공공시설을 무상으로 양도받는 것**은 단순한 경제적인 기회 내지 이익에 불과할 뿐 헌법이 보호하는 재산권의 영역에 포함된다고 볼 수 없다(헌재 2015.3.26. 2014헌바156).

⑤ **생활보호대상자의 급부를 받을 권리**

⑥ **대한민국 헌정회 연로지원금**: 연로회원지원금은 수급자의 상당한 자기기여에 기반한 급여라고 볼 수 없어 헌법상 재산권에 해당하지 아니한다(헌재 2015.4.30. 2013헌마666).

⑦ **대일항쟁기강제동원자지원법에 규정된 위로금**을 인도적 차원의 시혜적인 금전 급부로 이해하는 이상, 그 **위로금**은 국외강제동원 희생자 유족의 재산권에 포함된다고 하기 어렵다(헌재 2015.12.23. 2010헌마620).

⚖ 판례 | 재산권 제한이 아닌 것

1. 어촌계 등에 어업면허를 하는 경우 우선순위규정의 적용대상에서 제외하도록 규정한 수산업법이 재산권을 제한하는지 여부(소극)

심판대상조항은 어업면허의 유효기간 내에 있는 어업면허를 취소하거나 변경하는 것이 아니라, 신규어장을 개발하거나 어업면허의 유효기간 또는 연장허가기간이 끝난 어장에 관하여 새로이 어업면허를 부여할 때 우선순위의 적용을 배제하는 규정으로서, **어업면허의 우선순위에 관한 기대는 헌법상 보장되는 재산권에 포함되지 아니한다.** 따라서 **심판대상조항은 재산권을 제한하지 아니한다**(헌재 2019.7.25. 2017헌바133).

2. 의사인 청구인들은 만성신부전증환자에 대한 외래 혈액투석 의료급여수가의 기준을 정한 정액수가조항으로 정한 금액이 혈액투석 진료행위에 소요되는 원가에도 미치지 못할 정도로 낮아서 재산권이 침해된다고 주장한다. 그러나 헌법상 보호되는 재산권은 사적 유용성 및 그에 대한 원칙적 처분권을 내포하는 재산가치 있는 구체적 권리로서, 구체적인 이익이 아니라 단순한 이익이나 재화의 획득에 관한 기회 등은 재산권 보장의 대상이 아니다. 그러므로 위 조항이 의사인 청구인들의 재산권을 제한한다고 보기는 어렵다(헌재 2020.4.23. 2017헌마103).

3. 의료인의 복수의료기관 개설금지

청구인 박○○, 조○○, 임○○, 김○○, 김□□은, 이 사건 법률조항이 의료인의 재산권도 침해한다고 주장한다. 그러나 이 사건 처벌조항은 이 사건 금지조항을 위반할 경우 형사처벌을 가하는 조항일 뿐이고, 이 사건 금지조항도 의료기관의 중복운영을 금지하고 있을 뿐 직접적으로 재산처분을 강제하고 있는 것은 아니며, 의료기관 매각 등의 재산처분은 그 부수적인 효과에 불과하다. 따라서 의료인의 재산권 침해 여부에 대하여는 별도로 판단하지 않기로 한다(헌재 2019.8.29. 2014헌바212).

4. 업종별로 수입금액이 일정 규모 이상인 사업자에게 성실신고확인서를 제출하도록 하고 있는 소득세법

청구인은 재산권도 제한한다고 주장한다. 그런데 심판대상조항으로 인하여 확인대상사업자가 세무사 등으로부터 그 확인서를 받기 위해 비용을 지출한다 하더라도 이는 성실신고확인서 제출의무에 따른 간접적이고 반사적인 경제적 불이익에 불과하고, 세무사가 납세자와 사이에 세무대리계약 체결을 거절하여 재산상의 손해를 입는다 하더라도 이 역시 간접적이고 사실적인 불이익에 불과하여 재산권의 내용에 포함된다고 보기 어렵다(헌재 2019.7.25. 2016헌바392).

5. 학원법에 따라 체육시설을 운영하는 자로서 어린이통학버스에 보호자를 동승하도록 강제하는 도로교통법

새로이 동승보호자를 고용함으로 인하여 추가적인 비용 지출이 발생한다고 하여도 이는 이 사건 보호자동승조항 시행에 따른 반사적·사실적인 불이익에 불과하므로, 이 사건 보호자동승조항으로 인하여 청구인들의 재산권이 제한된다고 볼 수는 없다. 따라서 이 사건의 쟁점은 이 사건 보호자동승조항이 청구인들의 직업수행의 자유를 침해하는지 여부이다(헌재 2020.4.23. 2017헌마479).

6. 택시운송사업자의 영리 획득의 기회나 사업 영위를 위한 사실적·법적 여건은 헌법상 보장되는 재산권에 속하지 아니한다. 따라서 일반택시운송사업에서 운전업무에 종사하는 근로자의 최저임금에 산입되는 임금의 범위는 생산고에 따른 임금을 제외한 대통령령으로 정하는 임금으로 하도록 한 최저임금법이 택시운송사업자의 재산권을 제한한다고 볼 수 없다(헌재 2023.2.23. 2020헌바1).

7. 애초 퇴직급여법의 적용대상에서 명시적으로 제외되어 있는 가사사용인의 경우 법령에서 정하고 있는 퇴직급여의 요건 자체가 결여되어 있다는 점에서 '가구 내 고용활동'에 대해서는 근로자퇴직급여 보장법을 적용하지 않도록 규정한 근로자퇴직급여 보장법으로 인한 재산권 제한 문제는 발생하지 않으므로, 이에 대하여는 판단하지 아니한다(헌재 2022.10.27. 2019헌바454).

8. 지급정지가 이루어진 사기이용계좌 명의인의 **전자금융거래를 제한**하는 '전기통신금융사기 피해방지 및 피해금 환급에 관한 특별법'은 전자금융거래 제한 조치를 받은 계좌명의인은 사기이용계좌 이외의 계좌에서 금원을 인출할 수 없는 것이 아니라 전자금융거래의 방법으로 거래를 할 수 없는 것이므로, 전자금융거래제한조항은 **재산권이 아닌 일반적 행동자유권을 제한한다**(헌재 2022.6.30. 2019헌마579).

> **비교** 전기통신금융사기의 피해자가 피해구제 신청을 하는 경우 피해자의 자금이 송금·이체된 계좌 및 해당 계좌로부터 자금의 이전에 이용된 계좌를 지급정지하는 '전기통신금융사기 피해방지 및 피해금 환급에 관한 특별법'은 재산권 제한이다.

9. **변호사** 협회의 유권해석에 반하는 내용의 광고를 금지하는 변호사 광고에 관한 규정으로 인하여 □□ 서비스를 기존과 같이 운영하지 못하는 영업상 어려움으로 경제적인 손해를 입게 된다고 하더라도 이는 사실상의 영향에 지나지 않으므로, 이 사건 **변호사** 협회의 유권해석에 반하는 내용의 광고를 금지하는 변호사 광고에 관한 규정이 법률서비스 온라인 플랫폼 사업자의 **재산권**을 제한한다고 보기 어렵다(헌재 2022.5.26. 2021헌마619).

02 재산권 보장의 내용

> 헌법 제23조【재산권 보장과 제한】① 모든 국민의 재산권은 보장된다. 그 내용과 한계는 법률로 정한다.

1. 헌법 제23조 제1항의 성격

(1) 법률유보의 의의

재산권의 내용과 한계는 '법률'로 정한다는 헌법 제23조 제1항의 법률유보는 형성적 법률유보라는 것이 헌법재판소 판례이다.

> **판례 | 헌법 제23조 제1항의 법률유보**
>
> 재산권이 헌법 제23조에 의하여 보장된다고 하더라도, 입법자에 의하여 일단 형성된 구체적 권리가 그 형태로 영원히 지속될 것이 보장된다고까지 하는 의미는 아니다. 재산권의 내용과 한계를 정할 입법자의 권한은, 장래에 발생할 사실관계에 적용될 새로운 권리를 형성하고 그 내용을 규정할 권한뿐만 아니라, 더 나아가 과거의 법에 의하여 취득한 구체적인 법적 지위에 대하여까지도 그 내용을 새로이 형성할 수 있는 권한을 포함하고 있는 것이다. 재산권의 내용을 새로이 형성하는 법률이 합헌적이기 위하여서는 장래에 적용될 법률이 헌법에 합치하여야 할 뿐만 아니라, 또한 과거의 법적 상태에 의하여 부여된 구체적 권리에 대한 침해를 정당화하는 이유가 존재하여야 하는 것이다(헌재 1999.4.29. 94헌바37).

(2) 재산권과 입법형성의 자유

> **판례**
>
> 1. 헌법 제23조 제1항 본문은 "모든 국민의 재산권은 보장된다."라고 규정하여 재산권을 기본권으로 보장하고 있으나 그 단서에서 "그 내용과 한계는 법률로 정한다."라고 하여 법률로 재산권을 규제할 수 있음을 명백히 하고 있다. 이와 같은 **재산권에 대한 제한의 허용정도는 그 객체가 지닌 사회적인 연관성과 사회적 기능에 따라 달라지는 것으로서** 그 이용이나 처분이 소유자 개인의 생활영역에 머무르지 않고 일반 국민 다수의 일상생활에 큰 영향을 미치는 경우에는 입법자가 공동체의 이익을 위하여 개인의 재산권을 규제하는 권한을 폭넓게 가질 수 있다(헌재 1998.12.24. 89헌마214).

2. 일반적인 물건에 대한 재산권 행사에 비하여 **동물에 대한 재산권** 행사는 사회적 연관성과 사회적 기능이 매우 크다 할 것이므로 이를 제한하는 경우 입법재량의 범위를 폭넓게 인정함이 타당하다. 그러므로 이 사건 법률조항이 과잉금지원칙을 위반하여 재산권을 침해하는지 여부를 살펴보되 심사기준을 완화하여 적용함이 상당하다(헌재 2013.10.24. 2012헌바431).

3. **농지의 경우** 그 사회성과 공공성은 일반적인 토지의 경우보다 더 강하다고 할 수 있으므로, 농지 재산권을 제한하는 입법에 대한 헌법심사의 강도는 다른 토지 재산권을 제한하는 입법에 대한 것보다 낮다고 봄이 상당하다(헌재 2010.2.25. 2008헌바80 등).

4. **토지재산권**은 강한 사회성, 공공성을 지니고 있어 이에 대하여는 **다른 재산권**에 비하여 보다 강한 제한과 의무를 부과할 수 있으나, 그렇다고 하더라도 다른 기본권을 제한하는 입법과 마찬가지로 **비례성원칙을 준수하여야 하고**, 재산권의 본질적 내용인 사용·수익권과 처분권을 부인하여서는 아니된다(헌재 1998.12.24. 89헌마214). 재산권 행사의 대상이 되는 객체가 지닌 **사회적인 연관성과 사회적 기능**이 크면 클수록 입법자에 의한 보다 더 광범위한 제한이 허용된다고 할 것이다. **토지**는 원칙적으로 생산이나 대체가 불가능하여 공급이 제한되어 있고, 우리나라의 가용토지 면적은 인구에 비하여 절대적으로 부족한 반면에, 모든 국민이 생산 및 생활의 기반으로서 토지의 합리적인 이용에 의존하고 있으므로, 그 사회적 기능에 있어서나 국민경제의 측면에서 다른 재산권과 같게 다룰 수 있는 성질의 것이 아니므로 공동체의 이익이 보다 더 강하게 관철될 것이 요구된다고 할 것이다(헌재 1999.4.29. 94헌바37).

2. 소급입법에 의한 재산권 박탈금지

헌법 제13조 제2항은 소급입법에 의한 재산권 박탈을 금지하고 있다. 그러나 친일재산국고귀속법은 진정소급입법에 해당하나 헌법 제13조 제2항에 반하지 않는다(헌재 2011.3.31. 2008헌바141).

03 재산권 행사의 한계

1. 재산권 행사의 사회적 기속성(구속성)의 의의

> **헌법 제23조** ② 재산권의 행사는 공공복리에 적합하도록 하여야 한다.

(1) 개념

재산권의 사회적 기속성이란 공공복리를 위하여 재산권의 주체가 무보상으로 재산권 행사를 제한받게 되는 것을 뜻한다. 다만, 재산권 제한이 비례원칙에 위반하여 가혹한 부담이 발생하는 예외적인 경우 이를 완화하거나 조정하는 등의 보상규정을 두어야 한다.

(2) 성격

헌법 제23조 제2항의 의무는 단순한 윤리적 의무가 아니라 법적인 의무이다.

> ⚖️ **판례 | 헌법 제23조 제2항의 재산권의 사회적 기속성**
>
> 1. 입법자는 재산권의 내용을 구체적으로 형성함에 있어서 사적 재산권의 보장이라는 요청(헌법 제23조 제1항 제1문)과 재산권의 사회적 기속성에서 오는 요청(헌법 제23조 제2항)을 함께 고려하고 조정하여 양 법익이 서로 조화와 균형을 이루도록 하여야 한다. 따라서 **입법자는 중요한 공익상의 이유로 재산권을 제한하는 경우에도 비례의 원칙을 준수하여야 하며**, 그 본질적 내용인 사적 이용권과 원칙적인 처분권을 부인하여서는 안 된다. 요컨대, 재산권에 대한 제약이 비례의 원칙에 합치하는 것이라면 그 제약은 재산

권자가 수인하여야 하는 사회적 제약의 범위 내에 있는 것이고, 반대로 비례의 원칙에 위배되는 과잉제한이라면 그 제약은 재산권자가 수인하여야 하는 **사회적 제약의 한계를 넘는 것이다.** 따라서 **후자의 경우** 입법자는 재산권에 대한 제한의 비례성을 회복할 수 있도록 수인의 한계를 넘어 가혹한 부담이 발생하는 예외적인 경우 이를 완화하거나 조정하는 등의 보상규정을 두어야 한다. 다만, 헌법적으로 **가혹한 부담의 조정이란 '목적'을 달성하기 위하여 이를 완화·조정할 수 있는 '방법'의 선택에 있어서는** 반드시 직접적인 금전적 보상의 방법에 한정되지 아니하고, 입법자에게 광범위한 형성의 자유가 부여된다. 따라서 심판대상조항이 상업용 음반 등을 재생하는 공연에 관한 저작재산권자 등의 재산권을 제한하는 것이 사회적 제약의 한도를 넘는 것인지, 수인의 한계를 넘는 가혹한 부담이 발생하는 경우라면 이를 조정·완화하기 위한 보상규정을 두고 있어 비례의 원칙에 부합한 제한이 되는 것인지 문제된다(헌재 2019.11.28. 2016헌마115).

2. 청중이나 관중으로부터 당해 공연에 대한 반대급부를 받지 아니하는 경우에는 상업용 목적으로 공표된 음반 또는 상업용 목적으로 공표된 영상저작물을 재생하여 공중에게 공연할 수 있다고 규정한 저작권법

심판대상조항은 공중이 저작물의 이용을 통한 문화적 혜택을 누릴 수 있도록 하기 위한 것으로 입법목적이 정당하고, 일정한 요건하에 누구든지 상업용 음반 등을 재생하여 공중에게 공연할 수 있도록 하는 것은 상업용 음반 등에 대한 공중의 접근성을 향상시켜 위와 같은 입법목적 달성에 적합한 수단이 된다. 심판대상조항으로 인하여 저작재산권자 등이 상업용 음반 등을 재생하는 공연을 허락할 권리를 행사하지 못하거나 그러한 공연의 대가를 받지 못하게 되는 불이익이 상업용 음반 등을 재생하는 공연을 통하여 공중이 문화적 혜택을 누릴 수 있게 한다는 공익보다 크다고 보기도 어려우므로, 심판대상조항은 법익의 균형성도 갖추었다. 따라서 심판대상조항이 비례의 원칙에 반하여 저작재산권자 등의 재산권을 침해한다고 볼 수 없다(헌재 2019.11.28. 2016헌마115).

📖 **판례정리**

손실보상

재산권 침해인 것

1. **도시개발제한구역** (헌재 1998.12.24. 89헌마214)
   ① **토지재산권의 사회적 의무성:** 헌법상의 재산권은 토지소유자가 이용가능한 모든 용도로 토지를 자유로이 최대한 사용할 권리나 가장 경제적 또는 효율적으로 사용할 수 있는 권리를 보장하는 것을 의미하지는 않는다. 토지재산권의 강한 사회성 내지는 공공성으로 말미암아 이에 대하여는 다른 재산권에 비하여 보다 강한 제한과 의무가 부과될 수 있다.
   ② **개발제한구역 지정 후 토지를 종래의 목적으로 사용할 수 있는 경우:** 개발제한구역 지정 후 토지를 종래의 목적으로 사용할 수 있는 경우에는 헌법 제23조 제2항의 사회적 제약의 범위 내의 재산권 제한이고, 재산권의 내용과 한계를 비례원칙에 부합하게 합헌적으로 규정한 것이므로 보상할 필요는 없다. 또한 자신의 토지를 건축이나 개발목적으로 사용할 수 있으리라는 기대가능성이나 신뢰 및 이에 따른 지가 상승의 기회는 재산권의 보호범위에 속하지 않으므로 개발제한구역 지정으로 지가가 상승하지 않았다 하더라도 가혹한 부담이 발생했다고 볼 수 없다.
   ③ **구역지정 후 토지를 종래의 목적으로도 사용할 수 없거나 또는 토지를 전혀 이용할 수 있는 방법이 없는 경우(나대지의 경우):** 개발제한 지정으로 종래의 용도로 사용할 수 없거나 법률상 허용된 토지이용 방법이 없는 경우에는 재산권의 사회적 기속성으로도 정당화될 수 없는 가혹한 부담이 발생하였으므로 완화하는 보상규정을 두어야 한다. 개발제한구역 전에는 건물의 신축이 허용되던 나대지를 개발제한구역으로 지정함으로써 건물의 신축이 금지되는 결과 지정 당시의 지목과 토지용도로도 사용할 수 없게 되었으므로 사회적 제약의 한계를 넘어 과도한 부담이 발생하였으므로 보상하여야 한다.
   ④ **헌법불합치결정의 이유와 의미:** 도시계획법 제21조에 규정된 개발제한구역제도 그 자체는 원칙적으로 합헌적인 규정인데, 다만 개발제한구역의 지정으로 말미암아 일부 토지소유자에게 사회적 제약의 범위를 넘

는 가혹한 부담이 발생하는 예외적인 경우에 대하여 보상규정을 두지 않은 것에 위헌성이 있는 것이므로, 입법자가 보상입법을 마련함으로써 위헌적인 상태를 제거할 때까지 위 조항을 형식적으로 존속케 하기 위하여 헌법불합치결정한다. 입법자는 되도록 빠른 시일 내에 보상입법을 하여 위헌적 상태를 제거할 의무가 있고, 행정청은 보상입법이 마련되기 전에는 새로 개발제한구역을 지정하여서는 아니 되며, 토지소유자는 보상입법을 기다려 그에 따른 권리행사를 할 수 있을 뿐 개발제한구역의 지정이나 그에 따른 토지재산권의 제한 그 자체의 효력을 다투거나 위 조항에 위반하여 행한 자신들의 행위의 정당성을 주장할 수는 없다.

⑤ 재산권의 침해와 공익 간의 비례성을 다시 회복하기 위한 방법은 헌법상 반드시 금전보상만을 해야 하는 것은 아니다. 입법자에게는 헌법적으로 가혹한 부담의 조정이란 '목적'을 달성하기 위하여 이를 완화·조정할 수 있는 '방법'의 선택에 있어서는 광범위한 형성의 자유가 부여된다.

2. 도시계획시설의 결정 (헌재 1999.10.21. 97헌바26) *헌법불합치결정

① 도시계획시설의 지정에도 불구하고 토지를 종래의 용도대로 계속 사용할 수 있는 경우에는, 그 토지를 계속 종래의 용도대로 사용할 수 있으므로, 도시계획결정으로 말미암아 토지소유자에게 이렇다 할 재산적 손실이 발생한다고 볼 수 없다. 도시계획시설의 지정으로 인한 개발가능성의 소멸과 그에 따른 지가의 하락, 수용시까지 토지를 종래의 용도대로만 이용해야 할 현상유지의무 등은 토지소유자가 감수해야 하는 사회적 제약의 범주에 속하는 것이다.

② 그러나 **도시계획시설로 지정된 토지가 나대지인 경우**, 토지소유자는 더 이상 그 토지를 종래 허용된 용도(건축)대로 사용할 수 없게 됨으로써 토지의 매도가 사실상 거의 불가능하고 경제적으로 의미있는 이용가능성이 배제된다. 도시계획결정으로 말미암아 토지를 종래의 목적으로도 사용할 수 없거나 또는 더 이상 법적으로 허용된 토지이용의 방법이 없기 때문에 사실상 토지의 사적인 이용가능성이 폐지된 경우, 재산권에 대한 이러한 제한은 토지소유자가 수인해야 하는 사회적 제약의 한계를 넘는 것이다. 이러한 경우 입법자는 매수청구권이나 수용신청권의 부여, 지정의 해제, 금전적 보상 등 다양한 보상가능성을 통하여 재산권에 대한 가혹한 침해를 적절하게 보상하여야 한다.

③ **보상규정에 관한 입법형성권의 한계**: 입법자는 토지재산권의 제한에 관한 전반적인 법체계, 외국의 입법례 등과 기타 현실적인 요소들을 종합적으로 참작하여 국민의 재산권과 도시계획사업을 통하여 달성하려는 공익 모두를 실현하기에 적정하다고 판단되는 기간을 정해야 한다. 그러나 어떠한 경우라도 **토지의 사적 이용권이 배제된 상태에서 토지소유자로 하여금 10년 이상을 아무런 보상 없이 수인하도록 하는 것은 공익실현의 관점에서도 정당화될 수 없는 과도한 제한으로서 헌법상의 재산권 보장에 위배된다고 보아야 한다.**

---

04 재산권의 제한

1. 재산권 공용수용의 요건

> **헌법 제23조 【재산권 보장과 제한】** ③ 공공필요에 의한 재산권의 수용·사용 또는 제한 및 그에 대한 보상은 법률로써 하되, 정당한 보상을 지급하여야 한다.

(1) 헌법 제23조의 체계

헌법 제23조의 근본취지는 우리 헌법이 사유재산제도의 보장이라는 기조 위에서 원칙적으로 모든 국민의 구체적 재산권의 자유로운 이용·수익·처분을 보장하면서 공공필요에 의한 재산권의 수용·사용 또는 제한은 헌법이 규정하는 요건을 갖춘 경우에만 예외적으로 허용한다는 것으로 해석된다(헌재 1998.12.24. 89헌마214).

(2) 적법한 공용수용요건

헌법 제23조 제3항은 "공공필요에 의한 재산권의 수용·사용 또는 제한 및 그에 대한 보상은 법률로써 하되, 정당한 보상을 지급하여야 한다."라고 하여 재산권 행사의 사회적 의무성의 한계를 넘는 재산권의 수용·사용·제한과 그에 대한 보상의 원칙을 규정하고 있다. 헌법의 재산권 보장에 관한 규정의 근본취지에 비추어 볼 때, 공공필요에 의한 재산권의 공권력적, 강제적 박탈을 의미하는 공용수용은 헌법상의 재산권 보장의 요청상 불가피한 최소한에 그쳐야 한다. 즉, **공용수용은 헌법 제23조 제3항에 명시되어 있는 대로 국민의 재산권을 그 의사에 반하여 강제적으로라도 취득해야 할 공익적 필요성이 있을 것, 법률에 의거할 것, 정당한 보상을 지급할 것의 요건을 모두 갖추어야 한다**(헌재 2014.10.30. 2011헌바129).

2. 재산권 제한의 목적(= 공공필요)

(1) 공공필요와 공공복리의 범위

단순히 국가의 재정적 수입을 늘리기 위한 것은 공공필요로 볼 수 없다. 오늘날 공익사업의 범위가 확대되는 경향에 대응하여 재산권의 존속보장과 조화를 위해서는 **공공필요**의 요건에 관해서는 기본권 일반의 제한사유인 공공복리보다 **좁게** 보는 것이 타당하다(헌재 2014.10.30. 2011헌바172).

(2) 공공필요 판단기준

⚖️ **판례 | 공공필요가 있는지 판단기준**

1. 공용수용이 허용될 수 있는 공익성을 가진 사업, 즉 공익사업의 범위는 사업시행자와 토지소유자 등의 이해가 상반되는 중요한 사항으로서, 공용수용에 대한 법률유보의 원칙에 따라 법률에서 명확히 규정되어야 한다. **공공의 이익에 도움이 되는 사업이라도 '공익사업'으로 실정법에 열거되어 있지 않은 사업은 공용수용이 허용될 수 없다**. 다만, 법이 공용수용 할 수 있는 공익사업을 열거하고 있더라도, 이는 공공성 유무를 판단하는 일응의 기준을 제시한 것에 불과하므로, 사업인정의 단계에서 개별적·구체적으로 공공성에 관한 심사를 하여야 한다. 즉, 공공성의 확보는 **1차적으로 입법자**가 입법을 행할 때 일반적으로 당해 사업이 수용이 가능할 만큼 공공성을 갖는가를 판단하고, **2차적으로는 사업인정권자**가 개별적·구체적으로 당해 사업에 대한 사업인정을 행할 때 공공성을 판단하는 것이다(헌재 2014.10.30. 2011헌바129).

2. 공공필요가 있는 사업으로 인정되어 국가가 토지를 수용하는 것이 문제되지 않는 경우라면, 같은 사업에서 **민간개발자**가 수용권을 갖는다 하여 그 사업의 공공필요에 대한 판단이 본질적으로 달라진다고 할 수 없다(헌재 2009.9.24. 2007헌바114). 민간기업도 일정한 조건하에서는 헌법상 공용수용권을 행사할 수 있는 바 민간기업이 도시계획시설사업의 시행자라 하더라도 목적정당성과 수단적절성을 달리 볼 이유는 없다(헌재 2011.6.30. 2008헌바166).

3. 행정기관이 개발촉진지구 지역개발사업으로 실시계획을 승인하고 이를 고시하기만 하면 **고급골프장 사업**과 같이 공익성이 낮은 사업에 대해서까지도 시행자인 민간개발자에게 수용권한을 부여하는 구 '지역균형개발 및 지방중소기업 육성에 관한 법률'은 헌법 제23조 제3항의 공공필요에 위배된다(헌재 2014.10.30. 2011헌바129·172).

4. 주택재개발사업을 시행하는 경우에 사업시행자에게 수용권을 부여하는 구 도시 및 주거환경정비법
헌법 제23조 제3항은 재산의 수용과 관련하여 당해 수용이 공공필요에 부합하는지, 정당한 보상이 지급되고 있는지 여부 등에 관하여 정하고 있을 뿐, 그 수용의 주체를 한정하고 있지는 아니하다. 따라서 수용에 공공필요성이 인정되고 정당한 보상이 지급된다면 조합이 수용권한을 가지는 것이 특별히 문제된다고 볼 수는 없다. 주택재개발사업은 정비기반시설이 열악하고 노후·불량건축물이 밀집한 지역에서 주거환경을 개선하기 위하여 시행하는 사업인바, 주민의 건강과 안전 보호, 지속가능한 주거생활의 질적 향상과 도시환경의 개선을 위하여 추진되는 **주택재개발사업을 위한 수용**은 그 공공필요성이 인정된다(헌재 2019.11.28. 2017헌바241).

판례 | 송전선로로 사용되는 구분지상권의 존속기간 (헌재 2019.12.27. 2018헌바109)

<심판대상>

전원개발촉진법 제6조의2【토지수용】 ① 전원개발사업자는 전원개발사업에 필요한 토지 등을 수용하거나 사용할 수 있다.

전기사업법 제89조의2【구분지상권의 설정등기 등】 ④ 제1항 및 제2항에 따른 구분지상권의 존속기간은 민법 제280조 및 제281조에도 불구하고 송전선로[발전소 상호간, 변전소 상호간 및 발전소와 변전소 간을 연결하는 전선로(통신용으로 전용하는 것은 제외한다)와 이에 속하는 전기설비를 말한다]가 존속하는 때까지로 한다.

1. 기존에 설치된 전원설비의 토지 사용권원을 확보하는 사업에 관하여 전원개발사업자가 해당 토지를 공용사용할 수 있도록 정한 전원개발촉진법이 헌법 제23조 제3항의 공공필요성을 충족하는지 여부(적극)

   사회적 필요가 분명하고 대규모 자본투입이 불가피하지만 자발적으로 이루어지기 어려운 기존 공익사업의 전반적인 성격을 고려해 볼 때, 전원개발사업 또한 그 공공성을 인정함에 달리 어려움이 없다. 나아가 송전선 철거를 면하고 전력공급의 공백을 방지하기 위해서는 그간 보상이 이루어지지 않았던 선하지의 사용권원을 공용사용의 방법으로 사업자가 신속하게 확보할 수 있도록 하는 것이 필요하다. 사업자인 한국전력공사의 특수성에 더하여, 공용사용의 필요성에 관한 판단권한이 산업통상자원부장관에게 최종적으로 유보되어 있는 점까지 종합적으로 고려하면, 사용조항은 헌법 제23조 제3항의 '공공필요성'을 갖추고 있다.

2. 전원설비를 위한 토지에 대한 구분지상권을 설정·등기하면 그 구분지상권의 존속기간을 '송전선로가 존속하는 때까지'로 정한 전기사업법이 과잉금지원칙에 반하는지 여부(소극)

   현대생활에서 전기에너지의 중요성을 고려하면 심판대상조항 외에 전력공급의 안정성을 담보할 수 있는 다른 방법을 달리 상정하기 어렵다. 고압송전선이 통과하는 토지라 하더라도 송전선이 설치된 특정고도 이하로 선하지를 사용하는 데는 별다른 제약을 받지 아니하고, 특정고도 이상으로는 토지사용이 제한되는 점을 고려하여 선하지 소유자에게 정당한 보상을 제공하고 있다. 나아가 송전선 이설요청권 등을 두어 온전한 토지사용권을 회복할 수 있는 방안까지 마련한 점을 감안하면, 심판대상조항은 과잉금지원칙에 반하지 않는다.

(3) 헌법 제37조 제2항의 기본권 제한입법의 한계

재산권을 제한함에 있어서는 헌법 제23조 제3항은 물론 헌법 제37조 제2항이 규정하고 있는 기본권 제한입법의 한계인 과잉금지원칙·본질적 내용침해금지원칙이 준수되어야 한다.

3. 재산권 제한의 형식은 법률의 형식

(1) 형식적 법률

재산권을 제한하는 법률에는 재산권 제한의 요건과 절차에 관한 사항만이 아니라 제한에 따르는 보상 기준과 방법이 함께 규정되어야 한다.

(2) 긴급명령, 긴급재정·경제명령

긴급재정경제명령은 법률의 효력을 가지므로 재산권을 제한할 수 있다.

(3) 명령

명령은 법률의 위임이 없는 한 재산권을 제한할 수 없다(위임은 구체적으로 범위를 정하여야 한다: 포괄적 위임입법금지).

4. 재산권 수용주체

국가기관뿐 아니라 사인인 사업시행자도 수용의 주체가 될 수 있다. 민간기업이 도시계획시설사업의 시행자로서 도시계획시설사업에 필요한 토지 등을 수용할 수 있도록 규정한 국토계획법 제95조 제1항은 헌법 제23조 제3항의 공공필요성 요건을 갖추지 못한 재산권 침해에 해당하지 않는다(헌재 2011.6.30. 2008헌바166 등). 관광단지 조성사업에 있어 **민간개발자를** 토지 수용의 주체로 규정한 이 사건 법률조항이 헌법 제23조 제3항에 위반되지 않는다(헌재 2013.2.28. 2011헌바250).

📖 판례 | 헌법 제23조 제3항의 공용침해에 해당하지 않는 것

1. **면허 없이 공유수면매립한 토지를 국유화하는 것은** 강제수용에 해당하지 않는다(헌재 2000.6.1. 98헌바34).

2. **학교위생정화구역 내 여관시설금지로 여관용도로 건물을 사용할 수 없더라도** 헌법 제23조 제3항 소정의 수용·사용·제한이 발생한다고 할 수 없다(헌재 2004.10.28. 2002헌바41).

3. **문화재 은닉금지**
   위 조항들은 문화재를 사용·수익·처분함에 있어 고의로 문화재의 효용을 해하는 은닉을 하여서는 아니된다는 것, 즉 문화재의 사회적 효용과 가치를 유지하는 방법으로만 사용·수익할 수 있다는 것으로, 문화재에 관한 재산권 행사의 사회적 제약을 구체화한 것에 불과하고 보상을 요하는 헌법 제23조 제3항 소정의 수용 등에 해당하는 것은 아니다(헌재 2007.7.26. 2003헌마377).

4. **가축전염예방법에 따른 살처분**
   살처분은 가축의 전염병이 전파가능성과 위해성이 매우 커서 타인의 생명, 신체나 재산에 중대한 침해를 가할 우려가 있는 경우 이를 막기 위해 취해지는 조치로서, 가축 소유자가 수인해야 하는 사회적 제약의 범위에 속한다(헌재 2014.4.24. 2013헌바110).

5. **도축장 사용정지·제한명령은** 구제역과 같은 가축전염병의 발생과 확산을 막기 위한 것이고, 도축장 사용정지·제한명령이 내려지면 국가가 도축장 영업권을 강제로 취득하여 공익 목적으로 사용하는 것이 아니라 소유자들이 일정기간 동안 도축장을 사용하지 못하게 되는 효과가 발생할 뿐이다. 이와 같은 재산권에 대한 제약의 목적과 형태에 비추어 볼 때, 도축장 사용정지·제한명령은 공익목적을 위하여 이미 형성된 구체적 재산권을 박탈하거나 제한하는 헌법 제23조 제3항의 수용·사용 또는 제한에 해당하는 것이 아니라, 도축장 소유자들이 수인하여야 할 사회적 제약으로서 헌법 제23조 제1항의 재산권의 내용과 한계에 해당한다. 따라서 이에 대한 보상금은 도축장 사용정지·제한명령으로 인한 도축장 소유자들의 경제적인 부담을 완화하고 그러한 명령의 준수를 유도하기 위하여 지급하는 시혜적인 급부에 해당한다(헌재 2015.10.21. 2012헌바367).

6. **행정청이 아닌 시행자가 도시계획사업을 시행하여 새로이 설치한 공공시설은 그 시설을 관리할 국가 또는 지방자치단체에 무상으로 귀속되도록 하는 것의 성격**
   일반·추상적으로 사업지구 내의 공공시설과 그 부지의 이용 및 소유관계를 정한 것이라 할 것이고, 그 규율목적의 면에서도 사업주체의 법적 지위를 박탈하거나 제한함에 있는 것이 아니라, 다수인의 이해관계가 얽혀 있는 주택건설사업의 시행과정에서 불가피하게 재산권의 제약을 받는 사업주체의 지위를 장래를 향하여 획일적으로 확정함에 그 초점이 있다고 할 것이어서 **헌법 제23조 제1항·제2항에 근거하여 재산권의 내용과 한계를 정한 것이다**(헌재 2003.8.21. 2000헌가11).

7. 도시정비법 제65조 제2항이 규정하고 있는 **정비기반시설의 국가나 지방자치단체에 소유권 귀속은 헌법 제23조 제3항의 수용에 해당하지 않고,** 이 사건 법률조항이 그에 대한 보상의 의미를 가지는 것도 아니므로, 이 사건 법률조항에 관하여 정당한 보상의 원칙이 적용될 여지가 없다(헌재 2013.10.24. 2011헌바355).

8. 개성공단 전면중단 조치가 헌법 제23조 제3항을 위반하여 청구인들의 재산권을 침해하는지 여부(소극)

개성공단 전면중단 조치는 공익 목적을 위하여 개별적, 구체적으로 형성된 구체적인 재산권의 이용을 제한하는 공용 제한이 아니므로, 이에 대한 정당한 보상이 지급되지 않았다고 하더라도, 그 조치가 헌법 제23조 제3항을 위반하여 개성공단 투자기업인 청구인들의 재산권을 침해한 것으로 볼 수 없다(헌재 2022. 1.27. 2016헌마364).

9. 통일부장관이 2010.5.24. 발표한 북한에 대한 신규투자 불허 및 진행 중인 사업의 투자확대 금지 등을 내용으로 하는 대북조치가 헌법 제23조 제3항 소정의 재산권의 공용제한에 해당하는지 여부(소극) (헌재 2022. 5.26. 2016헌마95)

① 청구인은 이 사건 대북조치가 공공의 필요에 의한 재산권의 공용 제한에 해당하는데도 이에 대해 입법을 통한 정당한 보상이 이루어지지 않았다고 주장한다.

그러나 이 사건 대북조치는 개성공단 내에 존재하는 토지나 건물, 설비, 생산물품 등에 직접 공용부담을 가하여 개별적, 구체적으로 이용을 제한하고자 하는 것이 아니다. 이 사건 대북조치가 개성공단에서의 신규투자와 투자확대를 불허함에 따라 청구인이 이 사건 토지이용권을 사용·수익하지 못하게 되는 제한이 발생하기는 하였으나, 이는 개성공단이라는 특수한 지역에 위치한 사업용 재산이 받는 사회적 제약이 구체화된 것일 뿐이므로, 공익목적을 위해 이미 형성된 구체적 재산권을 개별적, 구체적으로 제한하는 헌법 제23조 제3항 소정의 공용 제한과는 구별된다. 그렇다면 2010.5.24.자 대북조치로 인한 토지이용권의 제한은 헌법 제23조 제1항, 제2항에 따라 재산권의 내용과 한계를 정한 것인 동시에 재산권의 사회적 제약을 구체화하는 것으로 볼 수 있다.

② **보상입법에 관한 입법의무가 있는지 여부(소극)**: 이 사건 대북조치로 인한 토지이용권의 제한은 헌법 제23조 제1항, 제2항에 따라 재산권의 내용과 한계를 정한 것인 동시에 재산권의 사회적 제약을 구체화하는 것으로 볼 수 있는데, 헌법 제23조 제1항, 제2항은 '모든 국민의 재산권은 보장된다. 그 내용과 한계는 법률로 정한다. 재산권의 행사는 공공복리에 적합하도록 하여야 한다.'고 규정하고 있을 뿐이고, 이 사건 대북조치로 인한 재산권 제한에 대하여 보상하도록 하는 내용의 법률을 제정하여야 할 명시적이고 구체적인 입법의무를 부여하고 있지는 아니하다. 다만 헌법이 이 사건 대북조치로 인한 재산권 제한에 대해 명시적으로 보상입법 의무를 규정하고 있지 않더라도 헌법 해석상으로 보상입법 의무가 도출되는 경우인지 여부가 문제된다.

경제협력사업에 참여하는 기업이나 개인으로서는 남북관계의 개선과 평화적 통일의 기틀을 마련하는 데 기여한 측면이 있고, 헌법 전문과 제4조 등에서 평화통일에 관한 내용을 규정하고 있으며, 경제협력사업이 평화적 통일을 위한 기반 조성의 일환으로 이루어진 것이라 하더라도, 재산상 손실의 위험성이 이미 예상된 상황에서 발생한 재산상 손실에 대해 헌법 해석상으로 어떠한 보상입법의 의무가 도출된다고까지 보기는 어렵다.

나아가 정부는 남북협력기금을 재원으로 교역 및 경제 분야 협력사업 추진 중 경영 외적인 사유로 인하여 발생하는 손실을 보상하기 위한 보험제도를 운영하여(남북협력기금법 제8조 제4호 참조), 예기치 못한 정치적 상황 변동으로 경제협력사업자에게 손실이 발생한 경우 그 손실을 보전할 수 있는 방안을 마련하고 있다. 그 밖에도 남북 당국의 조치로 개성공단 사업이 상당기간 중단되는 경우 정부는 개성공업지구 투자기업의 경영정상화를 지원하기 위하여 경영 안정을 위한 자금지원, 투자기업의 국내 이전이나 대체생산시설 설치에 대한 자금지원 등 필요한 조치를 할 수 있다(개성공업지구 지원에 관한 법률 제12조의2 내지 제12조의4). 이러한 사정을 종합하면 헌법 해석상으로도 청구인의 재산상 손실에 대하여 보상규정을 두어야 할 입법의무가 도출된다고 할 수 없다.

5. 정당한 보상

1948년 제정헌법 제15조 공공필요에 의하여 국민의 재산권을 수용, 사용 또는 제한함은 법률의 정하는 바에 의하여 **상당한 보상**을 지급함으로써 행한다.

1962년 개정헌법 제20조 ③ 공공필요에 의한 재산권의 수용·사용 또는 제한은 법률로써 하되 **정당한 보상**을 지급하여야 한다.

1972년 개정헌법 제20조 ③ 공공필요에 의한 재산권의 수용·사용 또는 제한 및 그 **보상의 기준과 방법은 법률로 정한다.**

1980년 개정헌법 제22조 ③ 공공필요에 의한 재산권의 수용·사용 또는 제한은 법률로써 하되, 보상을 지급하여야 한다. 보상은 **공익 및 관계자의 이익을 정당하게 형량하여** 법률로 정한다.

1987년 개정헌법 제23조 ③ 공공필요에 의한 재산권의 수용·사용 또는 제한 및 그에 대한 보상은 법률로써 하되, **정당한 보상**을 지급하여야 한다.

(1) 보상의 기준

헌법 제23조 제3항은 공공필요에 의한 재산권 제한에 대해서는 정당한 보상을 하도록 규정하고 있다. 헌법재판소는 정당한 보상을 완전보상으로 보고 있다.

⚖️ 판례 | 보상기준

1. 헌법이 규정한 '정당한 보상'이란 … 손실보상의 원인이 되는 재산권의 침해가 기존의 법질서 안에서 개인의 재산권에 대한 개별적인 침해인 경우에는 그 손실보상은 원칙적으로 피수용재산의 객관적인 재산가치를 완전하게 보상하는 것이어야 한다는 **완전보상을 뜻하는 것으로서** 재산권의 객체가 갖는 객관적 가치란 그 물건의 성질에 정통한 사람들의 자유로운 거래에 의하여 도달할 수 있는 합리적인 매매가능가격, 즉 시가에 의하여 산정되는 것이 보통이다(헌재 1990.6.25. 89헌마107).

2. 공익사업법이 **공시지가를 기준으로** 수용된 토지에 대한 보상액을 산정하도록 규정한 것은 헌법 제23조 제3항이 규정한 정당보상원칙에 위배되지 아니한다(헌재 2010.3.25. 2008헌바102).

3. 공익사업의 시행으로 지가가 상승하여 발생하는 **개발이익**은 그 성질상 완전보상의 범위에 포함되는 피수용자의 손실이라고 볼 수 없으므로, 공익사업법 제67조 제2항이 이러한 개발이익을 배제하고 손실보상액을 산정한다 하여 헌법이 규정한 정당보상의 원칙에 어긋나는 것이라고 할 수 없다(헌재 2010.3.25. 2008헌바102). 그러나 해당 **공익사업과는 관계없는** 다른 사업의 시행으로 인한 **개발이익**은 이를 포함한 가격으로 평가하여야 하고, 개발이익이 해당 공익사업의 사업인정고시일 후에 발생한 경우에도 마찬가지이다(대판 2014.2.27. 2013두21182).

4. '생업의 근거를 상실하게 된 자에 대하여 일정 규모의 상업용지 또는 상가분양권 등을 공급하는' **생활대책**은 헌법 제23조 제3항에 규정된 정당한 보상에 포함되는 것이라기보다는 생활보상의 일환으로서 국가의 정책적인 배려에 의하여 마련된 제도이므로, 그 실시 여부는 입법자의 입법정책적 재량의 영역에 속한다(헌재 2013.7.25. 2012헌바71).

5. **이주대책**은 헌법 제23조 제3항에 규정된 정당한 보상에 포함되는 것이라기보다는 이에 부가하여 이주자들에게 종전의 생활상태를 회복시키기 위한 생활보상의 일환으로서 국가의 정책적인 배려에 의하여 마련된 제도라고 볼 것이다. 따라서 이주대책의 실시 여부는 입법자의 입법정책적 재량의 영역에 속하므로 공익사업을위한토지등의취득및보상에관한법률시행령 제40조 제3항 제3호가 이주대책의 대상자에서 세입자를 제외하고 있는 것이 세입자의 재산권을 침해하는 것이라 볼 수 없다(헌재 2006.2.23. 2004헌마19).

(2) 결부조항(불가분조항)의 의미

결부조항이란 헌법이 입법위임을 하면서 그 법률이 일정한 요건 내지 내용을 규정해야 한다는 의미로서, 결부조항으로서 헌법 제23조 제3항은 재산권 제한과 보상을 동일한 법률에 의해 규정되어야 한다는 의미이다. 보상규정이 없는 공용침해는 헌법 제23조 제3항에 위반된다(헌재 1994.12.29. 89헌마2).

(3) 위법한 재산권 침해와 보상

재산권 제한에 관한 법률에 보상규정이 없는 경우 헌법 제23조 제1항 및 제11조에 근거하여 관련법령을 유추적용하여 손실보상을 하여야 한다. 최근 대법원 판례는 유추적용설을 취하고 있다. 수용유사적 침해란 헌법상 공용침해행위로 인하여 개인에게 특별한 재산적 희생이 발생하였음에도 불구하고 보상규정이 결여되는 경우에 이를 수용행위에 유사한 공용침해로 보아 손실의 보상을 인정하는 이론이다. 그러나 우리나라 대법원은 **수용유사적 침해이론을 수용하지는 않았다.**

> **⚖️ 판례 | 대법원이 수용유사적 침해이론의 적용에 대해 유보한 판례**
>
> 1980년 문화방송 주식소유자에 대해 보안사가 강제로 대한민국에 증여토록 한 사건에 고등법원은 수용유사적 침해이론을 수용하여 보상을 청구할 수 있다고 보았다(서울고법 1992.12.24. 92나2073). 그러나 대법원은 수용유사적 침해이론을 채택할 수 있는가는 별론으로 하고 대한민국의 이 사건 주식취득은 국군보안사령부 정보처장이 언론통폐합조치의 일환으로 사인소유의 방송사 주식을 강압적으로 국가에게 증여하게 한 것은 수용유사적 침해에 해당한다고 볼 수 없다(대판 1993.10.26. 93다6409)고 하였다.

⚖️ 판례 | 조세·과징금

재산권 침해인 것

1. **국세를 전세권, 질권 또는 저당권에 의하여 담보된 채권보다 1년 우선시키는 국세기본법** (헌재 1990.9.3. 89헌가95)
   ① 현대의 조세부담의 공평기준은 응익과세원칙이 아니라 응능과세원칙이다.
   ② 먼저 성립하고 공시를 갖춘 <u>담보물권보다 후에 발생한 조세채권을 1년 우선하도록 한</u> 이 사건 법률조항은 담보권 행사를 배제하는 것이므로 재산권에서 보장되는 담보물권 침해이다.
   > **비교** 헌법재판소는 <u>신고일 기준으로, 납세의무성립일 기준으로, 납세고지서의 발송일 기준으로 조세채권을 담보물권보다 우선하는 것은 합헌으로 보았다.</u> 그 이유로는 신고일, 납세의무성립일, 발송일을 기준으로 담보권자가 그 시점에서 얼마든지 상대방의 조세채무의 존부와 범위를 확인할 수 있어 담보권자의 예측가능성을 해하지 아니하기 때문이다(헌재 1995.7.21. 93헌바46).

2. **택지초과부담금** (헌재 1999.4.29. 94헌바37)
   ① **택지소유상한에관한법률 시행 이전부터 택지를 소유하고 있는 사람에게도 일률적으로 택지소유상한제를 적용하는 것이 신뢰이익을 해하는지 여부(적극):** 택지를 소유하게 된 경위나 그 목적 여하에 관계없이 법 시행 이전부터 택지를 소유하고 있는 개인에 대하여 일률적으로 소유상한을 적용하도록 한 것은, 입법목적을 달성하기 위하여 필요한 정도를 넘는 과도한 침해이자 신뢰보호의 원칙 및 평등원칙에 위반된다.
   ② **기간의 제한 없이 고율의 부담금을 계속적으로 부과하는 것이 재산권에 내재하는 사회적 제약에 의하여 허용되는 범위를 넘는지 여부(적극):** 10년만 지나면 그 부과율이 100%에 달할 수 있도록, 아무런 기간의 제한도 없이, 매년 택지가격의 4% 내지 11%에 해당하는 부담금을 계속적으로 부과할 수 있도록 하는 것은, 짧은 기간 내에 토지재산권을 무상으로 몰수하는 효과를 가져오는 것이 되어, 재산권에 내재하는 사회적 제약에 의하여 허용되는 범위를 넘는 것이다.

3. 명의신탁을 이용하여 탈세투기를 하였는지 여부 등을 고려하지 않고 일괄적으로 **부동산실명법 위반자에 대해** <u>부동산 가액의 100분의 30을 과징금으로 부과하는</u> 부동산실명법은 재산권 침해이다(헌재 2001.5.31. 99헌가18).

비교 기존 명의신탁자가 유예기간 내에 실명등기를 하지 아니한 경우 부동산 가액 100분의 30 범위 내의 과징금을 부과하도록 한 구 '부동산 실권리자명의 등기에 관한 법률'은 이중처벌금지원칙에 반하지도 않고 재산권을 침해하는 것도 아니다(헌재 2011.6.30. 2009헌바55).

4. 취득세 자진납부의무의 위반정도는 미납기간의 장단과 미납세액의 다과라는 두 가지 요소에 의하여 결정되어야 함에도 불구하고 **취득세** 납세의무자가 신고납부를 하지 아니한 경우 세액의 **100분의 20을 가산한 금액을 세액으로 징수하는** 지방세법 제121조는 재산권 침해이다(헌재 2003.9.25. 2003헌바16).

비교 종합소득세의 납부의무 위반에 대하여 **미납기간을** 고려하지 않고 일률적으로 미납세액의 **100분의 10에 해당하는** 가산세를 부과하도록 한 구 소득세법이 비례원칙에 반하여 납세의무자의 재산권을 침해한다고 할수 없다(헌재 2013.8.29. 2011헌가27).

비교 과세표준확정 신고를 하지 아니하거나 신고해야 할 소득금액에 **미달하게 신고한** 때에는 100분의 20에 상당하는 금액을 가산하도록 한 소득세법은 재산권 침해가 아니다(헌재 2005.2.24. 2004헌바26).

비교 **신고하지 아니한 소득금액이 50억원을 초과하는 경우에는** 그 산출세액의 100분의 30에 상당하는 금액을가산하도록 한 법인세법은 납세의무자의 성실한 신고를 유도하여 신고납세제도의 실효성을 확보하기 위한것이다. 이 사건 법률조항은 불성실 신고내역의 경중에 따라 차등과세하고 있어 의무위반의 정도와 제재사이에 적정한 균형을 이루고 있고, 관계법령과 법원의 판결을 통하여 가산세 감면의 가능성이 어느 정도열려있다. 따라서 이 사건 법률조항은 재산권을 침해한다고 할 수 없다(헌재 2018.12.27. 2017헌바377).

5. 이혼시 재산분할

이혼시 재산분할에 따른 자산이전은 부부공동재산을 청산하여 재산 취득자의 지분권을 현재화하는 것에 불과하므로 재산분할에 따른 자산이전은 무상의 자산이전인 증여가 아님에도 불구하고 **이혼에 따른 재산분할시 배우자의 인적 공제를 초과한 재산분할 부분을 증여로 보아** 증여세를 부과하는 상속세법 제29조의2는 재산권 침해이고 실질적 조세법률주의에 위반된다(헌재 1997.10.30. 96헌바14).

재산권 침해가 아닌 것

1. 건축법을 위반한 건축주 등이 건축 허가권자로부터 위반건축물의 철거 등 시정명령을 받고도 그 이행을 하지않는 경우 건축법 위반자에 대하여 시정명령 이행시까지 반복적으로 **이행강제금을 부과할 수 있도록** 규정한건축법은 재산권을 침해하지 않는다(헌재 2011.10.25. 2009헌바140).

2. 허가 등을 거치지 아니하고 설치하거나 용도변경한 건축물 등에 대한 이행강제금

심판대상조항에 의한 의무불이행자의 재산권 제한보다 난개발방지라는 특별관리지역의 목적에 맞게 토지가관리되도록 한다는 공익이 훨씬 크다. 따라서 심판대상조항이 과잉금지원칙에 위반되어 재산권을 침해한다고할 수 없다(헌재 2021.4.29. 2018헌바516).

3. 개발제한구역 내에서 허가받지 않은 건축물을 건축하는 등 개발행위를 한 토지 소유자에게 이행강제금을 부과한다고 규정한 '개발제한구역의 지정 및 관리에 관한 특별조치법'

이행강제금 부과로 개발제한구역에서의 위법상태를 원상회복하도록 유도함으로써 개발제한구역의 취지인 도시주변의 자연환경을 보전한다는 공익은 중대한 반면, 그로 인하여 제한되는 사익은 위반행위자 등의 금전적손실이 발생하는 것으로서, 이는 이행강제금 부과를 통해 실현하고자 하는 공익에 비해 크다고 보기 어렵다.이를 종합하면, 이행강제금 부과조항은 과잉금지원칙을 위반하여 청구인들의 재산권을 침해한다고 할 수 없다(헌재 2023.2.23. 2019헌바550).

4. 위반행위자 등이 개발제한구역법 위반으로 인해 시정명령을 받고도 이를 이행하지 아니한 경우에 이를 상당한기간까지 이행하지 않으면 이행강제금을 부과·징수한다는 뜻을 토지 소유자에게 미리 문서로 계고하도록 하는개발제한구역법

이 경우 상당한 기간이 어느 정도의 기간을 의미하는지를 수범자가 예측할 수 있는가에 관한 문제는 여전히남아있는데, 토지소유자로서는 이행강제금의 사전계고를 받기 전에 시정명령을 이미 받은 상태에 있었을 것이며, 그와 더불어 이행강제금은 1년에 2회를 초과하여 부과하지는 못한다는 제한이 있으므로 이를 감안하면이행강제금 부과의 사전계고시에 부여될 이행기간이 어느 정도일지를 대략 예측할 수 있다. 이러한 점들을종합하면, 사전계고조항은 불명확한 규정이라고 할 수 없다(헌재 2023.2.23. 2019헌바550).

5. 투기방지를 위하여 **1세대 3주택** 이상에 해당하는 주택에 대하여 **양도소득세 중과세**를 규정하고 있는 소득세 법은 재산권 침해가 아니다. 그러나 헌법 제36조 혼인가족생활의 양성평등에는 위반된다(헌재 2011.11.24. 2009헌바146).

6. 공유재산의 침탈방지를 위하여 행정청이 공유(公有)의 잡종재산을 **무단점유한 자에게 통상의 대부료의 120%에 상당하는 변상금을 징수하도록 한** 구 공유재산 및 물품 관리법은 재산권 침해가 아니다(헌재 2010.3.25. 2008헌바148).

7. 주택재건축사업에서 발생되는 재건축초과이익에 대하여 재건축부담금을 징수하도록 규정한 구 재건축초과이익 환수에 관한 법률 (헌재 2019.12.27. 2014헌바381)
   ① **재건축부담금의 법적 성격**: 주택가격의 폭등을 방지함으로써 주택가격의 안정과 사회적 형평을 기하고, 주거환경(노후·불량주택)을 개선하고자 하는 재건축사업이 본래의 목적대로 추진되도록 유도하고자 마련된 것이다. 그렇다면 이는 재정조달목적이 아예 없다고는 할 수 없지만, 대체로 부담금의 부과 자체로 특정한 사회·경제 정책의 실현을 목적으로 하는 '정책실현목적의 유도적·조정적 부담금'이라고 할 것이다.

   참고 개발이익환수에 관한 법률의 개발부담금은 조세이다(헌재 2016.6.30. 2013헌바191).

   ② **주택재건축사업에서 발생되는 재건축초과이익에 대하여 재건축부담금을 징수하도록 규정한 구 '재건축초과이익 환수에 관한 법률'이 과잉금지원칙에 반하여 청구인의 재산권을 침해하는지 여부(소극)**: 이 사건 환수조항 등은 주택가격을 안정시키고 사회적 형평을 기하기 위하여 주택재건축사업을 통하여 발생한 정상주택가격상승분을 초과하는 주택가액의 증가분 중 일부를 환수하도록 규정하고 있는바, 재건축조합의 비용과 노력이 투입된 개발비용 등을 모두 공제하여 산정하도록 규정한 재건축부담금 부과기준 산정방법, 재건축초과이익 중 조합원 1인당 3천만원을 초과하는 경우에 한하여 비례적으로 높아지도록 설계된 부과율, 부과종료시점으로부터 역산하여 최대 10년이 되는 날을 부과개시시점으로 규정한 부과산정기간, 재건축부담금과 양도소득세의 부담을 조정하기 위하여 마련된 각종 공제규정의 존재 등을 종합하여 보면, 이 사건 환수조항 등은 과잉금지원칙에 반하여 청구인의 재산권을 침해하지 아니한다.

8. 세금계산서를 발급받지 않은 경우 부가가치세 산정에 있어 매입세액을 공제하지 않도록 한 구 부가가치세법
   세금계산서 교부질서의 확립은 부가가치세 납부가 제대로 이루어지게 하는 기능을 수행함과 동시에 과세표준을 양성화하여 관련 조세의 포탈을 막을 수 있게 하는데, 이 같은 공익은 매입세액 불공제에 따른 재산상 손실에 비해 결코 작지 않으므로 법익균형성도 충족하므로, 심판대상조항은 과잉금지원칙에 위배되지 아니한다(헌재 2019.11.28. 2017헌바340).

9. 소방시설로 인하여 이익을 받는 자의 건축물을 과세대상으로 소방지역자원시설세를 부과하면서, 대형 화재위험 건축물에 대하여는 일반세액의 3배를 중과세하는 지방세법
   대도시의 고층건물, 거대한 쇼핑몰 등 대형 화재위험 건축물의 증가로 소방사무의 범위가 화재 진압을 넘어 각종 재난대응, 인명구조 등으로 확대되는 환경에서 소방서비스 및 소방시설 확충을 위한 재원을 마련하는 공익은 중대하다고 할 것이므로, 심판대상조항이 헌법 제37조 제2항에 반하여 청구인의 재산권을 침해한다고 볼 수 없다(헌재 2020.3.26. 2017헌바387).

10. 이용자의 개인정보를 유출한 경우로서 정보통신서비스 제공자가 법률상 요구되는 기술적·관리적 보호조치를 하지 아니한 경우 위반행위와 관련한 매출액의 100분의 3 이하에 해당하는 금액을 과징금으로 부과할 수 있도록 한 구 '정보통신망 이용촉진 및 정보보호 등에 관한 법률'
   개인정보 유출로 인한 피해의 심각성과 광범성을 고려할 때 과태료보다 고액의 과징금을 부과함으로써 제재의 실효성을 확보할 필요성이 인정된다. 위반행위로 인하여 취득한 이익 및 위반행위와 관련한 분야의 일반적인 경제적 능력을 동시에 반영하는 '위반행위와 관련한 매출액'을 기준으로 과징금의 상한을 정한 것이 불합리하다고 보기도 어렵다. 따라서 과징금부과조항은 과잉금지원칙에 위배되어 청구인의 직업수행의 자유 및 재산권을 침해하지 않는다(헌재 2022.5.26. 2020헌바259).

> ⚖️ **판례 | 재산권 수용이 재산권 침해가 아닌 것**
>
> 1. 사업주체가 설치한 공공시설의 소유권을 바로 국가 또는 지방자치단체에 귀속하게 하면 이를 보다 효율적으로 유지·관리하면서 널리 공공의 이익에 제공할 수 있으므로 행정청이 아닌 **사업주체가 새로이 설치한 공공시설**이 그 시설을 관리할 **관리청에 무상으로 귀속되도록 한** 주택건설촉진법은 청구인의 재산권을 침해한다고 할 수 없다(헌재 2015.2.26. 2014헌바177).
> 2. 수용 개시일까지 토지 등의 인도의무를 정하는 공익사업을 위한 토지 등의 취득 및 보상에 관한 법률
>   인도의무자의 권리가 절차적으로 보호되고 의견제출 및 불복수단이 마련되어 있는 점 등을 고려할 때, 인도의무의 강제로 인한 부담이 공익사업의 적시 수행이라는 공익의 중요성보다 크다고 볼 수 없어 법익균형성을 상실하였다고 볼 수 없다(헌재 2020.5.27. 2017헌바464).

⚖️ 판례 | 퇴직금·보험금

재산권 침해인 것

1. 퇴직 후의 사유로 금고 이상의 형의 선고를 받은 경우 공무원연금 급여정지를 규정한 공무원연금법

공무원연금법 제64조 제3항은 퇴직 후의 사유를 적용하여 공무원연금법상의 급여를 제한하는 범위 내에서 헌법에 위반된다(헌재 2002.7.18. 2000헌바57).

2. 재직 중의 사유로 금고 이상의 형이 선고된 경우 퇴직급여 제한

공무원의 신분이나 직무상 의무와 관련이 없는 범죄의 경우에도 퇴직급여 등을 제한하는 것은, 공무원범죄를 예방하고 공무원이 재직 중 성실히 근무하도록 유도하는 입법목적을 달성하는 데 **적합한 수단이라고 볼 수 없다.** 그리고 특히 과실범의 경우에는 공무원이기 때문에 더 강한 주의의무 내지 결과발생에 대한 가중된 비난가능성이 있다고 보기 어려우므로, 재산권을 침해한다. 위 법률조항은 2008년 12월 31일 시한으로 입법자가 개정할 때까지 그 효력을 지속한다(헌재 2007.3.29. 2005헌바33).

유사 재직 중 사유로 금고 이상 형이 선고된 경우 퇴직급여 제한 규정한 사립학교법 제42조는 입법목적을 달성하는 데 적합한 수단이라고 볼 수 없다(헌재 2010.7.29. 2008헌가15).

3. 퇴역연금을 받는 자가 국가 또는 지자체가 자본금 2분의 1 이상을 출자한 기관 등에 취업한 경우 퇴역연금의 전부 또는 일부의 지급을 정지할 수 있도록 한 군인연금법

퇴직금 중 **공무원의 자기기여금**에 해당하는 임금후불적인 부분은 재산권에서 강하게 보장되는 것이므로 퇴직공무원이 국가기관 등에 재취업하였다 하더라도 지급을 정지해서는 아니 되나 공무원의 생활보장이라는 차원에서 국가가 부담한 부분은 퇴직공무원이 재취업하여 임금을 받는 것으로 고려하면 지급을 정지할 수 있다. 따라서 퇴직공무원이 재취업한 경우 퇴직급여의 2분의 1 이상의 지급을 정지하는 것은 재산권 침해이나, 2분의 1의 범위 내에서 지급을 정지하는 것은 재산권 침해가 아니다(헌재 1994.6.30. 92헌가9).

비교 퇴직연금 수급자가 일정한 근로소득이나 사업소득이 있는 경우 소득 정도에 따라 퇴직연금 중 **일부**를 지급 정지하도록 규정한 공무원연금법은 재산권을 침해한다고 볼 수 없다(헌재 2008.2.28. 2005헌마872).

4. 근로자 퇴직금채권 전액을 저당권에 의하여 담보된 채권 등보다 우선변제하도록 한 근로기준법 *헌법불합치결정

퇴직금 채권을 전액 우선함으로써 저당권자는 그 권리를 행사할 기회를 박탈당하므로 이 사건 법률조항은 저당권의 본질적인 내용을 침해한다. 그러나 퇴직금의 전액이 아니라 근로자들의 생활보장 차원에서 적정범위의 퇴직금 채권을 우선하는 것은 허용될 수 있으므로 입법자는 적정한 범위 내에 퇴직금 채권을 우선하는 법 개정을 하여야 한다(헌재 1997.8.21. 94헌바19·97헌가11).

비교 3년의 근로자퇴직금을 우선하는 것은 합헌이다(헌재 2006.7.27. 2004헌바20).

5. **범죄행위로 인한 사고시 보험급여를 지급하지 아니하도록 한 구 국민의료보험법**

'범죄행위'에 고의와 중과실에 의한 범죄행위 이외에 경과실에 의한 범죄행위가 포함되는 것으로 해석하는 한 이는 헌법에 위반된다(헌재 2003.12.18. 2002헌바1).

6. 별거나 가출 등으로 실질적인 혼인관계가 존재하지 아니하여 연금 형성에 기여가 없는 **이혼배우자에 대해서까지 법률혼 기간을 기준으로 분할연금 수급권을** 인정하는 국민연금법은 재산권을 침해한다(헌재 2016.12.29. 2015헌바182).

7. **지방의원 임기 중 연금 지급을 정지한 공무원연금법 제47조** *헌법불합치결정

이 사건 구법 조항은 악화된 연금재정을 개선하여 공무원연금제도의 건실한 유지·존속을 도모하고 연금과 보수의 이중수혜를 방지하기 위한 것으로 입법목적의 정당성과 수단의 적합성이 인정된다. 퇴직연금수급자인 지방의회의원 중 약 4분의 3에 해당하는 의원이 퇴직연금보다 적은 액수의 월정수당을 받고, 2020년 기준 월정수당이 정지된 연금월액보다 100만원 이상 적은 지방의회의원도 상당수 있다. 월정수당은 지방자치단체에 따라 편차가 크고 안정성이 낮다.

이 사건 구법 조항과 같이 소득 수준을 고려하지 않으면 재취업 유인을 제공하지 못하여 정책목적 달성에 실패할 가능성도 크다. 다른 나라의 경우 연금과 보수 중 일부를 감액하는 방식으로 선출직에 취임하여 보수를 받는 것이 생활보장에 더 유리하도록 제도를 설계하고 있다. 따라서 기본권을 덜 제한하면서 입법목적을 달성할 수 있는 다양한 방법이 있으므로 이 사건 구법 조항은 침해의 최소성 요건을 충족하지 못하고, 법익의 균형성도 충족하지 못한다. 이 사건 구법 조항은 과잉금지원칙에 위배되어 청구인들의 재산권을 침해하므로 헌법에 위반된다. 다만, 이 사건 구법 조항의 위헌성은 연금지급정지제도 자체에 있다기보다는 선출직공무원으로서 받게 되는 **보수가 연금에 미치지 못하는 경우에도 연금 전액의 지급을 정지하는 것에** 있고, 위헌성 제거방식에 대하여는 입법자에게 재량이 있다. 따라서 이 사건 구법 조항에 대해서는 적용을 중지하는 헌법불합치결정을 한다(헌재 2022.1.27. 2019헌바161).

재산권 침해가 아닌 것

1. 직무와 관련이 없는 과실로 인한 경우 및 소속 상관의 정당한 직무상 명령에 따르다가 **과실로 인한 경우를 제외하고 재직 중의 사유로 금고 이상의 형을 선고받은 경우** 퇴직급여 일부를 감액하는 공무원연금법은 재산권을 침해하는 것이 아니다(헌재 2013.8.29. 2010헌바354).

참고 다만, 이 법률조항을 2009.1.1.로 소급적용하는 것은 소급입법에 의한 재산권 침해이다.

2. 군인이 '직무와 관련 없는 과실로 인한 경우' 및 '소속 상관의 정당한 직무상의 명령에 따르다가 **과실로 인한 경우'를 제외하고 복무 중의 사유로 금고 이상의 형을 받은 경우**, 퇴직급여 등을 감액하도록 규정한 군인연금법은 청구인의 재산권, 인간다운 생활을 할 권리를 침해한다고 볼 수 없다(헌재 2013.9.26. 2011헌바100).

3. **특별사면 및 복권을 받은 경우 퇴직급여**

형의 선고의 효력을 상실하게 하는 특별사면 및 복권을 받았다 하더라도 그 대상인 형의 선고의 효력이나 그로 인한 자격상실 또는 정지의 효력이 장래를 향하여 소멸되는 것에 불과하고, 형사처벌에 이른 범죄사실 자체가 부인되는 것은 아니므로, 공무원 범죄에 대한 제재수단으로서의 실효성을 확보하기 위하여 특별사면 및 복권을 받았다 하더라도 퇴직급여 등을 계속 감액하는 것을 두고 현저히 불합리하다고 평가할 수 없다. 나아가 심판대상조항에 의하여 퇴직급여 등의 감액대상이 되는 경우에도 본인의 기여금 부분은 보장하고 있다. 따라서 심판대상조항은 그 합리적인 이유가 인정되는바, 재산권 및 인간다운 생활을 할 권리를 침해한다고 볼 수 없어 헌법에 위반되지 아니한다(헌재 2020.4.23. 2018헌바402).

4. **공무원 퇴직급여 제한** (헌재 2019.2.28. 2017헌바372)

① **직무와 관련이 없는 과실로 인한 경우 및 소속 상관의 정당한 직무상의 명령에 따르다가 과실로 인한 경우는 제외하고는 직무와 관련성 유무와 상관없이 범죄의 종류와 그 형의 경중을 가리지 않고 일률적으로 재직 중의 사유로 금고 이상의 형이 있으면 퇴직급여 및 퇴직수당의 일부를 감액하도록 규정하고 있는 공무원연금법**: 헌법재판소는 2010헌바354 등 다수의 사건에서 이 사건 법률조항과 같은 규정이 재산권과 인간다운 생활을 할 권리를 침해하지 아니하고, 평등원칙에도 위배되지 않는다고 판시하였는바, 위 선례의 판단은 타당하고, 이 사건에서 이와 달리 판단하여야 할 사정변경이 없다.

② 범죄의 종류와 그 형의 경중을 가리지 않고 재직기간 5년 이상인 공무원에게 금고 이상의 형이 있으면 무조건 퇴직급여의 2분의 1을 감액하도록 규정하고 있는 구 공무원연금법 시행령: 이 사건 시행령조항이 공무원에게 금고 이상의 형이 있는 경우 재직기간 5년을 기준으로 퇴직급여 감액의 정도를 달리한 것은, 퇴직급여 산정방법상 재직기간이 짧을수록 급여액 중 본인의 기여금이 차지하는 비율이 상대적으로 높은 것을 감안하여 재직기간이 짧은 사람의 경우에는 감액의 수준을 낮게 하고 재직기간이 긴 사람은 감액의 수준을 높게 하여 감액의 정도를 실질화한 것이고, 퇴직급여를 감액하는 경우에도 이미 낸 기여금 및 그에 대한 이자의 합산액 이하로는 감액할 수 없다고 하여 공무원의 퇴직급여를 보호하는 장치도 마련하고 있는바, 재직 중의 사유로 금고 이상의 형을 받은 경우 재직기간이 5년 이상인 공무원에 대하여 그 퇴직급여를 2분의 1 감액하도록 한 것은 입법재량의 한계를 넘은 것이라고 보기 어려우므로, 이 사건 시행령조항은 재산권, 인간다운 생활을 할 권리, 평등권을 침해하지 아니한다.

5. 군인연금법상 퇴역연금 수급권자가 군인연금법·공무원연금법 및 사립학교교직원 연금법의 적용을 받는 군인·공무원 또는 사립학교교직원으로 임용된 경우 그 재직기간 중 해당 연금 전부의 지급을 정지하도록 하고 있는 군인연금법은 퇴역연금 수급권자의 재산권을 침해하지 않는다(헌재 2015.7.30. 2014헌바371).

6. 명예퇴직 공무원이 재직 중의 사유로 금고 이상의 형을 받은 때 명예퇴직수당을 필요적으로 환수하는 것은 재산권 침해가 아니다(헌재 2010.11.25. 2010헌바93).

7. 다른 법령에 의하여 같은 종류의 급여를 받는 경우 공무원연금법상 급여에서 그 상당 금액을 공제하여 지급하도록 규정한 구 공무원연금법은 재산권을 침해하지 않는다(헌재 2013.9.26. 2011헌바272).

8. 재직 중인 공무원만이 재직기간 합산 신청을 할 수 있도록 한 공무원연금법은 연금수급자의 재산권으로서의 공무원연금수급권을 침해하지 않는다(헌재 2016.3.31. 2015헌바18).

9. 임용결격공무원의 경우 공무원 퇴직연금수급권의 법정요건의 하나인 적법한 공무원이라 할 수 없으므로 '국가공무원법 소정의 임용결격사유가 존재함에도 불구하고 공무원으로 임용되어 근무하거나 하였던 자'를 공무원 퇴직연금수급권자에 포함시키지 않는 공무원연금법은 재산권을 침해하지 아니한다(헌재 2012.8.23. 2010헌바425).

10. 공무원이 유족 없이 사망하였을 경우, 연금수급자의 범위를 직계존비속으로만 한정하고 있는 공무원연금법은 재산권을 침해한 것으로 볼 수 없다(헌재 2014.5.29. 2012헌마555).

11. 국가의 부담으로 시설보호를 받음으로써 거주비, 식비, 피복비의 대부분을 스스로 부담하지 않는 점 등을 고려하면, 국가양로시설에 입소한 국가유공자에 대한 부가연금을 지급정지하도록 한 예우법 제20조는 재산권 침해가 아니다(헌재 2000.6.1. 98헌마216).

12. 국민연금재원확보를 위하여 국민연금 강제징수는 재산권 침해가 아니다(헌재 2001.2.22. 99헌마365).

유사 국민연금재원확보를 위하여 가입기간이 10년 미만이거나, 사망, 국적상실, 국외 이주의 경우를 제외하고는 반환일시금을 지급할 수 없도록 하고 있는 국민연금법은 재산권 침해가 아니다(헌재 2014.5.29. 2012헌마248).

유사 노령연금 수급개시연령 60세는 국민연금재원의 안정성을 위한 것으로서 신뢰보호원칙을 위반하여 청구인의 재산권을 침해하지 않는다(헌재 2013.10.24. 2012헌마906).

13. 수용되어 있는 동안 보험료를 납부하지 않는바, 교도소수용자 건강보험 지급정지를 규정한 국민건강보험은 재산권 침해로 다툴 수는 없다고 할 것이다(헌재 2005.2.24. 2003헌마31).

14. 사무장병원의 개설명의자인 의료인으로부터 그동안 지급받은 요양급여비용 및 의료급여비용을 부당이득금으로 징수하도록 한 구 국민건강보험법은 재산권을 침해하지 않는다(헌재 2015.7.30. 2014헌바298·357, 2015헌바120).

15. 재혼을 유족연금수급권 상실사유로 규정한 구 공무원연금법 제59조 제1항 제2호 중 '유족연금'에 관한 부분이 재혼한 배우자의 인간다운 생활을 할 권리와 재산권을 침해하는지 여부(소극)

심판대상조항은 유족연금수급권자인 배우자의 재혼(사실상 혼인관계 포함)을 유족연금수급권 상실사유로 규정하고 있다. 공무원연금법상 유족연금수급권은 사회보장적 급여로서 헌법 제34조 제1항의 인간다운 생활을 할 권리로 보호되는 한편, 경제적 가치 있는 권리로서 헌법 제23조의 재산권에 의하여 보장되므로, 배우자의 재혼을 유족연금수급권 상실사유로 규정하고 있는 심판대상조항은 재혼한 배우자의 인간다운 생활을 할 권리와 재산권을 침해하는지 여부가 문제된다.

심판대상조항이 배우자의 재혼을 유족연금수급권 상실사유로 규정한 것은 배우자가 재혼을 통하여 새로운 부양관계를 형성함으로써 재혼 상대방 배우자를 통한 사적 부양이 가능해짐에 따라 더 이상 사망한 공무원의 유족으로서의 보호의 필요성이나 중요성을 인정하기 어렵다고 보았기 때문이다. 이는 한정된 재원의 범위 내에서 부양의 필요성과 중요성 등을 고려하여 유족들을 보다 효과적으로 보호하기 위한 것이므로, 입법재량의 한계를 벗어나 재혼한 배우자의 인간다운 생활을 할 권리와 재산권을 침해하였다고 볼 수 없다.

⚖ 판례 | 시효

헌법 위반인 것

1. 민법 제166조 제1항, 제766조 제2항 중 '진실·화해를 위한 과거사정리 기본법' 제2조 제1항 제3호의 '민간인 집단 희생사건', 제4호의 '중대한 인권침해사건·조작의혹사건'에 적용되는 부분이 국가배상청구권을 침해하여 위헌인지 여부

   > **<심판대상>**
   > 민법 제166조【소멸시효의 기산점】① 소멸시효는 권리를 행사할 수 있는 때로부터 진행한다.
   >
   > 제766조【손해배상청구권의 소멸시효】① 불법행위로 인한 손해배상의 청구권은 피해자나 그 법정대리인이 그 손해 및 가해자를 안 날로부터 3년간 이를 행사하지 아니하면 시효로 인하여 소멸한다.
   > ② 불법행위를 한 날로부터 10년을 경과한 때에도 전항과 같다.

   불법행위의 피해자가 '손해 및 가해자를 인식하게 된 때'로부터 3년 이내에 손해배상을 청구하도록 하는 것은 불법행위로 인한 손해배상청구에 있어 피해자와 가해자 보호의 균형을 도모하기 위한 것이므로, 과거사정리법 제2조 제1항 제3, 4호에 규정된 사건에 <u>**민법 제766조 제1항의 '주관적 기산점'**이 적용되도록 하는 것은 합리적 이유가 인정된다</u>. 그러나 국가가 소속 공무원들의 조직적 관여를 통해 불법적으로 민간인을 집단 희생시키거나 장기간의 불법구금·고문 등에 의한 허위자백으로 유죄판결을 하고 사후에도 조작·은폐를 통해 진상규명을 저해하였음에도 불구하고, 그 불법행위 시점을 소멸시효의 기산점으로 삼는 것은 피해자와 가해자 보호의 균형을 도모하는 것으로 보기 어렵고, 발생한 손해의 공평·타당한 분담이라는 손해배상제도의 지도원리에도 부합하지 않는다. 그러므로 과거사정리법 제2조 제1항 제3, 4호에 규정된 사건에 민법 제166조 제1항, <u>**제766조 제2항의 '객관적 기산점'**이 적용되도록 하는 것은 합리적 이유가 인정되지 않는다</u>(헌재 2018.8.30. 2014헌바148). *이 판례를 제외하고 소멸시효 모두 합헌결정

2. **일반재산(잡종재산)에 대해 민법상 취득시효를 배제하는 것**은 평등원칙에 위배된다(헌재 1991.5.13. 89헌가97).

헌법 위반이 아닌 것

1. **국민건강보험법상 과오납 보험료 환급청구권의 소멸시효제도와 입법형성권**
   소멸시효제도는 진정한 권리관계의 실현과 지속된 사실관계의 인정이라는 양면적인 의의를 가지고 있고 각 필요성은 권리의 성질이나 내용 및 행사방법 등에 따라 다른 것이므로, 소멸시효기간은 입법자가 입법재량의 범위에서 정책적으로 결정할 사항이다(헌재 2012.11.29. 2011헌마814).

2. **국가배상청구권 소멸시효**를 3년으로 하는 것은 지나치게 짧다고 할 수 없으므로 재산권을 침해하지 않는다(헌재 1997.2.20. 96헌바24).

3. 지방재정의 건전화와 안정을 위하여 **지방자치단체에 대한 금전채권소멸시효를 단기(5년)로** 하여 민법이 정한 기간보다 그 시효를 단축하고 있더라도 재산권 침해가 아니다(헌재 2004.4.29. 2002헌바58).

4. 국가에 대한 금전채권의 소멸시효기간을 5년으로 정하고 있는 국가재정법은 채권자의 재산권을 본질적으로 침해할 정도로 지나치게 짧고 불합리하다고 볼 수 없다(헌재 2018.2.22. 2016헌바470).

5. 사립학교법인의 재정안정화를 위하여 **장기급여에 대한 권리를 5년간 행사하지 아니하면** 시효로 소멸한다고 규정한 '사립학교교직원 연금법'은 재산권, 사회보장수급권을 침해한다고 볼 수 없다(헌재 2017.12.28. 2016헌바341).

6. **유류분 반환청구권의 소멸시효기간**을 '반환하여야 할 증여를 한 사실을 안 때로부터 1년'으로 정한 민법 제1117조는 재산권을 침해하지 않는다(헌재 2010.12.28. 2009헌바20).

7. 부당이득반환청구권 등 채권은 이를 행사할 수 있는 때로부터 10년간 행사하지 않으면 소멸시효가 완성된다고 규정한 민법 제162조 제1항, 제166조 제1항은 입법형성권의 범위를 벗어난 것이라고 할 수 없다(헌재 2020.12.23. 2019헌바129).

8. 유족연금수급권은 그 급여의 사유가 발생한 날로부터 5년간 이를 행사하지 아니하면 시효로 인하여 소멸하도록 규정한 구 군인연금법은 유족연금수급권자의 인간다운 생활을 할 권리 및 재산권을 침해한다고 볼 수 없다(헌재 2021.4.29. 2019헌바412).

9. 보험금청구권에 대하여 2년의 단기소멸시효를 규정하고, 그 기산점은 별도로 정하지 않은 상법
   보험의 특수성에 더하여, 권리행사의 편의성과 신속성이 제고되고 있다는 점 등을 종합하여 볼 때, 위 소멸시효 기간이 지나치게 짧다고 단정하기도 어렵다. 그 외에도 소멸시효 중단 또는 정지 규정이나 법원의 해석 등을 통해 구체적인 사안에서 나타날 수 있는 불합리한 결과를 보완할 수 있다는 점도 고려할 필요가 있다. 따라서 심판대상조항이 입법형성의 한계를 넘어 재산권을 침해한다고 볼 수 없다(헌재 2022. 5.26. 2018헌바53).

10. 20년간 소유의 의사로 평온, 공연하게 부동산을 점유하는 자는 **등기함으로써 그 소유권을 취득**하는 내용의 민법은 재산권 보장의 이념에 반하지 않는다(헌재 2013.5.30. 2012헌바387).

11. **국가를 부동산 점유취득시효의 주체에서 제외하지 않은** 민법은 부동산 소유자의 재산권을 침해한다고 볼 수 없다(헌재 2015.6.25. 2014헌바404).

12. 점유자는 소유의 의사로 점유한 것으로 추정하는 민법의 재산권 침해 여부(소극)
    점유자의 점유가 소유의 의사 없는 점유라는 예외적인 상황에 대한 주장을 하는 사람에게 그 입증책임을 부담시키는 것이 지나치게 과도한 부담을 주거나 특별히 부당한 것으로 보기 어렵다. 그렇다면 심판대상조항은 헌법 제37조 제2항에 반하여 소유자인 청구인의 재산권을 침해하지 않는다(헌재 2019.9.26. 2016헌바314).

⚖ 판례 ┃ 일반재산권 제한

재산권 침해인 것

1. 상호신용금고의 예금채권자에게 예탁금의 한도 안에서 **상호신용금고의 총재산에 대하여 다른 채권자에 우선하여 변제받을 권리를 부여하고 있는** 상호신용금고법은 상호신용금고의 예금채권자를 우대하기 위하여 상호신용금고의 일반채권자를 불합리하게 희생시킴으로써 일반 채권자의 평등권 및 재산권을 침해한다고 하지 않을 수 없다[헌재 2006.11.30. 2003헌가14·15(병합)].

2. 상속인이 귀책사유 없이 상속채무가 적극 재산을 초과한다는 사실을 알지 못하여 고려기간 내 한정승인이나 상속포기를 하지 못한 경우에도 상속인으로 하여금 피상속인의 채무를 전부 부담케 하므로 상속인이 **상속개시 있음을 안 날로부터 3월 내** 한정승인이나 상속포기를 하지 아니한 경우 **단순승인을 한 것으로 본다고** 규정한 민법 제1026조 제2호는 재산권 침해이다(헌재 1998.8.27. 96헌가22).

3. **경과실 실화자의 배상책임을 전부 부정**하고 실화피해자의 손해배상청구권도 부정하는 방법을 채택하였다. 이는 일방적으로 실화자만 보호하고 실화피해자의 보호를 외면한 것으로서 경과실 실화자에 대한 손해배상 책임면제는 재산권을 침해한 것으로 볼 수 있다(헌재 2007.8.30. 2004헌가25).

4. **환매권의 발생기간을 제한한** 공익사업을 위한 토지 등의 취득 및 보상에 관한 법률 제91조 제1항 중 '**토지의 협의취득일 또는 수용의 개시일부터 10년 이내에**' 부분

다른 나라의 입법례에 비추어 보아도 발생기간을 제한하지 않거나 더 길게 규정하면서 행사기간 제한 또는 토지에 현저한 변경이 있을 때 환매거절권을 부여하는 등 보다 덜 침해적인 방법으로 입법목적을 달성하고 있다. 이 사건 법률조항은 침해의 최소성 원칙에 어긋난다. 따라서 이 사건 법률조항이 추구하고자 하는 공익 은 원소유자의 사익침해 정도를 정당화할 정도로 크다고 보기 어려우므로, 법익의 균형성을 충족하지 못한다. 결국 이 사건 법률조항은 헌법 제37조 제2항에 반하여 국민의 재산권을 침해하여 헌법에 위반된다(헌재 2020. 11.26. 2019헌바131).

재산권 침해가 아닌 것

1. **협의취득 내지 수용 후 당해사업의 폐지나 변경이 있은 경우 환매권을 인정하는 대상으로 토지만을 규정하고 있는** 공익사업을 위한 토지등의취득및보상에관한법률

건물에 대해서는 그 존속가치를 보장하기 위하여 환매권을 인정하여야 할 필요성이 없거나 매우 적다. 따라 서 건물에 대한 환매권을 인정하지 않는 입법이 자의적인 것이라거나 정당한 입법목적을 벗어난 것이라 할 수 없고, 이미 정당한 보상을 받은 건물소유자의 입장에서는 해당 건물을 반드시 환매받아야 할 만한 중요한 사익이 있다고 보기 어려우므로 입법자가 건물에 대한 환매권을 부인한 것은 헌법적 한계 내에 있는 입법재 량권의 행사이므로 재산권을 침해하는 것이라 볼 수 없다(헌재 2005.5.26. 2004헌가10).

2. **기본재산 처분시 보건복지부장관의 허가제**를 규정한 사회복지사업법은 그 본래의 복지사업에 충실하게 하기 위한 목적을 달성하는 데 적절한 수단이라 하지 않을 수 없으므로 재산권을 침해한다고 할 수 없다(헌재 2005.2.3. 2004헌바10).

   유사 학교법인이 기본재산을 매도하고자 할 때 **관할청의 허가**를 받도록 하는 사립학교법은 사립학교 운영의 자 유 또는 재산권을 침해하지 않는다(헌재 2012.2.23. 2011헌바14).

3. **성매매에 건물을 제공하는 행위금지**는 재산권을 침해한다고 할 수 없다(헌재 2006.6.29. 2005헌마1167).

4. 유언자의 사후 본인의 진의를 객관적으로 확인하기 위하여 자필증서에 의한 **유언의 방식**으로 성명의 자서(自 書)에 더하여 '날인'을 요구하고 있는 민법은 재산권 침해 아니다(헌재 2008.3.27. 2006헌바82).

5. 사실혼 배우자는 혼인신고를 함으로써 상속권을 가질 수 있고, 증여나 유증을 받는 방법으로 상속에 준하는 효과를 얻을 수 있으므로 **사실혼 배우자에게 상속권을 인정하지 않는** 민법은 청구인의 상속권을 침해하지 않는다(헌재 2014.8.28. 2013헌바119).

6. 특별수익자가 **배우자인 경우 특별수익 산정에 관한 예외를 두지 아니한** 민법은 배우자인 상속인의 재산권을 침해한다고 할 수 없다(헌재 2017.4.27. 2015헌바24).

7. 직계존속이 피상속인에 대한 부양의무를 이행하지 않은 경우를 상속결격사유로 본다면, 과연 어느 경우에 상 속결격인지 여부를 명확하게 판단하기 어려워 이에 관한 다툼으로 상속을 둘러싼 법적 분쟁이 빈번하게 발생 할 가능성이 높고, 그로 인하여 상속관계에 관한 법적 안정성이 심각하게 저해된다. 피상속인에 대한 **부양의 무를 이행하지 않은 직계존속의 경우를 상속결격사유로 규정하지 않은 민법**은 입법형성권의 한계를 일탈하 여 다른 상속인인 청구인의 재산권을 침해한다고 보기 어렵다(헌재 2018.2.22. 2017헌바59).

8. 문화재 발굴을 위하여 건설공사를 위하여 문화재발굴허가를 받아 매장문화재를 발굴하는 경우 그 **문화재발굴 비용을 사업시행자로** 하여금 부담하도록 한 문화재보호법은 재산권 침해가 아니다(헌재 2010.10.28. 2008헌바74).

9. 국회의원의 공정한 직무수행에 대한 국민의 신뢰확보는 돈으로 환산할 수 없는 가치를 지니는 점을 고려해 볼 때, **국회의원이 보유한** 직무관련성 있는 **주식의 매각 또는 백지신탁**을 명하고 있는 공직자윤리법은 재산 권 침해가 아니다(헌재 2012.8.23. 2010헌가65).

10. 흡연이 가능하여 고객을 유치하여 얻은 이익은 사실상 이익이지 재산권에서 보호되는 이익이 아니므로 이 사건 금연구역조항의 시행에 따라 흡연 고객이 이탈함으로써 발생할 수 있는 영업이익의 감소는 헌법에 의해 보호되는 재산권의 침해라고 볼 수 없다. **PC방 금연구역**은 재산권을 침해하는 것이 아니다(헌재 2013.6.27. 2011헌마315 · 509, 2012헌마386).

11. 재산권 행사는 공공복리에 기속되므로 공공복리에 반하는 권리행사를 금지하는 **권리남용금지**를 규정한 **민법**은 명확성원칙에 반하지 않고 재산권을 침해하는 것도 아니다(헌재 2013.5.30. 2012헌바335).

12. 철도 등 공익시설을 보호하기 위하여 철도 · 궤도 · 도로 지표 지하 50m 이내의 장소에서 관청의 허가 없이 **광물을 채굴할 수 없도록 한** 광업법은 광업권자의 재산권을 침해하는 것이 아니다(헌재 2014.2.27. 2010헌바483).

13. **임대차 목적물인 상가건물이 유통산업발전법 제2조에 따른 대규모점포의 일부인 경우 임차인의 권리금 회수기회 보호 등에 관한 '상가건물 임대차보호법' 제10조의4를 적용하지 않도록 하는 구 '상가건물 임대차보호법'**
대규모점포의 경우 임대인이 막대한 비용과 노력을 들여 상권을 형성하고 유지 · 관리하며 임차인은 그 결과로 형성된 지명도나 고객을 이용하여 영업을 하는 측면이 있는데, 권리금 회수기회 보호 규정을 대규모점포에 적용함에 있어서는 이러한 대규모점포의 특성을 고려하여 임대인의 지위와의 조화를 도모할 필요가 있는 점, 권리금 회수기회 보호 대상에 포함시킬 필요가 있는 경우 추후 실태조사를 거쳐 추가하도록 개정할 수 있는 점, 대규모점포의 경우에도 민법 규정이나 계약갱신요구권 및 대항력 규정의 적용으로 권리금 회수를 간접적으로 보호받고 있는 점 등을 고려하면, 심판대상조항이 입법형성권의 한계를 일탈하여 청구인들의 재산권을 침해한다고 보기 어렵다(헌재 2020.7.16. 2018헌바242 · 508).

14. **소액임차인이 보증금 중 일부를 우선하여 변제받으려면 주택에 대한 경매신청의 등기 전에 대항력을 갖추어야 한다고 규정한 주택임대차보호법**
임차보증금반환채권과 관련하여 이해관계인이 받는 영향이 크고 분쟁도 자주 발생하는 만큼 임대차의 존재 여부와 개시일을 분명하게 특정할 필요가 있고, 이를 위하여 주택의 인도 외에 추가로 공적 절차인 주민등록을 요구하는 것은 수긍할 수 있다. 위와 같은 점들을 종합하여 볼 때, 심판대상조항이 주택에 대한 경매신청의 등기 전까지 주민등록을 갖춘 소액임차인에 한하여 우선변제를 받을 수 있도록 한 것이 입법형성의 한계를 벗어나 청구인의 재산권을 침해한다고 보기 어렵다(헌재 2020.8.28. 2018헌바422).

15. 정형적인 우편사고에 있어서 손해배상의 청구권자를 신속히 확정하여 손해배상이 용이하게 이루어질 수 있도록 하고, 이를 통하여 공평하고 적정한 우편역무 제공을 도모하기 위한 것이므로, **우편법상의 손해배상을 청구할 수 있는 자를 발송인의 승인을 받은 수취인으로 규정한 우편법**은 재산권 침해라고 볼 수 없다(헌재 2015.4.30. 2013헌바383).

16. **법무법인 구성원 변호사의 채무연대책임**을 인정하고 있는 변호사법은 법률소비자를 보호하며, 법률서비스의 신뢰성과 안정성을 제고하기 위한 조항으로서, 재산권을 침해하지 아니한다(헌재 2016.11.24. 2014헌바203 · 463).

17. 성과 위주 인사체계를 구축함으로써 효율적이고 경쟁력 있는 공무원조직을 만들 수 있으므로 소속 **공무원이 지급받은 성과상여금을 다시 배분하는 행위를 하는 등을 금지**한 '지방공무원 수당 등에 관한 규정'은 재산권을 침해하지 않는다(헌재 2016.11.24. 2015헌마1191).

18. 게임물을 이용하여 **도박** 그 밖의 사행행위를 하게 하거나 이를 하도록 방치한 게임물 관련사업자가 소유 또는 점유하는 **게임물을 필요적으로 몰수하도록** 정하고 있는 '게임산업진흥에 관한 법률'로 달성하고자 하는 공익은 게임물을 이용한 사행행위를 근절하고 재범을 방지하여 건전한 게임문화를 조성하는 것으로 과잉금지원칙에 위배하여 게임물 관련사업자의 재산권 및 직업수행의 자유를 침해하지 않는다(헌재 2019.2.28. 2017헌바401).

19. **보조금 지원을 받아 배출가스저감장치를 부착한 자동차소유자가 자동차 등록을 말소하려면 배출가스저감장치 등을 서울특별시장 등에게 반납하여야 한다고 규정한 구 수도권 대기환경개선에 관한 특별법**
심판대상조항은 더 이상 보조금 지원 목적에 사용되지 않는 배출가스저감장치를 회수함으로써 대기환경개선에 소요되는 자원을 재활용하고 그에 투입되는 예산을 절감하며, 나아가 대기오염이 심각한 수도권지역의 대기환경을 개선하고 대기오염원을 체계적으로 관리함으로써 지역주민의 건강을 보호하고 쾌적한 생활환경을 조성하기 위한 것이다. 이러한 공익은 제한되는 자동차소유자의 사익에 비하여 크다고 할 것이므로, 이 조항이 과잉금지원칙을 위반하여 자동차소유자의 재산권을 침해한다고 볼 수 없다(헌재 2019.12.27. 2015헌바45).

20. **총포의 소지허가를 받은 자는 총포와 그 실탄 또는 공포탄을 허가관청이 지정하는 곳에 보관하도록 한 총포·도검·화약류 등의 안전관리에 관한 법률**

심판대상조항들을 통하여 달성하고자 하는 공익은 공기총으로 인하여 야기될 수 있는 국민의 생명·신체 및 재산에 대한 위험·재해의 예방과 이를 통한 질서유지 내지 공공의 안전 유지인 반면에 심판대상조항들로 인하여 제한되는 사익은 공기총에 대한 소유권 자체의 박탈이 아니라 평상시에 공기총을 직접 보관하는 것이 제한되는 것에 그친다. 이처럼 심판대상조항들을 통하여 달성하고자 하는 공익은 공기총을 직접 보관하지 못하게 됨으로써 입는 불이익보다 훨씬 크다. 따라서 법익의 균형성도 인정된다. 따라서 심판대상조항들은 과잉금지원칙에 반하지 않는다(헌재 2019.6.28. 2018헌바400).

21. **전기통신금융사기의 피해자가 피해구제 신청을 하는 경우 피해자의 자금이 송금·이체된 계좌 및 해당 계좌로부터 자금의 이전에 이용된 계좌를 지급정지하는 '전기통신금융사기 피해방지 및 피해금 환급에 관한 특별법'**

전기통신금융사기는 범행 이후 피해금 인출이 신속히 이루어지고 전기통신금융사기의 범인은 동일한 계좌를 이용하여 다수의 피해자를 상대로 여러 차례 범행을 저지를 가능성이 있으므로, 전기통신금융사기로 인한 피해를 실효적으로 구제하기 위하여는 피해금 상당액을 넘어 사기이용계좌 전부에 대하여 지급정지를 하는 것이 불가피하다. 전기통신금융사기 범인이 피해자에게 그 범죄와 무관한 사람의 계좌에 피해금을 입금하도록 하고 범인은 계좌 명의인으로부터 재화 또는 용역을 제공받는 경우, 계좌 명의인은 입금받은 돈이 거래의 대가 등 정당한 권원에 의하여 취득한 것임을 객관적인 자료로 소명하여 지급정지에 대하여 이의제기를 하고 지급정지를 종료시킬 수 있다. 만약 금융회사가 계좌 명의인의 정당한 이의제기를 받고도 부당하게 지급정지의 종료를 지연한다면, 계좌명의인은 금융회사를 상대로 불법행위로 인한 손해배상을 청구할 수 있다. 따라서 지급정지조항은 과잉금지원칙을 위반하여 청구인의 재산권을 침해하지 아니한다(헌재 2022.6.30. 2019헌마579).

22. **물이용부담금**

한강 수질개선 사업은 해당 국민의 건강·생활환경과 밀접한 관련을 갖는 중대한 공적과제인 반면, 부담금 납부대상자에게 부과되는 물이용부담금 부과요율이 과다하다고 볼 수 없기 때문에 이 조항으로 인한 재산권 제한이 공익에 비하여 크다고 볼 수 없으므로 침해의 최소성과 법익의 균형성 요건을 충족한다. 따라서 부담금부과조항이 과잉금지원칙에 반하여 재산권을 침해한다고 볼 수 없다(헌재 2020.8.28. 2018헌바425).

23. **"분묘기지권의 존속기간에 관하여 당사자 사이에 약정이 있는 등 특별한 사정이 없는 경우에는 권리자가 분묘의 수호와 봉사를 계속하는 한 그 분묘가 존속하고 있는 동안은 분묘기지권은 존속한다."라고 규정한 관습법**

분묘기지권은 조상숭배사상 및 부모에 대한 효사상을 기반으로 오랜 세월 우리의 관습으로 형성·유지되어 왔고 현행 민법 시행 이후에도 대법원 판결을 통해 일관되게 유지되어 왔는바, 이러한 전통문화의 보호 및 법률질서의 안정이라는 공익은 매우 중대하다. 따라서 이 사건 관습법은 과잉금지원칙에 위배되어 토지소유자의 재산권을 침해한다고 볼 수 없다(헌재 2020.10.29. 2017헌바208).

24. **조정중재원이 손해배상금을 대불한 경우 지체 없이 해당 보건의료기관개설자 또는 보건의료인에게 일정한 기간 내에 그 대불금 전액을 조정중재원에 납부할 것을 청구하도록 한 '의료사고 피해구제 및 의료분쟁 조정 등에 관한 법률'**

손해배상금 대불제도는 의료사고로 손해배상책임을 지게 되는 보건의료기관개설자들의 경제적 부담을 덜어주고 안정적 진료환경 조성에 기여하는바, 이러한 측면에서 보건의료기관개설자는 손해배상금 대불제도를 통해 추구하는 공적과제와 객관적으로 근접한 집단이고 그 재원 마련을 위한 집단적인 책임이 있다. 의료기관개설자는 대불금의 지급으로 인해 분쟁의 신속한 종결이라는 효용을 얻게 되므로, 공적 과제와 특별히 밀접한 관련성도 인정된다. 따라서 이 사건 부과조항은 과잉금지원칙에 위배되지 않는다(헌재 2022.7.21. 2018헌바504).

25. **개성공단 전면중단** (헌재 2022.1.27. 2016헌마364)

① 대통령이 2016.2.10.경 개성공단의 운영을 즉시 전면 중단하기로 결정하고, 피청구인 통일부장관은 피청구인 대통령의 지시에 따라 철수계획을 마련하여 관련 기업인들에게 통보한 다음 개성공단 전면중단 성명을 발표하고, 이에 대응한 북한의 조치에 따라 개성공단에 체류 중인 국민들 전원을 대한민국 영토 내로 귀

환하도록 한 일련의 행위로 이루어진 개성공단 전면중단 조치가 통치행위에 해당하여 사법심사가 배제되는지 여부(소극): 국민의 기본권 제한과 직접 관련된 공권력의 행사는 고도의 정치적 고려가 필요한 대통령의 행위라도 헌법과 법률에 따라 정책을 결정하고 집행하도록 함으로써 국민의 기본권이 침해되지 않도록 견제하는 것이 국민의 기본권 보장을 사명으로 하는 헌법재판소 본연의 임무이므로, 그 한도에서 헌법소원심판의 대상이 될 수 있다고 보아야 한다. 따라서 이 사건 중단조치에 대한 헌법소원심판이 사법심사가 배제되는 행위를 대상으로 한 것이어서 부적법하다고는 볼 수 없다.

② 개성공단 전면중단 조치가 헌법과 법률에 근거한 조치인지 여부(적극): 대통령은 국가의 독립, 영토의 보전, 국가의 계속성과 헌법을 수호할 책무를 지고, 조국의 평화적 통일을 위한 성실한 의무를 지며(헌법 제66조 제2항·제3항), 국가의 원수이자 행정부의 수반으로서 모든 행정에 대한 지휘, 감독권을 가지므로(헌법 제66조 제1항·제4항, 정부조직법 제11조), 국가안보, 조국의 평화적 통일, 국제적 공조 등과 관련되는 대북제재조치로서 개성공단의 운영 중단이라는 정책을 결정할 수 있고, 이를 법령에 따라 실행하도록 소관 부처 장관에게 지시할 수 있다고 할 것이므로, 헌법 제66조, 정부조직법 제11조도 피청구인 대통령이 관여한 이 사건 중단조치의 헌법적, 법률적 근거가 될 수 있다.

청구인들은 이 사건 중단조치가 개성공단에서의 협력사업 전반에 미치는 포괄적 효과를 가지고 긴급하게 집행된 점에서 헌법 제76조 제1항의 긴급재정경제처분·명령의 형식으로 시행되었어야 한다고 주장하나, 어떠한 정책이 다수에게 영향을 미치게 된다고 하여 그 정책을 반드시 국가긴급권을 통해 실행해야 한다고 볼 근거는 없다. 또한 개성공단의 운영 중단이라는 정책 결정 후 그 정책이 긴급하게 집행된 것은 개성공단에 체류하는 우리 국민의 신변안전을 확보하기 위한 조치가 필요하였기 때문이지 협력사업 자체를 긴급하게 중단시킬 필요 때문은 아니다. 따라서 이 사건 중단조치가 긴급재정경제처분·명령의 형태로 취해지지 않았다고 하더라도 헌법과 법률에 근거하지 않은 조치라고 볼 수는 없고, 남북교류협력법 등 규정에 근거하여 개성공단 내 사업 중단을 결정하고 집행할 수 있다고 보더라도 그것이 헌법이 엄격하게 요건과 절차를 통제하고자 하는 긴급재정경제처분·명령에 따른 긴급한 재정, 경제상의 처분을 우회하는 방법을 허용하는 것이라고 볼 것도 아니다.

③ 국무회의 심의 관련 적법절차원칙 위반 여부

㉠ 이 사건 중단조치 과정에서 국무회의 심의가 이루어지지는 않았는데, 청구인들은 이 사건 중단조치의 근거를 헌법 제76조 제1항의 긴급재정경제처분·명령으로 볼 경우 헌법 제89조 제5호의 규정에 따라 국무회의 심의를 거쳐야 함에도 이를 거치지 않았으므로 적법절차원칙에 위반된다는 취지의 주장을 한다. 그러나 이 사건 중단조치는 헌법 제76조 제1항에 근거한 조치가 아니므로, 헌법 제89조 제5호의 규정에 따라 국무회의 심의를 거쳐야 한다고는 볼 수 없다.

㉡ 그런데 헌법 제89조는 긴급재정경제처분·명령이 아니라도 정부의 중요한 대외정책(제2호), 행정각부의 중요한 정책의 조정(제13호)의 경우 국무회의 심의를 거치도록 하고 있다. 이 사건 중단조치는 개성공단의 운영 중단이라는 피청구인 대통령의 정책 결정을 포함하고 있는바, 국제 공조하에 북한 핵개발을 저지하기 위한 제재조치로서 개성공단 운영을 중단하는 것은 국가 안보와 관련된 중요한 대외정책의 결정일 수 있다. 또한 개성공단은 한반도의 평화와 통일에 이바지하도록 하기 위해 정부가 정책적으로 개발과 운영을 지원하고 통일부가 주요 사업으로 선정하여 주무관청으로 관리, 감독해 왔으므로, 그 운영을 중단하기로 하는 결정은 행정각부인 통일부의 중요 정책의 조정이 될 수도 있다. 따라서 그 결정에 앞서 헌법 제89조 제2호, 제13호의 규정에 따라 반드시 국무회의 심의를 거쳐야 하는 것이 아닌가 하는 의문이 있을 수 있다.

이 사건의 경우 국가안전보장회의 상임위원회의 협의 절차를 거쳐 최종 중단이 결정되었고, 그 상임위원회에는 통일정책을 주도적으로 추진하고 그 영향을 평가할 수 있는 통일부장관과 국가안보의 필수 관련 기관인 외교부장관, 국방부장관, 국정원장 등이 참여하게 되므로, 개성공단의 운영 중단 결정에 앞서 국무회의 심의가 아닌 국가안전보장회의 상임위원회의 협의를 선택한 피청구인 대통령의 절차 판단이 명백히 비합리적인 것으로 보이지 않는다. 따라서 피청구인 대통령이 개성공단의 운영 중단 결정 과정에서 **국무회의 심의를 거치지 않았더라도** 그 결정에 헌법과 법률이 정한 절차를 위반한 하자가 있다거나, 적법절차원칙에 따라 필수적으로 요구되는 절차를 거치지 않은 흠결이 있다고 할 수 없다.

ⓒ **기타 적법절차원칙 위반 여부**: 이 사건 중단조치는 헌법 제66조 제4항, 정부조직법 제11조, 남북교류협력법 제9조 제1항, 제18조 제1항 제2호, 개성공업지구법 제15조의3 등에 근거한 행정적 조치이고, 그 결정, 집행 과정에서 국회와의 사전 협의를 거쳐야 한다고 볼 만한 아무런 근거가 없다.

통일부장관이 남북교류협력법 제18조 제1항의 조정을 명하는 경우, 남북교류협력법 시행령 제30조 제3항에 따라 이해관계자 등의 의견을 들을 수 있으나 이 역시 필수적 사전 절차는 아니다. 이 사건 중단조치는 국가안보와 관련된 사안이고, 개성공단 협력사업자들에 대한 개별적인 의견 제출기회 부여를 통해 얻을 수 있는 이익보다는 절차를 최대한 비밀로 유지하며 신속하게 처리하여 개성공단으로부터 우리 국민의 안전한 귀환을 확보해야 할 이익이 훨씬 더 크다고 할 수 있다. 피청구인 통일부장관은 이 사건 중단조치 전 개성공단기업협회 회장단과의 간담회를 개최하여 결정 배경을 설명하고 세부조치 내용을 고지하기도 하였으므로, 이 사건 중단조치의 특성, 절차 이행으로 제고될 가치, 국가작용의 효율성 등의 종합적 형량에 따른 필수적 절차는 거친 것으로 봄이 타당하고, **이해관계자 등의 의견청취절차는 적법절차원칙에 따라 반드시 요구되는 절차라고 보기 어렵다.**

ⓓ **소결**: 따라서 이 사건 중단조치가 적법절차원칙에 위반되어 청구인들의 영업의 자유나 재산권을 침해한 것으로 볼 수 없다.

④ **개성공단 전면중단 조치가 과잉금지원칙을 위반하여 청구인들의 영업의 자유와 재산권을 침해하는지 여부 (소극)**

ⓐ **심사기준**: 이 사건 중단조치에 의하여 청구인들의 영업의 자유와 재산권이 제한되었고, 이러한 기본권 제한에 있어서는 헌법 제37조 제2항이 정하는 과잉금지원칙이 준수되어야 한다. 정치적 결정이 국민의 기본권 침해와 직접 관련이 되어 사법심사의 대상이 되는 경우라도 이에 대한 사법심사는 정책판단이 명백하게 재량의 한계를 유월(逾越)하거나 선택된 정책이 현저히 합리성을 결여한 것인지를 살피는 데 한정되어야 하고, 그 한계 내의 것이라면 국가 계속성 보장의 책무와 조국의 평화적 통일을 위한 성실한 의무를 지는 대통령이 헌법이 부여한 권한 범위 내에서 정치적 책임을 지고 한 판단과 선택으로서 존중되어야 한다.

ⓑ **과잉금지원칙 위반 여부**: 개성공단의 운영 중단은 북한의 핵개발에 대응하는 국제사회의 제재 방식에 부합하고, 철수조치를 통해 북한의 보복에 노출되는 국민의 수를 최소화할 수 있으므로, 개성공단 전면중단 조치는 국제평화 등을 위한 국제적 합의에 이바지하면서, 동시에 국민의 신변안전을 확보하기 위한 적합한 수단이 된다. 개성공단에서의 협력사업과 투자자산에 대한 보호는 지역적 특수성과 여건에 따른 한계가 있고, 개성공단의 운영 중단 후 관련 법령에 따라 상당 부분 피해지원도 이루어졌다. 개성공단 전면중단 조치로 개성공단에 투자한 청구인들이 입은 피해가 적지 않지만 그럼에도 불구하고 북한의 핵개발에 맞서 개성공단의 운영 중단을 통해 대한민국의 존립과 안전 등을 보장할 필요가 있다는 피청구인 대통령의 결정은 헌법이 대통령에게 부여한 권한 범위 내에서 정치적 책임을 지고 한 판단과 선택이며, 그 판단이 현저히 합리성을 결여한 것이거나 명백히 잘못된 것이라고 평가하기 어렵다. 따라서 개성공단 전면중단 조치는 과잉금지원칙을 위반하여 개성공단 투자기업인 청구인들의 영업의 자유와 재산권을 침해하지 아니한다.

⑤ **개성공단 전면중단 조치가 신뢰보호원칙을 위반하여 청구인들의 영업의 자유와 재산권을 침해하는지 여부 (소극)**: 불안정한 남북관계의 영향으로 과거 개성공단 가동이 중단되었던 사례가 있음에 비추어 볼 때 북한의 핵실험 등으로 안보위기가 고조되는 경우 개성공단이 다시 중단될 가능성을 충분히 예상할 수 있었다. 따라서 남북 합의서가 청구인들에 대하여 직접적으로 그 효력과 존속에 대한 신뢰를 부여하였다고 인정하기 어렵고, 이 사건 중단조치가 청구인들의 신뢰이익을 침해하는 정도는 비교적 낮은 수준에 불과하며, 이 사건 중단조치를 통해 달성하려는 공익은 그와 같은 신뢰의 손상을 충분히 정당화할 수 있다. 그러므로 이 사건 중단조치는 신뢰보호원칙을 위반하여 청구인들의 영업의 자유와 재산권을 침해하지 아니한다.

26. **육아휴직 급여를 육아휴직이 끝난 날 이후 12개월 이내에 신청하여야 한다고 규정한 고용보험법**

육아휴직 급여제도는 고용보험료의 납부를 통하여 육아휴직 급여수급권자도 그 재원의 형성에 일부 기여한다는 점에서 후불임금의 성격도 가미되어 있으므로, 고용보험법상 **육아휴직 급여수급권은 경제적 가치가 있는 권리로서 헌법 제23조에 의하여 보장되는 재산권의 성격도 가지고 있다.**

심판대상조항은 권리의무관계를 조기에 확정하고 고용보험기금 재정운용의 불안정성을 차단하여 기금재정을 합리적으로 운용하기 위한 것으로서 합리적인 이유가 있다. 육아휴직 수급권자가 육아휴직이 끝난 날 이후 12개월 이내에 급여를 신청하는 데 큰 부담이 있다고 보기 어렵고, 신청기간의 제한은 최초의 육아휴직 급여 신청시에만 적용되어 국면이 한정적이며, 고용보험법 시행령에서 신청기간의 예외 사유도 인정하고 있는 등 그 내용이 현저히 불합리하여 헌법상 용인될 수 있는 재량의 범위를 명백히 벗어났다고 볼 수 없다. 따라서 심판대상조항은 육아휴직 급여수급권자의 인간다운 생활을 할 권리나 재산권을 침해한다고 볼 수 없다(헌재 2023.2.23. 2018헌바240).

제2절 직업선택의 자유

> 헌법 제15조 【직업선택의 자유】 모든 국민은 직업선택의 자유를 갖는다.

01 직업의 자유의 의의

1. 개념

자유롭게 자신의 직업을 선택하고 그 직업에 종사하며 이를 변경할 수 있는 권리이다.

2. 직업선택의 자유의 이중성

직업의 선택 혹은 수행의 자유는 주관적 공권의 성격이 두드러진 것이기는 하나, 다른 한편으로는 사회적 시장경제질서라고 하는 객관적 법질서의 구성요소이기도 하다(헌재 2016.12.29. 2014헌바434). 직업의 자유는 간접적으로 사인 간에 적용된다.

3. 연혁

1962년 개정헌법(제5차 개정헌법)에서 최초로 규정되었다.

4. 직업의 개념적 요소

직업의 자유에 의한 보호의 대상이 되는 '직업'은 '생활의 기본적 수요를 충족시키기 위한 계속적 소득활동'을 의미하며 그러한 내용의 활동인 한 그 종류나 성질을 묻지 아니한다. 휴가기간 중에 하는 일, 수습직으로서의 활동 따위도 이에 포함된다고 볼 것이고, 또 '생활수단성'과 관련하여서는 단순한 여가활동이나 취미활동은 직업의 개념에 포함되지 않으나 겸업이나 부업은 삶의 수요를 충족하기에 적합하므로 직업에 해당한다고 말할 수 있다. 이 사건에 있어 비록 학업 수행이 청구인과 같은 대학생의 본업이라 하더라도 방학기간을 이용하여 또는 휴학 중에 학비 등을 벌기 위해 학원강사로서 일하는 행위는 어느 정도 계속성을 띤 소득활동으로서 직업의 자유의 보호영역에 속한다고 봄이 상당하다(헌재 2003.9.25. 2002헌마519).

⚖️ 판례 | 직업에 해당하는지 여부

1. **성매매도** 직업의 자유에서 보호된다. 성매매는 사회적 유해성과는 별개로 성판매자의 입장에서 계속적 소득활동에 해당하므로 성매매 행위를 처벌하는 것은 성판매자의 직업의 자유 제한이다(헌재 2016.3.31. 2013헌가2).

2. **게임 결과물의 환전업**은 게임이용자로부터 게임 결과물을 매수하여 다른 게임이용자에게 이윤을 붙여 되파는 영업으로서 헌법 제15조가 보장하고 있는 직업에 해당한다(헌재 2010.2.25. 2009헌바38).

3. **사행성 간주 게임물**의 개념을 설정하고 이에 해당하는 경우 경품제공 등을 금지한 문화관광부고시의 위헌 여부는 게임제공업을 영위하는 행위가 직업의 자유의 보호영역에 포함된다고 보아 앞서 그 침해 여부를 판단한 이상, 행복추구권의 침해 여부를 독자적으로 판단할 필요가 없다(헌재 2008.11.27. 2005헌마161).

4. **판매를 목적으로 모의총포의 소지행위**가 영업을 위한 준비행위로서 영업활동의 일환으로 평가될 수 있고, 이 사건 법률조항에 의하여 금지되는 소지행위도 영업으로서 직업의 자유의 보호범위에 포함될 수 있다(헌재 2010.2.25. 2009헌바38).

5. **국가행정사무인 지적측량의 대행(초벌측량)을 사인에게 허용하는 것이 직업선택의 자유의 보호영역에 속하는지 여부**
   입법자는 지적법 제41조 제1항에 따라 소관청의 행정사무인 지적측량의 일부인 초벌측량의 대행용역 활동에 대하여, 토지소유자로부터 직접 납부받는 지적측량수수료를 재원으로 그 생활의 기본적 수요를 충족시키기 위한 계속적인 소득활동, 즉 독립적인 직업의 내용으로 삼을 수 있도록 규율한 셈이고, 이는 헌법 제15조가 그 선택의 자유를 보장하는 직업에 포함된다(헌재 2002.5.30. 2000헌마81).

6. 헌법 제15조가 보장하는 직업선택의 자유는 직업'선택'의 자유만이 아니라 직업과 관련된 종합적이고 포괄적인 직업의 자유를 보장하는 것이다. 또한 직업의 자유는 독립적 형태의 직업활동뿐만 아니라 **고용된 형태의 종속적인 직업활동도 보장한다**. 따라서 직업선택의 자유는 직장선택의 자유를 포함한다(헌재 2002.11.28. 2001헌바50).

1. 직업의 자유에 의해 보호되는 생활영역인 직업은 그 개념상 어느 정도 지속적인 소득활동을 요건으로 하므로 **무상 또는 일회적·일시적인 교습행위**는 직업의 자유가 아니라 일반적 행동의 자유로서 행복추구권에서 보호된다(헌재 2000.4.27. 98헌가16).

2. 청구인들은 군법무관 보수관련 대통령령 제정 입법부작위로 인하여 직업의 자유가 침해되었다고 주장한다. 그런데 직업의 자유에 '**해당 직업에 합당한 보수를 받을 권리**'까지 포함되어 있다고 보기 어려우므로, 시행령이 제정되지 않아 법관, 검사와 같은 보수를 받지 못한다 하더라도, 청구인들의 직업선택이나 직업수행의 자유가 침해되었다고 할 수 없다(헌재 2004.2.26. 2001헌마718).

3. 직업의 자유에는 **직장존속청구권**은 인정되지 않는다.

4. **학교운영위원**은 직업에 해당하지 않는다.

5. 헌법재판소는 공법인인 **농지개량조합의 조합원**이라는 지위는 직업에 해당하지 않는다고 본다(헌재 2000.11.30. 99헌마190).

6. **이장의 지위**는 생활의 기본적 수요를 충족하기 위한 계속적인 소득활동으로 정의되는 직업에 해당하지 않는다(헌재 2009.10.29. 2009헌마127).

7. **비어업인이 잠수용 스쿠버장비를 사용하여 수산자원을 포획·채취하는 것**은 지속적인 소득활동이 아니다(헌재 2016.10.27. 2013헌마450).

8. **국공립학교 사서교사를 선발하는 것**이 문제되는 이 사건에서는 직업의 자유가 문제되지 않는다(헌재 2016.9.29. 2014헌마541).

9. 직업선택의 자유에서 보호되는 직업이란 생활의 기본적인 수요를 충족시키기 위해 행하는 계속적인 소득활동을 의미하므로, **의무복무로서의 현역병**은 헌법 제15조가 선택의 자유로서 보장하는 직업이라고 할 수 없다 (헌재 2010.12.28. 2008헌마527).

10. **노조전임이 직업의 유형에 해당하는지 여부**

    청구인들은 노조전임자가 사용자의 노무관리업무 대행이라는 근로제공에 대하여 당연히 대가를 수령할 권리가 있음에도 노조전임자 급여 금지 등을 규정한 '노동조합 및 노동관계조정법' 조항들에 의하여 근로에 대한 적정한 대가를 받지 못함으로써 직업의 자유를 침해당한다고 주장한다. 그러나 노조전임자 자체를 하나의 직업 유형으로 볼 수는 없으므로 직업의 자유가 제한된다고 보기 어렵다(헌재 2014.5.29. 2010헌마606).

11. **입양기관을 운영하는 사회복지법인이 '기본생활지원을 위한 미혼모자가족복지시설'을 설치·운영하는 것**

    이는 아동 및 가정 복지사업의 일환으로 하는 것으로서 이와 관련하여 시설이용자로부터 대가를 받는 등 소득을 얻는 것은 아니므로, 이를 생활의 기본적 수요를 충족시키기 위해서 행하는 계속적인 소득활동이라고 볼 수 없다(헌재 2014.5.29. 2011헌마363).

12. **특정 직업을 독점할 자유**

    직업선택의 자유는 자신이 원하는 직업 내지 직종을 자유롭게 선택하고, 선택한 직업을 자유롭게 수행할 수 있음을 그 내용으로 하는 것이지, 특정인에게 **배타적·우월적인 직업선택권이나 독점적인 직업활동의 자유**까지 보장하는 것은 아니다(헌재 2001.9.27. 2000헌마52).

13. 청구인이 공중보건의사에 편입되어 **공중보건의사로 복무하는 것**은 병역의 종류의 하나인 보충역으로서 병역의무를 이행하기 위한 것이므로, 직업선택의 자유의 보호대상이 되는 '직업' 개념에 포함된다고 보기 어렵다(헌재 2020.9.24. 2017헌마643).

14. **공중보건의사가 군사교육에 소집된 기간을 복무기간에 산입하지 않도록 규정한 병역법**

    헌법 제15조가 보장하는 직장선택의 자유는 개인이 선택한 직업분야에서 구체적인 취업기회를 가질 수 있도록 하는 것이지 **원하는 직장을 제공하여 줄 것을 청구할 권리**를 보장하는 것은 아니다. '**특정 시점부터 해당 직업을 선택하고 직업수행을 개시할 자유**'가 직업선택의 자유, 직업수행의 자유의 내용으로 보호된다고 보기는 어렵다. 설령 심판대상조항으로 인해 청구인들의 수련 시작이 늦어져 이 점이 개별 수련병원별로 진행되는 채용경쟁상 불리한 요소로 작용할 수 있다고 하더라도, 이는 개별 수련병원의 구체적 사정에 따른 사실상의 불이익에 불과할 뿐이다. 그렇다면 **공중보건의사가 군사교육에 소집된 기간을 복무기간에 산입하지 않도록 규정한 병역법**으로 인해 청구인들의 직업의 자유가 침해될 여지는 없으므로, 위 주장은 더 나아가 판단하지 않는다(헌재 2020.9.24. 2019헌마472).

15. 헌법 제15조가 보장하는 직장선택의 자유는 개인이 선택한 직업분야에서 구체적인 취업기회를 가질 수 있도록 하는 것이지 **원하는 직장을 제공하여 줄 것을 청구할 권리**를 보장하는 것은 아니다(헌재 2002.11.28. 2001헌바50).

02 직업의 자유의 주체

법인은 직업의 자유 주체가 될 수 있다.

03 직업의 자유의 내용

직업결정의 자유	직업결정의 자유는 직종, 직장의 선택뿐 아니라 직업교육장 선택의 자유를 뜻한다. 법인의 설립은 그 자체가 간접적인 직업선택의 자유이다.
직업수행의 자유 (직업행사의 자유)	자신이 선택한 직업에서 개업 · 영업 · 폐업할 자유이다.
직업이탈의 자유	직업이탈의 자유란 직업을 포기할 자유이다.
경쟁의 자유	경쟁의 자유는 직업의 자유를 실제 행사함으로써 나오는 결과이므로 당연히 직업의 자유에 의해 보장되고 다른 기업과의 경쟁에서 국가의 간섭이나 방해 없이 기업활동을 할 수 있는 자유이다(헌재 1996.12.26. 96헌가18 - 자도소주구입강제제도).
직업교육장 선택의 자유	직업선택의 자유에는 필요한 전문지식을 습득하기 위한 직업교육장 선택의 자유도 포함된다. 전공별, 출신대학별 로스쿨 입학정원 제한은 직업교육장 선택의 자유를 제한한다.
겸직의 자유	직업선택의 자유는 여러 개의 직업을 선택하여 동시에 함께 행사할 수 있는 겸직의 자유도 포함한다. ➡ 독점의 자유는 인정되지 않는다.
무직업의 자유	무직업의 자유도 보호된다.

⚖ 판례 ｜ 직업의 자유 보호영역

1. 직업선택의 자유에는 **직업결정의 자유, 직업종사(직업수행)의 자유, 전직의 자유** 등이 포함된다(헌재 1993.5.13. 92헌마80).

2. **직업교육장 선택의 자유**

   헌법 제15조에 의한 직업선택의 자유라 함은 자신이 원하는 직업 내지 직종을 자유롭게 선택하는 직업선택의 자유뿐만 아니라 그가 선택한 직업을 자기가 결정한 방식으로 자유롭게 수행할 수 있는 직업수행의 자유를 포함한다. 그리고 직업선택의 자유에는 자신이 원하는 직업 내지 직종에 종사하는데 필요한 전문지식을 습득하기 위한 직업교육장을 임의로 선택할 수 있는 '직업교육장 선택의 자유'도 포함된다(헌재 2009.2.26. 2007헌마1262).

3. **겸직의 자유**

   헌법 제15조는 … 그 뜻은 누구든지 자기가 선택한 직업에 종사하여 이를 영위하고 언제든지 임의로 그것을 바꿀 수 있는 자유와 여러 개의 직업을 선택하여 동시에 함께 행사할 수 있는 자유, 즉 **겸직의 자유**도 가질 수 있다는 것이다(헌재 1997.4.24. 95헌마90).

4. **식품의 효능에 관하여 표시 · 광고하는 것**은 식품의 제조 · 판매에 관한 영업활동의 중요한 한 부분을 이루므로 그에 관한 규제로 인해 식품제조업자 등의 직업행사의 자유(영업의 자유)가 제한된다(헌재 2000.3.30. 97헌마108).

5. **기업의 자유, 경쟁의 자유**

   ① 직업의 자유는 영업의 자유와 기업의 자유를 포함하고, 이러한 영업 및 기업의 자유를 근거로 원칙적으로 누구나 자유롭게 경쟁에 참여할 수 있다. 경쟁의 자유는 기본권의 주체가 직업의 자유를 실제로 행사하는 데에서 나오는 결과이므로 당연히 직업의 자유에 의하여 보장되고, 다른 기업과의 경쟁에서 국가의 간섭이나 방해를 받지 않고 기업활동을 할 수 있는 자유를 의미한다(헌재 1996.12.26. 96헌가1).

   ② 헌법은 제15조에서 직업선택의 자유를 보장하고 있는바, 이는 기업의 설립과 경영의 자유를 의미하는 기업의 자유를 포함한다(헌재 1998.10.29. 97헌마345).

   ③ 법인의 설립은 그 자체가 간접적인 직업선택의 방법이다(헌재 1996.4.25. 92헌바47).

04 직업의 자유의 제한

1. 직업의 자유의 제한

직업의 자유는 제37조 제2항의 국가안전보장, 질서유지, 공공복리 등의 사유로 과잉금지원칙과 본질적 내용침해금지원칙을 준수하여 법률과 긴급명령 또는 긴급재정·경제명령으로 제한될 수 있다.

> ### ⚖️ 판례 | 직업의 자유 제한 여부
>
> **제한으로 본 것**
>
> 1. **현 농협 조합장의 임기를 연장하고, 차기 농협 조합장 선거의 시기를 늦추는 내용의 농업협동조합법 부칙조항이 직업선택의 자유를 제한한다고 본 사례**
>   농협의 조합장은 헌법 제15조에 의하여 보호되는 직업에 속하는바, 위 부칙조항으로 인하여 현 조합장의 임기가 연장되어 차기 조합장선거의 시기가 늦춰지게 되면 조합장으로 선출될 기회가 늦춰질 수밖에 없으므로, 위 부칙조항은 차기 조합장선거에 입후보하려고 하는 **청구인들의 직업의 자유**를 제한한다(헌재 2012.12.27. 2011헌마562).
>
> 2. **음주측정거부자에 대하여 필요적으로 운전면허를 취소하도록 규정한 도로교통법 제78조 제1항 단서 중 제8호 부분**
>   음주측정거부로 인하여 운전면허가 필요적으로 취소되는 경우, 위 조항은 좁은 의미의 직업선택의 자유와 직업수행의 자유를 포함하는 **직업의 자유**를 제한하는 조항이라고 할 것이고, 한편 자동차 등의 운전을 직업으로 하지 않는 자에 대하여는 운전면허가 필요적으로 취소됨으로써 적법하게 자동차 등을 운전하지 못하게 되므로 위 조항은 행복추구권의 보호영역 내에 포함된 **일반적 행동의 자유**를 제한하는 조항이라고 할 것이다(헌재 2007.12.27. 2005헌바95).
>
> 3. **외국인근로자의 직장변경의 횟수를 제한하고 있는 법률조항**
>   구 '외국인근로자의 고용 등에 관한 법률' 제25조 제4항은 외국인근로자의 사업장 최대변경가능 횟수를 설정하고 있는바, 이로 인하여 외국인근로자는 일단 형성된 근로관계를 포기(직장이탈)하는 데 있어 제한을 받게 되므로 이는 직업선택의 자유 중 직장선택의 자유를 제한하고 있다. 근로의 권리를 제한하지는 않는다(헌재 2011.9.29. 2007헌마1083).
>
> 4. '치료효과를 보장하는 등 소비자를 현혹할 우려가 있는 내용의 광고'금지는 청구인의 표현의 자유를 제한한다. 또한, 헌법 제15조는 직업수행의 자유 내지 영업의 자유를 포함하는 직업의 자유를 보장하고 있는바 의료인 등이 의료서비스를 판매하는 영업활동의 중요한 수단이 되는 의료광고를 규제하는 심판대상조항은 직업수행의 자유도 동시에 제한한다(헌재 2014.9.25. 2013헌바28).
>
> 5. 법학전문대학원 입학자 중 법학 외의 분야 및 당해 법학전문대학원이 설치된 대학 외의 대학에서 학사학위를 취득한 자가 차지하는 비율이 입학자의 3분의 1 이상이 되도록 규정한 법학전문대학원 설치·운영에 관한 법률(헌재 2009.2.26. 2007헌마1262)과 법학전문대학원의 석사학위 취득 후 5년 이내로 변호사시험 응시기간을 제한하는 변호사법(헌재 2013.9.26. 2012헌마365)은 직업선택의 자유를 제한한다.
>
> 6. 보호자동승조항은 어린이통학버스를 운영함에 있어서 반드시 보호자를 동승하도록 함으로써 학원 등의 영업방식에 제한을 가하고 있으므로 청구인들의 직업수행의 자유를 제한한다(헌재 2020.4.23. 2017헌마479).
>
> 7. **변호사 협회의 유권해석에 반하는 내용의 광고를 금지하는 변호사 광고에 관한 규정으로** 법률서비스 온라인 플랫폼 사업자로서 변호사등의 광고·홍보·소개 등에 관한 영업행위에 직접적인 영향을 받게 되므로 직업의 자유를 제한받게 된다(헌재 2022.5.26. 2021헌마619).
>
> 8. 최저임금의 적용을 위해 주(週) 단위로 정해진 근로자의 임금을 시간에 대한 임금으로 환산할 때, 해당 임금을 1주 동안의 소정근로시간 수와 법정 주휴시간 수를 합산한 시간 수로 나누도록 한 최저임금법 시행령은 임금의 수준에 관한 사용자와 근로자 간의 계약 내용을 제한한다는 측면에서는 헌법 제10조 행복

추구권의 일반적 행동자유권에서 파생되는 사용자의 계약의 자유를 제한하고, 근로자를 고용하여 재화나 용역을 제공하는 사용자의 활동을 제한한다는 측면에서는 헌법 제15조의 직업의 자유를 제한한다(헌재 2020.6.25. 2019헌마15).

제한으로 보지 않는 것

1. **형의 집행을 유예하는 경우에 사회봉사를 명할 수 있도록 규정한 형법 제62조의2**
   사회봉사명령으로 인하여 일반적 행동의 자유가 제한됨에 따라 부수적으로 발생하는 결과일 뿐이므로 위 조항이 <u>직업의 자유를 제한한다고 볼 수도 없다</u>(헌재 2012.3.29. 2010헌바100).

2. **경찰청장 퇴직 후 2년 이내 정당활동 금지**
   공무담임권(피선거권)은 **경찰청장이 퇴임 후 공직선거에 입후보하는 경우 정당추천을 배제하는 경찰법** 제11조 제4항 및 부칙 제2조에 의하여 제한되는 청구인들의 기본권이 아니므로, 직업의 자유 또한 위 법률조항에 의하여 제한되는 기본권으로서 고려되지 아니한다(헌재 1999.12.23. 99헌마135).

3. **변호사시험 성적 미공개**
   위 조항은 변호사시험 합격자에 대하여 그 성적을 공개하지 않도록 규정하고 있을 뿐이고, 이러한 시험 성적의 비공개가 청구인들의 법조인으로서의 직역 선택이나 직업수행에 있어서 어떠한 제한을 두고 있는 것은 아니므로 청구인들의 직업선택의 자유를 제한하고 있다고 볼 수 없다(헌재 2015.6.25. 2011헌마769).

4. 퀵서비스 배달업의 직업수행행위를 직접적으로 제한하는 것이 아니므로 **이륜자동차의 고속도로 통행금지**는 직업의 자유를 직접 제한하지는 않는다(헌재 2008.7.31. 2007헌바90).

5. 변경된 성범죄자 신상정보 제출은 거주·이전의 자유, 직업선택의 자유와 직접적인 관계가 있다고 보기 어렵다. 따라서 제출조항으로 인하여 거주·이전의 자유 및 직업선택의 자유가 제한된다고 볼 수 없다(헌재 2016.9.29. 2015헌마548).

2. 직업의 자유의 제한과 단계이론 [허영, 권영성]

(1) 단계이론의 개념
과잉금지의 원칙에 따라 직업의 자유에 대한 침해가 가장 작은 수단으로부터 직업의 자유를 제한해 나가야 한다는 것이 단계이론이다.

(2) 단계이론과 직업의 자유 제한
① 직업의 자유에 대한 제한의 단계는 제1단계가 직업의 자유에 대한 제한이 가장 작은 것이고, 제3단계가 그 제한의 정도가 가장 큰 것이다. 따라서 1·2·3단계 순서대로 직업의 자유를 제한하는 요건이 엄격해진다. 비례원칙을 적용함에 있어서는 더욱 엄격하게 적용된다.
② 헌법재판소는 **직업수행의 자유**는 인격발현에 대한 침해의 효과가 일반적으로 직업선택 그 자체에 대한 제한에 비하여 작기 때문에 **좁은 의미의** 직업선택의 자유에 비하여 <u>상대적으로 폭넓은 법률상의 규제가 가능한 것으로 보아 다소 완화된 심사기준을 적용하여 왔다</u>(헌재 2007.5.31. 2003헌마579).

(3) 단계이론의 적용범위
단계이론은 직업의 자유에만 적용되는 것이 아니라 모든 자유권의 제한에 있어 적용될 수 있다.

(4) 직업의 자유 제한의 3단계
① **제1단계(직업행사의 자유 제한)**: 직업결정의 자유에는 제한을 두지 아니하고 직업행사의 자유에 제한을 두는 것이다(예 택시합승금지, 영업시간 제한).

      ⊙ 당구장 18세 미만 출입금지
      ⓛ 학교정화구역 내 당구장·극장 영업금지
      ⓒ 자도생산 소주구입강제제도
      ⓔ 국산영화 의무상영제
      ⓜ 백화점 버스 운행금지
      ⓗ 요양기관을 보험자 또는 보험자 단체가 강제 지정할 수 있도록 한 것, 의료기관 내지 의료인이 의료보험 비지정 요양기관 내지 비보험의(非保險醫)로서 진료하는 행위의 금지
      ⓢ 부동산 중개수수료 상한제
      ⓞ 학교교과 교습학원의 교습시간을 05:00부터 22:00까지로 제한하는 것
      ⓩ 대형마트에 대한 영업시간제한이나 의무휴업
      ⓧ 비영업용 차량을 광고매체로 이용하는 광고대행행위의 금지

② **제2단계[주관적 사유에 의한 직종결정(직업선택)의 자유 제한]:** 직업선택의 자유를 일정한 자격과 결부시켜 제한하는 것이다. 예를 들면, 법조인 직업은 사법시험에 합격한 사람만 선택할 수 있도록 하는 것이다(예 능력·자격, 학력고사에 의한 대학교 선택, 공무원임용에 있어 일정시험의 합격을 전제조건으로 하는 것).

      ⊙ 군법무관 자격제
      ⓛ 학원강사 자격제
      ⓒ 법학전문대학원 졸업의 변호사시험 자격요건
      ⓔ 사법시험 합격자 정원제
      ⓜ 성폭력범죄로 형이 확정된 자 10년간 의료기관 개설과 취업금지
      ⓗ 운전학원으로 등록되지 않은 자가 대가를 받고 운전교육을 실시하는 행위의 금지

③ **제3단계[객관적 사유에 의한 직종결정(직업선택)의 자유 제한]:** 기본권 주체에게 요청된 모든 전제조건들을 충족시킨 경우에도 객관적 사유로 직업을 선택할 수 없는 경우이다. 객관적 사유에 의한 직업의 자유 제한은 개인의 능력이나 자격이 직업선택에 영향을 미치지 아니하므로 가장 엄격한 제한이다. 따라서 이러한 제한은 월등하게 중요한 공익에 대한 명백하고 확실한 위험을 방지하기 위해 그 필요성이 있다는 것이 엄격히 입증되어야 한다. 엄격한 비례의 원칙이 그 심사척도가 된다(헌재 2002.4.25. 2001헌마614).

      ⊙ 법무사시험실시를 법원행정처장의 재량에 따라 실시하도록 한 것
      ⓛ 경비업자의 경비업 외의 영업금지
      ⓒ 시각장애인에 대하여만 안마사 자격인정을 받을 수 있도록 하는 것

(5) 자격제도

① 과잉금지의 원칙을 적용함에 있어서도, 어떠한 직업분야에 관한 자격제도를 만들면서 그 자격요건을 어떻게 설정할 것인가에 관하여는 국가에게 폭넓은 입법재량권이 부여되어 있는 것이므로 다른 방법으로 직업선택의 자유를 제한하는 경우에 비하여 보다 유연하고 탄력적인 심사가 필요하다 할 것이다(헌재 2003.9.25. 2002헌마519).

② 구체적인 자격제도의 형성에 있어서는 입법자에게 광범위한 입법형성권이 인정되며, 입법자가 합리적인 이유 없이 자의적으로 자격제도의 내용을 규정한 것으로 인정되는 경우에만 그 자격제도가 헌법에 위반된다고 할 수 있다(헌재 2007.5.31. 2006헌마646).

③ 일반적으로 직업선택의 자유를 제한함에 있어, 어떤 직업의 수행을 위한 전제요건으로서 일정한 주관적 요건을 갖춘 자에게만 그 직업에 종사할 수 있도록 제한하는 경우에는 이러한 주관적 요건을 갖추도록 요구하는 것이 누구에게나 제한 없이 그 직업에 종사하도록 방임함으로써 발생할 우려가 있는 공공의 손실과 위험을 방지하기 위한 적절한 수단이고, 그 직업을 희망하는 모든 사람에게 동일하게 적용되어야 하며, <u>주관적 요건 자체가 그 제한목적과 합리적인 관계가 있어야 한다는 과잉금지원칙이 적용되어야 한다</u>(헌재 2012.11.29. 2011헌마801).

④ 일단 자격요건을 구비하여 자격을 부여받았다면 <u>사후적으로 결격사유가 발생했다고 해서 당연히 그 자격을 박탈할 수 있는 것은 아니다</u>(헌재 2014.1.28. 2011헌바252).

⚖️판례 | 변호사와 직업의 자유 침해 여부

헌법 위반인 것

1. **판사, 검사, 군법무관으로 15년 미만 근무한 자**는 변호사 개업 2년 이내의 근무지가 속하는 **지방법원의 관할구역 안에 퇴직한 날로부터 3년간 개업할 수 없도록 한 변호사법**은 정실개입방지라는 목적달성을 할 수 없으므로 직업의 자유 침해이다(헌재 1989.11.20. 89헌가102).

2. 형사사건으로 기소된 변호사에 대한 **법무부장관의 일방적 업무정지**를 규정한 변호사법

3. 법무부 변호사**징계위원회의 징계에 대해 대법원에 상고**하도록 한 변호사법

4. 소송사건의 대리인인 변호사가 수형자를 접견하고자 하는 경우 소송계속 사실을 소명할 수 있는 자료를 제출하도록 규정하고 있는 '형의 집행 및 수용자의 처우에 관한 법률 시행규칙'(헌재 2021.10.28. 2018헌마60)

   ① **제한되는 기본권**: 청구인은 수형자인 박○○의 형사재심청구를 대리하기 위해 선임된 변호사로서 구 형집행법 시행령 제59조의2에 따라 이 사건 접견신청을 하였고 박○○과의 접견은 청구인의 직업수행에 속한다.

   변호사접견은 앞에서 본 바와 같이 접촉차단시설이 설치되지 않은 장소에서 이루어지고 일반접견 횟수에 포함되지 않는 월 4회, 회당 60분의 추가적인 접견이 가능하여 일반접견과 상당한 차이가 있다. 따라서 소송계속 사실 소명자료를 제출하지 못하는 경우 변호사접견이 아니라 일반접견만 가능하도록 규정한 심판대상조항은 변호사인 청구인의 직업수행의 자유를 제한한다.

   소송사건의 대리인인 변호사가 수형자인 의뢰인을 접견하는 경우 변호사의 직업 활동은 변호사 개인의 이익을 넘어 수형자의 재판청구권 보장, 나아가 사법을 통한 권리구제라는 법치국가적 공익을 위한 것이기도 하다. 따라서 이러한 변호사의 직업수행의 자유 제한에 대한 심사에 있어서는 변호사 자신의 직업 활동에 가해진 제한의 정도를 살펴보아야 할 뿐 아니라 그로 인해 접견의 상대방인 수형자의 재판청구권이 제한되는 효과도 함께 고려되어야 하므로, 그 심사의 강도는 일반적인 경우보다 엄격하게 해야 할 것이다.

   ② **과잉금지원칙 위반 여부**

   ㉠ **입법목적의 정당성**: 심판대상조항은 이른바 '집사 변호사' 등 소송사건과 무관하게 수형자를 접견하는 변호사의 접견권 남용행위를 방지함으로써, 한정된 교정시설 내의 수용질서 및 규율을 유지하고, 수용된 상태에서 소송수행을 해야 하는 수형자들의 변호사접견을 원활하게 실시하기 위한 것으로서, 그 입법목적은 정당하다.

   ㉡ **수단의 적합성**: 심판대상조항이 소송계속 사실 소명자료를 제출하도록 규정하고 있어 집사 변호사가 접견권을 남용하여 소를 제기하지도 아니한 채 수형자와 접견하는 것이 방지되는 것은 사실이다. 그러나 집사 변호사라면 소 제기 여부를 진지하게 고민할 필요가 없으므로 얼마든지 불필요한 소송을 제기하고 변호사접견을 이용할 수 있다.

   따라서 심판대상조항이 변호사의 접견권 남용행위 방지에 실효적인 수단이라고 보기 어려울 뿐 아니라 수형자의 재판청구권 행사에 장애를 초래할 뿐이므로, 심판대상조항은 **수단의 적합성이 인정되지 아니한다.**

ⓒ **침해의 최소성**: 심판대상조항에서 소송사건의 대리인인 변호사의 접견에 소송계속 사실 소명자료를 제출하도록 한 것이 집사 변호사 등에 의한 접견권 남용을 방지하기 위함이라고는 하나, 아래에서 보는 바와 같이 그러한 이유만으로 변호사접견에 소송계속 사실 소명자료를 요구할 필요성은 인정되지 아니한다.

따라서 수형자가 소송사건의 대리인인 변호사와 서신수수, 전화통화를 하는 것이 가능하다 하더라도, 변호사가 소 제기 전 단계에서 효율적이고도 충실한 소송준비를 할 수 있을 만큼 접견이 실효적으로 보장되어 있다고 보기 어렵다. 이상의 점들에 비추어 보면, 심판대상조항은 침해의 최소성에 위배된다.

② **법익의 균형성**: 변호사의 노력 여하에 따라 신속히 소가 제기됨으로써 위와 같이 변호사접견이 불허되는 기간이 단축될 수도 있기는 하나, 변호사의 도움이 가장 필요한 시기에 접견에 대한 제한의 정도가 위와 같이 크다는 점에서 수형자의 재판청구권 역시 심각하게 제한될 수밖에 없고, 이로 인해 법치국가원리로 추구되는 정의에 반하는 결과를 낳을 수도 있다는 점에서, 위와 같은 불이익은 매우 크다고 볼 수 있다.

따라서 심판대상조항은 법익의 균형성에 위배된다.

ⓜ **소결**: 심판대상조항은 과잉금지원칙에 위배되어 변호사인 청구인의 직업수행의 자유를 침해한다.

5. **세무사자격 보유 변호사에 대하여 세무사로서의 세무대리를 일체 할 수 없도록 전면 금지**하는 세무사법은 세무사자격 부여의 의미를 상실시키는 것일 뿐만 아니라, 세무사자격에 기한 직업선택의 자유를 지나치게 제한하는 것이므로 세무사자격 보유 변호사의 직업선택의 자유를 침해한다(헌재 2018.4.26. 2015헌가19).

6. 세무사로서 세무조정업무를 일체 수행할 수 없게 됨으로써 세무사자격 보유 변호사가 받게 되는 불이익이 심판대상조항으로 달성하려는 공익보다 경미하다고 보기 어려우므로, **세무사자격 보유 변호사로 하여금 세무조정업무를 할 수 없도록** 규정한 법인세법은 직업선택의 자유를 침해하므로 헌법에 위반된다(헌재 2018.4.26. 2016헌마116).

7. **변호사시험공고** (헌재 2023.2.23. 2020헌마1736)

① **법무부장관이 2020.11.23.에 한 '코로나19 관련 제10회 변호사시험 응시자 유의사항 등 알림' 중 코로나바이러스감염증-19확진환자의 시험 응시를 금지한 부분이 청구인들의 직업선택의 자유를 침해하는지 여부(적극)**: 시험장 개수가 확대됨으로써 응시자들이 분산되고, 시험장 내에서 마스크를 착용하게 함으로써 비말이 전파될 가능성을 최소화할 수 있으며, 자가격리자나 유증상자는 별도의 장소에서 시험에 응시하도록 하는 등 시험장에서의 감염위험을 예방하기 위한 각종 장치가 마련된 사정을 고려할 때, 피청구인으로서는 응시자들의 응시 제한을 최소화하는 방법을 택하여야 할 것이다. 감염병의 유행은 일률적이고 광범위한 기본권 제한을 허용하는 면죄부가 될 수 없고, 감염병의 확산으로 인하여 의료자원이 부족할 수도 있다는 막연한 우려를 이유로 확진환자 등의 응시를 일률적으로 금지하는 것은 청구인들의 기본권을 과도하게 제한한 것이라고 볼 수밖에 없다.

확진환자가 시험장 이외에 의료기관이나 생활치료센터 등 입원치료를 받거나 격리 중인 곳에서 시험을 치를 수 있도록 한다면 감염병 확산 방지라는 목적을 동일하게 달성하면서도 확진환자의 시험 응시 기회를 보장할 수 있다.

따라서 이 사건 알림 중 코로나19 확진환자의 시험 응시를 금지한 부분은 청구인들의 직업선택의 자유를 침해한다.

② **법무부장관이 2020.11.20.에 한 '제10회 변호사시험 일시·장소 및 응시자준수사항 공고' 및 이 사건 알림 중 각 자가격리자의 사전 신청 마감 기한을 '2021.1.3.(일) 18:00'까지로 제한한 부분이 청구인들의 직업선택의 자유를 침해하는지 여부(적극)**: 자가격리자를 위한 별도의 시험장과 감독관 등의 인원이 미리 준비된 이상, 신청기한 이후에 발생한 자가격리자에 대하여 위 별도의 시험장에서 응시할 수 있도록 하는 것이 불가능하거나 어렵다고 보이지 않고, 그렇게 하더라도 시험의 운영이나 관리에 심각한 문제가 발생할 것이라고 단정할 수 없다. 그럼에도 불구하고 시험 운영 및 관리의 편의만을 이유로 신청기한 이후에 자가격리 통보를 받은 사람의 응시 기회를 박탈하는 것은 정당화되기 어렵다.

따라서 이 사건 공고 및 이 사건 알림 중 자가격리자의 사전 신청 마감 기한을 '2021.1.3.(일) 18:00'까지로 제한한 부분은 청구인들의 직업선택의 자유를 침해한다.

③ 법무부장관이 2020.11.23.에 한 '코로나19 관련 제10회 변호사시험 응시자 유의사항 등 알림' 중 고위험자를 의료기관에 이송하도록 한 부분이 청구인들의 직업선택의 자유를 침해하는지 여부(적극): 피청구인은 시험장 출입 시나 시험 중에 발열이나 호흡기 증상이 발현된 사람을 일반 시험실과 분리된 예비 시험실에서 시험에 응시할 수 있도록 하고 있으므로 이를 통해 감염병 확산 방지의 목적을 충분히 달성할 수 있다. 또한 감염병 증상이 악화된 응시자는 본인의 의사에 따라 응시 여부를 판단할 수 있게 하더라도 시험의 운영이나 관리에 심각한 지장이 초래될 것이라고 보기 어렵다.

따라서 이 사건 알림 중 고위험자를 의료기관에 이송하도록 한 부분은 청구인들의 직업선택의 자유를 침해한다.

헌법 위반이 아닌 것

1. 변호사의 자격이 있는 자에게 더 이상 세무사자격을 부여하지 않는 구 세무사법

   변호사에게 세무사의 자격을 부여하면서도 현행법상 실무교육에 더하여 세무대리업무에 특화된 추가교육을 이수하도록 하는 등의 대안을 통해서는 세무사자격 자동부여와 관련된 특혜시비를 없애고 일반국민과의 형평을 도모한다는 입법목적을 달성할 수 없는 점, 변호사의 자격을 가진 사람은 세무사자격이 없더라도 세무사법 제2조 각 호에 열거되어 있는 세무사의 직무 중 변호사의 직무로서 할 수 있는 세무대리를 수행할 수 있고 현행법상 조세소송대리는 변호사만이 독점적으로 수행할 수 있는 점 등을 고려하면, 이 사건 법률조항이 피해의 최소성 원칙에 반한다고 보기 어렵다. 사건 법률조항은 과잉금지원칙에 반하여 청구인들의 직업선택의 자유를 침해한다고 볼 수 없다(헌재 2021.7.15. 2018헌마279).

2. 변호사직무 수행의 공정성과 변호사의 품위 및 신뢰를 담보하기 위해 공무원이었던 변호사가 직무상 취급하거나 취급하게 된 사건을 수임하지 못하도록 한 변호사법은 변호사의 직업수행의 자유를 침해한다고 볼 수 없다(헌재 2016.12.29. 2015헌마880).

3. 변호사가 비변호사로서 유상으로 법률사무를 처리하려는 자에게 자기의 명의를 이용하게 하는 것을 금지한 변호사법은 직업수행의 자유를 침해한다고 볼 수 없다(헌재 2018.5.31. 2017헌바204).

4. 사건 브로커 등의 알선 행위를 조장할 우려가 큰 변호사의 행위를 금지하는 변호사법은 직업의 자유 침해가 아니다(헌재 2013.2.28. 2012헌바62).

5. 변호사로서의 품위를 손상하는 행위를 한 경우를 징계사유로 규정한 구 변호사법은 직업의 자유 침해가 아니다(헌재 2012.11.29. 2010헌바454).

6. 특허침해소송은 고도의 법률지식 및 공정성과 신뢰성이 요구되는 소송으로, 특허, 실용신안, 디자인 또는 상표의 침해로 인한 손해배상, 침해금지 등의 민사소송에서 변리사에게 소송대리를 허용하지 않고 있는(변호사에 한해 소송대리를 인정하고 있는) 구 변리사법 제8조는 직업의 자유 침해가 아니다(헌재 2012.8.23. 2010헌마740).

7. 변호사제도의 목적을 달성하기 위해서는 비변호사의 법률사무취급의 금지는 불가피한 것으로 직업의 자유 침해가 아니다(헌재 2007.8.30. 2006헌바96).

8. 수임사건의 건수 및 수임액을 소속 지방변호사회에 보고하도록 규정하고 있는 구 변호사법은 직업의 자유 침해가 아니다(헌재 2009.10.29. 2007헌마667).

9. 장기간 복무할 군법무관을 효과적으로 확보하기 위한 것으로 군법무관 임용시험에 합격한 군법무관들에게 군법무관시보로 임용된 때부터 10년간 근무하여야 변호사자격을 유지하게 한 '군법무관 임용 등에 관한 법률' 제7조는 직업선택의 자유 침해가 아니다(헌재 2007.5.31. 2006헌마767).

10. 사법시험 합격자 정원제 (헌재 2010.5.27. 2008헌바110)

    ① 정원제로 사법시험의 합격자를 결정하는 방법이 객관적인 사유에 의한 직업선택의 자유의 제한에 해당하는지 여부(소극): 시험제도란 본질적으로 응시자의 자질과 능력을 측정하는 것이므로 이는 객관적 사유가 아닌 주관적 사유에 의한 직업선택의 자유의 제한이다.

    ② 법조 인력의 질적 수준을 유지하기 위한 사법시험의 합격자를 정원제로 선발하도록 규정하고 있는 사법시험법 제4조는 직업의 자유 침해가 아니다.

11. 사법시험법 폐지

입법형성의 자유가 폭 넓게 인정되는 전문직 자격제도에 관한 심판대상조항의 위헌성을 판단함에 있어서는 헌법 제37조 제2항의 요구가 다소 완화된다. 사법시험법의 폐지와 법학전문대학원의 도입을 전제로 하여 교육을 통한 법조인을 양성하려는 심판대상조항은 청구인들의 직업선택의 자유를 침해하지 아니한다(헌재 2016.9.29. 2012헌마1002).

12. **변호사시험에 응시하려는 사람은 법학전문대학원의 석사학위**를 취득하여야 한다는 자격요건을 규정하고 있는 변호사시험법은 직업선택의 자유를 침해하지 않는다(헌재 2012.4.24. 2009헌마608).

13. 다양한 경력을 가진 우수한 법조인의 배출을 위해서 **입학정원의 3분의 1을 비법학전공자로 하도록** 한 법학전문대학원 설치·운영에 관한 법률 제1조는 직업의 자유 침해가 아니다(헌재 2009.2.26. 2007헌마1262).

14. **법학전문대학원에 입학할 수 있는 자는 학사학위를 가지고 있거나** 법령에 따라 이와 동등 이상의 학력이 있다고 인정된 자로 한다고 규정한 '법학전문대학원 설치·운영에 관한 법률' 제22조가 학사학위가 없는 자의 직업선택의 자유를 침해한다고 할 수 없다(헌재 2016.3.31. 2014헌마1046).

15. 여자대학으로서의 전통을 유지하려는 이화여자대학교의 대학의 자율성을 보장하고자 한 것이므로, 사립대학인 학교법인 **이화학당의 법학전문대학원 모집요강인가**는 직업의 자유 침해가 아니다(헌재 2013.5.30. 2009헌마514). ➡ 이화학당의 모집요강은 공권력 행사가 아니나, 이화학당 모집요강에 대한 교육부장관의 인가가 공권력 행사이다.

16. **변호사시험 응시횟수 제한**은 변호사시험에 무제한 응시함으로 인하여 발생하는 인력 낭비, 응시인원의 누적으로 인한 시험합격률의 저하 및 법학전문대학원의 전문적인 교육효과 소멸 등을 방지하고자 하는 공익은 청구인들의 제한되는 기본권에 비하여 더욱 중대하다. 따라서 **변호사시험 응시기회제한조항**은 법익의 균형성도 인정된다[헌재 2016.9.29. 2016헌마47·361·443·584·588(병합)].

17. 법률사건은 그 사무처리에 있어서 고도의 법률지식을 요하고 공정성과 신뢰성이 요구된다는 점을 생각할 때, **금고 이상 형의 집행 후 5년간 변호사가 될 수 없도록 한 변호사결격사유**는 직업선택의 자유 침해가 아니다(헌재 2006.4.27. 2005헌마997).

유사 금고 이상의 형의 집행유예를 선고받고 그 유예기간이 지난 후 2년이 지나지 아니한 사람에 대하여 **변호사시험에 응시할 수 없도록 규정한 변호사시험법** 제6조 제3호가 직업의 자유를 침해하는 것은 아니다(헌재 2013.9.26. 2012헌마365).

유사 형의 집행유예를 받고 그 기간이 종료한 후 1년이 경과하지 아니한 자에 대하여 **세무사자격시험에 응시할 수 없도록 한 세무사법** 제5조 제2항 중 제4조 제6호 부분은 직업선택의 자유를 침해하지 않는다(헌재 2002.8.29. 2002헌마160).

유사 금고 이상의 실형을 선고받고 그 형의 집행이 종료되거나 면제되지 아니한 자는 **농수산물 중도매업 허가**를 받을 수 없다고 규정한 농수산물유통및가격안정에관한법률은 직업선택의 자유를 침해하지 않는다(헌재 2005.5.26. 2002헌바67).

유사 금고 이상의 실형을 선고받고 그 집행이 끝나거나 집행이 면제된 날로부터 3년이 지나지 아니한 사람은 **행정사**가 될 수 없다고 규정한 행정사법 제6조 제3호가 직업선택의 자유를 침해한다고 할 수 없다(헌재 2015.3.26. 2013헌마31).

유사 사회복지사업 또는 그 직무와 관련하여 횡령죄 등을 저질러 집행유예의 형이 확정된 후 7년이 경과하지 아니한 사람은 **사회복지시설의 종사자**가 될 수 없도록 규정한 사회복지사업법은 직업선택의 자유를 침해한다고 할 수 없다(헌재 2015.7.30. 2012헌마1030).

유사 경제적으로 파탄상태에 이른 교원이 공평무사하게 학생들을 교육하는 본업에 전념할 수 있을지에 관하여는 회의적일 수밖에 없으므로 **파산자로서 복권되지 못한 자의 교원자격박탈**을 규정한 사립학교법 제57조는 직업의 자유 침해가 아니다(헌재 2008.11.27. 2005헌가21).

유사 신용협동조합법을 위반하여 벌금형을 선고받은 사람은 5년간 **조합의 임원**이나 발기인이 될 수 없도록 한 것은 청구인의 직업선택의 자유를 침해하지 아니한다(헌재 2018.7.26. 2017헌마452).

유사 형법상 상해죄를 범하여 벌금형을 선고받고 5년이 지나지 아니한 사람은 화약류관리보안책임자의 면허를 받을 수 없다고 정한 구 총포·도검·화약류 등 단속법이 직업의 자유를 침해한다고 볼 수 없다(헌재 2019.8.29. 2016헌가16).

18. 변호사 등록을 신청하는 자에게 등록료 1,000,000원을 납부하도록 정한 대한변호사협회의 변호사 등록 등에 관한 규칙 (헌재 2019.11.28. 2017헌마759)

   ① 변호사 등록제도는 그 연혁이나 법적 성질에 비추어 보건대, 원래 국가의 공행정의 일부라 할 수 있으나, 국가가 행정상 필요로 인해 대한변호사협회에 관련 권한을 이관한 것이다. 따라서 변협이 변호사 등록사무의 수행과 관련하여 정립한 규범인 심판대상조항들은 헌법소원대상인 공권력의 행사에 해당한다.

   ② 변협의 등록료에 대한 자율성과 재량은 신규가입을 제한할 목적으로 또는 그와 동일한 효과를 가질 정도로 높아서는 아니 된다는 한계를 갖는다. 우리나라의 현재 경제상황과 화폐가치, 변호사 개업 후 얻게 될 사회적 지위 및 수입수준, 법정단체에 가입이 강제되는 유사직역의 입회비 등을 고려했을 때 금 1,000,000원이라는 돈이 신규가입을 제한할 정도로 현저하게 과도한 금액이라고 할 수는 없다. 따라서 심판대상조항들은 과잉금지원칙에 위반하여 청구인의 직업의 자유를 침해하지 않는다.

19. 법무법인에 대하여 변호사법 제38조 제2항(변호사 겸직허가)을 준용하지 않고 있는 변호사법

   법무법인이 변호사회 등의 허가를 받아 영리행위를 할 수 있도록 하는 방법으로는 심판대상조항과 동등한 수준으로 입법목적을 달성할 것으로 보기 어렵다. 또한 법무법인이 영리행위를 겸업할 경우에는 변호사와 달리 '법무법인'의 명칭 사용이 불가피하여 영리행위와 변호사 직무의 구분이 현실적으로 어렵게 되고, 법무법인의 구성원 변호사들은 자신에 대한 겸직허가를 받아 영리행위를 하거나 영리법인을 설립할 수 있으므로, 법무법인의 구성원 변호사의 기본권 실현에 특별한 지장이 있다고 보기도 어렵다. 이러한 점들을 종합하면, 심판대상조항이 피해의 최소성 및 법익의 균형성 원칙에 위반된다고 볼 수 없다. 그렇다면 심판대상조항은 과잉금지원칙에 위반되어 법무법인의 영업의 자유를 침해하지 않는다(헌재 2020.7.16. 2018헌바195).

20. 변호사시험에 응시하려는 사람이 납부하여야 할 응시 수수료를 일률적으로 20만원으로 정하고 있는 변호사시험법 시행규칙

   경제적 약자를 배려하기 위해 변호사시험 응시 수수료 감면제도가 마련되는 것이 바람직할 수는 있지만, 이는 입법자가 법조인 양성 제도 전반과 예산 등을 종합적으로 검토하여 결정하여야 할 사항이고, 현재 변호사시험 응시 수수료로 인한 경제적 부담 수준이 청구인과 같은 경제적 약자에 대해서 변호사시험에 응시하는 것이 곤란할 정도에 이른다고 볼 수는 없다. 따라서 심판대상조항은 과잉금지원칙에 반하여 청구인의 직업의 자유를 침해하지 않는다(헌재 2021.10.28. 2020헌마1283).

21. 변호사는 계쟁권리(係爭權利)를 양수할 수 없다고 규정한 변호사법 제32조

   심판대상조항은 변호사에게 요구되는 윤리성을 담보하고, 의뢰인과의 신뢰관계 균열을 방지하며, 법률사무 취급의 전문성과 공정성 등을 확보하고자 마련된 것이다. 계쟁권리 양수는 변호사의 직무수행 과정에서 의뢰인과의 사이에 신뢰성과 업무수행의 공정성을 훼손할 우려가 크기에 양수의 대가를 지불하였는지를 불문하고 금지할 필요가 있다. 양수가 금지되는 권리에는 계쟁목적물은 포함되지 않으며 '계쟁 중'에만 양수가 금지된다는 점을 고려하면 변호사로 하여금 계쟁권리를 양수하지 못하도록 하는 것을 과도한 제한이라고 볼 수 없다. 따라서 이 조항은 변호사의 직업수행의 자유를 침해하지 않는다(헌재 2021.10.28. 2020헌바488).

22. 민사재판, 행정재판, 헌법재판 등에서 소송사건의 대리인이 되려고 하는 변호사는 아직 소송대리인으로 선임되기 전이라는 이유로 접촉차단시설이 설치된 장소에서 일반접견의 형태로 수용자를 접견하도록 한 '형의 집행 및 수용자의 처우에 관한 법률 시행령' (헌재 2022.2.24. 2018헌마1010)

   ① 제한되는 기본권: 심판대상조항은 변호사인 청구인의 직업수행의 자유를 제한한다. 청구인은 교정시설 내에 있는 수용자의 재판청구권이나 접견교통권의 핵심적인 부분을 실질적으로 보호하기 위해서는 소송사건의 대리인이 되고자 하는 변호사의 기본권으로서 재판청구권이나 접견교통권이 보호되어야 한다고 주장한다. 그러나 변호사가 소송사건의 대리인이 되어 소송절차에서 당사자의 재판청구권 행사를 위해 조력하는 것은 변호사라는 직업의 내용 중 본질적인 부분이라 할 것이므로, 청구인의 위 주장은 소송대리인이 되려고 하는 변호사의 직업수행의 자유를 보호할 필요성을 강조한 것에 다름 아니다. 따라서 이 부분 주장은 심판대상조항이 변호사인 청구인의 직업수행의 자유를 침해하는지 여부를 판단함에 있어

검토하는 것으로 충분하고, 따로 판단하지 않는다.

② **접촉차단시설이 설치되지 않은 장소에서의 수용자 접견 대상을 소송사건의 대리인인 변호사로 한정한 구 '형의 집행 및 수용자의 처우에 관한 법률 시행령' 제58조 제4항 제2호가 변호사인 청구인의 직업수행의 자유를 침해하는지 여부(소극):** 수용자가 소를 제기하지 아니한 상태에서 소송대리인이 되려는 변호사의 접견을 소송대리인인 변호사의 접견과 같은 형태로 허용한다면 소송제기 의사가 진지하지 않은 수용자가 이를 악용할 우려가 있고, 소송사건이 계속 중인 상태에서 수용자가 소송대리인으로 선임할 의사를 표시하였으나 선임신고가 이루어지지 않았을 뿐인 경우에도 선임신고가 이루어지기까지 특별한 절차나 상당한 시간이 소요된다고 보기 어려워 예외적으로 접촉차단시설이 설치되지 않은 장소에서 접견을 허용해야 할 필요가 있다고 보기 어렵다. 민사·행정 등 일반적인 소송사건의 경우 형 집행의 원인이 되는 확정판결과 직접 관련되어 있다거나 소송대리인이 되려는 변호사와의 접견 장소나 방법에 특례를 두어야 할 정도로 요건과 절차가 특별히 까다롭다고 볼 수 없다. 따라서 심판대상조항은 변호사인 청구인의 업무를 원하는 방식으로 자유롭게 수행할 수 있는 자유를 침해한다고 할 수 없다.

23. **공증인법 제10조 제2항 전문 및 법무부령으로 각 지방검찰청 소속 공증인의 정원을 정한 '공증인의 정원 및 신원보증금에 관한 규칙' 제2조**
공증사무는 국가사무의 일종으로서 부실한 공증을 사전에 방지하는 것은 공증사무의 적절성과 공정성을 확보하고 공증사무 전체에 대한 국민의 신뢰를 제고한다는 측면에서 중요한 의미를 갖는 점, 공증인에 대한 관리·감독이 실효적으로 이루어지기 위해서는 법무부가 공증인을 유효·적절하게 관리할 수 있을 만큼 공증인의 정원을 제한할 필요가 있는 점, 공증사무만을 전담하는 임명공증인의 정원을 늘리는 대신 변호사 업무와 공증사무를 겸업하는 인가공증인의 정원을 축소한 것은 공증사무의 적정성, 신뢰성 확보를 위한 것인 점, 2009년 공증인법 개정 이후 공증사무 수요에 큰 변화가 없는 상태에서 공증인 정원을 증원하지 않은 것은 일응 수긍할 만한 이유가 있다고 보이는 점 등을 고려하면 이 사건 정원 규정은 입법형성권의 한계를 벗어나 청구인들의 직업의 자유를 침해하지 아니한다(헌재 2022.11.24. 2019헌마572).

⚖️ **판례 | 의사·약사와 직업의 자유 침해 여부**

[헌법 위반인 것]

1. **치과전문의자격시험 관련 보건복지부장관의 입법부작위 위헌확인**
청구인들은 치과대학을 졸업하고 국가시험에 합격하여 치과의사 면허를 받았을 뿐만 아니라, 전공의수련과정을 사실상 마쳤다. 그런데 현행 의료법과 위 규정에 의하면 치과전문의의 전문과목은 10개로 세분화되어 있고, 일반치과의까지 포함하면 11가지의 치과의가 존재할 수 있는데도 이를 시행하기 위한 시행규칙의 미비로 청구인들은 일반치과의로서 존재할 수 밖에 없는 실정이다. 따라서 이로 말미암아 청구인들은 직업으로서 치과전문의를 선택하고 이를 수행할 자유(**직업의 자유**)를 침해당하고 있다. 또한 청구인들은 전공의수련과정을 사실상 마치고도 치과전문의자격시험의 실시를 위한 제도가 미비한 탓에 치과전문의자격을 획득할 수 없었고 이로 인하여 형벌의 위험을 감수하지 않고는 전문과목을 표시할 수 없게 되었으므로 **행복추구권**을 침해받고 있고, 이 점에서 전공의수련과정을 거치지 않은 일반 치과의사나 전문의시험이 실시되는 다른 의료분야의 전문의에 비하여 **불합리한 차별**을 받고 있다(헌재 1998.7.16. 96헌마246).

2. **치과전문의 업무범위를 전문과목으로 표시한 전문과목으로 한정** (헌재 2015.5.28. 2013헌마799)
① **신뢰보호:** 치과의원에서 전문과목을 표시할 수 있게 되면 모든 전문과목의 진료를 할 수 있을 것이라고 신뢰하였다고 주장하나, 이와 같은 신뢰는 장래의 법적 상황을 청구인들이 미리 일정한 방향으로 예측 내지 기대한 것에 불과하므로 전문과목을 표시한 치과의원은 그 **표시한 전문과목에 해당하는 환자만을 진료하여야 한다**고 규정한 의료법이 신뢰보호원칙에 위배되어 청구인들의 직업수행의 자유를 침해한다고 할 수 없다.
② **명확성:** 전문과목을 표시한 치과의원은 그 표시한 전문과목에 해당하는 환자만을 진료하여야 한다고 규정한 의료법이 명확성원칙에 위배되어 청구인들의 직업수행의 자유를 침해한다고 할 수 없다.

③ **과잉금지**: 치과전문의는 표시한 전문과목 이외의 다른 모든 전문과목에 해당하는 환자를 진료할 수 없게 되므로 기본권 제한의 정도가 매우 크다. 전문과목을 표시한 치과의원은 그 표시한 전문과목에 해당하는 환자만을 진료하여야 한다고 규정한 의료법은 과잉금지원칙에 위배되어 청구인들의 직업수행의 자유를 침해한다.

④ **평등권**: 치과일반의는 전문과목을 불문하고 모든 치과 환자를 진료할 수 있음에 반하여, 치과전문의는 치과의원에서 전문과목 이외의 다른 모든 전문과목의 환자를 진료할 수 없게 되는바, 이는 합리적인 이유를 찾기 어렵다. 따라서 심판대상조항은 청구인들의 평등권을 침해한다.

3. 외국의 의료기관에서 치과전문의 과정을 이수한 사람에 대해 치과전문의 자격시험에 앞서 예비시험제도를 두는 등 직업의 자유를 덜 제한하는 방법으로도 입법목적을 달성할 수 있으므로 **외국의 의료기관에서 치과전문의 과정을 이수한 사람을 치과전문의 자격을 인정받을 수 있는 사람으로 포함하지 아니한** 치과의사전문의의 수련 및 자격인정에 관한 규정은 과잉금지원칙에 위배되어 청구인들의 직업수행의 자유를 침해한다 (헌재 2015.9.24. 2013헌마197).

4. 의료법 제19조의2 제2항의 **태아의 성감별행위를 금지하고** 임신 전 기간에 걸쳐 고지를 금지하는 것은 의료인의 직업의 자유 침해이다(헌재 2008.7.31. 2004헌마1010).

5. 진단 등과 같이 위험이 없는 영역까지 전면적으로 금지하는 것은 지나치다. **양방과 한방 복수면허 의료인에 대하여 하나의 의료기관만을 개설할 수 있도록 한** 의료법 조항은 직업의 자유를 침해하는 것이다(헌재 2007.12.27. 2004헌마1021).

6. 특정 의료기관이나 **특정 의료인의 기능·진료방법에 관한 광고를 금지**하는 것은 직업의 자유를 침해한다(헌재 2005.10.27. 2003헌가3).

7. 법인설립은 직업수행의 자유의 본질적 요소이다. **약사법인의 약국운영을 금지한** 약사법 제16조는 직업행사의 자유와 결사의 자유를 침해하는 것이다(헌재 2002.9.19. 2000헌바84).

헌법 위반이 아닌 것

1. **복수의료기관 운영금지**
   소수의 의료인에 의한 의료시장의 독과점 및 의료시장의 양극화를 방지하기 위한 것이다. 국가가 국민의 건강을 보호하고 적정한 의료급여를 보장해야 하는 사회국가적 의무 등을 종합하여 볼 때, 이 사건 법률조항은 과잉금지원칙에 반한다고 할 수 없다(헌재 2019.8.29. 2014헌바212).

2. **약사가 한약의 조제권을** 상실한다고 하더라도 어느 정도 소득의 감소만을 초래할 뿐 약사라는 본래적인 직업의 주된 활동을 위축시키거나 그에 현저한 장애를 가하여 사실상 약사라는 직업을 포기하게 하는 결과를 초래하는 것은 아니므로, **약사의 한약조제금지**는 직업의 자유 침해가 아니다(헌재 1997.11.27. 97헌바10).

3. '약사 또는 한약사가 아닌 **자연인'의 약국 개설을 금지**는 약국 개설은 전 국민의 건강과 보건, 나아가 생명과도 직결된다는 점에서, 달성되는 공익보다 제한되는 사익이 더 중하다고 볼 수 없다(헌재 2020.10.29. 2019헌바249).

4. **요양기관강제지정제**
   보다 양질의 의료행위를 제공할 수 있기 위한 요양기관강제지정제는 직업의 자유 침해가 아니다(헌재 2002.10.31. 99헌바76).

5. **산재근로자도 종합전문요양기관**에서 전문적인 치료와 양질의 의료서비스를 제공받을 수 있도록 보장하기 위하여 국민건강보험법 제40조 제2항에 따른 종합전문요양기관은 **신청에 따른 별도의 지정행위 없이 당연히** 산재보험 의료기관으로 되도록 규정한 구 산업재해보상보험법 제43조 제1항은 직업수행의 자유 침해라 할 수 없다(헌재 2011.6.30. 2008헌마595).

6. 외국 의과대학의 교과 내지 임상교육 수준이 국내와 차이가 있을 수 있으므로 국민의 보건을 위하여 의사·치과의사 또는 한의사가 되고자 하는 자는 학사의 자격을 가진 자로서 국가시험에 합격하여야 한다는 규정에 따라, **외국에서 치과대학·의과대학을 졸업한 우리 국민이 국내면허시험을 치기 위해서는 기존의 응시요건에 추가하여 새로운 예비시험을 실시하도록** 하는 것은 직업선택의 자유 침해가 아니다(헌재 2003.4.24. 2002헌마611).

7. 의료인이 아닌 자의 의료행위를 금지한 의료법 제25조(무면허 의료행위의 금지)는 직업의 자유 침해가 아니다(헌재 2002.12.18. 2001헌마370).

8. 입원환자에 대하여 의약분업의 예외를 인정하면서도 의사로 하여금 조제를 직접 담당하도록 하는 구 약사법과 약사법은 직업수행의 자유를 침해하지 아니한다(헌재 2015.7.30. 2013헌바422).

9. 의료기관의 시설 또는 부지의 일부를 분할 · 변경 또는 개수(改修)하여 약국을 개설하는 경우 약국의 개설등록을 받지 않도록 **규정한** 약사법은 의료기관과 약국의 담합행위를 막아 궁극적으로 국민건강을 증진시키기 위한 것이다. 그렇다면 심판대상조항은 청구인의 직업수행의 자유를 침해하지 않는다(헌재 2018.2.22. 2016헌바401).

10. 의료기기 가격이 인상되고 환자에게 그 비용이 부당하게 전가되는 것을 방지를 위해 **리베이트를 수수한 의료인을 처벌하도록** 한 의료법 제88조의2는 직업의 자유를 침해하지 않는다(헌재 2015.11.26. 2014헌바299).

    유사 약사의 의약품 **리베이트수수를** 처벌하는 약사법은 직업의 자유를 침해하지 않는다(헌재 2016.2.25. 2014헌바393).

    유사 **의료기기 수입업자가 의료기관 개설자에게 리베이트를** 제공하는 경우를 처벌하는 구 의료기기법은 의료기기 수입업자 또는 의료인의 직업의 자유를 침해한다고 볼 수 없다(헌재 2018.1.25. 2016헌바201).

11. 허위진료비를 청구한 의료인의 **면허를 취소하도록** 한 의료법은 직업의 자유를 침해하지 않는다(헌재 2017. 6.29. 2016헌바394).

12. 안경사의 안경제조행위 및 그 전제가 되는 도수측정행위를 허용하는 것은 안과의사의 의료권과 직업선택의 자유를 침해하는 것이 아니다(헌재 1993.11.25. 92헌마87).

13. 의료기기의 효율적인 관리를 통한 국민의 생명권과 건강권의 보호라는 공익을 달성하기 위한 것으로서 **품목허가를 받지 아니한 의료기기를 수리 · 판매 · 임대의 목적으로 수입하는 것을 금지하는** 구 의료기기법은 직업수행의 자유를 침해하지 않는다(헌재 2015.7.30. 2014헌바6).

14. **금고 이상의 형을 선고받은 경우 의료인의 면허를 필요적으로 취소하도록 규정한 의료법**
    의료관련범죄와 기타범죄가 동시적 경합범으로 처벌되는 경우에도, 의료관련범죄에 대한 형의 종류 선택 및 이에 따른 면허 취소 여부는 기타범죄에 대한 형의 종류 선택과 독립적으로 결정되므로, 형의 분리 선고 규정을 두지 않았다고 하여 침해의 최소성 원칙에 반한다고 할 수도 없다. 심판대상조항은 과잉금지원칙에 반하여 직업선택의 자유를 침해하지 않는다(헌재 2020.4.23. 2019헌바118).

15. **혈액투석 의료급여의 수가기준**
    심판대상조항으로 의사가 입게 되는 불이익이 한정된 재원의 범위에서 최적의 의료서비스를 공급하려는 공익에 비하여 더 크다고 볼 수 없다. 심판대상조항은 의사의 직업수행의 자유를 침해하지 않는다(헌재 2020.4.23. 2017헌마103).

16. **교육부장관의 '2019학년도 대학 보건 · 의료계열 학생정원 조정계획' 중 2019학년도 여자대학 약학대학의 정원을 동결한 부분**
    청구인은 여자대학을 제외한 다른 약학대학에 입학하여 소정의 교육을 마친 후 약사국가시험을 통해 약사가 될 수 있는 충분한 기회와 가능성을 가지고 있다. 따라서 이 사건 조정계획으로 인하여 청구인이 받게 되는 불이익보다 원활하고 적정한 보건서비스를 제공하려는 공익이 더 크다고 할 것이므로, 이 사건 조정계획은 법익의 균형성도 갖추었다. 그러므로 이 사건 조정계획은 청구인의 직업선택의 자유를 침해한다고 볼 수 없다(헌재 2020.7.16. 2018헌마566).

17. **약국개설자로 하여금 약국 이외의 장소에서 의약품을 판매할 수 없도록 하고 있는 약사법**
    의약품의 판매장소를 약국 내로 제한하는 것은 약사가 환자를 직접 대면하여 충실한 복약지도를 할 수 있게 하고, 보관과 유통과정에서 의약품이 변질 · 오염될 가능성을 차단하며, 중간 과정 없는 의약품의 직접 전달을 통하여 약화사고시의 책임소재를 분명하게 함으로써 궁극적으로는 국민보건을 향상 · 증진시킨다는 입법목적을 달성하기 위하여 필요한 최소한의 조치이다. 2012년 안전상비의약품의 약국 외 판매 제도가 시행되었고, 최근에는 코로나19 팬데믹(pandemic) 사태로 인하여 의사 · 환자 간 비대면 진료 · 처방이 한시적으로 허용되었지만, 의약품 판매는 국민의 건강과 직접 관련된 보건의료 분야라는 점을 고려할 때 심판대상조항이 의약품의 판매장소를 약국으로 제한하는 것은 여전히 불가피한 측면이 있다. 따라서 심판대상조항이 과잉금지원칙을 위반하여 약국개설자의 직업수행의 자유를 침해한다고 볼 수 없다(헌재 2021.12.23. 2019헌바87).

18. 누구든지 약사법 **제42조 제1항을 위반하여 수입된 의약품을 판매**하거나 **판매할 목적으로 저장 또는 진열하여서는 아니 된다**고 규정한 구 약사법은 유효성 및 안전성이 검증되지 아니한 해외 의약품의 국내 유통을 막고, 건전한 의약품의 유통체계 및 판매질서를 확립함으로써 국민 보건의 향상에 기여하기 위한 것이다. 동물의 진료에 사용되는 의약품이라고 하여 국민 신체의 안전이나 국민 보건에 미치는 영향이 경미하다고 보기 어렵다. 따라서 동물의 진료에 사용되는 의약품의 수입 규제나 판매 규제를 완화하는 것이 직업수행의 자유를 덜 침해하는 대안이 될 수는 없다. 또한 약사법은 임상시험용 의약품이나 방역, 방제 등을 위하여 긴급히 사용할 필요가 있는 의약품의 경우에 품목허가 또는 품목신고 없이 의약품을 수입할 수 있는 예외 조항을 두고 있다. 따라서 심판대상조항은 과잉금지원칙에 위배되어 직업수행의 자유를 침해하지 아니한다(헌재 2022.10.27. 2020헌바375).

19. 의료기관의 장으로 하여금 보건복지부장관에게 비급여 진료비용에 관한 사항을 보고하도록 한 의료법 제45조의2 제1항이 과잉금지원칙에 반하여 의사의 직업수행의 자유와 환자의 개인정보자기결정권을 침해하는지 여부(소극)

비급여는 급여와 달리 사회적 통제기전이 없어 국민들이 비급여 진료의 필요성과 위험성을 바탕으로 진료 여부를 결정할 수 있는 체계가 부족하고, 그동안 시행되었던 표본조사의 방법으로는 비급여 현황을 정확히 파악하는 데 한계가 있다. 병원마다 제각각 비급여 진료의 명칭과 코드를 사용하고 있으므로 구체적인 진료 내역을 추가로 조사할 수밖에 없고, 보고된 정보는 입법목적에 필요한 용도로만 제한적으로 이용하고 안전하게 관리되도록 관련 법률에서 명확히 규정하고 있으며, 보고의무의 이행에 드는 노력이나 시간도 의사의 진료활동에 큰 부담을 주는 정도라고 보기 어렵다. 따라서 보고의무조항은 과잉금지원칙에 반하여 청구인들의 기본권을 침해하지 아니한다(헌재 2023.2.23. 2021헌마93).

20. 의료기관 개설자로 하여금 보건복지부장관이 정하여 고시하는 비급여 대상을 제공하려는 경우 환자 또는 환자의 보호자에게 진료 전 해당 비급여 대상의 항목과 가격을 직접 설명하도록 한 의료법 시행규칙

설명의무조항은 환자의 알권리와 의료선택권을 보장하기 위한 것으로서, 환자는 자신에게 필요한 비급여 항목과 비용을 알아야만 지불능력, 비용 대비 효과 등을 고려하여 해당 진료를 받을 것인지 여부를 결정할 수 있다. 또한 의료기관 개설자가 지정하는 의료인이나 의료기관 종사자도 설명의 주체가 될 수 있도록 함으로써 의료기관 개설자의 설명의무 부담을 완화하고 있다. 따라서 설명의무조항은 과잉금지원칙에 반하여 청구인들의 기본권을 침해하지 아니한다(헌재 2023.2.23. 2021헌마93).

⚖ 판례 | 행정사·법무사와 직업의 자유 침해 여부

헌법 위반인 것

1. 법원행정처장이 법무사를 보충할 필요가 없다고 인정하면 법무사시험을 실시하지 아니해도 된다는 것인바, **법원행정처장은 법무사를 보충할 필요가 있다고 인정되는 경우에는 대법원장의 승인을 얻어 법무사시험을 실시할 수 있다고 규정한 법무사법 시행규칙 제3조**는 직업선택의 자유 침해이다(헌재 1990.10.15. 89헌마178). ➡ 대법원규칙인 법무사법 시행규칙도 헌법소원의 대상이 될 수 있다.

2. 행정사법은 시험의 실시 여부까지 대통령령에 위임한 것은 아니므로 행정사법 시행령 제4조 제3항 중 **'행정사의 수급상황을 조사하여 행정사 자격시험의 실시가 필요하다고 인정하는 때 시험실시계획을 수립하도록 한 부분'**은 법률유보원칙에 위반하여 청구인의 직업선택의 자유를 침해한다(헌재 2010.4.29. 2007헌마910).

3. **행정사 모든 겸직금지**는 공익의 실현을 위하여 필요한 정도를 넘어 직업선택의 자유를 지나치게 침해하는 위헌적 규정이다(헌재 1997.4.24. 95헌마90).

4. **시각장애인에 한하여 안마사 자격 인정한 안마사 시행규칙**은 기본권 제한에 관한 법률유보원칙에 위배하여 일반인의 직업선택의 자유를 침해하고 있으므로 헌법에 위반된다(헌재 2006.5.25. 2003헌마715).

헌법 위반이 아닌 것

1. **시각장애인에 한해 안마사가 될 수 있도록 한 의료법규정**

   시각장애인의 생존권 등 공익과 그로 인해 잃게 되는 일반국민의 직업선택의 자유 등 사익을 비교해 보더라도, 공익과 사익 사이에 법익 불균형이 발생한다고 단정할 수도 없다. 따라서 이 사건 법률조항이 헌법 제37조 제2항에서 정한 기본권제한입법의 한계를 벗어나서 비시각장애인의 직업선택의 자유를 침해하거나 평등권을 침해한다고 볼 수는 없다(헌재 2008.10.30. 2006헌마1098).

2. 현행 약사법체계상 한약업사의 지위는 약사가 없는 제한된 지역에서 약사업무의 일부를 수행하는 보충적인 직종에 속하는 것으로 보여지므로 **한약업사가 영업지 제한의 규제**를 받는 것이 그의 거주·이전의 자유 또는 직업선택의 자유를 제한하는 것이거나 평등의 원칙에 위배된다고 할 수 없다(헌재 1991.9.16. 89헌마231).

3. 법원서기보의 경우는 법률과목이 포함되어 있으나 정리의 경우는 법률과목이 없는 점 등 많은 차이가 있으므로, **정리에 대한 법무사자격미부여는** 직업의 자유 침해가 아니다(헌재 1996.10.4. 94헌바32).

4. 경력 공무원의 실무경험을 통해서 법무사의 업무를 담당함에 필요한 법률적 지식을 습득할 수 있으므로 **법원·검찰청 공무원으로 10년 이상 근무한 자 중 5급 이상의 직에 있었던 자에 대하여 법무사자격을 인정하는** 법무사법 제4조는 직업의 자유 침해가 아니다(헌재 2001.11.29. 2000헌마84).

5. 고소고발장의 작성을 법무사에게만 허용하고 일반행정사에 대하여 이를 하지 못하게 한 것은, 일반행정사의 직업선택의 자유나 평등권 등을 침해하는 것이라고 볼 수 없다(헌재 2000.7.20. 98헌마52).

6. 경영학 등 대학의 관련 학과 교육과 공인회계사시험을 연계시킴으로써 대학교육의 정상화 및 국가인력자원 배분의 효율성 증진에도 기여한다는 점에서 **일정 학점이수를 공인회계사시험 요건으로** 규정한 것은 직업의 자유를 침해하지 않는다(헌재 2012.11.29. 2011헌마801).

7. **안마사가 아니면 안마시술소 또는 안마원을 개설할 수 없다고 규정한 의료법**

   이 사건 개설조항은 무자격자가 안마시술소 등을 개설할 경우 발생할지도 모르는 국민의 건강상 위험을 미리 방지하며, 시각장애인의 생계보호 및 자아실현의 기회부여라는 시각장애인 안마사 제도의 목적을 효과적으로 실현하기 위한 것이다. 비시각장애인들이 안마시술소 등을 개설할 수 없게 된다고 할지라도, 이들에게는 다양한 다른 직업을 선택할 수 있는 가능성이 존재하므로, 제한되는 비시각장애인의 사익이 공익에 비하여 크다고 볼 수도 없다. 따라서 이 사건 개설조항은 직업선택의 자유를 침해하지 아니한다(헌재 2021.12.23. 2018헌바198).

🔨 판례 | 자격제도와 직업의 자유 침해 여부

헌법 위반인 것

1. **전문적 경비업체 육성을 위해 경비업체로 하여금 일체의 겸영을 금지하는 경비업법**

   비전문적인 영세경비업체의 난립을 막고 전문경비업체를 양성하며, 경비원의 자질을 높이고 무자격자를 차단하여 불법적인 노사분규 개입을 막고자 하는 입법목적 자체는 정당하다고 보여진다. 경비장비의 제조·설비·판매업이나 네트워크를 통한 정보산업, 시설물 유지관리, 나아가 경비원교육업 등을 포함하는 '토탈서비스(total service)'를 절실히 요구하고 있는 추세이므로, 이 법에서 규정하고 있는 좁은 의미의 경비업만을 영위하도록 법에서 강제하는 수단으로는 오히려 영세한 경비업체의 난립을 방치하는 역효과를 가져올 수도 있다. 따라서 경비업체로 하여금 일체의 겸영을 금지하는 것이 **적절한 방법이라고는 볼 수 없다**(헌재 2002.4.25. 2001헌마614).

2. 지적측량성과의 정확성 확보를 위해 일정 등급 이상 기술자의 현장배치 내지 관리규정을 덧붙이거나 허위측량에 대한 제재와 아울러 측량도서를 실명화하는 방안 등을 강구할 수도 있음에도 **지적측량업무를 비영리법인에 한정한** 지적법 제41조는 영리법인의 직업선택의 자유 침해이다(헌재 2002.5.30. 2000헌마81).

3. 마약류사범에 대해 20년간 택시운송사업의 운전업무 종사를 제한하는 여객자동차 운수사업법 관련조항 사건 (헌재 2015.12.23. 2013헌마575)

① **심사기준**: 직업선택의 자유를 제한함에 있어 어떤 직업의 수행을 위한 전제요건으로서 일정한 주관적 요건을 갖춘 자에게만 그 직업에 종사할 수 있도록 제한하는 경우에는, 다른 방법으로 직업선택의 자유를 제한하는 경우에 비하여 **보다 유연하고 탄력적인 심사**가 필요하다.

② **과잉금지원칙 위반 여부**: 마약류사범에 대해 택시운송사업의 운전업무를 일정기간 수행하지 못하도록 하고, 이미 해당 업무에 종사하는 경우라도 이러한 결격사유에 해당하는 경우 그 운전자격을 필요적으로 취소하고 택시운송사업 운전업무에서 일정기간 배제하는 것은 이러한 입법목적을 달성하기 위한 적절한 방법이다. 그러나 20년이라는 기간은 좁게는 여객자동차운송사업과 관련된 결격사유 또는 취소사유를 규정하는 법률에서, 구체적 사안의 개별성과 특수성을 고려할 수 있는 여지를 일체 배제하고 그 위법의 정도나 비난 가능성의 정도가 미약한 경우까지도 획일적으로 20년이라는 장기간 동안 택시운송사업의 운전업무 종사자격을 제한하는 것이므로 침해의 최소성 원칙에 위배되며, 법익의 균형성 원칙에도 반한다. 따라서 심판대상조항은 청구인들의 직업선택의 자유를 침해한다.

[유사] 성인대상 성범죄로 형을 선고받아 확정된 자로 하여금 그 형의 집행을 종료한 날부터 10년 동안 의료기관을 개설하거나 의료기관에 취업할 수 없도록 한 법률조항은 재범의 위험성이 상대적으로 크지 않은 자에게까지 10년 동안 일률적인 취업제한을 부과하고 있는 것은 침해의 최소성 원칙과 법익의 균형성 원칙에 위배되어 직업선택의 자유를 침해한다(헌재 2016.3.31. 2013헌마585·786).

[유사] 성범죄로 형 또는 치료감호를 선고받아 확정된 자에 대하여 형 또는 치료감호의 집행이 종료·면제·유예된 때부터 **10년 동안 아동·청소년 관련기관 등을 개설하거나 위 기관 등에 취업할 수 없도록 한** '아동·청소년의 성보호에 관한 법률' 제56조 제1항 중 '아동·청소년대상 성범죄로 형 또는 치료감호를 선고받아 확정된 자'에 관한 부분은 헌법에 위반된다(헌재 2016.4.28. 2015헌마98).

[유사] "아동·청소년대상 성범죄 또는 성인대상 성범죄로 형 또는 치료감호를 선고받아 확정된 자는 그 형 또는 치료감호의 전부 또는 일부의 집행을 종료하거나 집행이 유예·면제된 날부터 10년 동안, 가정을 방문하여 아동·청소년에게 직접 교육서비스를 제공하는 업무에 종사할 수 없으며 아동·청소년 관련 교육기관 등에 취업 또는 사실상 노무를 제공할 수 없다."라고 규정한 구 '아동·청소년의 성보호에 관한 법률' 제44조 제1항은 과잉금지원칙에 위반되어 직업선택의 자유를 침해한다(헌재 2016.7.28. 2013헌바389).

[유사] 성인대상 성범죄로 형을 선고받아 확정된 자에 대하여 그 집행이 종료된 때부터 10년간 아동·청소년 관련 학원을 운영할 수 없도록 하거나, 위 기관에 취업할 수 없도록 한 것은 과잉금지원칙에 위반하여 직업선택의 자유를 침해한다(헌재 2016.7.28. 2015헌마359).

[유사] 성인 성범죄로 형을 선고받아 확정된 자는 10년간 학원·교습소 취업금지는 과잉금지원칙에 위반하여 직업선택의 자유를 침해한다(헌재 2016.7.28. 2015헌마914).

[유사] 성폭력범죄로 형이 확정된 자 10년간 의료기관 개설과 취업금지는 과잉금지원칙에 위반하여 주관적 사유에 의한 직업선택의 자유를 침해한다(헌재 2016.3.31. 2013헌마585). ➡ 명확성원칙 위반은 아니다. 취업제한을 법 시행 이후 형이 확정된 자부터 적용하도록 한 것은 형벌불소급원칙이 적용되지 않고 과도하게 기본권을 제한한다고 할 수 없다.

[유사] 성적목적공공장소침입죄로 형을 선고받아 확정된 자로 하여금 그 형의 집행을 종료한 날부터 10년 동안 의료기관을 제외한 아동·청소년 관련기관 등을 개설하거나 그에 취업할 수 없도록 한 '아동·청소년의 성보호에 관한 법률'은 과잉금지원칙에 위배되어 직업선택의 자유를 침해한다(헌재 2016.10.28. 2014헌마709).

[유사] **아동학대관련범죄로 형을 선고받아 확정된 자로 하여금 그 형이 확정된 때부터 형의 집행이 종료되거나 집행을 받지 아니하기로 확정된 후 10년 동안 체육시설 및 '초·중등교육법' 제2조 각 호의 학교를 운영하거나 이에 취업 또는 사실상 노무를 제공할 수 없도록 한 아동복지법**: 형사처벌과는 달리, 법률상 결격사유에서는 같은 종류의 아동학대관련범죄를 범하였다면 범죄의 경중과 관계없이 본질적으로 동일하다고 볼 수 있다는 주장도 있을 수 있다. 그러나 법률상 결격사유를 정함에 있어서도 범죄의 경중이나 재범의 위험성에 차등적 가치를 부여하는 것이 타당하며, 현재 우리 실정법에서 법률상 결격사유를 규정하는 통상적인 규정 방식도 그와 다르지 않다. 범죄의 경중이나 재범의 위험성에 관한 개별적 판단 없이 일률적으로 일정기간에 걸쳐 취업을 차단하는 것은 죄질이 가볍고 재범의 위험성이 적은 자에 대한 지나친 기본권 침해가 될 수 있다. 이상에서

언급한 문제점을 해결하기 위해서는 아동학대관련범죄전력자의 취업 제한을 하기에 앞서, <u>그러한 대상자들에게 재범의 위험성이 있는지 여부, 만약 있다면 어느 정도로 취업제한을 해야 하는지를 구체적이고 개별적으로 심사하는 절차가 필요하다.</u> 이 심사의 세부적 절차와 심사권자 등에 관해서는 추후 심도 있는 사회적 논의가 필요하겠지만, 10년이라는 현행 취업제한기간을 기간의 상한으로 두고 법관이 대상자의 취업제한기간을 개별적으로 심사하는 방식도 하나의 대안이 될 수 있다(헌재 2018.6.28. 2017헌마130).

헌법 위반이 아닌 것

1. 근로자의 안전 및 보건상의 위험, 미성년자에 대한 착취 방지를 위한 **근로자공급사업의 허가제와 유료직업사업허가제**는 직업선택의 자유 침해가 아니다(헌재 1998.11.26. 97헌바31 ; 헌재 1996.10.31. 93헌바14 전원재판부).

2. 간접고용의 특성상 파견근로자는 직접고용의 경우에 비하여 신분 또는 임금에 있어 열악한 지위에 놓일 가능성이 있는바, 법에서 정한 **근로자파견대상업무 외에 근로자파견사업을 행한 자를 형사처벌**하도록 규정한 구 파견근로자보호 등에 관한 법률은 직업의 자유 침해가 아니다(헌재 2013.7.25. 2011헌바395).

   유사 제조업의 핵심 업무인 직접생산공정업무의 적정한 운영을 기하고 근로자에 대한 직접고용 증진 및 적정임금 지급을 보장하기 위한 것으로 **제조업의 직접생산공정업무를 근로자파견의 대상 업무에서 제외하는** '파견근로자보호 등에 관한 법률' 제5조 제1항은 사업주의 직업수행의 자유를 침해한다고 볼 수 없다(헌재 2017.12.28. 2016헌바346).

3. 무등록자에 의한 운전교육과정에서 발생할 수 있는 안전사고의 방지와 피해자의 구제에 그 입법목적이 있다고 할 것이므로 **운전학원으로 등록되지 않은 자가 대가를 받고 자동차 운전교육하는 것을 금지하는** 도로교통법 제71조는 직업의 자유 침해가 아니다(헌재 2003.9.25. 2001헌마447).

4. 교통사고예방을 위하여 **시력 0.5 이상을 운전면허의 취득요건**으로 한 것은 직업의 자유 침해가 아니다(헌재 2003.6.26. 2002헌마677).

5. 일정한 학력을 **학원 강사의 자격**으로 정함으로써 학원교육의 질적 수준을 보장하여 교육소비자를 보호하기 위하여 **학원 강사의 자격을 대통령령으로 위임한** 학원법 제13조는 직업의 자유 침해가 아니다(헌재 2003.9.25. 2002헌마519). ➡ 이 사건 심판대상은 **주관적 사유로 직업의 자유를 제한**하고 있으므로 직업행사의 자유 제한보다는 엄밀한 정당화가 요구되나 객관적 사유에 의한 직업선택의 자유를 제한하는 경우에 비하면 입법자는 넓은 재량을 가지므로 보다 **유연하고 탄력적 심사가 필요하다.**

6. 물리치료사 교육 과정 및 시험 과목을 보더라도 물리치료사가 한방물리치료를 할 수 있는 기본지식이나 자격을 갖추고 있다고 보기 어렵다. 따라서 물리치료사가 의사, 치과의사의 지도하에 업무를 할 수 있도록 정한 구 '의료기사 등에 관한 법률'은 한의사의 평등권과 직업의 자유를 침해한다고 할 수 없다(헌재 2014.5.29. 2011헌마552).

7. 민간자격의 남발로 인한 국민의 피해를 예방하기 위한 것으로서 **국민의 생명·건강에 직결되는 민간자격신설금지조항**은 과잉금지원칙에 위배되지 아니하고, 직업선택의 자유, 일반적 행동의 자유 등을 침해하지도 아니한다(헌재 2010.7.29. 2009헌바53).

8. 건전한 주류 판매질서의 확립을 통한 국가재정의 건전성 및 주류산업의 건전한 육성으로서 부가가치세법에 의한 과세기간별로 조세범처벌법 규정에 의한 **세금계산서 교부의무위반 등의 금액이 총주류매출금액 또는 총주류매입금액의 100분의 10 이상인 때 주류판매면허를 취소하도록 한 주세법**은 직업의 자유를 침해하는 것이 아니다(헌재 2014.3.27. 2012헌바178). ➡ 2단계 제한

9. **청소년게임제공업 또는 인터넷컴퓨터게임시설제공업 등록제**는 직업수행의 자유가 아니라 직업결정의 자유 제한이다. 다만, 청소년을 보호하기 위한 것으로 직업의 자유를 침해하는 것이 아니다(헌재 2009.9.24. 2009헌바28).

10. '다단계판매' 또는 '다단계판매조직' 등 개념을 정의하고 있는 구 방문판매등에 관한 법률 제2조 제5호가 죄형법정주의의 명확성원칙에 위배되지 않는다. 소비자에게 피해를 입히는 것을 방지하고 공정한 거래질서를 확립하기 위한 것이므로 **다단계판매업자에 대하여 등록의무를 부과하고,** 그 의무를 불이행한 자를 처벌하는 방문판매등에 관한 법률은 직업선택의 자유를 침해하지 않는다(헌재 2015.7.30. 2013헌바275).

11. 금융감독원 직무의 공정성을 확보하고 건전한 금융질서를 확보하려는 것으로서 **금융감독원의 4급 이상 직원에 대하여 퇴직일로부터 2년간 사기업체 등에의 취업을 제한하는** 구 공직자윤리법 제17조 제1항은 청구인들의 직업의 자유 및 평등권을 침해한다고 할 수 없다(헌재 2014.6.26. 2012헌마331).

12. 의약품 도매업소의 난립을 막고 과당경쟁을 방지하여 의약품 도매업의 건전한 육성을 유도하고 의약품 유통질서와 거래질서를 개선하여 국민보건 향상에 기여하기 위한 것으로 **의약품 도매상 허가를 받기 위해서는 264㎡ 이상의 창고면적을 최소기준으로** 규정한 약사법은 직업의 자유 침해가 아니다(헌재 2014.4.24. 2012헌마811).

13. **화물자동차 운송사업을 양수한 자는 양도한 자의 운송사업자로서의 지위를 승계하도록 하고, 양도인의 위법행위를 원인으로 양수인에게 운행정지처분(사업전부정지처분 포함), 감차처분 및 유가보조금 환수처분을 부과하는 구 화물자동차 운수사업법**

이 사건 법률조항은 양도인이 화물자동차 운송사업을 영위하는 과정에서 위법행위를 저질러 제재적 처분사유가 발생한 경우, 사업의 양도를 통한 제재처분의 면탈을 방지하기 위한 것이다. 선의의 양수인이 입게 되는 불측의 손해는 양도인을 상대로 손해배상책임을 묻는 방법으로 어느 정도 해결할 수 있는 점 등을 종합하여 볼 때, 이 사건 법률조항은 과잉금지원칙에 반한다고 할 수 없다(헌재 2019.9.26. 2017헌바397).

14. **나무의사만이 수목진료를 할 수 있도록 규정한 산림보호법**

나무의사조항은 나무의사 양성기관에서 교육을 이수한 후 나무의사 자격시험에 합격한 나무의사만이 수목을 진료하도록 하여 수목을 체계적으로 보호하기 위한 것으로, 목적의 정당성과 수단의 적합성이 인정된다. 식물보호기사 · 산업기사는 농작물을 포함한 식물 전체를 다루는 점, 산림보호법은 기존에 수목진료를 해오던 식물보호기사 · 산업기사의 기본권 제한을 최소화하기 위한 조치를 취하고 있는 점 등을 고려하면, 나무의사조항은 침해의 최소성에 반하지 않는다. 청구인들이 교육을 이수한 후 나무의사 자격시험에 합격하지 않으면 수목진료를 할 수 없게 되는 불이익이 나무의사조항이 추구하는 공익에 비하여 중대하다고 볼 수 없으므로, 나무의사조항은 법익의 균형성에도 반하지 않는다. 따라서 나무의사조항은 과잉금지원칙에 위배되어 청구인들의 직업선택의 자유를 침해하지 않는다(헌재 2020.6.25. 2018헌마974).

15. 국민의 생명 · 신체를 침해하고 교통상의 위해를 초래한 사람이 교통에 계속 관여하는 것을 금지하여 공공의 안전을 확보하기 위하여 사람을 사상한 후 필요한 조치 및 신고를 하지 아니하여 **벌금 이상의 형을 선고받고 운전면허가 취소된 사람은 운전면허가 취소된 날부터 4년간 운전면허를 받을 수 없도록 하는** 도로교통법이 직업의 자유 및 일반적 행동의 자유를 침해한다고 할 수 없다(헌재 2017.12.28. 2016헌바254).

16. **공인회계사와 유사한 명칭의 사용을 금지한 공인회계사법**

외국의 공인회계사자격이 있으나 공인회계사법에 따른 등록은 하지 않은 사람이 친교목적의 사적 공간에서 자신을 '회계사'라고 줄여 소개하는 것 역시 심판대상조항에 의하여 금지될 가능성은 있으나, 외국공인회계사시험에 합격한 자라도 우리나라의 공인회계사자격이 없는 이상 우리나라의 공인회계사로 오인할 만한 명칭의 사용을 금지할 필요성이 있는 점, 이러한 필요성은 사적 영역에서의 사용이라고 하더라도 마찬가지인 점, 그 사용의 상황이나 맥락 상 우리나라의 공인회계사로 오인하도록 할 위험성이 없는 경우라면 심판대상조항에 의해 금지되지 아니하는 점 등을 고려하면 심판대상조항이 그 기본권을 침해한다고 보이지 않는다(헌재 2020.9.24. 2017헌바412).

17. **안경사 면허를 가진 자연인에게만 안경업소의 개설 등을 할 수 있도록 한 구 의료기사 등에 관한 법률**

법인 안경업소가 허용되면 영리추구 극대화를 위해 무면허자로 하여금 안경 조제 · 판매를 하게 하는 등의 문제가 발생할 가능성이 높아지고, 안경 조제 · 판매 서비스의 질이 하락할 우려가 있다. 또한 대규모 자본을 가진 비안경사들이 법인의 형태로 안경시장을 장악하여 개인 안경업소들이 폐업하면 안경사와 소비자 간 신뢰관계 형성이 어려워지고, 독과점으로 인해 안경 구매비용이 상승할 수 있다. 반면, 현행법에 의하더라도 안경사들은 협동조합, 가맹점 가입, 동업 등의 방법으로 법인의 안경업소 개설과 같은 조직화, 대형화 효과를 어느 정도 누릴 수 있다. 따라서 심판대상조항은 과잉금지원칙에 반하지 아니하여 자연인 안경사와 법인의 직업의 자유를 침해하지 아니한다(헌재 2021.6.24. 2017헌가31).

18. 피청구인의 2019.11.29.자 '2020년도 제57회 변리사 국가자격시험 시행계획 공고' 중 영어과목을 대체하는 것으로 인정되는 영어능력검정시험을 제1차 시험 응시원서 접수마감일인 2020.1.17.까지 실시된 시험으로 정한 부분이 청구인의 직업선택의 자유를 침해하는지 여부(소극)

> 응시자는 제1차 시험 응시원서 접수마감일부터 역산하여 2년이 되는 날 이후에 실시된 토익, 텝스 등 총 6개의 영어능력검정시험 중 어느 하나의 기준점수만 충족하면 되므로, 영어능력검정시험을 여러 차례 치를 수 있다. 따라서 인정되는 영어능력검정시험의 종기를 제1차 시험 응시원서 접수마감일까지 실시된 시험으로 정한 것은 침해의 최소성 및 법익의 균형성에도 반하지 않는다. 따라서 위 공고는 청구인의 직업선택의 자유를 침해하지 않는다(헌재 2022.2.24. 2020헌마290).

⚖ 판례 ┃ 면허취소와 직업의 자유 침해 여부

헌법 위반인 것

1. 여객자동차 운송사업자가 타인으로 하여금 자신의 사업용 자동차를 사용하여 여객자동차 운송사업을 경영하게 하거나, 자기 또는 다른 사람의 명의로 다른 운송사업자의 사업용 자동차를 사용하여 운송사업을 경영한 경우 그 운송사업자의 사업면허를 필요적으로 취소하도록 규정한 여객자동차 운수사업법

   이 사건 법률조항은 법 제13조에 위반하기만 하면 해당 사업체의 규모, 전체 차량 중 지입차량이 차지하는 비율, 지입의 경위 등 제반사정을 전혀 고려할 여지 없이 필요적으로 면허를 취소하도록 규정하고 있다. 이에 따라 지입차량의 비율이 극히 일부분에 불과한 경우에도 사업면허의 전부를 취소할 수밖에 없게 되었다. 기본권 침해의 정도가 덜한 임의적 취소제도의 적절한 운용을 통하여 입법목적을 달성하려는 노력은 기울이지 아니한 채 기본권 침해의 정도가 한층 큰 필요적 취소제도를 도입한 이 사건 법률조항은 행정편의적 발상으로서 피해최소성의 원칙에 위반된다 할 것이다(헌재 2000.6.1. 99헌가1·12).

2. 업무범위 위반시 반드시 등록을 취소하도록 한 것이어서 피해의 최소성의 원칙에 위배되므로 **건축사의 업무범위 위반시 반드시 등록을 취소하도록 한** 건축사법은 직업선택의 자유를 침해한다(헌재 1995.2.23. 93헌가1).

3. 운전전문학원의 귀책사유를 불문하고 수료생이 일으킨 교통사고를 자동적으로 운전전문학원의 법적 책임으로 연관시키고 있는 것은 자기책임의 범위를 벗어난 것이며, '자동차운전전문학원을 졸업하고 운전면허를 받은 사람 중 **교통사고를 일으킨 비율**이 대통령령이 정하는 비율을 초과하는 때'에는 **학원의 등록을 취소**를 명할 수 있도록 한 도로교통법은 직업의 자유 침해이다(헌재 2005.7.29. 2004헌가30).

4. '운전면허를 받은 사람이 자동차 등을 이용하여 범죄행위를 한 때' 운전면허를 취소하도록 한 도로교통법 제78조 (헌재 2005.11.24. 2004헌가28)

   ① 자동차 등을 범죄행위에 이용하기만 하면 운전면허를 취소하도록 하고 있는 것은 그 포섭범위가 지나치게 광범위한 것으로서 명확성원칙에 위반된다고 할 것이다.

   ② 범죄행위를 행함에 있어 자동차 등이 당해 범죄행위에 어느 정도로 기여했는지 등에 대한 아무런 고려 없이 무조건 운전면허를 취소하도록 하고 있으므로 '운전면허를 받은 사람이 자동차 등을 이용하여 범죄행위를 한 때'라는 도로교통법은 직업의 자유 내지 일반적 행동의 자유를 침해한다.

5. 운전면허를 받은 사람이 자동차 등을 이용하여 살인 또는 강간 등 행정안전부령이 정하는 범죄행위를 한 때 운전면허를 취소하도록 하는 구 도로교통법 제93조 (헌재 2015.5.28. 2013헌가6)

   ① **법률유보원칙에 위배되는지 여부(소극)**: 법률에서 운전면허의 필요적 취소사유인 살인, 강간 등 자동차 등을 이용한 범죄행위에 대한 예측가능한 기준을 제시한 이상, 심판대상조항은 법률유보원칙에 위배되지 아니한다.

   ② **직업자유와 일반행동의 자유 침해**: 심판대상조항 중 '자동차 등을 이용하여' 부분은 포섭될 수 있는 행위 태양이 지나치게 넓을 뿐만 아니라, 하위법령에서 규정될 대상범죄에 심판대상조항의 입법목적을 달성하기 위해 반드시 규제할 필요가 있는 범죄행위가 아닌 경우까지 포함될 우려가 있어 침해의 최소성 원칙에 위배된다. 따라서 운전면허를 받은 사람이 자동차 등을 이용하여 살인 또는 강간 등 행정안전부령이 정하

는 범죄행위를 한 때 운전면허를 취소하도록 하는 도로교통법은 직업의 자유 및 일반적 행동의 자유를 침해한다.

6. 자동차 절취행위에 이르게 된 경위, 행위의 태양, 당해 범죄의 경중이나 그 위법성의 정도, 운전자의 형사처벌 여부 등 제반사정을 고려할 여지를 전혀 두지 아니한 채 **다른 사람의 자동차 등을 훔친 경우에는 운전면허를 필요적으로 취소하도록 한** 도로교통법은 직업의 자유 및 일반적 행동의 자유를 침해한다(헌재 2017.5.25. 2016헌가6).

7. 수상레저안전법상 조종면허를 받은 사람이 **동력수상레저기구를 이용하여 범죄행위를 하는 경우에 조종면허를 필요적으로 취소하도록 규정한** 구 수상레저안전법 제13조 제1항 제3호는 직업의 자유 내지 일반적 행동의 자유를 침해한다(헌재 2015.7.30. 2014헌가13).

8. **거짓이나 그 밖의 부정한 수단으로 운전면허를 받은 경우 모든 범위의 운전면허를 필요적으로 취소하도록 한** 구 도로교통법 (헌재 2020.6.25. 2019헌가9)
   ① **부정 취득한 운전면허 부분**: 운전면허를 부정 취득한 자는 부정 취득한 운전면허의 요건을 갖추었는지 검증된 바 없으므로, 그 자체로 해당 운전면허가 있어야만 운행할 수 있는 자동차의 운전에 부적합하다고 평가된다. 그만큼 자동차를 운행하여 사고가 발생할 경우 일반 국민의 안전에 커다란 불이익을 끼칠 우려가 있다. 결국 국민의 생명과 재산에 미치는 위험의 정도와 위험방지의 중요성·긴급성 등을 고려할 때 부정 취득한 운전면허를 필요적으로 취소하도록 하는 것은 불가피하다. 부정 취득한 운전면허를 임의적 취소·정지의 대상으로 전환할 경우, 면허요건이 개별 사정에 따라 달리 적용됨으로써 유명무실해지는 결과를 초래하므로 면허제도의 근간이 흔들리게 된다. 또한 형사처벌 등 다른 형태의 제재수단이 가해지더라도 부정 취득한 운전면허를 필요적으로 취소하지 않는다면 여전히 해당 운전면허로 자동차 운행이 가능하므로, 다수가 참여하는 교통의 안전과 원활이라는 목적을 달성할 수 없고 운전면허 부정 취득의 유인 역시 감소시킬 수 없다. 따라서 기본권을 덜 제한하는 완화된 수단에 의해서는 입법목적을 같은 정도로 달성할 수 없으므로, 심판대상조항이 부정 취득한 운전면허를 필요적으로 취소하도록 한 것은, 피해의 최소성 원칙에 위배되지 않는다.
   ② **부정 취득하지 않은 운전면허 부분**: 위법이나 비난의 정도가 미약한 사안을 포함한 모든 경우에 부정 취득하지 않은 운전면허까지 필요적으로 취소하고 이로 인해 2년 동안 해당 운전면허 역시 받을 수 없게 하는 것은, 공익의 중대성을 감안하더라도 지나치게 기본권을 제한하는 것이므로, **법익의 균형성 원칙에도 위배된다.** 따라서 **심판대상조항 중 각 '거짓이나 그 밖의 부정한 수단으로 받은 운전면허를 제외한 운전면허'를 필요적으로 취소하도록 한 부분은**, 과잉금지원칙에 반하여 일반적 행동의 자유 또는 직업의 자유를 침해한다.

9. **청원경찰이 금고 이상의 형의 선고유예를 받은 경우 당연퇴직되도록 규정한 청원경찰법**
   관련 조항은 청원경찰이 저지른 범죄의 종류나 내용을 불문하고 범죄행위로 금고 이상의 형의 선고유예를 받게 되면 당연히 퇴직되도록 규정함으로써 그것이 달성하려는 공익의 비중에도 불구하고 청원경찰의 직업의 자유를 과도하게 제한하고 있어 법익의 균형성 원칙에도 위배된다. 따라서, 심판대상조항은 과잉금지원칙에 반하여 직업의 자유를 침해한다(헌재 2018.1.25. 2017헌가26).

   비교 **청원경찰이 법원에서 자격정지의 형을 선고받은 경우** 국가공무원법을 준용하여 당연퇴직하도록 한 조항은 직업의 자유를 침해하지 아니한다(헌재 2011.10.25. 2011헌마85).

10. **임원이 금고 이상 형을 선고받은 경우 법인의 건설업등록의 필요적 말소를 규정한 건설산업기본법**
    건설업과 관련 없는 죄로 임원이 형을 선고받은 경우까지도 법인이 건설업을 영위할 수 없도록 하고 있어 과잉금지원칙에 위배되어 청구인의 직업수행의 자유를 침해한다(헌재 2014.4.24. 2013헌바25).

11. **법인의 임원이 학원법을 위반하여 벌금형을 선고받은 경우 법인의 학원등록이 효력을 잃도록 규정하고 있는 학원법**
    법인의 등록이 실효되면 해당 임원이 더 이상 임원직을 수행할 수 없게 될 뿐 아니라, 학원법인 소속 근로자는 모두 생계의 위협을 받을 수 있으며, 갑작스러운 수업의 중단으로 학습자 역시 불측의 피해를 입을 수밖에 없으므로 이 사건 등록실효조항은 학원법인의 직업수행의 자유를 침해한다(헌재 2015.5.28. 2012헌마653).

12. 학원설립·운영자가 학원법위반으로 **벌금형이 선고된 경우에 학원등록실효를 규정한 학원법**은 경미한 법위반행위에도 일률적으로 등록을 상실하게 하고 있어 지나친 제재라 하지 않을 수 없는바, 과잉금지원칙에 위배되어 '주관적 요건에 의한 좁은 의미의 직업선택의 자유'를 침해한다(헌재 2014.1.28. 2011헌바252).

헌법 위반이 아닌 것

1. '학원의 설립·운영 및 과외교습에 관한 법률'을 위반하여 **벌금형을 선고받은 후 1년이 지나지 아니한 자는 학원설립·운영의 등록을 할 수 없도록 규정한** 학원법 제9조 제1항 제4호가 과잉금지원칙에 위배되어 직업선택의 자유를 침해한다고 할 수 없다(헌재 2015.5.28. 2012헌마653).

2. 벌금형의 대상이 되는 범죄행위는 공인중개사법 위반행위로 한정되고, 공인중개사법 전체의 체계에 비추어 보았을 때 그와 같은 범죄행위는 결코 가볍지 않은 행위이다. **공인중개사가 '공인중개사의 업무 및 부동산 거래신고에 관한 법률' 위반으로 벌금형을 선고받으면, 등록관청으로 하여금 중개사무소 개설등록을 필요적으로 취소하도록 하는** 공인중개사법은 직업선택의 자유를 침해하지 않는다(헌재 2014.4.24. 2013헌바25).

3. **금고 이상의 실형을 선고받고 그 집행이 종료된 날부터 3년이 경과되지 않은 경우 중개사무소 개설등록을 취소하도록 하는 공인중개사법**
   국민의 재산권에 큰 영향을 미치므로 업무의 공정성과 신뢰를 확보할 필요성이 큰 반면, 심판대상조항으로 인하여 중개사무소 개설등록이 취소된다 하더라도 공인중개사 자격까지 취소되는 것이 아니어서 3년이 경과한 후에는 다시 중개사무소를 열 수 있다. 따라서 심판대상조항은 과잉금지원칙에 반하여 직업선택의 자유를 침해하지 아니한다(헌재 2019.2.28. 2016헌바467).

4. **다른 사람에게 자기의 건설업 등록증을 빌려준 경우 그 건설업자의 건설업 등록을 필요적으로 말소하도록 정하고 있는 구 건설산업기본법**
   건설업 등록제도는, 건설업자로 하여금 적정한 시공을 담보할 수 있는 최소한의 요건을 갖추도록 하여, 부실공사를 방지하고 국민의 생명과 재산을 보호하고자 하는 것이다. 건설업 등록증 대여 행위는 이러한 등록제도의 취지를 형해화하는 것이고, 그 결과 건설공사의 적정한 시공과 시설물을 안전에 위험을 야기하여 국민의 생명·재산에 돌이킬 수 없는 손해를 초래할 수 있으므로, 임의적 등록말소만으로 이러한 위험을 충분히 방지할 수 있다고 단정하기 어렵다. 따라서 심판대상조항은 과잉금지원칙에 위배되어 직업의 자유를 침해한다고 할 수 없다(헌재 2023.2.23. 2019헌바196).

   유사 **국가기술자격증을 다른 자로부터 빌려 건설업의 등록기준을 충족시킨 경우 그 건설업 등록을 필요적으로 말소하도록 한** 건설산업기본법 제83조 단서 중 제6호 부분은 직업의 자유를 침해한다고 할 수 없다(헌재 2016.12.29. 2015헌바429).

5. 개인택시의 안전운행 확보를 통한 국민의 생명·신체 및 재산을 보호하고자 하는 입법목적에 비하여 청구인들이 입게 되는 불이익이 크지 않으므로 **개인택시운송사업자의 운전면허가 취소된 경우 개인택시운송사업면허를 취소할 수 있도록 규정한** 구 '여객자동차 운송사업법' 제76조는 청구인들의 직업의 자유와 재산권을 침해하지 아니한다(헌재 2008.5.29. 2006헌바85).

6. 문화재수리 업무에 관련된 중대한 위법행위를 한 문화재수리기술자를 즉시 문화재수리업무에서 배제시킴으로써 문화재수리 관련 사무의 전문성과 공정성을 확보하기 위한 것이다. 문화재수리 등에 관한 법률 위반으로 **형의 집행유예를 선고받은 문화재수리기술자의 자격을 필요적으로 취소하는** 구 '문화재수리 등에 관한 법률'은 직업선택의 자유를 침해한다고 할 수 없다(헌재 2017.5.25. 2015헌바373·382).

7. **택시운송사업 운전업무 종사자격을 취득한 자가 친족관계인 사람을 강제추행하여 금고 이상의 실형을 선고받은 경우 그 택시운전자격을 취소하도록 규정한 '여객자동차 운수사업법'**
   택시를 이용하는 국민의 생명·신체 등에 중대한 침해를 가할 수 있는 위험이 현실화되는 것을 방지하기 위하여 성폭력처벌법상 범죄로 실형을 선고받은 사람을 택시운송사업 운전업무에서 배제해야 할 공익상 필요는 매우 크다. 따라서 심판대상조항은 과잉금지원칙에 위배된다고 할 수 없다(헌재 2020.5.27. 2018헌바264).

8. **주류 판매업면허를 받은 자가 타인과 동업 경영을 하는 경우 관할 세무서장이 해당 주류 판매업자의 면허를 필요적으로 취소하도록 한 구 주세법**

심판대상조항은 주류 유통질서의 핵심이라고 할 수 있는 주류 판매면허업자가 면허 허가 범위를 넘어 사업을 운영하는 것을 제한함으로써, 주류 판매업면허 제도의 실효성을 확보하고자 마련된 것이다. 국가의 관리·감독에서 벗어난 판매업자의 등장으로 유통 질서가 왜곡되는 것을 방지하고 규제의 효용성을 담보하기 위하여 필요하므로, 면허의 필요적 취소를 과도한 제한이라고 볼 수 없다. 따라서 이 조항은 주류 판매면허업자의 직업의 자유를 침해하지 않는다(헌재 2021.4.29. 2020헌바328).

⚖ 판례 | 학교정화구역 내 영업금지

헌법 위반인 것

1. **극장영업금지** (헌재 2004.5.27. 2003헌가1)
   ① 대학의 정화구역 내 극장영업을 금지한 부분은 헌법에 위반된다. 유치원, 초·중·고등학교의 정화구역 내 극장영업금지 부분은 헌법에 합치하지 아니한다.
   ② **대학생**의 신체적·정신적 성숙성에 비추어볼 때 **대학정화구역 내** 극장영업을 금지할 필요성이 없으므로 예외조항의 유무와 관계없이 최소침해성 원칙에 위반된다.
   ③ **유치원, 초·중·고등학교**의 정화구역 내 극장영업을 절대적으로 금지하여 순수예술이나 아동·청소년을 위한 전용 공연장까지도 금지하고 있어 청소년의 문화적 성장에 유익한 극장에 대한 예외를 허용할 수 있는 가능성을 전혀 인정하지 않고 있다는 점에서 최소성 원칙에 위반된다. 따라서 이 사건 법률조항은 극장을 영업하고자 하는 자의 직업의 자유, 표현의 자유, 예술의 자유를 침해하고, 학생들의 행복추구권 침해이다.

2. **대학교 주변의 당구장 설치금지**
   학교 주변의 당구장시설 제한과 같은 타율적 규제를 가하는 것은 대학교육의 목적에도 어긋나고 대학교육의 능률화에도 도움이 되지 않으므로, 위 각 대학 및 이와 유사한 교육기관의 학교환경위생정화구역 안에서 당구장시설을 하지 못하도록 기본권을 제한하는 것은 기본권 제한의 한계를 벗어난 것이다(헌재 1997.3.27. 94헌마196).

3. **유치원 주변의 당구장 설치금지**
   유치원 주변에 당구장시설을 허용한다고 하여도 이로 인하여 유치원생이 학습을 소홀히 하거나 교육적으로 나쁜 영향을 받을 위험성이 있다고 보기 어려우므로, 기본권 제한의 한계를 벗어난 것이다(헌재 1997.3.27. 94헌마196).

헌법 위반이 아닌 것

1. **초등학교, 중학교, 고등학교 주변의 당구장 설치금지**
   초등학교, 중학교, 고등학교 기타 이와 유사한 교육기관의 학생들은 당구장의 유해환경으로부터 나쁜 영향을 받을 위험성이 크므로 이들을 이러한 위험으로부터 보호할 필요가 있는바, 과도하게 직업(행사)의 자유를 침해하는 것이라 할 수 없다(헌재 1997.3.27. 94헌마196).

2. **학교환경위생정화구역에서 여성가족부장관이 고시하는 행위 및 시설을 금지하는 청소년보호법**
   주위환경으로부터 바람직하지 못한 유해요인을 제거하여 학습에 전념할 수 있는 분위기를 갖추어 주고자 하는 학교보건법의 입법목적을 위하여 필요한 범위 내의 것이므로 청구인들의 직업수행의 자유를 침해하지 아니한다(헌재 2016.10.27. 2015헌바360).

3. 건전하고 쾌적한 교육환경을 조성하여 학교교육의 능률화를 기하기 위하여 초·중·고등학교 및 대학교 학교환경위생정화구역 안에서 **여관시설 및 영업행위금지**는 직업의 자유 침해가 아니다(헌재 2006.3.30. 2005헌바110).

   유사 초·중·고등학교 환경위생정화구역 내 노래연습장 설치금지는 행복추구권, 직업의 자유 침해라고 볼 수 없다(헌재 1999.7.22. 98헌마480).

> **유사** 단란주점에 관한 금지해제신청을 거부한 처분이 직업선택의 자유나 재산권을 침해하였다고 볼 수 없다 (대판 1998.3.27. 97누19540).
>
> **유사** 학교환경위생정화구역 내 **미풍양속을 해하는 시설금지**는 직업수행의 자유 침해가 아니다(헌재 2008.4.24. 2004헌바92).
>
> **유사** 유치원 주변 **성관련 청소년유해물건 제작·판매금지**는 직업의 자유 침해가 아니다(헌재 2013.6.27. 2011헌바8).
>
> **유사** 학교 주변 **납골시설금지**는 직업의 자유 침해가 아니다(헌재 2009.7.30. 2008헌가2).
>
> **유사** **교육환경보호구역 중 절대보호구역으로 설정·고시할 지역에 관하여 규정한 '교육환경 보호에 관한 법률'** **제8조**: 직업의 자유와 재산권을 침해하지 아니한다[헌재 2022.8.31. 2020헌바307, 308(병합)].

📚 판례 | 직업행사의 자유 제한

직업행사의 자유 제한의 심사기준

직업의 자유도 다른 기본권과 마찬가지로 절대적으로 보호되는 것이 아니라 공익상의 이유로 제한될 수 있음은 물론이다. 앞서 본 바와 같이 직업의 자유는 크게 직업선택의 자유와 직업수행의 자유로 나눌 수 있는데, 헌법재판소는 직업의 자유의 제한에 대한 위헌심사에서도 기본적으로는 비례의 원칙을 적용하고 있다. 그러나 직업선택의 자유와 직업수행의 자유는 기본권 주체에 대한 그 제한의 효과가 다르기 때문에 제한에 있어서 적용되는 기준도 다르며, 특히 **직업수행의 자유에 대한 제한의 경우** 인격발현에 대한 침해의 효과가 일반적으로 **직업선택 그 자체에 대한 제한에 비하여 작기 때문에 그에 대한 제한은 폭넓게 허용된다. 다만, 그렇다고 하더라도** 직업수행의 자유에 대한 제한이 헌법 제37조 제2항에 의거한 비례의 원칙(과잉금지의 원칙)에 위배되어서는 안 된다. 즉, 직업수행의 자유를 제한하는 법률이 헌법에 위반되지 아니하기 위해서는 직업수행에 대한 제한이 공익상의 이유로 충분히 정당화되고, 입법자가 선택한 수단이 의도하는 입법목적을 달성하기에 적합해야 하며, 입법목적을 달성하기 위하여 동일하게 적합한 수단들 중에서 기본권을 되도록 적게 제한하는 수단을 선택하여야 하고, 제한의 정도와 공익의 비중을 비교형량하여 추구하는 입법목적과 선정된 입법수단 사이에 균형적인 비례관계가 성립하여야 한다(헌재 2019.11.28. 2016헌마40).

헌법 위반인 것

1. **한국방송광고공사**와 이로부터 출자를 받은 회사가 아니면 **지상파방송사업자에 대해** 방송광고 판매대행을 할 수 없도록 규정하고 있는 구 방송법 제73조 제5항은 직업의 자유를 침해한다(헌재 2008.11.27. 2006헌마352).

2. **보존음료수의 국내판매를 완전히 금지**하고 주한외국인에게만 판매하도록 허용하는 것은 영업의 자유, 직업의 자유를 심하게 제한한다고 하지 않을 수 없다(대판 1994.3.8. 92누1728).

헌법 위반이 아닌 것

1. 방송의 상업화 등 부작용을 방지하고, 공영방송사에 대한 광고주나 특정인의 부당한 영향력 행사를 차단하여 방송의 공공성, 공정성, 다양성을 확보하기 위한 것으로, **방송문화진흥회가 최다출자자인 청구인과 같은 공영방송사는 한국방송광고진흥공사가 위탁하는 방송광고에 한하여 방송광고할 수 있도록** 한 것은 과잉금지원칙에 위반된다고 볼 수 없다(헌재 2013.9.26. 2012헌마271).

2. **거짓이나 부정한 방법으로 받아간 보조금을 교부받은 경우 이미 교부된 비용과 보조금의 전부 또는 일부의 반환할 수 있도록** 규정한 영유아보육법 제40조와 시설폐쇄조항과 자격정지조항은 과잉금지원칙에 위배되지 않는다(헌재 2016.4.28. 2015헌바247, 2015헌바363).

3. 여객자동차 운송사업에 관한 질서를 확립하고 여객의 원활한 운송 등의 이익을 비교할 때, **백화점 등 버스운행금지**는 직업의 자유 침해가 아니다(헌재 2001.6.28. 2001헌마132).

4. '석유제품 품질관리를 통한 소비자보호, 탈세방지, 국민의 인체와 환경의 보호'를 위하여 **유사석유제품판매금지**는 직업의 자유 침해가 아니다(헌재 2001.12.20. 2001헌가6).

   유사 **가짜석유제품 제조 및 판매를 이유로 석유판매업 등록이 취소된 경우** 2년 동안 같은 시설을 이용하여 석유판매업 등록을 할 수 없도록 규정한 구 '석유 및 석유대체연료 사업법'은 직업의 자유를 침해하지 않는다(헌재 2015.3.26. 2013헌마461).

5. 가짜석유제품의 거래 등과 같이 건전한 유통질서를 해치는 행위를 조속히 발견, 차단하기 위한 것으로서 주유소인 **석유판매업자의 거래상황기록부 보고기한을 매월 1회에서 매주 1회로 단축한** '석유 및 석유대체연료 사업법 시행규칙'은 직업수행의 자유를 침해한다고 할 수 없다(헌재 2015.7.30. 2014헌마13).

6. **부동산중개수수료의 상한**

   국민전체의 경제생활의 안정이라 할 것이어서 대단히 중요하다고 하지 않을 수 없고, 이는 부동산중개업자의 사익에 비하여 보다 우월하다. 부동산중개수수료의 상한을 두고 있는 부동산 중개업법 제15조, 제20조는 직업의 자유 침해가 아니다(헌재 2002.6.27. 2000헌마642).

7. **허가받은 지역 밖에서의 이송업의 영업을 금지하는** 응급의료에 관한 법률은 국민의 생명과 건강에 직결되는 응급이송체계를 적정하게 확립한다는 공익의 중요성에 비추어 영업지역의 제한에 따라 침해되는 이송업자의 사익이 크다고 보기는 어려우므로 직업수행의 자유를 침해한다고 볼 수 없다(헌재 2018.2.22. 2016헌바100).

8. 국민의 건강·위생수준을 향상시키고 국가경쟁력 제고하기 위하여 **숙박업자에 위생교육을 받을 의무 부과는** 직업수행의 자유 침해가 아니다(헌재 2006.2.23. 2004헌마597).

9. 신규카지노업에서 발행하는 이익금은 다른 공익재원으로 마련하기 위한 것으로서 **외국인대상 카지노신규허가를 한국관광공사로 한정한** 문화체육부장관의 공고는 직업의 자유 침해가 아니다(헌재 2006.7.27. 2004헌마924).

10. 위생·안전관리 강화 등을 통한 양질의 학교급식이 제공되도록 하기 위하여 **학교의 장으로 하여금 학교급식을 직접 관리하도록 한** 학교급식법은 직업의 자유 침해가 아니다(헌재 2008.2.28. 2006헌마1028).

11. 수산자원에 대한 보호의 필요성이 크다는 점 등에 비추어 **'제5구의 잠수기어업** 허가정수를 37건'으로 한정한 수산자원보호령 제17조는 직업의 자유 침해가 아니다(헌재 2008.6.26. 2005헌마173).

12. 수중형 체험활동 참가자들이 수중형 체험활동 중 입게 되는 생명·신체의 손해를 충분히 배상하여 피해자를 보호하기 위한 것으로 **연안체험활동 운영자에게 안전관리 계획서를 제출하도록 한** 신고의무조항은 직업수행의 자유를, **연안체험활동 운영자에게 보험에 가입하도록 한 것**은 계약의 자유를 침해하지 않는다(헌재 2016.7.28. 2015헌마915). ➜ 청구인은 이 사건 보험가입조항이 재산권을 침해하고 헌법 제119조에도 위배된다고 주장하나, 이 사건 보험가입조항으로 인한 청구인 재산의 감소는 계약의 자유를 제한하는 데서 부수적으로 발생하는 것이고, 헌법 제119조 제1항이 규율하는 개인의 경제상 자유의 하나가 계약의 자유이므로, 위 주장에 관하여서는 별도로 판단하지 않는다. 한편, 청구인은 심판대상조항이 헌법 제34조에도 위배된다는 취지로 주장하나, 이 사건은 헌법 제34조 제1항의 인간다운 생활을 할 권리 등과 직접적인 관련이 없으므로, 위 주장에 관하여서도 별도로 판단하지 않는다.

13. 개인과외교습의 투명화, 사교육의 건전한 시행 등이라는 공익을 위한 것이므로 **개인과외교습자에게 신고의무**를 부여한 '학원의 설립·운영 및 과외교습에 관한 법률'은 직업의 자유를 침해하지 않는다(헌재 2015.12.23. 2014헌바294).

14. 연구단지 주민의 생명·신체의 안전과 쾌적한 주거환경의 유지·보전를 위하여 **대덕연구단지 내 녹지구역에서 LPG충전소의 설치를 금지하는** 대덕연구단지관리법시행령은 직업수행의 자유를 과도하게 제한하지 않는다(헌재 2004.7.15. 2001헌마646).

15. 계약의 공정성과 적정한 이행을 담보하기 위한 것으로 **부정당업자에 대해 2년 범위 내 입찰참가자격을 제한한 것**은 직업의 자유 침해가 아니다(헌재 2012.10.25. 2011헌바99).

16. **음란물건 판매금지는** 성기구 판매자의 직업수행의 자유를 침해하지 않는다(헌재 2013.8.29. 2011헌바176).

17. **성매매를 한 자를 형사처벌하도록** 규정한 '성매매알선 등 행위의 처벌에 관한 법률' 제21조 제1항이 개인의 성적 자기결정권, 사생활의 비밀과 자유, 성판매자의 직업선택의 자유를 침해한다고 할 수 없다(헌재 2016.3.31.

2013헌가2). **성매매 영업알선행위로 말미암아 실제로 취득한 이익을 몰수하는 것**은 재산권을 침해한다고 할수 없다(헌재 2016.9.29. 2015헌바65).

18. 청년할당제가 추구하는 청년실업해소를 통한 지속적인 경제성장과 사회 안정은 매우 중요한 공익이므로 대통령령으로 정하는 공공기관 및 공기업으로 하여금 **매년 정원의 100분의 3 이상씩 34세 이하의 청년 미취업자를 채용하도록 한** 청년고용촉진특별법은 평등권, 직업선택의 자유를 침해한다고 할 수 없다(헌재 2014.8.28. 2013헌마553).

19. 게임물의 사행적 이용행위를 방지하는 것으로 성인 아케이드 게임장을 운영하는 **일반게임제공업자에게 게임점수의 기록 · 보관을 금지하도록 한** '게임산업진흥에 관한 법률 시행령' 제17조는 직업수행의 자유를 침해하지 않는다(헌재 2014.9.25. 2012헌마1029).

20. 게임물 관련사업자에 대하여 '경품 등의 제공을 통한 사행성 조장'을 원칙적으로 금지시키고, 예외적으로 청소년게임제공업의 전체이용가 게임물에 대하여 대통령령이 정하는 경품의 종류 · 지급기준 · 제공방법 등에 의한 경품제공을 허용한 '게임산업진흥에 관한 법률'은 게임물의 사행화를 근절함으로써 게임산업을 진흥하고 건전한 게임문화를 확립하여 얻는 공익이 훨씬 크다고 할 것이므로 이 사건 법률조항들은 법익의 균형성도 충족하고 있다. 따라서 이 사건 법률조항들은 청구인들의 직업수행의 자유를 침해하지 아니한다(헌재 2020.12.23. 2017헌바463).

21. 온라인서비스제공자가 자신이 관리하는 **정보통신망에서 아동 · 청소년이용음란물을 발견**하기 위하여 대통령령으로 정하는 조치를 취하지 아니하거나 발견된 **아동 · 청소년이용음란물을 즉시 삭제하고, 전송을 방지 또는 중단하는 기술적인 조치를 취하지 아니한 경우** 처벌하는 '아동 · 청소년의 성보호에 관한 법률'은 헌법에 위반되지 않는다. 심판대상조항은 온라인서비스제공자의 영업수행의 자유, 서비스이용자의 통신의 비밀과 표현의 자유를 침해하지 아니한다(헌재 2018.6.28. 2016헌가15).

22. 웹하드사업자에게 **불법음란정보의 유통방지를 위하여 대통령령으로 정하는 기술적 조치를 할 의무를 부과하는** 구 전기통신사업법및 보관할 의무를 부과하는 전기통신사업법은 불법음란정보의 광범위한 유통 · 확산을 사전에 차단하고 이를 통해 불법음란정보가 초래하는 폐해를 억제하는 공익이 달성될 수 있으므로, 위 조항들은 법익의 균형성 원칙에 위배되지 아니한다. 따라서 기술적 조치 조항 및 기록보관 조항은 과잉금지원칙에 위배되지 아니하여 청구인들의 직업수행의 자유를 침해하지 아니한다(헌재 2018.6.28. 2015헌마545).

23. **특정인의 사생활 등을 조사하는 일을 업으로 하는 행위를 금지한 신용정보의 이용 및 보호에 관한 법률**
일부 업체들이 몰래카메라 또는 차량위치추적기 등을 사용하여 불법적으로 사생활 정보를 수집 · 제공하다가 수사기관에 단속되어 사회문제로 대두되기도 하였다. 이러한 국내 현실을 고려할 때 위 조항은 과잉금지원칙을 위반하여 직업선택의 자유를 침해하지 아니한다(헌재 2018.6.28. 2016헌마473).

24. **탐정 유사 명칭의 사용 금지를 규정한 '신용정보의 이용 및 보호에 관한 법률'**
탐정 등 명칭사용 금지조항은 탐정 유사 명칭을 수단으로 이용하여 개인정보 등을 취득함으로써 발생하는 사생활의 비밀 침해를 예방하기 위한 것으로 직업수행의 자유를 침해하지 아니한다(헌재 2018.6.28. 2016헌마473).

25. 주방에서 발생하는 음식물 찌꺼기 등을 분쇄하여 오수와 함께 배출하는 **주방용오물분쇄기의 판매와 사용을 금지하는** 주방용오물분쇄기의 판매 · 사용금지는 공공수역의 수질오염을 방지하기 위한 것으로 직업수행의 자유를 침해한다고 볼 수 없다(헌재 2018.6.28. 2016헌마1151).

26. **택시운송사업자가 운송비용을 택시운수종사자에게 전가할 수 없도록 정한** 택시발전법은 택시운수종사자의 근로조건 개선 및 승객의 안전과 편의 증대라는 공익이 중대하므로 법익의 균형성도 충족한다. 따라서, 이 사건 금지조항은 청구인의 직업의 자유를 침해한다고 할 수 없다(헌재 2018.6.28. 2016헌마1153).

27. **건강기능식품판매업을 하려는 자에게 신고의무를 부과**하고 불이행시 형벌을 부과하는 '건강기능식품에 관한 법률'은 건강기능식품의 건전한 유통 · 판매를 도모함으로써 국민의 건강 증진과 소비자 보호에 이바지하기 위한 것으로 직업수행의 자유를 침해하지 아니한다(헌재 2018.8.30. 2017헌바368).

28. **음식점 시설 전체를 금연구역으로 지정**함으로써 음식점 영업자가 입게 될 불이익보다 간접흡연을 차단하여 이로 인한 폐해를 예방하고 국민의 생명 · 신체를 보호하고자 하는 공익이 더욱 큰 이상, 국민건강증진법은 청구인의 직업수행의 자유를 침해한다고 할 수 없다(헌재 2016.6.30. 2015헌마813).

29. **액화석유가스의 안전관리 및 사업법 시행규칙** (헌재 2019.11.28. 2017헌마939)

① 이동식 프로판 연소기는 실외에서 실내사용이 허용된 다른 연소기를 사용하여 식당 영업을 할 수 있다는 사정까지 종합적으로 고려하면, 실내사용금지조항은 식품접객업자의 직업수행의 자유를 침해하지 않는다.

② 액화석유가스 용기는 환기가 양호한 옥외에 보관하도록 정한 액화석유가스의 안전관리 및 사업법 시행규칙이 식품접객업자의 직업수행의 자유를 침해하는지 여부(소극): 실내보관금지조항은 이동식 프로판 연소기용 소형용기의 안전성을 담보하기 위하여 그 보관 장소를 옥외로 한정한 것으로, 소비자의 요청에 따라 가스공급자가 소형용기를 대신 보관할 수 있도록 정하여 옥외보관의 부담을 경감하도록 한 점까지 고려하면, 식품접객업자의 직업수행의 자유를 침해하지 않는다.

30. **업종별로 수입금액이 일정 규모 이상인 사업자에게 성실신고확인서를 제출하도록 하고 있는 소득세법이 세무사 등의 직업수행의 자유를 침해하는지 여부(소극)**

심판대상조항으로 달성하고자 하는 공익은 납세자의 성실한 신고를 담보하여 개인사업자의 소득탈루를 방지하고 공평과세를 실현하는 것으로 신고납세제도의 실효성을 확보함에 있어 그 중대성이 인정되는 반면, 신고납부방식의 세금부과방식에서 납세자의 성실신고는 당연히 요구되는 것으로서 과도하다고 보기 어렵고, 세무사의 입장에서도 성실신고 확인업무를 충실히 수행하여 그 성실성을 담보하면 과태료나 직무정지와 같은 불이익 없이 오히려 수임을 통해 금전적 이득을 볼 수 있으므로 그 제한이 과중하다고 보기 어려워 법익균형성도 충족한다. 심판대상조항은 과잉금지원칙에 위배되어 세무사 등의 직업수행의 자유를 침해하지 않는다(헌재 2019.7.25. 2016헌바392).

31. **업무상 임무에 위배되는 행위를 처벌하도록 규정한 형법 제356조 중 제355조 제2항에 관한 부분이, 구 부정경쟁방지 및 영업비밀보호에 관한 법률상 영업비밀에 해당하지 아니하는 영업상 주요자산인 정보를 유출한 경우까지 처벌함으로써 과잉금지원칙을 위반하여 근로자의 직업수행의 자유를 침해하는지 여부(소극)**

우리 기업의 기술수준이 향상되면서 기술력이 가진 가치와 중요성이 높아지고 기업의 기술·정보 유출로 인한 피해 사례 또한 증가하는 상황에서 그러한 정보유출에 따른 기업의 재산상 손해를 방지하고자 하는 공익은 매우 중대하다. 따라서 심판대상조항은 과잉금지원칙을 위반하여 근로자의 직업수행의 자유를 침해한다고 볼 수 없다(헌재 2019.12.27. 2017헌가18).

32. **학원법에 따라 체육시설을 운영하는 자로서 어린이통학버스에 보호자를 동승하도록 강제하는 도로교통법**

이 사건 보호자동승조항이 학원 등 운영자로 하여금 어린이통학버스에 학원 강사 등의 보호자를 함께 태우고 운행하도록 한 것은 어린이 등이 안전사고 위험으로부터 벗어나 안전하고 건강한 생활을 영위하도록 하기 위한 것이다. 어린이통학버스의 동승보호자는 운전자와 함께 탑승함으로써 승·하차시뿐만 아니라 운전자만으로 담보하기 어려운 '차량 운전 중' 또는 '교통사고 발생 등의 비상상황 발생시' 어린이 등의 안전을 효과적으로 담보하는 중요한 역할을 하는 점 등에 비추어 보면, 이 사건 보호자동승조항이 과잉금지원칙에 반하여 청구인들의 직업수행의 자유를 침해한다고 볼 수 없다(헌재 2020.4.23. 2017헌마479).

33. **특별자치시장·시장·군수·구청장으로 하여금 대형마트 등에 대하여 영업시간 제한을 명하거나 의무휴업을 명할 수 있도록 한 유통산업발전법은 명확성원칙, 직업수행의 자유, 평등원칙에 위배되지 않는다.** 건전한 유통질서를 확립하고, 대형마트 등과 중소유통업의 상생발전을 도모를 위해 불가피하므로 직업수행의 자유를 침해하지 않는다(헌재 2018.6.28. 2016헌바77).

34. **측량업의 등록을 한 측량업자가 등록기준에 미달하게 된 경우 측량업의 등록을 필요적으로 취소하도록 규정한 구 '측량·수로조사 및 지적에 관한 법률'**

측량업자의 직업의 자유가 일정기간 제한된다 하더라도 이는 측량업의 정확성과 신뢰성을 담보하여 토지 관련 법률관계의 법적 안정성과 국토개발계획의 근간을 보호하려는 공익에 비하여 결코 중하다고 볼 수 없으므로, 법익의 균형성도 인정된다. 따라서 심판대상조항은 과잉금지원칙에 위배되지 아니한다(헌재 2020.12.23. 2018헌바458).

35. **악취와 관련된 민원이 1년 이상 지속되고, 악취가 배출허용기준을 초과하는 지역을 악취관리지역 지정요건으로 정한 구 악취방지법**

악취로 인한 민원이 장기간 지속되는 지역을 악취관리지역으로 지정함으로써 해당 지역의 악취문제를 해소하고 결과적으로 국민이 건강하고 쾌적한 환경에서 생활할 수 있도록 한다는 공익은 오늘날 국가와 사회에 긴요하고도 중요한 공익이라고 할 것이므로, 심판대상조항이 법익의 균형성 원칙에 위반된다고도 볼 수 없다(헌재 2020.12.23. 2019헌바25).

36. 청소년게임제공업의 전체이용가 게임물에 대하여 경품금액의 한도를 '소비자판매가격 5천원 이내'로 정한 구 '게임산업진흥에 관한 법률 시행령'

경품이 제공되는 청소년게임제공업의 전체이용가 게임물이 사행화하는 것을 막고 건전한 게임문화를 조성하기 위하여 필요한 제한이므로, 이 사건 시행령조항이 과잉금지원칙에 반하여 청구인의 직업수행의 자유를 침해한다고 볼 수 없다(헌재 2021.2.25. 2017헌마708).

37. 일반지주회사의 손자회사가 국내계열회사 주식을 소유하는 것을 금지하는 '독점규제 및 공정거래에 관한 법률'

심판대상조항의 목적은 지주회사 체제의 범위를 완전증손회사까지만 인정하여 지주회사가 소액의 자본으로 과도하게 지배력을 확장하는 것을 억제하기 위한 것인바, 만약 일반지주회사의 손자회사가 국내계열회사의 주식을 소유할 수 있도록 허용한다면, 피라미드식 출자를 통한 지배력 확대라는 문제가 심화될 우려가 있다. 심판대상조항은 과잉금지원칙에 위배되어 기업의 자유를 침해한다고 볼 수 없다(헌재 2021.3.25. 2017헌바378).

38. 청소년유해물건으로 고시된 요철식 특수콘돔 등 판매금지

개별 청소년의 신체적 · 정신적 성숙도의 차이, 콘돔의 세부적인 형태나 종류를 고려하지 않고 청소년에 대한 판매를 전면적으로 금지하는 것이 과도한 제한이라 볼 수 없다. 심판대상조항은 과잉금지원칙을 위반하여 성기구 판매자의 직업수행의 자유 및 청소년의 사생활의 비밀과 자유를 침해하지 않는다(헌재 2021.6.24. 2017헌마408).

39. 임차인이 승차정원 11인승 이상 15인승 이하인 승합자동차를, 관광 목적으로, 대여시간이 6시간 이상이거나, 대여 또는 반납 장소가 공항 또는 항만인 경우에 한하여 자동차대여사업자로 하여금 운전자를 알선할 수 있도록 한 '여객자동차 운수사업법'

심판대상조항을 통하여 추구하는 여객자동차 운수사업의 종합적인 발전과 적정한 교통 서비스의 제공이라는 공익은 심판대상조항으로 인하여 자동차대여사업자가 입는 직업의 자유에 대한 제한보다 중대하다. 따라서 심판대상조항은 과잉금지원칙에 위반되어 자동차대여사업자의 직업의 자유를 침해하지 아니한다(헌재 2021.6.24. 2020헌마651).

40. 가맹점사업자에게 가맹점운영권을 부여하는 사업자인 가맹본부가 가맹희망자에게 제공하기 위한 정보공개서에 차액가맹금과 관련된 정보 등을 기재하도록 한 '가맹사업거래의 공정화에 관한 법률 시행령'

심판대상조항에 의하여 가맹본부 청구인들은 차액가맹금 관련 사항을 정보공개서에 기재하여 직업수행의 자유가 제한되나, 주요품목의 공급가격 상 · 하한이 공개되어 유통에 따른 차익이 공개된다고 하더라도, 곧바로 다른 업체와의 비교로 인한 경쟁심화 등으로 가맹사업이 중단되거나 해외 진출이 어렵게 된다고 단정할 수 없다. 반면에 차액가맹금은 가맹본부의 주 수익원이고 실제 가맹점사업자가 지출하는 비용에서 얻는 수익이라는 점에서 가맹점사업자나 가맹희망자가 알아야 하는 부분이고, 가맹점사업자가 별다른 지식 없이 가맹점을 열었다가 손해를 입는 경우가 많음에도, 가맹본부가 상품공급으로 인한 수익을 얻는다는 것은 가맹사업의 발전을 위해서도 적절한 것이 아니다. 이처럼 심판대상조항에 따라 가맹본부 청구인들이 제한받는 사익이 공익에 비하여 중대하다고 보기 어렵다. 그렇다면 심판대상조항은 과잉금지원칙을 위배하여 가맹본부 청구인들의 직업수행의 자유를 침해한다고 볼 수 없다(헌재 2021.10.28. 2019헌마288).

41. 유골 500구 이상을 안치할 수 있는 사설봉안시설을 설치 · 관리하려는 자는 민법에 따라 봉안시설의 설치 · 관리를 목적으로 하는 재단법인을 설립하도록 하는 구 '장사 등에 관한 법률'

불가피한 측면이 있으며, 심판대상조항은 종중 · 문중이나 종교단체 등의 경우에 예외를 마련하고 있다. 재단법인을 설립할 의무라는 심판대상조항으로 인하여 제한되는 사익이 심판대상조항을 통하여 추구하는 봉안시설의 안정성과 영속성이라는 공익에 비하여 더 크다고 보기 어려우므로, 심판대상조항은 침해의 최소성과 법익의 균형성을 갖추었다. 따라서 심판대상조항은 과잉금지원칙에 위반되어 직업의 자유를 침해하지 아니한다(헌재 2021.8.31. 2019헌바453).

42. '국내에 널리 인식된 타인의 성명, 상호, 표장(標章), 그 밖에 타인의 영업임을 표시하는 표지와 동일하거나 유사한 것을 사용하여 타인의 영업상의 시설 또는 활동과 혼동하게 하는 행위'를 부정경쟁행위로 정의하고 있는 '부정경쟁방지 및 영업비밀보호에 관한 법률'

부정경쟁행위에 해당하기 위한 요건으로 실제 경제적 이익의 침해 혹은 침해가능성을 요구하게 된다면, 이는 부정경쟁방지법에 의한 보호를 받기 전에 이미 회복할 수 없는 손해를 입게 하는 것이 되므로 부정경쟁방지법의 취지에 부합하지 않는다. 따라서 심판대상조항은 직업의 자유를 침해하지 아니한다(헌재 2021.9.30. 2019헌바217).

43. 지역아동센터 시설별 신고정원의 80% 이상을 돌봄취약아동으로 구성하도록 정한 '2019년 지역아동센터 지원사업안내'가 과잉금지원칙을 위반하여 청구인들의 기본권을 침해하는지 여부(소극)

이 사건 이용아동규정의 취지는 지역아동센터 이용에 있어서 돌봄취약아동과 일반아동을 분리하려는 것이 아니라 돌봄취약아동에게 우선권을 부여하려는 것이다. 돌봄취약아동이 일반아동과 함께 초·중등학교를 다니고 방과 후에도 다른 돌봄기관을 이용할 선택권이 보장되고 있는 이상, 설령 이 사건 이용아동규정에 따라 돌봄취약아동이 일반아동과 교류할 기회가 다소 제한된다고 하더라도 그것만으로 청구인 아동들의 인격형성에 중대한 영향을 미친다고 보기는 어렵다.

이 사건 이용아동규정은 과잉금지원칙에 위반하여 청구인 운영자들의 직업수행의 자유 및 청구인 아동들의 인격권을 침해하지 않는다(헌재 2022.1.27. 2019헌마583).

44. 폐기물처리업자로 하여금 환경부령으로 정하는 바에 따라 폐기물을 허가받은 사업장 내 보관시설이나 승인받은 임시보관시설 등 적정한 장소에 보관하도록 하고, 이를 위반할 경우 형사처벌하도록 한 폐기물관리법

심판대상조항이 부과하고 있는 준수의무가 폐기물처리업자로 하여금 폐기물처리업을 영위하는 것이 불가능할 정도로 특별히 과중한 것이라고 보기 어렵다. 또한 심판대상조항이 정한 준수사항의 위반행위가 그 보호법익인 환경보전과 국민생활의 질적 향상을 침해할 가능성 및 그 침해의 정도가 크다고 판단하여 형사처벌을 과한 것은 입법재량의 범위 내에 있다. 심판대상조항은 침해의 최소성에 위반되지 않는다.

심판대상조항에 의하여 폐기물처리업자가 제한받게 되는 사익의 정도가 매우 중대하다고 보기 어려운 반면, 심판대상조항에 의하여 달성되는 환경보전과 국민건강 보호라는 공익은 그보다 더 크다고 할 것이므로, 심판대상조항은 법익의 균형성도 갖추었다(헌재 2023.2.23. 2020헌바504).

45. 위생안전기준 적합 여부에 대하여 수도법상 인증을 받은, 물에 접촉하는 수도용 제품이 수도법상 정기검사 기준에 적합하지 아니한 경우 환경부장관이 그 인증을 필요적으로 취소하도록 하는 수도법

심판대상조항은 정기검사 기준에 부적합한 제품의 인증만을 취소하도록 할 뿐 해당 제품의 제조업자가 다른 수도용 제품을 인증받아 제조·판매하는 데에는 아무런 제한을 두지 않는 등, 직업수행의 자유의 제한을 입법목적 달성에 필요한 범위 내에서 최소화하고 있다. 따라서 심판대상조항은 과잉금지원칙에 위배되어 물에 접촉하는 수도용 제품 제조업자의 직업수행의 자유를 침해하지 아니한다(헌재 2023.2.23. 2021헌바179).

46. 경비업자가 시설경비업무 또는 신변보호업무 중 집단민원현장에 일반경비원을 배치하는 경우 경비원을 배치하기 48시간 전까지 배치허가를 신청하고 허가를 받도록 정한 경비업법 제18조 제2항

경비업자가 심판대상조항에 따른 배치허가를 받은 이후에 경비원에 결원이 발생하는 등으로 추가적인 경비원 배치허가를 신청하는 경우에도 관할 경찰관서장은 새로운 배치허가 신청의 내용, 최초 배치허가 이후 집단민원현장의 상황변화와 사정변경, 결원 교체사유 등을 검토하여야 하는바, 관할 경찰관서장이 배치허가 여부를 결정하는 데에 소요되는 시간이나 그 판단의 난이도가 최초 배치허가 신청의 경우보다 일률적으로 적거나 낮다고 단정할 수 없다. 나아가 배치허가 신청기한에 예외를 두거나 사후신고를 할 수 있도록 하는 경우에는 자격미달의 경비원을 기습 배치하는 등 악용의 소지가 있다. 따라서 심판대상조항이 일률적으로 경비업자에게 집단민원현장에 경비원을 배치하는 시점을 기준으로 48시간 전까지 배치허가를 신청하도록 한 것은 과도하지 않으며, 심판대상조항을 통해 달성되는 공익인 국민의 생명과 안전 및 재산은 제한되는 경비업자의 사익보다 월등히 크므로, 심판대상조항은 과잉금지원칙을 위반하여 경비업자의 직업수행의 자유를 침해하지 않는다(헌재 2023.2.23. 2018헌마246).

제3절 소비자의 권리

> 헌법 제124조 【소비자 보호】 국가는 건전한 소비행위를 계도하고 생산품의 품질향상을 촉구하기 위한 소비자보호운동을 법률이 정하는 바에 의하여 보장한다.

01 소비자 권리의 의의

1. 개념

소비자 권리란 소비자가 자신의 인간다운 생활을 영위하기 위하여 공정한 가격으로 양질의 상품 또는 용역을 적절한 유통구조를 통하여 적기에 구입하거나 사용할 수 있는 권리이다.

2. 연혁

우리나라는 1980년 헌법에서 소비자보호운동을 명문화하였다.

02 소비자 권리의 주체

외국인을 포함한 자연인과 법인이 주체가 된다.

03 소비자 권리의 내용

1. 권리의 내용

소비자는 모든 물품과 용역으로부터 생명과 신체를 보호할 안전의 권리, **물품용역에 대한 알 권리**, 자유로운 물품·용역선택권, 국가 등의 정책과 사업자의 사업활동에 의견을 반영할 권리, 물품·용역에 의한 피해보상청구권, 합리적인 소비생활을 영위하는 데 필요한 교육을 받을 권리, 소비자의 권익보호를 위해 단결과 단체활동의 권리를 가진다.

2. 국가의 소비자 권리보호

> 소비자기본법 제11조 【광고의 기준】 국가는 물품등의 잘못된 소비 또는 과다한 소비로 인하여 발생할 수 있는 소비자의 생명·신체 또는 재산에 대한 위해를 방지하기 위하여 다음 각 호의 어느 하나에 해당하는 경우에는 광고의 내용 및 방법에 관한 기준을 정하여야 한다.
> 1. 용도·성분·성능·규격 또는 원산지 등을 광고하는 때에 허가 또는 공인된 내용만으로 광고를 제한할 필요가 있거나 특정내용을 소비자에게 반드시 알릴 필요가 있는 경우
> 2. 소비자가 오해할 우려가 있는 특정용어 또는 특정표현의 사용을 제한할 필요가 있는 경우
> 3. 광고의 매체 또는 시간대에 대하여 제한이 필요한 경우
>
> 제32조 【보조금의 지급】 국가 또는 지방자치단체는 등록소비자단체의 건전한 육성·발전을 위하여 필요하다고 인정될 때에는 보조금을 지급할 수 있다.

04 소비자 권리의 효력

소비자의 권리는 대사인적 효력을 가진다.

05 소비자 권리의 침해와 구제

소비자의 권리가 국가권력에 의해 침해된 경우에는 청원권, 행정소송, 국가배상청구, 헌법소원 등으로 구제받을 수 있다. 소비자피해의 효율적인 구제를 위해서는 **무과실책임의 인정, 입증책임전환이론, 개연성이론의 도입**, 당사자적격의 확대, 사업자들의 연대책임의 인정, 소액재판제도의 채택, 미국과 같은 Class Action 제도와 독일의 단체소송의 도입을 할 필요가 있다. 2008년 1월부터 **소비자단체소송제가 시행 중에 있다.**

제8장 정치적 권리

제1절 정치적 권리의 의의와 종류

01 정치적 자유권

1. 헌법상 정치적 자유권의 의의

오늘날 정치적 기본권은 국민이 정치적 의사를 자유롭게 표현하고, 국가의 정치적 의사형성에 참여하는 정치적 활동을 총칭하는 것으로 넓게 인식되고 있다. **정치적 기본권**은 기본권의 주체인 개별 국민의 입장에서 보면 **주관적 공권**으로서의 성질을 가지지만, 민주정치를 표방한 민주국가에 있어서는 국민의 정치적 의사를 국정에 반영하기 위한 **객관적 질서**로서의 의미를 아울러 가진다. 그중 **정치적 자유권**이라 함은 국가권력의 간섭이나 통제를 받지 아니하고 자유롭게 정치적 의사를 형성·발표할 수 있는 자유라고 할 수 있다. 이러한 정치적 자유권에는 정치적 의사를 자유롭게 표현하고, 자발적으로 정당에 가입하고 활동하며, 자유롭게 선거운동을 할 수 있는 것을 주된 내용으로 한다(헌재 2004.3.25. 2001헌마710).

2. 정치적 자유권의 종류

(1) 정치적 자유권

정치적 자유권은 정치적 언론, 출판, 집회·결사의 자유를 포함한다.

(2) 참정권의 종류

① **직접참정권과 간접참정권**: 직접참정권으로 국민발안권, 국민투표권, 국민소환권이 있고, 간접참정권으로는 선거권, 공무담임권이 있다.

② **국민발안**: 국민발안제란 국민이 헌법개정이나 법률안을 제안할 수 있는 권리이다. 헌법개정의 국민발안은 1954년 제2차 개정헌법부터 1969년 제6차 개정헌법까지 채택된 바 있다.

③ **국민소환**: 국민이 공직자를 임기만료 전에 해직시킬 수 있는 권리이다. <u>우리나라는 채택한 바 없다</u>.

④ **현행헌법상 인정되고 있는 참정권**: 현행헌법상 인정되고 있는 참정권은 국민투표권, 선거권, 공무담임권이 있다. 주민투표권, 주민소환권, 주민권은 헌법상 기본권이 아니다.

⚖ 판례 | 헌법상 참정권이 아닌 것

1. 사법인적인 성격을 지니는 **농협의 조합장선거**에서 **조합장을 선출하거나 선거운동을 하는 것**은 헌법에 의하여 보호되는 선거권의 범위에 포함되지 않으며 직업의 자유와 결사의 자유에서 보호된다(헌재 2012.12.27. 2011헌마562).

2. **주민소환청구권**
   지방자치법에서 규정한 **주민투표권이나 주민소환청구권**은 그 성질상 위에서 본 선거권, 공무담임권, 국민투표권과는 다른 것이어서 이를 법률이 보장하는 참정권이라고 할 수 있을지언정 헌법이 보장하는 참정권이라 할 수는 없다(헌재 2011.12.29. 2010헌바368).

---

3. **조례제정 · 개폐청구권**을 주민들의 지역에 관한 의사결정에의 참여에 관한 권리 내지 주민발안권으로 이해하더라도 헌법이 보장하는 기본권인 참정권이라고 할 수는 없다(헌재 2009.7.30. 2007헌바75).

4. **외국인의 선거권**은 법률적 차원의 권리이지 헌법상 참정권은 아니다.

5. 새로운 지방의회를 구성함에 있어 즉시 선거를 실시할 것인지 아니면 종전에 선출되어 있던 지방의회의원을 통해 지방의회를 구성하고 그들의 임기가 종료된 후에 새로운 선거를 실시할 것인지 여부는 원칙적으로 입법자의 입법형성의 자유에 속하는 사항이므로, **지방자치단체 신설과 동시에 혹은 신설 과정에서 새로운 지방의회의원선거가 헌법적으로 반드시 요청된다고 보기는 어렵다.** 세종시 의회를 신설하면서 선거를 실시하지 아니하고 연기군의회의원 등에게 세종특별자치시의회의원의 자격을 취득하도록 규정하고 있는 세종특별자치시 설치 등에 관한 특별법 부칙 제4조 제1항은 충남 연기군 주민의 선거권 침해가 아니다(헌재 2013.2.28. 2012헌마131).

(3) 참정권의 성격

참정권은 자연법적 권리가 아니고 실정법상의 권리이다. 참정권은 일신전속적인 권리이며, 양도 또는 대리행사는 허용되지 아니한다.

제2절 정당의 자유와 정당제도

01 정당의 의의

1. 개념

정당이라 함은 국민의 이익을 위하여 책임있는 정치적 주장이나 정책을 추진하고 공직선거의 후보자를 추천 또는 지지함으로써 국민의 정치적 의사형성에 참여함을 목적으로 하는 국민의 자발적 조직을 말한다(정당법 제2조).

2. 정당제도의 연혁

(1) 미국

미연방헌법에는 정당규정을 두지 않았다.

(2) 독일

바이마르헌법은 비례대표제는 도입했으나 정당에 대한 규정은 두지 않았다. 정당에 대해 절대부정이나 절대긍정이 아닌 중간적 입장을 가졌다고 볼 수 있다. 1949년 독일기본법에서 정당조항을 규정했다.

(3) 우리 헌법에서 정당의 연혁 ★★★
① **제1공화국**: 진보당의 강령, 당헌에 대하여 대법원은 위헌성을 부정하였으나, 공보실장의 명령에 의해 진보당은 해체되었다. 즉, 진보당은 사법부의 재판에 의하여 해산된 것이 아니었다.
② **제2공화국(제3차 개정헌법)**: 정당과 위헌정당해산조항을 신설하여 정당의 헌법상의 수용단계에 해당한다.
③ **제3공화국(제5차 개정헌법)**: 정당국가적 경향이 가장 강했던 헌법으로 무소속의 국회의원과 대통령 출마를 금지하였고, 탈당시 또는 정당 해산시 국회의원의 자격을 상실하도록 규정되어 있었다.

④ **제4공화국(제7차 개정헌법)**: 정당국가적 경향이 다소 후퇴하여 무소속의 입후보가 허용되었다. 오히려 통일주체국민회의대의원선거에 정당원의 출마가 금지되었다.

⑤ **제5공화국(제8차 개정헌법)**: 정당국가적 경향이 다소 강화되어 국고보조금조항(제8조 제3항)을 신설하였다.

3. 정당의 지위

(1) 정당의 법적 형태

정당의 법적 지위는 적어도 그 소유재산의 귀속관계에 있어서는 법인격 없는 사단(社團)으로 보아야 하고, 중앙당과 지구당과의 복합적 구조에 비추어 정당의 지구당은 단순한 중앙당의 하부조직이 아니라 어느 정도의 독자성을 가진 단체로서 역시 법인격 없는 사단에 해당한다고 보아야 할 것이다(헌재 1993.7.29. 92헌마262).

(2) 정당의 헌법상 지위

정당은 그 구성원이 공무원인 것도 아니고, 정당활동에 필요한 비용을 국가가 전부 부담하는 것도 아니므로 국가기관으로 볼 수는 없다. 헌법상 국가기관은 아니지만 정당은 국민의 의사를 국가에 전달하는 중개적 기능을 하므로 중개적 기관이다.

(3) 정당의 기본권 주체성

권리능력 없는 사단에 대해 헌법재판소는 기본권 주체성과 헌법소원청구능력을 인정하였다(헌재 1991.3.11. 91헌마21).

⚖️ 판례 | 등록이 취소된 정당의 기본권 주체성

청구인(사회당)은 등록이 취소된 이후에도, 취소 전 사회당의 명칭을 사용하면서 대외적인 정치활동을 계속하고 있고, 대내외 조직 구성과 선거에 참여할 것을 전제로 하는 당헌과 대내적 최고의사결정기구로서 당대회와, 대표단 및 중앙위원회, 지역조직으로 시·도위원회를 두는 등 계속적인 조직을 구비하고 있는 사실 등에 비추어 보면, 청구인은 **등록이 취소된 이후에도 '등록정당'에 준하는 '권리능력 없는 사단'**으로서의 실질을 유지하고 있다고 볼 수 있으므로 이 사건 헌법소원의 청구인능력을 인정할 수 있다(헌재 2006.3.30. 2004헌마246).

---

(4) 정당과 국회의원 자유위임

국회의원은 국민의 대표자로서 자유위임을 누린다. 그러나 정당에 소속된 국회의원은 정당을 대표하는 지위를 가지므로 사실상 정당에 기속된다.

⚖️ 판례 | 정당정책에 반하는 국회의원 상임위 사보임

자유위임은 의회 내에서의 정치의사형성에 정당의 협력을 배척하는 것이 아니며, 의원이 정당과 교섭단체의 지시에 기속되는 것을 배제하는 근거가 되는 것도 아니다. 또한 국회의원의 국민대표성을 중시하는 입장에서도 특정 정당에 소속된 국회의원이 정당기속 내지는 교섭단체의 결정에 위반하는 정치활동을 한 이유로 제재를 받는 경우, 국회의원 신분을 상실하게 할 수는 없으나 '정당 내부의 사실상의 강제' 또는 소속 '정당으로부터의 제명'은 가능하다고 보고 있다. 그렇다면, 당론과 다른 견해를 가진 소속 국회의원을 당해 교섭단체의 필요에 따라 **다른 상임위원회로의 전임(사·보임)하는 조치**는 특별한 사정이 없는 한 헌법상 용인될 수 있는 '정당 내부의 사실상 강제'의 범위 내에 해당한다고 할 것이다(헌재 2003.10.30. 2002헌라1).

---

02 헌법 제8조의 규범적 의미 **

> **헌법 제8조【정당】** ① 정당의 설립은 자유이며, 복수정당제는 보장된다.
> ② 정당은 그 목적·조직과 활동이 민주적이어야 하며, 국민의 정치적 의사형성에 참여하는 데 필요한 조직을 가져야 한다.
> ③ 정당은 법률이 정하는 바에 의하여 국가의 보호를 받으며, 국가는 법률이 정하는 바에 의하여 정당의 운영에 필요한 자금을 보조할 수 있다.
> ④ 정당의 목적이나 활동이 민주적 기본질서에 위배될 때에는 정부는 헌법재판소에 그 해산을 제소할 수 있고, 정당은 헌법재판소의 심판에 의하여 해산된다.

1. 헌법 제8조와 제21조의 관계

정당도 헌법 제21조의 결사이나 제8조는 일반결사에 관한 제21조의 특별법적 규정으로서 정당의 설립·활동·존속에 있어서는 제8조가 우선적으로 적용된다.

2. 헌법 제8조 제1항의 의미

(1) 정당의 자유

정당의 자유를 규정하는 헌법 제8조 제1항이 기본권의 규정형식을 취하고 있지 아니하고 또한 '국민의 기본권에 관한 장'인 제2장에 위치하고 있지 아니하나, 이 사건 법률조항으로 말미암아 침해된 기본권은 '정당의 설립과 가입의 자유'의 근거규정으로서, '정당설립의 자유'를 규정한 헌법 제8조 제1항과 '결사의 자유'를 보장하는 제21조 제1항에 의하여 보장된 기본권이라 할 것이다(헌재 1999.12.23. 99헌마135).

> **⚖ 판례 | 정당의 자유 보호영역**
>
> 1. 정당설립의 자유는 자신들이 원하는 명칭을 사용하여 정당을 설립하거나 정당활동을 할 자유도 포함한다(헌재 2014.1.28. 2012헌마431).
>
> 2. 헌법 제8조 제1항 전단의 정당설립의 자유는 정당설립의 자유만이 아니라 누구나 국가의 간섭을 받지 아니하고 자유롭게 정당에 가입하고 정당으로부터 탈퇴할 수 있는 자유를 함께 보장한다. 구체적으로 정당의 자유는 개개인의 자유로운 정당설립 및 정당가입의 자유, **조직형식 내지 법형식 선택의 자유**를 포함한다. 또한 정당설립의 자유는 설립에 대응하는 **정당해산의 자유, 합당의 자유, 분당의 자유**도 포함한다. 뿐만 아니라 정당설립의 자유는 **개인**이 정당 일반 또는 특정 정당에 가입하지 아니할 자유, 가입했던 정당으로부터 탈퇴할 자유 등 소극적 자유도 포함한다(헌재 2006.3.30. 2004헌마246).
>
> 3. **자유민주적 기본질서를 부정하고 이를 적극적으로 제거하려는 조직도,** 국민의 정치적 의사형성에 참여하는 한, **'정당의 자유'의 보호를 받는 정당에 해당하며,** 오로지 헌법재판소가 그의 위헌성을 확인한 경우에만 정당은 정치생활의 영역으로부터 축출될 수 있다(헌재 1999.12.23. 99헌마135).

(2) 정당의 자유의 주체

국민인 개인, 정당과 등록이 취소된 정당도 주체가 될 수 있다.

> **⚖ 판례 | 정당의 자유 주체** (헌재 2006.3.30. 2004헌마246)
>
> 1. 정당설립의 자유는 그 성질상 등록된 정당에게만 인정되는 기본권이 아니라 청구인과 같이 **등록정당은 아니지만 권리능력 없는 사단의 실체를 가지고 있는 정당**에게도 인정되는 기본권이라고 할 수 있다.

2. **정당설립의 자유**는 비록 헌법 제8조 제1항 전단에 규정되어 있지만 **국민 개인과 정당의 '기본권'이라 할 수 있고**, 당연히 이를 근거로 하여 헌법소원심판을 청구할 수 있다고 보아야 할 것이다.

(3) 정당설립의 허가제금지

정당설립은 자유이므로 정당설립을 허가제는 금지된다. 따라서 국회는 법률로 정당설립의 내용적 요건을 두어서는 아니 된다.

⚖️ **판례 │ 정당등록 요건** (헌재 1999.12.23. 99헌마135)

1. 입법자가 정당으로 하여금 헌법상 부여된 기능을 이행하도록 하기 위하여 그에 필요한 **절차적·형식적 요건**을 규정함으로써 정당의 자유를 구체적으로 형성하고 동시에 제한하는 경우를 제외한다면, 정당설립에 대한 국가의 간섭이나 침해는 원칙적으로 허용되지 아니한다. 이는 곧 입법자가 정당설립과 관련하여 **형식적 요건**을 설정할 수는 있으나, 일정한 **내용적 요건**을 구비해야만 정당을 설립할 수 있다는 소위 '허가절차'는 헌법적으로 허용되지 아니한다는 것을 뜻한다.

2. 오늘날의 의회민주주의가 정당의 존재 없이는 기능할 수 없다는 점에서 심지어 '위헌적인 정당을 금지해야 할 공익'도 정당설립의 자유에 대한 입법적 제한을 정당화하지 못하도록 규정한 것이 헌법의 객관적인 의사라면, 입법자가 그 외의 공익적 고려에 의하여 정당설립금지조항을 도입하는 것은 원칙적으로 헌법에 위반된다.

---

3. 헌법 제8조 제2항의 의미

헌법 제8조 제2항에 따르면 정당은 국민의 정치적 의사형성에 참여하는 데 필요한 조직을 가져야 한다. 따라서 국회는 법률로 정당설립에 필요한 절차적·형식적 요건을 규정할 수 있다. 정당법상 정당은 5 이상의 시·도당을 가져야 한다는 등의 규정은 헌법 제8조 제2항에 근거한 것이다. 따라서 헌법 제8조 제2항은 조직의 자유가 아니라 조직 자유의 한계이다.

⚖️ **판례 │ 정당활동의 자유**

1. 정당활동의 자유와 한계

헌법 제8조 제1항은 정당설립의 자유를 명시하고 있는데, 정당의 자유에는 정당설립의 자유만이 아니라 정당활동의 자유도 포함된다. **헌법 제8조 제2항**은 "정당은 그 목적·조직과 활동이 민주적이어야 하며, 국민의 정치적 의사형성에 참여하는 데 필요한 조직을 가져야 한다."라고 하여 정당의 조직과 활동의 자유가 가지는 **한계**를 명시하고 있다. 헌법 제8조 제4항이 "정당의 목적이나 활동이 민주적 기본질서에 위배될 때에는 헌법재판소의 심판에 의하여 해산된다."라고 한 것 역시 정당의 자유에 대한 한계를 정하고 있는 것이다. 따라서 정당활동의 자유 역시 헌법 제37조 제2항의 일반적 법률유보의 대상이 되고, 가처분조항은 이에 근거하여 정당활동의 자유를 제한하는 법률조항이다. 그러므로 가처분조항이 헌법의 수권 없는 법률의 규정으로 위헌이라는 청구인의 주장은 받아들일 수 없다. 다만, 가처분조항이 정당활동의 자유를 제한할 수 있으므로, 가처분조항의 기본권 침해 여부를 판단함에 있어서는 과잉금지원칙을 준수했는지 여부가 심사기준이 된다(헌재 2014.2.27. 2014헌마7).

2. 누구든지 정당이 특정인을 후보자로 추천하는 일과 관련하여 금품이나 그 밖의 재산상 이익을 제공하거나 제공받을 수 없도록 규정한 공직선거법은 헌법상 정당 활동의 자유의 본질적 내용을 침해하는 것이라고 볼 수 없다(헌재 2009.10.29. 2008헌바146).

4. 정당이 선거에 있어서 기회균등의 보장을 받을 수 있는 헌법적 권리

> **판례**
>
> 1. 각종 선거에 정당은 후보자의 추천과 후보자를 지원하는 선거운동을 통하여 소기의 목적을 추구하는데, 이 경우 평등권 및 평등선거의 원칙으로부터 나오는 기회균등의 원칙은 후보자는 물론 정당에 대하여서도 보장되는 것이다. 이와 같이 정당이 선거에 있어서 기회균등의 보장을 받을 수 있는 헌법적 권리는 정당활동의 기회균등의 보장과 헌법상 참정권의 보장에 내포되어 있으므로 헌법 제8조 제1항 내지 제3항, 제11조 제1항, 제24조, 제25조는 그 직접적인 근거규정이 될 수 있으며, 헌법전문과 제1조, 제41조 제1항, 제67조 제1항, 제37조 제2항, 제116조 제2항은 간접적인 근거규정이 될 수 있다(헌재 1991.3.11. 91헌마21).
>
> 2. 정당의 기회균등원칙은 각 정당에 보조금을 균등하게 배분할 것을 요구하는 것이 아니라 보조금제도의 취지에 비추어 각 정당의 규모나 정치적 영향력, 정당이 선거에서 거둔 실적 등에 따라 어느 정도 차별을 할 수 있고, 그 내용이 현재의 각 정당들 사이의 경쟁상태를 현저하게 변경시킬 정도가 아니면 합리성을 인정할 수 있을 것이다(헌재 2006.7.27. 2004헌마655).

5. 정당등록의 의미

(1) 등록신청을 받은 선거관리위원회는 정당이 형식적 요건을 구비하는 한 이를 거부하지 못한다(정당법 제15조).

(2) 형식적 요건을 구비하는 한 선거관리위원회는 등록을 거부할 수 없으므로 정당의 등록은 정당성립의 창설적·형성적 의미가 아니라 확인적·선언적 의미를 가진다.

> **판례 | 피청구인이 미래한국당의 중앙당 정당등록신청을 수리한 행위가 기존에 정당법에 따라 등록된 정당인 청구인에 대하여 기본권 침해의 자기관련성을 인정할 수 있는지 여부(소극)**
>
> 정당등록제도는 정당제도의 법적 안정성과 확실성을 확보하기 위하여 정당임을 자처하는 정치적 결사가 일정한 법률상의 요건을 갖추어 관할 행정기관에 등록을 신청하고, 이 요건이 충족된 경우 정당등록부에 등록하여 비로소 그 결사가 정당임을 법적으로 확인시켜 주는 제도이다.
>
> 그런데 헌법 제8조가 정당설립의 자유와 복수정당제를 보장하고 있으므로, 정당등록제도는 정당법상의 정당임을 법적으로 확인하는 것을 넘어 정당의 이념적 목적이나 지향성 등을 이유로 정당의 등록 여부를 결정하는 제도로는 볼 수 없다. 정당법 제15조도 "등록신청을 받은 관할 선거관리위원회는 형식적 요건을 구비하는 한 이를 거부하지 못한다."고 규정하여, 정당이 정당법에 정한 형식적 요건을 구비한 경우 피청구인은 이를 반드시 수리하도록 하고, 정당법에 명시된 요건이 아닌 다른 사유로 정당등록신청을 거부하는 등으로 정당설립의 자유를 제한할 수 없도록 하고 있다.
>
> 청구인이 주장하는 선거에서의 불공정한 경쟁이나 정당보조금 등의 불이익은 공직선거법이나 정치자금법 등 별도의 법률 규정에 의하여 결정되는 것이므로, 설령 청구인이 그러한 불이익을 입었다고 하더라도 이는 이 사건 수리행위로 인한 간접적·사실적·경제적 불이익에 불과하다. 따라서 청구인은 이 사건 수리행위에 대하여 기본권 침해의 자기관련성을 갖추었다고 보기 어렵다(헌재 2023.2.23. 2020헌마275).

6. 헌법개정한계

제8조의 복수정당제와 정당설립의 자유는 자유민주적 기본질서의 핵심이므로 이에 반하는 헌법개정은 허용되지 않는다.

7. 정당제 민주주의

헌법 제8조가 정당을 국가기관으로 보는 정당국가적 민주주의를 규정하고 있다는 견해도 있으나 정당을 국가기관으로 규정한 것도 아니고 정당기속을 규정한 것이 아니므로 라이프홀쯔의 정당국가적 민주주의를 수용한 것이 아니라 헷세의 정당제 민주주의를 수용하는 것으로 해석하는 것이 타당하다.

> **⚖ 판례 | 정당제 민주주의**
>
> 헌법은 **정당제 민주주의**를 채택하여 정당설립의 자유와 국가의 보호를 규정함으로써(제8조 제1항 · 제3항) 정당활동의 자유를 포함한 정당의 자유를 광범위하게 보장하고 있으며, 이에 따라서 정당법도 정당활동의 자유를 보장하고 있다(제30조)(헌재 2009.10.29. 2008헌바146).

03 정당설립과 등록취소

1. 정당가입

(1) 헌법상 정당가입이 금지된 자

헌법재판소재판관, 중앙선거관리위원회 위원

(2) 공무원

공무원은 당원이 될 수 없으나 대통령, 국무총리, 국무위원, 국회의원, 지방의원, 지방자치단체의 장, 국회 부의장의 수석비서관 · 비서관 · 비서 · 행정보조요원, 국회 상임위원회 · 예산결산특별위원회 · 윤리특별위원회 위원장의 행정보조요원, 국회의원 보좌관 · 비서관 · 비서, 국회 교섭단체대표의원의 행정비서관, 국회교섭단체의 정책연구위원 · 행정보조요원, 총장, 교수, 부교수, 조교수, 강사는 당원이 될 수 있다.

> **⚖ 판례 | 공무원 정당가입금지** (헌재 2014.3.27. 2011헌바42)
>
> 1. 공무원의 신분과 지위의 특수성에 비추어 공무원에 대해서는 일반국민보다 더욱 넓고 강한 기본권 제한이 가능하게 된다. **공무원 정당가입금지**는 공무원의 정치적 중립을 위한 것으로서 정당의 자유를 침해한다고 할 수 없다.
> 2. 민주적 의사형성과정의 개방성을 보장하기 위하여 정당설립의 자유를 최대한으로 보호하려는 헌법의 정신에 비추어, **정당의 설립 및 가입을 금지하는 법률조항**은 이를 정당화하는 사유의 중대성에 있어서 적어도 '민주적 기본질서에 대한 위반'에 버금가는 것이어야 한다고 판단된다.

(3) 교수

국공립대학교 교수와 사립학교 교수는 정당원이 될 수 있으나, 초 · 중 · 고 교사는 정당원이 될 수 없다.

> **⚖ 판례 | 초 · 중등 교원 정당가입금지**
>
> 초 · 중등학생의 수업권 보장차원에서 **초 · 중등 교원의 정당가입을 금지한** 정당법 제6조 제1호는 정당가입의 자유 침해가 아니다. 또한 대학교수의 정당가입을 허용하면서 초 · 중등 교원의 정당가입을 금지한 것은 평등권 침해가 아니다(헌재 2004.3.25. 2001헌마710).

(4) 16세 이상

16세 이상의 국민은 정당의 발기인 및 당원이 될 수 있다. 18세 미만인 사람이 입당신청을 하는 때에는 법정대리인의 동의서를 함께 제출하여야 한다.

⚖ 판례 | 미성년자 정당가입금지

19세 미만인 사람들이 정당의 자유를 제한받는 것보다 정치적 판단능력이 미약한 사람이 정당을 설립하고 가입함으로 인하여 정당의 기능이 침해될 위험성은 크다고 할 것이므로 정당의 자유를 <u>침해한다고 할 수 없다</u>(헌재 2014.4.24. 2012헌마287).

---

(5) 외국인

외국인은 정당원이 될 수 없다.

(6) 국회의장

국회의장으로 당선된 의원은 당선된 날 다음 날로부터 당적을 상실한다. 그러나 국회부의장은 당적을 보유한다.

국회법 제20조의2 【의장의 당적 보유 금지】 ① 의원이 의장으로 당선된 때에는 당선된 다음 날부터 <u>의장으로 재직하는 동안은 당적을 가질 수 없다</u>. 다만, 국회의원 총선거에서 공직선거법 제47조에 따른 정당추천후보자로 추천을 받으려는 경우에는 의원 임기만료일 90일 전부터 당적을 가질 수 있다.
② 제1항 본문에 따라 당적을 이탈한 의장의 임기가 만료된 때에는 당적을 이탈할 당시의 소속 정당으로 복귀한다.

---

(7) 선거구획정위원

당원은 선거구획정위원이 될 수 없으므로 선거구획정위원은 당원이 아니다.

(8) 교육감

지방교육자치에 관한 법률 제24조의3에 따라 교육감은 당원이 될 수 없다.

⚖ 판례 | 검찰총장 퇴직 후 2년 이내 정당활동과 공직취임금지

검찰총장에 대하여 퇴직후 2년간 정당의 발기인 및 당원이 될 수 없도록 규정하여 결사의 자유권를 제한하고 있다. 또 이로 인하여 검찰총장은 퇴직후 2년 동안에는 정당 추천이 아닌 무소속으로만 각종 선거에 입후보할 수밖에 없으므로 결과적으로 국민주권과 직결되는 참정권(선거권과 피선거권)을 제한받고 있다. 검찰의 정치적 중립은 검찰총장을 비롯한 모든 검사가 이에 대한 확고한 소신 아래 구체적 사건의 처리에 있어 공정성을 잃지 않음으로써 확보될 수 있는 성질의 것이지 검찰총장 퇴직후 일정기간 동안 정당의 발기인이나 당원이 될 수 없도록 하는 규정만으로 그 입법목적을 얼마나 달성할 수 있을지 그 효과에 있어서도 의심스럽다. 따라서 검찰총장에 대하여 퇴직일부터 2년간 정치적 생활영역에서 차별취급하도록 규정하고 있는 이 법률조항은 직업선택의 자유, 정치적 결사의 자유, 참정권(선거권과 피선거권), 공무담임권을 침해하는 합리성이 결여된 차별취급규정으로서 헌법에 위반된다고 할 것이다(헌재 1997.7.16. 97헌마26).

> **⚖ 판례 | 경찰청장 퇴직 후 2년 이내 정당활동금지** (헌재 1999.12.23. 99헌마135)
>
> **1. 제한되는 기본권**
>
> 청구인들이 공무담임권에 대한 제약을 받는 것은 단지 정당공천을 받는 경우에 일반적으로 기대할 수 있는 보다 높은 선출의 가능성일 뿐이다. 따라서 피선거권에 대한 제한은 이 사건 법률조항이 가져오는 간접적이고 부수적인 효과에 지나지 아니하므로 헌법 제25조의 공무담임권(피선거권)은 이 사건 법률조항에 의하여 제한되는 청구인들의 기본권이 아니다. 공무원직에 관한 한 공무담임권은 직업의 자유에 우선하여 적용되는 특별법적 규정이고, 위에서 밝힌 바와 같이 <u>공무담임권(피선거권)은 이 사건 법률조항에 의하여 제한되는 청구인들의 기본권이 아니므로, 직업의 자유 또한 이 사건 법률조항에 의하여 제한되는 기본권으로서 고려되지 아니한다.</u>
>
> **2. 과잉금지원칙 위반 여부**
>
> 지구당 위원장으로의 임명, 정당추천의 금지 등 정당의 자유를 적게 제한하는 방법으로도 이 법이 실현하려는 경찰청장의 정치적 중립성이라는 목적달성이 가능함에도 불구하고 정당가입 등을 전면으로 금지한 것은 최소성 원칙에 위반된다. 위 조항은 정당의 자유를 제한함에 있어서 갖추어야 할 적합성의 엄격한 요건을 충족시키지 못하였으므로 정당설립 및 가입의 자유를 침해한다.

2. 정당설립의 조직기준 ★★

(1) 법정 시·도당수

정당은 5 이상의 시·도당을 가져야 한다(정당법 제17조). 지역선거구 총수의 10분의 1 이상을 요구했으나 지구당이 폐지되면서 5 이상의 시·도당을 가져야 한다고 개정되었다.

> **⚖ 판례 | 지구당 폐지**
>
> 지구당을 폐지하거나 당원협의회 사무소 설치를 금지하여 정당조직을 경량화함으로써 대중정당적인 성격이 줄어드는 결과가 발생한다 하더라도 그것이 헌법의 테두리를 벗어나지 않는 한, 이는 당·부당의 문제에 그치고 합헌·위헌의 문제로까지 되는 것은 아니므로, <u>그 구체적인 선택의 당부를 엄격하게 판단하여 위헌 여부를 가릴 일은 아니다.</u> 정당법 제3조가 지구당을 폐지하여 고비용, 저효율의 정당구조를 개선하려는 공익이 정당의 자유와 비교할 때 우선되는 것으로 인정될 수 있다. 지구당이 없다고 하더라도 정당의 국민의 정치적 의사형성에의 참여라는 기능을 수행하는 것은 불가능하지 않다(헌재 2004.12.16. 2004헌마456).

> **⚖ 판례 | 당원협의회 사무소 설치금지**
>
> 정당법 조항은 임의기구인 **당원협의회를 둘 수 있도록 하되, 사무소를 설치할 수 없도록 하는 정당법**은 달성하고자 하는 고비용 저효율의 정당구조 개선이라는 공익은 위와 같은 불이익에 비하여 결코 작다고 할 수 없어 제청신청인의 정당활동의 자유를 침해하지 아니한다(헌재 2016.3.31. 2013헌가22).

(2) 시·도 당원수

창당준비위원회는 중앙당의 경우에는 200명 이상의, 시·도당의 경우에는 100명 이상의 발기인으로 구성한다(정당법 제6조). 시·도당은 1,000인 이상의 당원이 있어야 한다. 당원은 해당 시·도에 주소가 있어야 한다.

(3) 중앙당

서울특별시에 소재해야 한다.

(4) 정당의 명칭

창당준비위원회 및 정당의 명칭(약칭을 포함)은 이미 신고된 창당준비위원회 및 등록된 정당이 사용 중인 명칭과 뚜렷이 구별되어야 한다(정당법 제41조 제3항).

> **🔨 판례 | 정당등록요건** (헌재 2006.3.30. 2004헌마246)
>
> 1. '상당한 기간 또는 계속해서', '상당한 지역에서' 국민의 정치적 의사형성에 참여해야 한다는 개념표지가 요청된다고 할 것이다. 이와 같이 '상당한 기간 또는 계속해서', '상당한 지역'에서 국민의 정치적 의사형성에 참여해야 한다는 개념표지를 법률규정을 통해 구체화하는 것은 원칙적으로 입법자의 재량영역에 속한 것이라고 할 수 있다.
>
> 2. 지역적 연고에 지나치게 의존하는 정당정치풍토가 우리의 정치현실에서 자주 문제시되고 있다는 점에서 볼 때, 단지 특정지역의 정치적 의사만을 반영하려는 지역정당을 배제하려는 취지가 헌법적 정당성에 어긋난 입법목적이라고 단정하기는 어렵다. 따라서 이 사건 법률조항이 비록 정당으로 등록되기에 필요한 요건으로서 **5개 이상의 시·도당 및 각 시·도당마다 1,000명 이상의 당원을 갖출 것을 요구**하는, 이러한 제한은 '상당한 기간 또는 계속해서', '상당한 지역에서' 국민의 정치적 의사형성 과정에 참여해야 한다는 헌법상 정당의 개념표지를 구현하기 위한 합리적인 제한이라고 할 것이다.

3. 정당의 성립요건 – 정당의 등록

정당은 중앙당이 중앙선거관리위원회에 등록함으로써 성립한다. 등록신청을 받은 관할 선거관리위원회는 **형식적 요건**을 구비하는 한 이를 거부하지 못한다. 다만, 형식적 요건을 구비하지 못한 때에는 상당한 기간을 정하여 그 보완을 명하고, 2회 이상 보완을 명하여도 응하지 아니할 때에는 그 신청을 각하할 수 있다(정당법 제15조). 정당의 등록신청을 받은 선거관리위원회는 정당이 **형식적 요건**을 구비하는 한 민주적 기본질서에 위반되는 정당의 등록도 거부하지 못한다.

4. 정당의 합당

(1) 정당은 대의기관이나 수임기관의 합동회의 결의로서 합당할 수 있다. 합당으로 신설, 존속하는 정당은 합당 전 정당의 권리·의무를 승계한다.

(2) 대법원은 합당으로 인한 권리·의무의 승계조항은 강행규정이므로 합동회의 결의로서 달리 정하였더라도 그 결의는 효력이 없다고 한 바 있다(대판 2002.2.8. 2001다68969).

5. 등록취소와 해산 ★

(1) 등록취소사유

정당이 다음에 해당하는 때에는 당해 선거관리위원회는 그 등록을 취소한다(정당법 제44조).
① 법 제17조(법정 시·도당수) 및 제18조(시·도당의 법정 당원수)의 요건을 구비하지 못하게 된 때. 다만, 요건의 흠결이 정당이 후보자를 추천할 수 있는 공직선거일 전 3월 이내에 생긴 때에는 선거일 후 3월까지, 그 외의 경우에는 요건 흠결시부터 3월까지 그 취소를 유예한다.
② 최근 4년간 국회의원총선거 또는 임기만료에 의한 지방자치단체의 장 선거나 시·도의회의원선거에 참여하지 아니한 때

> **⚖ 판례 | 정당등록 취소사유** (헌재 2014.1.28. 2012헌마431 · 2012헌가19)
>
> 1. 정당의 헌법적 기능과 기본권 제한의 한계
>   입법자는 정당설립의 자유를 최대한 보장하는 방향으로 입법하여야 하고, 헌법재판소는 정당설립의 자유를 제한하는 법률의 합헌성을 심사할 때에 헌법 제37조 제2항에 따라 엄격한 비례심사를 하여야 한다.
> 2. 국회의원선거에 참여하여 의석을 얻지 못하고 유효투표총수의 100분의 2 이상을 득표하지 못한 정당에 대해 그 등록을 취소하도록 한 정당법 제44조 제1항 제3호가 정당설립의 자유를 침해하는지 여부(적극)
>   실질적으로 국민의 정치적 의사형성에 참여할 의사나 능력이 없는 정당을 정치적 의사형성과정에서 배제함으로써 정당제 민주주의 발전에 기여하고자 하는 한도에서 정당등록취소조항의 입법목적의 정당성과 수단의 적합성을 인정할 수 있다. 정당법에서 법정의 등록요건을 갖추지 못하게 된 정당이나 일정 기간 국회의원선거 등에 참여하지 아니한 정당의 등록을 취소하도록 하는 등 현재의 법체계 아래에서도 입법목적을 실현할 수 있는 다른 장치가 마련되어 있으므로, 정당등록취소조항은 침해의 최소성 요건을 갖추지 못하여 정당의 자유를 침해하였다.

(2) 자진해산

① 정당은 그 대의기관의 결의로써 해산할 수 있다.

② 정당은 그 대의기관의 결의로써 해산할 수 있으며, 정당이 해산한 때에는 그 대표자는 지체 없이 그 뜻을 **관할 선거관리위원회**에 신고하여야 한다(정당법 제45조).

(3) 해산공고

자진해산의 신고가 있거나 헌법재판소의 해산결정의 통지나 중앙당 또는 그 창당준비위원회의 시·도당 창당승인의 취소통지가 있는 때에는 당해 선거관리위원회는 그 정당의 등록을 말소하고 지체 없이 그 뜻을 공고하여야 한다(정당법 제47조).

(4) 잔여재산

선관위에 의해 정당의 등록이 취소되거나 자진해산한 경우 그 잔여재산은 당헌이 정하는 바에 의하고 당헌에 의해 처분되지 아니한 잔여재산은 국고에 귀속된다.

(5) 등록취소된 정당의 명칭

법 제44조 제1항의 규정에 의하여 선거관리위원회에 의해 등록취소된 정당의 명칭과 같은 명칭은 등록취소된 날부터 최초로 실시하는 국회의원 임기만료에 의한 국회의원선거일까지 정당의 명칭으로 사용할 수 없다(정당법 제41조 제4항). 다만, 정당법 제44조 제1항 제3호 '임기만료에 의한 국회의원선거에 참여하여 의석을 얻지 못하고 유효투표총수의 100분의 2 이상을 득표하지 못한 때'의 경우에는 2014.1.28. 2012헌마431 위헌결정으로 적용되지 않는다.

04 위헌정당의 강제해산 **

> **헌법 제8조【정당】** ④ 정당의 목적이나 활동이 민주적 기본질서에 위배될 때 정부는 헌법재판소에 해산을 제소할 수 있고 정당은 헌법재판소의 심판에 의하여 해산된다.

1. 위헌정당강제해산의 의의

(1) 개념

위헌정당해산제도란 정당의 목적과 활동이 민주적 기본질서에 위반될 때 헌법질서를 수호·유지하기 위하여 헌법재판소가 정당을 강제로 해산하는 제도이다.

(2) 연혁

1949년 독일기본법에 규정되었고, 우리나라 제3차 개정헌법(1960년 개정헌법)에 수용되었다.

(3) 위헌정당해산제도의 기능

① **정당존립의 특권보장**: 헌법 제8조 제4항의 위헌정당강제해산은 정당존립의 특권을 보장한 것이다.

② **정당활동의 자유에 대한 한계설정 기능**: 제8조 제4항은 정당활동이 민주적 기본질서의 테두리 안에서만 가능하도록 함으로써 정당활동의 자유를 한계 짓고 있다.

③ **방어적 민주주의 수단으로서의 기능**: 제8조 제4항은 민주적 기본질서에 위배되는 정당을 해산시키는 근거의 규정이 되므로 방어적 민주주의를 표방하고 있다.

⚖ 판례 ┃ 위헌정당해산심판의 의의

정당해산제도는 정당에 대하여 일반 결사와 달리 엄격한 요건과 절차에 의해서만 해산되도록 한다는 정당 보호라는 의미와, 정당이 정당 활동의 자유라는 미명으로 헌법을 공격하여 파괴하는 것을 방지한다는 헌법 보호라는 의미를 가진다. 따라서 정당해산제도는 정당 존립의 특권을 보장함(정당의 보호)과 동시에, 정당 활동의 자유에 관한 한계를 설정한다(헌법의 보호)는 이중적 성격을 가진다(헌재 2014.2.27. 2014헌마7).

☑ 위헌정당해산심판의 연혁

1. 1960년 개정헌법

① 정당은 법률의 정하는 바에 의하여 국가의 보호를 받는다. 단, 정당의 목적이나 활동이 헌법의 민주적 기본질서에 위배될 때에는 정부가 대통령의 승인을 얻어 소추하고 **헌법재판소가 판결로써** 그 정당의 해산을 명한다(제13조).

② 헌법재판소의 심판관은 9인으로 한다. **법률의 위헌판결과 탄핵판결은 심판관 6인 이상의 찬성**이 있어야 한다. 헌법재판소의 조직, 심판관의 자격, 임명방법과 심판의 절차에 관하여 필요한 사항은 법률로써 정한다(제83조의4).

2. 1962년 개정헌법

정당은 국가의 보호를 받는다. 다만, 정당의 목적이나 활동이 민주적 기본질서에 위배될 때에는 정부는 대법원에 그 해산을 제소할 수 있고, 정당은 **대법원의 판결**에 의하여 해산된다(제7조 제3항).

3. 1972년 개정헌법

① 정당은 법률이 정하는 바에 의하여 국가의 보호를 받는다. 다만, 정당의 목적이나 활동이 민주적 기본질서에 위배되거나 국가의 존립에 위해가 될 때에는 정부는 **헌법위원회**에 그 해산을 제소할 수 있고, 정당은 헌법위원회의 결정에 의하여 해산된다(제7조 제3항).

② 헌법위원회에서 법률의 위헌결정, 탄핵의 결정 또는 정당해산의 결정을 할 때에는 위원 6인 이상의 찬성이 있어야 한다(제111조 제1항).

4. 1980년 개정헌법

1972년 개정헌법과 동일

2. 정당해산의 제소

(1) 제소권자

독일헌법에서는 정부, 연방의회와 연방 참사원이 위헌정당제소권을 가지나 우리 헌법에서는 정부만이 위헌정당제소권자가 된다.

(2) 정부제소의 법적 성격

정부의 제소는 재량이라는 재량설이 다수설이다.

(3) 해산제소절차

① 정부는 반드시 국무회의 심의를 거쳐 헌법재판소에 정당해산심판을 청구할 수 있다(헌법재판소법 제55조). 다만, 헌법재판소는 위헌정당해산제소에 일사부재리 원칙이 적용되므로 이미 심판을 거친 동일한 사건에 대하여는 다시 제소할 수 없다(헌법재판소법 제39조).

② 정부는 긴급을 요할 때는 차관회의는 생략할 수 있으나 국무회의 심의는 반드시 거쳐서 헌법재판소에 정당해산심판을 청구할 수 있다.

> **⚖ 판례**
>
> 대통령이 해외순방 중인 경우와 같이 일시적으로 직무를 수행할 수 없는 경우에는, 국무총리가 주재한 국무회의에서 한 정당해산심판청구서 제출안의 의결도 적법하다(헌재 2014.12.19. 2013헌다1).

3. 정당해산의 실질적 요건

정당의 목적이나 활동이 민주적 기본질서에 위배되어야 한다.

(1) 정당

① 등록을 마친 기성정당을 말하며, 정당조직의 청년부, 당보출판부, 시·도당을 포함한다. 그러나 정당의 방계·위장조직, 헌법재판소가 해산한 정당과 동일·유사한 강령을 가진 대체정당은 제8조 제4항의 정당에 해당하지 않는 일반결사이므로 행정처분으로도 해산이 가능하다.

② **창당과정에서 있는 정치결사체**: 정당설립요건을 충족하고 있다면 정당으로 볼 수 있다.

(2) 목적이나 활동

정당의 목적이나 활동이 민주적 기본질서에 위배될 때

① **정당의 목적 인식자료**: 강령, 기본정책, 당헌, 당수와 당간부의 연설, 당기관지 출판물

② **평당원의 활동도 포함될 수 있다**: 당수와 당 간부의 활동을 포함하고 평당원의 활동이라도 당명에 의한 것일 경우 정당의 활동으로 간주된다. 그러나 정당의 방침에 반한 평당원의 활동은 정당의 활동으로 간주되지 않으므로 위헌정당해산사유에 해당하지 않는다.

(3) 민주적 기본질서

① 헌법 제8조 제4항의 민주적 기본질서의 의미

㉠ 헌법재판소는 정당이 자유민주적 기본질서를 부정하는 경우 헌법재판소가 그 위헌성을 확인하는 경우에 정치생활영역에서 축출될 수 있다고 하였다(헌재 1999.12.23. 99헌마135).

㉡ 헌법 제8조 제4항의 민주적 기본질서 개념은 정당해산결정의 가능성과 긴밀히 결부되어 있다. 이 민주적 기본질서의 외연이 확장될수록 정당해산결정의 가능성은 확대되고, 이와 동시에 정당 활동의 자유는 축소될 것이다. 민주사회에서 정당의 자유가 지니는 중대한 함의나 정당해산심판제도의 남용가능성 등을 감안한다면, **헌법 제8조 제4항의 민주적 기본질서는 최대한 엄격하**

고 협소한 의미로 이해해야 한다. 따라서 **민주적 기본질서를 현행헌법이 채택한 민주주의의 구체적 모습과 동일하게 보아서는 안 된다.** 정당이 위에서 본 바와 같은 민주적 기본질서, 즉 민주적 의사결정을 위해서 필요한 불가결한 요소들과 이를 운영하고 보호하는 데 필요한 최소한의 요소들을 수용한다면, 현행헌법이 규정한 민주주의 제도의 세부적 내용에 관해서는 얼마든지 그와 상이한 주장을 개진할 수 있는 것이다(헌재 2014.12.19. 2013헌다1).

② 민주적 기본질서 외에 정당의 강제해산사유를 추가할 수 없다.
  ㉠ 헌법 제8조 제4항의 위헌정당강제해산조항은 정당의 존립과 활동의 보장이라는 측면에서 위헌정당해산사유를 민주적 기본질서로 한정하고 있는 것으로 해석함이 타당하다.
  ㉡ 헌법 제37조 제2항의 국가안전보장, 질서유지, 공공복리는 정당의 강제해산사유에 해당하지 아니한다.
  ㉢ 정치자금법, 정당법, 선거법 위반은 해산사유라고 할 수 없다.

(4) '민주적 기본질서에 위반될 때'는 엄격하게 해석해야 한다.

헌법이 정하는 '민주적 기본질서의 위배'라는 정당해산사유는 엄격하게 해석해야 한다.

4. 해산심리와 결정

(1) 가처분

헌법재판소는 청구인의 <u>신청이 있거나 헌법재판소의 직권으로</u> 위헌정당으로 제소된 정당의 활동을 정지시키는 가처분 결정을 할 수 있다.

⚖️ 판례 | 정당활동정지 가처분

가처분조항에 따라 정당의 활동을 정지하는 결정을 하기 위해서는 정당해산심판제도의 취지에 비추어 헌법이 규정하고 있는 정당해산의 요건이 소명되었는지 여부 등에 관하여 신중하고 **엄격한 심사가 이루어져야 한다.** 가처분조항에 의해 달성될 수 있는 정당해산심판의 실효성 확보 및 헌법질서의 유지 및 수호라는 공익은, 정당해산심판의 종국결정 시까지 잠정적으로 제한되는 정당활동의 자유에 비하여 결코 작다고 볼 수 없으므로 법익균형성도 충족하였다. 따라서 가처분조항은 과잉금지원칙에 위배하여 정당활동의 자유를 침해한다고 볼 수 없다(헌재 2014.2.27. 2014헌마7).

---

(2) 심리

위헌정당해산심판의 심리는 구두변론으로 하며, 심리와 결정의 선고는 공개한다.

(3) 정당해산심판절차에 민사소송에 관한 법령을 준용할 수 있도록 규정한 헌법재판소법

'헌법재판의 성질에 반하지 아니하는 한도'에서 민사소송에 관한 법령을 준용하도록 규정하여 정당해산심판의 고유한 성질에 반하지 않도록 적용범위를 한정하고 있는바, 여기서 '헌법재판의 성질에 반하지 않는' 경우란, 다른 절차법의 준용이 헌법재판의 고유한 성질을 훼손하지 않는 경우로 해석할 수 있고, 이는 헌법재판소가 당해 헌법재판이 갖는 고유의 성질·헌법재판과 일반재판의 목적 및 성격의 차이·준용 절차와 대상의 성격 등을 종합적으로 고려하여 구체적·개별적으로 판단할 수 있다. 따라서 준용조항은 청구인의 공정한 재판을 받을 권리를 침해한다고 볼 수 없다(헌재 2014.2.27. 2014헌마7).

5. 위헌정당해산결정의 효력

(1) 해산결정과 집행

① **정당해산심사의 결정**: 헌법재판소에서 정당해산의 결정을 할 때에는, 재판관 6인 이상의 찬성이 있어야 한다.

② **해산의 효력 발생시기**: 정당의 해산을 명하는 결정이 선고된 때에는 그 정당은 해산된다(헌법재판소법 제59조).

③ **해산결정의 집행**: 정당의 해산을 명하는 헌법재판소의 결정은 중앙선거관리위원회가 정당법에 따라 집행한다(헌법재판소법 제60조).

④ **청구, 해산 결정 등의 통지**: 헌법재판소장은 정당해산을 명하는 결정을 한 때에는 피청구인인 정당, 국회, 정부, 중앙선거관리위원회에 결정서를 송달하여야 한다(헌법재판소법 제58조 제2항).

(2) 위헌정당해산심판 결정의 효력

① **형성력**: 해산시점은 해산결정의 선고시점이다. 따라서 헌법재판소의 위헌정당해산결정은 창설적 효력을 가지고, 결정 이후 중앙선거관리위원회가 취하는 정당말소 및 공고행위는 단순한 선언적, 확인적 효력밖에 없다.

② **기속력**: 헌법재판소의 위헌정당해산결정은 모든 국가기관과 지방자치단체를 구속한다.

③ **기판력**: 헌법재판소 위헌정당해산결정에 대해서는 해산된 정당은 법원에 제소할 수 없고 법원은 헌법재판소의 해산결정을 취소할 수 없다. 또한 헌법재판소의 위헌정당해산심판 기각결정이 있는 경우 이는 확정력이 인정되므로 정부는 동일 정당에 대하여 동일한 사유로 다시 위헌정당해산을 제소할 수 없다. 다만, 사유가 다른 경우에는 제소할 수 있다.

(3) 위헌정당해산결정의 효과

① **잔여재산 국고귀속**: 헌법재판소의 결정에 의하여 해산된 정당의 잔여재산은 당헌이 정한 절차를 따르지 않고 즉시 국고에 귀속된다.

② **대체정당 창당금지**: 정당이 헌법재판소의 결정으로 해산된 때에는 그 정당의 대표자 및 간부는 해산된 정당의 강령 또는 기본정책과 동일하거나 유사한 것으로 정당을 창당하지 못한다(정당법 제40조).

③ **명칭사용금지**: 헌법재판소의 결정에 의하여 해산된 정당의 명칭과 같은 명칭은 정당의 명칭으로 다시 사용하지 못한다.

(4) 위헌정당해산결정과 국회의원직 상실 여부

① **실정법**: 우리나라 제3공화국 헌법은 소속 정당이 해산된 때 국회의원은 자격을 상실한다고 규정한 바 있으나, 현재 이에 대한 명문의 규정이 없어 학설이 대립하고 있다.

② **상실한다는 견해**: 정당국가적 민주주의하에서 유권자는 선거에서 후보자 개인의 인물보다 그가 소속하는 정당을 투표의 기준으로 하므로 위헌정당임을 이유로 해산된 정당에 소속하는 의원들의 자격을 유지하는 것은 정당국가적 민주주의 원리에도 반하고 헌법 제8조 제4항 방어적 민주주의 의미에도 반한다.

③ **유지한다는 견해**: 대의제 민주주의하에서 국회의원은 자유위임이고 정당과는 별도로 정당성을 가지므로 의원직을 유지한다.

④ **우리 헌법재판소 판례**: 위헌정당해산시 지역구국회의원·비례대표의원 모두 의원직을 상실한다(현재 2014.12.19. 2013헌다1).

⚖ 판례

1. 위헌정당해산시 소속 국회의원의 의원직 상실 여부

헌법재판소의 해산결정으로 위헌정당이 해산되는 경우에 그 정당 소속 국회의원이 그 의원직을 유지하는지 상실하는지에 대하여 헌법이나 법률에 명문의 규정이 없다. 하지만 아래에서 보는 바와 같은 이유로 피청구인 소속 국회의원은 모두 그 의원직이 상실되어야 한다. 헌법재판소의 해산결정으로 해산되는 정당 소속 국회의원의 의원직 상실은 정당해산심판제도의 본질로부터 인정되는 기본적 효력으로 봄이 상당하므로, 이에 관하여 명문의 규정이 있는지 여부는 고려의 대상이 되지 아니하고, 그 국회의원이 **지역구에서 당선되었는지, 비례대표로 당선되었는지에 따라 아무런 차이가 없이**, 정당해산결정으로 인하여 신분유지의 헌법적인 정당성을 잃으므로 그 의원직은 상실되어야 한다(헌재 2014.12.19. 2013헌다1).

2.

헌법재판소의 위헌정당해산결정에 따라 해산된 정당 소속 비례대표 지방의회의원 갑이 공직선거법 제192조 제4항에 따라 지방의회의원직을 상실하는지가 문제된 사안에서, 공직선거법 제192조 제4항은 소속 정당이 헌법재판소의 정당해산결정에 따라 해산된 경우 비례대표 지방의회의원의 퇴직을 규정하는 조항이라고 할 수 없어 갑이 비례대표 지방의회의원의 지위를 상실하였다고 할 수 없다(대판 2021.4.29. 2016두39825).

☑ 등록취소와 강제해산의 비교 ★★

구분	중선위에 의해 등록취소된 정당	헌법재판소에 의해 강제해산된 정당
헌법상 근거	헌법 제8조 제2항	헌법 제8조 제4항
사유	① 형식적 요건을 구비하지 못한 때 ② 정당이 국민의사 형성에 참여하고 있지 아니한 때	정당의 목적과 활동이 민주적 기본질서에 위배될 때
기존정당의 명칭사용	사용가능. 다만, 등록취소된 날부터 다음 총선거일까지 사용 불가 (제44조 제1항 제3호 부분 위헌)	×
기존정당의 목적과 유사한 정당 설립	○	×
잔여재산	당헌 ➡ 국고귀속	국고귀속
소속 의원	무소속으로 자격유지	자격상실(다수설, 헌법재판소)
법원에 제소	○	×

⚖ 판례 | 통합진보당 해산 (헌재 2014.12.19. 2013헌다1)

1. 정당해산심판제도의 의의와 정당해산심판의 사유

① **정당해산심판제도의 의의**

㉠ **입헌적 민주주의 체제**: 민주주의 원리는 하나의 초월적 원리가 만물의 이치를 지배하는 절대적 세계관을 거부하고, 다양하고 복수적인 진리관을 인정하는 상대적 세계관(가치상대주의)을 받아들인다.

㉡ **정당의 중요성과 정당해산심판제도**: 우리의 경우 이 제도는 발생사적 측면에서 정당을 보호하기 위한 수단으로서의 성격이 부각된다. 정당해산심판의 제소권자가 정부인 점을 고려하면 피소되는 정당은 사실상 야당이 될 것이므로, 이 제도는 정당 중에서도 특히 정부를 비판하는 역할을 하는 야당을 보호하는 데에 실질적인 의미가 있다.

ⓒ **제도의 엄격운영 필요성**: 정당해산심판제도가 비록 정당을 보호하기 위한 취지에서 도입된 것이라 하더라도 다른 한편 이는 정당의 강제적 해산가능성을 헌법상 인정하는 것이므로, 그 자체가 민주주의에 대한 제약이자 위협이 될 수 있음을 또한 깊이 주의해야 한다. 정당해산심판제도는 운영 여하에 따라 그 자체가 민주주의에 대한 해악이 될 수 있으므로 일종의 극약처방인 셈이다. 따라서 정치적 비판자들을 탄압하기 위한 용도로 남용되는 일이 생기지 않도록 정당해산심판제도는 매우 **엄격하고 제한적으로 운용되어야 한다.** '**의심스러울 때에는 자유를 우선시하는(in dubio pro libertate)**' 근대 입헌주의의 원칙은 정당해산심판제도에서도 여전히 적용되어야 할 것이다.

② 정당해산심판의 사유

ⓐ '**정당의 목적이나 활동**': 정당의 활동이란, **정당 기관의 행위나 주요 정당관계자, 당원 등의 행위**로서 그 정당에게 귀속시킬 수 있는 활동 일반을 의미한다. 구체적으로 살펴보면, 당대표의 활동, 대의기구인 당대회와 중앙위원회의 활동, 집행기구인 최고위원회의 활동, 원내기구인 원내의원총회와 원내대표의 활동 등 정당 기관의 활동은 정당 자신의 활동이므로 원칙적으로 정당의 활동으로 볼 수 있고, 정당의 최고위원 등 주요 당직자의 공개된 정치 활동은 일반적으로 그 지위에 기하여 한 것으로 볼 수 있으므로 원칙적으로 정당에 귀속시킬 수 있을 것으로 보인다. **정당 소속의 국회의원 등**은 비록 정당과 밀접한 관련성을 가지지만 헌법상으로는 정당의 대표자가 아닌 국민 전체의 대표자이므로 그들의 행위를 곧바로 정당의 활동으로 귀속시킬 수는 없겠으나, 가령 그들의 활동 중에서도 국민의 대표자의 지위가 아니라 그 정당에 속한 유력한 정치인의 지위에서 행한 활동으로서 정당과 밀접하게 관련되어 있는 행위들은 정당의 활동이 될 수도 있을 것이다. 정당대표나 주요 관계자의 행위라 하더라도 개인적 차원의 행위에 불과한 것이라면 이러한 행위에 대해서까지 정당해산심판의 심판대상이 되는 활동으로 보기는 어렵다. 한편, 동 조항의 규정형식에 비추어 볼 때, **정당의 목적이나 활동 중 어느 하나라도** 민주적 기본질서에 위배된다면 정당해산의 사유가 될 수 있다고 해석된다.

ⓑ '**민주적 기본질서**' 위반: 민주사회에서 정당의 자유가 지니는 중대한 함의나 정당해산심판제도의 남용가능성 등을 감안한다면, 헌법 제8조 제4항의 민주적 기본질서는 최대한 엄격하고 협소한 의미로 이해해야 한다. 정당에 대한 해산결정은 민주주의 원리와 정당의 존립과 활동에 대한 중대한 제약이라는 점에서, 정당의 목적과 활동에 관련된 모든 사소한 위헌성까지도 문제 삼아 정당을 해산하는 것은 적절하지 않다. 그렇다면 헌법 제8조 제4항에서 말하는 민주적 기본질서의 위배란, 민주적 기본질서에 대한 단순한 위반이나 저촉을 의미하는 것이 아니라, 민주사회의 불가결한 요소인 정당의 존립을 제약해야 할 만큼 그 정당의 목적이나 활동이 우리 사회의 민주적 기본질서에 대하여 실질적인 해악을 끼칠 수 있는 **구체적 위험성**을 초래하는 경우를 가리킨다.

ⓒ **비례원칙**: ⓐ 강제적 정당해산은 우리 헌법상 핵심적인 정치적 기본권인 정당 활동의 자유에 대한 근본적 제한이므로 헌법재판소는 이에 관한 결정을 할 때 헌법 제37조 제2항이 규정하고 있는 비례원칙을 준수해야만 하는 것이다. ⓑ 강제적 정당해산은 헌법상 핵심적인 정치적 기본권인 정당활동의 자유에 대한 근본적 제한이므로, 헌법재판소는 이에 관한 결정을 할 때 헌법 제37조 제2항이 규정하고 있는 비례원칙을 준수해야만 한다. 따라서 헌법 제8조 제4항의 명문규정상 요건이 구비된 경우에도 해당 정당의 위헌적 문제성을 해결할 수 있는 **다른 대안적 수단이 없고**, 정당해산결정을 통하여 얻을 수 있는 사회적 이익이 정당해산결정으로 인해 초래되는 정당활동 자유 제한으로 인한 불이익과 민주주의 사회에 대한 중대한 제약이라는 사회적 불이익을 초과할 수 있을 정도로 큰 경우에 한하여 정당해산결정이 헌법적으로 정당화될 수 있다.

2. 한국사회의 특수성(현실상황에 대한 고려 필요성)

이 사건 정당해산심판에서도 입헌주의의 보편적 원리에 더하여, 우리 사회가 처해 있는 여러 현실적 측면들, 대한민국의 특수한 역사적 상황 그리고 우리 국민들이 공유하는 고유한 인식과 법감정들의 존재를 동시에 숙고할 수밖에 없다.

> **⚖ 판례 | 정당해산결정에 대한 재심 허용 여부**
>
> 정당해산심판은 일반적 기속력과 대세적·법규적 효력을 가지는 법령에 대한 헌법재판소의 결정과 달리 원칙적으로 해당 정당에게만 그 효력이 미친다. 정당해산심판은 원칙적으로 해당 정당에게만 그 효력이 미치며, 정당해산결정은 대체정당이나 유사정당의 설립까지 금지하는 효력을 가지므로 오류가 드러난 결정을 바로잡지 못한다면 장래 세대의 정치적 의사결정에까지 부당한 제약을 초래할 수 있다. 따라서 정당해산심판 절차에서는 재심을 허용하지 아니함으로써 얻을 수 있는 법적 안정성의 이익보다 재심을 허용함으로써 얻을 수 있는 구체적 타당성의 이익이 더 크므로 **재심을 허용하여야 한다**. 한편, 이 재심절차에서는 원칙적으로 민사소송법의 재심에 관한 규정이 준용된다(헌재 2016.5.26. 2015헌아20).

05 정당과 정치자금

1. 정치자금의 종류

당비, 후원회의 후원금, 기탁금, 국고보조금, 정당의 당헌·당규 등에서 정한 부대수입 등이 있다.

> **⚖ 판례 | 당내경선에 관한 선거운동을 위하여 후보자에게 제공된 금품**
>
> 수수한 금품이 '정치자금'에 해당하는지 여부는 그 금품이 '정치활동'을 위해서 제공되었는지 여부에 달려 있는 것인데, 정치활동은 권력의 획득과 유지를 둘러싼 투쟁 및 권력을 행사하는 활동이라는 점 등에 비추어 볼 때, 대통령선거에 출마할 정당의 후보자를 선출하거나 정당 대표를 선출하는 당내 경선은 그 성격상 정치활동에 해당한다고 봄이 상당하므로, 정당의 당내 경선에 관한 선거운동을 위하여 후보자에게 제공된 금품은 정치자금이라고 보아야 하고, 위 후보자가 정당의 대표로 선출된 이후에 사용한 대외활동비도 정치활동을 위한 정치자금에 해당한다고 할 것이다(대판 2006.12.22. 2006도1623).

2. 당비

(1) 정당의 당원은 당해 정당의 <u>타인의 당비를 부담할 수 없고</u>, 타인의 당비를 부담한 자와 타인으로 하여금 자신의 당비를 부담하게 한 자는 당비를 낸 것이 확인된 날부터 1년간 당원자격이 정지된다(정당법 제31조).

(2) 정당의 회계책임자는 <u>타인의 명의나 가명으로 납부된 당비는 국고에 귀속</u>시켜야 한다. 국고에 귀속되는 당비는 **관할 선거관리위원회**가 이를 납부받아 국가에 납입하되, 납부기한까지 납부하지 아니한 때에는 관할 세무서장에게 위탁하여 관할 세무서장이 국세체납처분의 예에 따라 이를 징수한다(정치자금법 제4조 제2항·제3항).

3. 후원금

(1) 후원회의 종류

> **정치자금법 제6조【후원회지정권자】** 다음 각 호에 해당하는 자(이하 '후원회지정권자'라 한다)는 각각 하나의 후원회를 지정하여 둘 수 있다.
> 1. **중앙당(중앙당창당준비위원회를 포함한다)**
> 2. 국회의원(국회의원선거의 당선인을 포함한다)

2의2. 대통령선거의 후보자 및 예비후보자

3. 정당의 대통령선거후보자 선출을 위한 당내경선후보자

4. 지역선거구 국회의원선거의 후보자 및 예비후보자. 다만, 후원회를 둔 국회의원의 경우에는 그러하지 아니하다.

5. 중앙당 대표자 및 중앙당 최고 집행기관(그 조직형태와 관계없이 당헌으로 정하는 중앙당 최고 집행기관을 말한다)의 구성원을 선출하기 위한 당내경선후보자

6. 지역구지방의회의원선거의 후보자 및 예비후보자

7. 지방자치단체의 장선거의 후보자 및 예비후보자

(2) 후원회의 회원

> 정치자금법 제8조【후원회의 회원】① 누구든지 자유의사로 하나 또는 둘 이상의 후원회의 회원이 될 수 있다. 다만, 제31조(기부의 제한) 제1항의 규정에 의하여 기부를 할 수 없는 자와 정당법 제22조(발기인 및 당원의 자격)의 규정에 의하여 정당의 당원이 될 수 없는 자는 그러하지 아니하다.

① 후원회는 개인으로 구성한다. 즉, 법인과 단체는 후원회 회원이 될 수 없다.

② 누구든지 하나 또는 둘 이상의 후원회의 회원이 될 수 있으나 기탁금을 기부할 수 없는 자와 정당법상 정당의 당원이 될 수 없는 자연인은 후원회의 회원이 될 수 없다.

⚖ 판례 | 후원회

헌법 위반인 것

1. 정당 중앙당 후원회 금지 (헌재 2015.12.23. 2013헌바168)

① 정당이 국민 속에 뿌리를 내리고, 국민과 밀접한 접촉을 통하여 국민의 의사와 이익을 대변하고, 이를 국가와 연결하는 중개자로서의 역할을 수행하기 위해서 정당은 정치적으로뿐만 아니라 재정적으로도 국민의 동의와 지지에 의존하여야 하며, 정당 스스로 국민들로부터 그 재정을 충당하기 위해 노력해야 한다. 이러한 의미에서 정당이 당원 내지 후원자들로부터 정당의 목적에 따른 활동에 필요한 정치자금을 모금하는 것은 정당의 조직과 기능을 원활하게 수행하는 필수적인 요소이자 정당활동의 자유를 보장하기 위한 필수불가결한 전제로서, 정당활동의 자유의 내용에 당연히 포함된다고 할 수 있다.

정당 스스로 재정충당을 위하여 국민들로부터 모금 활동을 하는 것은 단지 '돈을 모으는 것'에 불과한 것이 아니라 궁극적으로 자신의 정강과 정책을 토대로 국민의 동의와 지지를 얻기 위한 활동의 일환이며, 이는 **정당의 헌법적 과제 수행에 있어 본질적인 부분의 하나인 것이다.**

② 정당제 민주주의하에서 정당에 대한 재정적 후원이 전면적으로 금지됨으로써 정당이 스스로 재정을 충당하고자 하는 정당활동의 자유와 국민의 정치적 표현의 자유에 대한 제한이 매우 크다고 할 것이므로, 정당에 대한 후원을 금지한 정치자금법은 정당의 정당활동의 자유와 국민의 정치적 표현의 자유를 침해한다.

2. 특별시장·광역시장·특별자치시장·도지사·특별자치도지사 선거의 예비후보자를 후원회지정권자에서 제외하고 있는 정치자금법 제6조 제6호 부분이 청구인들의 평등권을 침해하는지 여부(적극)

선거비용제한액 및 실제 지출액, 후원회 모금한도 등을 고려해 볼 때, 광역자치단체장선거의 경우 국회의원선거보다 지출하는 선거비용의 규모가 크고, 후원회를 통해 선거자금을 마련할 필요성 역시 매우 크다. 따라서 심판대상조항 중 광역자치단체장선거의 예비후보자에 관한 부분은 청구인들 중 광역자치단체장선거의 예비후보자 및 이들 예비후보자에게 후원금을 기부하고자 하는 자의 평등권을 침해한다[헌재 2019.12.27. 2018헌마301·403(병합)].

3. 지방의원 후원회를 금지한 정치자금법 *헌법불합치결정

지방의회의원의 후원회의 설치 및 운영을 제한하는 것은 경제력을 갖춘 사람만이 지방의회의원이 될 수 있도록 하는 차별적 결과를 야기하거나, 다른 직의 겸직을 통해 소득을 확보할 것을 사실상 강요하는 결과를 초래하여 지방의회의원이 의정활동에 전념하는 것을 불가능하게 한다. 특히 지방자치제도가 확립되어 지방의회는 유능한 신인정치인이 정치무대로 유입되는 통로가 되기도 하는바, 지방의회의원에게 후원회를 지정하여 둘 수 없도록 하는 것은 경제력을 갖추지 못한 사람의 정치입문을 저해할 수 있다. 이와 같은 사정을 종합해 볼 때, 그동안 정치자금법이 여러 차례 개정되어 후원회지정권자의 범위가 지속적으로 확대되어 왔음에도 불구하고, 선거와 무관하게 후원회를 설치 및 운영할 수 있는 자를 중앙당과 국회의원으로 한정하여 국회의원과 지방의회의원을 달리 취급하는 것은, 불합리한 차별에 해당하고 입법재량을 현저히 남용하거나 한계를 일탈한 것이다. 따라서 지방의회의원을 후원회지정권자에서 제외하고 있는 심판대상조항은 청구인들의 평등권을 침해한다(헌재 2022.11.24. 2019헌마528).

4.

경선에 참여하지 아니하고 포기하였다고 하여도 대의민주주의의 실현에 중요한 의미를 가지는 정치과정이라는 점을 부인할 수 없다. 그러므로 **국회의원이나 대통령 선거경선후보자가 당내경선 과정에서 탈퇴한 경우 후원받은 후원금 전액을 국고에 귀속은** 평등원칙 위반이다(헌재 2009.12.29. 2007헌마1412).

헌법 위반이 아닌 것

1. 정당이나 국회의원 및 국회의원입후보등록자는 이미 정치활동을 위한 경비의 지출이 객관적으로 예상되는 명확한 위치에 있는 자들인 반면, **단순한 국회의원입후보예정자**는 어느 시점을 기준으로 그러한 위치를 인정할 것인지가 객관적으로 명확하지 아니한 데 따른 것으로 합리적인 이유가 있는 차별이므로 헌법상 평등원칙에 위배되지 아니한다(헌재 2006.3.30. 2004헌마246).

2. **자치구의 지역구의회의원 선거의 예비후보자를 후원회지정권자에서 제외하고 있는 정치자금법**

   자치구의회의원의 경우 선거비용 이외에 정치자금의 필요성이 크지 않으며 선거비용 측면에서도 대통령선거나 국회의원선거에 비하여 선거운동 기간이 비교적 단기여서 상대적으로 선거비용이 적게 드는 점 등에 비추어 보면, 국회의원선거의 예비후보자와 달리 자치구의회의원선거의 예비후보자에게 후원회를 통한 정치자금의 조달을 불허하는 것에는 합리적인 이유가 있다. 따라서 심판대상조항 중 자치구의회의원선거의 예비후보자에 관한 부분은 청구인들 중 자치구의회의원선거의 예비후보자 및 이들 예비후보자에게 후원금을 기부하고자 하는 자의 평등권을 침해한다고 볼 수 없다(헌재 2019.12.27. 2018헌마301).

3. **국회의원이 아닌 정당 소속 당원협의회 위원장을 후원회지정권자에서 제외하고 있는 정치자금법**

   지역구국회의원과 원외 당협위원장은 구체적인 지위, 수행하는 정치활동의 대상 및 범위에 있어 커다란 차이가 있다. 즉, 지역구국회의원은 국민 전체를 대표하는 헌법상 기관에 해당하지만, 원외 당협위원장은 법률상 임의기구의 대표자에 불과하고, 정당법에 따라 당원협의회 사무소 설치도 금지될 뿐만 아니라 활동내용도 자신이 속한 정당을 위한 지역 활동에 국한된다.

   원외 당협위원장의 후원회 지정이 가능해지면, 그 투명성을 담보하기 위한 관리감독에 소요되는 비용 및 투입되는 인력이 늘어나는 등 사회적 비용이 증가할 수 있으며, 그 규모는 현재 지역구국회의원들의 후원회에 대한 규율에 소요되는 비용을 훨씬 능가하여 효과적인 통제가 어려워질 수 있다. 따라서 심판대상조항은 청구인들의 평등권을 침해하지 않는다(헌재 2022.10.27. 2018헌마972 ; 헌재 2022.12.22. 2020헌바254).

4. **일반직 공무원의 후원회가입을 금지하는 정치자금법**

   정당의 당원이 될 수 없는 공무원으로 하여금 정치자금법상 후원회의 회원이 될 수 없도록 하는 것은 공무원의 정치적 중립성을 확보하고 공무집행에서의 국민의 신뢰를 확보하기 위한 것이다. 만일 후원회 가입이 허용된다면 공무원의 정치적 의사가 표명되어 정치적 중립성에 대한 국민의 신뢰는 유지되기 어렵고, 정당가입을 금지한 취지를 잠탈하게 될 위험성이 있다. 또한 공무원인 이상 직급을 불문하고 정치적 중립성을 유지할 의무가 있다. 이러한 점들을 고려하면 후원회회원자격조항이 과잉금지원칙에 위배되어 정치활동의 자유 내지 정치적 의사표현의 자유를 침해한다고 볼 수 없다(헌재 2022.10.27. 2019헌마1271).

4. 기탁금

(1) 선거관리위원회에 기탁

① 당원이 될 수 없는 공무원과 사립학교 교원을 포함한 개인이 기탁금을 기탁하고자 할 때에는 <u>선거관리위원회에 기탁</u>해야 한다. 즉, 정당에 직접 기탁할 수 없다(정치자금법 제22조).

② <u>외국인, 국내·외의 법인 또는 단체는 정치자금을 기부할 수 없다.</u> 누구든지 국내·외의 법인 또는 단체와 관련된 자금으로 정치자금을 기부할 수 없다(정치자금법 제31조).

📚 판례 | 사용자단체와 달리 노동단체의 정치자금 제공금지 (헌재 1999.11.25. 95헌마154)

1. **사용자단체의 정치헌금을 허용하면서 노동단체의 정치헌금을 금지한 것**은 사용자단체에 한해 정당에 대한 영향력행사를 허용하고 노동단체의 정당에 대한 영향력행사를 배제함으로써 정치적 의사형성과정에서 노동조합을 차별한 것으로 합리적 이유가 없는 차별이다.

2. 헌법재판소의 위헌결정에 따라 사업장별로 조직된 단위 노동조합 외의 노동조합은 정치자금을 기부할 수 있도록 개정되었다가 최근 법인이 정치자금을 기부하는 것을 전면 금지하는 것으로 개정되어 노동조합의 정치자금 제공도 금지되었다.

📚 판례 | 국내외 법인단체의 정치자금 기부금지

금권정치와 정경유착의 차단, 단체와의 관계에서 개인의 정치적 기본권 보호 등 이 사건 기부금지 조항에 의하여 달성되는 공익은 대의민주제를 채택하고 있는 민주국가에서 매우 크고 중요하다는 점에서 법익균형성 원칙도 충족된다. 따라서 이 사건 기부금지 조항이 과잉금지원칙에 위반하여 정치활동의 자유 등을 침해하는 것이라 볼 수 없다(헌재 2010.12.28. 2008헌바89).

---

(2) 기탁금 분배

① 중앙선거관리위원회는 기탁금의 모금에 직접 소요된 경비를 공제하고 지급 당시 법 제27조(보조금의 배분)의 규정에 의한 <u>국고보조금 배분율에 따라 기탁금을 배분·지급한다</u>(정치자금법 제23조).

② 개정 전에는 기탁자가 정당이나 분배율을 지정하여 기탁하는 지정기탁제가 있었으나 폐지되었다.

5. 국고보조금

(1) 국고보조금의 종류와 금액

① **헌법상 규정**: 헌법 제8조 제3항은 국고보조를 헌법상 필수적 제도 또는 **헌법상 정당의 국고보조를 해야 할 의무를 규정한 것은 아니나** 국고보조를 할 수 있는 근거를 설정하고 있다.

② **정치자금법상 국고보조금의 종류**

경상보조금	국가는 정당에 대한 보조금으로 최근 실시한 임기만료에 의한 국회의원선거의 선거권자 총수에 보조금 계상단가를 곱한 금액을 매년 예산에 계상하여야 한다(정치자금법 제25조 제1항).
선거보조금	대통령선거, 임기만료에 의한 국회의원선거와 동시지방선거가 있는 연도에 계상하는 보조금이다.
여성추천보조금	여성을 후보자로 추천한 정당에 주는 보조금이다.
장애인추천보조금	장애인을 후보자로 추천한 정당에 주는 보조금이다.

(2) 보조금 배분방법

> **정치자금법 제27조 【보조금의 배분】** ① 경상보조금과 선거보조금은 지급 당시 국회법 제33조(교섭단체) 제1항 본문의 규정에 의하여 동일 정당의 소속의원으로 교섭단체를 구성한 정당에 대하여 그 100분의 50을 **정당별로 균등하게** 분할하여 배분·지급한다.
> ② 보조금 지급 당시 제1항의 규정에 의한 배분·지급대상이 아닌 정당으로서 5석 이상의 의석을 가진 정당에 대하여는 100분의 5씩을, **의석이 없거나 5석 미만의 의석을 가진 정당 중 다음 각 호의 어느 하나에 해당하는 정당에 대하여는** 보조금의 100분의 2씩을 배분·지급한다.
> ③ 제1항 및 제2항의 규정에 의한 배분·지급액을 제외한 잔여분 중 100분의 50은 지급 당시 국회의석을 가진 정당에 그 의석수의 비율에 따라 배분·지급하고, 그 잔여분은 국회의원선거의 득표수 비율에 따라 배분·지급한다.
> ④ 선거보조금은 당해 선거의 후보자등록마감일 현재 후보자를 추천하지 아니한 정당에 대하여는 이를 배분·지급하지 아니한다.

① **일반적 국고보조금 배분방법**

전체의 50/100	교섭단체를 구성한 정당에 균등하게 배분
5/100	교섭단체를 구성하지 못한 국회의석 5석 이상의 정당
2/100 (의석이 없거나 5석 미만 의석 가진 정당 중)	국회의원선거 2% 득표정당
	국회의석 1석+후보추천이 허용되는 비례대표시·도의원 선거, 지역구 시·도의원선거, 시·도지사선거 또는 자치구 시·군의장 선거에서 0.5% 득표정당
	국회의원선거 미참가+후보추천이 허용되는 비례대표시·도의원 선거, 지역구 시·도의원선거, 시·도지사선거 또는 자치구 시·군의장 선거에서 2% 득표정당
잔여분 중 50/100	국회의원 의석수 비율
잔여분 중 50/100	국회의원 선거 득표율

② **선거국고보조금 배분방법:** 일반적 배분방식에 따라 배분한다. 다만, 선거시 지급되는 보조금은 당해 선거에 참여하지 아니한 정당에게는 배분·지급하지 않는다.

③ 독일 헌법재판소는 국고지원액이 정당이 자체조달한 재정규모보다 많은 것은 위헌이라고 판시했다. 따라서 국고보조금을 지나치게 확대하는 것은 정당을 국가기관화할 우려가 있고 신진정당과 기존정당을 지나치게 차별한다는 점에서 바람직하지 않다.

⚖️ 판례 | 정당 교섭단체에 국고보조금 더 많이 지급

교섭단체의 구성 여부만을 보조금 배분의 유일한 기준으로 삼은 것이 아니라 정당의 의석수비율이나 득표수비율도 고려하여 정당에 대한 국민의 지지도도 반영하고 있는 등의 사정을 종합해 볼 때, 교섭단체의 구성 여부에 따라 보조금의 배분규모에 차이가 있더라도 그러한 차등 정도는 각 정당 간의 경쟁 상태를 현저하게 변경시킬 정도로 합리성을 결여한 차별이라고 보기 어렵다(헌재 2006.7.27. 2004헌마655).

제3절 국민투표권

> 헌법 제72조 대통령은 필요하다고 인정할 때에는 외교·국방·통일 기타 국가안위에 관한 중요정책을 국민투표에 붙일 수 있다.
>
> 제130조 ① 국회는 헌법개정안이 공고된 날로부터 60일 이내에 의결하여야 하며, 국회의 의결은 재적의원 3분의 2 이상의 찬성을 얻어야 한다.
>
> ② 헌법개정안은 국회가 의결한 후 30일 이내에 국민투표에 붙여 국회의원선거권자 과반수의 투표와 투표자 과반수의 찬성을 얻어야 한다.

1. 의의

국민투표권이란 국민이 국가의 특정 사안에 대해 직접 결정권을 행사하는 권리로서, 각종 선거에서의 선거권 및 피선거권과 더불어 국민의 참정권의 한 내용을 이루는 <u>헌법상 기본권</u>이다(헌재 2014.7.24. 2010헌마394).

> ⚖️ **판례**
>
> 헌법 제72조에 의한 중요정책에 관한 국민투표는 국가안위에 관계되는 사항에 관하여 대통령이 제시한 구체적인 정책에 대한 주권자인 국민의 승인절차라 할 수 있다(헌재 2014.7.24. 2010헌마394).

2. 종류

중요한 법안이나 정책을 국민투표로써 결정하는 권리이다. 국민표결에는 정책에 대한 Referendum(협의의 국민표결)과 국가기관의 신임을 묻는 Plebiscite가 있다. 헌법재판소는 국가기관의 신임을 묻는 Plebiscite를 인정하고 있지 않다.

3. 연혁

> ① **제2차 개정헌법(1954년 헌법):** 대한민국의 주권의 제약 또는 영토의 변경을 가져올 국가안위에 관한 중대사항은 국회의 가결을 거친 후에 국민투표에 부하여 민의원의원선거권자 3분지 2 이상의 투표와 유효투표 3분지 2 이상의 찬성을 얻어야 한다(제7조의2).
> ② **제5차 개정헌법(1962년 헌법):** 헌법개정 국민투표 최초규정
> ③ **제7차 개정헌법(1972년 헌법):** 대통령은 필요하다고 인정할 때에는 국가의 중요한 정책을 국민투표에 붙일 수 있다(제49조).
> ④ **제8차 개정헌법(1980년 헌법):** 대통령은 필요하다고 인정할 때에는 외교·국방·통일 기타 국가안위에 관한 중요정책을 국민투표에 붙일 수 있다(제47조).

4. 헌법 제72조의 국민투표로 헌법개정이 가능한지 여부

헌법 제72조의 국민투표로 헌법개정이 가능하다는 학설도 있으나, 헌법개정절차가 헌법에 규정되어 있고 소수자보호와 의회민주주의 차원에서는 제72조의 국민투표로 헌법을 확정할 수 없으므로 이에 대해 부정적으로 보는 것이 다수설과 판례이다.

5. 대통령 신임을 헌법 제72조 국민투표에 부의할 수 있는지 여부

헌법 제72조의 국민투표의 대상으로 규정하고 있는 외교·국방·통일 기타 국가 안위에 관한 중요정책을 한정적으로 해석하여, **대통령 신임투표 또는 정책과 연계한 신임투표를 국민투표의 대상으로 하는 것은 현행 헌법상 허용되지 않는다는 것이** 헌법재판소 판례이다.

⚖ 판례 | 재신임 국민투표 (헌재 2004.5.14. 2004헌나1)

1. 국민투표는 직접민주주의를 실현하기 위한 수단으로서 '사안에 대한 결정', 즉 특정한 국가정책이나 법안을 그 대상으로 한다. 따라서 국민투표의 본질상 '대표자에 대한 신임'은 국민투표의 대상이 될 수 없으며, 우리 헌법에서 대표자의 선출과 그에 대한 신임은 단지 선거의 형태로써 이루어져야 한다. 자신에 대한 재신임을 국민투표의 형태로 묻고자 하는 것은 헌법 제72조에 의하여 부여받은 국민투표부의권을 위헌적으로 행사하는 경우에 해당하는 것으로, 국민투표제도를 자신의 정치적 입지를 강화하기 위한 정치적 도구로 남용해서는 안 된다는 헌법적 의무를 위반한 것이다. 물론, 대통령이 위헌적인 재신임 국민투표를 단지 제안만 하였을 뿐 강행하지는 않았으나, 헌법상 허용되지 않는 재신임 국민투표를 국민들에게 제안한 것은 그 자체로서 헌법 제72조에 반하는 것으로 헌법을 실현하고 수호해야 할 대통령의 의무를 위반한 것이다.

2. <u>헌법은 명시적으로 규정된 국민투표 외에 다른 형태의 재신임 국민투표를 허용하지 않는다.</u> 이는 주권자인 국민이 원하거나 또는 국민의 이름으로 실시하더라도 마찬가지이다. 국민은 선거와 국민투표를 통하여 국가권력을 직접 행사하게 되며, 국민투표는 국민에 의한 국가권력의 행사방법의 하나로서 명시적인 헌법적 근거를 필요로 한다. 따라서 <u>국민투표의 가능성은 국민주권주의나 민주주의 원칙과 같은 일반적인 헌법원칙에 근거하여 인정될 수 없으며, 헌법에 명문으로 규정되지 않는 한 허용되지 않는다.</u>

⚖ 판례 | 국민투표를 거치지 아니한 한미자유무역협정 (헌재 2013.11.29. 2012헌마166) ***각하결정**

1. 헌법 제72조에 따른 국민투표권의 침해가능성 유무

우리 헌법은 국민에 의하여 직접 선출된 국민의 대표자가 국민을 대신하여 국가의사를 결정하는 대의민주주의를 기본으로 하고 있어, <u>중요 정책에 관한 사항이라 하더라도 반드시 국민의 직접적인 의사를 확인하여 결정해야 한다고 보는 것은 전체적인 헌법체계와 조화를 이룰 수 없다.</u> 헌법 제72조는 대통령에게 국민투표의 **실시 여부, 시기, 구체적 부의사항, 설문내용 등을 결정할 수 있는 임의적인 국민투표발의권을 독점적으로 부여한 것이다.** 따라서 특정의 국가정책에 대하여 다수의 국민들이 국민투표를 원하고 있음에도 불구하고 대통령이 이러한 희망과는 달리 국민투표에 회부하지 아니한다고 하여도 이를 헌법에 위반된다고 할 수 없고, <u>국민에게 특정의 국가정책에 관하여 국민투표에 회부할 것을 요구할 권리가 인정된다고 할 수도 없다.</u> 결국 헌법 제72조의 국민투표권은 대통령이 어떠한 정책을 국민투표에 부의한 경우에 비로소 행사가 가능한 기본권이라 할 수 있다. 대통령이 한미무역협정을 체결하기 이전에 그에 관한 국민투표를 실시하지 아니하였다고 하더라도 국민투표권이 행사될 수 있는 계기인 대통령의 중요정책 국민투표 부의가 행해지지 않은 이상 청구인의 국민투표권이 행사될 수 있을 정도로 구체화되었다고 할 수 없으므로 그 침해의 가능성은 인정되지 않는다.

2. 헌법 제130조 제2항에 따른 국민투표권의 침해가능성 유무

헌법과 동일한 효력을 가지는 이른바 헌법적 조약을 인정하지 아니한다고 볼 것이다. 한미무역협정의 경우, 헌법 제60조 제1항에 의하여 국회의 동의를 필요로 하는 우호통상항해조약의 하나로서 법률적 효력이 인정되므로, 규범통제의 대상이 됨은 별론으로 하고, 그에 의하여 성문헌법이 개정될 수는 없다. 이같이 <u>한미무역협정이 성문헌법을 개정하는 효력이 없는 이상,</u> 한미무역협정의 체결로 헌법개정 절차에서의 국민투표권이 행사될 수 있을 정도로 헌법이 개정된 것이라고 할 수 없으므로 그 침해의 가능성은 인정되지 않는다.

---

6. 국민투표권 침해 여부

(1) 침해인 것

① 수도를 변경하는 신행정수도법(헌법 제130조의 국민투표권 침해)

② 주소를 요건으로 하여 재외국민의 국민투표권 부정

③ **재외선거인의 국민투표권 부정**: 국민투표권자의 범위는 대통령선거권자·국회의원선거권자와 일치되어야 한다. 따라서 국민투표는 선거와 달리 국민이 직접 국가의 정치에 참여하는 절차이므로, 국민투표권은 대한민국 국민의 자격이 있는 사람에게 반드시 인정되어야 하는 권리이다. 따라서 재외선거인의 국민투표권을 인정하지 않은 국민투표법조항은 재외선거인의 국민투표권을 침해한다(헌재 2014.7.24. 2009헌마256, 2010헌마394).

④ 신임을 연계한 국민투표부의(탄핵심판에서 헌법 제72조 위반)

(2) 침해가 아닌 것

① 대한민국과 미합중국 간의 자유무역협정: 대통령의 중요정책 국민투표부의가 행해지지 않은 이상 청구인들의 국민투표권이 행사될 수 있을 정도로 구체화되었다고 할 수 없으므로 그 침해의 가능성은 인정되지 않는다(헌재 2005.11.24. 2005헌마579).

② 행정중심복합도시건설특별법(각하)

☑ 헌법 제72조와 제130조의 국민투표 비교

구분	대상	필수성 여부	부의 여부에 대한 대통령 재량	정족수
제72조 국민투표	중요정책	임의적	자유재량	헌법상 규정 없음.
제130조 국민투표	헌법개정	필수적	재량 없음, 의무	국회의원선거권자 과반수 투표와 투표자 과반수 찬성

국민투표법 제9조 【투표권이 없는 자】 투표일 현재 공직선거법 제18조의 규정에 따라 선거권이 없는 자는 투표권이 없다.

제22조 【국민투표안의 게시】 ① 중앙선거관리위원회는 공고된 국민투표안을 투표권자에게 주지시키기 위하여 게시하여야 한다.

③ 국민투표안의 게시문에는 국민투표안만을 기재하여야 한다.

제26조 【국민투표에 관한 운동의 기간】 국민투표에 관한 운동은 국민투표일공고일로부터 투표일 전일까지에 한하여 이를 할 수 있다.

제27조 【운동의 한계】 운동은 이 법에 규정된 이외의 방법으로는 이를 할 수 없다.

제28조 【운동을 할 수 없는 자】 ① 정당법상의 당원의 자격이 없는 자는 운동을 할 수 없다.

② 예비군 소대장급 이상의 간부 및 리·동·통·반의 장은 국민투표일공고일 이전에 그 직에서 해임되지 아니하고는 운동을 할 수 없으며 연설원 또는 투·개표참관인이 될 수 없다.

제49조 【국민투표일의 공고】 대통령은 늦어도 국민투표일 전 18일까지 국민투표일과 국민투표안을 동시에 공고하여야 한다.

제51조 【투표소의 설치와 공고】 ① 투표소는 투표구마다 설치하되, 투표구선거관리위원회가 투표일 전 10일까지 그 명칭과 소재지를 공고하여야 한다. 다만, 천재·지변 기타 불가피한 사유가 있을 때에는 이를 변경할 수 있다.

제92조 【국민투표무효의 소송】 국민투표의 효력에 관하여 이의가 있는 투표인은 투표인 10만 인 이상의 찬성을 얻어 중앙선거관리위원회위원장을 피고로 하여 투표일로부터 20일 이내에 대법원에 제소할 수 있다.

제93조【국민투표무효의 판결】대법원은 제92조의 규정에 의한 소송에 있어서 국민투표에 관하여 이 법 또는 이 법에 의하여 발하는 명령에 위반하는 사실이 있는 경우라도 국민투표의 결과에 영향이 미쳤다고 인정하는 때에 한하여 국민투표의 전부 또는 일부의 무효를 판결한다.

제4절 선거권과 피선거권

01 선거의 의의

선거는 국민의 합의에 바탕한 민주주의를 구현하기 위해 국가기관을 선임하는 행위이다. 선거는 다수인이 하는 합성행위를 말하는 것으로서 개개인이 행하는 투표(행위)와 구별된다.

02 선거의 기본원칙

1. 보통선거의 원칙

(1) 개념

보통선거란 사회적 신분(예 성별, 계급, 교육정도) 등과 관계없이 모든 국민에게 선거권과 피선거권을 인정하는 선거원칙으로 제한선거에 대응하는 개념이다.

(2) 보통선거원칙의 예외

보통선거원칙에 대한 예외도 허용될 수 있다. 예를 들면, <u>외국인의 선거권 부정, 금치산선고를 받은 자의 선거권 제한은 보통선거의 원칙에 대한 예외지만, 허용될 수 있다.</u>

> **⚖️ 판례 | 보통선거의 원칙에 위배되는 선거권 제한**
>
> 보통선거의 원칙은 선거권자의 능력, 재산, 사회적 지위 등의 실질적인 요소를 배제하고 성년자이면 누구라도 당연히 선거권을 갖는 것을 요구한다. 따라서 선거권자의 국적이나 선거인의 의사능력 등 선거권 및 선거제도의 본질상 요청되는 사유에 의한 내재적 제한을 제외하고 <u>보통선거의 원칙에 위배되는 선거권 제한 입법을 하기 위해서는 기본권 제한입법에 관한 헌법 제37조 제2항의 규정에 따라야 한다.</u> 또한 보통선거원칙에 반하는 선거권 제한의 입법을 하기 위해서는 헌법 제37조 제2항의 규정에 따른 한계가 엄격히 지켜져야 한다(헌재 1999.1.28. 97헌마253 · 270).

> **⚖️ 판례 | 수형자 선거권 제한**
>
> **보통선거원칙** 및 그에 기초한 선거권을 법률로써 제한하는 것은 필요최소한에 그쳐야 한다. **집행유예자와 수형자의 선거권 제한은 범죄자가 범죄의 대가로 선고받은 자유형의 본질에서 당연히 도출되는 것이 아니므로**, 범죄자의 선거권 제한 역시 <u>보통선거원칙에 기초하여 필요최소한의 정도에 그쳐야 한다.</u> 심판대상조항의 입법목적에 비추어 보더라도, 구체적인 범죄의 종류나 내용 및 불법성의 정도 등과 관계없이 일률적으로 선거권을 제한하여야 할 필요성이 있다고 보기는 어렵다. 범죄자가 저지른 범죄의 경중을 전혀 고려하지 않고 <u>수형자와 집행유예자 모두의 선거권을 제한하는 것은 침해의 최소성 원칙에 어긋난다</u>(헌재 2014.1.28. 2012헌마409).

2. 평등선거의 원칙

평등선거원칙은 선거권 부여에 있어서의 평등에 한정되지 않고, 선거운동의 기회 등 전체적인 선거과정에 있어서의 평등을 의미한다. 평등선거의 원칙은 헌법 제11조 제1항 평등의 원칙이 선거제도에 적용된 것으로서 투표의 수적 평등, 즉 1인 1표 원칙(one man, one vote)과 투표의 성과가치의 평등, 즉 1표의 투표가치가 대표자선정이라는 선거의 결과에 대하여 기여한 정도에 있어서도 평등하여야 한다는 원칙(one vote, one value)을 그 내용으로 할 뿐만 아니라(헌재 1995.12.27. 95헌마224 등), 일정한 집단의 의사가 정치과정에서 반영될 수 없도록 차별적으로 선거구를 획정하는 이른바 '게리맨더링'에 대한 부정을 의미하기도 한다(헌재 1998.11.26. 96헌마54).

📖 쟁점정리

국회의원 선거구 구역표
1. 선거구획정위원회(공직선거법 제24조)
국회의원선거구의 공정한 획정을 위하여 **중앙선거관리위원회에 국회의원 선거구획정위원회를 두고**, 시·도에 자치구 시·군의원 선거구획정위원회를 둔다. 국회의원, 지방의회의원, 정당의 당원은 선거구획정위원회의 위원이 될 수 없다.
　① 국회의원선거구획정위원회

> **공직선거법 제24조【국회의원선거구획정위원회】** ① 국회의원지역구의 공정한 획정을 위하여 임기만료에 따른 국회의원선거의 선거일 전 18개월부터 해당 국회의원선거에 적용되는 국회의원지역구의 명칭과 그 구역이 확정되어 효력을 발생하는 날까지 국회의원선거구획정위원회를 설치·운영한다.
> ② 국회의원선거구획정위원회는 중앙선거관리위원회에 두되, 직무에 관하여 독립의 지위를 가진다.

　② 국회의원지역선거구 획정

> **공직선거법 제24조의2【국회의원지역선거구 확정】** ① 국회는 국회의원지역선거구를 선거일 전 1년까지 확정하여야 한다.

2. 선거구 구역표의 헌법소원대상 여부
선거구 구역표는 선거권·평등권 침해문제를 야기하므로 **헌법소원의 대상이 된다.**

3. 선거구 획정의 고려요소
　① **인구비례**: 선거구획정에 가장 중요한 요소는 인구비례이다.
　② **비인구적 요소**: 그러나 인구비례만이 유일한 기준이 아니라 지세, 교통편, 역사적·전통적 일체감, 행정구역을 고려하여 선거구를 획정해야 하므로 선거구 간에 인구 차이가 발생할 수밖에 없다.
　③ **우리나라 특수고려요소(지역대표성)**: 우리나라는 독일 등의 선진국가와 달리 도시와 농어촌 간의 인구편차와 개발불균형이 현저하고 국가가 단원으로 구성되어 있어 국회의원이 국민 전체의 대표이면서 동시에 지역 대표성도 가지고 있다는 점을 고려하면 독일 등보다 선거구 간의 인구비례원칙을 **완화해야 할** 필요성이 있다.

4. 선거구 획정에 있어서의 입법자의 재량
　① **재량**: 입법자는 인구비례, 행정구역, 지세, 역사적·전통적 일체감 등을 고려하여 선거구를 획정하되 선거구 획정에 있어서 재량권을 가진다. 다만 평등원칙에서 도출되는 투표가치성과의 평등과 헌법 제24조의 선거권을 침해하지 않는 범위 내에서 선거구를 획정해야 한다. 재량의 범위를 일탈하여 선거구를 획정하는 경우 선거구 구역표는 평등선거원칙 등에 위반된다.
　② **재량의 한계**: 헌법재판소는 평등선거원칙과 선거권을 침해하지 않는 입법자의 선거구 획정 재량의 범위를 **전국평균인구수에서 상하 33.33%편차(최대선거구와 최소선거구 간 2:1)**로 보고 있다. 이 범위를 벗어난

선거구 획정은 평등선거원칙에 위반된다.

5. 선거구 구역표의 불가분성

선거구 구역표는 전체가 유기적 성격을 가지므로 <u>한 선거구가 위헌이면 그 선거구에 한해 위헌인 것이 아니라 전체 선거구가 위헌의 하자를 띠는 것으로 보는 것이</u> 헌법재판소 판례이다. 따라서 한 선거구가 위헌이라도 헌법재판소는 주문에서 전체 선거구 구역표가 위헌이라는 결정을 하고 있다.

6. 주문

위헌결정에 따라 선거구 구역표의 공백이 발생해 재선거와 보궐선거를 치를 수 없는 사태가 발생할 수 있는 바, 위헌결정 대신 헌법불합치결정을 한다.

7. 특수상황

① **인접하지 아니한 지역을 한 선거구로 획정하는 것**: 인접하지 아니한 지역을 한 선거구로 획정하는 것은 특별한 사유가 없는 한 Gerrymendering이어서 헌법에 위반된다. 충북 보은·영동 선거구는 특별한 사유가 없으므로 헌법에 위반된다(1995년 판례). 인천 서구(검단동)·강화군 乙선거구란은 특별한 사유가 있으므로 헌법에 위반되지 않는다(2001년 판례).

② **구·시·군의 일부를 분할하는 선거구획정은** 구·시·군 일부를 분할하여 다른 국회의원지역구에 속하게 하지 못하도록 규정하고 있는 공직선거법 제25조 제1항과 충돌하더라도 헌법에 위반되지 않는다.

⚖ 판례 | 국회의원 선거구 구역표 (헌재 2014.10.30. 2012헌마190)

> **<심판대상>**
>
> **공직선거법 제25조 【국회의원지역구의 획정】** ① 국회의원지역선거구(이하 '국회의원지역구'라 한다)는 시·도의 관할구역 안에서 인구·행정구역·지세·교통 기타 조건을 고려하여 이를 획정하되, 자치구·시·군의 일부를 분할하여 다른 국회의원지역구에 속하게 하지 못한다. (단서 생략)

1. 쟁점

선거구 구역표는 정당에 소속되어 활동하고자 하는 위 청구인의 정당활동의 자유를 제한하지 아니하고 공무담임권이 제한되는 것은 아니다. 따라서 정당활동의 자유 및 공무담임권 침해 여부에 대해서는 별도로 판단하지 아니한다. ➡ <u>선거구 구역표는 선거권과 평등권의 문제이다.</u>

2. 심판대상이 되는 국회의원지역선거구 구역표 부분이 청구인들의 선거권 및 평등권을 침해하는지 여부(일부 적극)

국회의원이 지역구에서 선출되더라도 추구하는 목표는 지역구의 이익이 아닌 국가 전체의 이익이어야 한다는 원리는 이미 논쟁의 단계를 넘어선 확립된 원칙으로 자리 잡고 있으며, 이러한 원칙은 양원제가 아닌 단원제를 채택하고 있는 우리 헌법하에서도 동일하게 적용된다. 따라서 국회를 구성함에 있어 <u>국회의원의 지역대표성</u>이 고려되어야 한다고 할지라도 이것이 국민주권주의의 출발점인 <u>투표가치의 평등보다 우선시될 수는 없다.</u>

인구편차 상하 $33\frac{1}{3}$%를 넘어 인구편차를 완화하는 것은 지나친 투표가치의 불평등을 야기하는 것으로, 이는 대의민주주의의 관점에서 바람직하지 아니하고, 국회를 구성함에 있어 국회의원의 지역대표성이 고려되어야 한다고 할지라도 이것이 국민주권주의의 출발점인 투표가치의 평등보다 우선시 될 수는 없다. 특히, 현재는 지방자치제도가 정착되어 <u>지역대표성</u>을 이유로 헌법상 원칙인 투표가치의 평등을 현저히 <u>완화할 필요성이 예전에 비해 크지 아니하다.</u> 현재의 시점에서 헌법이 허용하는 인구편차의 기준을 인구편차 상하 $33\frac{1}{3}$%를 넘어서지 않는 것으로 봄이 타당하다. 따라서 심판대상 선거구구역표 중 인구편차 상하 $33\frac{1}{3}$%의 기준을 넘어서는 선거구에 관한 부분은 위 선거구가 속한 지역에 주민등록을 마친 청구인들의 선거권 및 평등권을 침해한다.

3. 행정구의 일부를 분할하여 다른 구와 통합하여 선거구를 획정한 것이 입법재량의 범위를 일탈한 자의적인 선거구획정인지 여부(소극)

국회가 국회의원선거구획정위원회의 선거구획정안의 내용과 달리 선거구를 획정했다거나, 선거구획정 과정에서 국회의원지역선거구 구역표와 지방의회의원지역선거구 구역표 사이에 불일치가 발생하였다는 사정만으로 이것이 입법재량을 일탈한 것이라고 볼 수도 없다. 따라서 '문제된 4개 선거구'의 획정은 입법재량의 범위를 벗어난 자의적인 선거구획정이 아니다.

📖 쟁점정리

지방의원 선거구 구역표

1. 자치구·시·군의원선거구획정위원회

> 공직선거법 제24조의3 【자치구·시·군의원선거구획정위원회】 ① 자치구·시·군의원지역선거구의 공정한 획정을 위하여 시·도에 자치구·시·군의원선거구획정위원회를 둔다.

2. 선거구 획정시 고려 요소

국회의원 선거구역표를 획정할 때와 동일하다. 구·시·군의회 선거구 허용 여부는 해당 구·시·군 선거구만을 고려해서 결정해야 하지 시·도 선거구 전체를 고려해서 판단할 필요는 없다.

3. 허용편차

⚖️ 판례 | 지역구 지방의원 선거구 허용편차

1. **지역구 자치구·시·군의원 선거구 획정시 허용편차**

현재의 시점에서 자치구·시·군의원 선거구 획정과 관련하여 헌법이 허용하는 인구편차의 기준을 **인구편차 상하 50%(인구비례 3:1)로 변경하는 것이 타당하다**(헌재 2018.6.28. 2014헌마166).

2. **지역구 시·도의원 선거구 획정시 허용편차**

시·도의원은 주로 지역적 사안을 다루는 지방의회의 특성상 지역대표성도 겸하고 있고, 우리나라는 도시와 농어촌 간의 인구격차가 크고 각 분야에 있어서의 개발불균형이 현저하다는 특수한 사정이 존재하므로, 시·도의원지역구 획정에 있어서는 행정구역 내지 지역대표성 등 2차적 요소도 인구비례의 원칙에 못지않게 함께 고려해야 할 필요성이 크다. 현시점에서는 시·도의원지역구 획정에서 허용되는 인구편차 기준을 **인구편차 상하 50%(인구비례 3:1)로 변경하는 것이 타당하다**(헌재 2018.6.28. 2014헌마189).

3. 인구편차에 의한 투표가치의 불평등은 이 사건 선거구 구역표 중 용인시 선거구 부분의 획정에서뿐만 아니라 인구비례가 아닌 행정구역별로 시·도의원 정수를 2인으로 배분하고 있는 공직선거법 제22조 제1항에서 시원적(始原的)으로 생기고 있으므로, **인구비례가 아니라 행정구역별로 시·도의원 정수를 2인으로 배분하고 있는 공직선거법 제22조 제1항도** 결과적으로 청구인들의 헌법상 보장된 선거권과 평등권을 침해한다고 할 것이다(헌재 2007.3.29. 2005헌마985).

---

3. 직접선거의 원칙

(1) 개념

직접선거의 원칙이란 간접선거에 대응하는 개념으로 선거인 스스로가 직접 대의기관을 선출하는 것을 뜻한다. 또한 비례대표제를 채택하는 경우 직접선거 원칙은 정당의 비례적인 의석확보도 선거권자의 투표에서 직접 결정될 것을 요구하는 원칙이다.

(2) 비례대표 순서전환

이미 투표가 행해진 다음에 비례대표제에 의한 비례대표후보의 순위나 사람을 바꾸는 것은 직접선거의 원칙에 반한다.

(3) 직접선거의 원칙과 국회의원 의석 배분

⚖ 판례

1. **직접선거의 원칙**은 선거결과가 선거권자의 투표에 의하여 직접 결정될 것을 요구하는 원칙이다. 국회의원선거와 관련하여 보면, 국회의원의 선출이나 정당의 의석획득이 중간선거인이나 정당 등에 의하여 이루어지지 않고 선거권자의 의사에 따라 직접 이루어져야 함을 의미한다(헌재 2001.7.19. 2000헌마91).

2. 비례대표제를 채택하는 경우 직접선거의 원칙은 의원의 선출뿐만 아니라 **정당의 비례적인 의석확보도** 선거권자의 투표에 의하여 직접 결정될 것을 요구하는바, **정당의 명부작성행위가 최종적·결정적인 의의를 지니게 된다면** 선거권자들의 투표행위로써 비례대표의원의 선출을 직접·결정적으로 좌우할 수 없으므로 직접선거의 원칙에 위배된다(헌재 2001.7.19. 2000헌마91).

3. 국회의원 비례대표 후보자 명단을 확정하기 위한 당내경선은 정당의 대표나 대의원을 선출하는 절차와 달리 국회의원 당선으로 연결될 수 있는 중요한 절차로서 직접투표의 원칙이 그러한 경선절차의 민주성을 확보하기 위한 최소한의 기준이 된다고 할 수 있는 점 등 제반 사정을 종합할 때, **당내경선에도 직접·평등·비밀투표 등 일반적인 선거원칙이 그대로 적용되고 대리투표는 허용되지 않는다**(대판 2013.11.28. 2013도5117).

4. 1인 1표제하에서 지역구 국회의원 총선거에서 얻은 득표비율에 따라 비례대표국회의원 의석을 배분하는 공직선거법 제189조 ★ (헌재 2001.7.19. 2000헌마91)

   ① 국회의원 선거에 있어 다수대표제만을 택하고 비례대표제를 택하지 않을 경우 지역구의 개별후보자에 대한 국민의 지지만을 정확하게 반영하여도 민주주의 원리에 반하는 것은 아니다.

   ② **고정명부식**을 채택하는 것은 전국선거인단의 거대한 숫자로 불가피하다. 따라서 고정명부식을 채택한 것 자체는 직접선거원칙에 위반되는 것은 아니다.

   ③ **지역구 후보자에 대한 투표를 정당에 대한 지지로 환산하여 비례대표의석을 배분하는 것**은 유권자의 투표행위가 아니라 정당의 명부작성행위로 비례대표의원의 당선 여부가 결정되므로 **직접선거원칙에 위반된다.** 국회의원선거에서 이른바 1인 1표제를 채택하여 유권자에게 별도의 정당투표를 인정하지 않고, 지역구선거에서 표출된 유권자의 의사를 그대로 정당에 대한 지지의사로 의제하여 비례대표의석을 배분토록 공직선거법은 선거에 있어 국민의 의사를 제대로 반영하고, 국민의 자유로운 선택권을 보장할 것 등을 요구하는 **민주주의원리에 부합하지 않는다.**

   ④ **정당의 지역구 후보자가 얻은 득표율을 기준으로 한** 비례대표 의석배분에 있어서 **저지기준에 따라 의석배분에서 제외하는 것**은 정당화될 수 없다. 지역구후보자에 대한 지지는 정당에 대한 지지로 의제할 수 없는데도 이를 의제하는 것이기 때문이다. 지역구선거의 유효투표총수의 100분의 5 이상을 득표한 정당이 그만큼의 국민의 지지를 받는 정당이라는 등식은 도저히 성립하지 않는다. 그리하여 실제로는 5% 이상의 지지를 받는 정당이 비례대표의석을 배분받지 못하는 수도 있고, 그 역의 현상도 얼마든지 가능한 것이다. 이와 같이 국민의 정당지지의 정도를 계산함에 있어 불합리한 잣대를 사용하는 한 현행의 저지조항은 그 저지선을 어느 선에서 설정하건 간에 **평등원칙에 위반될 수밖에 없다.**

---

4. 비밀선거의 원칙

(1) 개념

비밀선거의 원칙이란 공개투표 내지 공개선거에 대응하는 개념으로 선거인의 의사결정이 타인에게 알려지지 않도록 하는 선거원칙이다.

(2) 비밀선거원칙의 위반 여부

① 무소속 후보자의 추천자 서명요구는 비밀선거의 원칙에 위배되지 않으나, 투표불참자의 명단공개는 비밀선거원칙에 위반된다.

② 모사전송 시스템의 활용은 선거권 내지 보통선거원칙과 비밀선거원칙을 조화적으로 해석할 때, 이를 두고 헌법에 위반된다 할 수 없다(헌재 2007.6.28. 2005헌마772).

③ 출구조사

> **공직선거법 제167조【투표의 비밀보장】** ② 선거인은 투표한 후보자의 성명이나 정당명을 누구에게도 또한 어떠한 경우에도 진술할 의무가 없으며, 누구든지 선거일의 투표마감시각까지 이를 질문하거나 그 진술을 요구할 수 없다. 다만, 텔레비전방송국·라디오방송국·신문 등의 진흥에 관한 법률 제2조 제1호 가목 및 나목에 따른 일간신문사가 선거의 결과를 예상하기 위하여 선거일에 투표소로부터 50미터 밖에서 투표의 비밀이 침해되지 않는 방법으로 질문하는 경우에는 그러하지 아니하며 이 경우 투표마감시각까지 그 경위와 결과를 공표할 수 없다.

> **판례 |** 신체의 장애로 인하여 자신이 기표할 수 없는 선거인에 대해 투표보조인이 가족이 아닌 경우 반드시 2인을 동반하여서만 투표를 보조하게 할 수 있도록 정하고 있는 공직선거법 (헌재 2020. 5.27. 2017헌마867)

1. 쟁점의 정리

헌법 제24조는 "모든 국민은 법률이 정하는 바에 의하여 선거권을 가진다."라고 규정하고 있는데, 선거권이란 국민이 보통·평등·직접·비밀선거에 의하여 공무원을 선출하는 권리를 말한다. 심판대상조항은 일차적으로 신체의 장애로 인하여 자신이 기표할 수 없는 선거인에 대해 보통선거의 원칙을 실현하기 위해 마련된 것이다. 다만 심판대상조항은 투표보조인이 가족이 아닌 경우 선거인이 투표보조인 2인을 동반하여서만 투표를 보조하게 할 수 있도록 정하고 있으므로, 비밀선거의 원칙에 대한 예외를 정하고 있다. 따라서 심판대상조항이 비밀선거의 원칙에 대한 예외를 두어 청구인의 선거권을 침해하는지 여부가 문제된다.

또한 청구인이 주장하는 평등권 침해의 문제도 심판대상조항은 투표보조인이 가족인 경우와 달리 2인을 동반하도록 강제하여 1인을 동반하여 투표를 보조하게 할 수 없다는 것이므로, 심판대상조항이 청구인의 선거권을 과도하게 제한하고 있는지 여부를 판단할 때 함께 판단할 수 있다. 그러므로 이 사건의 쟁점은 심판대상조항이 비밀선거의 원칙에 대한 예외를 두어 청구인의 선거권을 침해하는지 여부이다.

2. 비밀선거의 원칙과 선거권 제한의 한계

선거권을 제한하는 입법은 헌법 제37조 제2항에 따라 필요하고 불가피한 예외적인 경우에만 그 제한이 정당화될 수 있으므로, 심판대상조항에 비밀선거의 원칙에 대한 예외를 두는 것이 청구인의 선거권을 침해하는지 여부를 판단할 때에도 헌법 제37조 제2항에 따른 엄격한 심사가 필요하다.

3. 과잉금지원칙 위반 여부

심판대상조항이 달성하고자 하는 공익은 중증장애인의 실질적인 선거권 보장과 선거의 공정성 확보로서 매우 중요한 반면, 심판대상조항으로 인해 청구인이 받는 불이익은 투표보조인이 가족이 아닌 경우 2인을 동반해야 하므로, 투표보조인이 1인인 경우에 비하여 투표의 비밀이 더 유지되기 어렵고, 투표보조인을 추가로 섭외해야 한다는 불편에 불과하므로, 심판대상조항은 법익의 균형성 원칙에 반하지 않는다. 그러므로 심판대상조항은 비밀선거의 원칙에 대한 예외를 두고 있지만 필요하고 불가피한 예외적인 경우에 한하고 있으므로, 과잉금지원칙에 반하여 청구인의 선거권을 침해하지 않는다.

5. 자유선거의 원칙

(1) 개념

자유선거의 원칙이란 강제선거에 대응한 개념으로 우리 헌법에 명시되지는 않았지만 민주국가의 선거제도에 내재하는 선거원칙으로 선거과정에서 요구되는 선거권자의 의사 형성의 자유와 의사실현의 자유를 말한다.

(2) 헌법상 근거

국민주권원리, 의회민주주의, 참정권

(3) 내용

> **⚖️ 판례 | 자유선거원칙의 내용**
>
> 1. 자유선거의 원칙은 **비록 우리 헌법에 명시되지는 않았지만** 민주국가의 선거제도에 내재하는 법원리인 것으로서 국민주권의 원리, 의회민주주의의 원리 및 참정권에 관한 규정에서 그 근거를 찾을 수 있다. 이러한 자유선거의 원칙은 선거의 전 과정에 요구되는 선거권자의 의사형성의 자유와 의사실현의 자유를 말하고, 구체적으로는 **투표의 자유, 입후보의 자유, 나아가** 선거운동의 자유를 뜻한다(헌재 1994.7.29. 93헌가4).
>
> 2. 선거의 자유에는 입후보의 자유가 포함되는바, 입후보의 자유란 공직선거의 입후보에 관한 사항은 개인의 주관적인 판단에 기초하여 자유로이 결정하여야 할 사항으로서 **직접적 내지 간접적인 법적 강제가 개입되어서는 아니된다는 의미이다.** 입후보의 자유는 선거의 전과정에서 입후보와 관련한 의사형성 및 의사실현의 자유를 의미하는 것인바, **공직선거에 입후보할 자유뿐 아니라 입후보하였던 자가 참여하였던 선거과정으로부터 이탈할 자유도 포함된다**(헌재 2009.12.29. 2007헌마1412).
>
> 3. 선거권이 제대로 행사되기 위하여는 후보자에 대한 정보의 자유교환이 필연적으로 요청된다 할 것이므로, 선거운동의 자유는 선거권 행사의 전제 내지 선거권의 중요한 내용을 이룬다고 할 수 있다. 그러므로 **선거운동의 제한**은 후보자에 관한 정보에 자유롭게 접근할 수 있는 권리를 제한하는 것이므로 선거권, 곧 참정권의 제한으로 귀결된다(헌재 1999.6.24. 98헌마153 전원재판부).

(4) 자유선거원칙의 위반 여부

선거의무를 헌법차원이 아닌 법률로 규정하는 것은 자유선거원칙에 위반된다.

03 선거권

1. 선거권의 적극적 요건

(1) 대통령·국회의원 선거권

18세 이상의 국민은 대통령 및 국회의원의 선거권이 있다(공직선거법 제15조). 선거권 연령은 법률로 정하도록 위임하였으므로(헌법 제41조 제3항) 헌법개정 없이 선거권 연령을 18세로 할 수 있다.

> **⚖️ 판례 | 선거권 연령**
>
> **1. 선거권 연령은 입법자의 재량**
>
> 대의민주제에서 선거권행사에 요구되는 최소한의 정치적 판단능력의 수준과 또 일정 연령집단의 정치적 판단능력의 보편적 수준을 계측할 객관적 기준과 방법이 없다. 그리고 이러한 사항의 판단에 관하여 우리 재판소가 입법자보다 고도의 전문적 식견을 가지고 있는 것도 아니다(헌재 1997.6.26. 96헌마89).

2. 선거권 19세

다른 법령에서 18세 이상의 사람에게 근로능력이나 군복무능력 등을 인정한다고 하여 선거권 행사능력과 반드시 동일한 기준에 따라 정하여야 하는 것은 아니므로 선거권 연령을 19세 이상으로 정한 것이 불합리하다고 볼 수 없다(헌재 2013.7.25. 2012헌마174).

3. 선거권 연령을 정함에 있어서 민법상 행위능력이 있는 **성년 연령과 반드시 일치시킬 필요는 없지만** 국민이 정치적인 판단을 할 수 있는 능력이 있는지 여부를 판단할 때 민법상 행위능력의 유무도 중요한 기준이 될 수 있다(헌재 2013.7.25. 2012헌마174).

4. 선거권자의 연령을 선거일 현재를 기준으로 산정하도록 규정한 공직선거법 제17조

공직선거법 제15조 제2항이 개정되어 선거권 연령 자체가 18세로 하향 조정된 점까지 아울러 고려하면, 심판대상조항은 입법형성권의 한계를 벗어나 청구인의 선거권이나 평등권을 침해하지 않는다(헌재 2021.9.30. 2018헌마300).

(2) 지방의회의원과 지방자치단체장 선거권(공직선거법 제15조 제2항)

18세 이상인 자 중에서 다음에 해당하는 자이다.

> ① 해당 지방자치단체의 관할구역에 주민등록이 되어 있는 사람
> ② 재외국민 주민등록표에 3개월 이상 올라와 있는 사람
> ③ 출입국관리법 제10조에 따른 영주의 체류자격 **취득일 후 3년이 경과한 18세 이상 외국인**으로서 같은 법 제34조에 따라 해당 지방자치단체의 외국인등록대장에 올라 있는 사람

2. 선거권의 소극적 요건

> **공직선거법 제18조 【선거권이 없는 자】** ① 선거일 현재 다음 각 호의 어느 하나에 해당하는 사람은 선거권이 없다.
> 1. 금치산선고를 받은 자
> 2. 1년 이상의 징역 또는 금고의 형의 선고를 받고 그 집행이 종료되지 아니하거나 그 집행을 받지 아니하기로 확정되지 아니한 사람. 다만, 그 형의 집행유예를 선고받고 유예기간 중에 있는 사람은 제외한다.
> 3. 선거범, 정치자금법 제45조(정치자금부정수수죄) 및 제49조(선거비용관련 위반행위에 관한 벌칙)에 규정된 죄를 범한 자 또는 대통령·국회의원·지방의회의원·지방자치단체의 장으로서 그 재임 중의 직무와 관련하여 형법 제129조(수뢰, 사전수뢰) 내지 제132조(알선수뢰)·특정범죄가중처벌 등에 관한 법률 제3조(알선수재)에 규정된 죄를 범한 자로서, 100만원 이상의 벌금형의 선고를 받고 그 형이 확정된 후 5년 또는 형의 집행유예의 선고를 받고 그 형이 확정된 후 10년을 경과하지 아니하거나 징역형의 선고를 받고 그 집행을 받지 아니하기로 확정된 후 또는 그 형의 집행이 종료되거나 면제된 후 10년을 경과하지 아니한 자(형이 실효된 자도 포함한다)
> 4. 법원의 판결 또는 다른 법률에 의하여 선거권이 정지 또는 상실된 자
> ③ 형법 제38조에도 불구하고 제1항 제3호에 규정된 죄와 다른 죄의 경합범에 대하여는 이를 분리 선고하고, ….

판례 | 수형자와 집행유예기간 중인 자의 선거권 제한 (헌재 2014.1.28. 2012헌마409)

1. 선거권 제한 한계

선거권을 제한하는 법률의 합헌성을 심사하는 경우 그 심사강도는 엄격해야 한다. 보통선거원칙에 반하는 선거권 제한입법을 하기 위해서는 헌법 제37조 제2항의 규정에 따른 한계가 한층 엄격히 지켜져야 한다. 선거권을 제한하는 법률의 심사강도는 엄격해야 한다.

2. 선거권 법률유보

헌법 제24조는 모든 국민은 '법률이 정하는 바에 의하여' 선거권을 가진다고 규정함으로써 법률유보의 형식을 취하고 있다. 하지만 이것은 국민의 선거권이 "법률이 정하는 바에 따라서만 인정될 수 있다."라는 **포괄적인 입법권의 유보 아래 있음을 뜻하는 것이 아니다.**

3. 자유형과 선거권 제한

보통선거원칙 및 그에 기초한 선거권을 법률로써 제한하는 것은 필요 최소한에 그쳐야 한다. 집행유예자와 수형자의 선거권 제한은 범죄자가 범죄의 대가로 선고받은 자유형의 본질에서 당연히 도출되는 것이 아니므로, 범죄자의 선거권 제한 역시 보통선거원칙에 기초하여 필요최소한의 정도에 그쳐야 한다.

4. 선거권 침해 여부

심판대상조항에 의한 선거권 박탈은 범죄자에 대해 가해지는 형사적 제재의 연장으로서 범죄에 대한 응보적 기능을 갖는다. 나아가 심판대상조항이 집행유예자와 수형자에 대하여 그가 선고받은 자유형과는 별도로 선거권을 박탈하는 것은 집행유예자 또는 수형자 자신을 포함하여 일반국민으로 하여금 시민으로서의 책임성을 함양하고 법치주의에 대한 존중의식을 제고하는데도 기여할 수 있다. **심판대상조항이 담고 있는 이러한 목적은 정당하다고 볼 수 있고,** 집행유예자와 수형자의 선거권 제한은 이를 달성하기 위한 효과적이고 적절한 방법의 하나이다. 따라서 심판대상조항은 입법목적의 정당성과 수단의 적합성은 갖추고 있다고 볼 수 있다.

심판대상조항은 집행유예자와 수형자에 대하여 전면적 · 획일적으로 선거권을 제한하고 있다. 심판대상조항의 입법목적에 비추어 보더라도, 구체적인 범죄의 종류나 내용 및 불법성의 정도 등과 관계없이 일률적으로 선거권을 제한하여야 할 필요성이 있다고 보기는 어렵다. 범죄자가 저지른 범죄의 경중을 전혀 고려하지 않고 수형자와 집행유예자 모두의 선거권을 제한하는 것은 침해의 최소성원칙에 어긋난다. 특히 집행유예자는 집행유예 선고가 실효되거나 취소되지 않는 한 교정시설에 구금되지 않고 일반인과 동일한 사회생활을 하고 있으므로, 그들의 선거권을 제한해야 할 필요성이 크지 않다. 따라서 심판대상조항은 청구인들의 선거권을 침해하고, **보통선거원칙**에 위반하여 집행유예자와 수형자를 차별취급하는 것이므로 평등원칙에도 어긋난다.

5. 심판대상조항 중 수형자에 관한 부분에 대하여 헌법불합치결정을 한 사례

심판대상조항 중 **수형자**에 관한 부분의 위헌성은 지나치게 전면적 · 획일적으로 수형자의 선거권을 제한한다는 데 있다. 그런데 그 위헌성을 제거하고 수형자에게 헌법합치적으로 선거권을 부여하는 것은 입법자의 형성재량에 속하므로 심판대상조항 중 **수형자**에 관한 부분에 대하여 헌법불합치결정을 선고한다.

*수형자 부분 헌법불합치결정, 집행유예기간 중인 자 부분 위헌결정

판례 | 1년 이상 징역의 형의 선고를 받고 그 집행이 종료되지 아니한 사람의 선거권을 제한하는 공직선거법 (헌재 2017.5.25. 2016헌마292) *합헌결정

이 사건 법률조항은 가석방되었으나 가석방기간 중에 있어 형의 집행 중에 있는 사람의 선거권은 제한하고 있다. 형 집행 중에 가석방을 받았다고 하여, 형의 선고 당시 법관에 의하여 인정된 범죄의 중대성이 감쇄되었다고 보기 어려운 점을 고려하면, 입법자가 **가석방 처분을 받았다는** 후발적 사유를 고려하지 아니하고 1년 이상 징역의 형을 선고받은 사람의 선거권을 일률적으로 제한하였다고 하여 불필요한 제한이라고 보기는 어렵다. 한편, 이 사건 법률조항은 1년 이상의 징역의 형을 선고받았는지 여부만을 기준으로 할 뿐, 과실범과

고의범 등 범죄의 종류를 불문하고, 범죄로 인하여 침해된 법익이 **국가적 법익인지, 사회적 법익인지, 개인적 법익인지** 그 내용 또한 불문한다. 그러나 재판을 통하여 1년 이상의 징역의 형을 선고받았다면, 범죄자의 사회적·법률적 비난가능성이 결코 작지 아니함은 앞서 본 바와 같으며, 이러한 사정은 당해 범죄자가 저지른 범죄행위가 **과실에 의한 것이라거나 국가적·사회적 법익이 아닌 개인적 법익을 침해하는 것이라도 마찬가지이다.** 이상을 종합하여 보면, 이 사건 법률조항은 침해의 최소성 원칙에도 위반되지 아니한다.

1년 이상의 징역형을 선고받은 사람의 선거권을 제한함으로써 형사적·사회적 제재를 부과하고 준법의식을 강화한다는 공익이, 형 집행기간 동안 선거권을 행사하지 못하는 수형자 개인의 불이익보다 작다고 할 수 없다. 따라서 심판대상조항은 과잉금지원칙을 위반하여 청구인의 선거권을 침해하지 아니한다.

🔖판례ㅣ 선거권을 제한하는 공직선거법 제18조 제1항 제3호 중 '선거범으로서 100만원 이상의 벌금형의 선고를 받고 그 형이 확정된 후 5년을 경과하지 아니한 자 또는 형의 집행유예의 선고를 받고 그 형이 확정된 후 10년을 경과하지 아니한 자'

선거의 공정성을 확보하기 위한 것으로서, 선거권의 제한기간이 공직선거마다 벌금형의 경우는 1회 정도, 징역형의 집행유예의 경우에는 2~3회 정도 제한하는 것에 불과한 점 등을 종합하면, 선거권 제한조항은 청구인들의 선거권을 침해한다고 볼 수 없다(헌재 2018.1.25. 2015헌마821).

🔖판례ㅣ 선거범과 다른 죄의 경합범을 선거범으로 의제 *기각결정

1. 선거범과 다른 죄의 경합범을 선거범으로 의제한 공직선거법은 현저히 불합리하게 차별하는 불공정한 자의적인 입법이라고 단정할 수 없고 입법부에 주어진 합리적인 재량의 한계를 벗어난 것으로 볼 수도 없는 것이다(헌재 1997.12.24. 97헌마16).

   비교 선거범죄로 인하여 100만원 이상의 벌금형이 선고되면 임원의 결격사유가 됨에도, 새마을금고법이 선거범죄와 다른 죄가 병합되어 경합범으로 재판하게 되는 경우 선거범죄를 분리 심리하여 따로 선고하는 규정: 입법목적의 달성에 필요한 정도를 넘어서는 과도한 제한을 하여 침해의 최소성 원칙에 위반된다. 따라서 이 사건 법률조항은 과잉금지원칙에 반하여 새마을금고 임원이나 임원이 되고자 하는 사람의 직업선택의 자유를 침해한다(헌재 2014.9.25. 2013헌바208).

2. '선거범, 정치자금법 제45조 및 제49조에 규정된 죄, 대통령·국회의원·지방의회의원·지방자치단체의 장으로서 그 재임 중의 직무와 관련하여 형법 제129조 내지 제132조, 특정범죄가중처벌 등에 관한 법률 제3조에 규정된 죄'와 '다른 죄'의 경합범에 대하여 분리 선고하도록 규정한 공직선거법 제18조 제3항 중 '형법 제38조에도 불구하고 제1항 제3호에 규정된 죄와 다른 죄의 경합범에 대하여는 이를 분리 선고하고' 부분이 명확성원칙과 평등원칙에 위반되는지 여부(소극)

   분리선고조항은 '선거범죄, 정치자금법 위반죄, 선거로 당선된 공무원의 재임 중 직무관련 뇌물죄 및 알선수재죄'와 '다른 죄'의 경합범에 분리 선고를 허용하고 있지 않음이 명확하므로, 명확성원칙에 위반되지 아니한다. '선거범죄 등'과 '다른 죄'를 점진적으로 분리 선고하도록 개정되어 온 입법연혁, 입법자는 그 성격이 유사한 '선거범죄 등'을 '다른 죄'와 분리 선고하도록 규정한 것인 점, 법원은 관련조항들로 인해 선거권·공무담임권이 제한되는 사정을 고려하여 구체적 타당성에 부합하는 선고형을 정할 수 있는 점을 고려하면, '선거범죄 등'에 해당하는 죄들의 경합범에 대하여 분리 선고를 정하지 않은 것에 합리적 이유가 인정되므로 평등원칙에 위반되지 아니한다(헌재 2021.8.31. 2018헌바149 전원재판부).

3. 재외선거

(1) 재외국민

① 주민등록을 요건으로 하여 재외국민 선거권을 부정한 공직선거법에 대한 헌법불합치결정: 대한민국 국민임에도 재외국민이라는 이유로 선거권 등을 전면 부정한 공직선거법은 선거권을 침해한다.

⚖ 판례 | 재외국민 선거권 미부여 (헌재 2007.6.28. 2004헌마644 · 2005헌마360) *헌법불합치결정

1. **공직선거법 제37조 제1항의 주민등록을 요건으로 재외국민의 국정선거권을 제한하는 것**은 대한민국의 국민임에도 불구하고 주민등록법상 주민등록을 할 수 없는 재외국민의 선거권 행사를 전면적으로 부정하고 있는 법 제37조 제1항은 어떠한 정당한 목적도 찾기 어려우므로 헌법 제37조 제2항에 위반하여 재외국민의 선거권과 평등권을 침해하고 보통선거원칙에도 위반된다.

2. **법 제15조 제2항 제1호, 제37조 제1항의 주민등록을 요건으로 국내거주 재외국민의 지방선거 선거권을 제한하는 것**이 국내거주 재외국민의 평등권과 지방의회의원선거권을 침해하는지 여부(적극)

3. **법 제16조 제3항의 주민등록을 요건으로 국내거주 재외국민의 지방선거 피선거권을 제한하는 것**이 국내거주 재외국민의 공무담임권을 침해하는지 여부(적극)

4. **주민등록을 요건으로 재외국민의 국민투표권을 제한하는** 국민투표법 제14조 제1항이 청구인들의 국민투표권을 침해하는지 여부(적극)

---

② **18세 이상인 자로서 재외국민 주민등록표에 3개월 이상 올라 온 재외국민**: 대통령, 국회의원, 지방자치단체장과 의원 선거권을 가진다.

③ **18세 이상인 자로서 재외국민 주민등록이 되어 있지 않은 재외국민**: 대통령와 임기만료에 따른 비례대표국회의원 선거권을 가진다. 주민등록이 되어 있지 아니하고 재외선거인명부에 올라 있지 아니한 사람으로서 외국에서 투표하려는 선거권자는 대통령선거와 임기만료에 따른 비례대표국회의원선거를 실시하는 때마다 해당 선거의 선거일 전 60일까지 공관을 직접 방문하거나, 순회공무원에게 신청하거나, 우편 또는 전자우편을 이용하거나 중앙선거관리위원회 홈페이지를 통하여 재외선거인 등록신청을 해야 한다(공직선거법 제218조의5 제1항).

⚖ 판례 | 재외선거인 선거권 제한

1. **주민등록이 되어 있지 않고 국내거소신고도 하지 않은 재외국민에게 임기만료지역구국회의원선거권을 인정하지 않은 공직선거법**은 주민등록과 국내거소신고를 기준으로 지역구국회의원선거권을 인정하는 것으로 해당 국민의 지역적 관련성을 확인하는 합리적인 방법이다. 따라서 선거권조항과 재외선거인 등록신청조항이 재외선거인의 임기만료지역구 국회의원선거권을 인정하지 않은 것이 재외선거인의 선거권을 침해하거나 보통선거원칙에 위배된다고 볼 수 없다(헌재 2014.7.24. 2009헌마256).

2. **재외선거인에게 국회의원 재 · 보궐선거의 선거권을 인정하지 않은** 재외선거인 등록신청조항은 재외선거인의 선거권을 침해하거나 보통선거원칙에 위배된다고 볼 수 없다(헌재 2014.7.24. 2009헌마256).

3. **재외선거인으로 하여금 선거를 실시할 때마다 재외선거인 등록신청을 하도록 한** 재외선거인 등록신청조항은 재외선거인의 선거권을 침해한다고 볼 수 없다(헌재 2014.7.24. 2009헌마256).

4. 인터넷투표방법이나 우편투표방법을 채택하지 아니하고 **원칙적으로 공관에 설치된 재외투표소에 직접 방문하여 투표하는 방법을 채택한** 공직선거법은 현저히 불공정하고 불합리하다고 볼 수는 없으므로, 재외선거 투표절차조항은 재외선거인의 선거권을 침해하지 아니한다(헌재 2014.7.24. 2009헌마256).

---

5. 재외투표기간 개시일 이후 귀국한 재외선거인에 대해 국내에서 선거일에 투표할 수 있도록 하는 절차를 마련하지 아니한 공직선거법 제218조의16 (헌재 2022.1.27. 2020헌마895) *헌법불합치결정

① **입법목적의 정당성 및 수단의 적합성**: 심판대상조항이 재외투표기간 개시일에 임박하여 또는 재외투표기간 중에 재외선거사무 중지결정이 있었고 그에 대한 재개결정이 없었던 경우라 하더라도 재외투표기간 개시일 전에 귀국한 사람에 한하여 국내에서 투표할 수 있도록 한 것은 입법목적을 위한 적합한 수단이다.

② **최소성원칙 위반**: 외투표기간 개시일에 임박하여 또는 재외투표기간 중에 재외선거사무 중지결정이 있었고 그에 대한 재개결정이 없었던 예외적인 경우 재외투표기간 개시일 이후에 귀국한 재외선거인 등의 귀국투표를 허용하여 재외선거인등의 선거권을 보장하면서도 중복투표를 차단하여 선거의 공정성을 훼손하지 않을 수 있는 대안이 존재하므로, 심판대상조항은 침해의 최소성원칙에 위배된다.

③ **법익의 균형성**: 심판대상조항을 통해 달성하고자 하는 선거의 공정성은 매우 중요한 가치이다. 그러나 선거의 공정성도 결국에는 선거인의 선거권이 실질적으로 보장될 때 비로소 의미를 가진다. 심판대상조항의 불충분·불완전한 입법으로 인한 청구인의 선거권 제한을 결코 가볍다고 볼 수 없으며, 이는 심판대상조항으로 인해 달성되는 공익에 비해 작지 않다. 따라서 심판대상조항은 법익의 균형성원칙에 위배된다.

🔏 판례 | 재외선거인 등록신청시 여권제시 *기각결정

대통령선거 및 국회의원선거에서 선거의 공정성을 유지하여 선거의 본질적 기능을 보전하는 공익은 매우 중대한 것으로서, 재외선거권자의 선거권 제한의 정도가 심판대상조항에 의하여 추구되는 공익에 비하여 결코 중하다고 볼 수 없으므로, 심판대상조항은 청구인의 선거권을 침해하지 아니한다(헌재 2014.4.24. 2011헌마567).

---

(2) 국외부재자 신고

주민등록이 되어 있는 사람으로서 다음의 어느 하나에 해당하여 외국에서 투표하려는 선거권자(지역구국회의원선거에서는 주민등록법 제6조 제1항 제3호에 해당하는 사람과 같은 법 제19조 제4항에 따라 재외국민으로 등록·관리되는 사람은 제외한다)는 **대통령선거와 임기만료에 따른 국회의원선거**를 실시하는 때마다 선거일 전 150일부터 선거일 전 60일까지 서면·전자우편 또는 중앙선거관리위원회 홈페이지를 통하여 관할 구·시·군의 장에게 국외부재자 신고를 하여야 한다. 이 경우 외국에 머물거나 거주하는 사람은 공관을 경유하여 신고하여야 한다(공직선거법 제218조의4 제1항).

① 사전투표기간 개시일 전 출국하여 선거일 후에 귀국이 예정된 사람
② 외국에 머물거나 거주하여 선거일까지 귀국하지 아니할 사람

🔏 판례 | 국외부재자 투표 불인정은 선거권 침해 *헌법불합치결정

1. 공직선거법 제38조 제1항의 **국내거주자에게만 부재자신고를 허용하는 것**이 국외거주자의 선거권·평등권을 침해하고 보통선거원칙을 위반하는지 여부(적극)(헌재 2007.6.28. 2004헌마644·2005헌마360)

2. 해외선원 부재자투표 부정
이 사건 법률조항이 대한민국 국외의 구역을 항해하는 선박에서 장기 기거하는 선원들이 선거권을 행사할 수 있도록 하는 효과적이고 기술적인 방법이 존재함에도 불구하고, 선거의 공정성이나 선거기술상의 이유만을 들어 선거권 행사를 위한 아무런 법적 장치도 마련하지 않고 있는 것은, 그 입법목적이 국민들의 선거권 행사를 부인할만한 '불가피한 예외적인 사유'에 해당하는 것이라 볼 수 없고, 나아가 기술적인 대체수단이 있음에도 불구하고 선거권을 과도하게 제한하고 있어 '피해의 최소성' 원칙에 위배된다(헌재 2007.6.28. 2005헌마772).

4. 투표 – 투표일과 투표시간

① **투표시간**: 오후 6시까지를 정한 공직선거법은 투표소관리를 위해 불가피하므로 선거권을 침해한다고 할 수 없다(헌재 2013.7.25. 2012헌마815 · 905).

② 투표일을 유급휴일로 하는 입법을 할 의무는 도출되지 않는다(헌재 2013.7.25. 2012헌마815 · 905).

⚖️ **판례 | 부재자투표시간** (헌재 2012.2.23. 2010헌마601)

1. 오전 10시부터 투표개시 *오전 10시 헌법불합치결정

이 사건 투표시간조항 중 투표개시시간 부분으로 인하여 일과시간 이전에 투표소에 가서 투표할 수 없게 되어 사실상 선거권을 행사할 수 없게 되는 중대한 제한을 받는다. 따라서 이 사건 투표시간조항 중 투표개시시간 부분은 수단의 적정성, 법익균형성을 갖추지 못하므로 과잉금지원칙에 위배하여 청구인의 선거권과 평등권을 침해하는 것이다.

2. 투표종료시간을 오후 4시까지 *기각결정

투표 당일 부재자투표의 인계 · 발송절차를 밟을 수 있도록 함으로써 부재자투표의 인계 · 발송절차가 지연되는 것을 막고 투표관리의 효율성을 제고하고 투표함의 관리위험을 경감하기 위한 것이고, 이 사건 투표시간조항이 투표종료시간을 오후 4시까지로 정한다고 하더라도 투표개시시간을 일과시간 이전으로 변경한다면, 부재자투표의 인계 · 발송절차가 지연될 위험 등이 발생하지 않으면서도 일과시간에 학업 · 직장업무를 하여야 하는 부재자투표자가 현실적으로 선거권을 행사하는 데 큰 어려움이 발생하지 않을 것이다. 따라서 이 사건 투표시간조항 중 투표종료시간 부분은 수단의 적정성, 법익균형성을 갖추고 있으므로 청구인의 선거권이나 평등권을 침해하지 않는다.

⚖️ **판례 | 선거권 관련**

1. 교육위원 및 교육감의 선거인단을 학교운영위원회 위원으로 한정한 지방교육자치에 관한 법률 제62조 제1항

교육에 특별한 관심이나 이해관계가 있다고 할 수 있는 학부모집단 및 교원집단의 일부가 교육감 및 교육위원의 선거과정에서 배제하는 결과가 되는 것은 부득이한 것으로서 정당화될 수 있다고 할 것이다(헌재 2002.3.28. 2000헌마283).

2. 선거인의 신분확인을 위해 사진이 첩부된 관공서 또는 공공기관 발행의 신분증명서를 제시하도록 하는 규정

투표과정에 있어서 선거인 본인 확인은 위장투표, 대리투표 등의 투표부정행위를 방지하여 정확한 민의의 반영과 선거의 공정한 집행을 위한 필수적 절차이고, 주민등록증 외에도 여권, 운전면허증, 자격증, 학생증 등 신분증명서로 인정될 수 있는 것들이 다수 있어 선거인으로서는 그 중 어느 하나의 신분증명서라도 제시하면 투표를 할 수 있으므로 공직선거 및 선거부정방지법 제157조 제1항 및 공직선거관리규칙 제82조 제2항이 정하는 신분증명방법이 입법부에 주어진 합리적인 재량의 한계를 벗어난 것이라 할 수는 없다(헌재 2003.7.24. 2002헌마508).

3. 새로운 지방의회를 구성함에 있어 즉시 선거를 실시할 것인지 아니면 종전에 선출되어 있던 지방의회의원을 통해 지방의회를 구성하고 그들의 임기가 종료된 후에 새로운 선거를 실시할 것인지 여부는 원칙적으로 입법자의 입법형성의 자유에 속하는 사항이므로, **지방자치단체 신설과 동시에 혹은 신설 과정에서 새로운 지방의회의원선거가 헌법적으로 반드시 요청된다고 보기는 어렵다. 세종시 의회를 신설하면서 선거를 실시하지 아니하고 연기군의회의원 등에게 세종특별자치시의회의원의 자격을 취득하도록** 규정하고 있는 세종특별자치시 설치 등에 관한 특별법 부칙 제4조 제1항은 충남 연기군 주민의 선거권 침해가 아니다(헌재 2013.2.28. 2012헌마131).

4. 지역구 국회의원선거 소선거제와 다수대표제

국회의원선거의 모든 선거권자들에게 성별, 재산, 사회적 신분, 학력 등에 의한 제한 없이 모두 투표참여의 기회를 부여하고(보통선거), 투표가치에 경중을 두지 않고 선거권자 1인의 투표를 모두 동등한 가치를 가진 1표로 계산하며(평등선거), 선거결과가 중간 선거인이나 정당이 아닌 선거권자에 의해 직접 결정되고(직접선거), 투표의 비밀이 보장되며(비밀선거), 강제투표가 아닌 자유로운 투표를 보장함으로써(자유선거) 헌법상의 선거원칙은 모두 구현되는 것이므로, 이에 더하여 국회의원선거에서 사표를 줄이기 위해 <u>소선거구 다수대표제를 배제하고 다른 선거제도를 채택할 것까지 요구할 수는 없다.</u> 그러므로 심판대상조항이 <u>소선거구 다수대표제를 규정하여 다수의 사표가 발생한다 하더라고 그 이유만으로 헌법상 요구된 선거의 대표성의 본질이나 국민주권원리를 침해하고 있다고 할 수 없고, 청구인의 평등권과 선거권을 침해한다고 할 수 없다</u>(헌재 2016.5.26. 2012헌마374).

5. 농협의 조합장 선거

사법인적인 성격을 지니는 농협의 조합장선거에서 조합장을 선출하거나 선거운동을 하는 것은 헌법에 의하여 보호되는 선거권의 범위에 포함되지 않으며, **차기 조합장선거의 시기가 늦춰졌다고 하여** 조합원들의 표현의 자유와 관련된 어떠한 법적 이익이 침해된다고 보기도 어려우므로, 이 사건 부칙조항이 청구인들의 선거권이나 표현의 자유를 제한한다고 할 수는 없다(헌재 2012.12.27. 2011헌마562).

6. 육군훈련소에서 군사교육을 받고 있었던 청구인 윤○○에 대하여 제19대 대통령선거 대담·토론회의 시청을 금지한 행위

육군훈련소에서 군사교육을 받고 있는 청구인 윤○○이 이를 시청할 경우 교육훈련에 지장을 초래할 가능성이 높았던 점, 육군훈련소 내 훈련병 생활관에는 텔레비전이 설치되어 있지 않았던 점, 청구인 윤○○은 다른 수단들을 통해서 선거정보를 취득할 수 있었던 점 등을 고려하면, 이 사건 시청금지행위가 청구인 윤○○의 선거권을 침해한다고 볼 수 없다(헌재 2020.8.28. 2017헌마813).

04 피선거권

헌법 제41조【구성】 ① 국회는 국민의 보통·평등·직접·비밀선거에 의하여 선출된 국회의원으로 구성한다.
> 참고 자유선거원칙 규정은 없다.

② 국회의원의 수는 **법률로 정하되, 200인 이상으로 한다.**
③ 국회의원의 선거구와 **비례대표제** 기타 선거에 관한 사항은 법률로 정한다.

제42조【의원의 임기】 국회의원의 임기는 4년으로 한다.

제67조【대통령선거·피선거권】 ① 대통령은 국민의 보통·평등·직접·비밀선거에 의하여 선출한다.
② 제1항의 선거에 있어서 **최고득표자가 2인 이상인 때에는 국회의 재적의원 과반수가 출석한 공개회의에서 다수표를 얻은 자를 당선자로 한다.**
③ **대통령후보자가 1인일 때에는** 그 득표수가 **선거권자 총수의 3분의 1 이상이** 아니면 대통령으로 당선될 수 없다.
④ 대통령으로 선거될 수 있는 자는 국회의원의 **피선거권이 있고 선거일 현재 40세에 달하여야 한다.**
⑤ 대통령의 선거에 관한 사항은 법률로 정한다.

제68조【대통령선거의 시기·보궐】 ① 대통령의 임기가 만료되는 때에는 임기만료 **70일 내지 40일** 전에 후임자를 선거한다.
② 대통령이 궐위된 때 또는 대통령당선자가 사망하거나 판결 기타의 사유로 그 자격을 상실한 때에는 **60일** 이내에 후임자를 선거한다.

제70조【대통령의 임기】 대통령의 임기는 5년으로 하며, 중임할 수 없다.

☑ 헌법 규정 여부

헌법 규정사항	공직선거법 규정사항
① 보통·평등·직접·비밀선거 ② 국회의원수는 200인 이상 ③ 국회의원 임기 ➡ 4년 ④ 대통령 선거시 최고득표자가 2명일 때 국회에서 선출 ⑤ 대통령 선거후보자가 1인일 경우 선거권자 총수 3분의 1 이상 득표 ⑥ 대통령 피선거권자 ➡ 40세 이상 ⑦ 대통령 임기만료선거기간 ➡ 70~40일 이내 ⑧ 대통령 보궐재선거기간 ➡ 60일 이내 ⑨ 대통령 임기 ➡ 5년 중임 제한	① 국회의원 정수 ➡ 300명 ② 대통령 피선거권자 ➡ 5년 이상 국내 거주요건 ③ 국회의원, 지자체장, 지자체 의원 피선거권자 ➡ 18세 이상 ④ 국회의원, 지자체장, 지자체 의원 보궐선거, 재선거기간 ⑤ 선거권자 연령 ➡ 18세 ⑥ 선거일

1. 각 선거 비교

구분 \ 선거종류	대통령 선거	국회의원 선거	지방자치단체장 선거	지방의회의원 선거
선거권	18세 이상 국민		18세 이상 다음 어느 하나일 때 ① 해당 지방자치단체의 관할구역에 주민등록이 되어 있는 사람 ② 재외국민 주민등록표에 3개월 이상 올라와 있는 사람 ③ 영주의 체류자격 취득일 후 3년이 경과한 외국인으로서 외국인등록대장에 올라 있는 사람	
피선거권	① 40세 이상 ② 5년 이상 국내거주 ③ 국회의원 피선거권이 있는 자	① 18세 이상 ② 거주요건 없음.	① 18세 이상 ② 선거일 현재 계속 60일 이상 당해 지방자치단체의 관할구역 안에 주민등록이 되어 있는 자	
선거일 (선거기간)	임기만료 전 70일 이후 첫 번째 수요일 (23일)	임기만료 전 50일 이후 첫 번째 수요일 (14일)	임기만료 전 30일 이후 첫 번째 수요일 (14일)	
최고득표자가 2명 이상일 경우	국회 재적의원 과반수 출석에 다수득표자	연장자		
후보자가 1인일 경우	선거권자 총수 1/3	무투표당선		

2. 피선거권 요건

(1) 대통령의 피선거권

선거일 현재 5년 이상 국내 거주한 40세 이상의 국민이어야 한다. 공무로 외국에 파견된 기간, 국내에 주소를 두고 일정기간 외국에 체류한 기간은 국내 거주기간에 포함한다(공직선거법 제16조 제1항). 헌법 제67조 제4항은 대통령 피선거권 연령을 직접 규정하고 있으므로 법률로 개정하는 것은 허용되지 않지만, 거주기간 5년 이상의 요건은 개정할 수 있다.

(2) 국회의원의 피선거권

헌법에는 직접 규정이 없고, 공직선거법에서 18세 이상의 자로 규정하고 있다(공직선거법 제16조 제2항).

(3) 지방자치단체장, 지방의회의원의 피선거권

선거일 현재 60일 이상 당해 지방자치단체의 관할구역에 거주하는 자로서 18세 이상의 국민(공직선거법 제16조 제3항)

(4) 피선거권이 없는 자

> 공직선거법 제19조 【피선거권이 없는 자】 선거일 현재 다음 각 호의 어느 하나에 해당하는 자는 피선거권이 없다.
> 1. 제18조(선거권이 없는 자) 제1항 제1호·제3호 또는 제4호에 해당하는 자
> 2. 금고 이상의 형의 선고를 받고 그 형이 실효되지 아니한 자
> 3. 법원의 판결 또는 다른 법률에 의하여 피선거권이 정지되거나 상실된 자
> 4. 국회법 제166조(국회 회의 방해죄)의 죄를 범한 자로서 다음 각 목의 어느 하나에 해당하는 자(형이 실효된 자를 포함한다)
>   가. 500만원 이상의 벌금형의 선고를 받고 그 형이 확정된 후 5년이 경과되지 아니한 자
>   나. 형의 집행유예의 선고를 받고 그 형이 확정된 후 10년이 경과되지 아니한 자
>   다. 징역형의 선고를 받고 그 집행을 받지 아니하기로 확정된 후 또는 그 형의 집행이 종료되거나 면제된 후 10년이 경과되지 아니한 자
> 5. 제230조 제6항의 죄를 범한 자로서 벌금형의 선고를 받고 그 형이 확정된 후 10년을 경과하지 아니한 자(형이 실효된 자도 포함한다)

⚖ **판례 | 피선거권 요건과 제한**

1. **국회의원 피선거권 연령 25세로 하는 선거법은 피선거권을 침해한다고 할 수 없다**(헌재 2005.4.28. 2004헌마219).
2. **지방자치단체장 피선거권 요건으로서 60일 거주는 지역에 대한 관심을 가진 사람에게 피선거권을 부여함으로써 지방자치행정의 능률성을 도모하기 위한 것으로 과잉금지원칙에 위반된다고 볼 수 없다**(헌재 2004.12.16. 2004헌마376). ➡ 90일 거주요건도 합헌이었음.
3. **주민등록을 요건으로 하여 재외국민의 피선거권을 인정하지 않는 것은 공무담임권을 침해한다**(헌재 2007.6.28. 2004헌마644).
4. **선거권이 없는 자의 피선거권을 제한하는 공직선거법 제19조 제1호**
   선거의 공정성을 해친 바 있는 선거범으로부터 부정선거의 소지를 차단하여 공정한 선거가 이루어지도록 하기 위한 것으로 피선거권을 침해한다고 볼 수 없다(헌재 2018.1.25. 2015헌마821).
5. **선거범죄자에 대한 피선거권 부정**은 선거의 공정성을 확보함과 동시에 본인의 반성을 촉구하기 위한 법적 조치로서, 국민의 기본권인 공무담임권과 평등권을 합리적 이유 없이 자의적으로 제한하는 위헌규정이라고 할 수 없다(헌재 1995.12.28. 95헌마196).

---

3. 입후보 제한

> 공직선거법 제53조 【공무원 등의 입후보】 ① 다음 각 호의 어느 하나에 해당하는 사람으로서 후보자가 되려는 사람은 선거일 전 90일까지 그 직을 그만두어야 한다. 다만, 대통령선거와 국회의원선거에 있어서 국회의원이 그 직을 가지고 입후보하는 경우와 지방의회의원선거와 지방자치단체의 장의 선거에 있어서 당해 지방자치단체의 의회의원이나 장이 그 직을 가지고 입후보하는 경우에는 그러하지 아니하다.

1. 국가공무원법 제2조(공무원의 구분)에 규정된 국가공무원과 지방공무원법 제2조에 규정된 지방공무원. 다만, 정당법 제22조(발기인 및 당원의 자격) 제1항 제1호 단서의 규정에 의하여 정당의 당원이 될 수 있는 공무원(정무직공무원을 제외한다)은 그러하지 아니하다.
2. 각급선거관리위원회위원 또는 교육위원회의 교육위원
3. 다른 법령의 규정에 의하여 공무원의 신분을 가진 자
4. 공공기관의 운영에 관한 법률 제4조 제1항 제3호에 해당하는 기관 중 정부가 100분의 50 이상의 지분을 가지고 있는 기관(한국은행을 포함한다)의 상근 임원
5. 농업협동조합법·수산업협동조합법·산림조합법·엽연초생산협동조합법에 의하여 설립된 조합의 상근 임원과 이들 조합의 중앙회장
6. 지방공기업법 제2조(적용범위)에 규정된 지방공사와 지방공단의 상근 임원
7. 정당법 제22조 제1항 제2호의 규정에 의하여 정당의 당원이 될 수 없는 사립학교 교원
8. 신문 등의 진흥에 관한 법률 제2조에 따른 신문 및 인터넷신문, 잡지 등 정기간행물의 진흥에 관한 법률 제2조에 따른 정기간행물, 방송법 제2조에 따른 방송사업을 발행·경영하는 자와 이에 상시 고용되어 편집·제작·취재·집필·보도의 업무에 종사하는 자로서 중앙선거관리위원회규칙으로 정하는 언론인
9. 특별법에 의하여 설립된 국민운동단체로서 국가 또는 지방자치단체의 출연 또는 보조를 받는 단체(바르게살기운동협의회·새마을운동협의회·한국자유총연맹을 말하며, 시·도조직 및 구·시·군조직을 포함한다)의 대표자

⚖ 판례 ┃ 입후보 제한

1. 구 공직선거및선거부정방지법 제53조 제1항 제1호가 **공무원으로서 공직선거의 후보자가 되고자 하는 자는 선거일 전 90일까지 그 직을 그만두도록 한 것**은 선거의 공정성과 공직의 직무전념성을 보장하기 위함이므로 공무담임권의 본질적 내용을 침해하였다거나 과잉금지의 원칙에 위배된다고 볼 수 없다(헌재 1998.4.30. 97헌마100).

2. **공직선거 및 교육감선거 입후보시 선거일 전 90일까지 교원직을 그만두도록 하는 공직선거법**
   현직 교육감의 경우 교육감선거 입후보시 그 직을 그만두도록 하면 임기가 사실상 줄어들게 되어, 업무의 연속성과 효율성이 저해될 우려가 크다는 점 등을 고려할 때, 현직 교육감과 비교하더라도 교원인 청구인들의 평등권이 침해된다고 볼 수 없다(헌재 2019.11.28. 2018헌마222).

3. **정부투자기관 직원의 입후보 제한은 위헌, 겸직금지는 합헌** (헌재 1995.5.25. 91헌마67)
   ① **입후보 제한(선거법)**: 입후보 제한규정의 입법취지는 공직자의 직무전념성의 보장이라고 할 수 있으나 선거운동기간에 휴가를 주는 것으로 충분함에도 아예 정부투자기관 직원의 입후보를 금지한 공직선거법은 지나친 제한이므로 공무담임권을 침해한다고 볼 수 있다.
   ② **겸직금지(지방자치법)**: 행정부의 영향력하에 있는 정부투자기관의 직원이 지방의회에 진출할 수 있도록 하는 것은 '권력분립'의 원칙에 위배되는바, 지방의회의원의 정부투자기관 직원을 겸직할 수 없도록 한 지방자치법은 공무담임권을 침해한다고 할 수 없다. ➡ 지방의회의원이 지방공사 직원의 직을 겸할 수 없도록 규정하고 있는 지방자치법도 합헌이다(헌재 2012.4.24. 2010헌마605).

4. 농협, 축산업 협동 조합장은 어디까지나 명예직이며, 법률상 비상근직인바, **농협, 축산업 협동 조합장의 지방의회 의원 입후보 제한과 겸직금지는** 공무담임권을 침해한다(헌재 1991.3.11. 90헌마28).

5. 지방자치단체장이 임기 중 다른 선거에 입후보하더라도 직무대리나 보궐선거 등의 방법을 통하여 행정공백은 예방될 수 있다. 따라서 **지방자치단체장의 임기 중 다른 선거의 입후보 할 수 없도록 한** 공직선거법 제53조 제3항은 피선거권을 침해한다(헌재 1999.5.27. 98헌마214).

6. 지방자치단체장의 선거구역이 당해 지방자치단체의 관할구역과 같거나 겹치는 지역구 국회의원 선거에 입후보하고자 할 때 **선거일 전 180일까지 그 직을 그만두도록 한** 공직선거법 제53조 제3항은 선거일 전 90일까지 사퇴하면 되는 다른 공무원과 비교할 때 지나치게 피선거권을 제한한 것이고 다른 공무원과 지방자치단체장 간에 차별할 이유가 없는바 평등원칙에도 위반된다(헌재 2003.9.25. 2003헌마106).

7. 이 사건 조항은 지방자치단체장에 대하여 공직사퇴시한을 **'선거일 전 120일 전까지'**로 하여 종전 조항보다 **'60일'**을 단축하고 있다. 단체장의 지위와 권한의 특수성, 이로 인한 단체장의 불이익의 크기, 단체장의 사퇴에 따른 업무공백의 정도 등을 고려할 때 합리성을 결여한 것이라 보기는 어렵다(헌재 2006.7.27. 2003헌마758).

8. 행정권력의 부작위에 대한 헌법소원은 공권력의 주체에게 헌법에서 유래하는 작위의무가 특별히 구체적으로 규정되어 이에 의거하여 기본권의 주체 비례대표 국회의원 당선인이 정부가 100분의 50 이상의 지분을 가지고 있는 기관의 상근 임원 직을 선거일 전 30일이 경과한 후 그만두고 선거의 후보자로 등록하여 당선무효사유에 해당하는 사실이 발견된 때에는 중앙선거관리위원회의 당선무효 공고 및 통지의무가 공직선거법에 규정되어 있으나, **정부가 출연을 하였을 뿐 출자를 하지 않아 지분을 가지고 있지 않은 ○○정책연구원은 '정부가 100분의 50 이상의 지분을 가지고 있는 기관'에 해당하지 않으므로 ○○정책연구원의 원장 직을 국회의원 선거일 30일이 경과한 후 그만두고 국회의원 후보로 등록하여 당선된 자에게 당선무효 사유가 존재하지 않는다.** 그러므로 중앙선거관리위원회가 당선무효를 공고하고 통지할 공직선거법상 의무도 존재하지 아니한다. 따라서 청구인이 다투는 중앙선거관리위원회의 부작위는 헌법소원의 대상이 되는 공권력의 불행사에 해당되지 아니한다(헌재 2021.8.31. 2020헌마802).

4. 후보자추천과 등록

(1) 정당의 후보자추천

정당은 그 소속 당원을 후보자로 추천할 수 있다. 즉, 정당은 소속 당원이 아닌 자를 후보자를 추천할 수 없다(공직선거법 제47조).

> **⚖ 판례 ┃ 정당이 자치구·시·군의 장 후보자를 추천할 수 있도록 한 공직선거법**
>
> 유권자들이 선거권을 행사함에 있어 참고할 중요한 사항을 제공하고, 국민의 정치적 의사 형성에 참여하는 정당활동을 효과적으로 보장하기 위한 것으로 무소속 후보자의 평등권을 침해한다고 볼 수 없다(헌재 2011.3.31. 2009헌마286).

(2) 정당의 여성후보자추천(공직선거법 제47조 제3항·제4항)

비례대표 국회의원과 지방의원	• 그 후보자 중 100분의 50 이상을 여성으로 추천하되, 그 후보자명부의 순위의 매 홀수에는 여성을 추천하여야 한다. • 100분의 50 이상의 여성을 추천하지 아니한 경우 정당의 후보자 등록을 수리할 수 없고 등록을 했다고 하더라도 무효가 된다.
지역구 국회의원과 지방의원	전국지역구총수의 100분의 30 이상을 여성으로 추천하도록 노력하여야 한다.

(3) 후보자추천의 취소와 변경금지

정당은 후보자 등록 후에는 후보자가 사퇴·사망하거나 소속정당제명·중앙당의 시·도당창당 승인취소 외의 사유로 등록이 무효로 된 때를 제외하고는 지역구나 비례대표 **후보자추천을 취소·변경할 수 없다**(공직선거법 제50조).

(4) 당내경선(공직선거법 제57조의2)

① **당내경선실시 여부:** 정당은 공직선거후보자를 추천하기 위하여 **경선을 실시할 수 있다.**

⚖️ 판례 | 당내경선

1. **당내경선에 참여할 권리**는 공무담임권에서 포함된다고 할 수 없으므로, 당내경선을 실시할 수 있도록 한 공직선거법은 공무담임권과 평등권을 **침해할 가능성이 있다고 보기 어렵다**(헌재 2014.11.27. 2013헌마814).

2. **정당의 후보자추천이 헌법소원의 대상인지 여부(소극)**
   정당이 공권력 행사의 주체가 아니고, 정당의 대통령선거 후보선출은 자발적 조직 내부의 의사결정에 지나지 아니하므로, 청구인들 주장과 같이 한나라당이 대통령선거 후보경선과정에서 여론조사 결과를 반영한 것을 일컬어 헌법소원심판의 대상이 되는 공권력의 행사에 해당한다 할 수 없다(헌재 2007.10.30. 2007헌마1128).

3. **시설관리공단의 상근직원의 당내경선운동을 금지하는 공직선거법 *위헌결정**
   당내경선은 공직선거 자체와는 구별되는 정당 내부의 자발적인 의사결정에 해당하고, 경선운동은 원칙적으로 공직선거에서의 당선 또는 낙선을 위한 행위인 선거운동에 해당하지 않는다. 따라서 당내경선의 형평성과 공정성을 담보하기 위해서 국가가 개입하여야 하는 정도가 공직선거와 동등하다고 보기 어려우므로, 심판대상조항이 과잉금지원칙에 반하는지 여부를 판단할 때에는 엄격한 심사기준이 적용되어야 한다. 이 사건 공단의 상근직원이 그 지위를 이용하여 경선운동을 하는 행위를 금지·처벌하는 규정을 두는 것은 별론으로 하고, 이 사건 공단의 상근직원의 경선운동을 일률적으로 금지·처벌하는 것은 정치적 표현의 자유를 과도하게 제한하는 것이다(헌재 2021.4.29. 2019헌가11).
   > [유사] 서울교통공사의 상근직원이 당원이 아닌 자에게도 투표권을 부여하는 당내경선에서 경선운동을 할 수 없도록 하고 위반행위를 처벌하는, 공직선거법은 표현의 자유를 침해한다(헌재 2022.6.30. 2021헌가24).
   > [유사] 안성시시설관리공단의 상근직원이 당원이 아닌 자에게도 투표권을 부여하는 당내경선에서 경선운동을 할 수 없도록 금지·처벌하는 공직선거법은 과잉금지원칙에 반하여 정치적 표현의 자유를 침해한다(헌재 2022.12.22. 2021헌가36).

4. **공무원이 당내경선에서 경선운동을 한 경우 형사처벌하는 공직선거법**
   경선운동금지조항과 경선운동방법조항에서의 '경선운동'이란 정당이 공직선거에 추천할 후보자를 선출하기 위해 실시하는 선거에서 특정인을 당선되게 하거나 되지 못하게 하기 위해 힘쓰는 일로 해석되므로, 명확성원칙에 위반되지 아니한다(헌재 2021.8.31. 2018헌바149).

5. 정당이 당원과 당원이 아닌 자에게 투표권을 부여하여 실시하는 당내경선에서 허용되는 **경선운동방법을 한정하고,** 이를 위반하여 경선운동을 한 자를 처벌하는 공직선거법은 과잉금지원칙을 위반하여 경선후보자 등 당내경선운동을 하려는 사람의 정치적 표현의 자유를 침해한다고 할 수 없다(헌재 2022.10.27. 2021헌바125).

---

② **당내경선에서 추천받지 못한 후보:** 정당이 당내경선[당내경선(여성이나 장애인 등에 대하여 당헌·당규에 따라 가산점 등을 부여하여 실시하는 경우를 포함한다)의 후보자로 등재된 자를 대상으로 정당의 당헌·당규 또는 경선후보자 간의 서면합의에 따라 실시한 당내경선을 대체하는 여론조사를 포함한다]를 실시하는 경우 경선후보자로서 당해 정당의 후보자로 선출되지 아니한 자는 당해 선거의 같은 선거구에서는 후보자로 등록될 수 없다. 다만, 후보자로 선출된 자가 사퇴·사망·피선거권 상실 또는 당적의 이탈·변경 등으로 그 자격을 상실한 때에는 그러하지 아니하다.

③ **당내경선 비용:** 관할 선거구선거관리위원회가 당내경선의 투표 및 개표에 관한 사무를 수탁관리하는 경우에는 그 비용은 **국가**가 부담한다. 다만, 투표 및 개표참관인의 수당은 당해 **정당**이 부담한다(공직선거법 제57조의4).

④ **위탁하는 당내경선에 있어서의 이의제기:** 정당이 제57조의4에 따라 당내경선을 위탁하여 실시하는 경우에는 그 경선 및 선출의 효력에 대한 이의제기는 **당해 정당**에 하여야 한다(공직선거법 제57조의7).

(5) 선거권자의 후보자추천

선거권자는 정당원이 아닌 무소속 후보자만을 추천할 수 있다.

> **공직선거법 제48조【선거권자의 후보자추천】** ① 관할 선거구 안에 주민등록이 된 선거권자는 각 선거(비례대표국회의원선거 및 비례대표지방의회의원선거를 제외한다)별로 정당의 당원이 아닌 자를 당해 선거구의 후보자로 추천할 수 있다. *합헌결정

5. 후보자 등록시 납부해야 할 기탁금

(1) 기탁금의 의의

기탁금제도는 선거를 효과적으로 공정하게 운영하고 입후보의 난립과 과열선거를 방지하고 당선자에게 다수표를 획득하도록 제도적으로 보완함으로써 선거의 신뢰성과 정치적 안정성을 확보하기 위한 것이다. 그러나 지나친 기탁금은 기탁금을 마련하지 못한 자가 선거에 입후보할 수 없게 하여 피선거권 침해를 야기할 수 있다.

(2) 각종 선거의 기탁금

> **공직선거법 제56조【기탁금】** ① 후보자등록을 신청하는 자는 등록신청 시에 후보자 1명마다 다음 각 호의 기탁금(후보자등록을 신청하는 사람이 장애인복지법 제32조에 따라 등록한 장애인이거나 선거일 현재 29세 이하인 경우에는 다음 각 호에 따른 기탁금의 100분의 50에 해당하는 금액을 말하고, 30세 이상 39세 이하인 경우에는 다음 각 호에 따른 기탁금의 100분의 70에 해당하는 금액을 말한다)을 중앙선거관리위원회규칙으로 정하는 바에 따라 관할선거구선거관리위원회에 납부하여야 한다.
> 1. 대통령선거는 3억원
> 2. 지역구국회의원선거는 1천500만원
> 2의2. 비례대표국회의원선거는 500만원
> 3. 시·도의회의원선거는 300만원
> 4. 시·도지사선거는 5천만원
> 5. 자치구·시·군의 장 선거는 1천만원
> 6. 자치구·시·군의원선거는 200만원

① **대통령선거 기탁금**: 5억원의 기탁금은 대통령선거 입후보예정자가 조달하기에 매우 높은 액수임이 명백하므로 공무담임권을 침해한다고 하여(헌재 2008.11.27. 2007헌마1024) 대통령 선거기탁금은 3억원으로 변경되었다.

② **국회의원선거 기탁금**
　㉠ 헌법재판소는 **무소속후보자 2천만원, 정당 후보자 1천만원**으로 차별을 하던 것을 보통·평등선거에 위반된다 하여 헌법불합치결정을 하였다. 정당추천 여부에 따라 기탁금을 차별하는 것은 평등권을 침해한다.
　㉡ **기탁금 2천만원**은 평등권, 피선거권, 유권자의 선택의 자유 침해로 위헌결정하였다.
　㉢ **지역구국회의원 기탁금** 1,500만원에 대해서는 합헌결정을 한 바 있다.
　㉣ 헌법재판소는 최근 **비례대표국회의원의 기탁금**을 1,500만원으로 규정한 것에 대해 목적은 정당하고, 방법은 적정하나, 최소성 원칙에 위배되어 공무담임권 등을 침해한다고 하여 헌법불합치결정을 하였다(헌재 2016.12.29. 2015헌마509). 이에 따라 최근 비례대표국회의원선거의 기탁금은 500만원으로 공직선거법이 개정되었다.

③ 지방선거 기탁금
  ㉠ 헌법재판소가 시·도의원선거의 **기탁금 700만원**은 과다한 액수로 선거권, 공무담임권 및 평등
    권의 침해라 결정함에 따라 300만원으로 변경되었다.
  ㉡ 시·도의 장 선거는 기탁금 5천만원, 기초지방의원 선거에서 기탁금 200만원은 합헌으로 결론
    이 났고 기초단체장선거 1천만원, 광역단체장선거 5천만원, 광역의회의원선거 300만원, 기초의
    회의원선거 200만원을 기탁해야 후보자로 등록할 수 있다.

> ⚖️ **판례 | 시·도지사 후보자로 등록하려는 사람에게 5천만원의 기탁금을 납부하도록 한 공직선거법**
>
> 이 사건 기탁금조항은 시·도지사 후보자로 등록하기 위한 요건을 정하고 있을 뿐, 위 청구인들의 **선거운동의 자유나 표현의 자유를 직접적으로 제한하고 있다고 볼 수 없으므로**, 이에 대하여는 살펴보지 않는다. 이 사건 기탁금조항은 공무담임권을 영구히 박탈하는 것이 아니라 단지 후보자의 성실성 등을 담보하기 위하여 금전적 부담을 지우는 것일 뿐이고, 시·도지사 후보자는 자신이 선거에서 얻은 유효투표총수에 따라 기탁금액을 전액 또는 일부 반환받을 수 있으므로, 이 사건 기탁금조항으로 제한되는 사익의 정도가 이 사건 기탁금조항이 달성하고자 하는 공익의 정도보다 더 크다고 보기 어렵다. 이 사건 기탁금조항은 법익의 균형성 원칙에도 위배되지 않는다. 그렇다면 이 사건 기탁금조항은 과잉금지원칙에 위배되어 공무담임권을 침해하지 않는다(헌재 2019.9.26. 2018헌마128).

④ **예비후보자 기탁금:** 예비후보자로 등록하려면 후보자기탁금의 100분의 20을 기탁금으로 납부해야
  하는데, 이는 예비후보자의 난립을 방지하기 위해 불가피하며, 피선거권 침해는 아니다(헌재
  2010.12.28. 2010헌마79). 대통령선거의 **예비후보자등록**을 신청하는 사람에게 대통령선거 기탁금의 100분
  의 20에 해당하는 금액인 6천만원을 기탁금으로 납부하도록 정한 공직선거법 제60조의2 제2항은
  공무담임권을 침해한다고 할 수 없다(헌재 2015.7.30. 2012헌마402).
⑤ **전북대총장 후보자기탁금** (헌재 2018.4.26. 2014헌마274)
  ㉠ **제한되는 기본권:** 이 사건 기탁금조항은 국립대학교인 전북대학교 총장후보자 선정과정에서 후
    보자에 지원하려는 사람에게 기탁금을 납부하도록 하고, 기탁금을 납입하지 않을 경우 총장후
    보자에 지원하는 기회가 주어지지 않도록 하고 있다. 따라서 이 사건 기탁금조항은 기탁금을
    납입할 수 없거나 그 납입을 거부하는 사람들의 **공무담임권을 제한한다.**
  ㉡ **과잉금지원칙 위반 여부(적극):** 1천만원의 기탁금은 총장후보자에 지원하려는 의사를 단념토록
    할 수 있을 정도로 과다한 액수라고 할 수 있으므로 **총장후보자에 지원하려는 사람에게 접수시
    1천만원의 기탁금**을 납부하도록 한 전북대학교 총장임용후보자 선정에 관한 규정은 청구인의
    공무담임권을 침해한다.
⑥ **대구교육대학교 총장임용후보자선거 1천만원의 기탁금:** 이 사건 기탁금납부조항이 규정하는 1천만원이
  라는 기탁금액이 후보자가 되려는 사람이 납부할 수 없을 정도로 과다하다거나 입후보 의사를 단
  념케 할 정도로 과다하다고 할 수도 없다. 따라서 이 사건 기탁금납부조항은 청구인의 공무담임권
  을 침해하지 아니한다(헌재 2021.12.23. 2019헌마825).
⑦ **경북대학교 총장임용후보자선거 3천만원의 기탁금:** 이 사건 기탁금납부조항은 후보자 난립에 따른 선
  거의 과열을 방지하고 후보자의 성실성을 확보하기 위한 것이다. 3천만원의 기탁금액은 경북대학
  교 전임교원의 급여액 등을 고려하면 납부할 수 없거나 입후보 의사를 단념케 할 정도로 과다하다
  고 할 수 없다. 따라서 이 사건 기탁금납부조항은 청구인의 공무담임권을 침해하지 아니한다(헌재
  2022.5.26. 2020헌마1219).

(3) 기탁금 반환(공직선거법 제57조)

① 기탁금 전액 반환기준

> ㉠ 당선
> ㉡ 후보자가 사망한 경우
> ㉢ 입후보자가 당선되지 못했더라도 유효투표총수 15% 이상 득표한 경우
> ㉣ 비례대표에서는 소속 정당의 비례대표 후보자 중 당선자가 있을 때

② 기탁금 반액의 반환: 입후보자가 10% 이상 15% 미만 득표한 경우

③ 기탁금의 국가귀속사유: 법정기준 미만의 득표, 후보자 사퇴, 후보자 등록무효(당적변경 등 사유로), 비례대표의 경우 소속 정당의 비례대표 후보자 중 당선자가 없을 때에는 기탁금은 국가 또는 지방자치단체에 귀속된다.

⚖ 판례 | 기탁금 반환기준

1. 유효투표총수의 3분의 1을 기준으로 한 기탁금 반환기준은 너무 높다 하여 위헌이라 하였다. 최근에는 유효투표총수 20%의 반환기준도 피선거권 침해라 하여 위헌결정하였다.

2. 위헌결정으로 개정된 유효투표총수 15%에 대해서는 합헌결정한 바 있다(헌재 2016.12.29. 2015헌마509).

3. 기탁금제도의 실효성을 확보하기 위해서는 기탁금 반환에 대하여 일정한 요건을 정하여야 하는데, 유권자의 의사가 반영된 유효투표총수를 기준으로 하는 것은 합리적인 방법이며, 유효투표총수의 100분의 10 또는 15 이상을 득표하도록 하는 것이 지나치게 높은 기준이라고 보기 어려우므로, 기탁금 반환 조항은 청구인의 평등권을 침해하지 아니한다(헌재 2021.9.30. 2020헌마899).

4. 대구교육대학교 총장임용후보자선거 후보자가 제1차 투표에서 최종 환산득표율의 100분의 15 이상을 득표한 경우에만 기탁금의 반액을 반환하도록 하고 반환하지 않는 기탁금은 대학 발전기금에 귀속되도록 규정한 '대구교육대학교 총장임용후보자 선정규정'은 과잉금지원칙에 위반되어 청구인의 재산권을 침해한다(헌재 2021.12.23. 2019헌마825).

5. 제1차 투표에서 유효투표수의 100분의 15 이상을 득표한 경우에는 기탁금 전액을, 100분의 10 이상 100분의 15 미만을 득표한 경우에는 기탁금 반액을 반환하고, 반환되지 않은 기탁금은 경북대학교발전기금에 귀속하도록 정한 '경북대학교 총장임용후보자 선정 규정'은 청구인의 재산권을 침해하지 않는다(헌재 2022. 5.26. 2020헌마219).

---

④ 예비후보자 기탁금 반환: 예비후보자가 사망하거나, 당헌·당규에 따라 소속 정당에 후보자로 추천하여 줄 것을 신청하였으나 해당 정당의 추천을 받지 못하여 후보자로 등록하지 않은 경우에는 제60조의2 제2항에 따라 납부한 기탁금 전액을 반환한다(공직선거법 제57조 제1항 제1호 다목).

⚖ 판례 | 예비후보자 기탁금 반환사유를 예비후보자의 사망, 당내경선 탈락으로 한정

예비후보자의 기탁금 반환사유를 예비후보자의 사망, 당내경선 탈락으로 한정하고 있는 공직선거법 제57조 제1항 제1호는 지역구국회의원선거예비후보자의 기탁금 반환사유로 예비후보자가 당의 공천심사에서 탈락하고 후보자등록을 하지 않았을 경우를 규정하지 않은 공직선거법은 청구인의 재산권을 침해한다(헌재 2018.1.25. 2016헌마541 ; 헌재 2020.9.24. 2018헌가1).

6. 후보자의 정당표방

구·시·군의원선거에서 정당표방금지 위헌: 구법에서는 **시·군·구의원선거에서 후보자의 정당표방이 금지**되었으나 헌법재판소는 기초의회선거에 정당의 관여를 배제하는 것은 합리성을 찾아 볼 수 없으로 **평등권을 침해한다**하여(헌재 2003.1.30. 2001헌가4) 위헌결정하였고, 이에 따라 자치구·시·군의원선거의 경우 후보자가 정당표방을 할 수 있게 되었다.

7. 당선인 결정

(1) 대통령선거

> **공직선거법 제187조【대통령당선인의 결정·공고·통지】** ① 대통령선거에 있어서는 **중앙선거관리위원회**가 유효투표의 다수를 얻은 자를 당선인으로 결정하고, 이를 **국회의장에게 통지하여야 한다.** 다만, 후보자가 1인인 때에는 그 득표수가 선거권자총수의 3분의 1 이상에 달하여야 당선인으로 결정한다.
> ② 최고득표자가 2인 이상인 때에는 중앙선거관리위원회의 통지에 의하여 국회는 재적의원 과반수가 출석한 공개회의에서 다수표를 얻은 자를 당선인으로 결정한다.
> ③ 제1항의 규정에 의하여 당선인이 결정된 때에는 중앙선거관리위원회위원장이, 제2항의 규정에 의하여 당선인이 결정된 때에는 국회의장이 이를 공고하고, 지체 없이 당선인에게 당선증을 교부하여야 한다.

(2) 비례대표국회의원

① **개념:** 비례대표선거제란 정당에 대한 선거권자의 지지에 비례하여 의석을 배분하는 선거제도를 말한다. 비례대표국회의원선거에 있어 선거에 참여한 선거권자들의 정치적 의사표명에 의하여 직접 결정되는 것은 **어떠한 비례대표국회의원후보자**가 비례대표국회의원으로 선출되느냐의 문제라기보다는 비례대표국회의원을 할당받을 **정당에 배분되는** 비례대표국회의원의 의석수이다(헌재 2013.10.24. 2012헌마311).

② **실정법의 근거:** 우리나라에서는 제3공화국에서 처음 도입하였고, 헌법에 최초로 규정한 것은 제5공화국 헌법이다. 현행헌법 제41조 제3항은 비례대표제를 규정하고 있다.

③ **취지:** **비례대표제**는 거대정당에게 일방적으로 유리하고, 다양해진 국민의 목소리를 제대로 대표하지 못하며 사표를 양산하는 **다수대표제**의 문제점에 대한 보완책으로 고안·시행되는 것이다.

④ **장점:** 비례대표제는 그것이 적절히 운용될 경우 사회세력에 상응한 대표를 형성하고, 정당정치를 활성화하며, 정당 간의 경쟁을 촉진하여 정치적 독점을 배제하는 장점을 가질 수 있다.

⑤ **단점:** 군소정당이 난립하여 1당이 안정의석을 확보하기 어려워 정국불안으로 이어질 수 있다.

⑥ **비례대표제와 대의제:** 비례대표제는 대표하는 집단의 의사와 이익을 대변하는 것으로서 전체국민의 의사와 이익을 대표해야 한다는 대의제와 이념적 갈등이 있다. 따라서 비례대표제는 대의제 민주주의에서 도출된 대표제로 보기 힘들다. 대의제 사상이 뿌리 깊은 영국과 미국에서는 양자의 갈등 때문에 비례대표제를 수용하지는 않았다.

⑦ **저지조항:** 전국 유효투표총수의 100분의 3 이상을 득표한 정당과 지역구국회의원선거에서 5 이상의 의석을 차지한 정당에 대해 의석을 배분하므로 나머지 정당은 비례대표의석배분을 못 받게 된다. 이를 저지조항 또는 봉쇄조항이라 한다. 저지조항은 1당이 안정의석을 확보하여 정국안정을 기할 수 있다는 점에서 장점을 가지나 국민의 다양한 의사가 반영되지 못하고 소수정당은 의석을 배분받을 수 없게 된다는 문제가 있다.

⑧ 의석배분기준

공직선거법 제189조【비례대표국회의원의석의 배분과 당선인의 결정·공고·통지】① 중앙선거관리위원회는 다음 각 호의 어느 하나에 해당하는 정당(이하 이 조에서 '의석할당정당'이라 한다)에 대하여 비례대표국회의원의석을 배분한다.

1. 임기만료에 따른 비례대표국회의원선거에서 전국 유효투표총수의 100분의 3 이상을 득표한 정당
2. 임기만료에 따른 지역구국회의원선거에서 5 이상의 의석을 차지한 정당

② 비례대표국회의원의석은 다음 각 호에 따라 각 의석할당정당에 배분한다.

1. 각 의석할당정당에 배분할 의석수(이하 이 조에서 '연동배분의석수'라 한다)는 다음 계산식에 따른 값을 소수점 첫째자리에서 반올림하여 산정한다. 이 경우 연동배분의석수가 1보다 작은 경우 연동배분의석수는 0으로 한다.

$$\text{연동배분의석수} = [(\text{국회의원 정수} - \text{의석할당정당이 추천하지 않은 지역구 국회의원당선인수}) \times \text{해당 정당의 비례대표 국회의원선거 득표비율} - \text{해당 정당의 지역구 국회의원당선인수}] \div 2$$

2. 제1호에 따른 각 정당별 연동배분의석수의 합계가 비례대표국회의원 의석정수에 미달할 경우 각 의석할당정당에 배분할 잔여의석수(이하 이 조에서 '잔여배분의석수'라 한다)는 다음 계산식에 따라 산정한다. 이 경우 정수(整數)의 의석을 먼저 배정하고 잔여의석은 소수점 이하 수가 큰 순으로 각 의석할당정당에 1석씩 배분하되, 그 수가 같은 때에는 해당 정당 사이의 추첨에 따른다.

$$\text{잔여배분의석수} = (\text{비례대표국회의원 의석정수} - \text{각 연동배분의석수의 합계}) \times \text{비례대표국회의원선거 득표비율}$$

⑤ 정당에 배분된 비례대표국회의원의석수가 그 정당이 추천한 비례대표국회의원후보자수를 넘는 때에는 그 넘는 의석은 공석으로 한다.

(3) 지역구국회의원은 다수대표제

① **다수대표제와 소선거구제**: 한 선거구에서 다수의 득표를 한 후보자 1인을 선출하는 대표제가 다수대표제이다.
② **장점**: 1당이 안정의석을 확보하여 정국안정에 기여할 수 있다.
③ **단점**: 다수표를 득표한 후보자만 당선되어 다양한 국민의사가 반영되기 힘들고 사표가 많이 발생할 수 있다.
④ **비례대표제와 다수대표제의 비교**: 비례대표제는 소수보호를 위해 다수형성과 기능을 희생시키지만, 다수대표제는 다수형성을 위해 소수자보호를 희생시킨다. 그러나 비례대표제는 정당의 득표율에 따라 의석수를 배분하므로 투표가치성과의 평등을 잘 실현시키지만, 다수대표제는 정당의 득표율과 의석수가 비례하지 않는 경우(Bias현상)가 발생하므로 투표가치성과의 평등실현이 어렵다.

⚖️ **판례 | 다수대표제**

1. 국회의원선거의 모든 선거권자들에게 성별, 재산, 사회적 신분, 학력 등에 의한 제한 없이 모두 투표참여의 기회를 부여하고(보통선거), 투표가치에 경중을 두지 않고 선거권자 1인의 투표를 모두 동등한 가치를 가진 1표로 계산하며(평등선거), 선거결과가 중간 선거인이나 정당이 아닌 선거권자에 의해 직접 결정되고(직접선거), 투표의 비밀이 보장되며(비밀선거), 강제투표가 아닌 자유로운 투표를 보장함으로써(자유선거) 헌법상의 선거원칙은 모두 구현되는 것이므로, 이에 더하여 국회의원선거에서 사표를 줄이기 위해 소선거구 다수대표제를 배제하고 다른 선거제도를 채택할 것까지 요구할 수는 없다. 그러므로 심판대상조항이 소선거구 다수대표제를 규정하여 다수의 사표가 발생한다 하더라고 그 이유만으로 헌법상 요구된 선거의 대표성의 본질이나 국민주권원리를 침해하고 있다고 할 수 없고, 청구인의 평등권과 선거권을 침해한다고 할 수 없다(헌재 2016.5.26. 2012헌마374).

2. 투표율에 관계없이 **유효투표의 다수표를 얻은 입후보자를 당선인으로** 결정하게 한 공직선거법 제188조 제1항은 투표에 참가하지 않는 선거권자들의 의사도 존중되어야 하므로 헌법상 선거원칙에 위반되지 않는다(헌재 2003.11.27. 2003헌마259).

⑤ 당선인 결정

> **공직선거법 제188조【지역구국회의원당선인의 결정·공고·통지】** ① 지역구국회의원선거에 있어서는 선거구선거관리위원회가 당해 국회의원지역구에서 유효투표의 다수를 얻은 자를 당선인으로 결정한다. 다만, 최고득표자가 2인 이상인 때에는 연장자를 당선인으로 결정한다.
> ② 후보자등록마감시각에 지역구국회의원후보자가 1인이거나 후보자등록마감후 선거일 투표개시시각 전까지 지역구국회의원후보자가 사퇴·사망하거나 등록이 무효로 되어 지역구국회의원후보자수가 1인이 된 때에는 지역구국회의원후보자에 대한 투표를 실시하지 아니하고, 선거일에 그 후보자를 당선인으로 결정한다.
> ③ 선거일의 투표개시시각부터 투표마감시각까지 지역구국회의원후보자가 사퇴·사망하거나 등록이 무효로 되어 지역구국회의원후보자수가 1인이 된 때에는 나머지 투표는 실시하지 아니하고 그 후보자를 당선인으로 결정한다.
> ④ 선거일의 투표마감시각 후 당선인 결정 전까지 지역구국회의원후보자가 사퇴·사망하거나 등록이 무효로 된 경우에는 개표결과 유효투표의 다수를 얻은 자를 당선인으로 결정하되, 사퇴·사망하거나 등록이 무효로 된 자가 유효투표의 다수를 얻은 때에는 그 국회의원지역구는 당선인이 없는 것으로 한다.

(4) 비례대표지방의회의원 당선인 결정

> **공직선거법 제190조의2【비례대표지방의회의원당선인의 결정·공고·통지】** ① 비례대표지방의회의원선거에 있어서는 당해 선거구선거관리위원회가 유효투표총수의 100분의 5 이상을 득표한 각 정당(이하 이 조에서 '의석할당정당'이라 한다)에 대하여 당해 선거에서 얻은 득표비율에 비례대표지방의회의원정수를 곱하여 산출된 수의 정수의 의석을 그 정당에 먼저 배분하고 잔여의석은 단수가 큰 순으로 각 의석할당정당에 1석씩 배분하되, 같은 단수가 있는 때에는 그 득표수가 많은 정당에 배분하고 그 득표수가 같은 때에는 당해 정당 사이의 추첨에 의한다. 이 경우 득표비율은 각 의석할당 정당의 득표수를 모든 의석할당정당의 득표수의 합계로 나누고 소수점 이하 제5위를 반올림하여 산출한다.

(5) 지방자치단체장 당선인 결정

> **공직선거법 제191조【지방자치단체의 장의 당선인의 결정·공고·통지】** ① 지방자치단체의 장 선거에 있어서는 선거구선거관리위원회가 유효투표의 다수를 얻은 자를 당선인으로 결정하고, 이를 당해 지방의회의장에게 통지하여야 한다. 다만, 최고득표자가 2인 이상인 때에는 연장자를 당선인으로 결정한다.
> ③ 제187조 제4항 및 제188조 제2항부터 제6항까지의 규정은 지방자치단체의 장의 당선인의 결정에 이를 준용한다.

⚖️ 판례 | 지방자치단체장 후보자 1인, 무투표 당선 (헌재 2016.10.27. 2014헌마797)

1. 평등권

대통령선거에 참여하는 선거권자와 지방자치단체의 장 선거에 참여하는 선거권자는 본질적으로 같은 비교집단이 된다고 보기 어려우므로 차별취급 여부를 논할 수 없다. 한편, 이 사건에서 실질적인 불평등은 투표를 실시하는 선거구의 선거권자와 후보자가 1인이 되어 무투표 당선이 결정된 선거구의 선거권자 사이에서 초래된다고 볼 수도 있겠으나, 이는 결국 선거권 침해 문제로 귀결되는바, 선거권 침해 여부에 관하여 판단하는 이상 이에 대해서는 별도로 판단하지 않는다.

2. 선거권 침해 여부

후보자가 1인일 경우에도 투표를 실시하도록 하면 당선자가 없어 재선거를 하게 되는 경우도 발생할 수 있는데 이 경우 재선거 실시에 따르는 새로운 후보자 확보 가능성의 문제, 행정적인 번거로움과 시간·비용의 낭비는 물론이고 지방자치단체의 장 업무의 공백 역시 필연적으로 뒤따르게 된다. 입법자가 위와 같은 사정을 고려하여 후보자가 1인일 경우 투표를 실시하지 않고 해당 후보자를 지방자치단체의 장 당선자로 정하도록 결단한 것은 입법목적 달성에 필요한 범위를 넘은 과도한 제한이라 할 수 없으므로 심판대상조항은 청구인의 선거권을 침해하지 않는다.

05 선거운동의 자유

1. 선거운동의 자유의 의의

(1) 개념

선거운동이라 함은 특정 후보자의 당선 내지 이를 위한 득표에 필요한 모든 행위 또는 특정 후보자의 낙선에 필요한 모든 행위 중 당선 또는 낙선을 위한 것이라는 목적의사가 객관적으로 인정될 수 있는 능동적·계획적 행위를 말한다(헌재 2001.8.30. 2000헌마121).

> **공직선거법 제58조【정의 등】** ① 이 법에서 '선거운동'이라 함은 당선되거나 되게 하거나 되지 못하게 하기 위한 행위를 말한다. 다만, 다음 각 호의 어느 하나에 해당하는 행위는 선거운동으로 보지 아니한다.
> 1. 선거에 관한 단순한 의견개진 및 의사표시
> 2. 입후보와 선거운동을 위한 준비행위
> 3. 정당의 후보자 추천에 관한 단순한 지지·반대의 의견개진 및 의사표시
> 4. 통상적인 정당활동
> 5. 삭제
> 6. 설날·추석 등 명절 및 석가탄신일·기독탄신일 등에 하는 의례적인 인사말을 문자메시지(그림말·음성·화상·동영상 등을 포함한다. 이하 같다)로 전송하는 행위

⚖️ 판례

1. 낙선운동을 선거운동에 포함시켜 규제하는 공직선거법

낙선운동은 상대후보자를 비방하는 데 악용될 우려가 있어 선거의 공정성을 해할 우려가 있으므로 낙선운동을 선거운동으로 규정하여 이를 규제하는 것은 불가피하다. 시민단체가 공직선거법 제53조 제1항 단서 제3호에 의하여 정당의 후보자추천에 관한 단순한 지지, 반대의 의견개진 및 의사표시를 할 수 있으므로 공직선거 후보자에 대한 객관적 자료를 제공하여 국민의 알 권리를 충족시키고 유권자의 대표자 선택을 도울 수 있는 길을 열어두고 있으므로 의사표현의 자유를 침해한 것이라 할 수 없다(헌재 2001.8.30. 2000헌마121).

2. 당선되거나 되게 하거나 되지 못하게 하기 위한 행위를 선거운동을 정의한 공직선거법 제58조 제1항 본문 및 선거에 관한 단순한 의견개진 및 의사표시를 선거운동에서 제외한 단서 제1호

선거운동 정의조항에 따른 선거운동은 특정 후보자의 당선 내지 이를 위한 득표에 필요한 모든 행위 또는 특정 후보자의 낙선에 필요한 모든 행위 중 당선 또는 낙선을 위한 것이라는 목적의사가 객관적으로 인정될 수 있는 능동적, 계획적 행위를 말하는 것으로 풀이할 수 있다. 위와 같이 풀이한다면 법집행자의 자의를 허용할 소지를 제거할 수 있고, 건전한 상식과 통상적인 법감정을 가진 사람이면 누구나 그러한 표지를 갖춘 선거운동과 단순한 의견개진을 구분할 수 있으므로, 선거운동 정의조항은 죄형법정주의의 명확성원칙에 위배되지 아니한다(헌재 2022.11.24. 2021헌바301).

(2) 근거

선거운동의 자유는 헌법 제21조의 표현의 자유에서 보호된다. 또한 자유선거에서도 보호된다. 선거운동의 자유는 널리 선거과정에서 자유로이 의사를 표현할 자유의 일환이므로 표현의 자유의 한 태양이기도 하다. 표현의 자유, 특히 정치적 표현의 자유는 선거과정에서의 선거운동을 통하여 국민이 정치적 의견을 자유로이 발표·교환함으로써 비로소 그 기능을 다하게 된다 할 것이므로 선거운동의 자유는 헌법에 정한 언론·출판·집회·결사의 자유 보장규정에 의한 보호를 받는다(헌재 1994.7.29. 93헌가4).

2. 선거운동의 자유의 제한

(1) 필요성과 그 한계

선거운동의 자유는 공정한 선거와 충돌할 수 있다. 선거운동의 자유와 선거의 공정은 선거결과의 정당성을 확보하기 위해서라도 필요하다. 선거운동의 자유는 공정한 선거를 위해 제한받을 수 있다.

⚖ 판례 | 선거운동의 자유와 선거의 공정

1. 선거의 공정성 확보와 질서의 유지를 위한 규제는 일반국민의 선거운동을 포괄적·전면적으로 금지하는 것이 되어서는 아니 된다. 선거에 있어 자유와 공정은 반드시 상충관계에 있는 것만이 아니라 서로 보완하는 기능도 함께 가지고 있기 때문에 더욱 그러하다(헌재 1994.7.29. 93헌가4).

2. 선거의 공정성 확보를 위해서는 어느 정도 선거운동에 대한 규제가 행하여지지 아니할 수 없고, 이는 곧 선거운동의 자유를 제한하는 셈이 되므로 기본권 제한의 요건과 한계에 따라야 한다. 그러므로 우리 헌법상 선거운동의 자유도 다른 기본권과 마찬가지로 헌법 제37조 제2항에 따라 국가안전보장, 질서유지, 공공복리를 위하여 필요한 경우에 한하여 법률로 제한할 수 있되, 그 경우에도 선거운동의 자유에 대한 본질적 내용은 침해할 수 없는 것이다(헌재 1999.9.16. 99헌바5).

3. 선거에 관한 입법을 함에 있어서는 '자유'와 '공정'의 두 이념이 적절히 조화를 이루도록 하여야만 하는 것이다(헌재 1999.6.24. 98헌마153).

---

(2) 선거운동의 제한원칙

선거운동의 제한은 종전에 **포괄적 제한·금지**방식이었으나 **개별적 제한·금지방식으로 전환되었다.**

공직선거법 제58조 【정의 등】 ② 누구든지 자유롭게 선거운동을 할 수 있다. 그러나 이 법 또는 다른 법률의 규정에 의하여 금지 또는 제한되는 경우에는 그러하지 아니하다.

---

(3) 선거운동규제에 대한 심사기준

선거운동은 국민주권 행사의 일환일 뿐 아니라 정치적 표현의 자유의 한 형태로서 민주사회를 구성하고 움직이게 하는 요소이므로 그 제한입법에 있어서도 **엄격한 심사**기준이 적용된다 할 것이다(헌재 1994.7.29. 93헌가4).

3. 선거운동 기간상 제한

공직선거법 제59조【선거운동기간】선거운동은 선거기간개시일부터 선거일 전일까지에 한하여 할 수 있다. 다만, 다음 각 호의 어느 하나에 해당하는 경우에는 그러하지 아니하다.

　1. 제60조의3(예비후보자 등의 선거운동) 제1항 및 제2항의 규정에 따라 예비후보자 등이 선거운동을 하는 경우

　2. **문자메시지를 전송하는 방법으로 선거운동을 하는 경우**. 이 경우 자동 동보통신의 방법(동시 수신대상자가 20명을 초과하거나 그 대상자가 20명 이하인 경우에도 프로그램을 이용하여 수신자를 자동으로 선택하여 전송하는 방식을 말한다. 이하 같다)으로 전송할 수 있는 자는 후보자와 예비후보자에 한하되, 그 횟수는 8회(후보자의 경우 예비후보자로서 전송한 횟수를 포함한다)를 넘을 수 없으며, 중앙선거관리위원회규칙에 따라 신고한 1개의 전화번호만을 사용하여야 한다.

　3. **인터넷 홈페이지 또는 그 게시판·대화방** 등에 글이나 동영상 등을 게시하거나 전자우편(컴퓨터 이용자끼리 네트워크를 통하여 문자·음성·화상 또는 동영상 등의 정보를 주고받는 통신시스템을 말한다. 이하 같다)을 전송하는 방법으로 선거운동을 하는 경우. 이 경우 전자우편 전송대행업체에 위탁하여 전자우편을 전송할 수 있는 사람은 후보자와 예비후보자에 한한다.

　4. 선거일이 아닌 때에 전화(송·수화자 간 직접 통화하는 방식에 한정하며, 컴퓨터를 이용한 자동 송신장치를 설치한 전화는 제외한다)를 이용하거나 말(확성장치를 사용하거나 옥외집회에서 다중을 대상으로 하는 경우를 제외한다)로 선거운동을 하는 경우

　5. 후보자가 되려는 사람이 선거일 전 180일(대통령선거의 경우 선거일 전 240일을 말한다)부터 해당 선거의 예비후보자등록신청 전까지 제60조의3 제1항 제2호의 방법(같은 호 단서를 포함한다)으로 자신의 명함을 직접 주는 경우

(1) 선거기간

선거기간 개시일부터 선거일까지

(2) 선거운동기간

선거기간 개시일부터 선거일 전일까지

⚖️판례 | 선거기간과 선거운동기간 제한

1. 국회의원선거의 선거기간을 14일로 정하고 있는 공직선거법

선거일 전 120일부터 예비후보자로 등록할 수 있는 예비후보자 및 후보자등록기간 중의 후보자에 대한 공직선거법 제60조의3에 의한 선거운동의 허용된 점을 고려한다면, 선거운동의 자유를 형해화할 정도로 과도하게 제한하는 것으로 볼 수 없다(헌재 2005.2.3. 2004헌마216).

2. 선거운동기간 제한

기간의 제한 없이 선거운동을 무한정 허용할 경우에는 후보자 간의 지나친 경쟁이 선거관리의 곤란으로 이어져 부정행위의 발생을 막기 어렵게 된다. 따라서 이 사건 법률조항들은 정치적 표현의 자유 및 선거운동의 자유를 침해하지 아니한다(헌재 2013.12.26. 2011헌바153).

3. **사전선거운동금지조항**은 누구든지 선거운동기간 전에 선거운동을 하지 못하도록 하고 있으므로 차별이 존재한다고 볼 수 없어 평등원칙에 위배되지 아니한다(헌재 2015.4.30. 2011헌바163).

4. 선거운동기간 전의 선거운동을 원칙적으로 금지하면서, 후보자와 후보자가 되고자 하는 자가 자신이 **개설한 인터넷 홈페이지를 이용한 선거운동을 할 경우에 그 예외를 인정하는** 공직선거법 제59조 제3호는 일반 유권자의 선거운동의 자유를 침해하지 않는다(헌재 2010.6.24. 2008헌바69).

5. 선거운동기간 전에 개별적으로 대면하여 말로 하는 선거운동을 금지한 구 공직선거법 제59조 부분이 과잉금지원칙에 반하여 선거운동 등 정치적 표현의 자유를 침해하는지 여부(적극)
   선거운동기간을 제한하고 이를 위반한 사전선거운동을 형사처벌하도록 규정한 구 공직선거법 제59조 중 선거운동기간 전에 개별적으로 대면하여 말로 하는 선거운동에 관한 부분, 공직선거법 제254조 제2항 중 '그 밖의 방법'에 관한 부분 가운데 개별적으로 **대면하여 말로 하는 선거운동을 한 자에 관한 부분**이 헌법에 위반된다(헌재 2022.2.24. 2018헌바146).

4. 예비후보자의 선거운동 부분적 허용

(1) 예비후보자등록(공직선거법 제60조의2 제1항)

① 예비후보자가 되려는 사람(**비례대표국회의원선거 및 비례대표지방의회의원선거는 제외한다**)은 관할 선거구선거관리위원회에 예비후보자등록을 서면으로 신청하여야 한다.

② **예비후보자의 기탁금 납부의무**: 예비후보자로 등록하려면 후보자기탁금의 100분의 20을 기탁금으로 납부해야 하는데, 이는 예비후보자의 난립을 방지하기 위해 불가피하며, 피선거권 침해는 아니라는 것이 헌법재판소 판례이다(헌재 2010.12.28. 2010헌마79).

⚖ 판례 | 군의 장의 선거의 예비후보자가 되려는 사람은 그 선거기간개시일 전 60일부터 예비후보자등록 신청을 할 수 있다고 규정한 공직선거법

예비후보자의 선거운동기간을 제한하지 않으면, 예비후보자 간의 경쟁이 격화될 수 있고 예비후보자 간 경제력 차이 등에 따른 폐해가 두드러질 우려가 있다. 군의 평균 선거인수는 시·자치구에 비해서도 적다는 점, 오늘날 대중정보매체가 광범위하게 보급되어 있다는 점, 과거에 비해 교통수단이 발달하였다는 점 등에 비추어보면, 군의 장의 선거에서 예비후보자로서 선거운동을 할 수 있는 기간이 최대 60일이라고 하더라도 그 기간이 지나치게 짧다고 보기 어렵다. 군의 장의 선거에 입후보하고자 하는 사람은 문자메시지, 인터넷 홈페이지 등을 이용하여 상시 선거운동을 할 수도 있다. 따라서 심판대상조항은 청구인의 선거운동의 자유를 침해하지 않는다(헌재 2020.11.26. 2018헌마260).

---

(2) 예비후보자 선거운동

공직선거법 제60조의3【예비후보자 등의 선거운동】 ② 다음 각 호의 어느 하나에 해당하는 사람은 예비후보자의 선거운동을 위하여 제1항 제2호에 따른 예비후보자의 명함을 직접 주거나 예비후보자에 대한 지지를 호소할 수 있다.
   1. 예비후보자의 배우자(배우자가 없는 경우 예비후보자가 지정한 1명)와 직계존비속
   2. 예비후보자와 함께 다니는 선거사무장·선거사무원 및 제62조 제4항에 따른 활동보조인
   3. 예비후보자가 그와 함께 다니는 사람 중에서 지정한 1명

⚖ 판례 | 예비후보자 등 선거운동 제한

1. 예비후보자의 선거운동에서 예비후보자 외에 독자적으로 명함을 교부하거나 지지를 호소할 수 있는 주체를 **예비후보자의 배우자와 직계존·비속으로 제한한 공직선거법 제60조의3 제2항 제1호는** 평등권을 침해하지 않는다[헌재 2011.8.30. 2010헌마259·281(병합)]. / 독자적으로 후보자의 명함을 교부할 수 있는 주체를 후보자의 배우자와 직계비속으로 제한한 공직선거법은 선거운동의 자유를 침해하지 않는다(헌재 2016.9.29. 2016헌마287).

2. 선거사무장, 선거사무원 등의 경우 예비후보자와 함께 다니는 경우에만 명함교부 등에 의한 선거운동을 할 수 있도록 하는 **공직선거법 제60조의3 제2항 제2호는** 평등권 침해가 아니다(헌재 2012.3.29. 2010헌마673).

3. 예비후보자의 배우자가 함께 다니는 사람 중에서 지정한 자도 선거운동을 위하여 명함교부 및 지지호소를 할 수 있도록 한 **공직선거법 제60조의3 제2항 제3호 중 '배우자'** 관련 부분은 평등권을 침해한다(헌재 2013.11.28. 2011헌마267). ➡ 후보자의 배우자와 함께 다니는 1인도 평등권 침해이다(헌재 2016.9.29. 2016헌마287).

5. 선거운동의 인적 제한 ★

공직선거법 제60조 【선거운동을 할 수 없는 자】 ① 다음 각 호의 어느 하나에 해당하는 사람은 선거운동을 할 수 없다. 다만, 제1호에 해당하는 사람이 예비후보자·후보자의 배우자인 경우와 제4호부터 제8호까지의 규정에 해당하는 사람이 **예비후보자·후보자의 배우자이거나 후보자의 직계존비속인 경우에는 그러하지 아니하다.**

1. **대한민국 국민이 아닌 자.** 다만, 제15조 제2항 제3호에 따른 외국인이 해당 선거에서 선거운동을 하는 경우에는 그러하지 아니하다.
2. **미성년자**(18세 미만의 자를 말한다. 이하 같다)
3. 제18조(선거권이 없는 자) 제1항의 규정에 의하여 선거권이 없는 자
4. 국가공무원법 제2조(공무원의 구분)에 규정된 국가공무원과 지방공무원법 제2조(공무원의 구분)에 규정된 지방공무원. 다만, 정당법 제22조(발기인 및 당원의 자격) 제1항 제1호 단서의 규정에 의하여 정당의 당원이 될 수 있는 공무원(국회의원과 지방의회의원 외의 정무직공무원을 제외한다)은 그러하지 아니하다.
5. 제53조(공무원 등의 입후보) 제1항 제2호 내지 제8호에 해당하는 자(**제5호 및 제6호의 경우에는 그 상근직원을 포함한다**)

참고 선거운동을 할 수 없는 자 등에서 공공기관의 운영에 관한 법률 제4조 제1항 제4호에 해당하는 기관 중 정부가 100분의 50 이상의 지분을 가지고 있는 기관의 상근직원을 제외한다.

6. **예비군 중대장급 이상의 간부**
7. 통·리·반의 장 및 읍·면·동주민자치센터(그 명칭에 관계없이 읍·면·동사무소 기능전환의 일환으로 조례에 의하여 설치된 각종 문화·복지·편익시설을 총칭한다. 이하 같다)에 설치된 주민자치위원회(주민자치센터의 운영을 위하여 조례에 의하여 읍·면·동사무소의 관할구역별로 두는 위원회를 말한다. 이하 같다)위원
8. 특별법에 의하여 설립된 국민운동단체로서 국가 또는 지방자치단체의 출연 또는 보조를 받는 단체(바르게살기운동협의회·새마을운동협의회·한국자유총연맹을 말한다)의 상근 임·직원 및 이들 단체 등(시·도조직 및 구·시·군조직을 포함한다)의 대표자
9. 선상투표신고를 한 선원이 승선하고 있는 선박의 선장

제87조 【단체의 선거운동금지】 ① 다음 각 호의 어느 하나에 해당하는 기관·단체(그 대표자와 임직원 또는 구성원을 포함한다)는 그 기관·단체의 명의 또는 그 대표의 명의로 선거운동을 할 수 없다.

1. 국가·지방자치단체
2. 제53조(공무원 등의 입후보) 제1항 제4호 내지 제6호에 규정된 기관·단체
3. 향우회·종친회·동창회, 산악회 등 동호인회, 계모임 등 개인 간의 사적 모임

4. 특별법에 의하여 설립된 국민운동단체로서 국가 또는 지방자치단체의 출연 또는 보조를 받는 단체(바르게살기운동협의회 · 새마을운동협의회 · 한국자유총연맹을 말한다)
5. 법령에 의하여 정치활동이나 공직선거에의 관여가 금지된 단체
6. 후보자 또는 후보자의 가족(이하 이 항에서 '후보자 등'이라 한다)이 임원으로 있거나, 후보자 등의 재산을 출연하여 설립하거나, 후보자 등이 운영경비를 부담하거나 관계법규나 규약에 의하여 의사결정에 실질적으로 영향력을 행사하는 기관 · 단체
7. 삭제
8. 구성원의 과반수가 선거운동을 할 수 없는 자로 이루어진 기관 · 단체

(1) 공무원의 선거운동 제한

① **국회의원과 지방의회의원은 선거운동을 할 수 있으나** 대통령, 지방자치단체장 등은 선거운동을 할 수 없다. 탄핵심판사건에서 헌법재판소는 후보자가 결정되기 전 대통령의 기자회견과정에서의 발언은 선거운동에 해당하지 않는다고 한다(헌재 2004.5.14. 2004헌나1).
② **공무원**: 후보자의 배우자나 예비후보자의 배우자는 선거운동을 할 수 있다.

(2) 외국인

① 예비후보자 · 후보자의 배우자인 경우 선거운동을 할 수 있다.
② 지방선거에서 선거권을 가진 외국인은 해당 선거에서 선거운동을 할 수 있다.

(3) 미성년자

선거권이 없는 미성년자는 선거운동이 금지되어 있고, 예외도 인정되고 있지 않다.

⚖ 판례 | 미성년자 선거운동금지 *기각결정

19세 미만 미성년자 선거운동금지는 선거운동의 자유를 침해한다고 할 수 없다(헌재 2014.4.24. 2012헌마287).

---

(4) 노동조합

① 선거운동을 할 수 있다.
② 선거운동을 하거나 할 것을 표방한 노동조합 또는 단체는 공명선거추진활동을 할 수 없다.
③ 공무원노조와 교원노조는 선거운동을 할 수 없다.
④ 노동조합은 정치자금을 제공할 수 없다.

⚖ 판례 | 선거운동이 금지되는 자

`헌법 위반인 것`

1. **정당, 후보자, 선거사무장, 선거연락소장, 선거운동원 또는 연설원이 아닌 자의 선거운동을 금지**한 구 대통령선거법 제36조는 제36조는 선거운동의 자유를 침해한다(헌재 1994.7.29. 93헌가4 · 6).
2. **한국철도공사의 상근직원에 대하여 선거운동을 금지하고 이를 위반한 경우 처벌하도록 규정한 공직선거법**
   한국철도공사의 상근직원에 대하여 선거운동을 금지하고 이를 위반한 경우 처벌하도록 규정한 공직선거법은 그 직을 유지한 채 공직선거에 입후보할 수 없는 상근임원과 달리, 한국철도공사의 상근직원은 그 직을 유지한 채 공직선거에 입후보하여 자신을 위한 선거운동을 할 수 있음에도 타인을 위한 선거운동을 전면적으로 금지하는 것은 과도한 제한이다. 따라서 심판대상조항은 선거운동의 자유를 침해한다(헌재 2018.2.22. 2015헌바124).

3. 대통령령이 정하는 언론인 선거운동금지

선거운동이 전면 금지되는 언론인에 관하여 구체적으로 범위를 정하지 아니한 채 포괄적으로 대통령령에 입법을 위임하고 있으므로 포괄위임금지원칙에 위반된다. 대통령령으로 정하는 언론인의 선거운동을 금지하고 있는 공직선거법 제60조 제1항 제5호는 그 입법목적이 정당하고 수단도 적합하나, 침해의 최소성 원칙에 위반하여 선거운동의 자유를 침해한다(헌재 2016.6.30. 2013헌가1).

헌법 위반이 아닌 것

1. **선거권이 없는 자의 선거운동을 금지**한 공직선거법 제60조 제1항 제3호는 선거의 공정성을 확보하기 위한 것으로서, 청구인들의 선거운동의 자유를 침해한다고 볼 수 없다(헌재 2018.1.25. 2015헌마821).

2. **국민건강보험공단 상근 임직원의 선거운동금지**는 표현의 자유를 침해한다고 할 수 없다(헌재 2004.4.29. 2002헌마467).

3. 병역의무를 이행하는 **병에** 대하여 정치적 중립 의무를 부과하면서 선거운동을 할 수 없도록 하는 국가공무원법은 청구인의 선거운동의 자유와 평등권을 침해한다고 할 수 없다. 병이 국토방위라는 본연의 업무에 전념할 수 있도록 하고, 헌법이 요구하는 공무원과 국군의 정치적 중립성을 확보하며, 선거의 공정성과 형평성을 확보하기 위하여 반드시 필요한 제한이라 할 수 있다. 선거와 관련하여 병에게 직업군인 등 직업공무원과 동일한 정치적 중립 의무를 부과하는 것은 청구인의 평등권을 침해하지 않는다(헌재 2018.4.26. 2016헌마611).

4. **교육공무원의 선거운동을 금지하는 공직선거법**

교육공무원 선거운동 금지조항은 공무원의 정치적 중립성, 교육의 정치적 중립성을 확보하기 위한 것으로 입법목적의 정당성 및 수단의 적합성이 인정된다. 교육의 정치적 중립성 확보라는 공익은 선거운동의 자유에 비해 높은 가치를 지니고 있으므로 법익의 균형성도 충족한다. 지방교육자치에도 '교육의 자주성·전문성·정치적 중립성'이 요구되는 점에 비추어 교육감선거에 있어 선거운동을 제한하더라도 과도한 제한으로 볼 수 없으므로, 교육공무원에 대한 선거운동 금지가 과잉금지원칙에 위반되지 않는다(헌재 2019.11.28. 2018헌마222).

5. **지방자치단체의 장의 선거운동을 금지하는 공직선거법 제60조가 선거운동의 자유를 침해하는지 여부(소극)**

지방자치단체의 장은 지방자치단체의 대표로서 그 사무를 총괄하고, 공직선거법상 일정한 선거사무를 맡고 있으며, 지역 내 광범위한 권한 행사와 관련하여 사인으로서의 활동과 직무상 활동이 구분되기 어려운 점 등을 고려할 때 심판대상조항이 입법목적 달성을 위하여 필요한 범위를 벗어난 제한이라 보기 어렵고, 심판대상조항에 의하여 보호되는 선거의 공정성 등 공익과 제한되는 사익 사이에 불균형이 있다고 보기도 어렵다. 따라서 심판대상조항은 과잉금지원칙에 위배하여 선거운동의 자유를 침해한다고 볼 수 없다(헌재 2020.3.26. 2018헌바90).

6. **농업협동조합법·수산업협동조합법에 의하여 설립된 조합의 상근직원에 대하여 선거운동을 금지하는 구 공직선거법 제60조**

심판대상조항은 정치적 의사표현 중 당선 또는 낙선을 위한 직접적인 활동만을 금지할 뿐이므로, 협동조합의 상근직원은 여전히 선거와 관련하여 일정 범위 내에서는 자유롭게 자신의 정치적 의사를 표현하면서 후보자에 대한 정보를 충분히 교환할 수 있다. 따라서 심판대상조항은 침해의 최소성 및 법익의 균형성을 충족한다. 결국 심판대상조항은 과잉금지원칙에 반하여 청구인들의 선거운동의 자유를 침해하지 않는다(헌재 2022.11.24. 2020헌마417).

7. **단체의 선거운동금지**

① **정당을 제외한 모든 단체의 선거운동을 금지한** 공직선거법 제87조는 표현의 자유를 침해하는 것은 아니다(헌재 1995.5.25. 95헌마105).

② 헌법 제33조가 노동조합에 관해서는 일반결사체보다 특별한 보호를 하고 있으므로 **노동조합의 선거운동을 허용하면서 다른 단체의 선거운동을 금지한** 공직선거법 제87조 단서가 헌법 제33조에 근거하여 노동조합과 일반 결사인 단체에 대하여 그 보호와 규제를 달리하더라도 합리적 차별로 보아야 한다(헌재 1999.11.25. 98헌마141).

8. 선거기간 중 국민운동단체인 **바르게살기운동협의회**의 모임을 개최한 자를 처벌하는 구 공직선거법 제256조 제1항은 책임주의 원칙, 과잉금지원칙, 평등원칙에 위반되지 않는다(헌재 2013.12.26. 2010헌가90).

6. 선거운동에 대한 방법상의 제한

(1) 호별 방문금지

선거의 공정과 사생활의 평온이라는 공익보다 선거운동의 자유 등 제한되는 사익이 크다고 할 수 없다. 따라서 호별 방문금지조항은 선거운동의 자유 등을 침해하지 아니한다(헌재 2016.12.29. 2015헌마509·1160).

(2) 출구조사

투표의 비밀을 침해하지 아니하는 방법으로 투표소로부터 50m 밖에서 출구조사를 할 수 있다.

(3) 여론조사 결과 발표금지

선거일 전 6일부터 선거일 투표 마감시각까지 여론조사경위와 결과를 공표할 수 없고 여론조사를 할 수 있으나 투표용지 같은 모형으로 하거나 정당, 후보자 이름으로 하는 여론조사는 금지되어 있다.

> **⚖ 판례 | 여론조사 공표금지**
>
> 여론조사 결과의 공표는 많은 폐해를 낳을 수 있으므로 선거기간개시일로부터 선거일투표마감시간까지 여론조사의 경위와 공표를 금지한 공직선거법은 알 권리를 침해한다고 볼 수 없다(헌재 1999.1.28. 98헌바64).

(4) 비례대표후보자 선거운동 제한

① 비례대표후보자는 예비후보자제도가 없다

② 비례대표국회의원후보자가 공개장소에서 연설·대담하는 것을 허용하지 아니한 연설 등 금지조항은 선거운동의 자유 등을 침해하지 아니한다(헌재 2016.12.29. 2015헌마509·1160).

(5) 그 밖의 선거운동제한

① 탈법방법에 의한 문서·도화의 배부·게시금지

> **공직선거법 제93조【탈법방법에 의한 문서·도화의 배부·게시 등 금지】** ① 누구든지 선거일 전 120일(보궐선거 등에 있어서는 그 선거의 실시사유가 확정된 때)부터 선거일까지 선거에 영향을 미치게 하기 위하여 이 법의 규정에 의하지 아니하고는 정당(창당준비위원회와 정당의 정강·정책을 포함한다. 이하 이 조에서 같다) 또는 후보자(후보자가 되고자 하는 자를 포함한다. 이하 이 조에서 같다)를 지지·추천하거나 반대하는 내용이 포함되어 있거나 정당의 명칭 또는 후보자의 성명을 나타내는 **광고, 인사장, 벽보, 사진, 문서·도화, 인쇄물이나 녹음·녹화테이프 그 밖에 이와 유사한 것을** 배부·첨부·살포·상영 또는 게시할 수 없다.
>
> *헌법재판소 헌법불합치결정으로 180일 → 120일 개정됨.

판례 | 공직선거법 제93조

1. 누구든지 선거일 전 180일(보궐선거등에서는 그 선거의 실시사유가 확정된 때)부터 선거일까지 선거에 영향을 미치게 하기 위한 벽보 게시, 인쇄물 배부·게시를 금지하는 공직선거법 제93조 제1항 본문 중 '벽보 게시, 인쇄물 배부·게시'에 관한 부분 및 이에 위반한 경우 처벌하는 공직선거법 제255조 제2항 제5호 중 '제93조 제1항 본문의 벽보 게시, 인쇄물 배부·게시'에 관한 부분이 정치적 표현의 자유를 침해하는지 여부(적극)(헌재 2022.7.21. 2017헌바100) ***헌법불합치결정**

2. 일정기간 선거에 영향을 미치게 하기 위한 광고, 문서·도화의 첩부·게시를 금지하는 공직선거법 제93조 제1항 본문 중 '광고, 문서·도화 첩부·게시'에 관한 부분 및 이에 위반한 경우 처벌하는 공직선거법 제255조 제2항 제5호 중 '제93조 제1항 본문의 광고, 문서·도화 첩부·게시'에 관한 부분이 정치적 표현의 자유를 침해하는지 여부(적극)(헌재 2022.7.21. 2018헌바357)

3. '정보통신망을 이용하여 **인터넷 홈페이지 또는 그 게시판·대화방 등에 글이나 동영상 등 정보를 게시하거나 전자우편을 전송하는 방법**'으로 하는 **선거운동을 금지**하는 것은 표현의 자유를 침해한다(헌재 2011.12.29. 2007헌마1001).

4. '인쇄물 살포'금지는 과잉금지원칙에 위배되어 정치적 표현의 자유를 침해하여 헌법에 위반된다(헌재 2023.3.23. 2023헌가4).

② **후보자 등의 기부행위 제한**: 국회의원·지방의회의원·지방자치단체의 장·정당의 대표자·후보자(후보자가 되고자 하는 자를 포함한다)와 그 배우자는 당해 선거구 안에 있는 자나 기관·단체·시설 또는 당해 선거구의 밖에 있더라도 그 선거구민과 연고가 있는 자나 기관·단체·시설에 기부행위(결혼식에서의 주례행위를 포함한다)를 할 수 없다(공직선거법 제113조 제1항).

판례 | 기부행위금지

1. '연고가 있는 자', '후보자가 되고자 하는 자', '기부행위' 개념이 불명확하여 공직선거법 제257조 제1항 제1호의 '제113조 제1항' 중 '후보자가 되고자 하는 자' 부분이 죄형법정주의의 명확성원칙에 위배되는 것은 아니다(헌재 2014.2.27. 2013헌바106).

2. 기부행위제한의 적용을 받는 자에 '**후보자가 되고자 하는 자**'까지 포함하면서 기부행위의 제한기간을 폐지하여 상시 제한하도록 한 공직선거법 제113조 제1항은 과잉금지원칙 위반이 아니다(헌재 2010.9.30. 2009헌바201).

3. 당해 선거구 안에 있는 자에 대하여 후보자 등이 아닌 **제3자가 기부행위를 한 경우** 징역 또는 벌금형에 처하도록 정한 공직선거법은 선거의 공정이 훼손되는 경우 후보자 선택에 관한 민의가 왜곡되고 그로 인하여 민주주의 제도 자체가 위협을 받을 수 있는 점을 감안한다면 이를 보호하기 위하여 본질적인 부분을 침해하지 않는 범위 내에서 기본권을 일부 제한하는 것은 법익균형성을 준수한 것으로 보아야 한다. 그렇다면 후보자 등이 아닌 제3자의 선거운동의 자유나 일반적 행동자유권을 침해하지 아니한다(헌재 2018.3.29. 2017헌바266).

4. 일률적으로 제공받은 금액의 **50배에 상당하는 과태료를 부과하도록** 한 공직선거법과 농업협동조합법은 과잉형벌에 해당한다(헌재 2009.3.26. 2007헌가22 ; 헌재 2011.6.30. 2010헌가86).

⚖ 판례 | 선거운동

표현의 자유 침해인 것

1. **인터넷언론사는 선거운동기간 중 당해 홈페이지 게시판 등에 정당·후보자에 대한 지지·반대 등의 정보를 게시하는 경우 실명을 확인받는 기술적 조치를 하도록 한 공직선거법 제82조** (헌재 2021.1.28. 2018헌마456)
   ① **명확성원칙 위반 여부(소극)**: '지지·반대'의 사전적 의미와 '선거운동'의 정의규정과 그에 대한 헌법재판소의 해석, 심판대상조항의 입법목적, 공직선거법 관련 조항의 규율내용을 종합하면, 건전한 상식과 통상적인 법 감정을 가진 사람이면 자신의 글이 정당·후보자에 대한 '지지·반대'의 정보를 게시하는 행위인지 충분히 알 수 있으므로 명확성원칙에 반하지 않는다.
   ② **과잉금지원칙 위반 여부(적극)**: 심판대상조항의 입법목적은 정당이나 후보자에 대한 인신공격과 흑색선전으로 인한 사회경제적 손실과 부작용을 방지하고 선거의 공정성을 확보하기 위한 것이고, 익명표현이 허용될 경우 발생할 수 있는 부정적 효과를 막기 위하여 그 규제의 필요성을 인정할 수는 있다. 심판대상조항과 같이 인터넷홈페이지의 게시판 등에서 이루어지는 정치적 익명표현을 규제할 경우 정치적 보복의 우려 때문에 일반국민은 자기 검열 아래 비판적 표현을 자제하게 되고, 설령 그러한 우려를 극복하고 익명으로 비판적 표현을 한 경우에도 심판대상조항에 따른 실명확인을 거치지 않았다는 이유만으로 그 표현이 삭제될 수 있다. 이는 인터넷이 형성한 '사상의 자유시장'에서의 다양한 의견 교환을 억제하는 것이고, 이로써 국민의 의사표현 자체가 위축될 수 있으며, 민주주의의 근간을 이루는 자유로운 여론 형성이 방해될 수 있다. 선거운동기간 중 정치적 익명표현의 부정적 효과는 익명성 외에도 해당 익명표현의 내용과 함께 정치적 표현행위를 규제하는 관련 제도, 정치적·사회적 상황의 여러 조건들이 아울러 작용하여 발생하므로, 모든 익명표현을 사전적·포괄적으로 규율하는 것은 표현의 자유보다 행정편의와 단속편의를 우선함으로써 익명표현의 자유와 개인정보자기결정권 등을 지나치게 제한한다. 따라서 과잉금지원칙에 반하여 게시판 등 이용자의 익명표현의 자유와 인터넷언론사의 언론의 자유, 그리고 게시판 등 이용자의 개인정보자기결정권을 침해한다.

   > **참고** 기존 판례에서는 과잉금지원칙 위반으로 보지 않았으나 판례가 변경되었다. 다만, 명확성원칙은 여전히 위반이 아니고 게시판에 지지나 반대 글 게시는 양심의 자유와 사생활 비밀에서 보호되지 않는다. 또한 검열금지원칙에도 위반되지 않는다.

2. **선거일 전 180일부터 선거일까지 선거에 영향을 미치게 하기 위하여 선거에 영향을 미치게 하기 위한 광고물의 설치·진열·게시나 표시물의 착용을 금지하는 공직선거법 제90조 제1항 제1호** *헌법불합치결정
   심판대상조항은 목적 달성에 필요한 범위를 넘어 장기간 동안 선거에 영향을 미치게 하기 위한 광고물의 설치·진열·게시나 표시물의 착용을 금지·처벌하는 것으로서 침해의 최소성에 반한다. 또한 심판대상조항으로 인하여 일반 유권자나 후보자가 받는 정치적 표현의 자유에 대한 제약이 달성되는 공익보다 중대하므로 심판대상조항은 법익의 균형성에도 위배된다. 따라서 심판대상조항은 과잉금지원칙에 반하여 정치적 표현의 자유를 침해한다(헌재 2022.7.21. 2017헌가1).

3. **선거운동기간 중 어깨띠 등 표시물을 사용한 선거운동을 금지한 공직선거법 제68조 제2항**
   심판대상조항은 필요한 범위를 넘어 표시물을 사용한 선거운동을 포괄적으로 금지·처벌하는 것으로서 침해의 최소성에 반한다. 또한 심판대상조항으로 인하여 일반 유권자나 후보자가 받는 정치적 표현의 자유에 대한 제약이 달성되는 공익보다 중대하므로 심판대상조항은 법익의 균형성에도 위배된다. 따라서 심판대상조항은 과잉금지원칙에 반하여 정치적 표현의 자유를 침해한다(헌재 2022.7.21. 2017헌가4).

4. **선거기간 중 선거에 영향을 미치게 하기 위한 그 밖의 집회나 모임의 개최를 금지하는 공직선거법 제103조**
   집회개최 금지조항은 입법목적 달성을 위하여 필요한 범위를 넘어 선거기간 중 선거에 영향을 미치게 하기 위한 유권자의 집회나 모임을 일률적으로 금지·처벌하고 있으므로 침해의 최소성에 반한다. 또한 집회개최 금지조항으로 인하여 일반 유권자가 받는 집회의 자유, 정치적 표현의 자유에 대한 제약이 달성되는 공익보다 중대하므로 법익의 균형성에도 위배된다. 따라서 집회개최 금지조항은 과잉금지원칙에 반하여 집회의 자유, 정치적 표현의 자유를 침해한다(헌재 2022.7.21. 2018헌바357).

5. 선거일 전 180일부터 선거일까지 선거에 영향을 미치게 하기 위한 **현수막, 그 밖의 광고물의 게시를 금지**하는 공직선거법 제90조 제1항

시설물설치 등 금지조항은 입법목적 달성을 위하여 필요한 범위를 넘어 현수막, 그 밖의 광고물의 게시를 통한 정치적 표현을 장기간 동안 포괄적으로 금지·처벌하고 있으므로 침해의 최소성에 반한다. 또한 시설물설치 등 금지조항으로 인하여 유권자나 후보자가 받는 정치적 표현의 자유에 대한 제약이 달성되는 공익보다 중대하므로 법익의 균형성에도 위배된다. 따라서 시설물설치 등 금지조항은 과잉금지원칙에 반하여 정치적 표현의 자유를 침해한다(헌재 2022.7.21. 2108헌바357).

표현의 자유 침해가 아닌 것

1. **선거운동의 선전벽보에 비정규학력의 게재를 금지하는** 공직선거및선거부정방지법 제64조 제1항은 선전벽보에 비정규학력을 게재할 경우 유권자들이 후보자의 학력을 과대 평가하여 공정한 판단을 흐릴 수 있으므로 과잉금지원칙에 위반되지 아니한다(헌재 1999.9.16. 99헌바5). ➡ 선거운동의 자유규제는 엄격한 심사기준이 적용된다.

2. 공직선거법 제64조 제1항 중 **"중퇴한 경우에는 그 수학기간을 함께 기재하여야 한다."**라는 부분은 선거운동의 자유를 침해한다고 할 수 없다. 학교를 중퇴한 경우 그 수학기간은 개인마다 천차만별일 것이므로 수학기간을 기재하지 않고 단순히 중퇴 사실만 기재하면 수학기간 차이에 따른 학력 차이를 비교할 수 없다. 후보자의 선택에 따라 중퇴학력을 기재할 경우에 수학기간을 기재하기만 하면 되므로, 중퇴학력 표기규정에 따라 후보자가 받는 불이익이 크다고 보기 어렵다(헌재 2017.12.28. 2015헌바232).

3. 지방선거에서 유선방송을 통한 후보자연설만을 허용하고, **지역방송인 무선방송을 통한 연설을 금지**는 합리적 이유가 있는 차별이다(헌재 1999.6.24. 98헌마153).

4. 선거운동으로서 **2인을 초과하여 거리를 행진하는 행위 및 연달아 소리지르는 행위를 금지하는** 공직선거및선거부정방지법 제105조 제1항 제1호와 제3호가 선거운동의 자유를 침해하지 않는다(헌재 2006.7.27. 2004헌마215).

5. **서명운동금지조항**은 서명·날인에 의한 선거운동의 특수성과 그러한 방법의 선거운동이 우리의 선거현실에 미친 영향 등을 고려하여 입법한 것으로 선거의 공정성 확보를 위한 것이다. 서명운동금지조항이 정치적 표현의 자유를 침해한다고 볼 수 없다(헌재 2015.4.30. 2011헌바163).

6. 국회의원에게 선거운동기간 개시 전에 **의정활동보고를 허용하는 것**은 평등권 등을 침해한다고 할 수 없다(헌재 2001.8.30. 2000헌마121·201).

7. 공개장소에서의 연설·대담장소 또는 대담·토론회장에서 연설·대담·토론용으로 사용하는 경우를 제외하고는 선거운동을 위하여 확성장치를 사용할 수 없도록 한 공직선거법

확성장치사용 금지조항이 달성하고자 하는 공익이 그로써 제한되는 정치적 표현의 자유보다 작다고 할 수 없으므로, 위 조항은 법익의 균형성에도 어긋나지 않는다. 따라서 확성장치사용 금지조항은 과잉금지원칙에 반하여 정치적 표현의 자유를 침해하지 않는다(헌재 2022.7.21. 2017헌바100).

8. 선거운동기간 전에 공직선거법에 의하지 않은 **선전시설물·용구를 이용한 선거운동을 금지**하고, 이에 위반한 경우 처벌하도록 한 공직선거법 제254조 제2항

사전선거운동 금지조항은 선거에 관한 정치적 표현행위 가운데 특정후보자의 당선 또는 낙선을 도모한다는 목적의사가 뚜렷하게 인정되는 선거운동, 그중에서도 선전시설물·용구를 이용한 선거운동을 선거운동기간 전에 한정하여 금지하고 있다. 이는 선거의 과열경쟁으로 인한 사회·경제적 손실의 발생을 방지하고 후보자 간의 실질적인 기회균등을 보장하기 위한 것으로서, 선거운동 등 정치적 표현의 자유를 침해하지 아니한다(헌재 2022.11.24. 2021헌바301).

06 공무원의 중립의무

1. 공직선거법 제9조의 선거에서의 중립의무

공무원 기타 정치적 중립을 지켜야 하는 자(기관·단체를 포함한다)는 선거에 대한 부당한 영향력의 행사 기타 선거결과에 영향을 미치는 행위를 하여서는 아니 된다(공직선거법 제9조).

⚖️ 판례 | 공직선거법 제9조의 공무원

1. 공직선거법 제9조의 '공무원'이란 원칙적으로 국가와 지방자치단체의 모든 공무원, 즉 좁은 의미의 직업 공무원은 물론이고, 적극적인 정치활동을 통하여 국가에 봉사하는 정치적 공무원(例 **대통령, 국무총리, 국무위원, 도지사, 시장, 군수, 구청장 등 지방자치단체의 장**)을 포함한다(헌재 2005.6.30. 2004헌바33).

2. **대통령**
   선거에 있어서의 정치적 중립성은 행정부와 사법부의 모든 공직자에게 해당하는 공무원의 기본적 의무 이다. 더욱이, 대통령은 행정부의 수반으로서 공정한 선거가 실시될 수 있도록 총괄·감독해야 할 의무가 있으므로, 당연히 선거에서의 중립의무를 지는 공직자에 해당하는 것이고, 이로써 공직선거법 제9조의 '공무원'에 포함된다(헌재 2004.5.14. 2004헌나1).

3. **국회의원과 지방의원은 제외하고 지방자치단체장은 포함**
   국회의원·지방의원은 선거에서 중립의무를 지지 않으나, 대통령과 지방자치단체장은 중립의무를 진다(헌재 2005.6.30. 2004헌바33).

4. **대통령 기자회견에서 여당 지지발언**
   선거에 임박한 시기이기 때문에 공무원의 정치적 중립성이 어느 때보다도 요청되는 때에, 공정한 선거관 리의 궁극적 책임을 지는 대통령이 기자회견에서 전 국민을 상대로, 대통령직의 정치적 비중과 영향력을 이용하여 특정 정당을 지지하는 발언을 한 것은, 대통령의 지위를 이용하여 선거에 대한 부당한 영향력 을 행사하고 이로써 선거의 결과에 영향을 미치는 행위를 한 것이므로, 선거에서의 중립의무를 위반하였 다(헌재 2004.5.14. 2004헌나1).

⚖️ 판례 | 공무원의 선거에서 중립성 의무를 규정한 공직선거법 제9조에 대한 헌법소원 (헌재 2008.1.17. 2007헌마700) *기각결정

1. **공직선거법과 국가공무원법**
   국가공무원법 조항은 정무직 공무원들의 일반적 정치활동을 허용하는 데 반하여, 이 사건 법률조항은 그 들로 하여금 정치활동 중 '선거에 영향을 미치는 행위'만을 금지하고 있으므로, **공직선거법은 선거영역에 서의 특별법으로서 일반법인 국가공무원법 조항에 우선하여 적용된다**고 할 것이다. 그리고 이 사건 법 률조항의 행위는 공직자가 공직상 부여되는 정치적 비중과 영향력을 국민 모두에 대하여 봉사하고 책임 을 지는 그의 과제와 부합하지 않는 방법으로 사용하여 선거에서의 득표에 영향을 미치는 행위를 말한다 고 할 것이다. 이 사건 법률조항이 규율하는 '행위'를 위와 같이 구체화할 수 있을 뿐 아니라, 일반 공무 원이 이 사건 법률조항을 위반한 경우에는 직무상의 의무(다른 법령에서 공무원의 신분으로 인하여 부과 된 의무 포함) 위반이나 직무태만으로 징계사유가 되고(국가공무원법 제78조 제1항 제2호), 대통령의 경 우 탄핵사유가 될 수 있으므로 위 법률조항의 위반에 대한 제재가 전혀 없다고 볼 수도 없다. 따라서 이 사건 법률조항이 구체적 법률효과를 발생시키지 않는 단순한 선언적·주의적 규정이라고 볼 수 없다.

2. 공직선거법 제9조의 표현의 자유 침해 여부

공무원들이 직업공무원제에 의하여 신분을 보장받고 있다 하여도, 최종적인 인사권과 지휘감독권을 갖고 있는 대통령의 정치적 성향을 의식하지 않을 수 없으므로 대통령의 선거개입은 선거의 공정을 해할 우려가 무척 높다. 결국 선거활동에 관하여 대통령의 정치활동의 자유와 선거중립의무가 충돌하는 경우에는 후자가 강조되고 우선되어야 한다. 민주주의 국가에서 공무원 특히 대통령의 선거중립으로 인하여 얻게 될 '선거의 공정성'은 매우 크고 중요한 반면, 대통령이 감수하여야 할 '표현의 자유 제한'은 상당히 한정적이므로, 위 법률조항은 법익의 균형성도 갖추었다 할 것이고, 결국 이 사건 법률조항이 과잉금지원칙에 위배되어 청구인의 정치적 표현의 자유를 침해하는 것으로 볼 수 없다.

3. 국회의원과 지방의회의원이 대통령과 달리 공직선거법 제9조의 적용을 받지 않는 것

대통령은 국정의 책임자이자 행정부의 수반이므로 공명선거에 대한 궁극적 책무를 지고 있고, 공무원들은 최종적인 인사권과 지휘감독권을 갖고 있는 대통령의 정치적 성향을 의식하지 않을 수 없으므로 대통령의 선거개입은 선거의 공정을 해칠 우려가 높다. 이에 반하여 국회의원이나 지방의회의원은 공무원의 선거관리에 영향을 미칠 가능성이 높지 않고, 국회의원은 국회의 구성원임과 동시에 정당소속원으로서 선거에 직접 참여하는 당사자가 될 수도 있고, 복수정당제나 자유선거의 원칙을 실현하기 위하여 정책홍보 등 광범위한 선거운동의 주체가 될 필요도 있으므로 선거에서의 중립성을 요구하는 것이 적절하지 않다. 결국 국회의원과 지방의회의원이 대통령과 달리 이 사건 법률조항의 적용을 받지 않는 것은 합리적인 차별이라고 할 것이므로, 위 법률조항은 평등의 원칙에 반하지 아니한다.

4. 의견진술의 기회보장 없이 공직선거법 제9조 위반결정의 적법절차 위반 여부

각급 선거관리위원회의 의결을 거쳐 행하는 사항에 대하여는 원칙적으로 행정절차에 관한 규정이 적용되지 않는바(행정절차법 제3조 제2항 제4호), 위반행위자에게 의견진술의 기회를 보장하는 것이 반드시 필요하거나 적절하다고 보기는 어렵다. 청구인에게 위 조치 전에 의견진술의 기회를 부여하지 않은 것이 적법절차원칙에 어긋나서 청구인의 기본권을 침해한다고 볼 수 없다.

2. 공무원 지위를 이용한 선거운동금지

공무원도 사인의 지위에서에서는 정치적 의사를 표현할 수 있으나 공무원 지위를 이용한 선거운동은 금지된다.

> **공직선거법 제85조【공무원 등의 선거관여 등 금지】** ① 공무원 등 법령에 따라 정치적 중립을 지켜야 하는 자는 직무와 관련하여 또는 지위를 이용하여 선거에 부당한 영향력을 행사하는 등 선거에 영향을 미치는 행위를 할 수 없다.
> ② 공무원은 그 지위를 이용하여 선거운동을 할 수 없다. 이 경우 공무원이 그 소속 직원이나 제53조 제1항 제4호부터 제6호까지에 규정된 기관 등의 임직원 또는 공직자윤리법 제17조에 따른 취업심사대상기관의 임·직원을 대상으로 한 선거운동은 그 지위를 이용하여 하는 선거운동으로 본다.

> **⚖️ 판례 | 공무원지위를 이용한 선거에 영향을 미치는 행위를 금지하는 공직선거법 제85조** *합헌결정

1. 공무원지위를 이용한 선거에 영향을 미치는 행위를 금지하는 공직선거법 제85조 제1항

'선거에 영향을 미치는 행위'란 공직선거법이 적용되는 선거에 있어 선거과정 및 선거결과에 변화를 주거나 그러한 영향을 미칠 우려가 있는 일체의 행동으로 해석할 수 있고, 구체적인 사건에서 그 행위가 이루어진 시기, 동기, 방법 등 제반 사정을 종합하여 그 내용을 판단할 수 있다 할 것이므로, 이 사건 금지조항은 죄형법정주의의 명확성원칙에 위배되지 아니한다(헌재 2016.7.28. 2015헌바6).

2. 제85조 제2항 전문의 해당 부분이 공무원의 지위를 이용한 선거운동을 금지하고 이를 처벌하는 대상으로 선거에서의 정치적 중립의무를 지지 않는 지방의회의원을 제외하는지 여부가 불명확하여 죄형법정주의의 명확성원칙을 위반하는지 여부(소극)

지방의회의원이 정당을 대표하며, 선거운동의 주체로서 그에게는 선거에서의 정치적 중립성이 요구될 수 없으므로, 선거결과에 영향을 미치는 행위를 금지하는 공직선거법 제9조의 공무원에 포함되지 않는다고 해석된다고 하여, 구 공직선거법 제85조 제2항이 지방의회의원에 대한 명시적인 배제규정을 두고 있지 않음에도 불구하고, 공무원의 지위를 이용한 선거운동이 금지되는 대상에서 지방의회의원이 제외된다고 해석할 수 없다. 따라서 공무원 지위이용 선거운동죄 조항은 죄형법정주의의 명확성원칙을 위반하지 아니한다(헌재 2020.3.26. 2018헌바3).

> 참고 공무원의 지위를 이용하여 선거에 영향을 미치는 행위에 대하여 1년 이상 10년 이하의 징역 또는 1천만원 이상 5천만원 이하의 벌금에 처하도록 규정한 공직선거법: 선거에 영향을 미치는 행위는 그 적용범위가 광범위하고 죄질의 양상도 다양하게 나타날 수 있어, 구체적인 사안에 따라서는 위법성이 현저히 작은 행위도 '선거에 영향을 미치는 행위'에 포함됨에 따라 책임에 비례하지 않는 형벌이 부과될 가능성도 존재한다. 따라서 이 사건 처벌조항은 형벌체계상의 균형을 현저히 상실하였다(헌재 2016.7.28. 2015헌바6). *위헌결정

3. 공무원 지위를 이용한 선거운동의 기획에 참여하거나 그 기획의 실시에 관여하는 행위 금지

공직선거법 제86조【공무원 등의 선거에 영향을 미치는 행위금지】① 공무원(국회의원과 그 보좌관·비서관·비서 및 지방의원을 제외한다), … 다음 각 호의 어느 하나에 해당하는 행위를 하여서는 아니 된다.
  2. 지위를 이용하여 선거운동의 기획에 참여하거나 그 기획의 실시에 관여하는 행위

⚖ 판례 | 공무원의 선거운동 기획참여를 금지한 공직선거법 제86조 *한정위헌결정

모든 공무원에 대해 '선거운동의 기획에 참여하거나 그 기획의 실시에 관여하는 행위'를 금지하는 것이 정치적 표현의 자유를 침해하는 것인지 여부(적극)

공무원이 '그 지위를 이용하여' 하는 선거운동의 기획행위 외에 사적인 지위에서 하는 선거운동의 기획행위까지 포괄적으로 금지하는 것에서 비롯된 것이므로, 공무원의 선거기획 참여를 금지한 공직선거법 조항은 공무원의 지위를 이용하지 아니한 행위에까지 적용하는 한 헌법에 위반된다(헌재 2008.5.29. 2006헌마1096).

4. 기타

⚖ 판례

1. 공무원의 투표권유운동 및 기부금모집을 금지하고 있는 국가공무원법 제65조는 표현의 자유 침해가 아니다(헌재 2012.7.26. 2009헌바298).

2. 선거일 전 180일부터 지방자치단체장이 홍보물 발행과 배부를 제한하는 공직선거법 제86조 제3항은 공정한 선거라는 공익을 달성하기 위한 부득이한 표현의 자유 제한이다(헌재 1999.5.27. 98헌마214).

07 선거비용

> 헌법 제116조 ② 선거에 관한 경비는 법률이 정하는 경우를 제외하고는 정당 또는 후보자에게 부담시킬 수 없다.

1. 선거공영제

(1) 의의

선거공영제는 선거 자체가 국가의 공적 업무를 수행할 국민의 대표자를 선출하는 행위이므로 이에 소요되는 비용은 원칙적으로 국가가 부담하는 것이 바람직하다는 점과 선거경비를 개인에게 모두 부담시키는 것은 경제적으로 넉넉하지 못한 자의 입후보를 어렵거나 불가능하게 하여 국민의 공무담임권을 부당하게 제한하는 결과를 초래할 수 있다는 점을 고려하여, 선거의 관리 · 운영에 필요한 비용을 후보자 개인에게 부담시키지 않고 국민 모두의 공평부담으로 하고자 하는 원칙이다(헌재 2011.4.28. 2010헌바232).

(2) 선거공영제의 입법형성권

선거공영제의 내용은 우리의 선거문화와 풍토, 정치문화 및 국가의 재정상황과 국민의 법감정 등 여러 가지 요소를 종합적으로 고려하여 입법자가 정책적으로 결정할 사항으로서 넓은 입법형성권이 인정되는 영역이다(헌재 2011.4.28. 2010헌바232).

> **⚖ 판례 | 선거비용 *합헌결정**
>
> 헌법 제116조 제2항은 법률이 정하는 경우에는 선거에 관한 경비의 일부를 후보자에게 부담시킬 수 있도록 규정하고 있고, 시 · 도지사선거에 들어가는 일체의 비용을 지방자치단체가 부담하도록 하는 것은 주민의 조세부담이나 지방재정형편에 비추어 반드시 적절하다고 할 수 없으므로 당선될 가능성이 희박함에도 무리하게 입후보를 한 것으로 보여지는 **득표율이 저조한 후보자에 대하여는 선거비용의 일부인 선전벽보 및 선거공보의 작성비용을 부담시키는 것**이 부당하다고 할 수 없다(헌재 1996.8.29. 95헌바108).

2. 비용제한

공직선거법 개정으로 선거비용제한액 산정 구체적 기준이 규정되었고(예 대통령선거는 인구수 × 950원, 공직선거법 제121조), 선거관리위원회는 공직선거법 제121조에 따라 선거비용제한액을 공고한다. **선거비용 제한은 항목별 제한이 아니라 총액 제한이다.**

3. 비용반환

> **공직선거법 제122조의2【선거비용의 보전 등】** ① 선거구선거관리위원회는 다음 각 호의 규정에 따라 후보자(대통령선거의 정당추천후보자와 비례대표국회의원선거 및 비례대표지방의회의원선거에 있어서는 후보자를 추천한 정당을 말한다. 이하 이 조에서 같다)가 이 법의 규정에 의한 선거운동을 위하여 지출한 선거비용[정치자금법 제40조(회계보고)의 규정에 따라 제출한 회계보고서에 보고된 선거비용으로서 정당하게 지출한 것으로 인정되는 선거비용을 말한다]을 제122조(선거비용제한액의 공고)의 규정에 의하여 공고한 비용의 범위 안에서 대통령선거 및 국회의원선거에 있어서는 국가의 부담으로, 지방자치단체의 의회의원 및 장의 선거에 있어서는 당해 지방자치단체의 부담으로 선거일 후 보전한다.

1. 대통령선거, 지역구국회의원선거, 지역구지방의회의원선거 및 지방자치단체의 장선거
   가. 후보자가 당선되거나 사망한 경우 또는 후보자의 득표수가 유효투표총수의 100분의 15 이상인 경우 후보자가 지출한 선거비용의 전액
   나. 후보자의 득표수가 유효투표총수의 100분의 10 이상 100분의 15 미만인 경우 후보자가 지출한 선거비용의 100분의 50에 해당하는 금액
2. 비례대표국회의원선거 및 비례대표지방의회의원선거 후보자명부에 올라 있는 후보자 중 당선인이 있는 경우에 당해 정당이 지출한 선거비용의 전액

⚖ 판례 | 선거비용 반환 *합헌 또는 기각결정

1. 당선무효된 자에 대한 선거비용 반환제도
당선무효된 자에 대하여 기탁금 및 선거비용을 반환하도록 한 공직선거법조항은 선거공영제의 취지에 어긋나지 않는 범위에서 선거문화와 풍토 및 국가의 재정상황을 고려하여 제한된 범위의 예외를 설정한 것이므로 선거공영제에 관한 입법형성권의 범위를 벗어난 자의적인 것이라고 할 수 없다(헌재 2011.4.28. 2010헌바232).

2. 유효투표수 10% 이상을 득표한 후보자에게만 선거비용을 보전해 주도록 한 것은 평등권 침해가 아니다 (헌재 2010.5.27. 2008헌마491).

3. 공직선거법에 위반되는 **선거운동을 위하여 지출된 비용을 보전대상에서 제외**하는 공직선거법 제122조의2는 선거공영제 정신에 위배되지 않는다. 표현의 자유를 침해한다고 볼 수 없다(헌재 2012.2.23. 2010헌바485).

4. 선거범죄로 당선이 무효로 된 자에게 이미 반환받은 기탁금과 보전받은 선거비용을 다시 반환하도록 하는 것은 헌법에 반하지 않는다(헌재 2011.4.28. 2010헌바232).

5. 예비후보자 선거비용을 보전해줄 경우 선거가 조기에 과열되어 예비후보자 제도의 취지를 넘어서 악용될 수 있고, 탈법적인 선거운동 등을 단속하기 위한 행정력의 낭비도 증가할 수 있는 반면, 선거비용 보전 제한조항으로 인하여 후보자가 받는 불이익은 일부 경제적 부담을 지는 것인데, 후원금을 기부받아 선거비용을 지출할 수 있으므로 그 부담이 경감될 수 있다. 따라서 **예비후보자의 선거비용을 보전대상에서 제외하고 있는 공직선거법** 제122조의2 제2항 제1호는 법익균형성 원칙에도 반하지 않는다(헌재 2018.7.26. 2016헌마524).

6. 낙선한 후보자와 달리 당선된 후보자가 반환·보전비용을 정치자금으로 사용할 수 있도록 하더라도 이를 불합리한 차별이라고 할 수 없다. 후원자로서도 후원금을 기부할 때 그 후보자가 소속된 정당을 중요하게 고려하므로, 반환·보전비용을 정당에 인계하도록 한 것이 불합리하다고 할 수 없다. 지역구국회의원선거의 정당추천후보자가 후원회의 후원금으로 납부하거나 지출한 기탁금과 선거비용 중 **반환·보전받은 반환·보전비용을 소속정당에 인계하거나 국고에 귀속시키도록 정하고 있는** 정치자금법은 청구인들의 평등권을 침해하지 않는다(헌재 2018.7.26. 2016헌마524).

08 선거에 관한 소송제도

1. 선거소송과 당선소송 ★★★

(1) 선거소청과 소송
① 선거인, 정당(후보자를 추천한 정당에 한한다), 후보자가 선거소송을 제기할 수 있으며, 피고는 당해 선거를 관할한 선거관리위원회 위원장이다.
② 선거소청은 국회의원선거와 대통령선거에는 인정되지 않으므로 바로 대법원에 소를 제기한다.

③ 지방의원과 지방자치단체장선거에 대해서는 선거소청절차를 거쳐야 선거소송을 제기할 수 있다.

(2) 당선소송

① 당선의 효력에 이의가 있는 정당(후보자를 추천한 정당에 한한다), 후보자가 당선소송을 제기할 수 있다. 당선인, 관할 선관위위원장 등이 피고가 된다. 대통령선거의 경우 중앙선거관리위원장, 국회 의장, 당선인이 피고가 된다.

② 당선인이 사망·사퇴한 경우 **대통령선거**에서는 **법무부장관**이, **국회의원선거** 등에서는 **관할 고등검찰 청 검사장**이 피고가 된다.

⚖ 판례 | 당선소송

국회의원선거법 제146조의 당선소송은 선거가 유효임을 전제로 하여 개개인의 당선인 결정에 위법이 있음 을 이유로 그 효력을 다투는 소송이고, 국회의원선거법 제145조의 선거소송은 선거의 관리와 집행이 선거에 관한 규정에 위반하였다는 이유로 선거의 효력을 다투는 소송인바, 선거운동과정에서 개별적인 선거사범에 해당하는 사유가 있다는 문제는 관계자가 선거법 위반으로서 처벌대상이 될 뿐이고 그 처벌로 인하여 당선 이 무효로 되는 수는 있을망정 이로써 선거무효의 원인은 될 수 없다(대판 1989.1.18. 88수177).

---

(3) 선거무효판결

소청이나 소장을 접수한 선거관리위원회 또는 대법원이나 고등법원은 선거쟁송에 있어 선거에 관한 규정에 위반된 사실이 있는 때라도 **선거의 결과에 영향을 미쳤다고 인정하는 때에 한하여** 선거의 전부 나 일부의 무효 또는 당선의 무효를 결정하거나 판결한다.

☑ 선거소송과 당선소송의 비교

구분	선거소송(공직선거법 제222조)	당선소송(공직선거법 제223조)		
제소사유	선거의 효력(전부나 일부무효)에 관하여 이의가 있을 때	당선의 효력(개표부정이나 착오 등)에 관하여 이의가 있을 때		
제소권자	선거인, 정당(후보자를 추천한 정당에 한한다), 후보자	정당, 후보자, 지방선거의 경우 소청인 및 피소청인		
피고	관할 선거관리위원회 위원장	대통령선거	• 당선인 • 중선위위원장 • 국회의장 • 법무부장관(사망·사퇴)	
		국회의원선거	• 관할 선관위위원장 • 당선인	
		지방의회의원, 지방자치단체의 장 선거	• 관할 선관위위원장 • 당선인	
		당선인이 사퇴·사망한 경우	• 법무부장관(대통령선거) • 관할 고등검찰청 검사장 (국회의원선거, 지방선거)	

제소기간	대통령·국회의원선거	선거일로부터 30일 이내	대통령·국회의원선거	당선인 결정일로부터 30일 이내
	지방의회의원·지방자치단체의 장 선거	선거일로부터 14일 이내 소청 ↓ 소청결정서를 받은 날로부터 10일 이내 소제기	지방의회의원·지방자치단체의 장 선거	당선인 결정일로부터 14일 이내 소청 ↓ 소청결정서를 받은 날로부터 10일 이내 소제기
제소법원	대법원	대통령, 국회의원, 시·도지사 선거, 비례대표 시·도의원 선거		
	관할 고등법원	지역구 시·도의원선거, 자치구 시·군의원선거, 자치구·시·군의 장 선거		

2. 재정신청(공직선거법 제273조)

(1) 도입배경

과거 선거법이 지켜지지 않은 중요한 이유 중 하나인 검사의 공소권 행사의 공정성 문제를 해결하기 위해 검사의 불공정한 불기소처분에 대한 대책으로 재정신청제도가 도입되었다.

(2) 대상범죄

매수·이해유도죄 등 공직선거법상의 범죄이다(공직선거법 제273조 제1항). 그러나 공직선거법상의 모든 범죄는 아님을 주의해야 한다.

(3) 재정신청권자

① 고소, 고발한 후보자, 정당의 중앙당(시·도당 제외), 당해 선거관리위원회는 관할 고등법원에 재정신청을 할 수 있다.

② 재정신청권자를 '고발을 한 후보자와 정당(중앙당에 한함) 및 해당 선거관리위원회'로 제한한 공직선거법은 재판청구권을 침해하지 않는다(헌재 2015.2.26. 2014헌바181).

⚖️ 판례 | 선거 관련

투표와 개표

1. **투표지분류기 등 이용하여 개표하도록 하는 것**은 선거권 행사결과를 확인하는 개표절차를 입법을 통해 형성하는 것이므로 입법권이 자의적으로 행사되어 현저하게 불합리하고 불공정한 입법이 되었다고 인정되지 않는 한 헌법에 위반된다고 볼 수 없다(헌재 2016.3.31. 2015헌마1056·1172, 2016헌마37).

2. 청구인들의 주장은 후보자 전부에 대한 선거권자의 불신을 표시하는 방법을 입법자가 보장하라는 것인데, 공직자를 선출하는 **선거권의 보호범위에 '후보자 전부거부' 투표방식의 보장까지 포함된다고 보기는 곤란하다.** 투표용지에 전부거부를 표시할 수 없도록 한 것은 선거권 제한은 아니다(헌재 2007.8.30. 2005헌마975).

방송토론

1. **원내교섭단체 보유 정당의 대통령후보자와 5개 이상의 중앙종합일간지와 3개 텔레비젼 방송사가 조사한 후보등록 이전 10일간 여론조사결과 평균지지율 10% 이상인 대통령후보자에 한해 합동방송토론회를 개최하기로 한 토론위원회의 결정**은 헌법소원의 대상이 되는 공권력 행사이다. 토론위원회가 방송토론회의 장점을 극대화하고 대담·토론의 본래 취지를 살리기 위하여, 공직선거법이 부여한 재량범위 내에서, 후보자 선정기준으로서 최소한의 당선가능성과 주요 정당의 추천에 입각한 소수의 후보자를 선정한 것은 비합리적이고 자의적이라 할 수 없다(헌재 1998.8.27. 97헌마372).

2. 지방자치단체장선거에서 각급선거방송토론위원회가 필수적으로 개최하는 대담·토론회 등의 초청 자격을 제한하고 있는 공직선거법 제82조의2

이 사건 토론회조항은 전체 국민을 대상으로 한 선거를 통하여 이미 국민의 일정한 지지가 검증되었다고 볼 수 있는 정당의 추천을 받은 사람, 지난 선거에서 일정 수 이상의 득표를 함으로써 해당 지역의 선거구 내 주민들의 일정한 지지가 검증되었다고 볼 수 있는 사람, 위와 같은 요건을 갖추지는 못하였지만 여론조사를 통하여 해당 지역 유권자들의 관심과 지지가 어느 정도 확보되고, 그러한 사실이 확인될 수 있는 사람을 대상으로 하고 있는바, 그 요건이 자의적이라고 볼 수 없다. 이 사건 토론회조항은 선거운동의 기회균등원칙과 관련한 평등권을 침해하지 않는다(헌재 2019.9.26. 2018헌마128).

3. 장애인 관련
① **장애인과 비장애인 후보자를 구분하지 아니하고 선거운동방법을 제한한** 공직선거법 제93조는 중증장애인 후보자에 대하여만 특정한 선거운동방법을 금지·제한하는 것이 아니라 중증장애인 후보자와 비장애인 후보자를 동등하게 취급하였다는 점이 결과적으로 불평등을 초래하였다는 것이어서, 위 법률조항으로 인하여 관련 기본권에 대한 중대한 제한이 초래되었다고 볼 수 없으므로 이 사건에서의 평등심사는 완화된 기준에 의한다. 공직선거법에 따라 적법하게 할 수 있는 선거운동 방법 가운데 오늘날에는 후보자가 직접 일일이 투표권자를 찾아다니며 얼굴을 알리는 방법보다는 신문·방송·인터넷을 통한 광고, 방송연설 또는 정보통신망을 이용한 선거운동의 영향력이 현저히 커지는 추세이므로 공직선거법 제93조 제1항 본문이 장애인과 비장애인 후보자를 구분하지 아니하고 선거운동방법을 제한하였더라도 이를 두고 서로 다른 것을 자의적으로 동일하게 취급함으로써 이 사건 중증장애인 후보자인 청구인들의 평등권 등을 침해하는 것이라 볼 수 없다. 또한 중증장애인 후보자의 경우에도 비장애인 후보자들과 동일하게 선거사무원의 수를 제한하는 것은 중증장애인 후보자의 평등권 등 기본권을 침해한다고 할 수 없다(헌재 2009.2.26. 2006헌마626).
② **선거방송광고를 수화방송을 하도록 의무사항으로 규정하지 않은** 공직선거법은 청구인들의 참정권, 평등권 등 헌법상 기본권을 침해하는 정도의 것이라고 볼 수 없다(헌재 2009.5.28. 2006헌마285).
③ **점자형 선거공보의 작성 여부를 후보자의 임의사항으로 규정하고** 그 면수를 책자형 선거공보의 면수 이내로 한정하고 있더라도, 시각장애인의 선거권과 평등권을 침해한다고 볼 수 없다(헌재 2014.5.29. 2012헌마913).
④ 대통령선거·지역구국회의원선거 및 지방자치단체의 장선거에서, 점자형 선거공보를 책자형 선거공보의 면수 이내에서 의무적으로 작성하도록 하면서, **책자형 선거공보에 내용이 음성으로 출력되는 전자적 표시가 있는 경우에는 점자형 선거공보의 작성을 생략할 수 있도록** 규정한 공직선거법 제65조 제4항은 선거권을 침해한다고 할 수 없다(헌재 2016.12.29. 2016헌마548).

4. 교육감 선거와 관련하여 **후보자를 사퇴한 데 대한 대가를 목적으로 후보자이었던 자에게 금전을 제공하는 행위를 한 자**를 공직선거법을 준용하여 처벌하는 것은 과잉금지원칙에 반하지 않는다(헌재 2012.12.27. 2012헌바47).

5. 정당후보자와 무소속후보자
① 국회의원선거에서 **정당추천후보자와 무소속후보자 간 기탁금을 차별하는 것**은 합리적 이유가 없는 차별이다.
② 후보자 기호를 정당 국회의원 의석수, 무소속후보자의 순으로 하는 공직선거법 제150조는 정당제도를 규정한 헌법의 취지를 고려하면 합리적 이유가 있는 차별이다(헌재 1996.3.28. 96헌마9).
③ 정당추천후보자에게 별도로 **정당연설회를 할 수 있도록 한** 선거법은 무소속후보자의 평등권을 침해한다(헌재 1992.3.13. 92헌마37·39).
④ **정당추천후보자에게 소형인쇄물을 2종 더 제작·배부할 수 있도록 한** 선거법은 무소속후보자의 평등권을 침해한다(헌재 1992.3.13. 92헌마37·39).
⑤ **선거운동에서의 평등은 절대적 평등이 아니므로** 정당후보자와 무소속후보자 간 차별이 합리적 이유가 있다면 허용된다.

제5절 공무담임권

1. 의의

공무담임권이란 선거직공무원을 포함한 모든 국가기관의 공직에 취임할 수 있는 권리이다. 따라서 공무담임권은 선거직공무원에 입후보할 수 있는 피선거권과 모든 공직에 취임할 수 있는 개념이므로 공무담임권은 피선거권보다 넓은 개념이다.

2. 공무담임권 보호 여부

공무담임권은 선거직공무원이나 일반직공무원에 취임할 기회를 보장하는 권리이다. **공직에 취임할 수 있는 현실적 권리**를 보장하는 것이 아니라, 공무담임의 기회보장적 성격을 갖는 것이다. 승진가능성은 공무담임권에서 보호되지 않으나 **승진할 때에도 균등한 기회 제공을 요구한다.**

⚖ 판례 | 공무담임권 보호영역

보호되는 것

1. 공무담임권의 보호영역에는 공직취임 기회의 자의적인 배제뿐 아니라 **공무원 신분의 부당한 박탈이나 권한(직무)의 부당한 정지도 포함되므로**, 이 사건 법률조항이 임기가 정하여져 있는 선거직 공무원의 직무를 '형이 확정될 때까지'라는 불확실한 시점까지 정지시키는 것은, 비록 일시적이고 잠정적인 처분이라 하더라도, 헌법상 보장된 청구인의 공무담임권을 제한하고 있다고 할 것이다(헌재 2010.9.2. 2010헌마418).

2. 공무담임권이란 입법부, 집행부, 사법부는 물론 지방자치단체 등 국가, 공공단체의 구성원으로서 그 직무를 담당할 수 있는 권리를 말한다. 여기서 직무를 담당한다는 것은 모든 국민이 현실적으로 그 직무를 담당할 수 있다고 하는 의미가 아니라, **국민이 공무담임에 관한 자의적이지 않고 평등한 기회를 보장받음을 의미하는바, 공무담임권의 보호영역에는 공직취임의 기회의 자의적인 배제뿐만 아니라, 공무원 신분의 부당한 박탈까지 포함되는 것이라고 할 것이다**(헌재 2002.8.29. 2001헌마788).

3. 공무담임권은 공직취임의 기회 균등뿐만 아니라 취임한 뒤 **승진할 때에도 균등한 기회 제공을 요구한다.** 군복무 이후 공무원이 된 자는 군 복무기간이 승진소요 최저연수에 포함되지 않으므로 공무원으로 근무하다가 군 복무를 한 사람보다 더 오래 재직하여야 승진임용절차가 진행된다. 또 군 복무기간이 경력평정에서도 일부만 산입되므로 경력평정점수도 상대적으로 적게 부여된다. 이는 승진임용절차 개시 및 승진임용점수 산정과 관련된 법적 불이익에 해당하므로, 승진경쟁인원 증가에 따라 승진가능성이 낮아지는 사실상의 불이익 문제나 단순한 내부승진인사 문제와 달리 공무담임권의 제한에 해당한다(헌재 2018.7.26. 2017헌마1183).

보호되지 않는 것

1. **승진가능성**이라는 것은 공직신분의 유지나 업무수행과 같은 법적 지위에 직접 영향을 미치는 것이 아니고 간접적·사실적 또는 경제적 이해관계에 영향을 미치는 것에 불과하여 공무담임권의 보호영역에 포함된다고 보기는 어렵다. 이 사건 심판대상조항에 의하여 경찰청 내에 일반직공무원의 정원이 증가하여 승진 경쟁이 치열해졌다 하더라도 그러한 불이익은 승진기회 내지 승진확률이 축소되는 사실상의 불이익에 불과할 뿐이므로 이 사건 심판대상조항으로 인하여 청구인들의 헌법상 공무담임권 침해 문제가 생길 여지는 없다(헌재 2007.6.28. 2005헌마179).

2. 사무직렬 기능직공무원의 일반직공무원 특별채용에 관한 특례를 규정함으로써 경찰청 이외의 다른 부처의 일반직공무원 내지 경찰청 내의 기능직공무원에 비하여 경찰청 일반직공무원인 청구인들을 차별하여 평등권을 침해할 가능성이 있는지 여부(소극)

청구인들은 임용권자, 업무환경, 인사정책, 업무실태, 공무원 정원 등의 면에서 다른 부처의 일반직공무원과 본질적으로 동일한 지위에 있지 아니하므로 부처가 다른 일반직공무원에 비하여 승진확률이 더 낮아졌다고 하여 이를 들어 같은 것을 다르게 취급하는 것이라고 볼 수 없고, 경찰청 내 사무직렬 기능직공무원을 일반직공무원으로 임용하여 일반직공무원과 같이 취급하는 것은 담당 업무 및 기능의 유사성, 경력직공무원이라는 신분의 유사성 등에 비추어 본질적으로 다르지 아니한 것을 같게 취급하고 있는 것이므로 청구인들의 평등권이 침해될 가능성은 없다(헌재 2013.11.28. 2011헌마565).

3. **헌법 제25조의 공무담임권의 보호영역에는 특별한 사정도 없이 공무원이 특정의 장소에서 근무하는 것이나 특정의 보직을 받아 근무하는 것을 포함하는 일종의 '공무수행의 자유'까지 포함된다고 보기 어렵다.**

   ① 단과대학장이라는 **특정의 보직을 받아 근무할 것을 요구할 권리**는 공무담임권의 보호영역에 포함되지 않는 공무수행의 자유에 불과하므로, 이 사건 심판대상조항에 의해 청구인들의 공무담임권이 침해될 가능성이 인정되지 아니한다(헌재 2014.1.28. 2011헌마239).

   ② **국방부 등의 보조기관에 근무할 수 있는 기회를 현역군인에게만 부여하고 군무원에게는 부여하지 않는 법률조항**은 특정직공무원으로서 군무원인 청구인들의 공무담임권을 제한하는 것은 아니다(헌재 2008.6.26. 2005헌마1275).

4. **공무담임권은 원하는 경우에 언제나 공직에 취임할 수 있는 현실적 권리를 보장하는 것이 아니라, 공무담임의 기회보장적 성격을 갖는 것이다**(헌재 2005.4.28. 2004헌마219).

5. 공무담임권은 피선거권과 공직취임의 기회만을 보장할 뿐 일단 **당선 또는 임명된 공직에서 그 활동이나 수행의 자유를 보장**하는 것은 아니다(헌재 1999.5.27. 98헌마214).

6. **학교운영위원**은 공무원이 아니다(헌재 2007.3.29. 2005헌마1144).

7. **이장**은 공무원이 아니다(헌재 2009.10.29. 2009헌마127).

8. **서울교통공사의 직원**이라는 직위가 헌법 제25조가 보장하는 공무담임권의 보호영역인 '공무'의 범위에는 해당하지 않는다(헌재 2021.2.25. 2018헌마174).

9. **연로회원지원금**을 지급하는 것은 공무담임권의 보호영역에 속하지 않으므로 1년 미만 국회의원직을 보유한 자에 대해 대한민국헌정회 연로회원지원금 지원대상에서 배제가 공무담임권을 제한한다고도 할 수 없다(헌재 2015.4.30. 2013헌마666).

10. 청구인이 **정당의 내부경선에 참여할 권리**는 헌법이 보장하는 공무담임권의 내용에 포함된다고 보기 어렵고 청구인의 소속 정당이 당내경선을 실시하지 않는다고 하여 청구인이 공직선거의 후보자로 출마할 수 없는 것이 아니므로 심판대상조항으로 인하여 청구인의 공무담임권이 침해될 여지는 없다(헌재 2014.11.27. 2013헌마814).

11. 헌법 제25조의 공무담임권이 공무원의 재임기간 동안 충실한 공무 수행을 담보하기 위하여 **공무원의 퇴직급여 및 공무상 재해보상을 보장할 것**까지 그 보호영역으로 하고 있다고 보기 어렵다(헌재 2014.6.26. 2012헌마459).

   참고 공무원이 국가 또는 지방자치단체에 대하여 **어느 수준의 보수를 청구할 수 있는 권리**는 단순한 기대이익에 불과하여 재산권의 내용에 포함된다고 볼 수 없다(헌재 2008.12.26. 2007헌마444).

3. 공무담임권의 제한에 대한 일반적인 위헌심사기준

공무담임권의 제한의 경우는 그 직무가 가지는 공익실현이라는 특수성으로 인하여 그 직무의 본질에 반하지 아니하고 결과적으로 다른 기본권의 침해를 야기하지 아니하는 한 상대적으로 강한 합헌성이 추정될 것이므로, 주로 평등의 원칙이나 목적과 수단의 합리적인 연관성여부가 심사대상이 될 것이며 법익형량에 있어서도 **상대적으로 다소 완화된 심사를 하게 될 것이다**(헌재 2002.10.31. 2001헌마557).

⚖️ 판례 | 공무원 임용결격사유와 당연퇴직의 공무담임권 침해 여부

공무담임권 침해인 것

1. **금고 이상 형의 선고유예를 받은 공무원의 당연퇴직을 규정한 지방공무원법**은 공무원 범죄를 사전에 예방하고 국민의 신뢰를 유지하려는 이 사건 법률조항의 목적은 정당하나 금고 이상의 선고유예판결을 받은 모든 공무원의 당연퇴직을 규정하여 교통사고 관련 범죄 등 과실범의 경우마저 당연퇴직하도록 하는 것은 공무담임권을 침해한다(헌재 2002.8.29. 2001헌마788).

   유사 향토예비군 지휘관이 금고 이상의 형의 선고유예를 받은 경우에 당연 해임되도록 규정한 향토예비군 설치법 시행규칙은 교통사고 관련 범죄 등 과실범의 경우마저 당연해임의 사유에서 제외하지 않고 있으므로 최소침해성의 원칙에 반하여 공무담임권을 침해한다(헌재 2005.12.22. 2004헌마947).

   유사 청원경찰이 금고 이상의 형의 선고유예를 받은 경우 당연퇴직되도록 규정한 청원경찰법은 직업의 자유를 침해한다(헌재 2018.1.25. 2017헌가26).

2. **자격정지 이상의 형의 선고유예받은 경우 당연퇴직** (헌재 2003.9.25. 2003헌마293)

   ① **직업군인이 자격정지 이상의 형의 선고유예를 받은 경우에 군공무원직에서 당연히 제적하도록 규정되어 있는** 이 사건 법률조항은 자격정지 이상의 선고유예 판결을 받은 모든 범죄를 포괄하여 규정하고 있을 뿐 아니라, 심지어 오늘날 누구에게나 위험이 상존하는 교통사고 관련범죄 등 과실범의 경우마저 당연제적의 사유에서 제외하지 않고 있으므로 공무담임권을 침해한다(헌재 2003.10.30. 2002헌마684).

   ② **경찰공무원이 자격정지 이상의 형의 선고유예를 받은 경우 당연퇴직하도록** 규정하고 있는 이 사건 법률조항이 헌법 제25조의 공무담임권 침해이다(헌재 2004.9.23. 2004헌가12).

   비교 자격정지의 형을 선고받은 경우 당연퇴직: 청원경찰에 대한 국민의 신뢰를 제고하고 청원경찰로서의 성실하고 공정한 직무수행을 담보하려는 공익을 위한 것이므로 과잉금지원칙을 위반하여 청구인의 **직업의 자유를 침해하지 아니한다**(헌재 2011.10.25. 2011헌마85).

3. **아동에게 성적 수치심을 주는 성희롱 등의 성적 학대행위로 형을 선고받아 그 형이 확정된 사람은 일반직공무원으로 임용될 수 없도록 한 국가공무원법 제33조 제6호의4와 군인사법 제10조 제2항 제6호의4**

   *헌법불합치결정

   아동에 대한 성적 학대행위로 형을 선고받아 확정된 사람을 공직에 진입할 수 없도록 하는 것은 공직에 대한 국민의 신뢰를 확보하여 공무수행을 원활하게 하고 아동의 건강과 안전을 보호하는 데 기여할 수 있으므로, 입법목적 달성을 위한 수단의 적합성이 인정된다.

   아동에 대한 성적 학대행위로 형을 선고받아 확정된 자에 대하여 일반직공무원이나 부사관에 임용되는 것을 제한하는 것이 입법목적을 달성하는 데 적합한 수단이라고 하더라도, 범죄의 경중이나 재범의 위험성 등 구체적 사정을 고려하지 아니하고 직무의 종류에 상관없이 일반직공무원과 부사관에 임용되는 것을 영구적으로 제한하고 있는 심판대상조항은 침해의 최소성에 위반된다. 심판대상조항은 과잉금지원칙에 위반되어 청구인의 공무담임권을 침해한다(헌재 2022.11.24. 2020헌마1181).

4. **피성년후견인이 된 경우 당연퇴직되도록 한 국가공무원법 제69조**

   심판대상조항은 직무수행의 하자를 방지하고 국가공무원제도에 대한 국민의 신뢰를 보호하기 위한 것으로서, 그 입법목적이 정당하다. 이러한 목적을 달성하기 위해 정신적 제약으로 사무를 처리할 능력이 지속적으로 결여되어 성년후견이 개시된 국가공무원을 개시일자로 퇴직시키는 것은, 수단의 적합성도 인정된다.

   국가공무원이 피성년후견인이 되었다 하더라도 곧바로 당연퇴직되는 대신 휴직을 통한 회복의 기회를 부여받을 수 있고, 이러한 절차적 보장에 별도의 조직이나 시간 등 공적 자원이 필요한 것도 아니다. 결국 심판대상조항과 같은 정도로 입법목적을 달성하면서도 공무담임권의 침해를 최소화할 수 있는 대안이 있으므로, 심판대상조항은 침해의 최소성에 반한다. 심판대상조항처럼 국가공무원의 당연퇴직사유를 임용결격사유와 동일하게 규정하려면 국가공무원이 재직 중 쌓은 지위를 박탈할 정도의 충분한 공익이 인정되어야 하나, 이 조항이 달성하려는 공익은 이에 미치지 못한다. 따라서 심판대상조항은 침해되는 사익에 비하여 지나치게 공익을 우선한 입법으로서, 법익의 균형성에 위배된다. 결국 심판대상조항은 과잉금지원칙에 반하여 공무담임권을 침해한다(헌재 2022.12.22. 2020헌가8).

공무담임권 침해가 아닌 것

1. **금고 이상의 형의 선고유예를 받고 그 기간 중에 있는 자를 임용결격사유로 삼고, 위 사유에 해당하는 자가 임용되더라도 이를 당연무효로 하는 구 국가공무원법**

   사건 법률조항은 금고 이상의 형의 선고유예의 판결을 받아 그 기간 중에 있는 사람이 공무원으로 임용되는 것을 금지하고 이러한 사람이 공무원으로 임용되더라도 그 임용을 당연무효로 하는 것으로서, 공직에 대한 국민의 신뢰를 보장하고 공무원의 원활한 직무수행을 도모하기 위하여 마련된 조항이다. 공직에 대한 국민의 신뢰보장이라는 공익과 비교하여 임용결격공무원의 사익 침해가 현저하다고 보기 어렵다. 따라서 이 사건 법률조항은 입법자의 재량을 일탈하여 공무담임권을 침해한 것이라고 볼 수 없다(헌재 2016.7.28. 2014헌바437).

2. **수뢰죄로 금고 이상의 선고유예를 받은 국가공무원의 당연퇴직**

   공무원 직무수행에 대한 국민의 신뢰 및 직무의 정상적 운영의 확보를 위한 것이므로 과잉금지원칙에 반하여 청구인의 공무담임권을 침해하지 아니한다(헌재 2013.7.25. 2012헌바409).

   > **〈참고조항〉**
   > **국가공무원법 제33조【결격사유】** 다음 각 호의 어느 하나에 해당하는 자는 공무원으로 임용될 수 없다.
   > 4. 금고 이상의 형을 선고받고 그 집행유예 기간이 끝난 날부터 2년이 지나지 아니한 자
   > 5. 금고 이상의 형의 선고유예를 받은 경우에 그 선고유예 기간 중에 있는 자
   >
   > **제69조【당연퇴직】** 공무원이 다음 각 호의 어느 하나에 해당할 때에는 당연히 퇴직한다.
   > 1. 제33조 각 호의 어느 하나에 해당하는 경우. 다만, **형법 제129조부터 제132조에 규정된 죄를 범한 사람으로서 금고 이상의 형의 선고유예를 받은 경우 당연퇴직된다.**

3. **금고 이상의 집행유예를 받은 공무원의 당연퇴직**

   집행유예는 3년 이하의 징역 또는 금고의 형을 선고할 경우 정상에 참작할 만한 사유가 있을 때 할 수 있는 반면, 선고유예는 1년 이하의 징역이나 금고, 자격정지 또는 벌금의 형을 선고할 경우 범죄인의 개전의 정상이 현저한 때 할 수 있도록 되어 있는 점에 비추어 볼 때, 집행유예 판결은 선고유예 판결보다 죄질이나 범정이 더 무거운 범죄에 대하여 행해지는 것이 일반적이라 할 수 있다. 따라서 집행유예 판결을 받았다는 것은 선고유예 판결을 받은 경우보다 공직에 대한 신뢰를 해하는 정도가 더 크고 그만큼 원활한 공무수행에 지장을 초래할 우려도 더 높다 할 것이므로 공무담임권을 침해한다고 볼 수 없다(헌재 2015.10.21. 2015헌바215).

4. **금고 이상의 형에 대한 집행유예의 판결을 하였다면** 그 범죄행위가 직무와 직접적 관련이 없거나 과실에 의한 것이라 하더라도 공무원의 품위를 손상하는 것으로 당해 공무원에 대한 사회적 비난가능성이 결코 적지 아니할 것이므로 이를 공무원 임용결격 및 당연퇴직사유로 규정한 것을 위헌의 법률조항이라고 볼 수 없다(헌재 1997.11.27. 95헌바14). ➡ 대법원도 국가공무원법 동조항을 합헌으로 보고 있다(대판 1996.5.14. 95누7307).

5. **징계해임된 공무원의 경찰공무원 임용금지**

   국민의 생명·신체와 재산에 대한 보호, 범죄의 예방과 수사를 주된 임무로 하는 경찰공무원은 그 직무의 성격상 고도의 직업적 윤리성이 요청되는바, 공무담임권에 대한 과도한 제한이라고 할 수는 없다(헌재 2010.9.30. 2009헌바122).

6. **성폭력범죄행위로 벌금 100만원 이상의 형을 선고받아 그 형이 확정된 사람은 학교의 교원에 임용될 수 없도록 한 고등교육법**

　성인에 대한 성폭력범죄행위로 벌금 100만원 이상의 형을 선고받고 확정된 자에 한하여 고등교육법상의 교원으로 임용할 수 없도록 한 것은, 성폭력범죄를 범하는 대상과 형의 종류에 따라 성폭력범죄에 관한 교원으로서의 최소한의 자격기준을 설정하였다고 할 것이므로, 과잉금지원칙에 반하여 청구인의 공무담임권을 침해한다고 할 수 없다(헌재 2020.12.23. 2019헌마502).

⚖ 판례 | 공무담임권 제한이 아닌 것

1. 대담·토론회의 초청자격을 제한하고 있는 공직선거법
   ① **지역구국회의원선거에서 구·시·군선거방송토론위원회가 개최하는 대담·토론회의 초청자격을 제한하고 있는 공직선거법이 공무담임권 제한인지 여부(소극)**: 공무담임권이란 국가, 공공단체의 구성원으로서 그 직무를 담당할 수 있는 권리이므로 주된 선거방송 대담·토론회의 참가가 제한되어 사실상 선거운동의 자유가 일부 제한되는 측면이 있다고 하여 그로써 바로 국가기관의 공직에 취임할 수 있는 권리가 직접 제한된다고 보기는 어렵다고 할 것이므로, 이 사건 법률조항은 공무담임권을 제한하는 것이라고 볼 수 없다(헌재 2011.5.26. 2010헌마451).
   ② **지역구국회의원선거에서 방송토론 초청자격제한이 평등권 침해 여부(소극)**: 대담·토론회의 기능의 활성화를 위하여 적당한 수의 후보자만을 초청하여야 한다는 요청과 선거운동에서의 기회의 균등보장이라는 서로 대립하는 이익을 적절히 비교·형량한 합리적인 것으로서 이와 같은 취급을 두고 자의적인 차별로서 평등권을 침해하였다고 하기는 어렵다(헌재 2011.5.26. 2010헌마451).
   ③ **지방자치단체장선거에서 각급선거방송토론위원회가 필수적으로 개최하는 대담·토론회 등의 초청자격을 제한하고 있는 공직선거법**: 선거운동에서의 기회균등 보장은 일반적 평등원칙과 마찬가지로 절대적이고도 획일적인 평등 내지 기회균등을 요구하는 것이 아니라 합리적인 근거가 없는 자의적인 차별 내지 차등만을 금지하는 것으로 이해하여야 한다. 선거방송 대담·토론회 등에 대한 구체적인 형성 및 그에 관한 초청 요건 등은 원칙적으로 입법정책의 문제로서 입법자의 입법형성의 자유에 속하는 사항이다. 그렇다면 이 사건 토론회조항이 선거운동의 기회균등원칙과 관련한 평등권을 침해하는지 여부를 심사함에 있어서는 **완화된 합리성 심사**에 의하는 것이 타당하다. 이 사건 토론회조항은 선거운동의 기회균등원칙과 관련한 평등권을 침해하지 않는다(헌재 2019.9.26. 2018헌마128).

2. 연로회원지원금은 공무담임권에서 보호되지 않으므로 **국회의원 재직기간이 1년 미만인 자를 연로회원지원금 지급대상에서 제외하고 있는** 대한민국헌정회 육성법 조항은 공무담임권의 보호영역에 속하는 사항을 규정하고 있지 않으므로 공무담임권을 제한한다고 할 수 없다(헌재 2015.4.30. 2013헌마666).

3. **학교 행정직원이 운영위원이 될 수 없도록 한 것** (헌재 2007.3.29. 2005헌마1144)
   ① **피선거권 침해 여부**: 학교운영위원의 지위는 그 신분에 있어서 국가공무원법상의 결격사유가 적용되기는 하나 어디까지나 무보수 봉사직의 성격을 가지므로 헌법상 보호되는 피선거권의 대상으로서의 공무원으로 보기 어려우므로 이 사건 법률조항은 피선거권과 관련되지 않는다.
   ② **이 사건 법률조항이 청구인들의 일반적 행동자유권 및 평등권을 침해하는지 여부(소극)**: 이 사건 법률조항은 학교운영위원 선거에 있어서 직원대표 입후보 규정을 두지 않고 있어 직원대표위원 활동을 통하여 사회형성에 적극적으로 참여하는 행위를 제한하고 있으므로 행복추구권에서 파생되는 일반적 행동자유권과 관련된다고 볼 수 있으나, 입법재량을 벗어나 청구인들의 일반적 행동자유권을 침해하고 있다고 보기 어렵고, 위와 같은 이유에서 합리적 이유 없이 학교 행정직원을 차별한다고 보기 어려우므로 청구인들의 평등권을 침해하는 것은 아니다.

⚖️ 판례 | 공무원 연령과 공무담임권 침해 여부

헌법 위반인 것

1. 5급공개경쟁 채용시험 32세 이하로 제한하는 공무원 임용시행령

6급 및 7급 공무원 공채시험의 응시연령 상한을 35세까지로 규정하면서 그 상급자인 5급 공무원의 채용연령을 32세까지로 제한한 것은 합리적이라고 볼 수 없다(헌재 2008.5.29. 2007헌마1105).

2. 경찰순경, 소방사 응시연령 30세 이하

순경 공채시험, 소방사 등 채용시험, 그리고 소방간부 선발시험의 응시연령의 상한을 '30세 이하'로 규정하고 있는 것은 합리적이라고 볼 수 없으므로 침해의 최소성 원칙에 위배되어 청구인들의 공무담임권을 침해한다(헌재 2012.5.31. 2010헌마278).

참고 1999.3.31. 대통령령 제16211호 개정으로 이루어진 이 사건 직렬 폐지 이전의 구 국가안전기획부직원법 시행령 [별표 2]에서도 **전산사식, 입력작업, 안내 등의 직렬의 정년을 만 43세로 규정**하고 있었다. 남녀고용평등과 일·가정 양립 지원에 관한 법률 제11조 제1항, 근로기준법 제6조에서 말하는 '남녀의 차별'은 합리적인 이유 없이 남성 또는 여성이라는 이유만으로 부당하게 차별대우하는 것을 의미한다. 사업주나 사용자가 근로자를 합리적인 이유 없이 성별을 이유로 부당하게 차별대우를 하도록 정한 규정은, 규정의 형식을 불문하고 강행규정인 남녀고용평등법 제11조 제1항과 근로기준법 제6조에 위반되어 무효라고 보아야 한다(대판 2019.10.31. 2013두20011).

헌법 위반이 아닌 것

1. 9급 공개경쟁채용시험의 응시연령을 28세까지

응시연령 상한(28세)은 통상 고등학교 졸업 후 10년, 대학 졸업 후 5~6년에 해당된다. 이러한 점을 종합하면 청구인들의 공무담임권을 침해한다고 볼 수 없다(헌재 2006.5.25. 2005헌마11).

2. 경찰대학의 입학 연령을 21세 미만으로 제한하고 있는 경찰대학의 학사운영에 관한 규정

경찰대학에 연령제한을 둔 목적은 젊고 유능한 인재를 확보하기 위한 것이므로, 공무담임권을 침해하지 아니한다(헌재 2009.7.30. 2007헌마991).

3. 부사관 27세 이하

군의 전투력 등 헌법적 요구에 부응하는 적절한 무력의 유지는 매우 중대하므로, 공무담임권을 침해한다고 볼 수 없다(헌재 2014.9.25. 2011헌마414).

4. 교원공무원의 정년 62세

대학교 교원의 정년을 65세로 하면서 초·중등 교원의 정년은 62세로 하여 양자를 차별하였다 하더라도 대학교원은 최초 임용시 연령이 초·중등 교원보다 상대적으로 고령인 점을 고려하면 합리적 이유가 있는 차별이다(헌재 2000.12.14. 99헌마112).

5. 안기부 직원의 계급정년제

안기부 직원의 계급정년을 6급 직원 17년, 5급 직원 13년 등으로 규정한 국가안전기획부직원법 제22조는 안기부 직원의 업무수행의 능률성, 신속성, 기동성을 제고하기 위한 것으로 그 정당성이 인정되므로 직업공무원제도에 위배되는 것으로 볼 수 없다(헌재 1994.4.28. 91헌바15).

6. 농촌지도사와 농촌지도관의 정년차별

국가공무원법 등이 농촌지도관의 정년을 61세, 농촌지도사의 정년을 58세로 차등을 두어 규정한 것은 일반적으로 농촌지도관의 직무내용이 정책결정 등 고도의 판단작용임에 비하여 농촌지도사의 직무내용은 단순한 업무집행 또는 업무보조가 대부분이라는 점 등 여러 사정을 감안한 결과로서 그와 같은 차별은 합리적이고 정당한 것이라 할 것이다(헌재 1997.3.27. 96헌바86).

7. **대법원장 정년을 70세, 대법관 정년을 65세, 법관 정년을 63세로 정한 법원조직법** (헌재 2002.10.31. 2001헌마 557)

① **평등권 침해 여부**: 이 사건 법률조항은 법관의 정년을 직위에 따라 대법원장 70세, 대법관 65세, 그 이외의 법관 63세로 하여 법관 사이에 약간의 차이를 두고 있는 것으로, 헌법 제11조 제1항에서 금지하고 있는 차별의 요소인 '성별', '종교' 또는 '사회적 신분' 그 어디에도 해당되지 아니할 뿐만 아니라, 그로 인하여 어떠한 사회적 특수계급제도를 설정하는 것도 아니고, 그와 같이 **법관의 정년을 직위에 따라 순차적으로 낮게 차등**하게 설정한 것은 법관 업무의 성격과 특수성, 평균수명, 조직체 내의 질서 등을 고려하여 정한 것으로 그 차별에 합리적인 이유가 있다고 할 것이므로, 청구인의 평등권을 침해하였다고 볼 수 없다.

② **법관정년제 위헌성 판단**: 헌법 제105조 제4항(법관의 정년은 법률로 정한다)에서 **법관정년제** 자체를 헌법에서 명시적으로 채택하고 있으므로 **법관정년제** 자체의 위헌성 판단은 헌법규정에 대한 위헌주장으로 종전 우리 헌법재판소 판례에 의하면 위헌판단의 대상이 되지 아니한다. 물론 이 경우에도 **법관의 정년연령을 규정한 법률**의 구체적인 내용에 대하여는 위헌판단의 대상이 될 수 있다.

③ 공무담임권 제한의 경우에는 공익실현이라는 특수성으로 인하여 합헌성 추정이 강하게 인정되어 완화된 심사를 하게 된다.

8. **법관의 명예퇴직수당 정년잔여기간 산정에 있어 정년퇴직일 전에 임기만료일이 먼저 도래하는 경우 임기만료일을 정년퇴직일로 보도록 정한 구 '법관 및 법원공무원 명예퇴직수당 등 지급규칙'**

법적으로 확보된 근속가능기간 측면에서 10년마다 연임절차를 거쳐야 정년까지 근무할 수 있는 법관과 그러한 절차 없이도 정년까지 근무할 수 있는 다른 경력직공무원은 동일하다고 보기 어려운 점 등을 고려할 때, 심판대상조항이 임기만료일을 법관 명예퇴직수당 정년잔여기간 산정의 기준 중 하나로 정한 것은 그 합리성을 인정할 수 있다(헌재 2020.4.23. 2017헌마321).

⚖ 판례 | 교육위원과 교육감 선거

1. **교육위원 선거권** (헌재 2002.3.28. 2000헌마283 · 778)

① 헌법에서 명문으로 규정하고 있는 선거권은 대통령 선거권, 국회의원 선거권, 지방의원 선거권이고, 지방자치단체장 선거권과 교육위원 선거권은 법률에 의해서 인정되고 있다.

② 교육위원의 정치적 중립성, 자주성을 확보하기 위하여 학교운영위원회 위원에 한하여 교육위원선거권을 인정하는 것은 합리적 재량의 범위 내의 것이라고 할 수 있다.

2. **교육경력자 우선 당선제**

헌법 제31조 제4항의 교육의 자주성, 전문성, 정치적 중립성을 확보하기 위하여 경력자를 우선 당선시키도록 하여 민주적 정당성이 일부 후퇴하더라도 이는 부득이한 것으로 비경력자의 공무담임권을 침해한다고 볼 수 없다(헌재 2003.3.27. 2002헌마573).

3. **교육의원후보자가 되려는 사람은 5년 이상의 교육경력 또는 교육행정경력을 갖추도록 규정하고 있는 '제주특별자치도 설치 및 국제자유도시 조성을 위한 특별법'**은 전문성이 담보된 교육의원이 교육위원회의 구성원이 되도록 하여 헌법 제31조 제4항이 보장하고 있는 교육의 자주성·전문성·정치적 중립성을 보장하면서도 지방자치의 이념을 구현하기 위한 것으로서, 지방교육에 있어서 경력요건과 교육전문가의 참여 범위에 관한 입법재량의 범위를 일탈하여 그 합리성이 결여되어 있다거나 필요한 정도를 넘어 청구인들의 공무담임권을 침해하는 것이라 볼 수 없다(헌재 2020.9.24. 2018헌마444).

4. **교육경력을 요구하는 교육감, 교육위원선거조항** (헌재 2009.9.24. 2007헌마117)

① 교육감 입후보자에게 5년 이상의 교육경력 또는 교육공무원으로서의 교육행정경력을 요구하는 '지방교육자치에 관한 법률' 제24조는 공무담임권 등 기본권의 본질적 내용을 침해할 정도로 과도한 것이라 볼 수 없다.

② 교육위원 입후보자에게 10년 이상의 교육경력 또는 교육행정경력을 요구하는 법 제10조 제2항이 공무담임권 등 기본권을 침해하는지 여부(소극)

5. 교육감 후보자 자격에 관하여 후보자 등록신청개시일부터 과거 2년 동안 정당의 당원이 아닌 자로 규정하고 있는 '지방교육자치에 관한 법률'

이 사건 법률조항은 지방교육자치의 행정에 있어서 교육의 정치적 중립성을 확보하기 위한 것으로서 그 입법목적이 정당하고, 교육행정기관인 교육감 후보자에 대하여 일반 자치단체의 장과 달리 일정 기간 정당의 당원으로 활동한 경력이 있는 자를 배제하는 것도 위 입법목적을 달성하는 적절한 방법이다(헌재 2008.6.26. 2007헌마1175).

6. 교육감선거운동과정에서 후보자의 과거 당원경력 표시를 금지시키는 '지방교육자치에 관한 법률'

자신의 정치적 견해를 특정한 정당의 '당원경력의 표시'라는 간단한 방법으로 알리지 못함으로써 교육감선거후보자가 침해받는 사익은 교육감선거과정에서 정당의 관여를 철저히 배제함으로써 교육의 정치적 중립성을 확보하려는 공익에 비하여 크지 않다 할 것이므로, 법익의 균형성 요건 역시 충족하였다. 따라서, 이 사건 법률조항은 교육감선거후보자의 정치적 표현의 자유를 침해하지 아니한다(헌재 2011.12.29. 2010헌마285).

⚖ 판례 | 공무담임권 침해 여부

공무담임권 침해인 것

1. 형사사건으로 기소된 공무원의 필요적 직위해제

입법자가 이 사건 법률로 실현하고자 하는 국민의 공무원에 대한 신뢰유지는 피의사실의 죄질, 경중 등을 고려하여 임용권자가 직위를 부여하지 아니할 수 있도록 한 임의적 직위해제로도 달성할 수 있으므로 범죄유형, 죄질 등을 전혀 무시하고 형사사건으로 기소된 공무원에 대하여 일률적으로 직위해제하도록 한 이 사건 법률조항은 공무담임권 침해이고 무죄추정원칙에도 위반된다(헌재 1998.5.28. 96헌가12).

비교 형사사건으로 기소된 공무원의 임의적 직위해제: 구체적인 경우에 따라 개별성과 특수성을 판단하여 직위해제 여부를 결정하도록 한 것은 필요최소한도를 넘어 공무담임권을 제한하였다고 보기 어렵다(헌재 2006.5.25. 2004헌바12).

2. 퇴임검찰총장의 공직 제한

검찰청법 제12조 제4항 등에 의하면 **검찰총장 퇴임 후 2년 이내에는 법무부장관과 내무부장관직뿐만 아니라 모든 공직에의 임명을 금지하고 있으므로** 심지어 국·공립대학교 총·학장, 교수 등 학교의 경영과 학문연구직에의 임명도 받을 수 없게 되어 있다. 이것은 결과적으로 직업선택의 자유와 공무담임권을 광범위하게 제한하는 것으로서 그 입법목적에 비추어 보면 그 제한은 필요 최소한의 범위를 크게 벗어난 과잉된 것으로 판단되어 헌법상 허용될 수 없다(헌재 1997.7.16. 97헌마26).

3. 국가인권위원회 위원에 대해 퇴직 후 2년간 교육공무원 이외의 모든 공직 취임을 제한한 것

퇴임 후 취임하고자 하는 공직이 인권보장 업무와 관련되지 않거나 관련성이 밀접하지 않은 경우에도 모두 그 취임을 제한하고 있으며, 구체적 경우를 고려한 판단의 가능성도 전혀 인정하지 않아 국가적으로는 능력과 경륜있는 인재의 손실을 가져오고 유능하고 소신 있는 인물이 인권위원으로 임명되는 것을 회피하도록 하는 부정적 결과를 가져올 수도 있으므로 그 효과와 입법목적 사이의 연관성이 객관적으로 명확하지 아니하여 공무담임권, 피선거권(참정권)과 직업선택의 자유를 제한함에 있어서 갖추어야 할 수단의 적합성, 피해최소성, 법익균형성을 갖추지 못하여 과잉금지의 원칙에 위배된다(헌재 2004.1.29. 2002헌마788).

4. **선거범죄로 인하여 당선이 무효로 된 때를 비례대표지방의회의원의 의석승계 제한사유로 규정한 공직선거법 제200조 제2항 단서**

위 조항은 왜곡된 선거인의 의사를 바로잡고 선거의 공정성 확보라는 구체적 입법목적 달성에 기여하는 것이라기보다는 오로지 선거범죄에 대한 엄정한 제재를 통한 공명한 선거 분위기의 창출이라는 추상적이고도 막연한 구호에 이끌려 비례대표지방의회의원선거를 통하여 표출된 선거권자들의 정치적 의사표명을 무시, 왜곡하는 결과를 초래할 뿐이라 할 것이므로, 수단의 적합성 요건을 충족한 것으로 보기 어렵다. 따라서 위 조항은 과잉금지원칙에 위배하여 공무담임권을 침해한 것이다(헌재 2009.6.25. 2007헌마40).

5. **임기만료일 전 180일 이내에 비례대표국회의원에 궐원이 생긴 때를 비례대표국회의원 의석승계 제한사유로 규정한 공직선거법 제200조 제2항 단서**

선출직공무원의 공무담임권은 선거를 전제로 하는 대의제의 원리에 의하여 발생하는 것이므로 공직의 취임이나 상실에 관련된 어떠한 법률조항이 대의제의 본질에 반한다면 이는 공무담임권도 침해하는 것이라고 볼 수 있다. 위 조항은 대의제 민주주의 원리에 부합되지 아니하는 것으로서 합리적 이유 없이 비례대표국회의원선거를 통하여 표출된 선거권자들의 정치적 의사표명을 무시, 왜곡하는 결과를 초래할 뿐이라 할 것이므로 정치문화의 선진화라는 입법목적에 기여할 수 있는 적합한 수단이라고 보기 어렵다. 따라서 위 조항은 과잉금지원칙에 위배하여 청구인들의 공무담임권을 침해한다(헌재 2009.6.25. 2008헌마413).

6. **지방자치단체의 장이 금고 이상의 형을 선고받고 그 형이 확정되지 아니한 경우 부단체장이 그 권한을 대행하도록 규정한 지방자치법**

선거에 의하여 주권자인 국민으로부터 직접 공무담임권을 위임받는 자치단체장의 경우, 그와 같이 공무담임권을 위임한 선출의 정당성이 무너지거나 공무담임권 위임의 본지를 배반하는 직무상 범죄를 저질렀다면, 이러한 경우에도 계속 공무를 담당하게 하는 것은 공무담임권 위임의 본지에 부합된다고 보기 어렵다. 그러므로 위 두 사유에 해당하는 범죄로 자치단체장이 금고 이상의 형을 선고받은 경우라면, 그 형이 확정되기 전에 해당 자치단체장의 직무를 정지시키더라도 과잉금지의 원칙에 위배된다고 보기 어려우나, 위 두 가지 경우 이외에는 금고 이상의 형의 선고를 받았다는 이유로 형이 확정되기 전에 자치단체장의 직무를 정지시키는 것은 과잉금지의 원칙에 위배된다(헌재 2010.9.2. 2010헌마418).

공무담임권 침해가 아닌 것

1. **선거범으로서 형벌을 받은 자에 대한 피선거권 정지**

선거범으로서 형벌을 받은 자에 대하여 일정기간 피선거권을 정지하는 규정 자체는, 선거의 공정성을 해친 선거사범에 대하여 일정기간 피선거권의 행사를 정지시킴으로써 선거의 공정성을 확보함과 동시에 본인의 반성을 촉구하기 위한 법적 조치로서, 국민의 기본권인 공무담임권과 평등권을 합리적 이유 없이 자의적으로 제한하는 위헌규정이라고 할 수 없다(헌재 1993.7.29. 93헌마23).

2. **100만원 이상의 벌금형이 확정된 선거범에 대하여 5년간 피선거권을 정지시키는 공직선거법**

선거의 공정성을 해친 바 있는 선거범으로부터 부정선거의 소지를 차단하여 공정한 선거가 이루어지도록 하기 위하여는 피선거권을 제한하는 것이 효과적인 방법이 될 수 있는 점을 종합하여 보면, 위 조항이 과잉금지원칙에 위배하여 공무담임권을 제한하고 있다고 할 수 없다(헌재 2008.1.17. 2004헌마41).

3. **국회의원이 불법 정치자금 수수로 100만원 이상의 벌금형을 받은 경우 당연퇴직하도록 규정한 정치자금법**

위 조항들은 불법적인 정치자금 수수를 예방하고, 금권·타락선거를 방지하여 선거의 공정성과 공직의 청렴성을 확보하기 위한 것이며, 기본적으로 선거법이나 정치자금법 위반에 대하여 어떤 신분상 제재를 할 것인지에 대해서는 입법자의 정책적 재량이 존중되는 것이다. 따라서 위 조항들은 청구인의 공무담임권이나 평등권을 침해하는 것이라 볼 수 없다(헌재 2008.1.17. 2006헌마1075).

4. **공직선거법 위반죄로 100만원 이상의 벌금형의 선고를 받은 때 국회의원 당선무효되도록 규정한 공직선거법**

당선무효조항은 선거의 공정성을 확보하고, 불법적인 방법으로 당선된 국회의원에 의한 부적절한 공직수행을 차단하기 위한 것인 점 등을 종합하면, 위 당선무효조항은 청구인의 공무담임권이나 평등권을 침해한다고 볼 수 없다(헌재 2011.12.29. 2009헌마476).

5. 정부투자기관 직원의 지방의회의원직 겸직금지

지방자치법 제33조 제1항 제4호에 의하여 정부투자기관의 직원이 임원이나 집행간부들과 마찬가지로 지방의 회의원직을 겸할 수 없도록 하는 것은 공공복리를 위한 필요성이 인정되고, 겸직금지로 인하여 공무담임권이 제한된다 하여도 이때 얻는 이익과 잃는 이익을 비교·형량하여 어느 것이 더 큰지는 판단하기 매우 어려운 일이라고 할 것이므로, 이 경우 겸직금지 규정을 두느냐의 여부는 차라리 광범위한 입법형성권을 가진 입법 자의 결단 사항이라고 봄이 무방하다. 따라서 이 범위에서 정부투자기관 직원의 공무담임권에 대한 부당한 차별이라고 할 수 없으며, 공무담임권이나 평등권의 침해가 있다고 볼 수 없다(헌재 1995.5.25. 91헌마67).

6. 후보자의 배우자가 제257조 제1항 중 기부행위를 한 죄로 징역형 또는 300만원 이상의 벌금형의 선고를 받은 경우 후보자의 당선을 무효로 하는 공직선거법

후보자의 가족 등이 선거의 이면에서 음성적으로 또한 조직적으로 역할을 분담하여 불법·부정을 자행하는 경우가 적지 않은 것이 우리 선거의 현실이라는 점 등을 고려하면, 당선무효조항은 과잉금지원칙에 위배되어 청구인의 공무담임권을 침해한다고 볼 수 없다(헌재 2016.9.29. 2015헌마548).

7. 초·중등 교원의 교육위원 겸직금지규정

지방교육자치에관한법률 제9조 제1항 제2호 규정 자체에서는 겸직금지 이외에 입후보 금지까지 포함하지 않음이 법문상 명백하고, 그와 같이 겸직금지를 규정한 것은 교육위원이나 교원이 그 직무에 전념할 수 있도록 하기 위한 필요 최소한의 합리적인 규정이므로 위 규정이 헌법 제25조에 의하여 보장된 청구인의 공무담임권을 본질적으로 침해하는 것으로서 과잉입법금지의 원칙을 규정한 헌법 제37조 제2항에 위반된다고 할 수 없다(헌재 1993.7.29. 91헌마69).

8. 공무원으로서 공직선거의 후보자가 되고자 하는 자는 선거일 전 90일까지 그 직을 그만두도록 한 것

선거의 공정성과 공직의 직무전념성을 보장하기 위함이므로 공무담임권의 본질적 내용을 침해하였다거나 과잉금지의 원칙에 위배된다고 볼 수 없다(헌재 1998.4.30. 97헌마100).

9. 미성년자에 대하여 성범죄를 범하여 형을 선고받아 확정된 자와 성인에 대한 성폭력범죄를 범하여 벌금 100만원 이상의 형을 선고받아 확정된 자는 초·중등교육법상의 교원에 임용될 수 없도록 한 교육공무원법

법원이 범죄의 모든 정황을 고려한 다음 벌금 100만원 이상의 형을 선고하여 그 판결이 확정되었다면, 이는 결코 가벼운 성폭력범죄행위라고 볼 수 없다. 이처럼 이 사건 결격사유조항은 성범죄를 범하는 대상과 확정된 형의 정도에 따라 성범죄에 관한 교원으로서의 최소한의 자격기준을 설정하였다고 할 것이고, 같은 정도의 입법목적을 달성하면서도 기본권을 덜 제한하는 수단이 명백히 존재한다고 볼 수도 없으므로, 이 사건 결격사유조항은 과잉금지원칙에 반하여 청구인의 공무담임권을 침해하지 아니한다(헌재 2019.7.25. 2016헌마754).

10. 지방공사 직원의 지방의회의원 겸직금지

지방자치단체의 영향력하에 있는 지방공사의 직원이 지방의회에 진출할 수 있도록 하는 것은 권력분립 내지는 정치적 중립성 보장의 원칙에 위배되고, 결과적으로 주민의 이익과 지역의 균형된 발전을 목적으로 하는 지방자치의 제도적 취지에도 어긋나므로 이러한 위험성을 배제하기 위해서 입법자가 지방공사의 직원직과 지방의회의원직의 겸직을 금지하는 규정이 필요하다(헌재 2004.12.16. 2002헌마333).

11. 임용연도에 변호사자격을 취득하여 검사로 신규임용될 수 있는 자를 해당 연도 졸업하고 변호사시험에 합격한 자로 제한한 '2021년도 검사 임용 지원 안내'한 2021년도 검사 신규임용 계획 공고

검사에게 요구되는 자질을 충분히 갖춘 신규법조인으로 검사 신규임용대상을 한정하여 공정한 경쟁을 통해 우수한 검사를 신규임용하는 것은 검사가 담당하는 업무의 중요성과 국민 전체에 미치는 영향을 고려할 때 결코 소홀할 수 없는 중요한 공익이라 하겠다. 따라서 이 사건 공고는 법익의 균형성 요건도 갖추었다. 따라서 이 사건 공고는 사회복무요원 소집해제예정 변호사인 청구인의 공무담임권을 침해하지 않는다(헌재 2021. 4.29. 2020헌마999).

12. 사립대학 교원이 국회의원으로 당선된 경우 임기개시일 전까지 그 직을 사직하도록 규정한 국회법

국회의원으로 당선된 교원의 사직은 공무담임권과 직업선택의 자유라는 두 가지 기본권을 모두 제한하고 있다. 심판대상조항은 국회의원의 직무수행에 있어 공정성과 전념성을 확보하여 국회가 본연의 기능을 충실히 수행하도록 하는 동시에 대학교육을 정상화하기 위한 것이므로, 청구인들의 공무담임권을 침해한다고 볼 수 없다(헌재 2015.4.30. 2014헌마621).

13. **일정액 이상의 벌금형을 선고받은 자의 공무담임을 제한하면서 선거범죄와 기타 범죄가 병합되어 재판받는 경우 선거범죄에 대해 따로 그 형을 분리하여 선고하는 규정을 두지 않은 공직선거법**

법원으로서는 직권 또는 신청에 의하여 변론의 분리(형사소송법 제300조) 결정을 하여 따로 형을 정할 수 있어 지방교육자치에관한법률 위반의 선거범과 기타의 범죄의 경합범에 대한 선고형으로 인하여 피선거권이 제한되는 모순 내지 문제점을 회피하는 수단이 마련되어 있어 수단의 적정성, 법익의 균형성도 갖추었다 (헌재 2004.2.26. 2002헌바90).

> **비교** 분리 선고 규정을 두지 아니하여 **선거범죄와 다른 죄의 동시적 경합범의 경우 변론을 분리하지 않고 하나의 형을 선고하고**, 그 선고형 전부를 선거범죄에 대한 형으로 의제하여 임원 자격의 제한 여부를 확정할 수밖에 없게 함으로써, 입법목적의 달성에 필요한 정도를 넘어서는 과도한 제한을 하여 침해의 최소성 원칙에 위반된다. 따라서 새마을금고법은 과잉금지원칙에 반하여 새마을금고 임원이나 임원이 되고자 하는 사람의 직업선택의 자유를 침해한다(헌재 2014.9.25. 2013헌바208).

14. **무소속후보자가 되고자 하는 자는 선거권자가 기명·날인한 추천장을 등록신청서에 첨부하도록 하면서 선거권자의 서명이나 무인은 허용하고 있지 아니한 공직선거법**

위 조항은 추천의 진정성을 확보하고 궁극적으로 선거의 신뢰성과 공정성을 확보하기 위한 것이므로 입법목적이 정당하며, 추천인이 기명 후 추천인의 도장을 날인하도록 하는 방법을 채택한 것도 적절한 수단이다. 추천인의 날인 대신에 서명이나 무인을 허용하지 아니한 것이 무소속 국회의원 후보자로 되는 것을 현저히 곤란하게 하여 공무담임권을 침해한다고 보기 어렵다(헌재 2009.9.24. 2008헌마265).

15. **국회의원의 피선거권 행사연령을 25세 이상의 국민으로 정한 공직선거및선거부정방지법 제16조 제2항**

국회의원의 피선거권 행사연령을 25세 이상으로 정한 이 사건 법률조항은 입법자의 입법형성권의 범위와 한계 내의 것으로, 청구인들의 공무담임권 등 기본권의 본질적 내용을 침해할 정도로 과도한 것이라 볼 수 없다(헌재 2005.4.28. 2004헌마219).

16. **지방자치단체의 장의 계속 재임을 3기로 제한한 것**

지방자치단체장의 계속 재임을 3기로 제한하고 있는 지방자치법 제87조 제1항 후단은 장기집권으로 인한 지역발전저해 방지와 유능한 인사의 자치단체의 장 진출확대를 위한 것으로 그 목적의 정당성이 인정되고 3기 연속으로 선출된 경우에도 그 직후 입후보하지 않으면 다시 재임할 수 있어 공무담임권 제한의 정도는 상대적으로 완화되어 있고 비교적 미약하다(헌재 2006.2.23. 2005헌마403).

17. **주민투표법 입법부작위 헌법소원**

우리 헌법은 법률이 정하는 바에 따른 '선거권'과 '공무담임권' 및 국가안위에 관한 중요정책과 헌법개정에 대한 '국민투표권'만을 헌법상의 참정권으로 보장하고 있으므로, 지방자치법에서 규정한 주민투표권은 그 성질상 선거권, 공무담임권, 국민투표권과 전혀 다른 것이어서 이를 법률이 보장하는 참정권이라고 할 수 있을지언정 헌법이 보장하는 참정권이라고 할 수는 없다(헌재 2001.6.28. 2000헌마735).

18. **세종특별자치시의회를 신설하면서 지방의회의원선거를 실시하지 아니하고 연기군의회의원 등에게 세종특별자치시의회의원의 자격을 취득하도록 규정하고 있는 세종특별자치시 설치 등에 관한 특별법 부칙**

폐지되는 지방자치단체 지방의회의원의 임기를 종료시키고 새로운 선거를 실시할 경우 이들의 공무담임권 제한문제가 발생하게 되므로 입법자가 이와 같이 충돌·대립하는 헌법적 이익을 고려하여 세종특별자치시의회의원선거를 실시하지 않도록 정한 것이라면 그것이 입법목적의 달성에 필요한 정도를 벗어난 과도한 제한이라고 보기는 어렵다(헌재 2013.2.28. 2012헌마131).

19. **공직선거 후보자 등록시 실효된 형까지 기재**

이 사건 법률조항은 후보자 선택을 제한하거나 실효된 금고이상의 형의 범죄경력을 가진 후보자의 당선기회를 봉쇄하는 것이 아니므로 공무담임권과는 직접 관련이 없다(헌재 2008.4.24. 2006헌마402).

20. 피청구인 방위사업청장이 행정5급 일반임기제공무원을 채용하는 경력경쟁채용시험공고가 변호사자격을 가졌으나 변호사자격 등록을 하지 아니한 청구인들의 공무담임권을 침해하는지 여부(소극)

이 사건 공고는 대한변호사협회에 등록한 변호사로서 실제 변호사의 업무를 수행한 경력이 있는 사람을 우대하는 한편, 임용예정자에게 변호사등록 거부사유 등이 있는지를 대한변호사협회의 검증절차를 통하여 확인받도록 하는 데 목적이 있다. 이 사건 공고가 응시자격요건으로 변호사자격 등록을 요구하는 것은 이러한 목적, 그리고 지원자가 채용예정직위에서 수행할 업무 등에 비추어 합리적이다. 인사권자인 피청구인은 경력경쟁채용시험을 실시하면서 응시자격요건을 구체적으로 어떻게 정할 것인지를 판단하고 결정하는 데 재량이 인정되는데, 이 사건 공고가 그 재량권을 현저히 일탈하였다고 볼 수 없다. 이 사건 공고는 청구인들의 공무담임권을 침해하지 않는다(헌재 2019.8.29. 2019헌마616).

21. 다른 지방자치단체로 전출시 당해 공무원의 동의 (헌재 2002.11.28. 98헌바101)

① 지방공무원을 전출하기 위해서는 당해 공무원의 동의를 받아야 하고 동의 없이 전출시키는 것은 공무담임권 침해이다.

② 대법원은 이 사건 법률조항을 당해 공무원의 동의를 전제하는 것으로 해석하고 있고, 이 사건 법률조항은 당해 공무원의 동의를 전제로 하고 있는 것으로 해석되는바, 이 사건 법률조항이 공무원의 공무담임권을 침해하는 것은 아니다.

22. 제주도 시·군 모두 폐지하는 제주특별자치도법(헌재 2006.4.27. 2005헌마190)

23. 국가정보원의 2005년도 7급 제한경쟁시험 채용공고 중 '남자는 병역을 필한 자' 부분 이 사건 공고가 청구인의 공무담임권을 침해하는지 여부(소극)

이 사건 공고는 군미필자의 국가정보원 제한경쟁시험 응시자격을 일정한 기간 동안 제한하므로 군미필자의 공무담임권을 제한하기는 하나, 군필자에게는 응시기회를 추가로 주고 있어 응시기회의 일시 유예에 불과한 점에서 이 사건 공고가 초래하는 공무담임권의 제한은 과중하다 볼 수 없고, 그 불이익이 입법목적과 대비할 때 크다 볼 수 없어 공무담임권을 침해하지 아니한다(헌재 2007.5.31. 2006헌마627).

24. 7급 및 9급 전산직 공무원시험의 응시자격으로 전산관련 산업기사 이상의 자격증 소지 요구

국가기술자격 취득자를 우대함으로써 기술인력의 사회적 지위 향상과 국가의 경제발전에 이바지한다는 것이므로, 법익균형성 원칙에 위반된다고 보기 어렵다. 따라서 이 사건 심판대상조항은 청구인의 공무담임권을 침해하지 아니한다(헌재 2012.7.26. 2010헌마264).

25. 병역의무기간 공무원 경력 포함 (헌재 2018.7.26. 2017헌마1183)

① **공무원 재직 중이었던 자**는 헌법과 법률상의 병역의무라는 불가피한 사유로 직무수행을 하지 못한 것 때문에 경력평정에 병역기간을 전부 반영하는 것이지만 공무원으로 임용되기 전 병역의무를 이행한 자는 제대군인을 우대한다는 이유로 **병역기간을 60%만큼 공무원 경력으로 인정해주고** 있다. 경력환산조항이 그러한 차이를 고려하여 같은 병역의무 이행기간이라도 공무원 임용 전인지 후인지에 따라 경력평정 인정비율을 달리 정하였고, 인정비율의 차이가 크지 않다. 이러한 차이가 승진임용에 끼치는 영향은 30%이므로 70% 비중을 차지하는 근무성적평정에 비해 적다. 경력환산조항은 과잉금지원칙에 위반하여 공무담임권을 침해하지 아니한다.

② **공무원으로 임용되기 전에 병역의무를 이행한 기간을 승진소요 최저연수에 포함하는 규정을 두지 않은 지방공무원 임용령**: 승진소요 최저연수에 공무원 임용 전 병역의무 이행기간을 포함시키지 않았다 하여 청구인의 승진임용기회에 과도한 제한을 가한다고 보기는 어려우므로, 승진기간조항은 공무담임권을 침해하지 않는다.

③ 심판대상조항들이 헌법 제39조 제2항의 병역의무의 이행으로 인한 불이익처우 금지원칙을 위반하는지 여부(소극)

제6절 공무원제도

> **헌법 제7조** ① 공무원은 국민전체에 대한 봉사자이며, 국민에 대하여 책임을 진다.
> ② 공무원의 신분과 정치적 중립성은 법률이 정하는 바에 의하여 보장된다.
> **제29조** ① 공무원의 직무상 불법행위로 손해를 받은 국민은 법률이 정하는 바에 의하여 국가 또는 공공단체에 정당한 배상을 청구할 수 있다. 이 경우 **공무원 자신의 책임은 면제되지 아니한다.**
> **제33조** ② **공무원인 근로자**는 법률이 정하는 자에 한하여 단결권·단체교섭권 및 단체행동권을 가진다.
> → 공무원의 근로자성을 전제로 하고 있다.

01 공무원의 의의

1. 개념

공무원이란 국민에 의해 선출되거나 국가 또는 공공단체와 공법상의 근무계약으로 임용되어 공공업무를 담당하는 자이다.

2. 공무원법상의 공무원 ★

(1) 공무원의 종류

① **경력직공무원**: 일반직, 특정직
② **특수경력직공무원**: 정무직(선거로 취임하거나 임명할 때 국회의 동의가 필요한 공무원, 고도의 정책결정 업무를 담당하거나 이러한 업무를 보조하는 공무원), **별정직**(비서관·비서 등 보좌업무 등을 수행하거나 특정한 업무 수행을 위하여 법령에서 별정직으로 지정하는 공무원)

(2) 국민전체의 봉사자로서의 공무원 ★

① 헌법 제7조 제1항의 국민전체는 주권자로서의 국민을 말하고 헌법 제7조 제1항의 공무원은 최광의의 공무원으로서 경력직, 특수경력직공무원, 공무상 위탁계약에 의하여 공무에 종사하는 모든 자(공무수탁사인)를 포함한다.
② 대통령은 '국민전체'에 대한 봉사자이므로 특정 정당, 자신이 속한 계급·종교·지역·사회단체, 자신과 친분 있는 세력의 특수한 이익 등으로부터 독립하여 국민 전체를 위하여 공정하고 균형 있게 업무를 수행할 의무가 있다(헌재 2017.3.10. 2016헌나1).
③ 직업공무원제도는 바로 그러한 제도적 보장을 통하여 모든 공무원으로 하여금 어떤 특정 정당이나 특정 상급자를 위하여 충성하는 것이 아니라 국민전체에 대한 봉사자로서(헌법 제7조 제1항) 법에 따라 그 소임을 다할 수 있게 함으로써 공무원 개인의 권리나 이익을 보호함에 그치지 아니하고 나아가 국가기능의 측면에서 정치적 안정의 유지에 기여하도록 하는 제도이다(헌재 1997.4.24. 95헌바48).

02 직업공무원제도

1. 의의

(1) 개념

직업공무원제도란 국가 또는 지방단체와 공법상의 근무관계 및 충성관계를 맺고 있는 직업공무원으로 하여금 국가의 정책집행을 담당케 하여 안정적이고 능률적인 정책집행을 보장하려는 공직구조에 관한 제도를 말한다.

(2) 헌법 제7조 제1항과 제2항의 관계

직업공무원제도는 공무원이 국민전체의 이익을 위해 직무를 수행할 수 있도록 하기 위해 공무원의 정치적 중립과 신분을 보장하는 것이다. 따라서 <u>헌법 제7조 제2항은 헌법 제7조 제1항을 위한 수단조항으로 볼 수 있다.</u>

(3) 직업공무원제도의 연혁

① **제헌헌법**: 공무원의 지위와 책임
② **제2공화국 헌법(제3차 개정헌법)**: 공무원의 신분보장과 정치적 중립성 추가(직업공무원제도 최초규정)
③ **제3공화국 헌법(제5차 개정헌법)**: 국민전체의 봉사자로서의 공무원
④ **현행헌법**: 국군의 정치적 중립

2. 공무원제도의 내용

(1) 직업공무원제의 공무원

국가공무원법 제3조는 국가공무원법의 적용은 원칙적으로 경력직공무원에게 적용된다고 규정하고 있다. 이에 반해 헌법 제29조 제1항의 공무원과 **국가배상법**의 공무원은 최광의의 공무원이다. 따라서 **국가공무원법의 공무원과 국가배상법의 공무원의 범위**는 동일하지 않는다.

> ⚖ **판례 | 직업공무원제**
>
> 1. 직업공무원제도에서 말하는 공무원은 국가 또는 공공단체와 근로관계를 맺고 이른바 공법상 특별관계 아래 공무를 담당하는 것을 직업으로 하는 협의의 공무원을 말하며 **정치적 공무원**이라든가 **임시직공무원**은 포함되지 아니한다(헌재 1989.12.18. 89헌마32).
> 2. 대통령은 행정부의 수반이고(헌법 제66조 제4항) 국가공무원법의 적용을 받는 공무원이다(국가공무원법 제2조 제3항 제1호 가목). 이러한 공무원은 선거에서 정치적 중립의무를 지고 있는바, 이는 공무원의 지위를 규정하는 **헌법 제7조 제1항, 자유선거원칙을 규정하는 헌법 제47조 제1항 및 제67조 제1항, 정당의 기회균등을 보장하는 헌법 제116조 제1항에서 나오는 헌법적 요청이다**(헌재 2004.5.14. 2004헌나1).
>   * 대통령은 정무직 공무원이므로 헌법 제7조 제2항의 직업공무원제도의 적용을 받지 않으므로 선거에서 대통령의 중립의무는 헌법 제7조 제2항이 보장하는 직업공무원제도로부터 도출될 수 없다.
> 3. 지방자치단체장, 별도의 퇴직급여 미규정 (헌재 2014.6.26. 2012헌마459)
>   ① **지방자치단체장을 위한 별도의 퇴직급여제도를 마련하지 않은 입법부작위**: <u>지방자치단체의 장은 헌법 제7조 제2항에 따라 신분보장이 필요하고 정치적 중립성이 요구되는 공무원에 해당한다고 보기 어려우므로</u> 헌법 제7조의 해석상 지방자치단체장을 위한 퇴직급여제도를 마련하여야 할 입법적 의무가 도출된다고 볼 수 없고, 그 외에 헌법 제34조나 공무담임권 보장에 관한 헌법 제25조로부터 위와 같은 입법의무가 도출되지 않는다.

② **공무원연금법의 공무원에서 지방자치단체장을 배제하는 공무원연금법**: 지방자치단체장은 특정 정당을 정치적 기반으로 할 수 있는 선출직공무원으로 임기가 4년이고 계속 재임도 3기로 제한되어 있어, 장기근속을 전제로 하는 공무원을 주된 대상으로 하고 이들이 재직 기간 동안 납부하는 기여금을 일부 재원으로 하여 설계된 공무원연금법의 적용대상에서 지방자체단체장을 제외하는 것에는 합리적 이유가 있다.

4. **공무원의 보수청구권**은, 법률 및 법률의 위임을 받은 하위법령에 의해 그 구체적 내용이 형성되면 재산적 가치가 있는 공법상의 권리가 되어 재산권의 내용에 포함되지만, **법령에 의하여 구체적 내용이 형성되기 전의 권리, 즉 공무원이 국가 또는 지방자치단체에 대하여 어느 수준의 보수를 청구할 수 있는 권리**는 단순한 기대이익에 불과하여 재산권의 내용에 포함된다고 볼 수 없다(헌재 2008.12.26. 2007헌마44).

☑ 지방자치단체장

헌법 위반	① 임기 중 사직하여 입후보금지 ② 180일 전 사직하여 지역구국회의원선거 입후보 ③ 금고 이상의 선고를 받고 확정되지 않은 권한대행
헌법 위반 아님.	① 120일 전 사직하여 지역구국회의원선거 입후보 ② 공소제기되어 구금된 경우 권한대행 ③ 공무원연금법의 공무원에서 지방자치단체장 배제 ④ 연임 3기 제한

(2) 공무원 정치적 중립

헌법 제7조 ② 공무원의 신분과 정치적 중립성은 법률이 정하는 바에 의하여 보장된다.

제5조 ② 국군은 국가의 안전보장과 국토방위의 신성한 의무를 수행함을 사명으로 하며, 그 정치적 중립성은 준수된다.

제112조 ② 헌법재판소 재판관은 정당에 가입하거나 정치에 관여할 수 없다.

제114조 ④ 선거관리위원회 위원은 정당에 가입하거나 정치에 관여할 수 없다.

⚖ 판례 | 공무원의 정치적 중립성

1. 선관위 공무원에게 요청되는 엄격한 정치적 중립성에 비추어 볼 때 **선관위 공무원에 대해 특정 정당이나 후보자를 지지·반대하는 단체에의 가입·활동 등 금지**는 선관위 공무원의 정치적 표현의 자유 등을 침해한다고 할 수 없다(헌재 2012.3.29. 2010헌마97).

2. 우리 헌법은 공무원이 국민전체에 대한 봉사자라는 지위에 있음을 확인하면서 공무원에 대해 정치적 중립성을 지킬 것을 요구하고 있으므로, 공무원의 경우 그 신분과 지위의 특수성에 비추어 경우에 따라서는 **일반국민에 비하여 표현의 자유가 더 제한될 수 있다**(헌재 2014.8.28. 2011헌바32). 국가공무원으로서 헌법 제7조에 따라 그 정치적 중립성을 준수하여야 할 뿐만 아니라, 국군의 구성원으로서 헌법 제5조 제2항에 따라 그 정치적 중립성을 준수할 필요성이 더욱 강조되므로, 그 정치적 표현의 자유에 대해 **일반국민보다 엄격한 제한을 받을 수밖에 없다. 따라서 군무원이 그 정치적 의견을 공표하는 행위 역시 이를 엄격히 제한할 필요가 있다**(헌재 2018.7.26. 2016헌바139).

3. 공무원에 대하여 국가 또는 지방자치단체의 정책에 대한 반대·방해 행위를 금지한 국가공무원 복무규정은 공무원의 정치적 표현의 자유를 침해한다고 할 수 없다(헌재 2012.5.31. 2009헌마705).

(3) 공무원의 신분보장

① 공무원은 형의 선고, 징계처분 또는 이 법에서 정하는 사유에 따르지 아니하고는 본인의 의사에 반하여 휴직·강임 또는 면직을 당하지 아니한다. 다만, 1급 공무원과 제23조에 따라 배정된 직무등급이 가장 높은 등급의 직위에 임용된 고위공무원단에 속하는 공무원은 그러하지 아니하다(국가공무원법 제68조).

② **국민이 공무원으로 임용된 경우에 있어서 그가 정년까지 근무할 수 있는 권리**는 헌법의 공무원신분보장 규정에 의하여 보호되는 기득권으로서 그 침해 내지 제한은 신뢰보호의 원칙에 위배되지 않는 범위 내에서만 가능하다고 할 것이다(헌재 1994.4.28. 91헌바15).

(4) 공무원 징계

① **공무원 징계유형**: 파면·해임·강등·정직·감봉·견책

> **참고** **법관의 징계유형**: 정직·감봉·견책

⚖️판례 | 공무원 징계

1. 검사와 달리 법관에게는 면직처분이 인정되지 않아 양자의 신분보장에는 다소 차별이 있으나, 우리 헌법이 특별히 법관에 대해서만 신분보장 규정을 두고 있다는 점을 고려할 때 그 차별에는 합리적인 이유가 있으므로 **검사에 대한 징계로서 면직처분을 인정한 것**은 평등원칙에 위배되지 아니한다(헌재 2011.12.29. 2009헌바282).

2. 공무원에게 직무의 내외를 불문하고 품위유지의무를 부과하고 **품위손상행위를 공무원에 대한 징계사유로** 규정한 법률조항은 명확성원칙에 위배되지 아니하고 공무담임권을 침해한다고 볼 수 없다(헌재 2016.2.25. 2013헌바435).

3. 공무원이 '금품수수'를 한 경우 직무관련성 유무 등과 상관없이 징계시효 기간을 일률적으로 3년으로 **정한 것**은 징계가 가능한 기간을 늘려 징계의 실효성을 제고하고 이를 통해 금품수수 관련 비위의 발생을 억제함으로써 공무원의 청렴의무 강화와 공직기강의 확립에 기여하려는 것으로서 여기에는 합리적 이유가 있다고 할 것이다. 따라서 이 사건 법률조항은 평등권을 침해하지 아니한다(헌재 2012.6.27. 2011헌바226).

---

② **징계절차**: 국가공무원의 경우 징계위원회의 의결을 거쳐 징계권자가 징계한다.

③ **징계불복절차**: 징계를 받은 공무원은 소청위원회의 소청절차를 거쳐 항고소송을 제기할 수 있다.

(5) 능력주의(성과주의)

① **능력주의의 원칙**: 선거직 공무원과 달리 직업공무원에게는 정치적 중립성과 더불어 효율적으로 업무를 수행할 수 있는 능력·전문성·적성·품성이 요구된다.

② **능력주의의 예외**

⚖️판례 | 능력주의 예외 (헌재 1999.12.23. 98헌바33)

1. **합리적 이유가 있다면 능력주의의 예외도 도입될 수 있다.** 제대군인의 사회복귀지원은 능력주의 예외로 볼 수 없으므로 제대군인가산점 제도는 합리적 이유가 없으나 국가유공자 가산점제도는 헌법 제32조 제6항에 근거한 것이므로 능력주의의 예외이다.

2. 능력주의원칙에 대한 예외를 인정할 수 있는 경우가 있다. 그러한 **헌법원리로는 우리 헌법의 기본원리인 사회국가원리를 들 수 있고**, 헌법조항으로는 여자·연소자근로의 보호, 국가유공자·상이군경 및 전몰군경의 유가족에 대한 우선적 근로기회의 보장을 규정하고 있는 헌법 제32조 제4항 내지 제6항, 여자·노인·신체장애자 등에 대한 사회보장의무를 규정하고 있는 헌법 제34조 제2항 내지 제5항 등을 들 수 있다. 이와 같은 헌법적 요청이 있는 경우에는 합리적 범위 안에서 능력주의가 제한될 수 있다.

---

03 공무원의 의무

국가공무원법 제62조 【외국 정부의 영예 등을 받을 경우】 공무원이 외국 정부로부터 영예나 증여를 받을 경우에는 대통령의 허가를 받아야 한다.

제64조 【영리 업무 및 겸직 금지】 ① 공무원은 공무 외에 영리를 목적으로 하는 업무에 종사하지 못하며 소속 기관장의 허가 없이 다른 직무를 겸할 수 없다.

제66조 【집단행위의 금지】 ① 공무원은 노동운동이나 그 밖에 공무 외의 일을 위한 집단행위를 하여서는 아니 된다. 다만, 사실상 노무에 종사하는 공무원은 예외로 한다.

⚖️판례 | 그 밖에 공무 외의 일을 위한 집단행위를 금지한 국가공무원법 제66조 (헌재 2020.4.23. 2018헌마550)

1. 공무원이 집단적으로 정치적 의사표현을 하는 경우에는 이것이 공무원이라는 집단의 이익을 대변하기 위한 것으로 비춰질 수 있으며, 정치적 중립성의 훼손으로 공무의 공정성과 객관성에 대한 신뢰를 저하시킬 수 있다. 따라서 이 사건 조항이 정치적 표현행위를 포함하여 공무원의 집단행위를 제한하더라도 이것이 표현의 자유에 대한 과도한 제한이라고 볼 수 없다. 나아가 공무원의 집단적인 정치적 표현행위가 공익을 표방한다고 하여도 우리나라의 정치 현실상 정치적 편향성에 대한 의심을 제거하기가 어려운 것이 사실이므로, 공익을 표방하는 공무원의 집단적인 정치적 표현행위는 심판대상조항의 적용이 배제되는 '공익'을 위한 행위에 포함된다고 볼 수는 없다. 따라서 이 사건 조항은 표현의 자유를 침해하지 아니한다.

2. '공무 외의 일을 위한 집단행위'는 '공익에 반하는 목적을 위하여 직무전념의무를 해태하는 등의 영향을 가져오거나, 공무에 대한 국민의 신뢰에 손상을 가져올 수 있는 공무원 다수의 결집된 행위'를 말하는 것으로 한정 해석되므로 명확성원칙에 위반된다고 볼 수 없다.

📖 판례정리

공무원제도 위헌 여부

헌법 위반인 것

1. 후임자 임명처분에 의한 공무원직 상실

국회사무처와 도서관 공무원은 후임자가 임명될 때까지 그 직을 가진다고 규정한 국가보위입법회의법 부칙 제4항은 공무원의 귀책사유나 직제, 정원의 개폐, 예산의 감소 등과 같은 정당한 사유없이 후임자 임명이라는 사유로 공무원의 직위를 상실하도록 하였으므로 직업공무원제도의 본질적 내용을 침해한 것이다(헌재 1989.12.18. 89헌마32).

2. 차관급 이상의 보수를 받은 자에 법관을 포함시킨 1980년해직공무원의보상등에관한특별조치법

법관에 대하여 헌법이 직접 그 신분보장규정을 두고 있는 이유는 사법권의 독립을 실질적으로 보장함으로써 헌법 제27조 제1항이 규정하고 있는 국민의 재판청구권이 올바로 행사될 수 있도록 하기 위한 것임은 의문의 여지가 없다. 따라서 1980년해직공무원의보상등에관한특별조치법 제2조 제2항 제1호의 '차관급상당 이상의 보수를 받은 자'에 법관을 포함시켜서 (강제 해직된 법관들을) 보상대상에서 제외시키는 것은 헌법 제106조 제1항, 제11조에 위반된다(헌재 1992.11.12. 91헌가2).

3. **공무원은 정당이나 그 밖의 정치단체의 결성에 관여하거나 이에 가입할 수 없도록 한 국가공무원법 제65조** (헌재 2020.4.23. 2018헌마551)

① **초·중등학교의 교육공무원이 정당의 발기인 및 당원이 될 수 없도록 규정한 정당법 및 초·중등학교의 교육공무원이 정당의 결성에 관여하거나 이에 가입하는 행위를 금지한 국가공무원법 제65조 제1항이 청구인들의 정당가입의 자유 등을 침해하는지 여부(소극):** 이 사건 정당가입 금지조항은 과잉금지원칙에 위배되지 않는다. 이 사건 정당가입 금지조항이 초·중등학교 교원에 대해서는 정당가입의 자유를 금지하면서 대학의 교원에게 이를 허용한다 하더라도, 이는 기초적인 지식전달, 연구기능 등 양자 간 직무의 본질과 내용, 근무 태양이 다른 점을 고려한 합리적인 차별이므로 평등원칙에 위배되지 않는다는 것이다. 위 선례의 판단을 변경할 만한 사정 변경이나 필요성이 인정되지 않고 위 선례의 취지는 이 사건에서도 그대로 타당하므로, 위 선례의 견해를 그대로 유지하기로 한다.

② **초·중등학교의 교육공무원이 정치단체의 결성에 관여하거나 이에 가입하는 행위를 금지한 국가공무원법 제65조 제1항이 나머지 청구인들의 정치적 표현의 자유 및 결사의 자유를 침해하는지 여부(적극):** 국가공무원법조항 중 '그 밖의 정치단체'에 관한 부분은, '그 밖의 정치단체'라는 불명확한 개념을 사용하고 있어, 표현의 자유를 규제하는 법률조항, 형벌의 구성요건을 규정하는 법률조항에 대하여 헌법이 요구하는 **명확성원칙의 엄격한 기준을 충족하지 못하였다.** 이에 대하여는, 아래 재판관 3인의 위헌의견 중 '명확성원칙 위배 여부' 부분과 의견을 모두 같이 한다. 덧붙여, 국가공무원법조항 중 '그 밖의 정치단체'에 관한 부분은 어떤 단체에 가입하는가에 관한 집단적 형태의 '표현의 내용'에 근거한 규제이므로, 더욱 규제되는 표현의 개념을 명확하게 규정할 것이 요구된다. 그럼에도 위 조항은 '그 밖의 정치단체'라는 불명확한 개념을 사용하여, 수범자에 대한 위축효과와 법 집행 공무원의 자의적 판단 위험을 야기하고 있다. 위 조항이 명확성원칙에 위배되어 나머지 청구인들의 정치적 표현의 자유, 결사의 자유를 침해한다.

4. **사회복무요원의 정당이나 그 밖의 정치단체에 가입하는 등 정치적 목적을 지닌 행위를 금지한 병역법** (헌재 2021.11.25. 2019헌마534)

① **정당가입을 금지한 병역법** *합헌결정: 사회복무요원의 사익보다 사회복무요원의 정치적 중립성 유지 및 업무전념성이라는 공익이 더 크므로 법익의 균형성에도 위배되지 않는다.

② **사회복무요원의 '그 밖의 정치단체에 가입하는 등 정치적 목적을 지닌 행위'를 금지한 병역법:** 이 사건 법률조항은 '정치적 목적을 지닌 행위'의 의미를 개별화·유형화하지 않으며, 앞서 보았듯 '그 밖의 정치단체'의 의미가 불명확하므로 이를 예시로 규정하여도 '정치적 목적을 지닌 행위'의 불명확성은 해소되지 않는다. 그렇다면 이 부분은 명확성원칙에 위배된다.

> ### 헌법 위반이 아닌 것

1. **특별채용대상에 5급 이상의 공무원을 제외한 1980년해직공무원의보상등에관한특별조치법**

   5급 이상의 해직공무원에 대하여만 특별채용을 제한하는 이유는, 공직사회의 위계질서의 확보와 인사의 정체를 막기 위함이며 이러한 점을 고려하면 원 직급에의 복직과 같은 원상회복의 문제는 6급 이하의 공무원에 한정함이 온당하다는 강한 공익상의 요청을 입법자가 고려하였다는 점을 무시할 수 없고 이 입법재량은 이를 인정하여야 할 상당한 이유가 있다고 할 것이다(헌재 1993.9.27. 92헌바21).

2. **정치단체에 가입하거나 연설, 문서 또는 그 밖의 방법으로 정치적 의견을 공표하거나 그 밖의 정치운동을 한 사람을 처벌하도록 한 군형법**

   금지되는 정치 관여 행위를 최소화함으로써 군무원의 정치적 표현의 자유에 대한 제한을 축소하고 있는 반면, 심판대상조항이 달성하고자 하는 공익은 헌법 제5조 제2항에 명문화된 국민의 결단으로부터 유래하는 것이므로 매우 엄중하다. 따라서 심판대상조항으로 보호하고자 하는 공익이 군무원이 심판대상조항으로 인하여 받게 되는 불이익보다 더 크다고 할 것이므로, 심판대상조항은 법익의 균형성 원칙에 위반되지도 않는다. 결국 심판대상조항은 과잉금지원칙에 반하여 군무원의 정치적 표현의 자유를 침해한다고 볼 수도 없다(헌재 2018.7.26. 2016헌바139).

3. 동장을 별정직공무원으로 둔 것

직업공무원제도는 헌법이 보장하는 제도적 보장중의 하나임이 분명하므로 입법자는 직업공무원제도에 관하여 '최소한 보장'의 원칙의 한계안에서 폭넓은 입법형성의 자유를 가진다. 따라서 입법자가 동장의 임용의 방법이나 직무의 특성 등을 고려하여 이 사건 법률조항에서 동장의 공직상의 신분을 지방공무원법상 신분보장의 적용을 받지 아니하는 별정직공무원의 범주에 넣었다 하여 바로 그 법률조항부분을 위헌이라고 할 수는 없다(헌재 1997.4.24. 95헌바48).

4. 1980년 해직공무원 보상특별법에서 정부산하기관의 임직원을 보상대상에서 제외시킨 것 (헌재 1993.5.13. 90헌바22)

*합헌결정

① **4인의 재판관**: 정부산하기관 임직원에 대해 보상규정을 두지 않은 것은 진정입법부작위이고, 진정입법부작위는 헌법재판소법 제68조 제2항의 심판대상이 되지 않으므로 각하결정을 해야 한다.

② **5인의 재판관**: 공무원과 **정부산하기관의 임직원을 합리적 이유 없이 차별하고 있어** 평등원칙에 위배된다.

5. 이민 간 해직공무원의 보상에서 이민 후를 보상에서 제외하는 1980년해직공무원의보상등에관한특별조치법

이민 간 해직공무원의 보상을 함과 동시에 국가의 예산상황 내지 보상능력 등 제반사정도 고려하여 합리적인 선을 정한 것이라고 볼 것이다. 이민 후의 보상을 일률적으로 해결하기 위하여 일률적으로 이를 배제하였다고 하여도 합리성이 없이 국내거주 국민과 국외거주 국민을 자의적으로 차별한 것은 아니다(헌재 1993.12.23. 89헌마189).

6. 공무원 직권면직

직제 폐지로 직권면직이 이루어지는 경우 임용권자는 인사위원회의 의견을 들어야 하고 면직 기준으로 임용형태, 업무실적, 직무수행 능력 등을 고려하도록 하고 있으며 면직 기준을 정하거나 면직 대상을 결정함에 있어서 인사위원회의 의결을 거치도록 하고 있으므로 이 사건 법률조항이 직업공무원제도에 위반된다고 할 수 없다(헌재 2004.11.25. 2002헌바8).

7. 공무원 의무 (헌재 2012.5.31. 2009헌마705 · 2010헌마90)

① **공무원 개인을 법령의 적용대상으로 하고 있는 공무원 복무규정에 의하여 간접적 · 부수적으로 공무원단체의 활동이 제한될 때 그 단체의 자기관련성을 인정할 수 있는지 여부(소극)**: 이 사건 심판대상조항들의 직접적인 수범자는 개별 공무원이고 청구인 공무원노동조합총연맹과 같은 공무원단체는 아니므로, 청구인 공무원노동조합총연맹의 심판청구는 자기관련성이 없어 부적법하다.

② **공무원에 대하여 직무 수행 중 정치적 주장을 표시 · 상징하는 복장 등 착용행위를 금지한 국가공무원 복무규정**: 공무원이 직무 수행 중 정치적 주장을 표시 · 상징하는 복장 등을 착용하는 행위는 그 주장의 당부를 떠나 국민으로 하여금 공무집행의 공정성과 정치적 중립성을 의심하게 할 수 있으므로 공무원이 직무수행 중인 경우에는 그 활동과 행위에 더 큰 제약이 가능하다고 하여야 할 것인바, 위 규정들은 오로지 공무원의 직무수행 중의 행위만을 금지하고 있으므로 침해의 최소성 원칙에 위배되지 아니한다. 따라서 위 규정들은 과잉금지원칙에 반하여 공무원의 정치적 표현의 자유를 침해한다고 할 수 없다.

8. 공무원이 선거에서 특정정당 또는 특정인을 지지하기 위하여 타인에게 정당에 가입하도록 권유 운동을 한 경우 형사처벌하는 국가공무원법 제65조가 수범자를 공무원에 한정한 것은 헌법이 정하고 있는 공무원의 정치적 중립성을 보장하기 위한 것으로 합리적 이유가 있어 평등원칙에 위반되지 아니한다(헌재 2021.8.31. 2018헌바149).

직업공무원제도 대법원 판례

1. 임용권자의 과실에 의한 임용결격자에 대한 경찰공무원 임용행위의 효력(무효)

① 경찰공무원법에 규정되어 있는 경찰관임용 결격사유는 경찰관으로 임용되기 위한 절대적인 소극적 요건으로서 임용 당시 경찰관임용 결격사유가 있었다면 비록 임용권자의 과실에 의하여 임용결격자임을 밝혀내지 못하였다 하더라도 그 임용행위는 당연무효로 보아야 한다(대판 2005.7.28. 2003두469).

② 경찰공무원으로 임용된 후 70일 만에 선고받은 형이 사면으로 실효되어 공무원 임용결격사유가 소멸된 후 30년 3개월 동안 사실상 계속 근무했다고 하더라도 묵시적 임용처분을 추인했다고 볼 수도 없고, 새로운 임용을 했다고 볼 수 없다(대판 1996.2.27. 95누9617).

2. 정년퇴직 발령이 행정소송의 대상인지 여부(소극)

국가공무원법 제74조에 의하면 공무원이 소정의 정년에 달하면 그 사실에 대한 효과로서 공무담임권이 소멸되어 당연히 퇴직되므로 행정소송의 대상이 되지 아니한다(대판 1983.2.8. 81누263).

3. 관련 형사사건의 유죄확정 전에도 비위 공무원에 대하여 징계처분을 할 수 있는지 여부(적극)

공무원에게 징계사유가 인정되는 이상 관련된 형사사건이 아직 유죄로 확정되지 아니하였다고 하더라도 징계처분을 할 수 있다(대판 2001.11.9. 2001두4184).

4. 계약직공무원 계약해지를 다투는 소송

당사자소송(○), 항고소송(×)

5. 임용의 **효력발생시기**는 임용한다는 의사표시가 공무원에게 **도달된 시점**이다. 즉, 임용의 의사표시가 상대방에게 도달되지 아니하면 그 효력을 발생할 수 없다(대판 1962.11.15. 62누165).

6. 경찰공무원이 뇌물수수사건의 수사를 피하기 위해 **사직원을 제출하고 수리되지 않은 상태**에서 소속 상관의 허가 없이 3개월여 동안 출근하지 아니한 경우, 직장이탈을 이유로 한 파면처분은 재량권 남용·일탈이 아니다(대판 1991.11.12. 91누3666).

7. 공무원에 대한 임명 또는 해임행위는 임명권자의 의사표시를 내용으로 하는 하나의 행정처분으로 보아야 할 것이므로, 이 임명 또는 해임의 의사표시가 **상대방에게 도달되지 아니하면 그 효력을 발생할 수 없다** 할 것이요 임명권자가 일반적으로 어떠한 공무원을 해임하고 그 후임 공무원을 임명하는 의사를 결정하였다 하여도 아직 그 의사표시가 **그 공무원에게 도달되기까지는** 그 공무원은 그 권한에 속하는 직무를 수행할 권한이 있다 할 것이다(대판 1962.11.15. 62누165).

제9장 / 청구권적 기본권

제1절 청원권

> 헌법 제26조【청원권】① 모든 국민은 법률이 정하는 바에 의하여 국가기관에 문서로 청원할 권리를 가진다.
> ② 국가는 청원에 대하여 심사할 의무를 진다.

01 청원권의 의의

1. 개념

헌법상 보장된 청원권은 공권력과의 관계에서 일어나는 여러 가지 이해관계, 의견, 희망 등에 관하여 적법한 청원을 국가기관이 수리하여 이를 심사하고, 적어도 그 결과를 통지할 것을 요구할 수 있는 권리이다(헌재 1994.2.24. 93헌마213).

2. 연혁

제헌헌법부터 규정되어 왔다.

3. 청원권의 기능

비사법적인 권리구제수단 또는 정치적 권리구제수단으로서 기능을 한다. 간접민주제 · 대의제의 결함을 보완하는 수단의 하나로서 직접 민주주의적 기능을 한다.

02 청원권의 주체

국민뿐 아니라 법인, 외국인도 청원권의 주체가 될 수 있다. 공무원, 군인, 수형자도 청원을 할 수 있다. 다만, 공무원, 군인, 수형자 등은 직무와 관련된 청원이나 집단적 청원은 할 수 없다. [권영성, 김철수]

☑ 청원권과 행정쟁송제도의 차이

구분	청원	행정쟁송
권리침해 전제	×	○
제3자의 권리침해에 대해	○	×
제기기간 제한	×	○
재결결정 필수성	×	○
결과의 기속력	×	○

03 청원권의 내용

1. 청원 대상기관

국가기관, 지방자치단체와 그 소속기관, 법령에 의하여 행정권한을 가지고 있거나 행정권한을 위임 또는 위탁받은 법인·단체 또는 그 기관이나 개인에 대해서 청원할 수 있다(청원법 제4조).

2. 청원사항

> **청원법 제5조【청원사항】** 국민은 다음 각 호의 어느 하나에 해당하는 사항에 대하여 청원기관에 청원할 수 있다.
> 1. 피해의 구제
> 2. 공무원의 위법·부당한 행위에 대한 시정이나 징계의 요구
> 3. 법률·명령·조례·규칙 등의 제정·개정 또는 폐지
> 4. 공공의 제도 또는 시설의 운영
> 5. 그 밖에 청원기관의 권한에 속하는 사항
>
> **제25조【모해의 금지】** 누구든지 타인을 모해(謀害)할 목적으로 허위의 사실을 적시한 청원을 하여서는 아니 된다.

3. 청원방법

(1) 청원방법

> **청원법 제9조【청원방법】** ① 청원은 청원서에 청원인의 성명(법인인 경우에는 명칭 및 대표자의 성명을 말한다)과 주소 또는 거소를 적고 서명한 문서(전자문서 및 전자거래 기본법에 따른 전자문서를 포함한다)로 하여야 한다.

(2) 청원서의 제출

> **청원법 제11조【청원서의 제출】** ① 청원인은 청원서를 해당 청원사항을 담당하는 청원기관에 제출하여야 한다.
> ③ 다수 청원인이 공동으로 청원(이하 '공동청원'이라 한다)을 하는 경우에는 그 처리결과를 통지받을 3명 이하의 대표자를 선정하여 이를 청원서에 표시하여야 한다.

(3) 국회에 대한 청원

국회에 청원을 하려는 자는 의원의 소개를 받거나 국회규칙으로 정하는 기간 동안 국회규칙으로 정하는 일정한 수 이상의 국민의 동의를 받아 청원서를 제출하여야 한다(국회법 제123조). 그러나 지방의회에 청원하려면 지방의회의원의 소개가 반드시 필요하다(지방자치법 제73조).

⚖️ 판례 | 의회에 대한 청원 *합헌결정

1. 청원권의 구체적 내용은 입법활동에 의하여 형성되며, 입법형성에는 폭넓은 재량권이 있으므로 입법자는 청원의 내용과 절차는 물론 청원의 심사·처리를 공정하고 효율적으로 행할 수 있게 하는 합리적인 수단을 선택할 수 있는바, **의회에 대한 청원에 국회의원의 소개를 얻도록 한 것**은 청원 심사의 효율성을 확보하기 위한 적절한 수단이다. 또한 청원은 일반의안과 같이 처리되므로 청원서 제출단계부터 의원의 관여가 필요하고, 의원의 소개가 없는 민원의 경우에는 진정으로 접수하여 처리하고 있으며, 청원의 소개의원은 1인으로 족한 점 등을 감안할 때 이 사건 법률조항이 국회에 청원을 하려는 자의 청원권을 침해한다고 볼 수 없다(헌재 2006.6.29. 2005헌마604).

2. **지방의회에 청원을 하고자 할 때에 반드시 지방의회 의원의 소개를 얻도록 한 지방자치법**은 청원의 소개의원도 1인으로 족한 점을 감안하면 이러한 정도의 제한은 공공복리를 위한 필요최소한의 것이라고 할 수 있다(헌재 1999.11.25. 97헌마54).

4. 청원처리

청원을 하면 국가기관은 청원을 수리하고 심사해서 그 결과를 통지해야 한다.

☑️ 청원처리 (헌재 1997.7.16. 93헌마239)

1. 청원권은 공권력과의 관계에서 일어나는 여러가지 이해관계, 의견, 희망 등에 관하여 청원자에게 적어도 그 처리결과를 통지할 것을 요구할 수 있는 권리이다.

2. 청원권의 보호범위에는 청원사항의 처리결과에 심판서나 재결서에 준하여 이유를 명시할 것까지를 요구하는 것은 포함되지 아니한다.

3. 적법한 청원에 대하여 국가기관이 수리·심사하여 그 처리결과를 청원인등에게 통지하였다면 이로써 당해 국가기관은 헌법 및 청원법상의 의무이행을 필한 것이라 할 것이고, 비록 그 처리내용이 청원인 등이 기대하는 바에 미치지 않는다고 하더라도 더 이상 헌법소원의 대상이 되는 공권력의 행사 내지 불행사라고는 볼 수 없다. ➡ 청원처리회신은 헌법소원의 대상이 아니다.

(1) 청원처리를 하지 아니할 수 있는 경우

청원법 제6조【청원 처리의 예외】 청원기관의 장은 청원이 다음 각 호의 어느 하나에 해당하는 경우에는 처리를 하지 아니할 수 있다. 이 경우 사유를 청원인(제11조 제3항에 따른 공동청원의 경우에는 대표자를 말한다)에게 알려야 한다.
1. 국가기밀 또는 공무상 비밀에 관한 사항
2. 감사·수사·재판·행정심판·조정·중재 등 다른 법령에 의한 조사·불복 또는 구제절차가 진행 중인 사항
3. 허위의 사실로 타인으로 하여금 형사처분 또는 징계처분을 받게 하는 사항
4. 허위의 사실로 국가기관 등의 명예를 실추시키는 사항
5. 사인 간의 권리관계 또는 개인의 사생활에 관한 사항
6. 청원인의 성명, 주소 등이 불분명하거나 청원내용이 불명확한 사항

(2) 반복청원 및 이중청원의 경우

> **청원법 제16조【반복청원 및 이중청원】** ① 청원기관의 장은 동일인이 같은 내용의 청원서를 같은 청원기관에 2건 이상 제출한 반복청원의 경우에는 나중에 제출된 청원서를 반려하거나 종결처리할 수 있고, 종결처리하는 경우 이를 청원인에게 알려야 한다.
> ② 동일인이 같은 내용의 청원서를 2개 이상의 청원기관에 제출한 경우 소관이 아닌 청원기관의 장은 청원서를 소관 청원기관의 장에게 이송하여야 한다. 이 경우 반복청원의 처리에 관하여는 제1항을 준용한다.
> ③ 청원기관의 장은 제1항 및 제2항의 청원(반복청원을 포함한다)이 같은 내용의 청원인지 여부에 대해서는 해당 청원의 성격, 종전 청원과의 내용적 유사성·관련성 및 종전 청원과 같은 답변을 할 수밖에 없는 사정 등을 종합적으로 고려하여 결정하여야 한다.

(3) 청원서의 접수와 보완요구

> **청원법 제12조【청원의 접수】** ① 청원기관의 장은 제11조에 따라 제출된 청원서를 지체 없이 접수하여야 한다.
> **제13조【공개청원의 공개 여부 결정 통지 등】** ① 공개청원을 접수한 청원기관의 장은 접수일부터 15일 이내에 청원심의회의 심의를 거쳐 공개 여부를 결정하고 결과를 청원인(공동청원의 경우 대표자를 말한다)에게 알려야 한다.
> ② 청원기관의 장은 공개청원의 공개결정일부터 **30일간** 청원사항에 관하여 국민의 의견을 들어야 한다.
> **제15조【청원서의 보완요구 및 이송】** ① 청원기관의 장은 청원서에 부족한 사항이 있다고 판단되는 경우에는 보완사항 및 보완기간을 표시하여 청원인(공동청원의 경우 대표자를 말한다)에게 보완을 요구할 수 있다.
> ② 청원기관의 장은 청원사항이 다른 기관 소관인 경우에는 지체 없이 소관 기관에 청원서를 이송하고 이를 청원인(공동청원의 경우 대표자를 말한다)에게 알려야 한다.

> **⚖ 판례 | 이중청원에 대한 국가의 의무 *각하결정**
>
> **이중청원에 대하여 아무런 내용의 회신이 없다고 하여 헌법소원을 제기한 경우 심판청구가 적법한지 여부**
> 청원법 제8조는 동일내용의 청원서를 동일기관에 2개 이상 또는 2개 기관 이상에 제출할 수 없도록 하고, 이에 위배된 청원서를 접수한 관서는 이를 취급하지 아니하도록 하고 있으므로, 동일내용의 청원에 대하여는 국가기관이 이를 수리, 심사 및 통지를 하여야 할 아무런 의무가 없다. 따라서 청구인들의 이 부분 심판청구는 헌법에서 유래하는 작위의무가 없는 공권력의 불행사에 대한 헌법소원으로서 나아가 살펴볼 필요도 없이 <u>부적법하다고 할 것이다</u>(헌재 2004.5.27. 2003헌마851).

(4) 국회나 지방의회의 청원 심사

> **국회법 제124조【청원요지서의 작성과 회부】** ① 의장은 청원을 접수하였을 때에는 청원요지서를 작성하여 인쇄하거나 전산망에 입력하는 방법으로 각 의원에게 배부하는 동시에 그 청원서를 **소관 위원회에 회부하여 심사하게 한다.**
> **제125조【청원 심사·보고 등】** ① 위원회는 청원 심사를 위하여 청원심사소위원회를 둔다.
> ② 위원장은 폐회 중이거나 그 밖에 필요한 경우 청원을 바로 청원심사소위원회에 회부하여 심사보고하게 할 수 있다.
> ③ 청원을 소개한 의원은 소관 위원회 또는 청원심사소위원회의 요구가 있을 때에는 청원의 취지를 설명하여야 한다.
> ⑦ 위원회에서 본회의에 부의하기로 결정한 청원은 의견서를 첨부하여 의장에게 보고한다.

⑧ 위원회에서 본회의에 부의할 필요가 없다고 결정한 청원은 그 처리 결과를 의장에게 보고하고, 의장은 청원인에게 알려야 한다. 다만, 폐회 또는 휴회 기간을 제외한 7일 이내에 의원 30명 이상의 요구가 있을 때에는 이를 본회의에 부의한다.

제126조【정부이송과 처리보고】 ① 국회가 채택한 청원으로서 정부에서 처리함이 타당하다고 인정되는 청원은 의견서를 첨부하여 정부에 이송한다.

② 정부는 제1항의 청원을 처리하고 그 처리결과를 지체 없이 국회에 보고하여야 한다.

(5) 청원의 조사

청원법 제18조【청원의 조사】 청원기관의 장은 청원을 접수한 경우에는 지체 없이 청원사항을 성실하고 공정하게 조사하여야 한다. 다만, 청원사항이 별도의 조사를 필요로 하지 아니하는 경우에는 조사 없이 신속하게 처리할 수 있다.

제19조【조사의 방법】 ① 청원기관의 장은 제18조에 따른 조사를 할 때 다음 각 호의 조치를 할 수 있다. 이 경우 출석하거나 의견진술 등을 한 사람(청원인은 제외한다)에게는 예산의 범위에서 여비와 수당을 지급할 수 있다.

1. 관계 기관 등에 대한 설명 요구 또는 관련 자료 등의 제출 요구
2. 관계 기관 등의 직원, 청원인, 이해관계인이나 참고인의 출석 및 의견진술 등의 요구
3. 조사사항과 관계있다고 인정되는 장소·시설 등에 대한 실지조사
4. 조사사항과 관계있다고 인정되는 문서·자료 등에 대한 감정의 의뢰

② 관계 기관 등의 장은 제1항에 따른 청원기관의 장의 요구나 조사에 성실하게 응하고 이에 협조하여야 한다.

제20조【관계 기관·부서 간의 협조】 ① 청원기관의 장은 청원을 처리할 때 관계 기관·부서의 협조가 필요한 경우에는 청원을 접수한 후 청원 처리기간의 범위에서 회신기간을 정하여 협조를 요청하여야 하며, 요청받은 관계 기관·부서는 회신기간 내에 이를 회신하여야 한다.

(6) 청원 심의

① **국무회의 심의**: 정부에 제출 또는 회부된 정부의 정책에 관계되는 청원의 심사 – 국무회의 심의를 반드시 거쳐야 한다(헌법 제89조 제15호).

② **청원처리와 결과 통지**

청원법 제21조【청원의 처리 등】 ① 청원기관의 장은 청원심의회의 심의를 거쳐 청원을 처리하여야 한다. 다만, 청원심의회의 심의를 거칠 필요가 없는 사항에 대해서는 심의를 생략할 수 있다.

② 청원기관의 장은 청원을 접수한 때에는 특별한 사유가 없으면 **90일** 이내(제13조 제1항에 따른 공개청원의 공개 여부 결정기간 및 같은 조 제2항에 따른 국민의 의견을 듣는 기간을 제외한다)에 처리결과를 청원인(공동청원의 경우 대표자를 말한다)에게 알려야 한다.

(7) 이의신청

청원법 제22조【이의신청】 ① 청원인은 다음 각 호의 어느 하나에 해당하는 경우로서 공개 부적합 결정 통지를 받은 날 또는 제21조에 따른 처리기간이 경과한 날부터 **30일** 이내에 청원기관의 장에게 문서로 이의신청을 할 수 있다.

1. 청원기관의 장의 공개 부적합 결정에 대하여 불복하는 경우
2. 청원기관의 장이 제21조에 따른 처리기간 내에 청원을 처리하지 못한 경우

② 청원기관의 장은 이의신청을 받은 날부터 15일 이내에 이의신청에 대하여 인용 여부를 결정하고, 그 결과를 청원인(공동청원의 경우 대표자를 말한다)에게 지체 없이 알려야 한다.

③ 제1항에 따른 이의신청의 절차 및 방법 등 필요한 사항은 대법원규칙, 헌법재판소규칙, 중앙선거관리위원회규칙 및 대통령령으로 정한다.

5. 청원의 효과

(1) 수리 · 심사 · 통지의무(적극적 효과)

청원을 수리한 기관은 성실하고 공정하게 청원을 심사 · 처리하여야 한다. 그 처리결과를 청원인에게 통지하여야 한다.

(2) 차별대우금지(소극적 효과)

누구든지 청원하였다는 이유로 차별대우를 받거나 불이익을 강요당하지 아니한다(청원법 제26조).

📖 판례정리

청원권

1. 청원한 사항 처리방법

국가기관이 그 수리한 청원을 받아들여 구체적인 조치를 취할 것인지 여부는 국가기관의 자유재량에 속한다고 할 것일 뿐만 아니라 이로써 청원자의 권리의무, 그 밖의 법률관계에는 하등의 영향을 미치는 것이 아니므로 청원에 대한 심사처리결과의 통지 유무는 행정소송의 대상이 되는 행정처분이라고 할 수 없다(대판 1990.5.25. 90누1458).

2. 수용자 청원 허가제

교도소 수용자라 하더라도 원칙적으로 자유롭게 청원할 권리가 보장되나 서신을 통한 수용자의 청원을 아무런 제한 없이 허용한다면 수용자가 이를 악용하여 검열 없이 외부에 서신을 발송하는 탈법수단으로 이용할 수 있게 되므로 이에 대한 검열은 수용 목적 달성을 위한 불가피한 것으로서 청원권의 본질적 내용을 침해한다고 할 수 없다(헌재 2001.11.29. 99헌마713).

3. 공무원이 취급하는 사건 또는 사무에 관하여 사건 해결의 청탁 등을 명목으로 금품을 수수하는 행위를 규제하는 구 변호사법

우리 헌법 제26조에서 "모든 국민은 법률이 정하는 바에 의하여 국가기관에 문서로 청원할 권리를 가진다. 국가는 청원에 대하여 심사할 의무를 진다."라고 하여 청원권을 기본권으로 보장하고 있으므로 국민은 여러 가지 이해관계 또는 국정에 관하여 자신의 의견이나 희망을 해당 기관에 직접 진술하는 외에 그 본인을 대리하거나 중개하는 제3자를 통해 진술하더라도 이는 청원권으로서 보호된다. 그런데 이 사건 법률조항은 공무원의 직무에 속하는 사항에 관하여 금품을 대가로 다른 사람을 중개하거나 대신하여 그 이해관계나 의견 또는 희망을 해당 기관에 진술할 수 없게 하므로, 일반적 행동자유권 및 청원권을 제한한다. 그러나 이 사건 법률조항은 공무원과의 친분관계를 이용하여 공무원이 취급하는 사건 또는 사무에 관하여 청탁한다는 명목으로 금품을 수수하는 행위를 근절시켜 공무의 공정성 및 이에 대한 사회일반의 신뢰성을 확보하기 위한 것으로 그 입법목적이 정당할 뿐 아니라 방법도 적절하다. 유상 로비활동을 허용할 것인지 여부나 시기는 입법자가 판단할 사항인데 우리 사회에서 그간 로비가 공익이 아닌 특정 개인이나 집단의 사익을 추구하는 도구로 이용되어 왔었던 점을 부인할 수 없어 도입되지 않은 상황이며 공무의 공정성 확보의 중요성을 고려할 때 이에 대해 형사처벌을 하는 것이 과도하다고 할 수 없고 법익균형성도 갖추었다고 할 것이므로, 이 사건 법률조항은 일반적 행동의 자유 내지 청원권을 침해하지 아니한다(헌재 2012.4.24. 2011헌바40).

제2절 재판청구권

> **헌법 제27조 【재판을 받을 권리, 형사피고인의 무죄추정 등】** ① 모든 국민은 헌법과 법률이 정한 법관에 의하여 법률에 의한 재판을 받을 권리를 가진다.
> ② 군인 또는 군무원이 아닌 국민은 대한민국의 영역 안에서는 중대한 군사상 기밀·초병·초소·유독음식물공급·포로·군용물에 관한 죄 중 법률이 정한 경우와 비상계엄이 선포된 경우를 제외하고는 군사법원의 재판을 받지 아니한다.
> ③ 모든 국민은 신속한 재판을 받을 권리를 가진다. 형사피고인은 상당한 이유가 없는 한 지체 없이 공개재판을 받을 권리를 가진다.
> ④ 형사피고인은 유죄의 판결이 확정될 때까지는 무죄로 추정된다.
> ⑤ 형사피해자는 법률이 정하는 바에 의하여 당해 사건의 재판절차에서 진술할 수 있다.

01 재판청구권의 의의

1. 개념

재판청구권이란 독립된 법원에서 신분이 보장된 법관에 의하여 적법한 절차에 따라 공정한 재판을 받을 것을 국가에 요구할 수 있는 권리이다. **재판청구권**은 공권력이나 사인에 의해서 기본권이 침해당하거나 침해당할 위험에 처해있을 경우 이에 대한 구제나 그 예방을 요청할 수 있는 권리라는 점에서 다른 <u>기본권의 보장을 위한 기본권</u>이라는 성격을 가지고 있다(헌재 2009.4.30. 2007헌바121).

2. 연혁

1215년 마그나 카르타에서 재판을 받을 권리를 규정하였고, 1789년 인간과 시민의 권리선언에서 또한 규정하였다. 1791년 프랑스헌법과 1791년 미국헌법은 헌법적 차원에서 법률에 의한 재판을 받을 권리를 규정하였다.

3. 재판청구권의 주체

국민과 외국인, 사법인과 공법인을 불문하고 재판청구권의 주체가 될 수 있다(헌재 2012.8.23. 2008헌마430).

(1) 재판 당사자가 재판에 참석하는 것은 재판청구권 행사의 기본적 내용이라고 할 것이므로 수형자도 형의 집행과 도망의 방지라는 구금의 목적을 반하지 않는 범위에서는 재판청구권이 보장되어야 한다(헌재 2012.3.29. 2010헌마475).

(2) 신체의 자유, 주거의 자유, 변호인의 조력을 받을 권리, 재판청구권 등은 성질상 인간의 권리에 해당한다고 볼 수 있으므로, 위 기본권들에 관하여는 불법체류 외국인도 기본권 주체성이 인정된다(헌재 2012.8.23. 2008헌마430).

02 재판청구권의 내용

1. 헌법과 법률이 정한 법관에 의한 재판을 받을 권리

(1) 헌법과 법률이 정한 법관

헌법과 법률이 정한 법관이란 법원조직법이 규정한 자격과 절차에 따라 적법하게 임명되고 헌법 제 105·106조에 규정한 임기·정년·신분이 보장되고 헌법 제103조에 의하여 직무상 독립이 보장되고 제척·기피·회피의 사유로 법률상 그 재판에 관여하는 것이 금지되지 아니한 법관을 말한다.

제척	불공평한 재판을 할 우려가 큰 경우를 법률에 유형적으로 정해 놓고 그 사유에 해당하는 법관을 직무집행에서 자동적으로 배제시키는 제도로 법관이 피해자이거나 피고인과 피해자의 가족인 경우 등이다.
기피	법관이 제척사유가 있는데 재판에 관여한 경우 당사자의 신청에 의하여 그 법관을 직무집행에서 탈퇴하게 하는 제도를 말한다.
회피	법관이 스스로 기피원인이 있다고 판단될 때 자발적으로 직무집행에서 탈퇴하는 제도를 말한다.

(2) 법관에 의한 재판을 받을 권리

> **📖 판례 | 재판을 받을 권리에서 '재판'**
>
> 헌법 제27조 제1항은 "모든 국민은 헌법과 법률이 정한 법관에 의하여 법률에 의한 재판을 받을 권리를 가진다."라고 하여 법률에 의한 재판과 법관에 의한 재판을 받을 권리를 보장하고 있다. 재판청구권은 재판이라는 국가적 행위를 청구할 수 있는 적극적 측면과 헌법과 법률이 정한 법관이 아닌 자에 의한 재판이나 법률에 의하지 아니한 재판을 받지 아니하는 소극적 측면을 아울러 가지고 있다. 이렇게 볼 때 헌법 제27조 제1항은 법관에 의하지 아니하고는 <u>민사·행정·선거·가사사건에 관한 재판은 물론 어떠한 처벌도 받지 아니할 권리를 보장한 것</u>이라 해석된다(헌재 1998.5.28. 96헌바4).

> **📖 판례 | '법관'에 의한 재판**
>
> **1. 보호감호**
> 구 사회보호법 제5조 제1항은 각 호에 정한 **요건에 해당되면 재범의 위험성 유무에도 불구하고 보호감호를 선고하도록 하고 있어** 법관의 판단재량을 박탈하고 있으므로 헌법 제27조 제1항에 정한 국민의 법관에 의한 정당한 재판을 받을 권리를 침해하였다(헌재 1989.7.14. 88헌가5).
>
> **2. 신상공개제도**는 '처벌'에 해당한다고 할 수 없으므로 법관이 아닌 **청소년보호위원회의 청소년성범죄 신상공개결정**은 재판청구권 침해가 아니다(헌재 2003.6.26. 2002헌가14).
>
> **3.** 위원회가 신청을 기각하는 경우에 이들은 그 결정에 대하여 행정소송을 제기하여 법관에 의한 재판을 받을 수 있으므로 법관이 아닌 **사회보호위원회의 치료감호종료여부결정**은 재판청구권 침해가 아니다(헌재 2005.2.3. 2003헌바1).
>
> **4. 보호관찰처분심의위원회의 관찰처분**
> **보안관찰법상 보안관찰처분의 심의·의결은** 법무부 내에 설치된 **보호관찰처분심의위원회에서 하고**, 그 위원장은 법무부차관이 되며, 위원은 학식과 덕망이 있는 자로 하되, 그 과반수는 변호사의 자격이 있는 자로 구성하도록 하고 있으므로(법 제12조 제1항·제3항), 위 위원회는 어느 정도 독립성이 보장된 준사법적 기관이라고 할 수 있고, 앞에서 본 바와 같은 이 법상의 보안관찰처분의 자유 제한의 정도를 고려하면 위 위원회에서 보안관찰처분을 심의·의결하는 것은 적법절차의 원칙 내지 법관에 의한 정당한 재판을 받을 권리를 침해하는 것은 아니라 할 것이다(헌재 1997.11.27. 92헌바28).

5. 청소년보호위원회의 청소년유해매체물 결정 구성요건의 일부를 행정기관이 결정하도록 한 규정이 법관이 사실을 확정하고 법률을 해석·적용하는 재판(법관에 의한 재판)을 받을 권리를 침해하는 것인지 여부(소극)

청소년보호위원회 등에 의한 청소년유해매체물의 결정은 그것이 이 사건 법률조항에 따라 그 위임의 범위 내에서 행하여지는 이상 법률상 구성요건의 내용을 보충하는 것에 불과하므로 이를 토대로 재판이 행하여진다 하더라도 그로 인하여 사실확정과 법률의 해석·적용에 관한 법관의 고유권한이 박탈된 것이라 할 수 없으며, 더욱이 법관은 청소년보호위원회 등의 결정이 적법하게 이루어진 것인지에 관하여 독자적으로 판단하여 이를 기초로 재판할 수도 있으므로 청소년유해매체물의 결정권한을 청소년보호위원회 등에 부여하고 있다고 하여 법관에 의한 재판을 받을 권리를 침해하는 것이라고는 볼 수 없다(헌재 2000.6.29. 99헌가16).

(3) 배심재판

① 배심원이 사실심에만 관여하고 법률심에는 참여하지 않는다면 배심재판은 헌법 제27조 제1항에 위배되지 아니한다.

② 따라서 법률개정만으로도 배심재판의 도입이 가능하다.

③ 그러나 배심재판을 받을 권리가 헌법상 보장되는 것은 아니다. 최근 국민의 형사재판 참여에 관한 법률이 제정·시행됨에 따라 우리 형사재판에도 배심제도가 도입되었다.

(4) 참심재판

참심원이 법관과 함께 합의체를 구성하여, 사실심뿐 아니라 법률심까지 참여하는 참심재판제는 헌법 제27조 제1항에 위배된다. 따라서 법률개정으로 참심재판도입은 불가능하고 도입을 하려면 헌법개정이 필요하다.

📖 법률정리

국민의 형사재판 참여에 관한 법률

1. 제정이유

사법의 민주적 정당성을 강화하고 투명성을 높임으로써 국민으로부터 신뢰받는 사법제도를 확립하기 위하여 국민이 배심원으로서 형사재판에 참여하는 국민참여재판 제도를 도입하기 위해서이다.

2. 주요 내용

① **국민참여재판이 적용되는 대상사건의 범위(법 제5조)**

> 제5조 【대상사건】 ① 다음 각 호에 정하는 사건을 국민참여재판의 대상사건으로 한다.
> 1. 법원조직법 제32조 제1항(제2호 및 제5호는 제외한다)에 따른 합의부 관할 사건
> 2. 제1호에 해당하는 사건의 미수죄·교사죄·방조죄·예비죄·음모죄에 해당하는 사건
> 3. 제1호 또는 제2호에 해당하는 사건과 형사소송법 제11조에 따른 관련 사건으로서 병합하여 심리하는 사건
> ② 피고인이 국민참여재판을 원하지 아니하거나 제9조 제1항에 따른 배제결정이 있는 경우는 국민참여재판을 하지 아니한다.

② **국민참여재판 적용시 피고인 의사존중(법 제8조)**

> ㉠ 법원은 피고인이 국민참여재판을 원하는지 여부에 관한 의사를 서면 등의 방법으로 반드시 확인하도록 하되, 피고인의 국민참여재판을 받을 권리가 최대한 보장되도록 구체적인 확인 방법을 대법원규칙으로 정하도록 한다.

© 피고인은 공소장 부본의 송달을 받은 날부터 7일 이내에 국민참여재판을 원하는지 여부를 기재한 서면을 제출하도록 하고, 피고인이 서면을 제출하지 아니한 때에는 국민참여재판을 원하지 않는 것으로 본다.

③ **국민참여재판의 배제(법 제9조)**

> 제9조【배제결정】① 법원은 공소제기 후부터 공판준비기일이 종결된 다음 날까지 다음 각 호의 어느 하나에 해당하는 경우 국민참여재판을 하지 아니하기로 하는 결정을 할 수 있다.
> 1. 배심원·예비배심원·배심원후보자 또는 그 친족의 생명·신체·재산에 대한 침해 또는 침해의 우려가 있어서 출석의 어려움이 있거나 이 법에 따른 직무를 공정하게 수행하지 못할 염려가 있다고 인정되는 경우
> 2. 공범 관계에 있는 피고인들 중 일부가 국민참여재판을 원하지 아니하여 국민참여재판의 진행에 어려움이 있다고 인정되는 경우
> 3. 성폭력범죄의 처벌 등에 관한 특례법 제2조의 범죄로 인한 피해자(이하 '성폭력범죄 피해자'라 한다) 또는 법정대리인이 국민참여재판을 원하지 아니하는 경우
> 4. 그 밖에 국민참여재판으로 진행하는 것이 적절하지 아니하다고 인정되는 경우
> ③ 제1항의 결정에 대하여는 즉시항고를 할 수 있다.

④ **통상절차 회부결정(법 제11조)**

> 제11조【통상절차 회부】① 법원은 피고인의 질병 등으로 공판절차가 장기간 정지되거나 피고인에 대한 구속기간의 만료, 성폭력범죄 피해자의 보호, 그 밖에 심리의 제반 사정에 비추어 국민참여재판을 계속 진행하는 것이 부적절하다고 인정하는 경우에는 직권 또는 검사·피고인·변호인이나 성폭력범죄 피해자 또는 법정대리인의 신청에 따라 결정으로 사건을 지방법원 본원 합의부가 국민참여재판에 의하지 아니하고 심판하게 할 수 있다.
> ③ 제1항의 결정에 대하여는 불복할 수 없다.

⑤ **배심원 선정**

㉠ **배심원 및 예비배심원의 수(법 제13조, 제14조)**

> ⓐ 법정형이 사형, 무기징역, 무기금고 등에 해당하는 대상사건의 경우에는 배심원의 수를 9인으로 하고, 그 외의 대상사건의 경우에는 배심원의 수를 7인으로 하되, 피고인 또는 변호인이 공판준비절차에서 공소사실의 주요내용을 인정한 때에는 배심원의 수를 5인으로 하도록 한다.
> ⓑ 배심원의 결원 등에 대비하여 5인 이내의 예비배심원을 둘 수 있다.

㉡ **배심원의 자격요건 등(법 제17조~제19조)**

> ⓐ 배심원이 공무를 수행하는 점을 고려하여 배심원의 결격사유를 국가공무원의 결격사유와 유사하게 규정하고, 법관의 제척사유와 같이 배심원이 당해 사건 또는 당해 사건의 당사자와 일정한 관계에 있는 경우에도 배심원으로 선정될 수 없도록 배심원의 제척사유를 정한다.
> ⓑ 국회의원, 지방의회의원, 변호사, 법원·검찰공무원, 경찰, 군인 등 다른 배심원에 대하여 과도한 영향을 줄 수 있거나 배심원으로의 직무수행에 어려움이 있는 직업을 가진 사람은 배심원으로 선정될 수 없도록 한다.

ⓒ 배심원의 선정절차(법 제22조~제31조)

> 지방법원장은 배심원후보예정자명부를 작성하기 위하여 행정안전부장관에게 매년 그 관할구역 내에 거주하는 만 20세 이상 국민의 주민등록정보에서 일정한 수의 배심원후보예정자의 성명·생년월일·주소 및 성별에 관한 주민등록정보를 추출하여 전자파일의 형태로 송부하여 줄 것을 요청할 수 있다.

⑥ 배심원의 권한과 의무(법 제12조, 제44조)

> 제12조【배심원의 권한과 의무】① 배심원은 국민참여재판을 하는 사건에 관하여 사실의 인정, 법령의 적용 및 형의 양정에 관한 의견을 제시할 권한이 있다.
>
> 제44조【배심원의 증거능력 판단 배제】배심원 또는 예비배심원은 법원의 증거능력에 관한 심리에 관여할 수 없다.

⑦ 국민참여재판 배심원의 평의 및 평결(법 제46조)

> ㉠ 변론종결 후 재판장은 배심원에게 공소사실의 요지와 적용법조, 증거능력 등에 대하여 설명하도록 하고, 배심원단은 판사의 관여 없이 독자적으로 유무죄에 관하여 평의하고 **전원일치로 평결하도록 하되**, 의견이 일치하지 아니하는 경우에는 판사의 의견을 들은 후에 **다수결로 평결하도록 한다.**
> ㉡ 심리에 관여한 판사는 평의에 참석하여 의견을 진술한 경우에도 평결에는 참여할 수 없다.
> ㉢ **배심원**이 유죄의 평결을 한 경우에는 심리에 관여한 **판사와 함께 양형에 관하여 토의하고** 그에 관한 의견을 개진하도록 한다.
> ㉣ **배심원의 평결과 양형에 관한 의견은 법원을 기속하지 아니하되**, 평결결과와 양형에 관한 의견을 집계한 서면은 소송기록에 편철하도록 한다.

⑧ 판결서 기재사항(법 제49조)

> 제49조【판결서의 기재사항】① 판결서에는 배심원이 재판에 참여하였다는 취지를 기재하여야 하고, 배심원의 의견을 기재할 수 있다.
> ② 배심원의 평결결과와 다른 판결을 선고하는 때에는 판결서에 그 이유를 기재하여야 한다.

3. 국민참여재판 관련 판례 *국민참여재판법 모두 합헌결정
① **국민참여재판의 대상사건을 제한한** 국민의 형사재판참여법률은 평등권을 침해하지 않는다(헌재 2009.11.26. 2008헌바12).
② **합의부 관할사건만을 국민참여재판의 대상사건으로** 정한 이 사건 법률조항이 단독판사 관할사건으로 재판받는 피고인과 합의부 관할사건으로 재판받는 피고인을 다르게 취급하고 있는 것은 합리적인 이유가 있다고 인정된다. 또한 무죄추정원칙과 무관하다(헌재 2015.7.30. 2014헌바447).
③ '폭력행위 등 처벌에 관한 법률'상 **흉기상해죄를 국민참여재판 제외한** 것은 평등권을 침해하지 아니한다 (헌재 2016.12.29. 2015헌바63).
④ 국민주권주의는 모든 국가권력이 국민의 의사에 기초해야 한다는 의미로, 사법권의 민주적 정당성을 위한 국민참여재판을 도입한 근거가 되고 있으나, 그렇다고 하여 국민주권주의 이념이 곧 사법권을 포함한 모든 권력을 국민이 직접 행사하여야 하고 이에 따라 **모든 사건을 국민참여재판으로 할 것을 요구한다고 볼 수 없다**(헌재 2016.12.29. 2015헌바63).
⑤ **국민참여재판으로 진행하는 것이 적절하지 아니하다고 인정되는 경우 법원이 국민참여재판 배제 결정을 할 수 있도록 한 구 '국민의 형사재판 참여에 관한 법률':** 국민참여재판을 받을 권리는 헌법상 기본권으로서 보호될 수는 없지만, 재판참여법에서 정하는 대상 사건에 해당하는 한 피고인은 원칙적으로 국민참여재판으로 재판을 받을 법률상 권리를 가진다고 할 것이고, 이러한 형사소송절차상의 권리를 배제함에 있어서는 헌법에서 정한 적법절차원칙을 따라야 한다. 그러므로 이 사건 참여재판 배제조항과 같이 포괄적, 일반적 배제사유를 두는 것은 불가피하고, 그 실질적 기준은 법원의 재판을 통하여 합리적으로 결정될 수

있다. 따라서 이 사건 참여재판 배제조항은 그 절차와 내용에 있어 합리성과 정당성을 갖추었다고 할 것이므로, 적법절차원칙에 위배되지 아니한다(헌재 2014.1.28. 2012헌바298).

⑥ **국민참여재판 배심원의 자격을 만 20세 이상으로 정한 '국민의 형사재판 참여에 관한 법률' 제16조**: 국민참여재판법상 배심원의 최저 연령 제한은 배심원의 역할을 수행하기 위한 최소한의 자격으로, 배심원에게 요구되는 역할과 책임을 감당할 수 있는 능력을 갖춘 시기를 전제로 한다. <u>배심원으로서의 권한을 수행하고 의무를 부담할 능력과 민법상 행위능력, 선거권 행사능력, 군 복무능력, 연소자 보호와 연계된 취업능력 등이 동일한 연령기준에 따라 판단될 수 없고</u>, 각 법률들의 입법취지와 해당 영역에서 고려하여야 할 제반사정, 대립되는 관련 이익들을 교량하여 입법자가 각 영역마다 그에 상응하는 연령기준을 달리 정할 수 있다. 형사재판에서 적극적으로 공무를 담당할 배심원의 최저 연령을 정함에 있어서 민법상 성년 연령과 일치시킬 필요는 없다. 또한 선거권 행사에 요구되는 일정한 수준의 정치적 판단능력과 배심원으로서 권한을 행사하고 책임을 부담할 수 있는 능력은 그 내용에서 구분되므로, 양자를 반드시 일치시켜야 할 논리적 연관성도 인정되지 않는다(헌재 2021.5.27. 2019헌가19).

⑦ **국민참여재판 대상사건을 합의부 관할 사건 및 이에 해당하는 사건의 미수죄·교사죄·방조죄·예비죄·음모죄에 해당하는 사건, 위 사건과 형사소송법 제11조에 따른 관련 사건으로서 병합하여 심리하는 사건 등으로 한정하고 있는 '국민의 형사재판 참여에 관한 법률'**: 입법자가 국민참여재판 대상사건을 합의부 관할 사건 등으로 한정한 것은, 여러 제반사정과 현재 시행되고 있는 국민참여재판 제도의 구체적 내용 등을 고려하여 실제 법원에서 충실하게 심리가능한 범위 안에서 국민참여재판 대상사건을 정한 것인바, 합리적 이유가 인정된다. 따라서 심판대상조항은 청구인의 평등권을 침해하지 아니한다(헌재 2021.6.24. 2020헌마1421).

⑧ **군사법원법에 의한 군사재판을 국민참여재판 대상사건의 범위에서 제외하고 있는 '국민의 형사재판 참여에 관한 법률' 제5조 제1항**: 입법자는 헌법 제110조 제1항에 따라 법률로 군사법원을 설치함에 있어 군사재판의 특수성을 고려하여 그 조직·권한 및 재판관의 자격 등을 일반법원과 달리 정할 수 있으므로, 군의 특수성을 고려하여 군사법원법에 의한 군사재판을 국민참여재판 대상사건에서 제외한 것이 입법재량을 일탈한 것이라고 볼 수 없다. 따라서 심판대상조항은 평등원칙에 위배되지 아니한다(헌재 2021.6.24. 2020헌바499).

(5) 약식재판, 즉결심판, 가사심판

법관에 의한 심판이고 불복시 정식재판을 청구할 수 있으므로 재판청구권을 침해한 것은 아니다.

(6) 통고처분

재정범에 대한 세무서장, 국세청장 등에 의한 벌금, 과료, 몰수 등의 통고처분, 경찰서장에 의한 교통범칙자의 통고처분은 당사자가 불복시 정식 재판절차가 보장되므로 재판청구권을 침해한 것은 아니다.

⚖️ 판례 | 통고처분

1. 범칙금을 납부하지 않음으로써 즉결심판절차, 나아가 정식 형사재판절차로 이행되게 하여, 여기에서 재판절차에 따라 법관에 의한 판단을 받을 수 있는 것이다. 따라서 **경찰서장이 범칙자로 인정되는 자에 대하여 범칙금 납부를 통고할 수 있도록 한 도로교통법은 재판청구권 침해가 아니다**(헌재 2003.10.30. 2002헌마275).

2. 통고처분에 대하여 이의가 있으면 통고내용을 이행하지 않음으로써 고발되어 형사재판절차에서 통고처분의 위법·부당함을 얼마든지 다툴 수 있기 때문에 **관세청의 통고처분을 행정소송의 대상에서 제외한 관세법은 재판청구권 침해가 아니다**(헌재 1998.5.28. 96헌바4).

---

2. 법률에 의한 재판을 받을 권리

구분	형사재판	민사 · 행정재판	예외
실체법	형식적 의미의 법률	형식적 의미의 법률 +관습법, 조리	긴급명령, 긴급재정 · 경제명령, 법률의 효력을 갖는 조약
절차법	형식적 의미의 법률	형식적 의미의 법률	대법원규칙

3. 재판을 받을 권리

민사재판, 형사재판, 행정재판, 헌법재판을 받을 권리이다. 재판청구권은 사실관계와 법률관계에 관하여 최소한 한번의 재판을 받을 기회가 제공될 것을 국가에게 요구할 수 있는 절차적 기본권을 뜻하므로 **기본권의 침해에 대한 구제절차가 반드시 헌법소원의 형태로 독립된 헌법재판기관에 의하여 이루어질 것만을 요구하지는 않는다**(헌재 1997.12.24. 96헌마172).

> ⚖️ **판례 | 실체법 규정에 의한 재판청구권 침해 여부(소극)**
>
> 재판청구권은 권리보호절차의 개설과 개설된 절차에의 접근의 효율성에 관한 절차법적 요청이므로 절차법에 의하여 구체적으로 형성되고 실현되며, 재판청구권의 형성은 또한 동시에 제한을 의미하기 때문에, 재판청구권을 구체화하는 절차법은 또한 그를 제한하는 법률이고, **재판청구권은 그 본질상 실체법적 규정에 의하여 침해될 수 없다**(헌재 2009.2.26. 2007헌바82).

📖 판례정리

재판을 받을 권리 보호영역

보호되는 것

1. 헌법 제27조 제1항이 규정하는 '법률에 의한' 재판을 받을 권리를 보장하기 위한 입법은 단지 법원에 제소할 수 있는 형식적인 권리나 이론적 가능성만을 허용하는 것이 아니라 **상당한 정도로 '권리구제의 실효성'**을 보장하는 것이어야 한다(헌재 2013.3.21. 2012헌바128).

2. **불변기간 명확성의 원칙**
   원래 제소기간과 같은 불변기간은 국민의 기본권인 재판을 받을 권리행사와 직접 관련되기 때문에 그 기간계산에 있어서 나무랄 수 없는 법의 오해로 재판을 받을 권리를 상실하는 일이 없도록 쉽게 이해되게, 그리고 명확하게 규정되어야 한다. 그런데 위 심판대상조항들은 통상의 주의력을 가진 이의신청인이 제소기간에 관하여 명료하게 파악할 수 없을 정도로 그 규정이 모호하고 불완전하며 오해의 소지가 많아 **법치주의의 파생인 불변기간 명확성의 원칙에 반한다**(헌재 1998.6.25. 97헌가15).

3. **헌법 제27조 제1항의 법관에 의한 재판을 받을 권리란 법관에 의한 사실확정 및 법률적용을 받을 권리를 의미한다.**
   ① 대법원은 법률심으로서 사실관계에 대한 판단을 하지 아니하므로 **특허심판위원회의 결정에 불복하려면 대법원에 상고하도록 한 특허법은 재판청구권 침해이다**(헌재 1995.9.28. 92헌가11).
   ② 법무부 징계위원회의 **변호사징계 결정에 불복이 있는 자는 대법원에 즉시 항고할 수 있도록 한** 변호사법은 법관에 의한 사실확정의 기회를 박탈하므로 재판청구권을 침해한다(헌재 2000.6.29. 99헌가9).
   ③ 대법원이 법관에 대한 징계처분 취소청구소송을 단심으로 재판하는 경우에는 사실확정도 대법원의 권한에 속하여 법관에 의한 사실확정의 기회가 박탈되었다고 볼 수 없으므로, **법관에 대한 징계처분 취소청구소송을 대법원의 단심재판에 의하도록 한 구 법관징계법은 재판청구권을 침해하지 아니한다**(헌재 2012.2.23. 2009헌바34).

4. 상소 또는 항고할 권리

① 금융기관의 연체대출금에 관한 경매절차에 있어서 경락허가결정에 대하여 **항고를 하고자 하는 자에게 담보로서 경락대금의 10분의 5에 해당하는 현금 등을 공탁하게 하고**, 항고장에 담보의 공탁이 있는 것을 증명하는 서류를 첨부하지 아니한 때에는 원심법원이 항고장을 접수한 날로부터 7일 내에 각하결정하여야 하며, 위 각하결정에 대하여 즉시항고를 할 수 없도록 규정한 금융기관의연체대출금에관한특별조치법 제5조의2는 결국 합리적 근거 없이 금융기관에게 차별적으로 우월한 지위를 부여하여 경락허가결정에 대한 항고를 하고자 하는 자에게 과다한 경제적 부담을 지게 함으로써 특히 자력이 없는 항고권자에게 부당하게 재판청구권인 항고권을 제한하는 내용의 것이다(헌재 1989.5.24. 89헌가37).

② **반국가행위자 처벌특별법**: 재판을 보장하는 헌법 제27조 제1항 소정의 재판청구권이 곧바로 모든 사건에서 상고심 또는 대법원의 재판을 받을 권리를 인정하는 것이라고 보기는 어렵지만 그렇다고 하여 형사재판에서 피고인이 중죄를 범한 중죄인이라거나 **외국에 도피 중이라는 이유만으로 상소의 제기 또는 상소권회복청구를 전면 봉쇄하는 것**은 재판청구권의 침해임에 틀림이 없다고 보아야 할 것이다(헌재 1993.7.29. 90헌바35).

보호되지 않는 것

1. **논리적이고 정제된 법률의 적용을 받을 권리**는 헌법상 보장되는 기본권이라 할 수 없다(헌재 2011.8.30. 2008헌마477).

2. 헌법 제27조 제1항의 규정에 의한 재판청구권은, 헌법과 법률이 정한 법관에 의하여 법률에 의한 재판을 받을 권리를 의미하는 것일 뿐 구체적 소송에 있어서 특정의 당사자가 **승소의 판결을 받을 권리**를 의미하는 것은 아니다(헌재 1996.8.29. 95헌가15).

3. 재심이나 준재심은 확정판결이나 화해조서 등에 대한 특별한 불복방법이고, 확정판결에 대한 법적 안정성의 요청은 미확정판결에 대한 그것보다 훨씬 크다고 할 것이므로 **재심을 청구할 권리**가 헌법 제27조에서 규정한 재판을 받을 권리에 당연히 포함된다고 할 수 없고 어떤 사유를 재심사유로 하여 재심이나 준재심을 허용할 것인가는 입법정책의 문제이다(헌재 1996.3.28. 93헌바27).

> **관련** 재심청구권은 입법형성권의 행사에 의하여 비로소 창설되는 법률상의 권리일 뿐, 청구인의 주장과 같이 헌법 제27조 제1항에 의하여 직접 발생되는 기본적 인권은 아니다(헌재 2000.6.29. 99헌바66).

> **관련** 재심사유를 알고도 주장하지 아니한 때에는 재심의 소를 제기할 수 없도록 규정한 민사소송법 규정은 재판청구권을 침해하지 않는다(헌재 2015.12.23. 2015헌바273).

> **참고** 재심재판이 헌법에서 보호되지 않아 재심재판 관련 법조항 모두 합헌

4. 피고인이 **치료감호를 청구할 권리**는 재판청구권에서 보호되지 않는다(헌재 2010.4.29. 2008헌마622). **피고인 스스로 치료감호를 청구할 수 있는 권리나, 법원으로부터 직권으로 치료감호를 선고받을 수 있는 권리는 헌법상 재판청구권의 보호범위에 포함되지 않는다.** 검사는 치료감호대상자가 치료감호를 받을 필요가 있는 경우 관할 법원에 치료감호를 청구할 수 있도록 한 치료감호 등에 관한 법률이 재판청구권을 침해하거나 적법절차원칙에 반한다고 할 수 없다(헌재 2021.1.28. 2019헌가24).

5. 우리 헌법상 헌법과 법률이 정한 법관에 의한 재판을 받을 권리라 함은 직업법관에 의한 재판을 주된 내용으로 하는 것이므로 '**국민참여재판을 받을 권리**'가 헌법 제27조 제1항에서 규정한 재판을 받을 권리의 보호범위에 속한다고 볼 수 없다(헌재 2009.11.26. 2008헌바12).

6. 대법원의 재판을 받을 권리

다수설은 대법원의 재판을 받을 권리가 헌법상 보장된다고 한다. 그러나 헌법재판소와 대법원은 보장되지 않는다고 한다.

① 재판청구권에는 상급심재판을 받을 권리나 사건의 경중을 가리지 않고 **모든 사건에 대하여 반드시 대법원 또는 상급법원을 구성하는 법관에 의한 균등한 재판을 받을 권리**가 포함되어 있다고 할 수는 없다(헌재 1996.10.31. 94헌바3).

② 재판이란 사실확정과 법률의 해석적용을 본질로 함에 비추어 법관에 의하여 사실적 측면과 법률적 측면의 한 차례의 심리검토의 기회는 적어도 보장되어야 할 것이며, 또 그와 같은 기회에 접근하기 어렵도록 제약이나 장벽을 쌓아서는 안 된다고 할 것으로, 만일 그러한 보장이 제대로 안되면 재판을 받을 권리의 본질적 침해의 문제가 생길 수 있다고 할 것이다. 그러나 **모든 사건에 대해 똑 같이 세 차례의 법률적 측면에서의 심사의 기회의 제공**이 곧 헌법상의 재판을 받을 권리의 보장이라고는 할 수 없을 것이다(헌재 1992.6.26. 90헌바25).

③ 객관적으로 법률적 중요성을 가지는 사건에 한하여 상고를 허가하도록 함으로써 **상고심재판을 제한한 것**은 상고제도를 법질서의 통일 및 법의 발전이라는 목적에 부합하게 운영하려는 것이므로 결코 비합리적이거나 자의적인 차별이라고 할 수 없다(헌재 1995.1.20. 90헌바1).

④ 항소심에서 심판대상이 된 사항에 한하여 법령위반의 상고이유로 삼을 수 있도록 **상고를 제한하는** 형사소송법은 재판의 신속 및 소송경제를 도모하고 있는바, 재판청구권을 침해하였다고 볼 수 없다(헌재 2015.9.24. 2012헌마798).

⑤ 사실오인 또는 양형부당을 이유로 원심판결에 대한 상고를 할 수 있는 경우를 '**사형, 무기 또는 10년 이상의 징역이나 금고가 선고된 사건**'의 경우로만 제한한 형사소송법 제383조 제4호는 불필요한 상고제기를 방지하며, 소송경제를 도모하기 위한 것으로 재판청구권을 침해한다고 할 수 없다(헌재 2020.7.16. 2020헌바14).

⑥ **소액사건에 관하여 대법원에의 상고를 제한한** 소액사건심판법은 재판청구권, 평등권 등을 침해하여 헌법에 위반된다고 볼 수 없다(헌재 2009.2.26. 2007헌마1433).

참고 대법원재판 또는 상고심재판 제한은 모두 합헌. 다만, 보상결정에 대한 불복을 금지하는 형사보상법은 위헌

⑦ **범죄인인도사건을 서울고등법원의 전속관할로 정한 경우**: 범죄인인도법 제3조는 적어도 법관과 법률에 의한 한 번의 재판을 보장하고 있고, 그에 대한 상소를 불허한 것이 적법절차원칙이 요구하는 합리성과 정당성을 벗어난 것이 아닌 이상, 입법재량의 범위를 벗어난 것으로서 재판청구권을 과잉 제한하는 것이라고 보기는 어렵다(헌재 2003.1.30. 2001헌바95).

⚖ 판례 | 심리불속행제도

1. 원심판결이 헌법에 위반하거나 헌법을 부당하게 해석한 때, 원심판결이 명령·규칙 또는 처분의 법률위반 여부에 관하여 부당하게 판단한 때, 원심판결이 법률·명령·규칙 또는 처분에 대하여 대법원 판례와 상반되게 해석한 때, 법률·명령·규칙 또는 처분에 대한 해석에 관하여 대법원 판례가 없거나 대법원 판례를 변경할 필요가 있는 때, **제1호 내지 제4호 외에 중대한 법령위반에 관한 사항이 있는 때를 제외하고는 대법원은 심리를 하지 않고 상고를 기각하도록 한** 상고심절차에관한특례법은 재판의 신속성 확보, 대법원의 심리부담 경감이라는 차원에서 대법원의 재판을 받을 권리를 제한하는 것으로 입법재량의 범위 내에 속하는 사항이다. 이 사건 법률조항은 비록 국민의 재판청구권을 제약하고 있기는 하지만 위 심급제도와 대법원의 최고법원성을 존중하면서 민사, 가사, 행정, 특허 등 소송사건에 있어서 상고심 재판을 받을 수 있는 객관적인 기준을 정함에 있어 **개별적 사건에서의 권리구제보다 법령해석의 통일을 더 우위에 둔 규정으로서 그 합리성이 있다고 할 것이므로** 헌법에 위반되지 아니한다(헌재 1997.10.30. 97헌바37).

2. **심리불속행 재판의 판결이유를 생략할 수 있도록 규정한 상고심절차에 관한 특례법** 제4조 제1항 및 제5조 제1항 중 제4조에 관한 부분은 비록 국민의 재판청구권을 제약하고 있기는 하지만 심급제도와 대법원의 기능에 비추어 볼 때 헌법이 요구하는 대법원의 최고법원성을 존중하면서 민사, 가사, 행정 등 소송사건에 있어서 상고심재판을 받을 수 있는 객관적 기준을 정함에 있어 개별적 사건에서의 권리구제보다 법령해석의 통일을 더 우위에 둔 규정으로서 그 합리성이 있다고 할 것이므로 헌법에 위반되지 아니한다(헌재 2009.4.30. 2007헌마5891).

참고 심리불속행을 규정한 상고심절차에 관한 특례법은 모두 합헌

4. 군사재판을 받지 않을 권리

(1) 군사법원

특별법원은 대법원이 최종심이 아닌 법원 또는 법관이 아닌 자로 구성되는 법원이다. 대법원이 최종심이 아닌 법원은 대법원을 최고법원으로 하는 헌법 제101조 제2항에 위반되며 법관이 아닌 자로 구성되는 법원은 헌법 제27조 제1항의 법관에 의한 재판을 받을 권리에 위반된다. 따라서 법률에 의한 특별법원은 헌법에 위반되므로 헌법에 근거가 없는 한 허용되지 않는다. 헌법 제110조 제1항은 특별법원으로서 군사법원을 둘 수 있도록 하고 있어 군사법원만 헌법상 특별법원으로 인정된다.

(2) 군사재판을 받지 않을 권리 제한

> **현행헌법 제27조** ② 군인 또는 군무원이 아닌 국민은 대한민국의 영역 안에서는 중대한 군사상 기밀·초병·초소·유독음식물공급·포로·**군용물에 관한 죄** 중 법률이 정한 경우와 **비상계엄**이 **선포된 경우**를 제외하고는 군사법원의 재판을 받지 아니한다.
>
> **1980년 헌법 제26조** ② 군인 또는 군무원이 아닌 국민은 대한민국의 영역 안에서는 중대한 군사상 기밀·초병·초소·**유해음식물공급**·포로·**군용물·군사시설에 관한 죄** 중 법률에 정한 경우와, 비상계엄이 선포되거나 대통령이 법원의 권한에 관하여 비상조치를 한 경우를 제외하고는 군법회의 재판을 받지 아니한다.

> **⚖️ 판례 | 군사법원법 위헌 여부**
>
> 1. 구 군형법 제69조 중 **'전투용에 공하는 시설'**은 '군사목적에 직접 공용되는 시설'로 '군사시설'에 해당하므로 **군용물에 해당하지 않는다.** 군인 또는 군무원이 아닌 국민에 대한 군사법원의 예외적인 재판권을 정한 헌법 제27조 제2항에 규정된 군용물에는 군사시설이 포함되지 않는다. 그렇다면 '군사시설' 중 **'전투용에 공하는 시설'**을 손괴한 일반국민이 항상 군사법원에서 **재판받도록 하는 군사법원법**은 비상계엄이 선포된 경우를 제외하고는 '군사시설'에 관한 죄를 범한 군인 또는 군무원이 아닌 일반국민은 군사법원의 재판을 받지 아니하도록 규정한 헌법 제27조 제2항에 위반되고, 국민이 헌법과 법률이 정한 법관에 의한 재판을 받을 권리를 침해한다(헌재 2013.11.28. 2012헌가10).
>
> 2. **군사법경찰관의 구속기간을 연장하는 군사법원법**은 부적절한 방식에 의한 과도한 기본권의 제한으로서, 과잉금지의 원칙에 위반하여 신체의 자유 및 신속한 재판을 받을 권리를 침해하는 것이다(헌재 2003.11.27. 2002헌마193).
>
> 3. **현역병의 군대 입대 전 범죄에 대한 군사법원의 재판권**을 규정하고 있는 군사법원법은 재판청구권을 침해하지 않는다(헌재 2009.7.30. 2008헌바62).
>
> 4. **군사법원에서 심판관을 일반장교로 임명할 수 있도록 규정하는** 것이 재판청구권을 침해하는 것은 아니다. 일반법원의 조직이나 재판부구성 및 법관의 자격과 달리 **심판관은 일반장교 중에서** 임명할 수 있도록 규정하여 **법관의 자격이 없는 자가 심판관이 될 수 있도록 한** 군사법원법은 헌법 제110조에 근거를 두고 있는바, 정당한 재판을 받을 권리 및 정신적 자유를 본질적으로 침해하는 것이라고 할 수 없다(헌재 1996.10.31. 93헌바25).

(3) 비상계엄하 군사재판 단심제

> 헌법 제110조 ④ **비상계엄하의 군사재판**은 군인·군무원의 범죄나 군사에 관한 간첩죄의 경우와 초병·초소·유독음식물공급·포로에 관한 죄 중 법률이 정한 경우에 한하여 단심으로 할 수 있다. 다만, 사형을 선고한 경우에는 그러하지 아니하다.

① 비상계엄하에서는 군인이나 군무원의 경우 모든 범죄에 대해 단심재판을 할 수 있다.
② 중대한 군사상 기밀, 군용물에 관한 죄와 군사시설에 관한 죄에 대한 단심재판제도는 허용되지 않는다.
③ 경비계엄하 군사재판의 단심제는 인정되지 않는다.
④ 사형의 경우에 단심재판제도는 허용되지 않는다.

구분	중대한 군사상 기밀죄, 군용물죄	군사시설에 관한 죄
헌법 제27조 제2항	○	×
헌법 제110조 제4항	×	×

5. 신속한 공개재판을 받을 권리

> 헌법 제27조 【재판을 받을 권리, 형사피고인의 무죄추정 등】 ③ 모든 국민은 신속한 재판을 받을 권리를 가진다. 형사피고인은 상당한 이유가 없는 한 지체 없이 공개재판을 받을 권리를 가진다.
> 제109조 재판의 심리와 판결은 공개한다. 다만, **심리는 국가의 안전보장 또는 안녕질서를 방해하거나 선량한 풍속을 해할 염려가 있을 때에는 법원의 결정으로** 공개하지 아니할 수 있다.

> ⚖️ **판례 | 재판지연**
>
> 피청구인은 민사소송법 제184조에서 정하는 기간 내에 판결을 선고하도록 노력해야 하겠지만, 이 기간 내에 반드시 판결을 선고해야 할 법률상의 의무가 발생한다고는 볼 수 없다. 신속한 재판을 받을 권리의 실현을 위해서는 구체적인 입법형성이 필요하며, **법률에 의한** 구체적 형성 없이는 신속한 재판을 위한 어떤 직접적이고 구체적인 청구권이 발생하지 아니한다. 따라서 피청구인들이 위 보안처분들의 효력만료 전까지 판결을 선고해야 할 구체적인 의무가 헌법상으로 직접 도출된다고는 볼 수 없다. 위 보안처분들의 효력이 만료되는 시점까지 판결을 선고하지 아니한 것은 헌법소원의 대상이 되는 공권력의 불행사라고는 할 수 없다(헌재 1999.9.16. 98헌마75).

6. 공정한 재판을 받을 권리

공정한 재판을 받을 권리는 **헌법의 명문 규정은 없으나** 당연히 인정되는 헌법상 권리이다.

> ⚖️ **판례 | 공정한 재판을 받을 권리 보호 여부**
>
> 1. 우리 헌법에는 비록 명문의 문구는 없으나 '공정한 재판을 받을 권리'를 국민의 기본권으로 보장하고 있음이 명백하며, '공정한 재판을 받을 권리'는 공개된 법정의 법관 앞에서 모든 증거자료가 조사되고 검사와 피고인이 서로 **공격·방어할 수 있는 공평한 기회가 보장되는** 재판을 받을 권리를 포함한다(헌재 2001.8.30. 99헌마496).

2. 이 공정한 재판을 받을 권리 속에는 신속하고 공개된 법정의 법관의 면전에서 모든 증거자료가 조사·진술되고 이에 대하여 피고인이 공격·방어할 수 있는 기회가 보장되는 재판, 즉 원칙적으로 당사자주의와 구두변론주의 및 증거재판주의가 보장되어 당사자가 공소사실에 대한 답변과 입증 및 반증을 하는 등 공격, 방어권이 충분히 보장되는 재판을 받을 권리가 포함되어 있다. 위와 같은 당사자주의와 구두변론주의의 재판구조를 가지고 있는 **형사소송절차에서 피고인의 증거신청권**(제294조)은 단지 피고인의 방어권 보장을 위해서 뿐만 아니라 실체적 진실발견을 위해서도 매우 중요한 권리라 하지 않을 수 없다(헌재 2012.12.27. 2011헌마351).

3. **검사의 증인 소환과 공정한 재판을 받을 권리**
검사와 피고인 쌍방 중 어느 한편이 증인과의 접촉을 독점하거나 상대방의 접근을 차단하도록 허용한다면, 이는 상대방의 공정한 재판을 받을 권리를 침해하는 것이 될 것이다. 구속된 증인에 대한 편의제공 역시, 그것이 일방당사자인 검사에게만 허용된다면, 그 증인과 검사와의 부당한 인간관계의 형성이나 회유의 수단 등으로 오용될 우려가 있고, 그러한 편의의 박탈가능성이 증인에게 심리적 압박수단으로 작용할 수도 있으므로 **접근차단의 경우와 마찬가지로 공정한 재판을 해한다**(헌재 2001.8.30. 99헌마496).

4. **증명책임의 분배와 공정한 재판을 받을 권리**
공정한 재판을 받을 권리는 원칙적으로 당사자주의와 구두변론주의가 보장되어 소송의 당사자에게 공격·방어권을 충분히 행사할 기회를 부여하는 것을 주된 내용으로 한다. 공정한 재판을 받을 권리는 변론 과정에서뿐만 아니라, 증거의 판단, 법률의 적용 등 소송 전 과정에서 적용된다. 어떠한 요증사실의 존부가 확정되지 않았을 때 그 사실이 존재하지 않는 것으로 취급되어 **법률판단을 받게 되는 불이익인 증명책임의 분배 문제도 공정한 재판을 받을 권리의 보호범위에 해당한다**(헌재 2013.9.26. 2012헌바23).

5. 재판청구권에는 민사재판, 형사재판, 행정재판뿐만 아니라 헌법재판을 받을 권리도 포함되므로, 헌법상 보장되는 기본권인 '공정한 재판을 받을 권리'에는 '**공정한 헌법재판을 받을 권리**'도 포함된다(헌재 2014.4.24. 2012헌마2).

6. **공정한 재판을 받을 권리에 외국에 나가 증거를 수집할 권리가 포함된다고 보기도 어렵다.** 국가의 형벌권을 피하기 위하여 해외로 도피할 우려가 있는 자에 대해 법무부장관이 출국을 금지할 수 있도록 한 출입국관리법은 공정한 재판을 받을 권리를 침해한다고 볼 수 없다(헌재 2015.9.24. 2012헌바302).

7. 헌법 제27조가 보장하는 재판청구권에는 공정한 헌법재판을 받을 권리도 포함되고, 헌법 제111조 제2항은 헌법재판소가 9인의 재판관으로 구성된다고 명시하여 다양한 가치관과 헌법관을 가진 9인의 재판관으로 구성된 합의체가 헌법재판을 담당하도록 하고 있으며, 같은 조 제3항은 재판관 중 3인은 국회에서 선출하는 자를 임명한다고 규정하고 있다. 그렇다면 헌법 해석상 국회가 선출하여 임명된 헌법재판소의 재판관 중 공석이 발생한 경우에 국회가 공정한 헌법재판을 받을 권리의 보장을 위하여 공석인 재판관의 후임자를 선출하여야 할 구체적 작위의무를 부담한다(헌재 2014.4.24. 2012헌마2).

7. 형사피해자의 재판절차진술권

> 헌법 제27조 【재판절차진술권】 ⑤ 형사피해자는 법률이 정하는 바에 의하여 당해 사건의 재판절차에서 진술할 수 있다.

(1) 형사피해자의 의의

① **형사피해자의 개념**: 형사피해자의 개념은 헌법이 형사피해자의 재판절차진술권을 독립된 기본권으로 인정한 취지에 비추어 넓게 해석할 것으로 반드시 형사실체법상의 보호법익을 기준으로 한 피해자 개념에 의존하여 결정하여야 할 필요는 없다. 다시 말하여 형사실체법상으로는 직접적인 보호법익의 주체로 해석되지 않는 자라 하여도 문제되는 범죄 때문에 법률상 불이익을 받게 되는 자라면 헌법상 형사피해자의 재판절차진술권의 주체가 될 수 있다(헌재 1992.2.25. 90헌마91).

② **형사피해자와 범죄피해자의 범위:** 모든 범죄행위로 인한 피해자가 제27조의 형사피해자에 해당하기 때문에, 생명·신체에 대한 범죄피해자에 한정되는 제30조의 범죄피해자구조청구권에서의 범죄피해자보다 넓은 개념이다.

③ **보호취지:** 기소독점주의의 형사소송체계에서 형사피해자가 형사재판절차에 참여하여 증언하는 이외에 형사사건에 관한 의견진술을 할 수 있는 청문의 기회를 부여함으로써 형사사법의 절차적 적정성을 확보하기 위하여, 기본권으로 보장하는 것이다(헌재 2009.2.26. 2005헌마764).

④ **재판청구권과의 관계:** 형사피해자로 하여금 자신이 피해자인 범죄에 대한 형사재판절차에 접근할 가능성을 제한하는 것은 동시에 그의 재판청구권을 제한하는 것이 될 수 있으며, 재정신청제도는 검사의 불기소처분이 자의적인 경우 형사피해자의 재판절차진술권을 보장하기 위해 마련된 별개의 사법절차로서, 이 역시 불기소처분의 당부를 심사하는 법원의 '재판절차'이고 형사피해자는 재정신청이라는 재판청구를 할 수 있는 것이므로, 재정신청을 비롯하여 그 심리의 공개 및 재정결정에 대한 불복 등에 대한 제한은 재판청구권의 행사에 대한 제한이 될 수 있다(헌재 2011.11.24. 2008헌마578).

(2) 형사피해자 여부

♔판례 | 형사피해자

1. 주주

국민의 일원으로서 국가의 수사권의 발동을 촉구한 일반범죄의 고발사건에서 특별한 사정이 없으면 고발인의 헌법소원 청구적격이 인정되지 않지만 주식회사의 주주가 주식회사의 임원에 대해 업무상횡령혐의로 고발한 경우 직접적으로는 회사가 피해자라고 할 수 있으나 동시에 회사의 주주 모두가 피해자라 할 수 있으므로 자기관련성이 있으므로 주주가 제기한 검사의 기소유예처분에 대한 헌법소원심판청구는 적법하다(헌재 1991.4.1. 90헌마65 ; 헌재 1994.4.28. 93헌마47).

2. 위증으로 인한 불이익한 재판을 받게 되는 당사자

검사의 불기소처분에 대하여 기소처분을 구하는 취지에서 헌법소원을 제기할 수 있는 자는 원칙적으로 헌법상 재판절차진술권의 형사피해자에 한하는 것이나, 여기서 말하는 형사피해자는 넓게 해석해야 할 것으로, 반드시 형사실체법상의 보호이익을 기준으로 한 피해자 개념에 의존하여 결정할 필요가 없으므로 형사실체법상으로는 직접적인 보호법익의 주체로 해석되지 않는 자라 하여도 문제되는 범죄 때문에 법률상 불이익을 받게 된 자라면 헌법상 형사피해자의 재판절차진술권의 주체가 될 수 있고 따라서 검사의 불기소처분에 대하여 헌법소원심판을 청구할 수 있는 청구인적격을 가진다고 할 것이며 위증죄가 직접적으로 개인적 법익에 관한 범죄가 아니고 그 보호법익은 원칙적으로 국가의 심판작용의 공정이라 하여도 위증으로 인하여 불이익한 재판을 받게 되는 사건당사자는 재판절차진술권의 주체인 형사피해자가 된다고 보아야 할 것이므로, 검사가 위증의 피의사실에 대하여 불기소처분을 하였다면 헌법소원을 제기할 수 있는 청구인적격을 가진다고 할 것이다(헌재 1992.2.25. 90헌마91).

3. 사고로 인한 피해자 사망시 피해자의 부모

교통사망자의 부모(청구인)는 헌법상 재판절차진술권이 보장되는 형사피해자의 범주에 속한다고 봐야 할 것이므로 헌법소원심판을 청구할 수 있는 청구인적격이 있다(헌재 1993.3.11. 92헌마48).

4. 공정거래위원회의 고발권 불행사로 인한 피해자

청구외회사의 불공정거래 행위라는 범죄로 인하여 법률상 불이익을 받은 피해자는 공정거래위원회의 고발권 불행사로 인한 피해자에 해당되므로 헌법소원의 청구자격이 있다(헌재 1995.7.21. 94헌마136).

5. 지구당 부위원장

지구당 플랭카드훼손에 대해 지구당부위원장은 고발인일지라도 지구당부위원장은 정당활동의 중요한 임무를 담당하고 있는 자이므로 청구인은 비록 보호법익의 주체는 아니나, 행위의 상대방 또는 플랭카드의 관리자로서 피해자에 해당하므로 청구인자격이 있다. 또한 검찰의 불기소처분에 대한 재정신청과 검찰항고는 법률상 선택적 제도이므로, 검찰항고를 거치고 재정신청을 거치지 아니하였더라도 다른 법률에 의한 절차를 모두 거친 것으로 해석하여야 한다(헌재 1993.7.29. 92헌마262).

(3) 검사의 불기소처분과 재판절차진술권

① **형사고소권**: 자신의 법익을 침해한 범죄에 대하여 형사고소를 할 수 있는 것은 사회구성원으로서의 가장 바탕이 되는 권리로서, 헌법상 명문으로 규정된 기본권이 아니라 하더라도 재판절차진술권의 직접적 전제가 되는 권리라 할 수 있으므로, 고소권의 침해 논의는 재판절차진술권이라는 기본권의 침해에 대한 논의로 이어져야 한다(헌재 2011.2.24. 2008헌바56).

② 고소인은 형사피해자로서 재판절차진술권을 가지나, **고발인은 원칙적으로 재판절차진술권을 갖지 못한다.**

③ 자의적인 검사의 불기소처분으로 고소인이 침해받는 기본권은 평등권과 재판절차진술권이다. **교통사고 피해자가 중상해를 입은 경우 검사가 운전자를 공소제기할 수 없도록 한 교통사고처리 특례법은 재판절차진술권을 침해한다.**

(4) 자의적 검사의 불기소처분과 권리구제절차

헌법재판소법 제68조【청구 사유】 ① 공권력의 행사 또는 불행사(不行使)로 인하여 헌법상 보장된 기본권을 침해받은 자는 법원의 재판을 제외하고는 헌법재판소에 헌법소원심판을 청구할 수 있다. 다만, 다른 법률에 구제절차가 있는 경우에는 그 절차를 모두 거친 후에 청구할 수 있다.

검찰청법 제10조【항고 및 재항고】 ① 검사의 불기소처분에 불복하는 고소인이나 고발인은 그 검사가 속한 지방검찰청 또는 지청을 거쳐 서면으로 관할 고등검찰청 검사장에게 항고할 수 있다. 이 경우 해당 지방검찰청 또는 지청의 검사는 항고가 이유 있다고 인정하면 그 처분을 경정(更正)하여야 한다.

형사소송법 제260조【재정신청】 ① 고소권자로서 고소를 한 자는 검사로부터 공소를 제기하지 아니한다는 통지를 받은 때에는 그 검사 소속의 지방검찰청 소재지를 관할하는 고등법원에 그 당부에 관한 재정을 신청할 수 있다. 다만, 형법 제126조의 죄에 대하여는 피공표자의 명시한 의사에 반하여 재정을 신청할 수 없다.

① **불기소처분에 대하여 형사소송법상의 재정신청을 거치지 아니하고 헌법소원심판을 청구하는 것**: 헌법재판소법 제68조 제1항 단서에 의하면, 헌법소원의 대상이 되는 공권력의 행사라 하더라도 다른 법률이 정한 구제절차를 모두 거친 후에야 비로소 헌법소원심판을 청구할 수 있는데, 개정 형사소송법 제260조 제1항·제2항에 의하면, **고소권자로서 고소를 한 자는 검사로부터 공소를 제기하지 아니한다는 통지를 받은 때에는 검찰청법에 따른 항고를 거친 후 그 검사 소속의 지방검찰청 소재지를 관할하는 고등법원에 그 당부에 관한 재정을 신청할 수 있으므로, 그와 같은 구제절차를 거치지 않고 불기소처분에 대하여 헌법원심판청구를 하는 것은 보충성 요건을 흠결하여 부적법하다**(헌재 2010.3.2. 2010헌마49).

② **고소하지 아니한 형사피해자**: 다른 법률의 구제절차를 거치지 아니하고 헌법소원을 청구할 수 있다.

③ **헌법소원심판청구와 공소시효 정지 여부**: 공소시효제도는 실체법적 성격을 가지므로 형사소송법 제262조의4는 헌법소원심판에 유추적용될 수 없다(헌재 1993.9.27. 92헌마284). 따라서 헌법소원이 청구되더라도 불기소처분이 된 피의사실의 공소시효는 정지되지 아니하고 진행한다.

> 형사소송법 제262조의4【공소시효의 정지】제260조에 따른 재정신청이 있으면 제262조에 따른 재정결정이 확정될 때까지 공소시효의 진행이 정지된다.

(5) 헌법 제27조 제5항의 법률유보

헌법 제27조 제5항이 정한 법률유보는 법률에 의한 기본권의 제한을 목적으로 하는 자유권적 기본권에 대한 법률유보의 경우와는 달리 기본권으로서의 재판절차진술권을 보장하고 있는 헌법규범의 의미와 내용을 **법률로써 구체화하기 위한 이른바 기본권형성적 법률유보에 해당한다**(헌재 2003.9.25. 2002헌마533).

⚖ 판례 | 재판절차진술권

1. **형사피해자를 약식명령의 고지 대상자에서 제외하고 있는 형사소송법이 형사피해자의 재판절차진술권을 침해하는지 여부(소극)**

   형사피해자는 약식명령을 고지받지 않으나, 신청을 하는 경우 형사사건의 진행 및 처리 결과에 대한 통지를 받을 수 있고, 고소인인 경우에는 신청 없이도 검사가 약식명령을 청구한 사실을 알 수 있어, 법원이나 수사기관에 자신의 진술을 기재한 진술서나 탄원서 등을 제출하는 등 의견을 밝힐 수 있는 기회를 가질 수 있다. 또한, 약식명령은 경미하고 간이한 사건을 대상으로 하기 때문에, 대부분 범죄사실에 다툼이 없는 경우가 많고, 형사피해자도 이미 범죄사실을 충분히 인지하고 있어, 범죄사실에 대한 별도의 확인 없이도 얼마든지 법원이나 수사기관에 의견을 제출할 수 있으며, 직접 범죄사실의 확인을 원하는 경우에는 소송기록의 열람·등사를 신청하는 것도 가능하므로, 형사피해자가 약식명령을 고지받지 못한다고 하여 형사재판절차에서의 참여기회가 완전히 봉쇄되어 있다고 볼 수 없다. 따라서 이 사건 고지조항은 형사피해자의 재판절차진술권을 침해하지 않는다(헌재 2019.9.26. 2018헌마1015).

2. **형사피해자를 정식재판청구권자에서 제외하고 있는 형사소송법 제453조 제1항이 형사피해자의 재판절차진술권을 침해하는지 여부(소극)**

   형사피해자에게 정식재판청구권을 인정하게 된다면 공공의 이익을 위하여 실현되어야 할 형벌권을 형사피해자의 사적 응보관념에 의존하게 만들어 형벌의 목적에 부합하지 않을 뿐만 아니라, 남소로 인한 법원의 업무량 폭증으로 본래 약식절차를 도입함으로써 달성하고자 하였던 신속한 재판과 사법자원의 효율적인 배분을 통한 국민의 재판청구권 보장이라는 목적을 저해할 위험도 있다. 또한 약식절차에서는 수사기관에서 한 형사피해자의 진술조서가 형사기록에 편철되어 오는 것이 보통이고, 형사피해자는 자신의 진술을 기재한 진술서나 탄원서 등을 법원에 제출함으로써 재판절차에 참여할 기회를 가지며, 법관은 약식명령으로 하는 것이 적당하지 않다고 인정하는 경우 정식재판절차에 회부할 수도 있으므로, 약식명령이 청구되었다고 하여 형사피해자의 공판정에서의 진술권이 완전히 배제되는 것은 아니다. 따라서 이 사건 정식재판청구조항은 형사피해자의 재판절차진술권을 침해하지 않는다(헌재 2019.9.26. 2018헌마1015).

3. **재정신청이 이유 없는 때에 하는 기각결정이 확정된 사건에 대하여 다른 중요한 증거를 발견한 경우를 제외하고는 소추를 금지하는 형사소송법**

   피의사실을 유죄로 인정할 명백한 증거가 새로이 발견된 경우에도 재정신청 기각결정이 확정되었다는 이유로 소추를 금지하는 것은 사법정의에 반하므로, 다른 중요한 증거를 발견한 경우에는 검사가 소추를 할 수 있도록 길을 열어놓고 있으므로, 이 사건 법률조항은 합리적인 재량의 범위를 벗어나 청구인의 형사피해자 재판절차진술권을 침해한다고 볼 수 없다(헌재 2011.10.25. 2010헌마243).

---

8. 재판청구권과 입법형성의 자유

(1) 입법형성의 자유

재판청구권과 같은 절차적 기본권은 원칙적으로 제도적 보장의 성격이 강하기 때문에, 자유권적 기본권 등 다른 기본권의 경우와 비교하여 볼 때 상대적으로 광범위한 입법형성권이 인정되므로, 관련 법률에 대한 위헌심사기준은 합리성원칙 내지 자의금지원칙이 적용된다. 따라서 이 사건 심판대상조항이 청구인의 재판을 받을 권리를 침해하는지 여부를 판단하기 위해서는, 피고적격이 인정되지 않는다 해도 청구인의 재판절차에의 접근 기회가 충분한 정도로 보장되고 있는지의 측면, 그러한 재판에서 실체법이 정한 내용대로 재판을 받을 수 있는지의 측면에서 입법자가 절차 형성에 있어서의 입법재량을 일탈하였는지 여부를 심사하여야 할 것이다(헌재 2014.2.27. 2013헌바178).

(2) 재판청구권 형성입법의 위헌심사기준

> ⚖ **판례**
>
> 1. 재판청구권과 같은 절차적 기본권은 원칙적으로 제도적 보장의 성격이 강하기 때문에, 상대적으로 광범위한 입법형성권이 인정되므로, 관련 법률에 대한 위헌심사기준은 **합리성 원칙** 내지 **자의금지원칙**이 적용된다(헌재 2005.5.26. 2003헌가7).
>
> 2. 재판을 청구할 수 있는 기간을 정하는 것은 입법자가 그 입법형성 재량에 기초한 정책적 판단에 따라 결정할 문제이고 그것이 입법부에 주어진 합리적인 **재량의 한계를 일탈하지 아니하는 한** 위헌이라고 판단할 것은 아니다(헌재 2011.5.26. 2010헌마499).
>
> 3. 재판청구권의 구체적 형성의 한계로서 과잉금지원칙을 준수하여야 한다고 판단한 사례
>
>   헌법 제27조 제1항은 "모든 국민은 헌법과 법률이 정한 법관에 의한 재판을 받을 권리를 가진다."라고 하여 법률에 의한 재판과 법관에 의한 재판을 받을 권리를 보장하고 있다. '법률에 의한' 재판청구권을 보장하기 위하여는 입법자에 의한 재판청구권의 구체적 형성은 불가피하나, 이러한 입법활동의 한계로서 입법자는 헌법 제37조 제2항의 과잉금지원칙을 준수하여야 할 것이다(헌재 2016.6.30. 2014헌바456).
>
> 4. 국민이 재판을 통하여 권리보호를 받기 위해서는 그 전에 최소한 법원조직법에 의하여 법원이 설립되고 민사소송법 등 절차법에 의하여 재판관할이 확정되는 등 입법자에 의한 재판청구권의 구체적 형성이 불가피하므로, 재판청구권에 대해서는 입법자의 입법재량이 인정된다. 특히 **기피신청에 대한 재판을 그 신청을 받은 법관의 소속 법원 합의부에서 하도록 한 민사소송법**은 기피신청에 대한 결정을 하는 법원의 직분관할을 정한 규정으로서, 관할을 배분하는 문제는 기본적으로 입법형성권을 가진 입법자가 사법정책을 고려하여 결정할 사항이고, 기피신청권 자체가 법률에 의하여 구체적으로 형성되는 권리라는 점에서 **완화된 심사기준**이 적용될 필요가 있다(헌재 2013.3.21. 2011헌바219).

📖 **판례정리**

위원회결정을 민사소송법의 재판상 화해로 간주

1. 배상심의회의 배상결정 절차는 제3자성, 독립성이 희박하여 배상심의회의 배상결정은 **신청인이 동의한 때에는 민사소송법 규정에 의한 재판상 화해가 성립된 것으로 본다는 국가배상법**은 재판청구권을 침해한다(헌재 1995.5.25. 91헌가7).

2. 보상법상의 위원회는 국무총리 소속으로 관련분야의 전문가들로 구성되고, 임기가 보장되며 제3자성 및 독립성이 보장되어 있으므로 보상금 등의 지급결정에 동의한 때에는 특수임무수행 등으로 인하여 입은 피해에 대하여 **재판상 화해가 성립된 것으로 보는 '특수임무수행자 보상에 관한 법률'**은 재판청구권 침해가 아니다(헌재 2011.2.24. 2010헌바199).

3. 심의위원회의 제3자성, 중립성 및 독립성이 보장되어 있다고 인정되고, 그 심의절차에 공정성과 신중성을 제고하기 위한 장치도 마련되어 있다. 심의위원회의 배상금등 지급결정에 신청인이 동의한 때에는 국가와 신청인 사이에 **민사소송법에 따른 재판상 화해가 성립된 것으로 보는 세월호피해자지원법**은 재판청구권을 침해한다고 볼 수 없다(헌재 2017.6.29. 2015헌마654).

4. 보상금 등의 지급결정은 신청인이 동의한 때에는 민주화운동과 관련하여 입은 피해에 대하여 민사소송법의 규정에 의한 재판상 화해가 성립된 것으로 보는 **민주화운동 관련자 명예회복 및 보상 등에 관한 법률** (헌재 2018.8.30. 2014헌바180)

   ① **주문**: 구 '민주화운동 관련자 명예회복 및 보상 등에 관한 법률' 제18조 제2항의 '민주화운동과 관련하여 입은 피해' 중 불법행위로 인한 정신적 손해에 관한 부분은 헌법에 위반된다.

   ② **재판청구권 침해 여부**: 민주화보상법은 관련규정을 통하여 보상금 등을 심의·결정하는 위원회의 중립성과 독립성을 보장하고 있고, 심의절차의 전문성과 공정성을 제고하기 위한 장치를 마련하고 있으며, 신청인으로 하여금 그에 대한 동의 여부를 자유롭게 선택하도록 정하고 있다. 따라서 심판대상조항은 관련자 및 유족의 재판청구권을 침해하지 아니한다.

   ③ **국가배상청구권 침해 여부**

      ㉠ **적극적·소극적 손해(재산적 손해)에 대한 국가배상청구권 침해 여부**에 대하여 살펴본다. 관련자와 유족이 위원회의 보상금 등 지급결정이 일응 적절한 배·보상에 해당된다고 판단하여 이에 동의하고 보상금 등을 수령한 경우 보상금 등의 성격과 중첩되는 적극적·소극적 손해에 대한 국가배상청구권의 추가적 행사를 제한하는 것은, 동일한 사실관계와 손해를 바탕으로 이미 적절한 보상을 받았음에도 불구하고 다시 동일한 내용의 손해배상청구를 금지하는 것이므로, 이를 지나치게 가혹한 제재로 볼 수 없다.

      ㉡ **정신적 손해에 대한 국가배상청구권 침해 여부**에 대하여 살펴본다. 앞서 살펴본 바와 같이 민주화보상법상 보상금 등에는 정신적 손해에 대한 배상이 포함되어 있지 않음을 알 수 있다. 이처럼 정신적 손해에 대해 적절한 배상이 이루어지지 않은 상태에서 적극적·소극적 손해 내지 손실에 상응하는 배·보상이 이루어졌다는 사정만으로 정신적 손해에 관한 국가배상청구마저 금지하는 것은, 관련자와 유족의 국가배상청구권을 침해한다. 그렇다면 심판대상조항의 '민주화운동과 관련하여 입은 피해' 중 불법행위로 인한 정신적 손해에 관한 부분은 헌법에 위반된다.

5. 위원회의 보상금 지급 결정에 동의하면 재판상 화해 성립으로 인정하는 **광주민주화운동 관련자 보상 등에 관한 법률**이 5·18보상법상 보상금 등의 성격과 중첩되지 않는 정신적 손해에 대한 국가배상청구권의 행사까지 금지하는 것은 국가배상청구권을 침해한다(헌재 2021.5.27. 2019헌가17).

6. 특수임무교육훈련에 관한 정신적 손해 배상 또는 보상에 해당하는 금원이 포함된다. 특수임무수행자 등이 보상금 등의 지급결정에 동의한 때에는 특수임무수행 또는 이와 관련한 교육훈련으로 입은 피해에 대하여 재판상 화해가 성립된 것으로 보는 '**특수임무수행자 보상에 관한 법률**' 제17조의2 가운데 특수임무수행 또는 이와 관련한 교육훈련으로 입은 피해 중 '정신적 손해'에 관한 부분이 국가배상청구권 또는 재판청구권을 침해한다고 보기 어렵다(헌재 2021.9.30. 2019헌가28).

📖 **판례정리**

기간과 재판청구권

재판청구권 침해인 것

1. 참칭상속인에 의하여 상속개시일로부터 10년이 경과한 후 상속권 침해행위가 발생한 경우 참칭상속인은 침해와 동시에 상속재산을 취득하고 진정상속인은 권리를 잃고 구제받을 수 없게 되어 **상속회복청구권의 행사기간을 상속개시일로부터 10년으로 제한한** 민법은 상속인의 재산권과 재판청구권 침해이다(헌재 2001.7.19. 99헌바9).

2. **군사법경찰관의 구속기간을 연장하는 군사법원법**은 부적절한 방식에 의한 과도한 기본권의 제한으로서, 과잉금지의 원칙에 위반하여 신체의 자유 및 신속한 재판을 받을 권리를 침해하는 것이다(헌재 2003.11.27. 2002헌마193).

3. **즉시항고의 제기기간을 3일로 제한하고 있는 형사소송법** 제405조는 재판청구권을 침해한다. 형사소송법상의 법정기간 연장조항이나 상소권회복청구에 관한 조항들만으로는 3일이라는 지나치게 짧은 즉시항고 제기기간의 도과를 보완하기에는 미흡하다. 따라서 심판대상조항은 즉시항고 제기기간을 지나치게 짧게 정함으로써 실질적으로 즉시항고 제기를 어렵게 하므로, 입법재량의 한계를 일탈하여 재판청구권을 침해한다. 종전 심판대상조항에 대한 합헌 선례(헌재 2011.5.26. 2010헌마499 ; 헌재 2012.10.25. 2011헌마789)는 이 결정 취지와 저촉되는 범위 안에서 변경한다(헌재 2018.12.27. 2015헌바77).

4. **형사소송법 제345조 등과 같은 특칙이 적용될 여지가 없으므로 피수용자인 구제청구자의 즉시항고 기간을 3일로 제한한 인신보호법**은 여전히 과도하게 짧은 기간이다. 따라서 피수용자의 재판청구권을 침해한다(헌재 2015.9.24. 2013헌가21).

5. **형사보상의 청구는 무죄재판이 확정된 때로부터 1년 이내에 하도록 규정하고 있는 형사보상법**은 형사피고인이 책임질 수 없는 사유에 의하여 제척기간을 도과할 가능성이 있는바 재판청구권 침해이다(헌재 2010.7.29. 2008헌가4).

6. **상속회복청구권 행사기간을 '상속권의 침해행위가 있은 날로부터 10년'이라고 한 개정 민법** 제999조 제2항은 '상속개시일부터 10년이 경과된 이후에 발생한 경우'에 발생하는 불합리성을 원천적으로 방지하고 있다. 따라서 재산권을 침해한다(헌재 2024.6.27. 2021헌마1588).

재판청구권 침해가 아닌 것

1. **비용보상청구권의 제척기간을 무죄판결이 확정된 날부터 6개월로 규정한 형사소송법** 제194조의3 제2항은 재판청구권을 침해하지는 않는다. 형사소송법상 비용보상청구권은 입법자가 형성한 권리로서, 헌법적 차원에서 명시적으로 요건을 정해서 보장되어 온 형사보상청구권이나 국가배상청구권과는 기본적으로 권리의 성격이 다르므로 형사소송법이 비용보상청구에 있어 국가비용배상청구권에 비해 짧은 청구기간을 규정했다고 하더라도 평등원칙에 위배되지 않는다(헌재 2015.4.30. 2014헌바408).

2. **정식재판 청구기간을 '약식명령의 고지를 받은 날로부터 7일 이내'로 정하고 있는** 형사소송법 제453조 제1항은 재판청구권 침해가 아니다(헌재 2013.10.24. 2012헌바428).

3. **피고인의 구속기간을 제한하는 형사소송법**
   이 사건 법률조항에서 말하는 '구속기간'은 '법원이 피고인을 구속한 상태에서 재판할 수 있는 기간'을 의미하는 것이지, '법원이 형사재판을 할 수 있는 기간' 내지 '법원이 구속사건을 심리할 수 있는 기간'을 의미한다고 볼 수 없다. 그러므로 구속사건을 심리하는 법원으로서는 만약 심리를 더 계속할 필요가 있다고 판단하는 경우에는 피고인의 구속을 해제한 다음 구속기간의 제한에 구애됨이 없이 재판을 계속할 수 있음이 당연하므로 피고인의 공정한 재판을 받을 권리가 침해된다고 볼 수는 없다(헌재 2001.6.28. 99헌가14).

4. **일반사건보다 재판기간을 단축하여 특별검사가 제기한 사건의 재판기간**을 제1심에서는 공소제기일부터 3개월 이내에, 제2심 및 제3심에서는 전심의 판결선고일부터 각각 2개월 이내에 하도록 한 것은 정치적 혼란을 수습하자는 것일 뿐이므로 공정한 재판을 받을 권리는 침해되지 아니한다(헌재 2008.1.10. 2007헌마1468).

5. **특허무효심결에 대한 소는 심결의 등본을 송달받은 날부터 30일 이내에 제기하도록 한 특허법**이 정하고 있는 30일의 제소기간이 지나치게 짧아 특허무효심결에 대하여 소송으로 다투고자 하는 당사자의 재판청구권 행사를 불가능하게 하거나 현저히 곤란하게 한다고 할 수 없으므로, 재판청구권을 침해하지 아니한다(헌재 2018.8.30. 2017헌바258).

6. **보상금 증감청구소송, 제소기간을 '재결서를 받은 날부터 60일 이내'로 정하고 있는** 공익사업을 위한 토지 등의 취득 및 보상에 관한 법률은 보상금을 둘러싼 분쟁 역시 조속히 확정하여야 할 필요가 있다는 점에서

입법재량의 한계를 일탈하였다고 볼 수 없어 재판청구권을 침해하지 않는다(헌재 2016.7.28. 2014헌바206).

> **참고** 이 밖에도 **친생부인의 소 제소기간을 출생을 안 날로부터 1년 이내로 한정한 민법**은 행복추구권을 침해하였으나, 사유가 있음을 안 날로부터 2년과 인지청구의 소를 부모가 사망한 날로부터 1년 이내로 제한한 것은 합헌이었다.

7. 국가배상사건인 당해 사건 확정판결에 대하여 헌법재판소 위헌결정을 이유로 한 재심의 소를 제기할 경우, 재심제기기간을 재심사유를 안 날부터 30일 이내로 한 헌법재판소법 제75조 제8항은 재심사유가 있음을 안 날로 30일이라는 재심제기기간이 재심청구를 현저히 곤란하게 하거나 사실상 불가능하게 할 정도로 짧다고 보기도 어렵다. 심판대상조항은 재판청구권을 침해하지 않는다(헌재 2020.9.24. 2019헌바130).

📖 판례정리

형사소송과 재판청구권

재판청구권 침해인 것

1. 검사의 청구에 따라 공판기일 전에 증인신문을 청구할 수 있도록 하고 **판사가 증인신문시 수사에 지장이 없다고 판단할 때만 피고인, 피의자, 변호인을 증인신문에 참여할 수 있도록 한** 형사소송법은 재판청구권 침해이다(헌재 1996.12.26. 94헌바1).

2. **반국가행위자의처벌에관한특별조치법** (헌재 1996.1.25. 95헌가5) *모두 위헌결정
   ① **피고인이 정당한 이유 없이 기일에 출석하지 아니하면 피고인의 출석 없이 법관으로 하여금 개정하여야 한다고 규정한 것**은 검사의 진술만을 듣고 법관에게 판결하도록 하여 피고인의 공격방어의 기회를 전면적으로 부정하는 것으로 공정한 재판을 받을 권리 침해이다.
   ② 궐석재판으로 유죄판결을 받은 **피고인이 귀책사유 없이 상소하지 못한 경우에도 상소권을 회복할 수 없도록 한 것**은 재판을 받을 권리를 침해한다.
   ③ 궐석재판에 따라 유죄판결이 확정된 자의 재산을 모두 몰수하도록 한 것은 행위의 가벌성에 비해 지나치게 무거워 법익균형원칙에 위반된다.

3. **증인을 1년간 거의 매일(145회) 소환한 검사의 행위**는 피고인의 공정한 재판을 받을 권리를 침해한다(헌재 2001.8.30. 99헌마496).

4. 압수물은 검사의 이익을 위해서뿐만 아니라 이에 대한 증거신청을 통하여 무죄를 입증하고자 하는 피고인의 이익을 위해서도 존재하므로 사건종결시까지 이를 그대로 보존할 필요성이 있다. **사법경찰관은 압수물을 사건종결 전에 폐기하였는바,** 위와 같은 피청구인의 행위는 적법절차의 원칙을 위반하고, 청구인의 공정한 재판을 받을 권리를 침해한 것이다(헌재 2012.12.27. 2011헌마351).

5. **원심소송기록을 검사를 통해 항소법원에 우회적으로 송부하도록 한** 구 형사소송법 제361조는 항소를 한 경우 항소법원에 소송기록을 바로 송부하지 않고 검사를 통해 송부하도록 하여 신속한 재판과 공정한 재판을 받을 권리를 침해하였다(헌재 1995.11.30. 92헌마44).

6. **재정신청 기각결정에 대하여 재항고를 금지한 형사소송법** 제415조는 평등권을 침해한다. 민사소송법은 재항고(제442조)뿐만 아니라 불복할 수 없는 결정이나 명령에 대하여 이른바 법령위반을 이유로 대법원에 특별항고를 할 수 있도록 하고 있다(제449조). 비교법적으로도 일본 형사소송법은 항고재판소의 결정에 대하여는 항고할 수 없지만, 항고재판소의 결정에 대하여 헌법위반이나 헌법해석의 잘못을 이유로 하여 특별항고를 할 수 있도록 규정하고 있다. 이러한 사정들을 고려할 때, 법 제262조 제4항의 "불복할 수 없다."라는 부분은, 재정신청 기각결정에 대한 '불복'에 법 제415조의 '재항고'가 포함되는 것으로 해석하는 한, 재정신청인인 청구인들의 재판청구권을 침해하고, 또 법 제415조의 재항고가 허용되는 고등법원의 여타 결정을 받은 사람에 비하여 합리적 이유 없이 재정신청인을 차별취급함으로써 청구인들의 평등권을 침해한다(헌재 2011.11.24. 2008헌마578).

7. **디엔에이 감식시료채취 영장발부에 불복절차를 규정하지 않은 것**은 재판청구권을 침해한다. 이 사건 영장절차 조항은 청구인들의 재판청구권을 침해하여 헌법에 위반되지만, 그 위헌성은 채취대상자에게 디엔에이감식 시료채취영장 발부 과정에서 자신의 의견을 진술할 수 있는 절차를 두지 아니하고, 디엔에이감식시료채취영 장이 집행되기 전에 그 영장 발부에 대하여 불복할 수 있는 기회를 주거나 집행된 이후에 채취행위의 위법성 확인을 청구할 수 있도록 하는 등의 실효성 있는 구제절차마저 마련하고 있지 아니한 입법상의 불비에 있다. 그런데 입법자가 이러한 입법상의 불비를 개선함에 있어서, 채취대상자의 의견 진술절차를 마련하는 데에 그 칠 것인지, 영장 발부에 대한 불복절차도 마련할 것인지, 나아가 채취행위에 대한 위법성 확인 청구절차까지 마련할 것인지, 이들 절차를 구체적으로 어떠한 내용과 방법으로 만들 것인지 등에 관하여는 이를 입법자의 판단에 맡기는 것이 바람직하다. 그러므로 이 사건 영장절차 조항에 대하여 단순위헌결정을 하는 대신 **헌법 불합치 결정**을 선고하되, 입법자의 개선입법이 이루어질 때까지 계속 적용을 명하기로 한다(헌재 2018.8.30. 2016 헌마344).

8. **소송촉진등에관한특례법 제23조의 궐석재판제도**

   피고인의 공판기일출석권을 제한하고 있는 소송촉진등에관한특례법 제23조는 피고인 불출석 상태에서 중형 이 선고될 수도 있는 가능성을 배제하고 있지 아니할 뿐만 아니라 그 적용대상이 너무 광범위하므로, 비록 정당한 입법목적 아래 마련된 조항이라 할지라도 헌법 제37조 제2항의 과잉금지의 원칙에 위배되어 피고인 의 공정한 재판을 받을 권리를 침해하는 것이다(헌재 1998.7.16. 97헌바22).

9. **영상물에 수록된 19세 미만 성폭력범죄 피해자 진술에 관한 증거능력을 인정하는 성폭력범죄의 처벌 등에 관한 특례법**

   비디오 등 중계장치에 의한 증인신문제도의 경우, 피해자가 법정 외에 마련된 증언실에 출석하여 중계장치를 통해 증언하게 되므로, 나이 어린 피해자가 법정에 출석하거나 피고인을 직접 대면할 필요도 없게 된다. 나아 가, 피해자가 반대신문 과정에서 받을 수 있는 고통을 방지하기 위하여, 신뢰관계인 동석제도, 진술조력인제 도, 피해자 변호사제도 등도 마련하고 있다. 피고인 측이 정당한 방어권의 범위를 넘어 피해자를 위협하고 괴 롭히거나 인격적으로 모욕하는 등의 반대신문은 금지되며, 재판장은 구체적 신문 과정에서 증인을 보호하기 위해 소송지휘권을 행사할 수 있다.

   그러나 심판대상조항으로 인하여 피고인의 방어권이 제한되는 정도가 중대하고, 미성년 피해자의 2차 피해를 방지할 수 있는 여러 조화적인 대안들이 존재함은 앞서 살핀 바와 같다. 이러한 점들을 고려할 때, 심판대상 조항이 달성하려는 공익이 제한되는 피고인의 사익보다 우월하다고 쉽게 단정하기는 어렵다. 따라서 심판대 상조항은 법익의 균형성 요건도 갖추지 못하였다. 심판대상조항은 과잉금지원칙을 위반하여 청구인의 공정한 재판을 받을 권리를 침해한다(헌재 2021.12.23. 2018헌바524).

10. **제주특별자치도 통합(재해)영향평가심의위원회의 심의위원을 형법 수뢰죄가 적용되는 공무원에 포함시키면 위 헌이라는 한정위헌결정을 재심사유로 인정하지 않은 대법원 재판** (헌재 2022.6.30. 2014헌마760)

    ① **사건개요**: 헌법재판소는 제주특별자치도 통합(재해)영향평가심의위원회의 심의위원을 형법 수뢰죄가 적 용되는 공무원에 포함시키면 위헌이라는 한정위헌결정을 하였다. 대법원에 재심을 청구했으나 대법원은 한정위헌결정은 기속력이 없다는 이유로 재심청구를 기각하자 헌법재판소에 대법원 재판을 취소해달라 는 헌법소원이 청구되었다.

    ② **공권력의 행사 또는 불행사로 인하여 헌법상 보장된 기본권을 침해받은 자는 법원의 재판을 제외하고는 헌 법재판소에 헌법소원심판을 청구할 수 있도록 한 헌법재판소법 제68조 제1항에 대한 한정위헌결정**: 법원 재판제외에서 법원 재판 중 '법률에 대한 위헌결정의 기속력에 반하는 재판' 부분은 헌법에 위반된다.

    ③ **대법원 재판 취소**: 재심기각결정들은 이 사건 한정위헌결정의 기속력을 부인하여 헌법재판소법에 따른 청구인들의 재심청구를 기각하였다. 따라서 이 사건 재심기각결정들은 모두 '법률에 대한 위헌결정의 기 속력에 반하는 재판'으로 이에 대한 헌법소원은 허용되고 청구인들의 헌법상 보장된 재판청구권을 침해 하였으므로, 법 제75조 제3항에 따라 취소되어야 한다.

재판청구권 침해가 아닌 것

1. 재정신청절차의 효율적 진행과 법률관계의 신속한 확정을 위하여 **법관이 구두변론을 하지 않고 재정신청에 대한 결정을 할 수 있도록 한** 형사소송법은 청구인의 재판절차진술권과 재판청구권을 침해한다고 볼 수 없다(헌재 2018.4.26. 2016헌마1043).

   참고 헌법재판소가 위헌결정했다면 효력을 상실하므로, 현재 시행 중이므로 합헌으로 결정했다고 암기하면 된다.

2. 재판장이 소송관계인의 진술 또는 심문이 중복된 사항이거나 **소송에 관계없는 사항인 때에는 변론을 제한할 수 있도록 한** 형사소송법 제279조는 재판청구권 침해가 아니다(헌재 1998.12.24. 94헌바46).

3. **공소는 검사가 제기하도록 하여 국가소추주의를 규정한** 형사소송법 제246조는 공익의 대표자인 검사로 하여금 객관적인 입장에서 형사소추권을 행사하도록 하여 형사소추의 적정성 및 합리성을 기하는 한편, 형사피해자의 권익 보호를 위하여 형사소송법 등에서 고소권, 항고·재항고권, 재정신청권, 재판절차에서의 피해자 진술권, 헌법소원심판청구권 등의 규정을 두어 형사피해자가 형사절차에 관여할 수 있는 여러 제도를 마련하고 있으므로, 형사피해자의 재판청구권을 침해하는 것으로 볼 수 없다(헌재 2007.7.26. 2005헌마167).

4. **형을 선고하는 경우에는 재판장은 피고인에게 상소할 기간과 상소할 법원을 고지하여야 한다고 규정하고 있으므로, 상소제기기간을 재판의 선고일로부터** 산정하는 형사소송법 제343조는 재판청구권 침해가 아니다(헌재 1995.3.23. 92헌바1).

5. 피해아동에 대한 반대신문권을 행사할 수 있는 기회도 여전히 남아 있으므로, 동석한 신뢰관계인의 성립인정의 진술만으로 성폭력 **피해아동의 진술이** 수록된 영상녹화물의 **증거능력을 인정할 수 있도록 규정한** 구 '아동·청소년의 성보호에 관한 법률'은 공정한 재판을 받을 권리를 침해하는 것은 아니다(헌재 2013.12.26. 2011헌바108).

6. 소환된 증인 또는 그 친족 등이 보복을 당할 우려가 있는 경우 **증인신문시 피고인의 퇴정을 명할 수 있도록 한** 특정범죄신고자등 보호법은 재판청구권 침해가 아니다(헌재 2010.11.25. 2009헌바57).

7. 강력범죄 또는 조직폭력범죄의 수사와 재판에서 범죄입증을 위해 증언한 자의 안전을 효과적으로 보장해 줄 수 있는 조치가 마련되어야 할 필요성은 매우 크므로 **증인신문절차에서 피고인이나 변호인과 증인 사이에 차폐시설을 설치하고 신문할 수 있도록 한** 형사소송법은 공정한 재판을 받을 권리와 변호인조력을 받을 권리를 제한하나, 침해한다고 할 수 없다(헌재 2016.12.29. 2015헌바221).

   비교 수용자와 변호사 접견을 접촉차단시설에서 하도록 한 것은 재판청구권을 침해한다(헌재 2013.8.29. 2011헌마122).

8. 피고인의 공정한 재판을 받을 권리를 실질적으로 보장하는 기능을 하므로 약식절차에서 피고인이 **정식재판을 청구한 경우 약식명령보다 더 중한 형을 선고할 수 없도록 한** 형사소송법 제457조의2는 재판청구권 침해가 아니다(헌재 2005.3.31. 2004헌가27·2005헌바8).

9. **치료감호 청구권자를 검사로 한정한** 구 치료감호법은 재판청구권 침해가 아니다(헌재 2010.4.29. 2008헌마622).

10. 위원회가 신청을 기각하는 경우에 이들은 그 결정에 대하여 행정소송을 제기하여 법관에 의한 재판을 받을 수 있다고 해석되므로, **법관이 아닌 사회보호위원회가 치료감호의 종료 여부를 결정하도록 한** 사회보호법은 피치료감호자 등의 재판청구권을 침해한 것이 아니다(헌재 2005.2.3. 2003헌바1).

11. **청소년보호위원회에 의한 청소년유해매체물의 결정은** 사실확정과 법률의 해석·적용에 관한 법관의 고유권한이 박탈된 것이라 할 수 없으므로 법관에 의한 재판을 받을 권리를 침해하는 것이라고는 볼 수 없다(헌재 2000.6.29. 99헌가16).

12. **고소인·고발인만을 검찰청법상 항고권자로 규정하는 검찰청법 제10조**
    검찰 내부의 상급기관에 의한 심사는 헌법과 법률이 정한 자격과 절차에 의하여 임명되고 물적 독립과 인적 독립이 보장된 법관에 의하여 행해질 것을 요하는 재판의 개념에 포함되지 아니하므로, 이 사건 법률조항으로 인하여 피의자가 항고할 수 없게 되더라도 청구인의 재판을 받을 권리가 침해된다고 볼 수는 없다(헌재 2012.7.26. 2010헌마642).

13. 소송의 지연을 목적으로 함이 명백한 기피신청의 경우 그 신청을 받은 법원 또는 법관이 결정으로 기각할 수 있도록 한 형사소송법 제20조 제1항은 형사소송절차의 신속성이라는 공익을 달성하는 데 필요하고 적절한 방법으로써 즉시항고에 의한 불복도 가능하므로, 심판대상조항은 공정한 재판을 받을 권리를 침해하지 아니한다(헌재 2021.2.25. 2019헌바551).

14. 증거의 채택과 조사에 법원의 재량을 인정하고 있는 형사소송법 제295조

법원의 소송지휘권 행사로 인한 기본권 침해, 즉 법원이 무죄의 입증에 필요하지 않다는 이유로 증거신청을 받아들이지 않음으로써 그에 대한 증거조사가 행하여지지 않는 불이익은, 신속한 재판의 확보 및 공정한 재판실현이라는 공익에 비하여 크다고 할 수 없으므로 법익의 균형성 역시 인정된다(헌재 2022.11.24. 2019헌바477).

15. 전문증거인 참고인진술조서의 증거능력을 일정한 요건하에 인정하는 형사소송법

참고인진술조서의 증거능력을 전혀 인정하지 않는다면 증인들의 법정진술만을 증거로 삼아야 하는바, 이러한 방법으로는 신속한 재판과 실체적 진실발견이라는 입법목적을 충분히 달성할 수 없다. 참고인진술조서의 증거능력은 일정한 요건이 갖추어진 경우에만 인정되고, 법원은 해당 요건을 엄격하게 해석·적용하고 있다. 또한 증거능력이 인정되는 경우에도, 피고인은 제도적으로 보장된 반대신문의 과정에서 증명력을 탄핵할 수도 있다. 따라서 이 조항으로 인하여 피고인이 공격·방어권 행사를 부당하게 제한받는다거나 검사에 비하여 불리한 입장에 처하게 된다고 볼 수 없다. 형사소송법 제312조 제4항은 과잉금지원칙을 위반하여 공정한 재판을 받을 권리를 침해하지 않는다(헌재 2022.11.24. 2019헌바477).

16. 형사재판에서 형의 선고와 함께 소송비용 부담의 재판을 받은 피고인이 '빈곤'을 이유로 해서만 집행면제를 신청할 수 있도록 한 형사소송법 규정

소송비용의 범위가 '형사소송비용 등에 관한 법률'에서 정한 증인·감정인·통역인 또는 번역인과 관련된 비용 등으로 제한되어 있고, 법원이 피고인에게 소송비용 부담을 명하는 재판을 할 때에 피고인의 방어권 남용 여부, 경제력 능력 등을 종합적으로 고려하여 소송비용 부담 여부 및 그 정도를 정하므로, 소송비용 부담의 재판이 확정된 이후에 빈곤 외에 다른 사유를 참작할 여지가 크지 않다. 따라서 집행면제 신청 조항은 피고인의 <u>재판청구권을 침해하지 아니한다</u>(헌재 2021.2.25. 2019헌바64).

17. 형사재판에서 법원이 형의 선고를 하는 때에는 피고인에게 소송비용의 전부 또는 일부를 부담하게 하여야 한다고 규정한 형사소송법 조항

<u>심판대상조항은 형사재판절차에서 피고인의 방어권 남용을 방지하는 측면이 있고, 법원은 피고인의 방어권 행사의 적정성, 경제적 능력 등을 종합적으로 고려하여 피고인에 대한 소송비용 부담 여부 및 그 정도를 재량으로 정함으로써 사법제도의 적절한 운영을 도모할 수 있다. 소송비용의 범위도 '형사소송비용 등에 관한 법률'에서 정한 증인·감정인·통역인 또는 번역인과 관련된 비용 등으로 제한되어 있고 피고인은 소송비용 부담 재판에 대해 불복할 수 있으며 빈곤을 이유로 추후 집행 면제를 신청할 수도 있다. 따라서 심판대상조항은 피고인의 재판청구권을 침해하지 아니한다</u>(헌재 2021.2.25. 2018헌바224).

📖 **판례정리**

행정심판과 행정소송

재판청구권 침해인 것

1. 지방세 행정심판전치주의 (헌재 2001.6.28. 2000헌바30)

① <u>**행정심판에 관한 헌법 제107조 제3항의 의미**</u>: 헌법 제107조 제3항은 "재판의 전심절차로서 행정심판을 할 수 있다. 행정심판의 절차는 법률로 정하되, 사법절차가 준용되어야 한다."라고 규정하고 있으므로, <u>입법자가 **행정심판을 전심절차가 아니라 종심절차로** 규정함으로써 정식재판의 기회를 배제하거나, 어떤 행정심판을 **필요적 전심절차로** 규정하면서도 그 절차에 사법절차가 준용되지 않는다면 이는 위 헌법조항, 나아가 재판청구권을 보장하고 있는 헌법 제27조에도 위반된다. 반면, 어떤 행정심판절차에 사법절차가 준용되지 않는다 하더라도 **임의적 전치제도로** 규정함에 그치고 있다면 위 헌법조항에 위반된다 할</u>

<u>수 없다</u>. 그러한 행정심판을 거치지 아니하고 곧바로 행정소송을 제기할 수 있는 선택권이 보장되어 있기 때문이다.

② **지방세 행정심판전치주의**: 지방세심의위원회는 그 구성과 운영에 있어서 심의·의결의 독립성과 공정성을 객관적으로 신뢰할 수 있는 토대를 충분히 갖추고 있다고 보기 어려운 점, 이의신청 및 심사청구의 심리절차에 사법절차적 요소가 매우 미흡하고 당사자의 절차적 권리보장의 본질적 요소가 결여되어 있다는 점에서 지방세법상의 이의신청·심사청구제도는 헌법 제107조 제3항에서 요구하는 '사법절차 준용'의 요청을 외면하고 있다고 할 것인데, 지방세법은 이러한 이의신청 및 심사청구라는 2중의 행정심판을 거치지 아니하고서는 행정소송을 제기하지 못하도록 하고 있으므로 재판청구권을 침해한다.

참고 행정심판을 거치도록 한 법률은 지방세 행정심판만 위헌이고 나머지는 모두 합헌이다.

비교 **주세법에 따른 주류판매업면허**의 취소처분에 대한 행정소송에 관하여 필요적 행정심판전치주의를 규정한 국세기본법은 청구인들의 재판청구권을 침해한다고 할 수 없다(헌재 2016.12.29. 2015헌바229).

비교 **산업재해에 대해 심사청구와 재심사청구**를 모두 거쳐 항고소송을 제기할 수 있도록 한 산재법은 재판청구권 침해가 아니다(헌재 2000.6.1. 98헌바8).

비교 **교원징계**에 대한 항고소송을 제기하기 전에 **소청위원회 소청절차를 거치도록** 한 것은 재판청구권을 침해하는 것이 아니다(헌재 2007.1.17. 2005헌바86).

비교 **지방공무원이 면직처분**에 대해 불복할 경우 행정소송 제기에 앞서 반드시 **소청심사를 거치도록 한** 지방공무원법은 재판청구권을 침해하거나 평등원칙에 위반된다고 할 수 없다(헌재 2015.3.26. 2013헌바186).

비교 도로교통법상 처분에 대한 행정소송을 제기하기 전에 행정심판을 거치도록 한 도로교통법과 **자동차운전학원에 대한 행정처분에 대하여 필요적 행정심판전치주의**를 택한 도로교통법은 재판청구권을 침해하지 아니한다(헌재 2002.10.31. 2001헌바40 ; 헌재 2008.10.30. 2007헌바66).

비교 **토지수용위원회 수용재결**에 대해 이의절차를 거치도록 한 토지수용법도 재판청구권을 침해하지 않는다(헌재 2002.11.28. 2002헌바38).

2. 국가정보원 직원이 증인, 참고인, 사건 당사자로서 직무상 비밀에 속한 사항을 **증언, 진술하고자 할 때 국정원장의 허가를 받도록 한** 국가정보원직원법은 피고인이 재판과정에서 공격, 방어할 권리를 행사할 수 없게 하였는바, 재판청구권 침해이다(헌재 2002.11.28. 2001헌가28).

3. 학교법인도 재판청구권의 주체가 되고, 교원징계재심위원회의 결정은 행정처분에 해당한다. **교원징계재심위원회의 재심결정에 대하여** 교원에게만 행정소송을 제기할 수 있도록 하고 **학교법인을 제외한 것**은 학교법인의 재판청구권을 침해한다(헌재 2006.2.23. 2005헌가7).

유사 학교법인은 교수재임용심사 관련 교원소청심사특별위원회의 재심결정에 대하여 소송으로 다투지 못하게 하는 것은 <u>학교법인의 재판청구권을 침해한다</u>(헌재 2006.4.27. 2005헌마119).

4. 피청구인이 출정비용납부거부 또는 상계동의거부를 이유로 청구인의 행정소송 변론기일에 청구인의 출정을 제한한 행위 (헌재 2012.3.29. 2010헌마475)

① **수형자와 재판청구권**: 재판 당사자가 재판에 참석하는 것은 재판청구권 행사의 기본적 내용이라고 할 것이므로 수형자도 형의 집행과 도망의 방지라는 구금의 목적을 반하지 않는 범위에서는 재판청구권이 보장되어야 한다.

② **재판청구권 침해**: 수형자가 소송수행을 목적으로 출정하는 경우 교도소에서 법원까지의 차량운행비 등 비용이 소요되는데, 이는 재판청구권을 행사하는 데 불가피한 비용이므로 수익자부담의 원칙에 따라 당사자 본인이 부담하여야 한다. 교도소장은 수형자가 출정비용을 예납하지 않았거나 영치금과의 상계에 동의하지 않았다고 하더라도, 우선 수형자를 출정시키고 사후에 출정비용을 받거나 영치금과의 상계를 통하여 (상계의 의사표시가 도달됨으로써 상계의 효과가 발생하므로 이에 수형자의 동의가 필요한 것도 아니다) 출정비용을 회수하여야 하는 것이지, 이러한 이유로 수형자의 출정을 제한할 수 있다는 것은 아니다. 결국 이 사건 각 출정제한행위는 청구인이 직접 재판에 출석하여 변론할 권리를 침해함으로써, 형벌의 집행을 위하여 필요한 한도를 벗어나서 청구인의 재판청구권을 과도하게 침해하였다고 할 것이다.

5. 국가를 상대로 한 당사자소송에서의 가집행선고를 금지한 행정소송법

재산권의 청구가 공법상 법률관계를 전제로 한다는 점만으로 국가를 상대로 하는 당사자소송에서 국가를 우대할 합리적인 이유가 있다고 할 수 없고, 집행가능성 여부에 있어서도 국가와 지방자치단체 등이 실질적인 차이가 있다고 보기 어렵다. 이를 종합하면, 심판대상조항은 국가가 당사자소송의 피고인 경우 가집행의 선고를 제한하여, 국가가 아닌 공공단체 그 밖의 권리주체가 피고인 경우에 비하여 합리적인 이유 없이 차별하고 있으므로 평등원칙에 반한다(헌재 2022.2.24. 2020헌가12).

재판청구권 침해가 아닌 것

1. **대통령선거에 관한 소송에 있어서 인지증액을 규정한** 공직선거 및 선거부정방지법은 대통령의 업무수행을 보장하기 위한 것으로 재판청구권 침해가 아니다(헌재 2004.8.26. 2003헌바20).

2. 위원회가 신청을 기각하는 경우에 이들은 그 결정에 대하여 행정소송을 제기하여 법관에 의한 재판을 받을 수 있다고 해석되므로, **법관이 아닌 사회보호위원회가 치료감호의 종료여부를 결정하도록 한** 사회보호법 제9조 제2항은 피치료감호자 등의 재판청구권이 침해된 것이 아니다(헌재 2005.2.3. 2003헌바1).

   유사 치료감호 청구권자를 검사로 한정한 구 치료감호법 제4조 제1항은 재판청구권 침해가 아니다(헌재 2010.4.29. 2008헌마622).

3. **'처분 등이나 그 집행 또는 절차의 속행으로 인하여 생길 회복하기 어려운 손해를 예방하기 위하여 긴급한 필요가 있다고 인정할 때' 집행정지를 결정할 수 있도록 규정한** 행정소송법은 행정소송을 제기한 사람이 입게 되는 불이익을 예방하기 위해 예외적으로 인정되더라도 재판청구권을 침해한다고 할 수 없다(헌재 2018.1.25. 2016헌바208).

4. **공공단체인 한국과학기술원의 총장이 교원소청심사위원회의 결정에 대하여 행정소송법으로 정하는 바에 따라 소송을 제기할 수 없도록 하는 구 '교원의 지위 향상 및 교육활동 보호를 위한 특별법' 제10조 제3항 중 '교원, 사립학교법 제2조에 따른 학교법인 또는 사립학교 경영자 등 당사자'에 관한 부분이 재판청구권을 침해하는지 여부(소극)**

   해당 대학의 공공단체로서의 지위를 고려하여 교원의 지위를 두텁게 제도를 형성하는 것이 가능하다. 교원소청심사위원회의 인용결정이 있을 경우 한국과학기술원 총장의 제소를 금지하여 교원으로 하여금 확정적이고 최종적으로 징계 등 불리한 처분에서 벗어날 수 있도록 한 것은 공공단체의 책무를 규정한 교원지위법의 취지에도 부합한다. 따라서 심판대상조항은 청구인의 재판청구권을 침해하지 아니한다(헌재 2022.10.27. 2019헌바117).

   참고 교원소청심사위원회의 결정에 대하여 행정소송법으로 정하는 바에 따라 소송을 제기할 수 있는 주체에서 공공단체인 광주과학기술원을 제외하도록 하는 '교원의 지위 향상 및 교육활동 보호를 위한 특별법' 제10조 제4항 중 '공공단체' 가운데 '광주과학기술원'에 관한 부분이 청구인의 재판청구권을 침해하는지 여부(소극) (헌재 2022.10.27. 2021헌마1557)

📖 판례정리

민사소송과 재판청구권

재판청구권 침해인 것

학교안전공제회

학교안전사고에 대한 공제급여결정에 대하여 학교안전공제중앙회 소속의 학교안전공제보상재심사위원회가 재결을 행한 경우 재심사청구인이 공제급여와 관련된 **소를 제기하지 아니하거나 소를 취하한 경우에는 학교안전공제회와 재심사청구인 간에 당해 재결 내용과 동일한 합의가 성립된 것으로 간주하는** 학교안전사고 예방 및 보상에 관한 법률은 실질적으로 재심사청구인에게만 재결을 다툴 수 있도록 하고 있으므로, 합리적인 이유 없이 분쟁의 일방당사자인 공제회의 재판청구권을 침해한다(헌재 2015.7.30. 2014헌가7).

재판청구권 침해가 아닌 것

1. 확정판결의 기판력을 규정한 **민사소송법** 조항은 동일한 분쟁의 반복 금지에 의한 소송경제를 달성하고자 하는 것이므로 재판청구권 침해가 아니다(헌재 2010.11.25. 2009헌바250).

2. 기피신청에 대한 기각결정에 대하여는 즉시항고를 할 수 있도록 하고 있으므로 **기피신청에 대한 재판을 그 신청을 받은 법관의 소속 법원 합의부에서 하도록 한 민사소송법 제46조**는 공정한 재판을 받을 권리 침해가 아니다(헌재 2013.3.21. 2011헌바219).

3. **변호사보수를 패소당사자부담으로 하는 민사소송법**은 정당한 권리실행을 위하여 소송제도를 이용하려는 사람들에게 실효적인 권리구제수단을 마련하고 사법제도를 적정하고 합리적으로 운영하기 위한 중대한 공익을 추구하고 있다고 할 것이므로 피해의 최소성과 법익의 균형성도 갖추고 있다(헌재 2002.4.25. 2001헌바20).

4. 패소할 것이 명백한 경우에 소송구조에서 제외하는 민사소송법

   패소의 가능성이 명백한 경우는 애당초 여기에 해당할 수 없는 것이다. 이렇게 볼 때에 법 제118조 제1항 단서가 "다만, 패소할 것이 명백한 경우에는 그러하지 아니하다."라고 규정하여 소송구조의 불허가 요건을 정하고 있는 것은 재판청구권의 본질을 침해하는 것이 아니다(헌재 2001.2.22. 99헌바74).

5. 변호사보수를 소송비용에 산입하도록 한 민사소송법

   변호사보수 산입 조항이 변호사보수를 소송비용에 산입하여 패소한 당사자의 부담으로 한 것은 정당한 권리 행사를 하려는 당사자의 실효적 권리구제를 보장하고, 남소와 남상소를 방지하여 사법제도의 적정하고 합리적 운영을 도모하려는 데 취지가 있다. 공익 소송 또는 전문 분야와 관련한 소송 등이라고 하더라도 모든 경우 소송 상대방의 실효적인 권리구제의 필요 또는 남소, 남상소의 우려가 없다고 단정할 수는 없다. 따라서 변호사보수 산입 조항이 과잉금지원칙에 위반되어 소송당사자의 재판을 받을 권리를 침해한다고 할 수 없다(헌재 2019.11.28. 2018헌바235).

6. 소송기록에 의하여 청구가 이유 없음이 명백한 때 법원이 변론 없이 청구를 기각할 수 있도록 규정한 소액사건심판법

   입법자가 민사재판 절차에서 요구되는 이상인 적정·공평·신속·경제라는 법익과 사법자원의 적정한 배분 등 여러 법익을 두루 형량하여 구두변론원칙의 예외를 규정한 것이고, 이러한 법익 형량이 자의적이거나 현저하게 불합리하다고 볼 수 없으므로 청구인들의 재판청구권을 침해하거나 평등원칙에 위배된다고 볼 수 없다(헌재 2021.6.24. 2019헌바133).

7. 행정소송에 관하여 변론을 종결할 때까지만 청구의 취지 또는 원인을 변경할 수 있도록 하는 민사소송법 제262조 제1항을 행정소송에 준용하도록 한 행정소송법 제8조 제2항이 재판청구권을 침해하는지 여부(소극)

   청구의 변경을 광범위하게 허용할 경우 피고는 신속한 재판을 받을 권리의 침해와 변경된 청구에 대한 방어상의 부담도 받게 되므로, 입법자는 청구의 변경에 관하여 합리적인 범위 내에서 일정한 시적 제한을 설정할 필요가 있다. 원고는 변론종결시까지 소송목적의 달성을 위한 청구변경의 필요 여부와 내용 등에 관하여 숙고할 수 있고, 법원은 변론종결 시기를 결정함에 있어 사건의 내용, 난이도, 재판의 진행 경과 등을 반영하고 당사자의 의견도 청취하여 청구변경의 기회가 부당하게 박탈되지 않도록 타당성을 도모할 수 있다. 원고는 변론종결시까지 청구변경을 신청할 수 없었던 경우라도 변경하고자 하는 청구에 관하여 별도의 소를 제기할 수 있고, 항소심에서도 청구의 변경은 허용된다. 법원은 변론종결 후 청구의 변경도 소송절차의 현저한 지연을 초래하지 않고 분쟁의 해결에 도움이 된다면 재량으로 변론을 재개하여 심리할 수 있는바, 사건의 적정한 해결을 위한 합리적인 처리가 가능하다. 이러한 점들을 종합하여 보면 심판대상조항이 재판청구권을 침해한다고 볼 수 없다(헌재 2023.2.23. 2019헌바244).

법원조직법

판사임용자격 중 법조경력 요구

2013.1.1.부터 판사임용자격에 일정 기간 법조경력을 요구하는 법원조직법 부칙 제1조 단서 중 제42조 제2항에 관한 부분 및 제2조는 법 개정 당시 **사법연수원에 입소한 연수원생**들의 신뢰를 침해한다(헌재 2012.11.29. 2011헌마786·2012헌마188).

1. **판사 법조경력자격 요구**

   청구인들이 사법시험에 합격하여 **사법연수원에 입소하기 이전인 자**에게 법조인 경력 자격을 인정하는 법원조직법은 신뢰보호원칙에 위반하여 청구인들의 공무담임권을 침해한다고 볼 수 없다(헌재 2014.5.29. 2013헌마127·199).

2. **판사의 근무성적평정에 관한 사항을 대법원규칙으로 정하도록** 위임한 구 법원조직법(헌재 2016.9.29. 2015헌바331)

3. **10년 미만의 법조경력을 가진 사람의 판사임용을 위한 최소 법조경력요건을** 단계적으로 2013년부터 2017년까지는 3년, 2018년부터 2021년까지는 5년, 2022년부터 2025년까지는 7년으로 정한 법원조직법 부칙(헌재 2016.5.26. 2014헌마427)

4. **법원조직법이 사법보좌관의 소송비용 결정에 이의신청을 허용하고 있어** 법관으로부터 재판을 받을 기회를 보장하고 있으므로 사법보좌관의 소송비용결정은 재판을 받을 권리 침해는 아니다(헌재 2009.2.26. 2007헌바8).

5. **사법보좌관에게 민사소송법에 따른 독촉절차에서의 법원의 사무를 처리할 수 있도록 규정한 법원조직법**

   사법보좌관의 처분에 대하여는 법원조직법에서 법관에게 이의신청을 할 수 있음을 명시하고 있고, 사법보좌관규칙에서 그 이의절차에 관하여 상세히 규정하고 있는바, 이를 통해 법관에 의한 사실확정과 법률의 해석·적용의 기회를 보장하고 있다. 따라서 이 사건 법원조직법 조항이 입법재량권의 한계를 벗어난 자의적인 입법으로 법관에 의한 재판받을 권리를 침해한다고 할 수 없다(헌재 2020.12.23. 2019헌바353).

6. 재판부가 지방법원 소재지에 있다는 점에서만 차이가 있을 뿐, 고등법원 판사에 의한 심리검토가 이루어진다는 점에서 아무런 차이가 없으므로 재판업무의 수행상 필요가 있는 경우 **고등법원 부로 하여금 그 관할구역 안의 지방법원 소재지에서 사무를 처리할 수 있도록 한 법원조직법** 제27조 제4항은 재판을 받을 권리 침해가 아니다(헌재 2013.6.27. 2012헌마1015).

7. **특정범죄가중법 제5조의4 제5항 제1호에 해당하는 사건을 합의부의 심판권에서 제외하는 법원조직법 제32조가 재판받을 권리를 침해하는지 여부(소극)**

   법원조직법은 재판사무의 효율적 분담을 위하여 법정형이 중함에도 불구하고 단독판사의 관할로 할 사건을 법원조직법 제32조 제1항 제3호의 각 목에 정하였고, 이 사건 관할조항 또한 이 사건 특정범죄가중법 조항에 해당하는 사건의 난이도 또는 중대성을 고려하여 그 법정형에도 불구하고 이를 단독판사가 심판하도록 한 것이다. 또한 이 사건 특정범죄가중법 조항에 해당하는 사건이라고 하더라도 구체적인 사건의 난이도와 중대성에 비추어 합의부의 재판이 필요한 사건은 결정을 통하여 합의부에서 심판을 받을 수 있다. 따라서 이 사건 관할조항이 재판사무 배분에 관한 입법형성의 재량을 일탈하였다고 볼 수 없으므로, 국민의 재판받을 권리를 침해하지 않는다(헌재 2019.7.25. 2018헌바209).

헌법재판소법

1. 법원의 재판을 헌법소원심판의 대상으로부터 배제하는 헌법재판소법 제68조 제1항의 위헌 여부

헌법재판소법 제68조 제1항이 원칙적으로 헌법에 위반되지 아니한다고 하더라도, 법원이 헌법재판소가 위헌으로 결정하여 그 효력을 전부 또는 일부 상실하거나 위헌으로 확인된 법률을 적용함으로써 국민의 기본권을 침해한 경우에도 법원의 재판에 대한 헌법소원이 허용되지 않는 것으로 해석한다면, 위 법률조항은 그러한 한도내에서 헌법에 위반된다(헌재 1997.12.24. 96헌마172).

2. 동일한 사건에 대하여 2명 이상의 재판관을 기피할 수 없도록 한 것이 공정한 헌법재판을 받을 권리를 침해하는지 여부

동일한 사건에서 2명 이상의 재판관을 기피할 수 없더라도 청구인이 실제로 공정한 재판을 받지 못할 우려는 그렇게 크지 않은 반면, 심리정족수 부족으로 인하여 헌법재판 기능이 중단되는 사태를 방지함으로써 달성할 수 있는 공익은 매우 크므로, 과잉금지원칙을 위반하여 청구인의 공정한 헌법재판을 받을 권리를 침해하지 아니한다(헌재 2016.11.24. 2015헌마902).

3. 변호사강제주의의 합헌성

헌법재판에 있어서 변호사강제주의가 변호사라는 사회적 신분에 의한 재판청구권 행사의 차별이라 하더라도 합리성이 결여된 것이라고는 할 수 없고, 헌법재판을 받을 권리의 제한이라고 하더라도 공공복리를 위하여 필요한 제한이다. 또한 무자력자에 대한 국선대리인제도가 있으므로 재판을 받을 권리의 본질적 내용의 침해라고는 볼 수 없다(헌재 1990.9.3. 89헌마120).

4. 헌법재판사건의 심판기간을 180일로 정한 헌법재판소법

모든 헌법재판에 대하여 일정한 기간 내에 반드시 종국결정을 내리도록 일률적으로 강제하는 것은 오히려 공정하고 적정한 재판을 받을 권리를 침해할 수 있기 때문이다. 헌법재판의 심판기간을 180일로 하여 종국결정을 선고해야 할 지침을 제시한 것은 구체적 사건의 공정하고 적정한 재판에 필요한 기간을 넘어 부당하게 종국결정의 선고를 지연하는 것을 허용하는 취지는 아니다. 따라서 헌법 제27조 제3항이 보장하는 '신속한 재판'의 의미와 심판대상조항의 취지 및 효과 등을 종합하여 보면, 위 조항이 헌법상 '신속한 재판을 받을 권리'를 침해하는 것이라고는 볼 수 없다(헌재 2009.7.30. 2007헌마732).

5. 공권력의 행사로 인하여 기본권이 침해된 경우에 그 사유가 있음을 안 날부터 90일이 지나면 헌법소원심판을 청구하지 못하도록 규정한 헌법재판소법 제69조 제1항

헌법소원심판의 청구인이 자신의 기본권이 침해된 사실을 안 날부터 기산하여 90일 이내로 제한하는 것이므로 국민의 헌법재판청구권 행사를 현저히 곤란하게 하거나 사실상 불가능하게 할 정도로 과도하게 제한하는 것이라고는 볼 수 없다. 나아가 이 사건 심판대상조항은 국민의 기본권을 구제하는 절차와 공익 실현의 법적 안정성을 아울러 보장할 수 있도록 균형 있게 조정하고 있다. 따라서 이 사건 심판대상조항이 헌법소원심판의 청구기간을 지나치게 짧게 규정함으로써 청구인의 재판청구권을 침해한 것으로 볼 수 없다(헌재 2007.10.25. 2006헌마904).

제3절 형사보상청구권

형사보상청구권	제헌헌법
피의자보상청구권	제9차 개정헌법

> 헌법 제28조 【형사보상】 형사피의자 또는 형사피고인으로서 구금되었던 자가 법률이 정하는 불기소처분을 받거나 무죄판결을 받은 때에는 법률이 정하는 바에 의하여 국가에 정당한 보상을 청구할 수 있다.

01 형사보상청구권의 의의

1. 개념

형사보상청구권이란 형사피의자 또는 형사피고인으로 구금되었던 자가 불기소처분을 받거나 확정판결에 의하여 무죄를 선고받은 경우에 물질적, 정신적 손실을 국가에 청구할 수 있는 권리이다.

2. 연혁

형사보상청구권을 최초로 성문화한 헌법은 1849년 Frankfurt헌법이다. 건국헌법부터 규정되었는데 형사피고인에게만 인정되던 것을 현행헌법은 형사피의자도 행사할 수 있도록 하고 있다.

3. 법적 성격

(1) 보상청구권

형사보상청구권은 형사사법작용의 위법성, 공무원의 고의, 과실 등과는 무관한 일종의 무과실 결과책임으로서의 손실보상이다. 따라서 보상을 받을 자가 다른 법률의 규정에 의하여 손해배상을 청구함을 금하지 아니한다.

(2) 헌법상 권리

구금에 대한 보상청구권은 헌법상 권리이나 형사비용에 대한 보상청구권은 법률상 권리이다.

> **★ 판례 | 구금에 대한 보상**
>
> 1. 형사보상의 청구는 무죄재판이 확정된 때부터 1년 이내에 하도록 규정하고 있는 형사보상법 제7조는 위의 어떠한 사유에도 해당하지 아니하는 등 달리 합리적인 이유를 찾기 어렵고, 일반적인 사법상의 권리보다 더 확실하게 보호되어야 할 권리인 형사보상청구권의 보호를 저해하고 있다.
>   또한, 형사보상의 청구는 무죄재판이 확정된 때부터 1년 이내에 하도록 규정하고 있는 형사보상법 제7조 형사소송법상 형사피고인이 재정하지 아니한 가운데 재판할 수 있는 예외적인 경우를 상정하고 있는 등 형사피고인은 당사자가 책임질 수 없는 사유에 의하여 무죄재판의 확정사실을 모를 수 있는 가능성이 있으므로, 형사피고인이 책임질 수 없는 사유에 의하여 제척기간을 도과할 가능성이 있는바, 이는 국가의 잘못된 형사사법작용에 의하여 신체의 자유라는 중대한 법익을 침해받은 국민의 기본권을 사법상의 권리보다도 가볍게 보호하는 것으로서 부당하다(헌재 2010.7.29. 2008헌가4).
> 2. 형사보상청구권이라 하여도 '법률이 정하는 바에 의하여' 행사되므로(헌법 제28조) 그 내용은 법률에 의하여 정해지는바, 이 과정에서 입법자에게 일정한 입법재량이 부여될 수 있고, 따라서 형사보상의 구체적 내용과 금액 및 절차에 관한 사항은 입법자가 정하여야 할 사항이라 할 것이다.

그러나 이러한 입법을 함에 있어서는 비록 완화된 의미일지언정 헌법 제37조 제2항의 비례의 원칙이 준수되어야 한다(헌재 2010.10.28. 2008헌마514).

⚖️ 판례 | 형사소송법의 비용에 대한 보상청구권

1. 구금에 대한 형사보상청구권과 국가배상청구권은 헌법상 권리이나 무죄판결이 확정된 피고인이 **구금 여부와 관계없이 이 재판에 들어간 비용의 보상**을 법원에 청구할 수 있도록 한 **형사소송법상 비용보상청구권**은 법률에 적용요건, 적용대상, 범위 등 구체적인 사항이 규정될 때 비로소 형성되는 권리이다(헌재 2015.4.30. 2014헌바408).

2. **형사소송법이 규정하고 있는 '소송비용'의 보상**은 형사사법절차에 내재된 위험에 의해 발생되는 손해를 국가가 보상한다는 취지에서 비롯된 것이다. 그러나 구금되었음을 전제로 하는 헌법 제28조의 형사보상청구권과는 달리 소송비용의 보상을 청구할 수 있는 권리는 헌법적 차원의 권리라고 볼 수는 없고, 입법자가 입법의 목적, 국가의 경제적 · 사회적 · 정책적 사정들을 참작하여 제정하는 법률에 적용요건, 적용대상, 범위 등 구체적인 사항이 규정될 때 비로소 형성되는 **법률상의 권리**에 불과하다(헌재 2013.8.29. 2012헌바168).

3. 비용보상청구권의 제척기간을 무죄판결이 확정된 날부터 6개월로 규정한 구 형사소송법은 무죄판결이 확정된 경우 피고인이 비용보상청구권을 재판상 행사할 수 있는 기간을 제한하는 규정이므로 기본적으로 청구권자의 **재판청구권을 제한한다**(헌재 2015.4.30. 2014헌바408).

4. **형사소송법상 비용보상청구권**은 입법자가 형성한 권리로서, 헌법적 차원에서 명시적으로 요건을 정해서 보장되어 온 형사보상청구권이나 국가배상청구권과는 기본적으로 권리의 성격이 다르므로 **형사소송법이 비용보상청구에 있어 국가배상청구권에 비해 짧은 청구기간을 규정했다고 하더라도** 평등원칙에 위배되지 않는다(헌재 2015.4.30. 2014헌바408).

5. 무죄판결이 확정된 형사피고인에게 국선변호인의 보수에 준하여 **변호사 보수를 보상하여 주도록** 규정한 형사소송법 제194조의4 제1항은 재판청구권을 침해하는 것은 아니다(헌재 2013.8.29. 2012헌바168).

---

02 형사보상청구권의 주체

1. 외국인

형사보상청구권의 주체는 형사피고인과 피의자이다. 외국인도 형사보상청구권의 주체가 될 수 있다.

2. 법인

법인은 형사보상청구권의 주체가 될 수 없다.

3. 상속인

상속인이 보상을 청구할 수 있는 자가 청구를 하지 아니하고 사망하였을 경우, 사망한 자에 대한 재심 또는 비상상고절차에서 무죄재판이 있었을 경우 보상을 청구할 수 있다.

03 형사보상청구권의 성립요건

형사보상청구를 할 수 있으려면 형사피의자로서 구금되었던 자가 법률이 정하는 불기소처분을 받거나 형사피고인으로서 구금되었다가 무죄판결을 받아야 한다. 전자를 피의자 보상, 후자를 피고인 보상이라 한다.

1. 형사피의자

피의자로서 구금되었던 자 중 검사로부터 불기소처분을 받거나 <u>사법경찰관으로부터 불송치결정을 받은 자</u>는 국가에 대하여 그 구금에 대한 보상을 청구할 수 있다. 다만, 기소중지, 기소유예처분을 받은 피의자는 보상을 청구할 수 없고 협의의 불기소처분(혐의없음 불기소처분과 죄가안됨 불기소처분)을 받은 자만 보상을 청구할 수 있다.

2. 형사피고인

(1) 무죄판결

일반절차 · 재심 · 비상상고절차, 상소권회복에 의한 상소 · 재심 · 비상상고절차 등 여하한 절차에서든 무죄재판을 받은 자가 구금을 당하였을 경우 그 구금에 대한 보상을 청구할 수 있다.

(2) 면소 · 공소기각

> **형사보상 및 명예회복에 관한 법률 제26조【면소 등의 경우】** ① 다음 각 호의 어느 하나에 해당하는 경우에도 국가에 대하여 구금에 대한 보상을 청구할 수 있다.
> 1. 형사소송법에 따라 면소(免訴) 또는 공소기각(公訴棄却)의 재판을 받아 확정된 피고인이 면소 또는 공소기각의 재판을 할 만한 사유가 없었더라면 무죄재판을 받을 만한 현저한 사유가 있었을 경우
> 2. 치료감호법 제7조에 따라 치료감호의 독립 청구를 받은 피치료감호청구인의 치료감호사건이 범죄로 되지 아니하거나 범죄사실의 증명이 없는 때에 해당되어 청구기각의 판결을 받아 확정된 경우

> **⚖️판례 | 초과 구금에 대한 형사보상을 규정하지 않은 형사보상 및 명예회복에 관한 법률 제26조** (헌재 2022.2.24. 2018헌마998) **＊헌법불합치결정**
>
> 1. <u>외형상 · 형식상으로 무죄재판이 없다고 하더라도 형사사법절차에 내재하는 불가피한 위험으로 인하여 국민의 신체의 자유에 관하여 피해가 발생하였다면 형사보상청구권을 인정하는 것이 타당하다.</u> 심판대상조항은 소송법상 이유 등으로 무죄재판을 받을 수는 없으나 그러한 사유가 없었더라면 무죄재판을 받을 만한 현저한 사유가 있는 경우 그 절차에서 구금되었던 개인 역시 형사사법절차에 내재하는 불가피한 위험으로 인하여 신체의 자유에 피해를 입은 것은 마찬가지이므로 국가가 이를 마땅히 책임져야 한다는 고려에서 마련된 규정이다.
> 2. 심판대상조항이 원판결의 근거가 된 가중처벌규정에 대하여 헌법재판소의 위헌결정이 있었음을 이유로 개시된 재심절차에서, 공소장 변경을 통해 위헌결정된 가중처벌규정보다 법정형이 가벼운 처벌규정으로 적용법조가 변경되어 피고인이 무죄재판을 받지는 않았으나 원판결보다 가벼운 형으로 유죄판결이 확정된 경우, 재심판결에서 선고된 형을 초과하여 집행된 구금에 대하여 보상요건을 전혀 규정하지 아니한 것은 현저히 자의적인 차별로서 평등원칙을 위반하여 청구인들의 평등권을 침해하므로 헌법에 위반된다.

04 형사보상청구절차와 보상내용

1. 형사보상의 청구 및 절차

형사피의자보상	① 피의자보상을 청구하려는 자는 불기소처분을 한 검사가 소속된 지방검찰청(지방검찰청 지청의 검사가 불기소처분을 한 경우에는 그 지청이 소속하는 지방검찰청을 말한다) 또는 불송치결정을 한 사법경찰관이 소속된 경찰서에 대응하는 지방검찰청의 심의회에 불기소처분 또는 불송치결정의 고지 또는 통지를 받은 날부터 3년 이내에 하여야 한다. ② 보상청구는 대리인이 할 수 있다(형사보상 및 명예회복에 관한 법률 제13조).
형사피고인보상	무죄판결을 받은 피고인은 무죄재판이 확정된 사실을 안 날로부터 3년, 확정된 때로부터 5년 이내에 법원에 보상을 청구해야 한다. 형사보상 여부는 합의부에서 재판한다. 법원의 기각결정뿐 아니라 보상결정에 대해서도 즉시항고할 수 있다.
피의자 보상청구	지검, 보상심의회에 보상청구 ➡ 심의회결정 ➡ 항고소송
피고인 보상청구	법원합의부 ➡ 보상결정에 대해서도 즉시항고

(1) 청구기간

① 형사보상의 청구는 무죄재판이 확정된 때로부터 1년 이내에 하도록 규정하고 있는 형사보상법 제7조는 형사피고인이 책임질 수 없는 사유에 의하여 제척기간을 도과할 가능성이 있는바, 재판청구권 침해이다(헌재 2010.7.29. 2008헌가4).

② 비용보상청구권의 제척기간을 무죄판결이 확정된 날부터 6개월로 규정한 구 형사소송법 제194조의3 제2항은 재판청구권을 침해하지는 않는다(헌재 2015.4.30. 2014헌바408). ➡ 형사소송법 개정으로 무죄판결이 확정된 사실을 안 날 3년, 확정된 때로부터 5년 내 청구해야 한다.

(2) 보상결정에 대한 불복

형사보상의 청구에 대하여 한 **보상의 결정에 대하여는 불복을 신청할 수 없도록 하여 형사보상의 결정을 단심재판으로 규정한** 형사보상법 제19조 제1항은 보상액의 산정에 기초되는 사실인정이나 보상액에 관한 판단에서 오류나 불합리성이 발견되는 경우에도 시정할 방법이 없으므로 형사보상청구권과 재판청구권 침해이다(헌재 2010.10.28. 2008헌마514).

2. 정당한 보상

(1) 입법자의 재량

형사보상을 어떻게 할 것인지는 국가의 경제적·사회적·정책적 사정들을 참작하여 입법재량으로 결정할 수 있는 사항이라 할 것이다(헌재 2010.10.28. 2008헌마514).

(2) 헌법 제23조 보상과 차이

헌법 제28조에서 규정하는 '정당한 보상'은 헌법 제23조 제3항에서 재산권의 침해에 대하여 규정하는 '정당한 보상'과는 차이가 있다 할 것이다. 헌법 제23조 제3항에서 규정하는 '정당한 보상'이란 원칙적으로 피수용재산의 객관적 재산가치를 완전하게 보상하는 것이어야 한다. 그런데 헌법 제28조에서 문제되는 신체의 자유에 대한 제한인 구금으로 인하여 침해되는 가치는 객관적으로 산정할 수 없으므로, 일단 침해된 신체의 자유에 대하여 어느 정도의 보상을 하여야 완전한 보상을 하였다고 할 것인지 단언하기 어렵다(헌재 2010.10.28. 2008헌마514).

(3) 국가배상과의 차이

형사보상은 형사사법절차에 내재하는 불가피한 위험으로 인한 피해에 대한 보상으로서 국가의 위법·부당한 행위를 전제로 하는 국가배상과는 그 취지 자체가 상이하므로 **형사보상절차로서 인과관계 있는 모든 손해를 보상하지 않는다고 하여 반드시 부당하다고 할 수는 없다**(헌재 2010.10.28. 2008헌마514).

(4) 보상 내용

형사보상 및 명예회복에 관한 법률 제5조【보상의 내용】① 구금에 대한 보상을 할 때에는 그 구금일수(拘禁日數)에 따라 1일당 보상청구의 원인이 발생한 연도의 최저임금법에 따른 일급(日給) 최저임금액 이상 대통령령으로 정하는 금액 이하의 비율에 의한 보상금을 지급한다.

② 법원은 제1항의 보상금액을 산정할 때 다음 각 호의 사항을 **고려하여야 한다.**

1. 구금의 종류 및 기간의 장단(長短)
2. **구금기간 중에 입은 재산상의 손실과 얻을 수 있었던 이익의 상실** 또는 정신적인 고통과 신체 손상
3. 경찰·검찰·법원의 각 기관의 고의 또는 과실 유무
4. 무죄재판의 실질적 이유가 된 사정
5. 그 밖에 보상금액 산정과 관련되는 모든 사정

🔍 판례 | 형사보상금을 일정한 범위 내로 한정하고 있는 형사보상법 제5조와 시행령

이 사건 보상금시행령조항에서 규정하고 있는 1일 일급최저임금액의 5배라는 금액이 지나치게 낮은 금액이라고 볼 사정도 없으며, 법원이 보상금을 산정할 때에는 위 상한 내에서 모든 사정을 고려하여 구체적 타당성을 갖는 보상금을 정하게 되므로(형사보상법 제4조 제2항), 이 사건 보상금조항 및 이 사건 보상금시행령조항에 따른 보상의 내용이 헌법 제28조의 '정당한 보상'이 아니라고 할 정도로 명백히 불합리하거나 공익과 사익 간에 균형을 잃은 것이라고 보기도 어렵다. 따라서 이 사건 보상금조항 및 이 사건 보상금시행령조항은 헌법 제28조 및 헌법 제37조 제2항에 위반된다고 볼 수 없다(헌재 2010.10.28. 2008헌마514).

---

3. 보상삭감

(1) 피의자에 대한 보상의 전부 또는 일부 삭감사유

다음에 해당하는 경우에는 피의자보상의 전부 또는 일부를 하지 아니할 수 있다(형사보상 및 명예회복에 관한 법률 제27조).

① 본인이 수사 또는 재판을 그르칠 목적으로 거짓 자백을 하거나 다른 유죄의 증거를 만듦으로써 구금된 것으로 인정되는 경우
② 구금기간 중에 다른 사실에 대하여 수사가 이루어지고 그 사실에 관하여 범죄가 성립한 경우
③ 보상을 하는 것이 선량한 풍속이나 그 밖에 사회질서에 위배된다고 인정할 특별한 사정이 있는 경우

(2) 피고인에 대한 보상의 전부 또는 일부 삭감사유

다음에 해당하는 경우에는 법원은 재량으로 보상청구의 전부 또는 일부를 기각할 수 있다(형사보상 및 명예회복에 관한 법률 제4조).

① 형법 제9조(형사미성년자) 및 제10조 제1항(심신상실자)의 사유로 무죄재판을 받은 경우
② 본인이 수사 또는 심판을 그르칠 목적으로 거짓 자백을 하거나 다른 유죄의 증거를 만듦으로써 기소, 미결구금 또는 유죄재판을 받게 된 것으로 인정된 경우
③ 1개의 재판으로 경합범의 일부에 대하여 무죄재판을 받고 다른 부분에 대하여 유죄재판을 받았을 경우

4. 무죄재판서 게재 청구

무죄재판을 받아 확정된 사건의 피고인은 무죄재판이 확정된 때부터 3년 이내에 확정된 무죄재판사건의 재판서를 법무부 인터넷 홈페이지에 게재하도록 해당 사건을 기소한 검사가 소속된 지방검찰청에 청구할 수 있다(형사보상 및 명예회복에 관한 법률 제30조).

⚖ **판례 ㅣ '진실·화해를 위한 과거사정리 기본법'상의 의무부작위** (헌재 2021.9.30. 2016헌마1034)

1. 행정안전부장관, 법무부장관이 진실규명사건의 피해자 및 그 가족인 청구인들의 피해를 회복하기 위해 국가배상법에 의한 배상이나 형사보상법에 의한 보상과는 별개로 금전적 배상·보상이나 위로금을 지급하지 아니한 부작위가 헌법소원의 대상이 되는 공권력의 불행사인지 여부(소극)

   헌법이나 헌법해석상으로 피청구인들이 진실규명사건의 피해자인 청구인 정○○ 및 피해자의 배우자, 자녀, 형제인 청구인들에게 국가배상법에 의한 배상이나 형사보상법에 의한 보상과는 별개로 배상·보상을 하거나 위로금을 지급하여야 할 작위의무가 도출되지 아니한다. 또한 과거사정리법 제34조, 제36조 제1항이나 '고문 및 그 밖의 잔혹한·비인도적인 또는 굴욕적인 대우나 처벌의 방지에 관한 협약' 제14조로부터도 피청구인들이 청구인들에게 직접 금전적인 피해의 배상이나 보상, 위로금을 지급하여야 할 헌법에서 유래하는 작위의무가 도출된다고 볼 수 없다. 따라서 배상조치 부작위는 헌법소원의 대상이 되는 공권력의 불행사에 해당하지 아니한다.

2. 피청구인들이 진실규명사건 피해자의 유가족인 청구인들의 명예를 회복하기 위한 조치를 취하지 아니한 부작위가 헌법소원의 대상이 되는 공권력의 불행사인지 여부(소극)

   오랜 기간 동안 범죄자의 가족이라는 부정적인 사회적 평가와 명예의 훼손을 감당하여 온 청구인 이○○ 등의 명예를 회복하기 위한 가장 적절한 조치는 다름 아닌 피해자 청구인 정○○의 명예를 회복하는 것이다. 그런데 피해자인 청구인 정○○이 재심을 청구하여 무죄판결이 선고되었고, 법원의 형사보상결정에 따라 청구인 정○○에게 형사보상금이 지급되었으며, 형사보상결정이 관보에 게재되어 청구인 정○○의 명예를 회복시키기 위한 조치가 이행된 이상, 피청구인들이 청구인 정○○의 유가족인 청구인 이○○ 등의 명예를 회복시키기 위한 적절한 조치를 이행하였음이 인정된다. 따라서 헌법소원의 대상이 되는 공권력의 불행사가 존재한다고 볼 수 없다.

---

5. 양도·압류금지

형사보상청구권과 보상지급청구권은 양도·압류할 수 없다.

6. 권리 상실(소멸시효)

보상결정이 송달된 후 2년 이내에 보상금 지급청구를 하지 아니할 때에는 권리를 상실한다.

제4절 국가배상청구권

> 헌법 제29조【공무원의 불법행위와 배상책임】① 공무원의 직무상 불법행위로 손해를 받은 국민은 법률이 정하는 바에 의하여 국가 또는 공공단체에 정당한 배상을 청구할 수 있다. 이 경우 공무원 자신의 책임은 면제되지 아니한다.
> ② 군인·군무원·경찰공무원 기타 법률이 정하는 자가 전투·훈련 등 직무집행과 관련하여 받은 손해에 대하여는 법률이 정하는 보상 외에 국가 또는 공공단체에 공무원의 직무상 불법행위로 인한 배상은 청구할 수 없다.

01 국가배상청구권의 의의

1. 개념

국가배상청구권이란 공무원의 직무상 불법행위로 손해를 받은 국민이 국가 또는 공공단체에 그 손해를 배상해 줄 것을 청구할 수 있는 권리이다.

2. 연혁

(1) 프랑스

프랑스의 참사원이 1873년 Blanco(블랑꼬라는 소년이 연초 운반차에 치여 부상을 입게 된 사건)판결에서 국가배상책임을 공법적 책임으로 최초로 확인하였다.

(2) 독일

독일에서 1910년 국가배상책임법으로 입법화되었으며, 1919년 바이마르헌법에 의해 최초로 헌법차원에서 국가배상책임을 국가대위책임으로 인정하였다.

(3) 영국·미국

영·미계에서는 국가배상책임을 인정하지 않다가, 제2차 세계대전 후 일련의 법률을 제정하면서 인정하게 되었다.

(4) 우리나라

건국헌법부터 규정되어 있었고, 군인·군무원의 이중배상금지조항은 제7차 개정헌법에서 규정되었다.

02 국가배상청구권의 법적 성격

1. 청구권설과 재산권설

(1) 청구권설(다수설)

국가배상청구권은 재산권이 아니라 공무원의 직무상 불법행위에 의해서 비로소 발생하는 권리구제를 위한 청구권인데 그것이 재산가치가 있는 청구권이다.

(2) 청구권 + 재산권설(판례)

국가배상청구권을 재산권적 성질과 청구권적 성질을 아울러 가지고 있다.

2. 권리의 성격

국가배상청구권은 헌법 자체의 규정에 의해 국가배상청구권이 생기고 법률에 의해서 구체화된다(직접적 효력규정설).

구분	다수설	판례
국가배상청구권	공권	사권
소송절차	행정소송(당사자소송)	민사소송

03 국가배상청구권과 배상책임의 주체

1. 청구권의 주체

국민·법인은 국가배상청구권의 주체가 된다. 다만, 군인, 군무원, 경찰공무원 등은 배상청구권의 주체가 되나 직무집행과 관련하여 받은 손해에 대해서는 법률이 정하는 보상을 받는 경우 배상청구를 할 수 없다. **외국인은 상호주의하에 국가배상청구권이 인정된다**(국가배상법 제7조).

2. 배상책임의 주체

구분	헌법	국가배상법
배상책임자	국가 또는 공공단체	국가 또는 지방자치단체
공무원불법배상	○	○
영조물하자배상	×	○

04 국가배상청구권의 성립요건

> **헌법 제29조 【공무원의 불법행위와 배상책임】** ① 공무원의 직무상 불법행위로 손해를 받은 국민은 법률이 정하는 바에 의하여 국가 또는 공공단체에 정당한 배상을 청구할 수 있다. 이 경우 공무원 자신의 책임은 면제되지 아니한다.
>
> **국가배상법 제2조 【배상책임】** ① **국가나 지방자치단체는 공무원 또는 공무를 위탁받은 사인(이하 '공무원' 이라 한다)이 직무를 집행하면서 고의 또는 과실로 법령을 위반하여 타인에게 손해를 입히거나**, 자동차 손해배상 보장법에 따라 손해배상의 책임이 있을 때에는 이 법에 따라 그 손해를 배상하여야 한다. 다만, 군인·군무원·경찰공무원 또는 예비군대원이 전투·훈련 등 직무 집행과 관련하여 전사(戰死)·순직(殉職)하거나 공상(公傷)을 입은 경우에 본인이나 그 유족이 다른 법령에 따라 재해보상금·유족연금·상이 연금 등의 보상을 지급받을 수 있을 때에는 이 법 및 민법에 따른 손해배상을 청구할 수 없다.
>
> **제5조 【공공시설 등의 하자로 인한 책임】** ① 도로·하천, 그 밖의 공공의 영조물의 설치나 관리에 하자가 있기 때문에 타인에게 손해를 발생하게 하였을 때에는 국가나 지방자치단체는 그 손해를 배상하여야 한다. 이 경우 제2조 제1항 단서, 제3조 및 제3조의2를 준용한다.

1. 공무원

(1) 공무원의 의의

공무원의 신분을 가진 자만이 아니라 공무를 위탁받아 공무를 수행하는 자도 포함된다. 가해공무원을 특정할 수 없어도 무방하다. 예를 들면 시위 중 전투경찰순경에 의해 폭행을 당한 경우 폭행한 전투경찰순경을 특정할 수 없다. 이런 경우 불특정 전투경찰순경도 공무원에 포함된다.

⚖ 판례 ｜ 공무수탁사인

국가배상법 제2조 소정의 '공무원'이라 함은 국가공무원법이나 지방공무원법에 의하여 공무원으로서의 신분을 가진 자에 국한하지 않고, 널리 공무를 위탁받아 실질적으로 공무에 종사하고 있는 일체의 자를 가리키는 것으로서, 공무의 위탁이 일시적이고 한정적인 사항에 관한 활동을 위한 것이어도 달리 볼 것은 아니다 (대판 2001.1.5. 98다39060).

---

(2) 국가기관

제29조 제1항의 공무원은 기관구성자인 자연인을 의미함이 보통이지만, 기관 자체도 포함한다.

① 공무원으로 간주되는 자

ⓐ 전입신고서에 확인일을 찍는 통장
ⓑ 소집 중인 예비군
ⓒ 방범대원
ⓓ 집달관(집행관)
ⓔ 미군부대의 카투사
ⓕ 철도건널목간수
ⓖ 소방원
ⓗ 시청소차의 운전수
ⓘ 교통할아버지(대판 2001.1.5. 98다39060)
ⓙ **대한변호사협회장**: 공법인이 국가로부터 위탁받은 공행정사무를 집행하는 과정에서 공법인의 임직원이나 피용인이 고의 또는 과실로 법령을 위반하여 타인에게 손해를 입힌 경우에는, 공법인은 위탁받은 공행정사무에 관한 행정주체의 지위에서 배상책임을 부담하여야 하지만, 공법인의 임직원이나 피용인은 실질적인 의미에서 공무를 수행한 사람으로서 국가배상법 제2조에서 정한 공무원에 해당하므로 고의 또는 중과실이 있는 경우에만 배상책임을 부담하고 경과실이 있는 경우에는 배상책임을 면한다. 피고 협회는 변호사와 지방변호사회의 지도·감독에 관한 사무를 처리하기 위하여 변호사법에 의하여 설립된 공법인으로서, 변호사등록은 피고 협회가 변호사법에 의하여 국가로부터 위탁받아 수행하는 공행정사무에 해당한다. 따라서 대한변호사협회의 장은 국가로부터 위탁받은 공행정사무인 '변호사등록에 관한 사무'를 수행하는 범위 내에서는 국가배상법 제2조에서 정한 공무원에 해당한다 (대판 2021.1.28. 2019다260197).

---

② 판례에 의해 공무원으로 간주되지 않는 자

ⓐ 의용소방대원
ⓑ 시영버스운전사
ⓒ 한국토지공사

---

2. 직무상의 행위

(1) 직무상 행위의 범위

대법원 판례는 국가 또는 지방자치단체라도 사경제의 주체로 활동하였을 때에는 손해배상책임에 있어 국가배상법이 적용될 수 없다(대판 1969.4.22. 66다2225). 즉, 헌법 제29조 제1항을 구체화시키는 법률로서 국가배상법은 공법에 해당하고 국가배상청구권은 공권에 해당하므로 공무원의 사법상 행위에는 공법인 국가배상법이 적용될 수 없다고 보는 것이 타당하다. 공무원의 사법상 작용에 의한 손해는 민법의 손해배상규정에 따라 해결하면 된다.

(2) 직무행위의 내용

이론적으로는 입법작용과 사법작용도 직무행위에 포함된다. **근무지로 출근하기 위한 자기 소유 자동차 운행은** 직무행위에 포함되지 않으나 출장 후 돌아 오던 중 사고는 직무상 행위에 해당한다.

⚖ 판례 | 직무상 행위

1. 국회입법행위가 직무상 행위인지 여부

국회의원의 입법행위는 그 입법 내용이 헌법의 문언에 명백히 위반됨에도 불구하고 국회가 굳이 당해 입법을 한 것과 같은 특수한 경우가 아닌 한 국가배상법 제2조 제1항 소정의 위법행위에 해당한다고 볼 수 없다(대판 1997.6.13. 96다56115).

2. 법관의 재판상 직무행위

법관의 재판이 법령의 규정을 따르지 아니한 잘못이 있으면 이로써 바로 그 재판상 직무행위가 위법한 행위가 되어 국가배상책임이 발생하는 것은 아니고 당해 법관이 위법 또는 부당한 목적을 가지고 재판을 하는 등 법관이 그에게 부여된 권한의 취지에 명백히 어긋나게 이를 행사하였다고 인정할 만한 특별한 사정이 있어야 위법한 행위가 되어 국가배상책임이 인정된다(대판 2001.10.12. 2001다47290).

3. 헌법재판소의 청구기간 계산 잘못에 대한 국가배상책임 인정

헌법재판소 재판관이 청구기간 내에 제기된 헌법소원심판청구 사건에서 청구기간을 오인하여 각하결정을 한 경우, 이에 대한 불복절차 내지 시정절차가 없는 때에는 헌법재판소 재판관의 직무 수행상 준수할 것을 요구하고 있는 기준을 현저하게 위반한 경우에 해당하여 국가배상책임을 인정하는 것이 상당하다고 하지 않을 수 없다(대판 2003.7.11. 99다24218).

---

(3) 직무집행의 판단기준

직무집행에 대해서는 직무집행의 외형을 갖춘 것을 모두 포함한다는 외형설 또는 객관설이 다수설이다.

⚖ 판례 | 외형설

1. 행위의 외관상 공무원의 직무행위로 보여질 때는 실질적으로 직무행위인 여부와 행위자의 주관적 의사에 관계없이 국가배상법 제2조 소정의 공무원의 직무행위에 해당한다(대판 1971.8.31. 71다13).

2. 공무원이 그 직무를 행함에 당하여 일어난 것인지의 여부를 판단하는 기준은 행위의 외관을 객관적으로 관찰하여 공무원의 행위로 보여질 때는 공무원의 직무상 행위로 볼 것이며, 이러한 행위가 공무집행행위가 아니라는 사정을 피해자가 알았다 하더라도 이에 대한 국가배상책임은 부정할 수 없다(대판 1966.3.22. 66다117).

---

3. 불법행위

(1) 고의·과실로 인한 위법행위

① 국가배상책임의 본질에 관한 논의로부터 국가배상청구권이 무과실책임을 포함하는지 여부에 관한 결론이 필연적으로 도출되는 것도 아니다. 따라서 국가배상청구권의 성립요건으로서 공무원의 **고의 또는 과실을 규정함으로써 무과실책임을 인정하지 않은 국가배상법** 제2조 제1항 본문 중 '고의 또는 과실로' 부분은 국가배상청구권을 침해한다고 볼 수 없다(헌재 2015.4.30. 2013헌바395).

② 당해사건은 법관의 재판행위에 관한 것이므로 이하에서는 법관과 다른 공무원의 직무행위에 대하여 국가배상책임의 성립요건을 동일하게 규정한 국가배상법 제2조 제1항 본문이 평등원칙에 위반되는지 살펴본다. 국가배상법은 법치국가원리에 따라 국가의 공권력 행사는 적법해야 함을 전제로 모든 공무원의 직무행위상 불법행위로 발생한 손해에 대해 국가가 책임지도록 규정한 것이다. 이에 대한 예외는 헌법 제29조 제2항에 따른 국가배상법 제2조 제1항 단서의 경우뿐이다. 이러한 국가배상법 제2조의 의미와 목적을 살펴볼 때 법관과 다른 공무원은 본질적으로 다른 집단이라고 볼 수는 없다(헌재 2021.7.15. 2020헌바1).

🔎 판례 | 국가배상의 요건 고의 또는 과실 (헌재 2020.3.26. 2016헌바55) *합헌결정

1. 국가배상법 제2조 과실 요건

공무원의 고의 또는 과실이 없는데도 국가배상을 인정할 경우 피해자 구제가 확대되기도 하겠지만 현실적으로 원활한 공무수행이 저해될 수 있어 이를 입법정책적으로 고려할 필요성이 있다. 외국의 경우에도 대부분 국가에서 국가배상책임에 공무수행자의 유책성을 요구하고 있으며, 최근에는 국가배상법상의 과실 관념의 객관화, 조직과실의 인정, 과실 추정과 같은 논리를 통하여 되도록 피해자에 대한 구제의 폭을 넓히려는 추세에 있다. 피해자구제기능이 충분하지 못한 점은 위 조항의 해석·적용을 통해서 완화될 수 있다. 이러한 점들을 고려할 때, 위 조항이 국가배상청구권의 성립요건으로서 공무원의 고의 또는 과실을 규정한 것을 두고 입법형성의 범위를 벗어나 헌법 제29조에서 규정한 국가배상청구권을 침해한다고 보기는 어렵다.

2. 긴급조치 제1호, 제9호를 집행한 수사기관의 행위나 법원의 재판에 의한 손해의 경우 고의·과실 요건을 완화하거나 예외를 인정해야 하는지(소극)

대법원은 2014.10.27. 선고 2013다217962 판결에서 "형벌에 관한 법령이 헌법재판소의 위헌결정으로 소급하여 효력을 상실하였거나 법원에서 위헌·무효로 선언된 경우, 그 법령이 위헌으로 선언되기 전에 그 법령에 기초하여 수사가 개시되어 공소가 제기되고 유죄판결이 선고되었더라도, 그러한 사정만으로 수사기관의 직무행위나 법관의 재판상 직무행위가 국가배상법 제2조 제1항에서 말하는 공무원의 고의 또는 과실에 의한 불법행위에 해당하여 국가의 손해배상책임이 발생한다고 볼 수는 없다."라고 판시하였다. 국가기능이 정상적으로 작동되도록 하려면, 위와 같은 경우라 하더라도 국가배상책임의 성립요건으로서 공무원의 고의 또는 과실 요건에 예외를 인정하기는 어렵다.

3. 긴급조치 제9호로 인한 손해배상 인정

국가안전과 공공질서의 수호를 위한 대통령긴급조치는 위헌·무효임이 명백하고 긴급조치 제9호 발령으로 인한 국민의 기본권 침해는 그에 따른 강제수사와 공소제기, 유죄판결의 선고를 통하여 현실화되었다. 이러한 경우 긴급조치 제9호의 발령부터 적용·집행에 이르는 일련의 국가작용은, 전체적으로 보아 공무원이 직무를 집행하면서 객관적 주의의무를 소홀히 하여 그 직무행위가 객관적 정당성을 상실한 것으로서 위법하다고 평가되고, 긴급조치 제9호의 적용·집행으로 강제수사를 받거나 유죄판결을 선고받고 복역함으로써 개별 국민이 입은 손해에 대해서는 국가배상책임이 인정될 수 있다(대판 2022.8.30. 2018다212610).

4. 대통령긴급조치 제1호, 제4호로 인한 손해배상 인정

대통령긴급조치 제4호는 위헌·무효임이 명백하고 긴급조치 제1호, 제4호 발령으로 인한 국민의 기본권 침해는 그에 따른 강제수사와 공소제기, 유죄판결의 선고를 통하여 현실화되었다. 이러한 경우 긴급조치 제1호, 제4호의 발령부터 적용·집행에 이르는 일련의 국가작용은 전체적으로 보아 공무원이 직무를 집행하면서 객관적 주의의무를 소홀히 하여 그 직무행위가 객관적 정당성을 상실한 것으로서 위법하다고 평가되고, 긴급조치 제1호, 제4호의 적용·집행으로 강제수사를 받거나 유죄판결을 선고받고 복역함으로써 개별 국민이 입은 손해에 대해서는 국가배상책임이 인정될 수 있다(대판 2023.1.12. 2021다201184).

② **고의·과실**: 불법행위란 고의·과실로 법령을 위반한 행위이다. 고의·과실이 있는지 여부는 공무원을 기준으로 판단하여야 하며, 선임감독상 고의·과실이 있는지 여부는 불문한다.

③ **위법행위**: 위반된 법령은 법률, 명령, 관습법을 포함한다. 행정청이 재량을 부여받은 경우에 재량권 행사가 비례원칙, 평등원칙 등에 위반한 경우 재량권의 남용이 있는 것으로 위법하나 재량권 행사가 위법에 이르지 아니한 경우의 부당한 처분은 위법성이 인정되지 않는다.

④ **영조물설치관리 하자**: 도로, 하천 등 영조물의 설치 또는 관리의 하자로 손해가 발생한 경우 고의·과실을 요하지 않는다.

⚖ **판례 ㅣ 행정처분이 위법인 경우 과실 인정 여부**

1. 어떠한 행정처분이 후에 항고소송에서 취소되었다고 할지라도 그 기판력에 의하여 당해 행정처분이 곧바로 공무원의 고의 또는 과실로 인한 것으로서 불법행위를 구성한다고 단정할 수는 없는 것이고, 그 행정처분의 담당공무원이 보통 일반의 공무원을 표준으로 하여 볼 때 객관적 주의의무를 결하여 그 행정처분이 객관적 정당성을 상실하였다고 인정될 정도에 이른 경우에 비로소 국가배상법 제2조 소정의 국가배상책임의 요건을 충족하였다고 봄이 상당할 것이다(대판 2003.11.27. 2001다33789).

2. 헌법재판소의 위헌결정으로 소급하여 효력을 상실하였거나 법원에서 위헌·무효로 선언되었다는 사정만으로 형벌에 관한 법령을 제정한 행위나 법령이 위헌으로 선언되기 전에 그 법령에 기초하여 수사를 개시하여 공소를 제기한 수사기관의 직무행위 및 유죄판결을 선고한 법관의 재판상 직무행위가 국가배상법 제2조 제1항에서 말하는 공무원의 고의 또는 과실에 의한 불법행위에 해당한다고 단정할 수 없다(대판 2022.8.30. 2018다212610).

---

(2) 법령해석의 잘못과 공무원의 과실 인정 여부

① **법해석에 대한 다양한 학설이 대립하고 있던 중 그중 하나의 해석을 택했는데, 나중에 대법원이 다른 판결을 한 경우** 과실은 인정되지 않는다.

⚖ **판례 ㅣ 법해석에 대한 다양한 학설이 대립하고 있던 중 그중 하나의 해석 과실 부정**

법령 개정에서 입법자가 경과규정을 두는 등 구 법령의 존속에 대한 당사자의 신뢰를 보호할 조치가 필요한지 판단하는 기준 및 행정입법에 관여한 공무원이 나름대로 합리적 근거를 찾아 어느 하나의 견해에 따라 경과규정을 두는 등의 조치 없이 새 법령을 그대로 시행 또는 적용하였으나 그 판단이 나중에 대법원이 내린 판단과 달라 결과적으로 신뢰보호원칙 등을 위반하게 된 경우, 국가배상책임의 성립요건인 공무원의 과실이 있다고 볼 수 없다(대판 2004.6.11. 2002다31018).

---

② **확립된 법령해석에 어긋난 처분**: 행정청이 확립된 법령의 해석에 어긋나는 견해를 고집하여 계속하여 위법한 행정처분을 하거나 이에 준하는 행위로 평가될 수 있는 불이익을 처분상대방에게 계속 주는 경우, 고의 또는 과실이 인정된다.

⚖ 판례 | 확립된 법해석이 인정되는 경우 *과실 인정

대법원의 판단으로 관계 법령의 해석이 확립되고 이어 상급 행정기관 내지 유관 행정부서로부터 시달된 업무지침이나 업무연락 등을 통하여 이를 충분히 인식할 수 있게 된 상태에서, 확립된 법령의 해석에 어긋나는 견해를 고집하여 계속하여 위법한 행정처분을 하거나 이에 준하는 행위로 평가될 수 있는 불이익을 처분상대방에게 주게 된다면, 이는 그 공무원의 고의 또는 과실로 인한 것이 되어 그 손해를 배상할 책임이 있다 (대판 2007.5.10. 2005다31828).

③ **법의 무지로 법을 위반한 경우**: 배상책임이 인정된다.

(3) 행위

불법행위는 작위뿐 아니라 부작위, 행위지체 등에 의해서도 발생한다. 대법원은 무장공비출현신고에 대한 불출동(대판 1971.4.6. 71다124)에 대한 국가배상책임을 인정한 바 있다. 또한 입법부작위로 인한 손해배상도 인정되고 있다. **군법무관임용법에서 군법무관의 보수의 구체적 내용을 시행령에 위임했음에도 불구하고 행정부가 정당한 이유 없이 시행령을 제정하지 않은 것이 불법행위에 해당한다.**

⚖ 판례 | 군법무관 보수 입법부작위 *배상 인정

보수청구권은 단순한 기대이익을 넘어서는 것으로서 법률의 규정에 의해 인정된 재산권의 한 내용이 되는 것으로 봄이 상당하고, 따라서 행정부가 정당한 이유 없이 시행령을 제정하지 않은 것은 위 보수청구권을 침해하는 불법행위에 해당한다(대판 2007.11.29. 2006다3561).

(4) 입증책임

불법행위의 입증책임은 국가가 아니라 불법행위를 주장하는 피해자에게 있다.

4. 손해

(1) 손해발생

공무원이 자신의 불법행위로 손해를 받은 경우에는 배상청구권이 인정되지 않는다.

(2) 손해

물질적 피해뿐 아니라 정신적 피해, 소극적 손해, 적극적 손해를 불문한다. 공무원의 집행행위와 손해발생 간에는 상당한 인과관계가 있어야 한다.

05 국가배상책임의 본질과 국가배상책임자

1. 국가배상책임에 관한 학설

(1) 자기책임설

① 국가가 공무원의 직무상 불법행위에 대하여 책임을 지는 것은 공무원을 자신의 기관으로 사용한 데에 대한 자기책임이기 때문이다.

② 국가의 책임은 국가 또는 공공단체가 위법으로 행사할 수 있는 권한을 부여하고 있는 것으로 볼 수 있으므로 그 결과에 대해 국가 또는 공공단체가 부담해야 할 위험책임이다.

③ 연혁적으로 국가배상책임은 국가무책임의 원칙에서 국가책임의 원칙으로, 대위책임의 원칙에서 자기책임의 원칙으로 발전하여 왔다.

(2) 대위책임설

국가의 배상책임은 국가의 책임 때문이 아니라 피해자를 보호하기 위하여 공무원의 책임을 국가가 대신하여 지는 사용자책임이다.

(3) 절충설(중간설, 대법원 판례)

공무원의 불법행위가 경과실일 때는 자기책임이나 고의나 중과실일 때는 대위책임이다.

2. 국가배상책임자(국가배상청구권의 대상)

손해배상청구를 국가기관에만 할 수 있는 것인지 아니면 불법행위 공무원에게도 할 수 있는 것인지에 대한 학설대립이 있다.

(1) 국가배상청구의 상대방

① 대국가적 청구권설: 국가배상청구는 오직 국가기관에만 할 수 있다.
② 선택적 청구권설: 국가기관뿐 아니라 불법행위를 한 공무원에게 할 수 있다.
③ **대법원 판례**: 공무원의 직무상 위법행위가 **고의·중과실에 기인한 경우** 손해를 받은 국민은 국가와 공무원에 대해 선택적으로 배상을 청구할 수 있다. 공무원의 직무상 위법행위가 고의·중과실에 기인한 경우 국가는 대위책임을 진다. 국가가 배상한 경우 국가는 공무원에게 구상권을 행사할 수 있다. **공무원의 위법행위가 경과실에 기인한 경우** 국민은 국가에 대해서만 배상을 청구할 수 있고 공무원은 배상책임을 지지 않는다. 공무원의 위법행위가 경과실에 기인한 경우 국가는 자기책임을 진다. 국가가 배상했더라도 공무원에게 구상권을 행사할 수 없다.

> ⚖️ **판례 | 고의와 중과실의 경우 공무원 책임 인정**
>
> 공무원의 위법행위가 고의·중과실에 기인한 경우에는 그 행위가 그의 직무와 관련된 것이라 하더라도 공무원 개인에게 불법행위로 인한 손해배상을 부담시키되 다만 이 경우에도 피해자인 국민을 두텁게 보호하기 위하여 국가 등이 공무원 개인과 중첩적으로 배상책임을 부담하되 국가가 배상책임을 지는 경우에는 공무원 개인에게 구상할 수 있다(대판 1996.2.15. 95다38677).

(2) 선임감독자와 비용부담자가 다를 경우

국민은 선임감독자와 비용부담자가 다를 경우 선택해서 배상을 청구할 수 있다.

> **국가배상법 제6조【비용부담자 등의 책임】** ① 제2조·제3조 및 제5조에 따라 국가나 지방자치단체가 손해를 배상할 책임이 있는 경우에 공무원의 선임·감독 또는 영조물의 설치·관리를 맡은 자와 공무원의 봉급·급여, 그 밖의 비용 또는 영조물의 설치·관리 비용을 부담하는 자가 동일하지 아니하면 그 **비용을 부담하는 자도 손해를 배상하여야 한다.**

(3) 공무원의 구상책임

① 공무원이 고의 또는 중과실로 인하여 법령에 위반하여 타인에게 손해를 가함으로써 국가가 손해배상책임을 부담한 경우 공무원에게 구상권을 행사할 수 있으나 경과실의 경우에는 공무원의 구상책임이 없다(국가배상법 제2조 제2항).
② 공무원이 경과실임에도 배상을 했다면 국가를 상대로 구상권을 행사할 수 있다.

판례 | 경과실 공무원이 배상한 경우 구상권 취득

공무원이 직무수행 중 불법행위로 타인에게 손해를 입힌 경우, 피해자에게 손해를 직접 배상한 경과실이 있는 공무원이 국가에 대하여 구상권을 취득하는지 여부(원칙적 적극)

공무원이 직무수행 중 불법행위로 타인에게 손해를 입힌 경우에 국가 등이 국가배상책임을 부담하는 외에 공무원 개인도 고의 또는 중과실이 있는 경우에는 불법행위로 인한 손해배상책임을 지고, 공무원에게 경과실이 있을 뿐인 경우에는 공무원 개인은 손해배상책임을 부담하지 아니한다. 이처럼 경과실이 있는 공무원이 피해자에 대하여 손해배상책임을 부담하지 아니함에도 피해자에게 손해를 배상하였다면 그것은 채무자 아닌 사람이 타인의 채무를 변제한 경우에 해당하고, 이는 민법 제469조의 '제3자의 변제' 또는 민법 제744조의 '도의관념에 적합한 비채변제'에 해당하여 피해자는 공무원에 대하여 이를 반환할 의무가 없고, 그에 따라 피해자의 국가에 대한 손해배상청구권이 소멸하여 국가는 자신의 출연 없이 채무를 면하게 되므로, 피해자에게 손해를 직접 배상한 경과실이 있는 공무원은 특별한 사정이 없는 한 국가에 대하여 국가의 피해자에 대한 손해배상책임의 범위 내에서 공무원이 변제한 금액에 관하여 구상권을 취득한다고 봄이 타당하다 (대판 2014.8.20. 2012다54478).

06 배상청구절차와 배상의 기준과 범위

1. 배상청구절차

(1) 배상심의회

본부심의회(법무부에 설치)와 특별심의회(국방부에 설치)와 지구심의회는 **법무부장관**의 지휘를 받아야 한다(국가배상법 제10조 제3항).

(2) 배상신청

구 국가배상법은 국가배상청구소송에서 배상심의 절차를 필수적 절차로 규정하였고, 헌법재판소는 이를 합헌으로 보았으나 배상심의회에 배상신청을 하지 아니하고도 소송을 제기할 수 있도록 하여 임의적 절차로 개정되었다(국가배상법 제9조).

(3) 재심신청

지구심의회에서 배상신청이 기각(일부기각된 경우를 포함한다) 또는 각하된 신청인은 결정정본이 송달된 날부터 2주일 이내에 그 심의회를 거쳐 본부심의회나 특별심의회에 재심을 신청할 수 있다(국가배상법 제15조의2).

2. 배상기준

국가배상법 제3조상의 배상기준을 한정액으로 보는 견해와 기준액으로 보는 견해가 있다. 한정규정으로 볼 경우 민법상 배상보다 피해자에게 불리할 수 있으므로 단순한 기준으로 보는 기준액설이 다수설이다(대판 1980.12.9. 80다1828).

3. 배상의 범위

배상의 범위는 가해행위와 상당한 인과관계에 있는 모든 손해의 배상이다. 따라서 적극적 손해뿐 아니라 소극적 손해까지 포함시켜야 한다.

4. 배상청구권의 양도·압류금지

생명·신체의 침해로 인한 국가배상을 받을 권리는 이를 양도하거나 압류하지 못한다(국가배상법 제4조).

⚖️ 판례 | 경찰 관련 배상

1. 경찰관직무집행법 제5조는 경찰관은 인명 또는 신체에 위해를 미치거나 재산에 중대한 손해를 끼칠 우려가 있는 위험한 사태가 있을 때에는 그 각 호의 조치를 취할 수 있다고 규정하여 형식상 경찰관에게 재량에 의한 직무수행권한을 부여한 것처럼 되어 있으나, 경찰관에게 그러한 권한을 부여한 취지와 목적에 비추어 볼 때 구체적인 사정에 따라 경찰관이 **그 권한을 행사하여 필요한 조치를 취하지 아니하는 것이 현저하게 불합리하다고 인정되는 경우에는 그러한 권한의 불행사는 직무상의 의무를 위반한 것이 되어 위법하게 된다.** 경찰관이 농민들의 시위를 진압하고 시위과정에 도로 상에 방치된 트랙터 1대에 대하여 이를 도로 밖으로 옮기거나 후방에 안전표지판을 설치하는 것과 같은 위험발생방지조치를 취하지 아니한 채 그대로 방치하고 철수하여 버린 결과, **야간에 그 도로를 진행하던 운전자가 위 방치된 트랙터를 피하려다가 다른 트랙터에 부딪혀 상해를 입은 사안에서 국가배상책임을 인정하였다**(대판 1998.8.25. 98다16890).

2. 윤락녀들이 윤락업소에 감금된 채로 윤락을 강요받으면서 생활하고 있음을 쉽게 알 수 있는 상황이었음에도, **경찰관이 이러한 감금 및 윤락강요행위를 제지하거나 윤락업주들을 체포·수사하는 등 필요한 조치를 취하지 아니하고** 오히려 업주들로부터 뇌물을 수수하며 그와 같은 행위를 방치한 것은 경찰관의 직무상 의무에 위반하여 위법하므로 국가는 이로 인한 정신적 고통에 대하여 위자료를 지급할 의무가 있다(대판 2004.9.23. 2003다49009).

3. **경찰관이 폭행사고 현장에 도착한 후 가해자를 피해자와 완전히 격리하고, 흉기의 소지 여부를 확인하는 등 적절한 다른 조치를 하지 않은 것**이 피해자에게 발생한 피해의 심각성 및 절박한 정도 등에 비추어 현저하게 불합리하여 위법하므로, 국가는 위 경찰관의 직무상 과실로 말미암아 발생한 후속 살인사고로 인하여 피해자 및 그 유족들이 입은 손해를 배상할 책임이 있다(대판 2010.8.26. 2010다37479).

4. 무장공비 색출체포를 위한 **대간첩작전 수행**을 위해 경찰, 군인 등이 파출소에 대기하던 중 60~70m 거리에서 15분간 주민이 무장간첩과 격투했음에도 **경찰이 출동하지 않아** 주민이 사망했다. 국민의 생명을 보호하기 위해 경찰은 출동해야 했다. 이 경우, 경찰권 행사는 재량이 아니다. 경찰권이 발동되지 않아 주민이 사망했다면 국가는 손해배상책임을 진다(대판 1971.4.6. 71다124).

5. 지방자치단체장이 설치하여 관할 지방경찰청장에게 관리권한이 위임된 교통신호기의 고장으로 인하여 교통사고가 발생한 경우, 지방자치단체뿐만 아니라 국가도 손해배상책임을 지는지 여부(적극)
신호기가 고장난 채 방치되어 교통사고가 발생한 경우, **국가배상법 제2조 또는 제5조에 의한 배상책임을 부담하는 것은 지방경찰청장이 소속된 국가가 아니라, 그 권한을 위임한 지방자치단체장이 소속된 지방자치단체라고 할 것이나,** 한편 국가배상법 제6조 제1항은 같은 법 제2조, 제3조 및 제5조의 규정에 의하여 국가 또는 지방자치단체가 손해를 배상할 책임이 있는 경우에 공무원의 선임·감독 또는 영조물의 설치·관리를 맡은 자와 공무원의 봉급·급여 기타의 비용 또는 영조물의 설치·관리의 비용을 부담하는 자가 동일하지 아니한 경우에는 그 비용을 부담하는 자도 손해를 배상하여야 한다고 규정하고 있으므로 교통신호기를 관리하는 지방경찰청장 산하 경찰관들에 대한 봉급을 부담하는 **국가도 국가배상법 제6조 제1항에 의한 배상책임을 부담한다**(대판 1999.6.25. 99다11120).

6. 유치장에 수용된 피의자에 대한 알몸신체검사가 신체검사의 허용범위를 일탈하여 위법하다고 한 사례

수용자들이 공직선거및선거부정방지법상 배포가 금지된 인쇄물을 배포한 혐의로 현행범으로 체포된 여자들로서, 체포될 당시 신체의 은밀한 부위에 흉기 등 반입 또는 소지가 금지되어 있는 물품을 은닉하고 있었을 가능성은 극히 낮았다고 할 것이고, 그 후 변호인 접견시 변호인이나 다른 피의자들로부터 흉기 등을 건네 받을 수도 있었다고 의심할 만한 상황이 발생하였기는 하나, 변호인 접견절차 및 접견실의 구조 등에 비추어, 가사 수용자들이 흉기 등을 건네 받았다고 하더라도 유치장에 다시 수감되기 전에 이를 신체의 은밀한 부위에 은닉할 수 있었을 가능성은 극히 낮다고 할 것이어서, 신체검사 당시 다른 방법으로는 은닉한 물품을 찾아내기 어렵다고 볼 만한 합리적인 이유가 있었다고 할 수 없으므로, 수용자들의 옷을 전부 벗긴 상태에서 앉았다 일어서기를 반복하게 한 신체검사는 그 한계를 일탈한 위법한 것이다 (대판 2001.10.26. 2001다51466).

7. 가변차로에 설치된 두 개의 신호등에서 서로 모순되는 신호가 들어오는 오작동이 발생하였고 그 고장이 현재의 기술수준상 부득이한 것이라고 가정하더라도 그와 같은 사정만으로 손해발생의 예견가능성이나 회피가능성이 없어 영조물의 하자를 인정할 수 없는 경우라고 단정할 수 없다(대판 2001.7.27. 2000다56822).

8. 경찰관이 교통법규 등을 위반하고 도주하는 차량을 순찰차로 추적하는 직무를 집행하는 중에 그 도주차량의 주행에 의하여 제3자가 손해를 입었다고 하더라도 그 추적이 당해 직무 목적을 수행하는 데에 불필요하다거나 또는 도주차량의 도주의 태양 및 도로교통상황 등으로부터 예측되는 피해발생의 구체적 위험성의 유무 및 내용에 비추어 추적의 개시·계속 혹은 추적의 방법이 상당하지 않다는 등의 특별한 사정이 없는 한 그 추적행위를 위법하다고 할 수는 없다(대판 2000.11.10. 2000다26807·26814).

9. 교차로의 진행방향 신호기의 정지신호가 단선으로 소등되어 있는 상태에서 그대로 진행하다가 다른 방향의 진행신호에 따라 교차로에 진입한 차량과 충돌한 경우, 신호기의 적색신호가 소등된 기능상 결함이 있었다는 사정만으로 신호기의 설치 또는 관리상의 하자를 인정할 수 없다(대판 2000.2.25. 99다54004).

10. 경찰관이 음주운전 단속시 운전자의 요구에 따라 곧바로 채혈을 실시하지 않은 채 호흡측정기에 의한 음주측정을 하고 1시간 12분이 경과한 후에야 채혈을 하였다는 사정만으로는 위 행위가 법령에 위배된다거나 객관적 정당성을 상실하여 운전자가 음주운전 단속과정에서 받을 수 있는 권익이 현저하게 침해되었다고 단정하기 어렵다(대판 2008.4.24. 2006다32132).

🔨 판례 | 검사 관련 국가배상

1. 검사가 공소제기한 사건을 법원이 무죄판결한 경우(원칙적으로 손해배상책임 부정)

형사재판 과정에서 범죄사실의 존재를 증명함에 충분한 증거가 없다는 이유로 무죄판결이 확정되었다고 하더라도 그러한 사정만으로 바로 검사의 구속 및 공소제기가 위법하다고 할 수 없고, 그 구속 및 공소제기에 관한 검사의 판단이 그 당시의 자료에 비추어 경험칙이나 논리칙상 도저히 합리성을 긍정할 수 없는 정도에 이른 경우에만 그 위법성을 인정할 수 있다(대판 2002.2.22. 2001다23447).

2. 검사가 피고인의 무죄를 입증할 수 있는 증거를 제출하지 않은 경우(손해배상책임 인정)

검사가 수사 및 공판과정에서 피고인에게 유리한 증거를 발견하게 되었다면 피고인의 이익을 위하여 이를 법원에 제출하여야 한다. 따라서 강도강간의 피해자가 제출한 팬티에 대한 국립과학수사연구소의 유전자검사결과 그 팬티에서 범인으로 지목되어 기소된 원고나 피해자의 남편과 다른 남자의 유전자형이 검출되었다는 감정 결과를 검사가 공판과정에서 입수한 경우 그 감정서는 원고의 무죄를 입증할 수 있는 결정적인 증거에 해당하는 데도 검사가 그 감정서를 법원에 제출하지 아니하고 은폐하였다면 검사의 그와 같은 행위는 위법하므로 국가배상책임을 인정할 수 있다(대판 2002.2.22. 2001다23447).

3. 법원이 서류에 대한 열람·등사를 허용할 것을 명하는 결정을 하였는데도 검사가 일부 서류의 열람·등사를 거부한 경우(배상책임 인정)

법원이 검사의 열람·등사 거부처분에 정당한 사유가 없다고 판단하여 수사서류의 열람·등사를 허용하도록 명한 이상, 법에 기속되는 검사로서는 당연히 법원의 그러한 결정에 지체 없이 따라야 하는데도 법원의 결정에 반하여 수사서류의 열람·등사를 거부하였으므로, 열람·등사 거부행위 당시 검사에게 국가배상법 제2조 제1항에서 정한 과실이 인정된다(대판 2012.11.15. 2011다48452).

4. 구금된 피의자에게 피의자신문시 변호인의 참여를 요구할 권리가 있음을 인정하여 구속 피의자 갑에 대한 **피의자신문시 변호인의 참여를 불허한 수사검사의 처분이** 위법하다는 결정을 함에 따라 갑이 수사검사의 불법행위를 이유로 국가배상청구를 한 사안에서, 수사검사에게 국가배상법 제2조 제1항에 정한 과실이 있다고 할 수 없다(대판 2010.6.24. 2006다58738).

> **비교** 북한에서 태어나고 자란 중국국적의 화교인 甲이 대한민국에 입국한 후 국가정보원장이 북한이탈주민의 보호 및 정착지원에 관한 법률에 따라 설치·운영하는 임시보호시설인 중앙합동신문센터에 수용되어 조사를 받았는데, 변호사인 乙 등이 甲에 대한 변호인 선임을 의뢰받고 9차례에 걸쳐 甲에 대한 변호인접견을 신청하였으나, **국가정보원장과 국가정보원 소속 수사관이 乙 등의 접견신청을 모두 불허하였고,** 이에 乙 등이 국가를 상대로 변호인 접견교통권 침해를 이유로 손해배상을 구한 사안에서, 국가정보원장이나 국가정보원 수사관이 변호인인 乙 등의 甲에 대한 접견교통신청을 허용하지 않은 것은 변호인의 접견교통권을 침해한 위법한 직무행위에 해당하므로, 국가는 乙 등이 입은 정신적 손해를 배상할 책임이 있다(대판 2018.12.27. 2016다266736).

07 군인·군무원의 보상 외 배상금지

> **헌법 제29조【공무원의 불법행위와 배상책임】** ② 군인·군무원·경찰공무원 기타 법률이 정하는 자가 전투·훈련 등 직무집행과 관련하여 받은 손해에 대하여는 법률이 정하는 보상 외에 국가 또는 공공단체에 공무원의 직무상 불법행위로 인한 배상은 청구할 수 없다.
>
> **국가배상법 제2조【배상책임】** ① ··· 다만, 군인·군무원·경찰공무원 또는 예비군대원이 전투·훈련 등 직무집행과 관련하여 전사·순직하거나 공상을 입은 경우에 본인이나 그 유족이 다른 법령에 따라 재해보상금·유족연금·상이연금 등의 보상을 지급받을 수 있을 때에는 이 법 및 민법에 따른 손해배상을 청구할 수 없다.

1. 헌법 제29조 제2항의 위헌심사대상 여부

헌법 제29조 제2항이 위헌심사의 대상이 되는지 여부에 대하여 학설이 대립하나 헌법재판소는 헌법 제29조 제2항은 위헌법률심판, 헌법재판소법 제68조 제1항의 헌법소원, 헌법재판소법 제68조 제2항의 헌법소원의 대상이 되지 않는다고 한다.

2. 요건

(1) 군인·군무원·경찰공무원·예비군대원

판례상 **전투경찰순경**은 경찰공무원에 해당하나 **공익근무요원과 경비교도대원**은 군인·군무원·경찰공무원 등에 해당하지 않아 손해를 받은 경우 배상을 청구할 수 있다.

판례 | 이중배상금지 대상자

1. 국가배상법 제2조 제1항의 단서는 헌법 제29조 제2항의 기타 법률이 정한 자를 **향토예비군 대원**으로 규정하고 있다. 국가배상법 제2조 1항 단서의 향토예비군대원의 배상청구권 제한은 헌법 제29조 제2항의 명시적인 위임에 따른 것이므로 국가배상청구권 침해가 아니다(헌재 1996.6.13. 94헌바20).

2. 국가배상법 제2조 제1항 단서 중의 '경찰공무원'은 '경찰공무원법상의 경찰공무원'만을 의미한다고 단정하기 어렵고, 널리 경찰업무에 내재된 고도의 위험성을 고려하여 '경찰조직의 구성원을 이루는 공무원'을 특별 취급하려는 취지로 파악함이 상당하므로 **전투경찰순경**은 헌법 제29조 제2항 및 국가배상법 제2조 제1항 단서 중의 '경찰공무원'에 해당한다고 보아야 할 것이다(헌재 1996.6.13. 94헌마118).

3. **공익근무요원**은 소집되어 군에 복무하지 않는 한 군인이라고 할 수 없으므로 국가배상법 손해배상청구가 제한되는 군인·군무원, 경찰공무원 또는 향토예비군대원에 해당된다고 볼 수 없다(대판 1997.3.28. 97다4036).

4. 현역병으로 입영하여 **경비교도로 전입된 자**는 군인의 신분을 상실하였으므로 국가배상법 제2조 제1항의 단서의 군인 등에 해당하지 아니한다(대판 1998.2.10. 97다45914).

(2) 전투·훈련 등 직무집행과 관련하여 받은 손해일 것

소집되어 **훈련 중에 있던 향토예비군 대원**이 군인의 불법행위로 손해를 받은 경우 법률이 정하는 보상 외에 배상을 청구할 수 없다.

판례 | 전투·훈련 등 직무집행과 관련하여 받은 손해인지 여부

1. **훈련 후 경찰서 복귀과정에서 사고 전투경찰대원**이 국민학교 교정에서 다중범죄진압훈련을 일단 마치고 점심을 먹기 위하여 근무하던 파출소를 향하여 걸어가다가 경찰서 소속 대형버스에 충격되어 사망하였다면 망인이 그와 같은 경위로 도로상을 걷는 것이 진압훈련과정의 일부라고 할 수 없고 또 그가 경찰관 전투복을 착용하고 있었고 전투경찰이 치안업무의 보조를 그 임무로 하고 있더라도 국가배상법 제2조 제1항 단서에서 말하는 전투, 훈련 기타 직무집행과 관련하여 사망한 것이라고 단정하기 어렵다(대판 1989.4.11. 88다카4222).

2. **숙직실연탄가스사망**
대법원은 경찰관이 숙직실에서 숙직하다가 연탄가스중독으로 사망한 경우 숙직실이 전투훈련에 관련된 시설이 아니므로 공무원연금법에 의한 순직연금 외에도 손해배상청구소송이 가능하다(대판 1979.1.30. 77다2389).

3. **경찰공무원이 낙석사고 현장 주변 교통정리를 위하여 사고현장 부근으로 이동하던 중 대형 낙석이 순찰차를 덮쳐 사망하자**, 도로를 관리하는 지방자치단체가 국가배상법 제2조 제1항 단서에 따른 면책을 주장한 사안에서, 경찰공무원 등이 '전투·훈련 등 직무집행과 관련하여' 순직 등을 한 경우 같은 법 및 민법에 의한 손해배상책임을 청구할 수 없다고 정한 국가배상법 제2조 제1항 단서의 면책조항은 구 국가배상법 제2조 제1항 단서의 면책조항과 마찬가지로 **전투·훈련 또는 이에 준하는 직무집행뿐만 아니라 '일반 직무집행'에 관하여도 국가나 지방자치단체의 배상책임을 제한하는 것**이라고 해석하여, 위 면책 주장을 받아들인 원심판단을 정당하다고 한 사례(대판 2011.3.10. 2010다85942).

(3) 법률에 따라 보상을 받을 수 있을 것

법률에서 손해를 받은 군인 등에 대하여 보상금 등 보훈급여금을 지급받을 수 있을 때에는 국가를 상대로 국가배상을 청구할 수 없으나 법률이 정하는 보상이 없는 경우에는 배상을 청구할 수 있다. 그러나 배상을 받은 후 보상금 지급을 신청한 경우 거부할 수 없다(대판 2017.2.3. 2015두60075).

군인과 민간인의 공동불법행위에 있어 국가에 대한 구상

사건: 오토바이 운전자와 자가용 운전자의 공동불법행위로 오토바이 승객의 중상해가 발생했다. 자가용운전자인 민간인이 손해액 전부에 대해 전액배상을 하고 군인의 부담부분에 대해 국가에게 구상금 청구를 하였다.

1. 기존 대법원 판례

기존 대법원 판례는 공동불법행위자인 민간인은 손해액 전부에 대해 전액배상을 하고 군인의 부담부분에 대해 국가에게 구상권 행사를 할 수 없다고 보았다.

2. 헌법재판소 판례 (헌재 1994.12.29. 93헌바21)

① **헌법 제29조 제2항의 의미:** 헌법 제29조 제2항은 제1항에 의하여 보장되는 국가배상청구권을 헌법내재적으로 제한하는 규정이므로 그 적용범위에 대하여는 엄격하고도 제한적으로 해석하여야 할 것이다. 그러므로 헌법 제29조 제2항의 입법목적은, 피해자인 군인 등이 법률이 정하는 보상 외에 국가에 대하여 직접 손해배상청구권을 행사하지 못하게 하는 범위 내에서, 즉 일반국민에게 경제적 부담을 전가시키지 아니하는 범위 내에서 군인 등의 국가에 대한 손해배상청구권을 상대적으로 소멸시킴으로써 군인 등에 대한 이중배상을 금지하여 국가의 재정적 부담을 줄인다고 하는 의미로 제한하여 이해하여야 할 것이다.

② **구상권 행사금지로 해석한다면 국가배상법 제2조 제1항 단서는 재산권 등을 침해한다:** 일반국민의 국가에 대한 구상권의 행사를 허용하지 아니한다고 해석한다면, 이는 국가가 공동불법행위자인 군인의 사용자로서 그 군인의 불법행위로 인한 손해배상책임을 합리적인 이유 없이 일반국민에게 전가시키거나 전가시키는 결과가 되어, 입법목적을 달성하기 위한 정당한 입법수단의 한계를 벗어나는 것이 된다고 할 것이다. 이상과 같은 이유로 이 사건 심판대상 부분에 의하여 이 사건의 쟁점이 되고 있는 사안에서 일반국민이 공동불법행위자인 군인의 부담부분에 관하여 국가에 대하여 구상권을 행사할 수 없다고 해석한다면, 이는 이 사건 심판대상 부분의 헌법상 근거규정인 헌법 제29조가 구상권의 행사를 배제하지 아니하는데도 이를 배제하는 것으로 해석하는 것으로서 합리적인 이유 없이 일반국민을 국가에 대하여 지나치게 차별하는 경우에 해당하므로 헌법 제11조, 제29조에 위반된다.

③ **국가배상법 제2조 제1항 단서에 대한 한정위헌:** 국가배상법 제2조 제1항 단서 중 "군인 … 이 … 직무집행과 관련하여 … 공상을 입은 경우에 본인 또는 그 유족이 다른 법령의 규정에 의하여 재해보상금·유족연금·상이연금 등의 보상을 지급받을 수 있을 때에는 이 법 및 민법의 규정에 의한 손해배상을 청구할 수 없다."라는 부분은, <u>일반국민이 직무집행 중인 군인과의 공동불법행위로 직무집행 중인 다른 군인에게 공상을 입혀 그 피해자에게 공동의 불법행위로 인한 손해를 배상한 다음 공동불법행위자인 군인의 부담부분에 관하여 국가에 대하여 구상권을 행사하는 것을 허용하지 아니한다고 해석하는 한, 헌법에 위반된다.</u>

3. 후속 대법원 판례 (대판 2001.2.15. 96다42420)

① 헌법 제29조 제2항, 국가배상법 제2조 제1항 단서의 입법 취지를 관철하기 위하여는, 국가배상법 제2조 제1항 단서가 적용되는 공무원의 직무상 불법행위로 인하여 직무집행과 관련하여 피해를 입은 군인 등에 대하여 위 불법행위에 관련된 일반국민이 그 손해를 자신의 귀책부분을 넘어서 배상한 경우에도, 국가 등은 피해 군인 등에 대한 국가배상책임을 면할 뿐만 아니라, 나아가 <u>민간인에 대한 국가의 귀책비율에 따른 구상의무도 부담하지 않는다</u>고 하여야 할 것이다.

② 공동불법행위자 등이 부진정연대채무자로서 각자 피해자의 손해 전부를 배상할 의무를 부담하는 공동불법행위의 일반적인 경우와 달리 예외적으로 민간인은 피해 군인 등에 대하여 그 손해 중 국가 등이 민간인에 대한 구상의무를 부담한다면 그 내부적인 관계에서 부담하여야 할 부분을 제외한 나머지 **자신의 부담부분에 한하여 손해배상의무를 부담하고**, 한편 **국가 등에 대하여는 그 귀책부분의 구상을 청구할 수 없다고 해석함이 상당하다 할 것이고,** 이러한 해석이 손해의 공평·타당한 부담을 그 지도원리로 하는 손해배상제도의 이상에도 맞는다 할 것이다.

공동불법행위자인 민간인은 자신의 귀책부분에 한해 배상을 하면 된다. 그러나 전액을 배상했다고 하더라도 국가에 구상권을 행사할 수 없다(대판 전합체 2001.2.15. 96다42420).

제5절 범죄피해자구조청구권

> **헌법 제30조【범죄행위로 인한 피해구조】** 타인의 범죄행위로 인하여 생명·신체에 대한 피해를 받은 국민은 법률이 정하는 바에 의하여 국가로부터 구조를 받을 수 있다.

01 범죄피해자구조청구권의 의의

1. 개념

헌법 제30조는 "타인의 범죄행위로 인하여 생명·신체에 대한 피해를 받은 국민은 법률이 정하는 바에 의하여 국가로부터 구조를 받을 수 있다."라고 규정하고 있다. 범죄피해자구조청구권이라 함은 타인의 범죄행위로 말미암아 생명을 잃거나 신체상의 피해를 입은 국민이나 그 유족이 가해자로부터 충분한 피해배상을 받지 못한 경우에 국가에 대하여 일정한 보상을 청구할 수 있는 권리이며, 그 법적 성격은 생존권적 기본권으로서의 성격을 가지는 청구권적 기본권이라고 할 것이다(헌재 2011.12.29. 2009헌마354).

2. 연혁

제9차 개정헌법인 현행헌법에서 최초로 명문화하였다.

3. 법적 성격

범죄피해자구조청구권은 구체적 권리이다.

02 범죄피해자구조청구권의 주체

국민은 주체가 되나 법인과 외국인은 주체가 될 수 없다. 다만, **외국인은 상호주의 원칙에 따라 주체가 될 수 있다**(범죄피해자 보호법 제23조).

03 범죄피해자구조청구권의 요건과 내용

1. 요건

타인의 범죄행위로 인한 생명·신체에 대한 피해를 입었을 것(범죄피해자 보호법 제3조)을 요건으로 한다.

(1) 장소

대한민국영역 안 또는 대한민국영역 밖에 있는 대한민국 선박 또는 항공기에서 발생한 범죄여야 한다. 따라서 미국 뉴욕에서 한국인 간에 발생한 범죄피해에 대해서는 구조청구권을 행사할 수 없다.

> **⚖ 판례 | 범죄피해자구조청구권의 대상이 되는 범죄피해의 범위에 관하여 해외에서 발생한 범죄피해는 포함하고 있지 아니한 것** (헌재 2011.12.29. 2009헌마354)
>
> 1. 이 사건 법률조항들은 헌법에서 특별히 평등을 요구하고 있는 경우이거나 차별적 취급으로 인하여 관련 기본권에 대한 중대한 제한을 초래하게 되는 경우가 아니므로, 차별을 정당화하는 합리적인 이유가 있는지를 심사하는 자의금지원칙심사를 적용하여야 할 것이다.
> 2. 범죄피해자구조청구권을 인정하는 이유는 크게 국가의 범죄방지책임 또는 범죄로부터 국민을 보호할 국가의 보호의무를 다하지 못하였다는 것과 그 범죄피해자들에 대한 최소한의 구제가 필요하다는 데 있다. 범죄피해자구조청구권의 대상이 되는 범죄피해에 해외에서 발생한 범죄피해의 경우를 포함하고 있지 아니한 것이 현저하게 불합리한 자의적인 차별이라고 볼 수 없어 평등원칙에 위배되지 아니한다.

(2) 생명·신체를 해하는 범죄피해

① **범죄피해자**: 헌법 제30조는 생명, 신체에 대한 피해를 입은 경우에 적용되는 것으로서 재산상 피해를 입는 경우에는 위 헌법조항은 적용될 수 없다(헌재 2009.7.30. 2008헌바1). 따라서 신체에 대한 피해가 아닌 재산이나 인격에 대한 피해를 받은 자는 구조청구권을 행사할 수 없다. 헌법 제27조 제5항의 재판절차진술권의 주체인 형사피해자는 모든 범죄피해를 받은 자이므로 헌법 제30조의 범죄피해자보다 헌법 제27조 제5항의 형사피해자의 범위가 넓다.

② **범죄**: 형법 제9조(형사미성년자), 제10조 제1항(심신상실자), 제22조 제1항(긴급피난)의 규정에 의하여 처벌되지 아니한 행위를 포함하며, 동법 제20조(정당행위)와 제21조(정당방위)에 의하여 처벌되지 아니하는 행위, 과실에 의한 행위는 포함하지 않는다.

(3) 정당한 배상을 받지 못한 경우

국가는 피해의 전부 또는 일부를 배상받지 못한 경우 구조피해자 또는 그 유족에게 범죄피해구조금을 지급한다(범죄피해자 보호법 제16조).

(4) 생계유지곤란 유무 요건 폐지

구법에서는 피해자의 생계유지곤란을 구조청구권의 요건으로 하고 있었으나 현행법은 동 규정을 삭제하여 생계유지가 곤란하지 않더라도 다른 요건을 충족한 경우 구조청구권을 행사할 수 있도록 하였다.

2. 구조금을 지급하지 아니할 수 있는 경우

> **범죄피해자 보호법 제19조【구조금을 지급하지 아니할 수 있는 경우】** ① 범죄행위 당시 구조피해자와 가해자 사이에 다음 각 호의 어느 하나에 해당하는 친족관계가 있는 경우에는 구조금을 지급하지 아니한다.
> 1. 부부(사실상의 혼인관계를 포함한다)
> 2. 직계혈족
> 3. 4촌 이내의 친족
> 4. 동거친족
> ② 범죄행위 당시 구조피해자와 가해자 사이에 제1항 각 호의 어느 하나에 해당하지 아니하는 친족관계가 있는 경우에는 구조금의 일부를 지급하지 아니한다.
> ③ 구조피해자가 다음 각 호의 어느 하나에 해당하는 행위를 한 때에는 구조금을 지급하지 아니한다.
> 1. 해당 범죄행위를 교사 또는 방조하는 행위
> 2. 과도한 폭행·협박 또는 중대한 모욕 등 해당 범죄행위를 유발하는 행위
> 3. 해당 범죄행위와 관련하여 현저하게 부정한 행위
> 4. 해당 범죄행위를 용인하는 행위

5. 집단적 또는 상습적으로 불법행위를 행할 우려가 있는 조직에 속하는 행위(다만, 그 조직에 속하고 있는 것이 해당 범죄피해를 당한 것과 관련이 없다고 인정되는 경우는 제외한다)

6. 범죄행위에 대한 보복으로 가해자 또는 그 친족이나 그 밖에 가해자와 밀접한 관계가 있는 사람의 생명을 해치거나 신체를 중대하게 침해하는 행위

④ 구조피해자가 다음 각 호의 어느 하나에 해당하는 행위를 한 때에는 구조금의 일부를 지급하지 아니한다.

1. 폭행·협박 또는 모욕 등 해당 범죄행위를 유발하는 행위

2. 해당 범죄피해의 발생 또는 증대에 가공(加功)한 부주의한 행위 또는 부적절한 행위

3. 구조금 지급신청

범죄피해자 보호법 제24조【범죄피해구조심의회 등】 ① 구조금 지급에 관한 사항을 심의·결정하기 위하여 각 지방검찰청에 범죄피해구조심의회(이하 '지구심의회'라 한다)를 두고 법무부에 범죄피해구조본부심의회를 둔다.

제25조【구조금의 지급신청】 ① 구조금을 받으려는 사람은 법무부령으로 정하는 바에 따라 그 주소지, 거주지 또는 범죄 발생지를 관할하는 지구심의회에 신청하여야 한다.

② 제1항에 따른 신청은 해당 구조대상 범죄피해의 발생을 안 날부터 3년이 지나거나 해당 구조대상 범죄피해가 발생한 날부터 10년이 지나면 할 수 없다.

4. 구조금 지급

(1) 유족구조금

피해자가 사망한 경우 유족에게 지급한다.

(2) 장해구조금, 중상해구조금

당해 피해자에게 지급한다.

5. 구조청구권의 성질

(1) 보충성

① 다른 법령에 의한 급여나 손해배상을 받은 때에는 구조금을 지급하지 아니한다(범죄피해자 보호법 제21조).

② 구조피해자나 유족이 해당 구조대상 범죄피해를 원인으로 하여 국가배상법이나 그 밖의 법령에 따른 급여 등을 받을 수 있는 경우에는 대통령령으로 정하는 바에 따라 구조금을 지급하지 아니한다.

⚖ 판례

범죄피해자 보호법에 의한 범죄피해 구조금 중 위 법 제17조 제2항의 유족구조금은 사람의 생명 또는 신체를 해치는 죄에 해당하는 행위로 인하여 사망한 피해자 또는 그 유족들에 대한 손실보상을 목적으로 하는 것으로서, 위 범죄행위로 인한 손실 또는 손해를 전보하기 위하여 지급된다는 점에서 불법행위로 인한 소극적 손해의 배상과 같은 종류의 금원이라고 봄이 타당하다.

구조대상 범죄피해를 받은 구조피해자가 사망한 경우, 사망한 구조피해자의 유족들이 국가배상법에 의하여 국가 또는 지방자치단체로부터 사망한 구조피해자의 소극적 손해에 대한 손해배상금을 지급받았다면 지구

심의회는 그 유족들에게 같은 종류의 급여인 유족구조금에서 <u>그 상당액을 공제한 잔액만을 지급</u>하면 되고, 그 유족들이 지구심의회로부터 범죄피해자 보호법 소정의 유족구조금을 지급받았다면 국가 또는 지방자치단체는 그 유족들에게 사망한 구조피해자의 소극적 손해액에서 유족들이 지급받은 유족구조금 상당액을 공제한 잔액만을 지급하면 된다고 봄이 타당하다(대판 2017.11.9. 2017다228083).

(2) 구조청구권 소멸시효

구조결정이 당해 신청인에게 송달된 때로부터 2년간 행사하지 아니하면 시효로 인하여 소멸된다(범죄피해자 보호법 제31조).

(3) 구조금 수령권의 양도 · 압류 · 담보제공금지(범죄피해자 보호법 제32조)

제10장 / 사회적 기본권

제1절 사회적 기본권의 의의

01 사회적 기본권의 법적 성격

1. 학설

(1) 추상적 권리설

헌법상의 사회적 기본권은 법적 권리이다. 그러나 헌법규정만으로는 구체적인 권리가 발생하는 것이 아니다. 사회적 기본권이 구체적 권리가 되려면 입법에 의해서 청구권이 보장되어야 한다.

(2) 구체적 권리설

헌법상의 사회적 기본권은 그 자체로 현실적인 효력을 갖는 구체적 권리이다. 사회적 기본권을 구체화하기 위한 입법부작위, 불충분한 입법에 대해서는 입법을 청구할 수 있고 입법부작위로 사회적 기본권을 침해받은 자는 헌법소원을 청구할 수 있다.

2. 판례

사회보장수급권, 국가유공자보상금수급권, 산업재해보상금수급권은 헌법에서 직접 인정되는 것이 아니라 법률에 규정되어야 인정되는 추상적 권리이다. 물질적 생활에 필요한 권리는 구체적 권리이다.

> **⚖ 판례 | 인간다운 생활을 할 권리**
>
> **인간다운 생활을 할 권리 내지 생존권**은 그 자체로서 권리의 성격을 갖는 드문 경우를 제외하면 그 내용은 법률에 의해 구체화되어야 비로소 구체적·현실적 권리가 된다(헌재 2006.7.27. 2004헌바20).

02 사회적 기본권의 구속력

1. 자유권적 측면

국가의 침해행위를 배제하는 자유권적 측면은 당연히 직접적 효력을 가진다.

2. 생존권적 측면

생존권적 측면의 사회적 기본권의 구체적 내용은 헌법규정을 구체화하는 입법으로서 결정된다. 또한 입법권자는 헌법상의 사회적 기본권을 입법할 의무가 있고, 이에 따른 입법이 행해지지 않을 때는 입법부작위의 위헌을 확인할 수도 있고, 사회적 기본권을 충분히 실현하지 못한 불충분한 입법(부진정 입법부작위)에 대해서도 사법심사가 가능하다.

헌법 제34조 【사회보장 등】 ① 모든 국민은 인간다운 생활을 할 권리를 가진다.
② 국가는 사회보장·사회복지의 증진에 노력할 의무를 진다.
③ 국가는 여자의 복지와 권익의 향상을 위하여 노력하여야 한다.
④ 국가는 노인과 청소년의 복지향상을 위한 정책을 실시할 의무를 진다.
⑤ 신체장애자 및 질병·노령 기타의 사유로 생활능력이 없는 국민은 법률이 정하는 바에 의하여 국가의 보호를 받는다.
⑥ 국가는 재해를 예방하고 그 위험으로부터 국민을 보호하기 위하여 노력하여야 한다.

01 인간다운 생활을 할 권리의 의의

1. 개념

인간다운 생활을 할 권리란 인간의 존엄성에 상응하는 급부를 국가에 청구할 수 있는 권리이다.

2. 연혁

인간다운 생활을 할 권리를 헌법에서 최초로 규정한 것은 바이마르헌법이고, 우리나라는 제5차 개정헌법에서 명문화했다.

3. 주체

자연인인 국민은 주체가 되나, 법인과 외국인은 원칙적으로 주체가 아니다.

02 인간다운 생활을 할 권리의 내용

1. 인간다운 생활을 할 권리

(1) 의의

개인의 능력으로 이를 충족시킬 수 없는 자는 국가에게 이에 필요한 급부를 청구할 권리를 가진다.

(2) 인간다운 생활을 할 권리의 법적 구속력

모든 국민은 인간다운 생활을 할 권리를 가지며 국가는 생활능력 없는 국민을 보호할 의무가 있다는 헌법의 규정은 **모든 국가기관을 기속하지만 그 기속의 의미는 동일하지 아니한데**, **입법부나 행정부**에 대하여는 국민소득, 국가의 재정능력과 정책 등을 고려하여 가능한 범위 안에서 최대한으로 모든 국민이 물질적인 최저생활을 넘어서 인간의 존엄성에 맞는 건강하고 문화적인 생활을 누릴 수 있도록 하여야 한다는 행위의 지침, 즉 행위규범으로서 작용하지만, **헌법재판**에 있어서는 다른 국가기관, 즉 입법부나 행정부가 국민으로 하여금 인간다운 생활을 영위하도록 하기 위하여 객관적으로 필요한 최소한의 조치를 취할 의무를 다하였는지를 기준으로 국가기관의 행위의 합헌성을 심사하여야 한다는 통제규범으로 작용하는 것이다(헌재 2004.10.28. 2002헌마328).

(3) 인간다운 생활을 할 권리의 침해가 문제된 경우 위헌심사기준

생활이 어려운 장애인의 최저생활보장의 구체적 수준을 결정하는 것은 입법부 또는 입법에 의하여 다시 위임을 받은 행정부 등 해당기관의 광범위한 재량에 맡겨져 있다고 보아야 한다. 그러므로 국가가 인간다운 생활을 보장하기 위한 헌법적 의무를 다하였는지의 여부가 사법적 심사의 대상이 된 경우에는, 국가가 최저생활보장에 관한 **입법을 전혀 하지 아니하였다든가 그 내용이 현저히 불합리하여** 헌법상 용인될 수 있는 재량의 범위를 명백히 일탈한 경우에 한하여 헌법에 위반된다고 할 수 있다. 한편, 국가가 생활능력 없는 장애인의 인간다운 생활을 보장하기 위하여 행하는 사회부조에는 보장법에 의한 생계급여 지급을 통한 최저생활보장 외에 다른 법령에 의하여 행하여지는 것도 있으므로, 국가가 행하는 최저생활보장 수준이 그 재량의 범위를 명백히 일탈하였는지 여부, 즉 인간다운 생활을 보장하기 위한 객관적 내용의 최소한을 보장하고 있는지 여부는 **보장법에 의한 생계급여만을 가지고 판단하여서는 아니 되고**, 그 외의 법령에 의거하여 국가가 최저생활보장을 위하여 지급하는 각종 급여나 각종 부담의 감면 등을 총괄한 수준으로 판단하여야 한다(헌재 2004.10.28. 2002헌마328).

(4) 보호범위

인간다운 생활을 할 권리는 물질적인 최저생활만을 포함한다는 견해와 문화적인 최저생활도 포함한다는 견해가 대립한다.

⚖️ **판례 | 인간다운 생활을 할 권리 보호 여부**

1. 인간다운 생활을 할 권리로부터 인간의 존엄에 상응하는 최소한의 **물질적인** 생활의 유지에 필요한 급부를 요구할 수 있는 구체적인 권리가 상황에 따라서는 직접 도출될 수 있다고 할 수는 있어도, 동 기본권이 **직접 그 이상의** 급부를 내용으로 하는 구체적인 권리를 발생케 한다고는 볼 수 없다고 할 것이다. 이러한 구체적 권리는 국가가 재정형편 등 여러가지 상황들을 종합적으로 감안하여 법률을 통하여 구체화할 때에 비로소 인정되는 법률적 차원의 권리라고 할 것이다. 그러므로 전공상자 등에게 인간다운 생활에 필요한 최소한의 물질적 수요를 충족시켜 주고 헌법상의 사회보장, 사회복지의 이념과 국가유공자에 대한 우선적 보호이념에 명백히 어긋나지 않은 한 입법자는 광범위한 입법재량권을 행사할 수 있다고 할 것이다(헌재 1998.2.27. 97헌가10).

2. 65세 이상인 사람 중에서 본인 및 배우자의 소득평가액과 재산의 소득환산액을 합산한 소득인정액이 선정기준액 이하인 사람에게만 기초연금을 지급하도록 한 기초연금법은 인간다운 생활을 할 권리를 제한하나 침해는 아니다.
   기초연금은 노인에게 안정적인 소득기반을 제공함으로써 노인의 생활안정을 지원하고 복지를 증진하기 위한 목적으로 지급되는 것으로서(기초연금법 제1조), 이는 헌법 제34조의 인간다운 생활을 할 권리에 근거하여 기초연금법에 구체화된 사회보장적 성격의 급여이다. 그런데 위 조항들은 기초연금을 65세 이상인 사람 중에서도 본인 및 배우자의 '소득평가액'과 '재산의 소득환산액'을 합산한 '소득인정액'이 '선정기준액' 이하인 사람에게만 지급하도록 함으로써 인간다운 생활을 할 권리를 제한하고 있다. 한정된 재원으로 노인의 생활을 보호하고자 하는 기초연금의 입법목적을 위한 것으로, 국가유공자에 대한 보상금은 기초연금과 같이 생활안정을 위하여 지급된다는 점에서, 무수익재산은 그 자체만으로도 기초적인 생활을 영위하는데 어느 정도 기여할 수 있다는 점에서, 이를 제외하지 아니한 데에 합리성이 인정되므로, 헌법 제34조의 인간다운 생활을 할 권리를 침해한다고 볼 수 없다(헌재 2016.2.25. 2015헌바191).

3. 철거되는 주택의 소유자를 위한 임시수용시설 설치를 요구할 권리는 보호되지 않는다.

　　도시환경정비사업의 시행으로 인하여 철거되는 주택의 소유자를 위하여 사업시행기간 동안 거주할 임시수용시설을 설치하는 것은 국가에 대하여 최소한의 물질적 생활을 요구할 수 있는 인간다운 생활을 할 권리의 향유와 관련되어 있다고 할 수 없다. 그렇다면 도시환경정비사업의 시행으로 인하여 철거되는 주택의 소유자를 위하여 임시수용시설을 설치하도록 규정하지 않은 도시 및 주거환경정비법 조항이 인간다운 생활을 할 권리를 제한하거나 침해한다고 할 수 없다(헌재 2014.3.27. 2011헌바396).

4. 상가 임차인의 계약갱신요구권은 보호되지 않는다.

　　헌법 제34조 제1항의 생존권 내지 인간다운 생활을 할 권리는 인간의 존엄에 상응하는 최소한의 물질적인 생활의 유지에 필요한 급부를 국가에 적극적으로 요구할 수 있는 권리이다. 그런데 사적 자치에 따라 규율되는 사인 사이의 법률관계에서 계약갱신을 요구할 수 있는 권리는 헌법 제34조 제1항에 의한 보호대상이 아니므로, 위 법률조항이 생존권을 침해한다고 볼 수 없다(헌재 2014.8.28. 2013헌바76).

2. 사회보장수급권

(1) 개념

　　사회보장수급권이란 질병, 신체장애, 노령 등의 사회적 위험으로 인한 보호를 필요로 하는 개인이 인간다운 생활을 영위하기 위하여 국가에 일정한 내용의 적극적 급부를 요구할 수 있는 권리이다.

(2) 권리의 성격

　　국가의 사회복지·사회보장증진의 의무도 국가에게 물질적 궁핍이나 각종 재난으로부터 국민을 보호할 대책을 세울 의무를 부과함으로써, 결국 '인간다운 생활을 할 권리'의 실현을 위한 수단적인 성격을 갖는다고 할 것이다. 이 헌법의 규정에 의거하여 국민에게 주어지게 되는 사회보장에 따른 국민의 수급권은 국가에게 단순히 국민의 자유를 침해하지 말 것을 내용으로 하는 것이 아니라 적극적으로 급부를 요구할 수 있는 권리를 주된 내용으로 하기 때문에, 그 권리의 구체적인 부여 여부, 그 내용 등은 무엇보다도 국가의 경제적인 수준, 재정능력 등에 따르는 재원확보의 가능성이라는 요인에 의하여 크게 좌우되게 된다. 따라서 입법자에게 광범위한 입법재량이 부여되지 않을 수 없고, 따라서 헌법상의 사회보장권은 그에 관한 수급요건, 수급자의 범위, 수급액 등 구체적인 사항이 법률에 규정됨으로써 비로소 구체적인 법적 권리로 형성된다고 보아야 할 것이다(헌재 1995.7.21. 93헌가14).

(3) 입법자의 재량

　　국가유공자예우등에관한법률 제9조가 정하고 있는 전몰군경의 유족 및 전공사상자의 수급권은 다른 국가보상적 내지 국가보훈적 수급권이나 사회보장수급권과 마찬가지로 구체적인 법률에 의하여 비로소 부여되는 권리라고 할 것이고, 보상금수급권의 내용, 그 발생시기 등도 입법자의 광범위한 입법형성의 자유영역에 속하는 것으로서 기본적으로는 국가의 입법정책에 달려 있는 것이다. 따라서 급여금 수급권 발생시기를 예우법 제6조에서 정한 **등록을 한 날이 속하는 달로 규정한 것**도 원칙적으로 입법재량에 속한다고 할 것이어서 그 구체적 내용이 특히 그 입법재량의 범위를 일탈한 것이 아닌 한 헌법에 위반된다고 할 수 없다(헌재 1995.7.21. 93헌가14).

(4) 사회보험과 공공부조

사회보험	공공부조
자기기여	국가부담
예산에서 일부지원	예산에서 전액부담
국민연금, 의료보험	생계급여, 주거급여
국민연금법	국민기초 생활 보장법
1차	보충

① 사회보험은 국민 스스로의 기여를 기초로 생활의 위험에 대비하는 제도이다. 예를 들면, 국민연금보험이나 국민의료보험이 있다.

② 공공부조는 국가가 생활능력이 없는 자에 대해 국민의 자기기여와 관계 없이 최저생활에 필요한 급부를 제공하는 제도이다.

③ 공공부조를 구체화시킨 법률이 국민기초생활 보장법이다. 생존문제를 1차적으로 책임을 지는 자는 개인이므로 사회보험이 1차적 생존문제를 해결하는 제도이고, 공공부조는 사회보험에 대한 보충적인 제도이다.

> **⚖️ 판례 | 국민기초생활 보장법상 급여의 보충성**
>
> 이 법에 의한 급여는 수급자가 자신의 생활의 유지·향상을 위하여 그 소득·재산·근로능력 등을 활용하여 최대한 노력하는 것을 전제로 이를 보충·발전시키는 것을 기본원칙으로 하며, 부양의무자의 부양과 다른 법령에 의한 보호는 이 법에 의한 급여에 우선하여 행하여지는 것으로 한다고 함으로써(제3조), 이 법에 의한 급여가 어디까지나 보충적인 것임을 명시하고 있다(헌재 2004.10.28. 2002헌마328).

3. 국민기초생활 보장법

(1) 급여의 기준(제4조)

이 법에 따른 급여는 건강하고 문화적인 최저생활을 유지할 수 있는 것이어야 한다.

(2) 수급권자의 범위(제8조 제2항)

생계급여 수급권자는 **부양의무자가 없거나, 부양의무자가 있어도 부양능력이 없거나 부양을 받을 수 없는 사람으로서 그 소득인정액이 중앙생활보장위원회의 심의·의결을 거쳐 결정하는 금액 이하인 사람으로 한다.**

(3) 급여의 종류(제7조)

생계급여, 주거급여, 의료급여, 교육급여, 해산급여, 장제급여, 자활급여가 있다.

(4) 수급권(제35조, 제36조)

① 수급자에게 지급된 수급품과 이를 받을 권리를 압류하거나 양도할 수 없다.

② 사회보장수급권은 정당한 권한이 있는 기관에 서면으로 통지하여 포기할 수 있다(사회보장기본법 제14조 제1항).

📖 판례정리

국민기초생활보장

1. 1994년 생계보호기준 위헌확인

국가가 행하는 생계보호의 수준이 그 재량의 범위를 명백히 일탈하였는지의 여부, 즉 인간다운 생활을 보장하기 위한 객관적 내용의 최소한을 보장하고 있는지의 여부는 생활보호법(현행법: 국민기초생활 보장법)에 의한 생계보호급여만을 가지고 판단하여서는 아니 되며 그외의 법령에 의거하여 국가가 생계보호를 위하여 지급하는 각종 급여나 각종 부담의 감면 등을 총괄한 수준을 가지고 판단하여야 하는바, 비록 위와 같은 생계보호의 수준이 일반 최저생계비에 못 미친다고 하더라도 그 사실만으로 곧 그것이 헌법에 위반된다거나 청구인들의 행복추구권이나 인간다운 생활을 할 권리를 침해한 것이라고는 볼 수 없다(헌재 1997.5.29. 94헌마33).

2. 가구별 인원수 기준 국민기초생활보장 최저생계비

최저생계비를 고시함에 있어서 장애인가구의 추가지출을 반영하지 아니했다 하더라도 장애인복지법에 의한 장애수당 등이 지급되고 있으므로 장애로 인한 추가지출비용을 반영하지 않고 가구별 인원수만을 기준으로 최저생계비를 결정한 것은 장애인가구 구성원의 인간의 존엄과 가치 및 행복추구권, 인간다운 생활을 할 권리를 침해했다고 할 수 없다(헌재 2004.10.28. 2002헌마328).

3. 기초생활보장제도의 보장단위인 개별가구에서 교도소·구치소에 수용 중인 자를 제외

'형의 집행 및 수용자의 처우에 관한 법률'에 의한 교도소·구치소에 수용 중인 자는 당해 법률에 의하여 생계유지의 보호를 받고 있으므로 인간다운 생활을 할 권리를 침해한다고 볼 수 없다(헌재 2011.3.31. 2009헌마617·2010헌마341).

4. 구치소 수용된 자 생계급여 등 제한

구치소·치료감호시설에 수용 중인 자는 당해 법률에 의하여 생계유지의 보호와 의료적 처우를 받고 있으므로 인간다운 생활을 할 권리와 보건권을 침해한다고 볼 수 없다(헌재 2012.2.23. 2011헌마123).

5. 마약거래 북한이탈주민 보호범위 제한

마약거래범죄자라는 이유로 보호대상자로 결정되지 못한 북한이탈주민도 정착지원시설 보호, 거주지 보호, 학력 및 자격 인정, 국민연금 특례 등의 보호 및 지원을 받을 수 있고, 일정한 요건 아래 '국민기초생활 보장법'에 따른 급여, 의료급여법에 따른 의료급여, '주택공급에 관한 규칙'에 따른 국민임대주택 수급자격 등을 부여받을 수 있다. 이러한 점에 비추어 보면 보호대상자가 아닌 북한이탈주민에 대하여도 인간다운 생활을 위한 객관적인 최소한의 보장은 이루어지고 있는 것이라고 할 수 있다. 따라서 심판대상조항이 마약거래범죄자인 북한이탈주민의 인간다운 생활을 할 권리를 침해한다고 볼 수 없다(헌재 2014.3.27. 2012헌바192).

6. 기초연금 수급액을 국민기초생활 보장법상 이전소득에 포함시키도록 하는 구 국민기초생활 보장법

노인장기요양보험법에 따른 장기요양보험제도, 노인복지법에 기초한 노인일자리사업 및 노인주거복지시설제도 등 노인복지를 위한 다양한 제도를 실시하고 있는 점 등을 종합하여 보면, 이 사건 시행령조항으로 인하여 기초연금 수급액이 '국민기초생활 보장법'상 이전소득에 포함된다는 사정만으로, 국가가 노인가구의 생계보호에 관한 입법을 전혀 하지 아니하였다거나 그 내용이 현저히 불합리하여 헌법상 용인될 수 있는 재량의 범위를 명백히 일탈하였다고 보기는 어렵다. 따라서 이 사건 시행령조항은 청구인들의 인간다운 생활을 할 권리를 침해하지 않는다(헌재 2019.12.27. 2017헌마1299).

📖 판례정리

장애인과 노인 보호의무

1. 헌법은 제34조 제5항에서 **신체장애자 등을 위하여 특정한 의무를 이행해야 한다는 구체적 내용의 의무**가 헌법으로부터 나오는 것은 아니다. 따라서 이러한 헌법 규정으로부터 직접 신체장애 등을 가진 국민에게 어떠한 기본권이 발생한다고 보기는 어렵다(헌재 2012.5.31. 2011헌마241).

2. 국가에게 헌법 제34조에 의하여 장애인의 복지를 위하여 노력을 해야 할 의무가 있다는 것은, 장애인도 인간다운 생활을 누릴 수 있는 정의로운 사회질서를 형성해야 할 국가의 일반적인 의무를 뜻하는 것이지 장애인을 위하여 **저상버스를 도입해야 한다는** 구체적 내용의 의무가 헌법으로부터 나오는 것은 아니다. 국가가 장애인의 복지를 위하여 저상버스를 도입하는 등 국가재정이 허용하는 범위 내에서 사회적 약자를 위하여 최선을 다하는 것은 바람직하지만, 이는 사회국가를 실현하는 일차적 주체인 입법자와 행정청의 과제로서 이를 헌법재판소가 원칙적으로 강제할 수는 없는 것이며, 국가기관간의 권력분립원칙에 비추어 볼 때 다만 헌법이 스스로 국가기관에게 특정한 의무를 부과하는 경우에 한하여, 헌법재판소는 헌법재판의 형태로써 국가기관이 특정한 행위를 하지 않은 **부작위의 위헌성을 확인할 수 있을 뿐이다**(헌법재판소가 결정의 형식으로 입법할 수 있다는 의미는 아니다). 이 사건의 경우 저상버스를 도입해야 한다는 구체적인 내용의 국가 의무가 헌법으로부터 도출될 수 없으므로, 이 사건 심판청구는 부적법하다(헌재 2002.12.18. 2002헌마52).

3. 장애인의 고용을 촉진하기 위하여 공개채용시험을 실시함에 있어서 **일정한 비율의 장애인을 고용하도록 강제**하고 있는 조항으로서 **장애인고용의무내용**이 장애인의 보호를 위하여 필요한 최소한의 조치를 취할 의무를 다하지 못하였다고 할 수는 없다(헌재 1999.12.23. 98헌바33).

4. **언어장애를 가진 후보자를 위한 선거운동방법을 별도로 마련해 주지 않은 채** 언어장애 후보자와 비장애 후보자의 선거운동방법을 같은 수준에서 일률적으로 제한하는 것은 평등권 등을 침해하는 것이라 볼 수 없다(헌재 2009.2.26. 2006헌마626).

5. 청각장애인은 문서나 정보통신망 등에 의해서 선거에 관한 정보를 얻을 수 있는 점, 다른 법률에서 장애인차별금지의무를 규정하고 있는 점 등을 종합하면, **선거방송에서 청각장애인을 위한 수화 및 자막방송을 의무화하지 않는 것**이 청각장애인의 참정권 침해라고 볼 수 없다(헌재 2009.5.28. 2006헌마285).

📖 판례정리

국민연금

1. 분할연금제도는 재산권적인 성격과 사회보장적 성격을 함께 가진다. 별거나 가출 등으로 실질적인 혼인관계가 존재하지 아니하여 연금 형성에 기여가 없는 이혼배우자에 대해서까지 **법률혼 기간을 기준으로 분할연금 수급권을 인정하는** 국민연금법 제64조 제1항이 재산권을 침해한다(헌재 2016.12.29. 2015헌바182). ***헌법불합치결정**

2. **국민연금법 가입대상자 제한** (헌재 2001.4.26. 2000헌마390)

3. **국민건강보험 의무적 가입** (헌재 2001.8.30. 2000헌마668)

4. **연금수급권 제한**
   국민연금수급권자에게 2 이상의 급여의 수급권이 발생한 때 그 자의 선택에 의하여 그중의 하나만을 지급하고 다른 급여의 지급을 정지하도록 한 것은 공공복리를 위하여 필요하고 적정한 방법으로서 헌법 제37조 제2항의 기본권 제한의 입법적 한계를 일탈한 것으로 볼 수 없고, 또 합리적인 이유가 있으므로 평등권을 침해한 것도 아니다(헌재 2000.6.1. 97헌마190).

5. 공무원연금법 제42조에 따른 **퇴직연금일시금을 받은 사람과 그 배우자에게는 기초연금을 지급하지 아니한다는** 기초연금법은 한정된 재원으로 노인의 생활안정과 복리향상이라는 기초연금법의 목적을 달성하기 위한 것으로서 합리성이 인정되는바, 인간다운 생활을 할 권리를 침해한다고 볼 수 없다(헌재 2018.8.30. 2017헌바197).

6. **연금보험료를 낸 기간이 연금보험료를 낸 기간과 연금보험료를 내지 아니한 기간을 합산한 기간의 3분의 2보다 짧은 경우 유족연금을 지급하지 않도록 한 국민연금법 제85조 제2호**
   국민연금제도는 자기 기여를 전제로 하지 않고 국가로부터 소득을 보장받는 순수한 **사회부조형 사회보장제도가 아니라**, 가입자의 보험료를 재원으로 하여 가입기간, 기여도 및 소득수준 등을 고려하여 소득을 보장받는 **사회보험제도이므로**, 입법자가 가입기간의 상당 부분을 성실하게 납부한 사람의 유족만을 유족연금 지급대상에 포함시키기 위하여 '연금보험료를 낸 기간이 그 연금보험료를 낸 기간과 연금보험료를 내지 아니한 기간을 합산한 기간의 3분의 2'보다 짧은 경우 유족연금 지급을 제한한 것이 입법재량의 한계를 일탈하였을 정도로 불합리하다고 보기 어렵다. 또한, 심판대상조항에 따라 유족연금을 지급받지 못하게 된 유족들은 구 국민연금법 제77조에 따른 반환일시금을 받을 수 있어 유족에게 가혹한 손해나 심대한 불이익이 발생한다고 보기도 어렵다. 한편, 사용자가 근로자의 임금에서 기여금을 공제하고도 연금보험료를 납부하지 않은 경우 국민연금법 제17조 제2항 단서는 그 내지 아니한 기간의 2분의 1에 해당하는 기간을 근로자의 가입기간에 산입하도록 규정하는 등 근로자 및 그 유족에게 부당한 불이익이 발생하지 않도록 하고 있다. 따라서 심판대상조항이 인간다운 생활을 할 권리 및 재산권을 침해한다고 볼 수 없다(헌재 2020.5.27. 2018헌바29).

국민건강보험

1. **경과실의 범죄로 인한 사고**는 개념상 우연한 사고의 범위를 벗어나지 않으므로 **경과실로 인한 범죄행위에 기인하는** 보험사고에 대하여 의료보험급여를 부정하는 것은 우연한 사고로 인한 위험으로부터 다수의 국민을 보호하고자 하는 사회보장제도로서의 의료보험의 본질을 침해하여 헌법에 위반된다(헌재 2003.12.18. 2002헌바1). ***한정위헌결정**

2. 의료보험요양기관의 지정취소사유 등을 법률에서 직접 규정하지 아니하고 보건복지부령에 위임하고 있는 구 공무원 및 사립학교교직원 의료보험법은 단지 보험자가 **보건복지부령이 정하는 바에 따라 요양기관의 지정을 취소할 수 있다고** 규정하고 있을 뿐, 보건복지부령에 정하여질 요양기관지정취소 사유를 짐작하게 하는 어떠한 기준도 제시하고 있지 않으므로 이는 헌법상 위임입법의 한계를 일탈한 것으로서 헌법 제75조 및 제95조에 위반되고, 나아가 우리 헌법상의 기본원리인 권력분립의 원리, 법치주의의 원리, 의회입법의 원칙 등에 위배된다(헌재 2002.6.27. 2001헌가30). ***위헌결정**

3. **휴직자 의료보험 직장가입자격 유지**
   국민건강보험법 제63조 제2항이 휴직자도 직장가입자의 자격을 유지함을 전제로 기존의 보험료 부담을 그대로 지우고 있는 것은 일시적·잠정적 근로관계의 중단에 불과한 휴직제도의 본질, 보험공단의 재정부담 등 여러 가지 사정을 고려한 것으로서, 사회국가원리에 어긋난다거나 휴직자의 사회적 기본권 내지 평등권 등을 침해한다고 볼 수 없다(헌재 2003.6.26. 2001헌마699).

4. 직장가입자에 비하여, 지역가입자에는 노인, 실업자, 퇴직자 등 소득이 없거나 저소득의 주민이 다수 포함되어 있고, 이러한 **저소득층 지역가입자에 대하여 국가가 국고지원을 통하여 보험료를 보조하는 것은**, 경제적·사회적 약자에게도 의료보험의 혜택을 제공해야 할 사회국가적 의무를 이행하기 위한 것으로서, **국고지원에 있어서의 지역가입자와 직장가입자의 차별취급은** 사회국가원리의 관점에서 합리적인 차별에 해당하는 것으로서 평등원칙에 위반되지 아니한다(헌재 2000.6.29. 99헌마289).

5. **의료급여수급자와 건강보험가입자는 본질적으로 동일한 비교집단이라 보기 어렵고 의료급여수급자를 대상으로 선택병의원제 및 비급여 항목 등을 달리 규정하고 있는 것을** 두고, 본질적으로 동일한 것을 다르게 취급하고 있다고 볼 수는 없으므로 이 사건 개정법령의 규정이 청구인들의 평등권을 침해한다고 볼 수 없다(헌재 2009.11.26. 2007헌마734).

6. **국민건강보험공단은 직장가입자가 보수월액보험료를 납부하였더라도 소득월액보험료를 1개월 이상 체납한 경우, 의료보험급여 정지요건을 규정한 국민건강보험법**
   심판대상조항에 따라 보험급여를 하지 아니하는 기간에 받은 보험급여의 경우에도, 일정한 기한 이내에 체납된 보험료를 완납한 경우 보험급여로 인정하는 등, 국민건강보험법은 심판대상조항으로 인하여 가입자가 과도한 불이익을 입지 않도록 배려하고 있다. 따라서 심판대상조항은 청구인의 인간다운 생활을 할 권리나 재산권을 침해하지 아니한다(헌재 2020.4.23. 2017헌바244).

국가유공자예우

1. **보상금수급권 인정시기**
   예우법이 정하고 있는 전몰군경의 유족 및 전공사상자의 수급권은 다른 사회보장수급권과 마찬가지로 구체적인 법률에 의하여 비로소 부여되는 권리이다. 전몰, 상이군경 등 국가유공자에 대한 예우로서의 급여금수급권 발생시기를 예우법에 정한 등록을 한 날이 속하는 달로 규정한 것도 원칙적으로 입법재량의 범위에 속한다고 할 것이다(헌재 1995.7.21. 93헌마14).

2. 유족에 대한 부가연금지급에 있어서도 독립유공자 본인의 서훈등급에 따라 차등을 두는 것은 합리적인 이유가 있으므로, 그 차등지급은 평등권을 침해한 것이 아니다(헌재 1997.6.26. 94헌마52).

📖 판례정리

퇴직금

1. 의의

공무원연금제도는 공무원을 대상으로 퇴직 또는 사망과 공무로 인한 부상·질병·폐질에 대하여 적절한 급여를 실시함으로써, 공무원 및 그 유족의 생활안정과 복리향상에 기여함을 목적으로 하는(이 법 제1조) 사회보장제도이고, 법기술적으로는 위의 사유가 발생한 때에 국가적인 보험기술을 통하여 그 부담을 여러 사람들에게 분산시킴으로써 구제를 도모하는 **사회보험제도**의 일종이다(헌재 2003.9.25. 2001헌마93).

2. 법적 지위

① 군인연금법상의 퇴역연금의 법적 성질은 군인이 장기간 충실히 복무한 공로에 대한 공적 보상으로서의 은혜적 성질을 갖는 한편, 퇴역연금 중 군인이 부담하는 기여금에 상당하는 부분은 **봉급연불적인 성질**과 군인인 기간 동안 및 퇴직 후에 있어서의 공적 재해보험의 성질이 있고, 국고의 부담금은 군인과 그 가족을 위한 **사회보장 부담금**으로서의 성질이 있다 할 것이므로, 결국 **퇴역연금**은 퇴역군인의 생활을 보장하기 위한 사회보험 내지 사회보장·사회복지적인 성질도 함께 갖는 것이다(헌재 1994.6.30. 92헌가9).

② **사립학교법상 명예퇴직수당**은 교원이 정년까지 근무할 경우에 받게 될 장래 임금의 보전이나 퇴직 이후의 생활안정을 보장하는 사회보장적 급여가 아니라 장기근속 교원의 조기 퇴직을 유도하기 위한 특별장려금이라고 할 것이다(헌재 2007.4.26. 2003헌마533).

3. 입법자의 재량

① **공무원연금법상의 연금수급권과 같은 사회보장수급권**은 헌법 제34조부터 도출되는 사회적 기본권의 하나이다. 이와 같이 사회적 기본권의 성격을 지니는 연금수급권은 국가에 대하여 적극적으로 급부를 요구하는 것으로서 법률에 의한 형성을 필요로 하고, 연금수급권의 구체적인 내용, 즉 수급요건, 수급권자의 범위, 급여금액 등은 법률에 의하여 비로소 확정된다(헌재 2014.6.26. 2012헌마459).

② 헌법 제23조에서 보장하고 있는 국민의 재산권은 원칙적으로 헌법 제37조 제2항에서 정하고 있는 요건을 갖춘 경우에만 정당하게 제한할 수 있다. 그런데 이 법상의 **연금수급권**은 사회보장수급권의 성격을 아울러 지니고 있으므로 순수한 재산권이 아니며, 사회보장수급권과 재산권이라는 양 권리의 성격이 불가분적으로 혼재되어 있다. 공무원연금의 재원은 공무원이 납부하는 기여금과 국가가 부담하는 부담금으로 구성되는데, 이 두 재원을 각각 사회보장급여, 보험료, 후불임금으로 구분하여 정확히 귀속시킬 수가 없다. 그러므로 비록 연금수급권에 재산권의 성격이 일부 있다 하더라도 그것은 이미 사회보장법리의 강한 영향을 받지 않을 수 없다 할 것이고, 또한 사회보장수급권과 재산권의 두 요소가 불가분적으로 혼재되어 있다면 입법자로서는 연금수급권의 구체적 내용을 정함에 있어 이를 하나의 전체로서 파악하여 어느 한 쪽의 요소에 보다 중점을 둘 수도 있다 할 것이다. 따라서 연금수급권의 구체적 내용을 형성함에 있어서 입법자는 청구인들의 주장과 같이 반드시 민법상 상속의 법리와 순위에 따라야 하는 것이 아니라, 이 법의 입법목적 달성에 알맞도록 독자적으로 규율할 수 있고, 여기에 필요한 정책판단·결정에 관하여는 일차적으로 입법자의 재량에 맡겨져 있다(헌재 1999.4.29. 97헌마333).

4. 위헌 여부

① **공무원연금법상 퇴직연금의 수급자**가 사립학교교직원연금법 제3조의 학교기관으로부터 보수 기타 급여를 지급받는 경우 퇴직연금의 지급을 정지하도록 한 공무원연금법 제47조 제1호 규정이 기본권제한의 입법한계를 일탈하여 헌법에 위반되지 않는다(헌재 2000.6.29. 98헌바106).

② **다른 법령에 의하여 같은 종류의 급여를 받는 경우 공무원연금법상 급여에서 그 상당 금액을 공제하여 지급하도록 규정한** 공무원연금법은 과도한 지출을 줄여 공무원연금 재정의 안정을 도모함으로써 연금 재

정을 합리적으로 운용하기 위한 것이므로 사회보장수급권이나 재산권을 침해하였다고 보기 어렵다(헌재 2013.9.26. 2011헌바272).

③ **퇴직연금 수급자가 유족연금을 함께 받게 된 경우 그 유족연금액의 2분의 1을 빼고 지급하도록 하는 구 공무원연금법 제45조 제4항 중 '퇴직연금 수급자'에 관한 부분이 청구인의 인간다운 생활을 할 권리 및 재산권을 침해하는지 여부(소극)**: 심판대상조항은 퇴직연금 수급자의 유족연금 수급권을 구체화함에 있어 급여의 적절성을 확보할 필요성, 한정된 공무원연금 재정의 안정적 운영, 우리 국민전체의 소득 및 생활수준, 공무원 퇴직연금의 급여 수준, 유족연금의 특성, 사회보장의 기본원리 등을 종합적으로 고려하여 유족연금액의 2분의 1을 감액하여 지급하도록 한 것이므로, 입법형성의 한계를 벗어나 청구인의 인간다운 생활을 할 권리 및 재산권을 침해하였다고 볼 수 없다(헌재 2020.6.25. 2018헌마865).

📖 판례정리

산업재해

1. **산재보험수급권의 법적 성격**

산재피해 근로자에게 인정되는 산재보험수급권도 그와 같은 입법재량권의 행사에 의하여 제정된 산재보험법에 의하여 비로소 구체화되는 '**법률상의 권리**'이며, 개인에게 국가에 대한 사회보장·사회복지 또는 재해예방 등과 관련된 적극적 급부청구권은 인정하고 있지 않다(헌재 2005.7.21. 2004헌바2).

2. **근로자가 사업주의 지배관리 아래 출퇴근하던 중 발생한 사고로 부상 등이 발생한 경우에만 업무상 재해로 인정하는** 산업재해보상보험법조항은 합리적 이유 없이 비혜택근로자를 자의적으로 차별하는 것이므로, 헌법상 평등원칙에 위배된다(헌재 2016.9.29. 2014헌바254). ***헌법불합치결정**

3. **산업재해보상보험법상 유족급여 내지 진폐유족연금의 법적 성격**

헌법 제34조 제2항은 국가의 사회보장·사회복지 증진의무를, 같은 조 제6항은 재해예방 및 그 위험으로부터 국민을 보호해야 할 국가의 의무를 규정하고 있다. 산업재해보상보험법에 따른 유족급여나 진폐유족연금은 이러한 헌법 제34조의 인간다운 생활을 할 권리에 근거하여 법률에 의해 구체화된 **사회보장적 성격의 보험급여**이다(헌재 2014.2.27. 2012헌바469).

4. 업무상 질병으로 인한 업무상 재해에 있어 **업무와 재해 사이의 상당인과관계에 대한 입증책임을 이를 주장하는 근로자나 그 유족(근로자 측)에게 부담시키는** 산업재해보상보험법은 사회보장수급권을 침해한다고 볼 수 없다(헌재 2015.6.25. 2014헌바269).

5. 장해급여제도는 본질적으로 소득재분배를 위한 제도가 아니고, 손해배상 내지 손실보상적 급부인 점에 그 본질이 있는 것으로, 산업재해보상보험이 갖는 두 가지 성격 중 사회보장적 급부로서의 성격은 상대적으로 약하고 재산권적인 보호의 필요성은 보다 강하다고 볼 수 있어 다른 사회보험수급권에 비하여 보다 엄격한 보호가 필요하다(헌재 2009.5.28. 2005헌바20).

📖 판례정리

위로금

지뢰피해자 및 그 유족에 대한 위로금 산정시 사망 또는 상이를 입을 당시의 월평균임금을 기준으로 하고, 그 기준으로 산정한 위로금이 2천만원에 이르지 아니할 경우 2천만원을 초과하지 아니하는 범위에서 조정·지급할 수 있도록 한 '지뢰피해자 지원에 관한 특별법'이 인간다운 생활을 할 권리를 침해하는지 여부(소극)

지뢰피해자 및 그 유족에 대한 위로금 산정시 사망 또는 상이를 입을 당시의 월평균임금을 기준으로 위로금을 산정하도록 한 것은 한정된 국가재정 하에서 위로금의 취지, 국가배상청구권의 소멸시효 제도와의 균형점 모색, '지뢰피해자 지원에 관한 특별법' 시행 전 이미 국가배상을 받은 피해자 및 그 유족과의 형평성 등을 고려한 것이다. 다만 사망 또는 상이 당시의 월평균임금을 기준으로 위로금을 산정함으로 인하여 피해시기에 따라 위로금

액수에 현격한 차이가 나는 문제를 보완하기 위해 입법자는 지뢰피해자법 제정 당시 고려한 국가재정부담 정도를 현저히 초과하지 아니하는 범위 내에서 2천만원을 조정상한금액으로 정하여 위로금 격차 해소를 위한 보완책을 마련하였다. 따라서 심판대상조항이 인간다운 생활을 할 권리를 침해한다고 볼 수 없다(헌재 2019.12.27. 2018헌바236).

제3절 교육을 받을 권리

> 헌법 제31조 【교육을 받을 권리·의무 등】 ① 모든 국민은 능력에 따라 균등하게 교육을 받을 권리를 가진다.
> ② 모든 국민은 그 보호하는 자녀에게 적어도 **초등교육**과 법률이 정하는 교육을 받게 할 의무를 진다.
> ③ **의무교육은 무상으로 한다.**
> ④ 교육의 자주성·전문성·정치적 중립성 및 대학의 자율성은 법률이 정하는 바에 의하여 보장된다.
> ⑤ 국가는 평생교육을 진흥하여야 한다.
> ⑥ **학교교육** 및 평생교육을 포함한 교육제도와 그 운영, 교육재정 및 **교원의 지위에 관한 기본적인 사항은 법률로 정한다.**

01 교육을 받을 권리의 의의

1. 개념

헌법 제31조 제1항은 "모든 국민은 능력에 따라 균등하게 교육을 받을 권리를 가진다."라고 규정하여 국민의 교육을 받을 권리를 보장하고 있고, 그 '교육을 받을 권리'는 국가로부터 교육에 필요한 시설의 제공을 요구할 수 있는 권리 및 각자의 능력에 따라 교육시설에 입학하여 배울 수 있는 권리를 국민의 기본권으로서 보장하면서, 한편, 국민 누구나 능력에 따라 균등한 교육을 받을 수 있게끔 노력해야 할 의무와 과제를 국가에게 부과하고 있는 것이다(헌재 2011.6.30. 2010헌마503).

2. 연혁

제헌헌법 제16조는 모든 국민은 균등하게 교육을 받을 권리가 있다. 초등교육은 의무적이며 무상교육과 교육기관의 국가의 감독을 받으며 교육제도를 규정하였다.

3. 기능

헌법 제31조 제1항은 "모든 국민은 능력에 따라 균등하게 교육을 받을 권리를 가진다."라고 규정하여 모든 국민에게 균등하게 교육을 받을 권리를 기본권으로 보장한 이유는 모든 국민에게 노동에 의한 생활유지의 기초를 다지게 하여 국민의 인간으로서의 존엄과 법 앞에서의 평등을 교육의 측면에서 실현하고자 함에 있다(헌재 1990.10.8. 89헌마89).

02 교육을 받을 권리의 내용

1. '능력에 따라 균등하게' 교육을 받을 권리

(1) '능력에 따라 균등하게'

① **교육영역에서 자의적 차별금지**: 헌법은 제31조 제1항에서 '능력에 따라 균등하게'라고 하여 교육영역에서 평등원칙을 구체화하고 있다. 헌법 제31조 제1항은 헌법 제11조의 일반적 평등조항에 대한 특별규정으로서 교육의 영역에서 **평등원칙**을 실현하고자 하는 것이다. 평등권으로서 교육을 받을 권리는 '취학의 기회균등', 즉 각자의 능력에 상응하는 교육을 받을 수 있도록 학교 입학에 있어서 자의적 차별이 금지되어야 한다는 차별금지원칙을 의미한다. 헌법 제31조 제1항은 취학의 기회에 있어서 고려될 수 있는 차별기준으로 '능력'을 제시함으로써, 능력 이외의 다른 요소에 의한 차별을 원칙적으로 제한하고 있다. 여기서 '능력'이란 '수학능력'을 의미하고 교육제도에서 '수학능력'은 개인의 인격발현과 밀접한 관계에 있는 인격적 요소이며, 학교 입학에 있어서 고려될 수 있는 합리적인 차별기준을 의미한다(헌재 2008.9.25. 2008헌마456).

② **실질적인 평등교육을 받을 수 있도록 적극적 정책을 실현할 의무**: 이는 정신적·육체적 능력 이외의 성별·종교·경제력·사회적 신분 등에 의하여 교육을 받을 기회를 차별하지 않고, 즉 합리적 차별사유 없이 교육을 받을 권리를 제한하지 아니함과 동시에 국가가 모든 국민에게 균등한 교육을 받게 하고 특히 경제적 약자가 실질적인 평등교육을 받을 수 있도록 적극적 정책을 실현해야 한다는 것이다(헌재 1994.2.24. 93헌마192).

(2) 교육을 받을 권리에서 도출 여부

① **도출되는 것**: 교육을 받을 권리로부터 부모의 교육기회제공청구권, 학교선택권은 도출된다. 그러나 과외교습금지 판례에서는 학부모의 자녀교육권의 근거로 헌법 제10조, 제36조, 제37조 제1항을 근거로 들고 있다.

② **도출되지 않는 것**: 교육을 받을 권리로부터 교사의 수업권이 도출되는 것은 아니다. 교과서 검인정제도 사건에서 반대의견은 교육을 받을 권리로부터 교사의 수업권이 도출된다고 보았다.

⚖️ 판례

▐ 교육을 받을 권리에서 도출되지 않는 것

1. 재학 중인 학교의 법적 형태를 법인이 아닌 **공법상 영조물인 국립대학으로 유지해 줄 것을 요구할 권리**는 학생의 교육을 받을 권리에서 포함되지 않는다(헌재 2014.4.24. 2011헌마612).

2. 국민이 직접 실질적 평등교육을 위한 **교육비를 청구할 권리**가 도출되는 것은 아니다(헌재 1991.2.11. 90헌가27).

3. 교육을 받을 권리는 국민이 국가에 대해 직접 특정한 교육제도나 학교시설을 요구할 수 있음을 뜻하지 않으며, 더구나 자신의 교육환경을 최상 혹은 최적으로 만들기 위해 **타인의 교육시설 참여기회를 제한할 것을 청구할 수 있는 기본권은** 더더욱 아닌 것이다(헌재 2003.9.25. 2001헌마814).

4. 기존의 재학생들에 대한 교육환경이 상대적으로 열악해질 수 있음을 이유로 **새로운 편입학 자체를 하지 말도록 요구하는 것**은 교육을 받을 권리의 내용으로는 포섭할 수 없다(헌재 2003.9.25. 2001헌마814).

5. 교육을 받을 권리로부터 교육조건의 개선·정비와 교육기회의 균등한 보장을 적극적으로 요구할 수 있는 권리는 인정되나, 국가 또는 지방자치단체에게 2003년도 **사립유치원의 교사 인건비, 운영비 및 영양사 인건비를 예산으로 지원하여야 할 헌법상 작위의무가** 도출된다고 볼 수 없다(헌재 2006.10.26. 2004헌마13).

교육을 받을 권리 제한이 아닌 것

EBS 교재 수능반영

대학수학능력시험을 한국교육방송공사(EBS) 수능교재 및 강의와 연계하여 출제하기로 한 '2018학년도 대학 수학능력시험 시행기본계획'은 교육을 통한 자유로운 인격발현권을 제한받는 것으로 볼 수 있다. 한편, 청구인들은 심판대상계획으로 인해 교육을 받을 권리가 침해된다고 주장하지만, 심판대상계획이 헌법 제31조 제1항의 능력에 따라 균등하게 교육을 받을 권리를 직접 제한한다고 보기는 어렵다(헌재 2018.2.22. 2017헌마691).

📖 판례정리

교육을 받을 권리 침해 여부

헌법 위반인 것

1. **검정고시로 고등학교 졸업학력을 취득한 사람들의 수시모집 지원을 제한하는 내용의 국립교육대학교 등의 2017학년도 신입생 수시모집 입시요강** (헌재 2017.12.28. 2016헌마649)
   ① **쟁점**: 청구인들이 직접적으로 문제삼는 것은 직업선택에 필요한 자격요건의 제한이 아니라 대학입학 자격요건의 제한이어서 이 사건 수시모집요강과 관련하여 직접적으로 관련된 기본권은 교육을 받을 권리라 할 것이므로, 직업선택의 자유에 관하여는 별도로 판단하지 않는다. 이 사건 수시모집요강이 '검정고시 출신자'와 '고등학교 졸업자'를 차별한다는 주장은 균등하게 교육을 받을 권리의 침해 주장과 중복되므로, 이에 대하여는 별도로 판단하지 않는다.
   ② **헌법 제31조 균등한 교육을 받을 권리**: 헌법 제31조 제1항의 교육의 기회균등이란 국민 누구나가 교육에 대한 접근 기회 즉 취학의 기회가 균등하게 보장되어야 함을 뜻한다. 헌법 제22조 제1항이 보장하고 있는 학문의 자유와 헌법 제31조 제4항에서 보장하고 있는 대학의 자율성에 따라 대학이 학생의 선발 및 전형 등 대학입시제도를 자율적으로 마련할 수 있다 하더라도, 이러한 대학의 자율적 학생 선발권을 내세워 국민의 '균등하게 교육을 받을 권리'를 침해할 수 없으며, 이를 위해 대학의 자율권은 일정부분 제약을 받을 수 있다.
   ③ **능력에 따른 균등한 교육을 받을 권리**: 헌법 제31조 제1항은 취학의 기회에 있어서 고려될 수 있는 차별기준으로 '능력'을 제시함으로써, 능력 이외의 다른 요소에 의한 차별을 원칙적으로 제한하고 있다. 여기서 '능력'이란 '수학능력'을 의미하고 교육제도에서 '수학능력'은 개인의 인격발현과 밀접한 관계에 있는 인격적 요소이며, 학교 입학에 있어서 고려될 수 있는 합리적인 차별기준을 의미한다.
   ④ **균등한 교육을 받을 권리 침해**: 수시모집에서 검정고시 출신자에게 수학능력이 있는지 여부를 평가받을 기회를 부여하지 아니하고 이를 박탈한다는 것은 수학능력에 따른 합리적인 차별이라고 보기 어렵다. 피청구인들은 정규 고등학교 학교생활기록부가 있는지 여부, 공교육 정상화, 비교내신 문제 등을 차별의 이유로 제시하고 있으나 이러한 사유가 차별취급에 대한 합리적인 이유가 된다고 보기 어렵다. 그렇다면 이 사건 수시모집요강은 검정고시 출신자인 청구인들을 합리적인 이유 없이 차별함으로써 청구인들의 균등하게 교육을 받을 권리를 침해한다.

2. **고졸검정고시 또는 고등학교 입학자격 검정고시에 합격했던 자는 해당 검정고시에 다시 응시할 수 없도록 응시자격을 제한한 전라남도 교육청 공고** (헌재 2012.5.31. 2010헌마139)
   ① **쟁점**: 청구인들은 검정고시 재응시를 제한하는 것이 평등권을 침해한다는 취지로 주장하나, 그 내용은 바로 '균등하게 교육을 받을 권리'의 제한에 다름아니므로 교육을 받을 권리의 침해 여부에 대한 판단에서 같이 이루어질 문제이고, 그 밖에 행복추구권, 자기결정권 등의 침해에 대하여도 주장하고 있으나, 이 사건과 가장 밀접한 관련을 가지고 핵심적으로 다투어지는 사항은 **교육을 받을 권리**이므로, 이하에서는 이 사건 응시제한이 **교육을 받을 권리**를 침해하는지 여부를 판단하기로 한다.
   ② **침해 여부**: 초중등교육법이 '검정고시에 합격한 자'에 대하여만 응시자격 제한을 공고에 위임했다고 볼 근거도가 아니므로 이 사건 응시제한은 위임받은 바 없는 응시자격의 제한을 새로이 설정한 것으로서 기본

권 제한의 법률유보원칙에 위배하여 청구인의 교육을 받을 권리 등을 침해한다. 또한 과잉금지원칙에도 위반된다.

헌법 위반이 아닌 것

1. 대학교 모집정원에 지원자가 미달한 경우라도 **수학능력이 없는 자에 대해 불합격처분**을 한 것은 위헌이 아니다(대판 1983.6.28. 83누193).

2. **초등학교취학연령을 6세로** 한 교육법은 균등하게 교육을 받을 권리 침해가 아니다(헌재 1994.2.24. 93헌마192).

3. **만 16세 미만의 자에게 고등학교 학력인정의 평생교육시설에의 입학을 허용하지 않는 것**은 중학교 졸업나이를 기준으로 한 것이므로 교육을 받을 권리 침해가 아니다(헌재 2011.6.30. 2010헌마503).

4. 고시 공고일을 기준으로 **고등학교에서 퇴학된 날로부터 6월이 지나지 아니한 자를 고등학교 졸업학력 검정고시를 받을 수 있는 자의 범위에서 제외하는 것**은 과잉금지원칙에 위반되지 않는다(헌재 2008.4.24. 2007헌마1456).

5. 대학도서관장이 승인하지 아니하여 대학구성원이 아닌 청구인이 **서울교대 도서관에서 도서를 대출할 수 없다거나 열람실을 이용할 수 없다고** 하여 교육을 받을 권리가 침해된다고 볼 수도 없다(헌재 2016.11.24. 2014헌마977).

6. **보육교사 자격 취득을 위해 이수해야 하는 교과목 중 일부를 대면교과목으로 지정한 시행규칙 조항**은 보육교사 2급 자격 취득 요건으로 대면 교과목 이수를 요구할 뿐 대면 교과목으로 지정된 과목에 대한 교육 기회를 차별하고 있지 않으므로 교육을 받을 권리를 침해하지 아니한다(헌재 2016.11.24. 2016헌마299).

7. **2021학년도 대학입학전형기본사항 중 재외국민 특별전형 지원자격 가운데 학생의 부모의 해외체류요건 부분**
이 사건 전형사항은 일반전형을 통한 진학기회를 전혀 축소하지 않고, 국내 교육과정 수학 결손이 불가피하여 대학교육의 균등한 기회를 갖기 어려운 때로 지원자격을 한정하고자 한 것으로서 그 문언상 해외근무자의 배우자가 없는 한부모 가족에는 적용이 없는 점을 고려할 때, 청구인 학생을 불합리하게 차별하여 균등하게 교육을 받을 권리를 침해하는 것이라고 볼 수 없다(헌재 2020.3.26. 2019헌마212).

8. **2년제 전문대학의 졸업자에게만 대학·산업대학 또는 원격대학의 편입학 자격을 부여하고, 3년제 전문대학의 2년 이상 과정 이수자에게는 편입학 자격을 부여하지 않는 고등교육법**
고등교육법이 그 목적과 운영방법에서 전문대학과 대학을 구별하고 있는 이상, 전문대학 과정의 이수와 대학 과정의 이수를 반드시 동일하다고 볼 수 없어, 3년제 전문대학의 2년 이상 과정을 이수한 자에게 편입학 자격을 부여하지 아니한 것이 현저하게 불합리한 자의적인 차별이라고 볼 수 없다. 나아가 평생교육을 포함한 교육시설의 입학자격에 관하여는 입법자에게 광범위한 형성의 자유가 있다고 할 것이어서, 3년제 전문대학의 2년 이상의 이수자에게 의무교육기관이 아닌 대학에의 일반 편입학을 허용하지 않는 것이 교육을 받을 권리나 평생교육을 받을 권리를 본질적으로 침해하지 않는다(헌재 2010.11.25. 2010헌마144).

9. **피청구인이 2021.4.29. 발표한 '서울대학교 2023학년도 대학 신입학생 입학전형 시행계획' 중 수능위주전형 정시모집 '나'군의 전형방법의 2단계 평가에서 교과평가를 20점 반영하도록 한 '서울대학교 2023학년도 대학 신입학생 입학전형 시행계획'이 불합리하거나 자의적이어서 서울대학교에 진학하고자 하는 청구인들의 균등하게 교육을 받을 권리를 침해하는지 여부(소극)**
이 사건 계획은 대학수학능력시험(이하 '수능'이라 한다)의 개편으로 수능 응시자들이 선택할 수 있는 탐구과목의 조합이 크게 늘어나게 되자, 수능 성적과 아울러 고등학교 교육과정을 충실히 이수하였는지도 입학전형에서 전형요소로 반영하고자 한 것이다.
이 사건 계획에 따르더라도 서울대학교 2023학년도 정시모집 일반전형에서 수학능력시험 성적은 여전히 가장 중요한 전형요소이고, 교과평가를 전형요소로 도입한 것은 서울대학교에 입학하고자 하는 수험생이 해당 모집단위 관련 학문 분야에 필요한 수학능력을 지니고 있는지를 평가할 만한 합리적인 지표를 반영하고자 한 것이어서 그 합리성이 인정되며, 2단계 전형에서 수험생 사이의 교과평가 점수 차이는 최대 5점에 그치고, 학생생활기록부가 없는 수험생의 경우 대체서류 등을 통하여 교과평가가 이루어진다는 점을 종합하여 보면, 이 사건 계획이 불합리하다거나 자의적이라고 볼 수 없고, 따라서 청구인들의 균등하게 교육을 받을 권리를 침해하지 않는다(헌재 2022.5.26. 2021헌마527).

(3) 교사의 수업권

교사의 수업권은 자연법으로는 학부모에게 속하는 자녀에 대한 교육권을 신탁받은 것이고 실정법상으로는 공교육의 책임이 있는 국가의 위임에 의한 것이다(헌재 1992.11.12. 89헌마88).

> **⚖ 판례 ㅣ 수업권**
>
> 1. 교사의 수업권이 헌법 제31조에서 도출된다는 것은 교과서 검인정제도 판례에서 헌법재판소 법정의견이 아니라 반대의견에서 주장되었다(헌재 1992.11.12. 89헌마88).
>
> 2. 국민의 수학권과 교사의 수업의 자유는 다같이 보호되어야 하겠지만 그중에서도 국민의 수학권이 더 우선적으로 보호되어야 한다(헌재 1992.11.12. 88헌마88).
>
> 3. **교원의 수업거부행위는 학생의 학습권과 정면으로 상충하는 것**인바, 학생의 학습권이 교원의 수업권보다 우월하므로 **교원이 고의로 수업을 거부할 자유는 어떠한 경우에도 인정되지 아니하며**, 교원은 계획된 수업을 지속적으로 성실히 이행할 의무가 있다(대판 2007.9.20. 2005다25298).

2. 의무교육을 받을 권리

(1) 연혁

헌법은 **제헌헌법** 이래 의무교육제도에 관한 규정을 두고 있다. 즉, 제헌헌법 제16조는 "모든 국민은 균등하게 교육을 받을 권리가 있다. 적어도 초등교육은 의무적이며 무상으로 한다."라고 규정하여 적어도 초등교육에 한하여는 무상의 의무교육을 실시하여야 하는 것으로 하였고, 이는 제3공화국 헌법 제27조에 이르기까지 같았다. 그러나 1972.12.27. 개정된 **제4공화국 헌법**은 초등교육 이외에도 법률로써 의무교육의 범위를 확대할 수 있도록 하였다.

(2) 의무교육제도의 취지

교육을 받을 권리가 교육제도를 통하여 충분히 실현될 때에 비로소 모든 국민은 모든 영역에 있어서 각인의 기회를 균등히 하고 능력을 최고도로 발휘하게 되어 국민생활의 균등한 향상을 기할 수 있고, 인간으로서의 존엄과 가치를 가지며, 행복을 추구할 수 있기 때문이다. **의무교육제도는** 교육의 자주성·전문성·정치적 중립성 등을 지도원리로 하여 국민의 교육을 받을 권리를 뒷받침하기 위한, 헌법상의 **교육기본권에 부수되는** 제도보장이라 할 것이다(헌재 1991.2.11. 90헌가27).

(3) 의무교육의 주체

권리주체는 미취학의 아동이며, 의무주체는 아동의 친권자·후견인이다.

> **⚖ 판례 ㅣ 의무교육과 부모의 교육권**
>
> 학교제도에 관한 국가의 규율권한과 부모의 교육권이 서로 충돌하는 경우, 어떠한 법익이 우선하는가의 문제는 구체적인 경우마다 법익형량을 통하여 판단해야 하는데, 자녀가 의무교육을 받아야 할지의 여부와 그의 취학연령을 부모가 자유롭게 결정할 수 없다는 것은 부모의 교육권에 대한 과도한 제한이 아니다(헌재 2000.4.27. 98헌가16).

(4) 의무교육의 범위

① **초등학교 무상교육을 받을 권리**: 헌법 제31조 제2항과 제3항을 해석하면 초등학교 무상교육을 받을 권리는 헌법상 직접적 권리이다.

② **중등학교 무상교육을 받을 권리**: 헌법 제31조 제2항은 초등교육과 법률이 정하는 교육을 의무교육으로서 실시하도록 규정하였으므로 초등교육 이외에 어느 범위의 교육을 의무교육으로 할 것인가에 대한 결정은 입법자에게 위임되어 있다 할 것이다. 초등교육 이외의 의무교육은 구체적으로 법률에서 이에 관한 규정이 제정되어야 가능하고 초등교육 이외의 의무교육의 실시 범위를 정하는 것은 입법자의 형성의 자유에 속한다.

> **⚖ 판례 | 중등학교, 대학교 의무교육**
>
> 1. 헌법상 초등교육에 대한 의무교육과는 달리 **중등교육의 단계**에 있어서는 어느 범위에서 어떠한 절차를 거쳐 어느 시점에서 의무교육으로서 실시할 것인가는 입법자의 형성의 자유에 속하는 사항으로서 국회가 입법정책적으로 판단하여 법률로 구체적으로 규정할 때에 비로소 헌법상 권리로서 구체화되는 것으로 보아야 하기 때문이다. 따라서 입법자가 중학교교육에 대한 의무교육을 단계적으로 실시하는 것으로 규정함에 따라 아직 중학교교육의 무상 실시라는 혜택을 받지 못하는 지역이 있더라도 이는 그 지역의 주민들에 대하여는 이러한 혜택이 현재로서는 구체적인 헌법상의 권리로서 보장되지 않고 있는 것이며, 그들의 헌법상 보장된 권리가 국가에 의하여 침해되고 있다고 볼 수 없다(헌재 1991.2.11. 90헌가27).
>
> 2. 헌법은 초등교육과 법률이 정하는 교육만을 의무교육으로 규정하고 있고(제31조 제2항), 이에 따라 교육기본법은 6년의 초등교육과 3년의 중등교육만을 의무교육으로 규정하고 있을 뿐이므로, **대학교육**은 헌법 제31조 제2항이 의미하는 의무교육에 해당하지 아니한다(헌재 2015.5.28. 2014헌바262).
>
> 3. 중학교 의무교육 실시시기를 대통령령에 위임한 교육법 (헌재 1991.2.11. 90헌가27)
>   ① **헌법 제31조 제2항의 '법률이 정하는 교육을 받게 할 의무'**: 법률은 형식적 의미의 법률과 이에 근거한 대통령령도 포함하는 실질적 의미의 법률이므로 중등학교 의무교육의 시기와 범위를 대통령령에 위임한 교육법은 헌법 제31조 제2항에 위반되지 않는다.
>   ② **중요사항유보설**: 중학교 의무교육의 실시 여부와 연한은 본질적 사항이므로 국회가 반드시 법률로 정해야 할 사항이나 중학교 의무교육의 실시 시기와 범위는 비본질적 사항이므로 반드시 법률로 정해야 하는 것은 아니다.

---

(5) 의무교육의 무상 여부

헌법 제31조 제3항은 직접 의무교육을 무상으로 하도록 규정하고 있다.

(6) 무상의 범위

① **의무교육 이수를 위해 필요한 비용**: 헌법 제31조 제3항에 규정된 **의무교육의 무상원칙에 있어서 의무교육 무상의 범위**는 원칙적으로 헌법상 교육의 기회균등을 실현하기 위해 필수불가결한 비용, 즉 **모든 학생이 의무교육을 받음에 있어서 경제적인 차별 없이 수학하는 데 반드시 필요한 비용에 한한다.** 따라서 의무교육에 있어서 무상의 범위에는 의무교육이 실질적이고 균등하게 이루어지기 위한 본질적 항목으로, 수업료나 입학금의 면제, 학교와 교사 등 인적·물적 시설 및 그 시설을 유지하기 위한 인건비와 시설유지비 등의 부담제외가 포함되고, 그 외에도 의무교육을 받는 과정에 수반하는 비용으로서 의무교육의 실질적인 균등보장을 위해 필수불가결한 비용은 무상의 범위에 포함된다.

> **판례 | 학교운영지원비를 학교회계 세입항목에 포함시키도록 하는 구 초·중등교육법** *위헌결정
>
> 수업료나 입학금의 면제, 학교와 교사 등 인적·물적 기반 및 그 기반을 유지하기 위한 인건비와 시설유지비, 신규시설투자비 등의 재원마련 및 의무교육의 실질적인 균등보장을 위해 필수불가결한 비용은 무상의 범위에 포함된다. 따라서 <u>학교운영지원비를 학교회계 세입항목에 포함시키도록 하는 초·중등교육법 중 중학교 학생으로부터 징수하는 것</u>은 의무교육의 무상성 원칙에 반한다(헌재 2012.8.23. 2010헌바220).

② 의무교육 이수를 위해 필수불가결한 비용이 아닌 비용: 무상 여부는 입법자의 재량이다.

> **판례 | 급식비를 학부모에게 부담시키는 초등교육법** *합헌결정
>
> 의무교육에 있어서 본질적이고 **필수불가결한 비용 이외의 비용**을 무상의 범위에 포함시킬 것인지는 국가의 재정상황과 국민의 소득수준, 학부모들의 경제적 수준 및 사회적 합의 등을 고려하여 입법자가 입법정책적으로 해결해야 할 문제이다. **학교급식**은 학생들에게 한 끼 식사를 제공하는 영양공급 차원을 넘어 교육적인 성격을 가지고 있지만, 이러한 교육적 측면은 기본적이고 필수적인 학교 교육 이외에 부가적으로 이루어지는 식생활 및 인성교육으로서의 보충적 성격을 가지므로 의무교육의 실질적인 균등보장을 위한 본질적이고 핵심적인 부분이라고까지는 할 수 없다. 의무교육 대상인 **중학생의 학부모에게 급식관련비용 일부를 부담**하도록 하는 학교급식법은 의무교육의 무상원칙을 위반하였다고 할 수 없다(헌재 2012.4.24. 2010헌바164).

(7) 의무교육의 경비 부담

> **판례 | 서울시 의무교육비용 부담** *기각결정
>
> 헌법 제31조 제2항·제3항으로부터 직접 의무교육 경비를 중앙정부로서의 국가가 부담하여야 한다는 결론은 도출되지 않으며 지방자치단체에게 일부 부담시킬 수 있다. 따라서 **서울시 시세총액의 100분의 10에 해당하는 금액을 교육비 회계로 전출하도록 한 것**은 지방자치단체의 재정권 침해가 아니다(헌재 2005.12.22. 2004헌라3).

> **판례 | 의무교육 실시와 같은 공익 목적 내지 공적 용도로 공유재산을 무단점유한 경우 변상금 부과하는 법** *합헌결정
>
> <u>헌법 제31조 제3항의 의무교육 무상의 원칙이 의무교육을 위탁받은 사립학교를 설치·운영하는 학교법인 등과의 관계에서 관련 법령에 의하여 이미 학교법인이 부담하도록 규정되어 있는 경비까지 종국적으로 국가나 지방자치단체의 부담으로 한다는 취지로 볼 수는 없다.</u> 따라서 **사립학교를 설치·경영하는 학교법인이 공유재산을 점유하는 목적이 의무교육 실시라는 공공 부문과 연결되어 있다는 점만으로 그 점유자를 변상금 부과대상에서 제외하여야 한다고 할 수 없고**, 의무교육 실시와 같은 공익 목적 내지 공적 용도로 공유재산을 무단점유한 경우를 사익추구의 목적으로 무단점유한 경우와 동일하게 변상금을 부과하는 공유재산법이 공익 목적 내지 공적 용도로 무단점유한 경우와 사익추구의 목적으로 무단점유한 경우를 달리 취급하지 않았다 하더라도 평등원칙에 위반되지 아니한다(헌재 2017.7.27. 2016헌바374).

3. 교육의 자주성·전문성·정치적 중립성

(1) 국가교육권과 국민주권원리

국민주권의 원리는 공권력의 구성·행사·통제를 지배하는 우리 통치질서의 기본원리이므로, 공권력의 일종인 지방자치권과 국가교육권(교육입법권·교육행정권·교육감독권 등)도 이 원리에 따른 국민적 정당성기반을 갖추어야만 한다(헌재 1999.11.25. 99헌바28).

(2) 지방교육자치제도의 헌법적 근거

교육위원 선거를 포함한 현행 지방교육자치제도의 헌법적 근거는 헌법상 보장되고 있는 지방자치제도의 이념과 함께 헌법 제31조 제4항의 "교육의 자주성·전문성·정치적 중립성 및 대학의 자율성은 법률이 정하는 바에 의하여 보장된다."라는 규정에서 찾을 수 있다(헌재 2002.3.28. 2002헌마283).

(3) 지방교육자치제도의 헌법적 보장의 의의

국민주권의 원리는 공권력의 구성·행사·통제를 지배하는 우리 통치질서의 기본원리이므로, 공권력의 일종인 지방자치권이나 국가교육권(교육입법권·교육행정권·교육감독권 등)도 이 원리에 따른 국민적 정당성 기반을 갖추어야만 한다. 그런데 국민주권·민주주의 원리는 그 작용영역, 즉 공권력의 종류와 내용에 따라 구현방법이 상이할 수 있는바, 특히 <u>교육 부문에 있어서의</u> 국민주권·민주주의의 요청은 문화적 권력이라고 하는 국가교육권의 특수성으로 말미암아 정치 부문과는 다른 모습으로 구현될 수 있다. 즉, 지방교육자치도 지방자치권 행사의 일환으로 보장되는 것으로서 중앙권력에 대한 지방적 자치로서의 속성을 지니고 있지만, 동시에 그것은 헌법 제31조 제4항이 보장하고 있는 교육의 자주성·전문성·정치적 중립성을 구현하기 위한 것이므로 정치권력에 대한 문화적 자치로서의 속성도 아울러 지니고 있는 것이다. 이러한 '이중의 자치'의 요청으로 말미암아 지방교육자치의 민주적 정당성 요청은 어느 정도 제한이 불가피하게 되고, 결국 지방교육자치는 '민주주의·지방자치·교육자주'라고 하는 세 가지의 헌법적 가치를 골고루 만족시킬 수 있어야만 하는 것이다(헌재 2008.6.26. 2007헌마175).

(4) 지방교육자치와 민주주의·지방자치·교육자주

지방교육자치도 지방자치권행사의 일환으로서 보장되는 것이므로, 중앙권력에 대한 지방적 자치로서의 속성을 지니고 있지만, 동시에 그것은 헌법 제31조 제4항이 보장하고 있는 교육의 자주성·전문성·정치적 중립성을 구현하기 위한 것이므로, 정치권력에 대한 문화적 자치로서의 속성도 아울러 지니고 있다. 이러한 '이중의 자치'의 요청으로 말미암아 지방교육자치의 민주적 정당성요청은 어느 정도 제한이 불가피하게 된다. 지방교육자치는 '민주주의·지방자치·교육자주'라고 하는 세 가지의 헌법적 가치를 골고루 만족시킬 수 있어야만 하는 것이다. '민주주의'의 요구를 절대시하여 비정치기관인 교육위원이나 교육감을 정치기관(국회의원·대통령 등)의 선출과 완전히 동일한 방식으로 구성한다거나, '지방자치'의 요구를 절대시하여 지방자치단체장이나 지방의회가 교육위원·교육감의 선발을 무조건적으로 좌우한다거나, '교육자주'의 요구를 절대시하여 교육·문화분야 관계자들만이 전적으로 교육위원·교육감을 결정한다거나 하는 방식은 그 어느 것이나 헌법적으로 허용될 수 없다(헌재 2000.3.30. 99헌바113).

(5) 교육의 중립성의 내용과 범위

교육의 정치적 중립성이란, 교육이 특정 정파적 이해관계나 영향력으로부터 떨어져 중립적인 입장에서 이루어져야 한다는 것으로, 교육이 국가나 정치권력으로부터 부당하게 간섭을 받아서도 안 되고, 교육이 그 본연의 기능을 벗어나서 정치영역에 개입해서도 안 된다는 것을 뜻한다. 왜냐하면 교육은 그 본질상 이상적이고 비권력적인 것임에 반하여, 정치는 현실적이고 권력적인 것이기 때문에 교육과 정치는 일정한 거리를 유지하는 것이 바람직하기 때문이다. 나아가 교육의 정치적 중립성을 보장하기 위하여는, <u>교육내용의 정치적 중립성이나 교사의 정치적 중립성뿐만 아니라 교육을 운영하고 감독하는 교육행정의 정치적 중립성도 요구된다 할 것이다</u>(헌재 2008.6.26. 2007헌마175).

⚖ 판례 | 교육의 자주성

교육위원 및 교육감의 선거인단을 학교운영위원회 위원으로 한정한 지방교육자치법

비록 일부 교육당사자가 교육위원 및 교육감의 선거과정에서 배제되었다고 하더라도 이는 현실적인 여건 등을 고려한 것으로서 정당화될 수 있을 뿐만 아니라, 위와 같은 선거는 교육의 자주성을 구현하기 위한 한 방편에 불과한 것으로서, 그밖에도 교육정책의 결정 및 집행과정에서 의견제출 등 다양한 방법을 통한 참여에 의하여 교육의 자주성을 실현할 수 있는 길이 보장되어 있다고 할 것이므로, 이 사건 법률조항으로 인하여 교육의 자주성이 침해된 것으로는 볼 수 없다(헌재 2002.3.28. 2000헌마283).

4. 교육제도

(1) 의의

헌법은 국민의 수학권(헌법 제31조 제1항)의 차질 없는 실현을 위하여 교육제도와 교육재정 및 교원제도 등 기본적인 사항이 법률에 의하여 시행되어야 할 것을 규정(헌법 제31조 제6항)하는 한편 교육의 자주성·전문성·정치적 중립성(및 대학의 자율성)도 법률이 정하는 바에 의하여 보장되어야 할 것을 규정(헌법 제31조 제4항)하고 있는데, 위와 같은 넓은 의미의 '교육제도 법률주의'는 … 국가의 백년대계인 교육이 일시적인 특정 정치세력에 의하여 영향을 받거나 집권자의 통치상의 의도에 따라 수시로 변경되는 것을 예방하고 장래를 전망한 일관성이 있는 교육체계를 유지·발전시키기 위한 것이며 그러한 관점에서 국민의 대표기관인 국회의 통제하에 두는 것이 가장 온당하다는 의회민주주의 내지 법치주의 이념에서 비롯된 것이다. 이는 헌법이 한편으로는 수학권을 국민의 기본권으로서 보장하고 다른 한편으로 이를 실현하는 의무와 책임을 국가가 부담하게 하는 교육체계를 교육제도의 근간으로 하고 있음을 나타내는 것이라고 할 수 있는 것이다(헌재 1992.11.12. 89헌마88).

(2) 교육제도에 있어서 입법형성의 자유

교육제도 등에 관한 기본적인 사항을 법률로 정함에 있어 국가가 그 종류와 설립기준 등을 정하고 이에 대하여 어느 정도 감독할 것인지 등의 문제는 교육의 본질을 침해하지 아니하는 한 궁극적으로는 입법권자의 입법형성의 자유에 속하는 것이라고 할 것이다. 그리고 여기서 말하는 교육제도는 공·사립학교에 관한 것뿐만 아니라 **학원의 형태에 의한 사회교육제도에 관한 것도 포함하는 것이다**(헌재 2001.2.22. 99헌바93).

(3) 사학 운영의 자유

① 의의: 설립자가 사립학교를 자유롭게 운영할 자유는 비록 헌법에 독일기본법 제7조 제4항과 같은 **명문규정은 없으나** 헌법 제10조에서 보장되는 행복추구권의 한 내용을 이루는 일반적인 행동의 자유권과 모든 국민의 능력에 따라 균등하게 교육을 받을 권리를 규정하고 있는 헌법 제31조 제1항 그리고 교육의 자주성, 전문성, 정치적 중립성 및 대학의 자율성을 규정하고 있는 헌법 제31조 제4항에 의하여 인정되는 **기본권의 하나라 하겠다**(헌재 2001.1.18. 99헌바63).

② 사립학교 교육에 대한 국가의 개입과 감독의 필요성: 학교교육은 가장 기초적인 국가융성의 자양분이며 사회발전의 원동력이라 할 수 있고 국가 사회적으로 지대한 관심과 영향을 미치는 것이어서 국가의 개입과 감독의 필요성이 그 어느 분야보다도 크다고 아니 할 수 없다. **사립학교의 경우에도 국·공립학교와 설립주체가 다를 뿐 교직원, 교과과정, 교과용도서의 사용 등에 있어서 동일하므로 이와 같은 교육의 개인적·국가적 중요성과 그 영향력의 면에서 국·공립학교와 본질적인 차이가 있을 수 없다**(헌재 2001.1.18. 99헌바63).

사립학교 운영의 자유 침해 여부

1. **학교급식의 실시에 필요한 시설·설비에 요하는 경비를 원칙적으로 학교의 설립경영자가 부담하도록 한 학교급식법**
   공립학교와 마찬가지로 공교육을 담당하는 사립학교는 학생들을 위한 급식시설을 갖출 필요가 있으며, 위 조항은 그러한 공익목적을 위한 적합한 수단에 해당되는바, 위탁급식이 아닌 학생들을 위한 급식시설은 공교육을 위한 기본시설에 속하므로 이를 국가가 학부모 등의 도움 없이 사립학교로 하여금 부담하게 하는 것은 합리적 이유가 있는 것이며, 또 국가의 재정적 지원이 어느 정도 이루어지고 있는 것을 감안하면, 이러한 규율이 사립학교 운영의 자유를 필요한 범위를 넘어서 지나치게 제한하고 있다거나, 공익의 비중에 비추어 사립학교에게 과도한 부담을 지우는 것이라고 보기는 어려우므로, 위 조항은 사립학교 운영의 자유를 침해하지 않는다고 할 것이다(헌재 2010.7.29. 2009헌바40).

2. 사학의 정상화를 위한 것이므로 **사립학교운영이 비정상적인 경우 관할청의 임시이사선임**은 사학의 운영의 자유를 침해하는 것이 아니다. 학교정상화가 된 경우 관할청이 조정위원회의 의결을 거쳐 정식이사를 선임하도록 한 것은 종전이사의 재산권·경영권 침해가 아니다(헌재 2013.11.28. 2011헌바136).

3. 학교법인의 경영과 학교행정을 인적으로 분리함으로써 학교의 자주성을 보호하고 사학운영의 공공성과 투명성을 제고하고자 하는 것으로 **초·중등학교장의 중임회수를 1회로 제한한** 사립학교법이 학교법인의 사학의 자유나 초·중등학교장의 직업의 자유를 침해한다고 할 수 없다. 학교법인의 이사장과 특정관계에 있는 사람의 학교장 임명을 제한하는 사립학교법이 이사장과 특정관계에 있는 사람(배우자, 직계존비속과 그 배우자)의 직업의 자유나 학교법인의 사학의 자유를 침해한다고 할 수 없다(헌재 2013.11.28. 2007헌마1189).

4. 교육은 국가의 백년대계로서 특히 사립학교에 있어 교육을 위한 재산확보는 필수적이며 그 물적 기반이 부실하여 학교의 존립이 위태롭게 되는 경우 수많은 학생, 학부모 등의 생활에 미치는 부작용이 이루헤아릴 수 없을 만큼 크다. 따라서 국민이 교육을 받고 부모의 자녀교육권이 적절하게 보장되도록 하기 위하여 <u>사립학교의 재산관리에 국가개입은 불가피하고 긴요한 것으로서 그 정당성은 충분히 인정된다.</u> 학교법인의 재산확보를 통하여 학생의 교육을 받을 권리 보장을 위하여 **학교법인이 의무를 부담하고자 할 때 관할청의 허가를 받도록 한** 사립학교법은 학교법인의 자율권 침해가 아니다(헌재 2001.1.18. 99헌바63).

5. **학원설립등록의무를 부과하고** 이를 어긴 경우 처벌하도록 규정하는 것은 국민의 교육을 받을 권리를 실질적으로 보장하기 위하여 교육제도와 시설을 일정한 수준으로 유지시키고 이를 위하여 국가가 적절한 지도, 감독을 하기 위한 목적을 지닌 제도라고 할 수 있으므로 국민의 행복추구권, 직업선택의 자유를 침해한다고 볼 수 없다(헌재 2001.2.22. 99헌바93).

6. 학원의 설립·운영 및 과외교습에 관한 법률이 **'유아를 대상으로 교습하는 학원'을 학교교과교습학원으로 분류하여 등록하도록 한 것**은 명확성원칙에 위배되지 않고 직업선택의 자유나 행복추구권을 침해한다고 보기 어렵다(헌재 2013.5.30. 2011헌바227).

7. **학교설립인가를 받지 아니하고 학교의 명칭을 사용하거나 학생을 모집하여 시설을 사실상 학교의 형태로 운영하는 행위를 처벌하는 초·중등교육법**
   대안교육이 학교 형태로 시행될 때 필요한 시설기준과 교육과정 등에 대한 최소한의 기준을 국가가 마련하여 학교설립인가를 받게 하는 것은 입법자의 입법재량 범위 안에 포함되며, 이를 방치할 경우 생길 수 있는 사회적 폐해를 고려하여 설립인가제로써 최소한의 규제를 하는 것이므로 이 사건 법률조항은 사립학교 설립의 자유 등 기본권을 침해한다고 볼 수 없다(헌재 2020.10.29. 2019헌바374).

8. **학교가 법령 등을 위반하여 정상적인 학사운영이 불가능한 경우에 교육과학기술부장관은 학교의 폐쇄를 명할 수 있다고 규정한 고등교육법**
   이 사건 해산명령조항은 학교법인으로 하여금 사립학교의 설치·경영이라는 목적 달성에 충실하도록 하며, 비정상적으로 운영되는 사립학교의 존립 가능성을 사전에 차단함으로써, 전체 교육의 수준을 일정 수준 이상으로 유지하기 위한 것이다. 이 사건 해산명령조항에 따라 학교법인이 해산됨으로써 달성할 수 있는 공익이,

학교법인 해산으로 인하여 발생하게 될 불이익보다 작다고 할 수도 없다. 따라서 이 사건 해산명령조항은 과잉금지원칙에 반하지 않는다(헌재 2018.12.27. 2016헌바217).

9. 유치원의 학교에 속하는 회계의 예산과목 구분을 정한 사학기관 재무·회계 규칙

사립유치원의 재무회계를 국가가 관리·감독하는 것은 사립유치원 경영의 투명성을 제고할 수 있는 적합한 수단이다. 비록 심판대상조항의 사립유치원 세입·세출예산 과목에 청구인들이 주장하는 바와 같은 항목들(유치원 설립을 위한 차입금 및 상환금, 유치원 설립자에 대한 수익배당, 통학 및 업무용 차량 이외의 설립자 개인 차량의 유류대 등)을 두지 않았다고 하더라도, 그러한 사정만으로는 심판대상조항이 현저히 불합리하거나 자의적이라고 볼 수 없다. 따라서 심판대상조항이 입법형성의 한계를 일탈하여 사립유치원 설립·경영자의 사립유치원 운영의 자유를 침해한다고 볼 수 없다(헌재 2019.7.25. 2017헌마1038).

10. 자율형 사립고등학교 후기학교로 정하여 신입생을 일반고와 동시에 선발하도록 한 초·중등교육법 시행령과 자사고를 지원한 학생에게 평준화지역 후기학교에 중복지원하는 것을 금지한 시행령

자사고가 전기학교로 유지되리라는 기대 내지 신뢰는 자사고의 교육과정을 도입취지에 충실하게 운영할 것을 전제로 한 것이므로 그 전제가 충족되지 않은 이상 청구인 학교법인의 신뢰를 보호하여야 할 가치나 필요성은 그만큼 약하다. 고교서열화 및 입시경쟁 완화라는 공익은 매우 중대하고, 자사고를 전기학교로 유지할 경우 우수학생 선점 문제를 해결하기 곤란하여 고교서열화 현상을 완화시키기 어렵다는 점, 청구인 학교법인의 신뢰의 보호가치가 작다는 점을 고려하면 이 사건 동시선발 조항은 신뢰보호원칙에 위배되지 아니한다(헌재 2019.4.11. 2018헌마221).

📖 주제정리

학교용지부담금

1. 재정조달목적 부담금

① 학교용지부담금은 학교용지를 확보하거나 학교를 증축하기 위하여 개발사업을 시행하는 자에게 징수하는 경비이며, 납부된 부담금은 학교 시설의 신설에 필요한 용지 매입비 및 감정평가수수료 등의 비용, 학교용지부담금의 부과·징수에 소요되는 비용 및 기존 건물의 증축비용 등으로 사용된다. 따라서 학교용지부담금은 개발사업지역의 학교시설 확보라는 특별한 공익사업의 재정을 충당하기 위하여 특정 집단에게만 반대급부 없이 부과되는 **재정조달목적 부담금**에 해당한다(헌재 2008.9.25. 2007헌가1).

② 부담금의 성질에 따른 분류에 의하면, 학교용지부담금은 **재정조달목적의 부담금**이라고 볼 수 있다. 왜냐하면 학교용지부담금은 기본적으로 필요한 학교시설의 확보에 있어서 소요되는 재정을 충당하기 위한 것이고, 부담금을 부과함으로써 택지개발, 주택공급 등을 제한하거나 금지하기 등의 정책적, 유도적 성격은 희박하기 때문이다(헌재 2005.3.31. 2003헌가20).

2. 재정조달목적의 부담금의 한계

헌법재판소는 재정조달목적의 부담금이 헌법적 정당성을 인정받기 위해서는, 부담금은 조세에 대한 관계에서 예외적으로만 인정되어야 하며 일반적 공익사업을 수행하는 데 사용할 목적이라면 부담금을 남용하여서는 안 되고, 부담금 납부의무자는 일반국민에 비해 '특별히 밀접한 관련성'을 가져야 하고, 부담금이 장기적으로 유지되는 경우에 있어서는 **그 징수의 타당성이나 적정성이 입법자에 의해 지속적으로 심사되어야 한다고 밝힌 바 있다**(헌재 2004.7.15. 2002헌바42).

3. 학교용지부담금 부과의 한계

모든 국민의 재산권은 헌법상 보장되므로(헌법 제23조 제1항) 국민에게 조세 이외에 재산상의 부담을 부과할 경우 이에 대한 헌법적 근거가 필요하다고 할 것인바, 우리 헌법은 기본권에 관한 일반적 유보조항(헌법 제37조 제2항)을 두고 있으므로 공공복리를 위하여 필요한 경우 법률로써 국민의 자유와 권리를 제한할 수 있으며 부담금 부과에 의한 재산권의 제한도 마찬가지라고 할 것이다. 또한 일반적인 기본권 제한의 한계(비례성원칙) 및 특히 학교용지부담금의 경우 여기에 덧붙여 헌법 제31조 제3항의 의무교육의 무상성과의 관계를 고려하여야 한다.

4. 의무교육에 필요한 학교시설 확보를 위하여 주택 등을 분양받은 자에게 학교용지부담금을 부과·징수할 수 있도록 한 구 학교용지확보에 관한 특례법

의무교육에 필요한 학교시설은 국가의 일반적 과제이고, 학교용지는 의무교육을 시행하기 위한 물적 기반으로서 필수조건임은 말할 필요도 없으므로 이를 달성하기 위한 비용은 국가의 일반재정으로 충당하여야 한다. 따라서 적어도 의무교육에 관한 한 일반재정이 아닌 부담금과 같은 별도의 재정수단을 동원하여 특정한 집단으로부터 그 비용을 추가로 징수하여 충당하는 것은 의무교육의 무상성을 선언한 헌법에 반한다(헌재 2005.3.31. 2003헌가20).

5. 개발사업시행자에게 학교용지 조성·개발의무를 부과한 학교용지 확보 등에 관한 특례법 (헌재 2010.4.29. 2008헌바70)

① 의무교육의 무상성에 관한 헌법상 규정은 교육을 받을 권리를 보다 실효성 있게 보장하기 위해 의무교육 비용을 학령아동 보호자의 부담으로부터 공동체 전체의 부담으로 이전하라는 명령일 뿐 의무교육의 모든 비용을 조세로 해결해야 함을 의미하는 것은 아니므로, 학교용지부담금의 부과대상을 수분양자가 아닌 개발사업자로 정하고 있는 이 사건 법률조항은 의무교육의 무상원칙에 위배되지 아니한다.

② 학교용지의 개발과 확보를 용이하게 함으로써 궁극적으로 교육환경을 개선하려는 이 사건 법률조항의 입법목적은 공공복리의 달성에 기여하는 것으로 정당하고, 학교신설 및 학급증설에 대한 필요성을 야기한 원인제공자인 개발사업시행자가 개발사업의 계획을 수립할 때부터 학교용지를 개발하여 시·도에 공급하도록 하는 것은 적절한 방법이다. 학교는 헌법 제31조 제1항·제2항에서 규정하고 있는 모든 국민의 교육을 받을 권리와 아동에게 의무교육을 받게 할 의무라는 큰 가치를 실현하고 도시 및 주거환경의 수준 및 국민의 삶의 질을 향상시키기 위한 필수적인 기반시설이고, 개발사업이 종료된 다음에는 학교용지를 확보하기 곤란한 경우가 있을 것이므로 개발사업의 계획단계부터 학교용지를 확보하게 할 필요성도 인정되며, 시·도가 학교용지를 공급받을 때 개발사업시행자에게 감정평가에 의한 공급가액을 대가로 지급하므로, 일반적으로 법익의 균형성도 인정된다.

6. 매도나 현금청산의 대상이 되어 제3자에게 분양됨으로써 기존에 비하여 가구 수가 증가하지 아니하는 개발사업분을 학교용지부담금 부과대상에서 제외하는 규정을 두지 아니한 특례법 *헌법불합치결정, 잠정적용 허용

매도나 현금청산의 대상이 되어 제3자에게 분양됨으로써 기존에 비하여 가구 수가 증가하지 아니하는 개발사업분을 학교용지부담금 부과 대상에서 제외하는 규정을 두지 아니한 것은 주택재건축사업의 시행자들 사이에 학교시설확보의 필요성을 유발하는 정도와 무관한 불합리한 기준으로 학교용지부담금의 납부액을 달리하는 차별을 초래하므로, 매도나 현금청산의 대상이 되어 제3자에게 분양됨으로써 기존에 비하여 가구 수가 증가하지 아니하는 개발사업분을 학교용지부담금 부과대상에서 제외하는 규정을 두지 아니한 것은 평등원칙에 위배된다(헌재 2013.7.25. 2011헌가32).

제4절 근로의 권리

> 헌법 제32조 【근로의 권리·의무 등, 국가유공자의 기회우선】 ① 모든 국민은 근로의 권리를 가진다. 국가는 사회적·경제적 방법으로 근로자의 고용의 증진과 적정임금의 보장에 노력하여야 하며, 법률이 정하는 바에 의하여 최저임금제를 시행하여야 한다.
> ② 모든 국민은 근로의 의무를 진다. 국가는 근로의 의무의 내용과 조건을 민주주의 원칙에 따라 법률로 정한다.
> ③ 근로조건의 기준은 인간의 존엄성을 보장하도록 법률로 정한다.
> ④ 여자의 근로는 특별한 보호를 받으며, 고용·임금 및 근로조건에 있어서 부당한 차별을 받지 아니한다.
> ⑤ 연소자의 근로는 특별한 보호를 받는다.
> ⑥ 국가유공자·상이군경 및 전몰군경의 유가족은 법률이 정하는 바에 의하여 우선적으로 근로의 기회를 부여받는다.

01 근로의 권리의 의의

1. 개념

근로의 권리란 근로자가 자신의 의사와 능력에 따라 직장을 선택하여 근로관계를 형성하고 국가에 대하여 근로의 기회를 요구할 수 있는 권리이다.

2. 연혁

1948년 제헌헌법부터 근로의 권리와 의무는 규정되어 왔다. 현행헌법 제32조 제6항의 국가유공자 등에 대한 우선적인 근로기회보장은 제8차 개정헌법에서 최초로 규정되었다.

3. 법적 성격

근로의 권리는 자유권적 성격과 사회권적 성격을 가지고 있는데 그 본질은 사회적 기본권이다. 사회적 기본권성에 대해서도 구체적 권리라는 것이 다수설이다.

02 근로의 권리의 주체

1. 법인

법인은 직업의 자유의 주체가 될 수는 있으나 근로의 권리의 주체가 될 수는 없다. **헌법상의 근로의 권리(제32조 제1항)는 근로자 개인을 보호하기 위한 것이므로 노동조합이 그 주체가 될 수 없다**(헌재 2009.2.26. 2007헌바27).

2. 외국인

사회적·경제적 정책을 요구할 수 있는 권리는 사회권적 기본권으로서 국민에 대하여만 인정되므로 외국인은 근로의 권리 중 '일할 자리에 관한 권리'의 주체가 될 수 없다. 그러나 근로의 권리 중 자유권적 기본권의 성격을 가지는 '일할 환경에 관한 권리'의 주체는 된다.

⚖ 판례 | 외국인 근로의 권리

1. 근로의 권리란 인간이 자신의 의사와 능력에 따라 근로관계를 형성하고, 타인의 방해를 받음이 없이 근로관계를 계속 유지하며, 근로의 기회를 얻지 못한 경우에는 국가에 대하여 근로의 기회를 제공하여 줄 것을 요구할 수 있는 권리를 말하며, 이러한 근로의 권리는 생활의 기본적인 수요를 충족시킬 수 있는 생활수단을 확보해 주고 나아가 인격의 자유로운 발현과 인간의 존엄성을 보장해 주는 것으로서 사회권적 기본권의 성격이 강하므로 이에 대한 **외국인의 기본권 주체성을 전면적으로 인정하기는 어렵다.** 그러나 **근로의 권리가 '일할 자리에 관한 권리'만이 아니라 '일할 환경에 관한 권리'도 함께 내포하고 있는 바,** 후자는 인간의 존엄성에 대한 침해를 방어하기 위한 자유권적 기본권의 성격도 갖고 있어 건강한 작업환경, 일에 대한 정당한 보수, 합리적인 근로조건의 보장 등을 요구할 수 있는 권리 등을 포함한다고 할 것이므로 외국인근로자라고 하여 이 부분에까지 기본권 주체성을 부인할 수는 없다. 즉, 근로의 권리의 구체적인 내용에 따라, 국가에 대하여 고용증진을 위한 **사회적·경제적 정책을 요구할 수 있는 권리는 사회권적 기본권으로서 국민에 대하여만 인정해야 하지만,** 자본주의 경제질서하에서 근로자가 기본적 생활수단을 확보하고 인간의 존엄성을 보장받기 위하여 최소한의 근로조건을 요구할 수 있는 권리는 자유권적 기본권의 성격도 아울러 가지므로 이러한 경우 외국인근로자에게도 그 기본권 주체성을 인정함이 타당하다(헌재 2007.8.30. 2004헌마670).

2. 외국인이 국내 사업주와 불법으로 근로계약을 체결하였더라도 그 계약은 유효하고, **근로기준법상의 근로자보호규정**은 외국인인 근로자에게도 적용되어야 한다. 비록 원고가 출입국관리법상의 취업자격을 갖고 있지 않았다 하더라도 위 고용계약이 당연히 무효라고 할 수 없는 이상 위 부상당시 원고는 사용종속관계에서 근로를 제공하고 임금을 받아온 자로서 근로기준법 소정의 근로자였다 할 것이므로 산업재해보상보험법상의 요양급여를 받을 수 있는 대상에 해당한다 할 것이다(대판 1995.9.15. 94누12067).

3. '일할 환경에 관한 권리'는 인간의 존엄성에 대한 침해를 방어하기 위한 권리로서 외국인에게도 인정되며, **출국만기보험금**은 퇴직금의 성질을 가지고 있어서 그 지급시기에 관한 것은 근로조건의 문제이므로 외국인인 청구인들에게도 기본권 주체성이 인정된다(헌재 2016.3.31. 2014헌마367).

📖 판례정리

외국인 근로의 권리

1. 실질적 근로자인 외국인산업연수생에 대하여 일반 근로자와 달리 근로기준법의 일부 조항의 적용을 배제하는 것은 자의적인 차별이라 아니할 수 없다(헌재 2007.8.30. 2004헌마670). ***위헌결정**

2. **외국인 사업자 이동3회 제한**

   근로의 권리란 '일할 자리에 관한 권리'와 '일할 환경에 관한 권리'를 말하며, 후자는 건강한 작업환경, 일에 대한 정당한 보수, 합리적인 근로조건의 보장 등을 요구할 수 있는 권리 등을 의미하는바, 직장변경의 횟수를 제한하고 있는 '외국인근로자의 고용 등에 관한 법률은 위와 같은 **근로의 권리를 제한하는 것은 아니라 할 것이다.** 이 사건 법률조항은 외국인근로자의 사업장 최대변경가능 횟수를 설정하고 있는바, 이로 인하여 외국인근로자는 일단 형성된 근로관계를 포기(직장이탈)하는 데 있어 제한을 받게 되므로 이는 직업선택의 자유 중 **직장선택의 자유를 제한하고 있다**(헌재 2011.9.29. 2007헌마1083).

3. 외국인근로자의 효율적인 고용관리와 근로자로서의 권익을 보호하기 위한 **외국인근로자 고용허가제**는 직업수행의 자유 침해가 아니다(헌재 2009.9.24. 2006헌마1264).

---

03 근로의 권리의 내용

1. 보호영역

(1) 포함되는 것

① 근로의 권리는 사회적 기본권으로서, 국가에 대하여 직접 일자리를 청구하거나 일자리에 갈음하는 생계비의 **지급청구권**을 의미하는 것이 아니라, **고용증진을 위한 사회적·경제적 정책을 요구할 수 있는 권리에 그친다**(헌재 2002.11.28. 2001헌바50).

② 근로의 권리란 인간이 자신의 의사와 능력에 따라 근로관계를 형성하고, 타인의 방해를 받음이 없이 근로관계를 계속 유지하며, 근로의 기회를 얻지 못한 경우에는 **국가에 대하여 근로의 기회를 제공하여 줄 것을 요구할 수 있는 권리**를 말한다(헌재 1991.7.22. 89헌가106).

③ 근로관계 종료 전 사용자로 하여금 근로자에게 해고예고를 하도록 하는 것은 개별 근로자의 인간 존엄성을 보장하기 위한 최소한의 근로조건 가운데 하나에 해당하므로, **해고예고에 관한 권리**는 근로의 권리의 내용에 포함된다(헌재 2015.12.23. 2014헌바3).

④ 인간의 존엄성을 보장하기 위한 합리적인 근로조건에 해당하므로 **연차유급휴가에 관한 권리**는 근로의 권리의 내용에 포함된다(헌재 2015.5.28. 2013헌마619).

(2) 포함되지 않는 것

① **근로자가 최저임금을 청구할 수 있는 권리**도 헌법상 바로 도출되는 것이 아니라 최저임금법 등 관련 법률이 구체적으로 정하는 바에 따라 비로소 인정될 수 있다(헌재 2012.10.25. 2011헌마307).

② **퇴직급여 청구할 권리**는 헌법상 도출되는 것이 아니라 법률에 의해 인정되는 권리이다. 근로기간 1년 미만인 근로자가 퇴직급여를 청구할 수 있는 권리가 헌법 제32조 제1항에 의하여 보장된다고 보기는 어렵다(헌재 2011.7.28. 2009헌마408).

③ 헌법 제32조의 근로의 권리, 사회국가원리 등에 근거하여 실업방지 및 부당한 해고로부터 근로자를 보호하여야 할 국가의 의무를 도출할 수는 있을 것이나, 국가에 대한 직접적인 **직장존속보장청구권**을 근로자에게 인정할 헌법상의 근거는 없다(헌재 2002.11.28. 2001헌바50).

④ 근로의 권리는 사회적 기본권으로서, **국가에 대하여 직접 일자리를 청구하거나 일자리에 갈음하는 생계비의 지급청구권을 의미하는 것이 아니다**(헌재 2002.11.28. 2001헌바50).

⑤ 청구인들은 기존 직장에서 계속 근무하기를 원하는 **기간제근로자들에게** 정규직으로 전환되지 않는 한 **2년을 초과하여 계속적으로 근무할 수 없도록** 한 조항이 직업선택의 자유, 근로의 권리를 침해하고 있다고 주장한다. 이러한 청구인들의 주장은 기간제근로자라 하더라도 한 직장에서 계속해서 일할 자유를 보장해야(근로관계의 존속보장) 한다는 취지로 읽힌다. 그런데 헌법 제15조 직업의 자유와 제32조 근로의 권리는 국가에게 단지 사용자의 처분에 따른 직장 상실에 대하여 최소한의 보호를 제공해 줄 의무를 지울 뿐이고, 여기에서 **직장 상실로부터 근로자를 보호하여 줄 것을 청구할 수 있는 권리**가 나오지는 않으므로, 직업의 자유, 근로의 권리 침해 문제는 이 사건에서 발생하지 않는다(헌재 2013.10.24. 2010헌마219).

2. 해고의 자유의 제한

헌법 제32조가 해고의 자유를 제한하는 근거가 되는가에 대해 긍정설이 다수설이다.

근로의 권리 관련

헌법 위반인 것

1. 근로관계 종료 전 사용자로 하여금 해고예고를 하도록 하는 것이 근로의 권리의 내용에 포함된다 하더라도, 그 구체적 내용인 적용대상 근로자의 범위를 어떻게 정할 것인지 또 예고기간을 어느 정도로 정할 것인지 여부 등에 대해서는 입법자에게 입법형성의 재량이 주어져 있다. **월급근로자로서 6개월이 되지 못한 자를 해고예고제도의 적용예외 사유로 규정하고 있는** 근로기준법은 근무기간이 6개월 미만인 월급근로자의 근로의 권리를 침해하고, 평등원칙에 위배된다(헌재 2015.12.23. 2014헌바3).

2. 산업연수생이 연수라는 명목하에 사업주의 지시·감독을 받으면서 사실상 노무를 제공하고 수당 명목의 금품을 수령하는 등 실질적인 근로관계에 있는 경우에도, **근로기준법이 보장한 근로기준 중 주요사항을 외국인 산업연수생에 대하여만 적용되지 않도록 하는 것**은 자의적인 차별이라 아니할 수 없다(헌재 2007.8.30. 2004헌마670).

3. 산업재해보상보험법 제4조 제2호 단서 및 근로기준법시행령 제4조가 정하는 경우에 관하여 **노동부장관이 평균임금을 정하여 고시하지 아니하는 부작위**는 헌법에 위반된다. 법률이 행정입법을 당연한 전제로 규정하고 있음에도 불구하고 행정권이 그 취지에 따라 행정입법을 하지 아니함으로써 법령의 공백상태를 방치하고 있는 경우에는 행정권에 의하여 입법권이 침해되는 결과가 되는 것이므로, 노동부장관의 평균임금 행정입법 작위의무는 헌법적 의무라고 보아야 한다(헌재 2002.7.18. 2000헌마707).

헌법 위반이 아닌 것

1. **일용근로자로서 3개월을 계속 근무하지 아니한 자를 해고예고제도의 적용제외사유로 규정하고 있는** 근로기준법은 청구인의 근로의 권리를 침해한다고 볼 수 없다(헌재 2017.5.25. 2016헌마640).

2. **해고사유를 '정당한 이유'로 규정한** 근로기준법은 명확성원칙에 반하지 않는다(헌재 2013.12.26. 2012헌바375).

3. 진흥원은 각 연구원에 속하였던 재산과 권리의무를 승계한다고 규정하여 **근로관계의 당연승계 조항을 두지 아니한** 한국보건산업진흥법은 근로의 권리 침해가 아니다(헌재 2002.11.28. 2001헌바50).

4. 공무원보수규정 제5조 중 [별표 13] 군인의 봉급표의 **'병'의 '월 지급액'에 관한 부분**은 근로의 권리와 재산권, 평등권을 침해한다고 할 수 없다(헌재 2012.10.25. 2011헌마307).

5. 불법체류 방지를 위해 그 지급시기를 출국과 연계시키는 것은 불가피하므로 **외국인근로자의 출국만기보험금을 출국 후 14일 이내에 지급하도록 하는 것**은 외국인근로자들의 근로의 권리를 침해한다고 보기 어렵다(헌재 2016.3.31. 2014헌마367).

6. 연차유급휴가에 관한 권리는 근로의 권리의 내용에 포함된다. 이 사건 법률조항이 근로연도 중도퇴직자의 중도퇴직 전 근로에 대해 유급휴가를 보장하지 않음으로써 청구인의 근로의 권리를 침해하는지 여부는 이것이 **현저히 불합리하여 헌법상 용인될 수 있는 재량의 범위를 명백히 일탈하고 있는지 여부에 달려 있다고 할 수 있다.** 계속근로기간 1년 이상인 근로자가 근로연도 중도에 퇴직한 경우 중도퇴직 전 1년 미만의 근로에 대하여 유급휴가를 보장하지 않는 근로기준법은 청구인의 근로의 권리를 침해하지 않는다(헌재 2015.5.28. 2013헌마619).

7. **계속근로기간 1년 미만인 근로자를 퇴직급여 지급대상에서 제외하는 근로자퇴직급여 보장법 조항**

   인간의 존엄에 상응하는 근로조건의 기준이 무엇인지를 구체적으로 정하는 것은 일차적으로 입법자의 형성의 자유에 속한다고 할 것인데, 위 조항이 '계속근로기간 1년 이상인 근로자인지 여부'라는 기준에 따라 퇴직급여법의 적용 여부를 달리한 것에는 합리적 이유가 있다고 인정되고, 그 기준이 인간의 존엄성을 전혀 보장할 수 없을 정도라고도 보기 어려우므로, 위 조항은 헌법 제32조 제3항에 위반된다고 할 수 없다(헌재 2011.7.28. 2009헌마408).

8. 퇴직급여제도가 갖는 사회보장적 급여의 성격과 근로자의 장기간 복무 및 충실한 근무를 유도하는 기능을 감안하더라도, 소정근로시간이 1주간 15시간 미만인 이른바 '초단시간근로자'에 대해 퇴직급여제도 적용대상에서 제외하는 것은 **합리성을 상실하였다고 보기도 어렵다.** 따라서 심판대상조항은 헌법 제32조 제3항에 위배되는 **것으로 볼 수 없다**[헌재 2021.11.25. 2015헌바334, 2018헌바42(병합)].

9. 업무상 재해로 휴업하여 당해 연도에 출근의무가 없는 근로자에게도 유급휴가를 주도록 되어 있는 구 근로기준법

심판대상조항은 사용자가 고용한 근로자에 대해 자신의 의사에 따라 연차 유급휴가 지급여부를 결정할 수 있는 자유를 제한하므로, **사용자의 직업수행의 자유를 제한한다.** 직업수행의 자유에 대한 제한이 침해에 이르는지 여부를 헌법 제37조 제2항에 따라 <u>과잉금지원칙 위반 여부로 심사하게 되더라도 그 강도는 다소 완화될 필요가 있다.</u>

연차 유급휴가의 성립에 당해 연도 출근율을 요건으로 추가한다면 이는 과거의 근로에 대한 보상이라는 연차 유급휴가 제도의 취지에 반하게 될 것이다. 근로기준법은 근로자가 업무상의 부상 또는 질병으로 휴업한 기간을 출근한 것으로 본다는 점, 연차 유급휴가는 1년간 사용하지 않으면 소멸되며, 연차 유급휴가 미사용 수당은 3년의 시효로 소멸하므로 이로 인한 사용자의 부담 또한 그 시효완성과 함께 소멸한다는 점까지 고려하면 이 조항이 과잉금지원칙에 위배되어 청구인의 직업수행의 자유를 침해한다고 보기 어렵다(헌재 2020.9.24. 2017헌바433).

10. 동물의 사육 사업 근로자에 대하여 근로기준법 적용 배제

우리나라 축산업의 상황을 고려할 때, 축산업 근로자들에게 근로기준법을 전면적으로 적용할 경우, 인건비 상승으로 인한 경제적 부작용이 초래될 위험이 있다. 위 점들을 종합하여 볼 때, 심판대상조항이 입법자가 입법재량의 한계를 일탈하여 인간의 존엄을 보장하기 위한 최소한의 근로조건을 마련하지 않은 것이라고 보기 어려우므로, 심판대상조항은 청구인의 근로의 권리를 침해하지 않는다(헌재 2021.8.31. 2018헌마563).

3. 임금의 보장

> 헌법 제32조 ① 국가는 … 적정임금의 보장에 노력하여야 하며, 법률이 정하는 바에 의하여 최저임금제를 시행하여야 한다.
>
> 참고 **적정임금**: 제8차 개정헌법, **최저임금**: 제9차 개정헌법

(1) 적정임금

적정임금은 근로자와 그 가족이 인간다운 생활을 할 정도의 임금을 뜻하며, 적정임금을 받을 구체적 권리가 인정되는 것이 아니므로 적정임금을 받기 위하여 소를 제기할 수는 없다. 최저임금제는 최저한의 생활보호에 필요한 최저임금이며 헌법상 국가를 구속하는 제도이다. 이를 위해 최저임금법이 제정되어 있다.

⚖ 판례 | 통상임금의 개념

법원이 통상임금의 개념적 징표로 '정기성', '일률성', '고정성'이라는 비교적 일관된 판단 기준을 제시하고 있어, 법관의 보충적 해석을 통하여 무엇이 통상임금에 해당하는지에 관하여 합리적 해석 기준을 얻을 수 있으므로, **통상임금은 명확성원칙에 위반되지 않는다**(헌재 2014.8.28. 2013헌바172).

(2) 최저임금을 받을 권리

헌법 제32조 제1항 후단은 "국가는 사회적·경제적 방법으로 근로자의 고용의 증진과 적정임금의 보장에 노력하여야 하며, 법률이 정하는 바에 의하여 최저임금제를 시행하여야 한다."라고 규정하고 있어서 근로자가 최저임금을 청구할 수 있는 권리도 헌법상 바로 도출되는 것이 아니라 최저임금법 등 관련 법률이 구체적으로 정하는 바에 따라 비로소 인정될 수 있다(헌재 2012.10.25. 2011헌마307).

⚖ 판례 | 최저임금 고시

1. 각 최저임금 고시 부분은 최저임금제도의 입법목적을 달성하기 위하여 모든 산업에 적용될 최저임금의 시간당 액수를 정한 것으로 이는 임금의 최저수준 보장을 위한 유효하고도 적합한 수단이다. 각 최저임금 고시 부분으로 달성하려는 공익은 열악한 근로조건 아래 놓여 있는 저임금 근로자들의 임금에 일부나마 안정성을 부여하는 것으로서 근로자들의 인간다운 생활을 보장하고 나아가 이를 통해 노동력의 질적 향상을 꾀하기 위한 것으로서 제한되는 사익에 비하여 그 중대성이 덜하다고 볼 수는 없다. 따라서 각 최저임금 고시 부분이 과잉금지원칙을 위반하여 청구인들의 계약의 자유와 기업의 자유를 침해하였다고 할 수 없다(헌재 2019.12.27. 2017헌마1366).

2. 2019년 최저임금을 시간당 8,350원으로 하는 고용노동부고시

각 최저임금 고시 부분은 최저임금제도의 입법목적을 달성하기 위하여 모든 산업에 적용될 최저임금의 시간당 액수를 정한 것으로 이는 임금의 최저수준 보장을 위한 유효하고도 적합한 수단이다. 각 최저임금 고시 부분으로 달성하려는 공익은 열악한 근로조건 아래 놓여 있는 저임금 근로자들의 임금에 일부나마 안정성을 부여하는 것으로서 근로자들의 인간다운 생활을 보장하고 나아가 이를 통해 노동력의 질적 향상을 꾀하기 위한 것으로서 제한되는 사익에 비하여 그 중대성이 덜하다고 볼 수는 없다. 따라서 각 최저임금 고시 부분이 과잉금지원칙을 위반하여 청구인들의 계약의 자유와 기업의 자유를 침해하였다고 할 수 없다(헌재 2019.12.27. 2017헌마1366).

3. 최저임금의 적용을 위해 주(週) 단위로 정해진 근로자의 임금을 시간에 대한 임금으로 환산할 때, 해당 임금을 1주 동안의 소정근로시간 수와 법정 주휴시간 수를 합산한 시간 수로 나누도록 한 최저임금법 시행령 제5조 제1항 제2호가 과잉금지원칙에 위배되어 사용자인 청구인의 계약의 자유 및 직업의 자유를 침해하는지 여부(소극)

최저임금 적용을 위한 임금의 시간급 환산시 법정 주휴시간 수를 포함한 시간 수로 나누어야 하는지에 관하여 종전에 대법원 판례와 고용노동부의 해석이 서로 일치하지 아니하여 근로 현장에서 혼란이 초래되었다. 이 사건 시행령조항은 그와 같은 불일치와 혼란을 해소하기 위한 것으로서, 그 취지와 필요성을 인정할 수 있다. 비교대상 임금에는 주휴수당이 포함되어 있고, 주휴수당은 근로기준법에 따라 주휴시간에 대하여 당연히 지급해야 하는 임금이라는 점을 감안하면, 비교대상 임금을 시간급으로 환산할 때 소정근로시간 수 외에 법정 주휴시간 수까지 포함하여 나누도록 하는 것은 그 합리성을 수긍할 수 있다. 근로기준법이 근로자에게 유급주휴일을 보장하도록 하고 있다는 점을 고려할 때, 소정근로시간 수와 법정 주휴시간 수 모두에 대하여 시간급 최저임금액 이상을 지급하도록 하는 것이 그 자체로 사용자에게 지나치게 가혹하다고 보기는 어렵다. 따라서 이 사건 시행령조항은 과잉금지원칙에 위배되어 사용자의 계약의 자유 및 직업의 자유를 침해한다고 볼 수 없다(헌재 2020.6.25. 2019헌마15).

4. 일반택시운송사업에서 운전업무에 종사하는 근로자의 최저임금에 산입되는 임금의 범위는 생산고에 따른 임금을 제외한 대통령령으로 정하는 임금으로 하도록 한 최저임금법이 일반택시운송사업자의 계약의 자유와 직업의 자유를 침해하는지 여부(소극)

심판대상조항을 통해 택시운송사업자들의 계약의 자유와 직업의 자유를 다소간 제한하는 것을 감수하고서라도 택시운전근로자들의 생활안정 및 국민의 교통안전을 확보하고자 한 입법자의 판단이 공익과 사익 사이의 비례관계를 명백하게 벗어났다고 볼 수 없다(헌재 2023.2.23. 2020헌바1).

---

(3) 무노동 무임금

① **무노동 무임금설**: 임금이란 노동력 제공의 대가이므로 노동력을 제공하지 않는 파업시간 또는 근로 시간 중의 노조활동이나 노조전임자에 대하여는 임금을 지급하지 아니한다는 원칙이다.

② **임금이분설**: 임금이분설은 임금이 노동력을 제공한 대가를 받는 교환적 부분과 생활보장적 부분으로 구성된다는 입장으로서 파업기간 중에도 생활보장적 성격이 임금은 지급하여야 한다는 입장이다.

③ **대법원 판례**: 대법원은 임금이분설에 근거하여 쟁의행위로 인하여 사용자에게 근로를 제공하지 아니한 근로자는 근로를 제공한 데 대하여 받는 교환적 부분은 받지 못하지만 근로자로서의 지위에서 받는 생활보장적 부분은 받는다고 판시했으나 1995년 판례에서는 입장을 바꾸어 **무노동 무임금설**을 채택하였다.

> **⚖ 판례 | 무노동 무임금**
>
> 1. 쟁의행위시의 임금지급에 관하여 단체협약이나 취업규칙 등에서 이를 규정하거나 그 지급에 관한 당사자 사이의 약정이나 관행이 있다고 인정되지 아니하는 한 근로자의 근로제공의무 등의 주된 권리·의무가 정지되어 근로자가 근로제공을 하지 아니한 **쟁의행위 기간 동안에는 근로제공의무와 대가관계에 있는 근로자의 주된 권리로서의 임금청구권은 발생하지 않는다고 하여야 할 것이고, 그 지급청구권이 발생하지 아니하는 임금의 범위가 임금 중 이른바 교환적 부분에 국한된다고 할 수 없다.** 따라서 이와 다른 견해를 취한 바 있는 당원 1992.3.27. 선고 91다36307 판결 및 같은 해 6.23. 선고 92다11466 판결은 이를 변경하기로 한다(대판 1995.12.21. 94다26721).
>
> 2. 헌법재판소 판례
> 무노동 무임금을 관철하기 위해 <u>노조전임자의 급여 수령을 금지하는</u> 근로기준법은 단체교섭권 및 단체행동권을 침해한다고 볼 수 없다(헌재 2014.5.29. 2010헌마606).

(4) 동일노동에 대한 동일임금

헌법 제32조 제4항에서 여자근로자는 특별한 보호를 받으며 근로조건에 있어서 부당한 차별을 받지 아니한다고 규정하여 동일노동에 대한 동일임금을 지급토록 하고 있다.

4. 근로조건 기준의 법정주의

> 헌법 제32조 ③ 근로조건의 기준은 인간의 존엄성을 보장하도록 법률로 정한다.

(1) 취지

인간의 존엄성에 관한 판단기준도 사회·경제적 상황에 따라 변화하는 상대적 성격을 띠는 만큼 그에 상응하는 근로조건에 관한 기준도 시대상황에 부합하게 탄력적으로 구체화하도록 법률에 유보한 것이다. 한편, 입법자는 헌법 제32조 제3항에 의거하여 근로조건의 최저기준을 근로기준법에 규정하고 있다(헌재 1996.8.29. 95헌바36).

(2) 근로기준법의 근로기준의 법적 효력

근로기준법은 근로조건의 기준을 정해놓고 있다. <u>근로자와 사용자가 근로기준법의 규정에 위반하는 내용에 합의하였더라도 이는 당연히 무효이다.</u>

> **⚖ 판례 | 근로기준법 적용대상을 5인 이상 사업장에 한정**
>
> 헌법 제32조 제3항은 "근로조건의 기준은 인간의 존엄성을 보장하도록 법률로 정한다."라고 규정하고 있는 바, 인간의 존엄에 상응하는 근로조건의 기준이 무엇인지를 구체적으로 정하는 것은 일차적으로 입법자의 형성의 자유에 속한다고 할 것이고, 근로기준법의 전면적인 적용대상을 5인 이상의 근로자를 사용하는 사업장에 한정하고 있는 근로기준법 제10조 제1항 본문이 '상시 사용 근로자수 5인'이라는 기준에 따라 근로기준법의 전면적용 여부를 달리한 것에는 합리적 이유가 있다고 인정되고, 그 기준이 인간의 존엄성을 전혀 보장할 수 없을 정도라고 볼 수 없으므로 위 헌법조항에 위반된다고 할 수 없다(헌재 1999.9.16. 98헌마31).

5. 근로영역에서의 여성차별금지

> **⚖ 판례 | '가구 내 고용활동'에 대해서는 근로자퇴직급여 보장법을 적용하지 않도록 규정한 근로자퇴직급 여 보장법 제3조**
>
> 헌법 제32조 제4항은 고용·임금 및 근로조건에 있어서 여성에 대한 부당한 차별을 금지하고 있지만, <u>여성만이 가구 내 고용활동에 종사하는 것이 아니고 가사사용인 중 여성근로자가 많다고 하더라도 이는 심판대상조항에 의하여 초래되는 법적 효과라고 볼 수 없으므로 심판대상조항이 헌법 제32조 제4항에 위반되는지 여부에 대해서는 별도로 판단하지 아니한다. 따라서 심판대상조항이 평등원칙에 위배되는지에 대하여만 판단하기로 한다</u>(헌재 2022.10.27. 2019헌바454).

6. 국가유공자 등 근로기회 우선보장

> **헌법 제32조** ⑥ 국가유공자·상이군경 및 전몰군경의 유가족은 법률이 정하는 바에 의하여 우선적으로 근로의 기회를 부여받는다.

> **⚖ 판례 | 헌법 제32조 제6항의 근로기회보장**
>
> 1. 우선 취업기회 보장대상
>   헌법 제32조 제6항의 폭넓은 해석은 필연적으로 일반 응시자의 공무담임의 기회를 제약하게 되는 결과가 될 수 있으므로 위 조항은 엄격하게 해석할 필요가 있어, 위 조항의 보호 대상자는 문리해석대로 '**국가유공자**', '**상이군경**' 그리고 '**전몰군경의 유가족**'이라고 봄이 상당하다(헌재 2006.2.23. 2004헌마675).
>
> 2. 고엽제후유의증환자의 가족을 교육지원과 취업지원의 대상에서 배제
>   개정된 '국가유공자 등 예우 및 지원에 관한 법률'에서는 고엽제후유의증환자도 참전유공자로서 국가유공자에 포함하고 있기는 하나, 헌법 <u>제32조 제6항의 엄격한 해석에 의할 때 전몰군경의 유가족을 제외한 국가유공자의 가족은 위 헌법조항에 의한 보호대상에 포함된다고 할 수 없으므로, 고엽제후유의증환자의 가족을 교육지원과 취업지원의 대상에서 배제한다고 하여 헌법 제32조 제6항의 우선적 근로의 기회제공 의무를 위반한 것이라고 할 수는 없다</u>(헌재 2011.6.30. 2008헌마715).

04 근로의 권리의 효력

근로의 권리는 대국가적 효력을 가지고, 사인 간에도 직접적으로 적용된다.

제5절 근로3권(노동3권)

> **헌법 제33조 【근로자의 단결권 등】** ① 근로자는 **근로조건의 향상**을 위하여 자주적인 단결권·단체교섭권 및 단체행동권을 가진다.
> ② 공무원인 근로자는 **법률이 정하는 자에 한하여** 단결권·단체교섭권 및 단체행동권을 가진다.
> ③ 법률이 정하는 주요방위산업체에 종사하는 **근로자의 단체행동권**은 법률이 정하는 바에 의하여 이를 제한하거나 인정하지 아니할 수 있다.

01 근로3권의 의의

1. 헌법적 의의

(1) 의의

근로3권의 헌법적 의의는 근로자단체라는 사용자에 반대되는 세력의 창출을 가능하게 함으로써 노사관계의 형성에 있어서 사회적 균형을 이루어 근로조건에 관한 협상에 있어 노사 간의 실질적 자치를 보장하려는 데 있다. 근로3권은 다른 기본권과 달리 자기 목적적이지 않고 내재적으로 '근로조건의 유지·개선과 근로자의 경제적·사회적 지위의 향상'을 목적으로 하는 기본권으로, 이러한 집단적 자치 영역에 대한 국가의 부당한 침해를 배제하는 것을 목적으로 한다(헌재 2014.5.29. 2010헌마606).

(2) 근로조건의 향상을 위한 권리

근로조건의 향상을 위한 권리이므로 근로조건과 무관한 정치적 목적을 위한 집회나 결사는 근로3권에서 보호되지 않는다.

> **⚖ 판례 | 노동조합의 비과세 혜택을 받을 권리가 보장되는지 여부**
>
> **노동조합이 비과세 혜택을 받을 권리**는 헌법 제33조 제1항이 당연히 예상한 권리에 포함된다고 보기 어렵고, 위 헌법조항으로부터 그러한 권리가 파생된다거나 이에 상응하는 국가의 조세법규범 정비의무가 발생한다고 보기도 어렵다(헌재 2009.2.26. 2007헌바27).

2. 연혁

1948년 제헌헌법은 근로3권과 더불어 사기업에 있어서는 근로자 이익의 분배에 균점권을 규정하였다. 이익분배균점권은 제5차 개정헌법에서 폐지되었다. 제7차 개정헌법은 "공무원과 국가·지방자치단체·국영기업체·공익사업체 또는 국민경제에 중대한 영향을 미치는 사업체에 종사하는 근로자의 단체행동권은 법률이 정하는 바에 의하여 이를 제한하거나 인정하지 아니할 수 있다."라고 규정했는데, 현행헌법은 주요방위산업체에 종사하는 **근로자의 단체행동권 제한으로 축소했다.**

3. 법적 성격

헌법재판소는 "근로3권은 사회적 보호기능을 담당하는 자유권 또는 사회권적 성격을 띤 자유권이라고 말할 수 있으며, 이러한 근로3권의 성격은 국가가 단지 근로자의 단결권을 존중하고 부당한 침해를 하지 아니함으로써 보장되는 자유권적 측면인 국가로부터의 자유뿐만 아니라 근로자의 권리행사의 실질적 조건을 형성하고 유지해야 할 국가의 적극적인 활동을 필요로 한다."라고 하여 근로3권이 <u>자유권적 성격과 사회권적 성격을 함께 갖는 기본권으로 파악하고 있다</u>(헌재 2009.10.29. 2007헌마1359).

02 근로3권의 주체

1. 근로자

(1) 개념

근로자가 노동3권의 주체가 된다. 근로자란 직업의 종류를 불문하고 임금·급료 기타 이에 준하는 수입에 의하여 생활하는 자를 말한다(노동조합 및 노동관계조정법 제2조).

(2) 자영업자

노동력을 제공하는 사람과 그 대가를 지급하는 사람이 동일인이어서는 안 된다. 따라서 개인택시업자, 소상인은 주체가 안 된다.

(3) 사용자

사용자는 근로3권의 주체가 될 수 없다. 헌법 제33조 제1항은 단결권·단체교섭권·단체행동권의 주체로서 근로자에 대해서만 규정하고 있고, 사용자에 대해서도 규정하고 있지 않다.

(4) 실업 중인 자

현실적 또는 적어도 잠재적으로 노동력을 제공하는 사람이어야 한다. 따라서 실업 중인 자라도 노동력을 제공할 의사가 있으면 노동3권을 향유할 수 있다.

(5) 해고의 효력을 다투고 있는 노동자

대법원은 해고당한 근로자가 노동위원회에서 그 해고의 효력을 다투고 있다면 노조원으로서 지위를 상실하는 것이 아니라고 판시했다(대판 1992.3.31. 91다14413).

2. 외국인

외국인근로자도 헌법 근로3권의 주체가 된다.

⚖ 판례 | 취업활동을 할 수 있는 체류자격을 받지 않은 외국인이 근로를 제공하는 경우 근로자에 포함된다. 출입국관리법령에 따라 취업활동을 할 수 있는 체류자격을 받지 않은 외국인이 타인과의 사용종속관계하에서 근로를 제공하고 그 대가로 임금 등을 받아 생활하는 경우, 노동조합 및 노동관계조정법상 근로자의 범위에 포함되는지 여부(적극)

출입국관리법령에서 외국인고용제한규정을 두고 있는 것은 취업활동을 할 수 있는 체류자격 없는 외국인의 고용이라는 사실적 행위 자체를 금지하고자 하는 것뿐이지, 나아가 취업자격 없는 외국인이 사실상 제공한 근로에 따른 권리나 이미 형성된 근로관계에서 근로자로서의 신분에 따른 노동관계법상의 제반 권리 등의 법률효과까지 금지하려는 것으로 보기는 어렵다. 따라서 타인과의 사용종속관계하에서 근로를 제공하고 그 대가로 임금 등을 받아 생활하는 사람은 노동조합법상 근로자에 해당하고, 노동조합법상의 근로자성이 인정되는 한, 그러한 근로자가 외국인인지 여부나 취업자격의 유무에 따라 노동조합법상 근로자의 범위에 포함되지 아니한다고 볼 수는 없다(대판 전합체 2015.6.25. 2007두4995).

---

3. 노동조합

노동조합은 근로의 권리주체는 아니나 근로3권의 주체가 될 수 있다. 다만, 공무원노조법상 노동조합의 최소단위는 정부, 법원 등이므로 산업자원부 노동조합은 독자적으로 단결권의 주체가 될 수 없다.

03 단결권

1. 개념

근로자의 단결권이란 근로자가 근로조건의 향상을 위하여 자주적으로 단체를 조직할 수 있는 권리이다. 단결권은 목적성과 자주성을 특징으로 하나 계속성은 단결권의 필수요소가 아니다. 따라서 근로자는 노동조합과 같은 계속적인 단체뿐 아니라 임시적인 단체인 쟁의단을 조직할 수도 있다.

2. 내용

(1) 개인적 단결권과 집단적 단결권

① **근로자 개인의 단결권**: 단결권은 개인적 차원에서 근로자가 단체를 결성하거나 이에 가입함에 있어 국가나 사용자의 부당한 개입이나 간섭을 받지 않을 자유를 의미한다. 단체 불가입이나 단체로부터의 탈퇴를 조건으로 하는 이른바 황견계약의 체결은 위헌이고 위법이다.

② **집단적 단결권**: 근로자 집단이 그 조직을 유지·확대하고 그 목적을 달성하기 위해 단결체를 구성할 수 있는 집단적 단결권도 보장된다.

(2) 적극적 단결권과 소극적 단결권

① **적극적 단결권**: 단결권은 노동조합을 구성하고 이에 가입하는 권리인 적극적 단결권이 인정된다.

② **소극적 단결권**: 소극적 단결권은 헌법 제33조가 아니라 헌법 제21조의 결사의 자유와 헌법 제10조의 행복추구권에서 보호된다(헌재 2005.11.24. 2002헌바95).

(3) 정치자금 제공 보호 여부

노동조합이 정치자금을 제공하는 것은 단결권에서 보호되지 않는다. 이를 금지하는 것은 단결권이 아니라 표현의 자유 문제이다.

판례

노동조합이 근로자의 근로조건과 경제조건의 개선이라는 목적을 위하여 활동하는 한, 헌법 제33조의 단결권의 보호를 받지만, 단결권에 의하여 보호받는 고유한 활동영역을 떠나서 개인이나 다른 사회단체와 마찬가지로 정치적 의사를 표명하거나 정치적으로 활동하는 경우에는 모든 개인과 단체를 똑같이 보호하는 일반적인 기본권인 의사표현의 자유 등의 보호를 받을 뿐이다(헌재 1999.11.25. 95헌마154).

판례 | 당해 사업장에 종사하는 근로자의 3분의 2 이상을 대표하는 노동조합의 경우 단체협약을 매개로 한 조직강제

근로자는 노동조합과 같은 근로자단체의 결성을 통하여 집단으로 사용자에 대항함으로써 사용자와 대등한 세력을 이루어 근로조건의 형성에 영향을 미칠 수 있는 기회를 갖게 된다는 의미에서 <u>단결권은 '사회적 보호기능을 담당하는 자유권' 또는 '사회권적 성격을 띤 자유권'으로서의 성격을 가지고 있고 일반적인 시민적 자유권과는 질적으로 다른 권리로서 설정되어 헌법상 그 자체로서 이미 결사의 자유에 대한 특별법적인 지위를 승인받고 있다.</u> 이에 비하여 일반적 행동의 자유는 헌법 제10조의 행복추구권 속에 함축된 그 구체적인 표현으로서, 이른바 보충적 자유권에 해당한다. 따라서 **단결하지 아니할 자유와 적극적 단결권이 충돌하게 되더라도**, 근로자에게 보장되는 적극적 단결권이 단결하지 아니할 자유보다 특별한 의미를 갖고 있다고 볼 수 있고, 노동조합의 조직강제권도 이른바 자유권을 수정하는 의미의 생존권(사회권)적 성격을 함께 가지는 만큼 근로자 개인의 자유권에 비하여 보다 특별한 가치로 보장되는 점 등을 고려하면, **노동조합의 적**

극적 단결권은 근로자 개인의 단결하지 않을 자유보다 중시된다고 할 것이어서 노동조합에 적극적 단결권 (조직강제권)을 부여한다고 하여 이를 두고 곧바로 근로자의 단결하지 아니할 자유의 본질적인 내용을 침해 하는 것으로 단정할 수는 없다. 따라서 노동조합이 당해 사업장에 종사하는 근로자의 3분의 2 이상을 대표 하고 있을 때 근로자가 그 노동조합의 조합원이 될 것을 고용조건으로 하는 단체협약의 체결을 인정하는 노동조합및노동관계조정법은 노동조합의 집단적 단결권을 강화하기 위한 것이므로 근로자의 단결권 침해가 아니다(헌재 2005.11.24. 2002헌바95).

(4) 사용자의 단결권

단결권은 근로자의 권리이므로 헌법 제33조에서 사용자의 단결권이 보장되는 것은 아니다. 다만, 사용 자의 단결권은 결사의 자유에서 보호될 수 있다.

3. 효력

(1) 대국가적 효력

대국가적 효력으로 자유권적 측면에서 단결권에 대한 국가의 간섭을 배제하는 효력과 사회권적 측면 에서 단결권의 행사가 사용자의 부당한 행위로 방해받지 않도록 국가에 보호를 요청할 수 있는 효력 이 있다.

(2) 대사인적 효력

단결권은 대사인적 효력으로 사용자가 근로자의 단결권을 방해하는 부당노동행위를 못하도록 하는 효 과가 있다.

📖 **판례정리**

단결권 침해 여부

헌법 위반인 것

1. 대학 교원 교원노조법 적용배제 (헌재 2018.8.30. 2015헌가38)
① '교원의 노동조합 설립 및 운영 등에 관한 법률'의 적용대상을 초·중등교육법 제19조 제1항의 교원이라고 규정함으로써, 고등교육법에서 규율하는 대학 교원들의 단결권을 인정하지 않는 '교원의 노동조합 설립 및 운영 등에 관한 법률'은 교원의 단결권을 침해한다. 대학 교원을 교육공무원 아닌 대학 교원과 교육공 무원인 대학 교원으로 나누어, 각각의 단결권에 대한 제한이 헌법에 위배되는지 여부에 관하여 살펴보기 로 하되, **교육공무원 아닌 대학 교원**에 대해서는 과잉금지원칙 위배 여부를 기준으로, **교육공무원인 대학 교원**에 대해서는 입법형성의 범위를 일탈하였는지 여부를 기준으로 나누어 심사하기로 한다.
② 이러한 입법목적은 재직 중인 초·중등교원에 대하여 교원노조를 인정해 줌으로써 이들의 교원노조의 자 주성과 주체성을 확보하는 데 기여할 수 있다는 측면에서는 그 정당성을 인정할 수 있을 것이다. 그러나, 심판대상조항이 교원노조를 설립하거나 가입하여 활동할 수 있는 자격을 초·중등교원으로 한정함으로써 결과적으로 **교육공무원 아닌 대학 교원**에 대해서 근로기본권의 핵심인 단결권조차 전면적으로 부정한 측 면에 대해서는 **입법목적의 정당성을 인정할 수 없고, 수단의 적합성도 인정할 수 없다**. 심판대상조항으 로 인하여 **교육공무원 아닌 대학 교원**들이 향유하지 못하는 단결권은 헌법이 보장하고 있는 근로3권의 핵심적이고 본질적인 권리이다. 대학 교원에게도 단결권을 인정하면서 다만 해당 노동조합이 행사할 수 있는 권리를 다른 노동조합과 달리 강한 제약 아래 두는 방법도 얼마든지 가능하므로, 단결권을 전면적으 로 부정하는 것은 필요 최소한의 제한이라고 보기 어렵다. 심판대상조항은 **과잉금지원칙**에 위배된다.
③ 다음으로 **교육공무원인 대학 교원**에 대하여 보더라도, 교육공무원의 직무수행의 특성과 헌법 제33조 제1항 및 제2항의 정신을 종합해 볼 때, 교육공무원에게 근로3권을 일체 허용하지 않고 전면적으로 부정하는 것

은 합리성을 상실한 과도한 것으로서 **입법형성권의 범위를 벗어나** 헌법에 위반된다.

2. 전교조 법외노조 통보

고용노동부장관의 전교조에 대한 법외노조 통보가 위법한지 여부(적극): 법외노조 통보는 적법하게 설립된 노동조합의 법적 지위를 박탈하는 중대한 침익적 처분으로서 원칙적으로 국민의 대표자인 입법자가 스스로 형식적 법률로써 규정하여야 할 사항이고, 행정입법으로 이를 규정하기 위하여는 반드시 법률의 명시적이고 구체적인 위임이 있어야 한다. 그런데 노동조합 및 노동관계조정법 시행령 제9조 제2항은 법률의 위임 없이 법률이 정하지 아니한 법외노조 통보에 관하여 규정함으로써 헌법상 노동3권을 본질적으로 제한하고 있으므로 그 자체로 무효이다. 구체적인 이유는 아래와 같다. 법외노조 통보는 이미 법률에 의하여 법외노조가 된 것을 사후적으로 고지하거나 확인하는 행위가 아니라 그 통보로써 비로소 법외노조가 되도록 하는 형성적 행정처분이다. 이러한 법외노조 통보는 단순히 노동조합에 대한 법률상 보호만을 제거하는 것에 그치지 않고 헌법상 노동3권을 실질적으로 제약한다. 그런데 노동조합 및 노동관계조정법은 법상 설립요건을 갖추지 못한 단체의 노동조합 설립신고서를 반려하도록 규정하면서도, 그보다 더 침익적인 설립 후 활동 중인 노동조합에 대한 법외노조 통보에 관하여는 아무런 규정을 두고 있지 않고, 이를 시행령에 위임하는 명문의 규정도 두고 있지 않다. 더욱이 법외노조 통보 제도는 입법자가 반성적 고려에서 폐지한 노동조합 해산명령 제도와 실질적으로 다를 바 없다. 결국 노동조합법 시행령 제9조 제2항은 법률이 정하고 있지 아니한 사항에 관하여, 법률의 구체적이고 명시적인 위임도 없이 헌법이 보장하는 노동3권에 대한 본질적인 제한을 규정한 것으로서 법률유보원칙에 반한다(대판 2020.9.3. 2016두32992).

헌법 위반이 아닌 것

1. 근로3권(제33조 제1항) 규정으로부터 입법자가 노동조합에 대해 사업소세 비과세 혜택을 부여하는 규정을 두어야 할 의무가 당연히 발생한다고 볼 수 없으므로 **노동조합에 사업소세를 면제하지 않은 것**은 평등원칙에 위반된다고 보기도 어렵다는 것이다(헌재 2009.2.26. 2007헌바27).

2. 통상 5급 이상의 공무원이 제반 주요정책을 결정하고 그 소속 하위직급자들을 지휘·명령하여 분장사무를 처리하는 역할을 하는 공무원의 업무수행하므로 **5급 이상 공무원의 공무원노조가입금지**는 청구인들의 단결권을 침해한다고 볼 수 없다(헌재 2008.12.26. 2005헌마971).

3. 조사관의 업무의 성격에 비추어 볼 때 **노동부 소속 근로감독관 및 조사관의 공무원 노동조합 가입을 제한한** 공노법은 입법자의 재량권을 현저히 일탈한 것이라고는 볼 수 없다(헌재 2008.12.26. 2006헌마518).

4. 소방공무원은 화재를 예방·경계하거나 진압업무의 원활한 수행을 위하여 **소방공무원 노조가입을 금지한 것**은 단결권을 침해한다고 볼 수 없다(헌재 2008.12.26. 2006헌마462).

5. 노동조합에도 헌법 제21조 제2항의 결사에 대한 허가제금지원칙이 적용된다. 그러나 **노동조합 설립신고서가 요건을 갖추지 못한 경우 반려할 수 있도록 한** 노동관계법은 허가제금지원칙에 반하지 않고 단결권 침해도 아니다(헌재 2012.3.29. 2011헌바53).

6. **노동조합은 행정관청이 요구하는 경우 결산결과와 운영상황을 보고해야 하고** 보고하지 아니한 경우 과태료를 부과하는 노동조합 및 노동관계조정법은 단결권을 침해하는 것은 아니다(헌재 2013.7.25. 2012헌바116).

7. '교원의 노동조합 설립 및 운영 등에 관한 법률'의 적용을 받는 교원의 범위를 초·중등학교에 재직 중인 교원으로 한정하여 해직된 교원을 배제하는 교원노조법 (헌재 2015.5.28. 2013헌마671)
   ① 해고된 교원은 중앙노동위원회의 재심판정이 있을 때까지 교원노조법의 교원이나, '교원지위향상을 위한 특별법'에 따른 교원소청심사청구 절차나 행정소송으로 부당해고를 다투는 경우에는 교원노조법상의 교원에서 배제하는 교원노조법은 전국교직원노동조합과 해직된 교원의 단결권을 침해하지 않는다.
   ② 국제노동기구(ILO)의 '결사의 자유 위원회', 경제협력개발기구(OECD)의 '노동조합자문위원회'의 권고를 위헌심사의 척도로 삼을 수는 없고, 국제기구의 권고를 따르지 않았다는 이유만으로 이 사건 법률조항이 헌법에 위반된다고 볼 수 없다.

③ 노동조합법에서 말하는 '근로자'에는 일시적으로 실업 상태에 있는 사람이나 구직 중인 사람도 근로3권을 보장할 필요성이 있는 한 그 범위에 포함된다. 따라서 이 사건 법률조항이 정한 교원에 해당되지 않으나 앞으로 교원으로 취업하기를 희망하는 사람들이 노동조합법에 따라 노동조합을 설립하거나 그에 가입하는 데에는 아무런 제한이 없다. 따라서 교원노조법이 교원노조의 단결권에 심각한 제한을 초래한다고 보기는 어렵다.

8. 노동조합 및 노동관계조정법에 의하여 설립된 노동조합이 아니면 노동조합이라는 명칭을 사용할 수 없도록 하는 것

위 조항은 적법한 노동조합을 적극적으로 보호하고, 형식적인 요건을 갖추지 못한 단결체에 대하여는 노동조합의 명칭을 사용하지 못하게 하는 등 보호의 대상에서 제외하여 적법한 노동조합의 설립을 유도하기 위한 것으로 정당한 목적 달성을 위한 적절한 수단에 해당한다. 한편 명칭의 사용을 금지하는 것은 단결체의 형성에 직접적인 제약을 가하거나, 활동을 제한하는 것은 아니므로 노동조합의 명칭을 사용할 수 없다고 하여 헌법상 근로자들의 단결권이나 단체교섭권의 본질적인 부분이 침해된다고 볼 수 없다(헌재 2008.7.31. 2004헌바9).

9. 근로자의 날을 관공서의 공휴일에 포함시키지 않은 '관공서의 공휴일에 관한 규정' 제2조 본문이 청구인들의 단결권 및 집회의 자유를 침해하는지 여부(소극)

근로자의 날을 공휴일로 규정하지 않은 심판대상조항에 따라 공무원인 청구인들은 근로자의 날에도 복무를 하여야 하고 근무시간에 집회를 하거나 기념행사를 자유롭게 할 수 없다. 그러나 **심판대상조항은 공무원의 단결권이나 집회의 자유 등을 제한하기 위한 목적의 규정이 아니고,** 공무원인 청구인들에게 근로자의 날 기념행사 및 집회 등에 참석하는 것을 직접적으로 방해하거나 금지하는 규정도 아니다. 따라서 심판대상조항이 근로자의 날을 공무원의 유급휴일로 보장하지 않았다고 하여 직접적으로 청구인들의 단결권 및 집회의 자유를 제한한다고 볼 수 없으므로, 심판대상조항은 청구인들의 단결권 및 집회의 자유를 침해하지 아니한다(헌재 2022.8.31. 2020헌마1025).

04 단체교섭권

1. 개념

단체교섭권이란 근로자들이 노동단체를 통해 근로조건의 향상을 위하여 사용자와 자주적으로 교섭할 수 있는 권리이다.

2. 주체

① 단체교섭권은 근로자가 개별적으로 행사하는 것이 아니라 근로자집단, 노동조합 등 단결체가 행사하는 권리이다.
② 국가의 행정관청이 사법상 근로계약을 체결한 경우 그 근로계약관계의 권리·의무는 행정주체인 국가에 귀속되므로, 국가는 그러한 근로계약관계에 있어서 노동조합 및 노동관계조정법 제2조 제2호에 정한 사업주로서 단체교섭의 당사자의 지위에 있는 사용자에 해당한다(대판 2008.9.11. 2006다40935).

3. 내용

(1) 근로조건에 한해 단체교섭

단체교섭은 근로조건의 향상을 목적으로 하므로 근로조건과 무관한 경영권, 인사권 등은 원칙적으로 단체교섭의 대상이 될 수 없다. 따라서 노조간부에 대한 해고의 철회를 요구하는 것은 경영권에 관한 사항이므로 이에 대한 교섭거부는 부당노동행위가 아니다.

(2) 단체협약체결권

단체교섭권 안에는 당연히 교섭한 내용을 확정하는 체결권이 포함되어 있으므로 노조대표의 단체협약 체결권을 인정하는 노동조합법 제31조는 단체교섭권 침해는 아니다(헌재 1998.2.27. 94헌바13·26).

(3) 단체협약

> **노동조합 및 노동관계조정법 제31조【단체협약의 작성】** ① 단체협약은 서면으로 작성하여 당사자 쌍방이 서명 또는 날인하여야 한다.
> ② 단체협약의 당사자는 단체협약의 체결일부터 15일 이내에 이를 행정관청에게 신고하여야 한다.
> ③ 행정관청은 단체협약 중 위법한 내용이 있는 경우에는 노동위원회의 의결을 얻어 그 시정을 명할 수 있다.
> **제32조【단체협약 유효기간의 상한】** ① 단체협약의 유효기간은 3년을 초과하지 않는 범위에서 노사가 합의하여 정할 수 있다.
> ② 단체협약에 그 유효기간을 정하지 아니한 경우 또는 제1항의 기간을 초과하는 유효기간을 정한 경우에 그 유효기간은 3년으로 한다.

⚖️ 판례 | 단체협약

1. **단체협약에 위반한 자**
   처벌하는 노동조합법은 그 구성요건을 단체협약에 위임하고 있어 죄형법정주의의 명확성의 원칙에 위배된다(헌재 1998.3.26. 96헌가20).

2. 행정관청이 노동위원회의 의결을 얻어 위법한 **단체협약의 시정을 명한 경우** 그 시정명령에 위반한 자를 500만원 이하의 벌금에 처하도록 한 '노동조합 및 노동관계조정법은 죄형법정주의에 위반되지 않는다(헌재 2012.8.23. 2011헌가22).

📖 판례정리

단체교섭권 침해 여부

헌법 위반인 것

1. **비상사태하에서 근로자의 단체교섭권 또는 단체행동권** (헌재 2015.3.26. 2014헌가5)
   ① 비상사태하에서 근로자의 <u>단체교섭권 또는 단체행동권의 행사</u>는 미리 주무관청에 조정을 신청하여야 하며, **주무관청의 조정결정에 따라야 한다**고 규정한 국가보위특별법은 모든 근로자의 단체교섭권·단체행동권을 사실상 전면적으로 부정하는 것으로서 단체교섭권과 행동권을 침해한다.
   ② 국가비상사태의 선포를 규정한 특별조치법은 <u>국회에 의한 민주적 사후통제절차를 규정하고 있지 아니하며</u>, 헌법이 인정하지 아니하는 초헌법적 국가긴급권을 대통령에게 부여하는 법률로서 헌법이 요구하는 국가긴급권의 실체적 발동요건, 사후통제 절차, 시간적 한계에 위반되어 위헌이고, 이를 전제로 한 특별조치법상 그 밖의 규정들도 모두 위헌이다.

2. 근로자가 근로시간 중에 노동조합의 유지·관리업무에 따른 활동을 하는 것을 사용자가 허용함은 무방하며, 또한 근로자의 후생자금 또는 경제상의 불행 기타 재액의 방지와 구제 등을 위한 기금의 기부와 최소한의 규모의 노동조합사무소의 제공은 예외로 하고는 **노동조합의 운영비를 원조하는 행위를 금지하는** 노동조합 및 노동관계조정법은 과잉금지원칙을 위반하여 청구인의 단체교섭권을 침해하므로 헌법에 위반된다(헌재 2018.5.31. 2012헌바90).

노동조합 및 노동관계조정법에 위반하여 **노동조합의 운영비를 원조하는 행위를 하여 행위자를 벌하는 외에 그 법인·단체 또는 개인도 처벌하도록 한** 노동조합 및 노동관계조정법은 단순히 법인이 고용한 종업원 등이 업무에 관하여 범죄행위를 하였다는 이유만으로 법인에 대하여 형벌을 부과하도록 정하고 있는바, 이는 다른 사람의 범죄에 대하여 그 책임 유무를 묻지 않고 형사처벌하는 것이므로 헌법상 법치국가원리로부터 도출되는 책임주의 원칙에 위배된다(헌재 2019.4.11. 2017헌가30).

헌법 위반이 아닌 것

1. **단체교섭권에는 단체협약체결권이 포함되고, 노동조합 대표자에게 단체협약체결권을 부여한 것**은 근로조건 향상을 위한 근로자 대표와 사용자 간의 교섭을 확보하기 위한 것으로 근로3권의 정신에 부합되므로 노동자들의 근로3권을 침해한 것으로 볼 수 없다(헌재 1998.2.27. 94헌바13).

2. **정당한 이유 없는 불성실한 단체교섭 내지 단체협약체결의 거부를 방지하기 위하여** 사용자가 노동조합의 대표자 또는 노동조합으로부터 위임을 받은 자와의 단체협약체결 기타의 <u>단체교섭을 정당한 이유 없이 거부하거나 해태하는 행위를 할 수 없도록</u> 한 노동조합및노동관계조정법은 헌법에 위반되지 않는다(헌재 2002.12.18. 2002헌바12).

3. **개별학교법인과 교원 간의 단체교섭을 금지**하고 **시·도 또는 전국단위로 단체교섭을 하도록 한** 교원노조법 제6조는 사용자의 결사의 자유 침해가 아니다(헌재 2006.12.28. 2004헌바67).

4. **노조전임자의 급여를 지원하는 행위를 금지하는 노동조합 및 노동관계조정법 제81조 제4호가 과잉금지원칙에 위배되는지 여부(소극)**

   이 사건 급여지원금지조항으로 인하여 초래되는 사용자의 기업의 자유의 제한은 근로시간 면제 제도로 인하여 상당히 완화되는 반면에, 이 사건 급여지원금지조항은 노동조합의 자주성과 독립성 확보, 안정적인 노사관계의 유지와 산업 평화를 도모하기 위한 것으로서 그 공익은 중대하므로 법익의 균형성도 인정된다. 따라서 이 사건 급여지원금지조항은 과잉금지원칙에 위배되지 아니한다(헌재 2022.5.26. 2019헌바341).

5. **소속 노동조합과 관계없이 조합원들의 근로조건을 통일하기 위하여** 하나의 사업 또는 사업장에 두 개 이상의 노동조합이 있는 경우 단체교섭에 있어 그 창구를 단일화하도록 하고, 교섭대표가 된 노동조합에게만 단체교섭권을 부여하고 있는 '노동조합 및 노동관계조정법'은 청구인들의 단체교섭권을 침해하지 않는다(헌재 2012.4.24. 2011헌마338).

6. **국가 또는 지방자치단체의 정책결정에 관한 사항이나 기관의 관리·운영에 관한 사항으로서 근무조건과 직접 관련되지 아니하는 사항을 공무원노동조합의 단체교섭대상에서 제외하고 있는** 공무원 노동조합법은 명확성원칙에 반하지 않고 단체교섭권을 침해하지 않는다(헌재 2013.6.27. 2012헌바169).

7. **단체협약의 내용** 중 국고부담의 증가를 초래하여 예산의 변경을 수반할 수밖에 없는 경우 **고속철도건설공단은 그 조직·회계·인사 및 보수 등에 관한 사항을 정하여 건설교통부장관의 승인을 얻어야** 한다고 규정한 구 한국고속철도건설공단법 제31조는 단체교섭권 침해가 아니다(헌재 2004.8.26. 2003헌바28).

8. **국민건강보험공단**의 인사, 보수 등에 관한 규정이 효력을 가지려면 **보건복지부장관의 승인을 얻도록 한 것**은 단체교섭권에 대한 제한의 정도가 공단의 공익성에 비추어 타당한 범위 내로서 과도한 제한으로 볼 수 없다(헌재 2004.8.26. 2003헌바58).

05 단체행동권

1. 개념

단체행동권이라 함은 노동쟁의가 발생한 경우 쟁의행위를 할 수 있는 쟁의권을 의미하며, 이는 근로자가 그의 주장을 관철하기 위하여 업무의 정상적인 운영을 저해하는 행위를 할 수 있는 권리라고 할 수 있다 (헌재 1998.7.16. 97헌바23).

2. 주체

단체행동권의 제1차적 주체는 근로자 개개인이다. 그러나 단체행동권의 실효성을 위해서 노동조합, 즉 단체도 단체행동권의 주체가 된다고 보아야 한다.

3. 유형

(1) 단체행동권의 유형

파업(Strike), 태업(Sabotage), 불매운동(Boycott), 감시행위(Picketting), 공동노무제공거부 등이 있다.

(2) 직장폐쇄권 포함 여부

① 노동조합 및 노동관계조정법 제46조는 사용자는 노동조합이 쟁의행위를 개시한 이후에만 직장폐쇄를 할 수 있다고 규정하고 있다.

② 직장폐쇄의 헌법적 근거는 근로자의 노동3권 조항이 아니라 재산권 조항(제23조 제1항)과 기업의 경제적 자유조항(제119조 제1항)이다.

4. 효력

(1) 민형사책임 면책

쟁의행위는 업무의 저해라는 속성상 그 자체 시민형법상의 여러 가지 범죄의 구성요건에 해당될 수 있음에도 불구하고 그것이 정당성을 가지는 경우에는 **형사책임이 면제되며, 민사상 손해배상책임**도 발생하지 않는다. 이는 헌법 제33조에 당연히 포함된 내용이라 할 것이며, 정당한 쟁의행위의 효과로서 민사 및 형사면책을 규정하고 있는 현행 노동조합 및 노동관계조정법은 이를 명문으로 확인한 것이라 하겠다(헌재 1998.7.16. 97헌바23).

(2) 단체행동권의 내재적 한계를 넘는 행위는 업무방해죄 면책 안 됨

형법상 업무방해죄는 모든 쟁의행위에 대하여 무조건 적용되는 것이 아니라, 단체행동권의 내재적 한계를 넘어 정당성이 없다고 판단되는 쟁의행위에 대하여만 적용되는 조항임이 명백하다고 할 것이므로, 그 목적이나 방법 및 절차상 한계를 넘어 업무방해의 결과를 야기시키는 쟁의행위에 대하여만 이 사건 법률조항을 적용하여 형사처벌하는 것은 헌법상 단체행동권을 침해하였다고 볼 수 없다(헌재 2010. 4.29. 2009헌바168).

5. 한계

(1) 목적상 한계

① 단체행동권은 근로조건의 향상을 위한 목적으로 행사되어야 한다. 따라서 순수한 정치파업은 할 수 없다.

② 그러나 노동관계법령의 개폐와 같은 근로자의 지위 등에 직접 관계되는 사항을 쟁점으로 하는 산업적 정치파업은 가능하다.

(2) 수단상 한계

쟁의행위는 폭력이나 파괴행위 또는 생산 기타 주요업무에 관련되는 시설 등을 점거하는 형태로 이를 행할 수 없다.

(3) 절차상 한계

단체행동권은 단체교섭을 통해 목적달성이 불가능할 경우, 즉 단체교섭이 결렬된 이후에 행사되어야 한다.

📖 판례정리

단체행동권 침해 여부

헌법 위반인 것

청원경찰의 복무에 관하여 국가공무원법 제66조 제1항을 준용함으로써 노동운동을 금지하는 **청원경찰법**은 국가기관이나 지방자치단체 이외의 곳에서 근무하는 청원경찰인 청구인들의 근로3권을 침해한다. 군인이나 경찰과 마찬가지로 모든 청원경찰의 근로3권을 획일적으로 제한하고 있으므로 필요 이상으로 단체행동권을 제한하고 있으므로 최소성 원칙에 위반된다(헌재 2017.9.28. 2015헌마653).

헌법 위반이 아닌 것

1. 특수경비원들이 관리하는 국가 중요시설의 안전을 도모하고 방호혼란을 방지하려고 하는 것이므로 공항·항만 등 국가중요시설의 경비업무를 담당하는 **특수경비원에게 경비업무의 정상적인 운영을 저해하는 일체의 쟁의행위를 금지하는 경비업법**은 헌법 제33조 제1항에 위배되지 않는다(헌재 2009.10.29. 2007헌마1359).

2. 철도, 수도, 전기, 가스 등 필수공익사업에서 파업이 발생하게 되면 비록 그것이 일시적이라 하더라도 그 공급중단으로 커다란 사회적 혼란을 야기함은 물론 국민의 일상생활 심지어는 생명과 신체에까지 심각한 해악을 초래하게 되고 국민경제를 현저히 위태롭게 하므로 공익사업에서 쟁의가 발생한 경우 **노동위원회가 강제중재하면 15일간 쟁의행위를 할 수 없도록** 한 노동쟁의조정법 제4조 등은 근로3권 침해로 볼 수 없다(헌재 1996.12.26. 90헌바9).

3. 사람의 생명·신체의 안전보호를 위하여 **사업장의 안전보호시설에 대하여 정상적인 유지·운영을 정지·폐지 또는 방해하는 행위는 쟁의행위로서 이를 행할 수 없다고** 한 노동조합및노동관계조정법 제42조는 단체행동권 침해가 아니다(헌재 2005.6.30. 2002헌바83).

---

06 근로3권의 효력

사인 간에도 노동3권이 직접 적용되는가에 대하여 견해가 갈리고 있으나 직접 적용된다는 것이 다수설이다.

07 근로3권의 제한과 한계

1. 근로3권의 제한과 그 한계

헌법 제33조는 제1항에서 근로3권을 규정하되, 제2항 및 제3항에서 '공무원인 근로자' 및 '법률이 정하는 주요방위산업체 근로자'에 한하여 근로3권의 예외를 규정한다. 그러므로 <u>헌법 제37조 제2항 전단에 의하여 근로자의 근로3권에 대해 일부 제한이 가능하다 하더라도, '공무원 또는 주요방위사업체 근로자'가 아닌 **근로자의 근로3권을 전면적으로 부정하는 것**은 헌법 제37조 제2항 후단의 본질적 내용 침해금지에 위반된다.</u> 그런데 구 '국가보위에 관한 특별조치법' 조항은 단체교섭권·단체행동권이 제한되는 근로자의 범위를 구체적으로 제한함이 없이, 단체교섭권·단체행동권의 행사요건 및 한계 등에 관한 <u>기본적 사항조차 법률에서 정하지 아니한 채, 그 허용 여부를 주무관청의 조정결정에 포괄적으로 위임하고</u> 이에 위반할 경우 형사처벌하도록 하고 있는바, 이는 모든 근로자의 단체교섭권·단체행동권을 사실상 전면적으로 부정하는 것으로서 헌법에 규정된 근로3권의 본질적 내용을 침해하는 것이다(헌재 2015.3.26. 2014헌가5).

2. 공무원의 근로3권 제한

> 헌법 제33조【근로자의 단결권 등】② 공무원인 근로자는 법률이 정하는 자에 한하여 단결권·단체교섭권 및 단체행동권을 가진다.
>
> 국가공무원법 제66조【집단행위의 금지】① 공무원은 노동운동이나 그 밖에 공무 외의 일을 위한 집단행위를 하여서는 아니 된다. 다만, 사실상 노무에 종사하는 공무원은 예외로 한다.

(1) 공무원의 근로3권

<u>공무원도 각종 노무의 대가로 얻는 수입에 의존하여 생활하는 사람이라는 점에서는 통상적인 의미의 근로자적인 성격을 지니고 있으므로,</u> 헌법 제33조 제2항 역시 <u>공무원의 근로자적 성격을 인정하는 것</u>을 전제로 규정하고 있다(헌재 2005.10.27. 2003헌바50).

(2) 헌법 제33조 제2항의 취지

① 공무원인 근로자 중 법률이 정하는 자 이외의 공무원에게는 그 권리행사의 제한뿐만 아니라 금지까지도 할 수 있는 법률제정의 가능성을 헌법에서 직접 규정하고 있다는 점에서 헌법 제33조 제2항은 특별한 의미가 있다.

② '법률이 정하는 자' 이외의 공무원은 노동3권의 주체가 되지 못하므로, 노동3권이 인정됨을 전제로 하는 헌법 제37조 제2항의 **과잉금지원칙은 적용이 없는 것으로 보아야 할 것이다.**

③ 헌법 제33조 제2항은 **공무원인 근로자에 대하여는 일정한 범위의 공무원에 한하여서만 노동3권을 향유할 수 있도록 함으로써 기본권의 주체에 관한 제한을 두고 있다.**

(3) 공무원 노동조합 설립 및 운영 등에 관한 법률(공무원노조법)

① **적용이 배제되는 공무원:** 공무원법에 따라 근로3권이 허용되는 사실상 노무에 종사하는 공무원과 교원노조법이 적용되는 교원인 공무원은 공무원노조법의 적용이 배제된다.

② **정치활동의 금지(법 제4조):** 노동조합과 그 조합원은 정치활동을 하여서는 아니 된다.

③ **노동조합의 설립(법 제5조):** 공무원이 노동조합을 설립하려는 경우에는 국회·법원·헌법재판소·선거관리위원회·행정부·특별시·광역시·특별자치시·도·특별자치도·시·군·구(자치구를 말한다) 및 특별시·광역시·특별자치시·도·특별자치도의 교육청을 최소 단위로 한다.

④ **가입범위(법 제6조)**

㉠ 공무원 노동조합의 가입 기준 중 공무원의 직급 제한을 폐지하여 5급 이상도 노동조합 가입이 허용되고, 소방공무원과 교육공무원(교원은 제외)도 노동조합 가입이 가능하다(법 제6조 제1항).

㉡ 다음 어느 하나에 해당하는 공무원은 노동조합에 가입할 수 없다.

> ⓐ 업무의 주된 내용이 다른 공무원에 대하여 지휘·감독권을 행사하거나 다른 공무원의 업무를 총괄하는 업무에 종사하는 공무원
>
> ⓑ 업무의 주된 내용이 인사·보수 또는 노동관계의 조정·감독 등 노동조합의 조합원 지위를 가지고 수행하기에 적절하지 아니한 업무에 종사하는 공무원
>
> ⓒ 교정·수사 등 공공의 안녕과 국가안전보장에 관한 업무에 종사하는 공무원

⑤ 교섭 및 체결 권한(법 제8조)
  ㉠ **노동조합의 대표자의 교섭 및 체결권**: 노동조합의 대표자는 그 노동조합에 관한 사항 또는 조합원의 보수·복지, 그 밖의 근무조건에 관하여 교섭하고 단체협약을 체결할 권한을 가진다. 다만, 법령 등에 따라 국가나 지방자치단체가 그 권한으로 행하는 정책결정에 관한 사항, 임용권의 행사 등 그 기관의 관리·운영에 관한 사항으로서 근무조건과 직접 관련되지 아니하는 사항은 교섭의 대상이 될 수 없다.
  ㉡ **단체협약의 효력**: 체결된 단체협약의 내용 중 법령·조례 또는 예산에 의하여 규정되는 내용과 법령 또는 조례에 의하여 위임을 받아 규정되는 내용은 단체협약으로서의 효력을 가지지 아니한다.
  ㉢ **국가의 행정관청의 지위**: 국가의 **행정관청이 사법상 근로계약을 체결**한 경우 그 근로계약관계의 권리·의무는 행정주체인 국가에 귀속되므로, 국가는 그러한 근로계약관계에 있어서 노동조합 및 노동관계조정법 제2조 제2호에 정한 **사업주로서 단체교섭의 당사자의 지위에 있는 사용자**에 해당한다(대판 2008.9.11. 2006다40935).
⑥ **쟁의행위의 금지(법 제11조)**: 노동조합과 그 조합원은 파업, 태업 또는 그 밖에 업무의 정상적인 운영을 방해하는 어떠한 행위도 하여서는 아니 된다.

📖 **판례정리**

공무원 근로3권 침해 여부

헌법 위반인 것

1. 헌법 제33조 제2항은 공무원의 단체행동권을 전면적으로 제한하거나 부인하는 것이 아니라 일정 범위 내의 공무원인 근로자의 단결권, 단체교섭권, 단체행동권을 갖는 것을 전제로 하여 그 구체적 범위를 법률에 위임하고 있는 것이다. **국가·지방자치단체에 종사하는 노동자는 쟁의행위를 할 수 없도록 한** 노동쟁의조정법은 모든 공무원의 노동3권을 부인하고 있어 헌법 제33조 제2항에 저촉된다(헌재 1993.3.11. 88헌마5).

2. **사실상 노무에 종사하는 공무원의 구체적 범위를 정하지 않는 조례입법부작위**는 헌법상 의무를 위반하여 '사실상 노무에 종사하는 공무원의 범위'에 포함될 가능성이 있는 공무원들이 단체행동권을 향유할 수 있는 가능성 자체를 사전에 차단하거나 박탈하고 있다고 할 것이므로 헌법에 <u>위반된다</u>(헌재 2009.7.30. 2006헌마358).

헌법 위반이 아닌 것

1. 노동운동 기타 공무 이외의 일을 위한 집단적 행위를 금지하면서, **사실상 노무에 종사하는 공무원 중 대통령령 등이 정하는 자에 한하여 노동3권을 인정하는** 국가공무원법 제66조는 헌법 제33조 제2항에 근거한 것이고, 전체국민의 공공복리와 사실상 노무에 공무원의 직무의 내용, 노동조건 등을 고려해 보았을 때 입법자에게 허용된 입법재량권의 범위를 벗어난 것이라 할 수 없다(헌재 2007.8.30. 2003헌바51).

2. **사실상 노무에 종사하는 공무원을 제외한 나머지 공무원의 노동운동과 공무 이외의 일을 위한 집단행위를 금지하는 지방공무원법** 제58조는 근로3권을 침해한 것이라 할 수 없다(헌재 2005.10.27. 2003헌바50·62).

3. **노동운동이 허용되는 사실상 노무에 종사하는 공무원의 범위를 조례에 위임한 지방공무원법 제58조 제2항**은 헌법에 위반된다고 할 수 없다. 노동운동을 하더라도 형사처벌에서 제외되는 공무원의 범위에 관하여 당해 지방자치단체에 조례제정권을 부여하고 있다고 하여 헌법에 위반된다고 할 수 없다(헌재 2005.10.27. 2003헌바50·62).

3. 주요방위산업체에 종사하는 근로자의 단체행동권 제한

> 헌법 제33조 ③ 법률이 정하는 주요방위산업체에 종사하는 근로자의 단체행동권은 법률이 정하는 바에 의하여 이를 제한하거나 인정하지 아니할 수 있다.

주요방위산업체에 종사하는 근로자의 단체행동권을 법률로 인정하지 않을 수 있으나 단결권, 단체교섭권을 인정하지 않을 수는 없고 공익사업체 근로자의 단체행동권의 경우 제5공화국 헌법에 있었으나 삭제되었다.

> **⚖ 판례 | 방위사업체 근로자**
>
> 방위산업에관한특별조치법에 의하여 지정된 방위산업체에 종사하는 근로자에 대하여 쟁의행위를 금지시키고 있는 구 노동쟁의조정법 제12조 제2항은 "주요방위산업체에 종사하는 근로자의 단체행동권은 법률이 정하는 바에 의하여 이를 제한하거나 인정하지 아니할 수 있다."라고 규정한 헌법 제33조 제3항의 명문에 반하지 아니한다(헌재 1998.2.27. 95헌바10).

4. 교원의 노동조합 설립 및 운영 등에 관한 법률

(1) 대상

국·공립교원과 사립교원을 그 대상으로 한다.

(2) 정치활동금지

(3) 단결권 허용

교원은 시·도단위 또는 전국단위에 한하여 노동조합을 설립할 수 있다.

(4) 단체교섭·체결권

노동조합의 대표자는 단체교섭권과 체결권을 가진다.

(5) 쟁의행위금지

제6절 환경권

> 헌법 제35조【환경권 등】① 모든 국민은 건강하고 쾌적한 환경에서 생활할 권리를 가지며, 국가와 국민은 환경보전을 위하여 노력하여야 한다.
> ② 환경권의 내용과 행사에 관하여는 법률로 정한다.
> ③ 국가는 주택개발정책 등을 통하여 모든 국민이 쾌적한 주거생활을 할 수 있도록 노력하여야 한다.

01 환경권의 의의

1. 개념

환경권은 건강하고 쾌적한 생활을 유지하는 조건으로서 양호한 환경을 향유할 권리이다. 환경권을 행사함에 있어 국민은 **국가로부터 건강하고 쾌적한 환경을 향유할 수 있는 자유를 침해당하지 않을 권리(= 자유권)**를 행사할 수 있고, 일정한 경우 국가에 대하여 건강하고 **쾌적한 환경에서 생활할 수 있도록 요구할 수 있는 권리(= 청구권)**가 인정되기도 하는바, 환경권은 그 자체 종합적 기본권으로서의 성격을 지닌다(헌재 2008.7.31. 2006헌마711).

2. 연혁

환경권은 1980년 헌법에 명시되었고 1977년 환경보전법이 제정되었다가 그 이후 폐지되었고 1990년 환경정책기본법을 위시로 대기환경보전법, 물환경보전법, 소음·진동관리법, 화학물질관리법, 환경분쟁 조정법 (환경법 복수법주의)으로 정비되었다.

3. 법적 성격

(1) 대법원 판례

환경권은 명문의 법률규정이나 관계 법령의 규정 취지 및 조리에 비추어 권리의 주체, 대상, 내용, 행사 방법 등이 구체적으로 정립될 수 있어야만 인정되는 것이므로, **사법상의 권리로서의 환경권을 인정하는 명문의 규정이 없는데도 환경권에 기하여 직접 방해배제청구권을 인정할 수 없다**(대판 1997.7.22. 96다56153).

(2) 헌법재판소 판례

헌법 제35조 제1항은 환경정책에 관한 국가적 규제와 조정을 뒷받침하는 헌법적 근거가 되고, 따라서 이 규정으로부터 대기오염으로 인한 국민건강 및 환경에 대한 위해를 방지하여야 할 국가의 **추상적인 의무**는 도출될 수 있다. **헌법 해석상 피청구인 환경부장관이 아우디폭스바겐코리아 주식회사 등에게 자동차교체명령을 하여야 할 작위의무는 인정되지 않으므로** 소유 자동차들에 대한 자동차교체명령을 하지 않은 부작위는 헌법소원의 대상이 되는 공권력 불행사로 볼 수 없다(헌재 2018.3.29. 2016헌마795).

02 환경권의 주체

(1) 외국인을 포함한 자연인은 주체가 되나, 법인이 환경권 주체가 되느냐에 대해 학설이 대립하고 있으나 환경권의 성질상 부정하는 것이 다수설이다.

(2) 미래세대가 환경권의 주체가 되는가에 대해 의견이 대립하고 있으나 주체가 된다는 것이 다수설이다.

(3) 자연 그 자체가 권리의 주체이냐에 대해 학설이 대립하나 자연은 권리주체가 아니므로 부정적이다.

(4) 자연인이 아닌 **甲수녀원**은 쾌적한 환경에서 생활할 수 있는 이익을 향수할 수 있는 주체가 아니다(대판 2012.6.28. 2010두2005).

03 환경권의 내용

1. 환경권의 대상으로서의 환경

환경권의 대상으로서 환경은 자연환경과 문화적·사회적 생활환경 모두를 포함하고, 공해는 육체적 건강을 해치는 유해물질의 배출, 폐기·방치뿐 아니라 정신적 건강을 해치는 소음, 진동, 악취, 색채 등을 포함한다.

> ⚖️ **판례 | 확성기 소음규제를 하지 아니한 공직선거법** (헌재 2019.12.27. 2018헌마730)
>
> **1. 건강하고 쾌적한 환경에서 생활할 권리의 헌법적 보장**
> 환경권을 행사함에 있어 국민은 국가로부터 건강하고 쾌적한 환경을 향유할 수 있는 자유를 침해당하지 않을 권리를 행사할 수 있고, <u>일정한 경우 국가에 대하여 건강하고 쾌적한 환경에서 생활할 수 있도록 요구할 수 있는 권리가 인정되기도 하는바, 환경권은 그 자체 종합적 기본권으로서의 성격을 지닌다. 환경권의 내용과 행사는 법률에 의해 구체적으로 정해지는 것이기는 하나(헌법 제35조 제2항), 이 헌법조항의 취지는 특별히 명문으로 헌법에서 정한 환경권을 입법자가 그 취지에 부합하도록 법률로써 내용을 구체화하도록 한 것이지 환경권이 완전히 무의미하게 되는데도 그에 대한 입법을 전혀 하지 아니하거나, 어떠한 내용이든 법률로써 정하기만 하면 된다는 것은 아니다. 그러므로 일정한 요건이 충족될 때 환경권 보호를 위한 입법이 없거나 현저히 불충분하여 국민의 환경권을 침해하고 있다면 헌법재판소에 그 구제를 구할 수 있다고 해야 할 것이다.</u> 또한 '건강하고 쾌적한 환경에서 생활할 권리'를 보장하는 환경권의 보호대상이 되는 환경에는 자연환경뿐만 아니라 인공적 환경과 같은 생활환경도 포함되므로(환경정책기본법 제3조), <u>일상생활에서 소음을 제거·방지하여 '정온한 환경에서 생활할 권리'는 환경권의 한 내용을 구성한다.</u>
>
> **2. 건강하고 쾌적한 환경에서 생활할 권리를 보장해야 할 국가의 의무**
> 헌법 제10조의 규정에 의하면, 국가는 개인이 가지는 불가침의 기본적 인권을 확인하고 이를 보장할 의무를 지고 기본권은 공동체의 객관적 가치질서로서의 성격을 가지므로, 적어도 생명·신체의 보호와 같은 중요한 기본권적 법익 침해에 대해서는 그것이 <u>국가가 아닌 제3자로서의 사인에 의해서 유발된 것이라고 하더라도 국가가 적극적인 보호의 의무를 진다.</u> 그렇다면 국가가 국민의 기본권을 적극적으로 보장하여야 할 의무가 인정된다는 점, 헌법 제35조 제1항이 국가와 국민에게 환경보전을 위하여 노력하여야 할 의무를 부여하고 있는 점, 환경침해는 사인에 의해서 빈번하게 유발되므로 입법자가 그 허용 범위에 관해 정할 필요가 있다는 점, 환경피해는 생명·신체의 보호와 같은 중요한 기본권적 법익 침해로 이어질 수 있다는 점 등을 고려할 때, 일정한 경우 <u>국가는 사인인 제3자에 의한 국민의 환경권 침해에 대해서도 적극적으로 기본권 보호조치를 취할 의무를 진다.</u>

3. 확성기 소음규제를 하지 아니한 공직선거법의 위헌 여부 심사기준

국가가 국민의 건강하고 쾌적한 환경에서 생활할 권리를 보호할 의무를 진다고 하더라도, 국가의 기본권 보호의무를 입법자 또는 그로부터 위임받은 집행자가 어떻게 실현하여야 할 것인가 하는 문제는 원칙적으로 권력분립과 민주주의의 원칙에 따라 국민에 의하여 직접 민주적 정당성을 부여받고 자신의 결정에 대하여 정치적 책임을 지는 입법자의 책임범위에 속한다. 헌법재판소는 단지 제한적으로만 입법자 또는 그로부터 위임받은 집행자에 의한 보호의무의 이행을 심사할 수 있다. 따라서 국가가 국민의 건강하고 쾌적한 환경에서 생활할 권리에 대한 보호의무를 다하지 않았는지 여부를 헌법재판소가 심사할 때에는 국가가 이를 보호하기 위하여 적어도 적절하고 효율적인 최소한의 보호조치를 취하였는가 하는 이른바 **'과소보호금지원칙'**의 위반 여부를 기준으로 삼아야 한다.

4. 확성기 소음기준을 정하지 아니한 공직선거법

심판대상조항이 선거운동의 자유를 감안하여 선거운동을 위한 확성장치를 허용할 공익적 필요성이 인정된다고 하더라도 정온한 생활환경이 보장되어야 할 주거지역에서 출근 또는 등교 이전 및 퇴근 또는 하교 이후 시간대에 확성장치의 최고출력 내지 소음을 제한하는 등 사용시간과 사용지역에 따른 수인한도 내에서 확성장치의 최고출력 내지 소음 규제기준에 관한 규정을 두지 아니한 것은, 국민이 건강하고 쾌적하게 생활할 수 있는 양호한 주거환경을 위하여 노력하여야 할 국가의 의무를 부과한 헌법 제35조 제3항에 비추어 보면, 적절하고 효율적인 최소한의 보호조치를 취하지 아니하여 국가의 기본권 보호의무를 과소하게 이행한 것으로서, 청구인의 건강하고 쾌적한 환경에서 생활할 권리를 침해하므로 헌법에 위반된다.

2. 공해예방청구권

자연환경 등을 훼손·파괴함으로써 공해를 유발하는 결과를 초래하지 않도록 요구할 수 있는 권리이다.

3. 공해배제청구권

환경이 오염된 상태가 수인의 한도를 초과하는 경우 그 환경오염을 제거해 주도록 요구하는 권리이다. 공해배제청구권은 타인의 기본권 행사에 의해 발생한 것(예 공사장 소음·진동)에 대한 것일 수 있으므로 타인의 권리행사와 충돌할 수 있다. 따라서 타인의 권리·제한을 존중하면서 공해를 배제할 방법을 찾아야 한다.

4. 생활환경조성권

① 생활환경조성권은 쾌적한 생활환경을 만들고 보전해 줄 것을 국가에 요구할 수 있는 권리이다. 여기에서 생활환경은 자연환경보전뿐 아니라 인공환경(예 도로, 교통)과 쾌적한 주거환경을 조성하고 보전하는 것까지 포함한다.
② **생활환경조성권에서 환경정책의 결정에 참여할 권리가 나오는 것은 아니다.**
③ 특정 지역에 혁신도시를 건설해 줄 것을 요구하는 권리는 환경권에 포함되지 않는다.

⚖️판례 | 교도소 내 화장실 창문 철망 설치행위 (헌재 2014.6.26. 2011헌마150)

1. 교도소 내 철망설치로 1차적으로 제한되는 기본권
   행복추구권이 아니라 환경권이다.
2. '건강하고 쾌적한 환경에서 생활할 권리'를 보장하는 환경권의 보호대상이 되는 환경에는 자연환경뿐만 아니라 인공적 환경과 같은 생활환경도 포함된다. 청구인은 이 사건 설치행위로 인하여 독거실 내 일조, 조망, 채광, 통풍이 제한되고 있다고 주장하는바, 일조, 조망, 채광, 통풍 등은 생활환경으로서 환경권의 내용에 포함된다고 할 것이다.

3. **수형자**는 쾌적한 환경에서 생활할 권리의 주체가 된다.

4. 자살사고는 수용자 본인이 생명을 잃는 중대한 결과를 초래할 뿐만 아니라 다른 수용자들에게도 직접적으로 부정적인 영향을 미치고 나아가 교정시설이나 교정정책 전반에 대한 불신을 야기할 수 있다는 점에서 이를 방지할 필요성이 매우 크므로 교도소 독거실 내 화장실 창문과 철격자 사이에 안전 철망을 설치한 행위가 청구인의 환경권, 인격권 등 기본권을 침해한다고 할 수 없다.

04 환경권의 효력

환경권은 대국가적 효력뿐 아니라 사인 간에도 효력이 있다. 사인 간에 직접 적용된다는 견해[권영성]와 간접 적용된다는 견해[김철수, 홍성방 헌법Ⅱ]가 대립하고 있다.

05 환경권의 한계와 제한

1. 환경권의 한계 – 수인한도론

환경에 관한 피해가 일반적으로 견딜 수 있는 수인한도 내라면 적법하나, 수인한도를 벗어난 경우에는 위법하다.

2. 무과실책임

환경오염피해자는 손해배상청구권을 가지며, 환경오염 또는 환경훼손의 원인자는 배출사업자는 환경피해에 대해 무과실책임을 진다.

> **환경정책기본법 제44조【환경오염의 피해에 대한 무과실책임】** ① 환경오염 또는 환경훼손으로 피해가 발생한 경우에는 해당 환경오염 또는 환경훼손의 원인자가 그 피해를 배상하여야 한다.
> ② 환경오염 또는 환경훼손의 원인자가 둘 이상인 경우에 어느 원인자에 의하여 제1항에 따른 피해가 발생한 것인지를 알 수 없을 때에는 각 원인자가 연대하여 배상하여야 한다.

3. 개연성이론과 당사자적격 확대

(1) 개연성이론

개연성이론이란 환경분쟁에 있어서 인과관계의 증명은 침해행위와 손해발생사이에서 인과관계가 존재한다는 상당한 정도의 개연성이 있음을 입증함으로써 족하고, 가해자가 이에 대한 반증을 한 경우에만 인과관계의 존재를 부인할 수 있다는 이론이다. [권영성]

> ⚖ **판례 ┃ 개연성이론**
>
> 연탄공장 인근에서 12년간 살아온 사람은 석탄분진을 오랫동안 흡입하여 왔으므로 허용치 초과 여부에 관계없이 그 사람의 진폐병이 석탄가루에 의해 발병된 것으로 인정한 판례가 있다(대판 1979.1.23. 78다1653).

(2) 당사자적격 확대

대법원은 영광원자력 발전소판결(대판 1998.9.4. 97누19588)에서 방사성물질에 의하여 직접적이고 중대한 피해를 입으리라고 예상되는 지역 내의 주민들에 대해 방사성물질 등에 의한 생명·신체의 안전침해를 이유로 원자로시설부지 사전승인처분의 취소를 구할 원고적격을 인정하였다.

4. 환경분쟁조정위원회

환경분쟁조정법은 환경분쟁조정위원회를 두고 분쟁조정을 할 수 있게 하고 있다. 환경분쟁조정위원회는 특별시, 광역시, 도에 지방위원회를 둔다. 분쟁조정위원회는 개인뿐만 아니라 다수인이 관련된 분쟁도 조정하여 원상회복이나 손해배상을 명할 수 있다.

제7절 보건권

우리 헌법은 1948년 제헌헌법에서 "가족의 건강은 국가의 특별한 보호를 받는다."라고 규정한 이래 1962년 제3공화국 헌법에서 "모든 국민은 보건에 관하여 국가의 보호를 받는다."라고 정하여 현행헌법까지 이어져 오고 있다.

📖 판례

1. 국민의 생명·신체의 안전이 질병 등으로부터 위협받거나 받게 될 우려가 있는 경우 국가로서는 그 위험의 원인과 정도에 따라 사회·경제적인 여건 및 재정사정 등을 감안하여 국민의 생명·신체의 안전을 보호하기에 필요한 적절하고 효율적인 입법·행정상의 조치를 취하여 그 침해의 위험을 방지하고 이를 유지할 포괄적인 의무를 진다(헌재 2008.12.26. 2008헌마419).

2. 검사는 치료감호대상자가 치료감호를 받을 필요가 있는 경우 관할 법원에 치료감호를 청구할 수 있도록 한 치료감호 등에 관한 법률이 국민의 보건에 관한 국가의 보호의무에 반하는지 여부(소극)
   '형의 집행 및 수용자의 처우에 관한 법률'에 있는 다른 제도들을 통하여 국민의 정신건강을 유지하는 데에 필요한 국가적 급부와 배려가 이루어지고 있으므로, 이 사건 법률조항들에서 치료감호대상자의 치료감호 청구권이나 법원의 직권에 의한 치료감호를 인정하지 않는다 하더라도 국민의 보건에 관한 국가의 보호의무에 반한다고 보기 어렵다(헌재 2021.1.28. 2019헌가24).

3. 국가의 국민보건에 관한 보호의무를 명시한 헌법 제36조 제3항에 의한 권리를 헌법소원을 통하여 주장할 수 있는 자는 직접 자신의 보건이나 의료문제가 국가에 의해 보호받지 못하고 있는 의료 수혜자적 지위에 있는 국민이라고 할 것이므로 의료시술자적 지위에 있는 **안과의사가 자기 고유의 업무범위**를 주장하여 다투는 경우에는 위 헌법규정을 원용할 수 없다(헌재 1993.11.25. 92헌마87).

4. **무면허 의료행위**를 일률적, 전면적으로 금지하고 이를 위반한 경우에는 그 치료결과에 관계없이 형사처벌을 받게 하는 의료법 제25조, 제66조는 헌법 제10조가 규정하는 인간으로서의 존엄과 가치를 보장하고 헌법 제36조 제3항이 규정하는 국민보건에 관한 국가의 보호의무를 다하고자 하는 것으로서, 국민의 생명권, 건강권, 보건권 및 그 신체활동의 자유 등을 보장하는 규정이지, 이를 제한하거나 침해하는 규정이라고 할 수 없다(헌재 1996.10.31. 94헌가7).

5. **치과전문의제도**를 시행하고 있지 않기 때문에 청구인을 포함한 국민의 보건권이 현재 침해당하고 있다고 보기는 어렵다(헌재 1998.7.16. 96헌마246).

6. 일정한 한약서에 수재된 품목으로서 품목허가·신고를 할 때 안전성·유효성 심사가 면제되는 품목은, 사용경험이 풍부하여 안전성·유효성이 확인되고, 위험성이 상대적으로 낮은 제제로 한정되며, 한약서에 수재된 품목이더라도 안전성을 저해할 우려가 있는 경우에는 안전성·유효성 심사대상에 다시 포함된다. 위 조항이 일정한 **한약서에 수재된 처방에 해당하는 품목의 한약제제를 안전성·유효성 심사대상에서 제외하였더라도**, 국가가 국민의 보건권을 보호하는 데 적절하고 효율적인 최소한의 조치를 취하지 아니하였다고는 볼 수 없다. 따라서 위 조항은 국민의 보건권에 관한 국가의 보호의무를 위반하지 아니하고, 청구인들의 보건권을 침해하지 아니한다(헌재 2018.5.31. 2015헌마1181).

7. 본인부담금제와 선택병의원제를 규정한 개정법령으로 인하여 국민보건에 관한 국가의 보호의무 등을 위반하여 청구인들의 보건권이 침해되었다고 보기 어렵고, 종전의 규정에 비하여 의료급여 수급권자들에 대한 급여의 범위를 상대적으로 축소한 것이 생활능력 없는 장애인의 의료보장과 관련하여 인간으로서의 존엄이나 본질적 가치를 훼손할 정도에 이른다고는 볼 수 없으므로 인간의 존엄과 가치를 침해한다고 할 수 없다(헌재 2009.11.26. 2007헌마734).

제11장 / 국민의 기본적 의무

제1절 국민의 일반의무

01 연혁

납세의 의무, 국방의 의무, 근로의 의무는 제헌헌법에서부터 규정되었고, 교육을 받게 할 의무는 1962년 제3공화국 헌법에서 처음 규정되었다.

02 종류

1. 헌법상의 의무

헌법상의 의무로는 국민의 납세의무(제38조), 국방의 의무(제39조), 교육을 받게 할 의무(제31조 제2항), 근로의 의무(제32조 제2항), 환경보전의 의무(제35조), 재산권 행사의 공공복리 적합성 의무(제23조 제2항)가 있다. 그러나 헌법이 규정하고 있는 의무 이외에 법률로도 국민의 기본권을 침해하지 않는 범위에서 의무를 부과할 수 있다.

2. 민주국가국민의 일반적 의무

헌법에 열거된 의무는 예시적인 것으로 헌법규정 외에도 조국에 대한 충성의무, 헌법옹호의무, 법률준수의무[권영성], 타인의 권리와 사회도덕률을 존중해야 할 묵시적인 도덕유보[허영]가 있다. 헌법과 법률을 준수할 의무는 국민의 기본의무로서 헌법상 명문의 규정은 없으나 우리 헌법에서도 자명한 것이다(헌재 2002.4.25. 98헌마425 등).

제2절 국민의 기본적 의무

01 납세의 의무

> 헌법 제38조 【납세의 의무】 모든 국민은 법률이 정하는 바에 의하여 납세의 의무를 진다.

1. 개념

납세의 의무란 국가활동의 재정적 기초를 마련하기 위해 구체적인 반대급부 없이 국민이 조세를 납부할 의무이다.

판례

조세는 국가 또는 지방자치단체가 재정수요의 충족을 위한 경비를 조달하기 위하여 일반 국민에게 반대급부 없이 일방적·강제적으로 징수하는 것으로서 국민의 재산권을 침해하게 되므로 헌법은 국민주권주의, 권력분립주의 및 법치주의의 원리에 따라 모든 국민은 법률이 정하는 바에 의하여 납세의 의무를 지고 조세의 종목과 세율은 법률로 정하도록 규정함으로써(헌법 제38조, 제59조) 조세법률주의를 선언하고 있다(헌재 1996.6.26. 93헌바2).

2. 주체

납세의무의 주체는 원칙적으로 법인을 포함한 국민이다. 외국인도 국내에 재산을 가지고 있거나 과세대상이 되는 행위를 할 때에는 과세대상이 된다. 다만, 치외법권 또는 외교특권을 누리는 외국인은 납세의무가 면제된다.

3. 내용

① 납세의무는 조세평등주의와 조세법률주의를 존중해야 한다. 따라서 국민의 담세능력을 고려해서 부과되어야 하고 특정인에 대한 정당한 이유 없는 과세면제도 허용되지 않는다.
② 구체적인 납세의무는 법률을 통해 확정된다.

02 국방의 의무

헌법 제39조 【국방의 의무】 ① 모든 국민은 법률이 정하는 바에 의하여 국방의 의무를 진다.
② 누구든지 병역의무의 이행으로 인하여 불이익한 처우를 받지 아니한다.

1. 의의

국방의 의무는 납세의 의무와 함께 국민의 2대 의무로서 고전적 의무이다. 국방의 의무란 국가독립과 영토보전을 위해 국민이 부담하는 국가방위의 의무이다. 국방의 의무는 납세의 의무와는 달리 타인에 의한 대체적 이행이 불가능하다. [권영성]

2. 주체

국방의무의 주체는 자국민임을 원칙으로 한다. 국방의 의무 중에서 직접적인 병력형성의무는 징집대상자인 대한민국 남성만이 부담하나 간접적인 병력형성의무는 모든 국민이 부담한다. 또한 방공(防空)의무는 외국인도 진다는 것이 다수설이다.

판례 | 남자에 한하여 병역의무 부과

이 사건 법률조항은 헌법이 특별히 양성평등을 요구하는 경우나 관련 기본권에 중대한 제한을 초래하는 경우의 차별취급을 그 내용으로 하고 있다고 보기 어려우며, 징집대상자의 범위 결정에 관하여는 입법자의 광범위한 입법형성권이 인정된다는 점에 비추어 이 사건 법률조항이 평등권을 침해하는지 여부는 완화된 심사기준에 따라 판단하여야 한다. 병력자원으로서 일정한 신체적 능력이 요구된다고 할 것이므로 보충역 등

복무의무를 여자에게 부과하지 않은 것이 자의적이라 보기도 어렵다. 결국 이 사건 법률조항이 성별을 기준으로 병역의무자의 범위를 정한 것은 자의금지원칙에 위배하여 평등권을 침해하지 않는다(헌재 2010.11.25. 2006헌마328).

3. 내용

(1) 국방의 의무의 내용

헌법 제39조 제1항의 국방의무는 직접적인 병력형성의무만을 가리키는 것이 아니라, 민방위기본법 등에 의한 간접적인 병력형성의무도 포함하므로 전투경찰순경으로서 대간첩작전을 수행하는 것도 국방의 의무를 수행하는 것으로 볼 수 있다. 따라서 현역병으로 입영하여 복무 중인 군인을 전투경찰순경으로 전임시켜 충원한 것은 청구인의 행복추구권 및 양심의 자유 침해가 아니다(헌재 1995.12.28. 91헌마80).

(2) 국방의무이행은 일반적 희생이다.

헌법재판소는 국방의무이행은 특별한 희생이 아니라 일반적 희생이므로 국방의무 조항은 제대군인가산점제도의 근거로 볼 수 없다고 한 바 있다.

(3) 헌법 제39조 제2항의 불이익

병역의무이행으로 인한 '불이익한 처우'는 법적인 불이익을 의미하지, 사실상 경제상의 불이익을 모두 포함하는 것은 아니다(헌재 1999.12.23. 98헌마363).

(4) 헌법 제39조 제2항의 '병역의무의 이행으로 인한 불이익한 처우' 금지

헌법 제39조 제1항의 국방의무를 이행하느라 입는 불이익(예 소집 중인 예비역에 대한 군형법 적용)은 헌법상 허용될 수 있으나 병역의무이행으로 인한 불이익(예 병역의무이행으로 군법무관으로 근무한 자의 개업지 제한)은 금지된다.

⚖️ 판례

1. 국방의 의무이행으로 불이익한 처우를 받지 아니한다고 제39조 제2항은 규정하고 있는데 **군법무관 출신에 대해 개업지를 제한한 변호사법** 제10조 제2항은 동 조항을 위반한 것이라고 헌법재판소는 판시한 바 있다(헌재 1989.11.20. 89헌가102).

2. 현역을 마친 예비역이 병역법에 의하여 병력동원훈련 등을 위하여 소집을 받는 것은 위에서 본 바와 같이 헌법과 법률에 따른 국방의 의무를 이행하는 것이고, 소집되어 실역에 복무하는 동안 군형법의 적용을 받는 것 또한 국방의 의무를 이행하는 중에 범한 군사상의 범죄에 대하여 형벌이라는 제재를 받는 것이므로 어느 것이나 헌법 제39조 제1항에 규정된 국방의 의무를 이행하느라 입는 불이익이라고 할 수는 있을지언정(그 불이익이 헌법적으로 정당함은 위에서 이미 보았다), 이를 가리켜 병역의무의 이행으로 불이익한 처우를 받는 것이라고는 할 수 없다(헌재 1999.2.25. 97헌바3).

3. 국민이 헌법에 따라 부과되는 의무를 이행하는 것은 국가의 존속과 활동을 위하여 불가결한 일인데, 그러한 의무를 이행하였다고 하여 이를 특별한 희생으로 보아 일일이 보상하여야 한다고 할 수는 없는 것이다. 요컨대, 헌법 제39조 제2항은 병역의무를 이행한 사람에게 보상조치를 취할 의무를 국가에게 지우는 것이 아니라, 법문 그대로 병역의무의 이행을 이유로 불이익한 처우를 하는 것을 금지하고 있을 뿐이다. 그리고 이 조항에서 금지하는 '불이익한 처우'라 함은 단순한 사실상, 경제상의 불이익을 모두 포함하는 것이 아니라 법적인 불이익을 의미하는 것으로 이해하여야 한다. 그렇지 않으면 병역의무의 이행과 자연적 인과관계를 가지는 모든 불이익으로부터 이를 보호하여야 할 의무를 국가에 부과하게 되는 것이

되어 이 또한 국민에게 국방의 의무를 부과하고 있는 헌법 제39조 제1항과 조화될 수 없기 때문이다. 그렇다면 위와 같은 의미를 갖는 헌법 제39조 제2항으로부터 향토예비군설치법에 따라 예비군훈련을 받은 자에 대해 훈련보상비 지급의무가 도출된다고 할 수 없다(헌재 2003.6.26. 2002헌마484).

4. 법조일원화에 따른 경과규정으로 판사인력의 수급, 기존 법조인의 판사임용자격에 대한 신뢰 등을 고려하여 단계적으로 판사임용에 필요한 법조경력을 기간별로 조정한 것이다. 청구인들이 병역법상 입영연기가 불가능한 시점에 사법시험에 합격하여 바로 사법연수원에 입소하지 못하고 현역병으로 입영할 수밖에 없었던 사정 등을 고려하면, <u>병역의무의 이행으로 사법연수원의 입소 및 수료가 늦어져 사법연수원 수료와 동시에 판사임용자격을 취득하지 못하였다고 하더라도, 이를 헌법 제39조 제2항에서 금지하는 병역의무의 이행을 이유로 불이익을 받은 것이라고 볼 수 없다</u>(헌재 2014.5.29. 2013헌마127·199).

5. 병으로 병역의무를 이행한 사람이 장교로 임용될 때에 병으로서의 복무기간 중 8할만을 장교의 호봉경력에 산입하게 하는 것이 헌법 제39조 제2항에 위반되는지 여부
   장교호봉획정규정은 병으로 병역의무를 이행한 사람이 장교로 임용될 때에 병으로서의 복무기간 중 8할을 장교의 호봉경력에 산입하게 함으로써 병역의무이행에 대한 혜택을 주는 것이므로 헌법 제39조 제2항에 위반되는 것이라고 볼 수 없다(헌재 2010.6.24. 2009헌마177).

6. 헌법 제39조 제2항은 <u>병역의무이행으로 인한 불이익한 처우를 금지할 뿐 병역의무이행으로 인한 적극적 보상을 국가에 강제하는 것은 아닌바,</u> 병역의무이행 경력 중 일부를 공무원 경력에 포함시켜 공무원 초임호봉 획정에 산입하도록 하는 것은 국가가 그에 상당한 혜택을 주는 것으로서 그 자체로 헌법 제39조 제2항에 위반되지 아니하므로, 이에 관해서는 별도로 판단하지 아니한다(헌재 2016.6.30. 2014헌마92).

7. 병역면제 또는 병역필한 자를 채용대상으로 하는 국정원직원채용공고
   헌법 제39조 제2항 위반이 아니다. 또한 공무담임권 침해도 아니다(헌재 2007.5.31. 2006헌마627).

03 교육을 받게 할 의무

> 헌법 제31조【교육을 받을 권리·의무 등】② 모든 국민은 그 보호하는 자녀에게 적어도 초등교육과 법률이 정하는 교육을 받게 할 의무를 진다.

1. 의의

교육을 받게 할 의무란 친권자 또는 후견인이 그 자녀로 하여금 초등교육과 법률이 정하는 교육을 받도록 취학시킬 의무를 말한다. 교육을 받게 할 의무는 윤리적 의무가 아니라 법적인 의무이다. 초·중등교육법상 부모는 초등학교 교육을 받게 할 의무를 지나 질병 등 부득이한 사유로 인하여 취학이 불가능한 의무교육대상자에 대하여 취학의무가 면제되거나 유예될 수 있다(초·중등교육법 제13조, 제14조).

2. 주체

교육을 받게 할 의무의 주체는 취학아동을 둔 친권자 또는 후견인이다. 국가기관은 교육을 받을 권리에 대응하는 의무교육의 주체이지 교육을 받게 할 의무의 주체는 아니다(다수설). 또한 외국인은 교육을 받게 할 의무를 지지는 않는다.

3. 내용

① 교육을 받게 할 의무는 학령아동을 가진 친권자 또는 후견인이 초등교육과 법률이 정하는 교육과정에 취학시키는 것을 그 내용으로 한다.

② 국가와 지자체는 의무교육을 실시하는 데 필요한 학교를 설치하고 교재와 경비를 부담하여야 한다.

③ 무상의 범위에 대해서는 취학필수비무상설이 다수설이다.

04 근로의 의무

> 헌법 제32조【근로의 권리·의무 등】② 모든 국민은 근로의 의무를 진다. 국가는 근로의 의무의 내용과 조건을 민주주의 원칙에 따라 법률로 정한다.

1. 주체

근로의무의 주체는 자연인인 국민이다.

2. 법적 성질

(1) 법적 의무설

법적 의무설에서 근로의 의무란 국가가 공공필요에 의해 근로의 의무를 명하는 경우에 이에 복종해야 하는 의무라고 한다.

(2) 윤리적 의무설

윤리적 의무설은 근로능력이 있으면서 근로하지 아니한 자에 대해 윤리적·도덕적 비난이 가해져야 한다고 이해한다(다수설).

📖 쟁점정리

심사기준의 특성

1. 일반적으로 일정한 공권력작용이 **체계정당성**에 위반한다고 해서 곧 위헌이 되는 것은 아니다. 즉, 체계정당성 위반 자체가 바로 위헌이 되는 것은 아니고 이는 비례의 원칙이나 평등원칙위반 내지 입법의 자의금지위반 등의 위헌성을 시사하는 하나의 징후일 뿐이다. 그것이 위헌이 되기 위해서는 결과적으로 비례의 원칙이나 평등의 원칙 등 일정한 헌법의 규정이나 원칙을 위반하여야 한다(헌재 2005.6.30. 2004헌바40).

2. 특정규범이 **개별사건법률**에 해당한다 하여 곧바로 위헌을 뜻하는 것은 아니며, 이러한 차별적 규율이 합리적인 이유로 정당화될 수 있는 경우에는 합헌적일 수 있다(헌재 1996.2.16. 96헌가2).

3. 헌법 제12조 제3항의 **영장주의**는 헌법 제12조 제1항의 적법절차원칙의 특별규정이므로, 헌법상 영장주의 원칙에 위배되는 이 사건 법률조항은 헌법 제12조 제1항의 적법절차원칙에도 위배된다(헌재 2012.6.27. 2011헌가36).

4. 형식적으로 **영장주의**에 위배되는 법률은 곧바로 헌법에 위반되고, 나아가 형식적으로는 영장주의를 준수하였더라도 실질적인 측면에서 입법자가 합리적인 선택범위를 일탈하는 등 그 입법형성권을 남용하였다면 그러한 법률은 자의금지원칙에 위배되어 헌법에 위반된다고 보아야 한다(헌재 2012.12.27. 2011헌가5).

5. 헌법 제21조 제2항은, **집회에 대한 허가제**는 집회에 대한 검열제와 마찬가지이므로 이를 절대적으로 금지하겠다는 헌법개정권력자인 국민들의 헌법가치적 합의이며 헌법적 결단이다. 또한 위 조항은 일반적 법률유보조항인 헌법 제37조 제2항에 앞서서, 우선적이고 제1차적인 위헌심사기준이 되어야 한다(헌재 2009.9.24. 2008헌가25).

6. 헌법 제21조 제2항의 **검열금지조항**은 절대적 금지를 의미하므로 국가안전보장·질서유지·공공복리를 위하여 필요한 경우라도 사전검열이 허용되지 않는다(헌재 1996.10.31. 94헌가6).

7. 현행헌법이 명문화하고 있는 **적법절차의 원칙**은 단순히 입법권의 유보제한이라는 한정적인 의미에 그치는 것이 아니라 모든 국가작용을 지배하는 독자적인 헌법의 기본원리로서 해석되어야 할 원칙이라는 점에서 입법권의 유보적 한계를 선언하는 **과잉입법금지**의 원칙과는 구별된다고 할 것이다(헌재 1992.12.24. 92헌가8).

8. 금고 이상 선고유예기간 중에 있는 자를 임용결격사유로 정한 국가공무원법의 **공무담임권 침해 여부를 심사한다면** 적법절차 위배 여부는 별도로 판단하지 않는다(헌재 2016.7.28. 2014헌바437).

📖 쟁점정리

입법형성의 자유와 위헌심사기준

1. 입법자는 **정당설립의 자유**를 최대한 보장하는 방향으로 입법하여야 하고, 헌법재판소는 정당설립의 자유를 제한하는 법률의 합헌성을 심사할 때에 헌법 제37조 제2항에 따라 엄격한 비례심사를 하여야 한다(헌재 2014.1.28. 2012헌마431·2012헌가19).

2. **가처분조항에 따라 정당의 활동을 정지하는 결정**을 하기 위해서는 정당해산심판제도의 취지에 비추어 헌법이 규정하고 있는 정당해산의 요건이 소명되었는지 여부 등에 관하여 신중하고 엄격한 심사가 이루어져야 한다(헌재 2014.2.27. 2014헌마7).

3. **수형자의 선거권** 제한에 대한 법률의 심사강도는 엄격해야 한다(헌재 2014.1.28. 2012헌마409).

4. **선거권과 공무담임권의 연령**을 어떻게 규정할 것인가는 입법자가 입법목적 달성을 위한 선택의 문제이고 입법자가 선택한 수단이 현저하게 불합리하고 불공정한 것이 아닌 한 재량에 속하는 것이다(헌재 1997.6.26. 96헌마89).

5. **헌법 제36조 제1항**에 의하여 보장되는 가족생활에서의 인간으로서의 존엄에 관한 기본권의 내용으로서 미성년인 가족구성원이 성년인 가족으로부터 부양과 양육, 보호 등을 받는 것은 법제도 형성 이전의 인간의 자연적인 생활 모습과 관련되는 것이다. 따라서 이러한 기본권은 사회적 기본권인 헌법 제34조 제1항의 인간다운 생활권과는 달리 자유권적 성격을 가지므로, 이를 제한하는 입법은 헌법 제37조 제2항의 **과잉금지원칙을 준수하여야 할 것이다**(헌재 2013.9.26. 2011헌가42).

6. 헌법 제31조 제1항의 교육을 받을 권리는, 국민이 능력에 따라 균등하게 교육받을 것을 공권력에 의하여 부당하게 침해받지 않을 권리와, 국민이 능력에 따라 균등하게 교육받을 수 있도록 국가가 적극적으로 배려하여 줄 것을 요구할 수 있는 권리로 구성되는바, 전자는 자유권적 기본권의 성격이, 후자는 사회권적 기본권의 성격이 강하다고 할 수 있다. 그런데 이 사건 규칙조항과 같이 검정고시응시자격을 제한하는 것은, 국민의 교육받을 권리 중 그 의사와 능력에 따라 **균등하게 교육받을 것을 국가로부터 방해받지 않을 권리**, 즉 자유권적 기본권을 제한하는 것이므로, 그 제한에 대하여는 헌법 제37조 제2항의 비례원칙에 의한 심사, 즉 **과잉금지원칙에 따른 심사**를 받아야 할 것이다(헌재 2008.4.24. 2007헌마456).

7. 헌법 제33조 제1항은 근로자는 근로조건의 향상을 위하여 자주적인 단결권·단체교섭권 및 단체행동권을 가진다고 하여 근로자의 노동3권을 보호하고 있다. 그런데 이 사건 규정은 **노동조합의 설립시 설립신고서를 제출하도록** 하면서 당해 노동조합이 일정한 요건을 충족하지 못하는 경우에는 설립신고서를 반려하도록 하여 근로자의 단결권을 제한하고 있는바, 이와 같이 근로자의 단결권을 제한하는 법률규정이 헌법에 위배되지 않기 위해서는 헌법 제37조 제2항에서 정하고 있는 기본권제한 입법 활동의 한계인 과잉금지의 원칙을 준수하여야 한다(헌재 2003.5.15. 2001헌가31).

8. 대학 교원을 **교육공무원 아닌 대학 교원과 교육공무원인 대학 교원**으로 나누어, 각각의 단결권에 대한 제한이 헌법에 위배되는지 여부에 관하여 살펴보기로 하되, 교육공무원 아닌 대학 교원에 대해서는 과잉금지원칙 위배 여부를 기준으로, 교육공무원인 대학 교원에 대해서는 입법형성의 범위를 일탈하였는지 여부를 기준으로 나누어 심사하기로 한다(헌재 2018.8.30. 2015헌가38).

9. 헌법 제33조 제2항이 직접 '법률이 정하는 자'만이 노동3권을 향유할 수 있다고 규정하고 있어서 '법률이 정하는 자' 이외의 공무원은 노동3권의 주체가 되지 못하므로, '법률이 정하는 자' 이외의 **공무원에 대해서도** 노동3권이 인정됨을 전제로 하여 헌법 제37조 제2항의 <u>과잉금지원칙을 적용할 수는 없는 것이다</u>(헌재 2007.8.30. 2003헌바51 등).

10. 직업수행의 자유 제한에도 과잉금지원칙은 적용되나 **직업수행의 자유**는 인격발현에 대한 침해의 효과가 일반적으로 직업선택 그 자체에 대한 제한에 비하여 작기 때문에 좁은 의미의 직업선택의 자유에 비하여 상대적으로 폭넓은 법률상의 규제가 가능한 것으로 보아 다소 완화된 심사기준을 적용하여 왔다(헌재 2007.5.31. 2003헌마579).

11. 구체적인 **자격제도의 형성**에 있어서는 입법자에게 광범위한 입법형성권이 인정되며, 입법자가 합리적인 이유 없이 자의적으로 자격제도의 내용을 규정한 것으로 인정되는 경우에만 그 자격제도가 헌법에 위반된다고 할 수 있다. 법학전문대학원은 법조인 양성이라는 국가의 책무를 일부 위임받은 직업교육기관 및 자격부여기관으로서의 성격을 가지고 있고, 입법자는 일정한 전문분야에 관한 자격제도를 마련함에 있어 광범위한 입법재량을 가지고 있다. 따라서 변호사라는 <u>전문분야의 자격제도와 관련이 있는 심판대상조항의 위헌성을 판단함에 있어서는 헌법 제37조 제2항의 요구가 다소 완화된다</u>(헌재 2016.3.31. 2014헌마1046).

12. 공적인 역할을 수행하는 결사(농협, 새마을금고 등) 또는 그 구성원들이 기본권의 침해를 주장하는 경우 과잉금지원칙 위반 여부를 판단함에 있어, 순수한 사적인 임의결사의 기본권이 제한되는 경우에 비하여 완화된 기준을 적용할 수 있다(헌재 2018.2.22. 2016헌바364).
[참고] 광역시 군단위 상공회의소 금지와 축협중앙회 해산: 완화된 심사

13. **상업광고 규제**에 관한 비례의 원칙 심사에 있어서 '피해의 최소성' 원칙은 같은 목적을 달성하기 위하여 달리 덜 제약적인 수단이 없을 것인지 혹은 입법목적을 달성하기 위하여 필요한 최소한의 제한인지를 심사하기 보다는 '입법목적을 달성하기 위하여 필요한 범위 내의 것인지'를 심사하는 정도로 완화되는 것이 상당하다(헌재 2005.10.27. 2003헌가3).

14. 헌법 제22조 제2항은 입법자에게 **지식재산권**을 형성할 수 있는 광범위한 입법형성권을 부여하고 있으므로, 프로그램을 업무상 창작하는 경우 어떠한 요건 하에서 누구에게 저작권을 귀속시킬지에 관하여는 입법자에게 광범위한 형성의 여지가 인정된다. 심판대상조항이 입법형성권의 한계를 일탈하였는지 여부에 대해서 살펴볼 필요가 있다(헌재 2018.8.30. 2016헌가12).

15. 입법자는 출입국관리법에 따라 보호된 청구인들에게 전반적인 법체계를 통하여 보호의 원인관계 등에 대한 최종적인 사법적 판단절차와는 별도로 보호 자체에 대한 적법 여부를 다툴 수 있는 기회를 **최소한 1회 이상 제공하여야 한다.** 다만, 출입국관리행정 중 보호와 같이 체류자격의 심사 및 퇴거 집행 등의 구체적 절차에 관한 사항은 광범위한 입법재량의 영역에 있으므로, 그 내용이 현저하게 불합리하지 아니한 이상 헌법에 위반된다고 할 수 없다(헌재 2014.8.28. 2012헌마686).

16. **대학의 자율**도 헌법상의 기본권이므로 기본권제한의 일반적 법률유보의 원칙을 규정한 헌법 제37조 제2항에 따라 제한될 수 있고, 대학의 자율의 구체적인 내용은 법률이 정하는 바에 의하여 보장되며, 또한 국가는 헌법 제31조 제6항에 따라 모든 학교제도의 조직, 계획, 운영, 감독에 관한 포괄적인 권한, 즉 학교제도에 관한 전반적인 형성권과 규율권을 부여받았다고 할 수 있고, 다만 그 규율의 정도는 그 시대의 사정과 각급 학교에 따라 다를 수밖에 없는 것이므로 교육의 본질을 침해하지 않는 한 궁극적으로는 입법권자의 형성의 자유에 속하는 것이라 할 수 있다. 따라서 교육공무원법의 관련 규정이 **대학의 자유를 제한하고 있다고 하더라도** 그 위헌 여부는 입법자가 기본권을 제한함에 있어 헌법 제37조 제2항에 의한 합리적인 입법한계를 벗어나 **자의적으로** 그 본질적 내용을 침해하였는지 여부에 따라 판단되어야 할 것이다(헌재 2006.4.27. 2005헌마1047).

17. **재판청구권**과 같은 절차적 기본권은 원칙적으로 제도적 보장의 성격이 강하기 때문에, 자유권적 기본권 등 다른 기본권의 경우와 비교하여 볼 때 상대적으로 광범위한 입법형성권이 인정되므로, 관련 법률에 대한 위

헌심사기준은 합리성원칙 내지 자의금지원칙이 적용된다. 따라서 이 사건 심판대상조항이 청구인의 재판을 받을 권리를 침해하는지 여부를 판단하기 위해서는, 피고적격이 인정되지 않는다 해도 청구인의 재판절차에의 접근 기회가 충분한 정도로 보장되고 있는지의 측면, 그러한 재판에서 실체법이 정한 내용대로 재판을 받을 수 있는지의 측면에서 입법자가 절차 형성에 있어서의 입법재량을 일탈하였는지 여부를 심사하여야 할 것이다(헌재 2014.2.27. 2013헌바178).

18. **재심제도**의 규범적 형성에 있어서, 입법자의 형성적 자유가 넓게 인정되는 영역이라고 할 수 있다. 재심제도와 관련하여 인정되는 입법적 재량을 감안한다면, 재판청구권의 본질을 심각하게 훼손하는 등 입법형성권의 한계를 일탈하여 그 내용이 현저히 자의적인지 여부에 의하여 결정되어야 할 것이다(헌재 2009.4.30. 2007헌바121).

19. **재판절차진술권**에 관한 헌법 제27조 제5항이 정한 법률유보는 이른바 기본권형성적 법률유보에 해당하므로, 헌법이 보장하는 형사피해자의 재판절차진술권을 어떠한 내용으로 구체화할 것인가에 관하여는 입법자에게 입법형성의 자유가 부여되고 있으며, 다만 그것이 재량의 범위를 넘어 명백히 불합리한 경우에 비로소 위헌의 문제가 생길 수 있다(헌재 2003.9.25. 2002헌마533).

20. **공무원연금법상의 퇴직연금수급권**은 그 구체적인 급여의 내용, 기여금의 액수 등을 형성하는 데에 있어서는 직업공무원제도나 사회보험원리에 입각한 사회보장적 급여로서의 성격으로 인하여 일반적인 재산권에 비하여 입법자에게 상대적으로 보다 폭넓은 재량이 헌법상 허용된다고 볼 수 있다(헌재 2005.6.30. 2004헌바42).

21. **산재보험수급권**은 이른바 '사회보장수급권'의 하나로서 국가에 대하여 적극적으로 급부를 요구하는 것이지만 국가가 재정부담능력과 전체적 사회보장 수준 등을 고려하여 그 내용과 범위를 정하는 것이므로 입법부에 폭넓은 입법형성의 자유가 인정된다(헌재 2016.9.29. 2014헌바254).

22. 국가는 모든 학교제도의 조직, 계획, 운영, 감독에 관한 포괄적인 권한, 즉 학교제도에 관한 전반적인 형성권과 규율권을 부여받았다고 할 수 있다. 다만 그 규율의 정도는 그 시대의 사정과 각급 학교에 따라 다를 수밖에 없는 것이므로 교육의 본질을 침해하지 않는 한 궁극적으로는 입법권자의 형성의 자유에 속한다. 따라서 이 사건 연금법 조항이 청구인 학교법인들의 **사립학교 운영의 자유**를 침해하는지 여부는 입법권자가 입법형성의 자유의 한계를 벗어나 **자의적인** 입법을 하였는지 여부에 따라 판단되어야 한다(헌재 2001.1.18. 99헌바63).

23. 근로관계 종료 전 사용자로 하여금 **해고예고**를 하도록 하는 것이 근로의 권리의 내용에 포함된다 하더라도, 그 구체적 내용인 직용대상 근로자의 범위를 어떻게 정할 것인지 또 예고기간을 어느 정도로 정할 것인지 여부 등에 대해서는 입법자에게 입법형성의 재량이 주어져 있다(헌재 2015.12.23. 2014헌바3).

24. **해고예고제도**의 적용대상 근로자의 범위를 어떻게 정할 것인지 또 예고기간을 어느 정도로 정할 것인지 여부 등에 대해서는 입법자에게 입법형성의 재량이 주어져 있다. 하지만 이러한 입법형성의 재량에도 한계가 있고, 근로조건의 기준은 인간의 존엄성을 보장하도록 법률로 정하도록 규정한 헌법 제32조 제3항에 위반되어서는 안 된다. 따라서 위 조항이 청구인의 근로의 권리를 침해하는지 여부는, 입법자가 해고예고제도를 형성함에 있어 해고로부터 근로자를 보호할 의무를 전혀 이행하지 아니하거나 <u>그 내용이 현저히 불합리하여 헌법상 용인될 수 있는 재량의 범위를 벗어난 것인지 여부에 달려 있다</u>(헌재 2015.12.23. 2014헌바3).

25. **연차유급휴가**는 인간의 존엄성을 보장받기 위한 최소한의 근로조건으로서 근로의 권리에 포함되고, 이와 동일한 맥락에서 비록 연차유급휴가의 요건을 충족하지는 못하였더라도 일정기간 계속적으로 근로를 제공한 경우에는 최소한의 휴양 기회를 보장받을 수 있어야 할 것이므로 이 역시 연차유급휴가에 상응하는 권리로서 근로의 권리 내용에 포함된다. 유급휴가권의 구체적 내용을 형성함에 있어 입법자는 국가적 노동 상황, 경영계(사용자)의 의견, 국민감정, 인정 대상자의 업무와 지위, 기타 여러 가지 사회적·경제적 여건 등을 함께 고려해야 할 것이므로 유급휴가를 어느 범위에서 인정하고, 어느 경우에 제한할 것인지 등에 대하여는 입법자 또는 입법에 의하여 다시 위임을 받은 행정부 등 해당기관의 재량에 맡겨져 있다고 할 것이다. 따라서 이 사건 법률조항이 근로연도 중도퇴직자의 중도퇴직 전 근로에 대해 유급휴가를 보장하지 않음으로써 청구인의 근로의 권리를 침해하는지 여부는 이것이 현저히 불합리하여 헌법상 용인될 수 있는 재량의 범위를 명백히 일탈하고 있는지 여부에 달려 있다고 할 수 있다(헌재 2015.5.28. 2013헌마619).

26. 우리 헌법은 제33조 제1항에서 근로자의 자주적인 노동3권을 보장하고 있으면서도, 같은 조 제2항에서 공무원인 근로자에 대하여는 법률에 의한 제한을 예정하고 있는바, 이는 공무원의 국민 전체에 대한 봉사자로서의 지위 및 그 직무상의 공공성을 고려하여 합리적인 공무원제도의 보장과 이와 관련된 주권자의 권익을 공공복리의 목적 아래 통합 조정하려는 것이다. 따라서 국회는 헌법 제33조 제2항에 따라 **공무원인 근로자에게 단결권·단체교섭권·단체행동권을 인정할 것인가의 여부**, 어떤 형태의 행위를 어느 범위에서 인정할 것인가 등에 대하여 광범위한 입법형성의 자유를 가진다(헌재 2008.12.26. 2005헌마971).

27. **지역농협 임원 선거는**, 헌법에 규정된 국민주권 내지 대의민주주의 원리의 구현 및 지방자치제도의 실현이라는 이념과 직접적인 관계를 맺고 있는 공직선거법상 선거와 달리, 자율적인 단체 내부의 조직구성에 관한 것으로서 공익을 위하여 그 선거과정에서 표현의 자유를 상대적으로 폭넓게 제한하는 것이 허용된다(헌재 2013.7.25. 2012헌바112).

28. **시혜적 조치를** 할 것인가를 결정함에 있어서는 국민의 권리를 제한하거나 새로운 의무를 부과하는 경우와는 달리 입법자에게 보다 광범위한 입법형성의 자유가 인정된다.

29. 침익적 법을 소급적용한 경우 엄격하게 위헌심사를 하나 **시혜적 법의** 소급입법에 대해서는 다른 심사기준이 적용된다. 즉, 합리적 재량의 범위를 벗어나 현저하게 불합리하고 불공정한 것이 아닌 한 헌법에 위반된다고 할 수는 없다(헌재 1998.11.26. 97헌바67).

30. 헌법 제41조 제3항은 국회의원선거에 있어 필수적인 요소라고 할 수 있는 **선거구에 관하여** 직접 법률로 정하도록 규정하고 있으므로, 피청구인에게는 **국회의원의 선거구를 입법할 명시적인 헌법상 입법의무가 존재한다.** 나아가 헌법이 국민주권의 실현 방법으로 대의민주주의를 채택하고 있고 선거구는 이를 구현하기 위한 기초가 된다는 점에 비추어 보면, 헌법 해석상으로도 피청구인에게 국회의원의 선거구를 입법할 의무가 인정된다. 따라서 헌법재판소가 입법개선시한을 정하여 헌법불합치결정을 하였음에도 국회가 입법개선시한까지 개선입법을 하지 아니하여 국회의원의 선거구에 관한 법률이 존재하지 아니하게 된 경우, 국회는 이를 입법 하여야 할 헌법상 의무가 있다(헌재 2016.4.28. 2015헌마1177).

31. 선거운동의 자유 제한(헌재 2016.6.30. 2013헌가1), 퇴직 경찰청장 정당가입금지는 엄격한 심사를 한다(헌재 1999.12.23. 99헌마135).

32. 직업공무원제도와 지방자치제도에 관하여 입법자는 최소한 보장원칙의 한계 안에서 폭넓은 형성의 자유를 가진다(헌재 1997.4.24. 95헌바48).

33. **광범위한 재량 인정**
    ① 출입국·체류자격 심사
    ② 법정형의 종류와 범위 선택
    ③ 연금수급권
    ④ 공무원인 근로자의 근로3권 제한
    ⑤ 공무원의 퇴직수급권은 일반재산권보다 폭넓은 재량

34. **국가가 국민의 생명·신체의 안전을 보호할 의무를 진다 하더라도 국가의 보호의무를** 입법자 또는 그로부터 위임받은 집행자가 어떻게 실현하여야 할 것인가 하는 문제는 원칙적으로 권력분립과 민주주의의 원칙에 따라 국민에 의하여 직접 민주적 정당성을 부여받고 자신의 결정에 대하여 정치적 책임을 지는 입법자의 책임범위에 속하므로, 헌법재판소는 단지 제한적으로만 입법자 또는 그로부터 위임받은 집행자에 의한 보호의무의 이행을 심사할 수 있는 것이다(헌재 2009.2.26. 2005헌마764 등).

MEMO

판례색인

2024 대비 최신개정판

해커스공무원

황남기
헌법 기본서 | 1권

개정 2판 2쇄 발행 2024년 7월 17일
개정 2판 1쇄 발행 2023년 8월 25일

지은이	황남기 편저
펴낸곳	해커스패스
펴낸이	해커스공무원 출판팀

주소	서울특별시 강남구 강남대로 428 해커스공무원
고객센터	1588-4055
교재 관련 문의	gosi@hackerspass.com
	해커스공무원 사이트(gosi.Hackers.com) 교재 Q&A 게시판
	카카오톡 플러스 친구 [해커스공무원 노량진캠퍼스]
학원 강의 및 동영상강의	gosi.Hackers.com

ISBN	979-11-6999-479-8 (13360)
Serial Number	02-02-01

공무원 교육 1위,
해커스공무원 gosi.Hackers.com

해커스공무원

· **해커스공무원 학원 및 인강**(교재 내 인강 할인쿠폰 수록)

· 해커스 스타강사의 **공무원 헌법 무료 동영상강의**

· 시험 전 실력 체크로 약점 보완이 가능한 **합격예측 모의고사**(교재 내 응시권 및 해설강의 수강권 수록)

· '회독'의 방법과 공부 습관을 제시하는 **해커스 회독증강 콘텐츠**(교재 내 할인쿠폰 수록)